ROAD ATLAS
ITALY

Sommario

ITALIA 1:1000000

	Quadro d'unione
	Legenda
I-XV	Carte stradali

ITALIA 1:250000

	Comunicazioni stradali e marittime. Legenda. Quadro d'unione
1-180	Carte stradali
181-182	Tabelle delle distanze chilometriche

PROFILI AUTOSTRADALI

183-184	Quadro d'unione. Legenda
185-214	Profili autostradali

TANGENZIALI E ATTRAVERSAMENTI DI CITTÀ

215	Quadro d'unione. Legenda
216-239	Tangenziali. Attraversamenti di città

INDICE DEI NOMI

240-333	Indice comprendente i toponimi contenuti nelle carte d'Italia alla scala 1:250000 elencati secondo l'ordine alfabetico internazionale

I colori facilitano la ricerca delle singole parti dell'atlante

Contents

ITALY 1:1000000

	Key to maps
	Legend
I-XV	Road maps

ITALY 1:250000

	Road and maritime communications. Legend. Key to maps
1-180	Road maps
181-182	Distance chart

MOTORWAY TABLES

183-184	Key to maps. Legend
185-214	Motorway tables

BY-PASSES AD TOWN CROSSINGS

215	Key to maps. Legend
216-239	By-passes. Town crossings

NAMES INDEX

240-333	Index of the place-names contained in the maps of Italy 1:250000, listed according to the international alphabetic order

Colours facilitate the search of the different atlas sections

Sommaire

ITALIE 1:1 000 000

	Tableau d'assemblage
	Légende
I-XV	Cartes routières

ITALIE 1:250 000

	Communications routières et maritimes. Légende. Tableau d'assemblage
1-180	Cartes routières
181-182	Distances kilomètriques

TABLEAUX DES AUTOROUTES

183-184	Tableau d'assemblage. Légende
185-214	Tableaux des autoroutes

TANGENTIALES ET TRAVERSÉES DES VILLES

215	Tableau d'assemblage. Légende
216-239	Tangentiales. Traversées des villes

INDEX DES NOMS

240-333	Index des noms contenus dans les cartes d'Italie 1:250 000, récensés en suivant l'ordre alphabétique international

Les couleurs aident la recherche des différentes sections de l'atlas

Inhaltsverzeichnis

ITALIEN 1:1 000 000

	Kartenübersicht
	Zeichenerklärung
I-XV	Straßenkarten

ITALIEN 1:250 000

	Straßen- und Schiffahrtsverbindungen. Zeichenerklärung. Kartenübersicht
1-180	Straßenkarten
181-182	Kilometrische Entfernungen

AUTOBAHNTABELLEN

183-184	Kartenübersicht. Zeichenerklärung
185-214	Autobahntabellen

UMGEHUNGSSTRASSEN UND STADTDURCHFAHRTEN

215	Kartenübersicht. Zeichenerklärung
216-239	Umgehungsstraßen. Stadtdurchfahrten

NAMENVERZEICHNIS

240-333	Verzeichnis der Namen, in den Karten Italiens 1:250 000 vorhanden, nach internationaler alphabetischen Reihenfolge

Die Farben erleichtern die Suche der verschiedenen Atlasteile

© GEOnext - ISTITUTO GEOGRAFICO DE AGOSTINI S.p.A., NOVARA - 2003
© AAA Publishing 2003

ISBN 1-56251-846-1

CIP Data is on file with the Library of Congress
Printing: Officine Grafiche De Agostini - Novara 2002

CARTA STRADALE D'ITALIA
ROAD MAP OF ITALY · CARTE ROUTIÈRE D'ITALIE · STRASSENKARTE ITALIENS

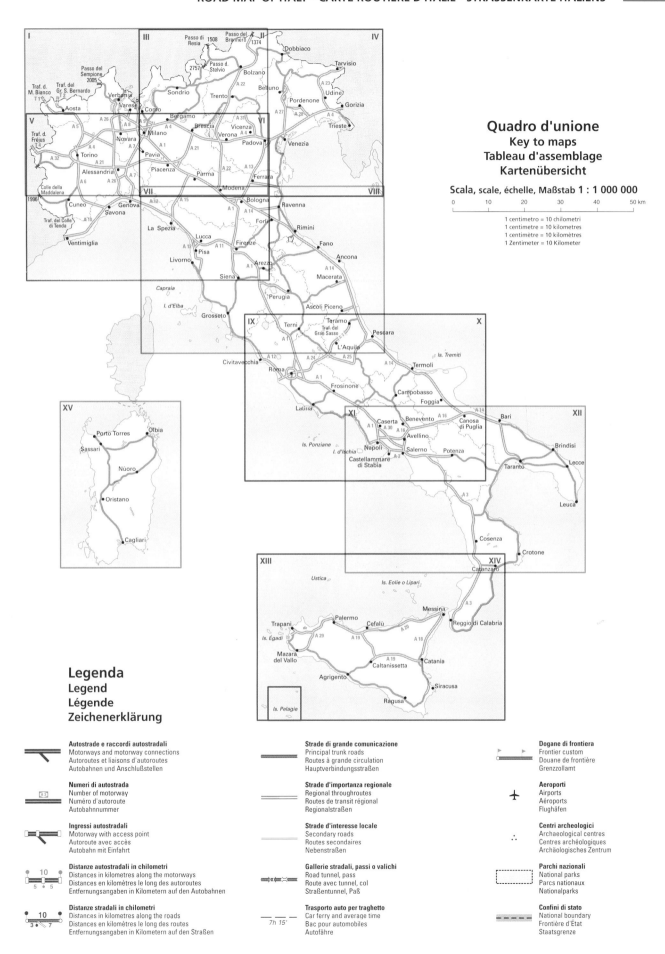

Quadro d'unione
Key to maps
Tableau d'assemblage
Kartenübersicht

Scala, scale, échelle, Maßstab **1 : 1 000 000**

0   10   20   30   40   50 km

1 centimetro = 10 chilometri
1 centimetre = 10 kilometres
1 centimètre = 10 kilomètres
1 Zentimeter = 10 Kilometer

Legenda
Legend
Légende
Zeichenerklärung

Autostrade e raccordi autostradali
Motorways and motorway connections
Autoroutes et liaisons d'autoroutes
Autobahnen und Anschlußstellen

Numeri di autostrada
Number of motorway
Numéro d'autoroute
Autobahnnummer

Ingressi autostradali
Motorway with access point
Autoroute avec accès
Autobahn mit Einfahrt

Distanze autostradali in chilometri
Distances in kilometres along the motorways
Distances en kilomètres le long des autoroutes
Entfernungsangaben in Kilometern auf den Autobahnen

Distanze stradali in chilometri
Distances in kilometres along the roads
Distances en kilomètres le long des routes
Entfernungsangaben in Kilometern auf den Straßen

Strade di grande comunicazione
Principal trunk roads
Routes à grande circulation
Hauptverbindungsstraßen

Strade d'importanza regionale
Regional throughroutes
Routes de transit régional
Regionalstraßen

Strade d'interesse locale
Secondary roads
Routes secondaires
Nebenstraßen

Gallerie stradali, passi o valichi
Road tunnel, pass
Route avec tunnel, col
Straßentunnel, Paß

Trasporto auto per traghetto
Car ferry and average time
Bac pour automobiles
Autofähre

Dogane di frontiera
Frontier custom
Douane de frontière
Grenzzollamt

Aeroporti
Airports
Aéroports
Flughäfen

Centri archeologici
Archaeological centres
Centres archéologiques
Archäologisches Zentrum

Parchi nazionali
National parks
Parcs nationaux
Nationalparks

Confini di stato
National boundary
Frontière d'État
Staatsgrenze

MAR

ADRIATICO

Split

Palagruža
(HRVATSKA/CROAZIA)

I. Pianosa

Parco Nazionale
I. Capraia   Isole Tremiti
(Prov. di Foggia)
del Gargano
I. San Nicola
I. San Dómino

roseto
egli Abruzzi
Pineto
Silvi Marina
Montesilvano
PESCARA
Francavilla al Mare
A 14
26
Tollo
Ortona
CHIETI
40
S. Vito Chietino
330
Bucchiánico
38
Manoppello
Lanciano
Fossacésia Marina
Orsogna 283
Citeriore
rco Guardiagrele
8
Casalbordino
Vasto
Eufemia
Maiella
27
P. d. Penna
Marina di Vasto
a Maiella
Casoli
Atessa
Scerni
2795
Lama
maro
Tornareccio
Cupello
Marina di Vasto
ntro d. Peligni
Bomba
32
50
62
Termoli
nale
Torricella
Villa
84
136
Furci
62
Campomarino
i Giove
Peligna
S. Maria
Montenero
174
30
Marina
Palena
Carunchio
di Bisaccia
Guglionesi
di Chieti
130
Quadri
134
84
Palmoli
Portocannone
Torre Mileto
escocostanzo
Ateleta
Castiglione
61
Acquaviva
Cliternia
54
Lago di Lesina
Messer Marino
Collecroce
Nuova
A 14
Lesina
castel
123
Larino
310
Serracapriola
15
Sannicandro
Sangro
Capracotta
Agnone
Trivento
80
270
Garganico
Rioner
Salcito
Civitacam-
S. Croce
S. Paolo
Apricena
Sanni
Pescolanciano
S. Biase
pomarano
di Magliano
di Civitate
21
S. Marco
PIETRABBONDANTE
Torella
Casacalenda
Torremaggiore
in Lamis
Castropignano
S. Elia
Colletorto
Casalnuovo
San Severo
13
d. Sannio
a Pianisi
Montérotaro
ISERNIA
457
Frosolone
30
90
Carlantino
52
Colli
Carpinone
686
Castelnuovo
26
Volturno
9
d. Daunia
17
Cantalupo
34
Vinchiaturo
16
Gildone
58
Volturara
Motta
Lucera
nel Sannio
3
Riccia
Appula
Montecorvino
19
CAMPOBASSO
118
41
245
Capriati
Létino
Boiano
Gambatesa
Alberona
FOGGIA
a Volt.
M. Miletto
S. Bartolomeo
Pratella
2050
75
in Galdo
590
Biccàri
29
1086
M. Saraceno
Troia
84
S. Gregorio
49 Pso di Miralago
1102
Colle
Foiano
Castelluccio
Matese
59
Sannita
di Valfortore
de' Sauri
Orta Nova
Marzanello
Piedimonte
Roseto
S. Ferdinando
Matese
Morcone
Valf.
Faeto
Orsara
Stornarella
Alife
79
Pietraroia
S. Marco
di Puglia
Calvi
Dragoni
d. Cavoti
Greci
Ascoli
Risorta
19
Cerreto
Castelfranco
Bovino
Satriano
37
66
Sannita
Pontelandolfo
in Misciano
Deliceto
Telese
Guardia
Candela
Pignataro Magg.
Amorosi
Sanfram.
Pesco
S. Giorgio
47
Rocchetta S. Ant.
Caiazzo
Solopaca
Sannita
la Molára
S. Vito
104
Capua
Paduli
Montecalvo
Accadia
S. Prisco
BENEVENTO
Irpino
Vallata
CASERTA
S. Agata
Apice
Ariano Irpino
S. Maria C.Vet.
de'Goti
135
Grottaminarda
43
Bisaccia
Marcianise
Montesarchio
6
S. Nicola
Lacedonia
Maddaloni
16
Baronia
S. Maria
62
Altavilla
Aquilonia
Aversa
a Vico Cervinara
35
Irpina
Mirabella
132
S. Antimo
54
Sant. di
Paternopoli
Guardia
Rionero
Caivano
Avella
Montevergine
Castelfranci
Lomb.
in Vulture
Giugliano
68
Pratola
S. Angelo
Monte
in C.
Marigliano
Serra
156
dei Lombardi
Vulture
Casoria
Nola
Montemarano
Lioni
Calitri
Afragola
A 16
Nusco
Atripalda
AVELLINO
43
Pomigliano
Palma C.
Serino
Bagnoli Irpino
Pescopagano
NAPOLI
Somma
Irpino
35
Montella
S. Andrea
San Fele
Ottaviano
S. Giuseppe Ves.
Sarno
di Conza
57
Forenza
Anast.
34
Caposele
S. Giorgio
Vesuvio
Solofra
1809
Castelgrande
Genzano di Luc.
a Cremano
Parco Naz.
Mercato
Croci di
Laviano
Bella
Portici
del Vesuvio
Severino
Acerno
M. Cervialto
Acerenza
Ercolano
48
Scafati
Baronissi
1809
M. Marzano
Muro
Avigliano
Torre del Greco
Pompei
Castiglione
1530
Lucano
Torre Annunziata
Pagani
del Genovesi
Montecorvino
M. Ogna
Castellamm. di St.
Cava
Nocera
Rovella
1361
Riccigliano
POTENZA
Vico E.
de' Tirr.
Inf.
Senerchia
Picerno
819
Gragnano
Ravello
Campagna
Bagni
SALERNO
di Contursi
Buccino
Sorrento
Vietri
Eboli
47
Tito
Agérola
s. Mare
143
56
131
Scorzo
Vietri di Pot.
Massa
Atrani
Pontecagnano
Pertosa
Lubrense
Amalfi
18
Battipaglia
Serre
Anacapri
Conca d. Marini
Petina
Capri
P. Campanella
36
Sele
1742
Polla
G. di
24
Contone
Mti. Alburni
Brienza
I. di Capri
Salerno
Albanella
1577
(Prov. di Napoli)
132
PAESTUM
Capaccio
Roscigno
Corleto
117
Monf.
Agrópoli
Teggiano
Sala
S. Maria
Parco Nazionale
Piaggine
Consilina
di Castellabate
M. Cervati
S. Marco
Castellabate
179
del Cilento
1899
Buonabitacolo
P. Licosa
Vallo
di Luc.
M. Sacro

G. di Napoli

G. di Manfredonia

Promont.
Gargano
Foresta Umbra
Parco Nazionale
Rodi
Garganico
40
Peschici
Vieste
157
Vico
del Garg.
55
Testa del
Gargano
Cagnano
Varano
1010
Lago di
Varano
del G.
796
M. Spigno
M. S. Angelo
S. Marco
in Lamis
S. Giovanni
Rotondo
Manfredonia
Lido di Siponto
Candelaro
38
Beccarini
Torre
di Rivola
La Pescia
52
74
Carapelle
SALAPIA
47
Margherita
di Savoia
Trinitapoli
70
Barletta
A 14
Ofanto
53
CANNE
Trani
Bis
22
S. Ferdinando
di Puglia
4
Cerignola
Canosa
25
Andria
di Puglia
43
76
61
Corato
77
Ruvo
di Puglia
53
A 16
50
Minervino
Murge
Castel
Mariott
del Monte
Melfi
Lavello
Montemilone
Spinazzola
Rapolla
42
Casti
Monticchio
1326
Rionero
Bagni
in Vulture
Maschito
Palazzo
Monte
Ripacandida
S. Gervasio
Vulture
Atella
Basentello
Acerenza
Caruso
1236
Castel
Oppido
101
Gravina
Lagopesole
Lucano
in Puglia
Pietragalla
Irsina
14
750
Vaglio
568
Basilic.
Tolve
89
Bradano
Tricarico
Grassa
Campomaggiore
Trivigno
46
Garaguso
Anzi
Salandra
Pietrapertosa
Ferrandina
Accettura
1836
M. Volturino
Calvello
Laurenzana
Marsicovetere
Corleto
750
Pertic.
Gorgoglione
40
Grumento
Nova
Spinoso
36
Missanello
S. Arcangelo
810
Moliterno
Agri
Tursi
109
Sanza
Tempa del
Roccanova
GEOnext ISTITUTO GEOGRAFICO DE AGOSTINI p.A.-NOVARA

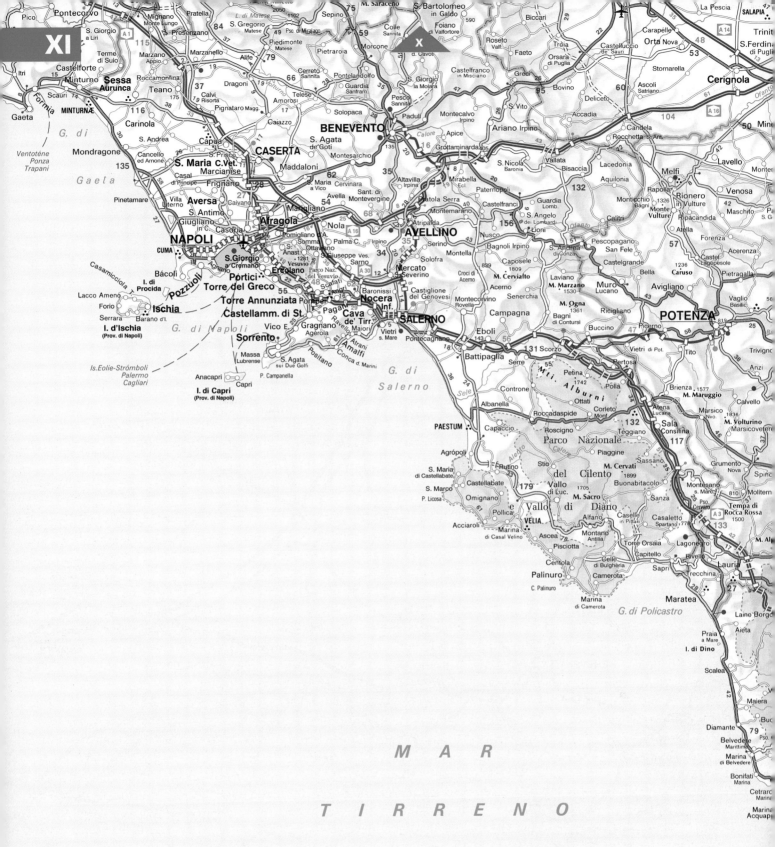

Pontecorvo
Pico
S. Giorgio a Liri
115
Mignano Monte Lungo
Marzano Applo
Pratella
L. di Matese 2050 1102
S. Gregorio Matese
Sepino
M. Saraceno
S. Bartolomeo in Galdo
La Pescia
SALAPIA
Biccari
Carapelle
Orta Nova
A 14
Trinit

Itri
Castelforte
A 1
Terme di Suio
84
S. Gregorio Matese
Piedimonte Matese
59
Morcone
Colle Sannita
Foiano di Valfortore
590
Roseto Valf.
Troia
Castelluccio de' Sauri
48
S. Ferdin di Pugli

15
Minturno
MINTURNÆ
Sessa Aurunca
Roccamonfina
Marzanello
37
Alife
79
Pietraroia
Cerreto Sannita
Pontelandolfo
Guardia Sanfram.
S. Giorgio la Molara
Faeto
Orsara di Puglia
53
Greci
25
Bovino
Deliceto
Accadia
A 16
104
Stornarella
Cerignola

Gaeta
Formia
Scauri
74
Carinola
S. Andrea
Dragoni
Calvi Risorta
Pignataro Magg
Caiazzo
17
Amorosi
Telese
Solopaca
BENEVENTO
Paduli
Apice
Montecalvo Irpino
Ariano Irpino
Grottaminarda
Vallata
Bisaccia
Lacedonia
Aquilonia
132
Monticchio Bagni
Rapolla
Rionero in Vulture
Melfi
Lavello
Montet
Venosa

MINTURNÆ
116
S. Maria C.Vet.
Capua
Maddaloni
S. Maria a Vico
Cervinara
Altavilla Irpina
Mirabella Ecl.
Paternopoli
Guardia Lomb.
Calitri
Monte Vulture
Ripacandida
Maschito
P. S.

Mondragone
135
Cancello ed Arnone
CASERTA
Marcianise
Frignano
Aversa
Caivano
Marigliano
54
Avella
Sant. di Montevergine
Atripalda
AVELLINO
Serino
Nusco
Lioni
S. Angelo dei Lombardi
S. Andrea di Conza
Bella
Pescopagano
San Fele
Forenza
Acerenza
Atella
57

Pinetamare
Villa Literno
Giugliano in C.
S. Antimo
Casoria
AFRAGOLA
Pomigliano d'A.
Nola
A 16
Mercato S. Severino
Montemarano
Montella
Bagnoli Irpino
156
Caposele
Croci di Acerno
M. Cervialto 1809
Caruso
Castelgrande
1236 Castel Lagopesole
Pietragalla

CUMA
NAPOLI
Bácoli
Pozzuoli
Agnano
S. Giorgio a Cremano
Somma Vesuviana
S. Giuseppe Ves.
Sarno
Solofra
Acerno
Laviano
M. Marzano 1530
Muro Lucano
M. Ogna
Avigliano
POTENZA
819

I. di Procida
Lacco Ameno
Forio
Ischia
Serrara
Barano d'I.
I. d'Ischia (Prov. di Napoli)
Portici
Torre del Greco
Ercolano
Parco Naz. del Vesuvio
1281
Scafati
Angri
Pagani
Nocera Inf.
Baronissi
Castiglione del Genovesi
Montecorvino Rovella
Campagna
Bagni di Contursi
Ricigliano
Buccino
47
Picerno
Tito
Vietri di Pot.
25
Trivigno
Anzi

G. di Napoli
Casamicciola T.
Torre Annunziata
Pompei
55
48
Cava de' Tirr.
Ravello
Maiori
Vietri s. Mare
SALERNO
Pontecagnano
Eboli
143
56
131
Scorzo
55
Pertosa
Vietri di Pot.
58

Sorrento
Castellamm. di St.
Gragnano
Vico E.
Agerola
Amalfi
Atrani
Conca d. Marini
Battipaglia
Serre
Petina
Polla
M. Maruggio
Brienza 1577
Calvello
Marsico Nvo.

Massa Lubrense
S. Agata sui Due Golfi
Positano
Praiano
G. di Salerno
Sele
Controne
Mtii. Alburni
Atena Lucana
Sala Consilina
Marsico 1836
M. Volturino 810
Marsicovetere

Anacapri
Capri
P. Campanella
Albanella
Roccadaspide
Corleto Monf.
Ottati
132
Teggiano
117
Grumento Nova
Spino

I. di Capri (Prov. di Napoli)
PAESTUM
Capaccio
Roscigno
Stio
M. Cervati 1899
Sassano
Buonabitacolo
Montesano s. Marc.
Moliterm

Is.Eolie-Strómboli Palermo Cagliari
Agrópoli
S. Maria di Castellabate
Frutino
33
Vallo di Luc.
179
M. Sacro 1705
Sanza
Caselle in Pittari
Casaletto Spartano 778
A 3
133
Tempa di Rocca Rossa 1500
M. Al

S. Marco
P. Licosa
Castellabate
Omignano
Pollica
VELIA
Vallo di Diano
Alfano
Torre Orsaia
Capitello
Rivello
Lauria
27

Acciaroli
Marina di Casal Velino
Ascea
Pisciotta
Centola
Celle di Bulgheria
Sapri
Trecchina
M. Al

Palinuro
C. Palinuro
Camerota
Praia a Mare
Aieta
I. di Dino
Scalea

Marina di Camerota
Maratea
G. di Policastro
Laino Borgo

MAR
Diamante
79
Belvedere Marittimo
Marina di Belvedere
Bonifati Marina
Buc

TIRRENO
Cetraro Marina
Maiera
Marina
Marina Acquap

MAR

ADRIATICO

Margherita di Savoia
Barletta
Trani
Biscéglie
Molfetta
Giovinazzo
S. Spirito
BARI
ANNE
22
25
76
53
21
51
nosa Puglia
Andria
43
Ruvo di Puglia
Corato
77
Bitonto
Terlizzi
Castel del Monte
22
Mariotto
Palo d. Colle
Modugno
16
S. Giorgio
Mola di Bari
Cozze
Triggiano
Noicàttaro
Polignano a Mare
46
Capurso
Rutigliano
Grumo App.
Bitetto
Sannicandro di Bari
Adelfia
Casamassima
Conversano
Monópoli
45
Toritto
Acquaviva d. Fonti
Turi
Castiglíolo
506
Cassano d. Murge
Sammichele di Bari
Putignano
Castellana Grotte
Savelletri
117
Terme di Torre Canne
Villanova
103
ola
Gravina in Puglia
12
Altamura
33
356
Santeramo in Colle
Gioia d. Colle
37
Noci
Selva di Fasano
Fasano
Marina di Ostuni
Tre. Sabina
350
14
76
71
A14
83
Alberobello
Cisternino
Ostuni
Carovigno
101
Irsina
401
48
25
Locorotondo
Céglie Messapica
S. Vito dei Norm.
BRINDISI
Tricarico
Grassano
21
MATERA
Laterza
Castellaneta
Mottola
Martina Franca
Kérkira Igoumenítsa Pátrai
Migliónico
Ginosa
Palagiano
Massafra
Villa Castelli
Montemesola
Francavilla Fontana
69
Mesagne
38
Casa l'Abate
Accettura
44
45
Chiatona
18
Grottaglie
50
Latiano
Oria
S. Pietro Vernotico
40
Squinzano
S. Cataldo
Stigliano
109
Montescaglioso
TARANTO
S. Giorgio Iónico
S. Marzano di S. Gius.
Torre S. Susanna
S. Donaci
Campi Salent.
Trepuzzi
12
Ferrandina
Bernalda
Praia a Mare
C. S. Vito
Faggiano
36
Sava
S. Pancrazio Salent.
50
Guagnano
Salice Salent.
Carmiano
LECCE
Lizzanello
35
Craco
38
Pisticci
Pulsano
Lizzano
Mandúria
86
Avetrana
Veglie
Monteroni di Lecce
Léquile
Vérnole
Calimera
84
Missanello
Tursi
METAPONTUM
Metaponto
Lido di Metaponto
Lido Silvana
Maruggio
51
Leverano
Martano
S. Arcangelo
36
Montalbano Ionico
Copertino
143
Aradeo
Galatina
Otranto
17
Roccànova
Scanzano Ionico
Porto Cesareo
Nardò
Galatone
S. Maria al Bagno
Sannicola
Cutrofiano
Máglie
Capo d'Otranto
Senise
Nocara
Policoro
Chiaromonte
Valsinni
Rotondella
Gallípoli
Alézio
Collepasso
Scorrano
67
Poggiardo
Sta. Cesarea
rico Raparo
16
Noepoli
Oriolo
76
Rocca Imperiale
Matino
Casarano
Nociglia
Supersano
Diso
Terme Castro Marina
Francavilla sul Sinni
S. Severino Lucano
Montegiordano
Montegiordano Marina
46
Taviano
Ruffano
Montesano Salent.
Tricase
del Pollino
M. Pollino
2248
S. Lorenzo Bellizzi
Amendolara
Marina di Amendolara
Ugento
Presicce
Alessano
Nazionale
Terranova di Poll.
Cerchiara di Calabr.
Trebisacce
Castrignano del Capo
Marina di Léuca
Castrovillari
243
Cassano allo Iónio
Sibari
Villapíana Lido
Pta. Ristola
C. Sta. Maria di Leuca
Lungro
Doria
Firmo
Spezzano Albanese
Marina di Schiavonea
S. Sosti
Lido Sant'Angelo
Roggiano Grav.
82
S. Demetrio Corone
Terranova da Sib.
207
61
Rossano
S. Marco Argentano
275
Corigliano Calabro
Cropalati
Cariati
61
Bisignano
674
M. Paléparto
1480
Pietrapaola
Pta. Alice
guardia Piemont.
Acri
Longobucco
Campana
Cerzeto
Luzzi
Umbriatico
Cirò
Cirò Marina
Montalto Uffugo
Sra. La Guardia
1431
280
Bocchigliero
Parco Naz. della Calabria
Fossiata
Savelli
77
Pallagorio
51
Melissa
Paola
34
Castiglione scalo
Camigliatello
Silvana Mansio
61
Castelsilano
Zinga
Strongoli
Rende
28
Spezzano d. Sila
1049
Lorica
S. Giovanni in Fiore
54
Rocca di Neto
COSENZA
A3
Aprigliano
La Sila
Poverella
Parco Naz. della Calabria
Cotronei
S. Severina
Caroli
Rogliano
M. Femminamorta
1723
Petilia Pol.
Lago
Grimaldi
1020
Pso. Acquabona
Villàggio Mancuso
Buturo
CROTONE
Altilia
Coraci
Soveria M.
Mesoraca
SANT. HERA LACINIA
Aiello Cal.
Decollatura
Taverna
Sersale
64
Nocera Tirinese
Falerna
209
92
Zagarise
Cropani
Isola d. Capo Rizzuto
Sambiase
Nicastro
XIV
65
Le Castella
Lamezia Terme
CATANZARO
12
Gizzeria Lido
S. Eufemia Lamezia
37
Málda
C. Rizzuto

Golfo

di

Taranto

Durrës Bar Kérkira Igoumenítsa Pátrai

Kérkira Igoumenítsa Pátrai

Durrës Vlorë

© GEOnext - ISTITUTO GEOGRAFICO DE AGOSTINI S.p.A. - NOVARA

MAR TIRR

I. di Ustica
(Prov. di Palermo)   Ustica

Napoli
Cagliari
Livorno
Genova

Gaeta
Cagliari

C. Gallo
Mondello
P. Ráisi   Capaci
Terrasini   G. di Palermo
Capo S. Vito S. Vito   G. di   Carini   PALERMO
lo Capo   Castellammare   Monreale
Castelluzzo   Tonnara di   Montelepre   Bagheria
Custonaci   Scopello   105   Villabate   83
Erice   Balestrate   30   Partinico   Misilmeri   Trabia   Termini   Cefalú
I. Maréttimo   I. Lévanzo   TRAPANI   38   104   Piana   Imerese   25
Lévanzo   Castellammare   Alcamo   d. Albanesi   Bolognetta   48   Collesano   Castelb
Maréttimo   del Golfo   S. Cipirello   Marineo   Ventimiglia
Is. Égadi   Paceco   32   SEGESTA   12   di Sicilia   Caccamo   Cerda
(Prov. di Trapani)   Fulgatore   30   Camporeale   Ciminna   Montemaggiore   Caltavuturo   Petralia
Favignana   44   350   Vicari   Belsito   Polizzi   Sottana
I. Favignana   40   14   Calatafimi   Roccamena   134   Gen.   9
MOZIA   11   Vita   62   540   Corleone   Lercara   Alia   Valledolmo   65   Alime
A 29   dir   Salemi   37   Friddi   Vallelunga   Alime
Marsala   Gibellina   Campofiorito   Prizzi   660   22   Villalba   Pratameno   Villap
Addolorata   38   53   S. Ninfa   Bisacquino   1007   137   Portella   832
Strasatti   Partanna   Contessa   Palazzo   Cammarata   di Recattivo   Vil
42   18   47   Entellina   Adriano   Villalba
Tunis   Castelvetrano   S. Margherita   295   Sambuca   Chiusa   Bivona   S. Stefano   Mussomeli   S. Caterina   14   30
di Belice   di Sicilia   Sclafáni   Quisquina   S. Cataldo   Villarmosa
Mazara   21   A 29   37   Burgio   Alessandria   15
d. Vallo   Campobello   Menfi   34   d. Rocca   Casteltermini   Serradifalco   29
di Mázara   45   Caltabellotta   44   Pietraperzia
Marinella   SELINUNTE   Cianciana   Montedoro   Délia
C. Granitola   105   230   Ribera   Platani   Racalmuto   58   Sommatino
16   Sciacca   Castrofilippo   23   Riesi
Cattolica   Aragona   Grotte   470
Eraclea   ERACLEA   35   Favara   Campobello
Raffadali   AGRIGENTO   Naro   di Licata   Ravanusa
Montallegro   53   Porto   79   Palma
Siculiana   Empedocle   di Montech.   Marina
Marina   Siculiana   Linosa   di Palma   Buter
34
Licata

I. di Linosa
Linosa
Porto
Empedocle

Isole Pelagie
(Prov. di Agrigento)

I.di Lampione   MAR
I. di Lampedusa

Pantelleria
Khamma
Scauri   MEDITERRAN
I. Pantelleria
(Prov. di Trapani)   Lampedusa

© GEOnext - ISTITUTO GEOGRAFICO DE AGOSTINI S.p.A.- NOVARA

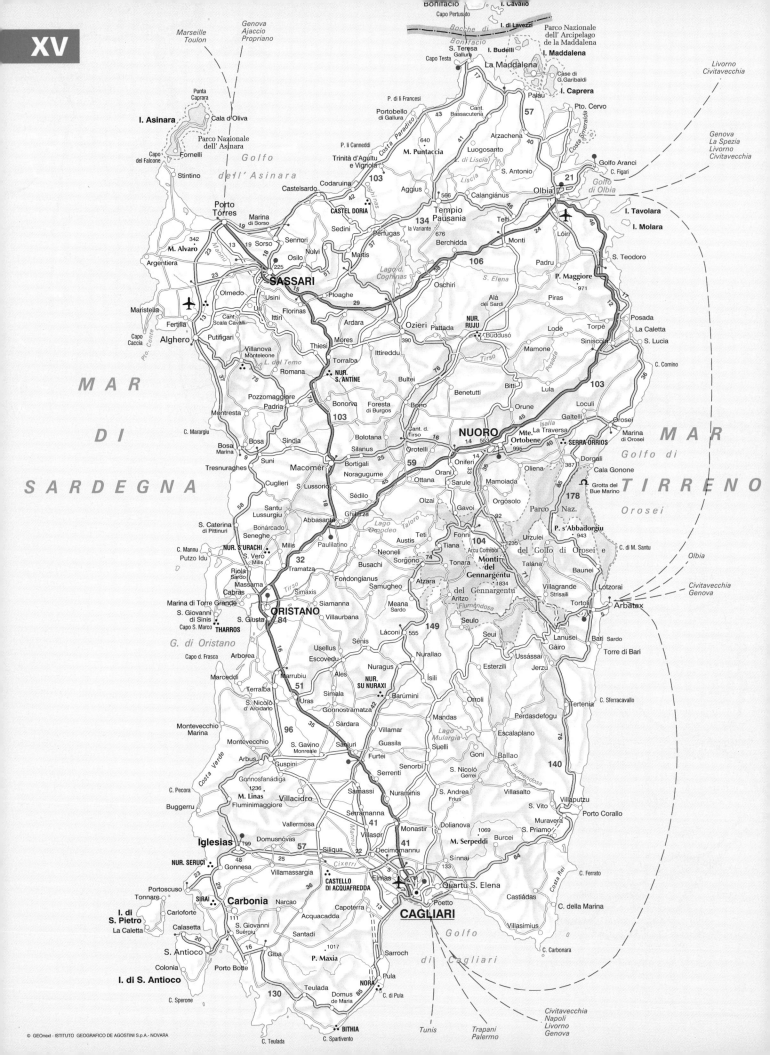

ATLANTE STRADALE

ROAD ATLAS
ATLAS ROUTIER
STRASSENATLAS
1:250 000

PRINCIPALI COMUNICAZIONI STRADALI E MARITTIME
Main road and maritime communications • Principales communications routières et maritimes • Wichtigste Straßen- und Schiffahrtsverbindungen

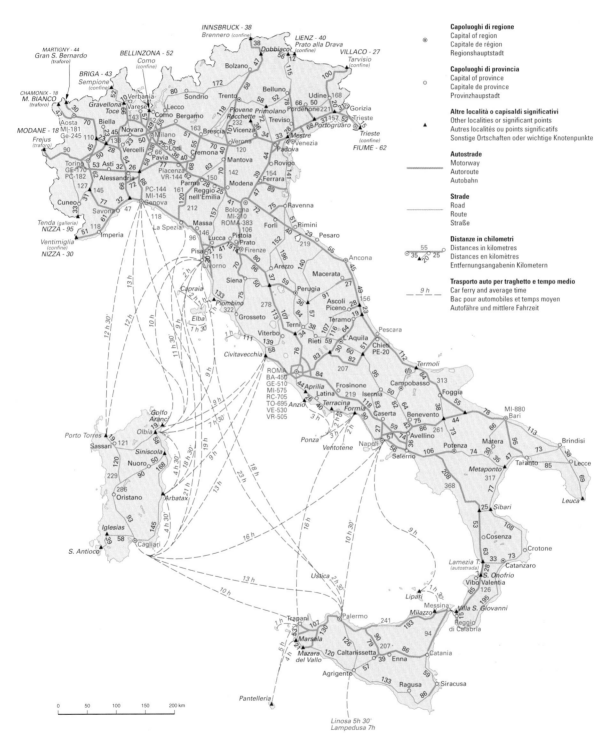

Capoluoghi di regione
Capital of region
Capitale de région
Regionshauptstadt

Capoluoghi di provincia
Capital of province
Capitale de province
Provinzhauptstadt

Altre località o capisaldi significativi
Other localities or significant points
Autres localités ou points significatifs
Sonstige Ortschaften oder wichtige Knotenpunkte

Autostrade
Motorway
Autoroute
Autobahn

Strade
Road
Route
Straße

Distanze in chilometri
Distances in kilometres
Distances en kilomètres
Entfernungsangaben in Kilometern

Trasporto auto per traghetto e tempo medio
Car ferry and average time
Bac pour automobiles et temps moyen
Autofähre und mittlere Fahrzeit

Le distanze stradali, in chilometri, sono calcolate sui percorsi più brevi o più rapidi da centro abitato a centro abitato.
The road-distances in kilometres have been calculated, on the shortest and quickest runs from a town to another.
Les distances routières en kilomètres ont été calculées sur les parcours les plus courts et les plus rapides de lieu habité à lieu habité
Die Entfernungsangaben, in Kilometern, wurden an den kürzesten oder schnellsten Strecken von Ortschaft zu Ortschaft errechnet

LEGENDA

Legend · Légende · Zeichenerklärung

Autostrada con ingresso, barriera, area di servizio
Motorway with access point, barrier, service area
Autoroute avec accès, barrière, aire de service
Autobahn mit Anschluß, Barriere, Tankstelle

Distanze autostradali in chilometri
Motorway distances in kilometres
Distances en kilomètres sur autoroute
Entfernungsangaben in Kilometern an Autobahnen

Gallerie autostradali
Motorway tunnels
Tunnels autoroutiers
Autobahntunnels

Strade di grande comunicazione
Highways
Routes de liaison principale
Hauptverbindungsstraßen

Strade d'importanza regionale
Regional throughroutes
Routes de liaison régionale
Regionalstraßen

Strade d'interesse locale, strade in progetto
Secondary roads, roads projected
Routes de liaison locale, routes en projet
Nebenstraßen, Straßen in Planung

Strade a traffico limitato
Roads with traffic restriction
Routes à trafic limité
Straßen mit Verkehrsbeschränkung

Strade a pedaggio
Toll roads
Routes à péage
Straßen mit Gebühr

Strade praticabili con difficoltà
Roads practicable with difficulty
Routes praticables avec difficulté
Schwierig befahrbare Straßen

Autostrade in costruzione e apertura prevista
Motorways under construction and opening date
Autoroutes en construction et ouverture prévue
Autobahnen in Bau und Fertigstellungsdatum

Tratti di strada in costruzione e apertura prevista
Road stretches under construction and opening date
Sections routières en construction et ouverture prévue
Straßenabschnitte in Bau und Fertigstellungsdatum

Distanze stradali in chilometri
Road distances in kilometres
Distances en kilomètres sur route
Entfernungsangaben in Kilometern an Straßen

Cavalcavia, sottopassaggio, passaggio a livello
Overpass, underpass, level crossing
Passage de la route supérieur, inférieur, à niveau
Überführung, Unterführung, Bahnübergang

Svincoli, galleria stradale
Junctions, road tunnel
Échangeurs, tunnel routier
Anschlußstellen, Straßentunnel

Valico, quota altimetrica in metri
Pass, height in metres
Col, altitude en mètres
Paß, Höhe in Metern

Ferrovia con stazione e galleria
Railway with station and tunnel
Chemin de fer avec gare et tunnel
Eisenbahn mit Bahnhof und Tunnel

Trasporto auto per ferrovia
Railway ferry for cars
Transport des autos par voie ferrée
Autoverladung per Bahn

Trasporto auto per traghetto e tempo medio
Car ferry and average time
Bac pour automobiles et temps moyen
Autofähre und mittlere Fahrzeit

Funivia, seggiovia
Cableway, chair-lift
Téléphérique, télésiège
Seilbahn, Sessellift

Funicolare, tramvia, cremagliera
Funicular, tramway, rack-railway
Funiculaire, tramway, chemin de fer à crémaillère
Schwebebahn, Straßenbahn, Zahnradbahn

Numero di autostrada e di traforo
Number of motorway and tunnel
Numéro d'autoroute et tunnel
Autobahn- und Tunnelnummer

Numero di strada statale e strada europea
Number of national and european roads
Numéro des routes nationales et européennes
Staatsstraßennummer, Europastraßennummer

Confine di Stato
State frontier
Frontière d'État
Staatsgrenze

Confini di regione, provincia
Regional and provincial boundaries
Limites de région et de province
Regions- und Provinzgrenzen

Parco nazionale
National park
Parc national
Nationalpark

Parco, riserva naturale e zona protetta
Park, natural reserve and protected area
Parc, réserve naturelle et zone protégée
Naturpark, Naturschutzgebiet

Aeroporto principale
Main airport
Aéroport principal
Wichtigster Flughafen

Aeroporto turistico, aerodromo
Tourist airport, aerodrome
Aéroport touristique, aérodrome
Touristischer Flughafen, Flugplatz

Porto turistico
Tourist harbour
Port de plaisance
Touristenhafen

Punto di frontiera e dogana
Frontier crossing and customs
Passage frontière et douane
Grenzübergang und Zollamt

Faro
Lighthouse
Phare
Leuchtturm

Osservatorio astronomico
Astronomical observatory
Observatoire astronomique
Sternwarte

Rifugio, capanna
Refuge, cabin
Refuge, cabane
Hütte, Schutzhütte

Terme, fonte naturale
Baths, natural spring
Thermes, source naturelle
Therme, Naturquelle

Villa d'arte isolata
Isolated art villa
Villa d'art isolée
Alleinstehende Kunstvilla

Chiesa, santuario
Church, sanctuary
Église, sanctuaire
Kirche, Wallfahrtskirche

Monastero, abbazia
Monastery, abbey
Monastère, abbaye
Kloster, Abtei

Castello, casaforte
Castle, fortified building
Château, bâtiment fortifié
Schloß, befestigtes Gebäude

Torre
Tower
Tour
Turm

Monumento isolato
Isolated monument
Monument isolé
Alleinstehendes Denkmal

Cimitero, sacrario
Cemetery, sacrarium
Cimetière, sacrarium
Friedhof, Sakrarium

Dolmen
Dolmen
Dolmen
Dolmen

Menhir, stele
Menhir, stele
Menhir, stèle
Menhir, Stele

Rovina
Ruin
Ruine
Ruine

Antichità
Antiquity
Antiquité
Ausgrabung

Tomba, necropoli
Tomb, necropolis
Tombe, nécropole
Grab, Nekropolis

Nuraghe isolato
Isolated nuraghe
Nuraghe isolé
Alleinstehende Nuraghe

Villaggio nuragico
Nuraghic village
Village nuragique
Nuragendorf

Incisioni rupestri
Rock engravings
Gravures rupestres
Felszeichnungen

Curiosità naturale
Natural sight
Curiosité naturelle
Natursehenswürdigkeit

Grotta, caverna
Grotto, cave
Grotte, caverne
Grotte, Höhle

Rimando alle parti in comune
Reference-mark to the adjoining maps
Renvoi aux tableaux adjacents
Hinweis zu angrenzenden Karten

Coordinate geografiche
Geographical coordinates
Coordonnées géographiques
Geographische Koordinaten

Scala, scale, échelle, Maßstab 1 : 250 000 (1 cm = 2,5 km)

0   2   4   6   8   10 km

I riquadri in colore blu delimitano su ogni tavola l'area i cui nomi sono contenuti nell'indice con riferimento alla tavola stessa.
Blue frames on each map define the area, whose names are contained in index with reference to the same map.
Les bordures en bleu sur chaque tableau délimitent l'aire dont les noms sont contenus dans l'index avec référence au tableau même.
Die blauen Rahmen in jeder Tafel bestimmen den Raum, deren Namen im Index mit Hinweis zu derselben Tafel enthalten sind.

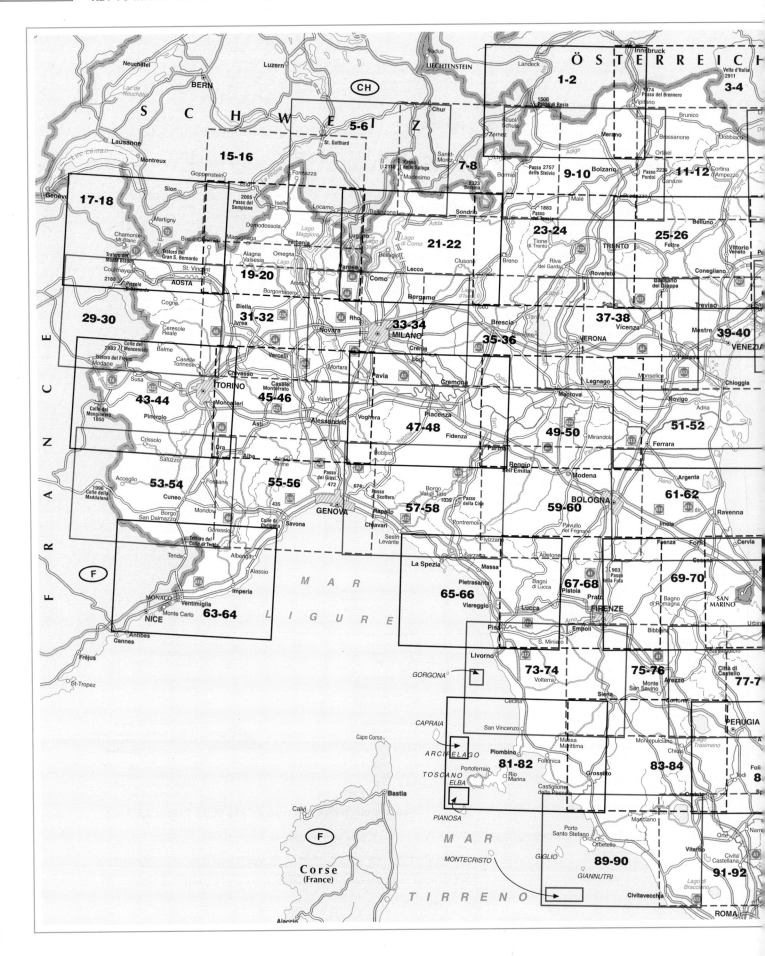

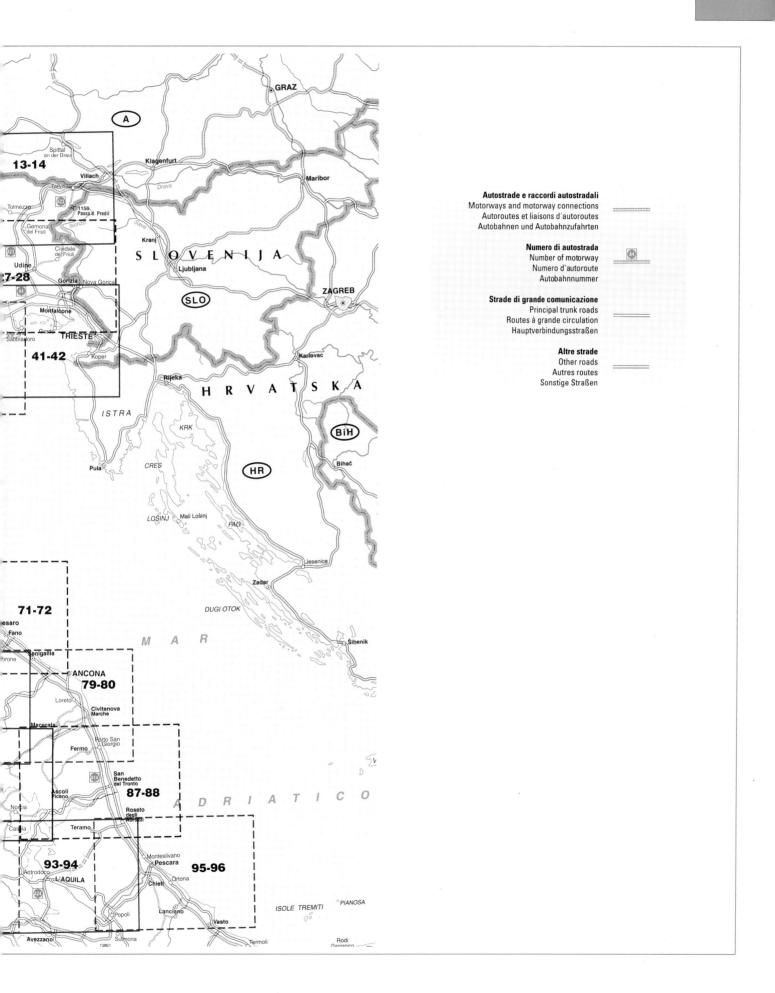

Autostrade e raccordi autostradali
Motorways and motorway connections
Autoroutes et liaisons d'autoroutes
Autobahnen und Autobahnzufahrten

Numero di autostrada
Number of motorway
Numero d'autoroute
Autobahnnummer

Strade di grande comunicazione
Principal trunk roads
Routes à grande circulation
Hauptverbindungsstraßen

Altre strade
Other roads
Autres routes
Sonstige Straßen

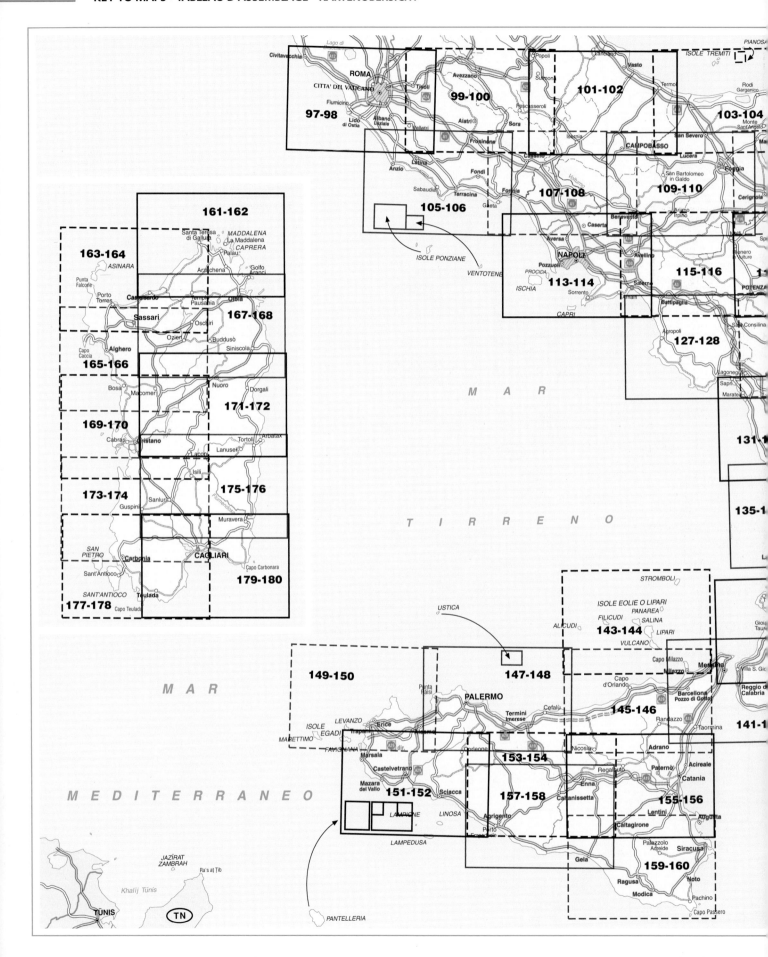

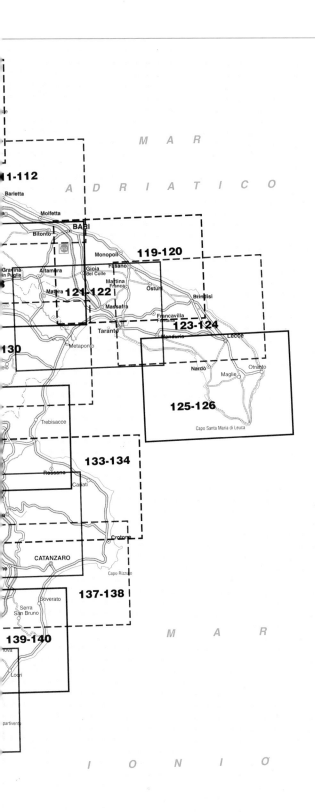

Autostrade e raccordi autostradali
Motorways and motorway connections
Autoroutes et liaisons d'autoroutes
Autobahnen und Autobahnzufahrten

Numero di autostrada
Number of motorway
Numero d'autoroute
Autobahnnummer

Strade di grande comunicazione
Principal trunk roads
Routes à grande circulation
Hauptverbindungsstraßen

Altre strade
Other roads
Autres routes
Sonstige Straßen

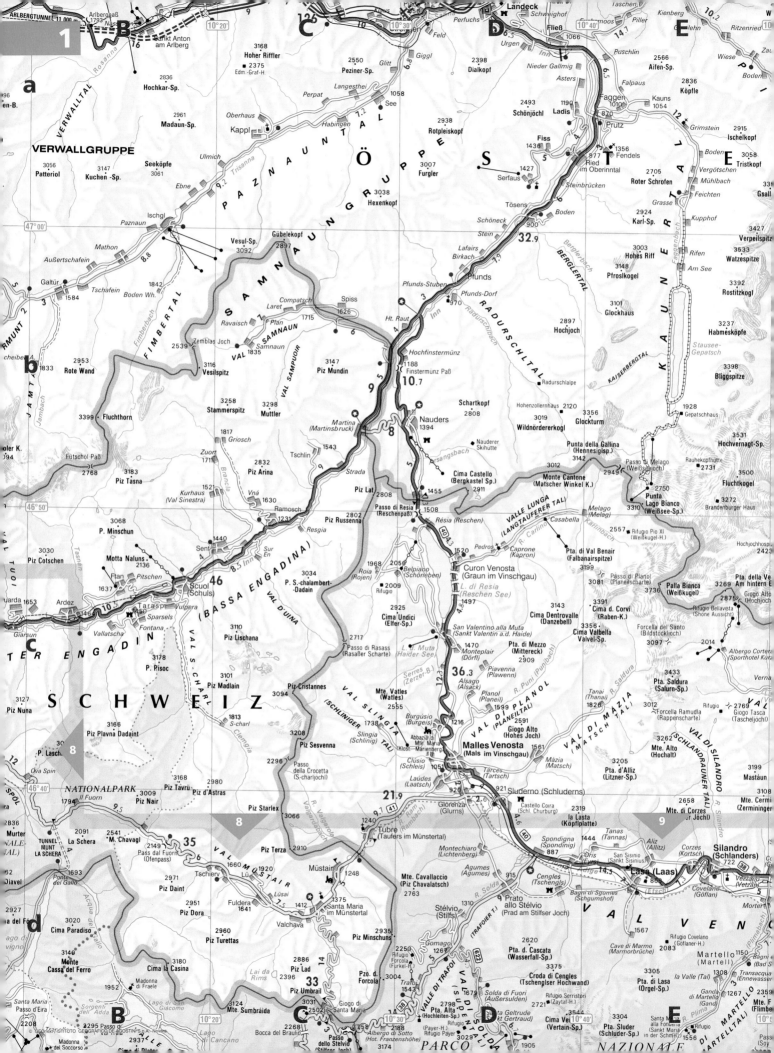

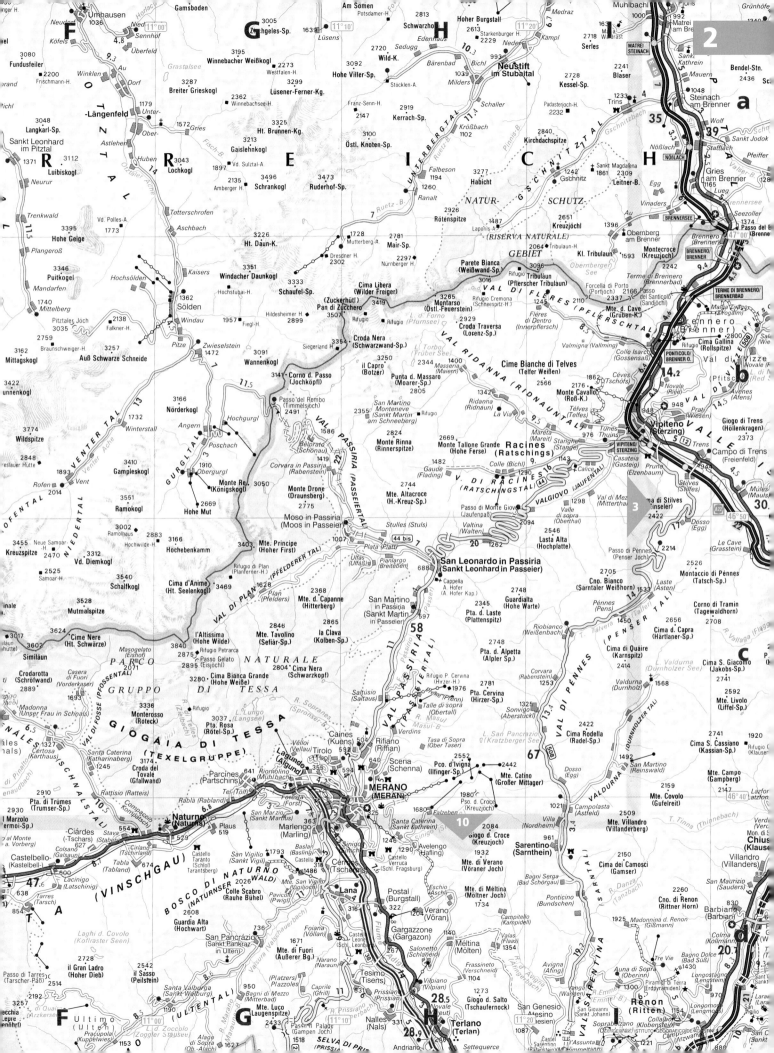

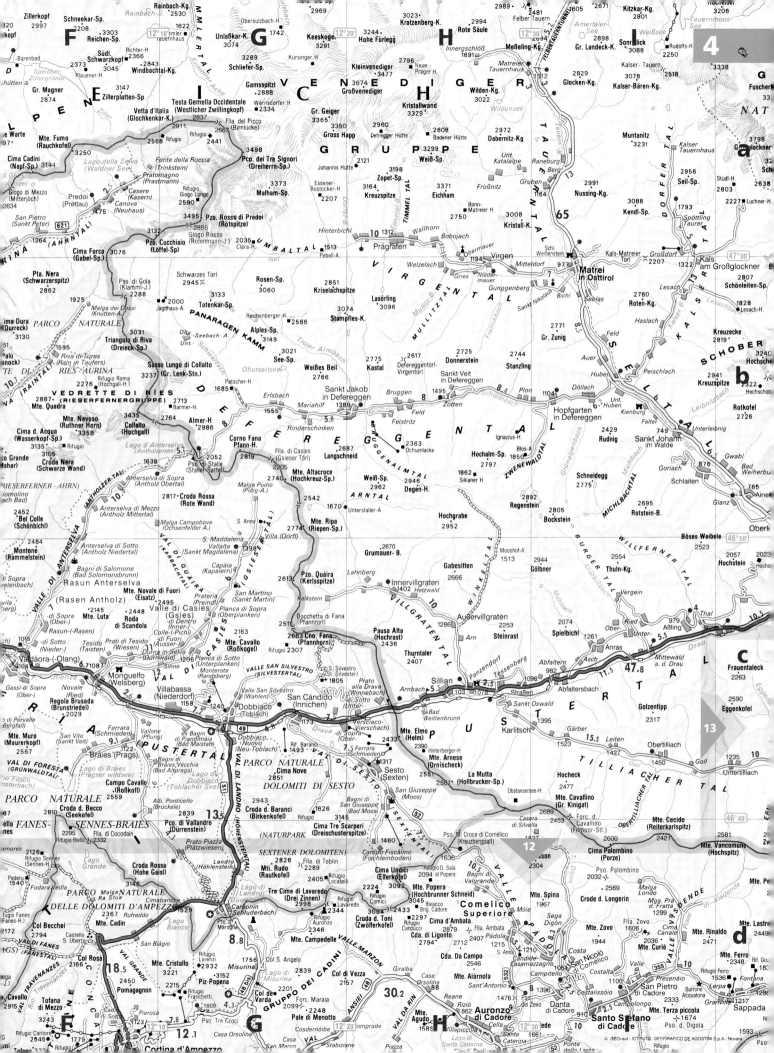

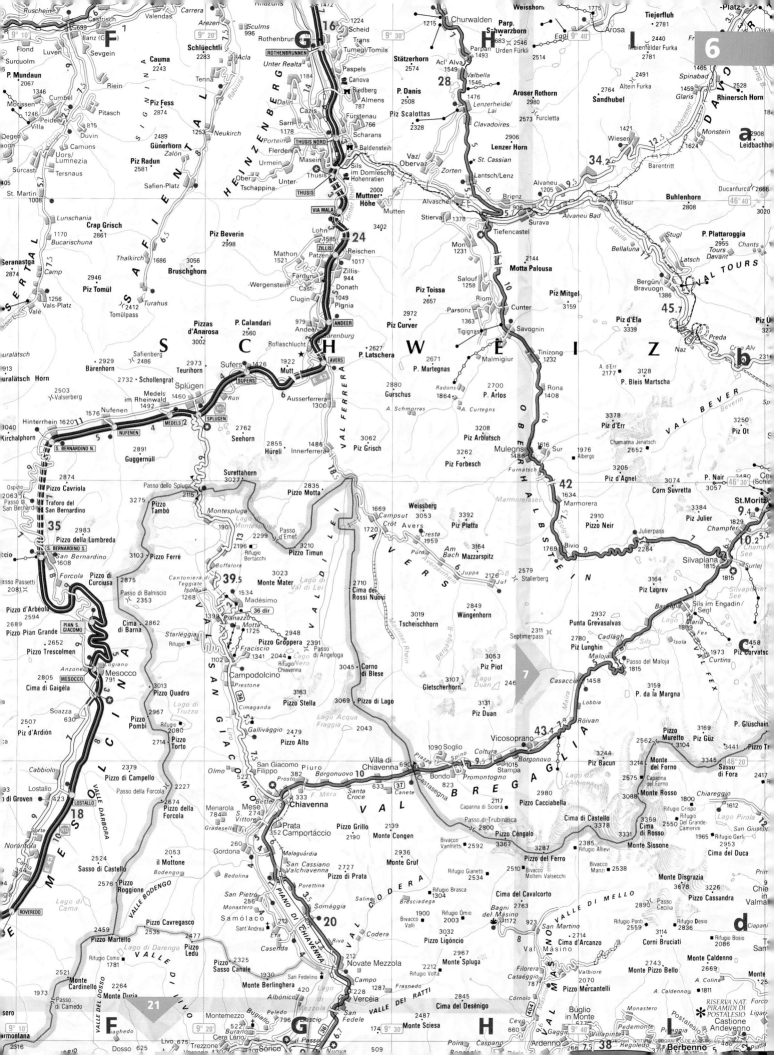

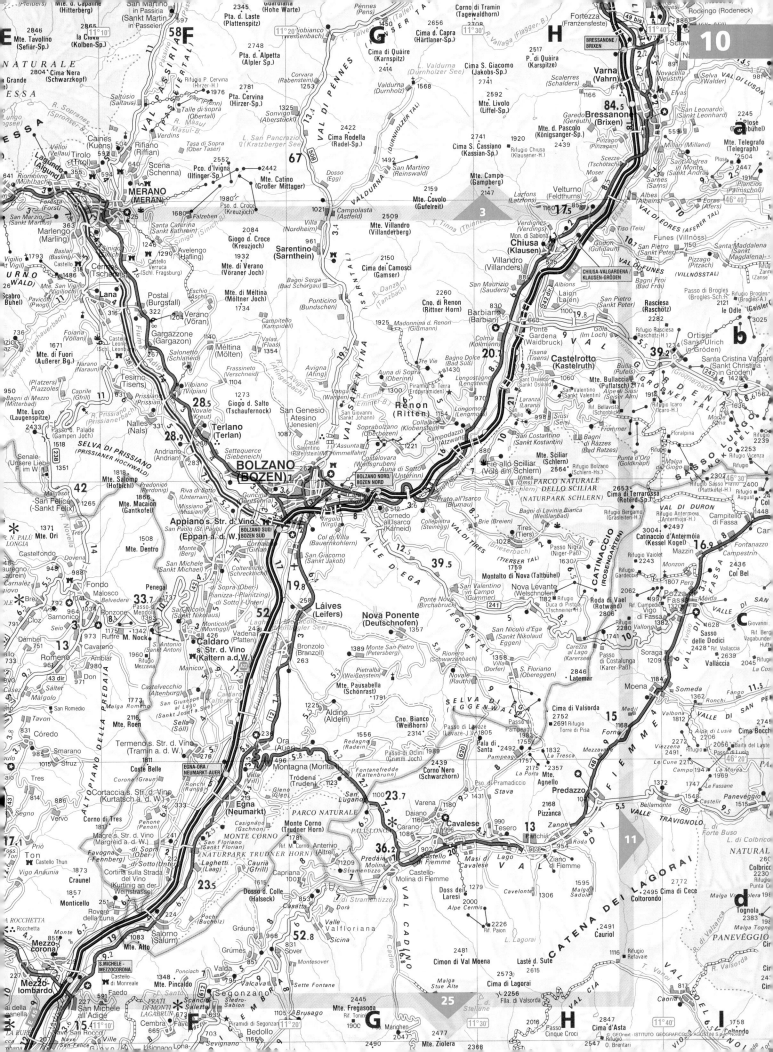

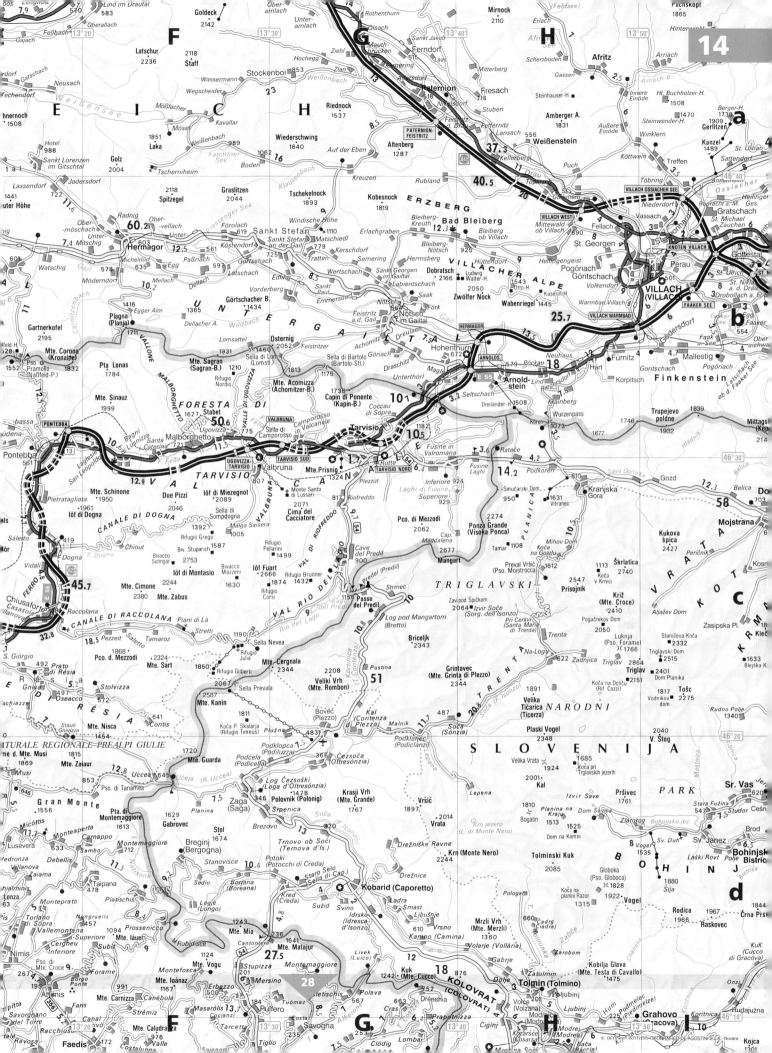

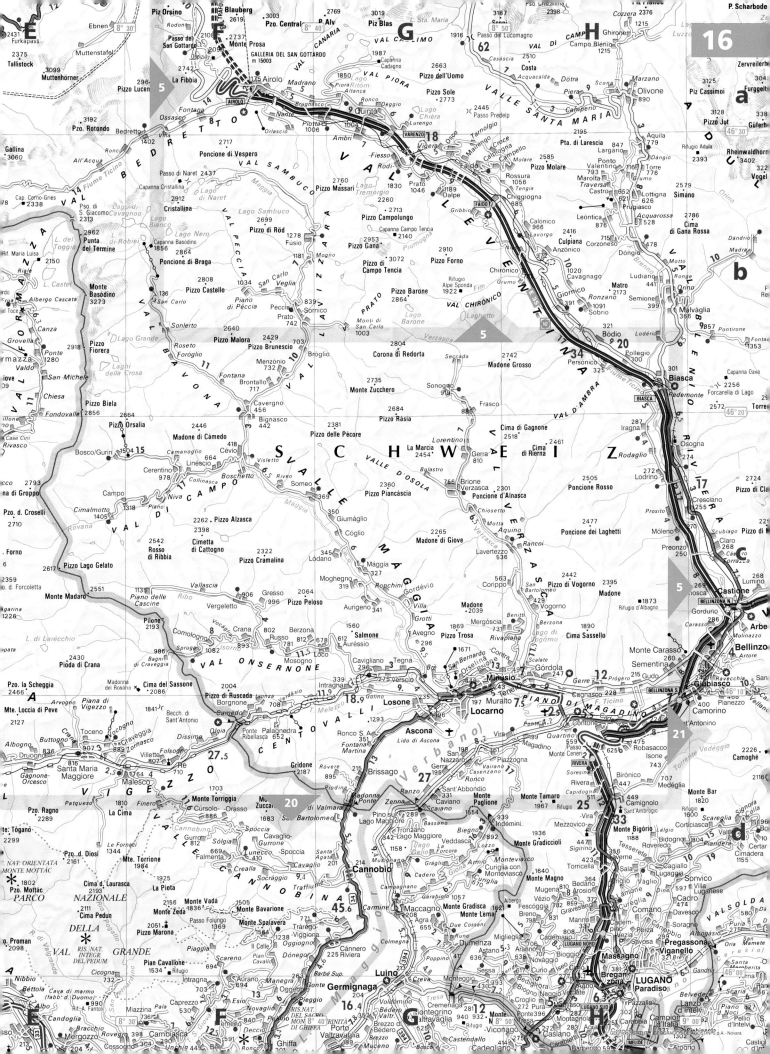

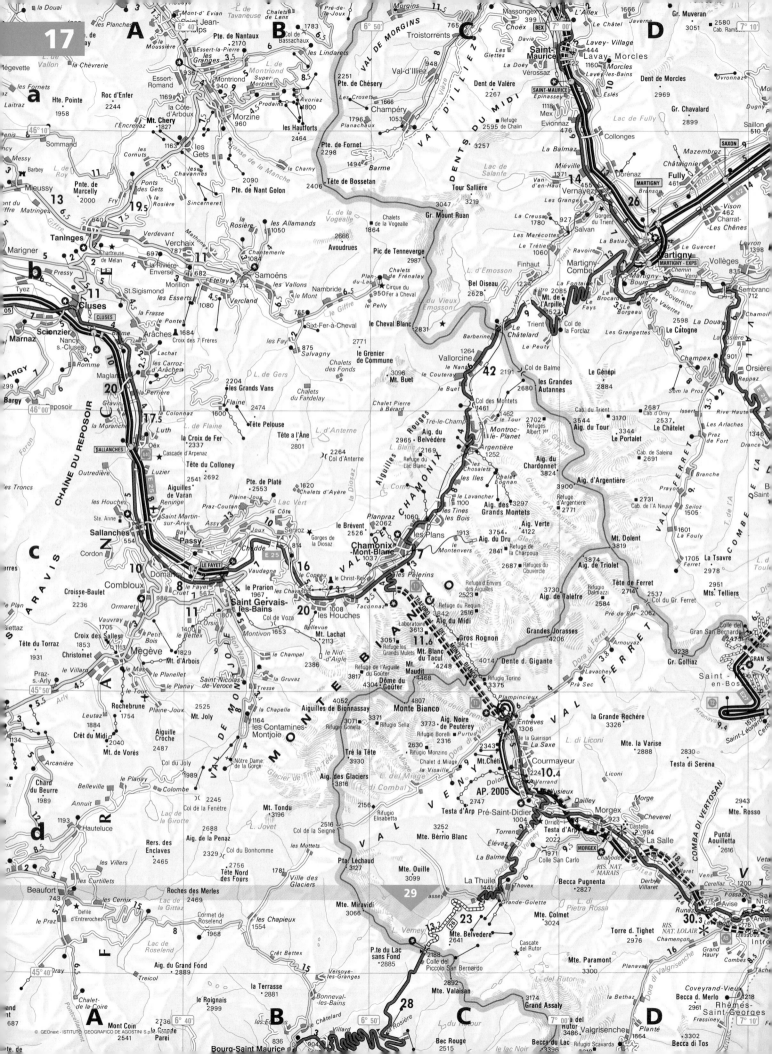

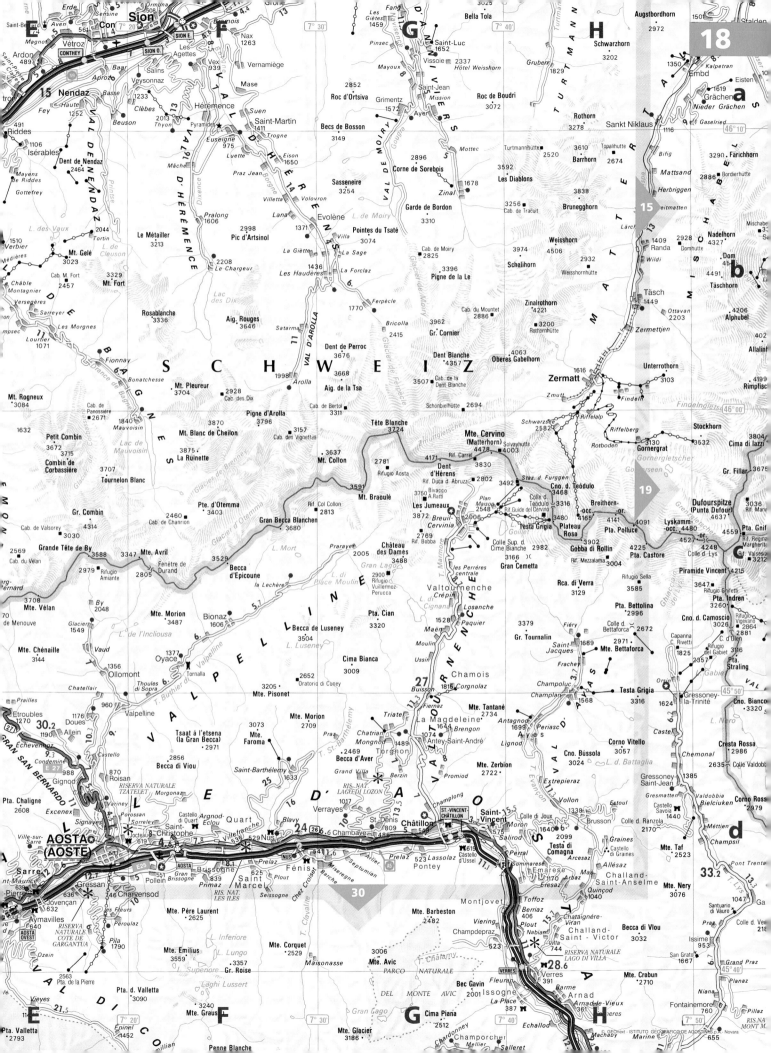

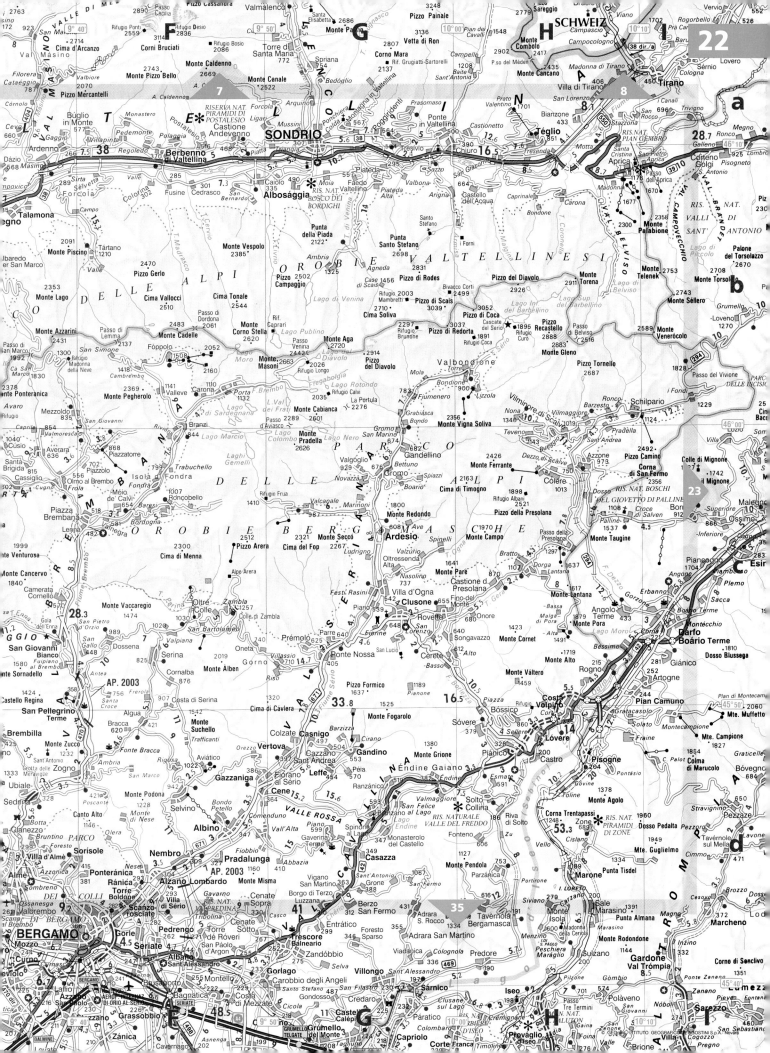

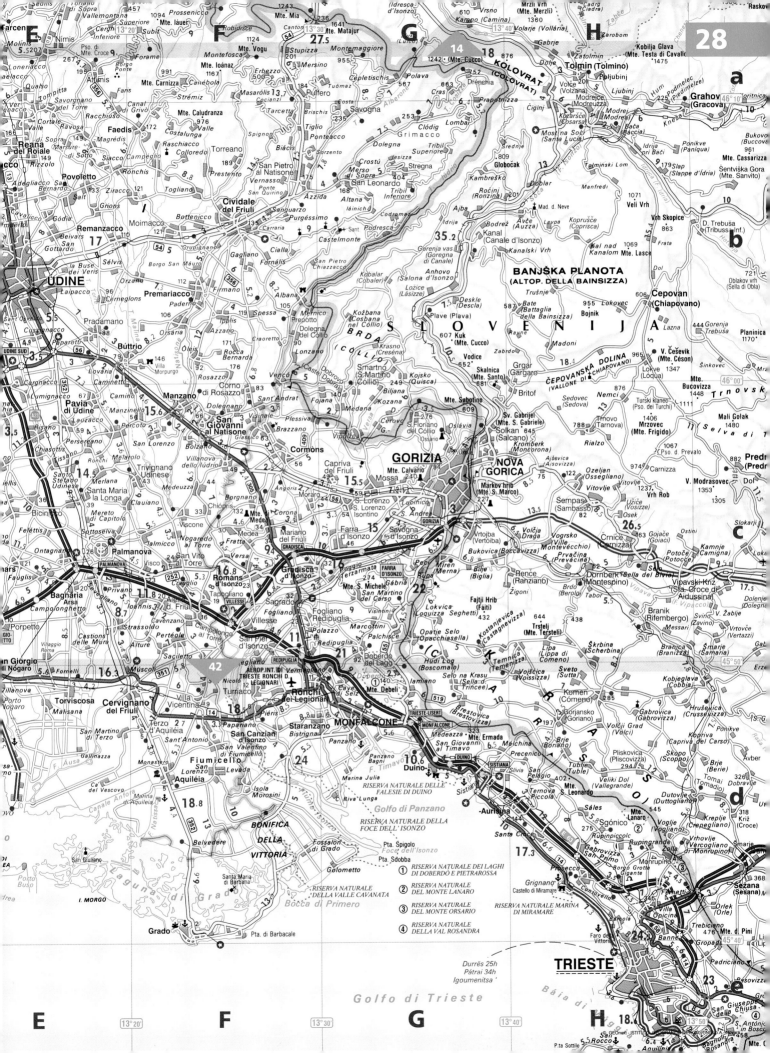

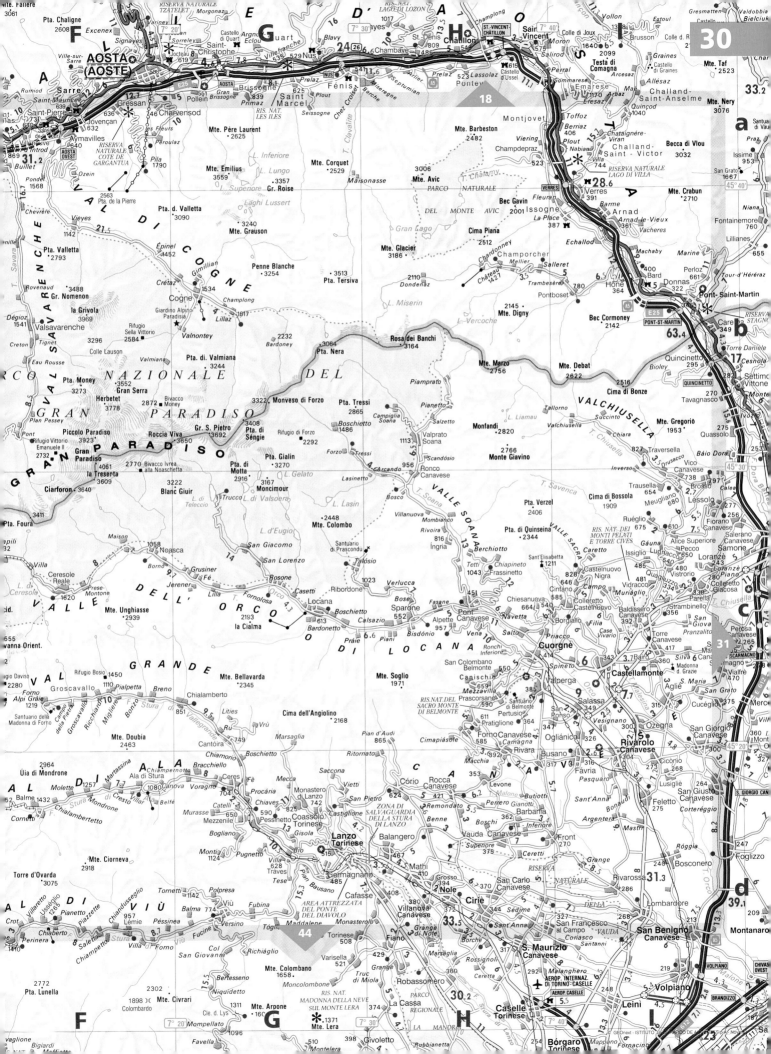

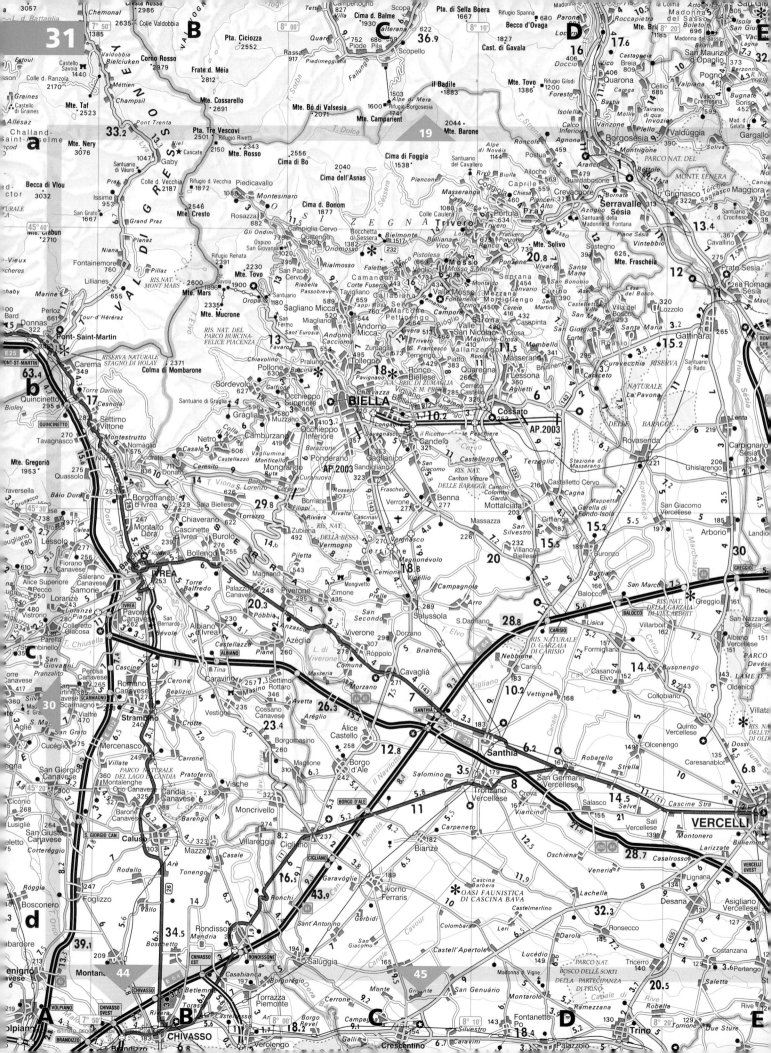

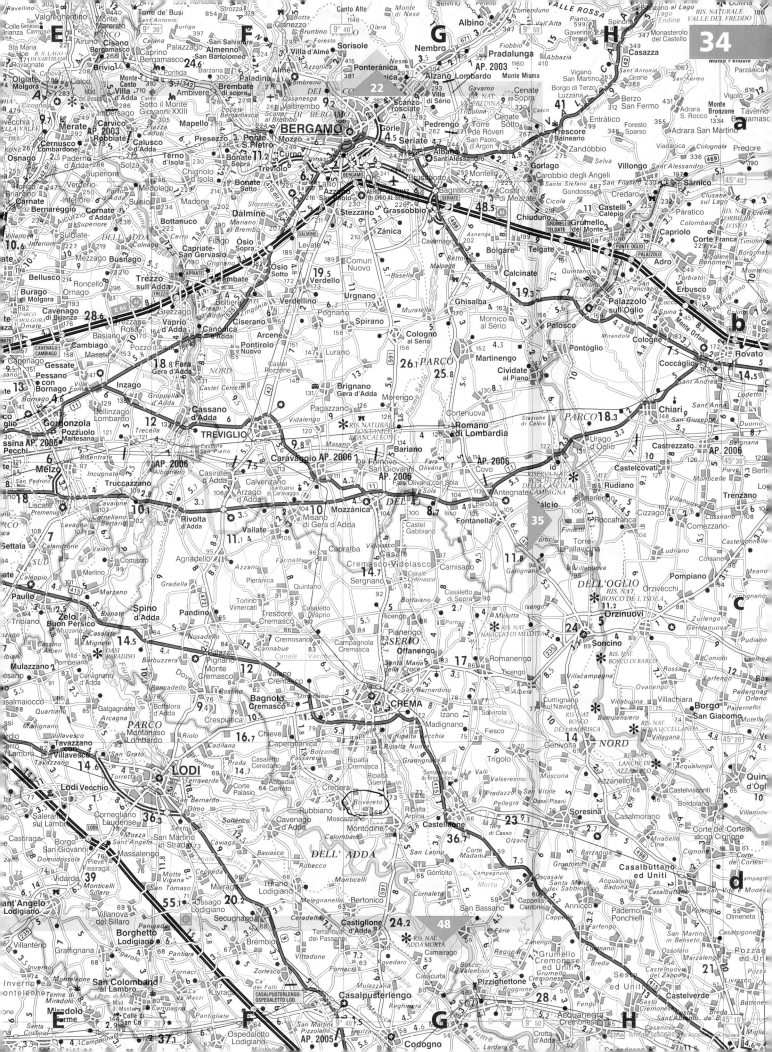

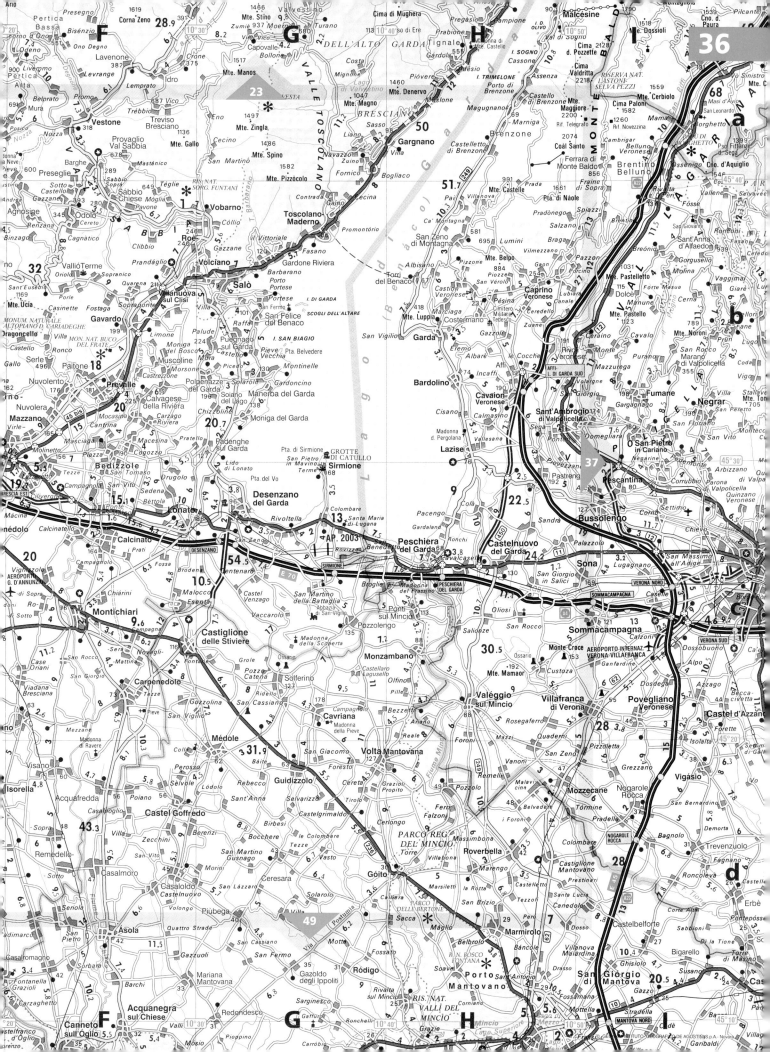

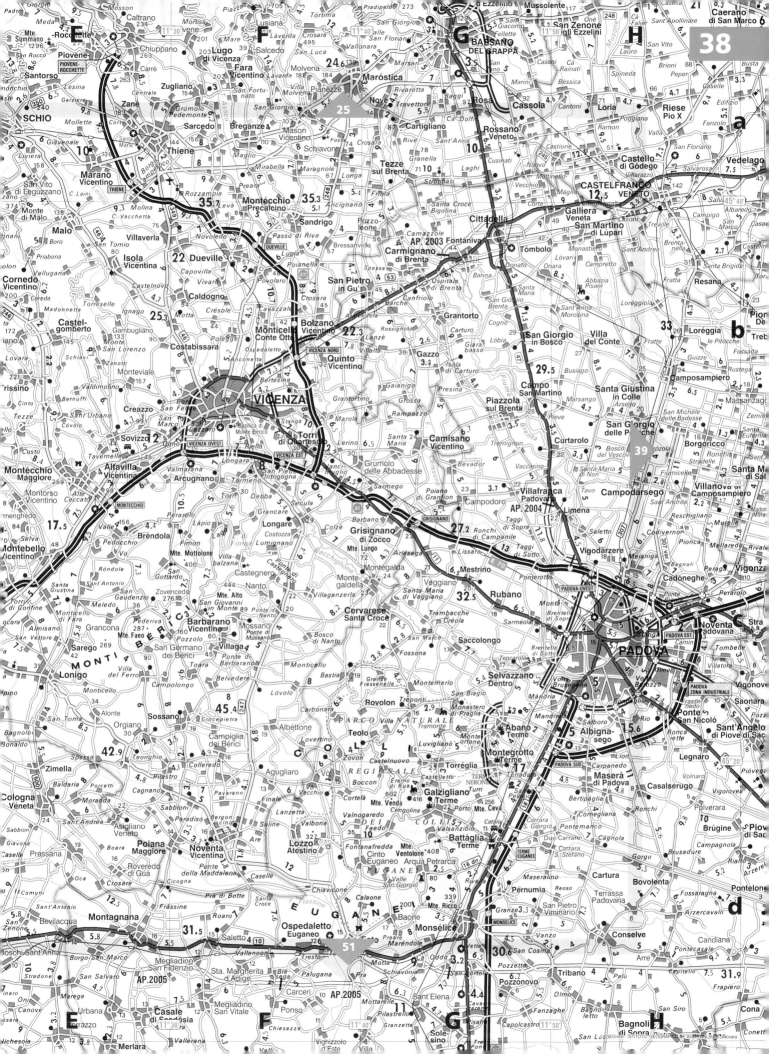

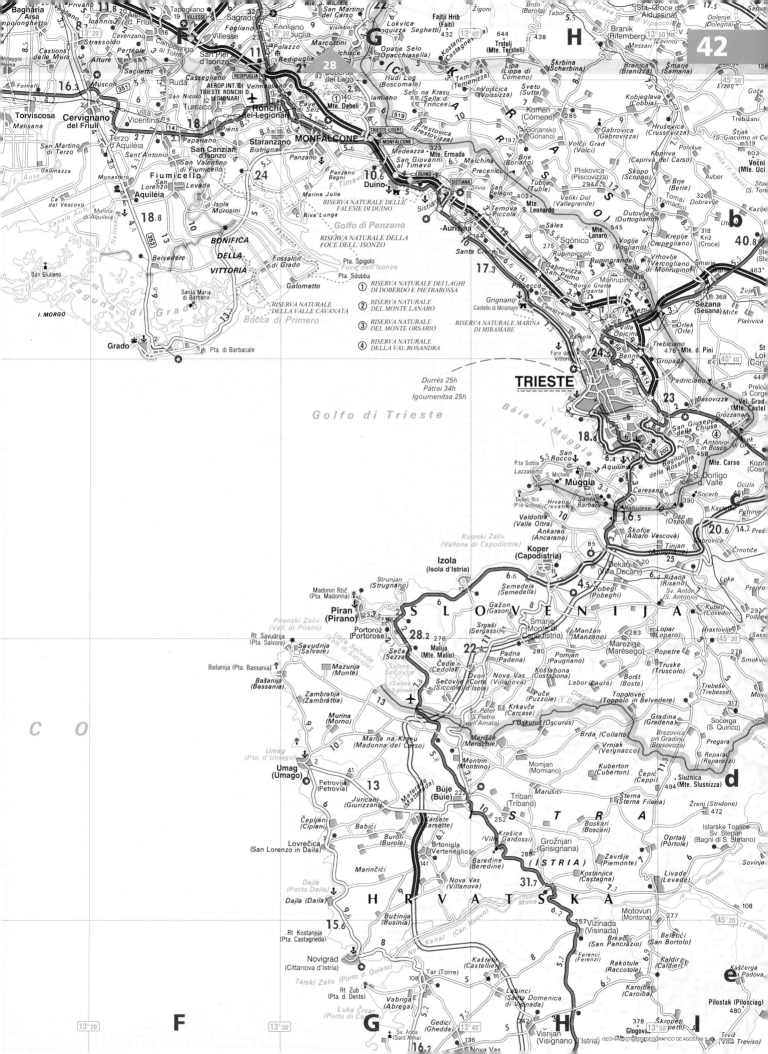

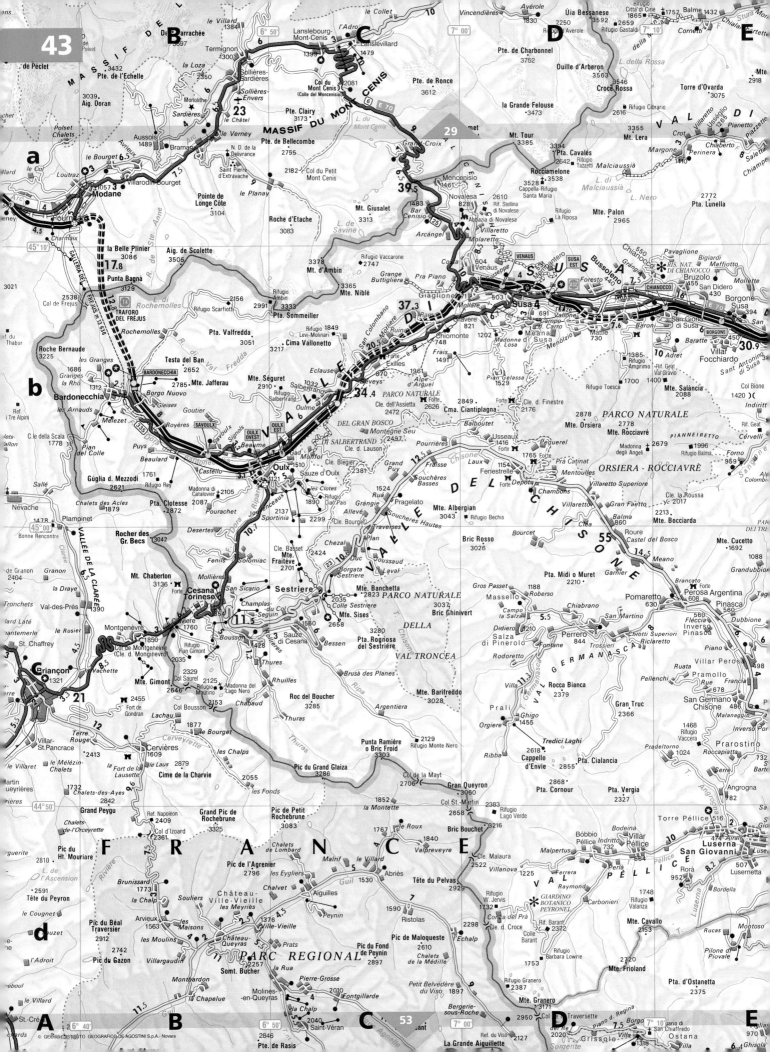

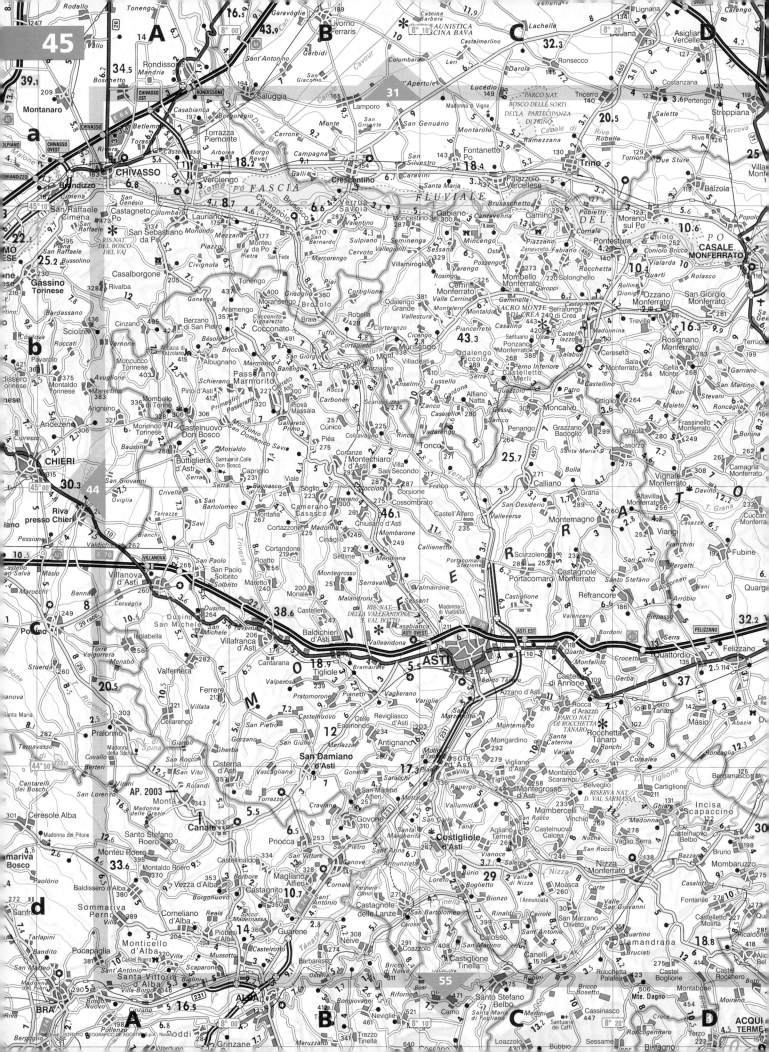

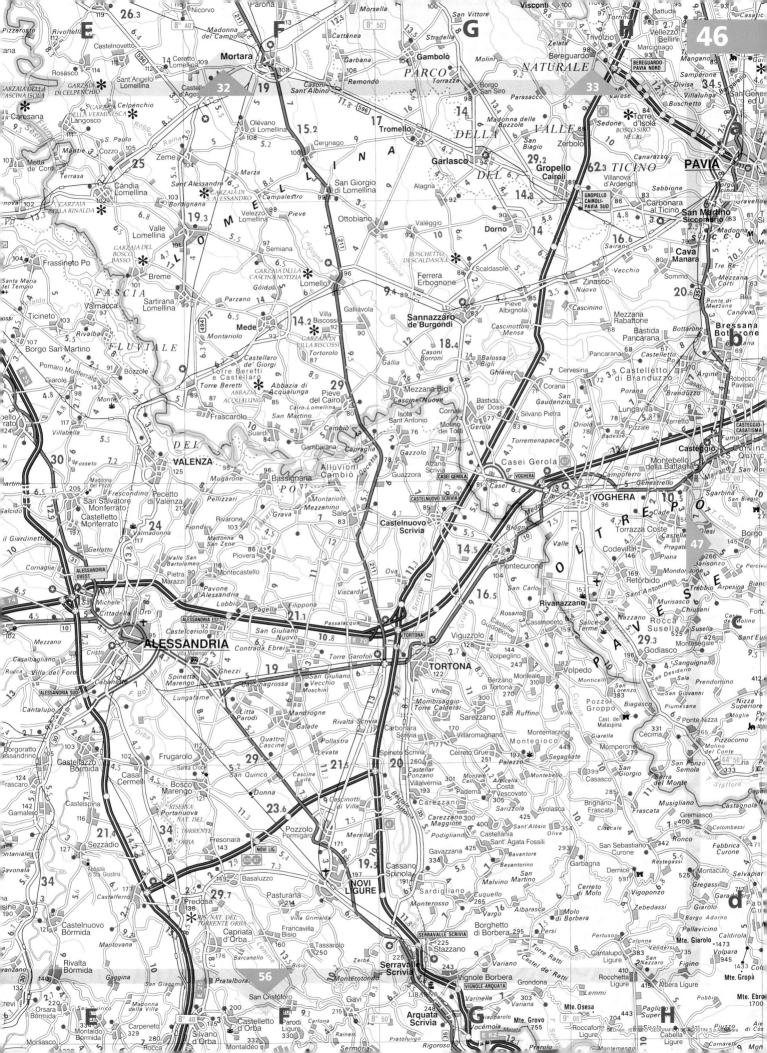

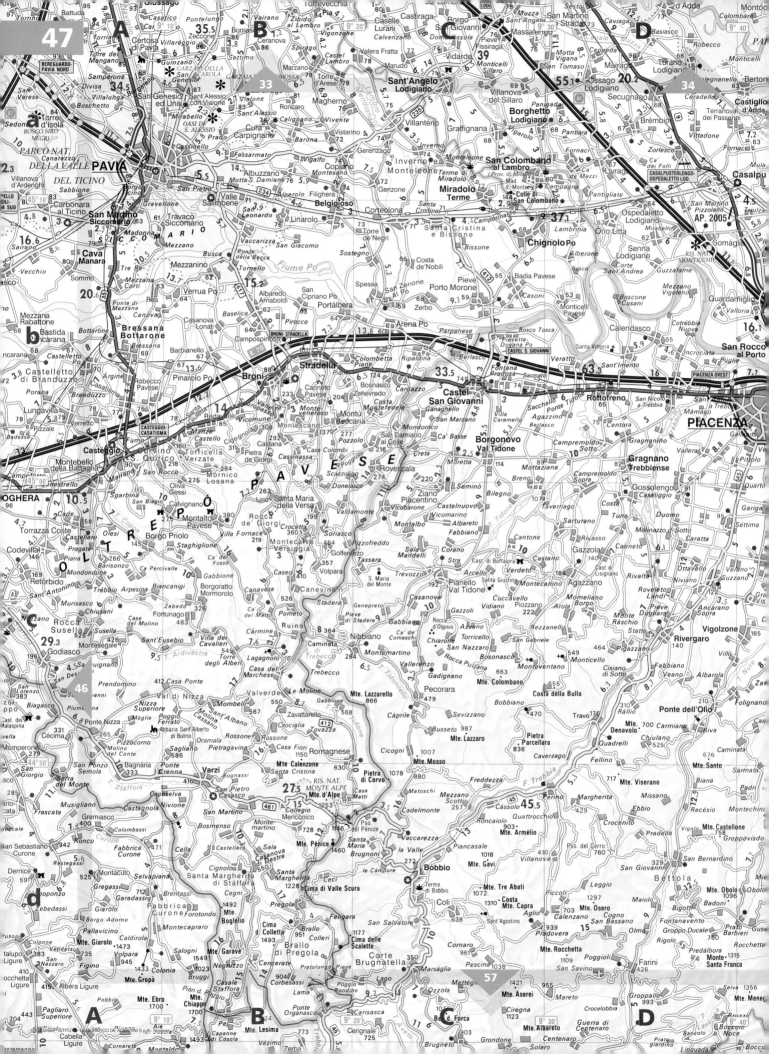

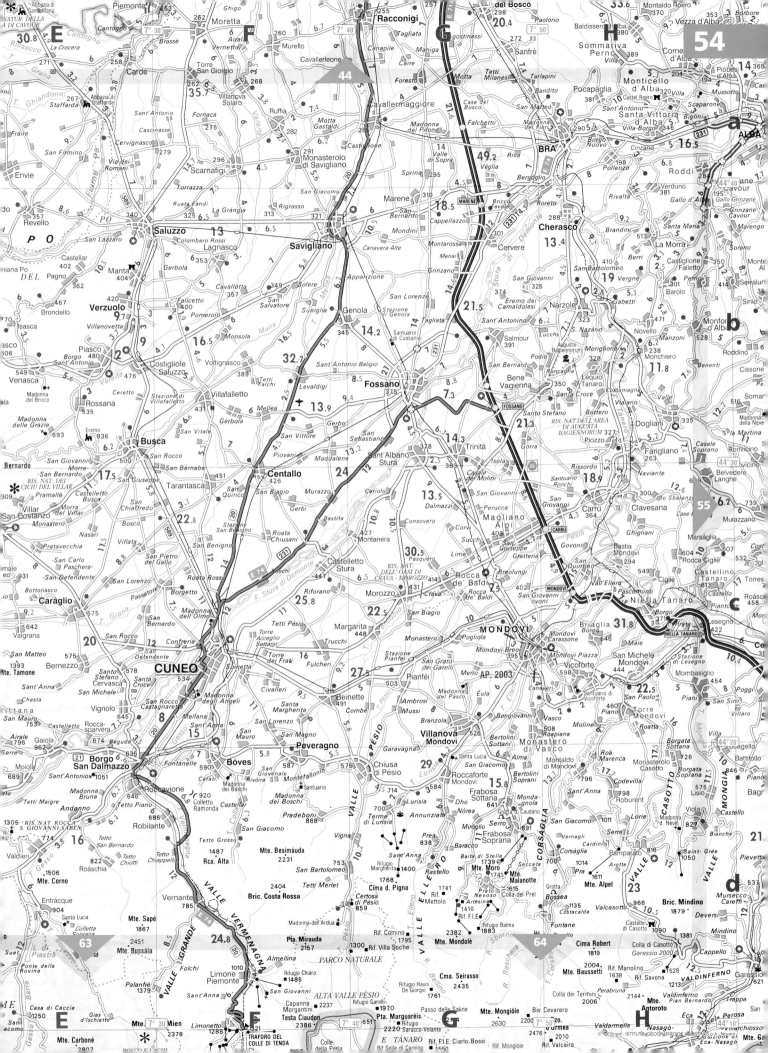

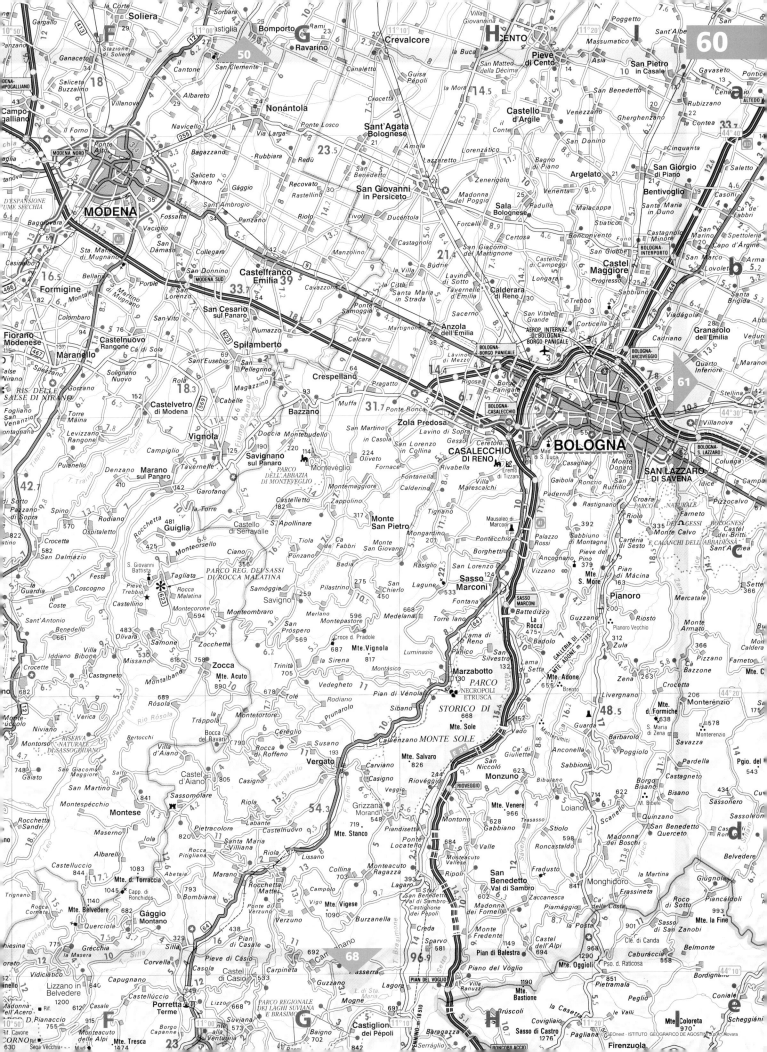

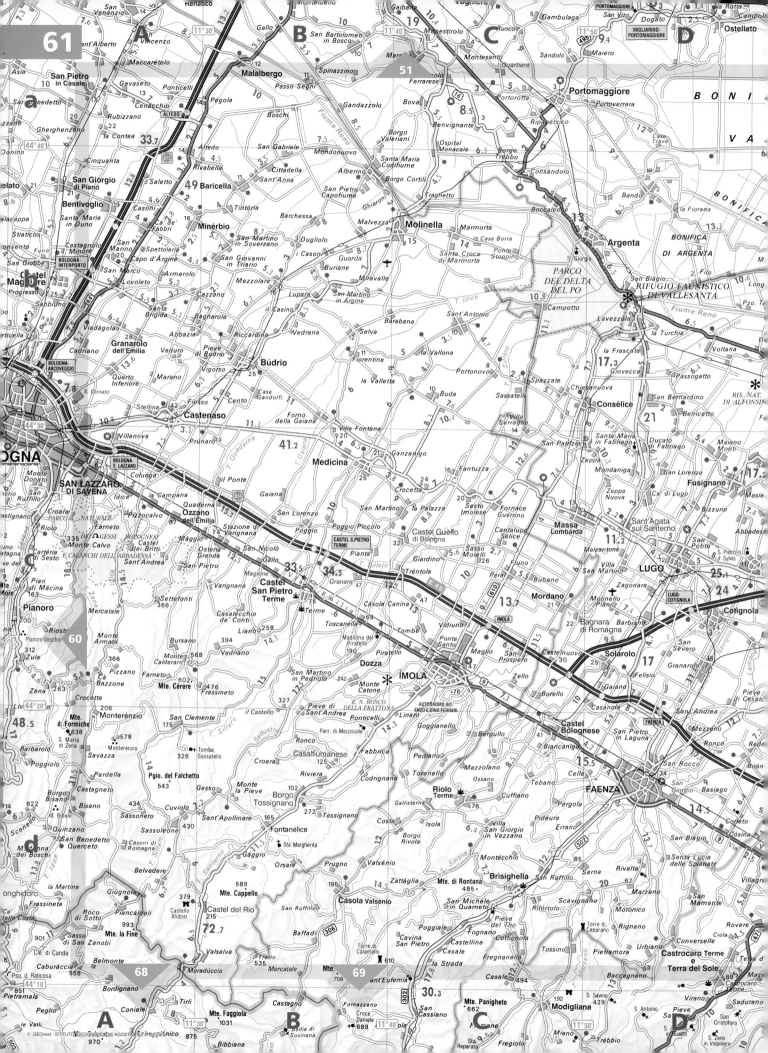

CENTRALE
CORTE
CENTRALE
BONIFICA
BONIFICA
17
Lido delle Nazioni
12°20'
12°30'
a
VALLE
VALLE
Volánia
San Giuseppe
Lido di Pomposa
Lido degli Scacchi
44°40'
TREBBIA
31.8
ISOLA
52
PORTO GARIBALDI
Comacchio
Porto Garibaldi
NECROPOLI
DI SPINA
Lido degli Estensi
DEL
Lido di Spina
RISERVA NATURALE
SACCA DI BELLOCCHIO III
ZZANO
PARCO
RISERVA NATURALE
SACCA DI BELLOCCHIO II
Foce del Reno
VALLI
MANTELLO
DEL DELTA DEL PO
Bellocchio
RISERVA NATURALE
DI POPOLAMENTO ANIMALE
DESTRA FOCE FIUME RENO
b
Valle
Campo
DI
Anita
Valle di Lido Magnavacca
Smarlacca
RISERVA NATURALE
FOCE FIUME RENO
COMACCHIO
Madonna
Boschi
Mandriole
Cippo di
Anita Garibaldi
31
Villaggio
Mare Pineta
Sant'Alberto
PINETA
S. VITALE
Casal Borsetti
MAR
Canale di Bonifica a destra del Reno
OASI
DI PROTEZIONE
DI PUNTE ALBERETE
3.5
Marina Romea
RIS. NAT.
DI ALFONSINE
Savarna
PINETA
SAN VITALE
PIALLASSA
DELLA BAIONA
RISERVA NATURALE
DUNA COSTIERA
DI PORTO CORSINI
Conventello
Grattacoppa
Porto Corsini
44°30'
ADRIATICO
Torri
S.Romualdo
Cantoniera
Catania 36h
Rossetta
Chiesa
Marina di Ravenna
Glórie
Montagnola
Capanno
Garibaldi
Rivaverde
Mezzano
Borgo
delle Anime
Camerlona
Villanova
Ammónite
Santerno
Via Tagliata
Punta Marina
c
13
Borgo
Fusara
309 dir
Borghetto
di Traversara
RAVENNA
Lido Adriano
Piangipane
253
Porto Fuori
Traversara
San Michele
la Chiusa
Classe
S.Apollinare
Lido di Dante
RAVENNA
Godo
Villanova
Russi
San
Marco
Madonna
dell'Albero
PARCO
San
Pancrazio
Molinaccio
Bocca Bevano
Longana
Roncalceci
San
Bartolomeo
Chiesuola
Ghibullo
DEL DELTA
Filetto
Pilastro
27.4
Gambellara
44°20'
Montanar
Santo
Stefano
50.7
Lido di Classe
San Pietro
in Trento
San Pietro
in Vincóli
Carráie
DEL PO
Sávio
31.4
Lido di Sávio
Villafranca
di Forlì
Coccólia
Campiano
Barisano
San Pietro
in Campiano
Borghetto 1°
34
Milano Maríttima
Póggio
Durazzanino
Borgo Sisa
Borghetto 2°
Castiglione
di Ravenna
Roncadelli
Massa
San Zaccaria
Castiglione
di Cérvia
Cérvia
San Giorgio
27.5
Pievequinta
Rotta
RISERVA NATUR.
SALINA DI CERVIA
Pinarella
d
Ospedaletto
254
Carpinello
Coriano
San Leonardo
in Schiova
Sant'Andrea
Cannuzzo
Matellica
Bagnile
Zadina
AER. INT.
FORLÌ
Cárpena
Ronco
Santa
Maria Nuóva
CESENA
NORD
San Martino
in Fiume
San Giorgio
Montaletto
Cesenático
Forlimpopoli
Selbagnone
70
Borgo
Pieve
Borgo
di Ronta
San
Pietro
Calabrina
Villalta
Cella
71
Villamarina
Gatteo a Mare
Farazzano
Dorgagnano
Bertinoro
Terme di
Panighina
Tebano
Martorano
Gattolino
Bagnarola
Sala
Celle
Verzáglia
San Mauro a Mare
Maratello
Fratta
Terme
Bracciano
Mte. Maggio
Terre
del Moro
CESENA
Ponte
della Pietra
CESENA
E55
17.6
304
Ruffio
Sant'Angelo
Bellária-
Igea Marina

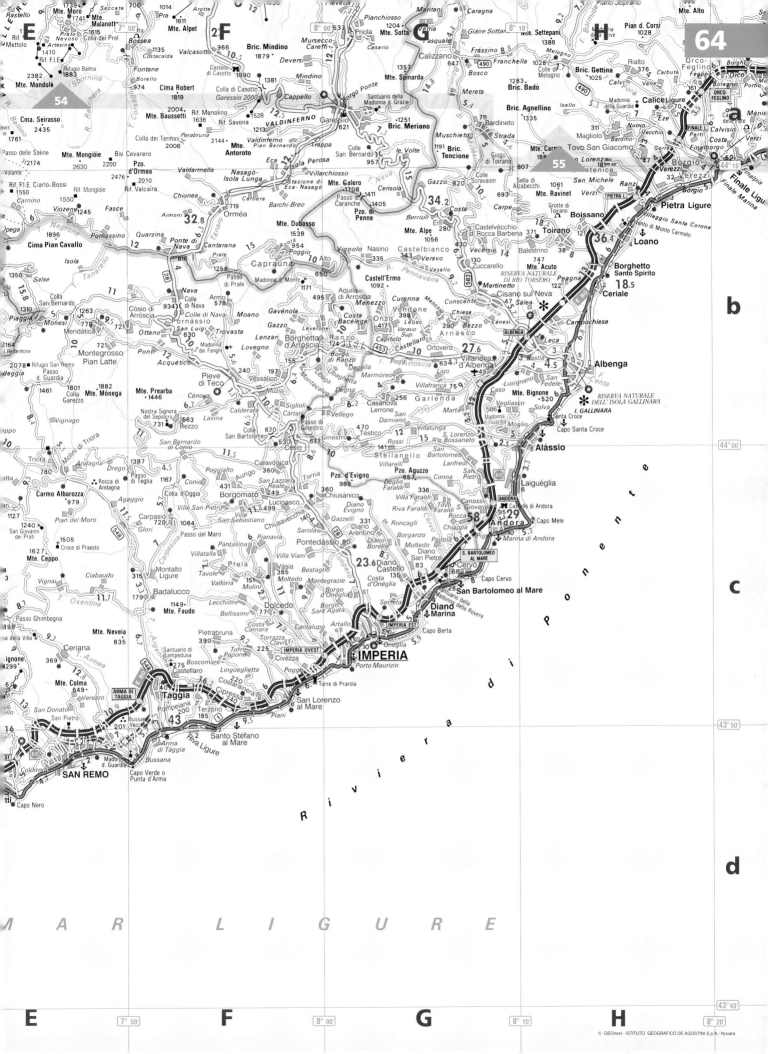

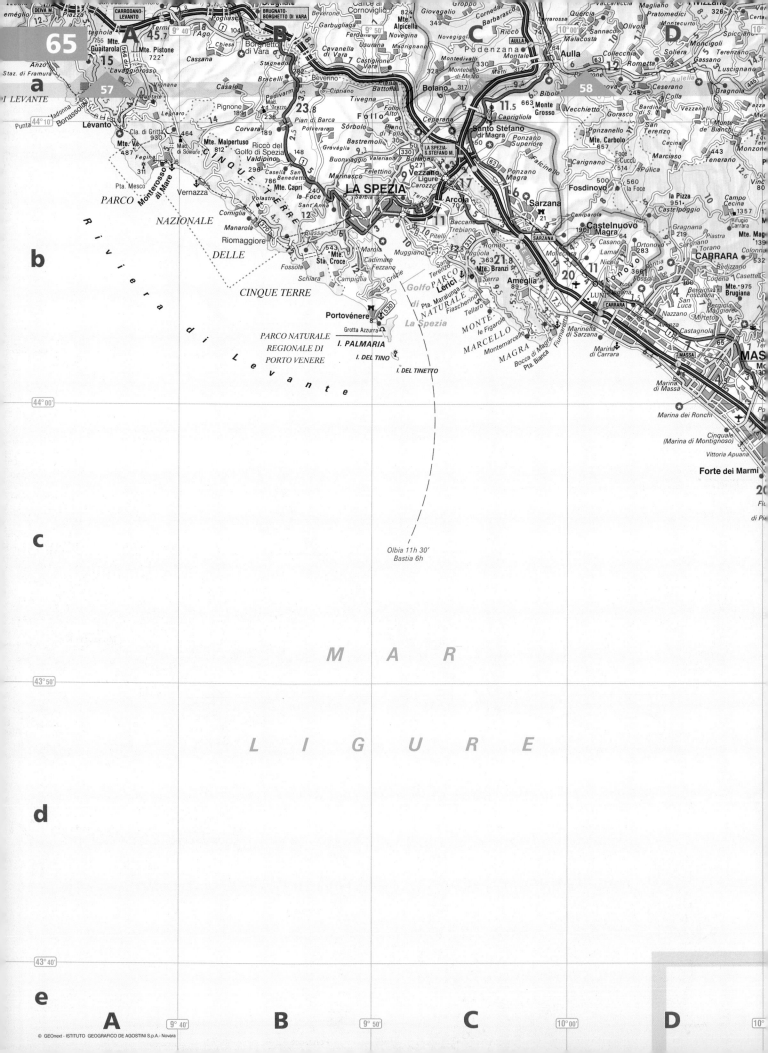

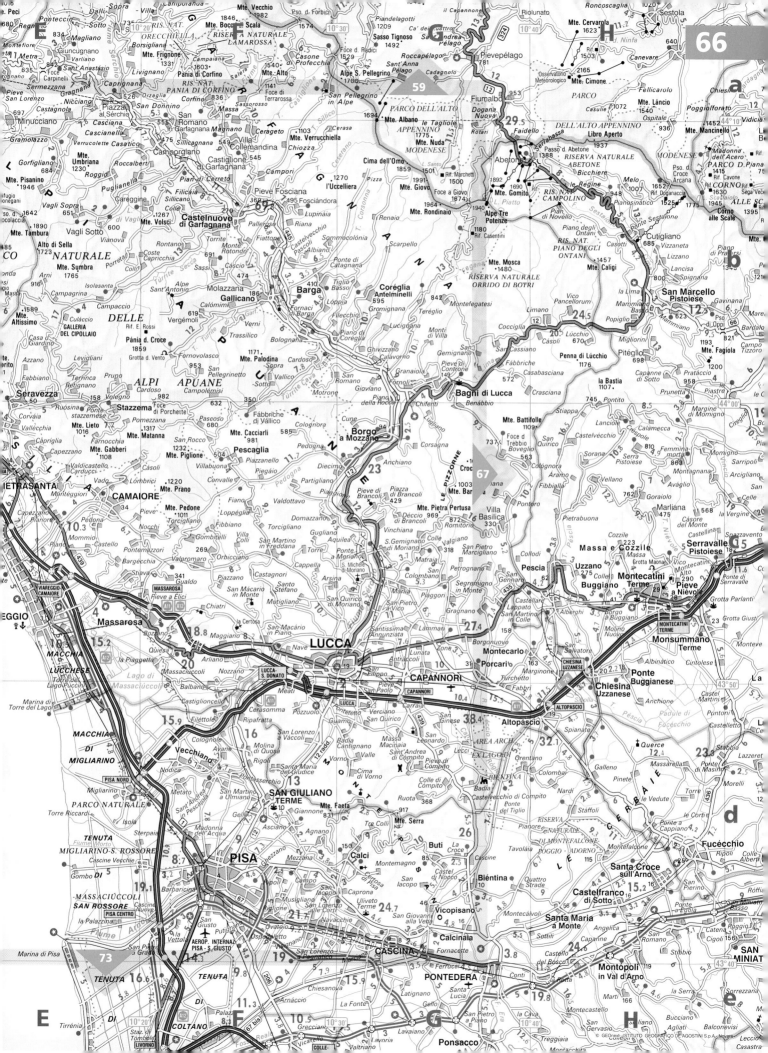

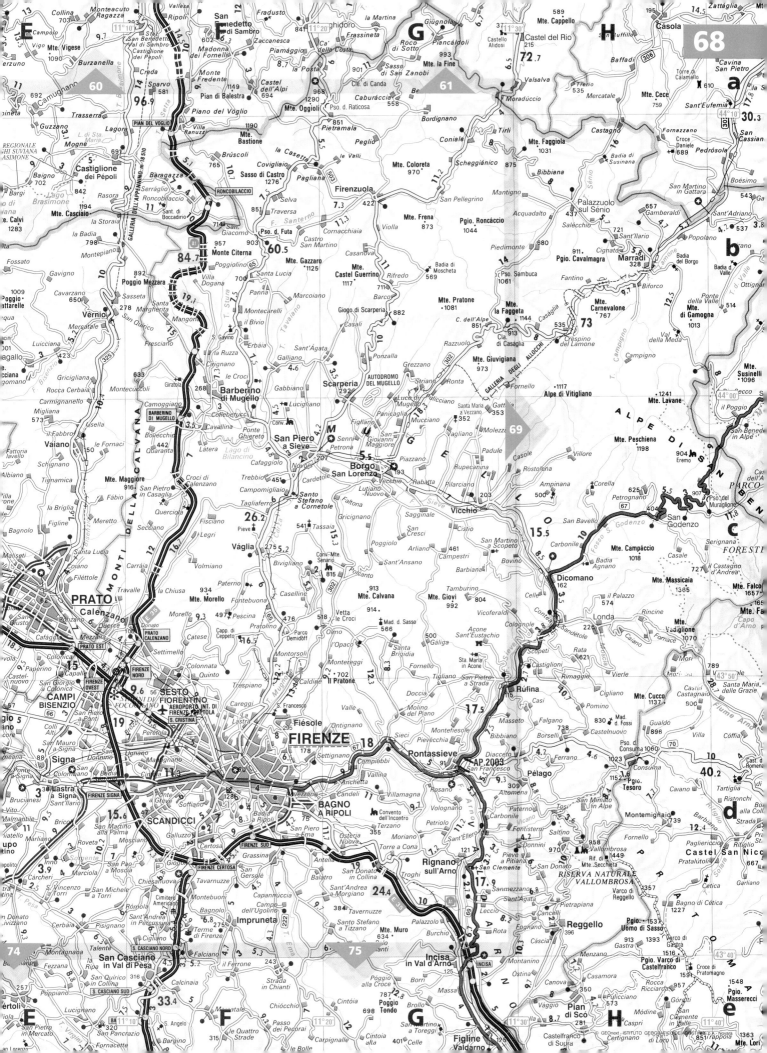

a

13°00'

13°10'

13°20'

44°10'

b

M A R

A D R I A T I C O

44°00'

c

ruola di Focara

PARCO

gata

MONTE SAN BARTOLO

Santa Marina

14

PESARO

* brighe*

lia

Santa Maria Fabbrécce

9.3

16

PESARO-URBINO

1

16

11.5

Muraglia

Grotte

Villa

Santa Venerānda

17.4

Trebbiantico

43°50'

Fastiggi

10.4

11.3

Novilara

Rondello

Candelara

2

Sant'Andrea

FANO

Santa Maria d'Arzilla

8.5

Fenile

Madonna del Ponte

Terme

Centinarola

Cairo

Eremo di Mte. Giove

3

4

Metaurilia

Carignano

Rosciano

FANO

5

Villagrande

Magliano

Bellocchi

Torrette di Fano

Cuccurano

5.6

E 55

321

Carrara

OASI STAGNO URBANI

Eremo delle Beate Sante

7.1

cio

ccio

7.4

12.1

9.4

22.6

Passo

Ripalta

Lucrezia

Pilone

Sant'Angelo

57.6

Marotta

11.5

235

Cartoceto

8.4

Camminate

28.8

Calcinelli

San Costanzo

150

Saltara

160

10

Mondolfo

MAROTTA-MONDOLFO

argni

27.5

Villanova

Cerasa

Stacciola

144

4

Cesano

209

Borgáccio

1

San Sebastiano

5.2

260

Tavernelle

197

201

Piagge

Rio

Grande

le Cento Croci

7.3

3.3

Montemaggiore al Metauro

201

(Fraz. di Monte Porzio Prov. di Pesaro)

Cesano

7.3

San Giorgio di Pésaro

5.8

d

E 78

Castello di Póggio

424

Scapezzano

SENIGALLIA

Montebello

Castelvécchio

Francavilla

Roncitelli

Villa del Monte

Rupoli

Vergineto

161

Monterado

105

9.3

SENIGALLIA

San Bartolo

Orciano di Pésaro

Monte Porzio

Cannella

246

la Croce

125

5.4

14

Sant'Ippolito

264

13

5.3

Ripe

Castel Colonna

Vallone

Sant'Angelo

14.1

Sorbolongo

280

San Filippo

143

Bettolelle

Marzocca

Reforzate

319

Mondávio

79

43°40'

Barchi

Passo di Ripe

Brugnetto

Montignano

Vasari

6

13.8

Isola di Fano

5.8

San Michele

4.2

Vasari

10

Marina di Montemarciano

Torre San Marco

Corinaldo

4

Filetto

San Silvestro

92

FALCONARA MARITTIMA

e

348

Sant'Andrea di Suasa

8.4

203

3.3

Casine

7.5

Montemarciano

Rocca Priora

3.

13.5

essa

Fratte Rosa

F

8.3

G

13°00'

13°10'

H

Ga

Alberici

Falconara Alta

Vecchia

Montevécchio

San Vincenzo

Nevola

Pianello

Santa Lucia

AEROP. INTERNAZ. ANCONA-FALCONARA

Castelferretti

Torrette

499

San Lorenzo

760

13°20'

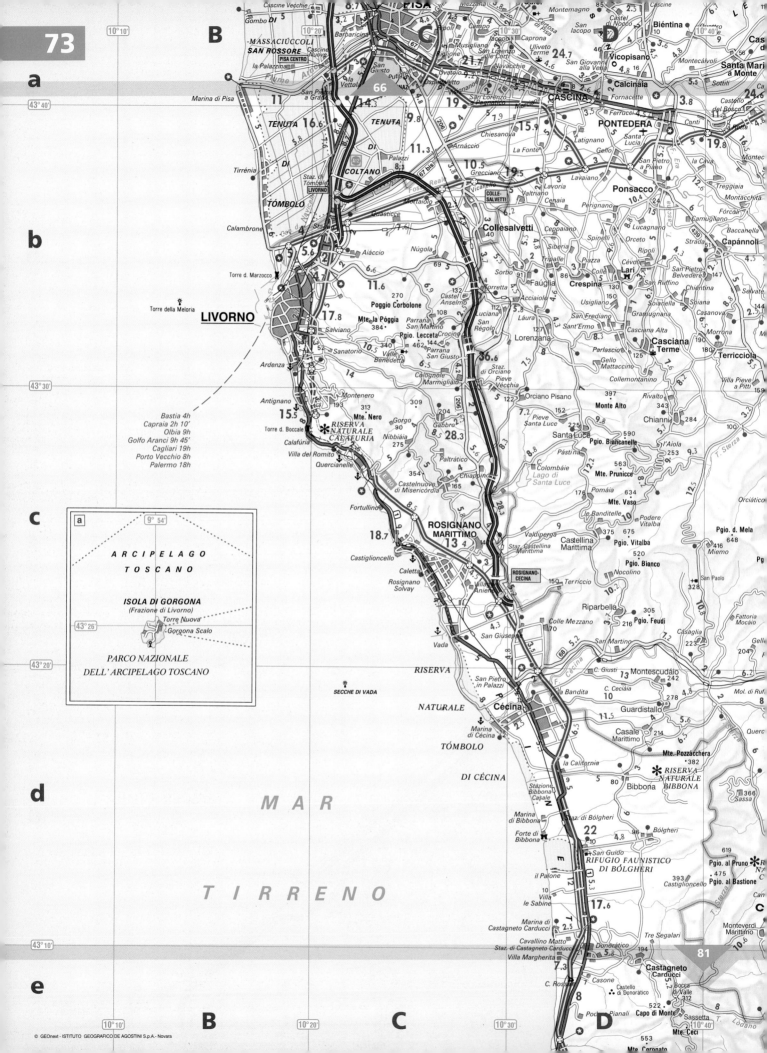

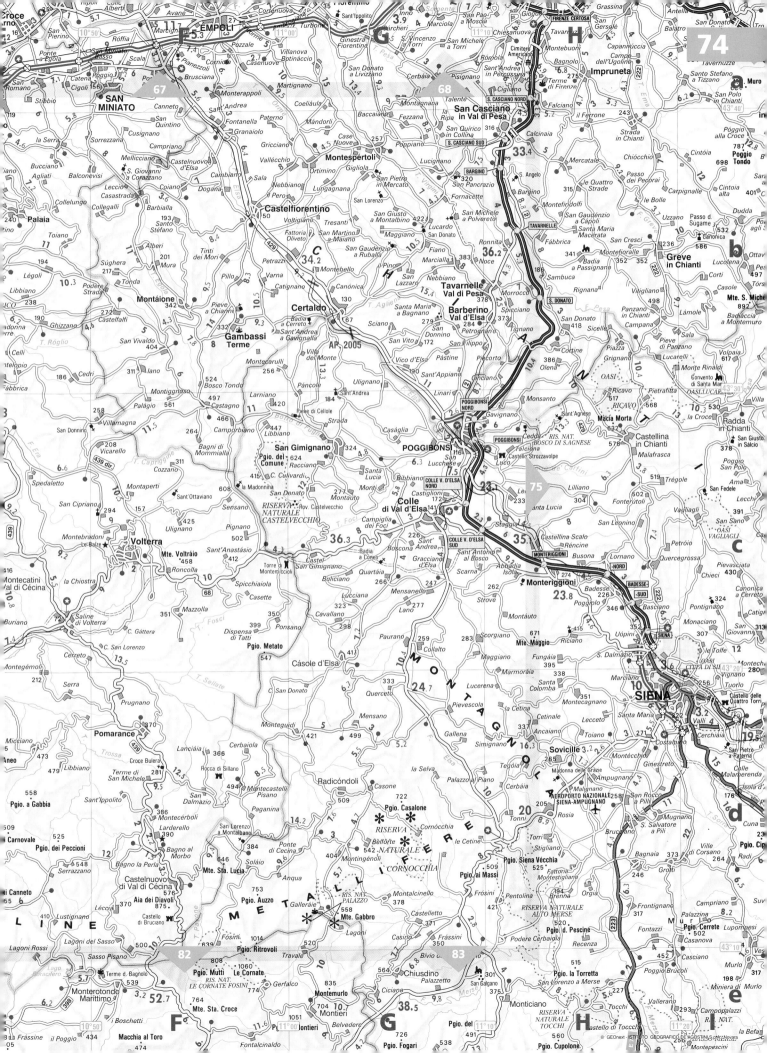

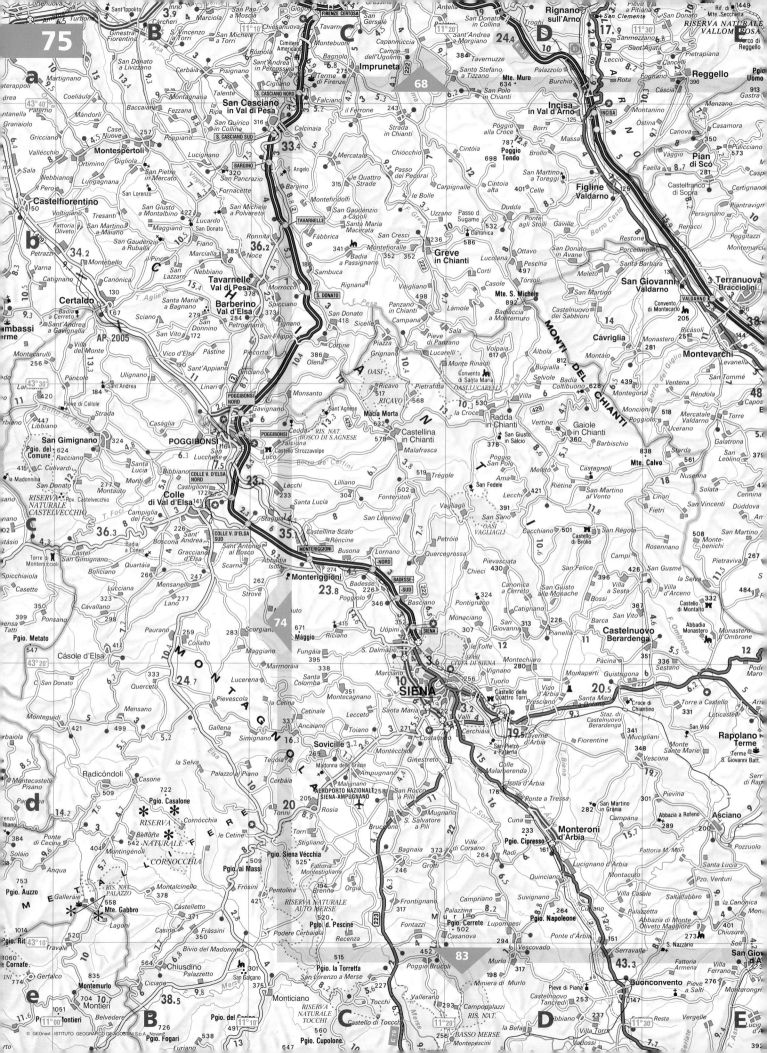

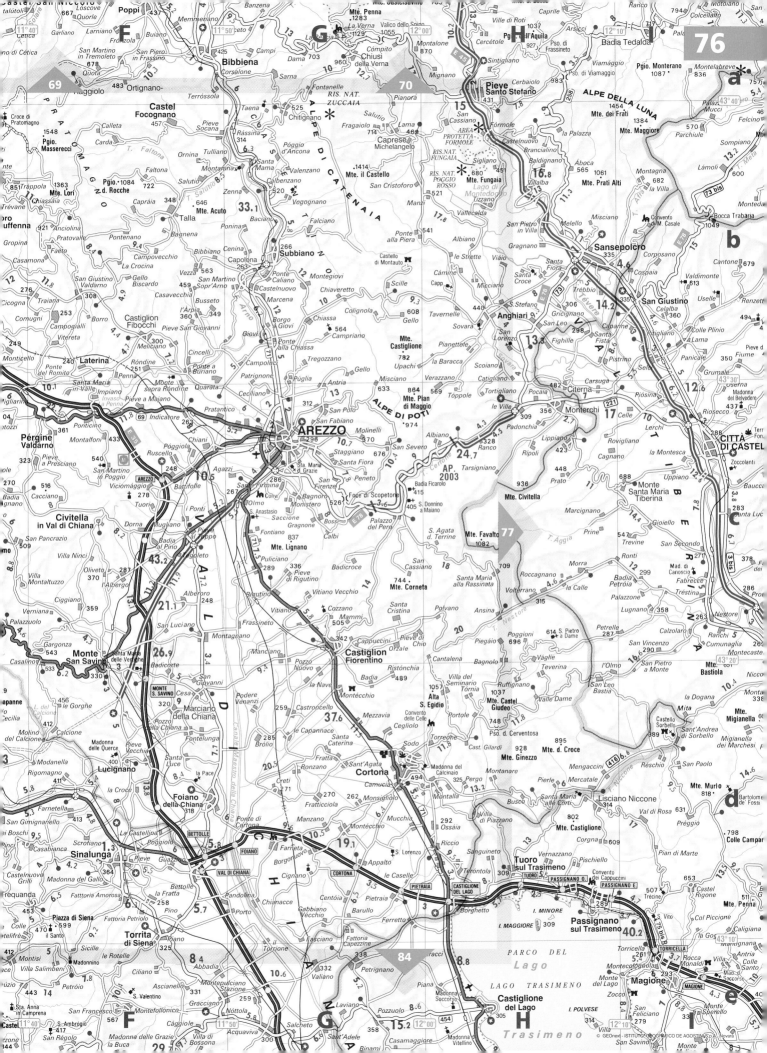

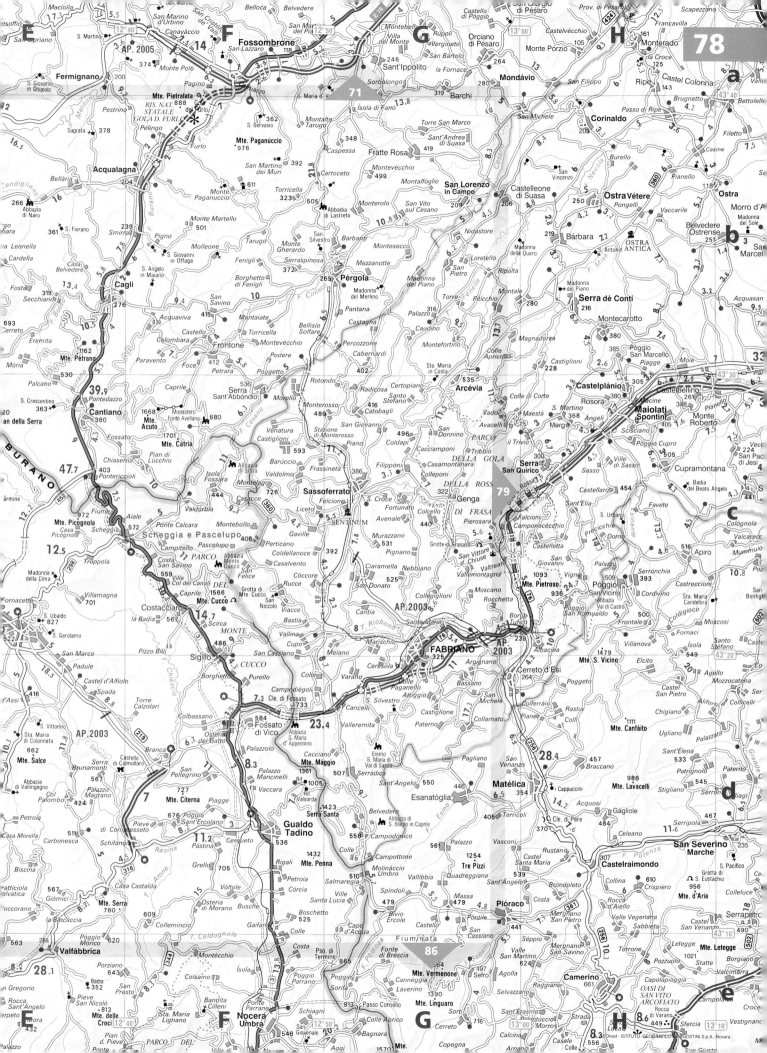

43°40'

Split 8h
Durrës 20h
Zadar 9h
Mali Lošinj 6h 20
Kérkira 22h 30'
Pátrai 24h
Igoumenitsa 19h
Korčula 15h

NARA
TIMA

ANCONA

MAR

b

Palombina-
Nuova 13.5
Torrette
16

Posatora 5.4
31.9
Marcaglione
6.9
Casine
di Paterno
la Baráccola
Candia

le Grazie
Pietralacroce

Tavernelle
236 Mte. dei Corvi
Montacuto
SCOGLIO DEL TRAVE

Finocchio

Sappanico
Montesicuro
10
San
Bernardino
306

Santo
Stéfano

San
Paterniano

Mte. S. Pietro
299 2

ÓSIMO

Padiglione

San
Domenico

sette

Castelfidardo

Varano
Portonovo
PARCO Santa Maria
di Portonovo
2.2
Póggio 572
Angeli Mte. Cónero
DEL CONERO 10.2
231 Aspio
Terme Fonte d'Ólio
ANCONA SUD
OSIMO
4.1 Camerano
San 125
San Biágio 8.6 Lorenzo
56
12 Sirolo
Coppo Numana
Osimo
Stazione
Marcelli
Abbadia San Marcelli
Rocchetto
Crocette

MAR

ADRIATICO

43°30'

265
5
3.3 S. Sabino
8
Campocavallo
199

Ossario
Campanari

9.3
Musone
7.2

Loreto

Ossario

Scossicci

c

Passatempo
361

tefano
42
Montefiore
Castello

11
Bagnola 145
Castelnuovo

293

Recanati

12
LORETO
P. RECANATI
Costa 11
Bianca
77 9.1
Montarice
Parr. di
Chiarino
571

Porto Recanati
6
6.5

Santa Maria
in Potenza

43°20'

Villa Antolini

Montecassiano
8.5
238
Sant'Egidio
AP.
2003

8.5 69
Sambucheto

Montelupone

272
8.5
Sant'Ignazio

14.5

18.5 San
Leopardo
San
Firmano Abbazia
Mad. d.Monte
13.8

San Giró
237 Montecanepino
9

Potenza
Picena

Giardino
Buonaccorsi

Porto
Potenza Picena
12.5

Alviano

MACERATA

Montanello
Villa
Potenza
la Pace

315 16.2
Piediripa

Monte
Nuovo
245
Santa
Lucia
Passionisti

Madonna
del Piante
252
Montecósaro
5 4.4
Morrovalle
5.3

Santa Maria
Apparente
Borgo Stazione
di Montecósaro
6.7
Santa Maria
a Piè di Chienti

Civitanova
Alta
4.5

CIVITANOVA M.
OVEST

CIVITANOVA
MARCHE

2.9

d

MACERATA S.
CORRIDONIA
485 8

27.5
8.7
Tródica

Stazione
di Morrovalle
5.6

1.5 4.5

ZONA IND. "A"

MACERATA-
CIVITANOVA M.

Pieve
7

6.3 36.3
Colbúccaro
251
OVEST

2.2 255
il Crocifisso
9.5
MONTECOSARO
MORROVALLE
Cigliano

Villa
San Filippo

Casette
d'Ete

Cascinare
Corva

Porto Sant'Elpidio

Marina
Faleriense

Petriolo
271

RISERVA
NATURALE
DI FIASTRA

5.6
6.9
8
San
Rústico
Macina
210

Casa
Renzi
Monte
San Giusto
236
3.3 279

5 6
4.2

Sant'Elpidio
a Mare
251

il Molino
3.7

Tre Archi
5.8

Casabianca
7.2

Lido di Fermo

San Grisogono
4.8
231
313

Mogliano
1.1

Monte
San Pietrangeli
241

Monte
granaro

Monte
Urano 247
S. Marco

Monte
Marino

223

Capodarco
210

Porto San Giorgio

Francavilla
d'Ete
Sta. Croce

224
Torre
San Patrizio 10

5.5

2.3 2.7
Salette

4
Mad. di
Castiglione

e

Gabbiano Alteta Rapagnano
87

Villa
Berarde
Massa
Fermana
340
370 Montappone

283

Cerreto
Madonna
d.Archetti

316
5.3

Casette

2

FERMO
319
Ft.
PORTO
2

Santa Maria
a Mare
10.5
Marina Palmense

Montegiorgio
13°30' F

Magliano
di Tenna
293
Croce
di Vía 13°40' G

133 Le Piane
4 13

Ponte Ete

S. Girolamo

Sacri Cuori

88
13°50' H

Torre
di Palme
Molinetto

9.3

43°10'

14°00'

Lapedona
Monte
Vidon Corrado
Falerone FALERIA Monteverde

Grottazzolina
Ponzano

Mad. Bruna

263 Altidona
224

B   C   D

10°00'   10°10'   10°20'   10°30'

il Palone
Villa
le Sabine
Marina di
Castagneto Carducci
Cavallino Matto
Staz. di Castagneto Carducci
Villa Margherita
C. Rossa

San Vincenzo

C. Cavalleggeri

Rimigliano

la Torraccia

21.5

Staz. di
Poggio all'Agnel

Populónia
Staz. Poppe

**TOMBE
ETRUSCHE**

14.2

286

Mte. Massoncello
Pta. Rio Fanale

208

Mte. Sta. Maria

Salívoli

Marina di Salívoli

PIOMBINO
la Rocchetta

Inset a — Isola di Capraia

ISOLA DI CAPRAIA
(Provincia di Livorno)

LE FORMICHE

Pta. della
Teglia

Livorno 2h 10'
Portoferraio 1h 40'

*SCOGLIO
D. MANZA*

445   **Capraia Isola**
52   Castello San Giorgio

**Mte.
Castello**

LA PERAIOLA   Santo Stefano

• 410
Mte. Arpagna

LO SCOGLIONE

SCOGLIO D. GATTO

Pta. d. Zenobito

*PARCO NAZIONALE
DELL' ARCIPELAGO TOSCANO*

43°00'

9° 50'

43°00'

MAR

TIRRENO

C A R C I P E L A G O

Capraia 1h 40'

I S O L A   D ' E L B A

(Provincia di Livorno)

PARCO NAZIONALE
DELL' ARCIPELAGO TOSCANO

Canale di Piombino

1h

45'

C. d. Vita   **I. D. TOPI**

Cavo   **I. PALMAIOLA**
             *PARCO NAZ.
             DELL' ARC. TOSCANO*

347
Mte. Grosso   **I. CÉRE**
                     *PARCO NAZ.
                     DELL' ARC. TOSC.*

Mte. Serra
• 422
266
Santa Caterina

C. d'Énfola   *SCOGLIETTO*

Viticcio   7.5   **Portoferráio**   **Rio Marina**
                                         2.6 51
Mte. Poppe   Bagnáia   **Rio nell'Elba**
249 Carpani   Volterraio 165
Marciana   10.2   5.8 516   **12**
Marina**   *G. d.*   San Giovanni
            Biódola   Biódola   Magazzini-
Capo   *G. di Prócchio*   Schiopparello **Cima del Monte**
S. Andrea   Zanca   7.5 Villa San Martino 390 Madonna
**FORMICHE   Rendinoce   Napoleonica 377   di Monserrato
D. ZANCA**   Poggio   Prócchio San Martino 2.8
Pta. Polveraia 7.4   **Mte. Órello**   **Mte. Castello** *ISOLOTTO
Madonna   Campo   Lacona   **13.4** *D'ORTANO*
Mortigliano   del Monte Sant'Ilario 5 La Pila 4   Fortezza di
Sedia   375   Fonte   10   Portolongone
di Napoleone   Napoleone **nell Elba**   **Porto Azzurro** Pta. delle Cannelle
15 Chiessi   1018   379   3.2
             Mte. Capanne **San Piero   Golfo   3.5   Capoliveri
Pta. Nera   592   in Campo**   della   Capo   Pta. di Buzzancone
**SCOGLIO   Pomonte   Lacona   d. Stella I. CORBELLA   16
OGLIERA**   Fetováia   8 Cávoli Marina *G. di **Mte. Calamita**
                        di Campo Campo*   Golfo   413
             Pta. di Fetováia C. di Poro *SCOGLIO Stella Palazzo
                                          D. TRIGLIA* **IS. GEMINI** Pianosa 1h 25'

                                                        Pta. dei Ripalti

Inset b — Isola Pianosa

Pta.
del Marchese   **LA SCARPA**

ISOLA PIANOSA
(Frazione di
Campo nell'Elba)   Porto Azzurro 1h 25'

Pta.
Libeccio   Pianosa

                 LA SCOLA
             10
                 Pta. Secca

Pta. Brigantina

*PARCO NAZIONALE
DELL' ARCIPELAGO TOSCANO*

T O S C A N O

42°50'

42°40'

42°35'

10°05'

10°00'   10°10'   10°20'   10°30'

B   C   D

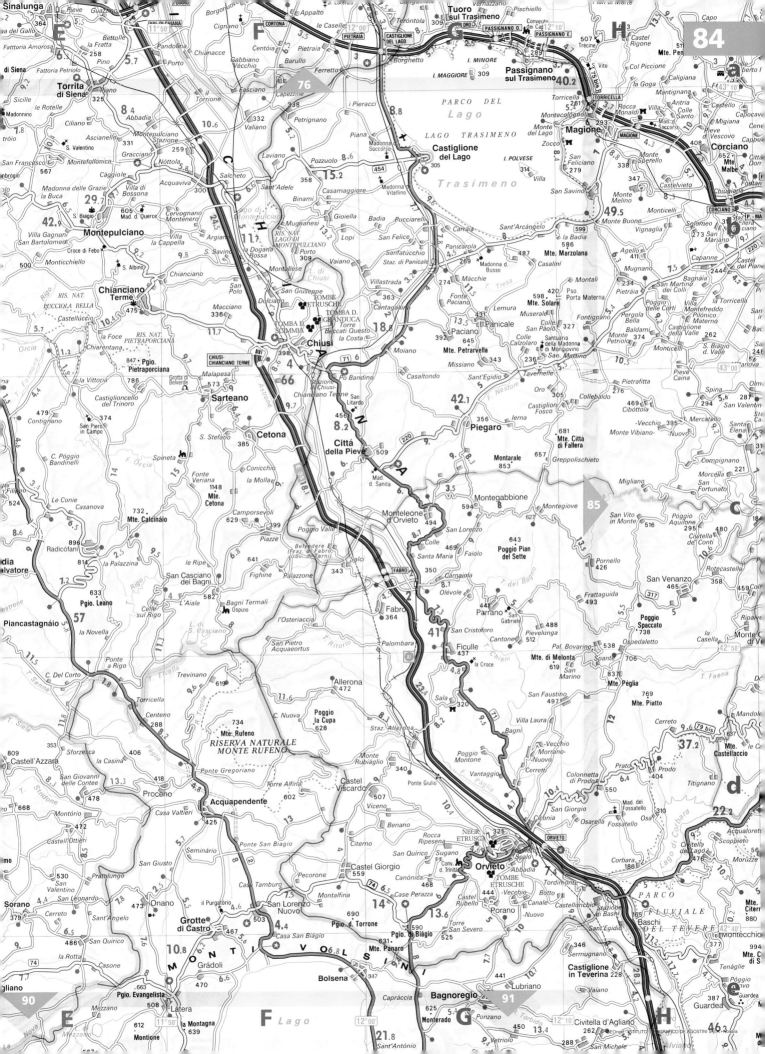

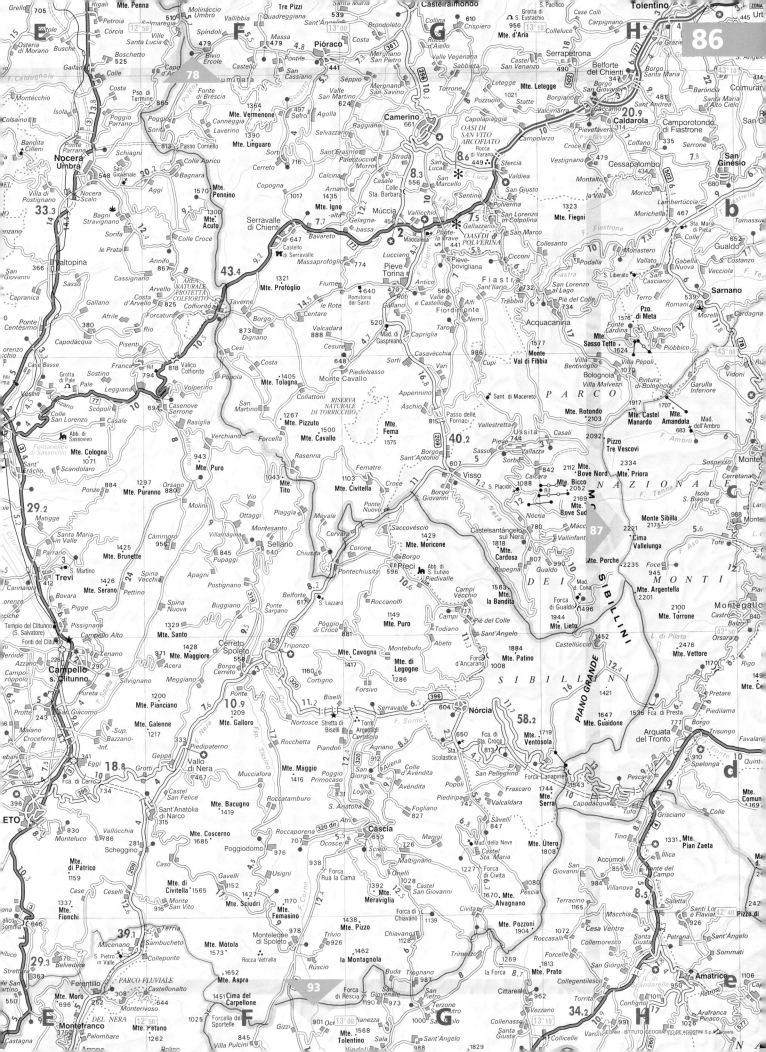

Lido di Fermo
13°50' 14°00' 14°10'

b

Porto San Giorgio

Santa Maria
a Mare

FERMO-
PORTO S. GIORGIO

Marina Palmense

10.5

Torre
di Palme

Molinetto

224

Altidona

263

PEDASO

Pedaso

12.3

202

Campofilone

49.1

Marina di
Massignano

Massignano

254

Ponte Menócchia

Villa Santi

Cupra Marittima

21.1

S. Giuseppe

Ripatransone

252

Sta. Maria
d. Petrella

Grottammare

12.7 **13.8**

GROTTAMMARE

F. Tesino

SAN BENEDETTO
DEL TRONTO

Acquaviva Picena

359

Mont'e prandone

T. Ragnola

Porto d'Ascoli

Monsampolo
del Tronto

Centobuchi

S. BENEDETTO D. T.-
ASCOLI PICENO

28.5

158

Stella

Martinsicuro

MONSAMPOLO
DEL TRONTO

M. PRANDONE

303

Colonnella

Controguerra

267

Villa
Catenacci

Villa Rosa

10.8

Abbadia

Alba Adríatica

Corrópoli

132

20.8

Nereto

239

Torano
Nuovo

Tortoreto

Tortoreto Lido

Garrufo

T. Vibrata

Cavatassi

Sant'Omero

Póggio
Morello

184

Montone

Acquapark
Onda Blu

Mosciano
Sant'Angelo

Giulianova
Lido

Bellante

214

Convento
Zoccolanti

Giulianova

Collepietro

Santa
Filomena

Cologna
Spiaggia

San
Mauro

Ripattoni

21.5

Sant'Atto

TERAMO -
GIULIANOVA -
MOSCIANO -
S. ANGELO

9.2

San-Nicolò
a Tordino

Notaresco
Stazione

Cologna
Paese

AP. 2003

Cordesco

Giammartino

286

Roseto
degli Abruzzi

Castellalto

481

Santa Lucia

Morro
d'Oro

213

Casal
Thaulero

Montepagano

8.6

Notaresco

250

Villa
Scapoli

S. Maria
di Propezzano

Scerne

Valle
Canzano

463

Castelbasso

326

Guárdia
Vomano

Fiume Vomano

Canzano

24.2

S. Clemente
al Vomano

186

Casoli

Pineto

52.5

94

Capráfico

Castelnuovo
Vomano

Fontanelle

18.1

ATRI-PINETO

Villa Vomano

Montegualtieri

Faiete

Santa
Margherita

Mutignano

Penna
Sant'Andrea

Scorrano

Cellino
Attanásio

San
Giácomo

28

Cermignano

Atri

Mad. d. Grázie

13°50' 14°00' 14°10' 14°20'

G H

MAR

ADRIATICO

43°00'

42°50'

c

d

42°40'

e

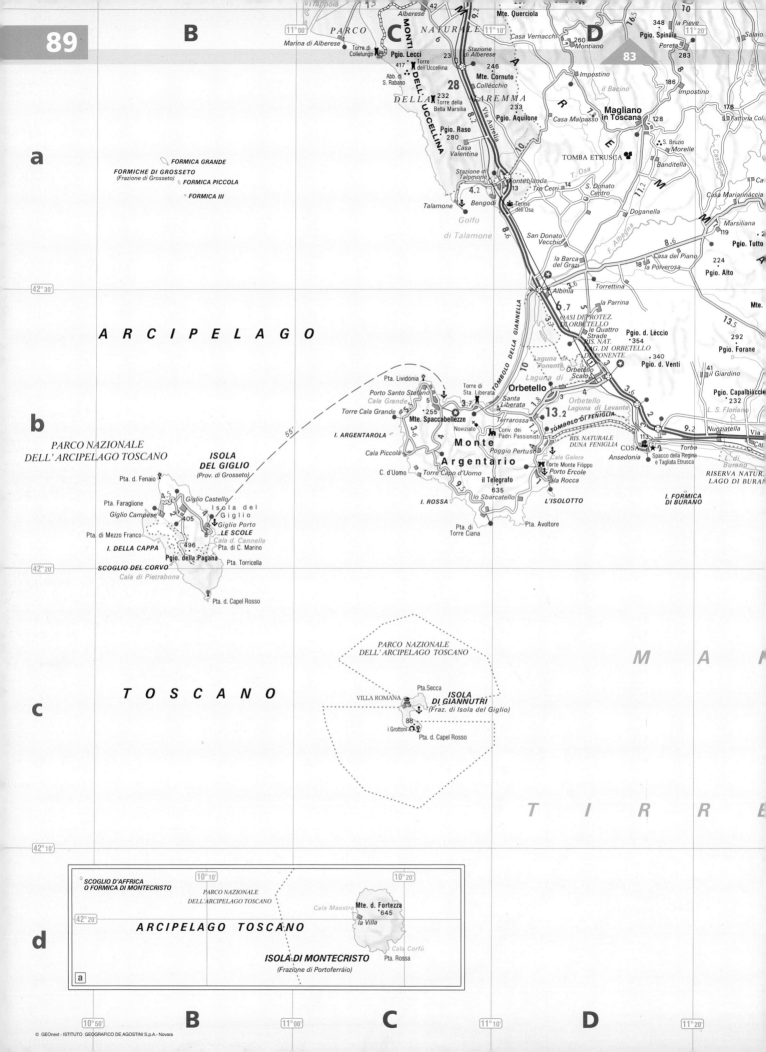

B

C

D

a

FORMICA GRANDE
FORMICHE DI GROSSETO
(Frazione di Grosseto)   ° FORMICA PICCOLA

° FORMICA III

Marina di Alberese

PARCO   **C**   *NATURALE*

Torre di
Collelungo

Pgio. Lecci

417   Torre
dell'Uccellina
Abb. di
S. Rabano

MONTI

DELLA

UCCELLINA

182   Torre della
Bella Marsilia

DELLA   **MAREMMA**

Pgio. Raso
280

Casa
Valentina

Pgio. Aquilone   233

28

233

R

E

M

Alberese

Mte. Querciola

Casa Vernacchi

Stazione
di Alberese

23

246   Mte. Cornuto
Collécchio

Impostino

il Bacino

260
Montiano

D

348   la Pieve
Pgio. Spinaia

Pereta   283

186

Impostino

**Magliano
in Toscana**   128

176

Fattoria Col

A

M

Casa Mariannaccia

Ca

Marsiliana   19

Pgio. Tutto

Pgio. Alto

Via Aurelia

4.2
113

Stazione di
Talamone

Monteblanda

Tre Cerri   14

T. Osa   S. Donato
Centro

Doganella

San Donato
Vecchio

224

TOMBA ETRUSCA

S. Bruzio
Morelle

Banditella

Talamone

Bengodi   Terme
dell'Osa

*Golfo
di Talamone*

la Barca
del Grazi   Casa del Piano
la Polverosa   8.6

18

Pgio. d. Léccio
354

Pgio. d. Venti   41   il Giardino

Pgio. Capalbiaccio
232

L. S. Floriano

(42°30')

A R C I P E L A G O

55'

b

*PARCO NAZIONALE
DELL' ARCIPELAGO TOSCANO*

**ISOLA
DEL GIGLIO**
(Prov. di Grosseto)

Pta. d. Fenaio

Pta. Faraglione

Giglio Campese   405

Pta. di Mezzo Franco

I. DELLA CAPPA   496

SCOGLIO DEL CORVO

Cala di Pietrabona

Pgio. della Pagana

Giglio Castello

**Isola del
Giglio**
Giglio Porto

LE SCOLE
Cala d. Cannelle
Pta. di C. Marino   Pta. Torricella

Pta. d. Capel Rosso

Pta. Lividónia

Porto Santo Stefano
Cala Grande

Torre Cala Grande

5
255

I. ARGENTAROLA

Cala Piccola

C. d'Uomo

I. ROSSA

Torre di
Sta. Liberata

Torre di
Sta. Liberata

Mte. Spaccabellezze

Noviziato

Conv. dei
Padri Passionisti

Poggio Pertuso

Santa
Liberata   Terrarossa

Monte

Argentario

Torre Capo d'Uomo

il Telegrafo

635
lo Sbarcatello

Pta. di
Torre Ciana

Pta. Avoltore

*OASI DI PROTEZ.
DI ORBETELLO
le Quattro
RIS. NAT. Strade*
*LAG. DI ORBETELLO
DI PONENTE*

Laguna di
Ponente

Orbetello
Scalo

Orbetello

Orbetello
Laguna di Levante

13.2

TOMBOLO DI FENIGLIA

**RIS. NATURALE
DUNA FENIGLIA**

COSA

Cala Galera
Forte Monte Filippo
Porto Ercole
la Rocca

L'ISOLOTTO

Spacco della Regina
e Tagliata Etrusca

Ansedonia

*RISERVA NATUR.
LAGO DI BURANO*

**I. FORMICA
DI BURANO**

L. di
Burano

9.2   Nunziatella

Via

TOMBOLO DELLA GIANNELLA

(42°20')

T O S C A N O

c

*PARCO NAZIONALE
DELL'ARCIPELAGO TOSCANO*

Pta.Secca

VILLA ROMANA

**ISOLA
DI GIANNUTRI**
(Fraz. di Isola del Giglio)

88
i Grottoni   Pta. d. Capel Rosso

M A

T I R R E

(42°10')

(10°10')   (10°20')

d

° **SCOGLIO D'AFFRICA
O FORMICA DI MONTECRISTO**

*PARCO NAZIONALE
DELL'ARCIPELAGO TOSCANO*

Cala Maestra   **Mte. d. Fortezza**
°645
la Villa

(42°20')

A R C I P E L A G O   T O S C A N O

ISOLA DI MONTECRISTO
(Frazione di Portoferráio)

Cala Corfù
Pta. Rossa

a

B

C

D

(10°50')   (11°00')   (11°10')   (11°20')

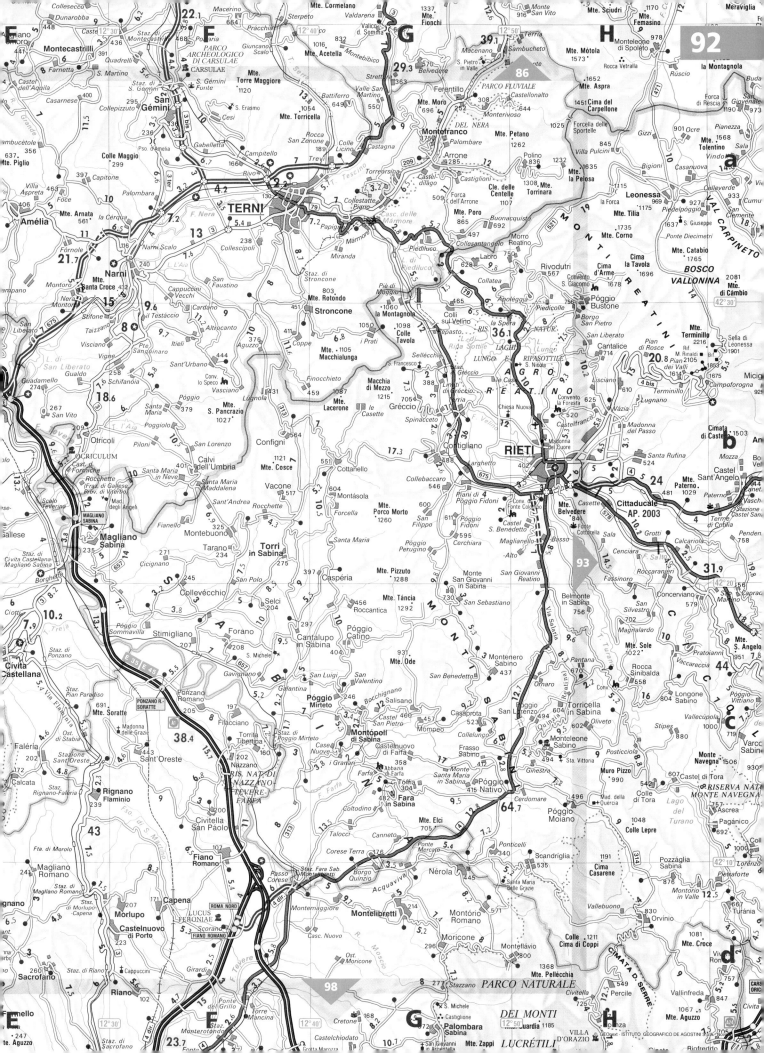

E   14°30'   F   14°40'   G   14°50'   H

a

M A R

42°30'

Split 9h 30'

A D R I A T I C O

b

42°20'

Punta di Ferruccio

Ortona

Cimitero Canadese
Pta. di Acquabella

8.4

144

9.6

Marina di San Vito
San Vito Chietino

S. Apollinare

5.2

tti

Mancini

10.1

Telmo

84

183

LANCIANO

Tréglio

8.3

Pta. d. Cavallúccio
La Penna

Puncichitti
Rocca
S.Giovanni

107

San Giovanni in Vénere

12.1

35.9

18.4

155

Fossacésia
Marina

42°20'

D

E

I

Villa
Martelli

232

Scorciosa

153

3.1

Fossacésia

c

10.5

524

Villa
Stanazzo

224

Santa Maria
Imbaro

2.7

2.2

VAL DI SANGRO

Cimitero
Britannico

Torino di Sangro Marina

le Morgie

9.5

T

R

A

Mozzagrogna

217

652

2.2

8.4

B

Villa
Romagnoli

15.3

Lido di
Casalbordino

21

5.7

Castello
di Sette

**Torino
di Sangro**

98.8

RIS. NAT. DI
PUNTA ADERCI

O

Pta. della Penna

184

Sant'Onofrio

3

E 55

164

3.2

28.9

Sta. Maria
d. Penna

C

42°10'

154

235

Villalfonsina
Sant. Mad.
dei Miracoli

230

Miracoli

5.8

16

7

Pagliarelli

C

Paglieta

22.5

Ranco

203

2.5

Casalbordino

Incoronata

H

Cotti

Masseria
Spaventa

200

6.3

Pollutri

10

Casa
Genova

9.2

Golfo di

Piazzano-
Piana La Fara

7

Mte. Calvo

314

Pili

Masseria Russi

San
Lorenzo

114

VASTO

San Luca

Rucconi

364

250

Scerni

Casa
d'Ércole

Sant'Antonio

Marina
di Vasto

d

Perano

240

Cle.
S. Giovanni

384

Mad. d.
Buon Consiglio

San
Giácomo

102

Monteodorisio

315

Vasto

S. Marco

Cle. Santilli

313

Masseria
Menna

1

264

6.5

San Salvo Marina

H

Atessa

14°30'

Masseria
De Marco

38.2

Cu

14°40'

G

19.2

Marina di Montenero

S. Pasquale
Vallaspra

433

**Mte.
Granaro**

450

Masseria
Colantónio

Peschiola

F. Sinello

11.5

96

4.4

© GEOnext - ISTITUTO GEOGRAFICO DE AGOSTINI S.p.A.- Novara

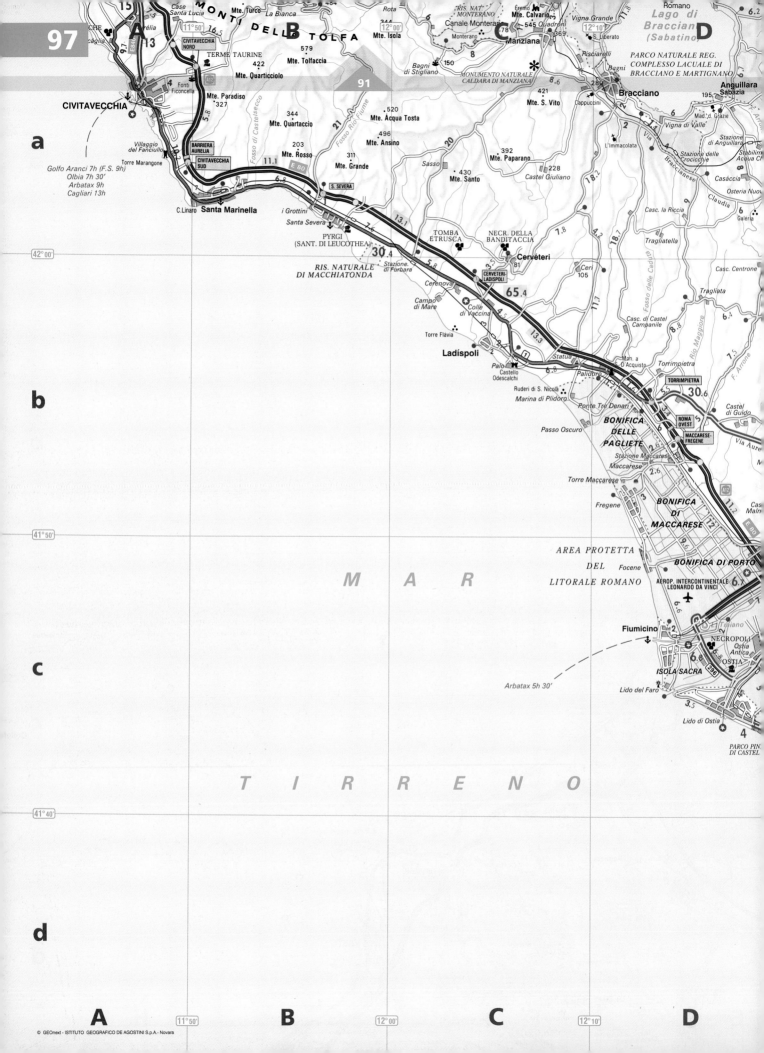

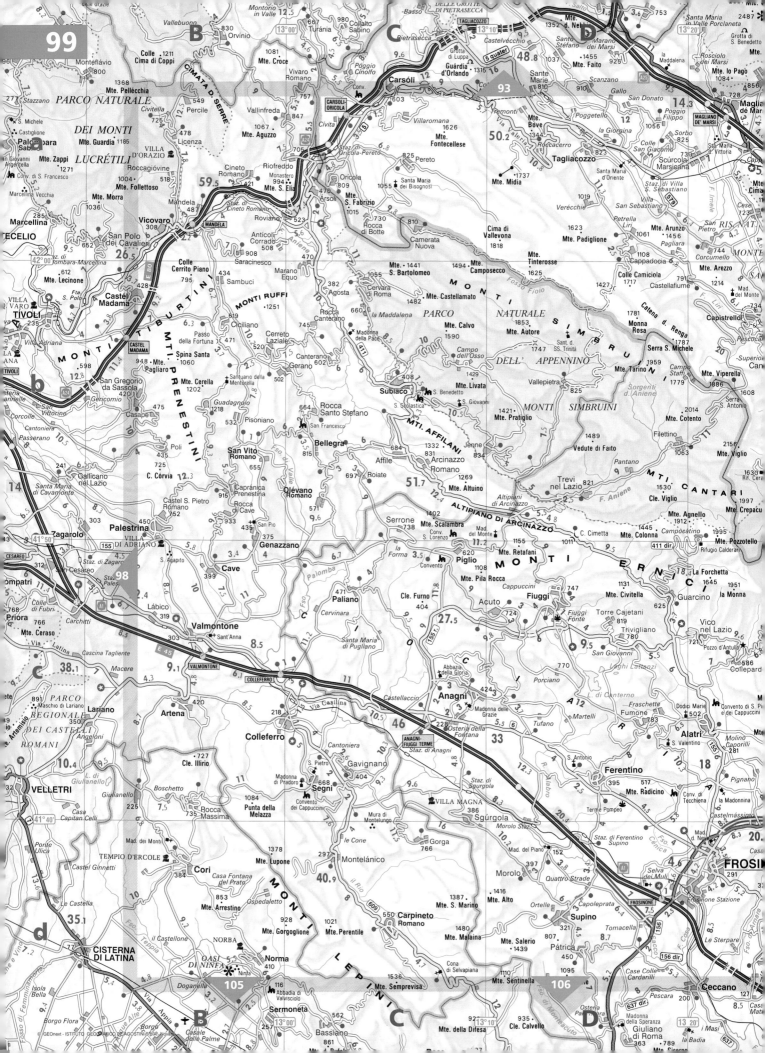

A D R I A T I C O

PARCO NAZIONALE DEL GARGANO
Rif. dei Pescatori · I. PIANOSA
(Frazione di Is. Trémiti)

RISERVA NATURALE MARINA ISOLE TRÉMITI

RIS. NAT. ISOLA DI VARANO
16.3
Foce di Varano
L'ISOLA

Lido del Sole

Rodi Garganico
46.3

Bellariva

Torre di Monte Pucci
Staz. di Péschici
Valazzo

Péschici
90
Grotte S. Nicola

Torre di Calalunga
Manacore
Torre di Sfinale

Conv. di Calena
Mad. di Loreto

7.7

ISOLA CHIANCA

Torre di Porticello

12.5

MERINUM
S.ta Maria di Merino
34.1

San Lorenzo
Faro di Sant'Eufémia
14

Vieste
Pizzomunno

Muschiaturo

Mass. Montanari
Casa Valente

Crocifisso di Varano

Staz. di Ischitella
7.5
San Menáio
4.5

San Michele

Vico del Gargano
439
3

Conv. Cappuccini
Fucito

200
10.3

Coppa del Fornaro
271

Coppa d. Fossi
263

298
Coppa Sartagine

Segheria Il Mandrione
3.5

12.5
Casale Celle

la Pietà

Ischitella
314

Casa di Ventrella
508
Mte. Grande

Casa De Perna

il Parchetto
680
Mte. Iacovizzo

Mte. Calena
467

17

Mte. Nicola
490

403
Mte. Chiaconcello

Casa Mafrollo

Casa Cupari

Torre del Ponte

Lido di Portonuovo

Torre Gattarella

Torre Antonaccia
Staz. di Carpino

4.2

Carpino
150

Sant'Anna

Mass. di Montealtino
5.4
8.1

Lago di Varano

ago di Varano

Crocifisso di Varano

a Taverne

534
Mte. la Tribuna

13.5

RIS. NAT. ISCHITELLA E CARPINO

RIS. NAT. SFILZI

36.2

Testa d. Gargano

385
San Salvatore
5

Torre di Campi
Portogreco

Grotta dei Marmi
Pugnochiuso
10.5

Corvo
Mass. D'Addetta

Bagno
4.3

19.2

Mte. Giovannicchio
777

UMBRA
Casa Forestale

FORESTA

RIS. NAT. FALASCONE

RIS. NAT. BOSCO FORESTA UMBRA

Torre Palermo

22.5

Pietra Appesa
685

Torre di Sagro

Grotta dei Sogni
Baia dei Gabbiani

Cagnano Varano

Mte. di Mezzo
410

a Ferrata

Mte. Vernone
647

19.6

Coppa di Mezzo
905

21

Coppa l'Uccellastra
727

Casa Rignanese

Casa Massarotto

Mte. Spigno
1009

Mass. Azzarone

663
Casa Guida

Casa Impiombato

872
Mte. Sacro

Convento

Mte. Iacotenente
832

Torre Autrara

Mass. Mattinatella

Grotta Smeralda
Baia delle Zàgare

Mte. Barone
354
Torre del Segnale

RIS. NAT. MONTE BARONE

c

O N A Z I O N A L E · D E L · G A R G A N O

T O R I O

G A R G A N O

Mte. Calvo
1055

14.5

Alveo d. L. S. Egidio

San Giovanni Rotondo
Cappuccini
557

684
Coppa d. Mácchia

Palazzo Leccia

l'Annunziata
453

Mass. Cornello

Casa Padovano
Posta Padovano

11.7
272
463
Casa Campolato
Ruggiano

Grava di Campolato

541

San Salvatore
535
Tomaiolo

Mte. Paolino

Mass. Armillotti

642
Coppa Guardiola

10.5

Mte. d. Angeli
886

Monte Sant'Angelo
830

Mte. Acuto
539

9.2

14
89 dir. b

21
20.5

21.5

Porto di Mattinata

Mattinata
70

3.5

Punta Rossa
Monte Saraceno

11

6.2

Mass. Gennaro

Mass. Miscilli

Mass. Polverácchio

Mass. Valente

Sta. Maria di Pulsano

il Castello

Madonna d. Libera

4.5

Mass. Basso

17.5
la Pace

Marina di Monte S. Angelo

12.2

G o l f o

16.3

Posta Rosa
109

Mass. Russo

Mass. le Mosche di Bramante

Mass. Carmela

Mass. Resecata

106
San Leonardo

Mass. Tuori
Mass. Capo da Uccello

MANFREDONIA
31
Sta. Maria di Siponto
8.5
2

Lido di Siponto

10

Siponto
Santo Spirito

11

d i   M a n f r e d ó n i a

d

Mass. Candelaro
111.

3

Posta della Via

Mass. Santa Tecchia

89

Posta Piana
11.5

RIS. NAT. PALUDE DI FRATTAROLO

T. Candela
Staz. di Candelaro

Vasche di Contessa
Colmata

Sciale Frattarolo

Sciale Bórgia

Vigna Bálsamo

Sciale Mozzillo

Mass. Gramázio

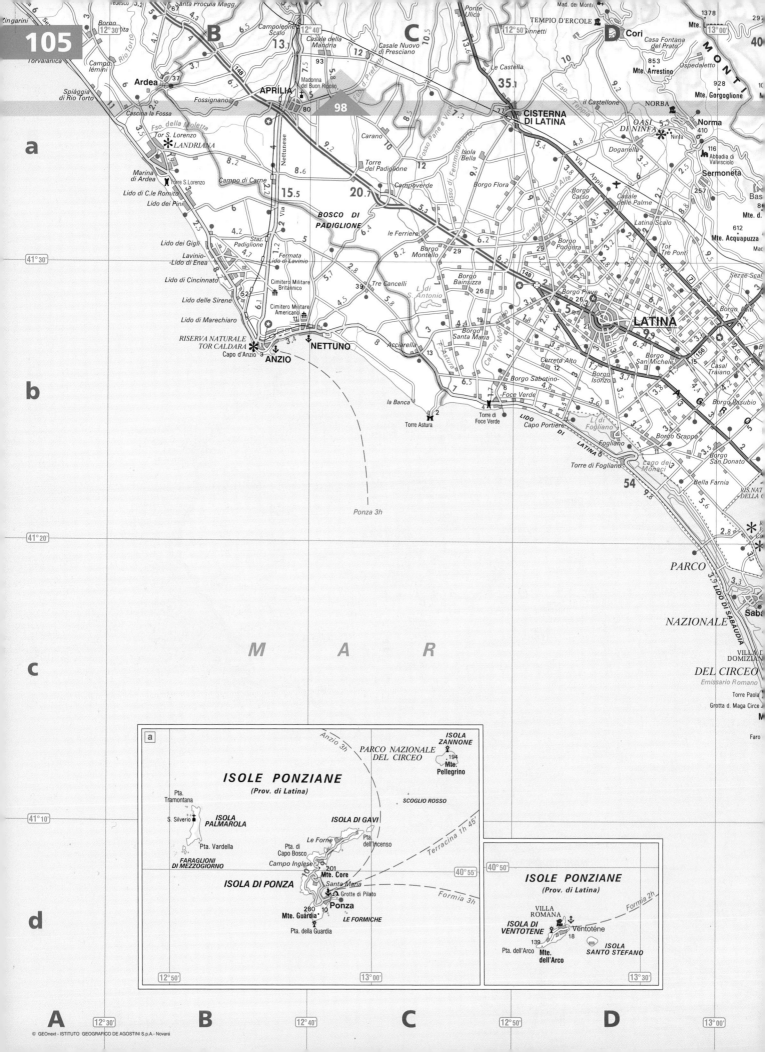

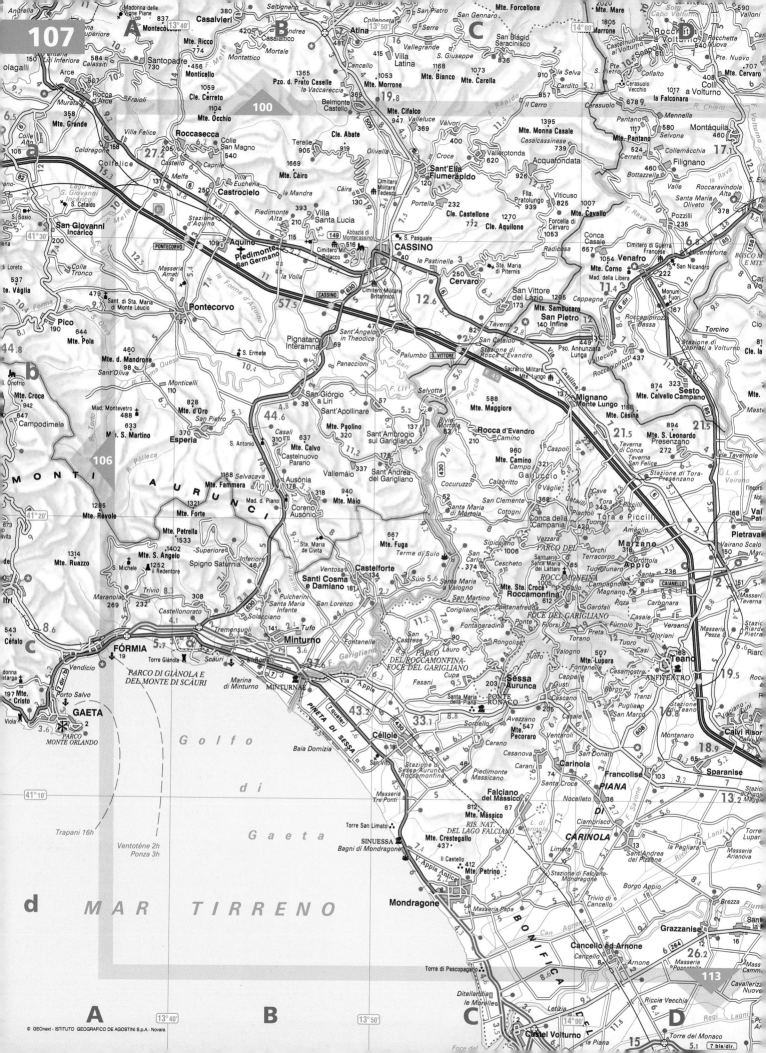

a

41°30'

b

M A R

A D R I A T I C O

Bar 10h
Durrës 9h
Kérkira 11h
Igoumenitsa 12h 30'
Pátrai 19h 30'
Dubrovnik 8h
Split 9h
Rijeka 9h 15'

c

41°20'

TRANI   Abb. di Sta. Maria di Colonna

la Testa
Cala Rossa

Mass. Schinosa

BISCEGLIE   Ripalta

Sta. Maria di Giano

TRANI 13.2   49.3   Torre di Pacciano   Sant'Andrea   40.9

69.5

il Casale

DOLMEN DI CHIANCA   il Pulo   MOLFETTA

14.3   77   Mad. di Zappino   Mad. di Rose   6.6

Mass. Santa Croce   Torre di Pettiné   MOLFETTA   8.3   Giovinazzo

Cimadomo   15   13.2

Casino Colonnello   10.6   Spirito Santo

41°10'

21.8   232   CORATO   Villa Fenicia   *T E R R A*   Padre Eterno   Palese

Madonna delle Grazie   DOLMEN   BITONTO   Fiera del Levante   4.8   Faro di S. Cataldo

8.5   Terlizzi 190   Sette Torri   E 55   AEROPORTO INT. BARI-PALESE   Mácchie   Porto Nuovo

256.   Ruvo di Puglia   9.7   141   NAT. LAMA BALICE   3.6   BARI

Sovereto   Casino S. Martino   San Paolo   10

8.3   190   15.1   l'Annunziata   San Giorgio

5.7   173   Via Appia Antica   Casino Ilteris   BITONTO   4.5   Staz. Mungivacca

Casa Lovino   De Crescenzie   209   Mad. delle Grazie   BARI NORD   D   8

Torre del Monte   San Giorgio   4.4   MONACO DI MODUGNO   Carbonara di Bari   Triggiano

Mass. Quinto   Valente   Trappeto d. Principe   MODUGNO   Céglia del Campo   B

Palombaio   118   Palo del Colle   Mater Domini   S. Felice in Balsignano   Ognissanti   Capurso

Mass. Ciccio Ficeo   Nitti   173   BARI SUD   Bitritto   Loseto   Valenzano   A

Mariotto 240   Casino Guaccero   Crocifisso d'Auricarro   Bitetto   Maria S.S. del Pozzo   Cellamare

Mass. Cipriani Marinelli   Lâmia S. Domenico   Sta. Maria del Piano   Adélfia

Mass. Quartodipalo   Binetto

Grumo Appula   Rutigliano

© GEODIA ISTITUTO GEOGRAFICO DE AGOSTINI S.p.A. - Novara

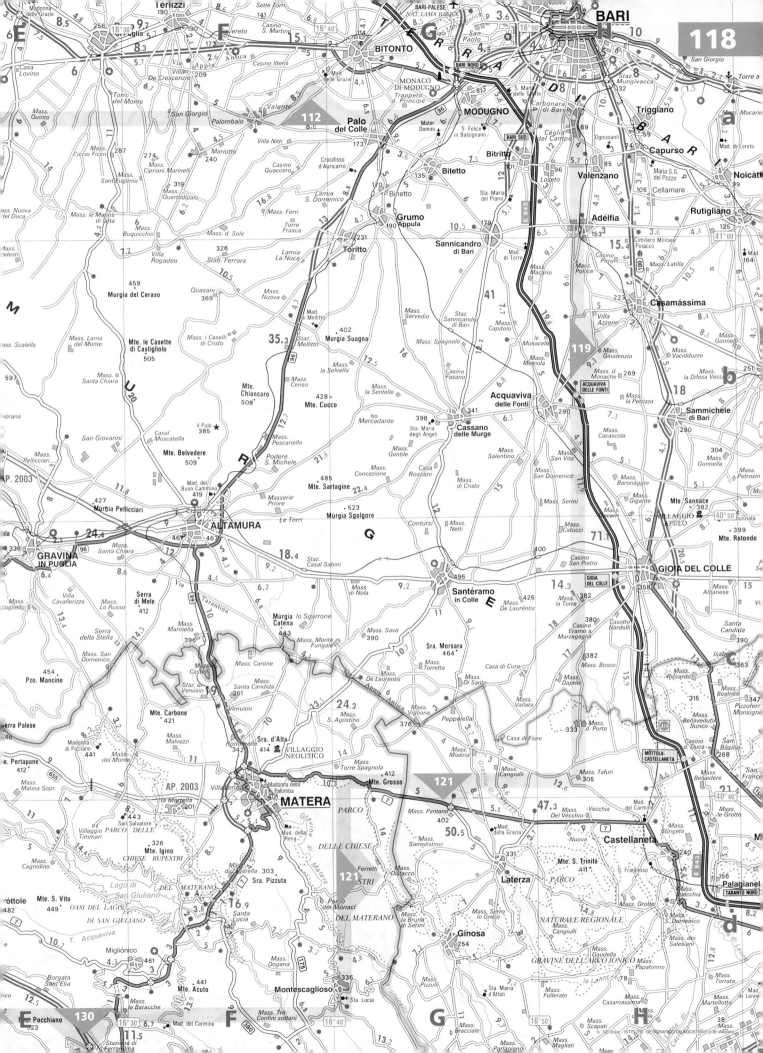

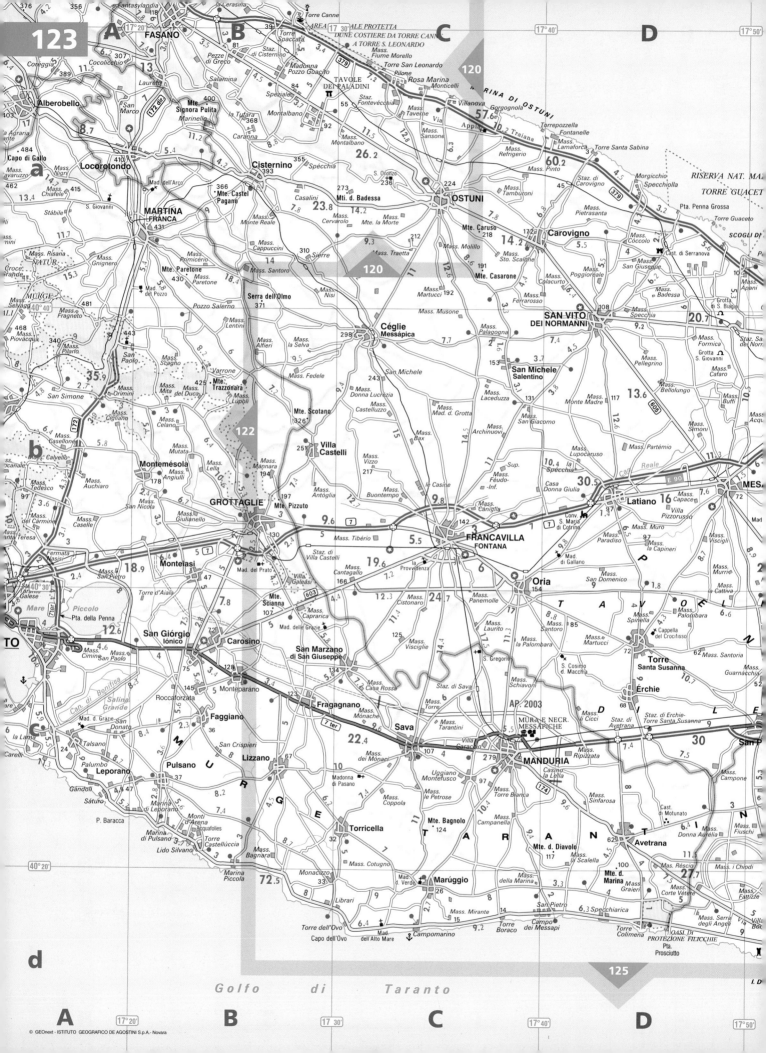

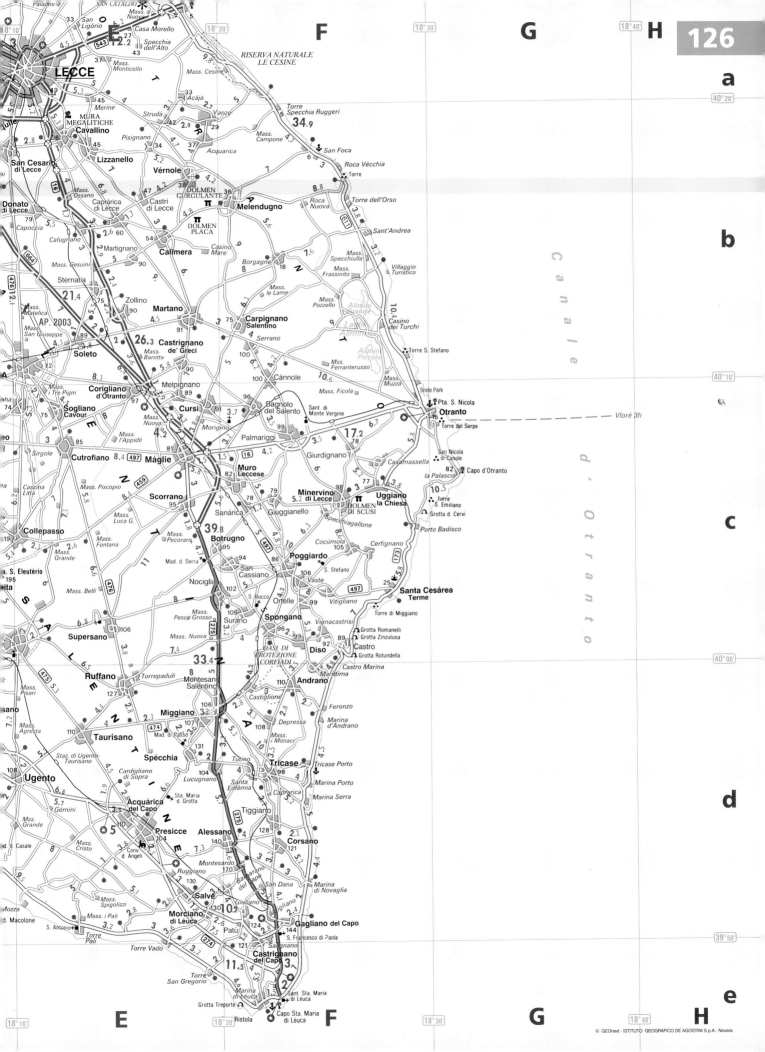

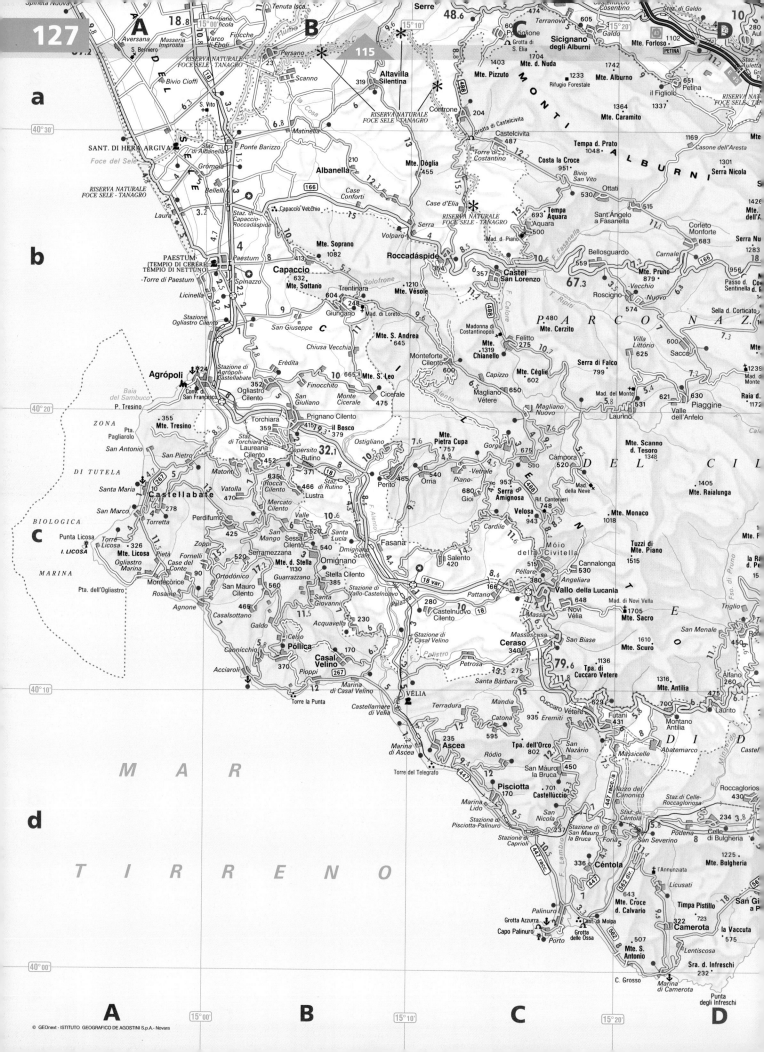

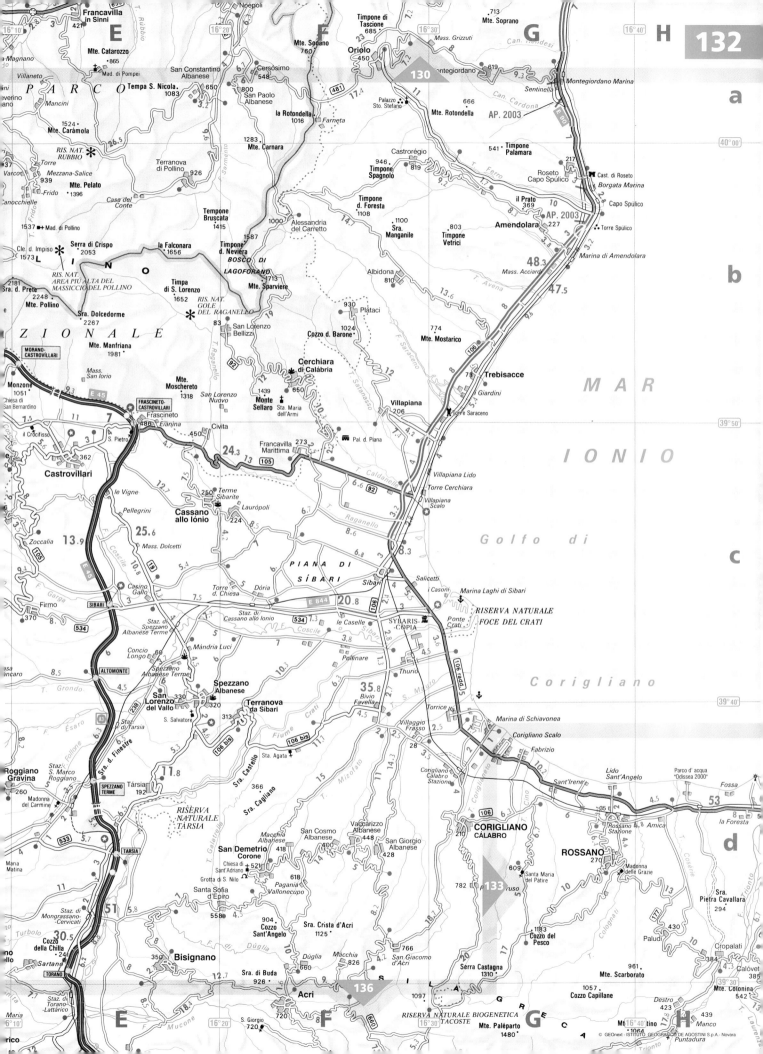

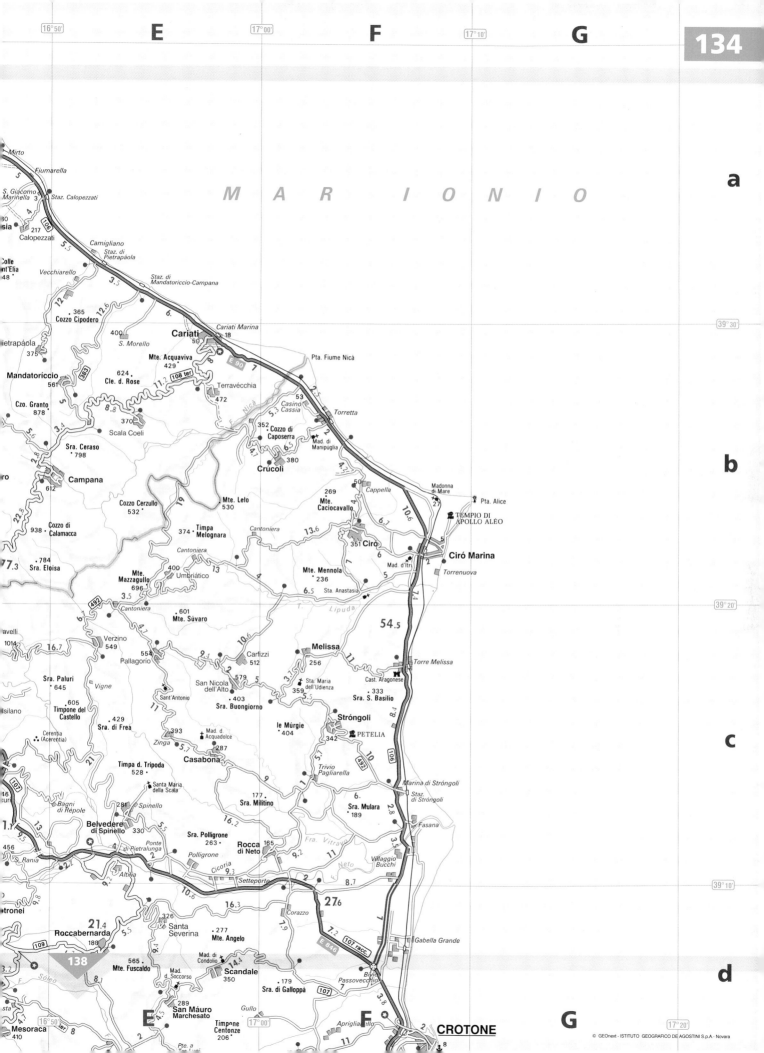

A · 15°50' · 131 · B · 16°00' · C · 16°10' · D

MAR

TIRRENO

OASI BLU
DEGLI SCOGLI ISCA

SCOGLI ISCA

SCOGLI CÓRECA

39°20'

39°10'

39°00'

a

b

c

d

RISERVA NATURALE
BIOGENETICA DI
"SERRA NICOLINO"

Acquappesa
Marina
di Acquappesa
Intavolata
Guardia Piemontese
Lido
Guardia
Piemontese
Marina
di Fuscaldo
Fuscaldo
S. Pietro
San Miceli
Madonna
del Carmine
Marina
di Paola
Páola
Pollella
San Lúcido
Torremezzo
di Falconara
Staz. di Torremezzo
di Falconara
Fiumefreddo
Brúzio
Longobardi
Marina
Longobardi
Tarifi Croce
S. Bárbara
Regastili
Marina
di Belmonte
Belmonte
Cálabro
Amantea
Cámpora
San Giovanni
Marina di
Nocera Tirinese
Staz. di Nocera
Tirinese
Falerna
Marina
Gizzeria Lido
Santa Eufemia
Lamezia

S. Filippo-Battendieri
Terme
Luigiane
Sra.
Nicolino
San Martino
di Finita
San Giácomo
San Nicola
Rota Greca
Sra. Pantalonata
Cariglio
Pesco
Cozzo Cervello
S. Benedetto
Ullano
Marri
Vaccarizzo
Parantoro
Sta. Maria
la Castagna
Rifugio
Forestale
San Sisto
d. Valdesi
Gesúiti
San Vincenzo
la Costa
Mte. Luta
Bucita
San Fili
Cantoniera
Pso.
Mte. Martinella
Marano
Marchesato
Marano
Principato
Andreotta
Cerisano
Czo. Londro
Falconara
Albanese
Pietralonga
Pietraferruggia
Mendicino
Abbazia di
Sta. Domenica
San
Biase
Terre
Donniche
Mte. Cocuzzo
Serrone
Cozzo Serralta
Sra. d. Grandini
Mte. Verzi
Salice
Annunziata
Lago
Greci
Vadi
San Pietro
in Amantea
Terrati
Mte. S. Lucerna
Grimaldi
Mte. Faeto
Mte. Pellegrino
Aiello
Cálabro
Mte.
S. Angelo
Serra D'Aiello
Cleto
Savuto
Nocera
Tirinese
Punta
d. Corvo
Pietrebianche
Falerna
Mte. Mancuso
Gizzeria
Castiglione
Marittimo
Gizzeria
C. Súvero
Falerna

S. Maria
le Grotte
Cavallerizzo
Cerzeto
Mongrassano
Torano
Cast.
Sartano
Lattárico
Palazzello
Piretto
Regina
Montalto
Uffugo
Bívio Rose
Rose
Arcavata
RENDE
S. Agostino
Castrolibero
COSENZA
Laurignano
Tessano
Caroleo
Dovizioso
Dipignano
Dománico
Motta
Paterno
Cálabro
Calendini
Casale
Basso
Mte. Serratore
Torre
Giuffrida
Mte. Scudiero
Belsito
Malito
Altilia
Grimaldi
Altilla
Motta
Santa Lucia
Martirano
Martirano
Lombardo
Inferiore
Conflenti
San Mango
d'Aquino
S. Mango
D'Aquino
Gizzeria
Gabella
Acquafredda
Terme
Caronte
Sambiase
LAMEZIA TERME
CATANZARO
SANTA
EUFEMIA
LAMEZIA
PIANA

Torano
della Chilla
Staz. di
Torano-Lattárico
Sta. Maria
Staz. Acri
Bisignano-Luzzi
ROSE-
MONTALTO U.
Staz. di
Montaldo-Rose
Castiglione
Cosentino
Castiglione
Cosentino
COSENZA NORD
Castiglione
Cosentino
Zumpano
Rovella
S. Ippolito
Bívio
Dónnici
Basso
ROGLIANO
GRIMALDI
Pittarella

17
11.2
14.6
18
17
18
27.5
34.5
14.5
61.2
47.7
13.5
25.5

42.7
9.7
18.2
7.5
350
146
515
1257
1403
1135
350
94
1231
566
979
1100
952
1389
488
460
459
430
550
493
580
320
400
559
550
496
1157
490
602
1216
1239
610
500
624
715
730
680
635
1238
1295
1256
728
479
634
502
778
258
373
328
468
1117
996
240
1328
550
630
187
1127
1130
1541
484
374
644
1103
381
526
540
238

© GEOnext (Gruppo De Agostini) - Novara

137

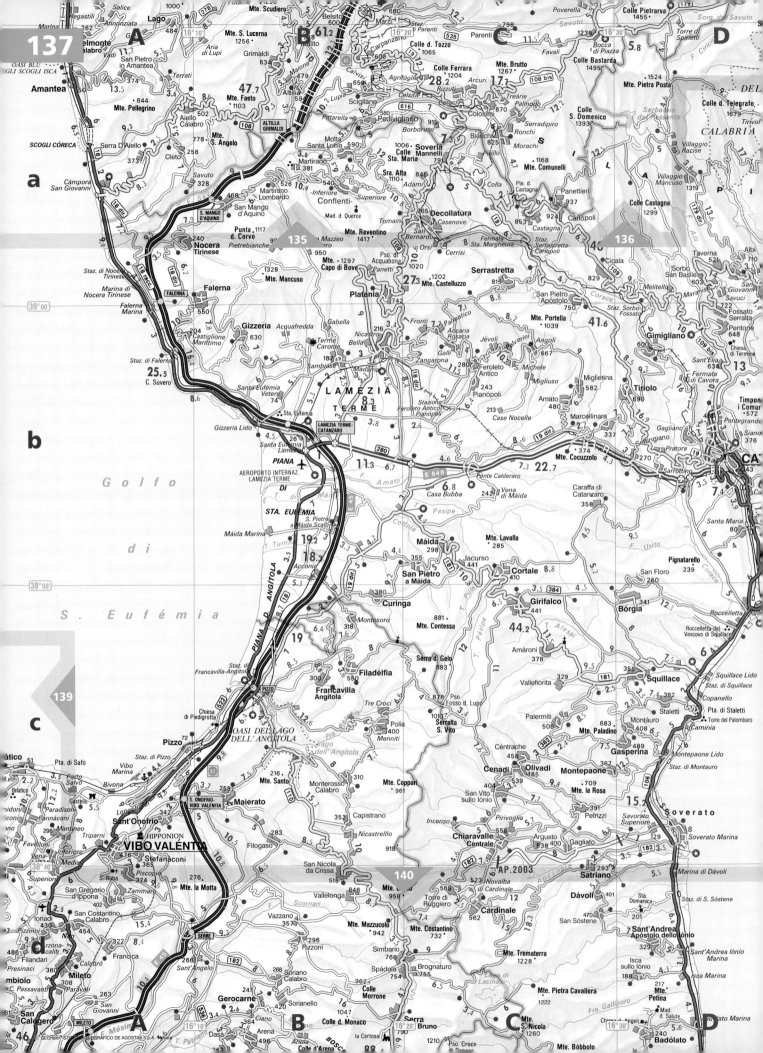

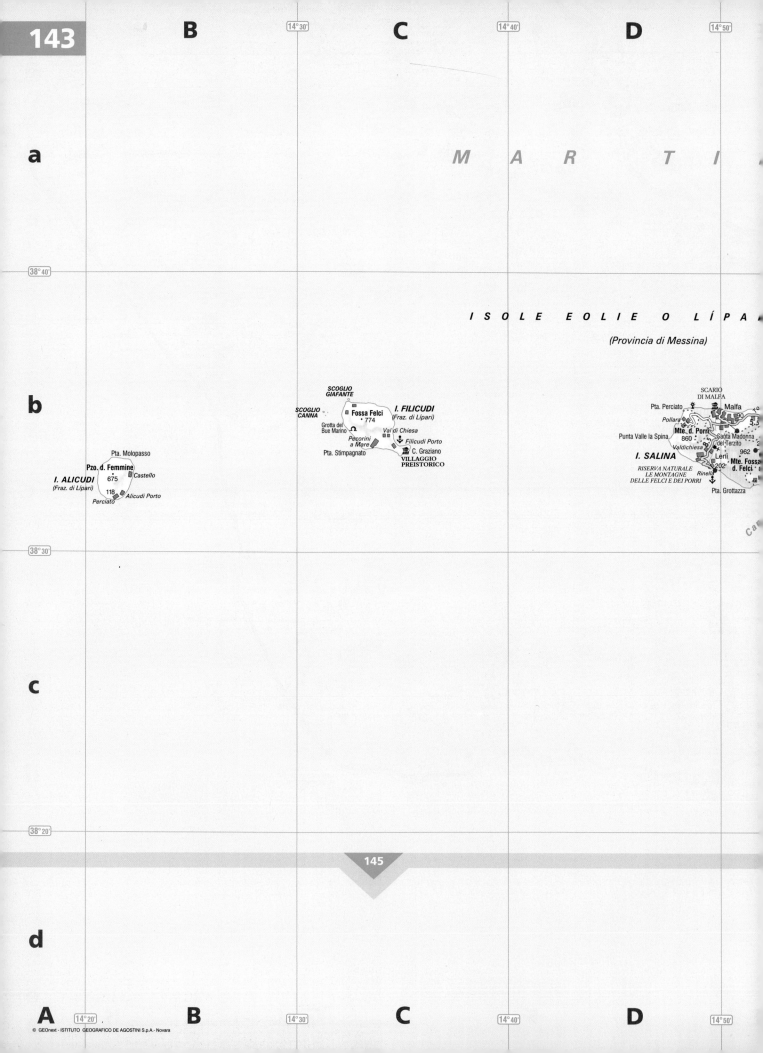

B   14°30'   C   14°40'   D   14°50'

a

M A R   T I

38°40'

I S O L E   E O L I E   O   L Í P A

(Provincia di Messina)

b

SCOGLIO GIAFANTE

SCOGLIO CANNA

I. FILICUDI
(Fraz. di Lìpari)

Fossa Felci
• 774

Grotta del
Bue Marino
*Pecorini
a Mare*
Pta. Stimpagnato

Val di Chiesa
⚓ *Filicudi Porto*
🏛 C. Graziano
**VILLAGGIO
PREISTORICO**

SCARIO
DI MALFA
Pta. Perciato
Pollara
Punta Valle la Spina
Mte. d. Porri
860
Valdichiesa
I. SALINA
*RISERVA NATURALE
LE MONTAGNE
DELLE FELCI E DEI PORRI*

Malfa
90
5.5
Santa Madonna
del Terzito
Leni 962
202
**Mte. Fossa
d. Felci**
Rinella
Pta. Grottazza

Pta. Molopasso
Pzo. d. Femmine
675
I. ALICUDI
(Fraz. di Lìpari)
118
Perciato

Castello
Alicudi Porto

38°30'

c

38°20'

145

d

A   14°20'   B   14°30'   C   14°40'   D   14°50'

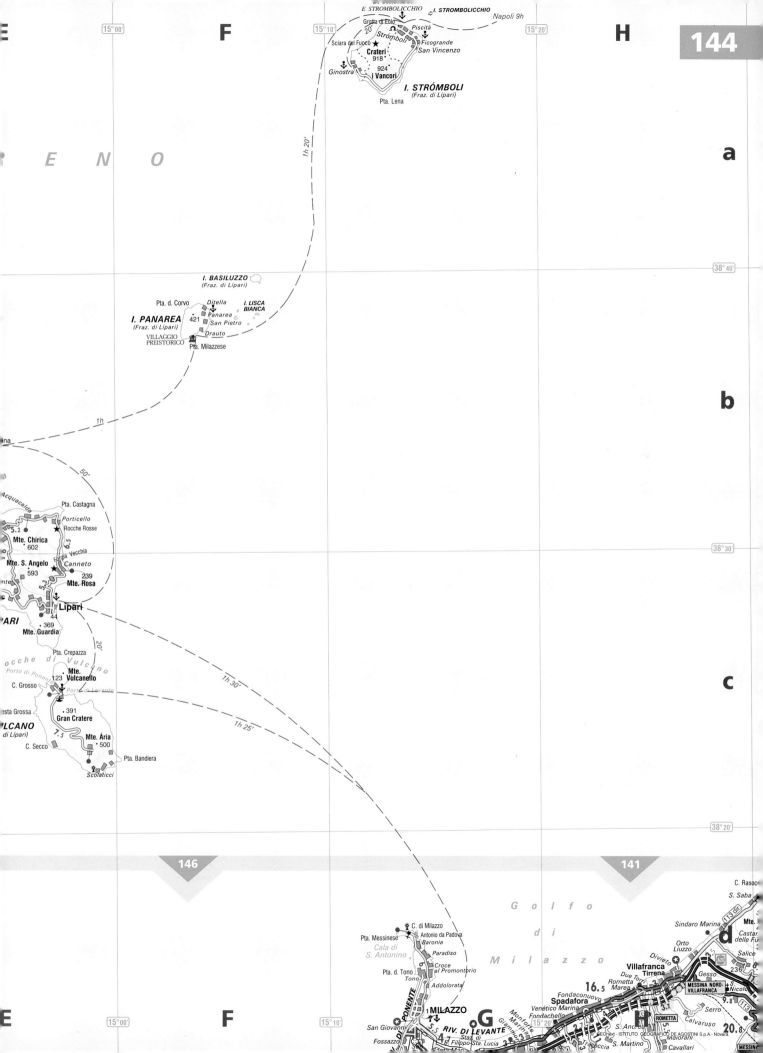

E   F   H

E STROMBOLICCHIO   **I. STROMBOLICCHIO**   Napoli 9h

Grotta di Eolo   Piscità
20'   Stromboli   Ficogrande
Sciara del Fuoco   San Vincenzo

Crateri
★   918•
Crateri

924•
i Vancori

Ginostra

I. STRÓMBOLI
(Fraz. di Lípari)

Pta. Lena

38°40'

I. BASILUZZO
(Fraz. di Lipari)

Pta. d. Corvo   Ditella   **I. LISCA BIANCA**

I. PANAREA   421•   Panarea
(Fraz. di Lipari)   San Pietro

VILLAGGIO   Drauto
PREISTORICO   Pta. Milazzese

1h

1h 20'

50'

Acquacafda

Pta. Castagna

Porticello
5.2   ★ Rocche Rosse

Mte. Chírica
602•

6.5
Forgia Vecchia
Mte. S. Angelo   Canneto
593•
239•
5.2   **Mte. Rosa**

Lipari
44
ARI   369•
Mte. Guardia

Pta. Crepazza

20'

ocche di Vulcano
Mte. Vulcanello
Porto di Ponente   123•
C. Grosso   Porto di Levante

esta Grossa
391•
Gran Cratere
LCANO
(di Lípari)   7.5
Mte. Ária
C. Secco   500•
Pta. Bandiera

Scolaticci

38°30'

1h 30'

1h 25'

38°20'

146

141

G o l f o

C. Rasoc

S. Saba

Sindaro Marina   **Mte.**

✠ C. di Milazzo   *d i*
Pta. Messinese   S. Antonio da Padova   Orto   Castar
Baronia   Liuzzo   delle Fu
Cala di   Paradiso   Salice
S. Antonino   Croce   236
al Promontorio   *M i l a z z o*   Divieto   **Villafranca**
Pta. d. Tono   Tono   **Tirrena**   Gesso   S. Nicolò
Addolorata   Due Torri   **MESSINA NORD-**
16.5   Rometta   **VILLAFRANCA**
Fondaconuovo   Marea   Serro
Spadafora   9.8
Venético Marina   Calvaruso
PONENTE   **MILAZZO**   Fondachello   Montorte   **ROMETTA**
G   Giammoro   S. Andrea   20.8
San Giovanni   **RIV. DI LEVANTE**   S. Martino
Fossazzo   S. Filippo Sta. Lucia   Maiorani   ©SEOnext - ISTITUTO GEOGRAFICO DE AGOSTINI S.p.A.- Novara
Cavallari   MESSIN

E   F   G   H

15°00'   15°10'   15°20'

15°00'   15°10'

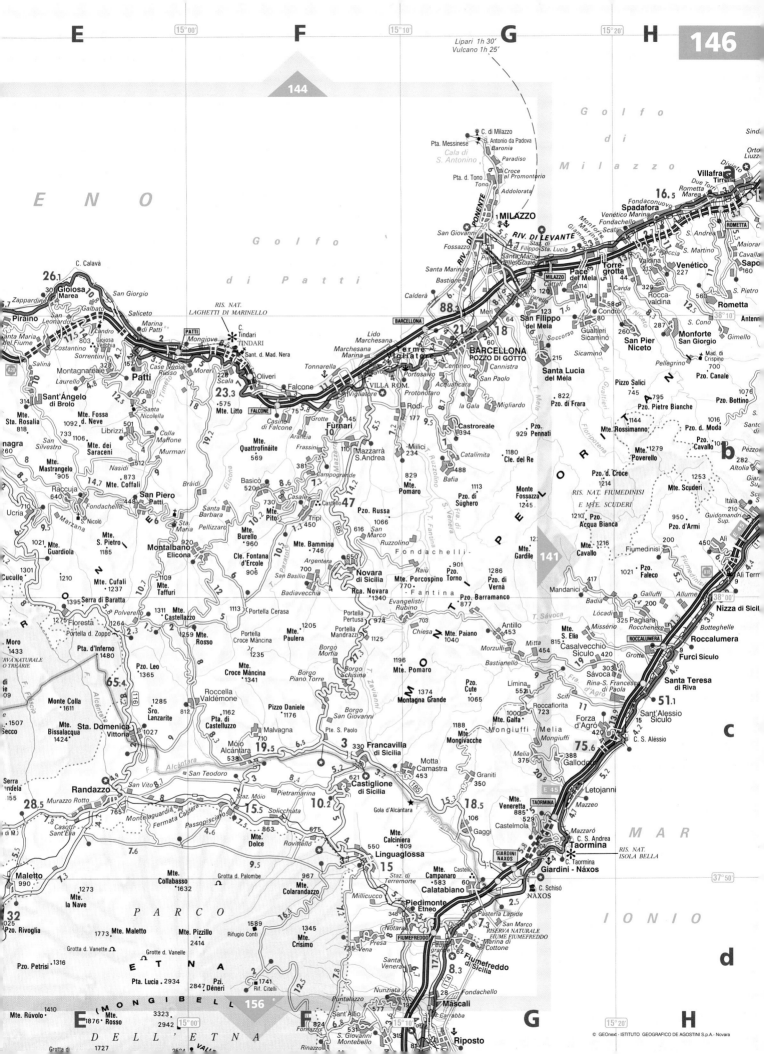

a

RISERVA
NATURALE MARINA
ISOLA DI ÙSTICA
13°10'
SCOGLIO
D. MEDICO
RIS. NAT.
Pta. Gorgo Salato
C. Falconiera
Mte. Guàrdia
d. Turchi 238
Ùstica
49
ISOLA DI ÙSTICA
C. S. Raolo
Pta. d. Spalmatore
Pta. dell'Arpa
ISOLA DI ÙSTICA
(Prov. di Palermo)
38°40'
Palermo 2h 20'

T I R R E N O

38°10'

olfo di
ini Imerese

Cefalù
Torre
Sta. Lucia
C. Plaia
16
Kalura
47.5
Sant'Ambrogio
Staz. di
Castelbuono
C. Raisigerbi
Staz. di
Pòllina
Milianni 9.2
Castel
di Tusa
Torr
CEFALÙ OVEST
4.4
CEFALÙ EST
13.8
8.7
4.6
119
HALAESA Sta. Maria
AP. 2003
38°00'
Castello di Roccella
27.9
Làscari
76
658
Czo. Carbonara
A20 CASTELBUONO
11.5
Batia
645
Tusa 614
660
Villa Lalumia
10
Campofelice
di Roccella
54
14.5
13.6
6
Sant. di
Gibilmanna
795
Osservatorio
Geofisico
14
Sra. Casalo
589
730
Pollina
Mte.
Tardara
10.5
ZONA TURISTICO - ALBERGHIERA -
ARCHEOLOGICA D'IMERA
10
A20
Gratteri
657
Czo. Seilita
671
1081
Pzo. S. Angelo
Portella di
Montenero 304
681
Borrello
8.1
Pzo. Taverna
1027
Petti
Buonfornello
BUONFORNELLO
IMERA
113
430
Mte. Bovitello
12.7
Sant'Agata
Pzo. Dipilo
1385
Isnello
530
Casa
Aculeia
9.1
Casa
Pzo. Voturo
1223
Torre
Migàido
439
Staz. di Cerda
Balate 13.8
11
1326
Mte. S. Calógero
262
Villàurea
Sra. Canalona
488
10.3
Collesano
Casa
S. Nicola
Casa
Munciarrati
1105
P A R C O
Castelbuono
Mte. Milocco
1223
S. Guglielmo
423
Liccia
286
San Màuro
Castelverde
1050
1265
Mte.
Canalicchio
Castel di Lu
18.6
Sciara
210
9.1
Cerda
274
Czo. Rasolocollo
553
808
Mte.
d'Oro
468
5.5
Mte. Cucullo
1416
Rif. Orestano
Torre Montaspro
D
Pzo. Carbonara
1979
1512
Czo. Luminario
1049
Mte. Miccio
Casa
Gianni
690
l'Annunziata
M
E
Pta.
Montagna
1237
S. Giovanni
iuso
Pzo. d. Guàrdia
594
Portella di Mare
582
Mte. Castellaro
1656
1794
Mte. d.
Cervi
3.5
Rif.
Marini
E
Mte. Ferro
1906
Pzo. di
Corco
1357
E
Portella di
Mandarini
1077
Geraci
Sículo
901
Timpa
1346 del Grillo
Aliminusa
450
13.8
Rca. del Corvo
795
35.5
M
Mte.
Fanusi
1472
A
Czo.
Vituro
1507
D
O
1865
Mte.
Mùfara
S. Giuseppe
E
Czo. Cosimo
T
Calabrò
1070
Mte.
10
Mte. Scardilla
517
1145
Montemaggiore
Belsito
Pzo. S. Angelo
Scillato
SCILLATO
218
606
643
15
N I C O L A
M A D O N Ì E
1912
Mte. S. Salvatore
12.4
1206
1660
Pzo.
Catarineci
1120
Portella del Bafurco
16.5
Mte.
37°50'
Mad. d. Angeli
498
Mte. Roccelito
Granza
Rca. di Sciara
12.5
1080
Fichera
17
Polizzi
Generosa
Mad. d. Pietà
920
Petralia
Sottana
4.4
1000
Sta. Lucia
120
Mte. di Corvo
1242
Czo. di Equila
1058
Mte. di
Corvo
Mte.
Capitano
886
28.8
Ponte
Agostinello
Sclafani Bagni
813
7
10.8
Mte. Piombino
947
15
Nociazzi
Grotta d.
Vecchiuzzo
Petralia
Soprana
114
2.4
4.1
1011
Gangi
15.3
la Montagna
966
Cz. Vallefondi
1035
24.5
Mass.
Mandragiumenti
806
799
Mass. Balate
Cz.
Re
1020
4.6
Calcarelli
Fasanó
926
Gioiotti
850
1058
Czo. di
S. Pietro
834
Balza di
Pezzalunga
1055
Pzo. Conca
1002
Ália
726
777
Sra. Càvero
Portella
Incatena
Portella di
Lupo
658
Ponte
Campanaro
871
Cz.
Vurrània
908
12
51.9
11.5
Castellana
Sícula
765
Pianello
Raffo
750
Borgo
Verdi
971
Mass.
Capuano
Mte. Zimmara
1333
Valledolmo
E
903
1081
14.5
Sra. di
Puccia
1052
TRE MONZELLI
Mte.
S. Giórgio
876
10.8
Mass.
Xireni
Blufi
Giàia
725
685
Bompietro
Gangi
Mte.
Alburchia
Mte.
Quattro Finàite
1313
BOSCO
Grotte d. Gurfa
d. Saraceni
566
74
13°50'
Czo. Sampieri
999
Portella
Campanaro
Portella
Mangiante
Mass. Almerita
734
E 932
14°00'
Mad. del
290
Gangi
661
819
Mass.
S. Silvestro
GEOnext - ISTITUTO GEOGRAFICO DE AGOSTINI S.p.A. - Novara

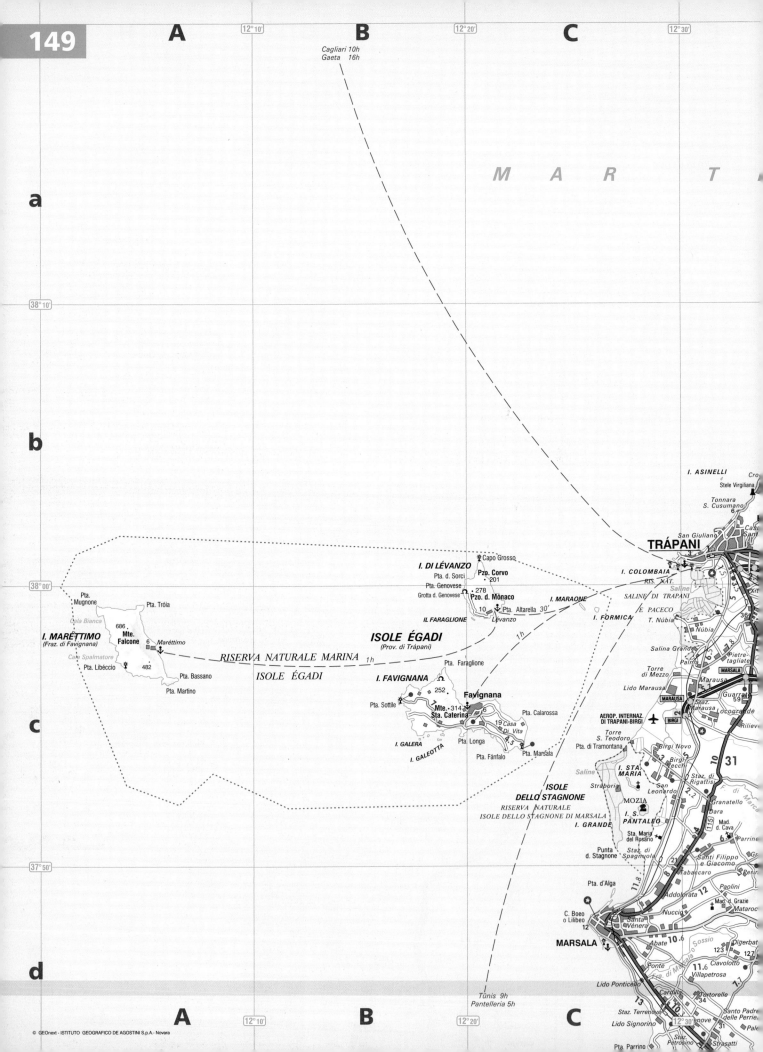

A   12°10'   B   12°20'   C   12°30'

Cagliari 10h
Gaeta 16h

M A R   T

a

38°10'

b

I. ASINELLI
Stele Virgiliana
Tonnara
S. Cusumano

San Giuliano
TRÁPANI
I. COLOMBAIA
RIS. NAT.
Saline

38°00'

Pta.
Mugnone
Pta. Tróia
Cala Bianca
686   Mte.
Falcone
6   Maréttimo
I. MARÉTTIMO
(Fraz. di Favignana)
Cala Spalmatore
Pta. Libéccio   482
Pta. Bassano
Pta. Martino

I. DI LÉVANZO
Capo Grosso
Pzo. Corvo
201
Pta. d. Sorci
Pta. Genovese
Grotta d. Genovese
278
Pzo. d. Mònaco
10   Pta. Altarella 30'
IL FARAGLIONE   Lévanzo

I. MARAONE
I. FORMICA
SALINE DI TRAPANI
E PACECO
T. Núbia
Núbia

ISOLE ÉGADI
(Prov. di Trápani)

RISERVA NATURALE MARINA
ISOLE ÉGADI

1h
1h

Salina Grande
Palma
Torre
di Mezzo
Lido Marausa
MARAUSA
Marausa
Guarrat
59

Pta. Faraglione
I. FAVIGNANA
252
Favignana
Pta. Sottile
Mte. 314
Sta. Caterina
6
19 Casa
Di Vita
4.5
Pta. Marsala
Pta. Calarossa
I. GALERA
Pta. Longa
I. GALEOTTA
Pta. Fánfalo

AEROP. INTERNAZ.
DI TRAPANI-BIRGI
BIRGI
Birgi Novo
Birgi
Vecchi

Torre
S. Teodoro
Pta. di Tramontana
San
Leonardo
Staz. di
Rigattis
2.2
10
31
Granatello
Dara

Saline
I. STA.
MARIA
Straborig
MOZIA
I. S.
PANTALEO
I. GRANDE
ISOLE
DELLO STAGNONE
RISERVA NATURALE
ISOLE DELLO STAGNONE DI MARSALA
Sta. Maria
del Rosário
Punta
d. Stagnone
Staz. di
Spagnuola
Mad.
d. Cava
Parrine
Santi Filippo
e Giacomo
115
6

c

37°50'

Pta. d'Alga
11.8
Addolorata   12
Paolini
Tabaccaro
Mad. d. Cava
Gr

C. Boeo
o Lilibeo
12
Santa
Vénera
Nuccio
Abate   10.6
Digerbat
123
127

MARSALA
Ponte
Fra di Marsala
11.6
Villapetrosa
Lido Ponticello
Sossio
13
Ciavolotto
1.7
Cardilla
34
Tortorelle

d

Túnis 9h
Pantelleria 5h

Staz. Terrenove
Lido Signorino
10.3
ne
Santo Padre
delle Perrie
31
Staz.
Petrosino
Pta. Parrino
Strasatti

A   12°10'   B   12°20'   C   12°30'

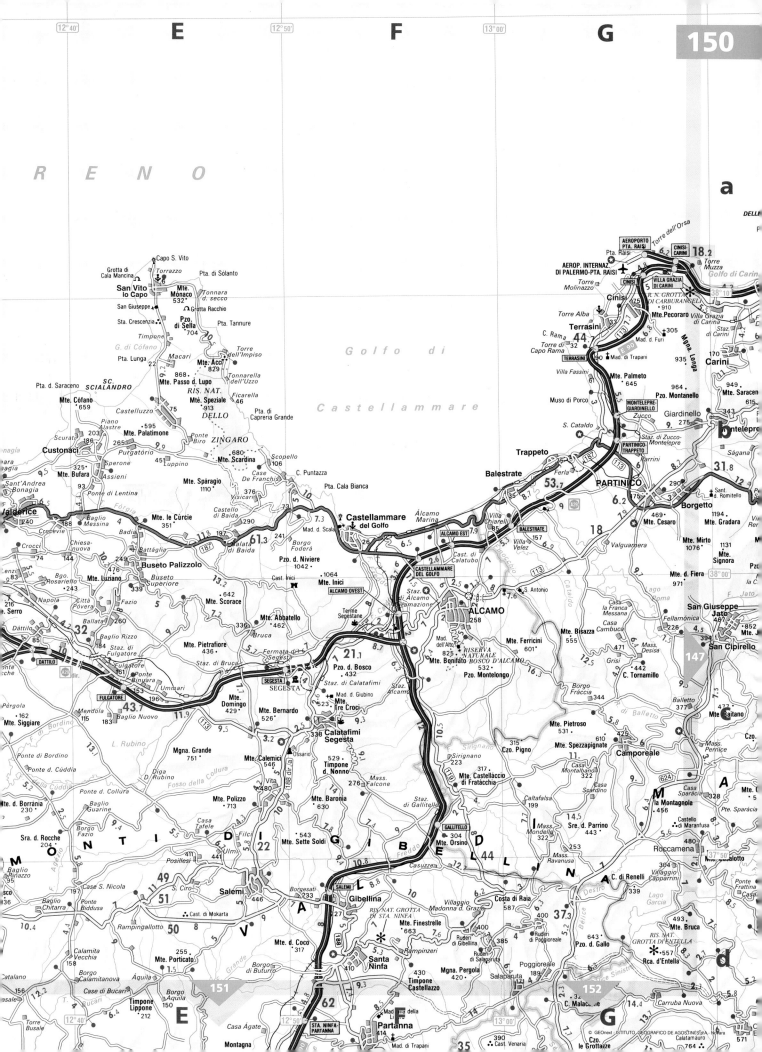

R E N O

a

E   F   G

12°40'   12°50'   13°00'

Golfo   di

Castellammare

Capo S. Vito
Grotta di
Cala Mancina
Torrazzo
San Vito
lo Capo
San Giuseppe
Sta. Crescenzia
Pta. di Sólanto
Tonnara d. secco
Grotta Racchio
Mte. Mónaco
532
Pzo.
di Sella
704
Pta. Tannure
Timpone
Pta. Lunga
Macari
G. di Cófano
Torre
dell'Impiso
Mte. Acci
829
Mte. Passo d. Lupo
868
Tonnarella
dell'Uzzo
RIS. NAT.
Mte. Speziale
913
Pta. di
Caperia Grande
Pta. d. Saraceno
SC.
SCIALANDRO
Castelluzzo
DELLO
Ficarella
46
Mte. Cófano
659
Piano
Alastre
595
ZINGARO
Custonaci
Purgatório
Ponte
Biro
Scurati
203
186
Mte. Palatimone
265
451
Luppino
680
Scopello
Mte. Scardina
106
Sperone
325
Assieni
Mte. Spáragio
1110
376
Visícari
C. De Franchis
Mte. Bufara
93
Ponte di Lentina
Case
De Franchis
C. Puntazza
Pta. Cala Bianca
Sant'Andrea
Bonagia
9,5
Castello
di Baida
73
7,3
Castellammare
del Golfo
Álcamo
Marina
Valderice
240
Baglio
Messina
Mte. le Cúrcie
351
290
241
Mad. di Scala
Borgo
Foderá
26
6,5
ALCAMO EST
Villa
Chiarelli
85
BALESTRATE
157
61,3
Crecevie
88
Chiesa-
nuova
Badia
Battáglia
249
11
19,7
Buseto Palizzolo
Pzo. d. Niviere
1042
2,6
Cast. di Calatubo
Villa
Velez
6,9
74
144
Mte. Luziano
476
Buseto
Superiore
13,2
1064
Mte. Inici
ALCAMO OVEST
CASTELLAMMARE
DEL GOLFO
2,5
113
Napola
Bgo.
Rosariello
243
339
Mte. Scorace
Terme
Segestane
Mte. Álcamo
diramazione
Mad.
dell'Alto
825
ALCAMO
258
S. Antonio
7,6
Città
Póvera
184
Mte. Pietrafiore
436
Bruca
Mte. Abbatello
462
336
7,2
Staz. di
Fulgatore
Mte. Bonifato
825
Mte. Ferricini
601
Ballata
260
Baglio Rizzo
5,7
Fermata di
Segesta
21,1
Pzo. d. Bosco
432
RISERVA
NATURALE
BOSCO D'ALCAMO
532
Mte. Montelongo
DATTILO
161
Fulgatore
Ponte
Binnara
Ummari
Staz. di Bruca
SEGESTA
Staz. di Calatafimi
Staz.
Álcamo
153
196
FULGATORE
Mte.
Domingo
429
Mte. Bernardo
526
Mad. d. Giubino
Mte.
Tre Croci
43,7
Mendóla
115
Baglio Nuovo
183
11,9
113
9,5
2,5
338
Calatafimi
Segesta
7,9
Mte. Siggiare
162
Mte. Pietroso
531
Mte. Spezzapignate
Camporeale
L. Rubino
Mgna. Grande
751
Mte. Calemici
546
Óssario
529
Timpone
d. Nonno
276
Mass.
Falcone
315
Czo. Pigno
Sirignano
223
11,
624
Ponte di Bordino
13,1
Vita
480
Mte. Baronia
630
14
Mte. Castelláccio
di Fratácchia
Casa
Montalbano
322
9,
Ponte d. Cúddia
Mte. Polizzo
713
10
Staz.
di Gallitello
M   O   N   T   I   D   I   G   I   B   E   L   L   I   N   A
Mte. d. Borrània
230
Casa
Tafele
Filci
Ulmi
22
Mte. Sette Soldi
543
GALLITELLO
304
Mte. Orsino
44
Mte. d. Rocche
204
Borgo
Fazio
Posillesi
441
411
5,8
7,8
7,4
Casuzze
12,7
Baglio
Rinazzo
Case S. Nicola
49
S. Ciro
51
Salemi
446
Borgesati
233
SALEMI
Gibellina
10
Villaggio
Madonna d. Grazie
Costa di Raia
587
C. di Renelli
339
Baglio
Chitarra
197
Ponte
Biddusa
7
RIS. NAT. GROTTA
DI STA. NINFA
37,3
10,4
50
Rampingallotto
9
Cast. di Mokarta
Mte. d. Coco
317
Mte. Finestrelle
663
7,6
Ruderi
di Gibellina
385
Ruderi
di Poggioreale
Pzo. d. Gallo
643
RIS. NAT.
GROTTA DI ENTELLA
557
Rca. d'Entella
Calamita
Vecchia
158
Mte. Porticato
1,5
255
Santa
Ninfa
410
Rampinzeri
Ruderi
di Salaparuta
Mgna. Pergola
420
Salaparuta
189
Poggioreale
Borgo
Calamitanova
Áquila
Borgo
Aquila
150
Casa Ágate
Timpone
Castellazzo
Partanna
414
390
Cast. Venaria
Czo.
le Grottazze
764
Timpone
Lippone
212
62
STA. NINFA-
PARTANNA
Montagna

AEROPORTO
PTA. RAISI
CINISI-
CARINI
18,2
Torre
Muzza
AEROP. INTERNAZ.
DI PALERMO-PTA. RAISI
Pta. Raisi
VILLA GRAZIA
DI CARINI
Golfo di Carini
Torre
Molinazzo
CINISI
R. N. GROTTA
DI CARBURANGELI
910
Torre Alba
Mte. Pecoraro
Villa Grazia
di Carini
Terrasini
44
175
305
935
Carini
C. Rama
32
Mad. di Furi
170
Torre di
Capo Rama
90
Mad. di Trapani
Villa Fassini
Mte. Palmeto
645
964
Mte. Saracen
615
Muso di Porco
Pzo. Montanello
MONTELEPRE-
GIARDINELLO
Zucco
Giardinello
275
343
S. Cataldo
Staz. di Zucco-
Montelepre
Monteleper
Trappeto
PARTINICO-
TRAPPETO
Rarrini
Ságana
Balestrate
187
113
31,8
Sant
d. Romitello
53,7
PARTINICO
175
290
Borgetto
1194
6,2
Mte. Cesaro
Mte. Gradara
Mte. Mirto
1076
18
Valguarnera
9,7
Mte. d. Fiera
971
1131
Mte.
Signora
Lago
Poma
San Giuseppe
Jato
467
852
394
Casa
la Franca
Messana
Fellamónica
226
San Cipirello
Casa
Cambuca
147
Mte. Bisazza
555
Casa
Desisa
471
Grisi
442
C. Tornamillo
Balletto
377
Mte Baitano
Borgo
Fráccia
344
Mass.
Pernice
Czo.
Mte. Pietroso
531
610
425
Mgna.
Grande
11,
12,5
Casa
Spáracia
328
Pte. Sparácia
Casa
Scardino
14,5
M
la Montagnola
456
Castello
di Maranfusa
480
Sre. d. Parrino
443
253
Roccamena
Mass.
Mondella
Mass.
Ravanusa
Villaggio
Capparini
304
Lago
Garcia
Caltafalsa
199
Ponte
Frattina
Costa di Raia
587
6,2
400
Mte. Bruca
493
6,3
Villaggio
Madonna d. Grazie
Calatamáuro
571
Catalano
156
12,7
Case di Bucari
6,4
Torre
Busale
Casa Ágate
Montagna
Mad. di Trapani
35
C. Malacane
14,4
Carruba Nuova
13,7

E   F   G

12°40'   12°50'   13°00'

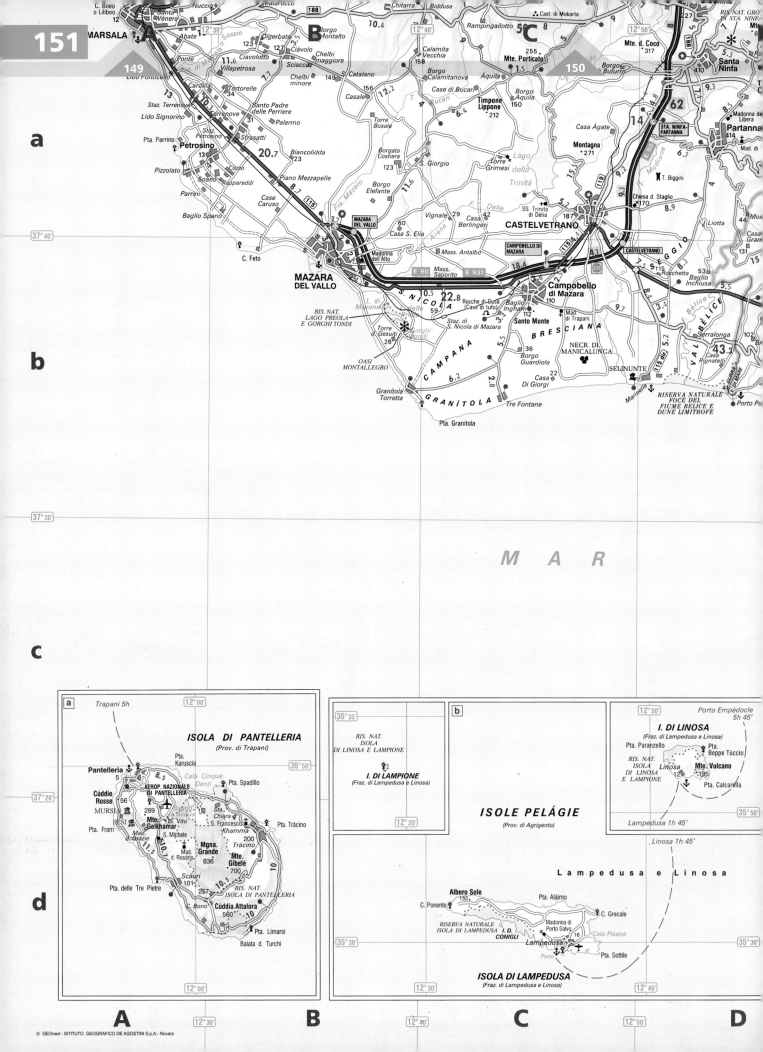

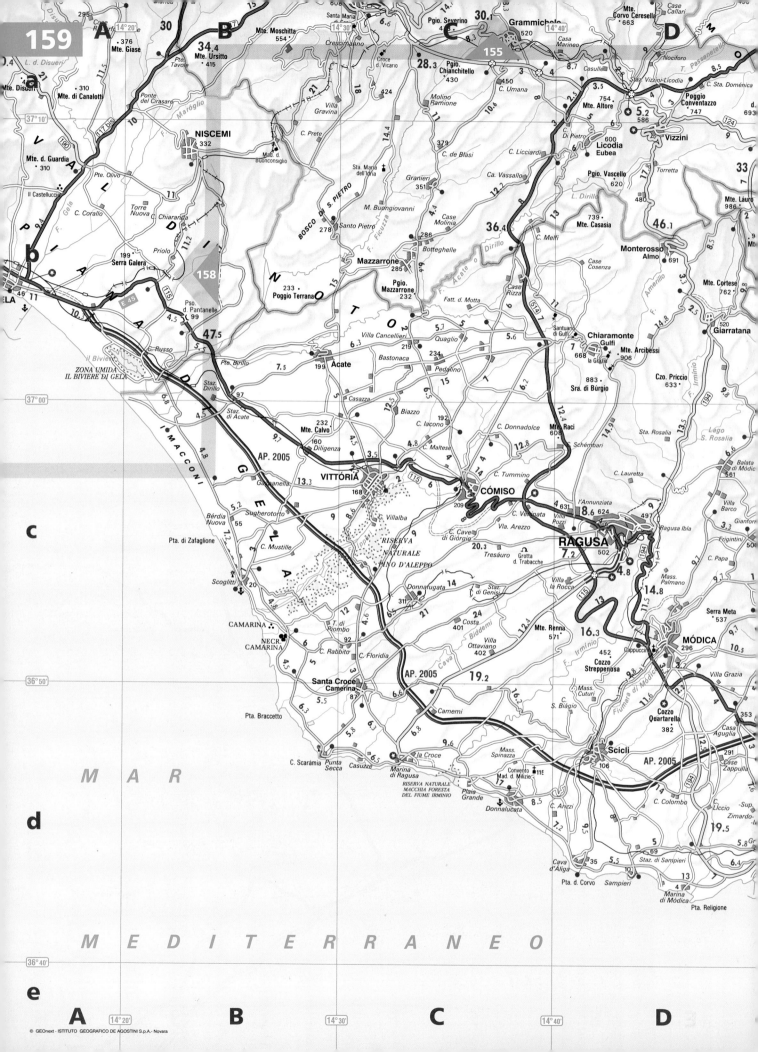

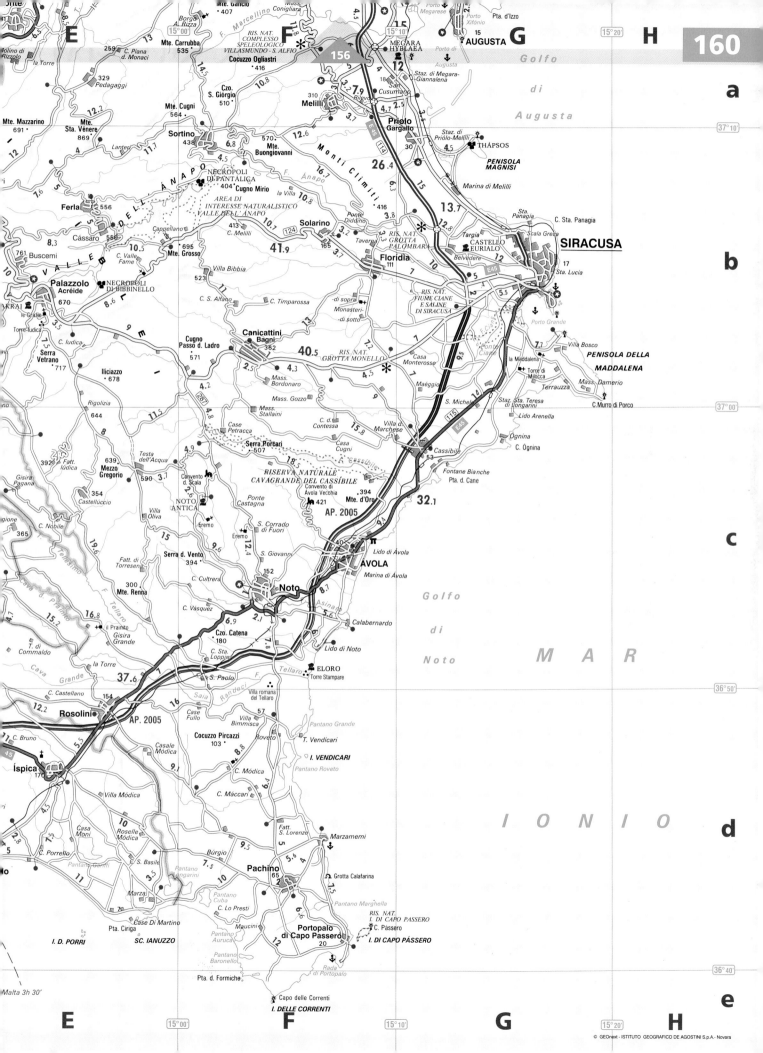

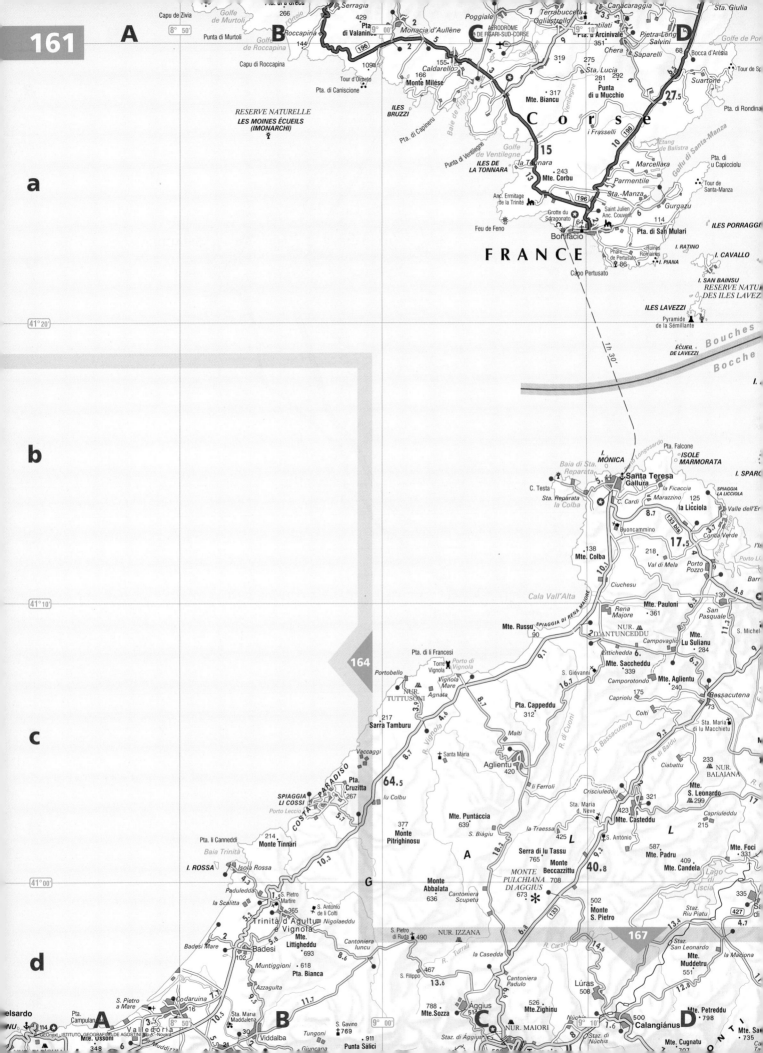

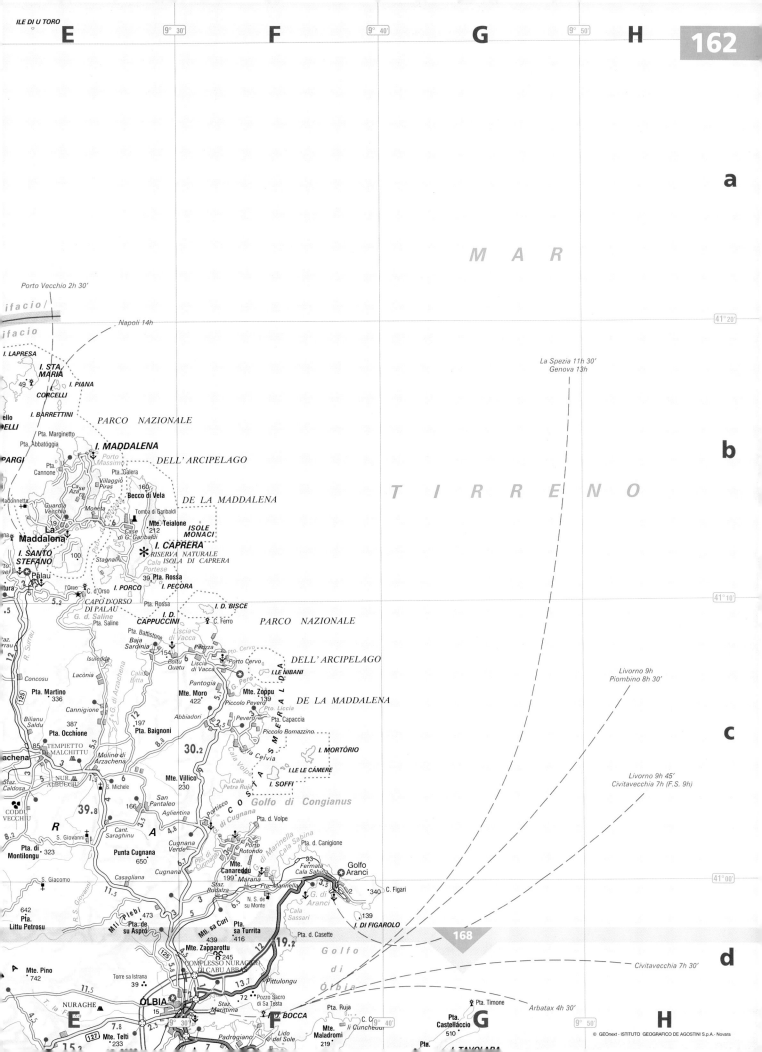

ILE DI U TORO

9° 30'   9° 40'   9° 50'

a

M A R

41° 20'

ifacio/
ifacio

Porto Vecchio 2h 30'

Napoli 14h

La Spezia 11h 30'
Genova 13h

I. LAPRESA

I. STA.
MARIA
49
I. PIANA
CORCELLI
I. BARRETTINI

PARCO NAZIONALE

ello
ELLI

Pta. Marginetto
Pta. Abbatóggia
I. MADDALENA

DELL' ARCIPELAGO

b

PARGI

Pta.
Cannone
Porto
Massimo
Pta. Galera
Villaggio
Piras

T I R R E N O

Case
Azara
19
160
Becco di Vela
Moneta

DE LA MADDALENA

Guardia
Vecchia
Tomba di Garibaldi
Case
di G. Garibaldi
Mte. Teialone
212
ISOLE
MONACI

La
Maddalena
100
I. CAPRERA
RISERVA NATURALE
Cala ISOLA DI CAPRERA
Portese

I. SANTO
STEFANO
Stagnali
39 Pta. Rossa

Palau
I. PORCO
I. PECORA

tura
5
C. d'Orso
CAPO D'ORSO
DI PALAU
Pta. Rossa
I. D. BISCE

41° 10'

5.2
Pta. Saline
I. D.
CAPPUCCINI
C. Ferro

PARCO NAZIONALE

12
R. Surrau
Pta. Battistone
Baja
Sardinia
154
Liscia
di Vacca
Pirizza

DELL' ARCIPELAGO

Isuledda
Poltu
Quatu
Liscia
di Vacca
Porto Cervo
I.LE NIBANI

DE LA MADDALENA

Concosu
Lacònia
Cala
Bitta
Pantogia
G. Pero

Pta. Martino
336
Mte. Moro
422
Mte. Zoppu
139

c

Bilianu
Saldu
387
Cannigione
12
197
Pta. Baignoni
Abbiadori
Piccolo Pevero
Pevero
Pto. Liccia

achena
85
TEMPIETTO
DI MALCHITTU
5.5
Mulino di
Arzachena
30.2
Pta. Capaccia
Piccolo Romazzino

3
San
Pantaleo
Cala Celvia
I. MORTÓRIO

Staz.
Caldosa
5
NUR.
ALBUCCIU
1.5
6
S. Michele
Mte. Villico
230
Cala
Petra Ruja
I.LE LE CÁMERE
I. SOFFI

CODDU
VECCHIU
39.8
166
Aglientina
Golfo di Congianus

R
A
3.3
4.8
Portisco
Pta. d. Volpe

8.2
S. Giovanni
Cant.
Saraghinu
Cugnana
Verde
Porto
Rotondo
Pta. d. Canigione

Pta. di
Montilongu
323
Punta Cugnana
650
Cugnana
6.7
Mte.
Canareddu
199
93
Fermata
Cala Sabina
Golfo
Aranci

41° 00'

S. Giacomo
Casagliana
Marana
Staz.
Rudalza
Fta-Marinella
340
C. Figari

642
Pta.
Littu Petrosu
11.5
Pta. de
su Aspro
3
6.5
N. S. de
su Monte
3.5
2
G. di
Aranci
Cala
Sassari

NURAGHE
11.5
Torre sa Istrana
39
Mti. sa Curi
473
Mte. sa Curi
Pta.
sa Turrita
416
139
I. DI FIGAROLO

168

d

Mte. Pino
742
Mte. Zapparottu
245
12
19.2
Golfo
di
Civitavecchia 7h 30'

NURAGHE
Mte. Telti
233
COMPLESSO NURAGICO
DI CABU ABBAS
Pittulongu
13.7
Ólbia

OLBIA
15
72
Pozzo Sacro
di Sa Testa
Pta. Ruja
Pta. Timone
Arbatax 4h 30'

Mte. Telti
233
Staz.
Marittima
I. BOCCA
C. Cr
Pta.
Castelláccio
510

Padrogiano
Lido
del Sole
Mte.
Maladromi
219

Livorno 9h
Piombino 8h 30'

Livorno 9h 45'
Civitavecchia 7h (F.S. 9h)

9° 40'   9° 50'

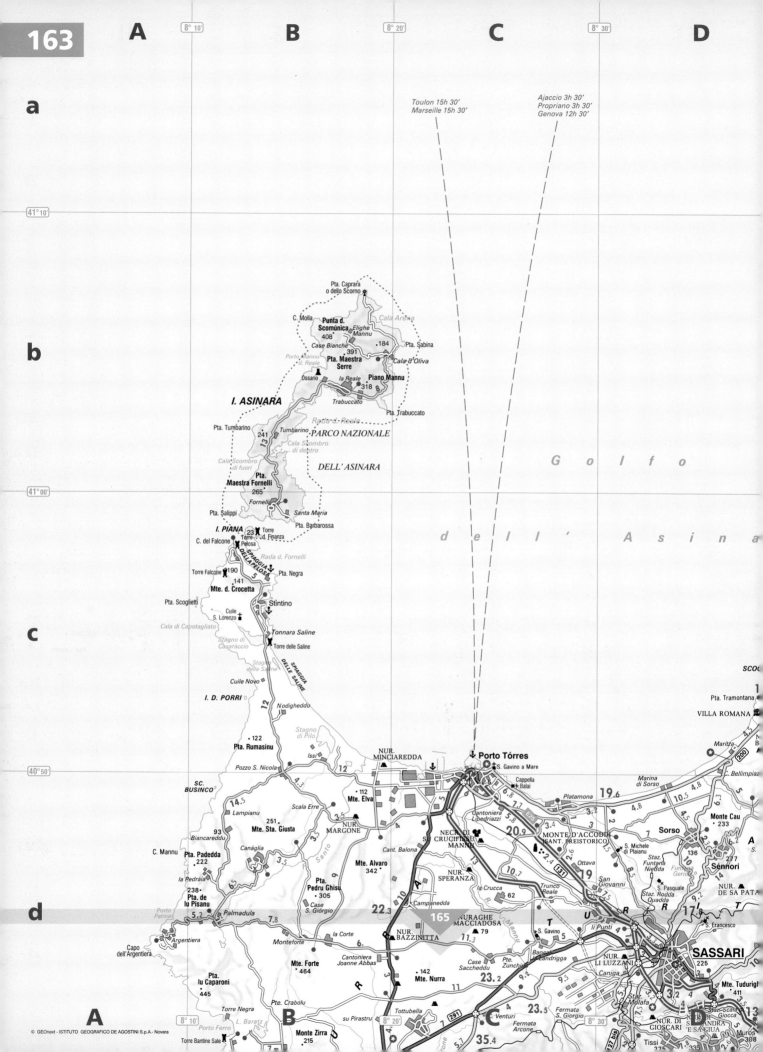

A   B   C   D

a

b

c

d

8° 10'   8° 20'   8° 30'

41° 10'

41° 00'

40° 50'

Toulon 15h 30'
Marseille 15h 30'

Ajaccio 3h 30'
Propriano 3h 30'
Genova 12h 30'

Pta. Caprara
o dello Scorno

C. Molla
Punta d.
Scomúnica
408
Elighe
Mannu
Case Bianche   391   .184   Pta. Sabina
Porto Mannu
d. Reale
Pta. Maestra
Serre   Cala d'Oliva
Piano Mannu
Ossario   la Reale   318
Trabuccato
I. ASINARA   Pta. Trabuccato

Pta. Tumbarino   Tumbarino
241   Rada d. Reale
13   Cala Scombro
di dentro
Cala Scombro   PARCO NAZIONALE
di fuori
Pta.   DELL' ASINARA
Maestra Fornelli
265
Fornelli
Pta. Salippi
Santa Maria
Pta. Barbarossa

Golfo

dell' Asina

I. PIANA   23   Torre
C. del Falcone   Torre   d. Finanza
Pelosa
Torre Falcone   190   Pta. Negra
141
Mte. d. Crocetta   Stintino
Pta. Scoglietti   Cuile
S. Lorenzo
Cala di Capotagliato   Tonnara Saline
Stagno di   Torre delle Saline
Casaráccio
Stagno
delle Saline   SPIAGGIA
Cuile Novo   DELLE SALINE
I. D. PORRI   12   Nodigheddu
Stagno
di Pilo
.122
Pta. Rumasinu   Issi
NUR.
Pozzo S. Nicola   MINCIAREDDA   12
14.5   4.3
SC.   Lampianu   .112
BUSINCO   Scala Erre   Mte. Elva
251   3.5   NUR.
93   Mte. STA. Giusta   MARGONE
Biancareddu   Cant. Balona
C. Mannu   Canáglia   3.5   Mte. Alvaro
PTA. Padedda   Santo   342
222   3.5
la Pedráia   PTA.
238   Pedru Ghisu
PTA. de   6.5   305
lu Pisanu   Case
Porto   5.2   Palmadula   7.8   S. Giorgio
Palmas   la Corte   22.3
Capo   Argentiera   Monteforte   NUR.
dell'Argentiera   BAZZINITTA
PTA.   Cantoniera   Case   11.3
lu Caparoni   Joanne Abbas   Saccheddu   Pte.
445   .142   Zunchini   23.2
Mte. Forte   Mte. Nurra   11
464
Torre Negra   Pte. Crabolu   Tottubella   9.4
su Pirastru   291   Venturi   4   23.5
Porto Ferro   C   Fermata   35.4
Torre Bantine Sale   Monte Zirra   Arcone
215

SCO

Pta. Tramontana
VILLA ROMANA

Maritza
B
200
C. Bellimpiazz
Marina   10.5   4.5
di Sorso   6.3
19.6   4.8
Platamona   Monte Cau
Cantoniera   2   233
Lipedriazzi   277
5.8   3.4   Sorso   6.1
20.9   MONTE D'ACCODDI   A
(S. PASQUALE PREISTORICO)   S. Michele
di Plaianu   136   10   S.
NECK DI   2.4   131   19   Sénnori
SU CRUCIFISSU   Ottava   San   Staz.   14   NUR.
MANNU   Giovanni   Funtana   DE SA PATA
10.7   Niedda   9.2
NUR.   la Crucca   S. Pasquale   17.1
SPERANZA   62   Trunco   Staz. Rodda   T
Reale   Quadda   S. Francesco
Campanedda   S. Gavino   li Punti   R
10   T   4   U
165   NURAGHE   Banca   R
MACCIADOSA   S. Gavino   Caniga   SASSARI
79   li Landrigga   225
NUR.   Caniga   NUR.
LI LUZZANI   Mte. Tudurigh
Staz.   411
Molafa
Staz. Scala
Giocca
277 bis   NUR. DI   13
GIOSCARI   Murós
308
Tissi   335

© GEOnext - ISTITUTO GEOGRAFICO DE AGOSTINI S.p.A. - Novara

A   B   C   D

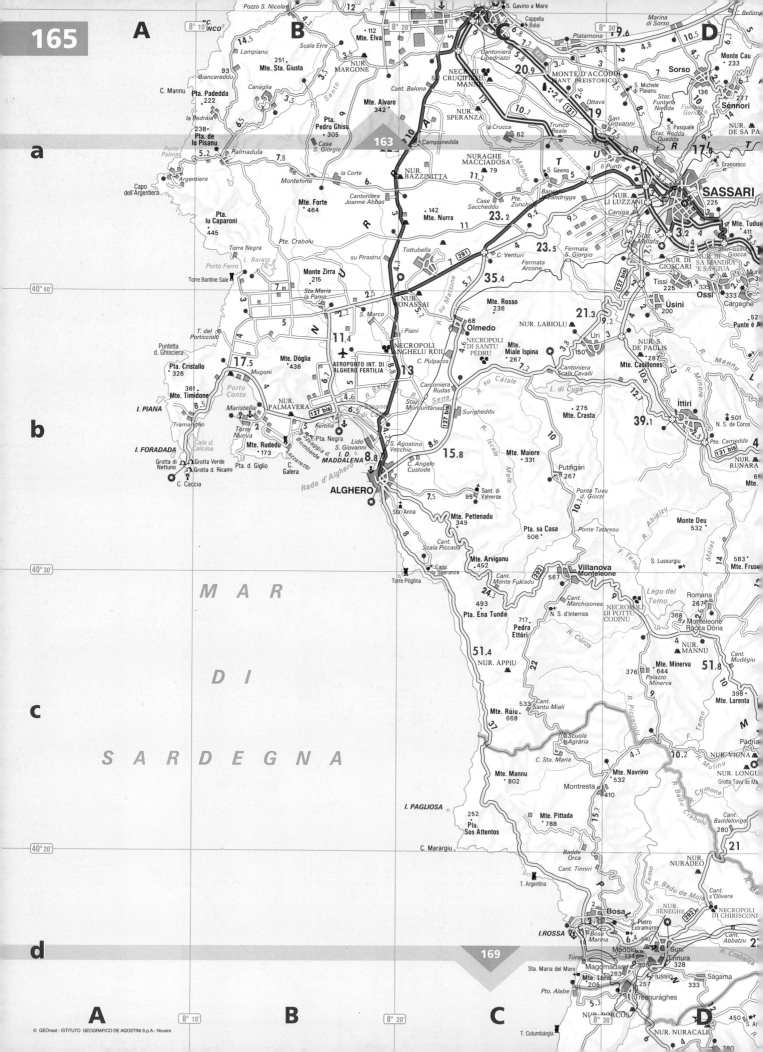

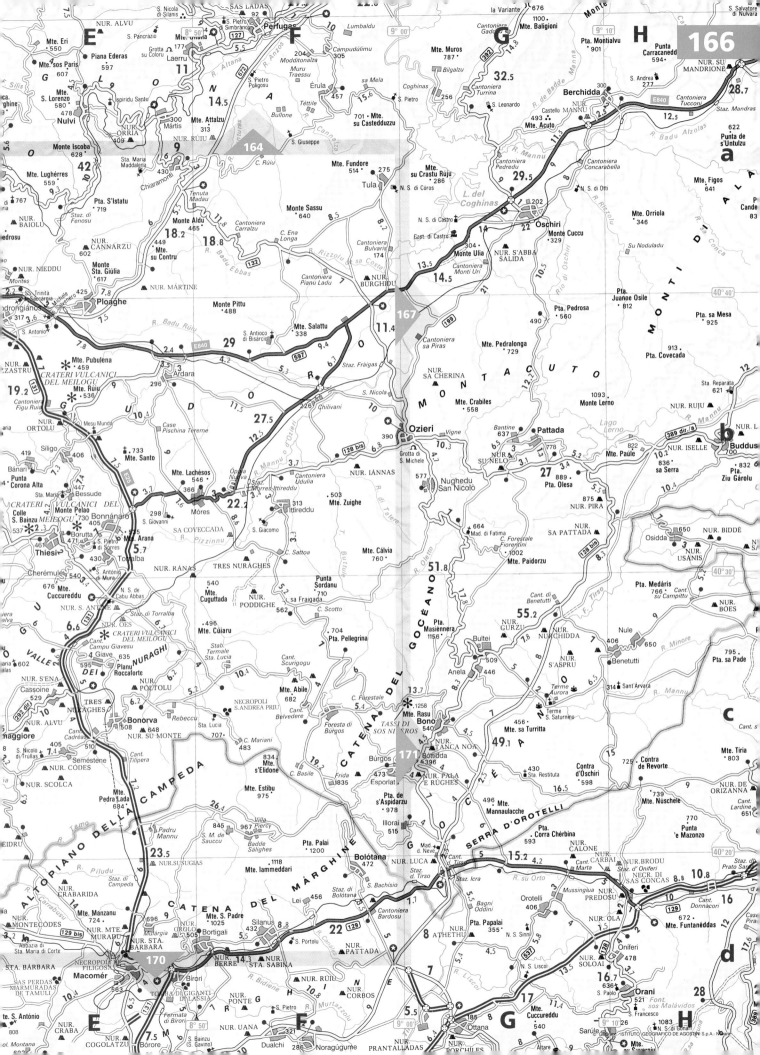

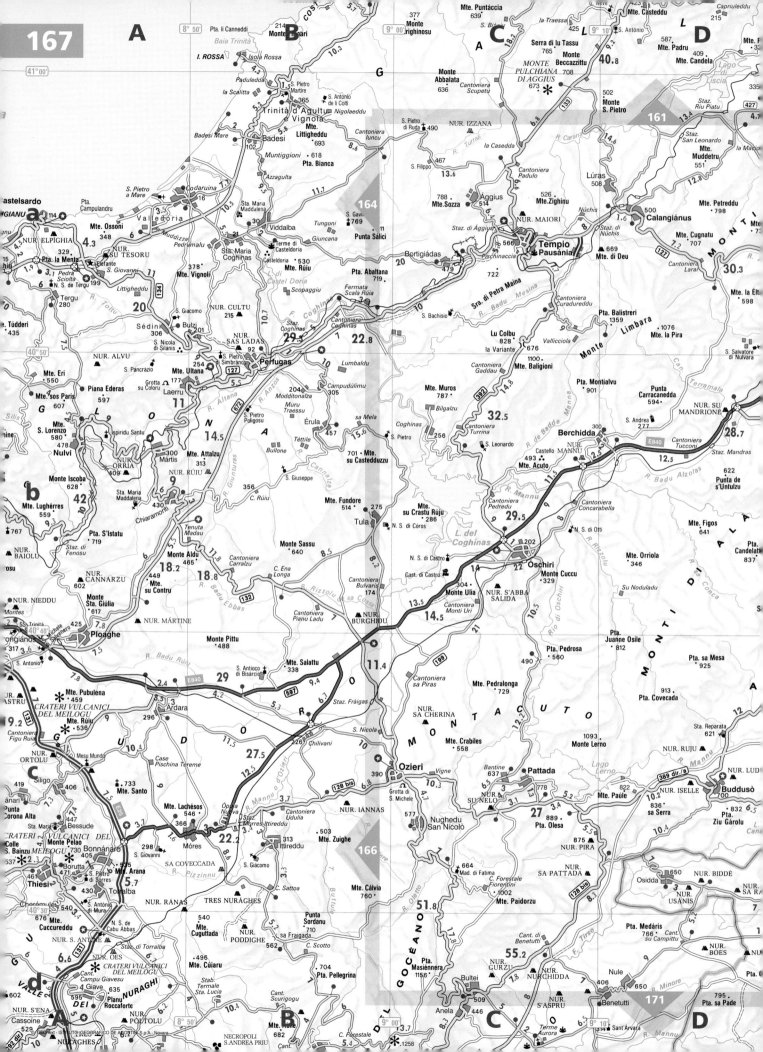

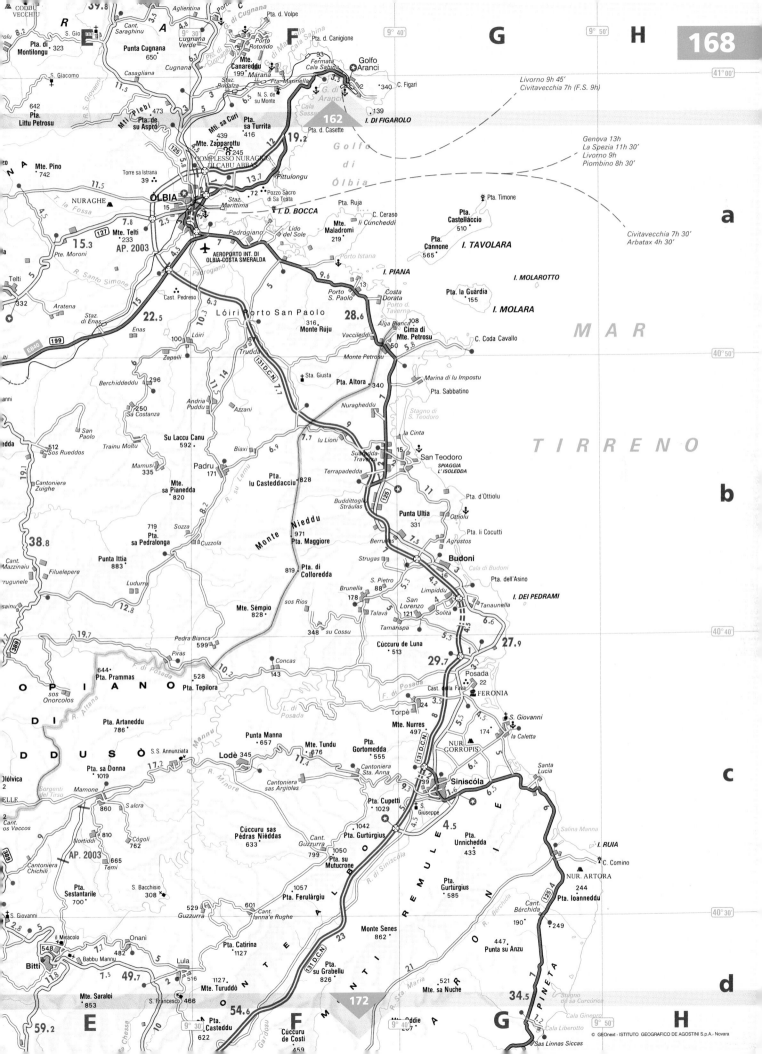

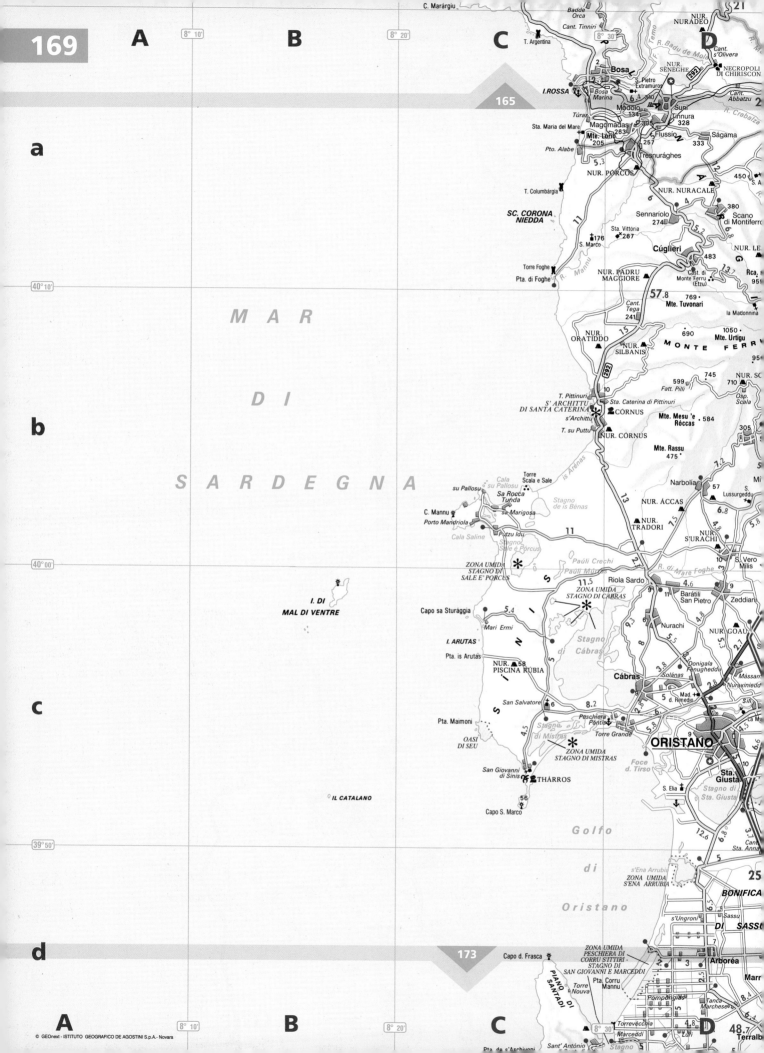

A 8° 10' B 8° 20' C 165 D 21

a

b

c

d

C. Marárgiu

Badde Orca
Cant. Tinniri
T. Argentina
NUR. NURADÉO
Cant. s'Olivera
NUR. SÉNEGHE
NECROPOLI DI CHIRISCON
2
Bosa
S. Pietro Extramuros
Cant. Abbatzu
I. ROSSA
Bosa Marina
Módolo 134
Suni
292
Túras
Sta. Maria del Mare
Magomàdas 305
Tinnura 328
Ságama
Mte. Loriu 205
Flussio
Tresnurághes
Pto. Alabe
5.3
NUR. PORCOS
T. Columbárgia
NUR. NURACALE
450
S. A
SC. CORONA NIEDDA
6
Sennariolo 274
380
Scano di Montiferr
11
Sta. Vittoria
176 S. Marco 267
Cúglieri
NUR. LE
483
13.7
Rca. s
Torre Foghe
NUR. PADRU MAGGIORE
Cast. di Monte Ferru (Etzu)
95
Pta. di Foghe
R. Mannu
57.8
769
Mte. Tuvonari
Cant. Tega 241
la Madonnina
NUR. ORATIDDO
690
1050 Mte. Urtigu
MONTE FERR
NUR. A SILBANIS
292
95
15
745
NUR. SC
T. Pittinuri
599 Fatt. Pilli
710
S'ARCHITTU DI SANTA CATERINA
Sta. Caterina di Pittinuri
Osp. Scala
s'Archittu
CÓRNUS
Mte. Mesu 'e Róccas 584
T. su Puttu
NUR. CÓRNUS
305
Mte. Rassu 475
Cant. 7.2
is Arènas
Torre Scala e Sale
Narbolia
57
S. Lussurgeddu
Cala su Pallosu
su Pallosu
NUR. ÁCCAS
6.8
Sa Rocca Tunda
Stagno de is Bénas
13
C. Mannu
sa-Marigosa
NUR. TRADORI
7.5
Porto Mandriola
NUR. S'URACHI
Putzu Idu
11
Cala Saline
Stagno Sale e Pórcus
Paúli Crechi
Paúli Múru
10
S. Vero Milis
40° 00'
ZONA UMIDA STAGNO DI SALE E' PORCUS
R. di Mare Foghe
Riola Sardo
4.6
9
11.5
ZONA UMIDA STAGNO DI CABRAS
9
11
Barátili San Pietro
Zeddiani
Capo sa Sturággia
5.4
9.3
NUR. GOAU
I. DI MAL DI VENTRE
Mari Ermi
Nurachi
5.3 2.7
S I N I S
8
I. ARUTAS
Stagno di Cábras
Donigala Fenugheddu
Mássam
Pta. is Arutás
NUR. 58 PISCINA RÙBIA
3.8
Nuraxinieddu
Sili
Solánas
2.8
San Salvatore
6
Mad. d. Rimédio
Cábras
c
Pta. Maimoni
8.2
Peschiera Pòntis
La Ma
OASI DI SEU
4.5
Stagno di Mistras
Torre Grande
5.8
ORISTANO
San Giovanni di Sinis
THÁRROS
ZONA UMIDA STAGNO DI MISTRAS
Foce d. Tirso
IL CATALANO
56
Sta. Giusta
Capo S. Marco
S. Elia
Stagno di Sta. Giusta
39° 50'
Golfo
12.6
6.8
di
s'Ena Arrubia
ZONA UMIDA S'ENA ARRUBIA
25
Oristano
BONIFICA
s'Ungroni
DI SASS
Sassu
173
ZONA UMIDA PESCHIERA DI CORRU S'ITTIRI - STAGNO DI SAN GIOVANNI E MARCEDDI
3
Arborea
Marr
Capo d. Frasca
Pta. Corru Mannu
Torre Nuova
PIANO DI SANTADI
Pompóngias
Tanca Marchese
Torrevécchia
48.7
Marcéddi
Terralb
Sant'António
Pta. de s'Aschivoni
Stagno

© GEOnext - ISTITUTO GEOGRAFICO DE AGOSTINI S.p.A.- Novara

M A R

D I

S A R D E G N A

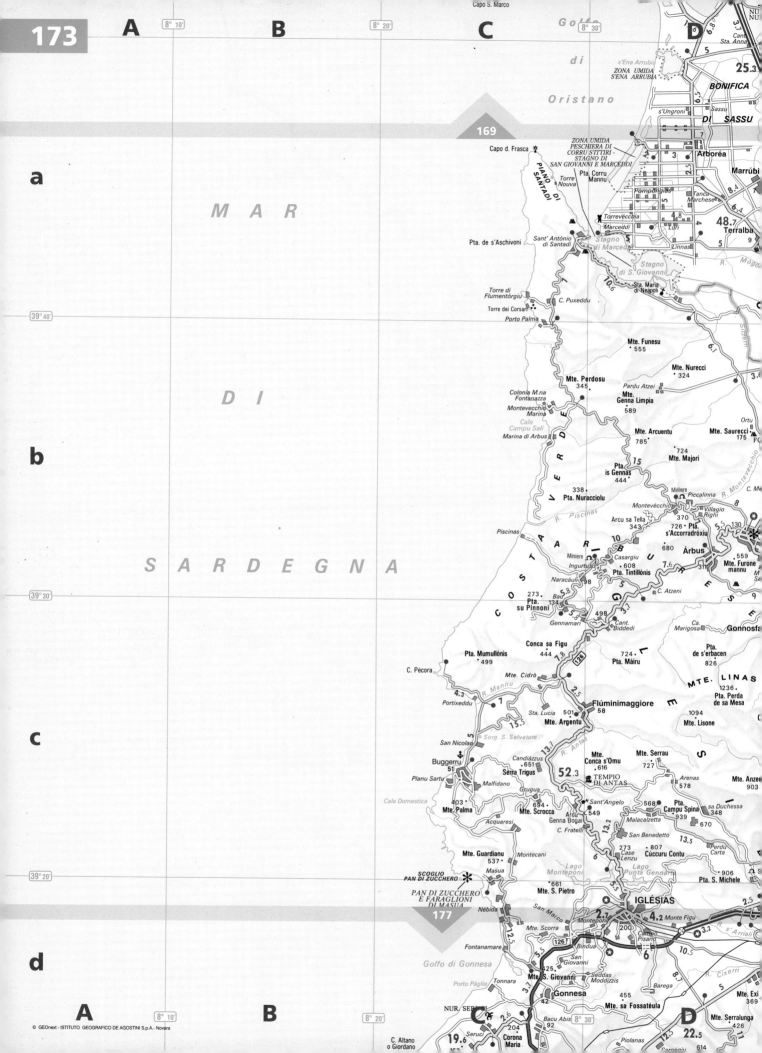

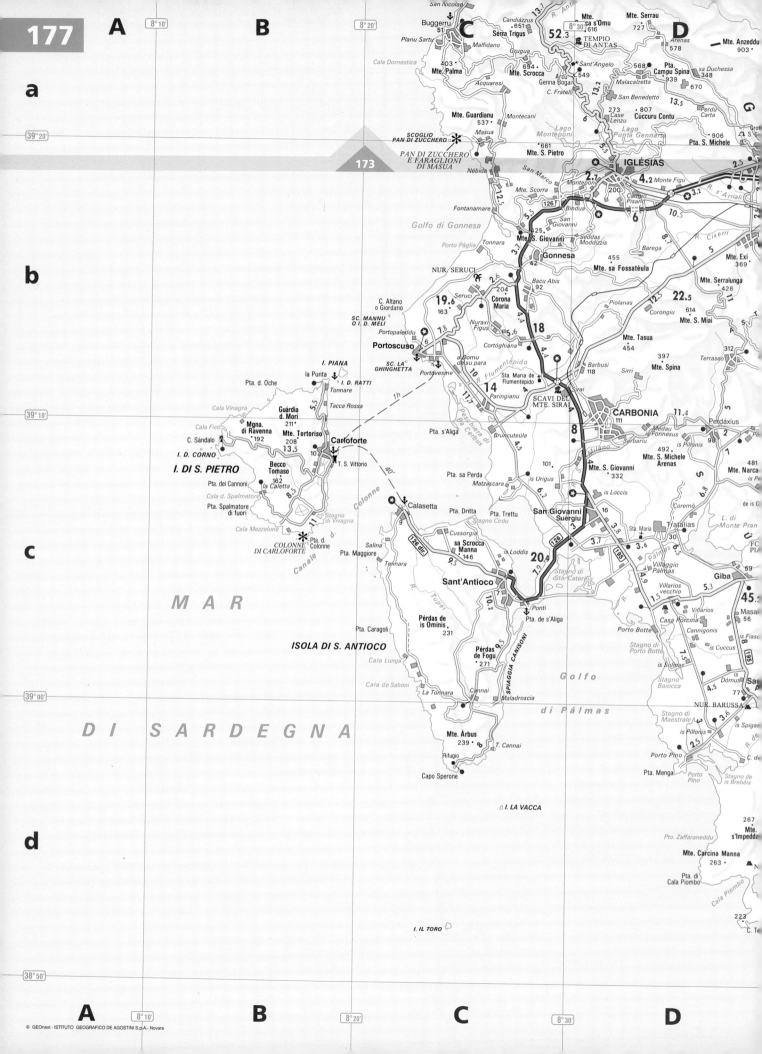

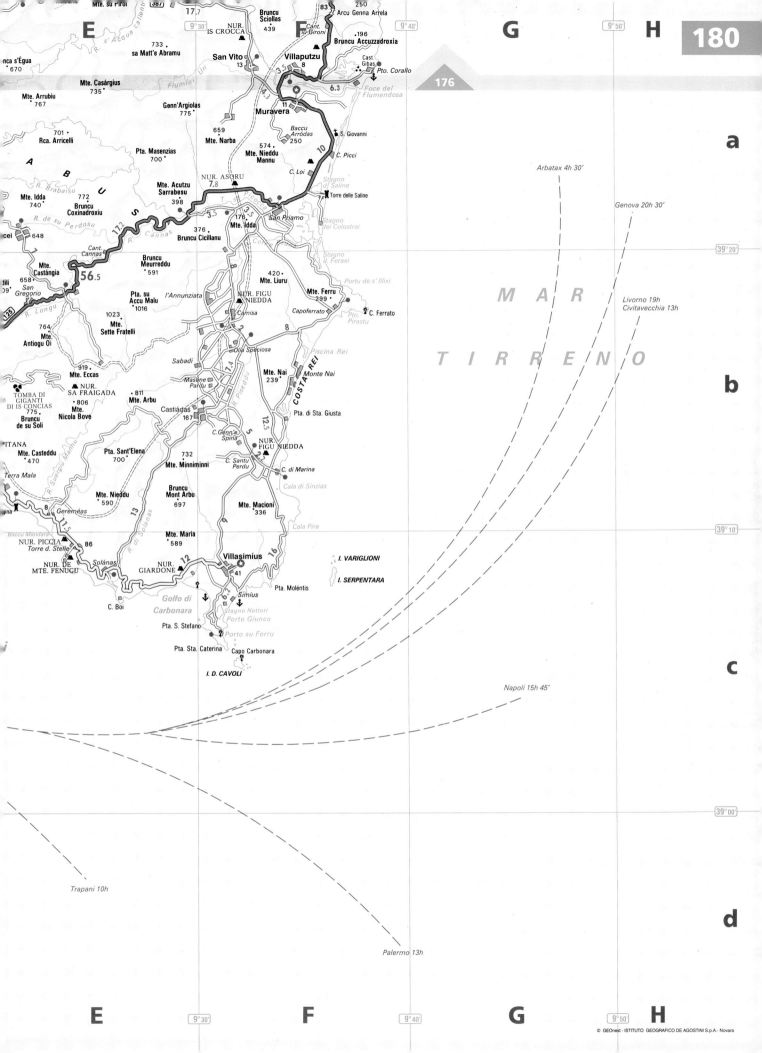

Mte. su Piroi
sa Matt'e Abramu
733
387
17.7
nca s'Egua
670
Bruncu
Sciollas
439
83
Arcu Genna Arrela
NUR.
IS CROCCA
San Vito
13
Cant.
iu Gironi
Villaputzu
8
Bruncu Accuzzadroxia
196
Cast.
Gibas
Pto. Corallo
3.5
4.3
6.3
11
Muravera
Foce del
Flumendosa

a

Mte. Casárgius
735
Mte. Arrubiu
767
Genn'Argiolas
775
659
Mte. Narba
Baccu
Arródas
250
S. Giovanni
701
Rca. Arricelli
574
Mte. Nieddu
Mannu
10
C. Picci
Pta. Masenzias
700
C. Loi
Mte. Acutzu
Sarrabesu
398
NUR. ASORU
7.8
Stagno
di Saline
Torre delle Saline

A
B
U
S
Mte. Idda
740
772
Bruncu
Coxinadroxiu
R. Brabaisu
R. de su Perdosu
172
3.5
3.5
Cant.
Cannas
176
Mte. Idda
San Priamo
Stagno
dei Colostrai

Arbatax 4h 30'
Genova 20h 30'

M A R

cei
648
Mte.
Castàngia
658
San
Gregorio
56.5
Cannas
Bruncu
Meurreddu
591
376
Bruncu Cicillanu
Stagno
il. Feraxi

39°20'

Livorno 19h
Civitavecchia 13h

125
R. Longu
Pta. su
Accu Malu
1016
l'Annunziata
420
Mte. Liuru
NUR. FIGU
NIEDDA
Portu de s' Illixi
T I R R E N O
1023
Mte.
Sette Fratelli
764
Mte.
Antiogu Oi
Camisa
Mte. Ferru
299
Capoferrato
C. Ferrato
Pto.
Pirastu
919
Mte. Eccas
NUR.
SA FRAIGADA
8
2
Olia Speciosa
Piscina Rei

b

TOMBA DI
GIGANTI
DI IS CONCIAS
806
Mte.
Nicola Bové
811
Mte. Arbu
Sabadi
Masone
Pardu
7.4
Mte. Nai
239
Monte Nai
775
Bruncu
de su Soli
Castiádas
167
Pta. di Sta. Giusta
ITANA
Mte. Casteddu
470
Pta. Sant'Elena
700
732
Mte. Minniminni
C. Genn'e
Spina
12.5
NUR.
FIGU NIEDDA
2.2
C. di Marina
Terra Mala
Mte. Nieddu
590
Bruncu
Mont Arbu
697
C. Santu
Perdu
Cala di Sinzias
Mte. Macioni
336
Cala Pira

39°10'

ina
8
Gereméas
13
Mte. Maria
589
Villasimíus
16
I. VARIGLIONI
Baccu Mandara
11.5
NUR. PICCIA
86
Torre d. Stelle
NUR. DE
MTE. FENUGU
Solánas
12
NUR.
GIARDONE
41
I. SERPENTARA
Pta. Moléntis
C. Boi
Golfo di
Carbonara
6.2
Simíus
Stagno Notteri
Porto Giunco

c

Pta. S. Stefano
Porto su Forru
Pta. Sta. Caterina
Capo Carbonara
I. D. CAVOLI

Napoli 15h 45'

39°00'

Trapani 10h

d

Palermo 13h

DISTANZE CHILOMETRICHE
DISTANCE CHART · DISTANCES KILOMÈTRIQUES · KILOMETRISCHE ENTFERNUNGEN

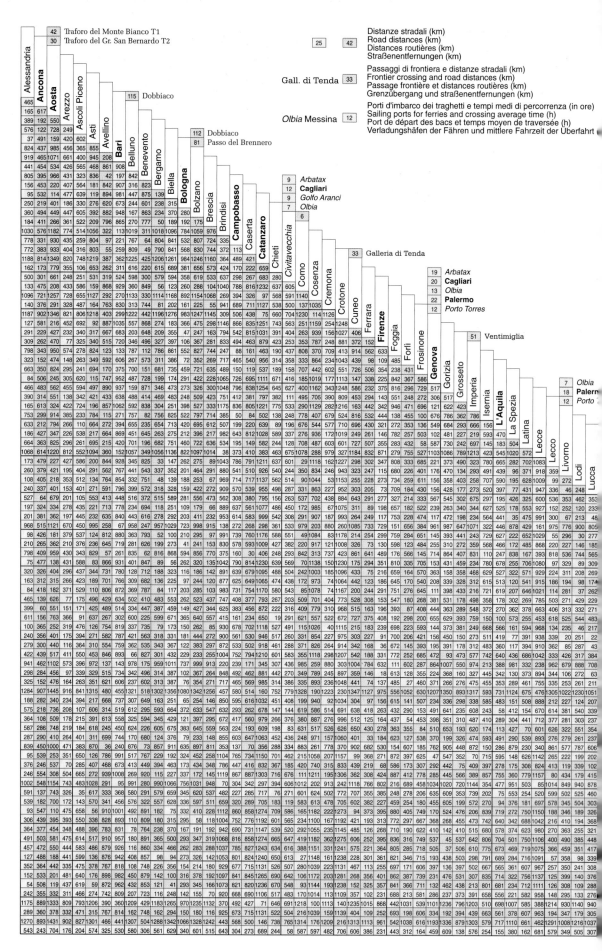

Traforo del Monte Bianco T1
Traforo del Gr. San Bernardo T2

Distanze stradali (km)
Road distances (km)
Distances routières (km)
Straßenentfernungen (km)

Gall. di Tenda

Passaggi di frontiera e distanze stradali (km)
Frontier crossing and road distances (km)
Passage frontière et distances routières (km)
Grenzübergang und straßenentfernungen (km)

Olbia Messina

Porti d'imbarco dei traghetti e tempi medi di percorrenza (in ore)
Sailing ports for ferries and crossing average time (h)
Port de départ des bacs et temps moyen de traversée (h)
Verladungshäfen der Fähren und mittlere Fahrzeit der Überfahrt

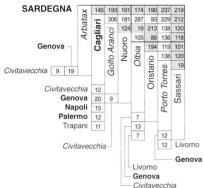

SARDEGNA

SICILIA

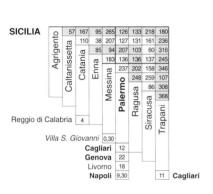

DISTANZE STRADALI TRA I MAGGIORI CENTRI DELL'ITALIA SETTENTRIONALE E ALCUNE TRA LE PRINCIPALI CITTÀ EUROPEE

ROAD DISTANCES FROM THE MAIN NORTH ITALIAN CENTRES TO SOME EUROPEAN CITIES

DISTANCES ROUTIÈRES ENTRE LES PRINCIPALES LOCALITÉS DE L'ITALIE SEPTENTRIONALE ET QUELQUES VILLES EUROPÉENNES

STRASSENENTFERNUNGEN VON DEN WICHTIGSTEN NORDITALIENISCHEN ORTSCHAFTEN BIS EINIGE EUROPÄISCHE STÄDTE

	Bologna	Genova	Milano	Torino	Trieste	Venezia	Verona
Amsterdam	1315	1238	1096	1152	1337	1328	1248
Athínai	2057	2300	2174	2305	1170	1923	2024
Barcelona	1190	900	1024	991	1427	1287	1176
Beograd	912	1155	1029	1160	619	778	879
Berlin	1136	1277	1150	1281	1085	1120	1010
Bern	550	472	330	312	745	602	487
Bonn	1041	964	822	878	1068	1059	979
Bruxelles	1143	1066	924	887	1298	1196	1081
Bucureşti	1538	1781	1655	1786	1245	1404	1505
Budapest	841	1084	958	1089	548	707	808
Dublin	1879	1801	1659	1628	1983	1931	1816
Edinburgh	2116	2038	1896	1865	2220	2168	2053
Gibraltar	2361	2071	2195	2162	2598	2458	2347
Hamburg	1335	1309	1167	1226	1298	1289	1209
Helsinki	2412	2386	2244	2303	2375	2366	2286
İstanbul	1866	2109	1983	2114	1573	1732	1833
København	1634	1608	1466	1525	1597	1588	1508
Lisboa	2467	2177	2301	2268	2704	2564	2453
London	1455	1377	1235	1204	1559	1507	1392
Luxembourg	935	857	715	684	1039	987	872
Lyon	647	487	445	310	845	705	595
Madrid	1814	1524	1648	1615	2051	1911	1800
Marseille	667	377	501	468	904	764	653
Moskva	2660	2853	2717	2833	2384	2525	2665
München	543	684	499	616	506	497	417
Nice	482	192	316	233	719	1047	468
Oslo	2209	2183	2041	2100	2172	2163	2083
Paris	1064	914	854	785	1256	1116	1006
Praha	937	999	863	979	757	806	811
Sofija	1304	1547	1421	1552	1011	1170	1271
Stockholm	2252	2226	2084	2143	2215	2206	2126
Warszawa	1426	1619	1483	1599	1150	1291	1431
Wien	747	1022	895	1026	471	612	755
Zagreb	525	768	642	773	232	391	492
Zürich	519	441	299	435	714	571	456

Esempio:
Example:
Exemple:
Beispiel:

ROMA-TRIESTE
km
673

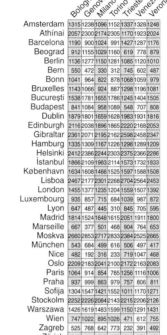

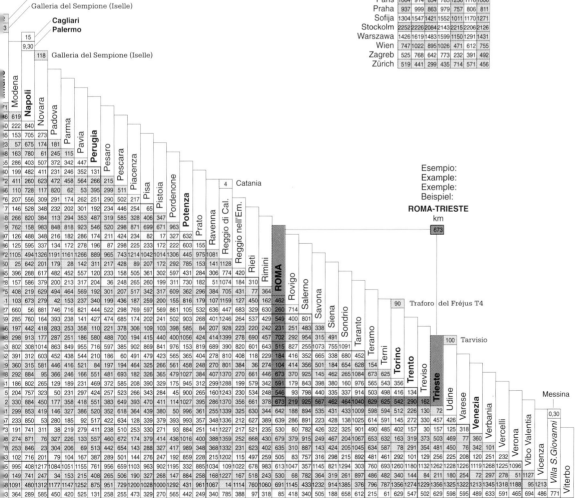

Autostrade - Motorways
Autoroutes - Autobahnen

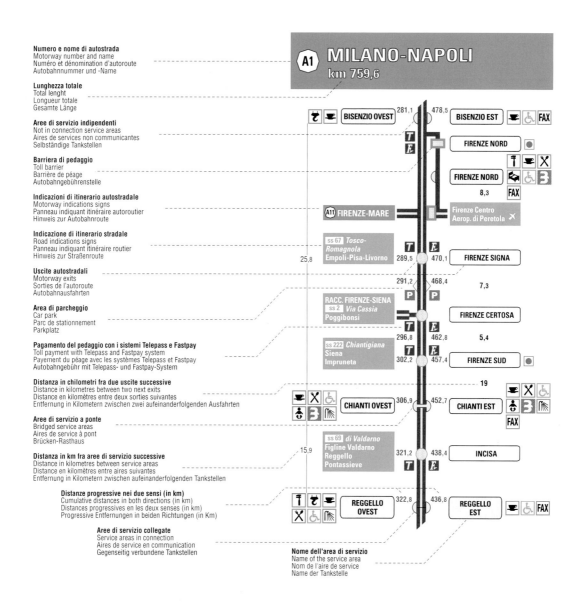

Numero e nome di autostrada
Motorway number and name
Numéro et dénomination d'autoroute
Autobahnnummer und -Name

Lunghezza totale
Total lenght
Longueur totale
Gesamte Länge

Aree di servizio indipendenti
Not in connection service areas
Aires de services non communicantes
Selbständige Tankstellen

Barriera di pedaggio
Toll barrier
Barrière de péage
Autobahngebührenstelle

Indicazioni di itinerario autostradale
Motorway indications signs
Panneau indiquant itinéraire autoroutier
Hinweis zur Autobahnroute

Indicazione di itinerario stradale
Road indications signs
Panneau indiquant itinéraire routier
Hinweis zur Straßenroute

Uscite autostradali
Motorway exits
Sorties de l'autoroute
Autobahnausfahrten

Area di parcheggio
Car park
Parc de stationnement
Parkplatz

Pagamento del pedaggio con i sistemi Telepass e Fastpay
Toll payment with Telepass and Fastpay system
Payement du péage avec les systèmes Telepass et Fastpay
Autobahngebühr mit Telepass- und Fastpay-System

Distanza in chilometri fra due uscite successive
Distance in kilometres between two next exits
Distance en kilomètres entre deux sorties suivantes
Entfernung in Kilometern zwischen zwei aufeinanderfolgenden Ausfahrten

Aree di servizio a ponte
Bridged service areas
Aires de service à pont
Brücken-Rasthaus

Distanza in km fra aree di servizio successive
Distance in kilometres between service areas
Distance en kilomètres entre aires suivantes
Entfernung in Kilometern zwischen aufeinanderfolgenden Tankstellen

Distanze progressive nei due sensi (in km)
Cumulative distances in both directions (in km)
Distances progressives en les deux senses (in km)
Progressive Entfernungen in beiden Richtungen (in Km)

Aree di servizio collegate
Service areas in connection
Aires de service en communication
Gegenseitig verbundene Tankstellen

Nome dell'area di servizio
Name of the service area
Nom de l'aire de service
Name der Tankstelle

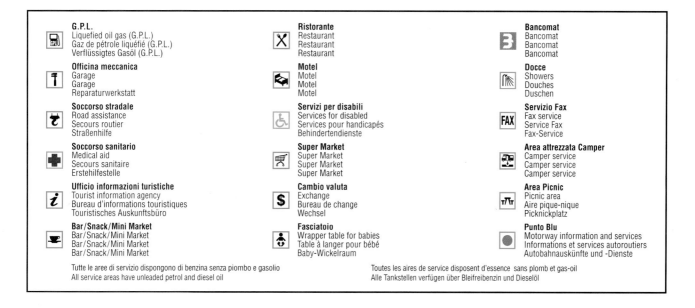

	G.P.L.		Ristorante		Bancomat
	Liquefied oil gas (G.P.L.)		Restaurant		Bancomat
	Gaz de pétrole liquéfié (G.P.L.)		Restaurant		Bancomat
	Verflüssigtes Gasöl (G.P.L.)		Restaurant		Bancomat

Officina meccanica
Garage
Garage
Reparaturwerkstatt

Motel
Motel
Motel
Motel

Docce
Showers
Douches
Duschen

Soccorso stradale
Road assistance
Secours routier
Straßenhilfe

Servizi per disabili
Services for disabled
Services pour handicapés
Behindertendienste

Servizio Fax
Fax service
Service Fax
Fax-Service

Soccorso sanitario
Medical aid
Secours sanitaire
Erstehilfestelle

Super Market
Super Market
Super Market
Super Market

Area attrezzata Camper
Camper service
Camper service
Camper service

Ufficio informazioni turistiche
Tourist information agency
Bureau d'informations touristiques
Touristisches Auskunftsbüro

Cambio valuta
Exchange
Bureau de change
Wechsel

Area Picnic
Picnic area
Aire pique-nique
Picknickplatz

Bar/Snack/Mini Market
Bar/Snack/Mini Market
Bar/Snack/Mini Market
Bar/Snack/Mini Market

Fasciatoio
Wrapper table for babies
Table à langer pour bébé
Baby-Wickelraum

Punto Blu
Motorway information and services
Informations et services autoroutiers
Autobahnauskünfte und -Dienste

Tutte le aree di servizio dispongono di benzina senza piombo e gasolio
All service areas have unleaded petrol and diesel oil

Toutes les aires de service disposent d'essence sans plomb et gas-oil
Alle Tankstellen verfügen über Bleifreibenzin und Dieselöl

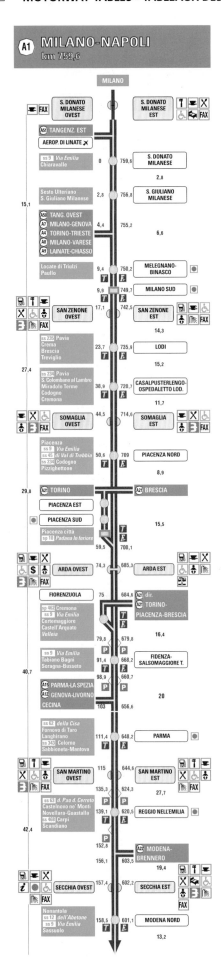

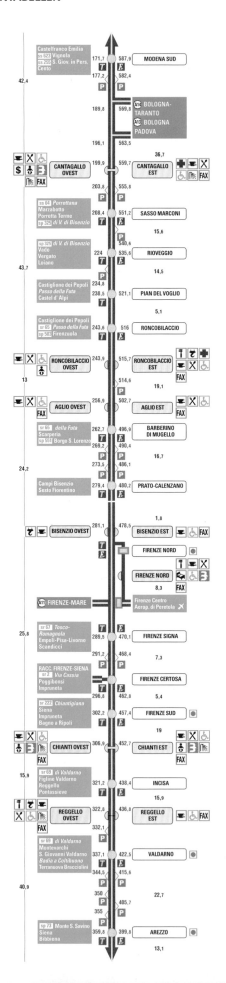

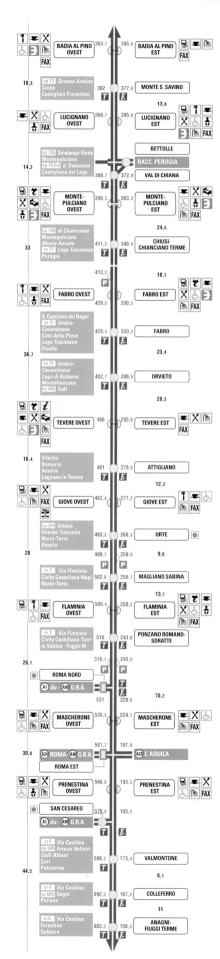

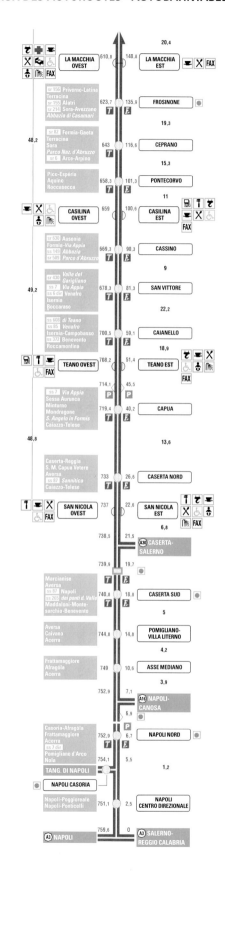

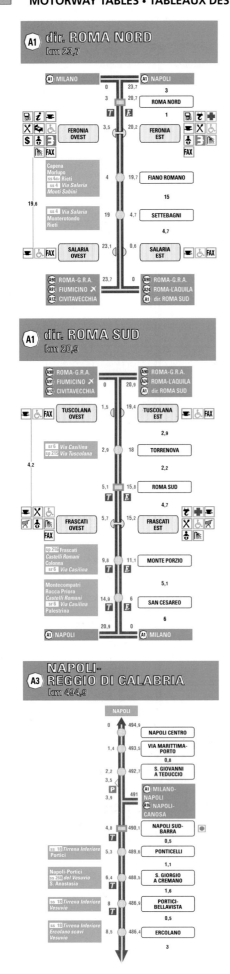

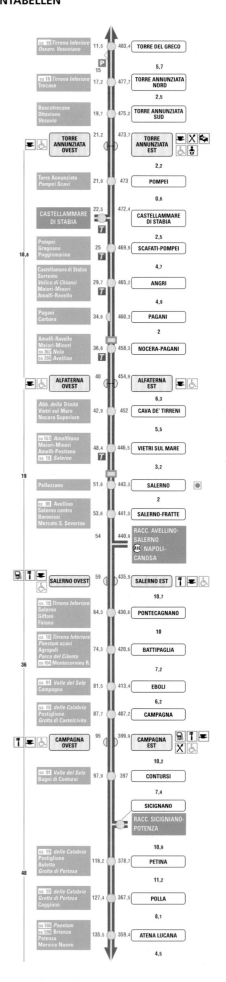

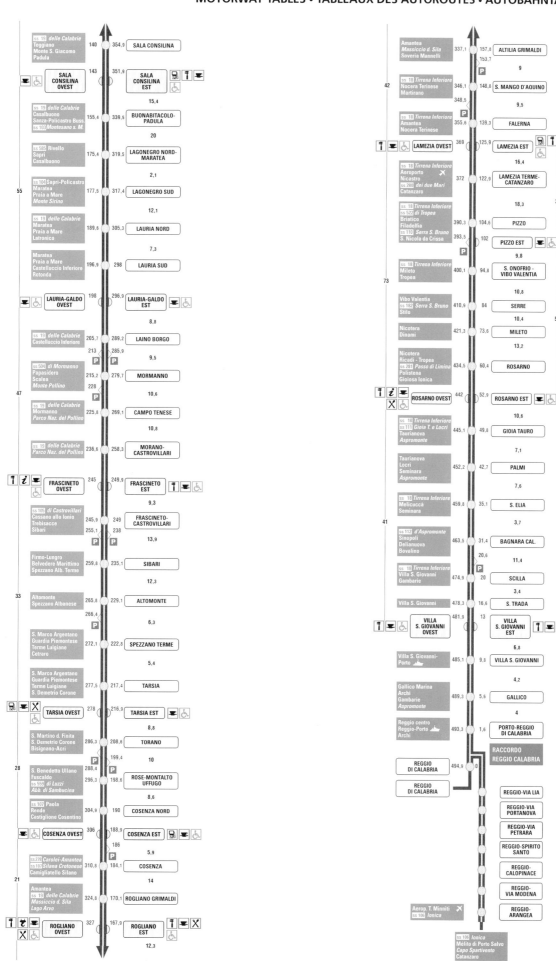

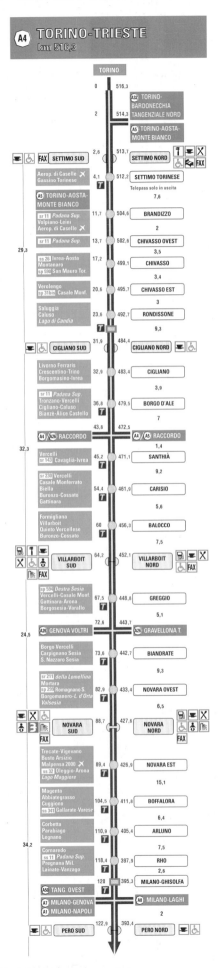

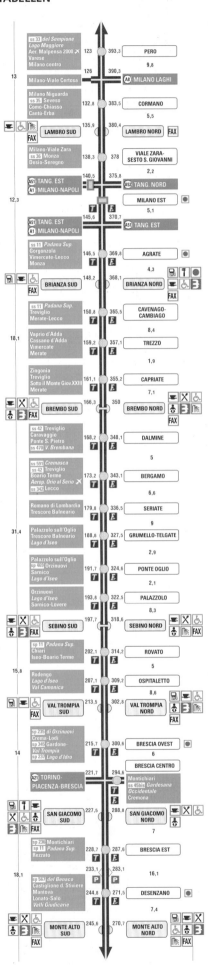

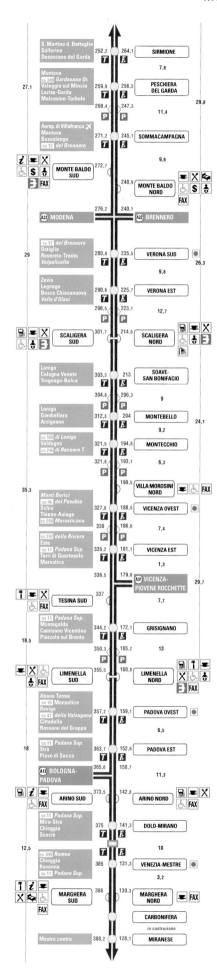

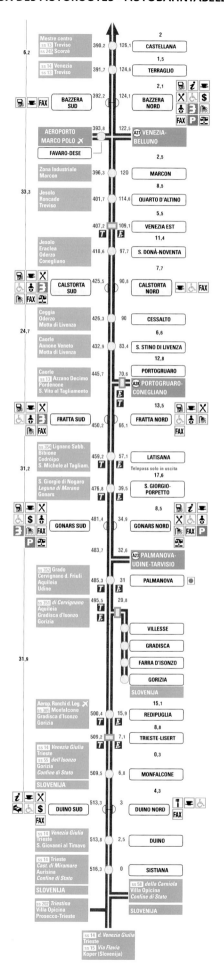

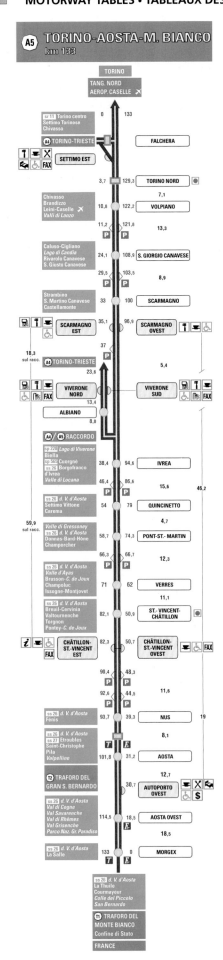

A5 TORINO-AOSTA-M. BIANCO
km 133

TORINO
TANG. NORD
AEROP. CASELLE ✈

ss 11 Torino centro Settimo Torinese Chivasso	0	133	FALCHERA
A4 TORINO-TRIESTE			
SETTIMO EST			
	3,7	129,3	TORINO NORD
		7,1	
Chivasso Brandizzo Leini-Caselle ✈ Valli di Lanzo	10,8	122,2	VOLPIANO
	11,2	121,8	
P P		13,3	
Caluso-Cigliano Lago di Candia Rivarolo Canavese S. Giusto Canavese	24,1	108,9	S. GIORGIO CANAVESE
	29,5	103,5	
P P		8,9	
Strambino S. Martino Canavese Castellamonte	33	100	SCARMAGNO
SCARMAGNO EST	35,1	96,9	SCARMAGNO OVEST
	37		
18,3 sul racc. A4 TORINO-TRIESTE		23,6	5,4
VIVERONE NORD			VIVERONE SUD
	13,4		
ALBIANO			
	8,0		
A4 / A5 RACCORDO			
sp 228 Lago di Viverone Biella sp 565 Cuorgnè ss 26 Borgofranco d'Ivrea Valle di Locana	38,4	94,6	IVREA
	46,4	86,6	
P P		15,6	46,2
ss 26 d. V. d'Aosta Settimo Vittone Carema	54	79	QUINCINETTO
		4,7	
59,9 sul racc. Valle di Gressoney ss 26 d. V. d'Aosta Donnas-Bard-Hône Champorcher	58,7	74,3	PONT-ST.-MARTIN
	66,3	66,7	
P P		12,3	
ss 26 d. V. d'Aosta Valle d'Ayas Brusson-C. de Joux Champoluc Issogne-Montjovet	71	62	VERRES
		11,1	
ss 26 d. V. d'Aosta Breuil-Cervinia Valtournenche Torgnon Pontey-C. de Joux	82,1	50,9	ST.- VINCENT- CHÂTILLON
CHÂTILLON- ST-VINCENT EST	82,3	50,7	CHÂTILLON- ST-VINCENT OVEST
	90,4	48,3	
P P		11,6	
	92,6	44,5	
P P			
ss 26 d. V. d'Aosta Fénis	93,7	39,3	NUS	19
		8,1	
ss 26 d. V. d'Aosta ss 27 Etroubles Saint-Christophe Pila Valpelline	101,8	31,2	AOSTA
T2 TRAFORO DEL GRAN S. BERNARDO		12,7	
	30,7		AUTOPORTO OVEST
ss 26 d. V. d'Aosta Val di Cogne Val Savarenche Val di Rhêmes Val Grisenche Parco Naz. Gr. Paradiso	114,5	18,5	AOSTA OVEST
		18,5	
ss 26 d. V. d'Aosta La Salle	133	0	MORGEX

ss 26 d. V. d'Aosta
La Thuile
Courmayeur
Colle del Piccolo
San Bernardo

T1 TRAFORO DEL
MONTE BIANCO
Confine di Stato

FRANCE

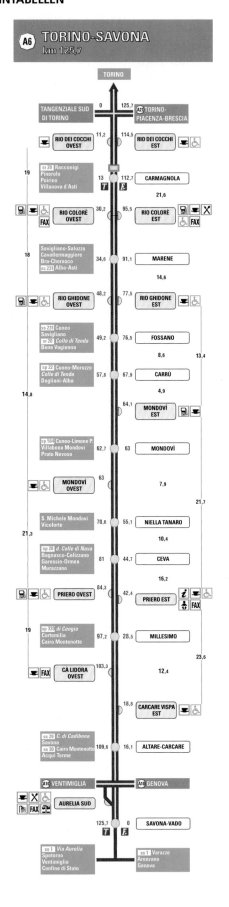

A6 TORINO-SAVONA
km 125,7

TORINO
TANGENZIALE SUD DI TORINO

	0	125,7	A21 TORINO- PIACENZA-BRESCIA
RIO DEI COCCHI OVEST	11,2	114,5	RIO DEI COCCHI EST
	19		
ss 20 Racconigi Pinerolo Poirino Villanova d'Asti	13	112,7	CARMAGNOLA
		21,6	
RIO COLORÈ OVEST	30,2	95,5	RIO COLORÈ EST
Savigliano-Saluzzo Cavallermaggiore Bra-Cherasco ss 231 Alba-Asti	34,6	91,1	MARENE
	18	14,6	
RIO GHIDONE OVEST	48,2	77,5	RIO GHIDONE EST
ss 231 Cuneo Savigliano ss 20 Colle di Tenda Bene Vagienna	49,2	76,5	FOSSANO
		8,6	13,4
sp 22 Cuneo-Morozzo Colle di Tenda Dogliani-Alba	57,8	67,9	CARRÙ
		4,9	
14,8	64,1	MONDOVÌ EST
sp 564 Cuneo-Limone P. Villabona Mondovi Prato Nevoso	62,7	63	MONDOVÌ
MONDOVÌ OVEST	63		
		7,9	
S. Michele Mondovi Vicoforte	70,6	55,1	NIELLA TANARO
21,3		10,4	21,7
sp 28 d. Colle di Nava Bagnasco-Calizzano Garessio-Ormea Murazzano	81	44,7	CEVA
		16,2	
PRIERO OVEST	84,3	42,4	PRIERO EST
	19		
sp 339 di Cengio Cortemilia Cairo Montenotte	97,2	28,5	MILLESIMO
CÀ LIDORA OVEST	103,3		
		12,4	23,6
	18,8	CARCARE VISPA EST
ss 29 C. di Cadibona Savona ss 30 Cairo Montenotte Acqui Terme	109,6	16,1	ALTARE-CARCARE
A10 VENTIMIGLIA			A10 GENOVA
AURELIA SUD			
	125,7	0	SAVONA-VADO
ss 1 Via Aurelia Spotorno Ventimiglia Confine di Stato			ss 1 Varazze Arenzano Genova

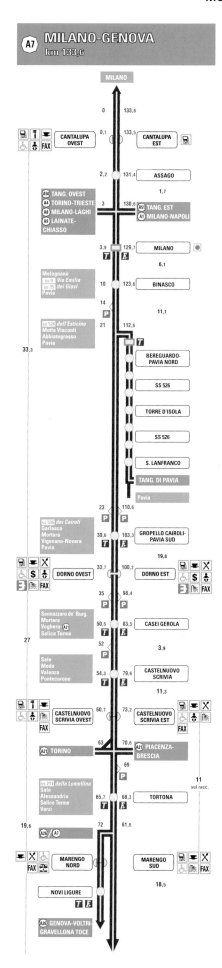

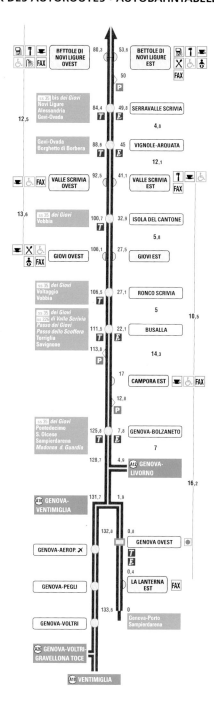

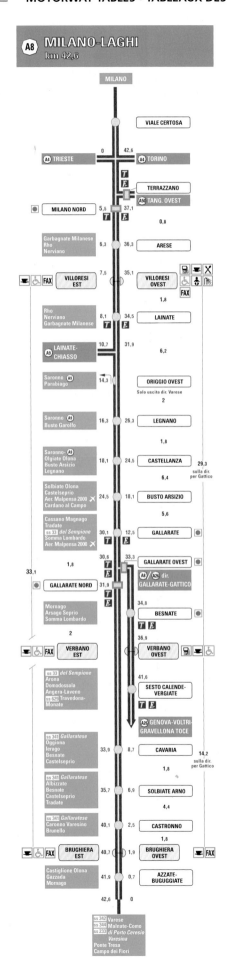

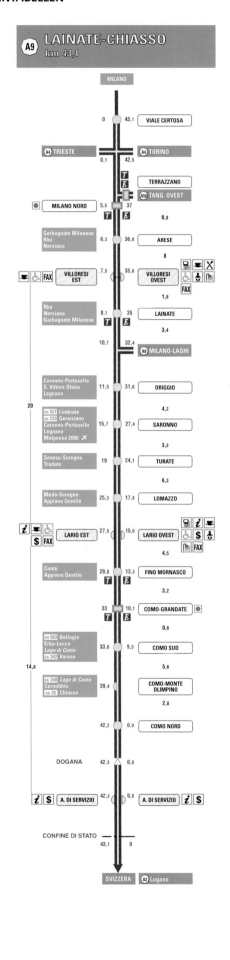

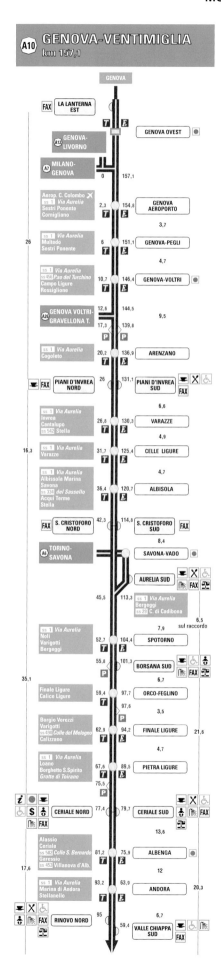

A10 GENOVA-VENTIMIGLIA
km 157,1

GENOVA

FAX	LA LANTERNA EST		
		GENOVA OVEST	
A12	GENOVA-LIVORNO		
A7	MILANO-GENOVA	0	157,1
Aerop. C. Colombo ✈ SS1 Via Aurelia Sestri Ponente Cornigliano		2,3	154,8 GENOVA AEROPORTO
			3,7
SS1 Via Aurelia Multedo Sestri Ponente	26	6	151,1 GENOVA-PEGLI
			4,7
SS1 Via Aurelia SS456 Pso del Turchino Campo Ligure Rossiglione		10,7	146,4 GENOVA-VOLTRI
A26 GENOVA VOLTRI-GRAVELLONA T.		12,6	144,5
		17,3	139,8 9,5
SS1 Via Aurelia Cogoleto		20,2	136,9 ARENZANO
FAX	PIANI D'INVREA NORD	26	131,1 PIANI D'INVREA SUD FAX
			6,6
SS1 Via Aurelia Invrea Cantalupo SS542 Stella		26,8	130,3 VARAZZE
	16,3		4,9
SS1 Via Aurelia Varazze		31,7	125,4 CELLE LIGURE
			4,7
SS1 Via Aurelia Albissola Marina Savona SS334 del Sassello Acqui Terme Stella		36,4	120,7 ALBISOLA
FAX	S. CRISTOFORO NORD	42,3	114,8 S. CRISTOFORO SUD FAX
			8,4
A6 TORINO-SAVONA			SAVONA-VADO
			AURELIA SUD FAX
		45,5	113,3 SS1 Via Aurelia Bergeggi SS29 C. di Cadibona
			6,5 sul raccordo
SS1 Via Aurelia Noli Varigotti Bergeggi		52,7	104,4 SPOTORNO 7,9
		55,8	101,3 BORSANA SUD FAX
			6,7
Finale Ligure Calice Ligure		59,4	97,7 ORCO-FEGLINO
		97,6	3,5
Borgio Verezzi Varigotti SS490 Colle del Melogno Calizzano		62,9	94,2 FINALE LIGURE 21,6
			4,7
SS1 Via Aurelia Loano Borghetto S.Spirito Grotte di Toirano		67,6	89,5 PIETRA LIGURE
		75,5	
i $	CERIALE NORD	77,4	79,7 CERIALE SUD FAX
FAX			13,6
Alassio Ceriale SS582 Colle S. Bernardo Garessio SS453 Villanova d'Alb.	17,6	81,2	75,9 ALBENGA
			12
SS1 Via Aurelia Marina di Andora Stellanello		93,2	63,9 ANDORA 20,3
FAX	RINOVO NORD	95	6,7
		59,4	VALLE CHIAPPA SUD FAX

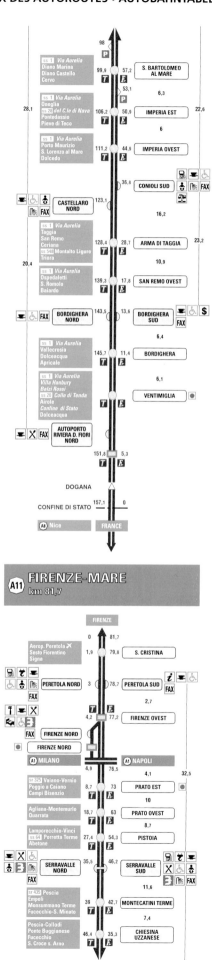

		98	P
SS1 Via Aurelia Diano Marina Diano Castello Cervo		99,9	57,2 S. BARTOLOMEO AL MARE
	28,1		53,1 6,3 P
SS1 Via Aurelia Oneglia SS28 del C.le di Nava Pontedassio Pieve di Teco		106,2	50,9 IMPERIA EST 22,6
			6
SS1 Via Aurelia Porto Maurizio S. Lorenzo al Mare Dolcedo		111,2	44,9 IMPERIA OVEST
			36,8 CONIOLI SUD
FAX	CASTELLARO NORD	123,1	
			16,2
SS1 Via Aurelia Taggia San Remo Ceriana SS548 Montalto Ligure Triora		128,7	28,7 ARMA DI TAGGIA 23,2
	20,4		10,9
SS1 Via Aurelia Ospedaletti S. Romolo Baiardo		139,3	17,8 SAN REMO OVEST
FAX	BORDIGHERA NORD	143,5	13,6 BORDIGHERA SUD $ FAX
			6,4
SS1 Via Aurelia Vallecrosia Dolceacqua Apricale		145,7	11,4 BORDIGHERA
			6,1
SS1 Via Aurelia Villa Hanbury Balzi Rossi SS20 Colle di Tenda Airole Confine di Stato Dolceacqua			VENTIMIGLIA
FAX	AUTOPORTO RIVIERA D. FIORI NORD		
		151,8	5,3

DOGANA

CONFINE DI STATO   157,1   0

| A8 Nice | FRANCE |

A11 FIRENZE-MARE
km 81,7

FIRENZE

		0	81,7
Aerop. Peretola ✈ Sesto Fiorentino Signa		1,9	79,8 S. CRISTINA
FAX	PERETOLA NORD	3	78,7 PERETOLA SUD i FAX
			2,7
		4,2	77,2 FIRENZE OVEST
FAX	FIRENZE NORD		
			FIRENZE NORD
A1 MILANO		4,9	76,5 A1 NAPOLI
SP325 Vaiano-Vernio Poggio a Caiano Campi Bisenzio		8,7	73 PRATO EST 32,5 4,1
			10
Agliana-Montemurlo Quarrata		18,7	63 PRATO OVEST
			8,7
Lamporecchio-Vinci SS64 Porretta Terme Abetone		27,4	54,3 PISTOIA
FAX	SERRAVALLE NORD	35,5	46,2 SERRAVALLE SUD FAX
			11,6
SP435 Pescia Empoli Monsummano Terme Fucecchio-S. Minato		39	42,7 MONTECATINI TERME
			7,4
Pescia-Collodi Ponte Buggianese Fucecchio S. Croce s. Arno		46,4	35,3 CHIESINA UZZANESE

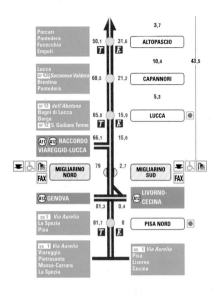

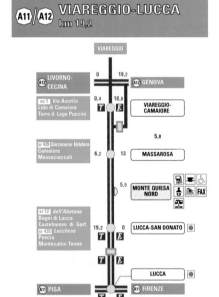

A11/A12 VIAREGGIO-LUCCA
km 19,2

A12 GENOVA-LIVORNO-CECINA
km 206,6

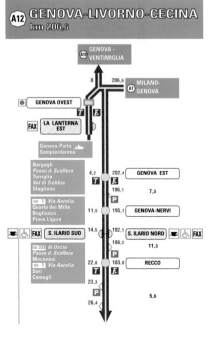

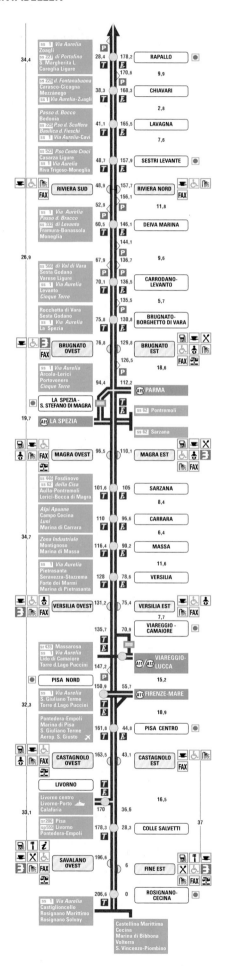

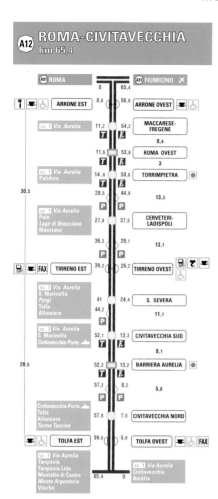

A12 ROMA-CIVITAVECCHIA
km 65,4

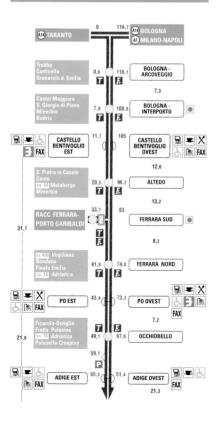

A13 BOLOGNA-PADOVA
km 116,7

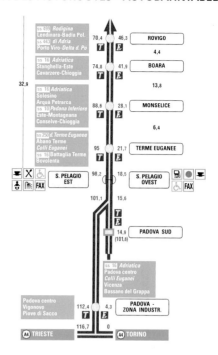

A14 BOLOGNA-TARANTO
km 744,1

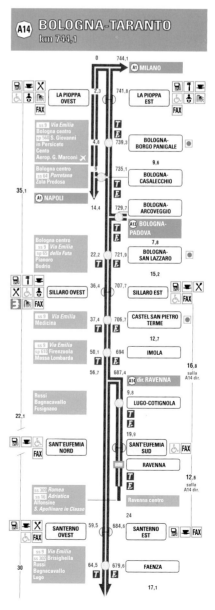

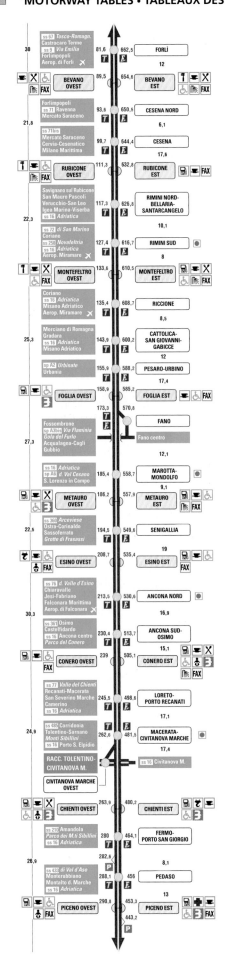

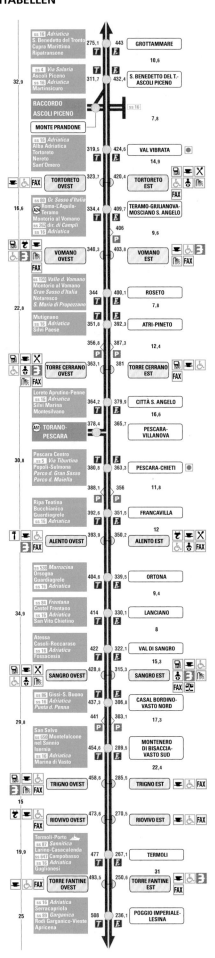

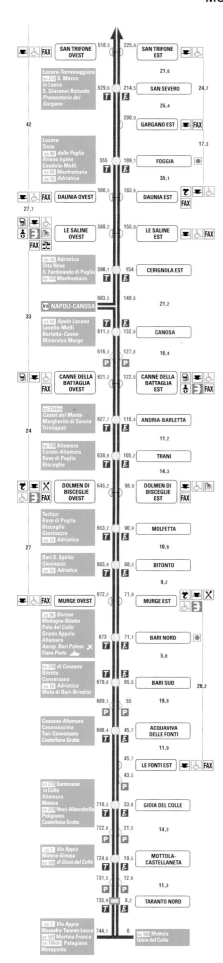

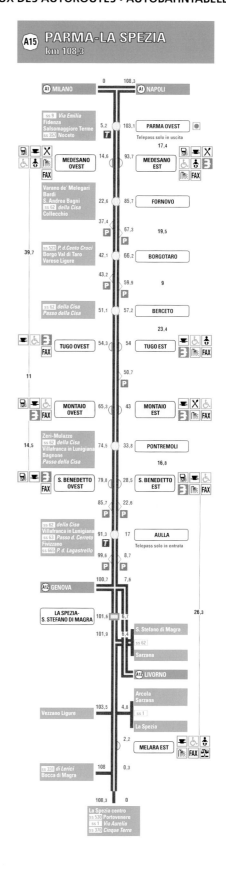

A16 NAPOLI-CANOSA
km 172,3

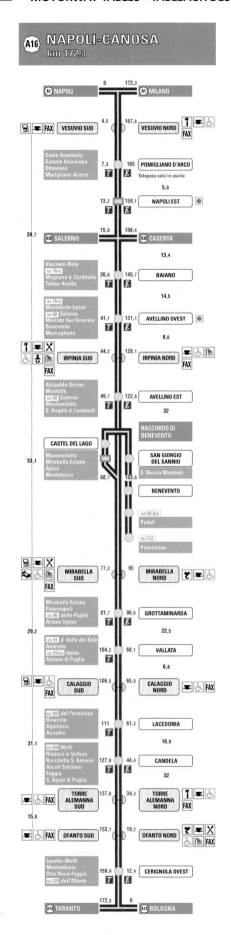

A18 MESSINA-CATANIA
km 75,6

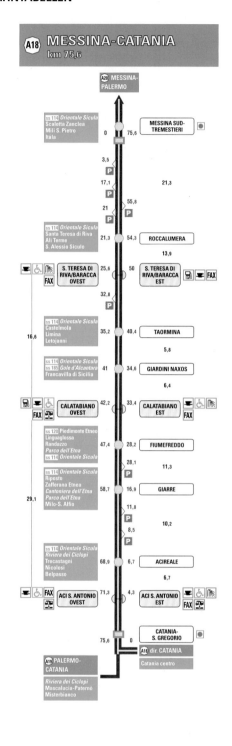

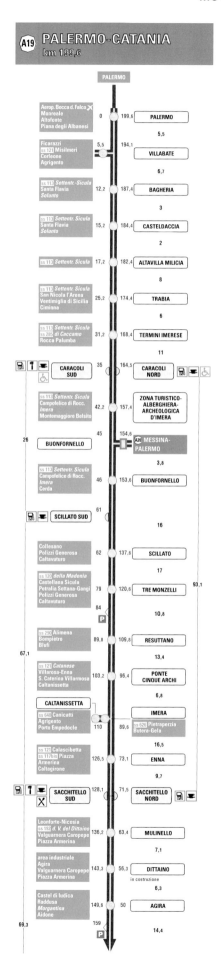

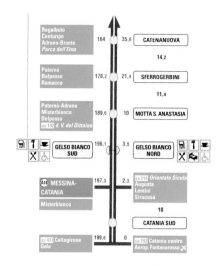

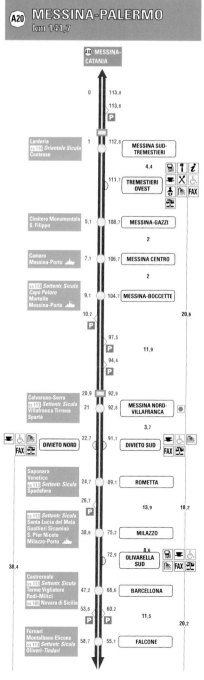

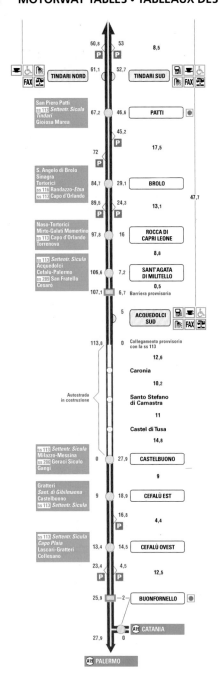

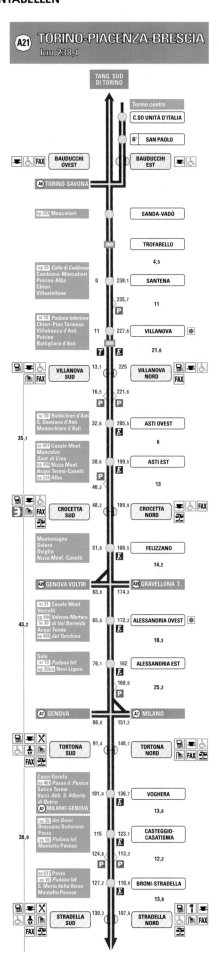

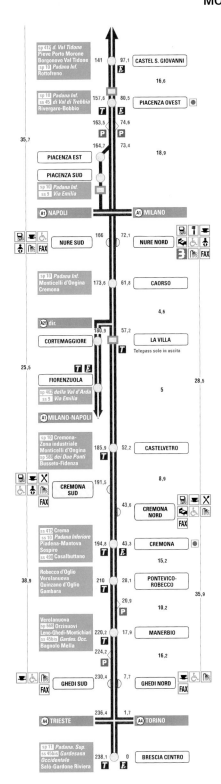

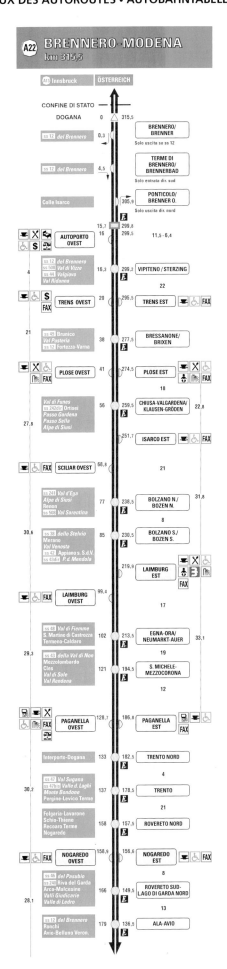

PROFILI AUTOSTRADALI
MOTORWAY TABLES • TABLEAUX DES AUTOROUTES • AUTOBAHNTABELLEN

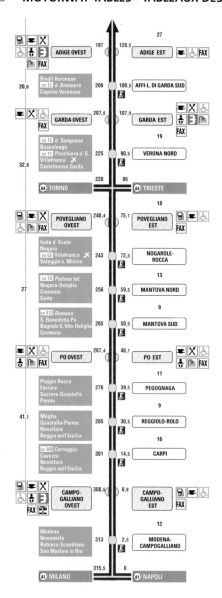

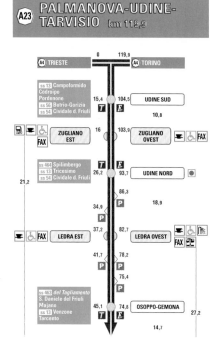

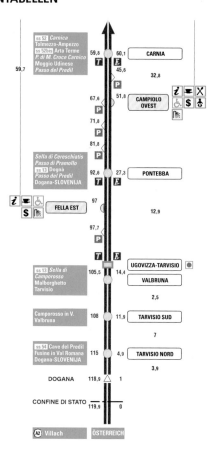

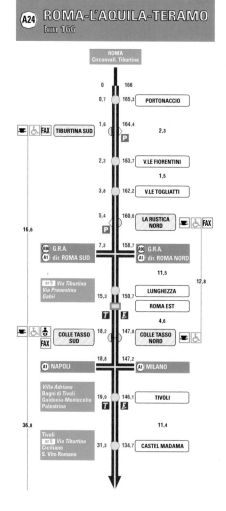

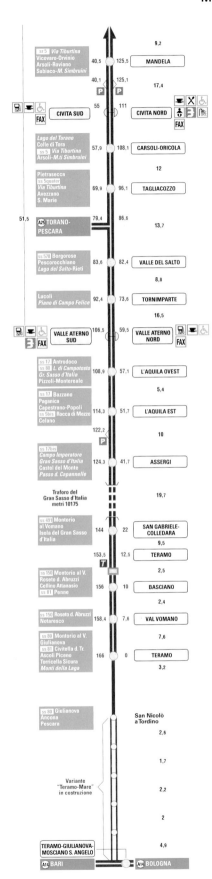

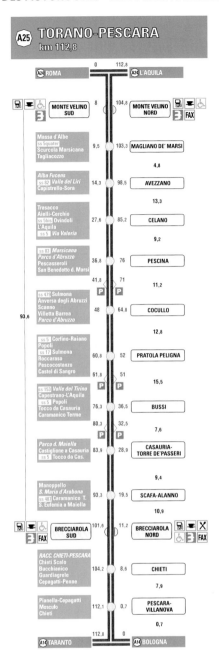

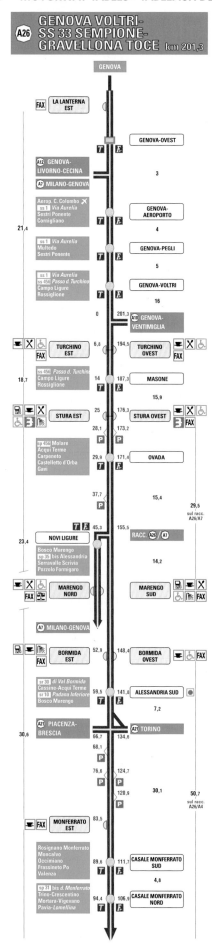

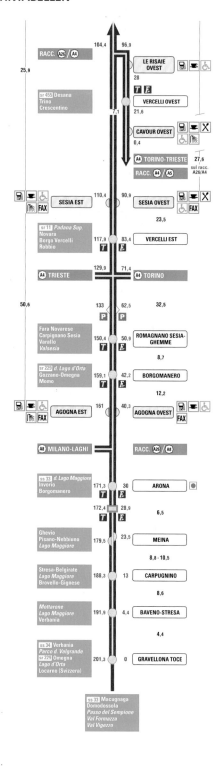

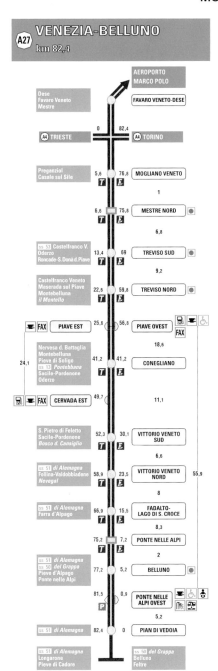

A27 VENEZIA-BELLUNO
km 82,4

Dese / Favaro Veneto / Mestre		AEROPORTO MARCO POLO / FAVARO VENETO-DESE
A4 TRIESTE	0 — 82,4	**A4 TORINO**
Preganziol / Casale sul Sile	5,6 — 76,8	MOGLIANO VENETO
	1	
	6,6 — 75,8	MESTRE NORD
	6,8	
ss.53 Castelfranco V. / Oderzo / Roncade-S.Donà d.Piave	13,4 — 69	TREVISO SUD
	9,2	
Castelfranco Veneto / Maserada sul Piave / Montebelluna / il Montello	22,6 — 59,8	TREVISO NORD
FAX PIAVE EST	25,6 — 56,8	PIAVE OVEST
	18,6	
24,1 Nervesa d. Battaglia / Montebelluna / Pieve di Soligo / ss.13 Pontebbana / Sacile-Pordenone / Oderzo	41,2 — 41,2	CONEGLIANO
FAX CERVADA EST	49,7	11,1
S. Pietro di Feletto / Sacile-Pordenone / Bosco d. Cansiglio	52,3 — 30,1	VITTORIO VENETO SUD
	6,6	
ss.51 di Alemagna / Follina-Valdobbiadene / Nevegal	58,9 — 23,5	VITTORIO VENETO NORD	55,9
	8	
ss.51 di Alemagna / Farra d'Alpago	66,9 — 15,5	FADALTO-LAGO DI S. CROCE
	8,3	
	75,2 — 7,2	PONTE NELLE ALPI
	2	
ss.51 di Alemagna / ss.50 del Grappa / Pieve d'Alpago / Ponte nelle Alpi	77,2 — 5,2	BELLUNO
	81,5 — 0,9	PONTE NELLE ALPI OVEST
	5,2	
ss.51 di Alemagna	82,4 — 0	PIAN DI VEDOIA
ss.51 di Alemagna / Longarone / Pieve di Cadore		ss.50 del Grappa / Belluno / Feltre

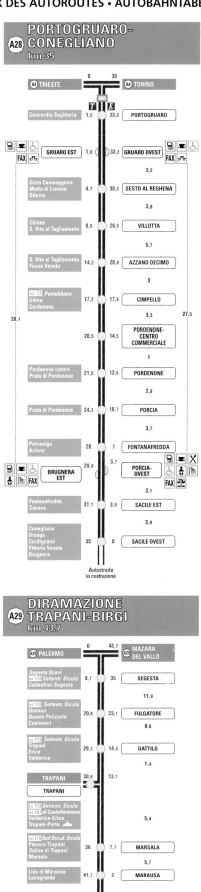

A28 PORTOGRUARO-CONEGLIANO
km 35

A4 TRIESTE	0 — 35	**A4 TORINO**
Concordia Sagittaria	1,5 — 33,5	PORTOGRUARO
GRUARO EST	1,8 — 33,2	GRUARO OVEST
	3,2	
Cinto Caomaggiore / Motta di Livenza / Oderzo	4,7 — 30,3	SESTO AL REGHENA
	3,8	
Chions / S. Vito al Tagliamento	8,5 — 26,5	VILLOTTA
	5,7	
S. Vito al Tagliamento / Fiume Veneto	14,2 — 20,8	AZZANO DECIMO
	3	
ss.13 Pontebbana / Udine / Cordenons	17,2 — 17,8	CIMPELLO
28,1	3,3	27,5
	20,5 — 14,5	PORDENONE-CENTRO COMMERCIALE
	1	
Pordenone centro / Prata di Pordenone	21,5 — 13,5	PORDENONE
	2,8	
Prata di Pordenone	24,3 — 10,7	PORCIA
	3,7	
Polcenigo / Aviano	28 — 7	FONTANAFREDDA
BRUGNERA EST	29,9 — 5,7	PORCIA-OVEST
	3,1	
Fontanafredda / Cáneva	31,1 — 3,9	SACILE EST
	3,9	
Conegliano / Orsago / Cordignano / Vittorio Veneto / Brugnera	35 — 0	SACILE OVEST

Autostrada in costruzione

A29 DIRAMAZIONE TRAPANI-BIRGI
km 43,7

A29 PALERMO	0 — 43,7	**A29 MAZARA DEL VALLO**
Segesta Scavi / ss.113 Settentr. Sicula / Calatafimi-Segesta	8,7 — 35	SEGESTA
	11,9	
ss.113 Settentr. Sicula / Ummari / Buseto Palizzolo / Custonaci	20,6 — 23,1	FULGATORE
	8,6	
ss.113 Settentr. Sicula / Trapani / Erice / Valderice	29,2 — 14,5	DATTILO
	1,4	
TRAPANI	30,6 — 13,1	TRAPANI
ss.113 Settentr. Sicula / ss.187 di Castellammare / Valderice-Erice / Trapani-Porto		
ss.115 Sud Occid. Sicula / Paceco-Trapani / Saline di Trapani / Marsala	36 — 7,7	5,4
		MARSALA
	5,7	
Lido di Marausa / Locogrande	41,7 — 2	MARAUSA
Aeroporto Birgi / Locogrande	43,7 — 0	BIRGI
		Marsala / Mazara del Vallo

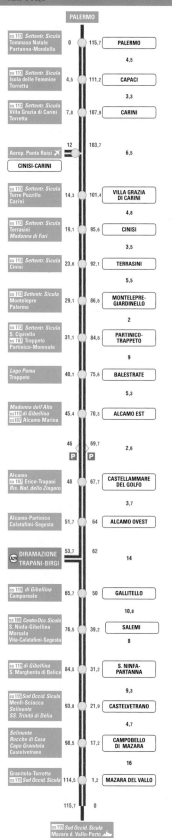

A29 PALERMO-MAZARA DEL VALLO km 115,7

	km (Palermo)	km (Mazara)	Exit
PALERMO			
ss.113 Settentr. Sicula – Tommaso Natale – Partanna-Mondello	0	115,7	PALERMO
	4,5		
ss.113 Settentr. Sicula – Isola delle Femmine – Torretta	4,5	111,2	CAPACI
	3,3		
ss.113 Settentr. Sicula – Villa Grazia di Carini – Torretta	7,8	107,9	CARINI
Aerop. Punta Raisi ✈ CINISI-CARINI	12	103,7	
	6,5		
ss.113 Settentr. Sicula – Torre Pozzillo – Carini	14,3	101,4	VILLA GRAZIA DI CARINI
	4,8		
ss.113 Settentr. Sicula – Terrasini – Madonna di Furi	19,1	95,6	CINISI
	3,5		
ss.113 Settentr. Sicula – Cinisi	23,6	92,1	TERRASINI
	5,5		
ss.113 Settentr. Sicula – Montelepre – Palermo	29,1	86,6	MONTELEPRE-GIARDINELLO
	2		
ss.113 Settentr. Sicula – S. Cipirello – ss.187 Trappeto – Partinico-Monreale	31,1	84,6	PARTINICO-TRAPPETO
	9		
Lago Poma – Trappeto	40,1	75,6	BALESTRATE
	5,3		
Madonna dell'Alto – ss.119 di Gibellina – ss.187 Alcamo Marina	45,4	70,3	ALCAMO EST
P	46	69,7	
	2,6		
Alcamo – ss.187 Erice-Trapani – Ris. Nat. dello Zingaro	48	67,7	CASTELLAMMARE DEL GOLFO
	3,7		
Alcamo-Partinico – Calatafimi-Segesta	51,7	64	ALCAMO OVEST
A29 DIRAMAZIONE TRAPANI-BIRGI	53,7	62	
	14		
ss.119 di Gibellina – Camporeale	65,7	50	GALLITELLO
	10,8		
ss.188 Centro Occ. Sicula – S. Ninfa-Gibellina – Marsala – Vita-Calatafimi-Segesta	76,5	39,2	SALEMI
	8		
ss.119 di Gibellina – S. Margherita di Belice	84,5	31,2	S. NINFA-PARTANNA
	9,3		
ss.115 Sud Occid. Sicula – Menfi-Sciacca – Selinunte – SS. Trinità di Delia	93,8	21,9	CASTELVETRANO
	4,7		
Selinunte – Rocche di Cusa – Capo Granitola – Castelvetrano	98,5	17,2	CAMPOBELLO DI MAZARA
	16		
Granitola-Torretta – ss.115 Sud Occid. Sicula	114,5	1,2	MAZARA DEL VALLO
	115,7	0	
ss.115 Sud Occid. Sicula – Mazara d. Vallo-Porto ⛴ Marsala			

A30 CASERTA-SALERNO km 55,3

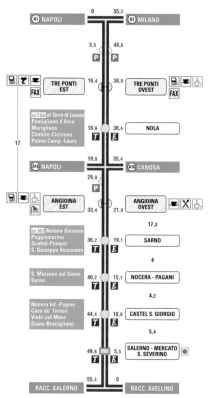

	km	km	Exit	
A1 NAPOLI	0	55,3	A1 MILANO	
P P	5,5	49,8		
⛽🚗🚻 FAX	16,4	38,9	TRE PONTI OVEST ♿🚻 FAX	TRE PONTI EST
ss.7bis di Terra di Lavoro – Pomigliano d'Arco – Marigliano – Cimitile-Cicciano – Palma Camp.-Lauro	18,9	36,4	NOLA	
A16 NAPOLI	19,9	35,4	A16 CANOSA	
P	29,9			
🚻♿	33,4	21,9	ANGIOINA OVEST 🚻✕♿	ANGIOINA EST
ss.367 Nolana Sarnese – Poggiomarino – Scafati-Pompei – S. Giuseppe Vesuviano	36,2	19,1	SARNO	
		17,3		
S. Marzano sul Sarno – Sarno	40,2	15,1	NOCERA - PAGANI	
		4		
Nocera Inf.-Pagani – Cava de' Tirreni – Vietri sul Mare – Siano-Bracigliano	44,4	10,9	CASTEL S. GIORGIO	
		4,2		
	49,8	5,5	SALERNO - MERCATO S. SEVERINO 📷	
		5,4		
RACC. SALERNO	55,3	0	RACC. AVELLINO	

A31 VICENZA-PIOVENE ROCCHETTE km 35,7

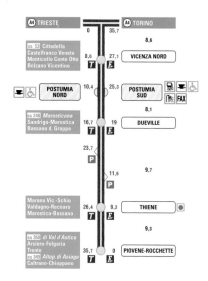

	km	km	Exit	
A4 TRIESTE	0	35,7	A4 TORINO	
		8,6		
ss.53 Cittadella – Castelfranco Veneto – Monticello Conte Otto – Bolzano Vicentino	8,6	27,1	VICENZA NORD	
🚻🚗	10,4	25,3	POSTUMIA SUD 🚻♿🚻 FAX	POSTUMIA NORD
ss.248 Marosticana – Sandrigo-Marostica – Bassano d. Grappa	16,7	19	DUEVILLE	
P	23,7			
		8,1		
P	11,6			
		9,7		
Marano Vic.-Schio – Valdagno-Recoaro – Marostica-Bassano	26,4	9,3	THIENE 📷	
		9,3		
ss.350 di Val d'Astico – Arsiero-Folgaria – Trento – ss.349 Altop. di Asiago – Caltrano-Chiuppano	35,7	0	PIOVENE-ROCCHETTE	

TORINO-BARDONECCHIA
A32 km 77,4

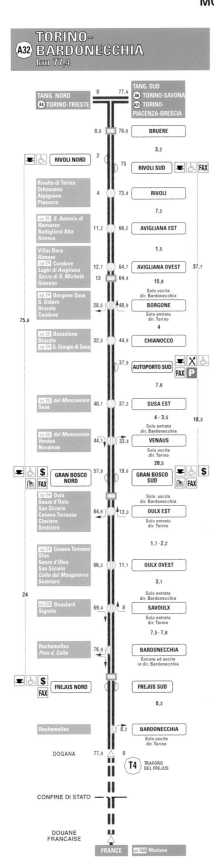

TANG. NORD **A4** TORINO-TRIESTE	0	77,4	TANG. SUD **A6** TORINO-SAVONA **A21** TORINO-PIACENZA-BRESCIA
	0,8	76,6	BRUERE
		3,2	
RIVOLI NORD	2	75	RIVOLI SUD FAX
Rivalta di Torino Orbassano Alpignano Pianezza	4	73,4	RIVOLI
		7,2	
ss 25 S. Antonio di Ranverso Buttigliera Alta Almese	11,2	66,2	AVIGLIANA EST
		1,5	
Villar Dora Almese sp 24 Condove Laghi di Avigliana Sacra di S. Michele Giaveno	12,7 13	64,7 64,4	AVIGLIANA OVEST	37,1
		15,8 Solo uscita dir. Bardonecchia	
sp 24 Borgone Susa S. Didero Bruzolo Condove	28,5	48,9	BORGONE Solo entrata dir. Torino
		4	
ss 25 Bussoleno Bruzolo sp 24 S. Giorgio di Susa	32,5	44,9	CHIANOCCO
	37,9		AUTOPORTO SUD FAX P
		7,6	
ss 25 del Moncenisio Susa	40,1	37,3	SUSA EST
		4 - 3,5 Solo entrata dir. Bardonecchia	18,3
ss 25 del Moncenisio Venaus Novalesa	44,1	33,8	VENAUS Solo uscita dir. Torino
		20,5	
GRAN BOSCO NORD FAX	57,8	19,6	GRAN BOSCO SUD FAX
sp 24 Oulx Sauze d'Oulx San Sicario Cesana Torinese Claviere Sestriere	64,6	13,3	OULX EST Solo uscita dir. Bardonecchia Solo entrata dir. Torino
		1,7 - 2,2	
sp 24 Cesana Torinese Oulx Sauze d'Oulx San Sicario Colle del Monginevro Sestriere	66,3	11,1	OULX OVEST
		3,1 Solo entrata dir. Bardonecchia	
ss 335 Beaulard Signols	69,4	8	SAVOULX Solo entrata dir. Torino	24
		7,5 - 7,8	
Rochemolles Pian d. Colle	76,9		BARDONECCHIA Entrata ed uscita in dir. Bardonecchia
FREJUS NORD FAX			FREJUS SUD
		0,3	
Rochemolles	0,2		BARDONECCHIA Solo uscita dir. Torino
DOGANA	77,4	0	**T4** TRAFORO DEL FREJUS
CONFINE DI STATO			
DOUANE FRANCAISE			
FRANCE ss 566 Modane			

75,8

DIRAMAZIONE PINEROLO
55 km 11,7

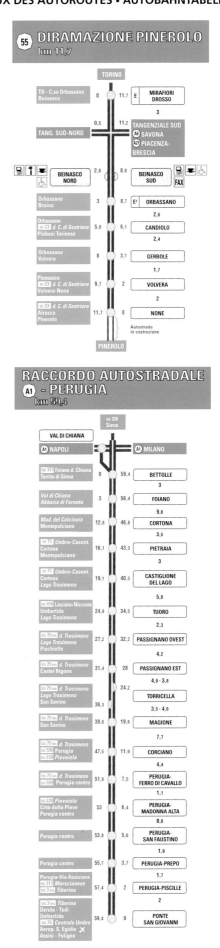

TORINO			
TO - C.so Orbassano Beinasco	0	11,7	E MIRAFIORI DROSSO
		3	
TANG. SUD-NORD	0,5	11,2	TANGENZIALE SUD **A6** SAVONA **A21** PIACENZA-BRESCIA
BEINASCO NORD	2,8	8,9	BEINASCO SUD FAX
Orbassano Bruino	3	8,7	E¹ ORBASSANO
		2,6	
Orbassano sp 23 d. C. di Sestriere Piòbesi Torinese	5,6	6,1	CANDIOLO
		2,4	
Orbassano Volvera	8	3,7	GERBOLE
		1,7	
Piossasco sp 23 d. C. di Sestriere Volvera-None	9,7	2	VOLVERA
		2	
sp 23 d. C. di Sestriere Airasca Pinerolo	11,7	0	NONE
			Autostrada in costruzione
PINEROLO			

RACCORDO AUTOSTRADALE
A1 – PERUGIA
km 59,4

ss 326 Siena VAL DI CHIANA			
A1 NAPOLI			**A1** MILANO
sp 327 Foiano d. Chiana Torrito di Siena	0	59,4	BETTOLLE
		3	
Val di Chiana Abbazia di Farneta	3	56,4	FOIANO
		9,6	
Mad. del Calcinaio Montepulciano	12,6	46,8	CORTONA
		3,5	
sp 71 Umbro-Casent. Cortona Montepulciano	16,1	43,3	PIETRAIA
		3	
sp 71 Umbro-Casent. Cortona Lago Trasimeno	19,1	40,3	CASTIGLIONE DEL LAGO
		5,8	
ss 416 Lisciano Niccone Umbertide Lago Trasimeno	24,9	34,5	TUORO
		2,3	
ss 75 bis d. Trasimeno Lago Trasimeno Pischiello	27,2	32,2	PASSIGNANO OVEST
		4,2	
ss 75 bis d. Trasimeno Castel Rigone	31,4	28	PASSIGNANO EST
		4,9 - 3,8	
ss 75 bis d. Trasimeno Lago Trasimeno San Savino	36,3	24,2	TORRICELLA
		3,5 - 4,6	
ss 75 bis d. Trasimeno San Savino	39,8	19,6	MAGIONE
		7,7	
ss 75 bis d. Trasimeno ss 599 Perugia ss 220 Pievaiola	47,5	11,9	CORCIANO
		4,4	
ss 75 bis d. Trasimeno ss 599 Perugia centro	51,9	7,5	PERUGIA-FERRO DI CAVALLO
		1,1	
ss 220 Pievaiola Città della Pieve Perugia centro	53	6,4	PERUGIA-MADONNA ALTA
		0,8	
Perugia centro	53,8	5,6	PERUGIA-SAN FAUSTINO
		1,9	
Perugia centro	55,7	3,7	PERUGIA-PREPO
		1,7	
Perugia-Via Assisiana ss 317 Marscianese ss 3 bis Tiberina	57,4	2	PERUGIA-PISCILLE
		2	
ss 3 bis Tiberina Deruta - Todi Umbertide ss 75 Centrale Umbra Aerop. S. Egidio Assisi - Foligno	59,4	0	PONTE SAN GIOVANNI

PROFILI AUTOSTRADALI
MOTORWAY TABLES · TABLEAUX DES AUTOROUTES · AUTOBAHNTABELLEN

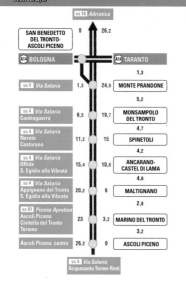

RACCORDO AUTOSTRADALE A14 - ASCOLI PICENO
km 26,2

ss16 Adriatica

Left	km	km	Exit
SAN BENEDETTO DEL TRONTO-ASCOLI PICENO	0	26,2	
A14 BOLOGNA — A14 TARANTO			
			1,3
ss4 Via Salaria	1,3	24,9	MONTE PRANDONE
			5,2
ss4 Via Salaria Controguerra	6,5	19,7	MONSAMPOLO DEL TRONTO
			4,7
ss4 Via Salaria Nereto Castorano	11,2	15	SPINETOLI
			4,2
ss4 Via Salaria Offida S. Egidio alla Vibrata	15,4	10,8	ANCARANO-CASTEL DI LAMA
			4,8
ss4 Via Salaria Appignano del Tronto S. Egidio alla Vibrata	20,2	6	MALTIGNANO
			2,8
ss81 Picena Aprutina Ascoli Piceno Civitella del Tronto Teramo	23	3,2	MARINO DEL TRONTO
			3,2
Ascoli Piceno centro	26,2	0	ASCOLI PICENO

ss4 Via Salaria Acquasanta Terme-Rieti

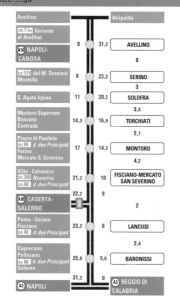

RACCORDO AUTOSTRADALE AVELLINO-SALERNO
km 31,2

Left	km	km	Exit
Avellino — Atripalda			
ss7 bis Variante di Avellino			
A16 NAPOLI-CANOSA	0	31,2	AVELLINO
			8
ss574 del M. Terminio Montella	8	23,2	SERINO
			3
S. Agata Irpina	11	20,2	SOLOFRA
			3,3
Montoro Superiore Banzano Contrada	14,3	16,9	TORCHIATI
			2,7
Piazza di Pandola ss88 d. due Principati Forino Mercato S. Severino	17	14,2	MONTORO
			4,2
Villa - Calvanico ss266 Nocerina ss88 d. due Principati	21,2	10	FISCIANO-MERCATO SAN SEVERINO
A30 CASERTA-SALERNO	22,2	9	
			2
Penta - Gaiano Fisciano ss88 d. due Principati	23,2	8	LANCUSI
			2,4
Caprecano Pellezano ss88 d. due Principati Salerno	25,6	5,6	BARONISSI
A3 NAPOLI — REGGIO DI CALABRIA	31,2	0	

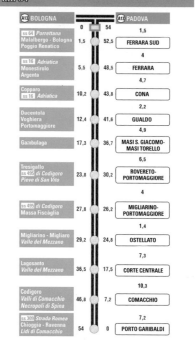

RACCORDO AUTOSTRADALE FERRARA-PORTO GARIBALDI
km 54

Left	km	km	Exit
A13 BOLOGNA — A13 PADOVA	0	54	
			1,5
ss64 Porrettana Malalbergo - Bologna Poggio Renatico	1,5	52,5	FERRARA SUD
			4
ss16 Adriatica Monestirolo Argenta	5,5	48,5	FERRARA
			4,7
Copparo ss16 Adriatica	10,2	43,8	CONA
			2,2
Ducentola Voghiera Portomaggiore	12,4	41,6	GUALDO
			4,9
Gambulaga	17,3	36,7	MASI S. GIACOMO-MASI TORELLO
			6,5
Tresigallo ss495 di Codigoro Pieve di San Vito	23,8	30,2	ROVERETO-PORTOMAGGIORE
			4
ss495 di Codigoro Massa Fiscaglia	27,8	26,2	MIGLIARINO-PORTOMAGGIORE
			1,4
Migliarino - Migliaro Valle del Mezzano	29,2	24,8	OSTELLATO
			7,3
Lagosanto Valle del Mezzano	36,5	17,5	CORTE CENTRALE
			10,3
Codigoro Valli di Comacchio Necropoli di Spina	46,8	7,2	COMACCHIO
			7,2
ss309 Strada Romea Chioggia - Ravenna Lidi di Comacchio	54	0	PORTO GARIBALDI

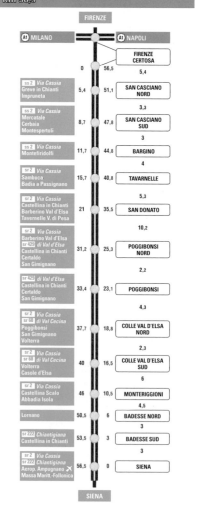

RACCORDO AUTOSTRADALE FIRENZE-SIENA
km 56,5

FIRENZE

Left	km	km	Exit
A1 MILANO — A1 NAPOLI			FIRENZE CERTOSA
	0	56,5	
			5,4
ss2 Via Cassia Greve in Chianti Impruneta	5,4	51,1	SAN CASCIANO NORD
			3,3
ss2 Via Cassia Mercatale Cerbaia Montespertoli	8,7	47,8	SAN CASCIANO SUD
			3
ss2 Via Cassia Montefiridolfi	11,7	44,8	BARGINO
			4
sr2 Via Cassia Sambuca Badia a Passignano	15,7	40,8	TAVARNELLE
			5,3
sr2 Via Cassia Castellina in Chianti Barberino Val d'Elsa Tavernelle V. di Pesa	21	35,5	SAN DONATO
			10,2
sr2 Via Cassia Barberino Val d'Elsa sr429 di Val d'Elsa Castellina in Chianti Certaldo San Gimignano	31,2	25,3	POGGIBONSI NORD
			2,2
sr429 di Val d'Elsa Castellina in Chianti Certaldo San Gimignano	33,4	23,1	POGGIBONSI
			4,3
sr2 Via Cassia sr68 di Val Cecina Poggibonsi San Gimignano Volterra	37,7	18,8	COLLE VAL D'ELSA NORD
			2,3
sr2 Via Cassia sr68 di Val Cecina Volterra Casole d'Elsa	40	16,5	COLLE VAL D'ELSA SUD
			6
sr2 Via Cassia Castellina Scalo Abbadia Isola	46	10,5	MONTERIGGIONI
			4,5
Lornano	50,5	6	BADESSE NORD
			3
sr222 Chiantigiana Castellina in Chianti	53,5	3	BADESSE SUD
			3
sr2 Via Cassia sr222 Chiantigiana Aerop. Ampugnano Massa Maritt.-Follonica	56,5	0	SIENA

SIENA

RACCORDO AUTOSTRADALE SICIGNANO-POTENZA
km 50,3

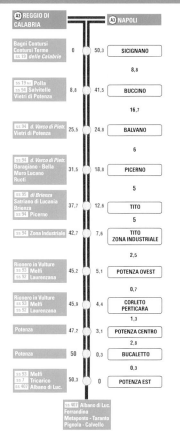

A3 REGGIO DI CALABRIA		A3 NAPOLI
Bagni Contursi · Contursi Terme · ss 19 delle Calabrie	0	50,3	SICIGNANO
		8,8	
ss 19 bis Polla · ss 94 Salvitelle · Vietri di Potenza	8,8	41,5	BUCCINO
		16,7	
ss 94 d. Varco di Pietr. · Vietri di Potenza	25,5	24,8	BALVANO
		6	
ss 94 d. Varco di Pietr. · Baragiano - Bella · Muro Lucano · Ruoti	31,5	18,8	PICERNO
		5	
ss 95 di Brienza · Satriano di Lucania · Brienza · ss 94 Picerno	37,7	12,6	TITO
		5	
ss 94 Zona Industriale	42,7	7,6	TITO ZONA INDUSTRIALE
		2,5	
Rionero in Vulture · ss 93 Melfi · ss 92 Laurenzana	45,2	5,1	POTENZA OVEST
		0,7	
Rionero in Vulture · ss 93 Melfi · ss 92 Laurenzana	45,9	4,4	CORLETO PERTICARA
		1,3	
Potenza	47,2	3,1	POTENZA CENTRO
		2,8	
Potenza	50	0,3	BUCALETTO
		0,3	
ss 53 Melfi · ss 7 Tricarico · ss 407 Albano di Luc.	50,3	0	POTENZA EST

ss 407 Albano di Luc. · Ferrandina · Metaponto - Taranto · Pignola - Calvello

RACCORDO AUTOSTRADALE TOLENTINO-CIVITANOVA M.
km 36,6

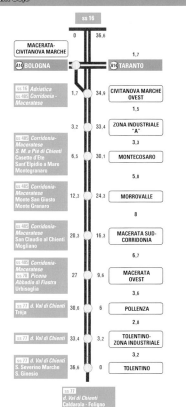

	ss 16	
	0	36,6	
MACERATA-CIVITANOVA MARCHE		
A14 BOLOGNA	1,7	A14 TARANTO
ss 16 Adriatica · ss 485 Corridonia - Maceratese	1,7	34,9	CIVITANOVA MARCHE OVEST
		1,5	
	3,2	33,4	ZONA INDUSTRIALE "A"
		3,3	
ss 485 Corridonia- Maceratese · S. M. a Piè di Chienti · Casette d'Ete · Sant'Elpidio a Mare · Montegranaro	6,5	30,1	MONTECOSARO
		5,8	
ss 485 Corridonia- Maceratese · Monte San Giusto · Monte Granaro	12,3	24,3	MORROVALLE
		8	
ss 485 Corridonia- Maceratese · San Claudio al Chienti · Mogliano	20,3	16,3	MACERATA SUD-CORRIDONIA
		6,7	
ss 485 Corridonia- Maceratese · ss 78 Picena · Abbadia di Fiastra · Urbisaglia	27	9,6	MACERATA OVEST
		3,6	
ss 77 d. Val di Chienti · Treja	30,6	6	POLLENZA
		2,8	
ss 77 d. Val di Chienti	33,4	3,2	TOLENTINO-ZONA INDUSTRIALE
		3,2	
ss 77 d. Val di Chienti · S. Severino Marche · S. Ginesio	36,6	0	TOLENTINO

ss 77 d. Val di Chienti · Caldarola - Foligno

TRAFORO DEL MONTE BIANCO
T1 · km 11,6

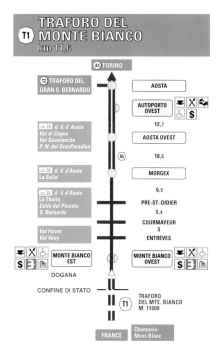

A5 TORINO

T2 TRAFORO DEL GRAN S. BERNARDO		AOSTA
		AUTOPORTO OVEST
		12,7
ss 26 d. V. d'Aosta · Val di Cogne · Val Savarenche · P. N. del GranParadiso		AOSTA OVEST
	(A5)	18,5
ss 26 d. V. d'Aosta · La Salle		MORGEX
		6,5
ss 26 d. V. d'Aosta · La Thuile · Colle del Piccolo S. Bernardo		PRÉ-ST.-DIDIER
		5,4
		COURMAYEUR
		5
Val Ferret · Val Veny		ENTRÈVES
MONTE BIANCO EST		MONTE BIANCO OVEST

DOGANA

CONFINE DI STATO

TRAFORO DEL MTE. BIANCO M. 11600 · T1

FRANCE · Chamonix-Mont-Blanc

TRAFORO DEL GRAN S. BERNARDO
T2 · km 15,2

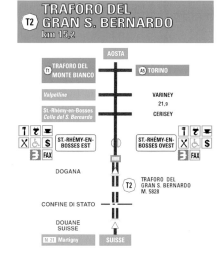

AOSTA

T1 TRAFORO DEL MONTE BIANCO		A5 TORINO
Valpelline		VARINEY
		21,9
St-Rhémy-en-Bosses · Colle del S. Bernardo		CERISEY
ST-RHÉMY-EN-BOSSES EST		ST-RHÉMY-EN-BOSSES OVEST

DOGANA

TRAFORO DEL GRAN S. BERNARDO M. 5828 · T2

CONFINE DI STATO

DOUANE SUISSE

N. 21 Martigny · SUISSE

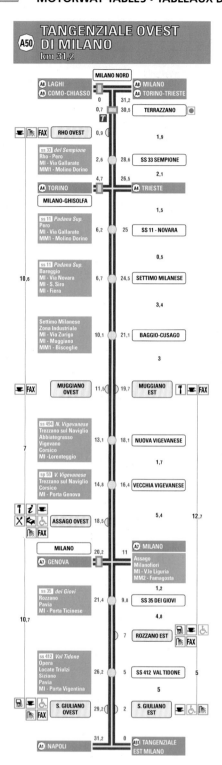

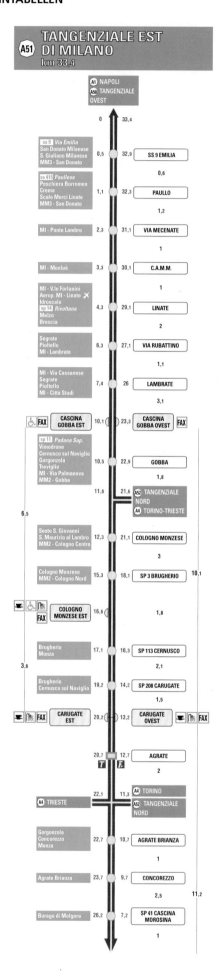

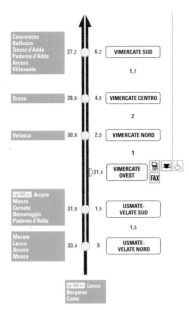

Concorezzo Bellusco Trezzo d'Adda Paderno d'Adda Arcore Villasanta	27,2	6,2	VIMERCATE SUD
		1,7	
Oreno	28,9	4,5	VIMERCATE CENTRO
		2	
Velasca	30,9	2,5	VIMERCATE NORD
		1	
	31,4		VIMERCATE OVEST 📠☕♿ FAX
sp 342 dir Arcore Monza Carnate Bernareggio Paderno d'Adda	31,9	1,5	USMATE-VELATE SUD
		1,5	
Merate Lecco Arcore Monza	33,4	0	USMATE-VELATE NORD

sp 342 dir Lecco Bergamo Como

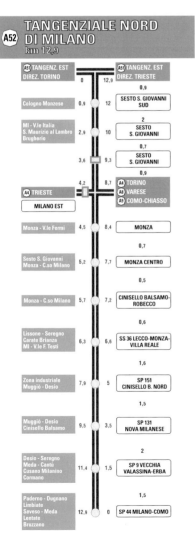

A52 TANGENZIALE NORD DI MILANO
km 12,9

A51 TANGENZ. EST DIREZ. TORINO			A51 TANGENZ. EST DIREZ. TRIESTE
	0	12,9	
		0,9	
Cologno Monzese	0,9	12	SESTO S. GIOVANNI SUD
		2	
MI - V.le Italia S. Maurizio al Lambro Brugherio	2,9	10	SESTO S. GIOVANNI
		0,7	
	3,6	9,3	SESTO S. GIOVANNI
		0,9	
A4 TRIESTE	4,2	8,7	A4 TORINO / A8 VARESE / A9 COMO-CHIASSO
MILANO EST			
Monza - V.le Fermi	4,5	8,4	MONZA
		0,7	
Sesto S. Giovanni Monza - C.so Milano	5,2	7,7	MONZA CENTRO
		0,5	
Monza - C.so Milano	5,7	7,2	CINISELLO BALSAMO-ROBECCO
		0,6	
Lissone - Seregno Carate Brianza MI - V.le F. Testi	6,3	6,6	SS 36 LECCO-MONZA-VILLA REALE
		1,6	
Zona industriale Muggiò - Desio	7,9	5	SP 151 CINISELLO B. NORD
		1,5	
Muggiò - Desio Cinisello Balsamo	9,5	3,5	SP 131 NOVA MILANESE
		2	
Desio - Seregno Meda - Cantù Cusano Milanino Cormano	11,4	1,5	SP 9 VECCHIA VALASSINA-ERBA
		1,5	
Paderno - Dugnano Limbiate Seveso - Meda Lentate Bruzzano	12,9	0	SP 44 MILANO-COMO

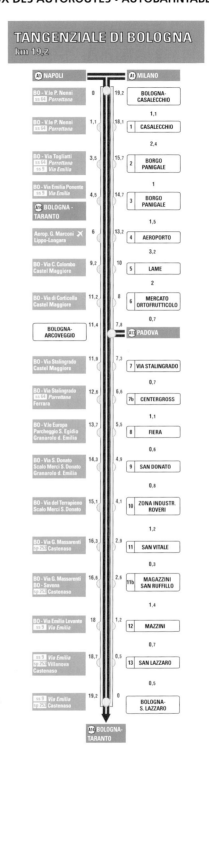

TANGENZIALE DI BOLOGNA
km 19,2

A1 NAPOLI			A1 MILANO
BO - V.le P. Nenni ss 64 Porrettana	0	19,2	BOLOGNA-CASALECCHIO
		1,1	
BO - V.le P. Nenni ss 64 Porrettana	1,1	18,1	1 CASALECCHIO
		2,4	
BO - Via Togliatti ss 64 Porrettana ss 9 Via Emilia	3,5	15,7	2 BORGO PANIGALE
		1	
BO - Via Emilia Ponente ss 9 Via Emilia	4,5	14,7	3 BORGO PANIGALE
A14 BOLOGNA-TARANTO			
		1,5	
Aerop. G. Marconi ✈ Lippo-Longara	6	13,2	4 AEROPORTO
		3,2	
BO - Via C. Colombo Castel Maggiore	9,2	10	5 LAME
		2	
BO - Via di Corticella Castel Maggiore	11,2	8	6 MERCATO ORTOFRUTTICOLO
		0,7	
BOLOGNA-ARCOVEGGIO	11,4	7,8	A13 PADOVA
BO - Via Stalingrado Castel Maggiore	11,9	7,3	7 VIA STALINGRADO
		0,7	
BO - Via Stalingrado ss 64 Porrettana Ferrara	12,6	6,6	7b CENTERGROSS
		1,1	
BO - V.le Europa Parcheggio S. Egidio Granarolo d. Emilia	13,7	5,5	8 FIERA
		0,6	
BO - Via S. Donato Scalo Merci S. Donato Granarolo d. Emilia	14,3	4,9	9 SAN DONATO
		0,8	
BO - Via del Terrapieno Scalo Merci S. Donato	15,1	4,1	10 ZONA INDUSTR. ROVERI
		1,2	
BO - Via G. Massarenti sp 253 Castenaso	16,3	2,9	11 SAN VITALE
		0,3	
BO - Via G. Massarenti BO - Savona sp 253 Castenaso	16,6	2,6	11b MAGAZZINI SAN RUFFILLO
		1,4	
BO - Via Emilia Levante ss 9 Via Emilia	18	1,2	12 MAZZINI
		0,7	
ss 9 Via Emilia sp 253 Villanova Castenaso	18,7	0,5	13 SAN LAZZARO
		0,5	
ss 9 Via Emilia sp 253 Castenaso	19,2	0	BOLOGNA-S. LAZZARO

A14 BOLOGNA-TARANTO

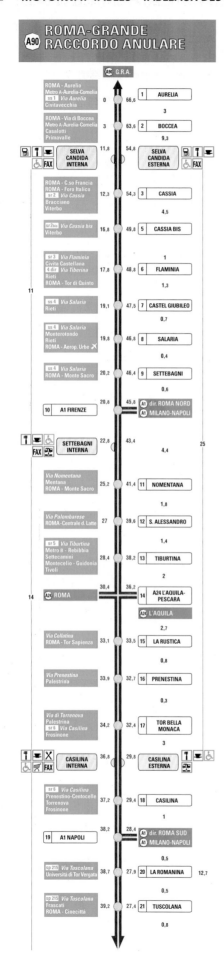

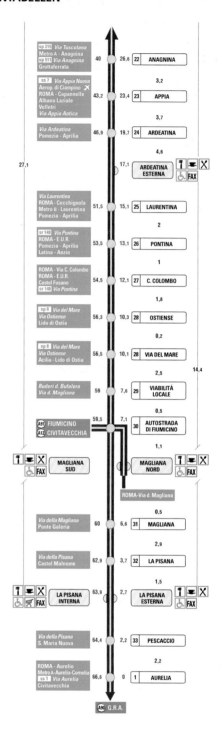

TANGENZIALE DI NAPOLI
km 22,3

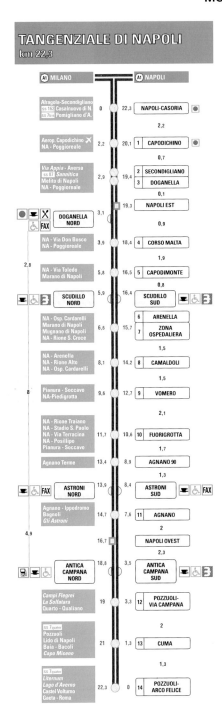

(A1) MILANO — **(A1) NAPOLI**

Afragola-Secondigliano **ss 162** Casalnuovo di N. **ss 7bis** Pomigliano d'A.	0	22,3	NAPOLI-CASORIA ●
		2,2	
Aerop. Capodichino ✈ NA - Poggioreale	2,2	20,1	1 CAPODICHINO ●
		0,7	
Via Appia - Aversa **ss 87** Sannitica Melito di Napoli NA - Poggioreale	2,9	19,4	2 SECONDIGLIANO
			3 DOGANELLA
		0,1	
● ➤ ✕ DOGANELLA ♿ FAX NORD	3,1	19,3	NAPOLI EST
		0,9	
NA - Via Don Bosco NA - Poggioreale	3,9	18,4	4 CORSO MALTA
		1,9	
2,8 NA - Via Toledo Marano di Napoli	5,8	16,5	5 CAPODIMONTE
		0,8	
➤♿🄱 SCUDILLO NORD	5,9	16,4	SCUDILLO SUD ➤♿🄱
NA - Osp. Cardarelli Marano di Napoli Mugnano di Napoli NA - Rione S. Croce	6,6	15,7	6 ARENELLA
			7 ZONA OSPEDALIERA
		1,5	
NA - Arenella NA - Rione Alto NA - Osp. Cardarelli	8,1	14,2	8 CAMALDOLI
		1,5	
8 Pianura - Soccavo NA-Piedigrotta	9,6	12,7	9 VOMERO
		2,1	
NA - Rione Traiano NA - Stadio S. Paolo NA - Via Terracina NA - Posillipo Pianura - Soccavo	11,7	10,6	10 FUORIGROTTA
		1,7	
Agnano Terme	13,4	8,9	AGNANO 90
		1,3	
➤♿FAX ASTRONI NORD	13,9	8,4	ASTRONI SUD ➤♿FAX
Agnano - Ippodromo Bagnoli Gli Astroni	14,7	7,6	11 AGNANO
		2	
4,9	16,7		NAPOLI OVEST
		2,3	
⛽♿ ANTICA CAMPANA NORD	18,8	3,5	ANTICA CAMPANA SUD ➤♿🄱
Campi Flegrei La Solfatara Quarto - Qualiano	19	3,3	12 POZZUOLI-VIA CAMPANA
		2	
SS 7quater Pozzuoli Lido di Napoli Baia - Bacoli Capo Miseno	21	1,3	13 CUMA
		1,3	
SS 7quater Liternum Lago d'Averno Castel Volturno Gaeta - Roma	22,3	0	14 POZZUOLI-ARCO FELICE

(A55) TANGENZIALI NORD-SUD DI TORINO
km 39,7

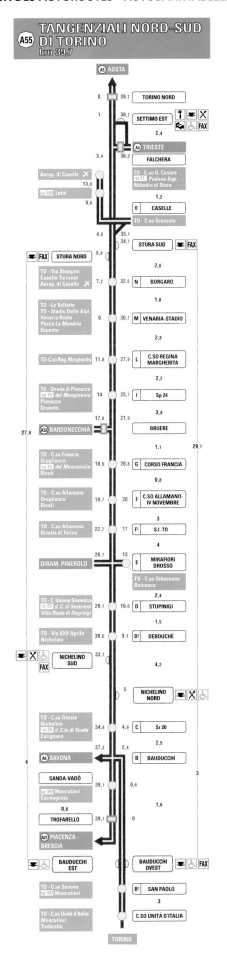

(A5) AOSTA

	0	39,7	TORINO NORD
	1	38,7	SETTIMO EST ℹ️➤✕♿FAX
		2,4	
	3,4	36,3	**(A4) TRIESTE**
			FALCHERA
Aerop. di Caselle ✈	13,6		TO - C.so G. Cesare **sr 11** Padana Sup. Abbadia di Stura
sp 460 Leini	9,6		0 CASELLE
			TO - C.so Grosseto
	4,6	35,1	
➤FAX STURA NORD	5,8	34,7	STURA SUD ➤FAX
		2,6	
TO - Via Stampini Caselle Torinese Aerop. di Caselle ✈	7,2	32,5	N BORGARO
		1,8	
TO - Le Vallette TO - Stadio Delle Alpi Venaria Reale Parco La Mandria Druento	9	30,7	M VENARIA-STADIO
		2,8	
TO-C.so Reg. Margherita	11,8	27,9	L C.SO REGINA MARGHERITA
		2,2	
TO - Strada di Pianezza **sp 24** del Monginevro Pianezza Druento	14	25,7	I Sp 24
	17,8	21,9	3,8
27,9 **(A32) BARDONECCHIA**			BRUERE
		1,1	29,7
TO - C.so Francia Grugliasco **ss 25** del Moncenisio Rivoli	18,9	20,8	G CORSO FRANCIA
		0,8	
TO - C.so Allamano Grugliasco Rivoli	19,7	20	F C.SO ALLAMANO-IV NOVEMBRE
		3	
TO - C.so Allamano Rivalta di Torino	22,7	17	F¹ S.I. TO
		4	
DIRAM. PINEROLO	26,7	13	E MIRAFIORI DROSSO
			TO - C.so Orbassano Beinasco
		2,4	
TO - C. Unione Sovietica **sr 23** d. C. di Sestriere Villa Reale di Stupinigi	29,1	10,6	D STUPINIGI
		1,5	
TO - Via XXV Aprile Nichelino	30,6	9,1	D¹ DEBOUCHÉ
➤✕FAX NICHELINO SUD	33,7		4,2
		5	NICHELINO NORD ➤✕♿
TO - C.so Trieste Nichelino **sp 20** d. C.le di Tenda Carignano	34,8	4,9	C Sr 20
		2,5	
	37,3	2,4	B BAUDUCCHI
4 **(A6) SAVONA**			
SANDA-VADÓ			3
sp 393 Moncalieri Carmagnola	39,1	0,6	
		0,6	1,6
TROFARELLO	39,7	0	
(A21) PIACENZA - BRESCIA			
➤♿ BAUDUCCHI EST			BAUDUCCHI OVEST ♿FAX
TO - C.so Savona **sp 393** Moncalieri			B¹ SAN PAOLO
TO - C.so Unità d'Italia Moncalieri Trofarello			C.SO UNITÀ D'ITALIA
			TORINO

215

TANGENZIALI, ATTRAVERSAMENTI DI CITTÀ
BY-PASSES, TOWN CROSSINGS • TANGENTIALES, TRAVERSÉES DES VILLES • UMGEHUNGSSTRASSEN, STADTDURCHFAHRTEN

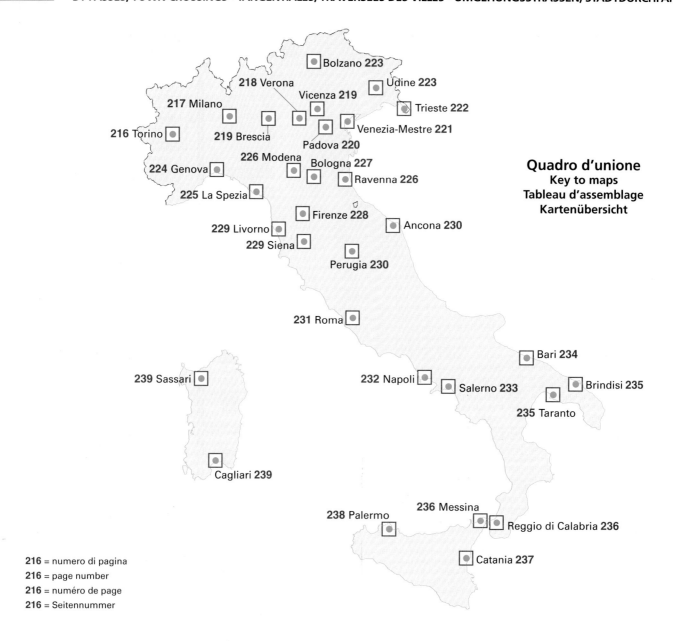

Bolzano **223**

218 Verona

Vicenza **219**

Udine **223**

217 Milano

Trieste **222**

Venezia-Mestre **221**

216 Torino

219 Brescia

Padova **220**

226 Modena

224 Genova

Bologna **227**

Ravenna **226**

225 La Spezia

Firenze **228**

Ancona **230**

229 Livorno

229 Siena

Perugia **230**

231 Roma

Bari **234**

239 Sassari

232 Napoli

Salerno **233**

Brindisi **235**

235 Taranto

Cagliari **239**

236 Messina

238 Palermo

Reggio di Calabria **236**

Catania **237**

Quadro d'unione
Key to maps
Tableau d'assemblage
Kartenübersicht

216 = numero di pagina
216 = page number
216 = numéro de page
216 = Seitennummer

Legenda • Legend • Légende • Zeichenerklärung

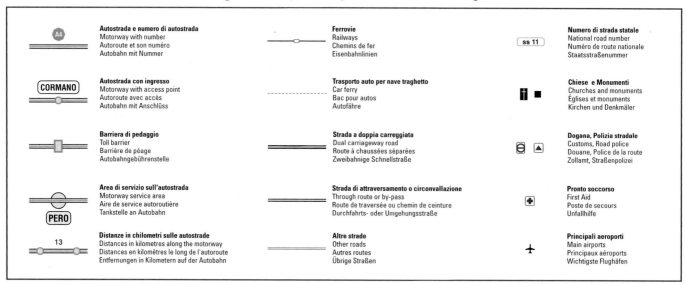

A4	**Autostrada e numero di autostrada** Motorway with number Autoroute et son numéro Autobahn mit Nummer	**Ferrovie** Railways Chemins de fer Eisenbahnlinien

ss 11 **Numero di strada statale** National road number Numéro de route nationale Staatsstraßenummer

CORMANO **Autostrada con ingresso** Motorway with access point Autoroute avec accès Autobahn mit Anschlüss

Trasporto auto per nave traghetto Car ferry Bac pour autos Autofähre

Chiese e Monumenti Churches and monuments Églises et monuments Kirchen und Denkmäler

Barriera di pedaggio Toll barrier Barrière de péage Autobahngebührenstelle

Strada a doppia carreggiata Dual carriageway road Route à chaussées séparées Zweibahnige Schnellstraße

Dogana, Polizia stradale Customs, Road police Douane, Police de la route Zollamt, Straßenpolizei

Area di servizio sull'autostrada Motorway service area Aire de service autoroutière Tankstelle an Autobahn

PERO

Strada di attraversamento o circonvallazione Through route or by-pass Route de traversée ou chemin de ceinture Durchfahrts- oder Umgehungsstraße

Pronto soccorso First Aid Poste de secours Unfallhilfe

13 **Distanze in chilometri sulle autostrade** Distances in kilometres along the motorway Distances en kilomètres le long de l'autoroute Entfernungen in Kilometern auf der Autobahn

Altre strade Other roads Autres routes Übrige Straßen

✈ **Principali aeroporti** Main airports Principaux aéroports Wichtigste Flughäfen

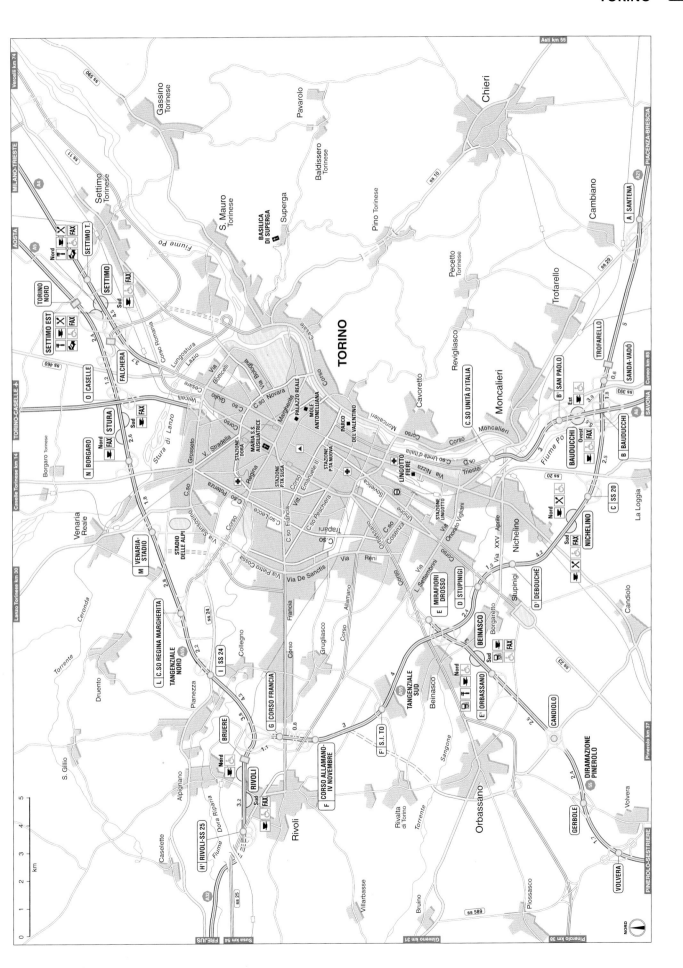

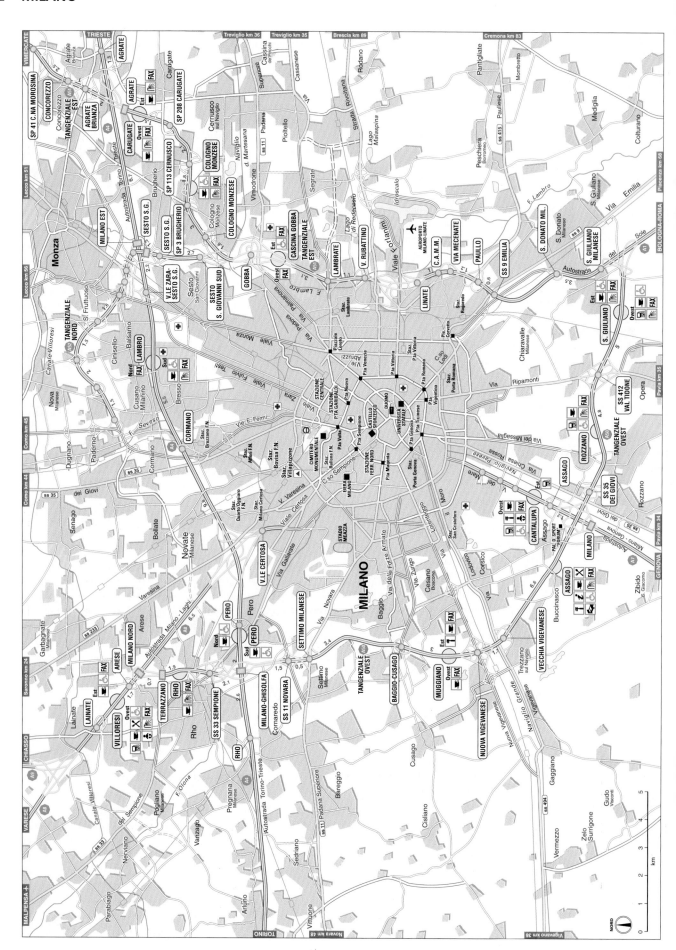

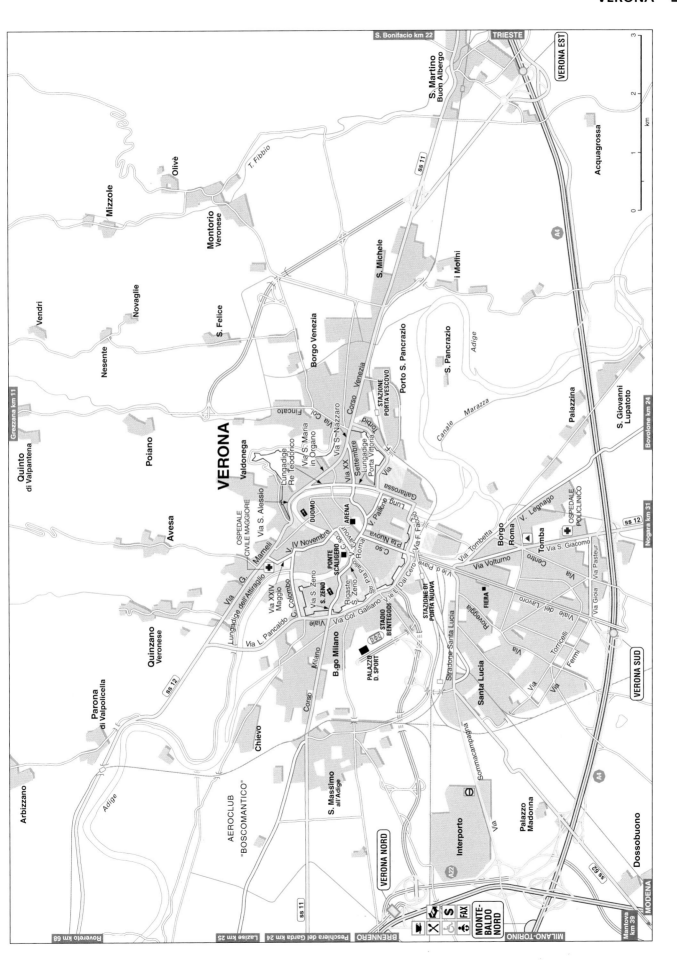

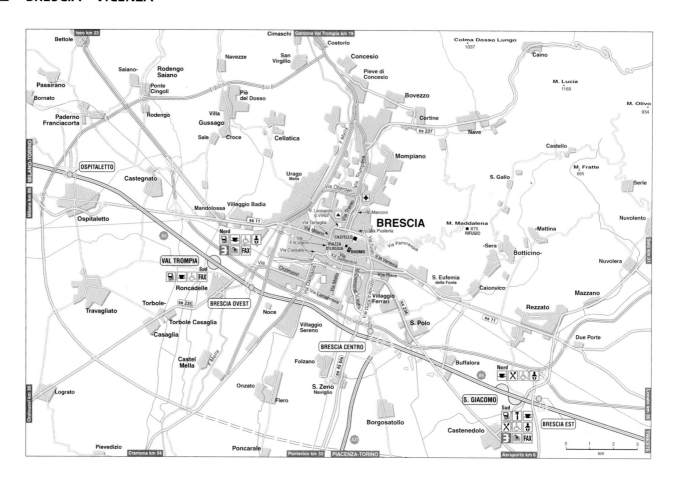

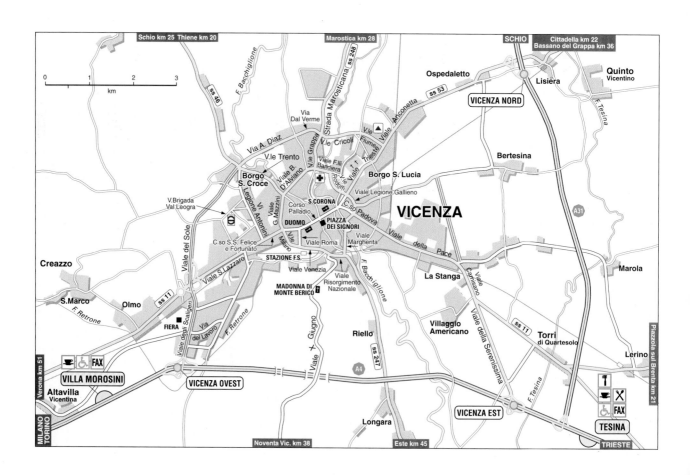

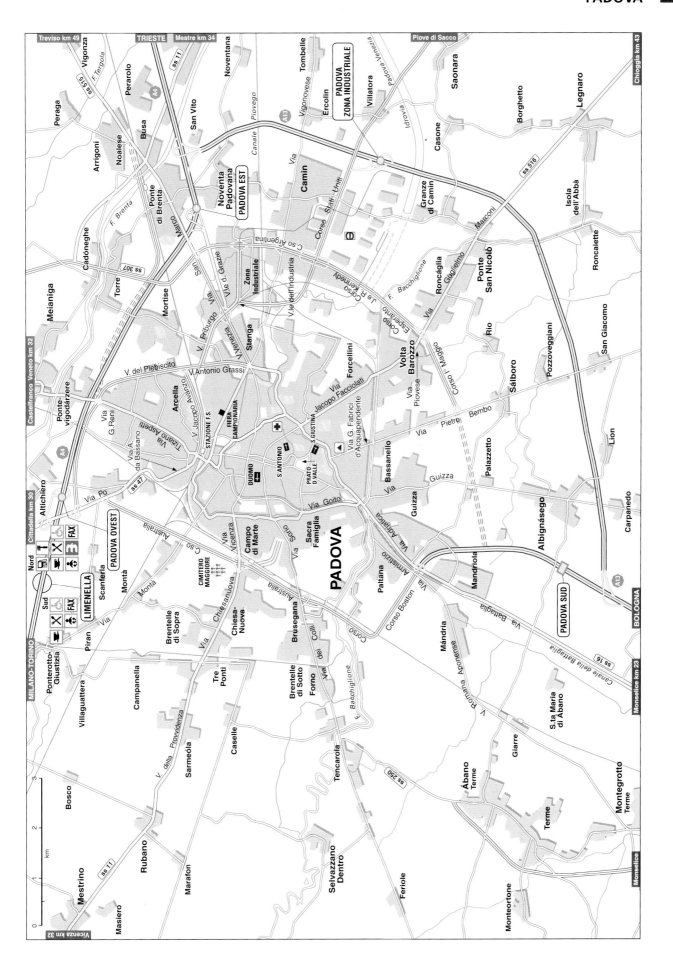

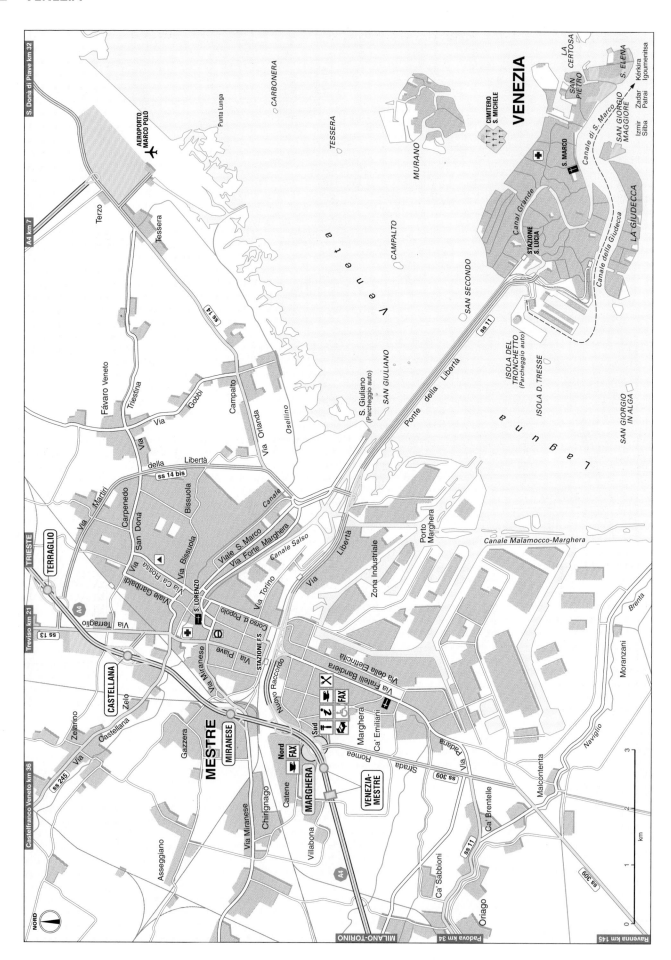

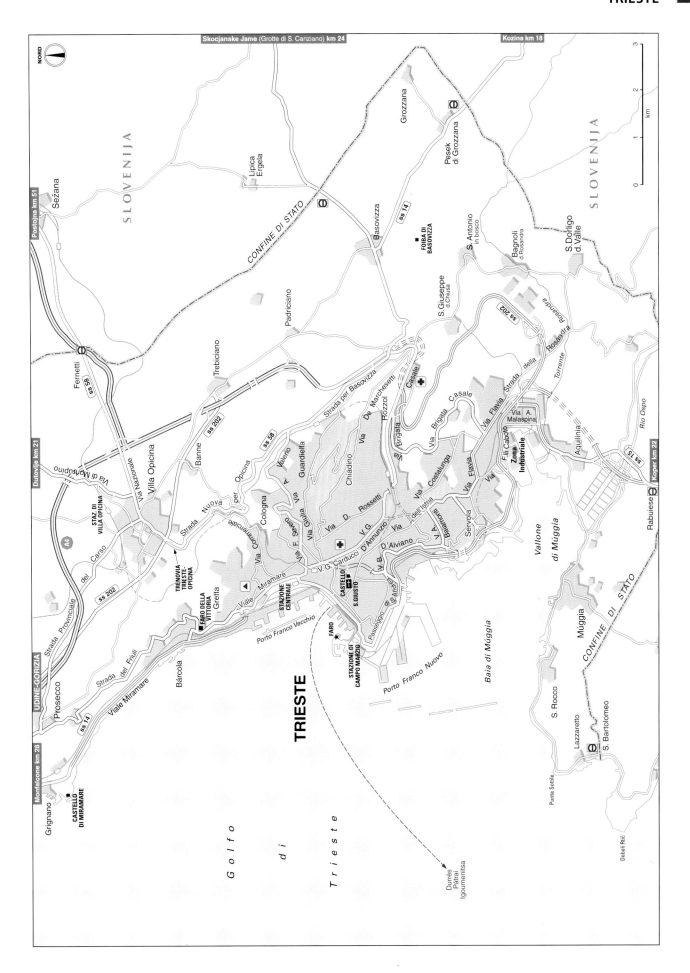

NORD

Skocjanske Jame (Grotte di S. Canziano) km 24   Kozina km 18

Postojna km 51

Sežana

SLOVENIJA

Grozzana

Pesek
di Grozzana

Lipica
Ergela

CONFINE DI STATO

Basovizza

ss 14

FOIBA DI
BASOVIZZA

S. Antonio
in bosco

S. Giuseppe
d.Chiusa

Bagnoli
d.Rosandra

S.Dórligo
d.Válle

SLOVENIJA

Padriciano

Trebiciano

Strada per Basovizza

ss 58

Rózzol

Casale

ss 202

Rosándra

Torrente della Rosandra

Fernetti

ss 58

Via di Montupino

SLOVENIJA

Dutovlje km 21

A4

STAZ. DI
VILLA OPICINA

Banne

ss 202

Via Nazionale

Villa Opicina

Strada Nuova

per Opicina

Strada commerciale

Via A. Valerio

Via Guardiella

Via Chiadino

Via

Via D. Rossetti

V. G.

Via Brigata Casale

Via Brigata

Via Costalunga

Via Flavia Strada della

Via Flavia

Via A.
Malaspina

F.lli Caboto

Zona
Industriale

Aquilinia

ss 15

Koper km 22

Rabuiese

Carso

del

Strada Provinciale

ss 202

TRENOVIA
TRIESTE-
OPICINA

Via Cologna

Via F. Severo

Via Giulia

Via dell'Istria

Via A. Baiamonti

Servola

Rio Ospo

Strada del Friuli

Gretta

Viale Miramare

FARO DELLA
VITTORIA

STAZIONE
CENTRALE

V. G. Carducci

CASTELLO

S.GIUSTO

D'Annunzio

V. B.

D'Alviano

Passeggio di S.Andrea

Vallone
di Múggia

Prosecco

ss 14

Bárcola

Porto Franco Vecchio

FARO

STAZIONE DI
CAMPO MARZIO

Porto Franco Nuovo

Baia di Múggia

S. Rocco

Múggia

CONFINE DI STATO

S. Bartolomeo

Lazzaretto

Punta Sottile

Debeli Rtič

Grignano

CASTELLO
DI MIRAMARE

Monfalcone km 28

UDINE-GORIZIA

Golfo   di   Trieste

TRIESTE

Durrës
Pátrai
Igoumenítsa

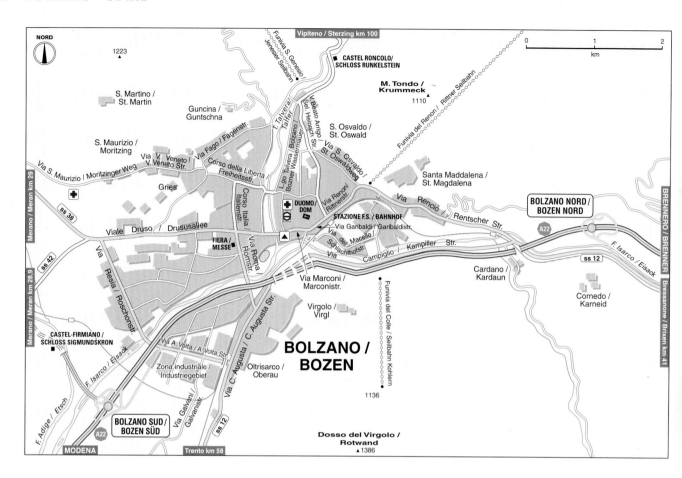

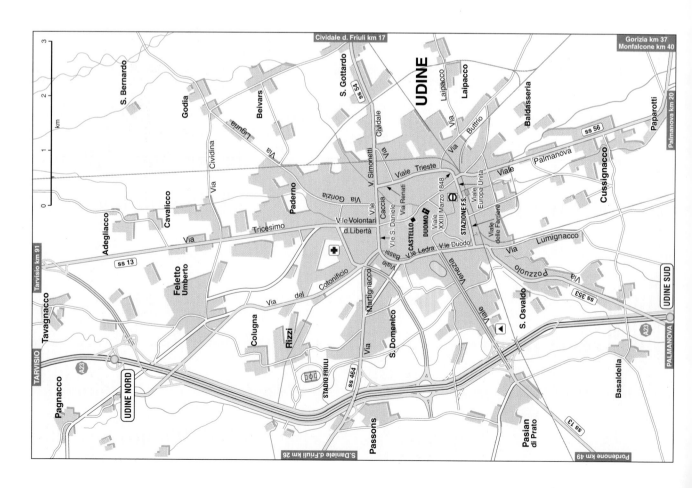

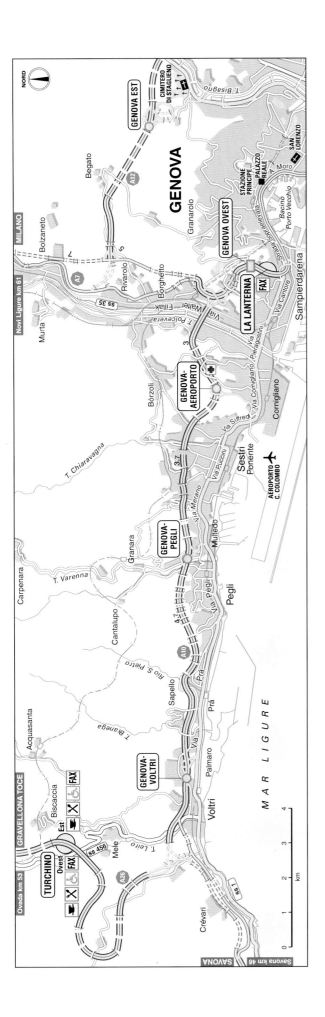

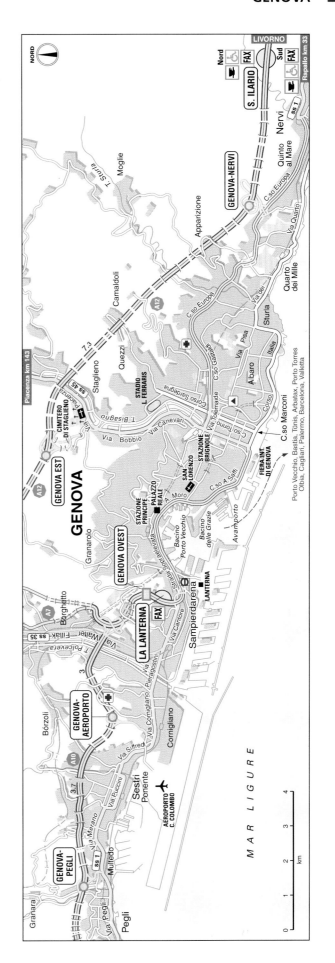

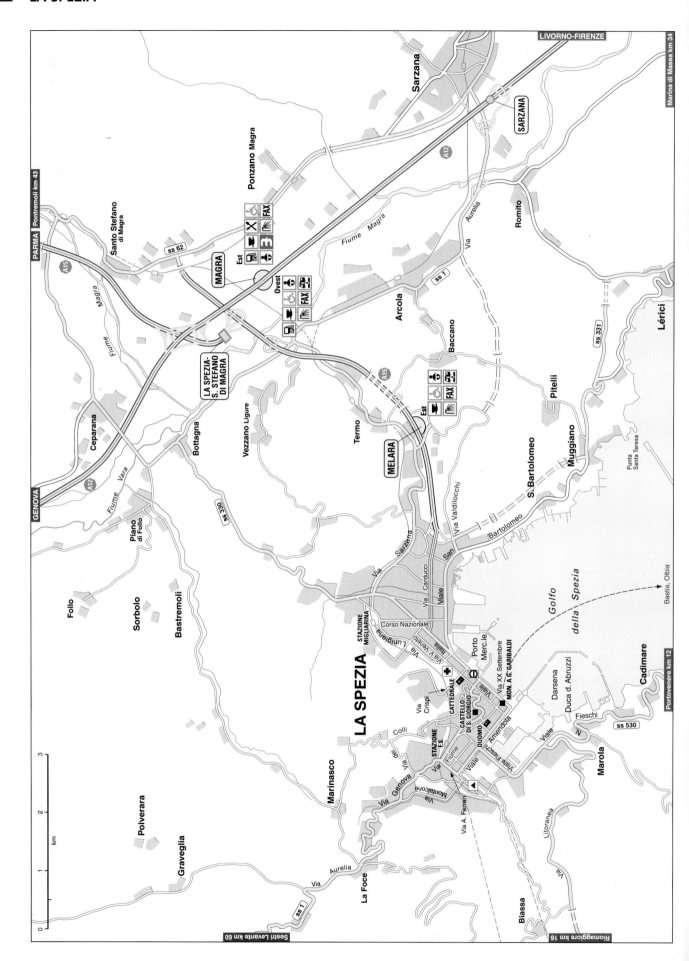

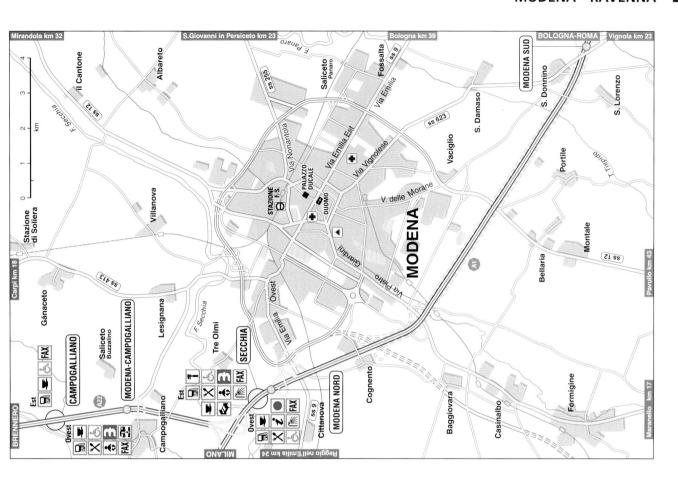

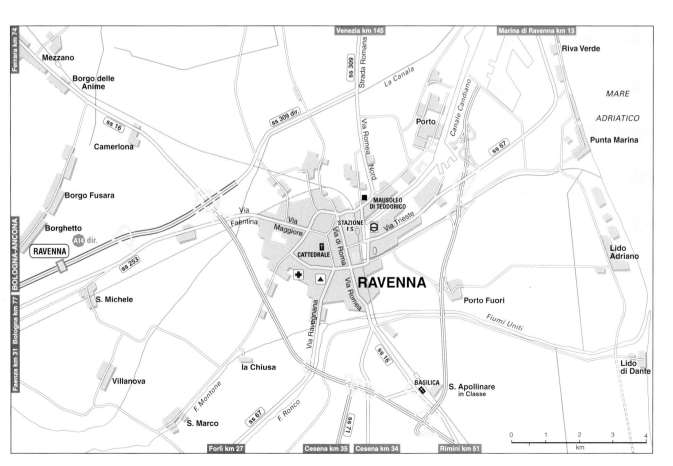

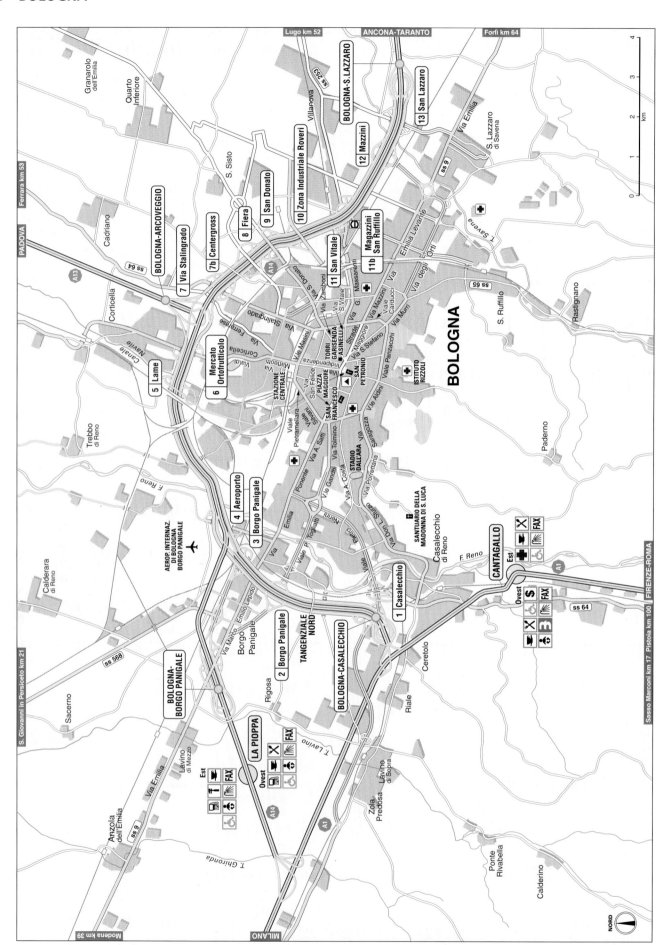

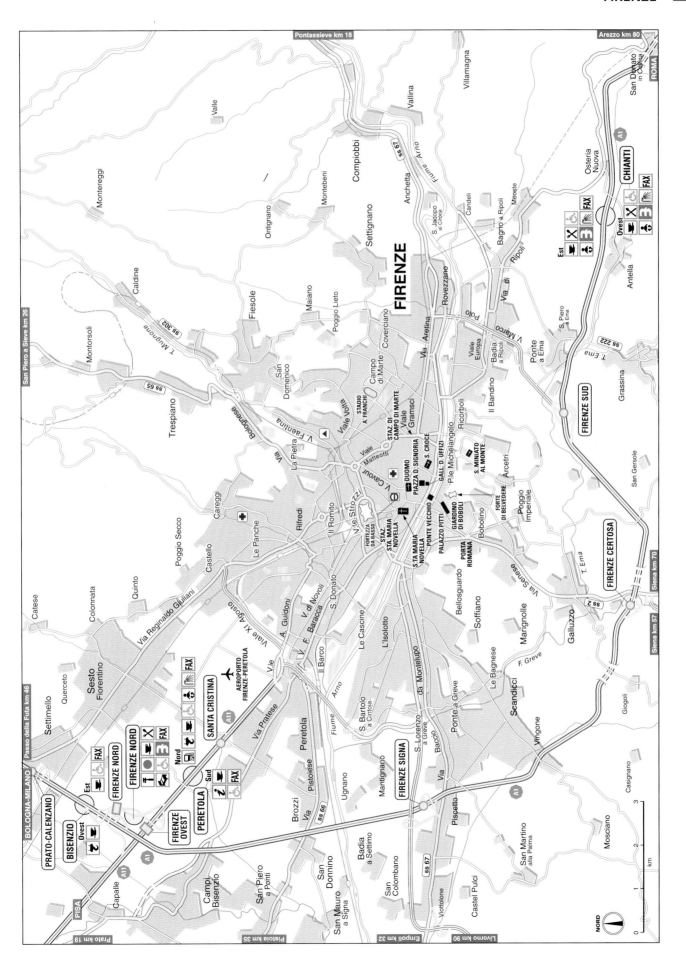

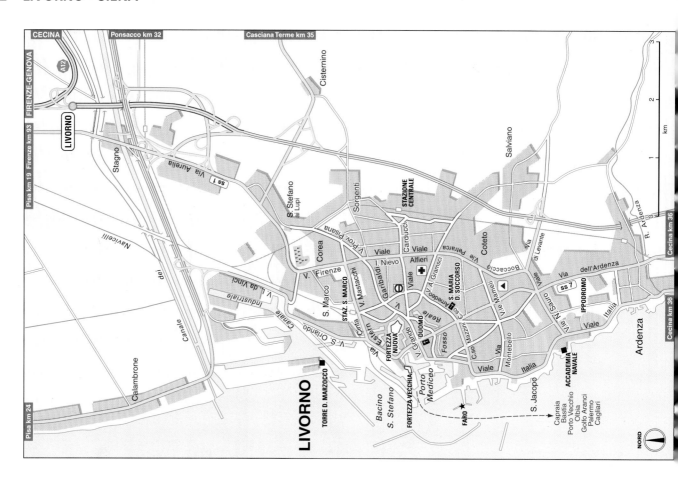

LIVORNO

CECINA — Ponsacco km 32 — Casciana Terme km 35

FIRENZE-GENOVA — LIVORNO

Pisa km 19 Firenze km 93

Pisa km 24

Cisternino

Cecina km 36

Stagno

Via Aurelia — ss 1

Navicelli

Canale dei

Calambrone

Canale Industriale

V.le da Vinci

V. S. Orlando

V. Firenze

Corea

S. Stefano al Lupi

V.le Prov. Pisana

Sorgenti

STAZIONE CENTRALE

Salviano

R. Ardenza

Carducci

Viale

Viale

I. Nievo

Alfieri

Coteto

Via di Levante

Via dell'Ardenza

Boccaccio

Via

S. Marco

STAZ. S. MARCO

V. Mastacchi

Garibaldi

V. A. Gramsci

S. MARIA D. SOCCORSO

C.so Amedeo

V.le Mameli

ss 7

IPPODROMO

Via N. Sauro

Viale

Italia

Ardenza

V. Esterna

V. Cinta Esterna

DUOMO

V. Grande

Reale

Fosso

C.so Mazzini

Via

Montebello

Viale Italia

S. Jacopo

ACCADEMIA NAVALE

FORTEZZA NUOVA

FORTEZZA VECCHIA

Porto Mediceo

Bacino S. Stefano

TORRE D. MARZOCCO

FARO

Capraia
Bastia
Porto Vecchio
Olbia
Golfo Aranci
Palermo
Cagliari

NORD

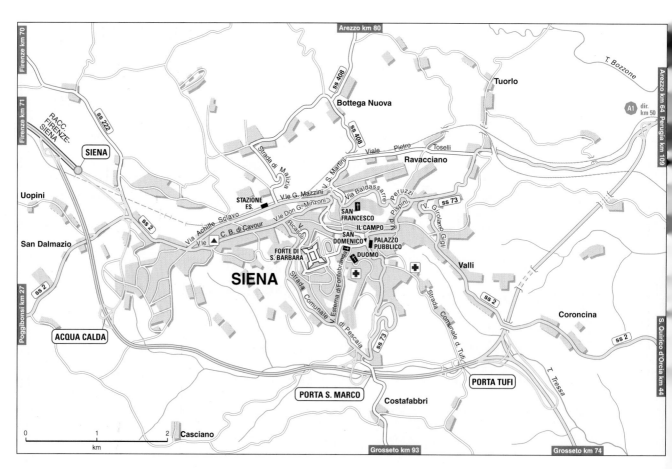

SIENA

Firenze km 70 — Arezzo km 80

Firenze km 71

RACC. FIRENZE-SIENA — SIENA

ss 222

ss 408

T. Bozzone

Tuorlo

A1 dir. km 50

Arezzo km 64 Perugia km 109

Bottega Nuova

ss 408

Viale Pietro Toselli

Ravacciano

Uopini

ss 2

Strada di Malizia

STAZIONE F.S.

V.le G. Mazzini

V. S. Martini

Via Baldassarre Peruzzi

V. d. Pispini

V. Girolamo Gigli

ss 73

San Dalmazio

V.le Achille Sciavo

V.le C. B. di Cavour

V.le Don G. Minzoni

V. Ricasoli

SAN FRANCESCO

IL CAMPO

SAN DOMENICO

PALAZZO PUBBLICO

DUOMO

Valli

FORTE DI S. BARBARA

Strada Comunale

V. Esterna di Fontebranda

V. Esterna di Pescaia

ss 73

Strada Comunale d. Tufi

ss 2

Coroncina

ss 2

T. Tressa

Poggibonsi km 27

ss 2

ACQUA CALDA

PORTA S. MARCO

Costafabbri

PORTA TUFI

S. Quirico d'Orcia km 44

0 1 2 km

Casciano

Grosseto km 93 — Grosseto km 74

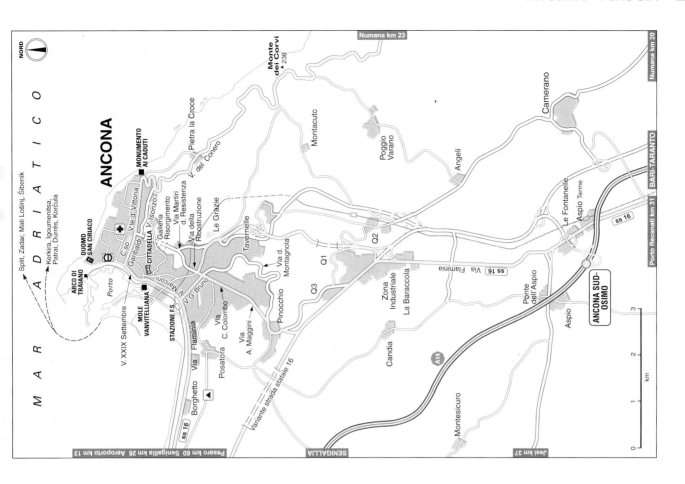

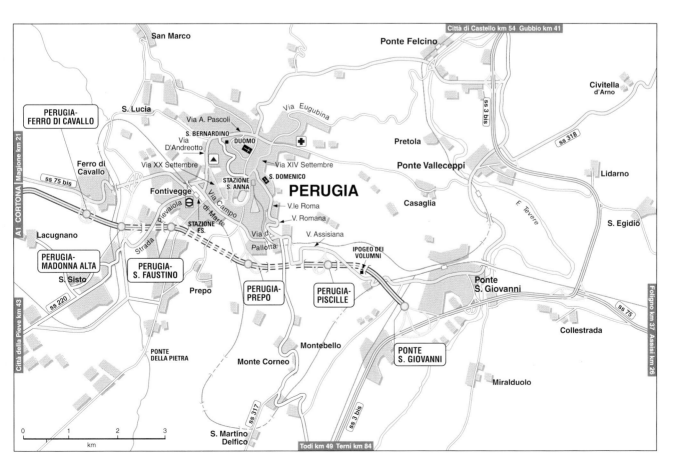

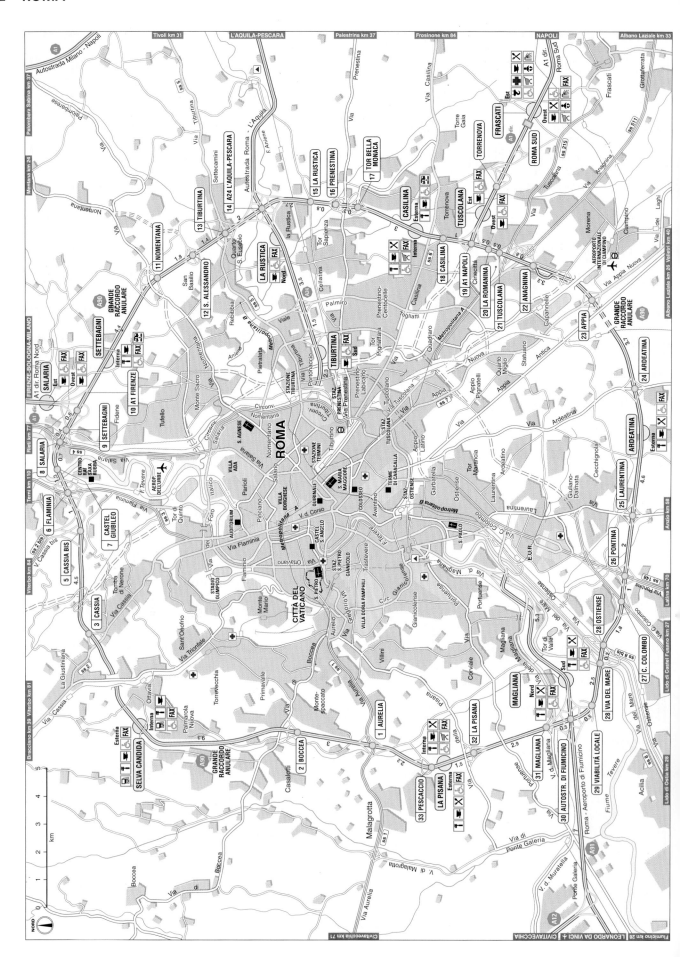

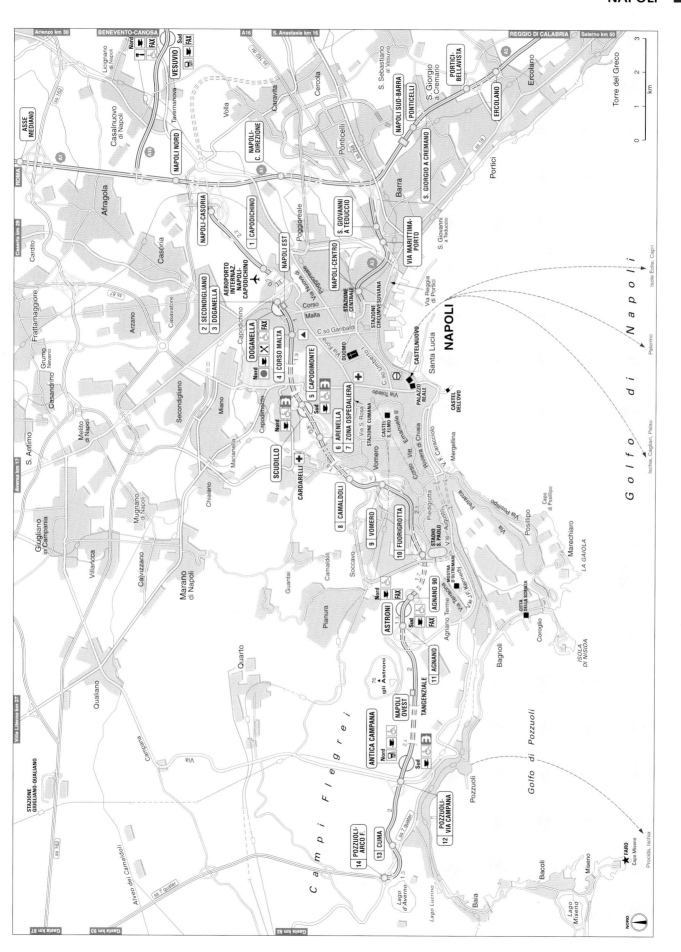

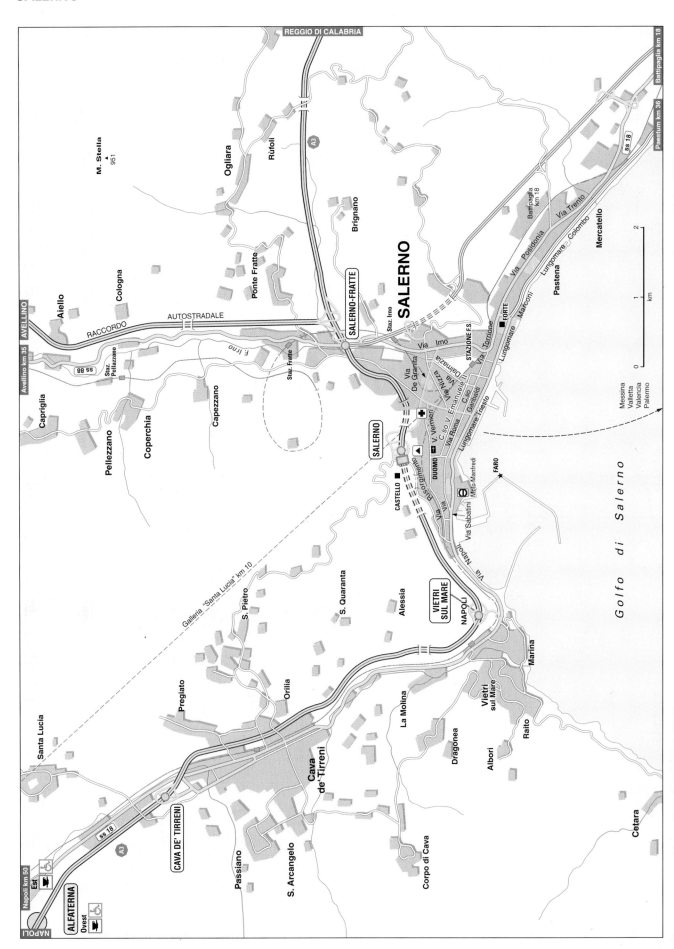

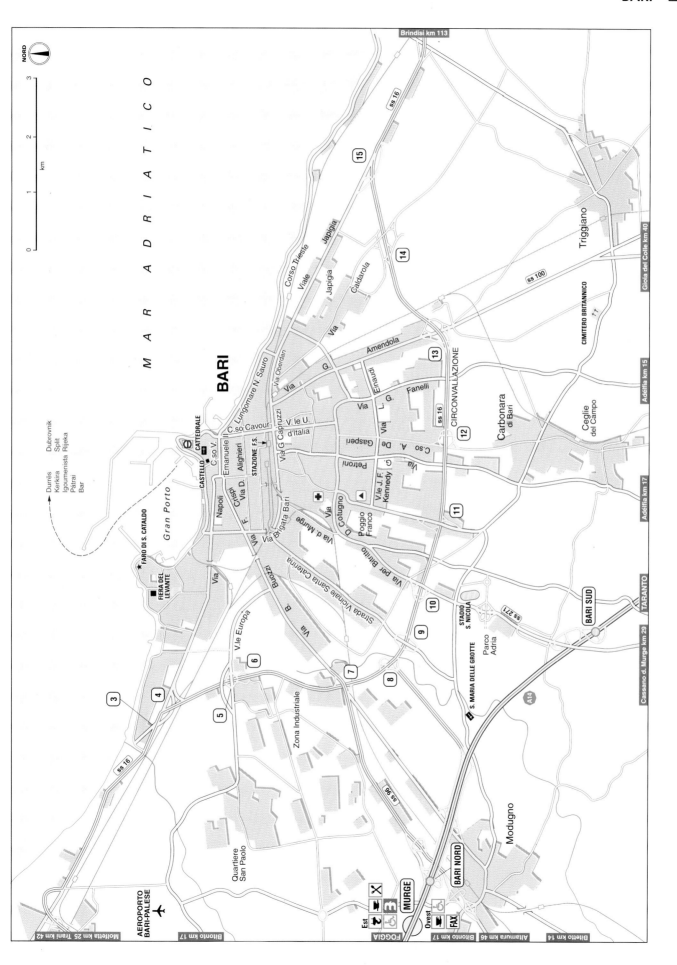

BARI

MAR ADRIATICO

NORD

Gran Porto

FARO DI S. CATALDO

FIERA DEL LEVANTE

CASTELLO

CATTEDRALE

STAZIONE F.S.

Durrës
Kerkira
Igoumenista
Pátrai
Bar

Dubrovnik
Split
Rijeka

C.so V. Emanuele II
C.so Cavour
Via D. Alighieri
F. Crispi
Via
Napoli
Via Brigata Bari
V. Buozzi
V.le Europa
Via
Via G. Capruzzi
V.le U. d'Italia
Corso Trieste
Viale Japigia
Via Japigia
Caldarola
Via
Via Oberdan
G. Amendola
Via G. Einaudi
Via L. Fanelli
Via De Gasperi
Petroni
V.le J. F. Kennedy
C.so A.
Via G.
Via Cotugno
Via d. Murge
Poggio Franco
Via per Bitritto
Strada Vicinale Santa Caterina
CIRCONVALLAZIONE
ss 16

Zona Industriale
Quartiere San Paolo

AEROPORTO BARI-PALESE

STADIO S. NICOLA
S. MARIA DELLE GROTTE
Parco Adria

Modugno
BARI NORD
BARI SUD
Triggiano
Carbonara di Bari
Ceglie del Campo
CIMITERO BRITANNICO

Brindisi km 113
ss 16
ss 100

15
14
13
12
11
10
9
8
7
6
5
4
3

A14
ss 96
ss 271

FOGGIA
MURGE
Est
Ovest
FAX

Moffetta km 25 Trani km 42
Bitonto km 17
Altamura km 46 Bitonto km 17
Bitetto km 14
Cassano d. Murge km 29 TARANTO
Adelfia km 17
Adelfia km 15
Gioia del Colle km 40

km 0 1 2 3

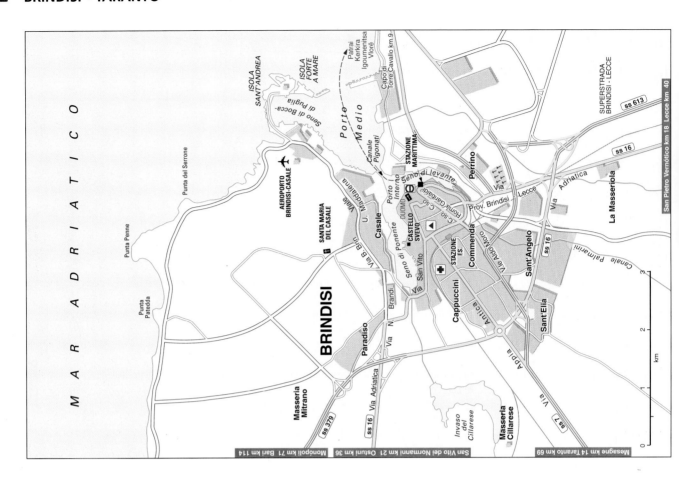

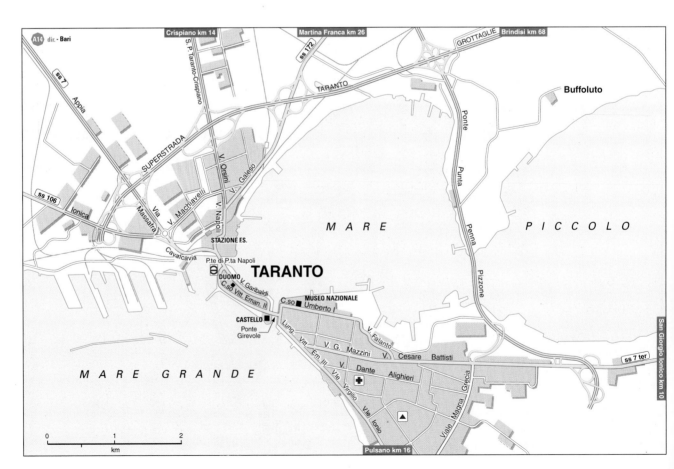

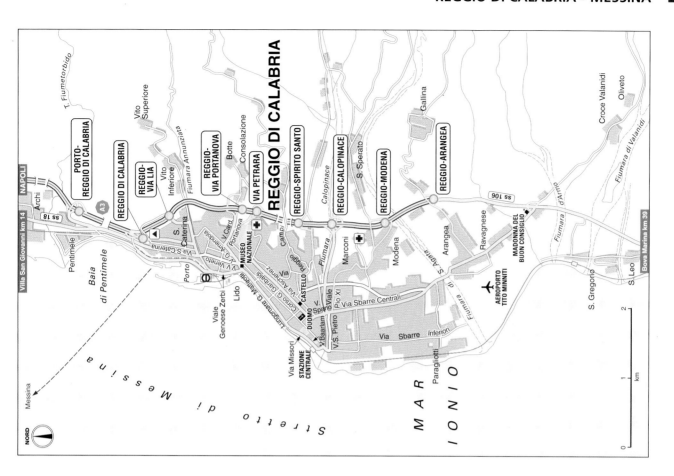

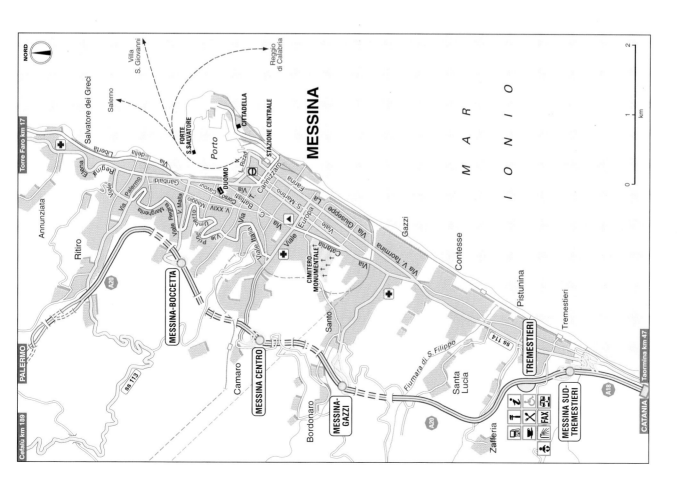

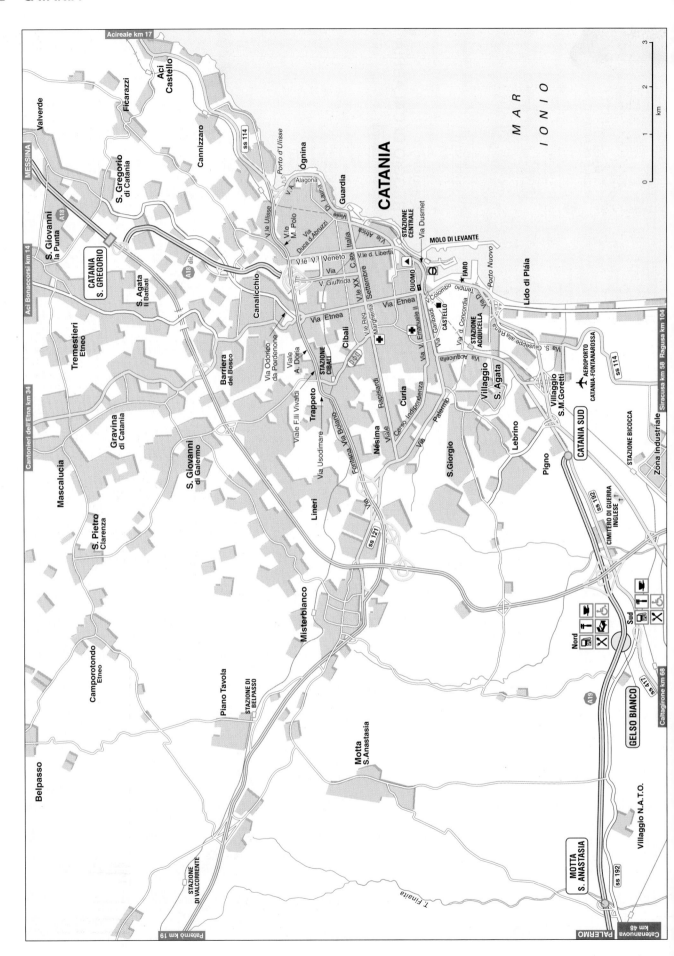

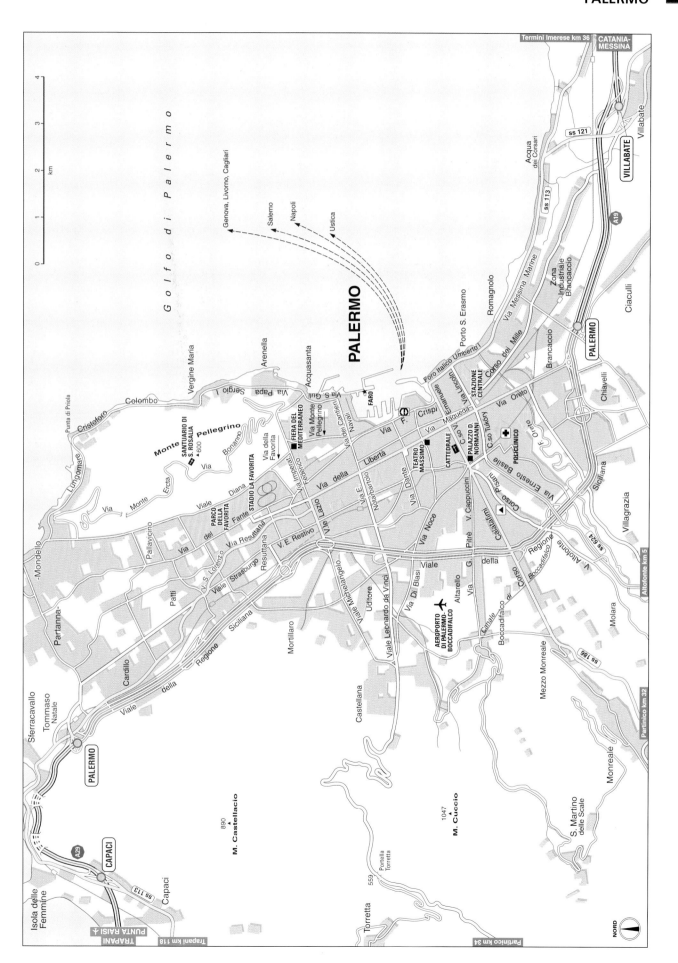

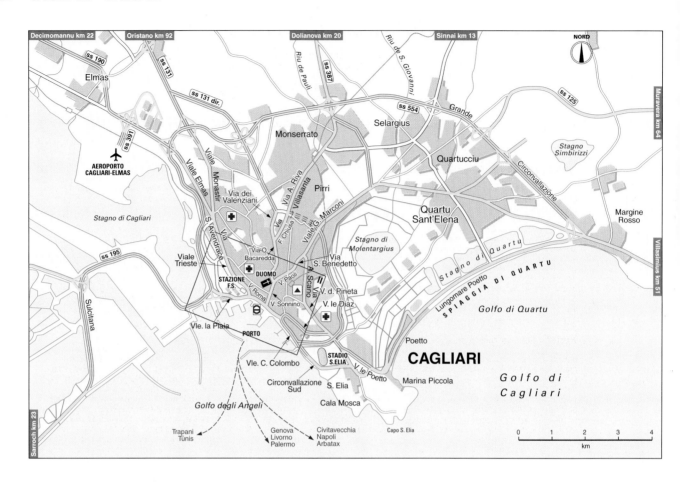

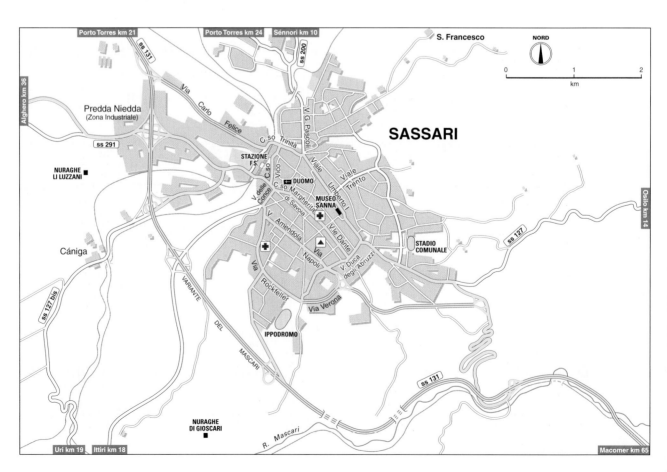

INDICE DEI NOMI
NAMES INDEX
INDEX DES NOMS
NAMENVERZEICHNIS

Avvertenze per la ricerca

L'indice elenca in ordine alfabetico internazionale i nomi contenuti nelle carte alla scala 1:250 000, riferiti alla parte di ogni doppia pagina individuata dal riquadro in blu. Le lettere che seguono il numero di pagina indicano la porzione di reticolato in cui il nome compare sulla carta. Se le lettere sono più di due, i nomi vanno ricercati nelle immediate vicinanze del reticolato geografico da esse individuato. I nomi riferiti ad un inserto compreso in una tavola sono accompagnati dalla dicitura ins.; es.: Ustica [PA] 147 ins. a. Per semplicità tutti i nomi contenuti in due pagine affiancate sono riferiti alla pagina di numero dispari. I nomi dei centri abitati e i casi di omonimia sono seguiti dalla sigla indicante la Provincia, la Regione o lo Stato di appartenenza. I nomi fisici hanno sia la parte generica sia l'articolo posposti al nome proprio. Dei principali toponimi stranieri è riportata la forma italiana accompagnata dalla sigla (I).

Notices pour la recherche

L'index récense en suivant l'ordre alphabétique international les noms contenus dans les cartes à l'échelle 1:250 000, rapportés à la partie de chaque double page localisée par le carré bleu. Les lettres après le numéro de page indiquent la part du réseau géographique où le nom est retrouvable. Dans le cas où les lettres soient plus que deux, les noms vont recherchés près du réseau géographique localisé par les lettres mêmes .Les noms contenus dans les cartons sont suivis par l'abréviation ins.; ex.: Ustica [PA] 147 ins. a. Pour simplicité tous les noms contenus dans deux pages l'une à côté de l'autre sont rapportés à la page avec nombre impair. Les noms des localités et les cas d'homonymie sont suivis par le sigle qui indique la Province, la Région ou le Pays d'appartenance. Les noms physiques ont soit la partie générique, soit l'article mis après le nom propre. Des principaux toponymes étrangers on indique la forme italienne avec le sigle (I).

Locating Remarks

The index lists in international alphabetic order the names contained in the maps 1:250 000, referred to the part of each double page indicated by the blue square. The letters following the page number indicate the grid square where the name is traceable. If the letters are more than two, the names shall be sought in immediate vicinity of the geographic reticulate located by them. Names contained in the insets are followed by the abbreviation ins.; ex.: Ustica [PA] 147 ins. a. For easiness all names contained in two adjoining pages are referred to the odd number page. The names of the inhabited places and the cases of homonymy are followed by the abbreviation showing the Province, the Region or the State to which belong. The physical names have whether the generic part or the article postponed to the proper noun. The Italian form of the chief foreign place-names is here followed by the abbreviation (I).

Erläuterungen des Suchsystems

Der Index enthält die in den Karten 1:250 000 vorhandenen Namen nach internationaler alphabetischen Reihenfolge; sie sind auf den vom blauen Viereck bezeichneten Teil jeder Doppelseite zurückgeführt. Die Buchstaben nach der Seitennummer weisen auf das Gitterfeld, wo der Name aufzufinden ist. Falls es mehr als zwei Buchstaben gibt, soll man die Namen in nächster Nähe von ihnen bestimmten geographischer Kartennetzes suchen. Die in den Nebenkarten enthaltenen Namen werden von der Abkürzung ins. gefolgt; z.B.: Ustica [PA] 147 ins. a. Zur Einfachheit sind alle in zwei anliegenden Seiten enthaltenen Namen auf die Seite mit ungerader Zahl bezogen. Die Ortsnamen und die Gleichnamigkeiten werden vom zugehörigen Provinz-, Region- oder Staatskennzeichen gefolgt. Die Artikel sowie alle vor dem eigentlichen Namen stehenden Zusatzbezeichnungen werden nachgestellt und der Eigenname bei der Alphabetisierung berücksichtigt. Von den wichtigsten ausländischen Ortsnamen wird hier die italienische, von der Abkürzung (I) begleitete Form übertragen.

Sigle presenti nell'indice
Abbreviations contained in the index · Sigles contenues dans l'index · Im Index vorhandene Kennzeichen

AG	Agrigento	GE	Genova	PZ	Potenza	Abr.	Abruzzo
AL	Alessandria	GO	Gorizia	RA	Ravenna	Bas.	Basilicata
AN	Ancona	GR	Grosseto	RC	Reggio	Cal.	Calabria
AO	Aosta	IM	Imperia		di Calabria	Camp.	Campania
AP	Ascoli Piceno	IS	Isernia	RE	Reggio nell'Emilia	Em. Rom.	Emilia
AQ	L'Aquila	KR	Crotone	RG	Ragusa		Romagna
AR	Arezzo	LC	Lecco	RI	Rieti	Fr. V. G.	Friuli-Venezia
AT	Asti	LE	Lecce	RN	Rimini		Giulia
AV	Avellino	LI	Livorno	RO	Rovigo	Laz.	Lazio
BA	Bari	LO	Lodi	ROMA		Lig.	Liguria
BG	Bergamo	LT	Latina	SA	Salerno	Lomb.	Lombardia
BI	Biella	LU	Lucca	SI	Siena	Mol.	Molise
BL	Belluno	MC	Macerata	SO	Sondrio	Piem.	Piemonte
BN	Benevento	ME	Messina	SP	La Spezia	Pugl.	Puglia
BO	Bologna	MI	Milano	SR	Siracusa	Sard.	Sardegna
BR	Brindisi	MN	Mantova	SS	Sassari	Sic.	Sicilia
BS	Brescia	MO	Modena	SV	Savona	Tosc.	Toscana
BZ	Bolzano	MS	Massa-Carrara	TA	Taranto	Tr. A. A.	Trentino-Alto
CA	Cagliari	MT	Matera	TE	Teramo		Adige
CB	Campobasso	NA	Napoli	TN	Trento	Umbr.	Umbria
CE	Caserta	NO	Novara	TO	Torino	Ven.	Veneto
CH	Chieti	NU	Nuoro	TP	Trapani		
CL	Caltanissetta	OR	Oristano	TR	Terni		
CN	Cuneo	PA	Palermo	TS	Trieste	A	Austria
CO	Como	PC	Piacenza	TV	Treviso	CRO	Croazia
CR	Cremona	PD	Padova	UD	Udine	Eur.	Europa
CS	Cosenza	PE	Pescara	VA	Varese	Fr.	Francia
CT	Catania	PG	Perugia	VB	Verbano-	It.	Italia
CZ	Catanzaro	PI	Pisa		Cusio-Ossola	PMC	Principato di
EN	Enna	PN	Pordenone	VC	Vercelli		Monaco
FC	Forlì-Cesena	PO	Prato	VE	Venezia	RSM	San Marino
FE	Ferrara	PR	Parma	VI	Vicenza	SCV	Città del
FG	Foggia	PT	Pistoia	VR	Verona		Vaticano
FI	Firenze	PU	Pesaro e Urbino	VT	Viterbo	SLO	Slovenia
FR	Frosinone	PV	Pavia	VV	Vibo Valentia	Svizz.	Svizzera

A

Abaltana, Punta– 167 BCa
Ábano Terme [PD] 37 Gc
Abasse [AL] 55 Eb
Abate [TP] 149 Cd
Abate, Colle– 107 Ba
Abate Alonia, Lago di– → Rèndina, Lago del– 115 Ga
Abatemarco [SA] 127 Dcd
Abatemarco, Fiume– 131 Cc
Abazia [RA] 61 Dc
Abbadesse [RA] 61 Dc
Abbadia [AN] 79 Fbc
Abbadia [SI] 83 EFb
Abbadia [TE] 87 EFc
Abbadia [TR] 83 Gd
Abbadia [VT] 89 Fb
Abbadia Alpina [TO] 43 Ec
Abbadia Cerreto [LO] 33 Fd
Abbadia di Fiastra, Riserva Naturale– 79 Ede
Abbadia di Stura [TO] 43 Hb
Abbadia Isola [SI] 75 Cc
Abbadia Lariana [LC] 21 CDc
Abbadia San Salvatore [SI] 83 Ec
Abbadórgiu, Punta s'– 171 Fc
Abbagadda, Nuraghe– 171 BCd
Abbalata, Monte– 161 Ccd
Abbandonata, Masseria– [CT] 155 Dc
Abbandonato, L'– [GR] 83 Ccd
Abba Salida, Nuraghe s'– 167 Cb
Abbasanta [OR] 169 Eb
Abbasanta, Altopiano di– 169 EFab
Abbatéggio [PE] 95 BCc
Abbatello, Monte– 149 Ec
Abbatóggia, Punta– 161 Eb
Abbatzu, Cantoniera– [NU] 165 Dd
Abbazia [BG] 21 FGd
Abbazia [BO] 61 Ab
Abbazia, Masseria– [CB] 101 Hc
Abbazia Acqualunga 45 Fb
Abbazia di Acqualunga [PV] 45 Fb
Abbazia di Monteveglio, Parco dell'– 59 Gc
Abbiadori [SS] 161 Fc
Abbiategrasso [MI] 33 Bc
Abbiate Guazzone [VA] 33 Ba
Abbióccolo, Torrente– 23 Cd
Abéllio, Monte– 63 Dc
Aberstückl / Sonvigo [BZ] 1 Hlc
Abetaia [BO] 59 Fd
Abeti, Monte degli– 57 Cbc
Abetina di Laurenzana, Riserva Naturale di– 129 Bb
Abetina di Rosello, Riserva Naturale– 101 Db
Abeto [FI] 69 Db
Abeto [PG] 85 Gcd
Abetonc [PT] 67 BCb
Abetone, Colle– 93 Ea
Abetone, Passo dell'– 67 BCb
Abetone, Riserva Naturale– 67 Cb
Abfaltersbach [A] 3 lc
Abialzu, Rio– 165 Db
Abila, Punta de s'– 171 Dc
Abile, Monte– 165 Fc
Abini, Nuraghe– 171 Cbc
Abisso, Rocca dell'– 63 CDab
Abius Longu, Monte– 177 Fb
Áboca [AR] 77 Bb
Abriès [Fr.] 43 Cd
Abriola [PZ] 127 Fab
Abruzzo, Lazio e Molise, Parco Nazionale d'– 99 GHbc
Abtei / Badía [BZ] 11 Cb
Acája [LE] 123 Gcd
Acate [RG] 159 Bb
Acate, Stazione di– 159 Bbc
Acate o Dirillo, Fiume– 159 Cb
Accadia [FG] 109 EFcd
Accária Rosaria [CZ] 137 BCb
Accas, Monte– 177 EFbc
Áccas, Nuraghe– 169 Db
Acceglio [CN] 53 BCc

Accéllica, Monte– 115 BCc
Accesa, Lago dell'– 81 Gbc
Accetta, Masseria– [BA] 111 Dc
Accetta Grande, Masseria– [TA] 121 EFb
Accettori, Punta s'– 175 Fc
Accettura [MT] 129 Cab
Acci, Monte– 149 Eb
Accia, Portella dell'– 147 Cb
Acciaiolo [PI] 73 CDb
Acciano [AQ] 93 Gcd
Acciardi, Masseria– [CS] 131 Gb
Acciarella [LT] 105 Cb
Acciaroli [SA] 127 ABc
Accio, Masseria– [PZ] 115 Gb
Accodulazzo, Nuraghe– 175 Db
Acconía [CZ] 137 Bbc
Accorneri [AT] 45 Dc
Accorradròxiu, Punta s'– 173 Db
Accu Malu, Punta su– 179 Eb
Accúmoli [RI] 87 Bd
Accuzzadroxia, Bruncu– 175 Fd
Acera [PG] 85 EFcd
Acerentia → Cerentia 133 Dc
Acerenza [PZ] 117 Bc
Acerenza, Lago di– 117 Bc
Acerenza, Stazione di– 117 Bc
Acereto / Ahornach [BZ] 3 Eb
Acerno [SA] 115 Cc
Acero, Forca d'– 99 Gc
Acero, Monte– 107 Fc
Acerra [NA] 113 Eb
Acetella, Monte– 91 FGa
Acetoni, Colle– 93 Dc
Achomitzer Berg / Acomizza, Monte– 13 FGb
Aci Bonaccorsi [CT] 155 Fb
Aci Castello [CT] 155 Fb
Aci Catena [CT] 155 Fb
Acilia [ROMA] 97 DEc
Aci Plátani [CT] 155 Fb
Acireale [CT] 155 FGb
Aci San Filippo [CT] 155 Fb
Aci Santa Lucia [CT] 155 Fb
Aci Sant'Antonio [CT] 155 Fb
Aci Trezza [CT] 155 FGb
Acomizza, Monte– / Achomitzer Berg 13 FGb
Acone, Torrente– 141 Gb
Acone Sant'Eustachio [FI] 67 Gc
Acqua, Cima dell'– / Wasserkopf Spitz 3 Fb
Acqua, l'– [PO] 67 Eb
Acquabella, Punta di– 95 Ebc
Acquabianca [SV] 55 Ebc
Acqua Bianca, Pizzo– 141 Bc
Acqua Bianca, Torrente– 115 Cb
Acquabona [BL] 11 DEbc
Acquabona [RE] 59 Bc
Acquabuona [GE] 55 Eb
Acquacadda [CA] 177 Eb
Acquacalda [ME] 143 Eb
Acquacalda [RC] 141 Eb
Acqua Calda, Torrente– 107 Gb
Acqua Callenti, Rio s'– 175 Ed
Acquacanina [MC] 85 GHb
Acqua Chiara, Canale– 105 Gbc
Acqua Claudia, Stabilimento– 97 Da
Acquacotta, Cantoniera de s'– [CA] 173 Cc
Acquadalto [FI] 69 Cb
Ácqua dei Corsari [PA] 147 Cb
Acqua dei Ranci [IS] 101 Cc
Acqua di Sopra [GE] 57 Bc
Acqua durci, Cala de s'– o Múrtas, Cala di– 175 Fcd
Acqua durci, Stagno s'– 175 Fcd
Acquafan 131 Ed
Acquaficara [ME] 145 Gb
Acquafolies 121 Gc
Acquafondata [FR] 107 Ca
Acquaformosa [CS] 131 Dc
Acqua Fraggia, Lago– 5 Gc
Acquafredda [BS] 35 Fd
Acquafredda [CZ] 137 Bbc
Acquafredda [GE] 55 GHbc

Acquafredda [PZ] 127 Fd
Acquafredda [SV] 55 Cc
Acquafredda, Castello di– 177 EFb
Acqua Fredda, Serra– 117 Cc
Acqualagna [PU] 77 EFb
Acqualoreto [TR] 85 BCd
Acqualunga [BS] 35 Ccd
Acqualunga Badona [CR] 35 Cd
Acquanegra Cremonese [CR] 47 Fab
Acquanegra sul Chiese [MN] 49 Bab
Acquapendente [VT] 83 Fd
Acquappesa [CS] 135 Ba
Acquapuzza, Monte– 105 Ea
Acquaresi [CA] 173 Cc
Acquaria [MO] 59 Ed
Acquárica del Capo [LE] 125 Ed
Acquaro [RC] 141 Fb
Acquaro [VV] 139 DEb
Acquaro, Masseria– [BR] 123 Db
Acquarola [SA] 113 Gc
Acquarone [ME] 141 Db
Acquarossa, Zona Archeologica di– 91 Cab
Acquarotta, Casa– [FG] 103 BCb
Acquasanta [AN] 79 CDb
Acquasanta [GE] 55 Fc
Acquasanta [PA] 147 Cb
Acquasanta, Grotta di– 87 Cd
Acquasanta, Monte– 153 Eb
Acquasanta Terme [AP] 87 Cd
Acqua Seccagna, Tempa– 129 Dc
Acquaséria [CO] 21 Cb
Acquasparta [TR] 85 Dd
Acquate [LC] 21 Dc
Acquato, Lago– 89 Gab
Acquatona, Burrone– 11 Gb
Acqua Tosta, Monte– 97 BCa
Acquavella [SA] 127 Bc
Acquavena [SA] 127 Dd
Acquaviva [CH] 101 Db
Acquaviva [PU] 77 EFb
Acquaviva [ROMA] 91 Gcd
Acquaviva [RSM] 71 Cc
Acquaviva [SI] 83 Fb
Acquaviva [TN] 23 Gbc
Acquaviva, Colle o– 101 Fb
Acquaviva, Monte– [CH] 101 Ba
Acquaviva, Monte– [CS] 133 Eb
Acquaviva, Torrente– 117 Ed
Acquaviva Casteltérmini, Stazione di– 153 BCb
Acquaviva Collecroce [CB] 101 Fb
Acquaviva delle Fonti [BA] 117 GHb
Acquaviva d'Isérnia [IS] 101 Bcd
Acquaviva Picena [AP] 87 Cc
Acquaviva Plátani [CL] 153 Cb
Acque Albule, Stabilimento delle– 97 Gb
Acque Alte, Canale delle– 105 Da
Acquedolci [ME] 145 Cb
Acquerino [PT] 67 DEbc
Acquerino, Riserva Naturale– 67 Ebc
Acquevive [IS] 101 Dd
Acquisti, Fattoria– [GR] 81 Hc
Acquosi [MC] 79 Cd
Acri [CS] 135 Ea
Acri, Bivio– 135 Da
Acri-Brisignano–Luzzi, Stazione di– 135 Da
Aculeia, Casa– [PA] 147 Gc
Acuto [FR] 99 CDc
Acuto, Monte– [AR] 75 Fb
Acuto, Monte– [AV] 109 Dc
Acuto, Monte– [CE] 107 Gb
Acuto, Monte– [FG] 103 FGc
Acuto, Monte– [It.] 85 Fb
Acuto, Monte– [MC] 79 Dcd
Acuto, Monte– [AN] 79 DEd
Acuto, Monte– [MO] 59 FGcd
Acuto, Monte– [MT] 129 Fa

Acuto, Monte– [PG] 77 Cd
Acuto, Monte– [PU] 77 EFc
Acuto, Monte– [SS] 167 Cb
Acuto, Monte– [SV] 63 Hb
Acutzu Sarrabesu, Monte– 179 Ea
Adálicu, Monte– 171 Fcd
Adamello 23 CDab
Adamello, Parco Regionale dell'– 23 Cad
Adamello–Brenta, Parco Naturale– 23 EFab
Adami [CZ] 135 DEc
Adamoli, Rifugio– 19 FGc
Adda, Fiume– 47 Cb
Adda, Parco dell'– 33 FGd
Adda, Sorgenti dell'– 7 Fb
Adda Morta, Riserva Naturale– 47 Ca
Adda Nord, Parco dell'– 33 Eab
Adda Sud, Parco dell'– 33 EFcd
Addáura, Grotta– 147 Ca
Adde, Punte 'e– 165 Dab
Addolorata [ME] 145 Ga
Addolorata [TP] 149 Ccd
Addori, Nuraghe– 169 Fcd
Adegliacco [UD] 27 Eb
Adelano [MS] 57 Cd
Adélfia [BA] 119 Ba
Ádige, Fiume– / Etsch 51 EFb
Ádige, Foce dell'– 51 Fab
Adone, Monte– 59 Hcd
Adrano [CT] 155 DEab
Adrara San Martino [BG] 35 Ca
Adrara San Rocco [BG] 35 Ca
Adret [TO] 43 DEb
Adria [RO] 51 Fb
Adriana, Villa– 97 Gb
Adriano, Villa di– 99 Bbc
Adriatico, Mar– 87 GHc
Aduento, Torrente l'– 107 Fc
Afens / Avenes [BZ] 3 BCb
Aferer Tal / Éores, Val di– 3 CDd
Afers / Éores [BZ] 3 CDcd
Affi [VR] 35 Hb
Affilani, Monti– 99 Cb
Affile [ROMA] 99 Cb
Affitti, Casa– [LI] 81 Ebc
Afing / Avigna [BZ] 9 FGb
Afingerbach / Avigna, Rio d'– 9 FGb
Afra, Torrente– 77 Cb
Afragola [NA] 113 Eb
Áfrico [RC] 141 Gc
Áfrico [RC] 141 Fc
Áfrico Nuovo [RC] 141 GHc
Afrile [PG] 85 Eb
Afritz [A] 13 Ha
Aga, Monte– 21 Gb
Agaggio [IM] 63 Dc
Agarina [VB] 15 Ec
Agaro, Lago– 15 Dbc
Ágaro, Monte– 25 Db
Ágate, Casa– [TP] 151 Ca
Agazzano [PC] 47 CDc
Agazzi [AR] 75 FGc
Agazzino [PC] 47 CDb
Agelli [AP] 87 Ccd
Agello [MC] 79 Ccd
Agello [PG] 85 Bb
Agenzia [VE] 41 BCbc
Agérola [NA] 113 Fc
Agézio, Fiume– 149 Dcd
Aggi [PG] 85 EFb
Ággia, Torrente– 77 Bc
Aggio [GE] 55 GHc
Ággius [SS] 167 Ca
Ággius, Stazione di– 167 Ca
Agira [EN] 155 BCab
Agliana [PT] 67 DEc
Agliano Terme [AT] 45 Cd
Agliasco [CN] 43 Ed
Agliastro, Scoglio– 139 BCc
Agliati [PI] 73 Eb
Agliè [TO] 29 Ic
Agliena, Torrente– 73 Gb
Aglientina [SS] 161 EFc
Aglientu [SS] 161 Cc

Aglientu, Monte– 161 Dc
Aglietti [BI] 31 Db
Aglio [PC] 47 Cd
Agliola, Monte– 141 Ed
Agna [AR] 69 Dd
Agna [PD] 51 Dab
Agna [PR] 57 Gbc
Agna, Torrente– 67 Ec
Agnadello [CR] 33 Fc
Agnana Cálabra [RC] 141 Hb
Agnano [PI] 65 Fd
Agnano, Castello di– 125 Cb
Agnano, Masseria– [BA] 119 Cb
Agnano Terme [NA] 113 CDbc
Agnara, Croce di– 133 CDd
Agnata [SS] 161 Cc
Agneda [SO] 21 Gb
Agnedo [TN] 25 ABb
Agnel, Cime de l'– 63 Cb
Agnel, Lago– 29 Ec
Agnellara, Torrente– 57 Ab
Agnellengo [NO] 31 Fb
Agnelleria, Monte– 153 Dc
Agnellezze, Monte– 25 Fb
Agnellino, Bric– 55 BCd
Agnello, Colle dell'– 53 Ba
Agnello, Monte– 9 Hcd
Agnello, Pizzo dell'– 153 Db
Agnena, Canale– 107 CDd
Agnena, Taverna– 107 Ed
Agner, Monte– 11 Cd
Agnino [MS] 57 Bd
Agno, Torrente– 37 DEb
Agnona [VC] 19 Dd
Agnone [IS] 101 Cc
Agnone [SA] 127 ABc
Agnone Bagni [SR] 155 Fd
Agnone di Siracusa, Stazione d'– 155 Fd
Agnósine [BS] 35 EFab
Agnova [TE] 87 CDde
Ago, l'– [SP] 57 DEd
Agogna, Torrente– 45 Eb
Agogna Morta 31 Gd
Agognate [NO] 31 Fc
Agoiolo [CR] 49 Bbc
Agolla [MC] 85 Fab
Agolo, Monte– 21 Hd
AgONE, Torrente l'– 107 Fc
Ágordo [BL] 11 Dd
Ágordo, Canale di– 11 Dd
Agore [AP] 87 Cd
Agosta [ROMA] 99 Cab
Agostinassi [CN] 43 Hd
Agostinelli, Masseria– [FG] 109 Db
Agostinello, Ponte– 147 Ecd
Agostini, Rifugio– 23 EFb
Agra [VA] 19 Gb
Agrano [VB] 19 Ec
Agrate [NO] 31 Fa
Agrate Brianza [MI] 33 DEb
Agrate Contúria [NO] 31 Fab
Agresta, Masseria– [LE] 125 Dd
Agresto, Monte d'– 129 BCbc
Agri, Fiume– 129 Fc
Agriano [PG] 85 Gd
Agrifoglio [CS] 135 DEc
Agrigento [AG] 157 Bbc
Agró, Fiumara d'– 141 BCd
Agromastelli [RC] 139 Fc
Agrone [TN] 23 Dc
Agrons [UD] 13 Cc
Agrópoli [SA] 127 ABb
Agrópoli–Castellabate, Stazione di– 127 ABb
Agro Pontino 105 DEb
Agro Reatino 91 GHb
Agrustos [NU] 167 Eb
Agudo, Monte– 11 Fb
Agugia, Scoglio dell'– 55 Fc
Aguglia [AN] 79 Eb
Agugliano [AN] 79 Eb
Agugliaro [VI] 37 Fcd

Águmes / Agums [BZ] 9 Bb
Agums / Águmes [BZ] 9 Bb
Aguscello [FE] 51 Bd
Aguzzano, Parco di– 97 Cb
Aguzzo [TR] 91 Fb
Aguzzo, Monte– [PR] 57 Gc
Aguzzo, Monte– [ROMA] 99 Ba
Aguzzo, Monte– [ROMA] 97 Ea
Aguzzo, Pizzo– 63 Gbc
Ahornach / Acereto [BZ] 3 Eb
Ahr / Aurino, Torrente– 3 Eb
Ahrntal / Aurina, Valle– [BZ] 3 EFab
Ahrntal / Valle Aurina [BZ] 3 Eab
Aia, Torrente l'– 91 Fb
Aiáccio [LI] 73 Cb
Aia dei Diavoli 73 Fd
Aiale [PG] 77 Ec
Aiale, l'– [SI] 83 EFc
Aiarai / Agreit [BZ] 11 Cb
Aiárnola, Monte– 11 Fb
Aicúrzio [MI] 33 Eb
Aidomaggiore [OR] 169 EFab
Aidone [EN] 155 Bc
Áie [AT] 45 Dd
Áie di Cósola [AL] 57 ABa
Aielli [AQ] 99 Fa
Aielli Stazione 99 Fa
Aiello [SA] 113 Gc
Aiello, Casa– [EN] 153 Gab
Aiello, Rocca d'– [MC] 79 Cd
Aiello Cálabro [CS] 135 CDc
Aiello del Friuli [UD] 27 Fc
Aiello del Sabato [AV] 115 Ab
Aieta [CS] 131 Bb
Aiga, Nuraghe– 169 Eab
Aiguilles [Fr.] 43 Cd
Ailano [CE] 107 Eb
Ailoche [BI] 31 Da
Aime [Fr.] 29 Bb
Aimoni [CN] 63 Fb
Ainana [TO] 43 Fc
Aiola [RE] 49 Bd
Aiola, l'– [PI] 73 Dc
Aiola, Monte– 69 Ec
Aiona, Monte– 57 Cbc
Aios, is– [CA] 177 Eb
Airale [CN] 53 Ec
Airali [CN] 43 Gd
Airali [TO] 43 Ecd
Airali [TO] 43 Fcd
Airasca [TO] 43 FGc
Airáudi [TO] 43 Fcd
Airilli, Masseria– [FG] 109 Eb
Airmana, Rocca– 155 Cbc
Airola [BN] 107 Ca
Airole [IM] 63 Dc
Airolo [Svizz.] 5 Bb
Airuno [LC] 21 Dd
Aisone [CN] 53 Dcd
Ajdovščina [SLO] 27 Ic
Akrágas, Punta– 157 Bc
Akrai 159 Eb
Ala [TN] 23 FGd
Alà, Monti di– 167 Dc
Ala, Punta– 81 Fcd
Ala, Torrente– 23 Cd
Ala, Val di– 29 Fcd
Alabro, Rio– 99 Dc
Alà dei Sardi [SS] 167 DEbc
Ala di Stura [TO] 29 Fcd
Alagna [PV] 45 Gab
Alagna Valsésia [VC] 19 Bc
Alago di Sopra / Ober Alach [BZ] 9 Eb
Aláimo, Punta– 151 ins.b
Alanno [PE] 95 Bc
Alano di Piave [BL] 25 Cc
Alássio [SV] 63 GHbc
Alatri [FR] 99 Ec
Alba [CS] 155 Ba
Alba [TN] 11 Bc
Alba, Torre– [PA] 149 Gab
Alba Adriática [TE] 87 Fcd
Albacina [AN] 79 BCc
Alba Fucens 99 Ea
Albagiara [OR] 169 Fd

Albairate [MI] 33 Bc
Albana [UD] 27 Fb
Albanella [SA] 127 Bb
Albanella, Stazione di- 127 ABab
Albanese, Masseria- [BA] 119 Bc
Albanesi, Masseria- [BR] 123 Eb
Albaneto [RI] 93 Ca
Albani, Colli- 97 Gc
Albani, Rifugio- 21 Hc
Albano, Lago- 97 FGc
Albano, Monte- [CT] 155 EFab
Albano, Monte- [CT] 155 Ea
Albano, Monte- [It.] 65 Gab
Albano, Monte- [Tosc.] 67 Dcd
Albano, Torrente- 21 Cb
Albano di Lucánia [PZ] 117 Cd
Albano Laziale [ROMA] 97 Fc
Albano Modenese [MO] 49 Ecd
Albano Sant'Alessandro [BG] 33 Ga
Albano Vercellese [VC] 31 Ec
Albarasca [AL] 45 Gd
Albarè [VR] 35 Hb
Albarea [FE] 51 Ccd
Albaredo [TN] 23 Gc
Albaredo [TV] 39 BCab
Albaredo [VI] 23 Ic
Albaredo Arnaboldi [PV] 47 Bb
Albaredo d'Adige [VR] 37 Dcd
Albaredo per San Marco [SO] 21 Gb
Albarella, Isola- 51 Gb
Albarelli [MO] 59 Fd
Albareto [MO] 59 Fa
Albareto [PC] 47 Cc
Albareto [PR] 57 Ec
Albareto [PR] 47 Hc
Albareto, Monte- 57 CDa
Albaretto [CN] 53 CDbc
Albaretto della Torre [CN] 55 Bb
Albaría [VR] 49 Fb
Albaro [VR] 37 CDc
Albaro, Masseria- [LE] 123 Ed
Albarola [PC] 47 Dc
Albarozza, Carmo- 63 Ebc
Albate [CO] 21 Bd
Albavilla [CO] 21 BCd
Albazzano [PR] 57 Hb
Albe [AQ] 99 Ea
Albegna, Fiume- 89 Da
Albeins / Albes [BZ] 3 Ccd
Álben, Monte- 21 Fc
Albenga [SV] 63 Hb
Albera [CR] 33 Gc
Albera Lígure [AL] 55 Ha
Alberazzi [RO] 51 ABbc
Alberese [SV] 81 Hde
Alberese, Stazione di- 89 Ca
Albereto [RA] 61 Dcd
Albereto [RN] 71 CDc
Alberetti [TO] 43 EFcd
Albergian, Monte- 43 Cbc
Albergo [PC] 47 Ed
Albergo, I'- [AR] 75 Fc
Albergo di Sotto / Hotel Franzenshöhe 7 Gb
Alberi [FI] 73 Fb
Alberi [PR] 49 ABd
Alberici [AN] 79 Db
Alberino [BO] 61 Bab
Albero, Cima d'- 11 Ed
Albero, Colle dell'- 101 Db
Alberobello [BA] 119 Dc
Alberona [FG] 109 Db
Alberone [FE] 49 Gcd
Alberone [FE] 51 CDc
Alberone [MN] 49 Cc
Alberone [PV] 47 CDb
Alberone, Torrente- 27 Ga
Alberone Stella, Masseria- [FG] 109 Hab
Alberoni [VE] 39 Dc
Alberoro [AR] 75 Fc
Albero Sole 151 ins.b
Albes / Albeins [BZ] 3 Ccd
Albese con Cassano [CO] 21 BCd
Albéttone [VI] 37 Fc
Albi [CZ] 137 Da

Albiano [AR] 75 GHc
Albiano [AR] 75 Hb
Albiano [LU] 65 Fb
Albiano [PO] 67 Ec
Albiano [TN] 23 Hb
Albiano d'Ivrea [TO] 31 Bc
Albiate [MI] 33 Dab
Albidona [CS] 131 Fb
Albignano [MI] 33 EFbc
Albignásego [PD] 37 Hc
Albina [TV] 25 GHc
Albínia [GR] 89 Dab
Albino [BG] 21 Fd
Albiolo [CO] 19 Hd
Albiolo, Punta di- 9 Bd
Albiona, Pizzo di- 15 Dc
Albions [BZ] 9 Hb
Albisano [VR] 35 Hb
Albisola Superiore [SV] 55 Dc
Albissola Marina [SV] 55 DEcd
Albizzate [VA] 31 Ga
Albo [VB] 19 Ebc
Albo, Monte- 167 Ec
Albogásio [CO] 21 ABb
Albogno [VB] 15 Ecd
Álbola [SI] 75 Dc
Albola [TN] 23 EFc
Albone [PC] 47 Ec
Albonese [PV] 31 Gd
Albónico [CO] 21 Da
Albori [SA] 113 Gcd
Alborino, Casa- [FG] 103 Bc
Albosággia [SO] 21 Gab
Albospino, Masseria- [CT] 155 Cc
Albospino, Torre di- 155 Cc
Albrage, Monte- 53 Bb
Albuccione [ROMA] 97 FGb
Albucciu, Nuraghe- 167 Ec
Albugnano [AT] 45 Ab
Alburchia, Monte- 153 EFa
Alburni, Monti- 127 CDab
Alburno, Monte- 127 Ca
Albuzzano [PV] 47 Ba
Àlcamo [TP] 149 Fc
Àlcamo, Stazione- 149 Fc
Àlcamo Diramazione, Stazione di- 149 Fc
Àlcamo Marina [TP] 149 Fb
Alcántara, Fiume- 145 Gc
Alcántara, Gola dell'- 145 FGc
Alcara li Fusi [ME] 145 Db
Álcheda [PN] 11 Gd
Alcovia [CT] 155 Cc
Aldein / Aldino [BZ] 9 Gc
Aldeno [TN] 23 Gc
Aldino / Aldein [BZ] 9 Gc
Aldu, Monte- 165 EFa
Alento, Fiume- [CH] 95 Db
Alento, Fiume- [SA] 127 Bc
Alento, Ponte di- 95 CDbc
Aleri, Nuraghe- 175 FGb
Áles [OR] 173 Ea
Alessandria [AL] 45 Ec
Alessandria del Carretto [CS] 131 Fb
Alessándria della Rocca [AG] 151 Gb
Alessano [LE] 125 EFd
Alessi, Torrente- 137 Cc
Aléssio [FC] 69 Gc
Alesso [UD] 13 Dcd
Alézio [LE] 125 Dc
Alfano [SA] 127 Dc
Alfedena [AQ] 101 Bc
Alfeo [CR] 47 Hb
Alfeo, Monte- 57 Bb
Alfero [FC] 69 Fc
Alfí [MC] 85 Gb
Alfianello [BS] 35 Dd
Alfiano Natta [AL] 45 Cb
Alfieri, Masseria- [BR] 121 Gb
Alfonsine [RA] 61 Ebc
Alfonsine, Riserva Naturale di- 61 DEb
Alfonso, Casa d'- [FG] 103 Cc

Alga, Punta d'- 149 Ccd
Alga Bianca [NU] 167 FGab
Alghero [SS] 165 BGb
Alghero, Rada d'- 165 BCcb
Alghero Fertília, Aeroporto Internazionale di- 165 Bb
Algone, Val d'- 23 Gc
Algua [BG] 21 Fcd
Algund / Lagundo [BZ] 1 Gc
Alì [ME] 141 Cc
Ália [PA] 147 Ed
Alianello [MT] 129 Dc
Alianello Nuovo [MT] 129 Dc
Aliano [MT] 129 Dbc
Álica [PI] 73 Bb
Alice [AL] 55 Fab
Alice, Punta- 133 FGb
Álice Bel Colle [AL] 45 Dd
Álice Castello [VC] 31 Cc
Álice Superiore [TO] 29 Ic
Alicudi, Isola- 143 ABb
Alicudi Porto [ME] 143 Bb
Alidosi, Castello- 61 Ad
Alidurri, Punta- 171 Fb
Aliena [PZ] 117 Cc
Alife [CE] 107 EFbc
Aliforni [MC] 79 Cd
Aliga, Punta de s'- 177 Cc
Aliga, Punta s'- 177 Cbc
Alimena [PA] 153 Ea
Alímini, Laghi- 125 Fb
Alímini Grande 125 Fb
Alímini Piccolo 125 Fbc
Alíminusa [PA] 147 Ec
Alimuri [NA] 113 Ecd
Alì Terme [ME] 141 Ccd
Aliz / Allitz [BZ] 9 Cb
Állai [OR] 169 Fc
Allaro, Fiumara- 139 Fc
Allasu, Fiumara- 171 Dcd
Álleghe [BL] 11 Dc
Álleghe, Forcella d'- 11 Dc
Álleghe, Lago d'- 11 CDc
Allégnidis [UD] 13 Cc
Allegrezze [GE] 57 Cb
Allein [AO] 17 Ed
Alleri [PA] 153 EFa
Allerona [TR] 83 Fcd
Allerona, Stazione- 83 Gd
Alle Sale [VB] 19 Fc
Allésaz [AO] 17 Hd
Allevè [TO] 43 Cc
Allíì, Fiume- 137 Da
Alliévi, Rifugio- 7 BCd
Alliste [LE] 125 Dc
Allitz / Aliz [BZ] 9 Cb
Allivellatori [TO] 43 Fbc
Alliz, Punta d'- / Litzner-Spitze 1 DEcd
Allocchi, Galleria degli- 69 BCb
Allume [ME] 141 Ccd
Allumiere [ROMA] 89 Hd
Alluvioni Cambiò [AL] 45 Fbc
Alma [CN] 53 Gcd
Alma, Fiume- 81 Gc
Alma, Monte d'- 81 FGc
Almádis [PN] 27 Ca
Almana, Punta- 35 Da
Almanno [CO] 21 Bc
Almazzago [TN] 9 CDcd
Almè [BG] 21 Ed
Almellina [CN] 53 Fd
Almenno San Bartolomeo [BG] 21 Ed
Almenno San Salvatore [BG] 21 Ed
Almerita, Masseria- [PA] 153 Da
Almese [TO] 43 Fb
Almisano [VI] 37 Ec
Alnè [TV] 25 Ec
Alnicco [UD] 27 Db
Aloisa, Foce- 111 BCb
Alone [BS] 35 Ea
Alonte [VI] 37 Ec
Alp, Tête de l'- 53 Bc
Alpago 25 Gb
Alpago, Rifugio d'- 25 Gab
Alpáos [BL] 25 Gab

Alpe [GE] 55 Hb
Alpe [GE] 57 Bb
Alpe, Case dell'- [FI] 67 Gb
Alpe, Monte- [Lig.] 57 Dcd
Alpe, Monte- [SV] 63 Gb
Alpe, Monte d'- 47 Bcd
Alpe Chéggio [VB] 19 Cb
Alpe Colombino [TO] 43 Eb
Alpe dei Cavalli, Lago- 19 Cb
Alpe Devero [VB] 15 Dbc
Alpe di Mera [VC] 19 Cd
Alpe Fiorentini [VI] 23 Hc
Alpe Gera, Lago di- 7 Dcd
Alpepiana [GE] 57 Cb
Alperolo [PV] 47 Ba
Alpe Sólcio [VB] 15 Dc
Alpet, Monte- 53 Hd
Alpetta, Punta dell'- / Alpler Spitze 1 Hc
Alpette [TO] 29 Hc
Alpe Vago [SO] 7 Ec
Alpe Veglia [VB] 15 Cc
Alpe Veglia e Alpe Dévero, Parco Naturale dell'- 15 Cc
Alpi, Monte- 129 Dc
Alpiano Superiore [VB] 15 DEc
Alpi Apuane, Parco Naturale delle- 65 DEcd
Alpi Aurine (I) = Zillertaler Alpen 3 Eab
Alpicella [GE] 57 Cb
Alpicella [SV] 55 Ec
Alpicella, Monte- 57 EFd
Alpignano [TO] 43 FGb
Alpignolo, Rifugio di- 113 Gb
Alpi Maríttime, Parco Naturale delle- 53 DEd
Alpini, Monumento degli- 7 Dcd
Alpino [VB] 19 EFc
Alpi Orobie Bergamasche, Parco delle- 21 FGb
Alpi Orobie Valtellinesi, Parco delle- 21 FGb
Alpi Passírie 1 Gb
Alpler Spitze / Alpetta, Punta dell'- 1 Hc
Alpo [VR] 37 Bc
Alpone, Torrente- 37 Dbc
Alsack / Alsago [BZ] 1 Dc
Alsago / Alsack [BZ] 1 Dc
Alseno [PC] 47 Fc
Alseno, Stazione di- 47 FGc
Alsério [CO] 21 Cd
Alsério, Lago di- 21 Cd
al Solivo [BS] 7 FGd
Alta, Alpe- 9 Bd
Alta, Cima- 93 Fab
Alta, Croda- / Hohe-Wand-Spitze 3 Ca
Alta, Punta- / Hochleiten-Spitze 7 Hb
Alta, Rocca- 53 Fd
Alta, Serra- 135 Cc
Alta, Serra d'- 117 Fc
Alta, Timpa- 129 Cd
Altaccio, Monte- 69 DEc
Altacroce, Monte- 3 Gb
Altacroce, Monte- (I) = Hochkreuz-Spitze 3 Gb
Altagnana [MS] 65 DEb
Alta Guardia, Monte- 23 Cc
Altamura [BA] 117 Fbc
Altana [UD] 27 Gb
Altana, Rio- [Sard.] 167 Ec
Altana, Rio- [SS] 163 Fd
Altano o Giordano, Capo- 177 Cb
Altare [SV] 55 CDcd
Altare, Bocchetta di- → Cadibona, Colle di- 55 Dcd
Altare, Monte- 133 Cb
Altare, Scogli dell'- 35 Gb
Altarella, Punta- 149 BCbc
Alta Sant'Egídio 75 GHd
Altaura [PD] 51 Aab

Alta Valle Pésio e Tánaro, Parco Naturale- 63 DEab
Alta Valsésia, Parco Naturale- [VC] 19 Bc
Alta Valsésia, Parco Naturale- [VC] 19 Cc
Altavilla [TE] 93 Fa
Altavilla Irpina [AV] 113 Ga
Altavilla Milícia [PA] 147 Db
Altavilla Monferrato [AL] 45 Dbc
Altavilla Silentina [SA] 127 Ba
Altavilla Vicentina [VI] 37 Eb
Alte, Serre- 129 Db
Alte Ceccato [VI] 37 Ebc
Altedo [BO] 61 Aab
Altei, Pala d'- 27 Aab
Altenburg / Castelvecchio [BZ] 9 Fc
Altesina [SI] 83 Cb
Altesino [SI] 83 Cb
Alteta [AP] 87 Dab
Alti, Poggi- 89 Dd
Altidona [AP] 87 Eb
Altiera, Rocca- 99 Hc
Altífila [CB] 107 Gb
Altília [CS] 135 Cc
Altília [KR] 133 Ec
Altino [CH] 101 Ca
Altino [VE] 39 Eb
Altipiani di Arcinazzo [FR] 99 Db
Altissima, l'- 1 Gc
Altíssima, L'- (I) = Hohe Wilde 1 Gc
Altíssimo [VI] 37 Db
Altíssimo, Monte- [LU] 65 Eb
Altíssimo, Monte- [TN] 23 Ebc
Altíssimo, Monte- (TN) 23 Ebc
Altívole [TV] 25 Dd
Alto [CN] 63 FGb
Alto, Coll'- 25 Ccc
Alto, Colle- 93 Cc
Alto, Dosso- 23 Cd
Alto, Masseria dell'- [LE] 125 Cbc
Alto, Monte- [AQ] 99 Dc
Alto, Monte- [BG] 21 Hc
Alto, Monte- [BL] 25 Ea
Alto, Monte- [FR] 99 CDd
Alto, Monte- [GR] 83 Ab
Alto, Monte- [IM] 63 Dc
Alto, Monte- [IS] 107 Eab
Alto, Monte- [LT] 105 Fb
Alto, Monte- [LU] 59 Cd
Alto, Monte- [MS] 57 GHcd
Alto, Monte- [PI] 73 Dc
Alto, Monte- [PR] 57 DEc
Alto, Monte- [SV] 55 Cd
Alto, Monte- [Tr.A.A.] 9 EFd
Alto, Monte- [VI] 37 Fc
Alto, Monte- / Hochalt 1 Ec
Alto, Pizzo- [Lomb.] 21 Db
Alto, Pizzo- [SO] 5 Gc
Alto, Poggio- 89 Ea
Alto Appennino Modenese, Parco dell'- 67 Cab
Alto del Flumendosa, Lago- 171 Ed
Alto di Pelsa, Monte- 11 CDc
Alto di Sella 65 Eb
Altoé [PC] 47 DEc
Altofonte [PA] 147 Bb
Alto Garda Bresciano, Parco dell'- 23 DEd
Altóggio [NO] 15 DEc
Altóia [ME] 141 Cc
Alto Merse, Riserva Naturale- 75 Cd
Altomonte [CS] 131 Dc
Altopáscio [LU] 67 BCd
Altopiano di Cariadeghe, Riserva Naturale- 35 EFb
Altora, Punta- 167 Fab
Altore, Monte- 159 Dab
Alto Rotondi, Monte- 107 Gcd
Altosa, Torrente- 101 Db
Altrei / Anterivo [BZ] 9 Gd
Altrocanto [TR] 91 Fab
Altuino, Monte- 99 Cb
Altura, Monte- 161 Eb
Alture [UD] 41 EFab
Alvagnano, Monte- 85 Gd

Alvano, Pizzo d'- 113 Fb
Alvari [GE] 57 Bc
Alvaro, Monte- [FG] 109 Fd
Alvaro, Monte- [SS] 163 Bd
Alvi [TE] 93 Ea
Alviano [MC] 79 FGcd
Alviano [TR] 91 Da
Alviano, Lago di- 91 Da
Alvignanello [CE] 107 Fc
Alvignano [CE] 107 Fc
Alvis, Passo- 25 Cc
Alvito [FR] 99 Gc
Alvo, Torrente- 117 Bc
Alvu, Nuraghe- [SS] 163 Ecd
Alvu, Nuraghe- [SS] 165 Ec
Alzabecchi, Sella di- 63 GHab
Alzano Lombardo [BG] 21 Fd
Alzano Scrivia [AL] 45 Gb
Alzate Brianza [CO] 21 BCd
Alzo [NO] 19 Ed
Ama [SI] 75 Dc
Amalfi [SA] 113 Fd
Amándola [AP] 87 Cc
Amándola, Monte- 87 Bc
Amantea [CS] 135 Cc
Amara, Valle- 93 Dc
Amariana, Monte- 13 Dc
Amaro [UD] 13 Dc
Amaro, Monte- [Abr.] 101 Ba
Amaro, Monte- [AQ] 99 Hc
Amároni [CZ] 137 Cc
Amaseno [FR] 105 FGb
Amaseno, Fiume- 105 Fb
Amaseno, Torrente- 105 Fb
Amastuola, l'- [TA] 121 EFb
Amato [CZ] 137 Cc
Amato [RC] 139 Cc
Amato, Fiume- 137 Bb
Amatrice [RI] 93 Da
Ambata, Cima d'- 11 Fb
Ambata, Forcella- 11 Fb
Ambin, Mont d'- 43 Cab
Ambin, Rifugio- 43 BCb
Ambívere [BG] 33 Fa
Amblar [TN] 9 Ec
Amborzasco [GE] 57 Cb
Ambra [AR] 75 Ec
Ámbria [BG] 21 EFd
Ámbria [SO] 21 Gb
Ambro, Torrente- 87 Bc
Ambrogiana [FI] 67 DEd
Ambrogina, l'- [GR] 83 Cc
Ambrogio [FE] 51 Dc
Ambrosi [CN] 53 Gc
Améglia [SP] 65 Cb
Améglio [CE] 107 Dbc
Amélia [TR] 91 Ea
Amelia, Passo d'- 91 Fa
Améndola [FG] 109 Ha
Améndola, Stazione di- 109 Ha
Amendolara [CS] 131 Gb
Amendolea [RC] 141 Fcd
Amendolea, Fiumara- 141 Fcd
Ameno [NO] 19 Ed
Amerillo, Fiume- 159 Db
Am hintern Eis = Vedretta, Punta della- (I) 1 Ec
Amiante, Rifugio- 17 Ec
Amiata, Monte- 83 Dc
Amiatino, Rifugio- 83 Dc
Amica [CS] 133 CDa
Amignosa, Serra- 127 Cc
Ammeto [PG] 85 BCc
Ammonite [RA] 57 FGd
Ámola [BO] 59 GHab
Ámola [MS] 57 FGd
Amorosa, Fattoria- [SI] 75 Fd
Amorosi [BN] 107 Fc
Amorosi, Stazione di- 107 Fc
Amoroso, l'- 127 Fb
Amorotti, Torre dell'- 59 Cd
Ampélia, Case- [CT] 155 DEd

Ampezzo [UD] **13** Bc
Ampezzo, Conca d'– **11** Db
Ampinana [FI] **69** BCc
Ampio, Torrente– **81** Gd
Ampola, Valle d'– **23** Dc
Ampollino, Fiume– **133** Dd
Ampollino, Lago– **133** Cc
Amprimo, Rifugio– **43** Db
Ampugnano [SI] **75** Cd
Amusa, Fiumara– **139** Fc
Anacapri [NA] **113** Dd
Anagni [FR] **99** Cc
Anagni, Stazione di– **99** Cc
Ánapo, Fiume– **159** EFb
Ánapo, Valle dell'– **159** EFb
Ancaiano [SI] **75** Cd
Ancarano [TE] **87** Ecd
Ancarano, Forca d'– **85** Gcd
Ancarano Sopra [PC] **47** Dc
Anchetta [FI] **67** FGd
Anchiano [LU] **65** Gc
Anchione [PT] **67** Ccd
Ancignano [VI] **37** Fab
Ancinale, Fiume– **137** Ccd
Anciolina [AR] **75** Fb
Áncipa, Lago dell'– **145** Ccd
Ancognano [BO] **59** Hc
Ancona [AN] **79** Fb
Ancona–Falconara, Aeroporto Internazionale di– **79** Eb
Anconella [BO] **59** Hd
Anconetta [VI] **37** Fb
Andagna [IM] **63** Ebc
Andagna, Rocca di– **63** Ebc
Ándali [CZ] **137** Ea
Ándalo [TN] **23** FGab
Andalo, Alveo del lago di– **23** FGab
Ándalo Valtellino [SO] **21** Db
Andezeno [TO] **43** Id
Andolla, Pizzo d'– **19** Cb
Andolla, Rifugio– **19** Cb
Andonno [CN] **53** Ed
Andora [SV] **63** Gc
Andora, Castello di– **63** Gc
Andorno Cacciorna [BI] **31** Cb
Andorno Micca [BI] **31** Cb
Andrano [TO] **31** Fcd
Andrate [TO] **31** Bb
Andraz [BL] **11** Cbc
Andraz, Castello di– **11** Cbc
Andrazza [UD] **11** Gc
Andréis [PN] **11** Gd
Andreotta [CS] **135** Db
Andretta [AV] **115** Db
Ándria [BA] **111** Dc
Andriace, Masseria– [MT] **129** FGc
Andrian / Andriano [BZ] **9** Fb
Andriano / Andrian [BZ] **9** Fb
Andria Puddu [SS] **167** EFb
Ándrich [BL] **11** Cc
Andrista [BS] **23** BCb
Anduins [PN] **13** Cd
Anei, Nuraghe– **169** Fd
Anela [SS] **167** Cd
Anela, Masseria d'– [TA] **121** Db
Aneo, Monte– **73** Ed
Aneta [PR] **57** Gc
Aneva, Torrente– **59** Gd
Anfo [BS] **23** Cd
Anfora, Canale– **41** Eb
Angarello, Monte– **155** Cd
Ángeli [AN] **79** Cc
Ángeli [AN] **79** Fb
Ángeli, Chiesa degli– **139** FGb
Ángeli, Convento degli– **125** Ed
Ángeli, gli– **83** Cdb
Angeli, Golfo degli– **179** Cb
Angeli, Monte degli– **103** Fc
Angeli, Pizzo degli– **145** Cc
Angelica [PI] **67** Cd
Angelicchio, Masseria– [PZ] **115** Ec
Angelini, Masseria– [BR] **123** Eb
Angellara [SA] **127** Cc
Ángelo, Monte– **133** Ed

Ángelo Custode, Casa– [SS] **165** BCb
Angeloga, Passo di– **5** Gc
Angeloni [ROMA] **97** GHc
Angeloni, Masseria– [FG] **111** ABb
Angera [VA] **19** Fd
Angern [A] **1** Gb
Anghében [TN] **23** Gd
Ánghelu Rúiu, Necrópoli– **165** BCb
Anghiari [AR] **75** Hb
Angiari [VR] **49** Ga
Angiolino, Cima dell'– **29** Gc
Angítola, Lago dell'– **137** Bc
Angítola, Piana dell'– **137** Bc
Angiulli, Masseria– [TA] **121** Gb
Angiulli, Monte– **119** Cc
Angizia **99** Eab
Anglona **165** Ea
Angoletta [BL] **11** Dd
Angoli [CZ] **137** Cb
Angolo Terme [BS] **21** Hc
Angone [BS] **23** Bc
Angoris [GO] **27** Fc
Angri [SA] **113** Fc
Angrogna [TO] **43** Ec
Angrogna, Torrente– **43** Ecd
Anguillara, Stazione di– **97** Da
Anguillara Sabázia [ROMA] **97** Da
Anguillara Véneta [PD] **51** Db
Anguria, L'– [LE] **125** Dcd
Aniene, Fiume– **97** Gb
Aniene, Sorgenti dell'– **99** Db
Anime, Cima delle– / Hint Seelenkogl **1** Gc
Anita [FE] **61** Eb
Anita Garibaldi, Cippo di– **61** Fb
Anitra, Laghi dell'– **101** CDb
Anitrella [FR] **99** Fd
Ankaran [SLO] **41** Hc
Annecchino, Ponte– **113** Ca
Annibale, Ponte– **107** Ed
Annicco [CR] **35** Cd
Annifo [PG] **85** EFb
Annone, Lago di– **21** CDd
Annone di Brianza [LC] **21** CDd
Annone Véneto [VE] **27** ABd
Annunziata [AT] **45** BCd
Annunziata [CN] **53** Gd
Annunziata [CS] **135** Cbc
Annunziata [NA] **113** Dd
Annunziata [SA] **113** Gc
Annunziata, Fiumara– **141** Ec
Annunziata, I'– [AT] **45** Cd
Annunziata, I'– [BA] **111** Gd
Annunziata, I'– [CA] **179** EGha
Annunziata, I'– [CE] **107** Fd
Annunziata, I'– [CT] **155** Dd
Annunziata, I'– [FG] **103** Ecd
Annunziata, I'– [KR] **137** Gb
Annunziata, I'– [PA] **147** GHc
Annunziata, I'– [RG] **159** Dc
Annunziata, I'– [SA] **127** CDd
Annunziata, Monte dell'– **145** Ccd
Annunziata, Parco dell'– **95** Dc
Annunziata Lunga, Passo– **107** CDb
Annunziatella, I'– [ROMA] **97** Fbc
Anóia [RC] **139** Dc
Anóia Inferiore [RC] **139** Dc
Anóia Superiore [RC] **139** Dc
Anqua [SI] **73** Fd
Anras [A] **3** Ic
Ansedónia [GR] **89** Db
Anselmi [AL] **45** Bb
Ansiei, Fiume– **11** Eb
Ansiei, Val d'– **11** EFb
Ansina [AR] **75** Hc
Ansino, Monte– **97** BCa
Ansogne [BL] **11** Fc
Ansón [VR] **37** DEd
Ántas, Rio– **173** Cc
Ántas, Tempio di– **173** CDc
Antea [BG] **21** EFc
Antegnate [BG] **33** Gbc
Antelao, Monte– **11** Ec
Antelao, Rifugio– **11** Ec

Antella [FI] **67** Fd
Antenna **137** Fb
Antenna, Monte– **141** Fc
Antenna, Pizzo– **145** Dc
Antennamare **141** Cbc
Antérivo / Altrei [BZ] **9** Gd
Antermóia / Untermoi [BZ] **3** DEc
Antermóia, Rifugio– / Antermoja–Hütte **11** Ac
Antermoja–Hütte / Antermóia, Rifugio– **11** Ac
Anterselva, Lago d'– / Antholzersee **3** Fb
Anterselva, Val di– / Antholzer Tal **3** Fbc
Anterselva di Mezzo / Antholz–Mittertal [BZ] **3** Fb
Anterselva di Sopra / Antholz Obertal [BZ] **3** Fb
Anterselva di Sotto / Antholz Niedertal [BZ] **3** Fbc
Antésica [PR] **57** Hb
Antessio [SP] **57** Ecd
Antey–Saint–André [AO] **17** Gd
Antholzersee / Anterselva, Lago d'– **3** Fb
Antholzer Tal / Anterselva, Val di– **3** Fbc
Antholz–Mittertal / Anterselva di Mezzo [BZ] **3** Fb
Antholz Niedertal / Anterselva di Sotto [BZ] **3** Fbc
Antholz Obertal / Anterselva di Sopra [BZ] **3** Fb
Antichissima Città di Sutri, Parco dell'– **91** Dc
Antico [MC] **85** Gb
Antico [PU] **69** Gc
Antícoli Corrado [ROMA] **99** BCa
Antigine, Pizzo d'– **19** BCb
Antignano [AT] **45** Bc
Antignano [LI] **73** Bbc
Antigori, Torre– **179** BCc
Antigorio, Valle– **15** Gc
Antília, Monte– **127** Eb
Antillo [ME] **145** Gc
Antillone [VB] **15** Eb
Antiogu Oi, Monte– **179** Eb
Antirata [PG] **77** Cbc
Antóglia, Masseria– [BR] **123** Bb
Antognano [LU] **57** Hd
Antognano [PC] **47** Bc
Antognasco, Torrente– **7** Dd
Antognola [PG] **77** CDd
Antognola [PC] **57** Hbc
Ántola, Monte– **57** ABb
Ántola, Parco Naturale dell'– **57** ABb
Antolini, Villa– [MC] **79** Ec
Antona [MS] **65** Eb
Antonelli, Masseria– [BN] **109** Cb
Antoninela **141** Gb
Antoninello [RC] **141** Gb
Antoroto, Monte– **63** Fa
Antráccoli [LU] **65** Gcd
Antria [AR] **75** Gbc
Antria [PG] **85** Bab
Antrodoco [RI] **93** Cb
Antrodoco, Gole di– **93** Cb
Antrogna [VB] **19** CDb
Antrona, Lago di– **19** Cb
Antrona, Val d'– **19** CDb
Antronapiana [VB] **19** Cb
Antrona Schieranco [VB] **19** Cb
Antrosano [AQ] **99** Ea
Antullo, Pozzo d'– **99** Ec
Antunceddu, Nuraghe d'– **161** Dbc
Anversa degli Abruzzi [AQ] **99** Gab
Anversa–Scanno, Stazione di– **99** GHa
Anza [VB] **19** BCc
Anza, Torrente– **19** Bb
Anzano [TV] **25** FGc
Anzano del Parco [CO] **21** Cd
Anzano di Púglia [FG] **109** Ed
Anzasca, Valle– **19** Cc
Anzasco [TO] **31** Cc

Anzeddu, Monte– **173** Dc
Anzi [PZ] **129** Ba
Anzi, Fiume d'– **129** Bab
Anzi, Taverna d'– **127** Ga
Anzina, Casa– [LE] **125** Dc
Anzio [ROMA] **105** Bb
Anzio, Capo d'– **105** Bb
Ánzola [PR] **57** Db
Anzola dell'Emília [BO] **59** GHb
Anzola d'Ossola [VB] **19** DEbc
Anzolla [PR] **57** Hbc
Anzos, Rio– **163** Fd
Anzù [BL] **25** Dbc
Anzu, Punta su– **167** Gd
Áola, Corno d'– **7** GHd
Aonedis [UD] **27** Cb
Aosta / Aoste [AO] **17** Ed
Aosta, Rifugio– **17** Gbc
Aosta, Valle d'– **17** Fd
Aoste / Aosta [AO] **17** Ed
Aouilletta, Punta– **17** Dd
Apa, Pizzo dell'– **153** Bb
Apagni [PG] **85** Fc
Ápani, Masseria– [BR] **123** Dab
Apécchio [PU] **77** Db
Ápia, I'– [AR] **75** Fb
Ápice [BN] **109** Cd
Ápice Vecchio [BN] **109** Cd
Apiro [MC] **79** Cc
Apoléggia [RI] **91** GHab
Apollo Aléo, Tempio di– **133** Fb
Apollosa [BN] **107** Hd
Apóscipo, Torrente– **141** FGc
Appalto [AR] **75** Gc
Apparizione [CN] **53** Gb
Apparizione [GE] **55** GHc
Appennino [MC] **85** Gc
Appennino, Galleria dell'– **67** EFb
Appennino Monti Simbruini, Parco Naturale dell'– **99** Db
Appennino Tosco–Emiliano, Parco Nazionale dell'– **59** BCcd
Áppia, Via– [Camp.] **105** GHc
Áppia, Via– [LT] **97** EFb
Appia Antica, Parco Regionale– **97** Fb
Appia Antica, Via– **123** Eb
Appiano Gentile [CO] **21** Ad
Appiano sulla Strada del Vino / Eppan an der Weinstrasse [BZ] **9** Fc
Appia Traiana, Via– **123** CDa
Appidé, Masseria I'– [LE] **125** Ec
Appignano [MC] **79** Ec
Appignano [TE] **93** GHa
Appignano del Tronto [AP] **87** DEc
Appio, Castel d'– **63** Dd
Appio, Masseria– [MT] **121** Cc
Appiolo, Monte– **105** Gb
Áppiu, Nuraghe– **165** Cc
Appizus Planu, Cantoniera– [CA] **179** Cab
Apponi, Casa– [FR] **105** FGb
Aprica [SO] **21** Hab
Aprica, Passo dell'– **21** Hlab
Apricale [IM] **63** Dc
Apricena [FG] **103** Cc
Apricena Superiore, Stazione di– **103** CDc
Aprigliano [CS] **135** Eb
Aprigliano [KR] **137** Ga
Aprília [LT] **97** Fd
Aprília Maríttima [UD] **41** Db
Apsa, Torrente– **77** Dd
Apsella [PU] **71** Ecd
Apuane, Alpi– **65** EFb
Ápulo, Villaggio– **119** Bbc
Aquara [SA] **127** Cb
Aquigliu, Corno d'– **37** Bab
Áquila [TP] **151** Ca
Áquila, L'– [AQ] **93** Eb
Áquila, Pizzo dell'– **153** ABc
Áquila, Poggio dell'– **69** Fd
Áquila, Rocca d'– **155** Cb
Áquila di Arróscia [IM] **63** Gb
Aquilaia, Monte– **83** Cc

Aquilano [CH] **95** DEb
Aquilano [TE] **93** Fa
Aquilea [LU] **65** FGc
Aquilécchia, Masseria– [PZ] **111** Ad
Aquiléia [UD] **41** Fb
Aquilínia [TS] **41** Hc
Aquilone, Colle– **107** Ca
Aquilone, Poggio– **89** Da
Aquilónia [AV] **115** Eb
Aquilónia, Stazione di– **115** Fb
Aquilónia Vecchia **115** Eab
Aquino [FR] **107** Bab
Aquino [PA] **147** Bb
Aquino, Stazione di– **107** Ba
Ara [NO] **31** DEa
Ara [UD] **27** DEab
Arabba [BL] **11** Cbc
Aradeo [LE] **125** Dc
Arafranca Pinaco [RI] **93** Da
Aragno [AQ] **93** Eb
Aragno, Monte d'– **93** Eb
Aragona [AG] **153** Bc
Aragona, Montagna d'– **153** Bc
Aragona, Vallone di– **153** Bc
Aragona–Caldare, Stazione di– **153** Bc
Arai, Rio– **175** Cc
Aralalta, Monte– **21** Ec
Arámo [PT] **67** Gc
Arana, Monte– **165** Eb
Aránci, Golfo di– **161** Fcd
Arancia [ME] **145** Fb
Aráncio, Lago– **151** Eb
Aráncio, Monte– **151** Eb
Aráncio, Ponte– **147** Bc
Aráncio, Serra d'– **151** Fb
Aranco [VC] **31** Da
Aranghía, Torrente– **141** Gd
Arapetrianni [RI] **93** Cc
Aras, Nuraghe– **175** BCb
Arasí [RC] **141** Ec
Arasule [NU] **171** CDc
Aratato, Monte– **153** EFc
Aratato del Muro, Monte– **157** Dcd
Aratena [SS] **167** Ea
Aratrice, I'– [GR] **83** Bc
Araxisi, Rio– **171** Cd
Arba [PN] **27** Bb
Árbatax [NU] **171** Gd
Arbaz [AO] **17** Hd
Arbéron, Ouille d'– **29** Ed
Arbi [SO] **21** Sc
Árbia, Torrente– **75** Dd
Arbizzano [VR] **37** Bbc
Arbo, Monte– **175** Ea
Arbóerio [VC] **19** Dcd
Arbogna, Torrente– **31** Gcd
Àrbola, Punta d'– **15** Db
Arbora [NO] **31** Fa
Arboréa [OR] **173** Da
Arboréa [OR] **169** EFcd
Arborea [TO] **45** ABa
Arbório [VC] **31** Ec
Arbu, Monte– [CA] **179** Eb
Arbu, Monte– [NU] **171** DEc
Arbu, Monte– [NU] **175** Fb
Arburese **173** Db
Àrbus [CA] **173** Db
Àrbus, Monte– **177** Ccd
Árbus, Monte– **177** DEd
Arcade [TV] **25** Fd
Arcagna [LO] **33** Ec
Arcando [TO] **29** Hbc
Arcángel [TO] **43** CDa
Arcano [UD] **27** Db
Arcano, Monte– **101** Gbc
Arcano Inferiore [UD] **27** Db
Arcano Superiore [UD] **27** Db
Arcanzo, Cima d'– **7** Db
Arce [FR] **99** Fd
Arcè [VR] **37** ABbc
Arcello [PC] **47** Cc

Arcene [BG] **33** Fb
Arcera, Ponte d'– **147** Cc
Arcesaz [AO] **17** Hd
Arceto [RE] **59** Eb
Arcévia [AN] **77** Gbc
Archi [CH] **101** Da
Archi [RC] **141** Dc
Archi Stazione **95** Ed
Archinuovi, Masseria– [BR] **123** Cb
Archirafi, Torre– [CT] **155** Ga
Archittu, s'– [OR] **169** CDb
Archittu di Santa Caterina, s'– **169** Cb
Arci, Monte– **169** Ed
Arciano, Monte– **113** Fb
Arcibessi, Monte– **159** Db
Arcidosso [GR] **83** Dc
Arciera [BL] **11** Cc
Arcigliano [PT] **67** CDc
Arcille [GR] **83** Bd
Arcimis, Monte– **155** Fa
Arcimussa, Masseria– [SR] **155** Ec
Arcinazzo, Altipiano di– **99** CDb
Arcinazzo Romano [ROMA] **99** Cb
Arcipelago de la Maddalena, Parco Nazionale– **161** Eb
Arcipelago della Maddalena, Parco Nazionale dell'– **161** Eb
Arcipelago Toscano, Parco Nazionale dell'– **89** ins.a
Arcisate [VA] **19** Hc
Arco [TN] **23** Fc
Arco, Monte dell'– **105** ins.a
Arco, Punta dell'– **105** ins.a
Árcola [PN] **11** Gb
Arcola [SP] **65** Cb
Árcole [VR] **37** Bc
Arconate [MI] **31** Hb
Arcone, Fermata– **165** Ca
Arcone, Monte– **115** Fab
Arcore [MI] **33** Db
Arcosu, Monte– **177** Fb
Arcuentu, Bruncu– **175** Ccd
Arcuentu, Monte– **173** Db
Arcuerí, Monte– **171** Cc
Arcugnano [VI] **37** Fbc
Arcuméggia [VA] **19** Gc
Arcuri [CS] **135** Db
Arda, Torrente– **47** Bc
Árdali [NU] **171** Fc
Árdara [SS] **165** Eb
Ardáuli [OR] **169** Fb
Ardea [ROMA] **97** Fd
Ardeatina, Via– **97** EFbc
Ardena [VA] **19** Hc
Ardenno [SO] **21** Eab
Ardenza [LI] **73** Bb
Ardes, Masseria d'– [FG] **101** Hd
Ardésio [BG] **21** Gc
Ardez [Svizz.] **7** Fa
Ardiano [FC] **69** Gb
Ardicola, Monte– **151** Gc
Ardivestra, Torrente– **47** Bc
Ardo, Torrente– **25** Fa
Ardola [PR] **47** Gbc
Árdole San Marino [CR] **47** Gab
Ardore [RC] **141** GHb
Ardore Marina [RC] **141** Hbc
Aré [TO] **31** Bd
Are [VI] **37** Fd
Area di Augusta Bagiennorum, Riserva Naturale dell'– **53** Cbc
Area più alta del Massiccio del Pollino, Riserva Naturale– **131** Eb
Areddula, Balza di– **153** Ea
Aréglio [VC] **31** Cc
Aremogna, Rifugio– **101** Bbc
Arena [VV] **139** Eb
Arena, Cala– **163** Bb
Arena, Colle d'– **139** Eb
Arena, Fiume– **151** Cab
Arenabianca [SA] **127** EFc
Arena Po [PV] **47** Cc
Arenarzu, s'– [OR] **169** EFb
Arenas [CA] **173** Dc
Arénas, is– **169** Cb
Arenella [PA] **147** Cab

Arenella, Monte– 139 Ebc
Arente, Fiume– 135 Da
Arenzano [GE] 55 Fc
Arenzano Pineta [GE] 55 EFc
Arera, Alpe– 21 Fc
Arera, Pizzo– 21 FGc
Arese [MI] 33 Cb
Aresta, Casone dell'– [SA] 127 Dab
Arezzo [AR] 75 Gc
Arezzo [PG] 85 Dd
Arezzo, Monte– 99 Eab
Arezzo, Villa– [RG] 159 Cc
Argatone, Monte– 99 Gb
Argegno [CO] 21 Bc
Argelato [BO] 59 Hlb
Argenta [FE] 61 CDb
Argenta, Bonifica di– 61 Db
Argentario, Monte– 89 Cb
Argentarola, Isola– 89 Cb
Argentea, Monte– 55 Ec
Argentella, Monte– 87 Bc
Argentera [CN] 53 Bc
Argentera [ME] 145 Fb
Argentera [TO] 29 Id
Argentera, Cima Sud– 63 Bab
Argentiera [SS] 165 Aa
Argentiera [TO] 43 Cc
Argentiera, Capo dell'– 165 Aa
Argentière [Fr.] 17 Cbc
Argentière, Aiguille d'– 17 Dc
Argentigli, Torre– 85 FGd
Argentina, Torre– 165 Ccd
Argentina, Torrente– 63 Fc
Argentino, Fiume– 131 CDc
Argentu, Monte– 173 Cc
Argiadóres, Monte– 171 Fa
Argiano [SI] 83 Cbc
Argiano [SI] 83 Fb
Argignano [AN] 77 Gcd
Árgine [PV] 47 Ab
Árgine [RE] 49 Cd
Árgine del Lupo [FE] 49 Hc
Árgine Valle [RO] 51 ABc
Arginemele, Cozzo– 155 Bb
Árgine Valle [RO] 51 ABc
Arginotto [MN] 49 Db
Argiólas, Cantoniera sas– [NU] 167 Fc
Argnod–Eclou [AO] 17 Fd
Arguel, Alpe d'– [TO] 43 Cb
Arguello [CN] 55 Bb
Argusto [CZ] 137 Ccd
Ari [CH] 95 Dc
Aria, Monte– 143 Ec
Aria, Monte d'– [AQ] 99 Ea
Aria, Monte d'– [MC] 79 Cd
Ária dell'Orso 107 Fc
Aria del Vento 141 Gb
Aria di Lupi [CS] 135 CDbc
Ariamácina, Lago di– 133 Cbc
Ariana [PR] 49 Bc
Arianiello [AV] 115 Bb
Ariano [SA] 115 Ccd
Ariano [VR] 35 Hcd
Ariano, Colle– 137 Da
Ariano, Isola d'– 51 EFc
Ariano, Stazione di– 109 Dc
Ariano Ferrarese [FE] 51 Ec
Ariano Irpino [AV] 109 Dd
Arianova, Masseria– [CE] 107 Dd
Arias [BS] 23 Ed
Ariaveta, Masseria– [PZ] 117 Cbc
Aríccia [ROMA] 97 FGc
Arielli [CH] 95 Dc
Arienzo [CE] 113 EFa
Arietta [CZ] 137 Ea
Arígau, Nuraghe– 173 Eb
Arigliano [LE] 125 Fd
Arigna [SO] 21 Gb
Arignano [TO] 45 Ab
Áriis [UD] 27 Dc
Arina [BL] 25 Cb
Aringo [AQ] 93 Da
Arino [VE] 39 Cc
Ário, Monte– 23 Bd
Ariola [VV] 139 Eb

Ariolo [RO] 51 EFc
Arioso, Monte– 127 Fab
Aríschia [AQ] 93 DEb
Arista, Monte– 175 Fb
Aritzo [NU] 171 Dd
Arixi [CA] 175 CDc
Arizzano [VB] 19 Fc
Arizzi, Casa– [RG] 159 CDd
Arlena di Castro [VT] 89 GHb
Arlésega [PD] 37 Gc
Árlia [MS] 57 Gd
Arliano [FI] 67 Gc
Arliano [LU] 65 Fcd
Arlier [AO] 17 Gad
Arlongo [CN] 53 Dab
Arluno [MI] 33 Bbc
Arma, Punta d'– → Verde, Capo– 63 EFcd
Arma, Vallone dell'– 53 CDc
Arma di Tággia [IM] 63 EFcd
Armaiolo [SI] 75 Ed
Armarolo [BO] 61 Ab
Armásio [PN] 25 Ha
Arme, Cima d'– 93 Ba
Armea, Torrente– 63 Ec
Armélio, Monte– 47 Cd
Armena, Fattoria– [SI] 83 CDab
Arméndola [PD] 37 Fb
Armeno [NO] 19 Ecd
Armentarola [BZ] 11 Cb
Armento [PZ] 129 Cc
Armenzano [PG] 85 Eb
Armi, Capo dell'– 141 DEd
Armi, Colle d'– 101 Hcd
Armi, Monte dell'– 115 Fcd
Armi, Pizzo d'– 145 Fcd
Armidda, Monte– 175 EFa
Armillotti, Masseria– [FG] 103 Fc
Arminio [VA] 19 Gc
Armio [VA] 19 Gc
Armisa, Torrente– 21 Hb
Armizzo, Torrente– 147 Fc
Armizzone, Monte– 129 Bd
Armo [BS] 23 Dd
Armo [IM] 63 Fb
Armo [RC] 141 Ec
Armúngia [CA] 175 DEc
Arna, Poggio d'– 83 CDbc
Arnáccio [PI] 73 Cb
Arnad [AO] 29 Ib
Arnad–le–Vieux [AO] 29 Iab
Arnano [MC] 85 FGb
Arnara [FR] 99 Ed
Arnara, Fosso di– 99 Ed
Arnasco [SV] 63 Gb
Arnata, Monte– 91 Ea
Arnate [VA] 31 Gab
Arnauds, les– [TO] 43 Bb
Arnbach [A] 3 Hc
Arnelleta, Poggio– 89 Fa
Arnese, Monte– 3 Hc
Arnese, Monte– (I) = Ornischeck 3 Hc
Arni [LU] 65 Eb
Arnieci, Masseria– [BA] 111 CDc
Arno, Capo d'– 69 CDc
Arno, Fiume– 67 Dd
Arno, Lago d'– 23 Cb
Arno, Rio– 93 Fab
Arnò, Torrente– 23 Eb
Arno, Val d'– 69 BCd
Arnoga [SO] 7 Fc
Arnoldstein [A] 13 Hb
Arnone [CE] 107 Ed
Arnone, Casa– [AG] 157 Cb
Arnouvaz [AO] 17 Dc
Arola [NA] 113 Ed
Arola [PC] 47 CDc
Arola [PR] 59 Bab
Arola [VB] 19 Ed
Arolla [Svizz.] 17 Fb
Arolo [VA] 19 Fc
Arona [NO] 19 Fd
Arone, Torrente– 77 Fd
Arósio [CO] 33 Da
Arotte [CN] 53 Hd

Arp, Testa d'– 17 Cd
Arpa, Punta dell'– 147 ins.a
Arpagna, Monte– 81 ins.a
Arpaia [BN] 113 Fa
Arpaise [BN] 113 Ga
Arpescella, Bec– 55 Fb
Arpesina [PV] 47 Ac
Arpi 109 Ga
Arpicella [AL] 45 Gcd
Arpino [FR] 99 Fcd
Arpinova [FG] 109 Ga
Arpiola [MS] 57 Fcd
Arpone, Monte– 43 Fa
Arpy, Testa d'– 17 CDd
Arquà Petrarca [PD] 37 Gd
Arquà Polésine [RO] 51 Cb
Arquata del Tronto [AP] 87 Bd
Arquata Scrívia [AL] 55 Ga
Arquino [SO] 21 Ga
Arrámene, Genna– 171 Fc
Arras, Torrente– 175 Ebc
Arre [PD] 51 Da
Arrennégula, Nuraghe– 171 Eab
Arrestino, Monte– 99 Bd
Arríach [A] 13 Ia
Arríali, Rio s'– 177 Db
Arricelli, Rocca– 179 Ea
Arro [BI] 31 Cc
Arróbio [AT] 45 Dc
Arrone [TR] 91 Ga
Arrone, Fiume– 97 Db
Arrone, Forca dell'– 91 Ga
Arrone, Torrente– 89 Gb
Arroscia, Torrente– 63 Gb
Arrúbiu, Monte– [CA] 179 Ea
Arrúbiu, Monte– [CA] 179 BCc
Arrúbiu, Nuraghe– 175 Dbc
Arrundili, Monte– 179 DEab
Arsa, Fosso– 89 Fa
Arsa, Ponte dell'– 89 FGa
Arsa, Taverna– 115 Cb
Arsago Séprio [VA] 31 Ga
Arsenti, Monte– 81 Gb
Arsicci [AR] 69 Fd
Arsiè [BL] 25 FGab
Arsiè [BL] 25 Cbc
Arsiero [VI] 23 Hld
Arsina [LU] 65 Fc
Arsita [TE] 93 Gab
Arso, Monte– 155 Eab
Arson [BL] 25 Db
Arsone, Monte– 57 Eb
Artale 147 Db
Artallo [IM] 63 FGc
Artanavaz, Torrente– 17 Dd
Artaneddu, Punta– 167 Ec
Arta Terme [UD] 13 Dc
Artegna [UD] 13 Dd
Artemísia 131 CDcd
Artemísio, Monte– 97 Gc
Artén [BL] 25 CDbc
Artena [ROMA] 99 Bc
Artent, Monte– 25 Ebc
Artesina 53 Gd
Artignago [BS] 35 Eb
Artigne [BS] 21 Hlc
Artimino [PO] 67 Ed
Artò [VB] 19 Ed
Artogna, Torrente– 19 Bd
Artogne [BS] 21 Hlc
Artora, Nuraghe– 167 Gc
Arunzo, Monte– 99 Da
Arutas, Is– 169 Cc
Arutas, Punta is– 169 Cc
Arvello [PG] 85 EFb
Arvénis, Monte– 13 Cc
Arvier [AO] 29 EFa
Arvieux [Fr.] 43 Bd
Arvigianu, Monte– 165 Gabc
Arvigo [Svizz.] 5 Ec
Arvo, Fiume– 133 Cc
Arvo, Lago– 135 Eb
Arvogno [VB] 15 Ecd
Arvu, Nuraghe– 171 Fb

Arzachena [SS] 161 Ec
Arzachena, Golfo di– 161 Ec
Arzago d'Adda [BG] 33 Cd
Árzana [NU] 175 EFa
Árzana, Stazione di– 175 EFa
Arzelato [MS] 57 EFcd
Arzello [AL] 55 Dab
Árzene [PN] 27 BCbc
Arzéngio [MS] 57 Fc
Arzeno Superiore [GE] 57 Cc
Arzercavalli [PD] 39 Bd
Arzerè [VR] 37 BCb
Arzerello [PD] 39 BCd
Arzergrande [PD] 39 Cd
Árzeri [TV] 39 DEa
Arzignano [VI] 37 DEb
Arzilla, Torrente– 71 Fc
Arzino, Torrente– 13 Cc
Arzkersee / Quáira, Lago di– 9 Db
Arzo [SO] 21 Eb
Arzo [VB] 19 Ec
Arzona [VV] 139 Db
Asa, Torrente– 115 Bd
Ascagnano [PG] 77 Dd
Ascéa [SA] 127 BCd
Ascensione, Monte dell'– 87 Dc
Áschio [MC] 85 Gc
Aschivoni, Punta de s'– 173 Ca
Aschl / Eschio [BZ] 9 Fb
Ascianello [SI] 83 Eb
Asciano [PI] 65 Fd
Asciano [SI] 75 Ed
Ascione, Colle d'– 135 Eb
Ascoli Piceno [AP] 87 Dc
Ascoli Satriano [FG] 109 Gc
Ascona [GE] 57 Cb
Ascona [Svizz.] 15 Gd
Ascrea [RI] 93 BCc
Asei [BI] 31 Db
Aselogna [VR] 49 Gab
Aserei, Monte– 57 Ca
Asia [BO] 49 GHd
Asiago [VI] 25 ABc
Asigliano Véneto [VI] 37 Ed
Asigliano Vercellese [VC] 31 Ga
Ásina, Torrente– 81 Hc
Asinara, Golfo dell'– 163 Dbc
Asinara, Isola– 163 Bb
Asinara, Parco Nazionale dell'– 163 Bb
Asinaro, Fiume– 159 Fc
Asinelli, Isola– 149 Db
Asino, Punta dell'– 167 Gb
Asino, Valle dell'– 93 Ec
Asmonte [MI] 31 Hb
Asnago [CO] 33 Ca
Asnas, Cima dell'– 31 Ca
Asnenga [BG] 33 Gb
Aso [AP] 87 Db
Aso, Fiume– 87 Eb
Aso, Ponte dell'– 87 Cc
Ásola [MN] 49 Ba
Ásola, Torrente– 79 Fc
Ásolo [TV] 25 Dd
Asolone, Monte– 25 Cc
Asoru, Nuraghe– 179 Fa
Aspárago, Cozzo– 153 Cbc
Asparetto [VR] 49 FGa
Aspes [BS] 35 Ec
Áspice [CR] 47 Ga
Aspicella, Colle– 93 Fd
Aspidarzu, Punta de s'– 165 Fc
Áspio Terme [AN] 79 EFb
Aspra [PA] 147 CDb
Aspra, Monte– 93 Ba
Aspro, Punta de su– 161 Ed
Asproli [PG] 85 BCd
Aspromonte 141 FGbc
Aspromonte, Parco Nazionale dell'– 141 Fbc
Aspromonte, Piani d'– 141 EFb
Aspru, Nuraghe s'– 167 Cd

Aspu, Cúccuru– 169 Ecd
Assa, Torrente– 23 Ic
Assago [MI] 33 Cc
Assai, Oasi– 171 Cc
Assaro, Bivio– 155 Eb
Asseggiano [VE] 39 Dbc
Assémini [CA] 179 ABc
Assenza [VR] 35 Ha
Assergi [AQ] 93 Fb
Assergi, Lago d'– 93 Fb
Assi, Fiumara– 139 Cc
Assiano [MI] 33 Cc
Assieni [TP] 149 ABc
Assietta, Colle dell'– 43 Cb
Assino, Torrente– 77 Dc
Assisi [PG] 85 Db
Asso [CO] 21 Cc
Asso, Canale dell'– 125 Dbc
Asso, Castel d'– 91 BCb
Asso, Torrente– 83 Db
Ássolo [OR] 171 Dd
Assoro [EN] 155 Bb
Assunta, l'– 131 Dcd
Assunta, l'– / Maria Himmelfahrt [BZ] 9 Db
Ast / Lasta di Dentro [BZ] 3 Dbc
Asta [RE] 59 Cd
Asta, Cima d'– 25 Bab
Asta, Giogo d'– / Astjoch 3 Dc
Asta Soprana 53 Dd
Aste [TN] 23 Gd
Aste [VI] 37 DEa
Asten / Laste [BZ] 3 Bc
Astfeld / Campolasta [BZ] 9 FGab
Asti [AT] 45 Cc
Astia 177 Db
Ástico, Torrente– 25 Bd
Ástico, Val d'– 23 Hlc
Astili, Monte– 175 Fab
Astjoch / Asta, Giogo d'– 3 Dc
Astragal [BL] 11 DEc
Astrio [BS] 23 Bc
Astrone, Torrente– 83 Fc
Astroni, gli– 113 Cbc
Astura, Fiume– 105 Cc
Astura, Torre– 105 Cb
Asuai [NU] 171 Dd
Asuni [OR] 169 Fc
Asusa, Nuraghe– 175 Cb
Ateleta [AQ] 101 Cb
Atella [PZ] 115 FGb
Atella, Fiumara d'– 115 Fb
Atella, Toppa– 115 FGc
Átena Lucana [SA] 127 Eb
Atenea, Rupe– 157 Bc
Aterno, Fiume– 93 Gd
Aterrana [AV] 115 Abc
Atessa [CH] 101 Da
Athethu, Nuraghe– 171 Cb
Atina [FR] 99 Gd
Atrani [SA] 113 Fcd
Atri [PG] 85 FGd
Atri [TE] 95 Ba
Atripalda [AV] 115 ABb
Atró, Punta d'– 141 Fc
Attalora, Cúddia– 151 ins.a
Attalzu, Monte– 163 Fd
Attentos, Punta sos– 165 Cc
Attíggio [AN] 77 Gd
Attigliano [TR] 91 Da
Áttimis [UD] 27 Ea
Atzara [NU] 171 Ccd
Atzara, Nuraghe– 169 Eb
Atzeni, Casa– [CA] 173 Db
Atzwang / Campodazzo [BZ] 9 GHb
Auchiaro, Masseria– [TA] 121 Fb
Auditore [PU] 71 Dd
Aduni [CA] 107 Fbc
Auer / Ora [BZ] 9 Fcd
Auf der Platten / Plat, Monte– 3 Ebc
Aufhofen / Villa Santa Caterina [BZ] 3 Ebc
Augusta [SR] 155 Gd
Augusta, Golfo di– 159 Gab
Augusta, Porto di– 159 Ga
Augusta Bagiennorum 53 GHb

August F., Rifugio– 11 Bbc
Aulella, Torrente– 57 Gd
Auletta [SA] 115 Eb
Auletta, Stazione di– 127 Da
Aulla [MS] 57 Fd
Áuna di Sopra / Oberinn [BZ] 9 Gb
Áuna di Sotto / Unterinn [BZ] 9 Gbc
Áune [BL] 25 Cb
Aunede [BL] 11 Ec
Áupa [UD] 13 Ebc
Áupa, Torrente– 13 Ec
Áupa, Val d'– 13 Ec
Aupa di Sopra [UD] 13 DEc
Aupa di Sotto [UD] 13 Ec
Aurano [NA] 113 Db
Aurano [VB] 19 Fbc
Aurascio–Malobbio [CO] 21 Bc
Aurava [PN] 27 Cb
Aurélia [ROMA] 89 Gcd
Aurélia, Via– 97 Db
Aurigo [IM] 63 Fbc
Aurina, Valle– / Ahrntal 3 EFab
Aurine, Forcella– 11 Cd
Aurino, Torrente– / Ahr 3 Eb
Aurio, Cappella d'– 123 Fc
Aurisina [TS] 41 Gb
Auro [BS] 35 Ea
Áuro, Torrente– 77 Cab
Aurogna [CO] 21 Dab
Auron [Fr.] 53 Bd
Aurona, Punta d'– 15 Cc
Auronzo, Rifugio– 11 Eb
Auronzo di Cadore [BL] 11 Fb
Aurora [CT] 155 Fc
Aurora, Terme– 171 Ca
Áuruca, Pantano 159 Fd
Aurunci, Monti– 107 ABbc
Áusa, Fiume– 41 Eb
Áusa, Torrente– 71 Dbc
Áusa Corno [UD] 41 Eb
Ausente, Torrente– 107 Bc
Ausone [VB] 15 Dc
Ausoni, Monti– 105 FGb
Ausónia [FR] 107 Bb
Außerer Berg / Fuori, Monte di– 9 Eb
Ausser Pichl / Colle di Fuori [BZ] 3 FGc
Außersulden / Solda di Fuori [BZ] 9 Bb
Aussois [Fr.] 29 Cd
Aústis [NU] 171 Cc
Áuta, Cime dell'– 11 Cc
Autaret, Col de l'– 53 Bb
Autaret, Tête de l'– 53 Cd
Aúto, Monte– 145 Cc
Autone, Monte– 105 Fb
Autore, Monte– 99 Db
Auzza (I) = Avče [SLO] 27 GHb
Auzzo, Poggio– 73 Fd
Avacelli [AN] 79 Bc
Aváglio [PT] 67 Cc
Aváglio [UD] 13 Cc
Avane [FI] 67 Ed
Avane [PI] 65 Fd
Avasínis [UD] 13 Dd
Aváusa [UD] 13 Bb
Avče [SLO] = Auzza (I) 27 GHb
Ave [BG] 21 Gc
Avedo, Rio di– 7 Fc
Avéggio [GE] 57 Bc
Avegno [GE] 57 ABc
Ave Gratia–Plena [BN] 107 Fd
Avelengo / Hafling [BZ] 9 Fb
Avella [AV] 113 Fb
Avella, Fiume– 95 Dd
Avella, Monti d'– 113 FGb
Avellino [AV] 113 Gb
Avena [AR] 69 Dd
Avena [CS] 131 Cb
Avena, Monte– 25 Cb
Avena, Torrente– 131 Gb
Avenale [AN] 77 Gc
Avenale [MC] 79 Dc
Avéndita [PG] 85 Gd
Avenes / Afens [BZ] 3 BCb
Aveno [GE] 57 Bc

Aveno [LC] 21 Db
Aventino, Fiume– 95 Dd
Aventino, Ponte– 95 Ed
Avenza [MS] 65 Db
Aver, Becca d'– 17 Gcd
Averara [BG] 21 Ebc
Averau, Monte– 11 Dbc
Averno, Lago di– 113 Cbc
Aversa [CE] 113 Db
Aversana [SA] 127 Aa
Averto, Casone– [VE] 39 CDcd
Avesa [VR] 37 Bc
Aveto, Parco Naturale dell'– 57 Cbc
Aveto, Torrente– 57 Ca
Avetrana [TA] 123 Dc
Avetrana, Stazione di– 123 Dc
Avetta [TO] 31 BCc
Avezzano [AQ] 99 Ea
Avezzano [CE] 107 Cc
Aviano [PN] 27 Ab
Aviano Castello [PN] 25 Hb
Aviasco, Passo d'– 21 FGbc
Aviatico [BG] 21 Fd
Avic, Monte– 29 Hab
Avigliana [TO] 43 Fb
Avigliano [PZ] 115 Gc
Avigliano Lucánia, Stazione di– 115 Gc
Avigliano Umbro [TR] 85 Cde
Avigna / Afing [BZ] 9 FGb
Avigna, Rio d'– / Afingerbach 9 FGb
Avilla [UD] 27 Da
Avini [NA] 113 Ec
Avino, Lago d'– 15 Cc
Avio [TN] 23 Fd
Avio, Lago dell'– 23 Ca
Avio, Monte– 23 Ca
Avio, Pantano dell'– 23 Cab
Aviolo, Lago d'– 23 Ca
Avise [AO] 29 Ea
Avisio [TN] 9 Gd
Avisio, Foci dell'– 23 Gb
Avisio, Torrente– 23 Hb
Ávola [SR] 159 Fc
Avolasca [AL] 45 Gcd
Avolásio [BG] 21 DEc
Ávola Vecchia, Convento di– 159 Fc
Avoltore, Punta– 89 CDbc
Avoriaz [Fr.] 17 Ba
Avosacco [UD] 13 Dc
Avoscan [BL] 11 CDc
Avosso [GE] 55 GHb
Avostánis, Cima– 13 Db
Avostánis, Cima– (I) = Blaustein 13 Db
Avril, Monte– 17 EFc
Avuglione [TO] 43 Ib
Avvocata, Monte dell'– 113 FGcd
Avvocata, Santuario dell'– 113 FGcd
Avvoltoio, Cozzo– 153 Da
Axerio, Rifugio– 19 Bc
Axia, Necrópoli d'– 91 BCb
Ayala, Villa– 115 Dc
Ayas [AO] 17 GHcd
Ayas, Val d'– 17 Hd
Ayer [Svizz.] 17 Ga
Aymavilles [AO] 29 Fa
Azara, Case– [SS] 161 Eb
Azaro, Villa– [GE] 57 Cd
Azéglio [TO] 31 BCc
Azoglio [BI] 31 Da
Azzago [VR] 37 Bc
Azzago [VR] 37 Bc
Azzagulta [SS] 163 Fc
Azzanello [CR] 35 Cd
Azzanello [PN] 27 Ad
Azzani [SS] 167 Fb
Azzano [CO] 21 Cc
Azzano [CR] 33 Fc
Azzano [LU] 65 Eb
Azzano [PG] 85 Ecd
Azzano [UD] 27 Fb
Azzano d'Asti [AT] 45 Cc
Azzano Décimo [PN] 27 Bc
Azzano Mella [BS] 35 Dc

Azzano San Páolo [BG] 33 FGab
Azzara, Masseria d'– [FG] 109 Gbc
Azzarini, Monte– 21 Eb
Azzarone, Masseria– [FG] 103 Fc
Azzate [VA] 19 Gd
Azzida [UD] 27 FGb
Azzinano-Morelli [TE] 93 Fa
Ázzio [VA] 19 Gc
Azzone [BG] 21 Hc
Azzoni, Rifugio– 21 Dc
Azzónica [BG] 21 Ed
Azzurra, Grotta– [NA] 113 Dd
Azzurra, Grotta– [SA] 127 Cd
Azzurra, Grotta– [SP] 65 BCb
Azzurro [CT] 155 Fc

B

Babano [TO] 43 Fcd
Babaurra, Passo– 153 DEbc
Babbu Mannu [NU] 167 Ed
Bacano [BA] 119 Cb
Baccagnano [RA] 69 Eab
Baccaiano [FI] 73 Gab
Baccanella [PI] 73 Eb
Baccano [ROMA] 91 Ed
Baccano [SP] 65 Cb
Baccarato [EN] 155 Bc
Baccarecce [MC] 93 Cc
Bacchereto [PO] 67 Dd
Bacchetta, Cima della– 23 Bbc
Bacchi [VR] 37 Db
Bacchiglione, Fiume– 37 Fc
Bacchileddi, Nuraghe– 163 Dc
Baccinello [GR] 83 Cd
Bacciolino [FC] 69 FGb
Baccu Arródas [CA] 179 Fa
Baccu Mandara 179 Ebc
Bacedasco [PC] 47 Fcd
Bacedasco, Terme di– 47 Fc
Baceno [VB] 15 Cc
Ba Cerbus, Peschiera di– 177 Cbc
Baciano [AR] 75 Gb
Bacino, il– 89 Da
Bácoli [NA] 113 Cc
Bacu Abis [CA] 177 Cb
Bacugno [RI] 93 Ca
Bacugno, Monte– 85 Fd
Bacu Scovas 175 EFcd
Badacca, Colle– 145 Cc
Badagnano [PC] 47 Ec
Badaiuz [UD] 13 DEc
Bad Altprags / Bagni di Bráies Vécchia [BZ] 3 Fc
Badalucco [IM] 63 EFc
Badana, Lago– 55 Fd
Badani [SV] 55 DEbc
Bad Bergfall / Bagno di Pervalle [BZ] 3 EFc
Bad Bleiberg [A] 13 GHb
Baddelonga, Cantoniera– [SS] 165 Ec
Badde Manna, Rio de– 167 Cb
Badde Orca [NU] 165 Ccd
Badde Sálighes [NU] 165 Fc
Badde Suelzu [SS] 167 DEb
Badde Urbara [OR] 169 Dab
Badesi [SS] 163 Fc
Badesi Mare [SS] 163 Fc
Badessa, Masseria– [BA] 119 Dbc
Badessa, Masseria– [BR] 123 Dab
Badessa, Masseria la– [LE] 123 Fc
Badessa, Monti della– 119 EFc
Badesse [PV] 45 Hb
Badesse [SI] 75 Cc
Badetto [BS] 23 BCbc
Bad Froi / Bagni Froi [BZ] 11 Ab
Badi [BO] 67 DEb
Badia 65 Gd
Badía [AQ] 99 Ha
Badía [AR] 75 Gcd
Badía [BO] 59 Gc
Badía [BS] 35 Db
Badía [FI] 73 FGb

Badía [GE] 55 Eb
Badía [ME] 141 BCcd
Badía [PG] 83 FGb
Badía [PG] 85 Db
Badía [PG] 77 CDd
Badía [PZ] 115 Gc
Badía [TP] 149 Eb
Badía [VV] 139 Cb
Badía / Abtei [BZ] 11 Cb
Badía, la– [FR] 105 FGa
Badía, la– [PG] 77 EFc
Badía, la– [PG] 83 GHb
Badía, la– [PO] 67 Eb
Badía, Val– / Gadertal 3 Ecd
Badía Agnano [AR] 75 Ec
Badía Agnano [FI] 69 Cc
Badía al Pino [AR] 75 Fc
Badía a Passignano [FI] 75 Cb
Badía a Rípoli [FI] 67 Fd
Badía a Ruoti [AR] 75 Ec
Badía a Séttimo [FI] 67 Ed
Badía a Taona [PT] 67 Db
Badía Ardenga [SI] 83 Cb
Badía Calavena [VR] 37 Db
Badía Cantignano [LU] 65 FGd
Badiáccia a Montemuro [SI] 75 Db
Badía Coltibuono [SI] 75 Dbc
Badía di Dulzago [NO] 31 Fb
Badía di Susinana [FI] 69 Cb
Badía Pavese [PV] 47 Cb
Badía Petróia [PG] 77 BCc
Badía Polésine [RO] 51 ABb
Badía Pratáglia [AR] 69 Ed
Badía Pratáglia, Riserva Naturale– 69 Ed
Badía Tedalda [AR] 69 FGd
Badiavecchia [ME] 145 Fbc
Badicorte [AR] 75 Fcd
Badicroce [AR] 75 Gc
Badile [MI] 33 Cc
Badile, il– 19 Cd
Badile, Pallone del– 19 Cc
Badile Camuno, Pizzo– 23 Cbc
Badiola [GR] 81 Gd
Badiola [PG] 85 Bb
Badiola, Casa– [GR] 81 Gd
Bad Moos / Bagni di San Giuseppe [BZ] 3 Hc
Badó, Bric– 55 BCd
Badoere [TV] 39 Cb
Badolato [CZ] 139 FGb
Badolato Marina [CZ] 139 Gb
Badolo [BO] 59 Hc
Badoni [PC] 47 Dd
Bad Rahmwald / Bagni di Selva [BZ] 3 DEc
Bad Ratzes / Bagni di Rázzes [BZ] 9 Hb
Bad Salomonsbrunn / Bagni di Salomone [BZ] 3 Fbc
Bad Salt / Bagni di Salto [BZ] 9 Cb
Bad Süß / Bagno Dolce [BZ] 9 Gb
Badu Alzolas, Rio– 167 Dc
Badu Crabolu, Rio– 165 Dc
Badu de Mola, Rio– 165 Dd
Badu Ebbas, Rio– 165 Fa
Badu Mesina, Rio– 167 Ca
Bad Untermoi / Bagni di Antermóia [BZ] 3 DEc
Badu Rúiu, Rio– 165 EFb
Baffadi [RA] 61 Bd
Baffe, Punta– 57 Cd
Bafia [ME] 145 Ac
Bafurco, Portella del– 147 Gcd
Bagaggiolo [TV] 39 Eb
Bagaladi [RC] 141 Ec
Baganza, Torrente– 57 Gb
Baganzola [PR] 49 Ac
Bagazzano [MO] 59 FGab
Baggevo, Oasi di– 21 Cd
Baggi [VI] 37 Ga
Bággio [MI] 33 Cc
Bággio [PT] 67 Dbc
Baggiovara [MO] 59 Fb
Bagheria [PA] 147 CDb
Baglio Chitarra [TP] 149 Dd

Baglio Guarine [TP] 149 DEc
Baglio Ingham [TP] 151 Cb
Baglio Messina [TP] 149 DEb
Baglio Nuovo [TP] 149 Ec
Baglio Rinazzo [TP] 149 Dcd
Baglio Rizzo [TP] 149 BEc
Baglio Spanó [TP] 151 ABa
Bagnà, Punta– 43 Bab
Bagnacavallo [RA] 61 Dc
Bagnáia [LI] 81 CDd
Bagnáia [PG] 85 Bb
Bagnáia [SI] 75 Cd
Bagnáia [VT] 91 CDb
Bagnana [CO] 21 BCc
Bagnara [BN] 113 Ga
Bagnara [CR] 47 Gb
Bagnara [PG] 85 EFb
Bagnara [SR] 155 Ec
Bagnara [VE] 27 Ccd
Bagnara, Masseria– [TA] 123 Bcd
Bagnara Cálabra [RC] 141 DEc
Bagnara di Romagna [RA] 61 CDc
Bagnária [PV] 47 Acd
Bagnária Arsa [UD] 27 Ec
Bagnarola [BO] 61 Ab
Bagnarola [FC] 69 GHab
Bagnarola [PN] 27 Cc
Bagnaturo [AQ] 99 Ha
Bagnena [AR] 75 Fb
Bagni [NA] 113 Bc
Bagni 13 Cd
Bagni [TA] 121 EFc
Bagni [TN] 9 Cc
Bagni [TR] 83 Gd
Bagni, i– [PZ] 129 Bd
Bagni Contursi [SA] 115 Dc
Bagni del Másino [SO] 5 Hd
Bagni di Antermóia / Bad Untermoi [BZ] 3 DEc
Bagni di Bráies Vécchia / Bad Altprags [BZ] 3 Fc
Bagni di Cefalà Diana e Chiarastella, Riserva Naturale– 147 Cc
Bagni di Lavínia Bianca / Weißlahnbad [BZ] 9 Hbc
Bagni di Lucca [LU] 65 Gb
Bagni di Lusnizza [UD] 13 Fbc
Bagni di Mezzo / Mitterbad [BZ] 9 Eb
Bagni di Mommialla [FI] 73 Fc
Bagni di Mondragone [CE] 107 Ccd
Bagni di Petriolo [SI] 83 Bb
Bagni di Pozzano [NA] 113 Ec
Bagni di Rabbi [TN] 9 Cc
Bagni di Rázzes/Bad Ratzes [BZ] 9 Hb
Bagni di Répole [KR] 133 DEc
Bagni di Salomone / Bad Salomonsbrunn [BZ] 3 Fbc
Bagni di Salto / Bad Salt [BZ] 9 Cb
Bagni di San Giuseppe / Bad Moos [BZ] 3 Hc
Bagni di Selva / Bad Rahmwald [BZ] 3 DEc
Bagni di Sgúmes / Schgumshof [BZ] 9 Bb
Bagni di Stigliano [ROMA] 91 Cd
Bagni di Tivoli [ROMA] 97 Gb
Bagni di Vicarello [ROMA] 91 Dcd
Bagni di Vinadio [CN] 53 Cd
Bagni Froi / Bad Froi [BZ] 11 Ab
Bagnile [FC] 61 Fd
Bagni Oddini [NU] 171 Cb
Bagni San Cataldo [PZ] 115 FGc
Bagni San Filippo [SI] 83 Cc
Bagni Stravignano [PG] 85 Eb
Bagno [AQ] 93 Ec
Bagno [FG] 103 Eb
Bagno [PG] 69 Eb
Bagno [RE] 59 Eab
Bagno, Rio– 85 Cd
Bagno, Torrente del– 83 Gc
Bagno al Morbo [PI] 73 Fd

Bagno a Ripoli [FI] 67 FGd
Bagno dell'Acqua 151 ins.a
Bagno di Cética [AR] 69 Cd
Bagno di Gavorrano [GR] 81 Gc
Bagno di Pervalle / Bad Bergfall [BZ] 3 EFc
Bagno di Piano [BO] 59 Hb
Bagno di Romagna [FC] 69 Ecd
Bagno Dolce / Bad Süß [BZ] 9 Gb
Bagnola [MC] 79 EFc
Bagno la Perla [PI] 73 Fd
Bagnoletto [PD] 51 Da
Bagnoli [BN] 107 Fd
Bagnoli [NA] 113 CDbc
Bagnoli [PD] 39 Bc
Bagnoli della Rosandra [TS] 41 Ic
Bagnoli del Trigno [IS] 101 Dc
Bagnoli di Sopra [PD] 51 Da
Bagnoli Irpino [AV] 115 Cbc
Bagnolo [AR] 75 Hcd
Bagnolo [FI] 67 Fd
Bagnolo [GR] 83 Dc
Bagnolo [GR] 83 Bb
Bagnolo [PC] 47 Fc
Bagnolo [PO] 67 Eb
Bagnolo [TV] 25 Fc
Bagnolo [VI] 37 Ec
Bagnolo [VR] 37 Bd
Bagnolo [VT] 91 Eb
Bagnolo, Monte– 123 Cc
Bagnolo, Terme del– 81 FGab
Bagnolo Cremasco [CR] 33 Fc
Bagnolo del Salento [LE] 125 EFbc
Bagnolo di Po [RO] 51 ABb
Bagnolo in Piano [RE] 49 CDd
Bagnolo Mella [BS] 35 DEc
Bagnolo Piemonte [CN] 43 Ed
Bagnolo San Vito [MN] 49 Eb
Bagnone [MS] 57 FGcd
Bagnore [GR] 83 Ad
Bágnore [GR] 83 Dc
Bagnoro [AR] 75 Gc
Bagno Roselle [GR] 83 Ad
Bagno Vignoni [SI] 83 Db
Bagnu, Iu– [SS] 163 DEc
Bagoligolo, Monte– 23 Cc
Bagolino [BS] 23 Cd
Bai, Torrente– 81 Hc
Báia [CE] 107 Ec
Báia [MO] 49 Bc
Báia [NA] 113 Cbc
Báia, Castello di– 113 Cbc
Báia delle Zágare [FG] 103 Gc
Báia Domízia [CE] 107 Bc
Báia e Latina [CE] 107 Cc
Baiana [AN] 79 Eb
Baiano [AV] 113 Fb
Baiardo [IM] 63 Cbc
Baiata, Rio– 149 Gc
Baiocca, Stagno– 177 Dc
Baiedo [LC] 21 Dc
Baignon, Punta– 161 Ec
Baio Dora [TO] 31 ABb
Baiolu, Nuraghe– 163 DEa
Báiro [TO] 29 Ic
Baiso [RE] 59 Dbc
Baite [MN] 35 Gcd
Baitone, Corno– 23 Cab
Baitone, Lago– 23 Cb
Baitoni [TN] 23 Dd
Baja Sardinia [SS] 161 Ebc
Balai, Cappella– 163 Ccd
Balaiana, Nuraghe– 161 Dc
Balangero [TO] 29 GHd
Balata del Turchi 151 ins.a
Balata di Báida [TP] 149 Eb
Balatazza, Casa– [PA] 151 Fa
Balate, Masseria– [PA] 147 Fd
Balate, Poggio– 147 Cc
Balate, Serra– 157 Cc
Balatelle, Monte– 147 Cc
Balatro [FI] 67 Fd
Balbano [LU] 65 Fcd
Balbiano [MI] 33 Ec

Balbido [TN] 23 Eb
Balboutet [TO] 43 CDb
Balchino, Masseria– [CT] 155 Cd
Balconcello [MN] 49 CDb
Balconevisi [PI] 73 EFb
Baldami [PG] 85 Bb
Baldaria [VR] 37 Ecd
Baldichieri d'Asti [AT] 45 Bc
Baldignano [AR] 77 Bb
Baldissero Canavese [TO] 29 Ic
Baldissero d'Alba [CN] 45 Ad
Baldissero Torinese [TO] 43 Hb
Baldo, Monte– [It.] 23 Fd
Baldo, Monte– [VR] 25 Bc
Baldu, Rio di– 161 Cc
Balduina [PD] 51 Bb
Balestra, Pian di– 67 Fa
Balestrate [PA] 149 FGb
Balestrino [SV] 63 GHb
Baligioni, Monte– 167 Cab
Balignano [FC] 69 GHb
Balisio, Colle di– 21 Dc
Balistreri, Punta– 167 CDa
Ballabio [LC] 21 Dc
Ballabio Inferiore [LC] 21 Dc
Ballabio Superiore [LC] 21 Dc
Ballano, Lago– 57 Gc
Ballao [CA] 175 Ec
Ballata [TP] 149 Ec
Balletto [PA] 147 Ac
Balletto, Rio di– 149 Gc
Ballino [TN] 23 Ec
Ballò [VE] 39 Cc
Ballone [PR] 57 Gc
Ballone, Poggio– 81 Gcd
Ballu, Monte su– 171 Cc
Balma [TO] 43 Dbc
Balma [TO] 29 FGd
Balma [VC] 19 Bc
Balma, Ia– [VB] 15 CDc
Balma, Rifugio– [CN] 53 Gd
Balma, Rifugio– [TO] 43 Eb
Balme [TO] 29 Fd
Balme, Cima delle– 19 Cc
Balme, Col de– 17 Cb
Balmúccia [VC] 19 Ccd
Balniscio, Passo di– 5 Hc
Balocchi, Case– [RE] 59 Cd
Balocco [VC] 31 Dc
Balona, Cantoniera– [SS] 163 BCd
Balossa Bigli [PV] 45 Gb
Balsorano [AQ] 99 Fc
Balsorano Nuovo [AQ] 99 Fbc
Balvano [PZ] 115 EFcd
Balvano, Stazione di– 115 EFcd
Balza di Ciotto 99 FGc
Balza Soletta 153 EFa
Balze [FC] 69 Fd
Balze, Le– 73 EFc
Balzi [CE] 107 Fd
Balzi Rossi 63 Cd
Balzo [AP] 87 Bcd
Bálzola [AL] 45 Da
Bammina, Monte– 145 Fb
Bánari [SS] 165 Eb
Banca, Ia– [ROMA] 105 Cb
Bancali [SS] 165 Ca
Banchetta, Monte– 43 Cc
Banchette [TO] 31 Bc
Banco [TN] 9 Cd
Báncole [MN] 49 Da
Banderuola, Punta– 7 Ed
Bandiera, Punta– 143 EFc
Bandita [AL] 55 Eb
Bandita [LI] 81 Db
Bandita, Ia– [LI] 73 Dd
Bandita, Monte Ia– 85 Gc
Bandita, Poggio Ia– 81 Fb
Banditaccia, Necrópoli della– 97 Cab
Banditella [GR] 89 Da
Banditelle [LI] 81 Ebc
Banditelle, Ie– [PI] 73 Ec
Bandito [CN] 43 Hd

Bando [FE] 61 Db
Bando [PN] 27 Cc
Banengo [AT] 45 Bb
Banna [TO] 43 Ic
Banne [TS] 41 Hbc
Bannia [PN] 27 Bc
Bannio Anzino [VB] 19 Cbc
Bannone [PR] 59 Cab
Bano, Monte– 55 Hbc
Bantine [SS] 167 Cc
Banzano [AV] 113 Gb
Banzena [AR] 69 DEd
Banzi [PZ] 117 BCb
Banzola [PR] 47 Fd
Banzola [PR] 57 Ga
Banzolo [PC] 57 Dab
Banzullo, Parco Naturale del– 117 BCb
Banzuolo [MN] 49 Cc
Baone [PD] 37 FGd
Barabana [BO] 61 Bb
Barabò [VR] 49 Fa
Baracca, la– [AR] 75 GHbc
Baracca, la– [SP] 57 Dd
Baracca, Monumento a– 25 EFd
Baracca, Punta– 121 Fc
Baracche, Masseria le– [MT] 129 Ea
Baracchella II [CS] 135 Eb
Baracco [CN] 53 Gd
Baráccola, la– [AN] 79 EFb
Baraccone, Bric– 55 Cc
Baraccone, Il– [CS] 129 Ed
Baraccone, Monte– [IM] 63 Dcd
Baraccone, Monte– [SV] 55 CDcd
Barádili [OR] 173 Fa
Baragazza [BO] 67 Fb
Baragge, Riserva Naturale delle– 31 DEb
Baraggia [NO] 31 Fb
Baraggia [NO] 31 Ea
Baràggia [NO] 31 Eab
Baraggione [NO] 31 EFab
Baragiano [PZ] 115 Fc
Baragiano, Stazione di– 115 Fc
Baralla, Poggio– 69 DEd
Baranci, Croda dei– / Birkenkofel 3 Gc
Baranci, Rifugio– 3 Gc
Baranello [CB] 107 Ga
Baranello, Stazione di– 107 Ga
Barano [AQ] 93 Dc
Barano d'Ischia [NA] 113 Bc
Barant, Colle– 43 Dd
Barant, Rifugio– 43 Dd
Baranzate [MI] 33 Cb
Baranzuolo [GE] 57 BCc
Barasso [MI] 33 Cc
Barate [MI] 33 Cc
Barátili San Pietro [OR] 169 Dbc
Baratta, Serra di– 145 Ebc
Baratte [TO] 43 Eb
Baratti, Golfo di– 81 DEbc
Barattina [VC] 19 Dc
Baratz, Lago– 165 Ba
Barazzetto [UD] 27 Db
Barba [BN] 113 Ga
Barba [PT] 67 Bc
Barbacanale, Punta di– 41 Fbc
Barbagelata [GE] 57 Bbc
Barbágia Belví 171 Dd
Barbágia Ollolai 171 Db
Barbágia Seúlo 175 Dab
Barbania [TO] 29 Hd
Barbano [VI] 37 FGc
Barbanti [PU] 77 FGb
Bárbara [AN] 79 Cb
Barbara Lowrie, Rifugio– 43 Dd
Barbarano [BS] 35 Gb
Barbarano, Torrente– 35 Gb
Barbarano del Capo [LE] 125 EFd
Barbarano Romano [VT] 91 Cc
Barbarano Vicentino [VI] 37 Fc
Barbarasco [MS] 57 Fd
Barbaresco [CN] 45 Bd
Barbaricina [PI] 65 EFd
Barbariga [BS] 35 Dc
Barbariga [PD] 51 Ab

Barbarigo, Torrente– 153 Db
Barbarolo [BO] 59 Hld
Barbarossa, Masseria– [BA] 111 Ccd
Barbarossa, Punta– 163 Bbc
Barbasso [MN] 49 Eb
Barbassolo [MN] 49 Eb
Barbata [BG] 33 Gc
Barbato, Monte– 109 Cb
Barbavara [PV] 31 Gc
Barbeano [PN] 27 Cb
Barbei [CN] 55 Bc
Barbellino, Lago Inferiore del– 21 Hb
Barbellino, Lago Superiore del– 21 Hb
Barbera, Cascina– [VC] 31 CDd
Barbera, Rifugio– 63 DEab
Barberi [PE] 95 Cbc
Barberino, Parco del– 23 Bc
Barberino di Mugello [FI] 67 Fbc
Barberino Val d'Elsa [FI] 73 GHb
Barbeston, Monte– 29 Ha
Barbè Superiore [VB] 19 FGbc
Barbi [SI] 83 Db
Barbialla [FI] 73 Fb
Barbian / Barbiano [BZ] 9 GHb
Barbiana [FI] 67 Gc
Barbianello [PV] 47 Bb
Barbiano [AR] 69 Cd
Barbiano [RA] 61 Dc
Barbiano / Barbian [BZ] 9 GHb
Barbigarezza [PR] 57 DEbc
Barbisanello [TV] 25 Fc
Barbisano [TV] 25 Fc
Barbischio [SI] 75 Fd
Barbona [MO] 59 Ec
Barbona [PD] 51 Cb
Barbona, Monte– 65 Gc
Barbúglio [RO] 51 Cb
Barbusi [CA] 177 CDb
Barbuzzera [CR] 33 Fc
Barca [SI] 75 Dc
Barca [TO] 43 Hb
Barca, Monte– 57 Gd
Barca, Ponte la– 155 Eb
Barca, Rio– 165 Bb
Barcáccia, la– [PG] 77 Ed
Barca del Grazi, la– [GR] 89 Da
Barcanello [AL] 45 Fd
Barcarello, Punta di– 147 Ba
Barcarola [VI] 23 Icd
Barcellona Pozzo di Gotto [ME] 145 Gab
Barcelonnette [Fr.] 53 Ac
Bar Cenisio [TO] 43 Ca
Barche [AO] 17 FGd
Barche [PD] 37 FGb
Barche [TV] 25 Ec
Barchessa [BO] 61 Bb
Barchessa [PD] 51 Bb
Barchessa Ravagnan [RO] 51 Gbc
Barchi [MN] 49 Ba
Barchi [PU] 71 Fde
Barchi Breo [CN] 63 Fab
Bárcis [PN] 25 Ha
Bárcis, Lago di– 25 Ha
Barco [FI] 67 Gb
Barco [LC] 21 Dcd
Barco [PN] 27 ABd
Barco [RE] 59 CDa
Barco [TN] 23 Hlbc
Barco [VR] 37 Cc
Barco, Villa– [RG] 159 Dc
Bárcola [TS] 41 Hbc
Barcon [TV] 39 BCa
Bard [AO] 29 Ib
Bardalone [AT] 67 Db
Bardaro, Serra– 153 Dc
Bardassano [TO] 43 Ib
Bardelle [MN] 49 Ba
Bardello [VA] 19 Gcd
Bardi [PR] 57 Eb
Bárdia, Monte– 171 Fb
Bardies [BL] 25 Cc
Bardine di San Terenzo [MS] 65 Dab
Bardineto [SV] 63 Ga
Bardino [SV] 55 Cd
Bardino Nuovo [SV] 55 Cd

Bardino Vecchio [SV] 55 Cd
Bardolino [VR] 35 Hb
Bardone [PR] 57 Gb
Bardonécchia [TO] 43 Bb
Bardonetto [TO] 29 GHc
Bardoney [AO] 29 Gb
Bardosu, Cantoniera– [NU] 165 Fd
Barega [CA] 177 Db
Bareggio [MI] 33 BCc
Barengo [NO] 31 EFb
Barengo [TO] 31 Bcd
Baresi [BG] 21 Fc
Baressa [OR] 173 Fa
Baresus, Nuraghe de is– 175 Fc
Barete [AQ] 93 Db
Barga [LU] 65 Fb
Bargagli [GE] 55 Hc
Bargali [BO] 67 Eb
Barge [CN] 43 EFd
Bargécchia [LU] 65 Ec
Barghe [BS] 35 Fab
Bargi [BO] 67 Eb
Bargino [FI] 73 GHb
Bargnana [BS] 35 CDb
Bargnano [BS] 35 Dc
Bargni [PU] 71 EFd
Bargone [GE] 57 Cd
Bari [BA] 111 Hd
Bari, Terra di– 111 GHd
Bariano [BG] 33 Gbc
Baricella [BO] 61 Bab
Baricella, Torrente– 95 Bb
Baricetta [RO] 51 DEb
Barifreddo, Monte– 43 CDc
Barigadu 169 Bb
Barigazzo [MO] 59 Dd
Barigazzo, Monte– 57 Eb
Barile [PT] 67 Dc
Barile [PZ] 115 FGb
Barina [PD] 37 Gb
Bari–Palese, Aeroporto Internazionale– 111 Gd
Barisano [FC] 61 Ed
Bari Sardo [NU] 175 Fab
Barisciano [AQ] 93 Fbc
Barisciano, Lago di– 93 Fb
Barisoni [NU] 175 Fc
Barisonzo [PV] 47 Ac
Barlassina [MI] 33 Cab
Barletta [BA] 111 Dbc
Barme [AO] 29 Iab
Barnes, Torrente– 9 Dc
Barni [CO] 21 Cc
Barolo [CN] 55 Ab
Barona [PV] 47 Ba
Baronággio, Masseria– [BA] 119 Bb
Baróncia [MC] 87 Bab
Baroncino [SA] 115 Bcd
Barone, Cozzo del– 131 Fd
Barone, Monte– [BI] 31 CDa
Barone, Monte– [FG] 103 Gc
Barone, Torre del– 151 Ebc
Barone Canavese [TO] 31 Bcd
Baronella, Pantano– 159 Fd
Baroni [TO] 43 Db
Baroni, Piano dei– 151 Da
Baronía [ME] 145 Ga
Baronia, Monte– 149 EFc
Baroníe 167 Gcd
Baronissi [SA] 113 Gc
Barosi [AL] 55 Db
Barp [BL] 25 EFab
Barquedo [NO] 19 EFd
Barra [CN] 53 DEb
Barra [NA] 113 Dbc
Barrabisa [SS] 161 Db
Barracù, Monte– 151 FGa
Barrafranca [EN] 157 Fb
Barrali [CA] 175 Cd
Barramanco, Pizzo– 145 Gbc
Barrata, Toppa– 109 Bc
Barrea [AQ] 99 Hc
Barrea, Lago di– 99 Hc
Barrera, Masseria– [LE] 123 Fc
Barretta, Masseria– [FG] 109 Ha
Barrettini, Isola– 161 Eb

Barricata 25 Bc
Barricate, le– 53 BCc
Barriera, la– [AG] 157 Dc
Barritteri [RC] 139 Ccd
Barro, Monte– 21 Dcd
Barrotta, Masseria– [LE] 125 Eb
Barrua Susu [CA] 177 Ec
Bartolacelli 59 Ec
Bartoli [CT] 155 Fc
Bártolo, Sella di– 13 Gb
Bártolo, Sella di– (I) = Bartolo Sattel 13 Gb
Bartolo Sattel = Bártolo, Sella di– (I) 13 Gb
Baruccana [MI] 33 CDab
Barúccio [AN] 77 Ec
Baruchella [RO] 51 Ab
Baruffini [SO] 7 Fd
Barullo [AR] 75 Gd
Barumeli, Castello– 173 Ea
Barúmini [CA] 175 Cb
Barussa, Nuraghe– 177 Dcd
Barvi, Fiumara– 141 Gb
Barza [VA] 19 Fd
Barzago [LC] 21 Cd
Barzana [BG] 21 Fd
Barzaniga [CR] 35 Cd
Barzanó [LC] 21 Cd
Barzesto [BG] 21 Hb
Bárzio [LC] 21 Dc
Barzizza [BG] 21 Gcd
Basagliapenta [UD] 27 Dbc
Basaldella [PN] 27 Bcd
Basaldella [UD] 27 Eb
Basalghelle [TV] 25 GHcd
Basalti Colonnari di Guspini 173 Db
Basaluzzo [AL] 45 Fd
Bascapé [PV] 33 Dd
Baschi [TR] 85 Bde
Baschi, Stazione di– 85 Bd
Bascianella [TE] 93 Ga
Basciano [SI] 75 Cc
Basciano [TE] 93 Ga
Bascio [PU] 69 Gd
Basedo [PN] 27 Bcd
Baséglia-Gáio [PN] 27 Cb
Baséleghe, Porto di– 41 Cc
Baselga del Bondone [TN] 23 Gb
Baselga di Pinè [TN] 23 Hb
Basélica [PR] 57 EFbc
Basélica [PV] 47 Bb
Basélica Bologna [PV] 33 Cd
Baséllice [BN] 109 Cb
Basella [BG] 33 Gb
Basentello, Fermata– 117 Dc
Basentello, Torrente– 117 Ecd
Basento, Fiume– 129 Cc
Basiago [RA] 61 Dd
Basiano [MI] 33 Eb
Basiasco [LO] 33 Fd
Basicò [ME] 145 Fb
Basíglio [MI] 33 CDcd
Basiliano [UD] 27 Db
Basilicagoiano [PR] 59 Ca
Basilicanuova [PR] 59 BCa
Basilicò, Monte– [CS] 133 Db
Basilicò, Monte– [RC] 141 EFbc
Basiluzzo, Isola– 143 Fb
Baslan / Basling [BZ] 9 Eb
Basling / Baslan [BZ] 9 Eb
Basódino, Monte– 15 Eb
Basovizza [TS] 41 Ic
Bassa, Forcella– 11 Fd
Bassacutena [SS] 161 Dc
Bassacutena, Rio– 161 Dc
Bassa di Mai [PR] 47 Gc
Bassano [AN] 77 Ecd
Bassano [VA] 19 Gb
Bassano, Punta– 149 Ac
Bassano, Rifugio Albergo– 25 Cc
Bassano Bresciano [BS] 35 Dcd
Bassano del Grappa [VI] 25 Cd
Bassano in Teverina [VT] 91 Db
Bassano Romano [VT] 91 Cc

Bassano Romano, Stazione di– 91 Cc
Basset, Colle– 43 Cbc
Bassiano [LT] 105 Ea
Bassignana [AL] 45 Fbc
Basso [CS] 135 Db
Basso, Casale– [CS] 135 Db
Basso, Masseria– [FG] 103 Gbcd
Basso Merse, Riserva Naturale– 83 BCb
Bassone [MS] 57 EFc
Bassone, Oasi del– 21 Bd
Bassura [CN] 53 Cbc
Bassura, Monte– 53 Bcd
Bastarda, Colle– 135 Ec
Bastardo [PG] 85 Dc
Bastelli [PR] 47 Gc
Bastía [AN] 77 Fc
Bastía [BL] 25 FGb
Bastía [MN] 49 Fb
Bastía [PD] 37 Fc
Bastía Umbra [PG] 85 Db
Bastía [SV] 63 GHb
Bastía [VC] 19 Dd
Bastía [VC] 31 Dc
Bastía, la– 55 Hc
Bastía, Monte– 55 Hc
Bastía Mondoví [CN] 53 Hc
Bastianello [ME] 145 Gc
Bastía Nuova [FG] 109 Fcd
Bastida de' Dossi [PV] 45 Gb
Bastida Pancarana [PV] 45 Hb
Bastiglia [MO] 49 EFd
Bastiola [PG] 85 Db
Bastiola, Monte– 77 Ccd
Bastione [ME] 145 Ga
Bastione, Casa– [EN] 153 Fb
Bastione, Monte– 67 Fab
Bastione, Poggio al– 73 DEd
Bastita [CN] 53 Fbc
Basto [TE] 87 CDd
Bastonaca [RG] 159 Cb
Bastrémoli [SP] 65 BCab
Batia [PA] 147 GHbc
Batignano [GR] 83 ABc
Battáglia [SA] 127 Ecd
Battáglia [TE] 87 Dd
Battáglia [TP] 149 Eb
Battáglia, Canale della– 37 Gcd
Battáglia, Lago della– 17 Hd
Battagliosi [AL] 55 Eb
Battedizzo [BO] 59 Hc
Battel 19 BCbc
Battiati, Casa– [CT] 155 Ea
Batticane, Torrente– 147 Bd
Battiferro [TR] 91 Ga
Battifolle [AR] 75 Fc
Battifolle, Monte– 67 BCbc
Battifollo [CN] 55 ABcd
Battipáglia [SA] 115 Bd
Battista, Masseria– [CB] 101 Gbc
Battisti Cesare, Rifugio– [TN] 23 Gb
Battisti Cesare, Rifugio– [VI] 37 Ca
Battistone, Punta– 161 Ebc
Battuda [PV] 33 Cd
Battuello [MI] 33 Bc
Bau [CA] 173 Cbc
Baucca [PG] 77 Cc
Baucina [PA] 147 Dc
Bauda, Monte– 145 Bd
Baudenasca [TO] 43 Fc
Bauducchi [TO] 43 Hc
Bau 'e Mándara, Lago– 171 Ecd
Bau 'e Mela, Lago– 171 Ecd
Bauernkohlern / Col di Villa [BZ] 9 Gc
Bau Ischios, Rio– 171 Fb
Bau 'e Tanca, Nuraghe– 171 Ec
Bauladu [OR] 169 DEb
Baunei [NU] 171 FGc
Baunuxi, Cantoniera– [NU] 175 Fa
Bau Pressius, Lago di– 177 Eb
Bau sa Mela [NU] 175 Cab
Bausone [TO] 45 Ab
Baussetti, Monte– 53 Hd

Bavantore [AL] 45 Gd
Bavantorino [AL] 45 Gd
Bavareto [MS] 57 Gb
Bávari [GE] 55 GHc
Bavaria [TV] 25 Fd
Bavarione, Monte– 19 Fb
Bavaroi [TV] 25 Gc
Bavastrelli [GE] 57 ABb
Bavastri [GE] 57 Db
Baveno [VB] 19 EFc
Baver [TV] 25 Gc
Bax, Masseria– [BR] 123 Cb
Bazena [BS] 23 Cc
Bazia, Monte– 139 Db
Bazza [MN] 49 Eab
Bazzana [AT] 45 Dd
Bazzano [BO] 59 Gbc
Bazzano [PR] 59 Cb
Bazzano Inferiore [PG] 85 Ed
Bazzano Superiore [PG] 85 Ed
Bazzinitta, Nuraghe– 165 BCa
Beano [UD] 27 Dbc
Beata Vergine del Cóvolo 25 Cc
Beate Sante, Éremo delle– 71 Fd
Beato Ángelo, Badia del– 79 Cc
Beatrice, Masseria– [TA] 119 Bc
Beaufort [Fr.] 17 Ad
Beaulard [TO] 43 Bb
Beaulieu-sur-Mer [Fr.] 63 BCd
Beaume [TO] 43 BCb
Beauregard, Lago di– 29 Eb
Beausoleil [Fr.] 63 Cd
Bébbio [RE] 59 Cd
Beber [VI] 23 Hd
Becca, Ponte della– 47 Bb
Beccacivetta [VR] 37 Bc
Beccarini, Azienda– [FG] 111 ABab
Beccazzittu, Monte– 161 Ccd
Becchei, Col– 11 Bc
Béccia, La– [AR] 69 Ed
Becco, Cima del– 63 Dab
Becco, Monte– 55 Hc
Becco di Vela 161 Eb
Becco d'Ovaga 19 Dd
Becco Tomaso 177 Bc
Becetto [CN] 53 Db
Bechis, Rifugio– 43 CDb
Bedale Intersile 53 Cc
Bedale Tibert 53 CDc
Bédero Valcuvia [VA] 19 Gc
Bédero Valtraváglia [VA] 19 Gc
Bedizzano [MS] 65 Db
Bedizzole [BS] 35 Gb
Bedóglio [SO] 21 Ga
Bédole [TN] 23 Ga
Bédole, Rifugio– 9 Bd
Bedónia [PR] 57 Dbc
Bedretto [Svizz.] 15 EFab
Bedulita [BG] 21 Ed
Beduzzo [PR] 57 GHb
Bèe [VB] 19 Fc
Befa, la– [SI] 83 Cb
Beffi [AQ] 93 FGc
Begato [GE] 55 Gc
Begosso [VR] 49 Hb
Begozzo [MN] 49 Dc
Beguda [CN] 53 Ec
Béigua, Monte– 55 Ec
Beigua, Parco Naturale– 55 EFc
Beinasco [TO] 43 Gb
Beinette [CN] 53 Fc
Beivars [UD] 27 Eb
Bel, Col– 11 Bc
Belagaio, il– [GR] 83 Bb
Belagaio, Riserva Naturale– 83 Bb
Belbo, Torrente– 45 DEc
Belbrolo [MN] 49 Da
Belcastro [CZ] 137 Ea
Bel Colle / Schönbichl 3 Fb
Delfé [TO] 29 FGcd
Belfiore [VE] 27 Bd
Belfiore [VR] 37 Dc
Belfiore, Cima– 59 Bd

Belforte [MN] 49 Cb
Belforte [PG] 85 Fc
Belforte [PR] 57 Fb
Belforte [SI] 73 Gd
Belforte all'Isauro [PU] 69 Hd
Belforte del Chienti [MC] 79 Dde
Belforte Monferrato [AL] 55 EFb
Belgioioso [PV] 47 Bab
Belgirate [VB] 19 Fcd
Belgrado [UD] 27 Cc
Bélice, Fiume– 151 Db
Bélice, Val– 151 Db
Bélice destro, Fiume– 149 Gd
Bélice sinistro, Fiume– 149 Gd
Bélici, Torrente– 153 Db
Bella [CZ] 137 Bb
Bella [PZ] 115 Fc
Belladonna [CZ] 137 Db
Bella Farnia [LT] 105 Db
Bellágio [CO] 21 Cc
Bellaguarda [MN] 49 Db
Bellaguarda [MN] 49 Cbc
Bella Marsilia, Torre della– 89 Ca
Bellamonte [TN] 11 Ad
Bella–Muro, Stazione di– 115 Fc
Bellano [LC] 21 Cb
Bellano, Rifugio– 21 Db
Bellante [TE] 87 Ed
Bellántone [RC] 139 Dbc
Bellária [MO] 49 Ec
Bellária [MO] 59 Fb
Bellária [PU] 77 Eb
Bellária [RN] 71 Cab
Bellária [SI] 83 Db
Bellária, Ex Parrocchia di– 71 Cb
Bellária–Igea Marina [RN] 71 Cab
Bellariva [FG] 103 Fb
Bellariva [RN] 71 Db
Bellaromana [LE] 123 EFc
Bellásola [PR] 57 Gc
Bellavalle [PT] 67 Gbc
Bellavarda, Monte– 29 Gc
Bellaveduta [FG] 111 Bd
Bellaveduta Surico, Masseria– [TA] 119 Bc
Bellavista [GR] 81 Gb
Bellavista, Capo– 171 Gd
Bellavista, Fermata– 121 EFb
Bellavista, Rifugio– / Schönblick 9 Hb
Bellavista, Rifugio– / Shöne Aussicht 1 Ec
Belledo [LC] 21 Dc
Bellegra [ROMA] 99 Cb
Bellelli [SA] 127 ABb
Bellena [PR] 47 Hc
Belli, Masseria– [LE] 125 Ec
Bellimpiazza, Casa– [SS] 163 Dcd
Bellino [CN] 53 BCb
Bellino, Monte– 89 Fab
Bellino, Rio– 53 Gd
Bellinzago Lombardo [MI] 33 Eb
Bellinzago Novarese [NO] 31 Fb
Bellinzona [Svizz.] 21 Ba
Bellísio Solfare [PU] 77 Fb
Bellissimi [IM] 63 Fc
Bellizzi [SA] 115 Bd
Bellizzi Irpino [AV] 113 Gb
Bello, Monte– 57 Db
Belloca [PU] 71 Ed
Bellocca, Monte– 37 Cb
Bellocchi [PU] 71 Fd
Bellocchio [FE] 61 Fb
Belloluogo, Masseria– [BR] 123 Db
Bellombra [RO] 51 Ebc
Bellona [CE] 107 Ed
Bellori [VR] 37 BCb
Bellosguardo [SA] 127 Cb
Belluno [BL] 25 Fb
Belluno Veronese [VR] 37 Ba
Belluri [CS] 131 Dc
Bellusco [MI] 33 Eb
Belmonte [FI] 67 Ga
Belmonte, Cappuccini di– 103 Bc
Belmonte, Santuario di– 29 Hc
Belmonte Cálabro [CS] 135 Cbc
Belmonte Castello [FR] 99 Gd

Belmonte del Sánnio [IS] 101 Dc
Belmonte in Sabina [RI] 93 Bbc
Belmonte Mezzagno [PA] 147 Cb
Belmonte Piceno [AP] 87 Db
Belmontino Soprano, Casa– [EN] 155 Cc
Belmontino Sottano, Casa– [EN] 155 Cc
Belnome [PC] 57 Bab
Belpasso [CT] 155 Eb
Belpiano / Schöneben [BZ] 1 Cc
Belpo, Monte– 35 Hb
Belprato [BS] 35 Fa
Belprato / Schönau [BZ] 1 Gb
Belricetto [RA] 61 Dbc
Belsedere [SI] 75 Ed
Belsito [CS] 135 Dbc
Beltíglio [BN] 109 Bd
Belu, Fiume– 173 Eb
Belvedere [AN] 77 FGd
Belvedere [BO] 61 Ad
Belvedere [CO] 21 ABbc
Belvedere [GR] 81 Hb
Belvedere [LI] 81 EFb
Belvedere [MN] 49 BCb
Belvedere [MN] 35 Hd
Belvedere [PG] 77 Ed
Belvedere [PG] 91 Ga
Belvedere [PN] 27 Ccd
Belvedere [PU] 71 Ed
Belvedere [SR] 159 Gb
Belvedere [TN] 9 EFc
Belvedere [TN] 25 Bc
Belvedere [TN] 23 Hc
Belvedere [TR] 83 Fc
Belvedere [UD] 41 Fb
Belvedere [VI] 37 Fc
Belvedere, Cantoniera– [SS] 165 Fc
Belvedere, Casa– [PU] 77 Eb
Belvedere, Masseria– [TA] 121 Dab
Belvedere, Monte– [AO] 29 Da
Belvedere, Monte– [BA] 117 Fb
Belvedere, Monte– [Em.Rom.] 59 Fd
Belvedere, Monte– [MS] 65 DEb
Belvedere, Monte– [RI] 93 Bb
Belvedere, Punta– 35 Gb
Belvedere, Rifugio– 25 CDb
Belvedere Della Líscia, Rifugio– 99 Hc
Belvedere di Spinello [KR] 133 Ec
Belvedere Fogliense [PU] 71 DEcd
Belvedere Langhe [CN] 55 Abc
Belvedere Maríttimo [CS] 131 Cd
Belvedere Ostrense [AN] 79 Cb
Belveglio [AT] 45 CDcd
Belverde, Grotta di– 83 EFbc
Belvì [NU] 171 CDd
Belviso, Lago di– 21 Hb
Belviso, Passo di– 21 Hb
Belviso, Val– 21 Hb
Bema [SO] 21 Eb
Benábbio [LU] 65 Gbc
Benaco → Garda, Lago di– 35 Gb
Benano [TR] 83 FGd
Bénas, Stagno de is– 169 Cb
Benate, Fosso– 155 Ec
Benatzu, su– [CA] 177 Ecc
Beneceto [PR] 49 Bcd
Benedello [MO] 59 Fc
Benedetto, Lago– 23 Ca
Bene Lário [CO] 21 BCb
Benentí [CN] 55 Ab
Benestare [RC] 141 Gcd
Benetnolda [RE] 49 Dc
Benetutti [SS] 167 CDd
Benetutti, Cantoniera di– [SS] 167 Ccd
Bene Vagienna [CN] 53 GHb
Benevello [CN] 55 Bb
Benevento [BN] 109 Bd
Bengodi [GR] 89 Ca
Benna [BI] 31 Cbc
Benne [TO] 29 Hd
Benne [TO] 43 Gd
Benne Alte [TO] 43 FGd

Bentivóglio [BO] 61 Ab
Benvignante [FE] 61 Ca
Benzi [AL] 55 DEb
Benzone, Lago di– 171 Cc
Beppe Túccio, Punta– 151 ins.b
Berba, Bec– 55 Dd
Berbenno [BG] 21 Ed
Berbenno di Valtellina [SO] 21 Fab
Berceto [PR] 57 FGbc
Bérchida, Cantoniera– [NU] 167 Gcd
Bérchida, Rio– 167 Gcd
Berchidda [SS] 167 CDb
Berchiddeddu [SS] 167 Eab
Berchito [TO] 29 Hc
Bérdia Nuova [RG] 159 Bc
Beregazzo [CO] 19 Hd
Beregazzo con Figliaro [CO] 19 Hd
Bereguardo [PV] 33 BCd
Bereguardo, Naviglio di– 33 Bc
Berenzi [MN] 35 Fd
Berg / Monte [BZ] 9 Fc
Berg, Rifugio– / Vagabunden Hütte 11 Bc
Berga [AL] 55 Hb
Bergamasco [AL] 45 Dcd
Bérgamo [BG] 33 FGa
Bergamo, Rifugio– / Grasleiten–Hütte 9 Hbc
Bergantino [RO] 49 Gb
Bergassana [SP] 57 DEd
Bergeggi [SV] 55 Dd
Bergeggi, Isola di– 55 Dd
Bergeggi, Riserva Naturale di– 55 Dd
Bergeretti [TO] 43 EFb
Bérgiola Foscalina [MS] 65 Db
Bérgiola Maggiore [MS] 65 Db
Bergkastel Spitze = Castello, Cima– (I) 1 Db
Bergóglio [CN] 53 GHa
Bergogna (I) = Breginj [SLO] 13 Fd
Bérgolo [CN] 55 Cb
Bergoncino [VI] 37 Fd
Bérgoro [VA] 31 Ha
Bergotto [PR] 57 Fc
Berguarina [RO] 51 Ab
Bergullo [BO] 61 Ccd
Berici, Monti– 37 EFc
Berinal [AO] 17 Gd
Berlasco [PC] 47 CDb
Berlasco [PC] 47 Cb
Berleta [FC] 69 DEc
Berlingeri, Casa– [TP] 151 Cab
Berlínghera, Monte– 5 Gd
Berlingheri, Casa– [CA] 177 Eab
Berlinghetto [BS] 35 Db
Berlingo [BS] 35 Dbc
Berlini [PR] 57 Eab
Bernagallo [RC] 139 Ecd
Bernalda [MT] 129 Gb
Bernardini [AT], Grotta– 125 CDc
Bernardo, Monte– 149 EFc
Bernardo, Serra di– 129 Cd
Bernaréggio [MI] 33 Eab
Bernasconi, Rifugio– 7 GHc
Bernate [CO] 21 Bd
Bernate [VA] 19 Gd
Bernate Ticino [MI] 31 Gc
Bernezzo [CN] 53 Ec
Berni, Rifugio– 7 Gc
Bernina 7 CDcd
Bernina, Passo del– 7 DEc
Bernina, Pizzo– 7 Dc
Bernio, Casone– [VE] 39 Dd
Bernolda [RE] 49 Dc
Bernuffi [VI] 37 Eb
Beróide [PG] 85 Ecd
Berra [FE] 51 Dc
Berri [CN] 53 Hb
Berriaz [AO] 29 Hla
Berrio Blanc, Monte– 17 Cd
Berrioli [SV] 63 Gde
Berro, Pizzo– 21 Eb
Berruiles [NU] 167 FGb
Bersani [PC] 47 Ecd

Bersano [PC] 47 FGc
Bersézio [CN] 53 Bc
Bersia [AL] 55 DEb
Bersone [TN] 23 Dc
Berta, Capo– 63 Gc
Bertacchi, Rifugio– 5 Gc
Bertassi [TO] 43 Fb
Berteri [CN] 43 Icd
Bertésina [VI] 37 Fb
Bertesseno [TO] 43 Fa
Bertiaga, Monte– 25 Bcd
Bertigaro [GE] 57 Cc
Bertigo [VI] 25 Bc
Bertinoro [FC] 69 Hc
Bertiolo [UD] 27 Dc
Bertipáglia [PD] 37 Hcd
Bertocchi [MO] 59 Fd
Bertoldi [TN] 23 Hc
Bertolini Soprani [CN] 53 GHcd
Bertolini Sottani [CN] 53 Gc
Bertolino, Casa– [AG] 151 DEb
Bertolotti [SS] 165 Cd
Berton, Bec– 55 Eb
Bertone, Parco delle– 35 Hd
Bertoneria [TV] 39 Cb
Bertónico [LO] 33 FGa
Bertonio [VB] 15 Dc
Bertorella [PR] 57 Ec
Bertrand, Monte– 63 DEb
Bertuccia [SR] 155 Fc
Bertuzzi, Valle– 51 Fd
Berzano di San Pietro [AT] 45 Ab
Berzano di Tortona [AL] 45 Gc
Berzigala, la– [MO] 59 Ec
Berzin [AO] 17 Gd
Berzo Demo [BS] 23 BCb
Berzo Inferiore [BS] 23 Hc
Berzola [PR] 59 Bb
Berzonno [NO] 19 Ed
Berzo San Fermo [BG] 35 Ca
Bes [BL] 25 EFb
Besagno [TN] 23 Fcd
Besana in Brianza [MI] 33 Da
Besanigo [RN] 71 Dbc
Besano [VA] 19 Hc
Besate [MI] 33 Bd
Bes–Cornapiana, Riserva Naturale– 23 Fd
Besenello [TN] 23 Gc
Beseno, Castel– 23 Gc
Besenzone [PC] 47 Fbc
Besimáuda, Monte– 53 Fd
Besmorello [CN] 53 Cd
Besnate [VA] 31 Ga
Bésolo [AT] 45 ABd
Besozzo [VA] 19 Fc
Besózzola [PR] 47 Fd
Bessa, Riserva Naturale della– 31 Cbc
Bessanese, Úia– 29 Ed
Bessans [Fr.] 29 DEcd
Béssica [TV] 37 GHa
Béssimo [BS] 21 Hc
Bessude [SS] 165 Eb
Bestagno [IM] 63 FGc
Bestazzo [MI] 33 BCc
Bethaz, la– [AO] 29 Eab
Betlemme [TO] 45 Aa
Bettaforca, Colle de– 19 Ac
Bettaforca, Monte– 17 Hc
Bettale [VI] 23 Hd
Bette [SO] 5 Gcd
Bettegno [BS] 35 Dd
Bettenesco [CR] 47 FGab
Betti, Dosso– 23 Bc
Béttola [BS] 35 Fc
Béttola [MI] 33 BCcd
Béttola [MI] 33 DEc
Béttola [PC] 47 Dd
Béttola [RE] 59 Db
Béttola [VI] 19 Ebc
Béttola [VC] 19 CDcd
Béttole [BG] 33 Gb
Béttole [BS] 35 Db

Béttole [BS] 35 Ebc
Béttole [VC] 31 Da
Béttole di Tortona [AL] 45 FGcd
Bettolelle [AN] 79 CDab
Bettolina, Punta– 19 Ac
Bettolle [SI] 75 Fd
Bettona [PG] 85 Cb
Bettuno [BG] 21 Gc
Béura–Cardezza [VB] 19 Db
Bevadoro [PD] 37 Gbc
Bevagna [PG] 85 Dc
Bevano, Bocca– 61 Fc
Bevano, Torrente– 61 Fc
Bevazzana [VE] 41 Dbc
Bévera [VE] 41 Dbc
Bévera [IM] 63 Dcd
Bevera [63] Cc
Beverare [RO] 51 Db
Beverino [SP] 57 Ed
Beverone [SP] 57 Ed
Bevia [TN] 9 Dc
Bevilácqua [FE] 49 Gd
Bevilácqua [VR] 37 Ed
Bévole [TO] 31 Bc
Bevorchiáns [UD] 13 DEc
Bex [Svizz.] 17 CDa
Bezzecca [TN] 23 Ec
Bezzetti [MN] 35 Gc
Bezzi, Rifugio– 29 Eb
Bezzo [SV] 63 Gb
Biagi [MC] 79 CDd
Biágio, Poggio– 83 Gde
Biagioni [BO] 67 Db
Biana [PC] 47 Ec
Bianca [ROMA] 89 Hcd
Bianca, Cala– 149 Abc
Bianca, Cima– 73 Dc
Bianca, Punta– [AG] 157 BCc
Bianca, Punta– [AO] 29 EFb
Bianca, Punta– [SP] 65 Cb
Bianca, Punta– [SS] 163 Fc
Biancamícia [SI] 83 DEb
Biancade [TV] 39 Eb
Bianca Grande, Cima– / Weiße, Hohe– 1 Cc
Biancanelle, Poggio– 73 Dc
Biancanigi [PV] 47 Ac
Biancanigo [RA] 61 Cd
Biancano [CE] 107 Fcd
Biancareddu [SS] 163 Bd
Biancavilla [CT] 155 Eb
Bianche [CN] 55 Md
Bianche, Case– [LE] 123 Fc
Bianche, Case– [SS] 163 Bb
Bianche di Telves, Cime– / Telfer Weißen 1 Hlb
Bianchi [AT] 45 Ac
Bianchi [CN] 53 Db
Bianchi [CS] 135 Cc
Bianco [BI] 31 Cab
Bianco [RC] 141 Gc
Bianco, Canale– 49 Ga
Bianco, Capo– [AG] 151 Fc
Bianco, Capo– [BR] 123 EFab
Bianco, Capo– [KR] 137 Gb
Bianco, Corno– 19 Bcd
Bianco, Corno– / Sarntaler Weißhorn 1 Ic
Bianco, Corno– / Weißhorn 9 Gc
Bianco, Fiume– 19 Bcd
Bianco, Lago– 11 DEb
Bianco, Monte– [Eur.] 17 Ccd
Bianco, Monte– [FR] 99 Hd
Bianco, Pizzo– 19 Cc
Bianco, Poggio– 73 Dc
Biancolidda [TP] 151 Ba
Bianconese [PR] 47 Hc
Biandrate [NO] 31 Ec
Biandronno [VA] 19 Gcd
Biandronno, Lago di– 19 Gcd
Bianzano [BG] 21 Gd
Bianzè [VC] 31 Cd

Bianzone [SO] 21 Ha
Biasca [Svizz.] 15 Hb
Biasotta, Masseria– [FG] 109 Gb
Biassa [SP] 65 Bb
Biassono [MI] 33 Db
Biaxi [SS] 167 Fb
Biazzo [RG] 159 Cbc
Biban [TV] 39 Da
Bibano [TV] 25 Gc
Bibbia, Villa– [SR] 159 Fb
Bibbiana [FI] 69 BCb
Bibbiano [AR] 75 Fb
Bibbiano [FI] 67 Gd
Bibbiano [RE] 59 Cab
Bibbiano [SI] 83 Cb
Bibbiano [SI] 73 Gc
Bibbiena [AR] 69 Dd
Bibbinello, Necrópoli di– 159 Eb
Bibbona [LI] 73 Dd
Bibbona, Riserva Naturale– 73 Dd
Bibbona–Casale, Stazione– 73 Dd
Bibele, Monte– 59 Id
Bibiana [TO] 43 Ed
Bibione [VE] 41 Dc
Bibione Pineda [VE] 41 CDc
Bíbola [MS] 57 Ef
Bibulano [BO] 59 Hd
Bíccari [FG] 109 DEb
Bicchiere [PT] 67 Cb
Bicco, Monte– 85 GHc
Bichi / Colle [BZ] 1 Hb
Bicinicco [UD] 27 Ec
Bicocca [NO] 31 Fc
Bicocca [TO] 43 Fc
Bicocca, Colle– 53 Cb
Bicocca, Stazione– 155 Fc
Biddè, Nuraghe– 167 Dc
Biddemi, Cava– 159 Cc
Bidderdi, Cantoniera– [CA] 173 CDbc
Biddiriscóttai, Grottone di– 171 FGb
Biddusa, Ponte– 149 DEd
Bidella, Nuraghe– 169 Ec
Bidente, Fiume– 69 Eb
Bidente di Cornìolo, Fiume– 69 DEc
Bidicolai, Cantoniera– [NU] 171 Fb
Bidiene, Rio– 169 Fa
Bidighínzu, Lago– 165 DEb
Bidissáriu, Rio– 175 Ba
Bidonì [OR] 169 Fb
Biegno [VA] 19 Gb
Biela, Pizzo– 15 Gb
Bielciuken [AO] 19 Bd
Biella [BI] 31 Cb
Bielmonte [BI] 31 Cab
Biena, Torrente– 75 Dd
Bienate [MI] 31 Gb
Bienno [BS] 23 Bc
Bieno [TN] 25 Bb
Biéntina [PI] 67 Bf
Biestro [SV] 55 Ccd
Bietti, Rifugio– 21 Dc
Biferno, Fiume– 101 Gb
Biffi, Canale– 23 Fd
Bifolchini, Casa– [GR] 83 Dd
Biforco [AR] 69 Ed
Biforco [FI] 69 Ea
Bigarello [MN] 49 Ea
Biggini, Torre– 151 CDa
Bigiardi [TO] 43 Eb
Bigioni [RI] 93 Ba
Bigliana [CN] 45 Ad
Bíglio [MS] 57 FGc
Bignami, Rifugio– 7 Dcd
Bignasco [Svizz.] 15 Fb
Bignone, Monte– [IM] 63 Ec
Bignone, Monte– [SV] 63 Hb
Bigolino [VI] 25 DEc
Bigotti [PC] 47 Dd
Bilanciere, Monte– 93 EFa
Bilancino, Lago di– 67 Fc
Bildstöckljoch / Santo, Forcella del– 1 Dc
Bilegno [PC] 47 Cbc
Bileo, Cozzo– 147 Cc
Bilgalzu [SS] 167 BCb

Biliánu Saldu [SS] **161** Ec
Bilioso, Torrente– **117** Ed
Billemme [VC] **31** Ecd
Bimmisca, Villa– [SR] **159** Fcd
Binaghe, Monte– **57** Fbc
Binago [CO] **19** Hd
Binami [PG] **83** Fb
Binanuova [CR] **35** DEd
Binasco [MI] **33** Ccd
Bindo [LC] **21** Dbc
Bindua [CA] **177** CDb
Bine, Oasi Le– **49** Bb
Binetto [BA] **117** Ga
Binio [TN] **23** Eb
Bino, Lago– **57** Db
Bio [TO] **29** Gd
Biódola [LI] **81** Cd
Biódola, Golfo della– **81** Cd
Bióglio [BI] **31** Cb
Biois, Torrente– **11** Cc
Bioley, [TO]– **29** Ib
Biolla [BI] **31** Da
Bionaz [AO] **17** Fc
Bionde di Visegna [VR] **49** Fa
Biondo, Serra di– **151** FGb
Bione [BS] **35** EFab
Bione, Col– **43** Eb
Bionnassay, Aiguille de– **17** Bcd
Bionzo [AT] **45** Cd
Biot, Le– [Fr.] **17** Aa
Bioula, Punta– **29** EFb
Birago [MI] **33** Cab
Birándola [RA] **61** Dd
Birbesi [MN] **35** Gd
Birchabruck / Ponte Nova [BZ] **9** Gc
Birgi Novo [TP] **149** Cc
Birgi Vecchi [TP] **149** Cc
Birillo, Ponte– **159** Bb
Birkenkofel / Baranci, Croda dei– **3** Gc
Birnbaum [A] **13** Ca
Birnlücke = Picco, Forcella del– (I) **3** Ga
Biro, Ponte– [TP] **149** Eb
Bironico [Svizz.] **19** Hb
Bírori [NU] **169** Ea
Bírori, Fermata di– **169** Ea
Birrone, Monte– **53** Db
Bisáccia [AV] **115** Ea
Bisáccia Nuova [AV] **115** Ea
Bisacquino [PA] **151** Fa
Bisagna, Cozzo– **147** BCcd
Bisani, Cantoniera– [NU] **171** Cc
Bisano [BO] **59** Id
Bisazza, Monte– **149** Gc
Bisbino, Monte– **21** Bc
Biscáccia [SS] **55** Fc
Bisce, Isola delle– **161** Fbc
Bisceglie [BA] **111** EFc
Biscina [PG] **77** Ed
Bisco, Masseria del– [FG] **109** Eb
Biscotti, Masseria– [PZ] **117** Bcd
Biscúbio, Torrente– **77** Db
Bisdónio [TO] **29** Hc
Bisegna [AQ] **99** Gb
Biselli [PG] **85** Fd
Biselli, Stretta di– **85** Fd
Bisenti [TE] **93** Ga
Bisentina, Isola– **91** Ba
Bisentrate [MI] **33** Ebc
Bisenzio **89** Ha
Bisénzio [BS] **23** Cd
Bisénzio, Fiume– **67** Ec
Biserna [FC] **69** DEc
Bisignano [AP] **87** BCc
Bisignano [CS] **131** Ed
Bisio [AL] **45** Fd
Bismantova, Pietra– **59** Cc
Bisnate [LO] **33** Ec
Bisorgno, Poggio– **83** Ce
Bissalacqua, Monte– **145** Ec
Bissicoro, Monte– **171** Fc
Bissina, Lago di– **23** CDb
Bissone [PV] **47** Cb

Bistagno [AL] **55** Dab
Bistrigna [GO] **41** FGb
Bisúschio [VA] **19** Hc
Bitetto [BA] **117** Ga
Bithia **177** Fd
Bitonto [BA] **111** Gd
Bitritto [BA] **117** Ga
Bitta, Cala– **161** Ec
Bitti [NU] **167** Ed
Bivai [BL] **25** DEb
Bívera, Monte– **11** Gc
Biviere, il– **157** FGd
Biviere di Cesarò, Lago– **145** Dc
Bivigliano [FI] **67** Fc
Bivio [Svizz.] **7** Bc
Bivio, il– [FI] **67** Fb
Bivio Mortola [CE] **107** Cb
Bivona [AG] **151** Gb
Bivona [AG] **151** Db
Bivona [VV] **137** Ac
Bivongi [RC] **139** Fc
Bizzarone [CO] **19** Hd
Bizzolano [MN] **49** Bab
Bizzuno [RA] **61** Dc
Blacca, Corna– **23** Cd
Blanc Giuir **29** FGbc
Blanche, Tête– **17** Gbc
Blanchen, Gran Becca– **17** Fc
Blandri [SV] **55** CDbc
Blasi, Masseria– [BR] **123** Ebc
Blasi, Portella di– **147** Cc
Blatten [Svizz.] **15** Ab
Blatten [Svizz.] **15** Bb
Blaustein = Avostánis, Cima– (I) **13** Db
Blavy [AO] **17** Fd
Bleggio Inferiore [TN] **23** Fb
Bleggio Superiore [TN] **23** EFb
Blegier, Colle– **43** Cb
Blello [BG] **21** Ecd
Blera [VT] **91** Cc
Blese, Corno di– **5** Gc
Blesságlia [VE] **27** Bd
Blessagno [CO] **21** Bc
Blessano [UD] **27** Db
Blévio [CO] **21** Bcd
Blinnenhorn **15** Db
Blufi [PA] **153** Ea
Blumau / Prato all'Isarco [BZ] **9** Gbc
Blumone, Cornone di– **23** Cc
Blumone, Dosso– **23** Bc
Bo, Cima di– **31** BCa
Boara [FE] **51** BCc
Boara [VR] **37** Ed
Boara Pisani [PD] **51** Cb
Boara Polésine [RO] **51** Cb
Boarezzo [VA] **19** Hc
Boário [BG] **21** Gc
Boário Terme [BS] **23** Bc
Boasi [GE] **57** Abc
Bobba, Rifugio– **17** Gc
Bobbiano [PC] **47** Cc
Bobbiate [VA] **19** Gd
Bóbbio [PC] **47** Cd
Bóbbio, Terme di– **47** Cd
Bóbbio Péllice [TO] **43** Dd
Bóbbolo, Monte– **139** Fb
Boca [NO] **31** Ea
Bocale [RC] **141** Dcd
Bocca, Isola della– **167** Fa
Bocca Callalta [TV] **39** Ea
Bocca Chiarano, Serra– **99** Hc
Bocca Chiávica [MN] **49** Cb
Boccadasse [GE] **55** Gc
Bocca di Biandino, Rifugio– **21** Db
Boccadifalco [PA] **147** Bb
Bocca di Fiume [LT] **105** Eb
Bocca di Ganda [MN] **49** Db
Bocca di Magra [SP] **65** Cb
Bocca di Pantano, Casa– [AQ] **99** Hb
Bocca di Piazza [CS] **135** Ebc
Boccadirio, Santuario di– **67** Fb
Bocca di Scala, Monte– **59** Cd

Bocca di Strada [TV] **25** Fc
Boccale, Torre del– **73** BCc
Boccaleone [FE] **61** Cb
Bocca Nuova **103** Bb
Bocca Piccola **113** Dd
Boccassette [RO] **51** Gbc
Boccassuolo [MO] **59** Dd
Boccavecchia [RO] **51** FGb
Boccea [ROMA] **97** DEb
Bocche, Cima– **11** Bc
Bocche di Po, Riserva Naturale– **51** Gc
Boccheggiano [GR] **81** Hb
Bocchere [MN] **35** Gd
Bocchetta, Passo della– **55** Gb
Bocchigliero [CS] **133** Db
Bocchignano [RI] **91** Gc
Bóccia al Mauro [NA] **113** Ec
Bocciarda, Monte– **43** DEb
Bocciolaro [VC] **19** Dc
Boccioleto [VC] **19** Cd
Bocco [GE] **57** Bc
Bocco, Monte– **57** Gc
Bocco, Passo del– **57** Cc
Boccolo dei Tassi [PR] **57** DEab
Boccolo Noce [PC] **57** Dab
Boccon [PD] **37** Fcd
Bocconi [FC] **69** Dbc
Boccório [VC] **19** BCcd
Bocenago [TN] **23** Eb
Boceto [PR] **47** Gc
Bodeina [TO] **43** Dd
Bodelacchi [AL] **45** DEbc
Bodengo [SO] **5** Fd
Bodengo, Valle– **5** Fd
Bódio [VA] **19** Gd
Bódio Lomnago [VA] **19** Gd
Bo di Valsésia, Monte– **19** Cd
Bodrello, Monte– **23** Bc
Boé, Piz– **11** Bbc
Bóes, Nuraghe– **167** Dcd
Boésimo [RA] **69** Db
Boffalora [SO] **5** FGc
Boffalora, Castello di– **47** Cc
Boffalora, Rifugio– **21** Bbc
Boffalora d'Adda [LO] **33** EFc
Boffalora sopra Ticino [MI] **31** GHc
Bogani, Rifugio– **21** Dc
Boglelio, Monte– **47** Bd
Bogliaco [BS] **35** Gab
Bogliano [TO] **29** Gc
Bogliasco [GE] **55** Hc
Boglietto [AT] **45** Cd
Boglio [CN] **55** Bc
Bogliona, Torrente– **55** Da
Boglioni [RE] **59** Eb
Bogna, Torrente– **15** Cd
Bognanco [VB] **19** Db
Bognassi [PV] **47** Bcd
Bogno [Svizz.] **21** Bb
Bogogno [NO] **31** Fab
Bogolese [PR] **49** Bcd
Bohinjska Bistrica [SLO] **13** Id
Boi, Capo– **179** CC
Boiago [TV] **39** CDab
Boion [VE] **39** Ccd
Boissano [SV] **63** Hb
Bóite, Torrente– **11** EFc
Boite, Val– **11** Ec
Bojano [CB] **107** Fab
Bolago [BL] **25** EFb
Bolano [SP] **65** Ca
Bolbeno [TN] **23** Eb
Bolca [VR] **37** Db
Boldara [VE] **27** BCd
Boldeniga [BS] **35** Dc
Boleto [VB] **19** Fd
Bólgare [BG] **33** Gb
Bólgheri [LI] **73** Dd
Bólgheri, Rifugio Faunistico di– **73** Dd
Bólgheri, Stazione di– **73** Dd
Boline, le– [MN] **49** Fbc
Bolla [AT] **45** Cb

Bolladello [VA] **31** GHa
Bolladore [SO] **7** FGd
Bollate [MI] **33** Cb
Bolle, le– [FI] **75** Cb
Bollène-Vésubie, La– [Fr.] **63** BCbc
Bollengo [TO] **31** Bc
Bollita, Torre– **129** Fd
Bollone [BS] **23** Dd
Bolo, Castello di– **145** Dcd
Bologna **59** Hbc
Bologna Borgo Panigale, Aeroporto Internazionale di– **59** Hb
Bolognana [LU] **65** Fb
Bolognano [PE] **95** Bc
Bolognano [TN] **23** Fc
Bolognetta [PA] **147** Cc
Bolognina [BO] **49** Fd
Bolognola [MC] **87** Bbc
Bolótana [NU] **165** Fcd
Bolótana, Stazione di– **165** Fcd
Boltiere [BG] **33** Fb
Bolza, Monte– **93** FGb
Bolzaneto [GE] **55** Gc
Bolzano [BL] **25** EFab
Bolzano [UD] **27** Fc
Bolzano / Bozen [BZ] **9** FGbc
Bolzano, Rifugio– / Schlernhäuser **9** Hbc
Bolzano Novarese [NO] **19** Ed
Bolzano Vicentino [VI] **37** Fb
Bolzone [CR] **33** Fcd
Bomarzo [VT] **91** Dab
Bomba [CH] **101** Da
Bomba, Lago di– **101** CDa
Bombarde, Spiaggia di– **165** Bb
Bombiana [BO] **59** Fd
Bombile [RC] **141** GHb
Bomerano [NA] **113** Fd
Bominaco [AQ] **93** Fc
Bompensiero [CL] **153** Cc
Bompensiero [BS] **35** Cc
Bompietro [PA] **153** Ea
Bomporto [MO] **49** Fd
Bonacina [LC] **21** Dc
Bonagia, Golfo di– **149** Db
Bonaldo [VR] **37** DEcd
Bonamico, Fiumara– **141** Gc
Bonángelo, Serra– **131** Cc
Bonárcado [OR] **169** Db
Bonassai, Nuraghe– **165** BCab
Bonassisi, Ponte– **109** Hb
Bonassola [SP] **65** Aa
Bonate Sopra [BG] **33** Fa
Bonate Sotto [BG] **33** Fab
Bonaudi [TO] **29** Id
Bonavicina-Borgo [VR] **37** CDd
Bonavigo [VR] **37** Ed
Boncellino [RA] **61** Dc
Bonconvento [BO] **59** Hb
Boncuri, Masseria– [LE] **125** Db
Bonda, Rio– [AL] **45** Ed
Bondanello [MN] **49** Ec
Bondegno [BS] **23** Cd
Bondeno [FE] **49** Hc
Bondeno [MN] **49** Ec
Bondione [BG] **21** GHb
Bondo [BG] **21** Gbc
Bondo [TN] **23** DEbc
Bondone [SO] **21** Hb
Bondone [TN] **23** Dbc
Bondone [TN] **23** Dd
Bondone [TN] **23** Gb
Bondone, Val di– **23** Dbc
Bondo Petello [BG] **21** Fd
Bonea [BN] **107** Gd
Bonefro [CB] **101** Gc
Bonefro-Santa Croce, Stazione di– **101** Gc
Bonéggio [PG] **85** Cb
Bonelli, i– [RO] **51** Gc
Bonemerse [CR] **47** Gb
Bonetto, Monte– **55** GHbc
Bonferraro [VR] **49** EFa
Bonghi, Monte– **175** Fa

Bongiovanni [CN] **53** Gc
Bongiovanni [CN] **45** Bd
Boni [BO] **67** Db
Bonifacio [Fr.] **161** CDa
Bonifacio, Bocche di– **161** Db
Bonifati [CS] **131** Cd
Bonifati, Capo– **131** Cd
Bonifati Marina [CS] **131** Cd
Bonifato, Monte– **149** Fc
Bonifica O.N.C. → Sanluri, Azienda Agraria di– [CA] **173** EFb
Bonina [AL] **45** Db
Boniprati, Palù di– **23** Dc
Bonito [AV] **109** Cd
Bonizzo [MN] **49** FGb
Bonnánaro [SS] **165** Eb
Bonne [AO] **29** Eb
Bonneval-sur-Arc [Fr.] **29** Ec
Bono [SS] **171** Ca
Bono, Casa– [TP] **151** ins.a
Bonom, Cima de– **31** Ca
Bonora, Masseria– [TA] **121** Cab
Bonorva [SS] **165** Ec
Bonu Ighinu, Castello– **165** Cc
Bonu Ighinu, Chiesa– **165** Dc
Bonvicino [CN] **55** Bb
Bonza, Cima di– **29** Ib
Bonzicco [UD] **27** Fc
Bôr, Zuc dal– **13** Ec
Bora [FC] **69** FGb
Bora [RE] **59** Bc
Boracifero, Lago– **81** Fab
Borágine, Monte– **93** Ca
Boragni [SV] **55** CDd
Bonratella [FC] **69** Fbc
Borbera, Torrente– **55** GHa
Borbiago [VE] **39** Cc
Borbona [RI] **93** Ca
Bórbore [CN] **45** ABd
Borboruso [CS] **135** DEc
Borca [VB] **19** BCc
Borca di Cadore [BL] **11** Ec
Borche [TO] **43** Ga
Bòrcola, Passo della– **23** Hcd
Bordala [TN] **23** Fc
Bordano [UD] **13** Dd
Bordella [TN] **9** Dc
Bordighera [IM] **63** Dd
Bordignana [PV] **45** Eab
Bordignano [FI] **67** Gab
Bordino, Fiume di– **149** Dc
Bordino, Ponte di– **149** Dc
Bordogna [BG] **21** Fc
Bordolano [CR] **35** Cd
Bordolona [TN] **9** Dc
Bordonaro [ME] **141** CDb
Bordonaro, Masseria– [SR] **159** Fb
Bordonchio [RN] **71** Cb
Bordoni [AT] **45** CDc
Bordugo [PD] **39** Cb
Bore [PR] **47** Ed
Boreano [PZ] **117** Ba
Boreca, Torrente– **57** Bb
Borella [FC] **71** Ca
Borelli, Rifugio– **17** Gcd
Borello [CN] **53** GHd
Borello [FC] **69** FGb
Borello [RA] **61** Ccd
Borello [RA] **61** Ccd
Borello, Torrente– **69** Fb
Boréon, Le– [Fr.] **63** Bb
Boretto [RE] **49** Cc
Borgáccio [PU] **71** Fd
Borgallo, Galleria del– **57** Ec
Borgallo, Monte– → Cucco, Monte– **57** Ec
Borganzo [IM] **63** Gc
Borgarello [PV] **33** Cd
Borgaretto [TO] **43** Gd
Rórgaro Torinese [TO] **43** GHab
Borgata Costiera [TP] **151** Ba
Borgata Marina [CH] **95** Fc
Borgata Marina [CS] **131** Gb

Borgata Pirastera [NU] **175** Ca
Borgata Sestrière [TO] **43** Cbc
Borgata Soprana [CN] **55** Acd
Borgata Sottana [CN] **55** Acd
Borgata Stazione **95** BCc
Borgesati [TP] **149** Fcd
Borgetto [CN] **53** EFc
Borgetto [PA] **147** Ab
Borghesana [VR] **49** FGb
Borghetti [BG] **59** Hc
Borghetto [AN] **79** Bb
Borghetto [AN] **79** Eb
Borghetto [MC] **79** Dc
Borghetto [PC] **87** CDd
Borghetto [PG] **75** GHd
Borghetto [PG] **77** Fcd
Borghetto [PR] **49** ABc
Borghetto [PR] **47** Gcd
Borghetto [PT] **67** CDc
Borghetto [TN] **37** Ba
Borghetto [VT] **91** Ebc
Borghetto, Palù di– **37** Ba
Borghetto 1° [RA] **61** Fd
Borghetto 2° [RA] **61** Fd
Borghetto d'Arróscia [IM] **63** Fb
Borghetto di Borbera [AL] **45** Gd
Borghetto di Fenigli [PU] **77** Fb
Borghetto di Traversara [RA] **61** Ec
Borghetto di Vara [SP] **57** Ed
Borghetto Lodigiano [LO] **47** CDa
Borghetto San Nicoló [IM] **63** DEd
Borghetto Santo Spirito [SV] **63** Hb
Borghi [FC] **69** GHb
Borghi [SV] **55** Dd
Borghi [TV] **25** DEd
Bórgia [CZ] **137** CDbc
Borgiallo [TO] **29** Hlc
Borgiano [MC] **85** GHab
Bórgio [SV] **63** Hab
Bórgio Verezzi [SV] **63** Hab
Borgnano [GO] **27** Fc
Borgo [AP] **87** Bd
Borgo [CE] **107** CDc
Borgo [CN] **43** DEd
Borgo [CN] **55** Ac
Borgo [CN] **53** Hc
Borgo [FE] **51** BCc
Borgo [MC] **85** Fb
Borgo [PG] **85** Gc
Borgo [RO] **51** DEbc
Borgo, Badía del– **69** Cb
Borgo, il– [TP] **149** Gc
Borgo, il– [MO] **49** Ecd
Borgo a Buggiano [PT] **67** Cc
Borgo Adorno [AL] **45** Hd
Borgo a Giovi [AR] **75** Gb
Borgo alla Collina [AR] **69** Dd
Borgo a Mozzano [LU] **65** Gbc
Borgo Ángelo Rizza [SR] **155** EFd
Borgo Áppio [CE] **107** Cd
Borgo Áquila [TP] **151** Cd
Borgo Bagni [AL] **55** Dab
Borgo Bainsizza [LT] **105** Cab
Borgo Bianchi [TV] **25** Ca
Borgo Bisano [BO] **59** Id
Borgo Bonsignore [AG] **151** Fc
Borgo Braemi [EN] **157** Bcc
Borgo Calamitanova [TP] **149** DEd
Borgo Callea [AG] **153** Cb
Borgo Capanne [BO] **67** Db
Borgo Caríge [GR] **89** Eb
Borgo Cascino [EN] **153** Fbc
Borgo Castelletto [MN] **49** Eb
Borgo Cerreto [PG] **85** Fcd
Borgo Cervaro [FG] **109** Gb
Borgo Chiusini [UD] **13** CDbc
Borgo Cornalese [TO] **43** Hc
Borgo Cortili [FE] **61** Bb
Borgo d'Ale [VC] **31** Cc
Borgo delle Anime [RA] **61** Ec
Borgo di Fontane [TV] **39** Da
Borgo di Ranzo [IM] **63** FGb
Borgo di Ronta [FC] **69** Ga
Borgo di Terzo [BG] **35** Ca

Borgo d'Oneglia [IM] 63 Gc
Borgo Duanera la Rocca [FG] 109 FGa
Borgo Faiti [LT] 105 DEb
Borgo Flora [LT] 105 CDa
Borgo Foderà [TP] 149 EFb
Borgo Fonterosa [FG] 109 Hb
Borgo Fórnari [GE] 55 Gb
Borgoforte [MN] 49 Db
Borgoforte [PD] 51 Db
Borgofranco d'Ivrea [TO] 31 Bb
Borgofranco sul Po [MN] 49 Gb
Borgo Fusara [RA] 61 Ec
Borgo Giglione [PG] 77 Cd
Borgo Giuliano [ME] 145 CDcd
Borgognone, Monte– 57 FGc
Borgo Grappa [LE] 123 Gc
Borgo Grappa [LT] 105 Db
Borgo Grotta Gigante [TS] 41 Hb
Borgo Hermada [LT] 105 EFbc
Borgo Inchiusa [TP] 151 Db
Borgo Isonzo [LT] 105 Db
Borgo Lampértico [VI] 37 Ea
Borgolavezzaro [NO] 31 Gcd
Borgo le Taverne [AV] 115 Db
Borgo Lezzine [FE] 49 Gc
Borgo Libertà [FG] 109 Hc
Borgomale [CN] 55 Bb
Borgomanero [NO] 31 Ea
Borgo Marighella [FE] 51 BCcd
Borgomaro [IM] 63 Fbc
Borgomasino [TO] 31 Bc
Borgo Massano [PU] 71 DEcd
Borgo Mezzanone [FG] 109 Hb
Borgo Milletari [EN] 153 Fa
Borgo Montello [LT] 105 Ca
Borgo Montenero [LT] 105 Ec
Borgo Morfia [ME] 145 Fc
Borgonato [BS] 35 CDb
Borgone [VB] 19 Cbc
Borgone Susa [TO] 43 Eb
Borgonovo [GE] 57 Cc
Borgonovo [TE] 93 Fa
Borgonovo Val Tidone [PC] 47 Cb
Borgonuovo [AR] 75 Gd
Borgonuovo [CN] 45 ABd
Borgo Nuovo [CN] 53 Ha
Borgonuovo [LC] 21 Db
Borgonuovo [LU] 65 Gc
Borgonuovo [SO] 5 Gcd
Borgo Nuovo [SO] 43 Bb
Borgo Ottomila [AQ] 99 Fab
Borgo Pace [PU] 77 Cab
Borgo Paglia [FC] 69 Gb
Borgo Panigale [BO] 59 Hb
Borgo Parténope [CS] 135 Db
Borgo Pasubio [LT] 105 Eb
Borgo Petilia [CL] 153 Eb
Borgo Piano Torre [ME] 145 Fc
Borgo Piave [LE] 123 Gc
Borgo Piave [LT] 105 Dab
Borgo Pietro Lupo [CT] 155 Ccd
Borgo Pieve Sestina [FC] 69 Gab
Borgo Pipa [RA] 61 Fd
Borgo Podgora [LT] 105 Da
Borgo Poncarale [BS] 35 DEc
Borgo Ponte [CN] 55 ABd
Borgo Ponte [UD] 27 EFa
Borgo Priolo [PV] 47 Ac
Borgo Quínzio [RI] 91 Gcd
Borgoratto Alessandrino [AL] 45 Ec
Borgoratto Mormorolo [PV] 47 Bc
Borgo Regalmici [PA] 153 Ca
Borgorégio [TO] 31 BCd
Borgo Revel [TO] 45 Ba
Borgoricco [PD] 39 Bb
Borgo Ripe [MC] 87 Cab
Borgo Rívola [RA] 61 BCd
Borgo Roma [TV] 39 Ea
Borgo Roma [VR] 37 BCc
Borgorose [RI] 93 Dc
Borgo Ruffini [AN] 79 Eb
Borgo Sabotino [LT] 105 CDb
Borgo Salanc [UD] 13 CDbc
Borgo San Dalmazzo [CN] 53 Ed
Borgo San Donato [LT] 105 DEb

Borgo San Felice [VI] 37 EFb
Borgo San Giacomo [BS] 35 Cc
Borgo San Giovanni [LO] 33 Ed
Borgo San Giovanni [MC] 85 Gc
Borgo San Giovanni [MC] 87 Bab
Borgo San Giusto [FG] 109 Fb
Borgo San Lorenzo [BI] 31 BCb
Borgo San Lorenzo [FI] 67 Gc
Borgo San Marco [PD] 51 Aa
Borgo San Martino [AL] 45 DEb
Borgo San Mauro [UD] 27 Fb
Borgo San Michele [LT] 105 Db
Borgo San Pietro [RI] 93 Cc
Borgo San Pietro [RI] 93 Bab
Borgo San Pietro Martire [RO] 51 CDb
Borgo San Siro [PV] 45 Ga
Borgo Sant'Ágata [IM] 63 FGc
Borgo Santa Maria [LT] 105 Cb
Borgo Santa Maria [MC] 79 Dde
Borgo Santa Maria [PU] 71 Ec
Borgo Santa Maura [RO] 51 Cc
Borgo Sant'Antonio [CN] 53 Eb
Borgo Sant'Antonio [MC] 85 Gc
Borgo Sant'Antonio Abate [CE] 107 DEbc
Borgo Santa Rita [ROMA] 97 Ed
Borgosatollo [BS] 35 Ec
Borgo Segézia [FG] 109 FGb
Borgosésia [VC] 19 Dd
Borgosésia, Rifugio– 19 Cd
Borgo Sisa [RA] 61 Ed
Borgo Spin [RO] 51 DEb
Borgostecchi [FC] 69 Gbc
Borgo Tánaro [AT] 45 Cc
Borgo Tavérnola [FG] 109 GHb
Borgo Ticino [NO] 31 Fa
Borgo Ticino [PV] 47 Aab
Borgo Tomba [FE] 51 Cd
Borgo Tossignano [BO] 61 Bd
Borgo Trebbo [FE] 61 Cab
Borgo Tufico [AN] 79 BCc
Borgo Val di Taro [PR] 57 Ebc
Borgo Valeriani [FE] 61 Bab
Borgo Valsugana [TN] 25 Ab
Borgo Velino [RI] 93 Cb
Borgo Venezia [VR] 37 Cc
Borgo Vercelli [VC] 31 Ec
Borgo Verdi [PA] 147 Gd
Borgo Villa [TV] 25 Gc
Borgo Vódice [LT] 105 Eb
Borgo Zurini [UD] 27 DEa
Borla [PC] 47 EFd
Borlasca [GE] 55 Gab
Borlezza, Fiume– 21 GHc
Bórmida [CN] 55 Bc
Bórmida [SV] 55 Cc
Bórmida [SV] 55 Cd
Bórmida, Fiume– 45 Ec
Bórmida di Mállare, Fiume– 55 Cd
Bórmida di Millésimo, Fiume– 55 Cb
Bórmida di Pállare, Fiume– 55 Cd
Bórmida di Spigno, Fiume– 55 Cbc
Bormina, Torrente– 7 Fc
Bórmio [SO] 7 Gc
Bormio, Bagni di– [SO] 7 Gc
Bornago [MI] 33 Eb
Bornago [NO] 31 Gb
Bornasco [PV] 33 Dd
Bornate [VC] 31 Da
Bornato [BS] 35 Db
Bórnio [RO] 51 BCb
Borno [BS] 23 Bc
Borno [TO] 29 FGc
Boro [VI] 37 Eb
Boroneddu [OR] 169 Fb
Bórore [NU] 169 Ea
Borra, Case– [BO] 61 Cb
Borránia, Monte della– 149 Dc
Borrello [AN] 79 Eb
Borrello [CT] 155 Cb
Borrello [PA] 147 GHc
Borrenza, Torrente– 129 Cb
Borretti [CN] 43 Hcd
Borri [FI] 75 Dab

Borriana [BI] 31 Cbc
Borro [AR] 75 Fb
Borro de' Carfini 75 Cc
Borromeo, Isole– 19 Fc
Borromeo, Rifugio– / Borromeo–Hütte 9 BCbc
Borromeo–Hütte / Borromeo, Rifugio– 9 BCbc
Borroni [PG] 85 DEc
Borsano [VA] 31 GHb
Borsea [RE] 59 Cb
Borsea [RO] 51 Cb
Borselli [FI] 67 Ec
Borsigliana [LU] 59 Bd
Borso del Grappa [TV] 25 Ccd
Borsoi [BL] 25 Gb
Borta Melone, Monte– 171 Cc
Bortigali [NU] 165 EFd
Bortigiádas [SS] 167 Ca
Bortolucci, Case– [MO] 59 Bc
Borutta [SS] 165 Eb
Borzago [TN] 23 Eb
Borzago, Valle di– 23 DEb
Borzano [RE] 59 Cb
Borzano [RE] 59 Db
Bórzoli [GE] 55 Gc
Borzonasca [GE] 57 Cc
Borzone [GE] 57 Cc
Bosa [NU] 165 CDd
Bosagro [AV] 113 Fb
Bosa Marina [NU] 165 CDd
Bosaro [RO] 51 Cbc
Boscasso, Bec– 55 Bab
Boschetiello 115 CDc
Boschetti, i– [GR] 81 FGb
Boschetto [LT] 99 Bc
Boschetto [NO] 19 Db
Boschetto [PG] 77 Fd
Boschetto [PR] 57 DEc
Boschetto [PR] 57 Hb
Boschetto [PV] 45 Ha
Boschetto [TO] 31 Bd
Boschetto della Cascina Campagna, Riserva Naturale– 35 Cbc
Boschi [BO] 61 Bc
Boschi [BO] 61 Ba
Boschi [PC] 57 Cb
Boschi [PR] 57 Gb
Boschi [RE] 49 Dcd
Boschi [TO] 29 Hd
Boschi [VR] 37 BCd
Boschi [VR] 49 Fb
Boschi, Casino de'– [PR] 47 Hd
Boschi del Giovetto di Palline, Riserva Naturale– 21 Hlc
Boschi di Bardone [PR] 57 Gb
Boschi di Carrega, Parco dei– 57 Ha
Boschietto [TO] 29 Gb
Boschietto [TO] 29 Gc
Boschi Sant'Anna [VR] 49 Ha
Bosco [CL] 153 Dbc
Bosco [CN] 53 Ebc
Bosco [NA] 113 EFb
Bosco [PG] 85 Cb
Bosco [PR] 57 Gc
Bosco [PV] 47 CDb
Bosco [SA] 127 Dd
Bosco [SV] 55 Bd
Bosco [TN] 23 GHb
Bosco [TO] 29 Hbc
Bosco [TV] 25 Ec
Bosco [VI] 25 Ac
Bosco [VI] 23 Hld
Bosco [VR] 37 CDcd
Bosco / Gurin [Svizz.] 15 Ebc
Bosco, Casale del– [SI] 83 Cb
Bosco, il– 127 Bbc
Bosco, Masseria– [BA] 119 BCc
Bosco, Monte del– [AG] 157 Cc
Bosco, Monte del– [EN] 155 Bc
Bosco, Pizzo– 147 Ec
Bosco, Pizzo del– 149 Fc

Bosco, Serra del– 155 Ba
Bosco, Villa– [SR] 159 Gb
Bosco Basso, Garzaia del– 45 Eb
Bosco Chiaro [VE] 51 Eb
Bosco Chiesanuova [VR] 37 Cb
Bosco d'Alcamo, Riserva Naturale– 149 Fc
Bosco della Frattona, Riserva Naturale– 61 BCc
Bosco della Marisca, Riserva Naturale– 35 BCc
Bosco delle Sorti della Partecipanza di Trino, Parco Naturale– 45 Ca
Bosco del Vaj, Riserva Naturale del– 43 Iab
Bosco del Vescovo [PD] 37 Hb
Bosco di Barco, Riserva Naturale– 35 Cc
Bosco di Bordighi, Riserva Naturale– 21 Gb
Bosco di Nanto [VI] 37 Fc
Bosco di Rossano [MS] 57 Ed
Bosco di San Silvestro, Oasi del– 107 EFd
Bosco di Sant'Agnese, Riserva Naturale– 75 Cc
Bosco di Sant'Antonio, Riserva Naturale– 101 BCc
Bosco di Scardavilla, Riserva Naturale– 69 Fb
Bosco ex Parmigiano [CR] 47 Gb
Bosco Fontana, Riserva Naturale– 49 Da
Bosco Foresta Umbra, Riserva Naturale– 103 FGc
Boscomare [IM] 63 Fc
Bosco Marengo [AL] 45 EFcd
Bosco Marengo, Garzaia di– 45 Ec
Bosco Mesola [FE] 51 Fc
Boscona [SI] 73 Gc
Boscone, Serra– 129 Da
Bosconero [CN] 29 Id
Bosco Nordio, Riserva Naturale– 51 Fb
Bosco Pantano di Policoro, Riserva Naturale– 129 Fcd
Bosco Pontoni, Masseria– [CB] 101 Hbc
Boscoreale [NA] 113 Ec
Bosco Rédole, Stazione di– 107 CDb
Bosco Tondo [FI] 73 Fbc
Bosco Tosca [PC] 47 Cb
Boscotrecase [NA] 113 Ec
Bosco Valentino [LO] 47 Ea
Bosco Valtraváglia [VA] 19 Gc
Bose [TO] 29 Hc
Bosentino [TN] 23 Hbc
Bosi [CN] 45 BCd
Bósia [CN] 55 Bb
Bósio [AL] 55 Fab
Bósio, Rifugio– [SO] 7 Cd
Bósio, Rifugio– [TO] 29 Fc
Bosisio Parini [LC] 21 Cd
Bosmenso [PV] 47 Bd
Bosnasco [PV] 47 BCb
Bosonasco [PC] 47 Cc
Bosplans [PN] 27 Aa
Bossea [CN] 53 GHd
Bossea, Grotta– 53 GHd
Bossi [AR] 75 Gc
Bossi [SI] 75 Dc
Bóssico [BG] 21 Hcd
Bósso, Fiume– 77 Eb
Bossola, Cima di– 29 Ic
Bossola, Monte– 55 Hab
Bossola, Passo della– 55 Bbc
Bossolaschetto [CN] 55 Bb
Bossolasco [CN] 55 Bb
Bossona, Villa di– [SI] 83 Eb
Botinaccio [FI] 67 DEd
Botricello [CZ] 137 Fb
Botricello Superiore [CZ] 137 Fb
Botro ai Marmi [LI] 81 Eb
Botrugno [LE] 125 Ec
Botta [BG] 21 Ed

Botta, Scolo– 51 Eb
Bottagna [SP] 65 Cab
Bottaiano [CR] 33 Gc
Bottanuco [BG] 33 EFb
Bottarello, Pizzo– 19 Cb
Bottarone [PV] 47 Ab
Bottazzella [IS] 107 Da
Botte [VT] 91 Cc
Botte Donato, Monte– 135 Eb
Bottega [BO] 49 FGd
Botteghelle [CT] 159 Cb
Botteghelle [ME] 141 Cd
Bottegone [PT] 67 Dc
Bottenicco [UD] 27 Fb
Bottero [CN] 53 Hb
Botti [AL] 45 Dd
Botti Barbarighe [RO] 51 Eb
Botticella [FE] 51 Cd
Botticino [BS] 35 Eb
Botticino Mattina [BS] 35 Eb
Botticino Sera [BS] 35 Eb
Bóttida [SS] 171 BCa
Bottigli, Monte– 83 Bd
Bottino, Pizzo– 141 Cd
Bottione [PR] 57 Fb
Botto [TR] 83 Gd
Bottonasco [CN] 53 Ec
Bottrighe [RO] 51 Eb
Botzer / Il Capro 1 Hb
Boucher, Roc del– 43 Cc
Bouchet, Bric– 43 Dcd
Boulliagna, Monte– 53 Bbc
Bourcet [TO]– 43 Dc
Bourget, Colle– 43 Cb
Bourg-Saint-Maurice [Fr.] 29 Cb
Bourg-Saint Pierre [Svizz.] 17 Ec
Bousiéyas [Fr.] 53 ABcd
Bousset, Torrente– 53 Ed
Bousson [TO] 43 Bc
Bousson, Col– 43 Bc
Bova [FE] 61 BCa
Bova [RC] 141 Fcd
Bovalino [RC] 141 GHbc
Bovalino Superiore [RC] 141 GHbc
Bovara [PG] 85 Cc
Bovaria [VR] 37 Dbc
Bove, Capo– 113 BCc
Bove, Monte– 99 Da
Bove, Valle del– 155 Fa
Bovec [SLO] = Plezzo (I) 13 Gcd
Bovecchio [FI] 67 EFc
Bovéglio [LU] 67 Bc
Bóvegno [BS] 23 Bd
Bove Nord, Monte– 85 Hc
Boves [CN] 53 Fcd
Bove Sud, Monte– 85 Hc
Bovezzo [BS] 35 Eb
Boville Érnica [FR] 99 Ecd
Bovina [RO] 51 Db
Bovino [FG] 109 EFc
Bovino [FI] 69 BCc
Bovino, Stazione di– 109 Fc
Bovisio-Masciago [MI] 33 CDb
Bovitello, Monte– 147 Fc
Bovolenta [PD] 39 Bd
Bovolone [VR] 37 Cd
Bovo Marino, Casa– [AG] 151 Fc
Bozale, Cappella del– 57 Cbc
Bozano, Rifugio– 63 Ba
Bozen / Bolzano [BZ] 9 FGbc
Bozzana [TN] 9 Dc
Bozzano [LU] 65 EFc
Bózzole [AL] 45 Eb
Bózzolo [MN] 49 Bb
Bozzolo [SP] 57 Ed
Bozzone, Masseria– [AV] 115 Ea
Bra [CN] 53 GHa
Brabaisu, Rio– 179 Ea
Bracalli [PT] 67 Dcd
Bracca [BG] 21 Ed
Braccagni [GR] 81 Hc
Braccano [MC] 79 Cd
Braccello [TO] 29 Gcd

Brácchio [VB] 19 Ebc
Bracciale, Masseria– [TA] 121 CDc
Braccianese Claudia, Via– 97 Ea
Bracciano [FC] 69 FGb
Bracciano [ROMA] 97 CDa
Bracciano, Lago di– (Sabatino) 91 Dd
Bracciano e Martignano, Parco Naturale Regionale Complesso Lacuale di– 91 Dd
Bracco [GE] 57 CDd
Bracco, Monte– 53 DEa
Bracco, Passo del– 57 Dd
Bracconi, Rio– 175 Fcd
Bracelli [SP] 57 Ed
Bracigliano [SA] 113 Gbc
Brádano, Fiume– 121 Cc
Brádano, Torrente– 115 Fb
Braemi, Masseria– [EN] 153 Fc
Braemi, Torrente– 157 Fb
Braga [PN] 35 Hb
Bragarezza [BL] 11 Ec
Bragioli [CN] 55 Bc
Braglia [RE] 59 Cc
Bragno [SV] 55 Cb
Braia [MS] 57 EFc
Braia [PR] 57 Gbc
Braia [TO] 45 Bb
Bráida [MO] 59 Bb
Bráida, Casa– [UD] 41 Db
Bráida, Colle– 43 EFb
Bráida Bottari [PN] 27 Cc
Braidacurti [PN] 27 Bc
Bráidi [ME] 145 EFb
Bráies / Prags [BZ] 3 Fc
Bráies, Lago di– / Pragser Wildsee 3 Fc
Braila [TN] 23 Fc
Brallo [PV] 47 Bd
Brallo di Pregola [PV] 47 Bd
Bram, Monte– 53 Dc
Bramairate [AT] 45 Bc
Bramans [Fr.] 43 Ba
Brana [PT] 67 Dc
Branca [PG] 77 EFd
Branca, Rifugio– 9 Bc
Brancaccio [PA] 147 Cb
Brancáglia [VR] 49 GHb
Brancaleone [RC] 141 Gd
Brancaleone Marina [RC] 141 Gd
Brancaleone Superiore [RC] 141 Gd
Brancastello, Monte– 93 EFd
Brancato [TO] 43 Ebc
Brancere [CR] 47 Gb
Branchetto [VT] 37 Cab
Brancialino [AR] 77 Bb
Branciglia [RE] 59 CDbc
Brancón [VR] 49 Fab
Brancot, Monte– 13 Db
Brandet, Val– 23 Bb
Brándico [BS] 35 Dc
Brandinatu, Rio– 179 Db
Brandini [CN] 53 Hab
Brandizzo [TO] 43 Ia
Brándola [MO] 59 Ecd
Branduzzo [PV] 47 Hb
Braniatogghiu [SS] 161 Dc
Branik [SLO] = Rifembergo (I) 27 Hc
Branzi [BG] 21 Fbc
Branzi, Monte– 65 Cb
Branzola [CN] 53 Gc
Branzoll / Bronzolo [BZ] 9 Fc
Branzone [PR] 57 Fb
Braone [BS] 23 BCbc
Braoulé, Mont– 17 Gc
Brarola [VC] 31 EFcd
Brasca, Rifugio– 5 Hd
Brasi, i– [SV] 55 Ec
Brasimone, Lago– 67 Eb
Brasimone, Torrente– 59 Gd
Brassé [CN] 43 FGd
Brassi [TO] 43 GHc
Brattello, Passo del– 57 EFc
Brattiró [VV] 139 Cb
Bratto [MS] 57 EFc

Bratto–Dorga [BG] 21 Hc
Braulins [UD] 13 Dd
Braulio, Bocca del– 7 Gb
Bravi [PC] 47 Ed
Brazzacco [UD] 27 Db
Brazzano [GO] 27 Fc
Brazzolo [FE] 51 Dc
Bré [PR] 47 Gbc
Brebbia [VA] 19 Fcd
Brebéis, Stagno de is– 177 Dd
Breccia [CO] 21 Bd
Breccia, Colle di– 101 FGab
Brecciarola [CH] 95 Cbc
Brecciosa, la– 99 FGc
Breccioso, Monte– 99 Fbc
Breda [CR] 47 Fa
Breda Azzolini [CR] 49 Bb
Breda Cisoni [MN] 49 Cb
Breda de' Bugni [CR] 47 Fab
Breda di Piave [TV] 39 DEa
Breda Libera [BS] 35 Dc
Brede [MN] 49 Eb
Bréfaro [PZ] 131 Bab
Bregaceto, Monte– 57 Cc
Bregaglia, Val– 5 GHcd
Bregagno, Monte– 21 Cb
Bregano [VA] 19 Gcd
Breganze [VI] 37 Fa
Breginj [SLO] = Bergogna (I) 13 Fd
Bréglia [CO] 21 Cb
Bregnano [CO] 33 Ca
Breguzzo [TN] 23 Ebc
Breguzzo, Malga– 23 Db
Breguzzo, Valle di– 23 Db
Breia [VC] 19 Dd
Breien / Brie [BZ] 9 Gc
Breil sur Roya [Fr.] 63 CDc
Breiteben / Pianlargo [BZ] 1 Hbc
Breithorn Occidentale 17 Hc
Breithorn Orientale 19 Ac
Brembana, Val– 21 EFc
Brembate [BG] 33 Fb
Brembate di Sopra [BG] 33 Fa
Brembilla [BG] 21 Ecd
Brembilla, Torrente– 21 Ecd
Brémbio [LO] 47 Da
Brembo, Fiume– 21 Ed
Breme [PV] 45 Eb
Bréndola [VI] 37 Ec
Brengon [AO] 17 Gcd
Brenna [CO] 21 BCc
Brenna [SI] 75 Cd
Brenner / Brénnero [BZ] 3 BCab
Brennerbad / Terme di Brénnero [BZ] 3 BCab
Brénnero / Brenner [BZ] 3 BCab
Brénnero, Passo del– / Brennerpass 3 BCa
Brennerpass / Brénnero, Passo del– 3 BCa
Brenno Uséria [VA] 19 Hc
Breno [BS] 23 Bc
Breno [PC] 47 CDbc
Breno [TO] 29 FGc
Brenta [TN] 23 Hbc
Brenta [VA] 19 FGc
Brenta, Cima– 23 Fab
Brenta, Fiume– 39 Cc
Brenta, Foce del– 51 Fa
Brenta, Gruppo di– 23 Fab
Brenta, Taglio di– 39 Ccd
Brenta, Valle di– 51 Fa
Brenta dell'Abbà [PD] 39 Cd
Brentanella [TV] 39 Cc
Brentari Ottone, Rifugio– 25 Bab
Brentelle di Sopra [PD] 37 GHc
Brentelle di Sotto [PD] 37 Gc
Brentino [VT] 37 Bb
Brentino Belluno [VR] 37 Bb
Brento [BO] 59 Hcd
Brento [TN] 23 Fbc
Brenton [VR] 37 Dbc
Brentoni, Monte– 11 Gb
Brentonico [TN] 23 Fcd
Brenva, Ghiacciaio della– 17 Ccd
Brenzone [VR] 35 Ha

Breolungi [CN] 53 Gc
Breónio [VR] 37 Bb
Brescello [RE] 49 BCc
Brescia [BS] 35 Eb
Bresciadega [SO] 5 GHd
Bresciana 151 Cb
Bréséga [PD] 51 Ba
Breséga, Scolo– 51 Eb
Brésimo [TN] 9 Dc
Brésimo, Val di– 9 Dc
Bresparola [RO] 51 Cbc
Bressa [UD] 27 Db
Bressana [PV] 47 Ab
Bressana Bottarone [PV] 47 Ab
Bressanone / Brixen [BZ] 3 Cc
Bressanvido [VI] 37 Fb
Bresso [MI] 33 CDb
Bretto (I) = Log Pod Mangartom [SLO] 13 Gc
Breuil-Cervinia [AO] 17 Gc
Brévia [LO] 47 Fb
Brez [TN] 9 Ec
Brezza [CE] 107 Dd
Brezzo [VA] 19 Gc
Brezzo di Bédero [VA] 19 Gc
Briaglia [CN] 53 Hc
Briallo [NO] 19 Ed
Brian [VE] 41 BCc
Briana [VE] 39 Gc
Brianco [BI] 31 Cc
Briançon [Fr.] 43 Ac
Briano [CE] 107 Ed
Brianza 21 Cd
Briasco, Monte– 19 DEd
Briatico 139 CDa
Briático [VV] 139 Da
Bribano [BL] 25 Eb
Bricci, Castello di– 75 Dc
Briccio [SV] 55 Dd
Bricco [AT] 45 ABb
Bricco [SV] 55 Dd
Bricco Bosetto [AT] 55 CDa
Bricco di Néive [CN] 45 Bd
Bricco Favole [CN] 53 Gab
Bric di Zumaglia e Monte Prevè, Area Attrezzata– 31 Cb
Bricherásio [TO] 43 Ecd
Brícoli [FI] 67 Ed
Bric Tana, Parco Naturale di– 55 Cc
Brie / Breien [BZ] 9 Gc
Brie, Rio– / Brieserbach 9 GHc
Brienno [CO] 21 Bc
Brienza [PZ] 127 Ec
Brieserbach / Brie, Rio– 9 GHc
Briga [ME] 141 Cc
Briga (I) = Brig-Glis [Svizz.] 15 BCbc
Briga Alta [CN] 63 Eb
Briga Marina [ME] 141 Cc
Briga Novarese [NO] 19 Ed
Brigantina, Punta– 81 ins.b
Brigata Cadore, Bivacco– 11 Fb
Brigata Cadore, Rifugio– 25 Fb
Brig-Glis [Svizz.] = Briga (I) 15 BCbc
Brigha, Monte– 141 Fd
Bríglia, la– [PO] 67 Ec
Brignano [SA] 113 Gc
Brignano-Frascata [AL] 45 Hcd
Brignano Gera d'Adda [BG] 33 Fb
Brignole [GE] 57 Cb
Brigue [AL] = [Fr.] 63 Db
Brillante [TO] 43 Gc
Bríndisi [BR] 123 Eb
Brindisi–Casale, Aeroporto Internazionale di– 123 Eab
Bríndisi Montagna [PZ] 117 Bd
Brintazzi [AL] 47 ABd
Brinzio [VA] 19 Gc
Briona [NO] 31 Eb
Brione [BS] 35 Db
Brione [TN] 23 Dc
Brione [TO] 43 Fab
Brione Verzasca [Svizz.] 15 Gc
Brioni [TV] 25 Dd
Brioschi, Rifugio– 21 Dc
Bríosco [MI] 33 Da

Brische [TV] 27 Acd
Brischis [UD] 27 FGab
Brisighella [RA] 61 Cd
Brisino [VB] 19 Fc
Brissago [Svizz.] 19 Gb
Brissago Valtraváglia [VA] 19 Gc
Brissogne [AO] 29 Ga
Bristol, Rifugio– 25 Fb
Bríttoli [PE] 95 Bbc
Brivadi [VV] 139 BCb
Brivio [LC] 21 Dd
Brixen / Bressanone [BZ] 3 Cc
Brizzolara [GE] 57 Cc
Bróbbio, Torrente– 53 Gc
Brocan, Lago– 63 BCab
Brocco [FR] 99 Fc
Broccostella [FR] 99 Fc
Brocon, Passo del– 25 BCb
Brodena [BS] 35 FGc
Brogles, Passo di– / Brogles-Scharte 11 Bb
Brogles, Rifugio– / Brogles-Alm 11 Bb
Brogles-Alm / Brogles, Rifugio– 11 Bb
Brogles-Scharte / Brogles, Passo di– 11 Bb
Brogliano [VI] 37 DEb
Broglie [PR] 35 Gc
Broglio [Svizz.] 15 FGb
Brognaturo [VV] 139 EFb
Brogno [CO] 21 Bc
Brognoligo [VR] 37 Dc
Broletto [RE] 59 Db
Brólio [AR] 75 FGd
Brólio, Castello di– 75 Dc
Brollo [FI] 75 Db
Brolo [ME] 145 DEab
Brolo [VB] 19 Ec
Brolo, Scoglio di– 145 DEab
Brombello, Col– 25 Gb
Brómia [GE] 55 Hb
Brondello [CN] 53 Eb
Brondoleto [MC] 79 BCd
Bróndolo [VE] 51 Fa
Broni [PV] 47 Bb
Bronte [CT] 145 DEd
Bronzini, Masseria– [MT] 117 Dcd
Bronzo [PU] 71 CDd
Brónzola [PD] 39 Bb
Bronzolo / Branzoll [BZ] 9 Fc
Bronzone, Monte– 35 Ca
Brossasco [CN] 53 Eb
Brosso [TO] 31 Abc
Brovello–Carpugnino [VB] 19 Fc
Brovida [SV] 55 Fc
Broz [BL] 25 Gb
Brózolo [TO] 45 Bb
Brozzi [BS] 23 Bd
Brtonigla [CRO] = Verteneglio (I) 41 Gd
Bruca [TP] 149 Ec
Bruca, Monte– 149 Gd
Bruca, Stazione di– 149 Ec
Brucciano [SI] 75 Cd
Bruchelle, Monte– 69 Eb
Brucianesi [FI] 67 Ed
Bruciano, Castello di– 73 Fd
Bruciata, la– 19 Bcd
Bruciate, Case– [PC] 47 Ec
Bruciati [AT] 45 CDd
Bruciati, Corni– 7 Cd
Bruciato [RN] 71 Cc
Brückele / Ponticello, Albergo– 3 FGc
Brúcoli [SR] 155 FGd
Brúcoli, Stazione di– 155 FGd
Bruera [TO] 43 Fc
Brufa [PG] 85 Cb
Bruffione, Monte– 23 Cc
Bruffione, Passo di– 23 CDc
Brugaro [VC] 19 Dc
Brugghério [MI] 33 DEb
Brugiana, Monte– 65 Db

Brúgine [PD] 39 Bd
Brugna [AL] 45 Gbc
Brugnato [SP] 57 Ed
Brugnato [PN] 25 Hc
Brugneto [PC] 57 Cab
Brugneto [RE] 59 Bb
Brugneto, Lago del– 57 Bb
Brugnetto [AN] 79 Cab
Brugnola [PR] 57 Eb
Brugnolo [CR] 49 BCb
Brugnoni [GE] 57 Bbc
Brugnoni [PC] 47 Cd
Brumano [BG] 21 DEc
Brumano [BG] 21 Ed
Bruna [PG] 85 DEcd
Bruna, Fiume– 81 Gd
Bruna, Rocca– 57 BCb
Bruna di Serini, Masseria La– [MT] 121 Cb
Brunate [CO] 21 Bcd
Bruncu de Madili, Nuraghe– 173 Fa
Bruncu sa Cruxi, Nuraghe– 173 Fab
Bruncuteúla [CA] 177 Cbc
Brunèch, Sella– 11 Bc
Bruneck / Brunico [BZ] 3 Ec
Brunella [NU] 167 Fb
Brunelli [PR] 57 Ebc
Brunello [VA] 19 Gd
Brunetta [PG] 77 Dd
Brunette, Monte– 85 Ec
Brunico / Bruneck [BZ] 3 Ec
Brunner, Rifugio– 13 Gc
Bruno [AT] 45 Dd
Bruno, Casa– [RG] 159 Ed
Bruno, Lago– 55 FGb
Bruno, Poggio– 81 Gcd
Bruno, Timpone– 135 Eb
Brunone, Rifugio– 21 Gb
Brunstriedel / Regola Brusada 3 Fc
Bruntino [BG] 21 Ed
Brusa, Monte– 57 Cc
Brusadaz [BL] 11 Dc
Brusà des Planes [TO] 43 Cc
Brusadure [PD] 39 Bd
Brusago [TN] 23 Ha
Brusaporto [BG] 33 Gab
Brusaschetto [AL] 45 Ca
Brusasco [TO] 45 Bab
Brusatasso [MN] 49 Dbc
Brusata, Tempone– 131 Eb
Brusciana [FI] 67 Dd
Brusciano [NA] 113 Eb
Brusciano [RI] 93 CDc
Brusciól, Monte– 57 Fc
Brúscoli [FI] 67 Fb
Bruscoline, Poggio– 81 FGb
Brusimpiano [VA] 19 Hc
Brusino [TN] 23 Fbc
Brusio [Svizz.] 7 Ed
Brusnengo [BI] 31 Db
Bruso [VE] 51 Eab
Brussa [VE] 41 Cc
Brusson [AO] 17 Hd
Brutto, Monte– 135 Ec
Brutto Passo, Monte– 11 GHc
Bruverello, Monte– 141 Gab
Bruzeta, Monte– 55 FGab
Bruzolo [TO] 43 Eab
Bruzzano, Capo– 141 GHc
Bruzzano Vecchio [RC] 141 Gc
Bruzzano Zeffirio [RC] 141 Gc
Bruzzelle [LO] 47 Eb
Bruzzi [PC] 57 Da
Bubano [BO] 61 Cc
Bubba, Casa– [CZ] 137 BCb
Bubbiano [MI] 33 BCcd
Búbbio [AT] 55 Cab
Bubbonia, Monte– 157 FGc
Bubegno [CO] 21 Bb
Bubudello, Serra di– 153 Fc
Buca, la– [BO] 49 Gd
Buca, la– [SI] 83 Eb
Bucari, Case di– [TP] 151 Ca
Bucari, Torrente– 151 Ca

Buccheri [SR] 159 DEb
Bucchi, Villaggio– [KR] 133 Fc
Bucchiánico [CH] 95 CDc
Bucciana, Monte– 67 Eb
Bucciano [PI] 73 Eb
Bucciano [BN] 107 Gd
Buccinasco [MI] 33 Cc
Buccino [SA] 115 Ed
Buccino-San Gregório Magno, Stazione– 115 Ed
Buceto, Monte– 83 Ccd
Bucholz / Pochi [BZ] 9 Fd
Buciaga, Cima– 23 Db
Búcine [AR] 75 Ebc
Bucita [CS] 135 Cab
Bucito [PZ] 115 Fb
Buco del Signore [RE] 59 Dab
Buda [BO] 61 Cb
Buda [PG] 93 Ca
Buda, Serra di– 131 EFde
Buddittogliu Stráulas [NU] 167 Fb
Buddusò [SS] 167 Cd
Buddusò, Altopiano di– 167 Ec
Budelli, Isola– 161 DEb
Budello, Monte– 161 DEb
Budello, Torre– 177 Ed
Budialto, Monte– 69 Db
Búdrie [BO] 59 GHb
Búdoia [PN] 25 Hb
Budoni [NU] 167 Gb
Budoni, Cala di– 167 Gb
Budrialto, Monte– 69 Db
Búdrio [BO] 61 Bb
Búdrio [RE] 49 Dd
Budrione [MO] 49 DEcd
Bueggio [BG] 21 Hbc
Bue Marino, Grotta del– [FG] 103 Ca
Bue Marino, Grotta del– [ME] 143 Cb
Bue Marino, Grotta del– [NU] 171 Fb
Bueriis [UD] 27 DEa
Búfala, Monte della– 105 Ea
Bufalória [MT] 129 Gc
Bufalotta [ROMA] 97 Fab
Bufalotta, Chiesuola– 97 Fab
Bufara, Monte– 149 Gcb
Buffa [TO] 43 EFbc
Buffa, Case– 147 CDc
Buffalora [BS] 35 Ec
Buffi, Masseria– [BR] 123 Db
Buggerru [CA] 173 Cc
Buggiana [FC] 69 Ec
Buggiano [PG] 85 Fc
Buggiano [PT] 67 Cc
Búggio [IM] 63 DEc
Búggiolo [CO] 21 Bb
Bugiafro, Torre di– 137 Gb
Bugialla [SI] 75 Dbc
Bugiallo [CO] 21 Da
Bugliaga [VB] 15 CDc
Búglio in Monte [SO] 21 Fab
Bugnara [AQ] 99 GHa
Bugnate [NO] 19 Ed
Bugnins [UD] 27 Db
Bugo [MI] 33 Bc
Buguggiate [VA] 19 Gd
Búia [UD] 13 Dd
Buiano [AR] 69 Dd
Buie (I) = Buje [CRO] 41 GHd
Buillet [AO] 29 Fa
Buio, Monte– 55 Hb
Buisson [AO] 17 Gcd
Buje [CRO] = Buie (I) 41 GHd
Bulciago [LC] 21 Cd
Bulciano [AR] 69 EFd
Bulgaria [FC] 69 Gb
Bulgarno [FC] 69 GHb
Bulgarograsso [CO] 21 ABd
Bulgarno [CO] 33 Ca
Bulgorello [CO] 33 Ca
Buliciano [SI] 73 Gc
Bulla / Pufels [BZ] 11 Ab
Bulla, Costa della– 47 CDc
Bulláccia, Monte– / Puflatsch 9 Hb

Bulliana–Vico [BI] 31 CDab
Bullicame 91 Cb
Bullone [SS] 163 Fd
Bulvaris, Cantoniera– 167 Bb
Bulzi [SS] 163 EFc
Bundschen / Ponticino [BZ] 9 FGb
Búnnari, Lago– 165 Da
Buole, Passo– 23 Gd
Buonabitácolo [SA] 127 Ec
Buonacompra [FE] 49 GHd
Buonacquisto [TR] 91 Ga
Buonalbergo [BN] 109 Cc
Buoncammino [SS] 161 CDb
Buonconvento [SI] 83 Cb
Buonfornello [PA] 147 Ec
Buongiorno, Serra– 133 Cc
Buongiovanni, Molino– [CT] 159 Cb
Buongiovanni, Monte– 159 Fab
Buonriposo, Santuario– 153 Fb
Buon Signore [ME] 141 GHc
Buontempo, Masseria– [BR] 123 Cb
Buonviaggio [SP] 65 Bb
Buonvicino [CS] 131 Cc
Buquicchio, Masseria– [BA] 117 Fab
Burago di Mólgora [MI] 33 Eb
Burana [FE] 49 GHc
Burano [CO] 21 Da
Burano [VE] 39 Ec
Burano, Fiume– 77 Fb
Burano, Lago di– 89 Eb
Burano, Serra di– 77 Ec
Burcei [CA] 179 DEa
Burchio [FI] 67 Gd
Búrchio [RO] 51 DEbc
Burcina [BI] 31 BCb
Burdini [TO] 43 Fbc
Burello [AN] 79 Cb
Burello, Monte– 145 Fb
Burena [CO] 21 Bb
Burgeis / Burgúsio [BZ] 1 Dc
Búrghidu, Nuraghe– 165 Fa
Búrgio [AG] 151 Fb
Búrgio [SR] 159 Fd
Burgio, Serra di– 159 Db
Búrgos [SS] 165 Fc
Burgstall / Postal [BZ] 9 Fb
Burgugliarito [SR] 155 Fd
Burgúsio / Burgeis [BZ] 1 Dc
Buriane [BO] 61 Bb
Buriano [GR] 81 Gc
Buriano [PI] 73 Ec
Buriasco [TO] 43 Fc
Búrio [AT] 45 Cd
Burligo [BG] 21 DEd
Burolo [TO] 31 Bbc
Buronzo [VC] 31 Dbc
Burraia, Rifugio la– 69 Dc
Burrainiti, Masseria– [AG] 157 Cc
Bursano [BO] 61 Ac
Burzanella [BO] 59 Gd
Busachi [OR] 169 Fb
Busala, Torre– [TP] 151 Ba
Busalla [GE] 55 Gb
Busambra, Rocca– 147 Cc
Busana [RE] 59 BCc
Busano [TO] 29 Hcd
Busática [MS] 57 Fcd
Busazza, Cima– 9 Bd
Busca [CN] 53 Fb
Busca [PV] 47 Bb
Buscate [MI] 31 Gb
Buscemi [SR] 159 Eb
Busche [BL] 25 Db
Busche [PG] 77 Fd
Busci [AQ] 93 Da
Busco [AR] 77 Bd
Busco [TV] 25 GHd
Buscoldo [MN] 49 Db
Buse dei Véris, la– [UD] 27 Eb
Buseto Palizzolo [TP] 149 Ebc
Buseto Superiore [TP] 149 Ebc
Busi [PR] 57 Fb

Busiago [PD] 37 GHb
Busin, Rifugio– 15 Eb
Businco, Scoglio– 163 Bd
Busin inferiore, Lago– 15 Eb
Busin superiore, Lago– 15 Eb
Busnago [MI] 33 Eb
Buso [RO] 51 CDb
Buso, il– [VI] 25 Bc
Buso, Porto– 41 Eb
Busona [SI] 75 Cc
Busonengo [VC] 31 DEc
Busovecchio [RO] 51 Cb
Bussáia, Monte– 53 Ed
Bussana [IM] 63 EFcd
Bussana Vecchia 63 EFc
Bussento, Fiume– 127 Ed
Bussento, Grotta del– 127 Ecd
Bússero [MI] 33 Eb
Busseto [AR] 75 Cc
Busseto [PC] 47 Cc
Busseto [PR] 47 Gbc
Bussi [AQ] 99 EFa
Bussi sul Tirino [PE] 93 Hc
Busso [CB] 107 Ga
Bússola, Corno– 17 Hd
Bussolengo [VR] 37 ABc
Bussoleno [TO] 43 Db
Bussolino [TO] 43 Ib
Busta [TV] 25 DEd
Bustighera [MI] 33 DEc
Busto Arsízio [VA] 31 GHb
Busto Garolfo [MI] 31 Hb
But, Torrente– 13 CDb
Butera [CL] 157 Cc
Butera, Stazione di– 157 EFd
Buthier di Valpelline, Torrente– 17
  Fc
Buti [PI] 65 Gd
Butiotti [TO] 29 Hcd
Butramo, Fiumara– 141 FGc
Buttapietra [VR] 37 BCcd
Buttifredo, Case– [FE] 51 Bd
Buttigliera Alta [TO] 43 Fb
Buttigliera d'Asti [AT] 45 Ab
Buttogno [VB] 15 Ecd
Búttrio [UD] 27 EFb
Búttule, Torrente– 165 Fb
Buturo [CZ] 137 Da
Buturro, Borgo di– [TP] 149 Ed
Buzurou 55 Cc
Buzzancone, Punta di– 81 Dd
Buzzó [PR] 57 Fc
Buzzoletto [MN] 49 Cc
By [AO] 17 Ec
By, Grande Tête de– 17 Ec

C

Ca [PC] 57 BCb
Cabanette [AL] 45 Ec
Cabanne [GE] 57 BCbc
Ca' Basse [PC] 47 Cb
Ca' Bazzone [BO] 59 Ic
Cabbia [AQ] 93 Db
Cabbia, Monte– 93 CDab
Cabella Lígure [AL] 55 Hab
Cabelle [MO] 59 FGbc
Cabelli [FC] 69 DEc
Cabernardi [AN] 77 Gbc
Cábia [UD] 13 Dc
Ca' Bianca [MO] 49 Gd
Ca' Bianca [PD] 51 Cb
Ca' Bianca [VE] 51 Fa
Cabianca, Monte– 21 Gbc
Cabiate [CO] 33 CDa
Cabie [FE] 51 Cc
Caboni, Monte– 173 Ec
Cabosa [PC] 57 Bb
Cábras [OR] 169 Dc
Cábras, Stagno di– 169 CDc
Ca' Briani [VE] 51 Eb
Cabriolo [PR] 47 Gcd
Cabu Ábbas, complesso nuragico
  di– 167 Fa

Caburáccia [FI] 67 Gab
Ca' Cappellino [RO] 51 Fbc
Ca' Cappello [RO] 51 Fb
Cacascola, Masseria– [BA] 119 Bb
Cáccamo [MC] 85 Hb
Cáccamo [PA] 147 DEc
Cácchiamo [EN] 153 Fa
Cacchiano [SI] 75 Dc
Cáccia, Capo– 165 Ab
Caccia, Guado di– 101 Bab
Cáccia, Monte– 117 Da
Cáccia, Monte la– 131 Ccd
Cacciamponi [AN] 77 Gc
Cacciana [SO] 21 ABd
Cacciano [AN] 77 FGd
Cacciano [AR] 75 EFc
Cacciano [BN] 107 Gcd
Cacciarasca [PR] 57 DEc
Cacciarli, Monte– 65 Fc
Cacciatore, Cima del– 13 FGc
Cacciatore, Rifugio al– 23 Fb
Cacciola [RE] 59 Eb
Caccione, Monte– 153 Cb
Caccivio [CO] 21 ABd
Caccume, Monte– 99 Dd
Caccuri [KR] 133 Dc
Caciocavallo, Monte– 133 Fb
Ca' Corniani [VE] 41 Cc
Ca' Cottoni [VE] 41 BCc
Cadágnolo [MO] 65 Ga
Ca' d'Andrea [CR] 49 Ab
Cadarese [VB] 15 Ec
Cáddaris, Nuraghe– 169 Fa
Caddo [VB] 15 Dd
Cadè [MN] 49 Eab
Cade [PV] 45 Hbc
Cadè [RE] 49 BCd
Ca' de' Bonavogli [CR] 47 Hb
Ca' de' Caggi [CR] 47 Hab
Ca' de' Caroli [RE] 59 Eb
Cadecoppi [MO] 49 FGd
Ca' de' Fabbri [BO] 59 Gc
Ca' de' Fabbri [BO] 61 Ab
Cadegliano [VA] 19 GHc
Cadegliano-Viconago [VA] 19 GHc
Ca' degli Oppi [VR] 37 Cd
Ca' dei Folli [LO] 47 Da
Ca' dei Gatti [CR] 47 Gb
Ca' dei Quattro [MO] 59 Dd
Cadelbosco di Sopra [RE] 49 Cd
Cadelbosco di Sotto [RE] 49 Cd
Ca' del Ferro [TR] 77 CDd
Ca' del Fosso [PV] 47 Bc
Ca' della Costa [BO] 59 HId
Ca' del Lago [VR] 49 Ga
Cadelle, Monte– 21 Fb
Ca' del Matto [PV] 47 Bc
Cadelmonte [PC] 47 Cd
Ca' del Vescovo [UD] 41 Eb
Cà de' Mari [CR] 47 Gab
Ca' de' Mazzi [LO] 47 CDa
Cadenábbia [CO] 21 Cbc
Cadeo [PC] 47 EFc
Cadero [VA] 19 Gb
Caderzone [TN] 23 Eb
Ca' de' Soresini [CR] 49 Ab
Cadì, Cima– 7 Fd
Ca' di Biss [MI] 31 Hc
Cadibona [SV] 55 Dcd
Cadibona, Colle di– (Altare,
  Bocchetta di–) 55 Dcd
Ca' di Dávid [VR] 37 Bc
Ca' di Giulietta [BO] 59 Hd
Cadignano [BS] 35 Dc
Cadignano [MO] 59 Ecd
Cadilana [LO] 33 Fcd
Ca' di Lugo [RA] 61 Dc
Ca' di Macici [VR] 49 Cd
Cadimarco [BS] 49 ABa
Cadimare [SP] 65 Bb
Cadin, Cima– 11 Db
Cadin, Monte– [BL] 11 Db
Cadin, Monte– [UD] 13 Ecd
Cadin di Sotto [BL] 11 Db
Cádine [TN] 23 Gb
Cadini, Cima– 3 Fa

Cadini, Cima– (I) = Napfspitz 3 Fa
Cadini, Gruppo dei– 11 Eb
Cadino, Rio– 9 Gd
Cadino, Val– 9 Gd
Cadipietra / Steinhaus [BZ] 3 Eab
Cadiróggio [RE] 59 Eb
Ca' di Sola [MO] 59 Fb
Ca' di Velaneto, Monte– 59 Bc
Cádola [BL] 25 Fab
Ca' Dolfin [RO] 51 Gc
Ca' Dolfin [VI] 37 Ga
Cadolora [MN] 49 Dc
Cadóneghe [PD] 39 Bc
Cadorago [CO] 33 Ca
Cadore 11 EFbc
Cadréas, Cantoniera– [SS] 165 Ec
Cadrezzate [VA] 19 Fd
Cádria [BS] 23 Dd
Cádria, Monte– 23 DEc
Cadriano [BO] 59 Ib
Caduta, Fosso della– 97 Db
Cadutella, Fosso della– 89 Gb
Caduti dell'Adamello alla Lóbbia
  Alta, Rifugio ai– 23 Dab
Ca' Emo [RO] 51 Db
Caerano di San Marco [TV] 25 DEd
Cafággio [LI] 81 Db
Cafággio [PO] 67 Ec
Cafaggiolo [FI] 67 Fc
Ca' Falier [TV] 25 Dd
Cafaro, Masseria– [BR] 123 Db
Cafasse [TO] 29 GHd
Caffaráccia [PR] 57 Eb
Caffarelli, Casa– [PA] 153 DEab
Cáffaro, Fiume– 23 Cc
Cáffaro, Valle del– 23 Cc
Caffi, Santuario dei– 55 Ca
Cafiero, Masseria– [FG] 111 Bb
Cafora Lupi, Masseria– [FG] 111
  ABc
Cafórnia, Monte– 93 Ecd
Ca' Gallo [PU] 71 Dd
Ca' Gamba [VE] 41 ABc
Cággiole [SA] 115 Ed
Cággiole [VE] 39 Cc
Ca' Giare [VE] 39 Cc
Caginia, Serra di– → Vito, Serra
  di– 145 Dd
Cagioni, Fermata– 121 Eb
Ca' Giustinian [RO] 51 Fbc
Cagli [PU] 77 EFb
Cagliano, Serra– 131 EFd
Cágliari [CA] 179 Cb
Cágliari, Golfo di– 179 Dbc
Cágliari, Stagno di– 179 Cb
Cagliari-Elmas, Aeroporto
  Internazionale– 179 Cb
Cáglio [CO] 21 Cc
Cagna [BI] 31 Db
Cagnano [PG] 77 Bc
Cagnano [VI] 37 Ecd
Cagnano Amiterno [AQ] 93 Db
Cagnano Varano [FG] 103 Ec
Cagnàtico [BS] 35 Fb
Cágnero, Monte– 77 Bc
Cagnes-sur-Mer [Fr.] 63 ABde
Cagno [CO] 19 Hd
Cagno [CS] 133 Cc
Cagnò [TN] 9 Gc
Cagno, Monte– [AQ] 93 Ec
Cagno, Monte– [RI] 93 Cb
Cágnola [PD] 37 Hd
Cagnolino, Masseria– [MT] 117 Ed
Ca' Grignella [VE] 51 Eb
Caguseli, Ianna– 171 CDb
Caianello [CE] 107 Dc
Caiano [AR] 69 Cd
Caiano [FI] 69 Cc
Caiano [TE] 87 CDde
Caiazzo [CE] 107 Fc
Caicembiucci, Masseria– [PG] 77 Ec
Cailina [BS] 35 DEb
Caimbanca [FE] 51 Ed
Cáina, Monte– 25 Cd
Cainallo, Rifugio– 21 Dbc

Caines / Kuens [BZ] 1 GHc
Caino [BS] 35 EFb
Cáio, Monte– 57 Gc
Caioletto [PU] 69 FGcd
Caiolo [SO] 21 Fb
Caionvico [BS] 35 Eb
Cáira [FR] 107 Ba
Caira, Masseria– [FG] 111 Bb
Cairano [AV] 115 Eb
Cairasca, Torrente– 15 CDc
Cairasca, Valle– 15 CDc
Cairate [VA] 31 Ha
Cáire [CN] 43 Hd
Cairi, Rocca di– 53 Cc
Cairo [PU] 71 EFd
Cáiro, Monte– 107 Ba
Cáiro Lomellina [PV] 45 Fb
Cáiro Montenotte [SV] 55 Cc
Caiti [RE] 59 BCc
Caivano [NA] 113 Db
Calabernardo [SR] 159 Fc
Ca' Labìa [VE] 51 Eb
Cala Bianca, Punta– 149 Fb
Calabre, Punta– 29 Ec
Calabretto [RC] 141 Fb
Calábria, Parco Nazionale della–
  [Cal.] 133 Cd
Calábria, Parco Nazionale della–
  [CS] 133 Cb
Calabricata [CZ] 137 Eb
Calabrina [FC] 69 Gab
Calabritto [AV] 115 Dc
Calabritto [CE] 107 Cb
Calabrò [VV] 139 Dc
Calabrò, Torrente– 147 Hc
Cálabro, Torrente– 139 Cc
Cala d'Oliva [SS] 163 BCb
Cala d'Ostia, Torre d– 177 Fd
Calafarina, Grotta– 159 Fd
Calafúria, Riserva Naturale– 73 Cc
Calággio, Monte– 115 DEa
Calaggio, Torrente– 115 Da
Cala Gonone [NU] 171 Ga
Cala Grande, Torre– 89 Cb
Cala Liberotto [NU] 171 Ga
Calalunga, Torre di– 103 Gb
Calalzo di Cadore [BL] 11 Fc
Calamacca, Cozzo di– 133 DEb
Cala Mancina, Grotta di– 149 Ea
Calamandrana [AT] 45 CDd
Calambrone [PI] 73 Bb
Calamecca [PT] 67 Cbc
Calamello, Torre di– 69 Ca
Calamento, Val di– 25 Ab
Calamigna, Monti di– 147 Dc
Calamita, Monte– 81 Dd
Calamita Vecchia [TP] 149 DEd
Calamònaci [AG] 151 Fb
Calamone, Lago– 59 Bc
Calanchi di Atri, Riserva Naturale–
  95 Ba
Calandrella, Pizzo– 153 Aa
Calandrone [MI] 33 Ec
Calangiánus [SS] 167 Da
Calanna [RC] 141 Eb
Calaone [PD] 37 FGd
Cala Piccola [GR] 89 Cb
Cala Piombo, Punta di– 177 Bd
Cala Regina, Torre– 179 DEb
Calarossa, Punta– 149 Cc
Cala Sabina, Fermata– 161 Fc
Calasca [VB] 19 CDb
Calasca-Castiglione [VB] 19 CDb
Calascibetta [EN] 153 Fb
Caláscio [AQ] 93 Gbc
Calasetta [CA] 177 Cc
Calassiti [FR] 99 Fd
Calatabiano [CT] 145 Gcd
Calatafimi Segesta [TP] 149 EFc
Calatafimi, Stazione di– 149 EFc
Calatamauro, Castello– 151 Ea
Ca' Latis [RO] 51 FGc
Calatubo, Castello di– [TP] 149 Fb
Calavà, Capo– 145 Ea

Calaverde [CA] 177 Fd
Calavino [TN] 23 Fb
Calavorno [LU] 65 Gb
Calazzotto [CH] 101 Ca
Calbenzano [AR] 75 Gb
Calbi [AR] 75 Gc
Cálboli [FC] 69 Eb
Cálcara [BO] 59 Gb
Calcara [MC] 85 Gc
Calcarella, Punta– 151 ins.b
Calcarelli [PA] 147 Gd
Calcariola [RI] 93 Bb
Calcata [VT] 91 Ec
Calcazoto, Portella– 145 Db
Calceranica al Lago [TN] 23 Hbc
Calchésio [CN] 53 CDb
Calci [PI] 65 FGd
Calciano [MT] 117 CDd
Calcina [MC] 85 Fb
Calcina, Cala della– 165 ABb
Calcináia [FI] 75 Cab
Calcináia [PI] 67 BCd
Calcinário, Monte– 83 Ec
Calcinara [GE] 57 Ac
Calcinara [PZ] 129 Cd
Calcinaro [VR] 49 Fa
Calcinate [BG] 33 Gb
Calcinatello [BS] 35 Fc
Calcinato [BS] 35 Fc
Calcinere [CN] 53 Da
Calcinelli [PU] 71 Fd
Calcino, Torrente– 25 Cc
Calcio [BG] 35 BCbc
Calcio, Stazione di– 35 BCb
Calcione [AR] 75 EFd
Calcione, Molino di– [SI] 75 EFd
Cálco [LC] 21 Dd
Calco Inferiore [VC] 19 Dd
Calcroci [VE] 39 Cc
Calda [PZ] 129 Bd
Caldaie, Poggio delle– 83 Cd
Caldana [GR] 81 Gc
Caldana [LI] 81 Eb
Caldana [VA] 19 Gc
Caldane [CN] 53 Cb
Caldara, Monti della– 157 CDc
Caldara di Manziana, Monumento
  Naturale– 91 Cd
Caldaro, Lago di– / Kalterer See 9 Fc
Caldara, Malga– 23 Ca
Caldarola [MC] 87 Bb
Caldarosa, Monte– 129 Bb
Caldaro sulla Strada del Vino /
  Kaltern an der Weinstrasse [BZ]
  9 Fc
Caldasio [AL] 55 DEb
Caldasio, Malga– 23 Ca
Caldenno, Alpe– [SO] 21 Fa
Caldenno, Monte– 7 Cd
Calderà [ME] 145 Gab
Caldera, Fermata– 145 EFc
Calderano [TV] 25 GHc
Calderara [IM] 63 Fb
Calderara di Reno [BO] 59 Hb
Calderari [EN] 153 Gb
Calderari, Rifugio– 99 DEbc
Calderaro, Ponte– 137 Eb
Calderino [BO] 59 Hc
Calderoni, Masseria– [BA] 117 Db
Calderoni, Masseria– [BA] 117 Eb
Caldes [TN] 9 Fc
Caldese, il– [PU] 77 Db
Caldiero [VR] 37 Cc
Caldiero [VR] 37 CDc
Caldine [FI] 67 Fcd
Caldirola [AL] 47 Ad
Caldo, Fiume– 149 Fc
Caldogno [VI] 37 EFb
Caldognola, Torrente– 85 Eb
Caldonazzo [TN] 23 Hbc
Caldonazzo, Lago di– 23 Hb
Caldosa, Stazione– 161 DEc
Calea [TO] 31 Abc

Caléipo [BL] 25 Fb
Calemici, Monte– 149 Ec
Cálena, Convento di– 103 FGb
Calena, Monte– 103 Gb
Calendasco [PC] 47 Db
Calendini [CS] 135 Db
Calenzano [FI] 67 EFc
Calenzano [PC] 47 CDd
Calenzone, Monte– 47 Bcd
Caléppio [MI] 33 Ec
Caleri [RO] 51 FGb
Caleri, Laguna di– 51 Fb
Caleri, Porto– 51 FGb
Calerno [RE] 49 Bd
Calessani [TV] 25 Fd
Calestano [PR] 57 Gb
Caletta [LI] 73 Cc
Caletta, la– [CA] 177 Bc
Caletta, la– [NU] 167 Gc
Cálice [PR] 57 Db
Calice / Kalch [BZ] 1 Ib
Cálice al Cornoviglio [SP] 57 EFd
Cálice Lígure [SV] 55 Cd
Calich, Stagno di– 165 Bb
Calici, Masseria Ii– [FG] 103 CDd
California, la– [LI] 73 Cd
Caligi, Monte– 67 Cb
Caligiana [PG] 77 Cde
Calignano [PV] 47 Ba
Calimera [LE] 125 Dd
Calimera [VV] 139 Db
Calino [BS] 35 CDb
Calisese [FC] 69 Gb
Cálisio, Monte– 23 Gb
Calistri [BO] 67 Db
Calitri [AV] 115 Eb
Calitri–Pescopagano, Stazione di–
  115 Eb
Calizzano [SV] 55 Bd
Callabiana [BI] 31 Db
Callari, Case– [CT] 155 Dd
Calle [MT] 117 Cc
Calle, la– [PG] 77 Bc
Callea, Monte– 141 Ec
Calleda, Malga– 11 Dd
Calleo, Case– [SA] 127 Dca
Calleta [AR] 75 Fab
Callianetto [AT] 45 Cbc
Calliano [AT] 45 Cd
Calliano [TN] 23 Gc
Calliera [MN] 35 Gd
Callieri [CN] 53 Cd
Callieri, Masseria– [BR] 123 Ebc
Cállora, Torrente– 107 Fb
Callura, la– [CT] 155 Dc
Calmasino [VR] 35 Hb
Calmazzo [PU] 71 Ede
Caló [MI] 33 Da
Calofaro, Pizzo– 147 Dc
Calogna [NO] 19 Fc
Calolziocorte [LC] 21 Dd
Calómini [LU] 65 Fb
Calone, Nuraghe– 171 Cab
Calopezzati [CS] 133 Da
Calopezzati, Stazione– 133 Da
Calopinace, Fiumara– 141 Ec
Calore [AV] 109 Cd
Calore, Fiume– [Camp.] 127 Ba
Calore, Fiume– [Camp.] 107 Gc
Calore, Fiume– [Camp.] 127 Ebc
Calória, Monte– 131 Ec
Calosso [AT] 45 Cd
Calóveto [CS] 133 Dab
Calozzo [CO] 21 Cb
Calsazio [TO] 29 Hc
Caltabellotta [AG] 151 Fb
Caltafalsa [PA] 149 FGc
Caltafaraci, Monte– 157 Bbc
Caltagirone [CT] 155 Cd
Caltagirone o dei Margi, Fiume–
  155 Cd
Caltana [VE] 39 Cc
Caltanissetta [CL] 153 Ebc
Caltanissetta–Xirbi, Stazione di–
  153 Eb
Caltavuturo [PA] 147 Fcd

Caltignaga [NO] **31** Fb
Calto [RO] **49** GHbc
Caltrano [VI] **25** Ad
Caltron [TN] **9** DEc
Caludranza, Monte– **27** Fab
Calusco d'Adda [BG] **33** Ea
Caluso [TO] **31** Eb
Calvagese della Riviera [BS] **35** Fb
Calvana, Monte– **67** Gc
Calvana, Monti della– **67** EFc
Calvanico [SA] **115** Ac
Calvarese [AP] **87** Cc
Cálvari [GE] **55** Hc
Cálvari [GE] **57** Bc
Calvaria, Monte– **37** Dbc
Calvário, Il– **101** Bc
Calvário, Masseria– [FG] **111** Bc
Calvário, Monte– [AQ] **101** Bb
Calvário, Monte– [CL] **157** Db
Calvário, Monte– [EN] **155** Db
Calvário, Monte– [GO] **27** Gc
Calvário, Monte– [ROMA] **91** Cd
Calvário, Monte– [TE] **93** EFa
Calvaruso [ME] **141** Cb
Calvatone [CR] **49** Bb
Calvecchia [VE] **41** Ac
Calvello [PZ] **127** Gb
Calvello, Colle– **105** Fa
Calvello, Masseria– [TA] **121** Fb
Calvello, Monte– [AV] **115** Cc
Calvello, Monte– [AV] **109** CDc
Calvello, Monte– [BN] **107** Cc
Calvello, Monte– [FG] **109** Fbc
Calvello, Monte– [IS] **107** Bb
Calvello, Serra di– **127** Fb
Calvelluzzo, Monte– **127** Fb
Calvene [VI] **25** ABd
Calvenzano [BG] **33** Fbc
Calvenzano [BO] **59** Gd
Calvenzano [LO] **33** Ed
Calvera [MT] **129** Db
Calvera [PZ] **129** Db
Calveseglio [CO] **21** Cb
Calvi [BN] **109** Cd
Calvi [SV] **55** Cd
Calvi, Monte– [BO] **67** Eb
Calvi, Monte– [LI] **81** Eb
Calvi, Monte– [VT] **91** Dc
Calvi, Rifugio– [BG] **21** Gb
Calvi, Rifugio– [BL] **13** Bb
Cálvia, Monte– **165** Fb
Calvi dell'Úmbria [TR] **91** Fb
Calvignano [PV] **47** ABbc
Calvignasco [MI] **33** Ccd
Calvillano [PU] **69** GHcd
Calvilli, Monte– **105** Gb
Calvino, Monte– **155** Cc
Calvi Risorta [CE] **107** Dc
Calvisano [BS] **35** EFc
Calvisi [CE] **107** Fbc
Calvisio [SV] **55** Dd
Calvi Vécchia [CE] **107** Dc
Calvizzano [NA] **113** Db
Calvo [MI] **63** Ccd
Calvo, Monte– [AQ] **93** Db
Calvo, Monte– [BN] **109** Bd
Calvo, Monte– [CB] **101** Hc
Calvo, Monte– [CH] **95** Ed
Calvo, Monte– [FG] **103** Ec
Calvo, Monte– [FR] **107** Bb
Calvo, Monte– [GR] **81** Gc
Calvo, Monte– [GR] **83** Dd
Calvo, Monte– [Laz.] **105** FGb
Calvo, Monte– [RG] **159** BCbc
Calvo, Monte– [ROMA] **99** Cb
Calvo, Monte– [SA] **115** Cc
Calvo, Monte– [Tosc.] **75** DEc
Calzaferro [BS] **23** Bab
Calzolaro [PG] **77** Cc
Calzoni [VR] **37** Bc
Camagna [TO] **29** Hcd
Camagna Monferrato [AL] **45** Db
Camaiore [LU] **65** Ec
Camairago [LO] **47** Ea
Camáldoli [AR] **69** Dd
Camáldoli [GE] **55** GHc

Camáldoli [NA] **113** CDb
Camáldoli [ROMA] **97** Gc
Camáldoli [SA] **115** CDcd
Camáldoli, Alveo dei– **113** Cb
Camáldoli, Éremo di– **69** Dcd
Camáldoli, Riserva Naturale–
   69 Dd
Camáldoli della Torre [NA] **113** Ec
Camalò [TV] **25** EFd
Camandona [BI] **31** Cab
Camarda [AQ] **93** Eb
Camarda, Monte– **93** Fbc
Camarina **159** Bc
Camarina, Necrópoli– **159** Bc
Camaro [ME] **141** CDb
Camarza [GE] **55** GHb
Camasco [VC] **19** Dc
Camastra [AG] **157** Cc
Camatta [MN] **49** Eb
Ca' Matte [FE] **51** Cc
Camatte [MN] **49** Dbc
Ca' Matte [VE] **51** Eb
Camazzole [PD] **37** Gab
Cambiago [MI] **33** Eb
Cambiano [FI] **73** Fb
Cambiano [TO] **43** Hc
Cambiasca [VB] **19** Fc
Cambiò [PV] **45** Fb
Cámbio [RO] **51** Db
Cámbio, Monte di– **93** BCa
Camboni, Rio– **177** Eb
Cambrembo [BG] **21** Fb
Cambrigar [VR] **37** ABa
Cambroso [PD] **39** Cd
Cambuca, Casa– [PA] **149** Gc
Camburzano [BI] **31** BCb
Camedda, Ponte– **165** Db
Camedo [Svizz.] **15** Fcd
Cámedo, Passo di– **21** BCa
Ca' Mello [RO] **51** Gc
Camemi [RG] **159** Ccd
Cámera [TE] **87** Ed
Cámera, la– [FG] **103** Cd
Camerana [CN] **55** Bc
Camerano [AN] **79** Fa
Camerano [AT] **45** Bbc
Camerano [RN] **71** Cb
Camerano Casasco [AT] **45** Bbc
Camerata [RG] **85** Cd
Camerata Cornello [BG] **21** Ec
Camerata Nuova [ROMA] **99** Ca
Camerata Picena [AN] **79** DEb
Camere, Isole le– **161** Fc
Cámeri [NO] **31** Fbc
Cameriano [NO] **31** Fc
Camerino [MC] **85** Gb
Camerino, Masseria– [BA] **117** Eb
Camerlona [RA] **61** Ec
Cameroni [FG] **103** CDa
Cameroni, Monte i– **25** Hab
Camerota [SA] **127** Dd
Ca' Micci [PU] **71** Cc
Camícia, Monte– **93** Gb
Camiciola, Colle– **99** Dab
Camigliano [CE] **107** Bc
Camigliano [CS] **133** Ea
Camigliano [SI] **83** Cbc
Camigliatello Silano [CS] **135** Ea
Camigliati [CS] **135** Eab
Camignone [BS] **35** Db
Camilla, Passo della– **57** Cc
Camin [PD] **39** Bc
Caminata [PC] **47** Bc
Caminata [PC] **47** EFc
Caminata i Kematen [BZ] **3** Cb
Caminata di Tures / Kematen in
   Taufers [BZ] **3** Eb
Caminetto [UD] **27** EFbc
Camini [RC] **139** Dc
Caminia [CZ] **137** Dc
Caminino [GR] **81** Hbc
Camino [AL] **45** Cab
Camino [CE] **107** Cb
Camino [TV] **25** GHd
Camino [UD] **27** EFbc
Camino, Monte– **107** Cb

Camino, Pizzo– [Lomb.] **21** Hlc
Camino, Pizzo– [VB] **19** Dbc
Camino al Tagliamento [UD] **27** Cc
Camisa [CA] **179** Fb
Camisano [CR] **33** Gc
Camisano Vicentino [VI] **37** Gb
Cammarata [AG] **153** Bb
Cammarata, Monte– **153** Bb
Cammarata, Stazione di– **153** BCab
Cammarota, Masseria– [MT] **129** Eb
Cammauta, Monte– **151** Fb
Cammedda, Punta– **173** Dc
Camminata [CR] **49** Bb
Camminata [PC] **47** DEc
Camminate [PU] **71** Gd
Cammino, Masseria– [CE] **107** Dd
Camo [CN] **55** Ca
Camoggiano [FI] **67** Fbc
Camogli [GE] **57** Ac
Camolato, Pizzo– **145** CDc
Camonica, Val– **23** BCbc
Ca' Montagna [VR] **35** Hb
Ca' Mora [RO] **51** Fc
Ca' Morosini [PD] **51** Bb
Ca' Morosini [RO] **51** Fb
Camosci, Cima dei– / Gamser **9** Gb
Camoscio, Corno del– **19** Bc
Campaccio, Monte– [FI] **69** Cc
Campaccio, Monte– [SO] **7** Ebc
Campággio, Pizzo– **21** Gb
Campagna [BS] **35** Ec
Campagna [BS] **35** Fc
Campagna [MI] **47** CDa
Campagna [PN] **27** Bc
Campagna [SA] **115** Ccd
Campagna [VC] **45** Ba
Campagna di Roma **97** FGbc
Campagnalta [PD] **37** GHab
Campagna Lúpia [VE] **39** Cc
Campagnano [VA] **19** Gb
Campagnano di Roma [ROMA] **91** Ecd
Campagna–Serre–Persano,
   Stazione di– **115** Cd
Campagnático [GR] **83** Bc
Campagnella [CZ] **137** Db
Campagnola [BI] **31** Cc
Campagnola [BS] **35** Fbc
Campagnola [CE] **107** Dc
Campagnola [CR] **35** CDd
Campagnola [NO] **31** Fa
Campagnola [PD] **39** BCd
Campagnola Cremasca [CR] **33** FGc
Campagnola Emilia [RE] **49** Dcd
Campagnolo [BS] **35** Fc
Campagnolo [CR] **33** Gd
Campagrina [LU] **65** Eb
Campaiana [LU] **59** Cd
Campalano [VR] **49** Fab
Campaldino, Piano di– **69** Dd
Campale [AL] **55** Eb
Campalestro [PV] **45** Fab
Campalto [VE] **39** Dc
Campalto [VR] **37** Cc
Campana [AQ] **93** Fc
Campana [CS] **133** Eb
Campana [TP] **151** BCb
Campana [VI] **23** HIcd
Campana [VI] **25** Bd
Campana, Colle– **77** Cd
Campana, Cozzo– [CL] **153** Db
Campana, Cozzo– [EN] **153** Gcb
Campana, la– [BO] **61** Ac
Campana, Porto– **177** Fd
Campana, Sasso– **7** Fc
Campanarello [AV] **115** Ba
Campanari [AV] **79** Fc
Campanaro, Monte– **145** Gcd
Campanaro, Portella– **153** CDa

Campanasissa, Colle della– **177** Eb
Campanedda [SS] **163** BCd
Campanella [VI] **25** Bc
Campanella, Masseria– [TA] **123** Cc
Campanella, Monte– **153** Cc
Campanella, Punta– **113** Dd
Campanelle [MC] **87** BCb
Campanelli [BA] **117** Ca
Campanelli, Monte– **155** Cab
Campanozzi, Casa– [FG] **103** Dbc
Camparada [MI] **33** DEab
Camparient, Monte– **19** Cd
Campasso [PR] **47** Gc
Campazzo [BS] **35** Dd
Campe [VR] **37** Cb
Campeda, Altopiano della– **165** Ec
Campeda, Stazione di– **165** Ecd
Campedei [BL] **25** EFb
Campedelle, Monte– **11** Eb
Campedello [PR] **49** Ac
Campégine [RE] **49** Dc
Campegli [GE] **57** CDd
Campeglia [VB] **15** Dcd
Campéglio [UD] **27** EFb
Campel [BL] **25** DEb
Campelle, Val– **25** ABb
Campelli [RO] **51** Eb
Campéllio, Monte– **23** Cb
Campello [SO] **7** DEd
Campello [VB] **19** Dc
Campello Alto [PG] **85** Ecd
Campello sul Clitunno [PG] **85** Ecd
Campertogno [VC] **19** Cd
Campese [VI] **25** Cd
Campese, Masseria– [FG] **109** Gc
Campestri [FI] **67** Gc
Campestrin [TN] **11** Bc
Campetto [TN] **11** Bc
Campetto [CN] **55** Bc
Campi [AR] **69** DEd
Campi [PG] **85** Gc
Campi [PR] **57** Ec
Campi [SI] **75** Dc
Campi [TN] **23** Ec
Campi, Torre di– **103** Hc
Campi Bisenzio [FI] **67** Ecd
Campiano [RA] **61** Fd
Campiano [VR] **37** Db
Campiáscio, Alpe– [SO] **7** Ed
Campi Flegrei **113** CDbc
Campi Flegrei, Parco dei– **113** Cbc
Campíglia [SP] **65** Bb
Campíglia Cervo [BI] **31** BCab
Campíglia dei Bérici [VI] **37** Fcd
Campíglia dei Foci [SI] **73** Gc
Campíglia d'Órcia [SI] **83** DEc
Campíglia Maríttima [LI] **81** Eb
Campíglia Maríttima, Stazione di–
   81 Eb
Campíglia Soana [TO] **29** Hb
Campíglio [MO] **59** Fc
Campíglio, Valle di– **23** Ea
Campígliola, la– [GR] **89** EFa
Campiglione [TO] **43** EFd
Campiglione–Fenile [TO] **43** EFd
Campigna [FC] **69** Dc
Campigno [FI] **69** Cb
Campigno, Torrente– **69** Cb
Campigo [TV] **39** Bab
Campill / Longiarù [BZ] **11** BCb
Campill Tal / Longiarù, Val di– **11** Cb
Campino [VB] **19** EFc
Campinola [SA] **113** Fc
Campioli [VB] **19** Cc
Campiolo [UD] **13** DEc
Campione [BS] **23** Ed
Campione [MN] **49** Db
Campione, Monte– **23** Bcd
Campione, Torrente– **23** Ed
Campione d'Itàlia [CO] **21** Ac
Campi Resi [PU] **71** CDd

Campi Salentina [LE] **123** EFc
Campisia [AG] **153** Bb
Campisol, Rifugio– **9** Cc
Campitello [BL] **11** FGb
Campitello [MN] **49** Cb
Campitello [PG] **77** EFc
Campitello [TR] **91** Fa
Campitello / Kampidell [BZ] **9** Fb
Campitello di Fassa [TN] **11** Bc
Campitello Matese [CB] **107** Fb
Campittu, Cantoniera su– [SS] **167** Dcd
Campi Vecchio [PG] **85** Gc
Campli [TE] **87** DEd
Camplicciòli, Lago di– **19** CCd
Campo [BL] **25** Eb
Campo [BL] **25** Dc
Campo [CE] **107** Cb
Campo [PI] **65** Ecd
Campo [SO] **5** Gd
Campo [SO] **21** EFb
Campo [TN] **11** Bcd
Campo [TO] **29** Ic
Campo, Alpe– **7** Cc
Campo, Cima di– **3** Dab
Campo, Cima di– / Kampele–Spitze
   3 Cbc
Campo, Cima di– (I) = Turnerkamp
   3 Dab
Campo, Corno di– **7** Cc
Campo, Golfo di– **81** Cd
Campo, Lago di– **23** Cb
Campo, Monte– [BG] **21** GHc
Campo, Monte– [IS] **101** Cb
Campo, Monte– / Gampberg **3** BCcd
Campo, Valle– **61** Fb
Campobasso [CB] **107** GHa
Campobello di Licata [AG] **157** Cb
Campobello di Mazara [TP] **151** Cb
Campobello–Ravanusa, Stazione
   di– **157** Dc
Campobernardo [TV] **39** Fa
Campobove, Malga– / Ochsenfelder
   Alpe **3** FGbc
Campobrùn, Riserva Naturale– **37** Ca
Campocatino [FR] **99** DEbc
Campocavallo [AN] **79** EFc
Campo Cavallo / Roßkofl **3** Cc
Campo Cervaro [TV] **25** Gc
Campochiaro [CB] **107** FGb
Campochiaro, Stazione di– **107** Gb
Campochiesa [SV] **63** Hb
Campocologno [Svizz.] **7** Ed
Campocroce [TV] **39** Db
Campocroce [VE] **39** Cbc
Campodalbero [VI] **37** CDab
Campo d'Avanti, Cima– **37** CDab
Campodazzo / Atzwang [BZ] **9** GHb
Campo dei Fiori **19** Gc
Campo dei Fiori, Parco Regionale–
   19 Gc
Campo dei Messapi [TA] **123** CDd
Campo del Carro [TO] **43** Db
Campo della Pietra [TO] **29** Fc
Campo dell'Osso **99** Cc
Campo dell'Ugolino [FI] **67** Fcd
Campo di Carne [LT] **105** Ba
Campodiégoli [AN] **77** Fd
Campo di Fano [AQ] **99** Ha
Campo di Giove [AQ] **101** Ba
Campo di Luserna [AQ] **23** HIc
Campo di Mare [ROMA] **97** Cab
Campodimele [LT] **105** Hb
Campodipietra [CB] **101** Fd
Campo di Pietra [TV] **39** Fa
Campo di Trens / Freienfeld [BZ] **3** Bb
Campodolcino [SO] **5** FGc

Campodólio [MO] **59** Ec
Campodónico [AN] **77** Gd
Campodónico [GE] **57** Bc
Campodoro [PD] **37** Gbc
Campo Felice, Piano di– **93** Ec
Campofelice di Fitàlia [PA] **147** Ccd
Campofelice di Roccella [PA] **147** Fbc
Campoferro [PV] **45** Hb
Campofilone [AP] **87** Eb
Campofiorito [PA] **151** Fa
Campo Fiscalino / Fischleinboden
   [BZ] **11** EFab
Campofontana [VR] **37** Cb
Campofórmido [UD] **27** DEb
Campoforogna [RI] **93** Bb
Campofranco [CL] **153** Cb
Campofranco, Stazione di– **153** BCb
Campogalliano [MO] **59** EFa
Campogialli [AR] **75** EFb
Campogrande [ME] **145** Fb
Campogrosso, Passo di– **37** Ca
Campo Imperatore **93** Gb
Campolano [RI] **93** Cc
Campolaro [BS] **23** Cc
Campolarzo [MC] **85** Gb
Campo la Salza [TO] **43** Dc
Campolasta / Astfeld [BZ] **9** FGab
Campolato, Capo– **155** Gd
Campolato, Casa– [FG] **103** EFc
Campolato, Grava di– **103** EFc
Campolattaro [BN] **109** Bc
Campo Lémini [ROMA] **97** EFd
Campolémisi [LU] **65** Fbc
Campoleone [LT] **97** Fcd
Campoleone Scalo [LT] **97** Fcd
Cámpoli [RC] **139** Fc
Cámpoli, Prato di– **99** Ec
Cámpoli Appennino [FR] **99** FGc
Cámpoli del Monte Taburno [BN] **107** GHd
Campolieto [CB] **101** Fd
Campolieto–Monacilioni, Stazione
   di– **101** Fd
Campo Ligure [GE] **55** Fb
Campolino, Riserva Naturale– **67** Cb
Campolo [BO] **59** Gd
Campo Lomaso [TN] **23** Fb
Campolonghetto [UD] **27** Ec
Campolongo [BL] **11** Gb
Campolongo [KR] **137** Gb
Campolongo [TV] **25** Fc
Campolongo [VE] **39** EFab
Campolongo [VI] **37** Gc
Campolongo, Passo di– /
   Campolungo–Stl. **11** Cb
Campolongo al Torre [UD] **27** Fc
Campolongo Maggiore [VE] **39** Db
Campolongo sul Brenta [VI] **25** Ccd
Campoluci [AR] **75** FGb
Campolungo [FE] **51** Dd
Campolungo [PD] **39** Bc
Campolungo, Piano di– **131** Dc
Campolungo–Stl. / Campolongo,
   Passo di– **11** Cb
Campo Lupino, Monte– **105** Gab
Campomaggiore [PZ] **129** Ca
Campomaggiore Vecchio **117** Cd
Campománfoli [SA] **113** Gc
Campomarino [CB] **101** Hb
Campomarino [TA] **123** Cd
Campomela, Stazione di– **165** Da
Campomezzavia [VI] **25** Bcd
Campomigliáio [FI] **67** Fc
Campomizzo, Ponte– **99** Gb
Campomolino [CN] **53** Dc
Campomolino [TV] **25** GHc
Campomolle [UD] **27** Dcd
Campomolon, Monte– **23** Hc
Campomorone [GE] **55** Gbc
Campomorto [PV] **33** Dcd
Campomorto, Casa– [VT] **89** Fb
Campomulo [VI] **25** Bc
Campon [BL] **25** Gb

Campone [PN] 13 BCd
Campone, Masseria– [BR] 123 Dc
Campone, Masseria– [LE] 123 Hcd
Campo nell'Elba [LI] 81 Cd
Camponocécchio [AN] 79 Bc
Camponogara [VE] 39 Cc
Camponuovo [SV] 55 BCc
Campopalazzi [SI] 83 BCb
Campoperso, Masseria– [BR] 123 EFb
Campo Pisano [CA] 177 Db
Cámpora [NA] 113 Fd
Cámpora [PR] 59 Bb
Cámpora [SA] 127 Cbc
Camporághena [MS] 57 GHd
Camporanda–Villa [LU] 59 BCd
Cámpora San Giovanni [CS] 135 Cc
Camporbiano [FI] 73 Fbc
Cámpore [BI] 31 CDb
Cámpore [SP] 57 Dc
Cámpore, le– [PC] 47 Cd
Camporeale [PA] 149 Gc
Campo Reggiano [PG] 77 Dcd
Camporgiano [LU] 65 EFab
Cámpori [LU] 65 Fb
Camporinaldo [PV] 47 Cab
Camporóppolo [PG] 85 Ed
Camporosa, Malga– 23 Ic
Camporosso [IM] 63 Dcd
Camporosso, Sella di– 13 Gbc
Camporosso in Valcanale [UD] 13 FGbc
Camporotondo [SS] 161 Dc
Camporotondo di Fiastrone [MC] 87 Bb
Camporotondo Etneo [CT] 155 EFb
Camporovere [VI] 25 Ac
Camposampiero [PD] 39 Bb
Campo San Martino [PD] 37 Gb
Camposano [NA] 113 Fa
Campo San Pietro [BL] 25 Eb
Camposanto [MO] 49 Fd
Camposasco [GE] 57 Bc
Camposauro 107 Gcd
Camposecco, Lago di– 19 Cb
Camposecco, Monte– 99 Cab
Camposervoli [SI] 83 Fc
Camposilvano [TN] 23 Gd
Camposilvano [VR] 37 Cb
Camposonaldo [FC] 69 Ec
Campo Soriano, Monumento Naturale– 105 Fb
Campospinoso [PV] 47 Bb
Campo Staffi [FR] 99 DEb
Campotamaso [VI] 37 Dab
Campo Tizzoro [PT] 67 Db
Campotosto [AQ] 93 Ea
Campotosto, Lago di– 93 Ea
Campotto [FE] 61 Cb
Campottone [MC] 77 Gd
Campo Túres / Sand in Taufers [BZ] 3 Eb
Campováglio [SS] 161 Dbc
Campovalano [TE] 87 DEd
Campovecchio [AR] 75 Fb
Campovecchio, Val– 21 Ib
Campoverardo [VE] 39 Cc
Campoverde [LT] 105 Ca
Campo Verde, Corno di– 25 Ac
Campovico [SO] 21 Eab
Campremoldo Sopra [PC] 47 Dbc
Campremoldo Sotto [PC] 47 Db
Campretto [PD] 37 Hb
Campriano [AR] 75 Gb
Campriano [PI] 73 Fb
Campriano [SI] 75 Dd
Campsirago [LC] 21 Dd
Campudúlimu [SS] 163 Fcd
Campu Giavesu, Cantoniera– [SS] 165 Ec
Campulandru, Punta– 163 Ec
Campu Sali, Cala– 173 Cb
Campu Spina, Punta– 173 Cc
Camucia [AR] 75 Gd
Camughera, Cima– 19 CDb
Camugliano [PI] 73 Db

Camugnano [BO] 67 Eab
Camulera, Monte– 55 Bd
Camurana [MO] 49 Fc
Can [BL] 25 Db
Cana [GR] 83 Cd
Canacede [BL] 11 Cc
Canáglia [SS] 163 Bd
Canai [BL] 25 DEb
Canal [BL] 25 Dc
Canala, la– [AQ] 99 Gbc
Canala, la– [MT] 129 Fab
Canala, la– [RA] 61 Fc
Canal di Grivò [UD] 27 EFab
Canale [AV] 115 ABb
Canale [CN] 45 ABd
Canale [GE] 57 Bb
Canale [RO] 51 Db
Canale [VR] 37 ABb
Canale, Monte– [PU] 69 Gd
Canale, Monte– [SO] 7 CDd
Canale, Pizzo– 141 Cc
Canale, Val– 13 FGbc
Canale d'Ágordo [BL] 11 Cc
Canale di Bonifica a destra del Reno 61 EFb
Canale d'Isonzo (I) = Kanal [SLO] 27 Gb
Canale Monterano [ROMA] 91 Ccd
Canale Nuovo [TR] 83 Gd
Canáles, Lago sos– 167 Dc
Canáles, Rio– 169 Fa
Canaletto [MO] 49 Gcd
Canaletto [MO] 59 Ga
Canale Vecchio [TR] 83 Gd
Canali, i– [SO] 21 Hla
Canali, Passo– 11 Cd
Canali, Torrente– 25 Da
Canalicchio [CT] 155 Fb
Canalicchio [PG] 85 Cc
Canalicchio, Monte– 147 Hc
Canalicchio, Pizzo di– 151 Fb
Canalnuovo [RO] 51 Dbc
Canalona, Serra– 147 Fc
Canalotti, Monte di– 157 Fc
Canal San Bovo [TN] 25 Cab
Canaparo, Serra– 117 Cc
Canapile [CN] 43 Hd
Canapine, Forca– 85 Hd
Canarazzo [PV] 45 Ha
Canareddu, Monte– 161 Fcd
Canárgius, Canale is– 177 Fc
Canaro [RO] 51 BCc
Canaváccio [PU] 71 Ed
Canavera [PV] 47 Bc
Canavera Alta [CN] 53 Gab
Canaveri [CN] 53 GHc
Canavese 29 Hlcd
Canazei [TN] 11 Bc
Cancano, Lago di– 7 Fb
Cancano, Monte– 21 Ha
Cancellade [BL] 11 Dd
Cancellara [PZ] 117 Bc
Cancellara, Fermata– 117 Bc
Cancelleria, Masseria– [BN] 109 BCd
Cancelli [AN] 77 FGd
Cancelli [FI] 69 BCd
Cancellieri, Villa– [RG] 159 Cb
Cancello [CE] 107 CDd
Cancello [FR] 99 Gd
Cancello [NA] 113 Eab
Cancello [VR] 37 Cb
Cancello ed Arnone [CE] 107 Dd
Cáncelo, Passo di– 9 Fb
Cancervo, Monte– 21 Ec
Cancia [BL] 11 Ec
Canciano, Passo di– 7 DEd
Canciano, Pizzo di– 7 DEd
Canda [RO] 51 ABb
Canda, Colle di– 67 Ga
Candáglia, Monte– 25 Gb
Candalino [CO] 21 Cc
Candeglia [PT] 67 Db
Candela [FG] 109 FGd
Candela, Monte– 161 Dc
Candela, Serra– 145 Ec

Candelara [PU] 71 Fc
Candelaro, Masseria– [FG] 103 Ed
Candelaro, Stazione di– 111 Aa
Candelaro, Torrente– 109 Ha
Candelattu, Punta– 167 Db
Candeli [FI] 67 FGd
Candelo [FI] 31 Cb
Candelozzo, Monte– 55 Hbc
Candelù [TV] 25 Gd
Candeo, Nuraghe– 173 Fa
Cándia [AN] 79 Eb
Cándia, Lago di– 31 Bcd
Cándia Canavese [TO] 31 Bcd
Cándia Lomellina [PV] 45 Ea
Candiana [PD] 51 Da
Candiano, Naviglio– 61 Fc
Candiázzus [CA] 173 Cc
Cándida [AV] 115 Bb
Cándida, Masseria– [FG] 111 Bbc
Candídoni [RC] 139 Dbc
Candigliano, Fiume– 77 Fb
Candiolo [TO] 43 Gc
Candore, Tempa– 129 Cc
Cané [BL] 25 EFb
Cané [BS] 7 Gd
Cane, Monte– 153 Ec
Cane, Passo del– 63 Dc
Cane, Punta del– 159 Gc
Canébola [UD] 27 Fab
Canedole [MN] 37 ABd
Ca' Negra [RO] 51 EFb
Canegrate [MI] 33 Bb
Canelli [AT] 45 Cd
Canepina [VT] 91 Db
Canesano [PR] 57 Gb
Caneso [PR] 57 Dbc
Canestraccio, Fosso– 89 Gb
Canestrello, Masseria– [FG] 109 Gd
Canete [SO] 5 GHcd
Caneto [PR] 57 Hc
Canétolo [PR] 57 Gc
Canetra [RI] 93 BCb
Cáneva [PN] 25 Gc
Caneva di Tolmezzo [UD] 13 CDc
Canevara [MS] 65 DEb
Canevare [MO] 59 Ed
Canevìe [FE] 51 Fd
Canevino [PV] 47 Bc
Canezza [TN] 23 Hb
Canfáito, Monte– 79 Cd
Canfedin 23 FGb
Canfriolo [PD] 37 Gb
Cangelásio [PR] 47 Fd
Cangi, Casa– [CL] 153 DEb
Cangiális, Nuraghe is– 175 Db
Cangialoso, Pizzo– 151 FGa
Cangiulli, Masseria– [TA] 121 Ca
Cangiulli, Masseria– [TA] 121 CDb
Cani, Bruncu su– 175 Dd
Canicattì [AG] 157 Db
Canicattini Bagni [SR] 159 Fb
Canicossa [MN] 49 Cb
Caniezza [TV] 25 Dc
Cániga [SS] 165 CDa
Canigione, Punta del– 161 Fc
Caníglia, Masseria– [BR] 123 Cb
Caniglia di Sopra, Masseria– [FG] 103 Cb
Caniglia di Sotto, Casa– [FG] 103 Cb
Canin, Monte– 13 Fc
Canino [VT] 89 Gb
Canino, Monte– 89 Gb
Caniparola [MS] 65 CDb
Caníschio [TO] 29 Hc
Canisoni, Spiaggia– 177 Cc
Canistro [AQ] 99 Eb
Canistro Inferiore [AQ] 99 Eb
Canistro Superiore [AQ] 99 Eb
Canitzu, Monte– 169 Eb
Canizzano [TV] 39 CDb
Canna [CS] 129 EFd

Canna, Bruncu sa– 175 Eb
Canna, Scoglio– 143 Cb
Canna, Torrente– 129 Fd
Cannai [CA] 177 Cc
Cannaiola [PG] 85 Ec
Cannalonga [SA] 127 Cc
Cannalza, Rio– 163 Fd
Cannara [PG] 85 Dbc
Cannara, Stazione di– 85 Db
Cannarella, Monte– 153 Fb
Cannarzu, Nuraghe– 165 Ea
Cannas, Cantoniera– [CA] 179 Eab
Cannas, Rio– 179 Ea
Cannas, Rio is– 179 Cab
Cannatello [AG] 157 Bc
Cannatello, Casa– [PA] 151 FGb
Cannavà [RC] 139 Cc
Cannavi, Monte– 141 Hb
Cannavò [RC] 141 DEc
Canne 111 Cc
Canneddi, Punta li– 163 Fb
Canne della Battaglia, Fermata– 111 Cc
Cannéggia [MC] 85 Fb
Cannella [AN] 71 GHd
Cannella, Pizzo– 145 Cc
Cannelle, Cala delle– 89 Bb
Cannelle, Punta delle– 81 Dd
Cánnero Riviera [VB] 19 FGb
Canneti di Dormelletto, Riserva Naturale dei– 19 Fd
Canneto [ME] 143 Ebc
Canneto [ME] 145 Gb
Canneto [PC] 47 Dc
Canneto [PG] 77 CDde
Canneto [PI] 67 Dde
Canneto [PI] 83 Eb
Canneto [RI] 91 Gc
Canneto, Monte di– 73 Ed
Cannétolo [PR] 47 Gc
Canneto Pavese [PV] 47 Bb
Canneto sull'Óglio [MN] 49 Bab
Cannícchio [SA] 127 Bc
Cannigione [SS] 161 Ec
Cannigonis [CA] 177 Cc
Cannisoni, Rio– 175 CDc
Cannistra [ME] 145 Gb
Cannitello [RC] 141 Db
Cannizzaro [CT] 155 Fb
Cannizzole, Ponte– 155 Cc
Cannobina, Valle– 19 Fb
Cannobino, Torrente– 19 Fb
Cannóbio [VB] 19 Gb
Cannone, Punta– [SS] 161 Eb
Cannone, Punta– [SS] 167 Ga
Cannonéris, is– [CA] 177 EFc
Cannoni, Punta dei– 177 Bc
Cannuzzo [RA] 61 Fd
Canocchielle [PZ] 131 DEb
Ca' Noghera [VE] 39 Eb
Canolo [RC] 141 Hab
Canolo [RE] 49 Dd
Canolo, Monte– 141 Gb
Canolo Nuova [RC] 139 Dcd
Canòlo Nuova [RC] 139 Dcd
Canòlo, Monte– 141 Gb
Canónica [FI] 73 Gb
Canónica [PG] 85 BCd
Canónica [RN] 71 Cb
Canónica [TR] 83 Gd
Canónica, la– [SI] 75 Ed
Canónica a Cerreto [SI] 75 Dc
Canónica d'Adda [BG] 33 Fb
Canónico, Masseria– [TA] 121 Eb
Canosa, Grotta– 101 Ba
Canosa di Puglia [BA] 111 Cc
Canosa Sannita [CH] 95 Dc
Cansio [CN] 53 Cc
Canossa [MS] 57 Fd
Canossa [RE] 59 Cb
Canossa [RE] 59 Cb
Canossi San Giovanni [SV] 63 Gc
Canova [FI] 75 Eab
Canova [LC] 33 Ea
Canova [MS] 65 Da
Canova [PV] 47 ABb

Canova [RE] 59 Bc
Canova [TO] 29 FGd
Canova / Neuhaus [BZ] 3 Fa
Canovai, Rifugio– [RC] 141 Fc
Canove [CN] 45 Bd
Canove [VI] 25 Ac
Canove [VR] 49 GHa
Canoverde, Masseria– [PZ] 129 BCb
Cansano [AQ] 101 ABab
Cansano, Stazione di– 101 ABab
Cansatessa [AQ] 93 DEb
Cansero [CR] 49 Aab
Cansíglio, Bosco del– 25 Gb
Cantagallina [PG] 83 FGb
Cantagallo [PO] 67 Eb
Cantagallo, Masseria– [BR] 123 BCbc
Cantagrillo [PT] 67 Dc
Cantalena [AR] 75 GHcd
Cantalice [RI] 93 Bab
Cantalupa [TO] 43 EFc
Cantalupo [AL] 45 Ec
Cantalupo [GE] 55 FGc
Cantalupo [IM] 63 FGc
Cantalupo [MI] 33 Bb
Cantalupo [PG] 85 Dc
Cantalupo [SV] 55 Ec
Cantalupo, Casone– [CB] 101 Hc
Cantalupo in Sabina [RI] 91 Fbc
Cantalupo Lígure [AL] 45 Hd
Cantalupo–Macchiagódena, Stazione di– 107 Fa
Cantalupo nel Sánnio [IS] 107 Fa
Cantalupo Sélice [BO] 61 Cc
Cantarana [AT] 45 Bc
Cantarana [CN] 63 Fb
Cantarana [VE] 51 Ea
Cantarelli dei Boschi [CN] 43 Hld
Cantari, Monti– 99 DEb
Cantavenna [AL] 45 Cab
Cantello [VA] 19 Hcd
Cántera, Ponte della– 145 Dd
Canterano [ROMA] 99 Cb
Canterno, Lago di– 99 Dc
Canti, i– 21 Ec
Cantia [AN] 77 Gc
Cantiano [PU] 77 Ec
Cantiere, Monte– 59 Dd
Cantigaglione, Casa– [CL] 157 Ed
Canto [BG] 33 EFa
Canto, Monte– 21 Dd
Canto Alto 21 EFd
Cantogno [TO] 43 Fd
Cantogno, Torrente– 43 Fd
Cantóira [TO] 29 Gcd
Canton [RO] 51 Eb
Canton [VR] 37 Dc
Cantonazzo [RO] 51 Cb
Cantone [BO] 49 Gd
Cantone [MO] 49 DEd
Cantone [MO] 59 Eb
Cantone [PC] 47 Cc
Cantone [PG] 77 Cc
Cantone [RE] 49 Cd
Cantone [RE] 59 Db
Cantone [RE] 49 Ab
Cantone [TR] 83 Gcd
Cantone, Casa– [NA] 113 Cb
Cantone, il– [MO] 49 Ed
Cantone, Masseria– [FG] 109 Ga
Cantone, Monte– / Matscher Winkel Kogel 1 Db
Cantoni [CR] 49 Ab
Cantoni [TV] 37 GHa
Cantonieri, Rifugio– 127 Cc
Canton Santo [PR] 47 Gc
Cantore, Rifugio– 11 Db
Cantrina [BS] 35 Fb
Cantù [CO] 21 Bd
Canu, Monte– 161 DEc
Canuggione [NO] 31 Ea
Canússio [UD] 27 CDcd
Canza [VB] 15 Cd
Canzano [TE] 87 Ede

Canzo [CO] 21 Cc
Canzo, Corni di– 21 Cc
Canzoi, Valle di– 25 Db
Ca' Oddo [PD] 51 Ca
Caonada [TV] 25 Ed
Caorame, Torrente– 25 Db
Caorera [BL] 25 Db
Caoria [TN] 25 BCa
Cáorle [VE] 41 Cc
Cáorle, Laguna di– 41 Cc
Caorso [PC] 47 Fb
Capáccio [SA] 127 Bb
Capaccio, Punta– 161 Fc
Capáccio–Roccadáspide, Stazione di– 127 ABb
Capacciotti, Lago di– 109 Hcd
Capáccio Vecchio 127 Bb
Capaci [PA] 147 Bab
Cápaia / Kapaiern [BZ] 3 Gc
Capalbiáccio, Poggio– 89 DEb
Capálbio [GR] 89 Eb
Capálbio Stazione 89 Eb
Capalle [FI] 67 Ecd
Capannacce, Osteria delle– [VT] 91 Db
Capannáccia [SS] 161 DEbc
Capannace, le– [AR] 75 Gd
Capanne [GR] 81 Gb
Capanne [GR] 83 Dd
Capanne [MS] 65 DEb
Capanne [PG] 85 Bb
Capanne [PG] 77 BCb
Capanne [PI] 67 Cde
Capanne, le– [FC] 69 Fd
Capanne, Monte– 81 BCd
Capanne, Monte delle– / Hitterberg 1 Gc
Capanne, Poggio– 75 Ed
Capanne di Marcarolo, Parco Naturale delle– 55 Fb
Capanne di Sillano [LU] 59 Bd
Capanne di Sotto [PT] 67 Cc
Capannelle [GR] 83 Bbc
Capannelle, Ippódromo delle– 97 Fbc
Capannelle, Osteria– 97 Gb
Capannelle, Passo delle– 93 DEb
Capanno Garibaldi 61 Fc
Capánnole [AR] 75 Ec
Capánnoli [PI] 73 DEb
Capannone, il– [MO] 59 Dd
Capannori [LU] 65 Gc
Capannúccia [FI] 67 Fd
Caparoni, Punta lu– 165 ABa
Cap-d'Ail [Fr.] 63 Cd
Capece, Masseria– [BR] 123 Dc
Capella [CR] 49 Bbc
Capelletta, la– [GE] 55 Fbc
Capel Rosso, Punta del– [GR] 89 Cc
Capel Rosso, Punta del– [GR] 89 Bc
Capena [ROMA] 91 Fd
Ca' Percivalle [PV] 47 Ac
Capergnanica [CR] 33 Fcd
Caperino, Montagna del– 129 Cb
Capestrano [AQ] 93 Gc
Capestrino [IS] 101 Cc
Capezzano [LU] 65 Ec
Capezzano [SA] 113 Gc
Capezzano, Monte– 155 CDc
Capezzano Pianore [LU] 65 Ec
Capezzine, Fattoria– [SI] 75 Gde
Capezzone, Cima– 19 CDc
Capiago Intimiano [CO] 21 Bd
Capillane, Cozzo– 133 Cab
Capin di Ponente 13 Gb
Capin di Ponente (I) = Kapinberg 13 Gb
Capineri, Masseria la– [BR] 123 Bc
Cápio, Monte– 19 Dc
Ca' Pirami [VE] 41 Ac
Ca' Pisani [RO] 51 FGc
Capistrano [VV] 137 Bc
Capistrello [AQ] 99 Eb
Capitana [CA] 179 Dc

Capitana, Nuraghe– **179** Db
Capitanata **109** FGbc
Capitan Celli, Casa– [ROMA] **97** Gc
Capitano, Casa– [CT] **155** DEb
Capitano, Monte– **147** Hd
Capitello [FE] **51** CDc
Capitello [PD] **51** Da
Capitello [RO] **51** Bc
Capitello [RO] **51** Bb
Capitello [SA] **127** Ed
Capitello [VR] **49** Fa
Capitignano [AQ] **93** Da
Capitignano [SA] **115** Bc
Capitolo, il– [BA] **119** Eb
Capitolo [SV] **63** Gb
Capitolo, Masseria– [BA] **117** Gb
Capitone [BN] **107** Fd
Capitone [TR] **91** Ea
Capizzi [ME] **145** Bc
Capizzo [SA] **127** Cb
Capizzone [BG] **21** Ed
Caplone, Monte– **23** Dd
Capo, il– **113** Dd
Capo, Piana del– **145** Db
Capobosco [RO] **51** Cbc
Capo Bosco, Punta di– **105** ins.a
Capo Calvanico [SA] **115** ABc
Capocanale, Masseria– [TA] **121** Fb
Capocavallo [PG] **85** Bb
Capoccia [LE] **125** DEb
Capocolle [FC] **69** FGab
Capo Comino, Case– [NU] **167** Gc
Capo Contessa [PG] **77** Cd
Capocotta, Cascina– [ROMA] **97** Ec
Capocotta, Tenuta di– **97** Ec
Capo d'Ácero, Monte– **95** Bcd
Capodácqua [AP] **87** Bd
Capodácqua [AQ] **93** Gc
Capodácqua [PG] **85** Eb
Capo d'Ácqua [PG] **77** FGde
Capodarco [AP] **79** Gd
Capo d'Árgine [BO] **61** Ab
Capo d'Árgine [VE] **39** EFb
Capodarso, Ponte– **153** Ebc
Capo da Uccello, Masseria– [FG] **103** Ed
Capo dell'Ácqua, Masseria– [FG] **109** Gc
Capo di Bove, Monte– **137** Ba
Capodichino [NA] **113** Db
Capo di Fiume, Sorgente– **101** Bb
Capo di Gallo **59** Da
Capo di Monte **81** Eb
Capodimonte [BS] **35** Ec
Capodimonte [NA] **113** Db
Capodimonte [VT] **91** Ba
Capo di Ponte [BS] **23** BCb
Capo di Rio [MC] **79** Dc
Capo di Serre, Monte– **93** Gb
Capo di Sopra [TV] **25** Gc
Capodistria (I) = Koper [SLO] **41** Hc
Capo d'Omo [LT] **105** DEbc
Capo d'Orlando [ME] **145** Dab
Capodorso, Monte– **153** Eb
Capo d'Orso di Palau **161** Eb
Capodrise [CE] **113** Da
Capo d'Uomo, Torre– **89** Cb
Capoferrato [CA] **179** Fb
Capoiaccio, Masseria– [CB] **109** Bb
Capoiale [FG] **103** DEb
Capolago [VA] **19** Gd
Capo la Serra, Monte– **127** DEa
Capolavello **129** Bc
Capolcastro [PD] **51** Cab
Capolegrotte [CH] **95** Dcd
Capoleprata [FR] **99** Dd
Capolíveri [LI] **81** Dd
Capolona [AR] **75** Gb
Capo Marino, Punta di– **89** Bb
Capo Mulini [CT] **155** FGb
Caponago [MI] **33** Eb
Capo Noli, Monte– **55** Dd
Capo o di Portofino, Punta del– **57** Bd

Capo Pássero, Isola di– **159** Fd
Capoponte [PR] **57** Hb
Capoposta [CH] **95** Dcd
Capo Rama, Torre di– [PA] **149** Gb
Caporciano [AQ] **93** FGc
Caporetto (I) = Kobarid [SLO] **13** Gd
Caporiacco [UD] **27** Db
Caporio [IS] **107** Fa
Capo Rizzuto [KR] **137** Gb
Capo Rizzuto, Riserva Naturale Marina– **137** GHb
Caporosa [CS] **133** Cc
Caposele [AV] **115** Gbc
Caposelva [PV] **47** ABcd
Caposelvi [AR] **75** Ebc
Caposerra, Cozzo di– **133** EFb
Caposile [VE] **39** Fb
Caposotto [MN] **49** Gbc
Capostrada [PT] **67** Dc
Capotagliato, Cala di– **163** ABc
Capoterra [CA] **177** Dbc
Capoterra [CA] **177** Fc
Capovalle [BS] **23** CDd
Capovilla [VI] **37** EFb
Capo Volturno, Sorgente– **101** Bcd
Cappa, Isola della– **89** ABb
Cappadócia [AQ] **99** Dab
Cappeddu, Punta– **161** Cc
Cappella [KR] **133** Fb
Cappella [LU] **65** Fc
Cappella [NA] **113** Cc
Cappella [TN] **23** Hc
Cappella [VE] **39** Cb
Cappella, la– **111** CDc
Cappella, Monte– **107** Db
Cappella, Villa la– [SI] **83** EFb
Cappella Cantone [CR] **33** GHd
Cappella del Bosco [TO] **43** Fcd
Cappella de' Picenardi [CR] **47** Hab
Cappella Maggiore [TV] **25** FGc
Cappella Moreri [TO] **43** Ec
Cappellano [SR] **159** EFb
Cappellano, Monte– **139** Dc
Cappella Nuova [NA] **113** Ec
Cappellazzo [CN] **53** Gab
Cappellazzo, il– **131** Db
Cappelle [AQ] **99** Ea
Cappelle [CE] **107** CDc
Cappelle [CR] **35** BCd
Cappelle sul Tavo [PE] **95** Cb
Cappelletta [MN] **49** Gb
Cappelletta [VE] **39** Cb
Cappelli [CN] **43** Hcd
Cappelliero, Bosco del– **147** Cc
Cappellini, Masseria– [PZ] **129** Gcc
Cappello [CN] **55** Ad
Cappello, Monte– **61** Bd
Cappellone, Monte– **93** Fb
Cappone [PU] **71** Ecd
Capponi, Case– [AP] **87** Dbc
Cappucciata, Monte– **93** Gbc
Cappuccini [PG] **85** Dbc
Cappuccini [PG] **77** Ec
Cappuccini [PG] **85** BCb
Cappuccini [VC] **31** Ecd
Cappuccini, i– **103** Ec
Cappuccini, Isola dei– **161** EFbc
Cappuccini, Masseria– [BR] **119** Ec
Cappuccini Vecchi [TR] **91** Fa
Cappúccio, Toppa– **117** Bd
Capra, Cima della– / Härtlaner Spitze **3** Bc
Capra, Monte della– **153** EFab
Capráccia [VT] **91** Ca
Capracotta [IS] **101** Cbc
Capradosso [AP] **87** Dc
Capradosso [RI] **93** Cbc
Caprafico [TE] **93** Ga
Capraglia [AL] **45** FGb
Capráia [AR] **75** Fb
Capráia [FI] **67** DEd
Capráia, Isola di– **81** ins.a
Capráia, Torrente– **75** Fb
Capráia e Límite [FI] **67** Dd
Capráia Isola [LI] **81** ins.a

Capráia o Caprara, Isola– **103** CDa
Capralba [CR] **33** Fc
Capránica [PG] **85** Eb
Capránica [VT] **91** Dc
Capránica Prenestina [ROMA] **99** Bb
Capránica Scalo [VT] **91** CDc
Caprara [RE] **49** BCd
Caprara, Grotta– **95** Cd
Caprara, Isola– → Capráia, Isola– **103** CDa
Caprara d'Abruzzo [PE] **95** Cb
Caprara o dello Scorno, Punta– **163** Bb
Caprari, Rifugio– **21** FGb
Capraria, Cozzo– **153** Dab
Caprárica [LE] **125** Fd
Caprárica, Masseria– [TA] **123** Bc
Caprárica di Lecce [LE] **125** Eb
Caprárico [MT] **129** Ec
Capraro, Monte– [CB] **101** Gb
Capraro, Monte– [IS] **101** Cc
Caprarola [VT] **91** Dbc
Caprarola, Stazione di– **91** Dc
Capráuna [CN] **63** Fb
Caprazzino-Strada [PU] **71** Cd
Caprecano [SA] **113** Gc
Capreno [GE] **57** Ac
Caprera, Isola– **161** Eb
Capreria Grande, Punta di– **149** Eb
Caprese Michelangelo [AR] **75** Gab
Caprezzo [VB] **19** Fbc
Capri [NA] **113** Dd
Capri, Isola di– **113** Dd
Capri, Monte– **65** Bb
Capriana [TN] **9** FGd
Capriano [MI] **21** Cd
Capriano del Colle [BS] **35** Dc
Capriata d'Orba [AL] **45** Fd
Capriate San Gervasio [BG] **33** Fb
Capriati a Volturno [CE] **107** Db
Capríati a Volturno, Stazione di– **107** Db
Caprícchia [RI] **93** DEa
Cáprie [TO] **43** EFb
Caprieto [GE] **55** Hb
Capríggine, Torrente– **73** Fc
Capríglia [CH] **101** CDa
Caprígglia [LU] **65** Ec
Caprígglia [MC] **85** Gb
Caprígglia [SA] **113** Gc
Caprígglia Irpina [AV] **113** Gb
Caprígglio [AT] **45** ABb
Caprígglio [PR] **57** Hc
Caprígliola [MS] **65** Cab
Caprignana [LU] **59** Bd
Caprile [AR] **69** Fd
Caprile [BG] **21** Ebc
Caprile [BI] **31** Da
Caprile [BL] **11** CDc
Caprile [FE] **51** EFc
Caprile [FR] **107** ABa
Caprile [GE] **57** Bb
Caprile [NA] **113** Fc
Caprile [PC] **47** Cc
Caprile [PG] **77** Fbc
Caprile [PU] **77** Fc
Caprile [RE] **59** BCcd
Caprile / Gfrill [BZ] **9** Eb
Caprile, Colle– **57** ABc
Capri Leone [ME] **145** Db
Caprinale [SO] **21** Hb
Caprino Bergamasco [BG] **21** Dd
Caprino Veronese [VR] **35** Hb
Cáprio [MS] **57** Fc
Caprioli, Stazione di– **127** Cd
Capriolo [BS] **35** Cb
Capriolu [SS] **161** Dc
Capriolu, Bruncu– **171** Dd
Caprionero, Lago– **107** DEa
Capriuleddu [SS] **161** Cc
Ca' Priuli [PD] **51** Bb
Capriva del Friuli [GO] **27** FGc
Caprizi [UD] **13** Bc

Caprolace, Lago di– **105** Db
Caprona [PI] **65** FGd
Caprone / Kapron [BZ] **1** Dbc
Capsano [TE] **93** Ga
Capua [CE] **107** Ed
Capuano, Masseria– [PA] **147** Hd
Capugnano [BO] **67** Dab
Capurso [BA] **119** Ba
Caputi, Masseria– [BR] **123** DEab
Caputo, Masseria– [MT] **129** Ec
Caputo, Masseria– [PZ] **117** Bb
Carabba, Casa– [ME] **145** Dcd
Carabella, Masseria– [TA] **121** Dbc
Carabollace, Torrente– **151** Eb
Carácciolo, Masseria– [FG] **109** Fb
Caraceto [BI] **31** Db
Caraffa del Bianco [RC] **141** Gc
Caraffa di Catanzaro [CZ] **137** Cb
Ca' Raffaello [AR] **69** Gd
Caráglio [CN] **53** Ec
Caragna [SV] **55** Bd
Caragnetta [SV] **55** Bd
Caragoli, Punta– **177** Cc
Ca' Rainati [TV] **25** CDd
Caramagna Piemonte [CN] **43** Gcd
Caramánico Terme [PE] **95** BCcd
Caramanna, Masseria– [BA] **119** Db
Caramelli [CN] **55** Bc
Caramello, Villa– [PC] **47** Cb
Carameto, Monte– **57** Ea
Caramito, Monte– **127** Cab
Carámola, Monte– **131** Ea
Carámolo, Monte– **131** Dc
Carana, Rio– **167** Ca
Caranche, Passo delle– **63** Gab
Carangiaro, Monte– **153** Fbc
Carani [CE] **107** Cc
Caranna [BR] **19** Tc
Carano [CE] **107** Cc
Carano [LT] **97** Gd
Carano [TN] **9** Gd
Caranza [SP] **57** Dc
Caranzano [AL] **45** Ed
Carapale, Rifugio– **99** Hb
Carapelle [FG] **109** GHb
Carapelle, Ponte de– **109** GHb
Carapelle, Torrente– **111** Bb
Carapelle Calvísio [AQ] **93** FGc
Carapello, Fiume– **109** Bb
Carapellotto, Torrente– **109** Cc
Carasco [GE] **57** BCc
Carassai [AP] **87** DEb
Carate Brianza [MI] **33** Dab
Carate Úrio [CO] **21** Bc
Caratta [PC] **47** Dc
Caravággio [BG] **33** Fbc
Caravággio, Santuario di– **33** Fc
Caravate [VA] **19** Fc
Caravini [VC] **45** Ba
Caravino [TO] **31** Bc
Caravita [NA] **113** DEb
Caravius, Monte is– **177** Ebc
Caravónica [IM] **63** FBc
Carbai, Nuraghe– **171** CDab
Carbognano [VT] **91** Dbc
Carboj, Fiume– **151** Eb
Carboj, Ponte– **151** Eb
Carbolo, Monte– **65** CDab
Carbona [PN] **27** Cc
Carbonara [CE] **107** Dc
Carbonara [PD] **37** Fc
Carbonara [PD] **51** Cb
Carbonara, Capo– **179** EFc
Carbonara, Cozzo– **147** Gbc
Carbonara, Golfo di– **179** EFc
Carbonara, Pizzo– **147** Gc
Carbonara al Ticino [PV] **45** Hab
Carbonara di Bari [BA] **111** Hd
Carbonara di Nola [NA] **113** Fb
Carbonara di Po [MN] **49** Gb
Carbonara Scrivia [AL] **45** Gc

Carbonare [TN] **23** Hc
Carbonarola [MN] **49** Gb
Carbonate [CO] **33** Ga
Carbone [PZ] **129** Ccd
Carbonè, Monte– **63** Cab
Carbone, Monte– **117** Fc
Carbonelli, Masseria– [BA] **119** Cab
Carbonera [TV] **39** Dab
Carbonera [VE] **39** DEc
Carbonere Nuove [TV] **25** Hd
Carboneri [AT] **45** Bb
Carboneri [TO] **43** Dd
Carbonesca [PG] **77** Ed
Carbónia [CA] **177** Dbc
Carbonile [FI] **69** Cc
Carbonile [FI] **67** Gd
Carbonin / Schluderbach [BZ] **11** Eb
Carbuta [SV] **55** Cd
Carcaci [EN] **155** Dab
Cárcaci, Monte– **153** ABa
Carcaciotto, Masseria– [PA] **153** Ba
Carcano [CO] **21** Cd
Cárcare [SV] **55** Cc
Carcegna [NO] **19** Ecd
Cárceri [AQ] **101** BCb
Cárceri [PD] **51** Ba
Cárceri, Éremo delle– **85** DEb
Cárcheri [FI] **67** Gd
Carchitti [ROMA] **97** Gc
Carciato [TN] **9** Dcd
Carcilupo [TA] **147** Dcd
Carcina [BS] **35** Eb
Carcina Manna, Monte– **177** Dd
Carcófora [VC] **19** Cc
Carda [AT] **75** Fb
Carda [ME] **141** Gc
Cardagnano [MC] **87** BCb
Cardana [VA] **19** Fc
Cardano [CO] **21** Cd
Cardano [TR] **91** Fab
Cardano / Kardaun [BZ] **9** Gbc
Cardano al Campo [VA] **31** Gb
Cardassi, Rio– **175** Dc
Cardaxius, Rio– **175** Dc
Cardazzo [PV] **47** Cb
Cardè [CN] **43** Fd
Cardedu [NU] **175** Fb
Cardella [PU] **77** Eb
Cardellia, Monte– **147** BCd
Cardeto [RC] **141** Ec
Cardetole [FI] **67** FGc
Cardeto Sud [RC] **141** Ec
Cardezza [VB] **19** Db
Cardi, Casa– [SS] **161** Db
Cardiga, Monte– **175** EFc
Cardigliano di Sopra [LE] **125** Ed
Cardile [SA] **127** Cc
Cardilla [TP] **151** Aa
Cardinale [CZ] **139** Fb
Cardinale, Masseria– [MT] **129** Fcd
Cardinello, Monte– **21** Ca
Cardini [CN] **53** Hd
Carditello [CE] **107** DEd
Cardito [FR] **99** Hd
Cardito [NA] **113** Db
Cardona [AL] **45** Cb
Cardona, Canale– **131** Ga
Cardone, Monte– **91** Ba
Cardoneto, Monte– **135** EFb
Cardosa, Monte– **85** Gc
Cardoso [LU] **65** EFbc
Cardoso [LU] **65** Fb
Carducci, Rifugio– **11** Fb
Carè Alto, Monte– **23** Db
Carè Alto, Rifugio– **23** Db
Carédia-Lacco [RC] **141** Ed
Carega [VC] **19** Cd
Carega, Gruppo del– **37** Ca
Careggi [FI] **67** Fd
Caréggine [LU] **65** Gb
Carella [CO] **21** Ccd
Carella, Casa– [FG] **109** Gb
Carella, Monte– **99** Hd
Carelli [TA] **121** Fc

Carello, Monte– **119** Dc
Carello Inferiore [CS] **133** Dc
Carema [TO] **31** Ab
Carena [Svizz.] **21** Bab
Carena, Monte– **23** Ccd
Carena, Punta– **113** Dd
Carene [BI] **31** Cb
Carengo [VC] **31** Ed
Carenno [LC] **21** Dd
Careno [CO] **21** Bc
Careno [PR] **47** Fd
Carentino [AL] **45** Dcd
Careri [RC] **141** Gbc
Careri, Fiumara– **141** Gbc
Caresana [TS] **41** Hlc
Caresana [VC] **45** DEa
Caresanablot [VC] **31** Ec
Careser, Lago del– **9** Cc
Carestello [PG] **77** Ed
Caretto [TO] **29** Ic
Carezza al Lago / Karersee [BZ] **9** Hc
Carezzano [AL] **45** Gd
Carezzano Maggiore [AL] **45** Gd
Carfagnoi [BL] **25** EFb
Carfizzi [KR] **133** Ec
Cargalla [MS] **57** Fc
Cargédolo [MO] **59** Dd
Cargeghe [SS] **165** Dab
Cargnacco [UD] **27** Ebc
Caría [VV] **139** Cb
Cariati [CS] **133** Eb
Cariati Marina [CS] **133** Eab
Caricatore [CN] **53** DEc
Caricatore, Pietra del– **139** EFb
Carife [AV] **115** Da
Caríge Alta [GR] **89** Eb
Caríglio [CS] **135** Ca
Carignano [FG] **109** Eab
Carignano [MS] **65** Cab
Carignano [PR] **49** Ad
Carignano [PU] **71** Ecd
Carignano [TO] **43** GHc
Caríllus, is– [CA] **177** Ec
Carimate [CO] **33** Ca
Carinaro [CE] **113** Da
Carini [PA] **147** ABb
Carini [PC] **47** Ecd
Carini, Golfo di– **147** ABa
Carini, Stazione di– **147** ABab
Carinola [CE] **107** Cc
Carinola, Lago di– **107** Ccd
Carinola, Piana di– **107** CDcd
Carisasca [PC] **57** BCa
Cariseto [PC] **57** Cab
Carísio [VC] **31** Dc
Carisolo [TN] **23** Eab
Carità [TV] **39** Da
Cariusi, Monte– **127** Ec
Carlantino [FG] **101** Gd
Carlazzo [CO] **21** Bb
Carlentini [SR] **155** EFd
Carletti [IM] **63** Dcd
Carlettini, Rifugio– **25** ABb
Carlino [UD] **41** DEb
Carlino, Rio– / Karlinbach **1** Dc
Carloforte [CA] **177** Bc
Carlomagno, Monte– **133** Cc
Carlona [AL] **55** Fa
Carlo Pisacane, Cippo– **127** Ec
Carlópoli [CZ] **135** Cc
Carlo Porta, Rifugio Albergo– **21** Dc
Carmagnola [TO] **43** Hc
Carmegn [BL] **25** Eb
Carmela, Masseria– [FG] **103** Ed
Carmiano [LE] **123** Fc
Carmiano [PC] **47** Dc
Carmignanello [PO] **67** Ebc
Carmignanello [FI] **51** Dc
Carmignano [PD] **51** Bab
Carmignano [PO] **67** Ec
Carmignano di Brenta [PD] **37** Gb
Cármine [AR] **75** GHb
Cármine [PV] **47** Bc
Cármine [RC] **141** Dbc

Cármine [VB] 19 Gb
Cármine, Cappella del– 109 BCb
Cármine, il– [KR] 137 Ga
Cármine, il– [LE] 125 CDc
Cármine, il– [RC] 141 FGd
Cármine, Masseria del– [TA] 121 Fb
Carmito [SR] 155 EFc
Carmo, Monte– [AL] 57 Bb
Carmo, Monte– [SV] 55 Cd
Carmosina, Foce– 111 Cb
Carnago [VA] 19 GHd
Carnáio, Colle del– 69 Ec
Carnaiola [TR] 83 Gc
Carnale [SA] 127 Db
Carnalèz [TN] 9 Ec
Carnara, Monte– 131 Fa
Carnate [MI] 33 Eab
Carnella, Monte– 57 Cc
Carnello [FR] 99 Fc
Carnera, Cima– 19 Bc
Carnevalone, Monte– 69 Cb
Cárnia [Fr.V.G.] 13 CDc
Cárnia [UD] 13 Dc
Carniana [RE] 59 Cc
Carníglia [PR] 57 Dbc
Carnino [CN] 63 Eab
Carnizza, Monte– 27 Fab
Carnovale [SV] 55 Cc
Carnovale, Poggio di– 73 Ed
Caro, Masseria de– [BN] 109 Bd
Caróbbio [MN] 49 Db
Caróbbio [MN] 49 Fc
Caróbbio [PR] 57 Gbc
Caróbbio degli Angeli [BG] 35 BCab
Caroddi, Punta– 171 Gc
Carola, Garzaia della– 33 CDd
Carolei [CS] 135 Db
Carona [BG] 21 Fb
Carona [SO] 21 Hb
Carone, Masseria– [MT] 117 Fc
Carone, Monte– 23 Ecd
Cároni [VV] 139 Cc
Caronía [ME] 145 Bb
Caronía, Torrente di– 145 Bbc
Caronie → Nébrodi, Monti– 145 Cc
Caroniti [VV] 139 Cc
Caronno Pertusella [VA] 33 Cb
Caronno Varesino [VA] 19 GHd
Caronte, Terme– 137 Bab
Carosino [TA] 121 Gc
Carossi [AT] 45 BCd
Carotte [VV] 23 Hc
Carovigno [BR] 123 CDa
Carovigno, Stazione di– 123 CDa
Carovilli [IS] 101 Cc
Carozzo [SP] 65 Cb
Carpacco [UD] 27 Cb
Carpadasco [PR] 57 Fab
Cárpana [PR] 57 Eb
Carpana, Cappella– 57 DEb
Carpanè [VI] 25 BCc
Carpanedo [PD] 37 Hcd
Carpaneto [PR] 57 Hb
Carpaneto Piacentino [PC] 47 Ec
Carpani [LI] 81 Cd
Carpanzano [CS] 135 Dbc
Carpasina, Torrente– 63 Fc
Carpásio [IM] 63 Fc
Carpe [SV] 63 GHab
Carpegna [PU] 69 GHd
Carpegna, Monte– 69 Gd
Carpellone, Cima del– 93 Ba
Carpen [BL] 25 Dc
Cárpena [FC] 69 Fa
Carpenara [GE] 55 FGc
Carpenara [SV] 55 Dbc
Carpenedo [TV] 39 Cab
Carpenedo [BS] 35 Fc
Carpenedolo [BS] 35 Fc
Carpeneto [AL] 55 Ea
Carpeneto [GE] 57 Bb
Carpeneto [UD] 27 DEbc
Carpeneto [VC] 31 CDcd

Carpenetta [CN] 43 Gd
Carpenzago [MI] 31 Hc
Carpésica [TV] 25 Fc
Carpi [MO] 49 Ed
Carpi [VR] 49 Hb
Carpiano [MI] 33 Dcd
Carpignago [PV] 33 Cd
Carpignalle [FI] 75 Cb
Carpignano [AV] 115 Ca
Carpignano [MC] 79 Dd
Carpignano Salentino [LE] 125 EFb
Carpignano Sésia [NO] 31 Eb
Carpina, Torrente– 77 Dc
Carpine [FR] 99 Ed
Carpinelli, Foce– 57 Hd
Carpinelli, Monte– 109 Gcd
Carpinello [FC] 61 Ed
Carpineta [BO] 67 Eab
Carpineta [FC] 69 Gb
Carpineta [PT] 67 Eb
Carpineta, Monte– 115 DEc
Carpineti [RE] 59 CDc
Carpineto [SA] 113 Gc
Carpineto [SV] 55 DEc
Carpineto, Costa di– 147 Bb
Carpineto, Monte– 127 Fc
Carpineto, Val– 93 BCa
Carpineto della Nora [PE] 93 GHbc
Carpineto Romano [ROMA] 99 Cc
Carpineto Sinello [CH] 101 DEab
Cárpini [PG] 77 Dc
Carpino [FG] 103 EFb
Cárpino, Masseria– [FG] 103 ABd
Carpino, Stazione di– 103 Eb
Carpinone [IS] 101 Cd
Carpinone, Lago di– 101 Dd
Carpinoso, Monte– 131 Cc
Carpugnino [NO] 19 Fc
Carrabba [CT] 155 Ga
Carrabusu, Rio– 165 Ed
Carracanedda, Punta– 167 Db
Carradore, Punta– 175 Ca
Carráia [FI] 67 EFc
Carráia [LU] 65 Gcd
Carráia [PG] 83 Gb
Carráie [RA] 61 EFd
Carralzu, Cantoniera– [SS] 165 Fa
Carrara [MS] 65 Db
Carrara [PU] 71 Fd
Carrara, Rifugio– 65 Db
Carrara San Gióргio [PD] 37 Gd
Carrara Santo Stéfano [PD] 37 GHd
Carraria [UD] 27 Fb
Carré [AO] 29 Eb
Carrè [VI] 25 Ad
Carrega, Capanne di– [AL] 57 Bb
Carrega Ligure [AL] 57 ABb
Carretto [SV] 55 Cc
Carriero, Serra– 115 Gb
Carritelli, Masseria– [LE] 123 Ec
Carrito [AQ] 99 Ga
Carrito, Galleria di– 99 Ga
Carro [SP] 57 Dd
Carrobbioli [RE] 49 CDc
Carróbio [MN] 49 Cab
Carroccia, Poggio– 83 Db
Carródano [SP] 57 Dd
Carródano Inferiore [SP] 57 Dd
Carródano Superiore [SP] 57 Dd
Carrone [TO] 31 Bc
Carros [Fr.] 63 Bd
Carrósio [AL] 55 FGab
Carrù [CN] 53 Hbc
Carruba [CT] 155 Ga
Carruba Nuova [PA] 151 Ea
Carrubba [EN] 155 Cb
Carrubba, Monte– 155 EFd
Carruozzo, Monte– 115 Ec
Carsi [GE] 55 Hb
Carsia, Torrente– 81 Gc
Carso (I) = Kras 41 HIc
Carso, Monte– 41 Ic
Carsóli [AQ] 99 Ca
Carsuga [PG] 77 Bbc
Carsulae 85 De

Carsulae, Parco Archeologico di– 85 De
Cart [BL] 25 Db
Cartabubbo [AG] 151 Eb
Cártari [IM] 63 Fb
Cartasegna [AL] 57 ABab
Cartería di Sesto [BO] 59 HIc
Cartiera [CN] 63 Fab
Cartiera, Casa– [VT] 91 Cb
Cartigliano [VI] 37 FGa
Cartignano [CN] 53 Dbc
Cartoceto [PU] 71 Fd
Cartoceto [PU] 77 Fb
Cartóe, Cala di– 171 FGab
Cartósio [AL] 55 Db
Cartuccеddu, Punta– 175 Fb
Cartura [PD] 37 Hd
Carturo [PD] 37 Gb
Carù [RE] 59 Cc
Carugate [MI] 33 DEb
Carugo [CO] 33 Da
Carunchina, Colle– 101 DEb
Carúnchio [CH] 101 DEb
Caruso, Case– [TP] 151 Ba
Caruso, Colle– 101 Ed
Caruso, Forca– 99 Ga
Caruso, Masseria– [MT] 121 Cc
Caruso, Monte– [BR] 123 Ca
Caruso, Monte– [CE] 107 Ec
Caruso, Monte– [FR] 105 Gab
Caruso, Monte– [IS] 107 Eab
Caruso, Monte– [PZ] 115 Gb
Caruso, Monte– [PZ] 115 Gc
Carvacco [UD] 27 Da
Carvarino, Monte– 115 Fd
Carve [BL] 25 Fc
Carviano [BO] 59 Gd
Cárvico [BG] 33 Ea
Carza, Torrente– 67 Fc
Carzaghetto [MN] 49 ABab
Carzago Riviera [BS] 35 Fb
Carzano [BS] 35 Da
Carzano [TN] 25 Ab
Carzeto [PR] 47 GHc
Casa, Cantoniera sa– [NU] 175 Ca
Casa, Masseria la– [LE] 123 Ec
Casa, Pizzo di– 147 Cc
Casa, Punta sa– 165 Cb
Casabasciana [LU] 67 Bb
Ca' Sabbioni [VE] 39 Dc
Casabella [BZ] 1 Dbc
Casabene, Masseria– [CT] 155 Cd
Casabianca [AP] 79 Gd
Casabianca [AT] 45 BCc
Casabianca [SI] 75 EFd
Casabianca [TO] 31 Bd
Casabona [IS] 101 BCc
Casabona [KR] 133 Ec
Casacagnano [AP] 87 Cc
Casacalenda [CB] 101 FGc
Casacanditella [CH] 95 Dc
Casa Castalda [PG] 77 Ed
Casacce [PG] 77 Ed
Casacce [PG] 77 Fc
Casáccia [ROMA] 97 Da
Casáccia, La– [VT] 91 DEb
Casaccie [BS] 35 Dd
Casacco, Colle– 101 Cc
Casa Colombi [PV] 47 Bb
Casacorba [TV] 39 Cb
Casa del Bosco [BI] 31 Db
Casa del Conte [PZ] 131 Eb
Casa del Marchese [PV] 47 Bc
Casa di Mosto, Masseria– [LE] 123 Fbc
Casa Fiori [PV] 47 Bcd
Casagiove [CE] 107 Ed
Caságlia [BO] 59 Hc
Caságlia [BS] 35 Dbc
Caságlia [FE] 51 Bc
Caságlia [FI] 69 Bcd
Caságlia [PG] 85 Gb
Caságlia [PI] 73 DEc
Caságlia [SI] 73 Gc
Caságlia, Colla di– 67 Gb
Casagliana [SS] 161 Ecd

Casalabate [LE] 123 Fbc
Casalalta [PG] 85 Cc
Casalánguida [CH] 101 DEa
Casalappi Ruschi [LI] 81 EFb
Casaláttico [FR] 99 Gd
Casalbagliano [AL] 45 Ec
Casalbellotto [CR] 49 Bc
Casalbeltrame [NO] 31 Ec
Casalbergo [VR] 37 Cd
Casálboli, Masseria– [BA] 119 Cc
Casalbordino [CH] 95 Fd
Casálbore [AV] 109 CDc
Casalborgone [TO] 45 Ab
Casal Borsetti [RA] 61 Fb
Casalbuono [SA] 127 EFc
Casalbusone [AL] 55 Hb
Casalbuttano [CR] 35 Cc
Casalbuttano ed Uniti [CR] 35 Cd
Casalcassinese [FR] 107 Ca
Casal Cermelli [AL] 45 Ecd
Casalciprano [CB] 101 Da
Casaldianni, Fattoria– [BN] 109 Bc
Casal di Príncipe [CE] 113 Ca
Casaldonato [PC] 57 Cb
Casalduni [BN] 107 Hc
Casale [AP] 87 Cc
Casale [AQ] 99 Ga
Casale [BI] 31 Bb
Casale [BO] 67 Bb
Casale [CB] 101 Dcd
Casale [CE] 107 Dc
Casale [CE] 107 CDc
Casale [FI] 69 Cc
Casale [FC] 69 Dab
Casale [FC] 69 Gb
Casale [MC] 85 Gb
Casale [ME] 145 Fb
Casale [MN] 49 Cb
Casale [MN] 49 Eb
Casale [PG] 85 Bc
Casale [PG] 85 Ec
Casale [PO] 67 Gc
Casale [PR] 49 Bc
Casale [PR] 47 Hd
Casale [PR] 57 Dc
Casale [RA] 69 Da
Casale [RE] 59 Cc
Casale [SA] 113 FGbc
Casale [SA] 115 Dc
Casale [SP] 57 Ed
Casale [TO] 31 Bd
Casale [TP] 151 Ba
Casale [VI] 23 Id
Casale, il– [BA] 111 Fc
Casale, Masseria del– [PA] 147 BCc
Casale, Monte– 159 Db
Casale, Villa– [SI] 75 Dd
Casale, Villa Romana del– 157 FGb
Casalécchio, Monte– 85 Cd
Casalécchio dei Conti [BO] 61 Bc
Casalécchio di Reno [BO] 59 Hc
Casale Corte Cerro [VB] 19 Fc
Casale Cremasco [CR] 33 Gc
Casale Cremasco-Vidolasco [CR] 33 Gc
Casale dei Molini [CN] 53 Gbc
Casale della Mandria [ROMA] 97 FGd
Casale delle Palme [LT] 105 Da
Casale di Pari [GR] 83 Bb
Casale di Scodósia [PD] 51 Aa
Casaléggio Boiro [AL] 55 Fb
Casaléggio Novara [NO] 31 EFbc
Casale Litta [VA] 19 Gd
Casale Marittimo [PI] 73 Dd
Casale Masé [CH] 101 Cb
Casale Monferrato [AL] 45 Db
Casalena [AP] 87 CDc
Casaleone [VR] 49 Gab
Casale San Nicola [TE] 93 Fab
Casale Soprano [CN] 55 Ab
Casale Staffora [PV] 57 Ba
Casale sul Sile [TV] 39 DEb
Casaleto [PR] 57 Db
Casaletto [MN] 49 Cc

Casaletto [VT] 91 Cc
Casaletto Ceredáno [CR] 33 Fd
Casaletto di Sopra [CR] 33 Gc
Casaletto Lodigiano [LO] 33 Ed
Casaletto Spartano [SA] 127 Ecd
Casaletto Vaprio [CR] 33 Fc
Casalfiumanese [BO] 61 Bd
Casalgiate [NO] 31 Fc
Casalgiordano [PA] 153 EFa
Casalgismondo, Masseria– [EN] 155 Cc
Casalgrande [RE] 59 Eb
Casalgrasso [CN] 43 Gcd
Casalguidi [PT] 67 Dc
Casali [FI] 67 FGb
Casali [FR] 107 Bb
Casali [MC] 85 GHc
Casali [PC] 47 Ea
Casali d'Aschi [AQ] 99 Gb
Casali Franceschinis [UD] 41 Dab
Casalina [MS] 57 Fc
Casalina [PG] 85 Cc
Casalincontrada [CH] 95 Cc
Casaline [AQ] 93 Bb
Casalini [BR] 119 Ec
Casalini [PG] 83 Gb
Casalini, Case– [FG] 111 Bc
Casalino [AL] 45 Db
Casalino [AR] 69 Dd
Casalino [AR] 75 EFcd
Casalino [GE] 55 GHb
Casalino [GE] 83 Cc
Casalino [NO] 31 Fc
Casalino [RE] 59 Ccd
Casalino [VR] 37 CDd
Casalmaggiore [CR] 49 Bc
Casalmaiocco [LO] 33 Ec
Casalmorano [CR] 35 Cd
Casalmoro [MN] 35 Ee
Casalnoceto [AL] 45 Gc
Casalnovo [GR] 89 Ea
Casalnuovo [RC] 141 FGc
Casalnuovo di Napoli [NA] 113 DEb
Casalnuovo Monterotaro [FG] 101 Hd
Casalo, Serra– 147 Gbc
Casaloldo [MN] 35 Fd
Casalone [GR] 83 BCc
Casalone [VT] 91 Db
Casalone, Il– [VT] 91 Bb
Casalone, Poggio– 73 Gd
Casalonga, Stazione– 111 Cc
Casalorzo [CR] 47 Hb
Casalotello [PA] 147 ABd
Casalotti [ROMA] 97 Eb
Casalotto [AT] 45 Dd
Casalotto [RC] 141 Db
Casalotto, Monte– 147 ABcd
Casal Palocco [ROMA] 97 DEc
Casalpoglio [MN] 35 Fd
Casalporino [PC] 47 Bd
Casalpusterlengo [LO] 47 Ea
Casalromano [MN] 49 Ba
Casalrosso [VC] 31 Ed
Casalrotto, Masseria– [TA] 121 Dd
Casal Sabini, Stazione– 117 Fc
Casalserugo [PD] 39 Bcd
Casalsigone [CR] 47 Gab
Casalsottano [SA] 127 Bc
Casal Thaulero [TE] 87 Fde
Casaltondo [PG] 83 Gbc
Casaltone [PR] 49 Bcd
Casaluce [CE] 113 Dab
Casalvécchio, Colle– 101 FGb
Casalvécchio di Púglia [FG] 101 Hd
Casalvécchio Sículo [ME] 141 Bd
Casal Velino [SA] 127 Bc
Casal Velino, Stazione di– 127 BCc
Casalvento [SA] 127 Bc
Casalvieri [FR] 99 Gd
Casalvolone [NO] 31 Ec
Casalzuigno [VA] 19 Gc
Casamaggiore [PG] 83 Gd
Casamáina [AQ] 93 Ec

Casamarciano [NA] 113 Fb
Casamari, Abbazia di– 99 EFc
Casa Marino [MT] 129 Ff
Casamassella [LE] 125 EFc
Casamássima [BA] 119 Bb
Casamássima, Masseria– [TA] 121 Db
Casa Matti [PV] 47 BCcd
Casamicciola Terme [NA] 113 Bc
Casamona [AR] 75 EFb
Casamontanara [AN] 77 Gc
Casamora [AR] 75 Eab
Casamostra [CE] 107 Dc
Casan [BL] 25 FGab
Casandrino [NA] 113 Db
Casano [SP] 65 Db
Casanola [RA] 61 CDcd
Casanova [CE] 107 Cc
Casanova [FI] 67 Gb
Casanova [GE] 57 Bb
Casanova [PC] 47 Cc
Casanova [PI] 73 DEb
Casanova [PR] 57 Eab
Casanova [SI] 75 CDde
Casanova [SI] 83 Ec
Casanova [SV] 55 Ec
Casanova [TO] 43 Hc
Casanova, Masseria– [FG] 109 Eab
Casanova–Cavatelle [FR] 105 Gab
Casanova dell'Alpe [FC] 69 DEc
Casanova del Morbasco [CR] 47 Fab
Casanova di Destra [PV] 47 Bd
Casanova d'Offredi [CR] 49 Ab
Casanova Elvo [VC] 31 Dc
Casanova Lerrone [SV] 63 Gb
Casanova Lonati [PV] 47 Bb
Casanuova [RI] 93 Ba
Casape [ROMA] 99 Bb
Casapesenna [CE] 113 Cab
Casapinta [BI] 31 Db
Casa Ponte [PV] 47 ABc
Casaprota [RI] 91 Gc
Casapulla [CE] 107 Ed
Casapuzzano [CE] 113 Db
Casaraccio, Stagno di– 163 Bc
Casarano [LE] 125 DEc
Casarano [SR] 155 Fd
Casarea [NA] 113 Eb
Casaregnano [AP] 87 Ccd
Casarello [AL] 45 BCb
Casarene, Cima– 93 Bcd
Casarenella, Colle– 109 Bc
Casargiu [CA] 173 CDb
Casárgius, Monte– 179 Ea
Casargo [LC] 21 Db
Casarile [MI] 33 Ccd
Casario [CN] 55 Bd
Casarnese [TR] 91 Ea
Casarola [PR] 57 Gc
Casarola, Monte– 57 Hcd
Casarone, Monte– 123 Ca
Casa Rossa, Masseria– [TA] 123 BCc
Casarotta [UD] 13 DEb
Casarsa della Delizia [PN] 27 BCc
Casarza Lígure [GE] 57 Cd
Casa Santa [TP] 149 DEb
Casasco [AL] 45 GHcd
Casasco d'Intelvi [CO] 21 Bc
Casaselvática [PR] 57 Gb
Casasia, Monte– 159 Db
Casaso [UD] 13 Db
Casasola [PN] 13 Bd
Casasola [UD] 27 Da
Casasola [UD] 13 Ec
Casastrada [FI] 73 Fb
Casate [CO] 21 Dc
Casate [MI] 31 GHbc
Casateia / Gasteig [BZ] 1 Ib
Casatenovo [LC] 33 Da
Casati, Rifugio– 9 Bc
Casático [LU] 65 Eab
Casático [MN] 49 Cb
Casático [PR] 59 Bab
Casático [PV] 33 Cd
Casatisma [PV] 47 Ab

Casatta [TN] 9 FGd
Casavatore [NA] 113 Db
Casavecchia [AR] 75 Fb
Casavecchia [GE] 55 Eb
Casavécchia [MC] 85 Gbc
Casa Ventre [RI] 85 Hde
Ca' Savio [VE] 39 Ec
Casazza [BG] 21 Gd
Casazze [RG] 159 BCbc
Casazze [AL] 45 Dbc
Casazze [MN] 49 Cb
Cascano [CE] 107 Cc
Cascata, Albergo- 15 Eb
Cascata, Punta della- / Wasserfall-
  Spitze 9 Bb
Cascate / Wasserfalle [BZ] 3 Eb
Cáscia [FI] 69 BCde
Cáscia [MC] 79 Ec
Cáscia [PG] 85 FGd
Casciago [VA] 19 Gcd
Casciáio, Monte- 67 Eb
Casciana [LU] 65 Eab
Casciana Alta [PI] 73 Db
Casciana Terme [PI] 73 Db
Cascianella [LU] 65 Eab
Casciano [SI] 83 Bab
Cascina [PI] 65 Gd
Cascina, Piano di- 93 CDb
Cascina, Torrente- 73 Db
Cascina Bava, Oasi Faunistica di-
  31 CDd
Cascinagrossa [AL] 45 Fc
Cascina Isola, Garzaia della- 31 Fd
Cascina Notizia, Garzaia della- 45
  Fb
Cascinare [AP] 79 Gd
Cascinasse [CN] 53 EFa
Cascina Villarasca, Garzaia di- 33
  Cd
Cascinazza [PV] 45 Gc
Cascine [PI] 67 Bd
Cascine [TO] 31 Bc
Cascine Nuove [PV] 45 FGb
Cascine San Pietro [MI] 33 Fbc
Cascine Strà [VC] 31 DEcd
Cascinette d'Ivrea [TO] 31 Bbc
Cascine Vecchie [PI] 65 EFd
Cascini, Case- [PZ] 129 Bd
Cascinino [PV] 45 GHb
Cascinotto Mensa [PV] 45 Gb
Cáscio [AL] 65 Fb
Cáscio, Portella di- 147 EFc
Casco [BG] 35 BCa
Case [BS] 35 Ebc
Case, le- [RI] 91 Gb
Case Arse, Masseria- [LE] 123 Ecd
Case Basse [PG] 85 Ebc
Casebianche [AP] 87 Ccd
Case Bruciate [MO] 49 Ecd
Case Bruciate [PU] 71 Ec
Case Bruni [CN] 55 Abc
Case Cerreto [SA] 127 Dcd
Case Cocconi [RE] 49 BCd
Casedda, la- [SS] 167 Ca
Case del Bosco [CN] 43 Hd
Case del Conte [SA] 127 Ac
Case del Molino [PV] 47 Ac
Casei [PV] 45 Gbc
Casei Gerola [PV] 45 Gb
Caselette [TO] 43 Fb
Casella [GE] 55 GHb
Casella [SP] 65 Bb
Casella [TV] 25 Dd
Casella, la- [TR] 85 Gc
Casella, Stazione di- 55 GHb
Caselle [BO] 49 FGd
Caselle [CE] 107 Fbc
Caselle [MI] 33 Bc
Caselle [PR] 57 Ga
Caselle [TV] 25 Dd
Caselle [VI] 37 Fd
Caselle [VR] 37 Bc
Caselle [VR] 37 Cd
Caselle [VR] 49 Fab
Caselle [VR] 37 Ed

Caselle, le- [AR] 75 Gd
Caselle, le- [CS] 131 Fc
Caselle, le- [PG] 85 BCd
Caselle, Masseria- [TA] 121 Fb
Caselle in Pittari [SA] 127 Ecd
Caselle Landi [LO] 47 Eb
Caselle Lurani [LO] 33 DEd
Caselle Torinese [TO] 43 Gab
Caselli, Riserva Naturale- 73 Ed
Caselli di Cristo, Masseria i- [BA]
  117 Fb
Caselline [FI] 67 Fc
Casello [PR] 49 Bd
Casellone, Masseria- [TA] 121 Fb
Casello Vecchio [PR] 49 Ac
Cà Selva [PN] 11 Hd
Cá Selva, Lago di- 11 GHd
Caselvatico [CB] 109 Bb
Casemurate [RA] 61 Fd
Casenda [SO] 5 Gd
Casenove [CZ] 137 BCa
Casenove [RE] 59 Bd
Casenove Serrone [PG] 85 EFbc
Casenóvole [GR] 83 Bb
Casentini, Rifugio- 67 Bb
Casentino [AQ] 93 EFc
Casentino [AR] 69 DEde
Casenuove [AN] 79 Ebc
Casenuove [FI] 67 Dd
Case Nuove [PR] 59 Cab
Casenuove [VA] 31 Gb
Case Nuove Russo [ME] 145 EFb
Caseo [PV] 47 Bc
Case Ocaro [RO] 51 Gc
Case Poggio [PR] 47 EFd
Casera di Fuori / Vorderkaser [BZ]
  1 Fc
Casere [BL] 25 Cc
Casere [VA] 19 Fc
Casere / Kasern [RZ] 3 Fa
Caserine, le- [AQ] 99 Fb
Caserine, Monte- 11 Gd
Caserta [CE] 107 Fd
Caserta [LC] 21 CDcd
Caserta Vecchia [CE] 107 Fd
Casèt, Cima- 23 DEc
Casetta, la- [FI] 67 Fb
Casette [AP] 79 FGde
Casette [MS] 65 DEb
Casette [PI] 73 Fc
Casette [RI] 93 Bb
Casette [UD] 41 Db
Casette, Le- [AN] 79 Ec
Casette, le- [AP] 87 Dcd
Casette, Le- [RI] 91 Gb
Casette, Le- [ROMA] 97 Gab
Casette, Masseria delle- [BA] 119
  Cb
Casette, Punta delle- 167 Fa
Casette d'Ete [AP] 79 FGd
Casette di Castigliolo, Monte le-
  117 EFb
Casetti [TO] 29 Gc
Casevecchie [PG] 85 DEc
Casevecchie [TO] 43 Fc
Casez [TN] 9 Ec
Casi [CE] 107 Dc
Casi [FI] 69 BCcd
Casier [TV] 39 Db
Casíes, Valle di- / Gsieser Tal 3 Gc
Casigliano [TR] 85 CDd
Casíglio, Monte- 135 Da
Casignana [RC] 141 Gc
Casignano / Gschnon [BZ] 9 Fd
Casigno [BO] 59 Gd
Casigno [BO] 59 Gd
Casilina, Via- 97 Hc
Casilli [NA] 113 EFbc
Casillones, Monte- 165 Db
Casina [RE] 59 CDb
Casina, Cima la- 7 Fc
Casina, La- [VT] 83 Ed
Casinalbo [MO] 59 Fb
Casine [AN] 79 Cb
Casine, le- [BR] 123 Ga
Casine di Paterno [AN] 79 Eb

Casinette [BS] 35 EFb
Casini [PT] 67 DEc
Casinina [PU] 71 Dcd
Casino [RE] 59 Cc
Casino [SI] 73 Gde
Casino, il- [BO] 61 Bb
Casino, Poggio del- 83 Ab
Casino Vezzani [CH] 95 DEbc
Casino, Villa- [PA] 153 Ea
Casino [SV] 63 Gb
Caso [PG] 85 EFd
Caso [SV] 63 Gb
Caso, Masseria- [FG] 103 Dd
Cásola [AV] 113 Fb
Cásola [BO] 67 DEab
Casola [BS] 7 FGd
Cásola [CE] 107 Fd
Cásola [NA] 113 Ecd
Cásola [PR] 57 GHb
Cásola Canina [BO] 61 BCc
Cásola Canossa [RE] 59 CDb
Cásola di Napoli [NA] 113 Fc
Cásola in Lunigiana [MS] 57 Hd
Cásola Quérciola [RE] 59 Db
Casolate [LO] 33 Ec
Cásola Valsénio [RA] 61 Bd
Cásole [FI] 67 Gc
Cásole [FI] 75 Db
Cásole Brúzio [CS] 135 Db
Cásole d'Elsa [SI] 73 Gcd
Cásoli [CH] 95 Fd
Cásoli [LU] 65 EFc
Cásoli [LU] 67 BCb
Cásoli [TE] 95 Ba
Casolla [CE] 107 ᴄɼd
Casolla [NA] 113 Db
Cason di Lanza, Passo del- 13 DEb
Casone [FG] 103 Ccd
Casone [GR] 83 Gde
Casone [LI] 81 Eab
Casone [MI] 31 Hbc
Casone [SI] 73 Gd
Casone [SV] 55 Dbc
Casone, il- [FG] 109 Gd
Casone Antonucci [AQ] 99 Hc
Casone della Valle, Masseria- [FG]
  103 ABc
Casone di Profecchia [LU] 59 Cd
Casoni [BL] 11 Ed
Casoni [BO] 61 Ab
Casoni [GE] 57 Cbc
Casoni [GE] 57 Bb
Casoni [MO] 49 Gd
Casoni [PV] 47 Cb
Casoni [RE] 49 Dc
Casoni [TV] 37 Hab
Casoni [VI] 25 Cd
Casoni [VR] 49 Gab
Casoni, i- [BO] 61 Bb
Casoni, i- [CS] 131 FGc
Casoni, i- [SP] 57 Ed
Casoni Borroni [PV] 45 Gb
Casorate Primo [PV] 33 BCcd
Casorate Sempione [VA] 31 Gab
Ca' Sordi [CN] 67 GFb
Casore del Monte [PT] 67 Cc
Casorezzo [MI] 33 Bb
Casória [NA] 113 Db
Casorzo [AT] 45 CDb
Casotti [PT] 67 Cc
Casotti [VR] 37 Dc
Casotto [VI] 23 Hlc
Casotto, Castello di- 55 Ad
Casotto, Colla di- 55 Ad
Casotto, Torrente- 53 Hd
Casotto, Valle- 53 Hd
Caspano [SO] 21 Eab
Caspéria [RI] 91 FGb
Caspessa [PU] 77 FGb
Caspóggio [SO] 7 Dd
Cáspoli [CE] 107 Cb

Caspri [AR] 75 Eb
Cassa, La- [TO] 43 Ga
Cassacco [UD] 27 DEab
Cassa del Ferro, Monte- 7 Fb
Cassa d'Espansione del Fiume
  Secchia 59 EFb
Cassana [FE] 51 Bc
Cassana [SP] 57 DEd
Cassana, Passo di- 7 Eb
Cassana, Pizzo- 7 Eb
Cassandra, Pizzo- 7 Cd
Cassánego [TV] 25 Ccd
Cassano [AV] 113 Fb
Cassano [NO] 19 Ed
Cassano [PV] 47 Bc
Cassano, Masseria- [BA] 119 Cc
Cassano allo Iónio [CS] 131 Ec
Cassano allo Iónio, Stazione di-
  131 EFc
Cassano d'Adda [MI] 33 EFb
Cassano delle Murge [BA] 117 Gb
Cassano Irpino [AV] 115 BCb
Cassano Magnago [VA] 31 Ga
Cassano Spínola [AL] 45 Gd
Cassano Valcúvia [VA] 19 Gc
Cassari [VV] 139 Ec
Cássaro [SR] 159 Gc
Cassegliano [GO] 41 Fab
Cassego [SP] 57 CDc
Cassella [RO] 51 Gc
Cássero [AN] 79 Eb
Cassia, Casino- [KR] 133 Fb
Cassia, Via- 97 Eab
Cassiano [AN] 79 Db
Cassibile [SR] 159 FGc
Cassíbile, Fiume- 159 Gc
Cassiglio [BG] 21 Ec
Cassignanica [MI] 33 DEc
Cassignano [PG] 85 EFb
Cassimoreno [PC] 57 Db
Cassina de' Pecchi [MI] 33 Eb
Cassina Nuova [MI] 33 Cb
Cassina Rizzardi [CO] 21 ABd
Cassinasco [AT] 55 Ca
Cassinassa [PV] 47 Bb
Cassina Valsássina [LC] 21 Dc
Cassine [AL] 45 DEd
Cassinelle [AL] 55 Eb
Cassinello [PV] 47 ABa
Cassinetta di Lugagnano [MI] 33
  Bc
Cassingheno [GE] 57 Bb
Cassino [FR] 107 BCab
Cassino d'Alberi [LO] 33 Ec
Cássio [PR] 57 Gb
Cássio, Monte- 57 Gb
Cassisi [SV] 55 Ec
Casso [PN] 11 EFd
Cassola [VI] 25 Cd
Cassolnovo [PV] 31 Gc
Cássolo [PC] 47 Gd
Cassone [VR] 35 Ha
Cassorso, Monte- 53 Cc
Castagna [AN] 77 Gb
Castagna [CZ] 135 Ec
Castagna [TR] 91 Ga
Castagna, Colle- 135 Fc
Castagna, Monte della- 59 Dc
Castagna, Ponte- 135 Fc
Castagna, Ponte della- 135 Ec
Castagna, Punta- 143 Eb
Castagna, Serra- 133 Ca
Castagna, Serra della- 145 Ccd
Castagna, Torre della- 101 Dc
Castagnaro [VR] 49 Hb
Castagnè [VR] 37 Cbc
Castagnea [BI] 31 CDa
Castagneia [VC] 19 Dd
Castagnelo [GE] 57 Bc
Castagneto [BO] 59 Ed
Castagneto [MO] 59 Fcd
Castagneto [RE] 57 Hc
Castagneto [RE] 59 Dbc
Castagneto [SA] 115 Ccd
Castagneto [TE] 87 Dde

Castagneto Carducci [LI] 73 Dde
Castagneto Carducci, Stazione di-
  73 Dde
Castagnétoli [MS] 57 Fcd
Castagneto Po [TO] 45 Aab
Castagnito [CN] 45 Bd
Castagno [FI] 73 Fbc
Castagno [FI] 69 Cab
Castagno d'Andrea, il- [FI] 69 CDc
Castagnola [AL] 47 Acd
Castagnola [AL] 55 Eab
Castagnola [LU] 65 Eab
Castagnola [MS] 65 Db
Castagnola [PC] 57 Cb
Castágnola [PG] 85 Dcd
Castagnola [SP] 57 Dd
Castagnole [TV] 39 CDa
Castagnole delle Lanze [AT] 45 Bd
Castagnole Monferrato [AT] 45 Cc
Castagnole Piemonte [TO] 43 Gc
Castagnoli [SI] 75 Dc
Castagnolo [BO] 59 Gb
Castagnolo Minore [BO] 59 Ib
Castagnone [AL] 45 Cb
Castagnori [LU] 65 Eb
Castana [PV] 47 Bb
Castana [VI] 23 Hcd
Castanea delle Fúrie [ME] 141 CDb
Castángia, Monte- 179 Eab
Cástani, Case- [EN] 155 Bc
Castano [PC] 47 CDc
Cástano Primo [MI] 31 Gb
Castanza, Sa- [SS] 167 Eb
Castasegna [Svizz.] 5 GHcd
Casteddu → Pozzo San Nicola [SS]
  163 Bcd
Casteddu, Monte- [CA] 179 Eb
Casteddu, Monte- [SS] 161 Dc
Casteddu, Nuraghe su- 171 Fab
Casteddu, Punta- 171 EFa
Castedduzzu, Monte su- 163 Fd
Castéggio [PV] 47 Ab
Castegnato [BS] 35 Db
Castegnero [VI] 37 Fc
Castel [AO] 19 ABcd
Cástel, Lago- 15 Eb
Castel Anselmo [LI] 73 Cb
Castelbaldo [PD] 51 Ab
Castel Baronia [AV] 115 CDa
Castelbasso [TE] 93 GHa
Castelbelforte [MN] 49 Ea
Castelbellino [AN] 79 Cbc
Castelbello / Kastelbell [BZ] 9 Db
Castelbello-Ciárdes / Kastelbell
  Tschars [BZ] 9 Db
Castelberto, Monte- 37 BCa
Castelbianco [SV] 63 Gb
Castel Boglione [AT] 45 Dd
Castel Bolognese [RA] 61 CDc
Castelbottáccio [CB] 101 Fc
Castelbuono [PA] 147 Gc
Castelbuono [PG] 85 Dc
Castelbuono, Stazione di- 147 Gb
Castel Campagnano [CE] 107 Fc
Castel Campanile, Cascina di-
  [ROMA] 97 Db
Castel Castagna [TE] 93 Ga
Castel Castagnaio [AR] 69 Cd
Castelcavallino [PU] 71 Dd
Castel Cellesi [VT] 91 Ca
Castelcerino [VR] 37 Dc
Castelcervia [AL] 45 Fc
Castel Cerreto [BG] 33 Fb
Castelcivita [SA] 127 Cab
Castelcívita, Grotta di- 127 Cab
Castel Colonna [AN] 71 Gd
Castel Condino [TN] 23 Dc
Castelcovati [BS] 35 Cbc
Castelcucco [TV] 25 Dcd
Casteldaccia [PA] 147 Db
Castel d'Aiano [BO] 59 FGd
Castel d'Alfiolo [PG] 77 Ecd
Castel Dante (Ossario) 23 Gc
Castel d'Ário [MN] 49 Ea.

Casteldarne / Ehrenburg [BZ] 3 DEc
Castel d'Azzano [VR] 37 Bc
Castel dei Britti [BO] 61 Ac
Casteldelci [PU] 69 Fd
Casteldelfino [CN] 53 Cb
Castel del Bosco [TO] 43 DEd
Castel del Giúdice [IS] 101 Cb
Castel dell'Alpe [FC] 69 Dc
Castel dell'Alpi [BO] 67 Fa
Castel dell'Aquila [TR] 91 Ea
Castel del Monte [AQ] 93 Gb
Casteldelmonte [TR] 85 Dd
Castel del Piano [GR] 83 Dc
Castel del Piano [PG] 85 Bb
Castel del Rio [BO] 61 ABd
Castel d'Emilio [AN] 79 Eb
Castel de' Ratti [AL] 45 Gd
Castel di Cásio [BO] 67 Eab
Castel di Croce [AP] 87 CDc
Castel di Décima [ROMA] 97 Ec
Casteldidone [CR] 49 Bb
Castel di Guido [ROMA] 97 Db
Castel di Ieri [AQ] 99 Ga
Castel di Iúdica [CT] 155 Cbc
Casteldilago [TR] 91 Ga
Castel di Lama [AP] 87 DEc
Castel di Leva [ROMA] 97 Fc
Castel di Lucio [ME] 145 Ac
Castel di Mezzo [PU] 71 Ec
Castel di Rocca 101 Fcd
Castel di Sangro [AQ] 101 Bc
Castel di Sasso [CE] 107 Ec
Castel di Tora [RI] 93 Bc
Castel di Tusa [ME] 147 Hb
Casteldoria 163 Fc
Castel Dória, Lago di- 163 Fc
Casteldoria, Terme di- 163 Fc
Castelfalfi [FI] 73 EFb
Castelferrato [CH] 95 Db
Castelferretti [AN] 79 Eb
Castelferro [AL] 45 Ed
Castelfidardo [AN] 79 Fc
Castelfiorentino [FI] 73 Fb
Castel Focognano [AR] 75 Fb
Castel Folignano [AP] 87 Dcd
Castelfondo [TN] 9 Ec
Castelforte [LT] 107 Bc
Castel Fraiano [CH] 101 Db
Castelfranci [AV] 115 Cb
Castelfranco [RI] 93 Bbd
Castelfranco di Sopra [AR] 75 Eb
Castelfranco di Sotto [PI] 67 Cd
Castelfranco d'Óglio [CR] 49 ABab
Castelfranco Emilia [MO] 59 Gb
Castelfranco in Miscano [BN] 109
  Dc
Castelfranco in Miscano, Stazione
  di- 109 Dc
Castelfranco Véneto [TV] 39 Bab
Castel Frentano [CH] 95 Ec
Castel Fusano [ROMA] 97 DEc
Castel Gabbiano [CR] 33 Gc
Castel Gandolfo [ROMA] 97 Fc
Castel Gilardi [AR] 75 Hd
Castel Ginnetti [LT] 97 Gd
Castel Giorgio [TR] 83 Fd
Castel Giubileo [ROMA] 97 EFb
Castel Giudeo, Monte- 75 IId
Castel Giuliano [ROMA] 97 Ca
Castel Goffredo [MN] 35 Fd
Castelgomberto [VI] 37 Eb
Castelgonnelle [BS] 35 Dc
Castelgrande [PZ] 115 Ec
Castel Grande, Toppo di- 115 Ec
Castelgrimaldo [MN] 35 Gd
Castelguelfo, Stazione- 47 GHcd
Castel Guelfo di Bologna [BO] 61
  Cc
Castel Guerrino, Monte- 67 FGb
Castelguglielmo [RO] 51 Bb
Castelguidone [CH] 101 DEbc
Castelír 11 Bd
Castella, le- [KR] 137 FGb
Castella, Le- [LT] 97 Gd
Castellabate [RN] 71 Cb
Castellabate [SA] 127 Ac

Castellaccia, Poggio– 83 Db
Castellaccio [FR] 99 Cc
Castellaccio [SR] 155 EFd
Castellaccio, il– 83 Cd
Castelláccio, Masseria– [PA] 147 Cc
Castellaccio, Monte– [BO] 61 Gd
Castellaccio, Monte– [PA] 147 Bab
Castellaccio, Monte– [Umbr.] 85 Bd
Castellaccio, Punta– 167 Ga
Castelláccio di Fratácchia, Monte– 149 Fc
Castellace [RC] 141 Fab
Castellafiume [AQ] 99 DEab
Castel Lagopésole [PZ] 115 Gc
Castel Lagopésole, Stazione di– 115 Gc
Castellaicardi [PR] 47 Hc
Castell'Alfero [AT] 45 Cbc
Castellalto [TE] 87 Ede
Castellamare di Velia [SA] 127 Bcd
Castellamato, Monte– 99 Cab
Castel Lambro [PV] 33 Dd
Castellammare, Golfo di– 149 Fab
Castellammare del Golfo [TP] 149 Fb
Castellammare di Stabia [NA] 113 Ec
Castellamonte [TO] 29 Ic
Castellana [PC] 47 Ed
Castellana [SR] 155 Ecd
Castellana, Grotte di– 119 Cb
Castellana, Masseria– [CT] 155 Ec
Castellana Grotte [BA] 119 CDb
Castellana Sícula [PA] 147 Gd
Castellaneta [TA] 121 Db
Castellaneta Marina [TA] 121 Dc
Castellaneta Marina, Stazione– 121 Dc
Castellania [AL] 45 Gd
Castellano [AP] 87 CDc
Castellano [TN] 23 FGc
Castellano, Casa– [SR] 159 Ecd
Castellano, il– 93 Ea
Castellano, Monte– 101 Cb
Castellano, Torrente– 87 Dd
Castellanza [VA] 33 Bb
Castell'Apértole [VC] 31 CDd
Castellar [CN] 53 Eb
Castellar [CN] 53 Fcd
Castellaneto [RE] 59 Eb
Castellare [PT] 67 BCc
Castellar Guidobono [AL] 45 Gc
Castellari, Monte– 91 DEa
Castellaro [AN] 79 Cc
Castellaro [CN] 53 Dbc
Castellaro [IM] 63 Fc
Castellaro [MO] 59 DEc
Castellaro [MO] 59 Ed
Castellaro [PR] 47 Fd
Castellaro [PV] 45 Hc
Castellaro [SV] 63 Gb
Castellaro, Monte– 147 Fc
Castellaro de' Giorgi [PV] 45 Fb
Castellaro Lagusello [MN] 35 Gc
Castellaro–Lagusello, Riserva Naturale– 35 Gc
Castellar Ponzano [AL] 45 Gcd
Castell'Arquato [PC] 47 Fc
Castell'Azzara [GR] 83 Ed
Castellazzo [AG] 151 Fc
Castellazzo [AL] 45 Cb
Castellazzo [BI] 31 Bb
Castellazzo [CL] 157 Fc
Castellazzo [RE] 59 Eab
Castellazzo [TO] 31 Bc
Castellazzo [TO] 43 Fcd
Castellazzo, Monte– 147 Fc
Castellazzo, Timpone– 151 Da
Castellazzo Bórmida [AL] 45 Ec
Castellazzo dei Barzi [MI] 33 Bc
Castellazzo dé Stampi [MI] 33 Bc
Castellazzo Novarese [NO] 31 Eb
Castelle, Monte– 35 Hab
Castellengo [BI] 31 CDb
Castelleone [CR] 33 Gd
Castelleone [PG] 85 Cc

Castelleone di Suasa [AN] 79 Bb
Castell'Ermo 63 Gb
Castellero [AT] 45 Bc
Castelletta [AN] 79 BCc
Castelletto [BO] 59 Gc
Castelletto [BS] 35 Ecd
Castelletto [CN] 53 Ec
Castelletto [MI] 31 Gbc
Castelletto [MN] 35 Hd
Castelletto [NO] 31 Fb
Castelletto [PC] 47 Ed
Castelletto [PD] 37 Gcd
Castelletto [PT] 67 CDd
Castelletto [SI] 73 Gd
Castelletto [VI] 23 Ic
Castelletto [VR] 37 Bd
Castelletto [VR] 37 Dc
Castelletto Busca [CN] 53 Ebc
Castelletto Cervo [BI] 31 Db
Castelletto d'Erro [AL] 55 Db
Castelletto di Branduzzo [PV] 45 Hb
Castelletto di Brenzone [VR] 35 Ha
Castelletto d'Orba [AL] 55 Fa
Castelletto Merli [AL] 45 Cb
Castelletto Molina [AT] 45 Dd
Castelletto Monferrato [AL] 45 Ebc
Castelletto Po [PV] 45 Hb
Castelletto Sopra Ticino [NO] 31 Fa
Castelletto Stura [CN] 53 Fc
Castelletto Uzzone [CN] 55 Cbc
Castelletto Villa [VC] 31 Db
Castelli [TE] 93 Gab
Castelli, Masseria– [BA] 117 Fc
Castelli, Monte– 145 Bc
Castelli Calépio [BG] 35 Cab
Castelliere Ombría 57 Eb
Castellina [FI] 67 Dd
Castellina [PR] 47 Gc
Castellina [PU] 71 Ccd
Castellina [PT] 67 Cc
Castellina [RA] 69 Da
Castellina, La– [SI] 75 Fd
Castellina in Chianti [SI] 75 Cc
Castellinaldo [CN] 45 Bd
Castellina Maríttima [PI] 73 Dc
Castellina Maríttima, Stazione– 73 Cc
Castellina Scalo [SI] 75 Cc
Castellino [AT] 45 Cb
Castellino [MO] 59 Fc
Castellino del Biferno [CB] 101 Fc
Castellino Nuovo [CB] 101 Fcd
Castellino Tánaro [CN] 55 Ac
Castelliri [FR] 99 Fc
Castelli Romani 97 FGbc
Castelli Romani, Parco Regionale dei– 97 Gc
Castello [AO] 17 Ed
Castello [AQ] 93 Fc
Castello [AV] 113 Gb
Castello [BN] 113 Ea
Castello [BS] 35 FGb
Castello [BS] 35 FGb
Castello [CN] 55 Ac
Castello [CN] 53 Cb
Castello [CN] 55 ABd
Castello [FC] 69 Fc
Castello [FR] 99 Gc
Castello [FR] 107 ABa
Castello [IS] 101 Bd
Castello [MC] 77 Gd
Castello [ME] 143 Bb
Castello [MS] 57 Ecd
Castello [MS] 57 Fd
Castello [NA] 113 Fb
Castello [PG] 85 Bab
Castello [PG] 57 FGb
Castello [PR] 57 Gbc
Castello [PU] 71 Cc
Castello [PU] 77 Fb
Castello [PT] 67 DEb
Castello [PV] 47 Bb
Castello [RE] 49 CDd
Castello [RI] 93 Dc
Castello [SO] 21 Eb
Castello [SP] 57 Dd

Castello [TO] 43 Bb
Castello [UD] 27 Db
Castello [UD] 27 Ec
Castello [VI] 37 DEb
Castello [VR] 37 Dc
Castello, Canale– 109 Hc
Castello, Cima– 1 Db
Castello, Cima– (I) = Bergkastel Spitze 1 Db
Castello, Cima di– 7 BCd
Castello, Cimata di– 93 BCb
Castello, Il– 107 Cd
Castello, il– [BO] 61 Bcd
Castello, il– [FG] 103 Fcd
Castello, Lago di– 53 Cb
Castello, Monte– [AL] 55 Db
Castello, Monte– [AV] 109 Ec
Castello, Monte– [BL] 11 Dd
Castello, Monte– [FG] 103 Dc
Castello, Monte– [GE] 57 Cd
Castello, Monte– [LI] 81 ins.a
Castello, Monte– [LI] 81 Dd
Castello, Monte– [PR] 59 Cb
Castello, Piano del– 115 Ec
Castello, Serra– 131 EFd
Castello, Timpone del– 133 DEc
Castello Cabiáglio [VA] 19 Gc
Castello Canali [RE] 59 Dab
Castello Caruso 109 Dd
Castello d'Agogna [PV] 31 FGd
Castello d'Argile [BO] 59 Hab
Castello dei Camosci 23 EFb
Castello del Bosco [PI] 67 Cde
Castello dell'Acqua [SO] 21 GHb
Castello del Lago [AV] 109 Cd
Castello della Madonnina [RE] 49 Cd
Castello delle Forme [PG] 85 BCbc
Castello del Matese [CE] 107 Fb
Castello del Principe [NA] 113 Eb
Castello di Annone [AT] 45 Cc
Castello di Báida [TP] 149 Eb
Castello di Brenzone [VR] 35 Ha
Castello di Brianza [LC] 21 CDd
Castello di Brussa [VE] 41 Cb
Castello di Campeggi [BO] 59 Hb
Castello di Cásola [PR] 57 Gb
Castello di Cisterna [NA] 113 Eb
Castello di Comano [MS] 57 Gd
Castello di Corno [RI] 93 Cb
Castello di Fiemme [TN] 9 Gd
Castello di Gavala 19 CDd
Castello di Gódego [TV] 37 Ha
Castello di Póggio [PU] 71 Fd
Castello di Ravarano [PR] 57 Gb
Castello di Roganzuolo [TV] 25 Gc
Castello di San Valentino [RE] 59 Eb
Castello di Serravalle [BO] 59 Gc
Castello di Sette [CH] 95 Ec
Castello Lavazzo [BL] 11 Ed
Castello Marchione [BA] 119 Cb
Castello–Molina di Fiemme [TN] 9 Gd
Castellonalto [TR] 91 GHa
Castellónchio [PR] 57 FGb
Castellone [CB] 107 Fab
Castellone, Colle– 107 Ca
Castellone, il– [LT] 99 Bd
Castellone, Monte– 47 Dd
Castellonorato [LT] 107 ABc
Castello Pagánica [AQ] 93 Dab
Castello Poli [MS] 57 CDd
Castello Quérciola [RE] 59 Db
Castello Regina 21 Ecd
Castello San Salvà [TO] 43 Hc
Castello Santa Cristina [TO] 43 GHab
Castello Tesino [TN] 25 Bb
Castell'Ottieri [GR] 83 Ed
Castellúcchio [MN] 49 Cab
Castellúccio [BO] 67 Db
Castellúccio [MO] 59 Fd
Castellúccio [PG] 85 Hcd
Castellúccio [SA] 127 Cd
Castellúccio [SI] 83 Eb

Castellúccio [SR] 159 Ec
Castellúccio, Il– [CL] 157 Fd
Castellúccio, Il– [MC] 87 Cb
Castellúccio, Monte– [AG] 151 Gbc
Castellúccio, Monte– [AG] 153 Cc
Castellúccio, Monte– [FC] 69 Ecd
Castellúccio, Poggio– 83 Bb
Castellúccio, Punta– 155 Fd
Castellúccio, Timpa– 115 Cc
Castellúccio Cosentino [SA] 115 DEd
Castellúccio dei Sauri [FG] 109 Fc
Castellúccio Inferiore [PZ] 131 Ca
Castellúccio Santa Sofía, Toppa– 115 Fc
Castellúccio Sículo, Stazione di– 155 Fd
Castellúccio Superiore [PZ] 131 Ca
Castellúccio Valmaggiore [FG] 109 Ebc
Castell'Umberto [ME] 145 Db
Castell'Umberto Vecchio [ME] 145 Db
Castellunchio [TR] 83 GHd
Castelluzzo [AG] 153 Ab
Castelluzzo [TP] 149 Eb
Castelluzzo, Masseria– [BR] 123 Cb
Castelluzzo, Monte– 137 BCa
Castelluzzo, Punta di– 145 Fc
Castelluzzo, Serra– 157 Fc
Castél Madama [ROMA] 99 Bab
Castel Maggiore [BO] 59 Ib
Castel Malnome [ROMA] 97 Dbc
Castel Manardo, Monte– 87 Bc
Castelmarte [CO] 21 Ccd
Castel Martini [PT] 67 CDcd
Castelmassa [RO] 49 Gb
Castelmássimo [FR] 99 Ecd
Castelmáuro [CB] 101 Fbc
Castel Mella [BS] 35 Dbc
Castelmenardo [RI] 93 Dc
Castelmerlino [VC] 31 Db
Castelmezzano [PZ] 129 Ca
Castelmínio [TV] 39 BCb
Castelmola [ME] 141 Bd
Castelmonte [UD] 27 FGb
Castelmonte, Santuario di– 27 FGb
Castel Morrone [CE] 107 Fd
Castelmozzano [PR] 59 Bb
Castelmúzio [SI] 83 DEb
Castelnovate [VA] 31 FGb
Castelnovetto [PV] 31 Fd
Castelnovo [PD] 37 FGcd
Castelnovo [VI] 37 Eb
Castelnovo Bariano [RO] 49 Gb
Castelnovo del Friuli [PN] 27 Ca
Castelnovo di Sotto [RE] 49 Ccd
Castelnovo ne' Monti [RE] 59 Cc
Castelnuovo [AQ] 93 Fc
Castelnuovo [AQ] 99 Ea
Castelnuovo [AR] 75 FGb
Castelnuovo [AR] 77 Bb
Castelnuovo [AT] 45 Bc
Castelnuovo [BO] 59 Gd
Castelnuovo [CR] 47 Ga
Castelnuovo [FI] 69 Cd
Castelnuovo [MC] 79 Cd
Castelnuovo [MN] 35 Fd
Castelnuovo [PC] 47 Cbc
Castelnuovo [PG] 85 Db
Castelnuovo [PO] 67 Ecd
Castelnuovo [PU] 71 Dc
Castelnuovo [RA] 61 Cc
Castelnuovo [TN] 25 ABb
Castelnuovo a Volturno [IS] 101 Bd
Castelnuovo Belbo [AT] 45 Dd
Castelnuovo Berardenga [SI] 75 DEc
Castelnuovo Berardenga, Stazione di– 75 Dd
Castelnuovo Bocca d'Adda [LO] 47 Fb
Castelnuovo Bórmida [AL] 45 Ed
Castelnuovo Bozzente [CO] 19 Hd

Castelnuovo Calcea [AT] 45 Cd
Castelnuovo Cilento [SA] 127 BCc
Castelnuovo dei Sabbioni [AR] 75 Db
Castelnuovo del Garda [VR] 35 Hc
Castelnuovo dell'Abate [SI] 83 CDbc
Castelnuovo della Dáunia [FG] 101 Hd
Castelnuovo della Misericórdia [LI] 73 Cc
Castelnuovo d'Elsa [FI] 73 Fb
Castelnuovo del Zappa [CR] 47 Fa
Castelnuovo di Ceva [CN] 55 Bc
Castelnuovo di Conza [SA] 115 Dbc
Castelnuovo di Farfa [RI] 91 Gc
Castelnuovo di Garfagnana [LU] 65 Fb
Castelnuovo di Porto [ROMA] 91 Fd
Castelnuovo di Val di Cécina [PI] 73 Fd
Castelnuovo Don Bosco [AT] 45 Ab
Castelnuovo Fogliani [PC] 47 Fc
Castelnuovo Grilli [SI] 75 Ed
Castelnuovo Magra [SP] 65 CDb
Castelnuovo Nigra [TO] 29 Ic
Castelnuovo Parano [FR] 107 Bb
Castelnuovo Rangone [MO] 59 Fb
Castelnuovo Scrivia [AL] 45 Gbc
Castelnuovo Tancredi [SI] 83 Cb
Castelnuovo Vomano [TE] 93 GHa
Castelpagano [BN] 109 Bb
Castelpagano [FG] 103 Dc
Castel Pagano, Monte– 119 Ec
Castelpetroso [IS] 101 CDd
Castelpizzuto [IS] 107 Ea
Castelplánio [AN] 79 Cbc
Castelpóggio [MS] 65 Db
Castelponzone [CR] 49 Ab
Castel Porziano [ROMA] 97 Ec
Castel Porziano, Tenuta di– 97 Ec
Castelpoto [BN] 107 Hd
Castelraimondo [MC] 79 Cd
Castel Rigone [PG] 77 Cd
Castel Rinaldi [PG] 85 CDd
Castel Ritaldi [PG] 85 DEcd
Castel Rocchero [AT] 45 Dd
Castelromano [IS] 101 Cd
Castél Romano [ROMA] 97 Ec
Castelrosso [TO] 45 Aa
Castelrotto [CN] 45 ABd
Castelrotto / Kastelruth [BZ] 9 Hb
Castel Rozzone [BG] 33 Fb
Castel Rubello [TR] 83 Gd
Castelruggero [SA] 127 Dd
Castel San Benedetto [RI] 91 GHb
Castel San Felice [PG] 85 EFd
Castel San Gimignano [SI] 73 FGc
Castel San Giorgio [SA] 113 Gc
Castel San Giovanni [PC] 47 Cb
Castel San Giovanni [PG] 85 Ecd
Castel San Giovanni [PG] 85 Gd
Castel San Lorenzo [SA] 127 Cb
Castel San Niccoló [AR] 69 Cd
Castel San Pietro [AP] 87 Cc
Castel San Pietro [MC] 79 Ccd
Castel San Pietro [RI] 91 Gc
Castel San Pietro Romano [ROMA] 99 Bb
Castel San Pietro Terme [BO] 61 Bc
Castel Santa Maria [MC] 79 BCd
Castel Santa Maria [PG] 85 Gd
Castel Sant'Ángelo [MC] 79 CDcd
Castel Sant'Ángelo [RI] 93 Cb
Castel Sant'Ángelo, Stazione di– 93 BCb
Castelsantángelo sul Nera [MC] 85 Gc
Castel Sant'Elia [VT] 91 Ec
Castel San Venanzo [MC] 79 Cde
Castel San Vincenzo [IS] 101 Bd
Castel San Vincenzo, Lago di– 101 Bcd
Castelsaraceno [PZ] 129 Bcd

Castelsardo [SS] 163 Ec
Castelsavino, Monte– 69 Ed
Castelsecco, Fosso di– 97 Cd
Castelséprio [VA] 31 Ha
Castelsilano [KR] 133 Dc
Castelspina [AL] 45 Ecd
Casteltermini [AG] 153 Bb
Casteltodino [TR] 85 CDde
Castel Trosino [AP] 87 Bd
Castelveccana [VA] 19 FGc
Castelvecchio [AQ] 93 Dd
Castelvecchio [FC] 71 Cb
Castelvecchio [MO] 59 DEc
Castelvecchio [PU] 71 Bd
Castelvecchio [PT] 67 Cc
Castelvecchio [RE] 59 Dbc
Castelvecchio [TO] 43 Hb
Castelvecchio [VI] 37 Ic
Castelvecchio [VT] 91 Da
Castelvecchio / Altenburg [BZ] 9 Abc
Castelvecchio, Riserva Naturale– 73 Fc
Castelvecchio, Rovine– 73 FGc
Castelvecchio Calvísio [AQ] 93 FGc
Castelvecchio di Compito [LU] 65 Gd
Castelvecchio di Rocca Barbena [SV] 63 Gb
Castelvecchio Páscoli [LU] 65 Fb
Castelvécchio Subéquo [AQ] 93 Gd
Castelvénere [BN] 107 Gc
Castel Venzago [BS] 35 FGc
Castelverde [CR] 47 Fa
Castelverde [VR] 37 Db
Castelverríno [IS] 101 Dc
Castelvétere, Stazione di– 115 BCb
Castelvétere in Val Fortore [BN] 109 Cb
Castelvétere sul Calore [AV] 115 Bb
Castelvetrano [TP] 151 Ca
Castelvetro di Modena [MO] 59 Fbc
Castelvetro Piacentino [PC] 47 Fb
Castelvieto [PG] 85 Bb
Castel Viscardo [TR] 83 FGd
Castelvisconti [CR] 35 Cd
Castel Vittorio [IM] 63 DEc
Castel Volturno [CE] 113 Ba
Castenaso [BO] 61 Abc
Castendallo [VA] 19 Gc
Castenédolo [BS] 35 Ec
Casteons [UD] 13 CDb
Casterno [MI] 31 Hc
Castiádas [CA] 179 EFb
Castiglioncello [LI] 73 Cc
Castiglioncello [LI] 73 Dc
Castiglioncello [LU] 65 Fcd
Castiglioncello Bandini [GR] 83 Cc
Castiglioncello del Trinoro [SI] 83 Ebc
Castiglione [AN] 77 Gd
Castiglione [AQ] 93 Dc
Castiglione [AQ] 99 Ga
Castiglione [AT] 45 Cc
Castiglione [CN] 53 FGa
Castiglione [IS] 101 Bc
Castiglione [IS] 101 Cc
Castiglione [LE] 125 EFcd
Castiglione [MS] 57 FGd
Castiglione [PG] 77 Bd
Castiglione [ROMA] 97 Ga
Castiglione [TO] 29 Gd
Castiglione [VB] 19 Db
Castiglione, Masseria– [FG] 109 Gab
Castiglione, Monte– [AR] 75 Gb
Castiglione, Monte– [PG] 77 Bd
Castiglione, Monte di– 77 Dc
Castiglione, Torrente– 65 Fa
Castiglione a Casáuria [PE] 95 Bc
Castiglione Chiavarese [GE] 57 CDd
Castiglione Cosentino [CS] 135 Da
Castiglione Cosentino, Stazione di– 135 Da
Castiglione d'Adda [LO] 47 Ea
Castiglione dei Pépoli [BO] 67 Eb

Castiglione del Bosco [SI] 83 Cb
Castiglione del Genovesi [SA] 115 ABc
Castiglione del Lago [PG] 83 Gb
Castiglione della Pescáia [GR] 81 Gd
Castiglione della Valle [PG] 85 Bb
Castiglione della Valle [TE] 93 FGa
Castiglione delle Stiviere [MN] 35 FGc
Castiglione di Cérvia [RA] 61 Fd
Castiglione di Garfagnana [LU] 65 Fab
Castiglione d'Intelvi [CO] 21 Bc
Castiglione di Ravenna [RA] 61 Fd
Castiglione di Sicilia [CT] 145 Fc
Castiglione d'Orcia [SI] 83 Dbc
Castiglione Falletto [CN] 55 Ab
Castiglione in Teverina [VT] 85 Bde
Castiglione Mantovano [MN] 35 Gab
Castiglione Maríttimo [CZ] 137 ABab
Castiglione Messer Marino [CH] 101 Db
Castiglione Messer Raimondo [TE] 95 Ba
Castiglione Olona [VA] 19 Hd
Castiglione Tinella [CN] 45 BCd
Castiglione Torinese [TO] 43 Hb
Castiglione Ubertini [AR] 75 Eb
Castiglione Vara [SP] 57 EFd
Castiglione Vérrico [AQ] 93 Da
Castiglion Fibocchi [AR] 75 Fb
Castiglion Fiorentino [AR] 75 Gcd
Castiglion Fosco [PG] 83 GHbc
Castiglioni [AN] 77 Fc
Castiglioni [AN] 79 BCbc
Castiglioni [FI] 69 BCcd
Castiglioni [SI] 73 Bc
Castiglioni [TR] 91 Ga
Castiglioni, Rifugio– 11 Cc
Castiglioni, Villa– [MC] 79 Dc
Castignano [AP] 87 Dc
Castilenti [TE] 95 Ba
Castino [CN] 55 BCb
Castion [BL] 25 Fb
Castion, Col di– 23 FGb
Castion [PC] 47 DEc
Castione [TN] 23 Fcd
Castione [TV] 37 GHa
Castione, Fiume– 89 Ea
Castione Andevenno [SO] 21 Fab
Castione de' Baratti [PR] 59 Cb
Castione della Presolana [BG] 21 Hc
Castione Marchesi [PR] 47 Gc
Castionetto [SO] 21 GHab
Castions [PN] 27 Bc
Castions delle Mura [UD] 27 Ec
Castions di Strada [UD] 27 DEc
Castion Veronese [VR] 35 Hb
Casto [BS] 35 Ea
Castoi [BL] 25 Fb
Castorano [AP] 87 Ec
Cástore, Punta– 19 Ac
Castreccioni [MC] 79 Cc
Castrezzato [BS] 35 Cbc
Castrezzone [BS] 35 Hd
Castri di Lecce [LE] 125 Eb
Castrignano de' Greci [LE] 125 Ebc
Castrignano del Capo [LE] 125 Fde
Castro [AP] 87 Bc
Castro [BG] 21 Hd
Castro [LE] 125 Fc
Castro [TV] 89 Fa
Castro, Casa– [EN] 153 Gb
Castro, Castello di– 167 Cb
Castro, Portella– 153 Fb
Castro, Sasso di– 67 Fb
Castrocaro Terme [FC] 69 Eab
Castrocaro Terme e Terra del Sole [FC] 69 Eab
Castrocicurio → Pomárico Vecchio 129 Dc
Castrocielo [FR] 107 Ba

Castrocucco [PZ] 131 Bb
Castrocucco, Fiume– → Noce, Fiume– 131 Bb
Castro dei Volsci [FR] 105 Gab
Castrofilippo [AG] 157 Cb
Castrolibero [CS] 135 Db
Castro Marina [LE] 125 Fcd
Castroncello [AR] 75 Gd
Castronno [VA] 19 GHd
Castronovo [AQ] 99 Eb
Castronuovo, Stazione di– 153 Ba
Castronuovo di Sant'Andrea [PZ] 129 Dc
Castronuovo di Sicilia [PA] 153 Ba
Castropignano [CB] 101 Ed
Castroreale [ME] 145 Gb
Castrorégio [CS] 131 Fab
Castro San Martino [FI] 67 Fb
Castrovalva [AQ] 99 Gab
Castrovillari [CS] 131 Ec
Casturzano [PC] 47 Ec
Casulie [MO] 67 Cab
Casulle [CT] 159 Da
Casumaro [FE] 49 Hcd
Casuzze [RG] 159 BCd
Casuzze [TP] 149 Fcd
Catábbio [GR] 83 Dd
Catabio, Monte– 93 Ba
Cataeggio [SO] 7 Bd
Catagnana, Ponte di– 65 FGb
Cataili [CE] 107 CDb
Cataio [PD] 37 Gd
Catala, Rio su– 165 Cb
Catalano, Casa– [TP] 151 Ba
Catalano, Il– 169 Cc
Cataldo, Torrente– 149 Gbc
Catalfano, Monte– 147 Db
Catalfaro, Monte– 155 Dd
Catalímita [ME] 145 Gb
Catanesa [SR] 155 Fd
Catania [CT] 155 Fbc
Catania, Golfo di– 155 FGc
Catania, Piana di– 155 DEc
Catania–Fontanarossa, Aeroporto Internazionale di– 155 Fc
Catanzaro [CZ] 137 Db
Catanzaro Marina [CZ] 137 Dbc
Catapane, Masseria– [PZ] 115 Fa
Catarineci, Pizzo– 147 Cd
Catarozzo, Monte– 129 Dd
Catarratti [ME] 141 CDb
Catasco [CO] 21 Cb
Catausa, Voragine– 105 Fb
Catelli [TO] 29 Dc
Catena [PI] 67 Cd
Catena [TV] 25 Fd
Catena, Cozzo– 159 Fc
Catena, la– [AG] 157 Dc
Catena, Múrgia– 117 Fc
Catenacci, Villa– [TE] 87 Fc
Catenaccio, Fosso di– 91 Bb
Catenáccio, Masseria– [FG] 109 Fc
Catenáia, Alpe di– 75 Gb
Catenanuova [EN] 155 CDb
Catera, Pizzo– 153 Aab
Catese [FI] 67 Fc
Ca' Tiepolo [RO] 51 FGc
Catigliano [AR] 77 Bbc
Catignano [FI] 73 Fb
Catignano [PE] 95 Bb
Catignano [SI] 75 Dc
Catinaccio / Rosengarten 9 Hc
Catinaccio d'Antermóia / Kessel Kogel 11 Ac
Catino, Monte– / Großer Mittager 1 Hc
Catirina, Punta– 167 Fcd
Catobagli [AN] 77 FGbc
Cátola, Torrente la– 109 CDab
Catona [RC] 141 Db
Catona [SA] 127 Ccd
Cátria, Monte– 77 Fc
Ca' Tron [RO] 51 Db
Ca' Tron [TV] 39 Eb
Cattabiano [PR] 57 Hb

Cattabrighe [PU] 71 Fc
Cattafi [ME] 141 Bb
Cattánea [PV] 31 Gd
Cattaragna [PC] 57 Cb
Cattarelle, Poggio– 67 Eb
Cattignano [VR] 37 Dc
Cáttolica [RN] 71 Ec
Cattólica [LE] 123 Gd
Cattolica, la– 139 Fbc
Cattolica Eraclea [AG] 151 Gc
Catucci, Masseria– [BA] 117 GHbc
Catullo, Grotte di– 35 Gbc
Caturano [CE] 107 Cd
Catuso, Monte– 153 Da
Cau, Monte– 163 Dcd
Cáucaso, Monte– 57 Bc
Caudano, Grotta del– 53 Gd
Caudina, Valle– 113 Fa
Caudino [AN] 77 Gb
Caulera, Colle– 31 Ca
Cauli, Monte– 175 Fb
Caulónia [RC] 139 Fc
Caulónia [RC] 139 Gc
Caulónia Marina [RC] 139 Fc
Cáupo [BL] 25 CDbc
Cauri [CN] 53 Dc
Caurìa / Gfrill [BZ] 9 Fd
Cauriol 9 Hd
Cáuso, Stazione di– 147 Ec
Cautano [BN] 107 Gcd
Cava, la– [PI] 73 Db
Cava, Monte– 93 Dc
Cavaceppo [AP] 87 Ccd
Cavacurta [LO] 47 Ea
Cava d'Áliga [RG] 159 Dd
Cava de' Tirreni [SA] 113 Gc
Cava di Giorgio, Casa– [RG] 159 Cc
Cava d'Ispica 159 DEc
Cavaglià [BI] 31 Cc
Cavagliano [NO] 31 Fb
Cavaglietto [NO] 31 EFb
Cavaglio [VB] 19 Fb
Cavaglio d'Agogna [NO] 31 Eb
Cavaglio–Spóccia [VB] 19 Fb
Cavagnano [AQ] 93 Da
Cavagnano [VA] 19 Hc
Cavagnera [PV] 33 Dd
Cavagnolo [TO] 45 Bab
Cava Grande 159 Ec
Cavagrande del Cassíbile, Riserva Naturale– 159 Ec
Cavaione [MI] 33 Ec
Cavaion Veronese [VR] 35 Hb
Cavalbianco, Monte– 59 Bd
Cavalcaselle [VR] 35 Hc
Cavalcorto, Cima del– 5 Hd
Cavalès, Punta– 43 Da
Cavalese [TN] 9 Gd
Cavalicco [UD] 27 Eb
Cavalier [TV] 25 Hd
Cavaliere [CS] 135 Eb
Cavaliere [CT] 155 Eab
Cavaliere, Colle– 95 Bb
Cavaliere, Fiume– 107 Ea
Cavaliere, Masseria– [FG] 103 Cc
Cavaliggi [RO] 53 Ec
Cavalláccio, Monte– / Chavalatsch, Piz– 7 GHb
Cavallana [MS] 57 Fc
Cavallano [SI] 73 Gc
Cavallara [MN] 49 Cbc
Cavallari [AQ] 93 Db
Cavallari [ME] 141 Cb
Cavallaro [CT] 155 DEb
Cavallaro [VI] 23 Hd
Cavallasca [CO] 21 Bcd
Cavalleggeri, Casa– [LI] 81 Eb
Cavalleri [AL] 45 Dd
Cavalleri–Fumeri [TO] 43 Hcd
Cavallerizza, Masseria– [BA] 119 Dbc
Cavallerizze Nuove [CE] 113 Ca
Cavallerizzo [CS] 131 Dd

Cavallerleone [CN] 43 GHd
Cavallermaggiore [CN] 43 GHd
Cavallero, Santuario del– 31 CDa
Ca' Valli [RO] 51 Db
Cavalli, Fattoria– [FG] 109 Eab
Cavalli, Monte dei– 151 Ga
Cavallina [FI] 67 Fc
Cavallina, Val– 21 Gd
Cavallino [LE] 123 Gd
Cavallino [VE] 39 Fc
Cavallino, Forcella del– 3 Icd
Cavallino, Forcella del– (I) = Filmoor Sattel 3 Icd
Cavallino, Litorale del– 39 Fc
Cavallino, Monte– 3 Icd
Cavallino, Monte– (I) = Kinigat, Gr.– 3 Icd
Cavallino Matto 73 Dde
Cavallino Treporti [VE] 39 EFc
Cavallirio [NO] 31 Eab
Cavallo [TO] 45 Acd
Cavallo, Monte– [FC] 69 Fb
Cavallo, Monte– [FR] 99 Hcd
Cavallo, Monte– [FR] 107 CDa
Cavallo, Monte– [GR] 89 Fa
Cavallo, Monte– [GR] 89 Eab
Cavallo, Monte– [It.] 25 GHb
Cavallo, Monte– [It.] 11 Bb
Cavallo, Monte– [MC] 85 Fc
Cavallo, Monte– [ME] 141 Bc
Cavallo, Monte– [RC] 141 Fc
Cavallo, Monte– [RI] 93 Ca
Cavallo, Monte– [SA] 127 EFb
Cavallo, Monte– [TO] 43 DEd
Cavallo, Monte– [UD] 13 Eb
Cavallo, Monte– / Roßkogel 3 Gc
Cavallo, Monte– / Roß-Kogl 1 Ib
Cavallo, Pizzo– 141 Cc
Cavallo, Punta del– 95 EFc
Cavallo, Serra– 129 BCc
Cavallone [AQ] 93 FGc
Cavallone, Grotta del– 101 Ba
Cavallotta [CN] 53 Fb
Cavallúccio, Punta del– 95 EFc
Cavalmagra, Poggio– 69 Cb
Cavalmurone, Monte– 57 Bab
Cavalo [VR] 37 Bb
Cava Manara [PV] 47 Ab
Cavandone [VB] 19 Fc
Cavanella d'Ádige [VE] 51 Fb
Cavanella Po [RO] 51 Eb
Cavanella Vara [SP] 57 Ed
Cavareno [TN] 9 Ec
Cavargna [CO] 21 Bb
Cavária con Premezzo [VA] 31 Ga
Cavaruzzo, Masseria– [TA] 119 Dc
Cavarzano [PO] 67 Eb
Cavarzerane [PD] 51 Ca
Cavárzere [VE] 51 Eb
Cavasagra [TV] 39 Dc
Cavaso del Tomba [TV] 25 Dc
Cavasso Nuovo [PN] 27 Ba
Cavatassi [TE] 87 Fd
Cava Tigozzi [CR] 47 Fab
Cavatore [AL] 55 Bb
Cavazzale [VI] 37 Fb
Cavazzana [RO] 51 Bb
Cavazzo, Lago di– 13 Ec
Cavazzo Cárnico [UD] 13 Dc
Cavazzola [PR] 57 FGb
Cavazzoli [RE] 49 Cd
Cavazzona [MO] 59 Gb
Cavazzone [RE] 59 Db
Cave [AQ] 93 Db
Cave [CE] 107 CDb
Cave [ROMA] 99 Bbc
Cave, Le– / Grasstein [BZ] 3 BCbc
Cave, Monte delle– 3 Bb
Cave, Monte delle– (I) = Gruben-K. 3 Bb
Cavedago [TN] 23 Ga
Cave del Predil [UD] 13 Gc
Cavédine [TN] 23 Fbc
Cavédine, Lago di– 23 Fbc
Cave di Selz [GO] 41 FGb

Cavedon [RO] 51 Eb
Cavelonte [TN] 9 Hd
Cavenago d'Adda [LO] 33 Fd
Cavenago di Brianza [MI] 33 Eb
Ca' Vendramin [RO] 51 Fc
Ca' Venier [RO] 51 FGc
Cavento, Corno di– 23 Db
Cavenzano [UD] 27 Fc
Cavernago [BG] 33 Gb
Cávero, Serra– 147 Ed
Caverzago [PC] 47 CDcd
Caverzana [RE] 59 Cb
Cavessago [BL] 25 Fb
Cavezzo [MO] 49 Fcd
Caví [GE] 57 Cd
Caviaga [LO] 33 Fd
Cavina San Pietro [RA] 61 BCd
Caviola [BL] 11 Cc
Cavizzana [TN] 9 Dc
Cavizzano [SP] 57 Dc
Cávlera, Cima di– 21 FGcd
Cavo [LI] 81 Dc
Cavo, Monte– 97 Gc
Cavo di Sopra [VR] 37 Cc
Cavo Diversivo [MN] 49 Gb
Cavogna, Monte– 85 FGcd
Cavolano [PN] 25 GHc
Cavoleto [PU] 71 Cd
Cávola [RE] 59 CDc
Cávoli [LI] 81 BCc
Cávoli, Isola dei– 179 CDd
Cavona [VA] 19 Gc
Cavone, Fiume– 129 Gc
Cavone, Rifugio– 67 Cb
Cavorso, Fermata di– 137 Db
Cavoretto [TO] 43 Hb
Cavour [TO] 43 Fd
Cavour, Canale– 31 Cd
Cavrari [VI] 25 Acd
Cavrasto [TN] 23 Ebc
Cavregasco, Pizzo– 5 Fd
Cavriago [RE] 59 CDa
Cavriana [MN] 35 Gc
Cavriè [TV] 39 Ea
Cavriglia [AR] 75 Db
Ca' Zane, Valle di– 39 Eb
Ca' Zeno [RO] 51 EFb
Ca' Zoia [VE] 39 EFbc
Cá Zul, Lago di– 11 Hd
Ca' Zuliani [RO] 51 Gc
Cazzago [VE] 39 Cc
Cazzago Brábbia [VA] 19 Gd
Cazzago San Martino [BS] 35 CDb
Cazzano [BO] 61 Ab
Cazzano [TN] 23 Fd
Cazzano di Tramigna [VR] 37 Dc
Cazzano Sant'Andrea [BG] 21 Gd
Cazzaso Nuovo [UD] 13 CDc
Cazzola, Monte– 15 Cc
Cazzola, Serra– 157 Cb
Cazzuffri, Scoglio di– 141 Gd
Cecanibbi [PG] 85 Cd
Ceccano [FR] 99 DEd
Cecchignola [ROMA] 97 EFc
Cecchina [ROMA] 97 Fc
Cecchini [PN] 27 Ac
Cece, Cima di– 11 ABd
Cece, Monte– [CB] 101 FGc
Cece, Monte– [RA] 69 Ca
Ceci [PC] 47 Bd
Ceci, Masseria– [BA] 117 Ea
Ceci, Monte– 81 Eb
Ceciáia, Casa– [PI] 73 Dcd
Cecibizzo, Serra– 111 DEd
Cécido, Monte– 3 Icd
Cécido, Monte– (I) = Reiterkarlspitz 3 Icd
Cecilia, Passo– 7 Cd
Ceciliano [AR] 75 Gbc
Cécima [PV] 45 Hc
Cecina [BS] 35 Gab
Cécina [LI] 73 CDcd
Cecina [MS] 59 Dab
Cécina [PT] 67 Dc

Cécina, Fiume– 73 Cc
Cécina, Ponte di– 73 FGd
Cecino [BS] 35 FGab
Cecita o Mucone, Lago di– 133 Cb
Cedárchis [UD] 13 Dc
Cedda 73 GHc
Cedégolo [BS] 23 BCb
Cedogno [PR] 59 BCb
Cedrasco [SO] 21 Fb
Cedri [PI] 73 Eb
Cedrino, Fiume– 171 Ga
Cedrino, Fiume– (Locoe, Rio de–) 171 Eb
Cedrino, Lago del– 171 Fb
Cedro, Serra del– 117 CDd
Cefalá Diana [PA] 147 Cc
Céfalo, Monte– 105 Hc
Cefalone, Monte– 93 Ec
Cefalú [PA] 147 FGb
Céggia [VE] 41 Ab
Céggio, Torrente– 25 Ab
Céglie, Monte– 127 Cb
Céglie del Campo [BA] 111 Hd
Céglie Messápica [BR] 123 BCab
Cegliolo [AR] 75 Gcd
Cegni [PV] 47 Bd
Cei, Lago di– 23 FGc
Cei, Valle di– 23 Gc
Ceirole [AT] 45 Cd
Celado [TN] 25 Bb
Celalba [PG] 77 Cb
Celamonti [SI] 83 Db
Celana [BG] 21 DEd
Celano [AQ] 99 Fa
Celano, Gole di– 99 Fa
Celano, Masseria– [TA] 121 Gb
Celeano [MC] 79 Cd
Celentano, Masseria– [PZ] 115 Fc
Celenza sul Trigno [CH] 101 Eb
Celenza Valfortore [FG] 101 Gd
Celesia [GE] 57 BCc
Célico [CS] 135 Eb
Celincordia [FC] 69 Gb
Cella [BL] 11 Fb
Cella [FC] 69 FGbc
Cella [FC] 69 Hab
Cella [PV] 47 ABd
Cella [RE] 49 Cd
Cella [UD] 13 Dc
Cella Dati [CR] 47 Hb
Cella di Pálmia [PR] 57 Gb
Cellamare [BA] 119 Ba
Cella Monte [AL] 45 Db
Céllara [CS] 135 DEb
Céllara, Stazione di– 135 Db
Cellarda [BL] 25 Dbc
Cellarengo [AT] 45 Ac
Cellática [BS] 35 DEb
Celle [CN] 53 BCb
Celle [FI] 69 BCc
Celle [FI] 75 Fb
Celle [FC] 69 Dc
Celle [FC] 71 Cab
Celle [PG] 77 BCbc
Celle [PT] 67 CDc
Celle [RA] 61 CDd
Celle [TO] 43 EFb
Celle, Casale– [FG] 103 Gb
Celle, Convento delle– 75 GHd
Celle di Macra [CN] 53 CDbc
Celle di San Vito [FG] 109 DEbc
Celledizzo [TN] 9 Cc
Celle Enomondo [AT] 45 Bc
Celle Lígure [SV] 55 Ecd
Cellena [GR] 83 Dd
Celleno [VT] 91 Ca
Cellentino [TN] 9 Ccd
Céllere [VT] 89 Ga
Céllere, Monte de– 89 GHa
Célleri [PC] 47 Ec
Celle-Roccagloriosa, Stazione di– 127 Dd
Celle sul Rigo [SI] 83 Ec
Celli [PI] 73 Eb
Cellina [VA] 19 Fc

Cellina, Torrente– 27 Aa
Cellino [PN] 11 Fd
Cellino, Colle di– 93 GHa
Cellino Attanásio [TE] 93 Ha
Cellino San Marco [BR] 123 Ec
Céllio [VC] 19 Dd
Céllole [CE] 107 BCc
Céllole, Pieve di– 73 FGbc
Cellore [VR] 37 CDbc
Celone, Torrente– 103 Dd
Celpénchio [PV] 31 Fd
Celpénchio, Garzaia di– 31 Fd
Celsita [CS] 135 DEc
Celso [SA] 127 Bc
Celvia, la– [SS] 161 Fc
Celzi [AV] 113 Gb
Cembra [TN] 23 Hab
Cembra, Val di– 23 Ha
Cembrano [SP] 57 Dc
Cenácchio [BO] 61 Aa
Cénadi [CZ] 137 Cc
Cenáia [PI] 73 Db
Cenate Sopra [BG] 35 BCa
Cenate Sotto [BG] 35 BCa
Cencelle 89 Hc
Cencenighe Agordino [BL] 11 Cc
Cencerate [PV] 47 Bd
Cenci, Villa– [PG] 77 Dd
Cenciara [RI] 93 Bb
Cendon [TV] 39 DEb
Cene [BG] 21 Fgd
Cenédola, Torrente– 57 Fa
Cenerente [PG] 85 BCb
Ceneselli [RO] 49 Hb
Cénesi [SV] 63 Gb
Cèngalo, Pizzo– 5 Hd
Cengello, Monte– 25 Bab
Céngio [SV] 55 Cc
Céngio, Monte– 23 Icd
Céngio Genepro [SV] 55 BCc
Cengledino, Monte– 23 DEb
Cengles / Tschengls [BZ] 9 Bb
Cengles, Croda di– / Tschenglser
  Hochwand 9 Bb
Cengolina [PD] 37 Gd
Cènica, Fosso– 99 Dd
Ceniga [TN] 23 Fc
Cenina [AR] 75 FGb
Cennina [AR] 75 Ec
Ceno, Torrente– 57 Fa
Cénova [IM] 63 Fb
Censo, Masseria– [BA] 117 Fb
Centa, Fiume– 63 Hb
Centa, Torrente– 23 Hbc
Centallo [CN] 53 Fbc
Centa San Nicolò [TN] 23 Hc
Centaurino, Monte– 127 Dc
Centelle, Colle delle– 91 GHa
Centenaro [BS] 35 Gc
Centenaro [PC] 57 CDab
Centeno [VT] 83 Ed
Centinarola [PU] 71 Fcd
Centineo [ME] 145 Gb
Cento [BO] 61 ABb
Cento [FE] 49 Gd
Cento [FC] 69 Gb
Centobuchi [AP] 87 Fc
Centocelle [ROMA] 97 Fb
Centocelle, Case le– [VT] 89 GHc
Cento Croci, Le– [PU] 71 Gd
Cento Croci, Passo di– 57 Dc
Centofinestre [AN] 79 Ec
Cento Forche, Colle di– 69 Eb
Centóia [AR] 75 Gd
Céntola [SA] 127 Cd
Céntola, Stazione di– 127 Cd
Centomani, Masseria– [PZ] 115
  Gd
Centonze, Timpone– 137 Fa
Centopalmi, Masseria– [BN] 107
  Gc
Centora [PC] 47 Db
Centóvera [PC] 47 Ec
Céntrache [CZ] 137 Cc
Centrale [VI] 37 Ea

Centrale, la– [TN] 23 Hab
Centro [VR] 37 Cb
Centro, il– [MT] 129 FGb
Centro, il– [ROMA] 97 Eab
Centrone, Cascina– [ROMA] 97
  Dab
Centúripe [EN] 155 Db
Céola [TN] 23 GHab
Ceolini [PN] 27 Abc
Cepagatti [PE] 95 Cb
Ceparana [SP] 65 Cab
Ceparano, Torre di– 69 DEa
Cepina [SO] 7 FGc
Cepletischis [UD] 27 Gab
Čepovan [SLO] = Chiapovano (I) 27
  Hb
Ceppagna [IS] 107 CDb
Ceppaiano [PI] 73 Db
Ceppaloni [BN] 113 Ga
Ceppeda [LO] 33 Fd
Ceppeto, Cappella di– 67 Fc
Ceppo [TE] 87 Cde
Ceppo, Monte– 63 Ec
Ceppo Morelli [VB] 19 Cc
Ceprano [FR] 105 GHa
Ceprano-Falvaterra, Stazione di–
  105 GHa
Ceradello [LO] 47 Da
Cerageto [LU] 65 Fab
Ceraino [VR] 37 ABb
Cerami [EN] 145 Cd
Cerami, Fiume di– 155 Ba
Ceramida [RC] 141 EFb
Ceránesi [GE] 55 Gbc
Cerano [NO] 31 Gc
Cerano d'Intelvi [CO] 21 Bc
Ceranova [PV] 33 Dd
Cerasa [LU] 65 Fab
Cerasa [PU] 71 FGd
Cerasa, Monte la– 93 Ca
Cerasa, Portella– [ME] 145 Fbc
Cerasa, Portella– [ME] 145 Bc
Cerasella [LT] 105 Eb
Cerasi [RC] 141 Ebc
Cerásia, Fiumara– 141 Gb
Cerasia, Monte– 141 FGcd
Cerasina, Masseria la– [BR] 119
  Ebc
Cerasito [IS] 101 Dd
Ceraso [SA] 127 Cc
Ceraso, Capo– 167 Fa
Ceraso, Monte– 97 Gcc
Ceraso, Múrgia de– 117 EFb
Ceraso, Serra– 133 DEb
Cerasola [PG] 85 FGd
Cerasoli, Rifugio– 99 Eb
Cerasolo [RN] 71 Dc
Cerasomma [LU] 65 Fcd
Cerasuolo, Monte– 127 Dbc
Cerasuolo [IS] 101 Bd
Cerasuolo Vecchio 101 Bd
Ceratelli [MS] 57 GHd
Cerati [CN] 53 Fcd
Cerati [FI] 23 Ic
Cerbáia [FI] 67 Ed
Cerbáia [PT] 67 CDd
Cerbáia [SI] 83 Bb
Cerbáia [SI] 73 GHd
Cerbáie, Le– 67 Cd
Cerbaiola [PI] 73 Fd
Cerbaiola, Podere– [SI] 73 GHde
Cerbaiolo [AR] 69 Fde
Cerbiolo, Monte– 37 Ba
Cérboli, Isola– 81 Ec
Cerboni [PG] 77 CDb
Cercemaggiore [CB] 109 Bb
Cercenasco [TO] 43 Gc
Cercepiccola [CB] 107 GHb
Cercétole [AR] 69 Fc
Cercevesa, Rio– 13 Db
Cerchiáia [SI] 75 Dd
Cerchiara [RI] 91 Gb
Cerchiara [TE] 93 Fab
Cerchiara, la– 127 Fa
Cerchiara, Torre– 131 Fc
Cerchiara di Calábria [CS] 131 Fb

Cerchio [AQ] 99 Fa
Cerchiola, Torrente– 93 Ga
Cercino [SO] 21 DEab
Cercivento [UD] 13 CDb
Cercivento Inferiore [UD] 13 CDb
Cercivento Superiore [UD] 13 Cb
Cércola [NA] 113 DEb
Cerda [PA] 147 Ec
Cerda, Stazione di– 147 Ec
Cerdomare [RI] 91 GHc
Cerea [VR] 49 Ga
Cerealto [VI] 37 Db
Cereda [VI] 37 Eb
Cereda, Passo di– 25 Da
Ceredello [VR] 35 Hb
Ceredo [VR] 37 Bb
Ceredolo dei Coppi [RE] 59 Cb
Ceréglio [BO] 59 Gd
Ceregnano [RO] 51 Db
Cereie [BI] 31 Db
Cerella, Monte– 99 Bb
Cerellaz [AO] 29 Ea
Cerello-Battuello [MI] 33 Bc
Cerendero [AL] 55 Hab
Cerenova [ROMA] 97 Cab
Cerentia (Acerentia) 133 Dc
Cerenzia [KR] 133 Dc
Cérere, Monte– 61 Ac
Cérere, Tempio di– 127 ABb
Ceres [TO] 29 Gcd
Ceresa, Monte– 87 BCd
Ceresane-Curanuova [BI] 31 BCb
Ceresara [MN] 35 Gd
Cereschiatis, Sella di– 13 Ebc
Cerese [MN] 49 Db
Cereseto [AL] 45 Cb
Cereseto [PR] 57 DEb
Ceresetto [UD] 27 DEb
Ceresio → Lugano, Lago di– 21
  ABbc
Ceresito [BI] 31 Bb
Cerésola [AN] 77 Gcd
Ceresola [AP] 87 Cbc
Ceresola [BG] 21 Ed
Ceresola [MO] 59 Dcd
Ceresole, Lago di– 29 Fc
Ceresole Alba [CN] 43 Hd
Ceresole Reale [TO] 29 Fc
Ceresolo, Canale– 51 DEb
Ceresone, Fiume– 37 Gb
Cereta [MN] 35 Gc
Cerete [BG] 21 GHc
Cerete Alta [BG] 21 Gc
Cerete Bassa [BG] 21 Gc
Cereto [BS] 35 Fb
Cereto [BS] 35 DEc
Cerétoli [MS] 57 Fc
Cerétolo [BO] 59 Hbc
Cerétolo [PR] 59 BCb
Ceretta [TO] 43 Ga
Ceretti [TO] 29 Hd
Ceretto [CN] 53 Eb
Ceretto [TO] 43 GHc
Ceretto Lomellina [PV] 31 FGd
Cerézzola [RE] 59 Cb
Cerfignano [LE] 125 Fc
Cerfone, Torrente– 75 Hc
Cergnago [PV] 45 Fa
Cergnai [BL] 25 DEb
Cergnala, Monte– 13 FGc
Cergnéu Inferiore [UD] 27 Ea
Cergnéu Superiore [UD] 27 Ea
Ceri [ROMA] 97 CDab
Ceriale [SV] 63 Hb
Ceriana [IM] 63 Ec
Ceriano Laghetto [MI] 33 Cb
Ceriano [RN] 71 Cbc
Cerignale [PC] 57 BCab
Cerignola [FG] 111 Bc
Cerignola-Campagna, Stazione di–
  111 Bc
Ceriolo [CN] 53 Gbc
Cerisano [CS] 135 CDb
Cerise, Col de– 63 Bab

Cerisey [AO] 17 Ecd
Cerisola [CN] 63 Gab
Cerisola [GE] 57 Cb
Cerlongo [MN] 35 Gd
Cermenate [CO] 33 Ca
Cérmes / Tscherms [BZ] 9 Eb
Cermignano [TE] 93 Ga
Cermis, Alpe– 9 GHd
Cerna [VR] 37 Bb
Cernadoi [BL] 11 CDbc
Cernauda, Rocca– 53 Dc
Cerneglons [UD] 27 Eb
Cernera, Monte– 11 Dc
Cernitosa [PU] 69 Gcd
Cernizza (I) = Črniče [SLO] 27 Hc
Cernobbio [CO] 21 Cc
Cernobbio [CO] 21 Bd
Cernusco Lombardone [LC] 33 Ea
Cernusco sul Naviglio [MI] 33 Da
Cerone [TO] 31 Bc
Cérqua, la– [TR] 91 EFa
Cerqueto [PG] 77 Fd
Cerqueto [PG] 85 Bc
Cerqueto [TE] 87 Dd
Cerqueto, Pizzo– 87 BCcd
Cerquito, Monte– 93 Cb
Cerratina [PE] 95 Cb
Cerrédolo [RE] 59 Dc
Cerréggio [RE] 59 Bc
Cerrè Marabino [RE] 59 CDc
Cerrè Sologno [RE] 59 Cc
Cerreta [BN] 107 FGd
Cerreta, Monte della– 93 Fc
Cerretana [AP] 87 BCc
Cerretano, Lago– 59 Bd
Cerrete [PG] 85 Bc
Cerrete, Poggio– 75 CDde
Cerreto [AP] 87 Dab
Cerreto [AP] 87 Cc
Cerreto [AV] 109 Db
Cerreto [GR] 83 Ed
Cerreto [IS] 101 Cc
Cerreto [IS] 101 Bd
Cerreto [MC] 85 Fb
Cerreto [PC] 57 Bab
Cerreto [PI] 73 Ecd
Cerreto [PU] 77 Eb
Cerreto [RE] 59 Db
Cerreto [RN] 71 Bc
Cerreto [TR] 85 Bd
Cerreto, Casa– [CS] 131 Dd
Cerreto, Colle– 99 FGd
Cerreto, Monte– 113 Fc
Cerreto, Parco Naturale del– 93
  Gab
Cerreto, Passo del– 57 Hd
Cerreto, Torrente– 129 Cb
Cerreto Alto [LT] 105 Db
Cerreto Castello [BI] 31 CDb
Cerreto d'Asti [AT] 45 Bb
Cerreto d'Esi [AN] 79 Bcd
Cerreto di Molo [AL] 45 GHd
Cerreto di Spoleto [PG] 85 Fcd
Cerreto Grue [AL] 45 Gcd
Cerreto Guidi [FI] 67 Dd
Cerreto Laghi [RE] 59 Bd
Cerreto Landi [PC] 47 Ec
Cerreto Laziale [ROMA] 99 Bb
Cerreto Rossi [PC] 57 CDab
Cerreto Sannita [BN] 107 Gc
Cerretti [TR] 83 Gd
Cerretto Langhe [CN] 55 Bb
Cerri, i– [IS] 101 Cbc
Cerrina Monferrato [AL] 45 Cb
Cerrione [BI] 31 Cc
Cerrisi [CZ] 137 BCa
Cerrito, Masseria– [BR] 123 Eb
Cerrito Piano, Colle– 99 Bab
Cerro [AQ] 93 EFc
Cerro [BG] 33 FGh
Cerro [PG] 85 Cc
Cerro [VA] 19 Fc
Cerro, Casa– [GR] 83 Dd

Cerro, Forca di– 85 Ed
Cerro, Il– [FR] 99 Hd
Cerro, Monte del– 101 CDb
Cerro, Passo del– 47 Dd
Cerro al Lambro [MI] 33 DEcd
Cerro al Volturno [IS] 101 Bcd
Cerro Balestro [GR] 81 GHb
Cerro Balestro, Poggio– 81 GHb
Cerro Maggiore [MI] 33 Bb
Cerrone [VC] 45 Ba
Cerrone, Monte– 77 DEc
Cerrosecco, Taverna– 101 FGc
Cerro Tánaro [AT] 45 Dc
Cerro Veronese [VR] 37 Bb
Cersuta [PU] 69 Gcd
Cersuta [PZ] 131 ABa
Certaldo [FI] 73 Gb
Certalto [PU] 71 Cd
Certano, Torrente– 77 Ec
Certárdola [MS] 57 Gd
Certénoli [GE] 57 Cb
Certignano [AR] 75 Eb
Certopiano [AN] 77 Gbc
Certosa [BO] 59 Hb
Certosa [FE] 49 Hc
Certosa [FI] 67 Fd
Certosa / Karthaus [BZ] 1 Fc
Certosa [LU] 65 Fc
Certosa, la– [VV] 139 Eb
Certosa di Pavia [PV] 33 Cd
Certosino [PR] 49 Bc
Cerusa, Torrente– 55 Fc
Cerva [CZ] 137 Ea
Cerva [VC] 19 Ccd
Cervandone, Monte– 15 Dbc
Cervano, Torrente– 25 Fc
Cervara [AP] 87 Cd
Cervara [MS] 57 Gb
Cervara [PG] 85 FGc
Cervara [PR] 49 Ac
Cervara [AP] 87 Cc
Cervara di Roma [ROMA] 99 Cab
Cervarese Santa Croce [PD] 37 FGc
Cervarezza [RE] 59 BCc
Cervaro [FR] 107 Cab
Cervaro [TE] 93 Ea
Cervaro, Fiume– 109 Cb
Cervaro, Forcella di– 107 Ca
Cervaro, Monte– [IS] 101 Bd
Cervaro, Monte– [PZ] 115 Fa
Cervaro, Torrente– 109 Gc
Cervarolo, Monte– 59 Ed
Cervarolo [RE] 59 Cd
Cervarolo [VC] 19 Db
Cervarolo, Masseria– [BR] 119 EFc
Cervaro Nuovo, Canale– 111 Ba
Cervasca [CN] 53 Ec
Cervati, Monte– 127 Dc
Cervatto [VC] 19 CDc
Cervelli [TO] 43 Eb
Cervellino, Monte– 57 Gb
Cervello, Cozzo– 135 Ca
Cerveno [BS] 23 Bc
Cerventosa, Passo della– 75 Hd
Cervere [CN] 53 Gb
Cervesina [PV] 45 GHb
Cerveteri [ROMA] 97 Cab
Cervi, Case– [RE] 49 Ccd
Cervi, Grotta dei– 125 Fc
Cervi, Monte dei– 147 Ec
Cérvia [RA] 61 Gd
Cérvia, Saline di– 61 Fd
Cervialto, Monte– 115 Cc
Cervicati [CS] 131 Cb
Cervidone [MC] 79 Dc
Cerviéres [Fr.] 43 Bc
Cerviéres, Monte– 113 CDb
Cervigliano, Monte– 113 Fcd
Cervignano d'Adda [LO] 33 Ec
Cervignano del Friuli [UD] 41 EFab
Cervignasco [CN] 53 EFa
Cervina, Punta– / Hirzer–Spitze 1
  Hc
Cervinara [AV] 113 Cc
Cervinara [FR] 99 Cc
Cervino [CE] 113 Ea
Cervino, Monte– 17 Gc

Cervino, Monte– (I) = Matterhorn
  17 Gc
Cervio, Torrente– 21 Fb
Cervo [IM] 63 Gc
Cervo, Capo– 63 Gc
Cervo, Pizzo– 147 Cbc
Cervo, Porto– 161 Fc
Cervo, Torrente– [IM] 63 Gc
Cervo, Torrente– [Piem.] 31 Dc
Cervognano Montenero [SI] 83 EFb
Cervoto [TO] 45 Bab
Cerzeto [CS] 131 Dde
Cerzito, Monte– 127 CDb
Cerzullo, Cozzo– 133 Eb
Cesa [AR] 75 Fd
Cesa [BL] 25 EFb
Cesa [CE] 113 Db
Cesacástina [TE] 93 Ea
Cesaiavutti, Monte– 107 DEab
Cesana Brianza [LC] 21 CDb
Cesana Torinese [TO] 43 Bc
Cesano [AN] 71 GHd
Cesano [ROMA] 97 Ea
Cesano [TE] 87 Dd
Cesano, Fiume– 71 Gd
Cesano, Stazione di– 97 DEa
Cesano Boscone [MI] 33 Cc
Cesano Maderno [MI] 33 Cb
Cesaproba [AQ] 93 CDab
Césara [VB] 19 Ecd
Cesaracchio [PZ] 115 Gc
Cesarano [CE] 107 Fcd
Cesarano [SA] 113 Fc
Cesáriis [UD] 13 Ed
Cesaró [ME] 145 Dcd
Cesaro, Monte– 149 Gb
Cesarolo [VE] 41 CDb
Cesate [MI] 33 Cb
Cescheto [CE] 107 Cc
Cesclans [UD] 13 Dc
Cese [AQ] 93 Db
Cese [AQ] 99 Ba
Cese [CE] 107 Ec
Cese [PG] 85 Ed
Cese, Fermata– 109 Bc
Ceselli [PG] 85 Ed
Cesen, Monte– 25 DEc
Cesena [FC] 69 Gb
Cesenático [FC] 61 Gd
Ceserano [MS] 57 Gd
Ceserano, Torrente– 65 FGb
Cesi [MC] 85 Fbc
Cesi [TR] 91 Fa
Cesi, Poggio– 97 Ga
Césina, Monte– 107 CDb
Cesinali [AV] 115 ABb
Cesine, Masseria– [LE] 123 GHc
Cesine, Oasi di protezione– 123
  GHc
Césio [IM] 63 Gbc
Cesiomaggiore [BL] 25 Db
Cesiominore [BL] 25 Db
Césola [MN] 49 Cb
Césoli [AQ] 99 Ga
Césolo [MC] 79 CDd
Cesovo [BS] 23 Bd
Cessalto [TV] 41 Ab
Cessaniti [VV] 139 Dab
Cessapalombo [MC] 87 Bb
Céssole [AT] 55 Cab
Cessuta, Lago– 127 Fc
Cessuta, Sella– 127 Fc
Cesta [FE] 51 Dc
Cesta, La– 11 Eb
Cesto [NO] 31 Fb
Cesto, Borro– 75 Eb
Cesuna [VI] 25 Acd
Cesure [MC] 85 FGbc
Cesurette, Forcella– 11 Cd
Cet [BL] 25 Fb
Cetara [SA] 113 Gcd
Cetara, Rio– 69 Gd
Cetina, la– [SI] 73 GHd
Cetinale [SI] 75 Cd
Cetine, le– [SI] 73 Gd

Ceto [BS] 23 BCbc
Cetona [SI] 83 Fc
Cetona, Monte– 83 Fc
Cetraro [CS] 131 Cd
Cetraro, Fiumara di– 131 Cd
Cetraro Marina [CS] 131 Cde
Cetta [IM] 63 Ebc
Ceva [CN] 55 Bc
Ceva, Monte– 37 Gd
Cevarero, Bivacco– 63 Eab
Cevedale, Monte– / Zufallspitze 9 Bc
Cevedale, Passo del– / Langenferner Joch 9 Bc
Cevedale, Rifugio del– 9 BCc
Céves / Tschöfs [BZ] 3 Bb
Cevio [Svizz.] 15 Fbc
Cevo [BS] 23 Cb
Cevo [SO] 21 Ea
Cévola [PR] 59 Cb
Cévoli [PI] 73 Db
Cezza [CT] 155 Fb
Chabaud [TO] 43 BCc
Chabodey [AO] 17 Dd
Chalais [Svizz.] 17 FGa
Chalamy, Torrente– 29 Ha
Chaligne, Punta– 17 Ed
Challand–Saint-Anselme [AO] 17 Hd
Challand–Saint-Victor [AO] 29 Ia
Chambave [AO] 17 Gd
Chambeyron, Monte– 53 Bb
Chamençon [AO] 29 Eab
Chamois [AO] 17 Gcd
Chamonix–Mont-Blanc [Fr.] 17 Cc
Champagny-en-Vanoise [Fr.] 29 Cc
Champdepraz [AO] 29 Hla
Champex [Svizz.] 17 Db
Champlan [AO] 17 Hcd
Champlas du Col [TO] 43 Cc
Champlas–Seguin [TO] 43 BCc
Champlong [AO] 29 Gb
Champlong [AO] 17 Gd
Champoluc [AO] 17 Hc
Champorcher [AO] 29 Hb
Champsil [AO] 19 ABd
Chanavey [AO] 29 Eb
Chandolin [Svizz.] 17 Ga
Chapieux, Les– [Fr.] 29 Ca
Chardonnet, Aiguille du– 17 CDc
Chardonney [AO] 29 Hb
Charvensod [AO] 29 FGa
Chataignère–Viran [AO] 29 Ia
Château [AO] 29 Hb
Château des Dames 17 Gc
Château Queyras [Fr.] 43 Bd
Châtellair [AO] 17 Ecd
Châtillon [AO] 17 Gd
Chatrian [AO] 17 Gcd
Chavalatsch, Piz– / Cavalláccio, Monte– 7 GHb
Chécchia, Masseria– [FG] 103 Bcd
Chéglio [VA] 19 Fd
Chelbi maggiore [TP] 149 Dd
Chelbi minore [TP] 149 Dd
Chemonal [AO] 19 ABd
Chenaille, Monte– 17 Ec
Cheradi, Isole– → Coradi, Isole– 121 Ec
Cherasco [CN] 53 GHab
Cherémule [SS] 165 Ebc
Cherina, Nuraghe sa– 167 Cc
Chério, Fiume– 35 Ca
Chero [PC] 47 EFc
Chero, Torrente– 47 Ed
Chersogno, Monte– 53 BCb
Cherubine [VR] 49 Gab
Cherz [BL] 11 Cbc
Chésio [VB] 19 Ec
Chessa, Rio sa– 171 Ea
Chesta [CN] 53 Ec
Chesta [CN] 53 Db
Chétif, Mont– 17 Cd
Cheval Blanc, le– 17 Cb
Cheverel [AO] 17 Dd

Chevrère [AO] 29 Fab
Chezal [TO] 43 Cbc
Chez–Croiset [AO] 17 Fd
Chia [CA] 177 Fd
Chia [VT] 91 Db
Chia, Stagno di– 177 Fd
Chia, Torre di– 177 Fd
Chiaberto [TO] 29 Fd
Chiabrano [TO] 43 Dc
Chiabreri [CN] 53 Db
Chiaconcello, Monte– 103 Gb
Chiadin, Monte– 11 Hb
Chiafele, Masseria– [TA] 119 Dc
Chiáia [NA] 113 Bc
Chiaiamari [FR] 99 Fcd
Chiaiano [NA] 113 Db
Chiaicis [UD] 13 Cc
Chiáio [CE] 107 Ec
Chialambertetto [TO] 29 Fcd
Chialamberto [TO] 29 FGc
Chialina [UD] 13 Cbc
Chialminis [UD] 13 Ed
Chialvetta [CN] 53 BCc
Chiamório [TO] 29 Fd
Chiampernotto [TO] 29 FGcd
Chiampetto [TO] 29 Fd
Chiampo [VI] 37 Db
Chiampón, Monte– 13 Ed
Chiampon, Sella– 13 Cc
Chiana, Canale Maestro della– 75 Fc
Chiana, Val di– 75 FGcd
Chianacce [AR] 75 FGd
Chianale [CN] 53 BCab
Chianca, Dolmen di– 111 Ecd
Chianca, Isola– 103 Gb
Chianca, Torre– [LE] 125 Cb
Chianca, Torre– [LE] 123 Gc
Chiancarelle [LT] 105 Fbc
Chiancarello, Masseria– [TA] 119 Cc
Chiancaro, Monte– 117 Fb
Chiancata, la– [FG] 109 GHa
Chianche [AV] 113 Ga
Chianchitello, Poggio– 159 Ca
Chianciano [SI] 83 EFb
Chianciano Terme [SI] 83 Eb
Chiancone, Monte– 103 Bd
Chiandarens [UD] 11 Gc
Chiandusseglio [TO] 29 Fd
Chianello, Monte– 127 Cb
Chiani [AR] 75 Fc
Chiani, Torrente– 83 Gcd
Chianni [PI] 73 Dbc
Chianocco [TO] 43 DEab
Chianocco, Riserva Naturale di– 43 DEab
Chianti 75 Dbc
Chianti, Monti del– 75 Dbc
Chianzutan, Sella– 13 Cc
Chiapili [TO] 29 Fc
Chiapineto [TO] 29 Hc
Chiapovano (I) = Čepovan [SLO] 27 Hb
Chiappa [IM] 63 Gc
Chiappa, Punta– 57 Acd
Chiapparolo [AL] 55 Ga
Chiappera [CN] 53 Bbc
Chiappi [SO] 53 CDc
Chiappino [AL] 55 Db
Chiappino [LI] 73 Cc
Chiappo, Monte– 57 Ba
Chiappozzo, Monte– 57 CDc
Chiapuzza [BL] 11 Ec
Chiara [TO] 29 Ib
Chiara, Fiume– 139 Ec
Chiara, Rifugio– 63 Da
Chiaramonte, Poggio– 83 Bc
Chiaramonte Gulfi [RG] 159 Db
Chiaramonti [SS] 165 Ea
Chiaranda [UD] 13 Ec
Chiaranda, Casa– [CL] 157 Gd
Chiarano [TV] 25 Hd
Chiaravalle [AN] 79 DEb
Chiaravalle [PC] 47 EFc
Chiaravalle Centrale [CZ] 137 Cc

Chiaravalle Milanese [MI] 33 Dc
Chiareggio [SO] 7 Cd
Chiarello, Cozzo– 147 Dc
Chiarentana [SI] 83 Eb
Chiarescons, Monte– 11 Gcd
Chiari [BS] 35 Cb
Chiárini [BS] 35 Fc
Chiarino, Parrocchia di– 79 Fc
Chiarmácis [UD] 27 Dcd
Chiaro, Rio– [It.] 101 Bd
Chiaro, Rio– [MC] 79 DEd
Chiaromonte [PZ] 129 Dd
Chiarone [PC] 47 Cc
Chiarone, Stazione– 89 Eb
Chiarzo, Torrente– 13 Dc
Chiarzò, Torrente– 13 Bd
Chiasce della Chiesa, Masseria– [BA] 119 Cc
Chiáscio, Fiume– 85 Cb
Chiaserna [PU] 77 EFc
Chiasiéllis [UD] 27 Ec
Chiasottis [UD] 27 Ec
Chiassa [AR] 75 Gb
Chiassáia [AR] 75 EFb
Chiasso [Svizz.] 21 Bcd
Chiastre [PR] 57 Gb
Chiatona [TA] 121 Eb
Chiatri [PI] 65 Fc
Chiáuci [IS] 101 Dc
Chiáulis [UD] 13 Dbc
Chiaulis [UD] 13 CDb
Chiavals, Monte– 13 Ec
Chiavano [PG] 85 Gde
Chiavano, Forca di– 85 Gde
Chiavari [GE] 57 BCd
Chiavazza [BI] 31 Cb
Chiavelli [PA] 147 Cb
Chiavenna [SO] 5 Gd
Chiavenna, Piano di– 5 Gd
Chiavenna, Rifugio– 5 Gc
Chiavenna, Torrente– 47 Fb
Chiavenna Landi [PC] 47 Fbc
Chiavenna Rocchetta [PC] 47 Ecd
Chiaverano [TO] 31 Bc
Chiaveretto [AR] 75 Gb
Chiáves [TO] 29 Gd
Chiaviche, le– [MN] 49 Cb
Chiavicone [PD] 37 Fd
Chiavicone [RO] 51 Bc
Chiavino, Monte– 105 Gb
Chiavolino [BI] 31 Bb
Chiazale [CN] 53 BCb
Chiazzano [PT] 67 Dc
Chibbò, Monte– 153 Db
Chibbò Nuovo [PA] 153 Db
Chichili, Cantoniera– [NU] 167 Ec
Chiecco, Poggio al– 81 Fc
Chieci [SR] 155 CDc
Chiénes / Kiens [BZ] 3 DEc
Chienti, Fiume– 79 Gd
Chientina [PI] 73 Db
Chienti [TO] 43 Hlb
Chiesa [BI] 31 Da
Chiesa [BL] 11 Dcd
Chiesa [CN] 53 Cb
Chiesa [ME] 145 FGbc
Chiesa [RA] 61 Ec
Chiesa [RO] 51 BCc
Chiesa [SP] 57 DEd
Chiesa [SV] 63 Gb
Chiesa [SV] 55 Cd
Chiesa [TN] 23 Hc
Chiesa [VB] 15 Eb
Chiesa [VC] 19 Dcd
Chiesa, Bec della– 55 Bb
Chiesa, la– [FE] 51 Ad
Chiesa, Rifugio– 63 Da
Chiesa, Toppa della– 109 Cbc
Chiesa Affumata 153 Cb
Chiesabianca [PR] 57 Eab
Chiesa di Macra [CN] 53 CDbc
Chiesa in giù [GR] 83 Cd
Chiesa in Valmalenco [SO] 7 CDd
Chiesanova [PI] 73 CDab
Chiesa Nuova [BL] 25 CDc
Chiesa Nuova [FE] 51 Ad

Chiesanuova [FI] 67 EFd
Chiesanuova [GE] 57 Cc
Chiesa Nuova [GE] 57 Bc
Chiesanuova [LE] 125 Dc
Chiesanuova [MC] 79 Dcd
Chiesanuova [RA] 61 Cb
Chiesanuova [TO] 29 Hlc
Chiesanuova [TP] 149 DEb
Chiesanuova [VE] 39 Fb
Chiesazza [PD] 51 Bab
Chies d'Alpago [BL] 25 Gab
Chiese, Fiume– 49 Ba
Chiese Rupestri del Materano, Parco delle– 121 BCb
Chiesina [BO] 67 CDa
Chiesina Uzzanese [PT] 67 Ccd
Chiesiola [PR] 57 Fb
Chiesone [VR] 49 Fb
Chiessi [LI] 81 Bd
Chiesuola [BS] 35 Dd
Chiesuola [RA] 61 Ec
Chiesuol del Fosso [FE] 51 Bd
Chieti [CH] 95 CDb
Chieti Scalo [CH] 95 CDb
Chiéuti [FG] 103 Ab
Chiéuti–Serracapriola, Stazione di– 103 Ab
Chieve [CR] 33 Fcd
Chieve [SA] 115 Bc
Chievo [VR] 37 Bc
Chifente, Torrente– 87 Dc
Chifenti [LU] 65 Gbc
Chiggiato, Rifugio– 11 EFc
Chigiano [MC] 79 Cd
Chignolo d'Isola [BG] 33 Fab
Chignolo Po [PV] 47 Cb
Chilivani [SS] 165 Fb
Chilla, Cozzo della– 131 DEde
Chioano [TR] 85 Cd
Chiócchio [FI] 75 Cb
Chioda, Monte– 69 Db
Chiodi, Masseria i– [LE] 123 Dcd
Chiodo, Punta del– / Gr. Nagler-Sp. 7 Gbc
Chióggia [VE] 51 Fa
Chióggia, Porto di– 51 Fa
Chiomonte [TO] 43 Cb
Chiona, Torrente– 85 Dc
Chionea, Torrente– 53 Fab
Chions [PN] 27 Bcd
Chiópris [UD] 27 Fc
Chiópris–Viscone [UD] 27 Fc
Chioso [VB] 15 Eb
Chiostra la– [PI] 73 EFc
Chiotas, Lago– 63 BCab
Chiotti [CN] 53 Dc
Chiotti [CN] 53 DEc
Chiotti Superiori [TO] 43 Dc
Chiout [UD] 13 Fc
Chiozza [LU] 65 Fab
Chiozza [RE] 59 Ecd
Chiozzola [PR] 49 Bcd
Chirchia, Pizzo del– 153 Bb
Chiríca, Monte– 143 Ebc
Chirignago [VE] 39 Fc
Chirisconis, Necropoli di– 165 Dd
Chirò, Casa– [FG] 103 CDb
Chirò, Masseria– [FG] 103 Bc
Chisari, Masseria– [CT] 155 EFbc
Chisola, Torrente– 43 Fc
Chisone, Torrente– 43 CDb
Chisone, Valle del– 43 Dbc
Chitignano [AR] 69 Ede
Chiuduno [BG] 35 BCb
Chiugiana [PG] 85 Bb
Chiulano [PC] 47 Dc
Chiuppano [VI] 25 Ad
Chiuro [SO] 21 GHab
Chiusa / Klausen [BZ] 9 Hb
Chiusa, la– [FI] 67 EFc
Chiusa, la– [RA] 61 EFc
Chiusa, Masseria la– [PA] 147 Bbc
Chiusa, Rifugio– / Klausener Hütte 3 BCc

Chiusa di Pésio [CN] 53 FGcd
Chiusa di San Michele [TO] 43 EFb
Chiusa Ferranda [PR] 47 Gc
Chiusaforte [UD] 13 Ec
Chiusani [PV] 45 Hc
Chiusánico [IM] 63 FGc
Chiusano d'Asti [AT] 45 Bbc
Chiusano di San Domenico [AV] 115 Bb
Chiusa Scláfani [PA] 151 Fa
Chiusavecchia [IM] 63 Fc
Chiusa Vecchia [SA] 127 Bb
Chiusa Viarola [PR] 47 Gc
Chiusdino [SI] 81 Hab
Chiusella, Torrente– 31 ABc
Chiusi [SI] 83 Fb
Chiusi, Lago di– 83 Fb
Chiusi–Chianciano Terme, Stazione di– 83 Fb
Chiusi della Verna [AR] 69 Ed
Chiuso [LC] 21 Dcd
Chiúsola [SP] 57 Ecd
Chiusure [SI] 75 Ede
Chivasso [TO] 45 Aa
Chizzola [TN] 23 FGd
Chizzoline [BS] 35 FGb
Chorío [RC] 141 Ecd
Churburg, Schloß / Coira, Castello– 1 Dc
Cia, Val– 25 Ba
Ciabattu [SS] 161 Dc
Ciabaudo [IM] 63 Ec
Ciabra, Colle della– 53 Db
Ciaculli [PA] 147 Cb
Ciago [TN] 23 FGb
Ciágola, Monte– 131 Cb
Cialancia, Cima– 53 Dd
Cialancia, Punta– 43 Dc
Cialla [UD] 27 Fb
Cialma, la– 29 Gc
Ciamarella, Úia di– 29 Ed
Ciambra, Villa– [PA] 147 Bb
Ciampac 11 Bc
Ciampedie, Rifugio– 11 Ac
Ciampino [ROMA] 97 Fc
Ciampino, Aeroporto Internazionale di– 97 Fc
Ciamprisco [CE] 107 Dcd
Cian, Punta– 17 Gc
Ciana, Val di– 75 FGd
Cianciana [AG] 151 Gb
Ciane, Fiume– 159 Gb
Ciane, Fonte– 159 Gb
Ciano [MO] 59 FGc
Ciano [TV] 25 Ecd
Ciano [VV] 139 Ec
Ciano d'Enza [RE] 59 Cb
Ciantiplagna, Cima– 43 Db
Ciaò Pais, Rifugio– 43 Cb
Ciapanico [SO] 7 CDd
Ciapè, Pizzo– 19 CDb
Ciapel, Monte– 53 Dd
Ciappulla [EN] 145 Cd
Ciaramella [AN] 77 Gc
Ciárdes / Tschars [BZ] 9 Db
Ciarforon 29 Fbc
Ciariscelli [TE] 93 Gab
Ciarleta, Casa– [FG] 111 Bb
Ciastellin, Monte– 11 Fb
Ciaudierona, Monte– 11 Ec
Ciaudon, Testa– 63 Da
Ciaurlec, Monte– 13 BCd
Ciaval, Monte– 53 Cd
Ciavolotto [TP] 149 Dd
Ciazze, Le– 55 Eb
Cibali [CT] 155 Fb
Cibeno [MO] 49 Ed
Cibiana, Passo– 11 Ec
Cibiana di Cadore [BL] 11 Ec
Cibóttola [PG] 85 Bc
Cibrario, Rifugio– 29 Ed
Cicagna [GE] 57 Bc

Cicala [CZ] 137 Ca
Cicalda, Casello– [ME] 145 Cc
Cicalesi [SA] 113 Fc
Ciccalento, Ponte– 103 Dd
Cicci, Masseria Ii– [TA] 123 Dc
Ciccia, Monte– 141 Db
Cicciano [NA] 113 Fb
Ciccio Ficco, Masseria– [BA] 117 Ea
Ciccobriglio [AG] 157 Dc
Cicconi [MC] 85 Gb
Cicengo [AL] 45 BCb
Cicerale [SA] 127 Bb
Cicerone, Tomba di– 105 Hc
Cicese [RO] 51 Db
Cichero [GE] 57 Bc
Ciciano [SI] 81 Hb
Cicignano [RI] 91 Db
Ciciliano [ROMA] 99 Bb
Cicillanu, Bruncu– 179 EFab
Cicio, Monte– 147 Db
Ciclopi, Isole dei– 155 FGb
Cicogna [AR] 75 Eb
Cicogna [VB] 19 Eb
Cicogna [VI] 37 Gd
Cicogna, Cantoniera– [ME] 145 CDc
Cicogna, Colle– 93 Fbc
Cicogna, Torrente– 25 Fb
Cicognáia [AR] 69 Ed
Cicognara [MN] 49 Bc
Cicogni [PC] 47 Ccd
Cicognola [LC] 33 Ea
Cicognolo [CR] 47 Hab
Cicola [BG] 35 Cb
Cicolano 93 CDc
Ciconia [TR] 83 Gd
Ciconicco [UD] 27 Db
Cicónio [TO] 29 Icd
Cicoria [KR] 133 Ec
Cicoria, Masseria– [PZ] 117 Bb
Cicuta Nuova [CL] 153 Ec
Cicuta Vecchia [CL] 153 Ec
Ciesco, Monte– 107 Gc
Ciesco Alto, Monte– 113 Fab
Cifalco, Monte– 99 GHd
Cifolo, Monte– 131 Bb
Ciggiano [FI] 67 Fc
Cigliano [FI] 67 Fd
Cigliano [FI] 69 Ccd
Cigliano [MC] 79 Fd
Cigliano [VC] 31 BCd
Cigliano, Canale di– 31 CDc
Cigliano, Masseria– [TA] 121 Fb
Cigliano, Monte– 109 Eb
Ciglié [CN] 55 Ac
Ciglione [AL] 55 DEb
Cignana, Lago di– 17 Gc
Cignano [AR] 75 Gd
Cignano [BS] 35 Dc
Cignano [FI] 69 Db
Cignano [PC] 47 Fb
Cignato [RI] 91 Db
Cigno [FC] 69 EFc
Cigno, Torrente– [CB] 101 Gd
Cigno, Torrente– [CB] 101 Gbc
Cignolo [PV] 47 Bd
Cignone [CR] 35 Dc
Cignoni, Fermata– 175 Cab
Cigognola [PV] 47 Bb
Cigole [BS] 35 DEcd
Cigoli [PI] 67 Cd
Cilento 127 CDb
Cilento e Vallo di Diano, Parco Nazionale del– 127 CDc
Ciliano [SI] 83 Eb
Ciliverghe [BS] 35 Fc
Cillarese, Lago di– 123 Eb
Cillis, Toppo di– 115 Fbc
Cima [CO] 21 Bb
Cima, La– 19 EFb
Cima, Monte– 25 Bb

Cimabanche [BL] 11 DEb
Cima Canale [BL] 11 Gb
Cima del Monte 81 Dd
Cima di Campo [BL] 25 Cbc
Cima di Coppi, Colle– 93 Bd
Cima di Vorno [LU] 65 Gd
Cimadolmo [TV] 25 Gd
Cimadomo [BA] 111 Ecd
Cimafava [PC] 47 Ec
Cimaferle [AL] 55 Db
Cimaganda [SO] 5 Gc
Cima Gogna [BL] 11 Fb
Cimalmotto (Svizz.) 15 Ec
Cimamonte, Monte– 91 Ea
Cimamulera [VB] 19 Db
Cimapiásole [TO] 29 Hc
Cimarani, Monte– 99 Ea
Cimarella, Villa– [MC] 79 Ecd
Cima Sappada [BL] 11 Hb
Cimavalle [SV] 55 Dc
Cimbergo [BS] 23 BCb
Cimbro [VA] 19 Gd
Cime Bianche, Colle Superiore delle– 17 GHc
Cimego [TN] 23 Dc
Cimena [TO] 43 Hla
Cimetta [TV] 25 Gc
Cimetta, Colle– 99 Dbc
Ciminà [RC] 141 Gb
Cimina, Via– 91 Db
Cimini, Monti– 91 Db
Ciminna [PA] 147 Dc
Cimino → Vico, Lago di– 91 CDbc
Cimino, Masseria– [TA] 121 Fc
Cimino, Monte– 91 Db
Cimiti, Capo– 137 GHb
Cimitile [NA] 113 EFb
Cimmo [BG] 35 Da
Cimmo [BS] 23 Bd
Cimoláis [PN] 11 Fd
Cimoliana, Torrente– 11 Fd
Cimon 25 Ga
Cimon, Monte– [BL] 11 Ed
Cimon, Monte– [TN] 23 Hc
Cimon, Monte– [TN] 25 Ec
Cimone [TN] 23 Gc
Cimone, il– [VC] 19 Cc
Cimone, il– [VI] 25 Ec
Cimone, Monte– [MO] 59 DEd
Cimone, Monte– [UD] 13 Fc
Cimone, Monte– [Ven.] 25 Fbc
Cimone, Monte– [VI] 23 Hlcd
Cimone, Monte– [VI] 25 Bcd
Cimpello [PN] 27 Bc
Cináglio [AT] 45 Bc
Cincelli [AR] 75 Fbc
Cinciano [SI] 73 GHbc
Cinecittà [ROMA] 97 Fb
Cinelli [VT] 91 Bc
Cineto Romano [ROMA] 99 Ba
Cineto Romano, Stazione di– 99 Ba
Cingia de' Botti [CR] 49 Ab
Cingino, Lago di– 19 Cb
Cingla, Monte– 23 Dd
Cíngoli [MC] 79 Dc
Cini, Case– [VB] 15 Ebc
Cinigiano [GR] 83 Cc
Cinisco, Punta– 77 Fb
Ciniselio Bálsamo [MI] 33 Db
Cinisi [PA] 149 Gab
Cinnarello, Fosso– 139 Db
Cino [SO] 21 Dab
Cino, Torrente– 133 Ca
Cinquale (Marina di Montignoso) [MS] 65 Dc
Cinquanta [BO] 59 Iab
Cinque Archi, Ponte– 153 Eb
Cinquecerri [RE] 59 BCc
Cinque Croci, Passo– 25 Ba
Cinque Denti, Cala– 151 ins.a
Cinquefrondi [RC] 139 Dc
Cinquegrana [CT] 155 CDc
Cinquemiglia, Piano delle– 101 ABb
Cinque Querce, Monte– 85 Gc
Cinque Terre 65 Bb

Cinque Terre, Parco Nazionale delle– 65 ABb
Cinque Torri, Rifugio– 11 Dbc
Cinta, La– [NU] 167 FGb
Cintano [TO] 29 Ic
Cintello [VE] 27 Ccd
Cinte Tesino [TN] 25 Bb
Cinto [VI] 37 DEb
Cinto Caomaggiore [VE] 27 Bcd
Cinto Eugáneo [PD] 37 FGd
Cintóia [FI] 67 EFd
Cintóia [FI] 75 CDb
Cintóia alta [FI] 75 Db
Cintolese [PT] 67 Ccd
Cinzano [CN] 53 Ha
Cinzano [TO] 45 Ab
Cioca 23 Ea
Cioccale [AL] 45 Hd
Ciociaria 99 Dc
Cioffi, Bivio– 127 Aa
Ciola [FC] 69 Ea
Ciola [FC] 69 Fc
Ciola Araldi [FC] 69 Gb
Ciola Corniale [FC] 71 Cb
Ciol di Sass, Cima– 11 Gd
Ciolino [CL] 153 Eb
Ciorani [SA] 113 Gc
Ciorlano [CE] 107 DEb
Ciorneva, Monte– 29 Fd
Ciotti, Casa– [VT] 91 Ec
Ciotto Mien, Monte– 63 CDa
Cipodero, Cozzo– 133 DEab
Cipolla, Cozzo– 157 Ebc
Cipolláie Sotto [CR] 35 Ed
Cipollaio, Galleria del– 65 Eb
Cipollazzo, Poggio– 155 Db
Cippata [VB] 15 Ec
Cippei, Monte– 21 Cc
Cipressa [IM] 63 Fc
Cipressi [PE] 95 BCa
Cipresso [TO] 43 Hb
Cipresso, Poggio– 75 Dd
Cipriani Marinelli, Masseria– [BA] 117 Fa
Ciraldo P., Cappella– 155 Da
Cirami, Monte– 151 Eb
Cirano [BG] 21 Gcd
Cirasaro, Ponte del– 157 FGcd
Circe, Picco di– 105 Ec
Circeii, Acropoli di– 105 Ec
Circello [BN] 109 Bb
Circeo, Monte– 105 Ec
Circeo, Parco Nazionale del– 105 Ec
Cirdu, Stagno– 177 Cc
Cireggio [VB] 19 Ec
Cireglio [PT] 67 CDbc
Ciregna [PC] 57 Ca
Cirella [CS] 131 Bc
Cirella [RC] 141 Gb
Cirella, Isola di– 131 Bc
Cirella, Punta di– 131 Bc
Cirella Vecchia 131 Bc
Cirello [RC] 139 Cc
Ciriano [PC] 47 Ec
Ciricilla, Fiume– 133 Cd
Ciriè [TO] 29 Hd
Cirifoddi, su– [CA] 177 Fb
Ciriga, Punta– 159 Ed
Cirigliano [MT] 129 CDb
Cirignano [BN] 107 Gd
Cirignano [FI] 67 Fb
Cirimido [CO] 33 BCa
Cirina, Pizzo– 147 Bb
Cirio, Masseria– [CE] 107 Fc
Cirlano / Tschirland [BZ] 9 Db
Cirò [KR] 133 Fb
Cirò Marina [KR] 133 Fb
Cirone, Passo– 57 FGc
Cirras, Rio– 177 Ccd
Cirvoi [BL] 25 Fb
Cis [TN] 9 DEc
Cisa, Passo della– 57 Fc
Cisano [VA] 33 Hb
Cisano Bergamasco [BG] 21 Dd
Cisano sul Neva [SV] 63 Gb

Ciserano [BG] 33 Fb
Cisiano di Sotto [PC] 47 Dc
Cisigliana [MS] 57 Gd
Cislago [VA] 33 Bab
Cislano [BS] 21 Hd
Cisliano [MI] 33 Bc
Cismon, Monte– 25 Cc
Cismon, Torrente– 25 Cc
Cismon del Grappa [VI] 25 Cc
Cison di Valmarino [TV] 25 Ec
Cisore [VB] 15 Dd
Cispiri, Rio– 169 Eb
Cissone [CN] 55 Bb
Cistella, Monte– 15 Dc
Cisterna [CE] 107 Ec
Cisterna [FR] 99 Fc
Cisterna [UD] 27 Cb
Cisterna, Bec– 55 BCb
Cisterna, Tempa– 129 Db
Cisterna, Torre della– 115 Fa
Cisterna d'Asti [AT] 45 ABcd
Cisterna di Latina [LT] 97 Gd
Cisternino [BR] 119 Ec
Cisternino, Stazione di– 119 Ebc
Cistio [FI] 67 Gc
Cistonaro, Masseria– [BR] 123 Cbc
Cistri, Col di– 25 CDa
Citara, Spiaggia di– 113 ABc
Citelli, Rifugio– 145 Ec
Citerna [PG] 77 Bbc
Citerna [PR] 57 Gb
Citerna, Monte– [FI] 67 Fb
Citerna, Monte– [PG] 77 Fd
Citernella, Monte– 85 Bd
Citerno [TR] 83 Fd
Città, la– [BO] 59 GHb
Città, Monte– 11 Fcd
Cittadella [AL] 45 Ec
Cittadella [BO] 61 Bab
Cittadella [PD] 37 Gab
Città della Domenica [PG] 85 BCb
Città della Pieve [PG] 83 FGc
Città del Vaticano [SCV] 97 63
Città di Busto, Rifugio– 15 DEb
Città di Castello [PG] 77 Cc
Città di Ciriè, Rifugio di– 29 EFcd
Cittá di Fállera, Monte– 83 Gc
Città di Fiume, Rifugio– 11 Dc
Città di Malnate, Rifugio– 19 Bbc
Città di Massa, Rifugio– 65 Eb
Cittá di Milano, Rifugio– / Schaubach–Hütte 9 Bbc
Città di Mortara–Grande Halte, Rifugio– 19 Bc
Città di Siena, Oasi– 75 Dcd
Città di Trento, Rifugio– 23 Da
Cittaducale [RI] 93 Bb
Cittanova [MO] 59 EFb
Cittanova [RC] 139 Dc
Cittanova [VE] 41 Ac
Cittanova d'Istria (I) = Novigrad [CRO] 41 Ge
Città Povera [TP] 149 DEbc
Cittareale [RI] 93 CDa
Città Sant'Angelo [PE] 95 Ca
Città Sant'Angelo, Parco di– 95 Cab
Cittíglio [VA] 19 FGc
Citulo, Masseria– [BA] 117 Fa
Ciuchetta, la– 101 Bcd
Ciuchesu [SS] 161 CDb
Ciuffenna, Torrente– 75 Eb
Civago [RE] 59 Cd
Civalleri [CN] 53 Ec
Civate [LC] 21 CDcd
Cívè [PD] 51 Ea
Civello, Cima– 23 Ic
Civenna [CO] 21 Cc
Civerone, Monte– 25 Ab
Civetta, Casa– [FG] 109 Db
Civetta, Monte– 11 Dc
Civetta, Torre– 81 Fc
Civezza [IM] 63 Fc
Civezzano [TN] 23 GHb
Civiasco [VC] 19 Dcd
Cividale [MO] 49 Fc

Cividale del Friuli [UD] 27 Fb
Cividale Mantovano [MN] 49 Bb
Cividate al Piano [BG] 35 BCb
Cividate Camuno [BS] 23 Bc
Cividino, Porto– 89 Gc
Civiglio [CO] 21 Bcd
Civinini, Capanna– [GR] 81 Fcd
Cívita [AQ] 99 Ca
Cívita [CS] 131 Ebc
Cívita [PG] 85 Gde
Cívita [VT] 91 Ca
Cívita, Colle della– 95 Cc
Cívita, Forca di– 85 Gd
Civitacampomarano [CB] 101 Fc
Cívita Castellana [VT] 91 Ec
Cívita Castellana–Magliano Sabina, Stazione di– 91 Eb
Cívita d'Ántino [AQ] 99 Eb
Cívita di Bagno [AQ] 93 Ec
Civitaluparella [CH] 101 Cb
Civitaluparella, Stazione di– 101 CDb
Civitanova Alta [MC] 79 FGcd
Civitanova del Sánnio [IS] 101 Dcd
Civitanova Marche [MC] 79 Gd
Civitaquana [PE] 95 Bbc
Civitaretenga [AQ] 93 Gc
Cívita Superiore [CB] 107 Fb
Civitate, Chiesa di– 103 Bc
Civitatomassa [AQ] 93 Db
Civitavécchia [FR] 99 Fcd
Civitavécchia [ROMA] 97 Aa
Civitella [RI] 93 CDc
Civitella [ROMA] 99 Ba
Civitella, la– 105 Cc
Civitella, Monte– [AQ] 93 Da
Civitella, Monte– [FR] 99 Dbc
Civitella, Monte– [GR] 83 DEd
Civitella, Monte– [It.] 77 Bc
Civitella, Monte di– 85 Fd
Civitella, Poggio– 83 Cb
Civitella Alfedena [AQ] 99 Hc
Civitella Benazzone [PG] 77 Dd
Civitella Casanova [PE] 95 Bb
Civitella Cesi [VT] 91 BCc
Civitella d'Agliano [VT] 91 Da
Civitella d'Arno [PG] 85 Cb
Civitella de' Conti [TR] 85 Bc
Civitella del Lago [TR] 85 Bd
Civitella del Tronto [TE] 87 DEd
Civitella di Romagna [FC] 69 Eb
Civitella in Val di Chiana [AR] 75 Fc
Civitella Licinio [BN] 107 FGbc
Civitella Marittima [GR] 83 Bc
Civitella Messer Raimondo [CH] 101 Ca
Civitella Pagánico [GR] 83 Bc
Civitella Pagánico, Stazione– 83 Bc
Civitella Ranieri [PG] 77 Dcd
Civitella Roveto [AQ] 99 Eb
Civitella San Paolo [ROMA] 91 Fc
Civitello, Poggio delle– 85 CDc
Civitello, Monte– 77 Dc
Civo [SO] 21 Eab
Civório [FC] 69 Fc
Civrari, Monte– 43 EFa
Cixerri, Rio– 177 FGc
Cizzago [BS] 35 Cc
Cizzolo [MN] 49 CDb
Claino con Osteno [CO] 21 Bbc
Clanezzo [BG] 21 Ed
Clapier, Monte– 63 Cb
Classe [RA] 61 Fc
Classe, Pineta di– 61 Fcd
Claudia, Via– 91 Cc
Clauiano [UD] 27 EFc
Claus, Lago del– 63 Ba
Cláut [PN] 11 FGd
Clautana, Forcella– 11 Gd
Clauzetto [PN] 13 Cd
Clava, La– / Kolben–Spitze 1 Gc
Clavais [UD] 13 Cbc
Clavalite, Torrente– 29 Ga

Clavesana [CN] 53 Hbc
Claviere [TO] 43 Bc
Clea [TO] 43 Db
Clegna, Torrente– 23 Bb
Clementino, Porto– 89 Gc
Cles [TN] 9 Dc
Cles, Monte di– 9 Dc
Cleto [CS] 135 Cc
Cléulis [UD] 13 CDb
Cleva [PN] 13 BCd
Clibbio [BS] 35 Fb
Clímiti, Monti– 159 Fb
Clitérnia Nuova [CB] 101 Hb
Clitunno, Fiume– 85 Ecd
Clitunno, Fonti del– 85 Ecd
Clitunno, Tempio del– (San Salvatore) 85 Ecd
Clivio [VA] 19 Hc
Clódig [UD] 27 Gab
Clotes, Ies– [TO] 43 Cb
Clotesse, Punta– 43 Bb
Cloz [TN] 9 Ec
Cludinico [UD] 13 Cc
Clusane sul Lago [BS] 35 CDab
Cluses (Fr.) 17 Ab
Clúsio / Schleis [BZ] 1 Dc
Clusone [BG] 21 Gc
Coa Márgine, Monte– 175 BCcd
Coarezza [VA] 31 Fa
Coassolo Torinese [TO] 29 Gcd
Coatti [RO] 49 Hc
Coazzano [MI] 33 Ccd
Coazze [MN] 49 Ec
Coazze [TO] 43 Eb
Coazzolo [AT] 45 Bd
Coca, Pizzo di– 21 GHb
Coca, Rifugio– 21 GHb
Coccáglio [BS] 35 Cb
Coccanile [ES] 61 Ec
Coccau di Sopra [UD] 13 Gb
Cocche, le– [VR] 35 Hb
Cocchi, Poggio di– 91 Cc
Cóccia, Masseria– [FG] 111 Bc
Cóccia, Monte– 101 Gb
Cóccia, Poggio di– 91 Cc
Cocciglia [LU] 67 Bb
Cóccola [RA] 61 Fd
Cóccolo, Masseria– [BR] 123 Da
Cocconato [AT] 45 Bb
Cocconito–Vignaretto [AT] 45 Bb
Cocorano [PG] 85 Cb
Cóccore [AN] 77 Fc
Coccorinello [VV] 139 Cb
Coccorino [VV] 139 Cb
Coccovello, Monte– 127 Fd
Cocetta [AL] 45 FGb
Cocianzi [UD] 27 Fab
Coco, Monte del– 149 EFd
Cocodain, Forcella di– 11 Dab
Cócola, Poggio– 155 Db
Cocolicchio [BR] 119 Dc
Cocomaro di Cona [FE] 51 BCd
Cocomaro di Focomorto [FE] 51 BCd
Cócquio–Trevisago [VA] 19 Gc
Cocullo [AQ] 99 Ga
Cocúmola [LE] 125 Fc
Cocuruzzo [CE] 107 Cb
Cocuzza, Monte– → Montalto 141 Fbc
Cocuzzi, Monte– 139 Fb
Cocuzzo, Monte– [CS] 135 Cb
Cocuzzo, Monte– [SA] 127 Db
Cocuzzolo, Monte– 137 Cb
Coda [SV] 37 Bb
Coda di Cavallo, Capo– 167 Ga
Coda di Volpe, Tempa– 129 Ccd
Codaruina [SS] 163 Ec
Coddu Vecchio 161 Dbc
Codelago o Dévero, Lago– 15 Dc
Codemondo [RE] 59 Da
Códena [MS] 65 Db
Codera [SO] 5 Gd
Codera, Val– 5 GHd

Códes, Nuraghe– 165 Ec
Codesino [LC] 21 Db
Codevigo [PD] 39 Cd
Codevilla [CN] 53 Hcd
Codevilla [PV] 45 Hc
Codi, Monte– 175 EFb
Có di Gandini [PR] 49 Bc
Codigoro [FE] 51 Ec
Codiponte [MS] 65 Da
Codisotto [RE] 49 Dc
Codiverno [PD] 39 Bc
Codogna [CO] 21 Cb
Codogné [TV] 25 Gc
Codogno [LO] 47 Eab
Codogno [PR] 57 DEc
Codolo [MS] 57 EFc
Codrea 51 Cd
Codrignano [BO] 61 Bd
Codróipo [UD] 27 Cc
Codromaz [UD] 27 Gb
Codrongiános [SS] 165 DEab
Codugnella [UD] 27 Db
Códula di Luna, Rio– 171 Fbc
Códula de Sísine 171 Fc
Coduro [PR] 47 Gc
Coe, Osteria– 23 Hc
Coeliáula [FI] 67 Ede
Coenzo [PR] 37 Gb
Coetta, la– [VR] 37 Cc
Coette [VE] 51 Eab
Cófano, Golfo di– 149 Eb
Cófano, Monte– 149 DEb
Coffali, Monte– 145 Eb
Cóffia [AR] 69 CDd
Coggina, Genna– 171 Fc
Coggiola [BI] 31 CDa
Coghínas [SS] 167 Cb
Coghínas, Cantoniera– [SS] 163 Fc
Coghínas, Fiume– 163 Fc
Coghínas, Lago del– 167 Cb
Coghínas, Stazione– 163 Fc
Cogliandrino, Torrente– 129 Bd
Cogliáns, Monte– 13 Cb
Cogliáns, Monte– (I) = Hohe Warte 13 Cb
Cogliate [MI] 33 Cb
Cogne [AO] 29 FGb
Cogne, Val di– 29 Fb
Cogno [BS] 23 Bc
Cogno [PD] 37 Gb
Cogno San Bassano [PC] 47 Dd
Cogolatzu, Nuraghe 169 Ea
Cogoleto [GE] 55 Ec
Cógoli [NU] 167 Ec
Cogollo [RA] 61 DEc
Cogollo [VR] 37 Cb
Cogollo del Céngio [VI] 23 Id
Cógolo [TN] 9 BCc
Cogolo, Monte– 23 Hd
Cogolónchio [PR] 47 Gd
Cogorno [GE] 57 Ccd
Cogotis, Monte– 177 DEc
Cogozzo [BS] 35 Eb
Cogozzo [BS] 35 Fbc
Cogozzo [MN] 49 BCc
Cogruzzo [RE] 49 Ccd
Coi [BL] 11 Dc
Coiano [FI] 73 Fb
Coiano [PO] 67 Fc
Cóimo [VB] 15 Ed
Coira, Castello– / Churburg, Schloß– 1 Dc
Coiromonte [NO] 19 Ecd
Cojanna, Rio– 169 Fd
Col [BL] 25 Fb
Colà [VR] 35 Hc
Colacurto, Masseria– [BR] 123 CDab
Colantónio, Masseria– [CH] 101 DEa
Colapatella, Casa– [FG] 111 Bc
Colarandazzo, Monte– 145 Fcd
Colasordo, Serra– 99 Hb
Cola Vécchia, Masseria– [BA] 111 Cc
Colazza [NO] 19 EFd
Colba, la– 161 CDb
Colba, Monte– 161 CDb

Colbassano [PG] 77 Fd
Colbertaldo [TV] 25 Ec
Colbórdolo [PU] 71 Ecd
Colbricon 11 Bd
Colbricon, Lago di– 11 Bd
Colbu, lu– 167 Ca
Colbu, lu– [SS] 161 BCcs
Colbúccaro [MC] 79 Ed
Colcavagno [AT] 45 Bb
Colcellalto [AR] 69 Gd
Colcello [AN] 77 Gc
Colcerasa [MC] 79 CDcd
Colda [SO] 21 Ga
Coldapi [AN] 77 Gc
Coldazzo [PU] 71 Ed
Col de Burz, Rifugio– 11 BCbc
Col dei Boffat [BL] 25 Cd
Coldellanoce [AN] 77 Fc
Colderù [BL] 25 Eb
Coldigioco [MC] 79 Cc
Col di Pra [BL] 11 Cd
Col di Riso [LT] 105 Fb
Coldirodi [IM] 63 Ecd
Col di Villa / Bauernkohlern [BZ] 9 Gc
Coldragone [FR] 99 Fd
Coldrano / Goldrain [BZ] 9 Cb
Coleasca, Torrente– 7 Gd
Coleazzo, Monte– 7 Gd
Colecchio / Gleck 9 Cc
Colelli [RC] 141 Eb
Cólere [BG] 21 Hc
Colerin, Punta del– 29 Ecd
Colesel Val dell'Acqua 25 Ed
Colfano [BZ] 87 Bb
Colfelice [FR] 105 Ha
Colferráio [MC] 79 BCd
Colfiorito [PG] 85 Fb
Colfiorito, Area Naturale Protetta– 85 Fb
Colfiorito, Valico– 85 EFbc
Colfosco [TV] 25 Fcd
Colfosco / Kollfuschg [BZ] 11 BCb
Col Francesco [PG] 77 Dd
Colfrancui [TV] 25 Gd
Col Gùia [TV] 25 Cc
Coli [PC] 47 Cd
Cólico [LC] 21 Db
Colignola [AR] 75 Gb
Colina, Alpe– 21 Fa
Colla [CZ] 135 Ec
Colla [MN] 35 Fcd
Colla [MS] 65 Da
Colla, Monte– 145 Ec
Colla, Monte sa– 175 Eb
Colla, Passo– 57 DEb
Colla, Passo la– 127 Fd
Colla, Torrente– 53 Fd
Collabassa [IM] 63 Dc
Collabasso, Monte– 145 EFcd
Colláccia [GR] 81 GHc
Colla di Netro [BI] 31 Bb
Collagna [RE] 59 Bcd
Collagu, Santuario di– 25 Ec
Collalbo / Klobenstein [BZ] 9 Gb
Collalbrigo [TV] 25 Fc
Collalto [CB] 107 FGa
Collalto [IS] 101 Bd
Collalto [SI] 73 Gc
Collalto [TV] 25 Fc
Collalto [UD] 27 Ea
Collalto / Hochgall 3 Fb
Collalto, Monte– 25 Dcd
Collalto Sabino [RI] 93 Ccd
Collalunga, Cima di– 53 BCd
Colla Maffone [ME] 145 Eb
Collamato [AN] 77 Gd
Collardente, Passo di– 63 Eb
Collarmele [AQ] 99 Fa
Collatea [RI] 91 GHa
Collattoni [MC] 85 Fc
Collazzone [PG] 85 Cc
Colle [AN] 77 Fcd
Colle [AN] 77 FGd
Colle [AP] 87 Cc

Colle [AP] 87 Dcd
Colle [AP] 87 Bd
Colle [AQ] 93 Db
Colle [LU] 65 Fb
Colle [LU] 65 Gc
Colle [MC] 87 Bb
Colle [PG] 85 Cb
Colle [PG] 77 Fde
Colle [PI] 73 Db
Colle [PN] 27 Bab
Colle [PN] 27 Bc
Colle [PT] 67 Cc
Colle [SI] 75 Ed
Colle [TR] 83 Gc
Colle / Bichl [BZ] 1 Hb
Colle, Capo di– 93 Gc
Colle, Dosso del– / Halseck 9 Fd
Colle, Il– 19 Fc
Colle, il– [AQ] 99 GHa
Colle, Monte di– 109 Bb
Colle, Torre de– 95 Cdc
Colle Alberti [FI] 67 Dd
Colle Alto [FR] 99 Fd
Colle Aprico [AN] 79 Bb
Colle Aprico [PG] 85 EFb
Collebaccaro [RI] 91 Gb
Collebaldo [PG] 83 GHbc
Collebarucci [FI] 67 Fbc
Collebeato [BS] 35 Eb
Colleberardi [FR] 99 Ec
Colle Bianco [CH] 95 Dcd
Colle Brianza [LC] 21 Dd
Collebrincioni [AQ] 93 Eb
Colle Calvo [AQ] 93 Da
Colle Calzolaro [PG] 83 Gb
Colle Cardarilli, Case– [FR] 99 Dd
Colle Carino [FR] 99 Fcd
Collecarrise [IS] 101 Dd
Collecastagno [AQ] 93 Dbc
Collécchia [MS] 57 Gd
Collecchiello [PR] 47 GHd
Collécchio [GR] 89 Ca
Collécchio [PR] 47 Hd
Collecorvino [PE] 95 BCb
Colle Croce [PG] 85 EFb
Colle d'Anchise [CB] 107 FGa
Colledara [TE] 93 EFaa
Colle d'Avéndita [PG] 85 Gd
Colle della Sponga [RI] 93 Cc
Colle del Marchese [PG] 85 Dcd
Colle di Cómpito [LU] 65 Gd
Colle di Corte [AN] 79 Bbc
Colle di Dentro / Inner-Pichl [BZ] 3 Gc
Colle di Fuori [ROMA] 97 Gc
Colle di Fuori / Ausser Pichl [BZ] 3 FGc
Colle di Lice, Grotte– 99 Gc
Colle di Lúcoli [AQ] 93 DEc
Colledimácine [CH] 101 Cab
Colledimezzo [CH] 101 Dab
Colle di Preturo [AQ] 93 Db
Colle di Róio [AQ] 93 DEb
Colle di Tenda, Traforo del– 63 Dab
Colle di Tora [RI] 93 Bc
Colle di Vaccina [ROMA] 97 Cb
Colle di Val d'Elsa [SI] 73 Gc
Colle Don Bosco, Santuario– 45 ABb
Colledoro [TE] 93 Ga
Colle Farelli [AQ] 93 Dbc
Colleferro [ROMA] 99 BCc
Collefrácido [AQ] 93 Dbc
Collegalli [FI] 73 EFb
Collegara [MO] 59 Fb
Collegentilesco [RI] 93 Da
Collegiglioni [AN] 77 Gc
Collegiove [RI] 93 Cc
Collegno [TO] 43 Gb
Colle Isarco / Gossensaß [BZ] 3 Bb
Colle Licino [TR] 91 FGa
Collelongo [AQ] 99 Fb
Colleluce [MC] 79 Dd
Collelungo [PI] 73 Eb
Collelungo [RI] 91 GHc
Collelungo [TR] 85 BCd

Collelungo [TR] 85 Bc
Collelungo, Torre di– 89 Ca
Colle Lupo, Fattoria– [GR] 89 DEa
Collemácchia [IS] 107 Da
Collemaggiore [RI] 93 Dc
Colle Malamerenda 75 Dd
Collemáncio [PG] 85 CDbc
Colle Mastroianni [FR] 99 FGc
Colle Mattarello [FR] 99 Ed
Collemeluccio, Riserva Naturale– 101 CDc
Collemeto [LE] 125 Db
Colle Mezzano [LI] 73 Dc
Collemíncio [PG] 77 EFd
Colleminúccio [TE] 87 Ed
Collemontanino [PI] 73 Dbc
Collemoresco [RI] 87 Bde
Collenasso [RI] 93 Ca
Colléoli [PI] 73 Eb
Colle Paganello [AN] 77 Gcd
Colle Pagánica [AQ] 93 Dab
Collepardo [FR] 99 Ec
Collepasso [LE] 125 DEc
Collepepe [PG] 85 Cc
Collepietra / Steinegg [BZ] 9 Gbc
Collepietro [AQ] 93 Gc
Collepietro [TE] 87 Fd
Collepino [PG] 85 Eb
Collepizzuto [TR] 91 EFa
Colle Plínio [PG] 77 Cb
Colleponi [AN] 77 Gc
Colleponte [TR] 91 GHa
Colleposta [FR] 99 GHd
Colle Quarticciolo [VT] 89 Gb
Cóllere, Monte– 57 Bb
Colleredo [VI] 37 EFcd
Colleretto Castelnuovo [TO] 29 Hlc
Colleretto Giacosa [TO] 31 Ac
Colléri [PV] 47 Bd
Colle Rinaldo [RI] 93 Cb
Collerose [RI] 93 Dc
Collesalvetti [LI] 73 Cb
Colle San Giacomo [AQ] 99 Da
Colle San Lorenzo [PG] 85 Ec
Colle San Magno [FR] 107 Ba
Colle San Marco [AP] 87 Dcd
Colle Sannita [BN] 109 BCb
Collesano [PA] 147 Fc
Colle San Paolo [PG] 83 GHb
Colle Santa Lucia [BL] 11 CDc
Colle Santa Maria [TE] 87 Ed
Collesantángelo [TR] 91 Ga
Collesanto [MC] 85 GHb
Collesanto [BL] 25 Dc
Collescípoli [TR] 91 Fa
Collesecco [CH] 95 Dbc
Collesecco [PG] 85 CDc
Collesecco [TR] 85 Cd
Colle Sestriere [TO] 43 Cc
Collésino [MS] 57 Gcd
Collestatte Piano [TR] 91 Ga
Collestrada [PG] 85 Cc
Colletara [AQ] 93 Db
Colle Torre di Buccione, Riserva Naturale– 19 Ed
Colletorto [CB] 101 Gd
Colle Tronco [FR] 105 Hab
Colletta, Cappella della– 43 Fb
Colletta, Cima della– 47 Bd
Colletta, la– 53 Da
Colletta, Passo della– 63 Eb
Colletta Soprana [CN] 53 Ed
Colle Umberto [TV] 25 FGc
Colle Umberto I [PG] 77 Cd
Collevécchio [RI] 91 Fb
Collevécchio [TE] 93 FGa
Colleverde [RI] 93 BCa
Colle Vérrico [AQ] 93 Da
Colli [AQ] 93 Db
Colli [CN] 53 Ecd
Colli [FR] 99 Bd
Colli [LU] 65 EFb
Colli [MC] 79 Cd
Colli [SP] 57 Dcd
Colli, Bivio– 87 Ec
Colli, Case– [MC] 79 Dd

Colli, Villa– [LU] 65 Fc
Colli Alti [FI] 67 Ed
Colliano [SA] 115 Dc
Colli a Volturno [IS] 101 Bd
Collicelle [RI] 93 CDa
Collicelli [MC] 79 CDd
Collicello [AQ] 93 Db
Colli del Tronto [AP] 87 Ec
Colli di Bergamo, Parco Regionale dei– 21 EFd
Colli di Fontanelle [NA] 113 Ed
Colli di Monte Bove [AQ] 99 Ca
Colli Eugánei, Parco Naturale Regionale dei– 37 FGc
Collimento [AQ] 93 DEc
Collina [AN] 79 Dbc
Collina [BO] 59 Ed
Collina [FC] 69 Ec
Collina [MC] 79 Cd
Collina [PT] 67 Dc
Collina [UD] 13 BCb
Collina, Passo della– 67 Db
Collina di Rivoli, Area Attrezzata della– 43 Fa
Collina di Superga, Parco Naturale della– 43 Hb
Collina Nuova [AP] 87 Db
Collinas [CA] 173 EFab
Collinello [FC] 69 Ec
Collinetta [UD] 13 BCb
Colli sul Velino [RI] 91 Gab
Collobiano [VC] 31 DEc
Collodi [PT] 67 Bc
Colloredda, Punta di– 167 Fb
Colloredo [UD] 27 Fb
Colloredo di Monte Albano [UD] 27 Dab
Colloredo di Prato [UD] 27 Db
Colloro [VB] 19 DEb
Collura, Fosso della– 149 Ec
Collura, Ponte della– 149 Ec
Colma / Kollmann [BZ] 9 GHb
Colma, la– [It.] 23 Fd
Colma, la– [NO] 19 DEcd
Colma, Monte– [IM] 63 Ec
Colma, Monte– [It.] 55 Fb
Colmano [FC] 69 Eb
Colmegna [VA] 19 Gb
Colmello [VE] 39 Db
Colmet, Monte– 29 DEa
Colmetta, Cima– 19 Cc
Colmirano [BL] 25 Dc
Colmollaro, Castello di– 77 Ed
Colmurano [MC] 79 DEde
Colnago [MI] 33 Eb
Colobraro [MT] 129 Cc
Cologna [FE] 51 Dc
Cologna [LC] 21 CDd
Cologna [SO] 7 Fd
Cologna [TN] 23 Eb
Cologna [TN] 23 EFc
Cologna, Monte– 85 Ec
Cologna Paese [TE] 87 Fd
Cologna Spiággia [TE] 87 Fd
Colognati, Torrente– 133 Ca
Cologna Véneta [VR] 37 Ed
Cologne [BS] 35 Dc
Cologno al Sério [BG] 33 Gb
Colognola [BG] 35 Ca
Colognola [MC] 79 CDc
Colognola [PG] 85 Fd
Cologne Umberto [TV] 25 FGc
Cologna ai Colli [VR] 37 CDcd
Colognole [FI] 69 BCc
Colognole [LI] 73 Cbc
Colognole [PI] 65 Fd
Cologne Monzese [MI] 33 Db
Cológnora [LU] 67 BCc
Cológnora [LU] 65 Fc
Cologone, su– [NU] 171 Eb
Colomba, Monte– 151 FGa
Colombai [PI] 67 BCd
Colombáia, Isola– 149 CDb
Colombáia Secchia [RE] 59 Dc
Colombáie, Casa– [PI] 73 CDc

Colombano [RO] 51 ABb
Colombano, Monte– [PC] 47 Cc
Colombano, Monte– [TO] 43 Fa
Colombara [PU] 77 Fb
Colombara [PU] 93 CDa
Colombara [VC] 31 CDd
Colombardo 43 Ea
Colombare [BS] 35 Gc
Colombare [CR] 33 FGd
Colombare [PD] 51 ABb
Colombare [VR] 37 ABd
Colombare, le– [MN] 35 Gd
Colombaro [BS] 35 Cb
Colombaro [MO] 59 Fb
Colombaro [TO] 45 Aab
Colombarolo [CR] 49 ABb
Colombarone [MO] 59 Eb
Colombaro Rossi [CN] 53 EFb
Colombassi [AL] 47 Ad
Colombato, Masseria– [TA] 121 Eb
Colombè, Monte– 23 Cb
Colombella Alta [PG] 85 Cab
Colombella Bassa [PG] 85 Cab
Colombetta Piane [PV] 47 BCb
Colombi [CN] 55 Bbc
Colombine, Monte– 23 BCcd
Colombo, Casa– [RG] 159 Dd
Colombo, Lago– 23 Fd
Colombo, Monte– 29 Gc
Colombo–Garda, Canton– [BI] 31 Db
Colombus, Punta– 173 Eb
Colomello [MT] 129 Cd
Colonia [AL] 47 ABd
Colonia [CA] 177 Cc
Colonia Arnaldi [GE] 57 ABc
Colonia di Rovegno [GE] 57 Bb
Colónica [PO] 67 Ecd
Colonina, Monte– 133 Dab
Colonna [PU] 71 DEd
Colonna [ROMA] 97 Gbc
Colonna, Monte– 99 Db
Colonna, Monte di– 19 Gc
Colonnata [FI] 67 Ecd
Colonnata [MS] 65 DEb
Colonne [AL] 45 Hd
Colonne, Canale delle– 177 BCc
Colonne, Capo– 137 Ha
Colonne, Grotta delle– 127 Ed
Colonne, Punta delle– 177 Bc
Colonne di Carloforte 177 Bc
Colonnella [TE] 87 Fc
Colonnello, Casino– [BA] 111 Ecd
Colonnetta di Prodo [TR] 85 Bd
Colonno [CO] 21 Cc
Coloreta, Monte– 67 Gb
Coloretta [MS] 57 Ecd
Colorina [SO] 21 Fb
Colorno [PR] 49 Bc
Coloru, Grotta su– 163 Ecd
Colósimi [CS] 135 Cd
Colostrai, Stagno dei– 179 Fa
Colotto [MC] 79 Dd
Col Palombo [PG] 77 Ed
Colpetrazzo [PG] 85 Dd
Col Piccione [PG] 77 Cd
Colsaino [PG] 85 Eb
Col San Giovanni [TO] 43 Fa
Col San Martino [TV] 25 Fc
Colsano / Galsaun [BZ] 9 Dab
Colsento, Monte– 25 Db
Coltano, Tenuta di– 73 Cb
Coltaro [PR] 49 Ac
Coltavolino [PG] 77 Dd
Colterenzio / Schreckbichl [BZ] 9 Fc
Colti [SS] 161 Dc
Coltignone, Monte– 21 Dc
Coltodino [RI] 91 Gc
Coltondo 25 Cab
Coltorondo 11 Ad
Coltura [PN] 25 GHb
Coltura [TN] 23 Eb
Colturano [MI] 33 DEc
Colugna [UD] 27 Eb
Columbárgia, Torre– 169 Ca
Colunga [BO] 61 Ac

Colvalenza [PG] 85 Cd
Col Verde, Rifugio– 11 Bd
Colza [UD] 13 Cc
Colzate [BG] 21 Gcd
Colzè [VI] 37 Fc
Comabbio [VA] 19 FGd
Comabbio, Lago di– 19 Gd
Comácchio [FE] 61 EFa
Comácchio, Valli di– 61 Eab
Comacina, Isola– 21 BCc
Comagna, Testa di– 17 Hd
Comano [MS] 57 Gd
Comano [TN] 23 Fb
Comano Terme [TN] 23 Fb
Comaschi, Ca' de'– [PC] 47 Cc
Comásine [TN] 9 Ccd
Comazzo [LO] 33 Ec
Combai [TV] 25 Ec
Combal, Lago di– 17 Cd
Combamala [CN] 53 Dbc
Combe [CN] 53 FGc
Combes [AO] 29 Eab
Combloux [Fr.] 17 Ac
Combolo, Monte– 7 Gd
Comeana [PO] 67 Gd
Comeglians [UD] 13 Cbc
Comelico Superiore [BL] 11 FGb
Comenduno [BG] 21 Fd
Cómeno (I) = Komen [SLO] 41 Hab
Comérconi [VV] 139 Cb
Comério [VA] 19 Gcd
Cómero, Monte– 69 EFcd
Comerzo [UD] 27 Dab
Comezzano [BS] 35 Cc
Comezzano–Cizzago [BS] 35 Cc
Comici, Rifugio– 11 EFb
Comighello [TN] 23 EFb
Comignago [NO] 31 Fa
Comina, la– [PN] 27 Ac
Cómino [CH] 95 Dc
Comino, Capo– 167 Gc
Comino, Rifugio– 53 Gd
Cómiso [RG] 159 Cc
Comitini [AG] 153 Bc
Comitini, Stazione di– 153 Bc
Comiziano [NA] 113 Fb
Commaldo, Torre di– [SR] 159 Ec
Commenda [VT] 91 BCab
Commessággio [MN] 49 Cb
Commezzadura [TN] 9 CDcd
Comnago [NO] 19 Fcd
Como [CO] 21 Bd
Como, Lago di– (Lário) 21 Cbc
Como, Rifugio– 5 Fd
Comole, Le– 107 Fd
Comologno [Svizz.] 15 Fc
Comoretta, Punta– 167 Dd
Compaccio / Kompatsch [BZ] 9 Db
Comparni [CZ] 139 Db
Comparte [BS] 23 BCb
Compiano [PR] 57 DEbc
Compiano [RE] 59 BCb
Compignano [PG] 85 Bc
Compióbbi [FI] 67 FGd
Compione [MS] 57 Gcd
Cómpito [AR] 69 Cd
Complesso Immacolatelle e Micio Conti, Riserva Naturale– 155 Fb
Complesso Speleologico Villasmundo – Sant'Alfio, Riserva Naturale– 155 Fd
Compre, Le– [FR] 99 Fc
Compresso [PG] 77 CDd
Comugni [AR] 75 Cd
Comuna [BI] 31 Cc
Comuna Bellis [MN] 49 FGb
Comunanza [AP] 87 Cc
Comune, Pizzo– 153 Da
Comune, Poggio del– 73 FGc
Comune, Serra– 99 EFc
Comunéglia [SP] 57 CDc
Comunelli, Lago– 157 EFcd
Comunelli, Monte– 135 Ec
Comune Soprano [PR] 57 Eb
Comuni [VR] 37 Ed
Comuni, Timpone i– 137 Db

Comunitore, Monte– 87 BCd
Comun Nuovo [BG] 33 FGb
Cona [FE] 51 Cd
Cona [VE] 51 DEa
Cona di Selvapiana 99 Cd
Cona Faiete [TE] 87 Dde
Cona Rovara 99 Fb
Conca, Monte– 153 Cc
Conca, Pizzo– 147 Ed
Conca, Rio sa– 167 Db
Conca, Torrente– 71 Ec
Conca, Taverna di– 107 CDb
Conca Casale [IS] 107 CDab
Conca d' Àlbero [PD] 51 Ea
Conca dei Marini [SA] 113 Fd
Conca della Campania [CE] 107 Cbc
Conca del Prà [TO] 43 Dd
Concadirame [RO] 51 Cb
Conca d'Oro 147 BCb
Conca d'Oro, Masseria– [TA] 121 Db
Concàli, su– 177 Fb
Conca Margini 173 Ea
Concamarise [VR] 49 Fa
Concarabella, Cantoniera– [SS] 167 Cb
Concarena 23 Bb
Concas [NU] 167 Fbc
Conca s'Ollastu 173 Ea
Conca s'Omu, Monte– 173 CDc
Conca Verde [SS] 161 Db
Concéi [TN] 23 Ec
Concéi, Valle dei– 23 Ec
Concenedo [LC] 21 Dc
Concerviano [RI] 93 BCbc
Concésio [BS] 35 Eb
Concessa [RC] 141 Db
Concetta, Ponte di– 153 Ca
Concezione, Masseria– [BA] 117 Gb
Conche [PD] 39 CDd
Conche, Monte– 35 Eb
Conche, Santuario di– 35 Eb
Conchedda, Punta– 167 DEb
Conchia, Masseria– [BA] 119 Db
Concio, Masseria del– [MT] 129 FGc
Concio Longo [CS] 131 Ec
Conco [VI] 25 Bd
Concórdia Sagittária [VE] 27 BCd
Concórdia sulla Sécchia [MO] 49 Ec
Concorezzo [MI] 33 DEb
Concosu, Punta– 171 CDc
Condamine-Chatelard, la– [Fr.] 53 Ac
Condemine [AO] 17 Ed
Condino [TN] 23 Dc
Condofuri [RC] 141 Fc
Condofuri Marina [RC] 141 Fd
Condojanni [RC] 141 Hb
Condove [TO] 43 Eb
Condrò [ME] 141 BCbc
Cone, le– [ROMA] 99 Ccd
Conegliano [TV] 25 Fc
Coneo, Badía a– 73 Cc
Cónero, Monte– 79 Fb
Cónero, Parco del– 79 Fb
Conetta [VE] 51 DEab
Confienza [PV] 31 Fcd
Confígni [RI] 91 Fb
Confígni [TR] 85 Dd
Confígno [RI] 93 Da
Confinale, Monte– 7 GHc
Confinale, Passo– 7 Dcd
Confini [BN] 109 Bd
Conflenti [CZ] 135 Dc
Conflenti Inferiore [CZ] 135 Dc
Conflenti Superiore [CZ] 135 Dc
Confórti, Case– 127 Bb
Confreria [CN] 53 Fc
Conga Agnelli, Masseria– [FG] 111 ABb
Congen, Monte– 5 GHd
Congianus, Golfo di– 161 Fc
Coniale [FI] 67 Gab

Conicchio [BS] 35 Eb
Conicchio [SI] 83 Fc
Conidoni [VV] 139 CDa
Conie, Le– [SI] 83 Ec
Conigli, Isola dei– 151 ins.b
Conigliara, Masseria– [SR] 155 Fd
Conio [IM] 63 Fbc
Coniolo [AL] 45 Dab
Coniolo [BS] 35 Cc
Coniolo Bricco [AL] 45 Dab
Conna [IM] 63 Gbc
Conócchia [IS] 101 Cd
Consàlvi 79 Ed
Consándolo [FE] 61 Cab
Conscente [SV] 63 Gb
Conscenti [GE] 57 Cc
Cónscio [TV] 39 Db
Consélice [RA] 61 Cb
Conselve [PD] 37 Hd
Consíglio di Rumo [CO] 21 Cab
Consolazione, Convento– 109 Fc
Consovero [CN] 53 Gc
Consuma [FI] 69 Cd
Consuma, Passo della– 69 Cd
Contamines-Montjoie, Les– [Fr.] 17 Bd
Cóntane, le– [FE] 51 Ec
Contarina [RO] 51 Fb
Contarini [TV] 25 Ed
Conte, il– [BO] 59 Hab
Conte, Porto– 165 ABb
Conte, Serra del– 129 Cb
Contea [FI] 69 Cc
Contea, la– [BO] 61 Aab
Conte Bosco, Poggio del– 157 DEc
Conte di Nóia, Masseria– [FG] 109 GHc
Contéi [SV] 55 Ccd
Contemplazione [ME] 141 Db
Contes [Fr.] 63 Dcd
Contessa, Canale della– 111 Ba
Contessa, Casa della– [SR] 159 Fbc
Contessa, la– [BA] 117 Ca
Contessa, Monte– [CZ] 137 Dc
Contessa, Monte– [GE] 55 FGc
Contessa, Monte– [SR] 159 DEc
Contessa, Passo della– 131 CDd
Contessa, Punta della– 123 Cc
Contessa Entellina [PA] 151 EFa
Contessa Mannelli, Masseria– [FG] 111 Ac
Contessa [ME] 141 Dbc
Conti [AP] 87 Cbc
Conti [PI] 73 Dab
Conti, Rifúgio– 145 Fd
Contigliano [RI] 91 Gb
Contignaco [PR] 47 Fd
Contignano [SI] 83 Ec
Contile [PR] 57 Fab
Contovello [TS] 41 Hb
Contrada [AV] 113 Gb
Contrada [BS] 35 Gab
Contrada [CN] 55 Bc
Contrada Ebrei [AL] 45 Fc
Contrada La Sega [LT] 105 Eb
Contra de Revorte 171 Da
Contra d'Óschiri 171 Ca
Contrapò [FE] 51 Ccd
Contrasto, Colle del– 145 Bc
Contrébbia Nuova [PC] 47 Db
Contrin, Rifúgio– 11 Bc
Controguerra [TE] 87 Ec
Contron [PN] 11 Fd
Controne [SA] 127 Cab
Contru, Monte su– 165 Ea
Contu, Cúccuru– 173 Dc
Contúrbia [NO] 31 Fa
Contursi [BA] 117 Gbc
Contursi Terme [SA] 115 Dcd
Contursi Terme, Stazione– 115 Dd
Convalle [LU] 65 Fc
Conventazzo, Poggio– 159 Dab
Conventello [RA] 61 Ebc
Conventu, Nuraghe su– 173 Ea
Conversano [BA] 119 Cb
Converselle [FC] 69 Ea

Conza, Lago di– 115 Db
Conza, Ruderi di– 115 DEb
Conza, Sella di– 115 Dbc
Conza-Andretta-Cairano, Stazione di– 115 Db
Conza della Campania [AV] 115 DEb
Conzano [AL] 45 Db
Copanello [CZ] 137 Dc
Cop di Breguzzo, Cima– 23 Db
Cop di Casa, Cima– 23 Db
Coperchia [SA] 113 Gc
Copérnio [PR] 49 Bc
Copersito [SA] 127 Bc
Copertino [LE] 125 Db
Copiano [PV] 47 Ba
Copogna [MC] 85 Fb
Coppa, Monte– [Bas.] 129 Ec
Coppa, Monte– [SP] 57 Dcd
Coppa, Torrente– 47 Ac
Coppa Castello, Masseria– [FG] 103 BCd
Coppa di Rose 103 Bbc
Coppa di Rose, Masseria– [FG] 103 Bc
Coppa Ferrata, Monte– 103 DEc
Coppàri, Monte– 137 Bc
Cópparo [FE] 51 Cc
Coppa Tre Miglia, Masseria– [BA] 111 Dc
Coppe [TR] 91 Fd
Coppe di Maltempo, Masseria– [BA] 111 Bd
Coppere, Colle– 101 FGb
Coppetto, Pizzo– 7 Fc
Coppi [AL] 45 Db
Coppito [AQ] 93 DEb
Coppo [AN] 79 Fbc
Coppo dei Fossi, Monte– 103 Gb
Coppola, Masseria– [TA] 123 Cc
Coppoli, Serra– 117 Bc
Coppolo, Monte– 25 Cb
Cóppolo, Monte– 209 Ecd
Copreno [MI] 33 Ca
Cor, Monte– 25 Fb
Corà [RO] 51 Ac
Corace, Fiume– 137 Ca
Córaci [CS] 135 Ec
Coradi o Cherádi, Ìsole– 121 Ec
Corallo, Casa– [CL] 157 Fd
Corallo, Porto– 175 Fd
Corana [PV] 45 Gb
Corano [PC] 47 Cc
Coratini, Fermata– 119 Bc
Corato [BA] 111 Ecd
Corazzo [KR] 133 Fd
Corbanese [TV] 25 Fc
Corbara [SA] 113 Fc
Corbara [TR] 85 Bd
Corbara, Lago di– 85 Bd
Corbella, Ìsola– 81 Cd
Corbelli, Villa– [RE] 59 Dab
Corbesassi [PV] 57 Ba
Corbetta [MI] 33 Bc
Corbezzi [PT] 67 Dd
Corbíglia [TO] 43 FGb
Corbíolo [VR] 37 Cb
Córbola [RO] 51 Ebc
Corbolone, Poggio– 73 Cb
Corborant, Torrente– 53 Cd
Corbos, Nuraghe– 169 Fa
Corcagnano [PR] 49 Ad
Corcelli, Ìsola– 161 Eb
Córchia [PR] 57 Fbc
Corchiano [VT] 91 Eb
Córcia [PG] 77 Fd
Corciano [PG] 85 Bb
Corciolano [RE] 59 Dc
Corcò, Pizzo di– 147 Gc
Corcolle [ROMA] 97 Gb
Corcrevà [RO] 51 Eb
Corcumello [AQ] 99 DEa
Corda di Lana, Masseria– [LE] 123 Ecd
Cordelle [BL] 11 Dcd

Cordellon [BL] 25 Ebc
Cordenons [PN] 27 Bbc
Cordesco [TE] 87 Fd
Cordévole, Torrente– 11 Dd
Cordignano [PG] 77 Dde
Cordignano [TV] 25 Gc
Cordin, Monte– / Straniger 13 Db
Cordíno [MC] 79 Cc
Cordona, Monte– 55 Hc
Córdova [TO] 43 Hb
Cordovado [PN] 27 Ccd
Cordra, Monte– 179 Dab
Core, Monte– 105 ins.a
Córeca, Scogli– 135 Cc
Córedo [TN] 9 Ec
Coréggia [BA] 119 Dc
Coréggio [FE] 51 Cc
Coréglia Antelminelli [LU] 65 FGb
Coréglia Lígure [GE] 57 Bc
Corella [FI] 69 Cc
Coremò [CA] 177 Dc
Corenò Plinio [LC] 21 Cb
Coreno Ausónio [FR] 107 Bb
Corese Terra [RI] 91 Gcd
Corezzo [AR] 69 Ed
Corfínio [AQ] 93 GHd
Corfínium 93 GHd
Corfíno [LU] 65 Fa
Corfù, Cala– 89 ins.a
Corgeno [VA] 19 FGd
Corgna [PG] 77 Bd
Corgnolaz [AO] 17 Gcd
Corgnolo [UD] 27 Ec
Cori [LT] 99 Bd
Coriano [FC] 61 Ed
Coriano [RE] 59 Ccd
Coriano [RN] 71 Dc
Coriano [VR] 37 Dd
Coriasco [TO] 43 GHa
Coricóni [AP] 87 Cbc
Coriglianeto, Torrente– 131 Gd
Corigliano [CE] 107 Cc
Corigliano, Golfo di– 131 Gc
Corigliano Cálabro [CS] 131 Gd
Corigliano Cálabro Stazione 131 FGd
Corigliano d'Otranto [LE] 125 Ebc
Corigliano Scalo [CS] 133 Ca
Corinaldo [AN] 79 Cb
Cório [TO] 29 Hcd
Corippo [Svizz.] 15 Hc
Coritis [UD] 13 Fc
Corlaga [MS] 57 FGcd
Corláiti [VR] 37 Cb
Corleone [PA] 147 Bcd
Corleto [FG] 109 Gc
Corleto [RA] 61 Dd
Corleto, Fiumarella di– 129 Cb
Corleto Monforte [SA] 127 Db
Corleto Perticara [PZ] 129 Cb
Corletto [MO] 59 EFb
Corlíni [FE] 51 Ed
Corlo [FE] 51 Cc
Corlo [MO] 59 Eb
Corlo [PG] 77 Cb
Corlo, Lago del– 25 Cc
Cormano [MI] 33 CDb
Cormelano, Monte– 85 DEd
Cormoney, Bec– 29 Ib
Cormons [GO] 27 Fc
Cormor, Canale– 41 Db
Corna [BS] 21 HIc
Cornàcchia, Monte– [AQ] 93 Ec
Cornàcchia, Monte– [FG] 109 Db
Cornàcchia, Monte– [It.] 99 Fc
Cornàcchia, Punta– 113 ABc
Cornacchiáia [FI] 67 FGb
Cornacchiano [TE] 87 Dd
Cornaccina [PR] 47 Gd
Cornacervina [FE] 51 Dd
Cornaget, Monte– 11 Dd
Cornaggia, Monte– 19 EFcd
Cornagiera, Pizzo– 21 Db
Cornaglie [AL] 45 Cc
Corna Grande 21 DEc
Cornaiano / Girlan [BZ] 9 Fc

Corna Imagna [BG] 21 Ecd
Cornalba [BG] 21 Fcd
Cornale [AL] 45 Cab
Cornale [CN] 45 Bd
Cornale [PV] 45 Gb
Cornalea [AT] 45 CDc
Cornaleto [CR] 33 Gd
Cornaleto [CN] 53 Dcd
Cornaloni [AP] 87 BCc
Cornappo [UD] 13 Fd
Cornarè [TV] 25 GHcd
Cornaredo [MI] 33 Cbc
Cornareto [CL] 55 Hab
Cornaro [PC] 47 Cc
Cornate, Le– 81 Gab
Cornate d'Adda [MI] 33 Eb
Corné [RO] 51 Cb
Cornè [TN] 23 Fd
Corneda [MS] 57 Fd
Cornedo all'Isarco / Karneid [BZ] 9 Gbc
Cornedo Vicentino [VI] 37 DEb
Corneglíana [PD] 37 GHd
Corneglíano Laudense [LO] 33 Ed
Cornéi [BL] 25 Gb
Corneliano [PC] 47 Ec
Corneliano Bertário [MI] 33 Ec
Corneliano d'Alba [CN] 45 Ad
Cornello, Masseria– [FG] 103 EFc
Cornello, Passo– 85 EFb
Cornet, Monte– 21 Hc
Corneta, Monte– 75 Gc
Cornétole [RE] 49 Ccd
Cornetti [TO] 29 Fd
Cornetto [TN] 23 Gbc
Cornetto [TN] 23 GHc
Cornetto, il– 23 GHd
Cornetto, Monte– 11 Fd
Cornia, Fiume– 81 Ec
Corniana [PR] 57 Gb
Corniano [MN] 49 Da
Corniano [RE] 59 Cab
Cornice [SP] 57 DEd
Cornicolani, Monti– 97 Ga
Cornícolo, Monte– 9 Cab
Cornigian [BL] 11 Ec
Corníglia [SP] 65 Bb
Cornigliano Lígure [GE] 55 Gc
Corníglio [PR] 57 Fb
Corníglio [PR] 57 Gc
Cornin, Dosso– 7 Fd
Cornino [UD] 13 CDd
Cornino, Piano– 93 Cb
Cornio, Valle del– 39 Dcd
Corniola [FI] 67 Dd
Corniolo [FC] 69 Dc
Córniolo [PT] 67 Db
Corno [TO] 43 GHcd
Corno [VR] 37 Bc
Corno, Fiume– [It.] 85 Fd
Corno, Fiume– [UD] 41 Eb
Corno, Ìsola del– 177 Bbc
Corno, Monte– [CN] 53 Ed
Corno, Monte– [IS] 107 CDab
Corno, Monte– [RI] 93 Ba
Corno, Monte– [TN] 9 Dd
Corno, Monte– [UD] 13 Bc
Corno, Monte– / Trudner Horn 9 FGd
Corno, Poggio del– 89 Fa
Corno, Sella di– 93 CDb
Corno, Vado di– 93 Fb
Corno alle Scale 67 CDb
Corno alle Scale, Parco del– 67 CDb
Cornócchia [SI] 73 Gd
Cornocchia, Riserva Naturale– 73 Gd
Cornocchio [PR] 49 Acd
Corno d'Áola, Rifúgio– 7 GHd
Corno di Caneto 57 GHc
Corno di Rosazzo [UD] 27 Fbc
Corno Giovine [LO] 47 Eb

Corno Grande 93 Fb
Córnolo [PR] 57 Db
Córnolo [SO] 21 Ea
Cornone [FG] 103 BCb
Corno Piccolo 93 Fab
Corno Stella, Monte– 21 Fb
Cornour, Punta– 43 Dc
Cornovécchio [LO] 47 Eb
Cornoviglio, Monte– 57 EFd
Cornuda [TV] 25 DEcd
Córnus 169 CDb
Córnus, Nuraghe– 169 CDb
Cornuto, Monte– 89 Cc
Coróglio [NA] 113 CDc
Coromédus, Monte– 175 Cab
Corona [AQ] 99 Ea
Corona [GO] 27 Fc
Corona, Monte– [Eur.] 13 Dbc
Corona, Monte– [TN] 23 Dbc
Corona, Monte– l = Kronalpe 13 Gb
Corona, Nuraghe sá– 175 CDab
Corona, Serra– 145 Dbc
Corona Alta, Punta– 165 DEb
Corona Maria 177 Cb
Corona Niedda, Scoglio– 169 Ca
Coronas Arrúbias, Monte– 173 Fb
Coronato, Monte– 81 Gb
Corone [PG] 85 FGc
Coronella [FE] 51 ABd
Coronella, Torrente– 21 Hb
Coroneo, Nuraghe– 171 Dc
Corones, Plan de– / Kronplatz 3 Ec
Corongedda 175 CDc
Coróngiu [CA] 177 Db
Coróngiu, Cantoniera– [CA] 179 Db
Coróngiu, Fiume– 175 Fa
Coróngiu, Laghi di– 179 Dab
Coróngiu, Punta– 175 EFb
Coróngiu Era [NU] 175 Ca
Coróngiu Maria, Nuraghe– 175 Db
Corpegani, Monte– 37 Db
Corpi Santi [CH] 101 Ca
Corpo di Cava [SA] 113 FGc
Corpolò [RN] 71 Cb
Corpo-Reno [FE] 49 Gd
Corposano [PG] 77 Cb
Corquet, Monte– 29 Ga
Corra Chérbina, Punta– 171 Ca
Corrada [RE] 59 Cb
Corrasi, Punta– 171 Eb
Corrazzu, Nuraghe– 169 Fd
Correbói, Arcu– 171 DEc
Correggi [FE] 51 CDd
Correggio [RE] 49 Dd
Correggiòli [MN] 49 FGb
Correggioverde [MN] 49 Cc
Correnti, Capo delle– 159 Fcd
Correnti, Ìsola delle– 159 Fde
Corr'e Pruna, Rio– 179 Fab
Correzzana [MI] 33 Dab
Correzzo [VR] 49 Fab
Corrézzola [PD] 39 Cd
Córrido [CO] 21 Bb
Corridónia [MC] 79 EFd
Corridore del Pero [SR] 155 Fcd
Corróccioni [AQ] 93 Db
Corrópoli [TE] 87 EFcd
Corrúbbio [VR] 37 BCb
Corrúbbio [VR] 37 Bbc
Corrugunele [SS] 167 Eb
Corrúlia, Nuraghe– 175 Cc
Corru Mannu, Punta– 173 CDa
Córrus de Trubutzu, Nuraghe– 171 Fd
Corságlia [CN] 53 GHd
Corságlia, Torrente– 55 Acd
Corságlia, Valle– 53 GHd
Corsagna [LU] 65 Gc
Corsalone [AR] 69 Dd
Corsalone, Torrente– 69 Ed
Corsano [LE] 125 Fd
Corsári [LE] 125 Cb
Corsari, Torre dei– 173 Ca
Corsi, Pian dei– 55 Cd

Corsi, Rifugio– 13 FGc
Corsi, Rifugio– / Zufall–Hütte 9 BCbc
Corsicchie, Poggio le– 69 Fcd
Córsico [MI] 33 Cc
Corsiglia [GE] 57 Bc
Corsione [AT] 45 Bbc
Corso, Sella di– 13 Gc
Corsonna, Torrente– 65 Gb
Cortábbio [LC] 21 Dbc
Cortaccia sulla Strada del Vino / Kurtatsch an der Weinstrasse [BZ] 9 Fcd
Cortafon, Monte– 21 Cab
Cortale [CZ] 137 Cbc
Cortale [UD] 27 Eab
Cortandone [AT] 45 Bc
Cortanieto [AT] 45 Bb
Cortanze [AT] 45 Bb
Cortazzone [AT] 45 Bbc
Corte [AT] 45 Cd
Corte [BL] 11 Ec
Corte [LC] 21 Db
Corte [PD] 37 Gab
Corte [PD] 39 Cd
Corte [VI] 37 Ea
Corte, la– [MO] 49 Ed
Corte, La– [SS] 165 Ba
Corte Alta [VR] 37 Bd
Corte Brugnatella [PC] 47 Cd
Corte Centrale [FE] 51 Ed
Corte de' Cortesi [CR] 35 CDd
Corte de' Cortesi con Cignone [CR] 35 CDd
Corte de' Frati [CR] 47 Ga
Corte e Costa [VC] 19 Dc
Corte Franca [BS] 35 Cb
Corte Fusero [BI] 31 Cb
Cortelà [PD] 37 Fcd
Cortellazzo [VE] 41 Bc
Cortellazzo, Porto di– 41 Bc
Corte Madama [CR] 35 Gd
Cortemaggiore [PC] 47 Fc
Cortemilia [CN] 55 Cb
Corténedolo [BS] 23 Bab
Córteno, Val di– 23 Bab
Córteno Golgi [BS] 23 Bab
Cortenova [LC] 21 Dbc
Cortenuova [BG] 33 Gb
Cortenuova [FI] 67 Dd
Corteolona [PV] 47 Cab
Corte Palásio [LO] 33 Fd
Corte Palazzetto [MN] 49 EFb
Corte Pórcus 175 EFb
Corteranzo [AL] 45 Bb
Corteraso, Albergo– / Kurzras, Sporthotel– 1 Ec
Cortereggio [TO] 29 Id
Corte Rusta [MN] 49 EFb
Cortesano [TN] 23 Gb
Corte Sant'Andrea [LO] 47 Db
Cortese, Monte– 159 Db
Cortesi [PR] 47 Gd
Corte Vecchia [GR] 83 Dd
Corte Vétere, Masseria– [LE] 123 Dcd
Corti [BG] 21 Hcd
Córti [FI] 75 CDb
Corti, Bivacco– 21 Gb
Corti, le– [FI] 67 Cd
Cortiana [VI] 23 Hd
Corticato, Sella del– 127 Db
Corticella [BO] 59 Hlb
Corticella [RE] 59 Eb
Corticelle Pieve [BS] 35 Dc
Cortiglione [AT] 45 Bb
Cortiglione [AT] 45 Dcd
Cortigno [PG] 85 Fcd
Cortile [MO] 49 Ed
Cortina [RA] 61 Ec
Cortina [TN] 9 BCd
Cortina d'Ampezzo [BL] 11 Db
Cortina sulla Strada del Vino / Kurtinig an der Weinstrasse [BZ] 9 Fd

Cortina Vecchia [PC] 47 Fc
Cortine [BS] 35 Eb
Córtine [FI] 75 Cb
Cortino [TE] 93 EFa
Cortino, Torrente– 115 Eb
Corti Rósas [CA] 175 Ec
Cortóghiana [CA] 177 Cb
Cortogno [RE] 59 Cb
Cortona [AR] 75 Gd
Cortona, Ponte di– 75 FGd
Corva [AP] 79 Gd
Corva [PN] 27 ABc
Corváia [LU] 65 Ebc
Corvara [PE] 95 Bc
Corvara [SP] 65 Bab
Corvara / Corvara in Badia [BZ] 11 Cb
Corvara / Rabenstein [BZ] 1 Hlc
Corvara in Badia / Corvara [BZ] 11 Cb
Corvara in Passiria / Rabenstein [BZ] 1 Gb
Corvaro [RI] 93 Dc
Corvéglia [AT] 45 Ac
Corvella [BO] 67 Dab
Corvi [CN] 53 Gc
Corvi, Cima dei– / Raben Kogel 1 DEc
Corvi, Monte dei– 79 Fb
Córvia, Colle– 99 Bb
Corviale [ROMA] 97 Eb
Corvino, Torrente– 131 Cc
Corvino San Quirico [PV] 47 ABbc
Corvione [BS] 35 EFd
Corvo, Monte– [Abr.] 93 Eab
Corvo, Monte– [PA] 147 CDb
Corvo, Monte– [PE] 95 Bc
Corvo, Monte di– 147 GHcd
Corvo, Pizzo– [ME] 145 DEb
Corvo, Pizzo– [MT] 129 Eab
Corvo, Pizzo– [TP] 149 BCbc
Corvo, Punta del– [CZ] 135 Gd
Corvo, Punta del– [ME] 143 Fb
Corvo, Punta del– [RG] 159 Dd
Corvo, Rocca del– 147 Ec
Corvo, Scoglio del– 89 Bb
Corvo, Valle del– 147 Dbc
Corvo Ceresella, Monte– 155 Dd
Corvos, Nuraghe– 165 Db
Corzago [MO] 59 Gc
Corzano [BS] 35 CDc
Córzes / Kortsch [BZ] 9 Cb
Corzes, Monte di– / Kortscher Jöchl 9 Cab
Corziano [AT] 45 Bb
Cosa [GR] 89 Db
Cosa [PN] 27 Cb
Cosa [VB] 19 Db
Cosa, Fiume– 99 Dd
Cosa, Torrente la– 127 Ba
Cosana [CN] 55 Cc
Cosasca [VB] 19 DEb
Cosce, Monte– 91 Fc
Coscerno, Monte– 85 Fd
Coscile o Síbari, Fiume– 131 Fc
Coscogno [MO] 59 Fc
Cosdernóibe [BL] 11 EFb
Coseano [UD] 27 CDb
Coseat, Bivio– 27 Cc
Cosentini [CT] 155 Fab
Cosentino, Masseria– [CS] 135 Ea
Cosenza [CS] 135 Db
Cosenza, Case– [RG] 159 Db
Cosérie, Torrente– 133 Da
Cosimo, Pizzo– 147 Hc
Cósina [RA] 61 Dd
Cósio di Arróscia [IM] 63 EFb
Cosio Valtellino [SO] 21 DEb
Cosizza, Torrente– 27 Gab
Cosniga–Zoppé [TV] 25 Gc
Cósola, Capanne di– [AL] 57 ABa
Cosoleto [RC] 141 Fb
Cosona [SI] 83 Db
Cospaia [PG] 77 BCb
Cossano Belbo [CN] 55 Cab

Cossano Canavese [TO] 31 BCc
Cossarello, Monte– 19 Bd
Cossato [BI] 31 Db
Cosséria [SV] 55 Cc
Cossignano [AP] 87 DEbc
Cossogno [VB] 19 Fc
Cossoíne [SS] 165 Ec
Cossombrato [AT] 45 Bbc
Cossu, su– [NU] 167 Fbc
Costa [AL] 55 Eb
Costa [AL] 55 Eb
Costa [BL] 11 Gb
Costa [BL] 11 Ec
Costa [BL] 11 Dc
Costa [BS] 23 Dd
Costa [BZ] 3 Ecd
Costa [CN] 55 Bb
Costa [CN] 55 ABc
Costa [GE] 55 Hb
Costa [MC] 79 BCd
Costa [MC] 85 Fbc
Costa [PC] 47 Dbc
Costa [PG] 85 Eab
Costa [PN] 25 Hb
Costa [PR] 57 Hb
Costa [RA] 61 BCd
Costa [RG] 159 Cc
Costa [SV] 63 Gab
Costa [SV] 55 CDd
Costa [TO] 43 CDab
Costa [TO] 43 Hcd
Costa [UD] 27 FGab
Costa [VC] 19 CDc
Costa [VI] 37 DEbc
Costa, la– [AL] 55 Gab
Costa, la– [PG] 83 FGb
Costa, la– [PG] 85 Dd
Costa, la– [PR] 57 Gb
Costa, la– [PR] 59 Gb
Costa, la– [VR] 37 Cbc
Costa, Malga– 23 Ibc
Costa, Monte– 25 Gb
Costa, Monte della– 107 Ec
Costa, Serra sa– 171 Ccd
Costa Bacélega [IM] 63 Gb
Costabella [SV] 55 Ccd
Costabella [TN] 11 Bc
Costabella, La– 11 Bc
Costa Bianca [AN] 79 Fc
Costabissara [VI] 37 Eb
Costabona [RE] 59 CDc
Costa Brunella, Lago di– 25 Bb
Costacalda [CN] 53 Hd
Costa Carnara [IM] 63 Fc
Costacciaro [PG] 77 Dc
Costa d'Arvello [PG] 85 EFb
Costa d'Asino [PR] 57 Fb
Costa de' Nobili [PV] 47 Cb
Costa di Castrignano [PR] 57 Hb
Costa di Mezzate [BG] 33 Gab
Costa di Rovigo [RO] 51 Cb
Costa di Serina [BG] 21 Fcd
Costa d'Oneglia [IM] 63 Gc
Costa Dorata [SS] 167 Fa
Costafontana [GE] 57 Bb
Costageminiana [PR] 57 Db
Costalissóio [BL] 11 Gb
Costalovara / Wolfsgruben [BZ] 9 Gb
Costalpino [SI] 75 CDd
Costalta [BL] 11 Gb
Costalunga [TV] 25 Dcd
Costalunga [UD] 27 EFb
Costalunga [VR] 37 Dc
Costalunga, Passo di– / Karer–Paß 9 Hc
Costamagna [CN] 53 Hb
Costa Masnaga [LC] 21 Cd
Costamezzana [PR] 47 Gd
Costa Molini / Mühleck [BZ] 3 Eab
Costa Montefedele [PV] 47 BCb
Costano [PG] 85 Db
Costantino, Monte– 139 Fb
Costantino, Torre di– [SA] 127 Cab
Costanzana [VC] 31 Ed
Costapaton, Casera– [UD] 11 Gc
Costarainera [IM] 63 Fc

Costarizza, Masseria– [BA] 117 Db
Costa Rossa, Bricco– 53 Fd
Costa San Savino [PG] 77 EFc
Costa Sant'Abramo [CR] 47 Fab
Costa Santo Stefano [AL] 55 Fab
Costasavina [TN] 23 Hb
Costa Smeralda, Aeroporto Internazionale della– 167 EFa
Costa Stradivari [PC] 47 Fcd
Costa Valle Imagna [BG] 21 DEd
Costa Verde 173 Cb
Costa Vescovato [AL] 45 Gcd
Costa Volpino [BG] 21 Hcd
Costazza 11 Bd
Coste [TV] 25 Dd
Coste [VR] 37 Bab
Coste [VT] 91 BCa
Coste, le– [MO] 59 Fc
Costeana, Rio– 11 Db
Coste Belle 9 Fcd
Coste Capríccia [LU] 65 EFb
Costeggiola [VR] 37 Dc
Costerbosa [PR] 57 EFbc
Costermano [VR] 35 Hb
Costi, Cúccuru de– 171 Fa
Costiera, Catena– 135 Ca
Costigliole d'Asti [AT] 45 BCd
Costigliole Saluzzo [CN] 53 EFb
Costo [VI] 37 Eb
Costoia [BL] 11 Cc
Costola [SP] 57 Dcd
Coston, Rifugio– / Hintergrat–Hütte 9 Bbc
Costone, Poggio– 89 Fb
Costozza [VI] 37 Fc
Cot [BL] 11 Cc
Cotarda, la– [LT] 105 Eb
Cote de Gargantua, Riserva Naturale– 29 Fa
Cotento, Monte– 99 DEb
Cotignola [RA] 61 Dc
Cotogni [CE] 107 Cbc
Cotone, Castello di– 83 BCd
Cotrébbia Nuova [PC] 47 Db
Cotronei [KR] 133 Dcd
Cotschen, Monte– 7 Gb
Cottanello [RI] 91 Gb
Cotti [CH] 95 Ecd
Cottignola [RA] 69 Da
Cotto [MS] 57 Ed
Cottola, Torrente– 137 BCb
Cottorella, Fonte– 93 Bb
Cotugno, Masseria– [TA] 123 BCcd
Courchevel [Fr.] 29 Bc
Courmayeur [AO] 17 Cd
Covala [RC] 141 Eb
Covecande, Punta– 167 Dc
Coveccada, sa– 165 EFb
Covelano / Göflan [BZ] 9 Cb
Covelano, Rifugio– / Göflaner– Hütte 9 Cb
Cóvelo [TN] 23 Gc
Cóvelo [TN] 23 FGb
Coveyrand–Vieux [AO] 29 EFab
Covigliaio [FI] 67 Db
Coviolo [RE] 59 Da
Covo [BG] 33 Gbc
Cóvolo [TV] 25 DEcd
Cóvolo [VI] 37 Eb
Cóvolo, Laghi del– / Koflraster Seen 9 Db
Cóvolo, Monte– / Gufelreit 3 Bcd
Coxinadroxiu, Brincu– 179 Ea
Coxinas, Rio– 175 Dd
Cozza, Serra– 109 Dd
Cozzana [BA] 119 Db
Cozzano [AR] 75 Gc
Cozzano [PI] 73 Fc
Cozzano [PR] 57 GHb
Cozze [BA] 119 Ca
Cozze, Stazione di– 119 CDa
Cozzile [PT] 67 Cc
Cozzo [PV] 45 Ea
Cozzo [TP] 151 ABa
Cozzuolo [TV] 25 Fc
Craba, Nuraghe– 169 Ea

Crabalza, Rio– 169 Da
Crabarida, Nuraghe– 165 Ecd
Crabía, Nuraghe– 169 Eb
Crabiles, Monte– 167 Cc
Crabiólas, Arcu is– 175 Eb
Crabiolu, Monte– 173 Ec
Crabolu, Ponte– 165 Ba
Crabus, Punta is– 177 Fd
Craco [MT] 129 Eb
Crana [VB] 15 Ed
Crana, Pioda di– 15 Ec
Crándola Valsássina [LC] 21 Db
Craoretto [UD] 27 Fb
Crapinu, Punta– 171 Db
Cras [UD] 27 Gab
Crasciana [LU] 67 Bbc
Crasta, Monte– 165 Cb
Crastacane, Monte– 171 Fa
Crasto, Rocche del– 145 Db
Crastu [NU] 175 Cb
Crastu, Nuraghe su– 175 FGab
Crastu Rúju, Monte su– 167 Cb
Crateri 143 Ga
Crateri Vulcanici del Meilogu 165 Eb
Crati, Fiume– 131 Fcd
Crati, Ponte– 131 FGc
Craticello 135 Eb
Crauel 9 Eb
Crava [CN] 53 Gc
Cravagliana [VC] 19 Dc
Cravanzana [CN] 55 Bb
Cravaria, Casa– [AL] 55 Fb
Cravasco [GE] 55 Gb
Cravéggia [VB] 15 EFd
Cravéggia, Bagni di– [VB] 15 Fc
Cravegna [VB] 15 Dc
Cravi, Monte– 55 Hb
Craviago, Monte– 57 Ea
Craviano [AT] 45 Bcd
Cre [AO] 17 Ed
Crea [VE] 39 Cc
Crea, Santuario di– 45 Cb
Creazzo [VI] 37 Eb
Crécchio [CH] 95 Ec
Creda [BO] 59 GHd
Creda [VR] 37 Dcd
Credaro [BG] 35 Cab
Credarola [PR] 57 Eb
Credera [CR] 33 Fd
Credera Rubbiano [CR] 33 Fd
Crego [VB] 15 DEc
Creino, Monte– 23 Fc
Crel, Alpe– 11 Bd
Crema [CR] 33 FGc
Cremella [LC] 21 Cd
Cremeno [LC] 21 Dc
Cremezzano [BS] 35 CDc
Crémia [CO] 21 Cb
Cremignane [BS] 35 CDb
Cremnago [CO] 21 Cd
Cremolino [AL] 55 Eb
Cremona [CR] 47 FGb
Cremona, Rifugio– / Schneespitzhütte 1 Hb
Cremone, Torrente– 79 Ed
Cremosano [CR] 33 Fc
Cremosina, Valico– 19 Gd
Crenna [VA] 31 Ga
Créola [PD] 37 Gc
Crep, Monte– 25 Ec
Crepacuore, Monte– 99 Eb
Crepazza, Punta– 143 Ec
Crépin [AO] 17 Gc
Creppo [IM] 63 Eb
Crescentino [VC] 45 Ba
Cresciano [Svizz.] 5 DEd
Crescimanno [CT] 159 BCa
Crésia, Nuraghe– 175 EFc
Crésia, Punta sa– 177 Fc
Crésole [VI] 37 Fb
Crespadoro [VI] 37 Db

Crespano del Grappa [TV] 25 CDcd
Crespeina, Lago di– 11 Bb
Crespellano [BO] 59 Gb
Crespiano [MS] 57 Ed
Crespiática [LO] 33 Fc
Crespi d'Adda [BG] 33 Fb
Crespignaga [TV] 25 Dd
Créspina [PI] 73 Db
Crespino [RO] 51 Dbc
Crespino del Lamone [FI] 69 Cb
Crespole [PT] 67 Cbc
Cressa [NO] 31 EFab
Cressino [TN] 9 Ed
Cressogno [CO] 21 Bb
Cresta [Svizz.] 5 GHc
Cresta, Monte– 139 Ec
Crestegallo, Monte– 107 Cd
Cresti [VB] 19 Db
Cresto [TO] 29 Fcd
Cresto, Monte– 31 Ba
Creta [PC] 47 Cb
Cretagna, Coste della– 129 Eb
Crétaz [AO] 29 FGb
Creti [AR] 75 Gd
Creto [GE] 55 GHbc
Creto [TN] 23 Dc
Creton [AO] 29 Fb
Cretone [ROMA] 97 Ga
Creva [VA] 19 Gbc
Crevacuore [BI] 31 Da
Crevalcore [BO] 49 Fd
Crévari [GE] 55 Fc
Creverina [GE] 55 Gb
Crevola [VC] 19 Dc
Crevoladóssola [VB] 15 Dd
Crichi [CZ] 137 Db
Cridola, Monte– 11 FGc
Criscia [CE] 107 Fbc
Crisciuleddu [SS] 161 Dc
Crisímo, Monte– 145 Fd
Crispano [NA] 113 Db
Crispi, Monte– 105 GHb
Crispiano [TA] 121 Fb
Crispiero [MC] 79 Cd
Crispiniano, Monte– 109 Ec
Crispo, Rifugio– 7 Cd
Crispo, Serra di– 131 Eb
Crissin, Monte– 11 FGb
Crissolo [CN] 53 Ca
Crista d'Acri, Serra– 131 Fd
Cristallo, Monte– 11 Eb
Cristallo, Punta– 165 Ab
Cristannes, Piz– 1 Ec
Cristina, Rifugio– 7 Dd
Cristo [AL] 45 Ec
Cristo [VB] 15 Ec
Cristo, Il– [MO] 49 EFd
Cristo, Masseria– [LE] 125 Ed
Cristo, Masseria di– [BA] 117 Db
Cristo, Masseria– [BA] 117 Gb
Cristo, Masseria di– [IS] 101 BCbc
Cristo, Monte– [AQ] 93 Ebc
Cristo, Monte– [CS] 135 Eb
Cristo, Monte– [LT] 105 Hc
Cristo degli abissi 57 Acd
Cristóforo Colombo, Aeroporto Internazionale– 55 FGc
Cristoforo Colombo, Via– 97 Ec
Cristo Re 119 Eb
Criva, Serra della– 127 Fa
Crivelle [AT] 45 Abc
Crivo, Monte– 131 Ba
Črniče [SLO] = Cernizza (I) 27 Hc
Croara [BO] 59 Ic
Croara [BO] 61 Bd
Crobu, Punta su– 175 CDb
Crobus, Monte is– 175 Fbc
Crocca, Nuraghe is– 175 Fd
Crócchio, Fiume– 137 Ea
Crocci [TP] 149 Eb
Cróccia, Monte la– 129 Ca
Crocco, Monte– 139 Eb
Croce [CE] 107 DEc
Croce [FR] 107 Ca
Croce [MC] 85 Gc

Croce [MC] 85 Hb
Croce [RN] 71 Dc
Croce [VE] 39 EFb
Croce, Col della– 11 Fc
Croce, Colle della– [CT] 155 Dcd
Croce, Colle della– [It.] 43 Dd
Croce, Colle la– [CE] 107 Db
Croce, Colle la– [IS] 107 Ea
Croce, Costa la– 127 Cab
Croce, Cozzo della– 145 Ad
Croce, Dosso della– 23 CDc
Croce, Fattoria la– [SI] 83 CDb
Croce, Giogo della– / Kreuzjoch 9 Fab
Croce, la– [AL] 55 Da
Croce, la– [AN] 71 Gd
Croce, la– [AP] 87 Db
Croce, la– [AR] 75 Fd
Croce, la– [AV] 115 Db
Croce, la– [RG] 159 Cd
Croce, la– [SI] 75 Dbc
Croce, la– [TR] 83 Gcd
Croce, la– [TV] 39 Db
Croce, Lago la– 101 Db
Croce, Masseria– [CH] 101 Cb
Croce, Masseria della– [FG] 109 Gd
Croce, Monte– [CE] 107 Eab
Croce, Monte– [FG] 109 EFb
Croce, Monte– [Laz.] 93 Bd
Croce, Monte– [LC] 21 CDc
Croce, Monte– [LT] 105 Hb
Croce, Monte– [Piem.] 19 Dc
Croce, Monte– [PR] 57 Gb
Croce, Monte– [TN] 23 Iab
Croce, Monte– [VR] 35 Hc
Croce, Monte della– 77 Bd
Croce, Monte la– 67 DEb
Croce, Pánia della– 65 Eb
Croce, Passo della– / Kreuzjöch 1 Hcd
Croce, Picco della– / Wilde Kreuzspitze 3 Cb
Croce, Pizzi della– 151 Fc
Croce, Pizzo della– 141 BCc
Croce, Poggio la– 73 Ec
Croce, Portella della– 147 CDd
Croce, Serra la– [FG] 109 Gd
Croce, Serra la– [PZ] 115 Gb
Croce al Promontorio, Monte– [ME] 145 Ga
Croce Arcana, Passo della– 67 Cb
Croce Bianca 27 ABb
Croce Bulera 73 Fd
Croce Daniele 69 Cab
Croce d'Áune [BL] 25 CDb
Croce dei Segni 47 Ed
Croce del Bosco, Monte– 37 Db
Croce del Calvario, Monte– 127 CDd
Croce del Carmine [NA] 113 EFc
Croce del Cavallo 19 CDb
Croce delle Prádole 59 Gc
Croce dello Scrivano, Passo– 115 GHd
Croce del Vicario 159 Ca
Croce di Chiantino 75 Dd
Croce di Febo 83 Eb
Croce di l'Óngara 25 Bc
Croce di Magara [CS] 135 Eab
Croce di Mársico, Passo– 127 Eb
Croce di Múggio, Monte– 21 Db
Croce di Panaro, Passo– 139 Fb
Croce di Praesto 63 Ec
Croce di Prata, Poggio– 81 Gb
Croce di Pratomagno 75 Eab
Croce di Romeo, Cantoniera– [RC] 141 EFc
Croce di Salven 21 Hc
Croce di San Vincenzo 79 Ebc
Croce di Serra, Monte– 85 BCde
Croce di Via [AP] 87 Cb
Croce Dómini, Passo di– 23 Cc
Croce d'Orero 57 Bc
Croce Ferrata, Passo– 139 Ec
Croceferro [PG] 85 Ed
Crocefieschi [GE] 55 Hb

Croce Fisello [TP] 149 Db
Crocefisso [RC] 141 Gc
Croce Grande [TA] 121 Fa
Crocelle, Passo delle– 115 Fc
Crocelóbbia [PC] 57 Da
Croce Mancina, Monte– 145 Fc
Croce Mancina, Portella– 145 Fc
Crocemaróggia [PG] 85 Dd
Croce Móschitto [LT] 105 Ea
Crocenito [PC] 47 Dd
Crocepietra [VI] 37 EFc
Crocera, la– [CN] 43 Fd
Croce Rossa 29 Ed
Crocetta [AT] 45 Dc
Crocetta [BO] 59 Ga
Crocetta [BO] 59 Icd
Crocetta [BO] 61 BCc
Crocetta [CH] 95 DEc
Crocetta [MO] 59 EFc
Crocetta [PR] 49 Ad
Crocetta [PV] 47 Bc
Crocetta [RO] 51 Ab
Crocetta [TO] 43 Hcd
Crocetta, la– 101 Dab
Crocetta, Monte della– 163 Bc
Crocetta, Passo– 135 Cab
Crocetta, Passo della– / S–charljöch 1 Cc
Crocetta del Montello [TV] 25 Ecd
Crocetta di Tarsogno [PR] 57 Dc
Crocette [AN] 79 Fc
Crocette [MO] 59 EFc
Crocette, Goletto delle– 23 BCcd
Croce Valanidi [RC] 141 DEc
Croce Verde [PA] 147 Cb
Crocevie [TP] 149 Db
Croci [CZ] 137 Db
Croci, Colle delle– 19 BCc
Croci, le– [FI] 67 Fbc
Croci, Monte delle– 85 Db
Croci, Vetta le– 67 FGc
Crociarone [RA] 61 Fd
Crociarone [RO] 51 Ebc
Crocicchie, Stazione delle– 97 Da
Croci d'Acerno, le– 115 Cc
Croci di Calenzano [FI] 67 Fc
Crocifisso 99 Ec
Crocifisso, Cappella del– 123 Dc
Crocifisso, il– [CS] 131 DEbc
Crocifisso, il– [MC] 79 EFd
Crocifisso, il– [VT] 91 Db
Crocifisso, Santuario del– [MC] 79 Dcd
Crocifisso, Santuario del– [NO] 31 Ea
Crocifisso d'Auricarro 117 FGa
Crocifisso di Varano 103 Eb
Crocíglia [PV] 47 Bc
Crociletto [PR] 47 GHbc
Crocina, La– [AR] 75 Fb
Crócino [LI] 73 Cb
Crocione 65 Gc
Croda Alta 11 EFb
Croda del Becco / Seekofel 3 Fcd
Crodarotta / Schröfwand 1 Fc
Crode, le– 9 Cd
Crodo [VB] 15 Dc
Cródolo, Monte– 57 Eab
Croésio [CN] 53 Dab
Crogana, Nuraghe 169 Ec
Crognaleto [TE] 93 Ea
Crone [BS] 23 Cd
Cropalati [CS] 133 Da
Crópani [CZ] 137 Eb
Crópani [PZ] 129 Cd
Cropani, Riserva di– 139 Ebc
Crópani Marina [CZ] 137 Eb
Croppo [VB] 19 Db
Crosa [BI] 31 Db
Crosa [VC] 19 Dcd
Crosa, Cima di– 53 CDb
Crosano [TN] 23 Fcd
Crosara [RO] 51 Cb
Crosara [VI] 37 FGa
Crosara [VI] 25 Bd
Crosara [VI] 37 Fb

Crosara [VR] 49 GHa
Crosara, la– [RO] 51 BCc
Crosara l'Olmo [RO] 51 CDb
Crosare [VR] 37 Ed
Croselli, Pizzo dei– 15 Ec
Croseraz, Monte– 25 Gb
Crosere [UD] 27 CDd
Crosetta, la– [PN] 25 Gb
Crosia [CS] 133 Da
Crósio della Valle [VA] 19 Gd
Crostas [UD] 11 Hb
Crostis, Monte– 13 Cb
Cróstolo, Torrente– 49 Ccd
Croston, Monte– 25 Cc
Crostù [UD] 27 Gb
Crot [TO] 29 Fd
Crotone [KR] 137 Ga
Crotta d'Adda [CR] 47 EFab
Crotte [TO] 31 Bc
Crova [VC] 31 Dcd
Crovara [GE] 57 Abc
Crovara [RE] 59 Cbc
Cróveo [VB] 15 Dc
Croviana [TN] 9 Dcd
Croz dell'Altíssimo, Rifugio– 23 Hb
Crucca, la– [SS] 163 Cd
Crucifissu Mannu, Necrópolí di su– 163 Cd
Crùcoli [KR] 133 EFb
Crugnola [VA] 19 Gd
Crúnici, Monte– 155 Cc
Cruppo [VB] 15 DEc
Cruser [RA] 61 Eb
Crusicalas, Monte– 11 Gc
Crusinallo [VB] 19 Ec
Cruxi, Genna– 171 Fc
Cruzitta, Punta– 163 Fb
Cuâr, Monte– 13 CDd
Cuasso al Monte [VA] 19 Hc
Cuasso al Piano [VA] 19 Hc
Cuba, Fiume– 179 DEb
Cuba, Pantano– 159 Fd
Cuccana [UD] 27 Ec
Cuccaro, Monte– 117 Dd
Cúccaro Monferrato [AL] 45 Dbc
Cuccaro Vétere [SA] 127 Ccd
Cuccaro Vétere, Toppa di– 127 Cc
Cuccavello [PC] 47 Cc
Cucchiaio, Pizzo– 3 FGa
Cucchiaio, Pizzo– (I) = Löffel–Spitze 3 FGa
Cucchiales [CN] 53 Cb
Cucchiati, Torrente– 131 DEd
Cucchinadorza, Lago di– 171 Cc
Cucciago [CO] 21 Bd
Cucciano [BN] 109 BCd
Cúccio, Monte– 147 Bb
Cuccioni, Masseria– [CB] 101 EFb
Cucco, Monte– [BA] 117 FGb
Cucco, Monte– [Cal.] 139 Eab
Cucco, Monte– [GE] 57 Ec
Cucco, Monte– [PG] 77 Fc
Cucco, Monte– [TN] 23 Hlc
Cucco, Monte– [Tosc.] 69 Ccd
Cucco, Monte– [UD] 13 Dbc
Cucco, Monte– (Borgallo, Monte–) 57 Ec
Cuccu, Foce il– 65 Dab
Cuccu, Monte– 165 Cb
Cuccumella [SR] 155 Ec
Cuccurano [PU] 71 Fd
Cuccurdoni mannu, Punta– 173 Ec
Cuccureddu, Monte– 171 Cb
Cuccuréddus 173 Dbc
Cuccuruddu, Monte– 165 Ebc
Cuccus, is– [CA] 177 Cc
Cucéglio [TO] 31 Ac
Cucetto, Monte– 43 Ebc
Cucolia, Monte– 139 Fb
Cúcolo, Monte– 139 Dc
Cucugliello, Masseria– [BA] 117 Ec
Cucullaro, Cozzo– 153 Ea
Cucullio, Monte– 171 DEb
Cucullo, Monte– [ME] 145 Eb

Cucullo, Monte– [PA] 147 Fc
Cucuzzata, la– 131 Bb
Cucuzzone, Monte– 115 Ec
Cúddia, Fiume della– 149 Dc
Cúddia, Ponte della– 149 Dc
Cuesta Spioleit 13 Cc
Cufali, Monte– 145 Eb
Cuffiano [BN] 109 Bbc
Cuffiano [RA] 61 Cd
Cuga, Lago di– 165 Cb
Cuggiono [MI] 31 Gbc
Cugliate-Fabiasco [VA] 19 Gc
Cróstolo... [OR] 169 Da
Cúglieri [OR] 169 Da
Cugnan [BL] 25 Fb
Cugnana [SS] 161 EFc
Cugnana, Golfo di– 161 Fc
Cugnana, Porto di– 161 EFc
Cugnana, Punta– 161 Ec
Cugnana Verde [SS] 161 EFc
Cugnatu, Monte– 167 Da
Cugni, Case– [SR] 159 Fbc
Cugni, Monte– 159 EFab
Cugno [BG] 21 Ec
Cugno, Monte lo– 127 Ebc
Cugnoli [PE] 95 Bc
Cuguttada, Monte– 165 EFbc
Cúiaru, Monte– 165 EFbc
Cuile Novo [SS] 163 Bc
Cuile San Lorenzo 163 Bc
Cuirone [VA] 19 Gd
Culáccio [LU] 65 Eb
Cullár, Monte– 13 DEb
Cultrera, Case– [SR] 159 EFc
Cultu, Nuraghe– 163 Fc
Culurgioni, Monte– 177 Ecd
Culzéi [UD] 11 Hb
Cuma 113 Cb
Cuma, Monte– 113 Cb
Cumia [ME] 141 CDbc
Cumiana [TO] 43 Fc
Cumignano sul Naviglio [CR] 35 BCc
Cumone, Rio– 165 Cc
Cumulata [RI] 93 Ca
Cumunaglia [PG] 77 Cc
Cuna [SI] 75 Dd
Cunardo [VA] 19 Gc
Cunazzo [EN] 155 Bbc
Cuncheddi, Ii– [SS] 167 Fa
Cuncosu [SS] 161 Ec
Cune [LU] 65 FGbc
Cune, Le– 11 ABcd
Cunegatti [VR] 37 CDb
Cuneo [CN] 53 Fc
Cunevo [TN] 9 Ed
Cuney, Oratorio di– 17 FGc
Cuoco, Monte– 91 Ccd
Cuoni, Rio di– 161 Cc
Cuorgnè [TO] 29 Hc
Cuori, Canale dei– 51 Eb
Cuotto [NA] 113 Bc
Cuozzo, Masseria– [SA] 115 Dc
Cupa [CE] 107 Cc
Cupa, Poggio la– 83 Fd
Cupari, Casa– [FG] 103 Gbc
Cupello [CH] 101 EFa
Cupello, Masseria– [FG] 109 Da
Cupeta Palmieri, Masseria– [FG] 103 Ccd
Cupetti, Punta– 167 Fc
Cupi [MC] 85 Gbc
Cupo [AN] 77 Fcd
Cúpola, Masseria– [FG] 111 ABa
Cupoli [PE] 93 GHb
Cupolicchio, Monte– 117 Cd
Cupolone, Poggio– 83 Bb
Cupra Marittima [AP] 87 Fb
Cupramontana [AN] 79 Cc
Cuquello [AL] 45 Gd
Cura [VT] 91 Cbc
Cura Carpignano [PV] 47 Ba
Curadureddu, Cantoniera– [SS] 167 Ca
Cura Nuova [GR] 81 Fc

Curático [PR] 57 Gb
Curatolo, Monte– 131 BCb
Curavecchia [VC] 31 Db
Cúrcie, Monte le– 149 Eb
Cúrcio [LC] 21 Db
Cúrcio [PZ] 127 FGb
Cúrcio, Monte– 135 Eab
Curciusa, Pizzo di– 5 Fc
Curcuraci [ME] 141 Db
Curcúrica, Stagno di sa– 167 Gd
Cúrcuris [OR] 173 EFa
Curéggio [NO] 31 Ea
Curenna [SV] 63 Gb
Curetta [AP] 87 Cb
Curgo [VC] 19 BCcd
Curi, Monti sa– 167 Fa
Curiano [SI] 75 Dd
Curicchi [RO] 51 Eb
Curiè, Monte– 11 Gb
Curíglia [VA] 19 Gb
Curíglia con Monteviasco [VA] 19 Gb
Curinga [CZ] 137 Bbc
Curino [BI] 31 Db
Curio, Monte– 105 Fb
Curletti [PC] 57 Cb
Curnasco [BG] 33 Fa
Curno [BG] 33 Fa
Curò, Rifugio– 21 Hb
Curogna [TV] 25 Dc
Curogna, Torrente– 25 Dc
Curon Venosta / Graun im Vinschgau [BZ] 1 Dc
Cúros, Rio– 165 Cc
Curoz, Punta di sos– 171 Ebc
Cursi [LE] 125 Ebc
Cúrsolo [VB] 19 Fb
Cúrsolo–Orasso [VB] 19 Fb
Curtarolo [PD] 37 GHb
Curtatone [MN] 49 Dab
Curti [CE] 107 Ed
Curti [CE] 107 Cc
Curti [CE] 107 DEc
Curti [SA] 115 Bc
Curticelle [SA] 115 Bc
Curtura, Masseria– [BA] 117 GHc
Curvale, Monte– 101 Bc
Curzo [PZ] 131 Ba
Cusa, Rocche di– 151 Cb
Cusago [MI] 33 Cc
Cusano [PN] 27 Bc
Cusano Milanino [MI] 33 Db
Cusano Mutri [BN] 107 FGbc
Cusciano [TE] 93 Fa
Cusercoli [FC] 69 EFb
Cusiano [TN] 9 Cd
Cusighe [BL] 25 Fb
Cusignana [TV] 25 EFd
Cusignano [PI] 73 EFab
Cusinati [VI] 37 Ga
Cusino [CO] 21 BCb
Cúsio [BG] 21 Eb
Cusio → Orta, Lago d'– 19 Ecd
Cusna, Monte– 59 Cd
Cussanio, Santuario di– 53 Gb
Cussignacco [UD] 27 Cb
Cussorgia [CA] 177 Cc
Custonaci [TP] 149 DEb
Custoza [VR] 35 Hc
Cute, Monte– 117 Bd
Cute, Pizzo– 145 Gc
Cuti [CS] 135 Db
Cutigliano [PT] 67 Cb
Cutino, Masseria– [FG] 109 Hb
Cuto, Torrente– 145 Dc
Cutoni [IS] 101 Cd
Cutro [KR] 137 Fa
Cutrofiano [LE] 125 Ec
Cuturella [CZ] 137 Eb
Cuturi, Masseria– [RG] 159 Dcd
Cuveglio [VA] 19 Gc
Cuvia, Val– 19 Gc
Cuvil, Monte– 11 Gd
Cúvio [VA] 19 Gc
Cuviolo [BO] 61 Ad
Cuzza, la– 115 Fd

Cuzzago [VB] 19 Ebc
Cuzzano [VR] 37 BCbc
Cúzzego [VB] 19 Eb
Cuzzola [SS] 167 EFb

 **D**

Da Campo, Croda– 11 Fb
D'Acquisto Salvo, Monumento a– 97 CDb
D'Addetta, Masseria– [FG] 103 Ebc
Daffinà [VV] 139 Cab
Dágala [CT] 155 Fa
Dagariato, Monte– 147 Cbc
Dáglio [AL] 57 Aab
Dagnente [NO] 19 Fd
Dagno, Monte– 45 Dd
Daiano [TN] 9 Dcd
Dailley [AO] 17 CDd
Daino, Cozzo del– 153 Eb
Dairago [MI] 31 Hb
Dalli Sopra [LU] 59 Bd
Dalli Sotto [LU] 59 Bd
Dalmassi [TO] 43 Fb
Dalmazzi [CN] 53 Gbc
Dalmazzi, Rifugio– 17 Cc
Dálmine [BG] 33 Fab
Dama [AR] 69 Ed
D'Amário, Masseria– [CB] 101 Fb
Dámbel [TN] 9 Ec
Damerio, Masseria– [SR] 159 Gb
Damian [CN] 53 DEc
Damonte [SV] 55 Ccd
Dándolo [PN] 27 Bb
Danerba, Cima di– 23 Db
Daniele, Pizzo– 145 Fc
D'Annunzio Gabriele, Aeroporto– 35 EFc
Danta di Cadore [BL] 11 FGb
Danza, Rio– / Tanzbach 9 Gb
Danzebell / Dentrovalle, Cima– 1 Dc
Daone [TN] 23 Dc
Daone, Val di– 23 Dbc
Daprile, Masseria– [BA] 117 GHc
Dara [TP] 149 CDc
Dardagna, Torrente– 59 Fd
Dardago [PN] 25 GHb
Darè [TN] 23 Eb
Darengo, Lago di– 5 Fd
Darfo [BS] 21 Hlc
Darfo Boario Terme [BS] 21 lc
Dárola [VC] 31 Dd
Darzo [TN] 23 Dcd
Dasá [VV] 139 Eb
Dascio [CO] 21 Da
Dasdana [BS] 23 Ccd
Dasindo [TN] 23 Fb
Dásio [CO] 21 Bb
Dáttilo [TP] 149 Dc
Dattoli, Masseria– [FG] 109 FGab
Dáunia, Monti della– 109 Db
Davagna [GE] 55 Hc
Daváras [UD] 11 Gc
Davena [BS] 7 Gd
Davério [VA] 19 Gd
Davestra [BS] 11 EFd
Davino [AL] 45 Dbc
Daviso, Rifugio– 29 Fc
Dávoli [CZ] 139 Fab
Dázio [SO] 21 Eab
Dazzei, Masseria– [BA] 111 Dc
Debat, Monte– 29 Hlb
Debba [VI] 37 Fbc
Débbia [RE] 59 Dc
Debeli, Monte– 41 Gb
Debéllis [UD] 13 Ed
De Bellis, Masseria– [BA] 119 CDc
Debia, Monte– 57 Gc
De Biase, Masseria– [FG] 111 Bc
De Blasi, Casa– [CT] 159 Cab
Déccio [VB] 19 Fc
Déccio di Bráncoli [LU] 65 Gc

De Cesare, Masseria– [FG] 103 BCb
De Cicco, Masseria– [BN] 109 Bcd
Decimomannu [CA] 177 Fab
Decimoputzu [CA] 173 Fcd
Decollatura [CZ] 135 Ec
Decorata [BN] 109 Cb
De Costanzi [CN] 53 Cb
De Feo, Masseria– [AV] 115 EFb
De Filippis, Case– [LT] 105 Gb
De Franchis, Case– [TP] 149 EFb
Degano, Torrente– 13 Cc
De Gasperi, Rifugio– [PZ] 131 Db
De Gasperi, Rifugio– [UD] 11 GHb
Dégioz [AO] 29 Fb
Deglio Faraldi [IM] 63 Gbc
Degna [SV] 63 Gb
Degnone, Torrente– 23 Cd
Dego [SV] 55 Cc
Dego, Monte– 57 Cb
Degolla [IM] 63 FGb
Déiva Marina [SP] 57 CDd
Dekani [SLO] = Villa Decani (I) 41 Hc
De Laurèntis, Masseria– [BA] 117 Gc
De Laurèntis, Masseria– [BA] 117 Gc
Del Bono, Case– [VE] 41 Bb
Del Bono, Masseria– [FG] 103 Dcd
De Leo, Masseria– [MT] 129 Fc
De Leonardis, Villa– [RC] 139 Dc
Del Grande-Camerini, Rifugio– 7 Cd
Delia [CL] 157 Db
Delía, Fiume– 151 Ca
Delía, Stazione di– 157 Dbc
Delianuova [RC] 141 Fb
Delicata [FR] 99 Gcd
Deliceto [FG] 109 Fc
Deliella, Casa– [CL] 153 Dc
Delio, Lago– 19 Gb
D'Elisis, Masseria– [CB] 101 Gb
Delizia, Ponte della– 27 Cc
Dellach [A] 13 Dab
Dellach im Drautal [A] 13 Da
Dello [BS] 35 Dc
Delta del Po, Parco del– 51 Fcd
De Luca, Casa– [FG] 103 Bc
Del Vecchio, Masseria– [TA] 121 Dab
De Marco, Masseria– [CH] 101 Da
Demartini [AL] 45 DEb
Demídoff, Parco– 67 Fc
Demo [BS] 23 BCb
Démone, Val– 145 Cbc
Demonte [CN] 53 Dcd
Demorta [VR] 37 Bd
De Muro, Casa– [CA] 175 CDc
Denávolo, Monte– 47 Dc
Dándalo [CH] 95 Dc
Dèneri, Pizzi– 145 Fd
Denervo, Monte– 35 GHa
Dénice [AL] 55 CDb
De Nittis, Masseria– [FG] 109 Gb
Denno [TN] 9 Ed
Denore [FE] 51 DCcd
Dente, Bec del– 55 EFbc
Dentolo, Fiume– 95 Dbc
Dentro, Monte– 9 EFc
Dentrovalle, Cima– / Danzebell 1 Dc
Denza, Rifugio– 9 Bd
Denzano [MO] 59 Fc
De Padente, Nuraghe– 175 Dab
De Palma, Masseria– [FG] 109 Eb
De Pascale, Masseria– [MT] 129 Fab
De Peppo, Casa– [FG] 109 Eb
De Perna, Case– [FG] 103 Fb
Depòt [TO] 43 Db
Depressa [LE] 125 Fd
Depretis, Canale– 31 Cd
Derby [AO] 29 Ea
Dercogna [GE] 55 Hc
Dércolo [TN] 9 Ed
Dermulo [TN] 9 Ecd
Dernice [AL] 45 Hd

Deróvere [CR] 47 Hb
D'Errico, Masseria– [BA] 117 BCb
Deruta [PG] 85 Cbc
Deruta, Stazione di– 85 Cbc
Dérvio [LC] 21 Cb
Desana [VC] 31 Ed
Dese [VE] 39 Db
Dese, Fiume– 39 Eb
Desénigo, Cima del– 21 Ea
Desenzano del Garda [BS] 35 Gc
Desertes [TO] 43 Bbc
Deserto 113 DEd
Désio [MI] 33 Db
Désio, Monte– 47 Gd
Désio, Rifugio– 7 Cd
Desisa, Masseria– [PA] 149 Gc
Destra, la– 131 Cb
Destra Foce Fiume Reno, Riserva Naturale di Popolamento Animale– 61 Fb
Destro [CS] 133 Dab
Désulo [NU] 171 Dc
Désulo-Tonara, Stazione– 171 CDcd
Desusino, Monte– 157 Ecd
Deta, Pizzo– 99 EFbc
Deu, Monte– 165 Db
Deu, Monte di– 167 CDa
Deutschnofen / Nova Ponente [BZ] 9 Gc
Dévero, Lago– → Codelago, Lago– 15 Db
Dévero, Torrente– 15 Dc
Dévero, Valle– 15 Dc
Devésio [NO] 31 Ec
Deveys [TO] 43 Cc
Dezzo, Fiume– 21 Hc
Dezzo di Scalve [BG] 21 Hc
Dho [CN] 53 Gcd
Diacceto [FI] 69 BCd
Diaccia Botrona 81 Gd
Diaccialone [GR] 89 Eab
Diacedda, Punta– 177 Ec
Diamante [CS] 131 BCc
Diana [CT] 145 Gd
Diano, Vallo di– 127 DEbc
Diano Arentino [IM] 63 Gc
Diano Borello [IM] 63 Gc
Diano Castello [IM] 63 Gc
Diano d'Alba [CN] 55 Bab
Diano Evigno [IM] 63 Gc
Diano Marina [IM] 63 Gc
Diano San Pietro [IM] 63 Gc
Diavolo, Lago del– 45 Db
Diavolo, Monte del– 123 CDc
Diavolo, Passo del– 99 Gb
Diavolo, Pizzo del– 21 Gb
Diavolo, Ponte del– 7 FGc
Dibona, Rifugio– 11 Db
Dico, Io– [PA] 147 Gcd
Dicomano [FI] 69 Cc
Diddino, Ponte– 159 Fb
Didiero [TO] 43 Dc
Dieci, Cima– / Zehner-Spitze 11 Cb
Diecimare, Parco Naturale– 113 Gc
Diecimetri, Ponte– 93 Ba
Diecimo [LU] 65 FGc
Diégaro [FC] 69 FGab
Diei, Pizzo– 15 Fc
Diérico [UD] 13 Db
Dietenheim / Teodone [BZ] 3 Ec
Difensola, Masseria– [FG] 103 Bc
Difensola, Monte la– 93 Ed
Difesa, la– 109 Dbc
Difesa, Monte della– 105 Ea
Difesa, Rifugio della– 99 Gc
Difesa, Serra la– 127 Eab
Difesa Vecchia, Masseria la– [BA] 119 Bb
Digerbato [TP] 149 Dd
Di Giorgi, Casa– [TP] 151 Cb
Di Gióvine, Masseria– [FG] 109 EFa
Dignano [MC] 85 Fb
Dignano [UD] 27 Cb

Dignini [PC] 47 Ed
Digny, Monte– 29 Hb
Digola, Passo della– 11 Gb
Digon, Torrente– 11 Gb
Digonera [BL] 11 Cc
Di la Tione [VR] 49 Ea
Diliella, Fattoria– [CL] 157 Ec
Diliella, Poggio– 157 Ec
Diligenza [RG] 159 Bc
Dimaro [TN] 9 Dcd
Di Martino, Case– [RG] 159 Ed
Diminniti [RC] 141 Ebc
Dinami [VV] 139 Db
Dinazzano [RE] 59 Eb
Dino, Isola di– 131 Bb
Di Nola, Masseria– [BA] 117 FGc
Dionigi [AL] 45 Db
Diosi, Pizzo dei– 19 Gc
Di Pace, Casa– [FG] 111 CDb
Di Pietro, Casa– [CT] 159 CDab
Dipignano [CS] 135 Db
Dipilo, Pizzo– 147 Fc
Dirillo, Fiume– → Acate, Fiume– 159 Cb
Dirillo, Lago– 159 Db
Dirillo, Stazione– 157 Gde
Di Santo, Masseria– [BA] 117 Gc
Discónesi [SP] 57 CDcd
Disfida di Barletta, Monumento alla– 111 DEc
Disgrazia, Monte– 7 Cd
Dissimo [VB] 15 Fcd
Distacco, Masseria– [TA] 121 Cb
Disueri, Fiume dei– 157 Fc
Disueri, Lago del– 157 Fc
Disueri, Monte– 157 Fc
Disvetro [MO] 49 EFc
Ditella [ME] 143 Fc
Ditellandia 113 Ba
Dittàino, Fiume– 155 Ec
Dittàino, Stazione di– 155 Bb
Divedro, Val– 15 Dc
Diveria, Torrente– 15 Dc
Diversivo, Canale– 81 Gd
Divieto [ME] 141 Cb
Divignano [NO] 31 Fab
Divino Amore, Santuario del– 97 Fc
Divisa [PV] 33 Cd
Di Vita, Casa– [TP] 149 BCc
Dizzasco [CO] 21 Bc
Dobbiaco / Toblach [BZ] 3 Gc
Dobbiaco, Lago di– / Toblacher See 3 Gc
Dobbiaco Nuovo / Neu Toblach [BZ] 3 Gc
Doberdò, Lago di– 41 Gb
Doberdò del Lago [GO] 27 Gc
Dóccia [FI] 67 Gcd
Dóccia [MO] 59 Gbc
Dóccio [VC] 19 Gd
Dódici, Cima– 25 Abc
Dódici Apostoli, Rifugio– 23 EFab
Dódici Morelli [FE] 49 Gd
Dof, Monte– 11 Gcd
Dogaletto [VE] 39 CDc
Dogana [PG] 73 Fb
Dogana [RN] 71 Cc
Dogana [SP] 65 Db
Dogana, la– [PG] 77 Cd
Dogana, Masseria– [MT] 117 Fd
Dogana, Villa– [FI] 67 Gc
Doganaccia, Rifugio– 67 Cb
Dogana Nuova [MO] 67 Bab
Dogana Po [PC] 47 Cb
Dogana Rossa, la– [SI] 83 Fb
Doganella [GR] 89 Da
Doganella [LT] 99 Bd
Dogaro [MO] 49 FGd
Dogato [FE] 51 Dd
Dogli [SV] 55 Dbc
Dóglia, Monte– [SA] 127 BCb
Dóglia, Monte– [SS] 165 Bb

Dogliani [CN] 55 Ab
Dóglio [PG] 85 BCd
Dogliola [CH] 101 Eb
Dogna [BL] 11 Ed
Dogna [UD] 13 Ec
Dogna, Canale di– 13 Fc
Dogna, lôf di– 13 EFc
Dogna, Torrente– 13 Fc
Doire Baltée / Dora Baltea 45 Ba
Doirone [TO] 43 Gb
Dolada, Monte– 25 FGa
Dolada, Rifugio– 25 Ga
Dolca, Torrente– 19 Cd
Dolcè [VR] 37 ABb
Dolce, Monte– 145 Fc
Dolceácqua [IM] 63 Dc
Dolcecanto [BA] 117 Db
Dolcedo [IM] 63 Fc
Dolcedorme, Serra– 131 Eb
Dolcetti, Masseria– [CS] 131 Ec
Dolciano [SI] 83 Fb
Dolegna [UD] 27 Gb
Dolegna del Cóllio [GO] 27 Fb
Dolegnano [UD] 27 Fc
Dolent, Mont– 17 Dc
Dolfina [VE] 51 Fb
Dolianova [CA] 179 CDa
Dolo [VE] 39 Cc
Dolo, Costone– 23 Cc
Dolo, Torrente– 59 Dc
Dolomiti 11 BCc
Dolomiti Bellunesi, Parco Nazionale delle– 25 DEab
Dolomiti d'Ampezzo, Parco Naturale delle– 11 BCc
Dolomiti di Sesto, Parco Naturale– / Sextener Dolomiten, Naturpark– 11 Eab
Dolomiti Friulane, Riserva Naturale Regionale delle– 11 FGd
Dolonne [AO] 17 Cd
Dolzago [LC] 21 CDb
Domagnano [RSM] 71 Cc
Dománico [CS] 135 Db
Domanins [PN] 27 Bb
Domaso [CO] 21 CDab
Domazzano [LU] 65 Fc
Domegge di Cadore [BL] 11 Fc
Domegliara [VR] 37 ABb
Domestica, Cala– 173 Cc
Domicella [AV] 113 Fb
Domingo, Monte– 149 Ec
Dominici, Fondo– [PA] 147 Bab
Domiziano, Villa di– 105 Ec
Domo [AN] 79 Cc
Domo [MC] 79 Dc
Domoandesitico di Acquafredda 177 BCc
Domobianca 19 Db
Domodóssola [LO] 33 Ed
Domodóssola [VB] 19 Db
Domubéccia, Nuraghe– 173 Ea
Domu de Orgia 175 Dc
Domu de su Para, sa– [CA] 177 Cb
Domu 'e s' Orcu, Nuraghe– 179 BCc
Dómus, is– [CA] 177 Dc
Dómus de María [CA] 177 Fd
Domusnóvas [CA] 177 Dab
Domusnóvas Canáles [OR] 169 EFab
Don [BL] 11 Cd
Don [TN] 9 Ec
Donada [RO] 51 Fb
Donadone, Masseria– [FG] 109 Ga
Don Antíoco, Nuraghe– 177 Dd
Don Antonio, Masseria– [FG] 111 BCb
Donato [BI] 31 Bb
Donato, Colle– 133 Cc
Don Bosco, Colonia– [CS] 133 Cb
Dondenaz [AO] 29 Hb
Don Efísi, Nuraghe– 175 Cbc
Donegáglia 71 Cb

Donegani, Rifugio– 65 Eb
Dónego [VB] 19 FGb
Donelasco [PV] 47 Bbc
Donetta [GE] 57 ABb
Don Gennaro, Masseria– [FG] 103 Ecd
Dongio [Svizz.] 5 Dc
Dongo [CO] 21 Cb
Donicílio [FC] 69 Fc
Donigala [CA] 175 CDc
Donigala Fenugheddu [OR] 169 Dc
Donigalla [NU] 171 FGd
Donja Trebuša [SLO] = Tribussa Inferiore (I) 27 HIb
Donna [AL] 45 Fcd
Donna, Monte della– 103 Dc
Donna, Punta sa– 167 Ec
Donna Aurélia, Masseria– [LE] 123 Dc
Donnacori, Cantoniera– [NU] 171 Dc
Donnadolce, Casa– [RG] 159 Cbc
Donna Giacoma, Cozzo– 147 Ccd
Donna Giúlia, Casa– [BR] 123 CDb
Donna Laura, Masseria– [LE] 125 Dc
Donnalucata [RG] 159 Cd
Donna Lucrézia, Masseria– [BR] 123 BCb
Donnas [AO] 29 Ib
Dónnici Inferiore [CS] 135 Db
Dónnici Superiore [CS] 135 Db
Donnini [FI] 69 BCd
Donorático [LI] 73 Dd
Donorático, Castello di– 81 Cd
Donorí [CA] 179 Ca
Dont [BL] 11 Dc
Donzella [RO] 51 Fc
Doppi [PC] 47 EFc
Doppo, Monte– 35 Eb
Dorà [TN] 9 FGd
Dora Báltea, Fiume– 45 Ba
Dora di Bardonecchia, Fiume– 43 Bb
Dora di Ferret 17 Dc
Dora di Rhêmes 29 Eb
Dora di Valgrisenche 29 Eab
Dora di Veny 17 Cd
Dora di Verney 17 Cd
Dora Riparia, Fiume– 43 FGb
Dorbié [NO] 31 Fa
Dorca [VC] 19 Cc
Dordolla [UD] 13 Ec
Dordona, Passo di– 21 Fb
Dörf / Villetta [BZ] 3 Dc
Dorfer / Villa [BZ] 9 GHc
Dörfl / Monteplair [BZ] 1 Dc
Dörfl / Villa [BZ] 3 Gbc
Dorga [BG] 21 Hc
Dorgagnano [FC] 69 Fab
Dorgali [NU] 171 Fb
Dória [GE] 55 GHc
Dória, Castello– 55 Fb
Dória, Palazzo– 55 Dc
Dorigo [TV] 25 Ec
Dorigoni, Rifugio– 9 Cc
Dório [LC] 21 CDb
Dormelletto [NO] 19 Fd
Dorna [AR] 75 Fc
Dornberk [SLO] = Montespino (I) 27 Hc
Dornere [CN] 55 BCa
Dorno [PV] 45 Gab
Dorsino [TN] 23 Fb
Dorzano [BI] 31 Cc
Dosaip, Monte– 11 Gd
Dosazzo, Lago– 23 Cb
Dosdé, Corno– 7 EFc
Dosdega [VR] 37 Bc
Dósimo [CR] 47 Ga
Dósolo [MN] 49 Cc
Dossena [BG] 21 Fc
Dossi, i– [AL] 45 DEb
Dossi, i– [BS] 35 Dd

Dossi, i– [PC] 47 Eb
Dossi, i– [VC] 31 Ec
Dossi, Malga dei– / Knutten Alm 3 Fb
Dossioli, Monte– 23 Fd
Dossi Pisani [CR] 33 Gd
Dosso [BG] 21 Hc
Dosso [BS] 35 Ea
Dosso [BS] 23 Bd
Dosso [FE] 49 Gd
Dosso [MN] 49 Da
Dosso / Egg [BZ] 1 Hlc
Dosso / Egg [BZ] 3 Bbc
Dosso, Monte– 57 EFb
Dosso, Valle del– 21 Ca
Dossobuono [VR] 37 Bc
Dosso de' Frati [CR] 47 Hb
Dosso dell'Inferno [MN] 49 Gbc
Dosso del Liro [CO] 21 Cab
Dosson [TV] 39 Db
Dota, la– [AT] 45 Cd
Doubia, Monte– 29 Fc
Doues [AO] 17 Ecd
Dovádola [FC] 69 Eb
Dova Inferiore [AL] 57 Aab
Dovaru, Monte su– 171 Db
Dova Superiore [AL] 57 Ab
Dovena [TN] 9 Ec
Dovera [CR] 33 Fc
Dovíziosi [CS] 135 Db
Dovje [SLO] 13 Ic
Dozza [BO] 61 Bc
Dozzano [MS] 57 Fc
Drafù, Mole di– 157 DEb
Draghi [VI] 23 Hcd
Dragofosso, Monte– 155 Bc
Dragonara, Castello di– 103 Ac
Dragoncello [MN] 49 Gc
Dragoncello, Monte– 35 Eb
Dragone, Colle de– 131 Db
Dragone, Torrente– [MO] 59 Dcd
Dragone, Torrente– [SA] 113 Fc
Dragonea [SA] 113 Gc
Dragonetti [PZ] 115 Gbc
Dragoni [CE] 107 Ec
Dragoni [LE] 123 Fd
Dragoniere [CN] 53 Db
Drano [CO] 21 Bb
Drápia [VV] 139 Cab
Drasi, Monte dei– 157 Dc
Drasso [MN] 49 Da
Drau 13 Da
Draunsberg / Drone, Monte– 1 Gbc
Drauto [ME] 143 Fb
Drava 13 Da
Drego [IM] 63 EFbc
Dreieck-Spitze = Triangolo di Riva (I) 3 Fb
Dreiherrn–Spitze = Tre Signori, Picco dei– (I) 3 Ga
Dreischusterspitze / Tre Scarperi, Cima– 3 Gcd
Drei Zinnen / Tre Cime di Lavaredo 11 Eb
Drena [TN] 23 Fc
Drénchia [UD] 27 Gab
Dresano [MI] 33 Ec
Drcsio [VB] 19 Db
Drezzo [CO] 21 ABcd
Driolassa [UD] 41 Dab
Dritta, Punta– 177 Cc
Drizzona [CR] 49 ABb
Dro [TN] 23 Fc
Droe [CN] 53 Dab
Drone, Monte– / Draunsberg 1 Gbc
Droneretto [CN] 53 Db
Dronero [CN] 53 Cc
Drosi [RC] 139 Cc
Drubiaglio [TO] 43 Fb
Druento [TO] 43 Gb
Drugolo [BS] 35 Fbc
Druogno [VB] 15 Ed
Drusacco [TO] 29 Ibc
Drusco [PR] 57 Db
Dualchi [NU] 169 Fa
Dubasso, Monte– 63 Gb

Dubbione [TO] **43** Ec
Dubino [SO] **21** Dab
Duc [TO] **43** Cbc
Duca, Casino del– [TA] **121** Da
Duca, Cima del– **7** Cd
Duca, Masseria del– [TA] **121** Da
Duca, Masseria il– [LE] **125** Db
Duca degli Abruzzi, Rifugio– [AO] **17** Gc
Duca degli Abruzzi, Rifugio– [AQ] **93** Fb
Duca di Pistoia, Rifugio– / Tschneiner-Hütte **9** Hc
Ducato di Fabriago [RA] **61** Dbc
Ducéntola [BO] **59** Gb
Ducéntola [FE] **51** Cd
Duchessa, Lago della– **93** DEc
Duchessa, Montagne della– **93** DEc
Duchessa, sa– [CA] **173** Dc
Dudda [FI] **75** Eb
Dúddova [AR] **75** Ec
Dudurri, Nuraghe– **171** FGab
Due Carrare [PD] **37** Gd
Due Cossani [VA] **19** Gb
Due Maestà [RE] **59** Dab
Due Pizzi **13** Fc
Due Ponti [GE] **57** Bb
Due Rocche, Punta delle– **157** Ed
Duesanti [PG] **85** Ccd
Due Santi, Passo dei– **57** Ec
Due Sture [AL] **45** Da
Due Torri [ME] **141** Cb
Due Torri, Masseria– [BA] **119** Db
Due Uómini, Lago dei– **131** CDd
Dueville [VI] **37** Fb
Dufour, Punta– **19** Bc
Dufourspitze **19** Bc
Dugara [PC] **47** Fc
Dugenta [BN] **107** Fd
Dúglia [CS] **131** Fd
Duglia, Fiumara di– **131** EFd
Dugliolo [BO] **61** Bb
Duidduru, Nuraghe– **169** Fd
Duino [TS] **41** Gb
Duino-Aurisina [TS] **41** Gb
Dumenza [VA] **19** Gb
Duna Costiera di Porto Corsini, Riserva Naturale– **61** Fbc
Duna Feniglia, Riserva Naturale– **89** DEb
Dunarobba [TR] **85** Cde
Duna Verde [VE] **41** Bc
Dune Costiere da Torre Canne a Torre San Leonardo, Area Naturale Protetta– **119** EFbc
Duno [VA] **19** Gc
Duò [RO] **51** Fb
Duomo [BS] **35** Db
Duomo [PC] **47** Dbc
Dura, Cima– / Durreck **3** EFb
Duran, Passo– **11** Dcd
Durand, Fenêtre de– **17** EFc
Durando, Masseria– [FG] **109** GHc
Duranno, Monte– **11** Fcd
Durazzanino [FC] **61** Ed
Durazzano [BN] **107** Fd
Duria, Monte– **21** Ca
Durlo [VI] **37** CDb
Durna, Val– / Durnholzer Tal **1** lc
Durna in Selva / Durnwald [BZ] **3** FGc
Durnholz / Valdurna [BZ] **3** Bc
Durnholzer See / Valdurna, Lago– **3** Bc
Durnholzer Tal / Durna, Val– **1** lc
Durnwald / Durna in Selva [BZ] **3** FGc
Duro, Col– **11** Ec
Duro, Monte– **59** Db
Duron, Val di– **11** ABbc
Durone, Passo– **23** Eb
Durónia [CB] **101** Dcd
Durrá, Monte– **157** Dc
Durreck / Dura, Cima– **3** EFb
Dürrensee / Landro, Lago di– **11** Eb

Dürrenstein / Vallandro, Picco di– **3** FGcd
Dusino [AT] **45** Ac
Dusino San Michele [AT] **45** Ac
Duverso, Torrente– **139** Cc

E

Eau Rousse [AO] **29** Fb
Ebbio [PC] **47** Dd
Ebele [VI] **25** ABc
Ebene [VI] **25** ABc
Éboli [SA] **115** Cd
Éboli, Monte di– **115** Cd
Ebro, Monte– **57** ABa
Eca [CN] **63** Fa
Eca-Nasagò, Stazione di– **63** Fab
Eccas, Monte– **179** Eb
Ecce Homo, Convento– **137** Ea
Echallod [AO] **29** Iab
Échalp, L'– [Fr.] **43** CDd
Echar, Cima– **25** Bc
Echen, Torbiera di– **23** GHc
Echevennoz [AO] **17** Ed
Eclause [TO] **43** Cb
Éderas, Piana– **163** Ecd
Edifizio [TV] **25** DEd
Édolo [BS] **23** BCa
Ega, Selva di– / Eggenwald **9** GHc
Ega, Valle d'– / Eggental **9** Gc
Égadi, Isole– **149** BCc
Ega sa Fèmmina, Monte s'– **173** Fd
Egg / Dosso [BZ] **1** Hlc
Egg / Dosso [BZ] **3** Bbc
Eggental / Ega, Valle d'– **9** Gc
Eggenwald / Ega, Selva di– **9** GHc
Eggi [PG] **85** Ea
Egna / Neumarkt [BZ] **9** Fd
Egnázia **119** Eb
Egnázia, Stazione– **119** DEb
Egola, Torrente– **73** Db
Egro [VB] **19** Ecd
Égua, Conca s'– **175** DEd
Ehrenburg / Casteldarne [BZ] **3** DEc
Éia [PR] **49** Acd
Eia, Torrente– **139** Dc
Eiánina [CS] **131** Ebc
Éira, Passo d'– **7** EFb
Eisack / Isarco, Fiume– **9** Gbc
Eisacktal / Isarco, Valle– **3** Cc
Eisatz / Novale di Fuori, Monte– **3** FGc
Eisbrugg See / Ponte di Ghiaccio, Lago– **3** Db
Eishof / Masogelato [BZ] **1** Fc
Eisjöchl / Gelato, Passo– **1** FGc
Eita [SO] **7** Fc
Elba, Isola d'– **81** Cd
Elce [TE] **87** Dde
Elce, Toppo dell'– **115** Fb
Elci, Monte– **91** Gc
Elcito [MC] **79** Ccd
Elefante, Borgo– [TP] **151** Ba
Elefante, l'– **163** Ec
Eleutero, Fiume– **147** Cc
Elévaz [AO] **17** Cd
Elferkofel / Undici, Cima– **11** Fb
Elfer-Spitze / Undici, Cima– **1** Cc
Elia, Case d'– [SA] **127** Cb
Elia, Monte– **139** Ec
Élice [PE] **95** Ba
Elicona, Torrente– **145** Fb
Elidone, Monte s'– **165** Fc
Elighe Mannu [SS] **163** Bb
Élini [NU] **175** Fa
Elio, Monte d'– **103** Db
Elisa, Rifugio– **21** Hc
Elisabetta, Rifugio– **17** BCd
Eliseddu, Rio– **175** Eb
Ellena G.–Soria E., Rifugio– **63** Cb
Éllera [SV] **55** Dc
Éllera, Torre– **139** Gc
Éllera Corciano, Stazione di– **85** BCb
Ellero [CN] **53** Hc

Éllero, Torrente– **53** Gd
Ellero, Valle– **53** Gd
Ello [LC] **21** Dd
Elmas [CA] **179** Cb
Elmicì, Rocca d'– **69** Eb
Elmo [GR] **83** DEd
Elmo, Monte– [Eur.] **3** Hc
Elmo, Monte– [GR] **83** DEd
Elmo, Monte– (l) = Helm **3** Hc
Eloisa, Serra– **133** Db
Eloro **159** Fcd
Elpíghia, Nuraghe– **163** Ec
Elsa, Fiume– **73** Db
Elsa, Torrente– **89** Ea
Elto, Monte– **23** Bb
Élitica, Monte la– **167** Da
Elva [CN] **53** Cb
Elva, Monte– **163** Bcd
Elva, Vallone d'– **53** Cb
Elvas [BZ] **3** CDc
Elvella, Torrente– **83** EFd
Elvo, Torrente– **31** Cc
Elzenbaum / Pruno [BZ] **3** Bb
Ema, Torrente– **5** Gc
Emarese [AO] **17** GHd
Embrisi, Case– [RC] **141** Ec
Embrisi, Monte– **141** Ec
Emet, Borgo d'– **5** Gc
Emilia, Via– **71** Db
Emiliano, Monte– **59** Ed
Emilius, Monte– **29** Ga
Emissario Romano **105** Ec
Emmer, Rio– / Emmerbach **9** Gb
Emmerbach / Emmer, Rio– **9** Gb
Empoli [FI] **67** Dd
Ena, Nuraghe s'– **165** Ec
Ena Arrúbia, s'– **169** Dcd
Ena Longa, Casa– [SS] **165** Fa
Enas [SS] **167** Ea
Enas, Stazione di– **167** Ea
Ena Tunda, Punta– **165** Cbc
Enciastraia, Monte– **53** Bc
Éndine [BG] **21** Gd
Éndine, Lago di– **21** Gd
Éndine Gaiano [BG] **21** Gd
Énego [VI] **25** Cc
Énego 2000 [VI] **25** Bc
Enemonzo [UD] **13** Cc
Énfola, Capo d'– **81** Ccd
Engazzà [VR] **49** Fa
Enguiso [TN] **23** Ec
Enna [EN] **153** Fb
Enna [VI] **23** Hd
Enna, Gola dell'– **21** Ec
Enna, Nuraghe– **175** Cb
Enna, Torrente– **21** Ec
Enneberg / Marebbe [BZ] **3** Ec
Ennewässer / Transácqua [BZ] **9** Cb
Eno [BS] **35** FGa
Enrico Mattei, Rifugio– **57** Fc
Ente, Torrente– **83** Dc
Entella, Rocca d'– **149** Gd
Entella, Torrente– **57** BCd
Entesano [UD] **27** Dab
Entrà [MO] **49** FGcd
Entracque [CN] **53** Ed
Entrampo [UD] **13** Cbc
Entrata, Sella– **141** Ec
Entrático [BG] **35** Ca
Entraunes [Fr.] **53** Ad
Entrèves [AO] **17** Cd
Envie [CN] **53** Ea
Envie, Cappello d'– **43** Dc
Enza, Torrente– **49** Bc
Enzola [RE] **49** Bcd
Eolie o Lípari, Isole– **143** CDb
Eolo, Grotta di– **143** Ga
Éores / Afers [BZ] **3** CDcd
Éores, Passo di– / Kofel-Joch **11** Bab
Éores, Val di– / Aferer Tal **3** CDd
Epicoune, Becca d'– **17** Fc
Épinel [AO] **29** FGb
Episcopía [PZ] **129** Cd
Episcópio [SA] **113** Fbc
Epitaffio, Masseria– [BA] **117** Cb

Epitaffio, Torre dell'– **105** Fbc
Epomeo, Monte– **113** Bc
Eppan an der Weinstrasse / Appiano sulla Strada del Vino [BZ] **9** Fc
Equila, Cozzo di– **147** Gd
Equi Terme [MS] **65** DEab
Era [SO] **5** Gd
Era, Fiume– **73** Db
Eraclea [MT] **129** FGc
Eraclea [VE] **41** Bc
Eraclea Mare [VE] **41** Bc
Éramo a Marzagáglia, Casino– [BA] **119** Bc
Eranova [RC] **139** Cc
Erba [CO] **21** Cd
Erba, Alpe– [CO] **21** Cb
Erba, Masseria dell'– [BA] **119** Cb
Erbacen, Punta de s'– **173** Dc
Erbáia [FI] **67** Fb
Erbanno [BS] **21** Hlc
Erbano, Monte– **107** Fbc
Erbè [VR] **37** Bd
Erbe, Passo di– **3** Dcd
Erbesso **151** Gc
Erbesso, Monte– **159** DEb
Erbezzo [UD] **27** Fab
Erbezzo [VR] **37** BCb
Erbusco [BS] **35** Cb
Ercavallo, Punta di– **9** Bcd
Erchia, Casino d'– [BA] **119** Cb
Érchie [BR] **123** Dc
Érchie [SA] **113** FGcd
Érchie-Torre Santa Susanna, Stazione di– **123** Dc
Ercolano [NA] **113** DEc
Ercolano [NA] **113** DEc
Ercole, Bivio– **77** Gd
Ércole, Casa d'– [CH] **101** Ea
Ercole, Tempio d'– **99** Bcd
Erédita [SA] **127** Bb
Erei, Monti– **153** Fb
Eremita [PU] **77** Eb
Eremita [SV] **55** Cd
Eremita, Pizzo dell'– **155** Da
Eremiti [SA] **127** Ccd
Èremo, L'– **43** Hb
Eremo dei Camaldolesi [CN] **53** Gb
Èresaz [AO] **17** GHd
Eretum **97** Ec
Eri, Monte– **163** Ecd
Érice [TP] **149** Db
Eridio → Idro, Lago d'– **23** CDd
Erighíghine, Nuraghe– **169** Fa
Erio, Monte– **23** Ic
Erli [SV] **63** Gb
Erlsbach [A] **3** Gb
Ermada, Monte– **41** Gb
Ermetta, Monte– **55** Ec
Ernen [Svizz.] **15** CDb
Ernici, Monti– **99** DEbc
Erno [CO] **21** BCc
Errano [RA] **61** Cd
Erro, Torrente– **55** Db
Erto [PN] **11** Fd
Erto e Casso [PN] **11** EFd
Érula [SS] **163** Fcd
Erve [LC] **21** Dcd
Esanatóglia [MC] **77** Gd
Èsaro, Fiume– **131** Ed
Esaro, Fiume– **137** Ga
Esca, Monte– **113** Gb
Escalaplano [NU] **175** Ec
Escarène, L'– [Fr.] **63** BCcd
Eschio / Aschi [BZ] **9** Fb
Escolca [NU] **175** Cb
Escovedu [OR] **169** EFd
Esemon [UD] **13** Cc
Esenta [BS] **35** Fc
Ésigo [VB] **15** Dc
Esinante, Torrente– **79** Cc
Ésine [BS] **23** Bc
Ésino, Fiume– **79** Db
Ésino Lário [LC] **21** CDbc

Epitaffio, Torre dell'– **105** Fbc
Esio [VB] **19** Fbc
Esmate [BG] **21** Hd
Esperia [FR] **107** Bb
Esperti Vecchi, Masseria– [BR] **123** Ebc
Esporlatu [SS] **171** BCa
Este [PD] **37** Fd
Esterzili [NU] **175** Db
Esterzili, Stazione– **175** Db
Èstibu, Monte– **165** Fc
Estoul [AO] **17** Hd
Ete Morto, Torrente– **79** Fd
Ete Vivo, Fiume– **87** Db
Etna (Mongibello) **145** EFd
Etna, Parco dell'– **145** EFd
Etra, Monte– **93** Fd
Étroubles [AO] **17** Ecd
Etsch / Adige, Fiume– **51** EFb
Etzu → Monte Ferru, Castello di– **169** Da
Eugánei, Colli– **37** FGcd
Eugio, Lago d'– **29** Gc
Éula [CN] **53** Gc
Eupilio [CO] **21** Ccd
E.U.R. [ROMA] **97** Ebc
Euriálo, Castello– **159** Gb
Eva, Punta– **177** Fd
Evançon, Torrente– **17** Hd
Evangelista, Poggio– **83** Ede
Evangelisti–Rubíno [ME] **145** FGbc
Evangelo, Monte– **59** DEb
Evigno, Pizzo d'– **63** Gbc
Evolène [Svizz.] **17** FGd
Excenex [AO] **17** Ed
Exi, Monte– **177** Db
Exilles [TO] **43** Cb
Ex Lago di Bientina, Area Archeologica– **67** Bd
Extrepieraz [AO] **17** Hd
Eyrs / Oris [BZ] **9** Bb
Eze [Fr.] **63** Cd
Eze [SV] **55** Cd

F

Faak am See [A] **13** Ib
Fabbiano [LU] **65** Eb
Fabbiano [PC] **47** Cc
Fabbiano [PC] **47** Dc
Fabbrecce [PG] **77** Cc
Fabbri [LU] **67** Bcd
Fabbri [PG] **85** DEc
Fábbrica [BO] **61** Bd
Fábbrica [FI] **75** Cb
Fábbrica [PI] **73** Ebc
Fabbrica Curone [AL] **47** Ad
Fábbrica Curone [AL] **47** Ad
Fábbriche [GE] **55** Fc
Fabbriche Casabasciana [LU] **67** Bb
Fábbriche di Vállico [LU] **65** Fbc
Fábbrico [RE] **49** Dc
Fabbro, il– [PO] **67** Ec
Fabiano [AL] **45** Cab
Fabiasco [VA] **19** Gc
Fábio [PO] **67** Ec
Fábio, Lago– **83** BCb
Fabrezza [BS] **23** Cb
Fabriano [AN] **77** Gcd
Fábrica di Roma [VT] **91** Dbc
Fabrizia [VV] **139** Ec
Fabrízio [CS] **133** Ca
Fabro [TR] **83** FGc
Facchini, Masseria– [CT] **155** Eb
Facci [VI] **23** Hcd
Facciano, Monte di– **69** Fc
Facen [BL] **25** Db
Facito, Monte– **127** Fb
Fado [GE] **55** Fbc
Faè [BL] **11** Ccd

Faè [BL] **11** Ed
Faè [TV] **25** Gd
Faédis [UD] **27** EFab
Faedo [PD] **37** FGd
Faedo [TN] **23** Ga
Faedo [VI] **37** DEb
Faedo, Monte– **37** DEab
Faedo Valtellino [SO] **21** Gab
Faéit, Monte– **13** Ccd
Faella [AR] **75** DEb
Faena, Torrente– **85** Bd
Faeo, Monte– **37** Ec
Faeta, Monte– **65** Fc
Faetano [RSM] **71** Cc
Faete, Monte– **83** Cd
Faeto [AR] **75** Efc
Faeto [FG] **109** Dbc
Faeto [MO] **59** Ec
Faeto, Monte– **135** CDc
Fagagna [UD] **27** Db
Fagarè della Battaglia [TV] **39** Ea
Fagaria, Monte– **153** Eb
Fageto, Monte– **57** GHc
Fagge [RI] **93** Cdc
Faggeta, Monte la– **69** BCb
Faggeto, Monte– **115** Bbc
Faggeto Lário [CO] **21** BCc
Fággia [GR] **83** Cb
Fággia, Monte della– **69** EFc
Faggiano [BN] **107** FGd
Faggiano [RE] **59** Db
Faggiano [TA] **121** Gc
Fággio [PR] **57** Db
Fággio, Rifugio– **23** Ec
Faggiola, Monte– **69** BCab
Fággio Rotondo **99** Fc
Fagiola, Monte– **67** Cb
Fagiolu, Rio– **161** DEc
Fagnano [MI] **33** BCc
Fagnano [VR] **37** Bd
Fagnano Alto [AQ] **93** Fc
Fagnano Castello [CS] **131** Dd
Fagnano Olona [VA] **31** Hab
Fagnigola [PN] **27** ABc
Fago del Soldato [CS] **135** Ea
Fagosa, la– **131** Da
Fai, Malga– **23** Gab
Faiallo, Passo del– **55** EFc
Faiano [SA] **115** Bcd
Faiano [TE] **93** Fca
Faiatella, Monte– **127** Dc
Faibano [NA] **113** Eb
Faicchio [BN] **107** Fc
Fáida [TN] **23** Hb
Fai della Paganella [TN] **23** Ga
Faidello [MO] **67** Bab
Faido [Svizz.] **5** Cc
Faidona [PN] **13** Bd
Faiete [TE] **95** Ba
Faieto [PR] **47** Fd
Failungo [VC] **19** Cd
Faiolo [TR] **83** Gc
Faitaldo, Monte– **113** FGbc
Faito, Monte– [AQ] **93** Fd
Faito, Monte– [AQ] **93** Fd
Faito, Monte– [NA] **113** Ecd
Faito, Vedute di– **99** Db
Falapato, Monte– **129** Bcd
Falasca, Punta– **107** Eab
Falascone, Riserva Naturale– **103** Fbc
Falbanairspitze / Val Benair, Punta di– **1** Dc
Falc, Rifugio– **21** DEb
Falcade [BL] **11** BCc
Falchetto [CN] **53** Cac
Falchetto, Poggio del– **61** Ad
Falciano [AR] **75** Gb
Falciano [FI] **65** Fde
Falciano [RSM] **71** CDbc
Falciano del Mássico [CE] **107** Ccd
Falciano–Mondragone, Stazione di– **107** Cd
Falcinello [SP] **65** Cab

Falcioni [AN] 79 Bc
Falck Enrico, Rifugio– 7 Fc
Falco, Monte– 69 Dc
Falco, Serra di– 127 Cb
Falcognana [ROMA] 97 Fc
Falconara, Castello di– 157 Ed
Falconara, la– 101 Bd
Falconara, La– 131 Eb
Falconara, Stazione di– 157 Ed
Falconara Albanese [CS] 135 Cb
Falconara Alta [AN] 79 Eb
Falconara Marittima [AN] 79 Eb
Falcone [ME] 145 Fb
Falcone, Balza– 153 Ea
Falcone, Capo del– 163 Bc
Falcone, Casino di– [ME] 145 Fb
Falcone, Masseria– [TP] 149 Fc
Falcone, Monte– 149 Abc
Falcone, Punta– 161 Db
Falcone, Torre– 163 Bc
Falconera, Porto di– 41 Cc
Falconiera, Capo– 147 ins.a
Faldo, Monte– 37 Db
Faleco, Pizzo– 141 BCc
Falera [FC] 69 Fd
Faléria [AP] 87 CDb
Faléria [VT] 91 Ec
Falerii Novi 91 DEbc
Falerna [CZ] 137 ABab
Falerna, Stazione di– 137 Ab
Falerna Marina [CZ] 137 Aab
Falerone [AP] 87 Cb
Falesie di Duino, Riserva Naturale
  delle– 41 Gb
Falesina [TN] 23 Hb
Faletti [BI] 31 Gab
Falgano [FI] 69 BCd
Falicetto [CN] 53 EFb
Fallania 137 EFb
Fallascoso [CH] 101 Cab
Fallavécchia [MI] 33 Bcd
Fallena [FR] 99 Gcd
Faller [BL] 25 Cb
Fallère, Monte– 17 Ed
Falli, Masseria– [BR] 123 Ec
Fallmetzer / Val di Mezzo, Monte–
  3 Ddb
Fallo [CH] 101 Cb
Falmenta [VB] 19 Fb
Falò, Monte del– 19 Ec
Faloppio [CO] 19 Hcd
Falsettáio [GR] 83 Cc
Falterona, Monte– 69 Dc
Faltona [AR] 75 Fb
Faltona [FI] 67 FGc
Faltona, Torrente– 75 Fb
Falvaterra [FR] 105 GHa
Falzárego, Passo di– 11 CDb
Falzè [TV] 25 Ed
Falzè di Piave [TV] 25 EFc
Fálzes / Pfalzen [BZ] 3 Ec
Falzoie [VI] 23 Hld
Falzoni [MN] 35 Hd
Falzoni, Casa– [CL] 153 Dbc
Fama, Monte– 139 Eb
Famea [BS] 35 Ea
Fammera, Monte– 107 Bb
Famosa, Masseria– [TA] 121 Eb
Fana, Bocchetta di– 3 Gc
Fana, Bocchetta di– (I) = Pfanntörl
  3 Gc
Fana, Corno– [Eur.] 3 Gb
Fana, Corno– [Eur.] 3 Gb
Fana, Corno– (I) = Pfannhorn 3 Gc
Fana, Corno– (I) = Pfann-Horn 3
  Gb
Fanale, Masseria– [CB] 101 Fa
Fanano [MO] 59 Ed
Fanciullata [PG] 85 Cbc
Fanciullo, Villaggio del– [ROMA]
  97 Aa
Fandetta [FG] 109 GHb
Fane [VR] 37 Bb
Fanealm / Malga Fana 3 Cb
Fanelli, Masseria– [MT] 117 Ccd

Fánes, Rifugio– / Fanes Hütte 11
  CDb
Fánes, Val di– / Fanestal 11 Db
Fanes Hütte / Fánes, Rifugio– 11
  CDb
Fanesjoch / Sant'Antonio, Passo–
  11 CDb
Fánes–Sénnes–Bráies, Parco
  Naturale di– / Fanes–Sennes–
  Prags, Naturpark– 3 Ccd
Fanes–Sennes–Prags, Naturpark– /
  Fánes–Sénnes–Bráies, Parco
  Naturale di– 3 Ccd
Fanestal / Fánes, Val di– 11 Db
Fánfalo, Punta– 149 BCc
Fangacci, Passo– 69 DEd
Fangaia [RE] 49 Dc
Fanghetto [IM] 63 Dc
Fango [TN] 11 Bc
Fanna [PN] 27 Ba
Fanny, Villa– [PA] 147 Bb
Fano [PU] 71 FGcd
Fano a Corno [TE] 93 Fab
Fano Adriano [TE] 93 Fa
Fantasina [BS] 35 DEb
Fantécolo [BS] 35 Db
Fantella [FC] 69 DEbc
Fantina, Torrente– 145 Gb
Fantino [SP] 65 Bb
Fantino [SS] 133 Fc
Fantino [FI] 69 Cb
Fantoli Antonio, Rifugio– 19 Ebc
Fantuzza [BO] 61 Cc
Fanusi, Monte– 147 Fc
Fanzaghe [PD] 51 Ca
Fanzarotta [CL] 153 Db
Fanzolo [TV] 39 Bb
Fara, Casa– [CA] 173 Fc
Fara, Monte– 27 Aab
Fara Filiorum Petri [CH] 95 CDc
Fara Gera d'Adda [BG] 33 Fb
Faraglione, il– 149 BCbc
Faraglione, Punta– [GR] 89 Bb
Faraglione, Punta– [TP] 149 Bc
Faraglioni, I– 113 Bc
Fara in Sabina [RI] 91 Gc
Farano, Canale– 109 GHa
Fara Novarese [NO] 31 Eb
Fara Olivana [BG] 33 Gbc
Fara Olivana con Sola [BG] 33 Gbc
Faraona [VA] 19 Gd
Faraona, la– [RE] 59 Dc
Faraone Nuovo [TE] 87 DEd
Fara Sabina–Montelibretti,
  Stazione– 91 Fcd
Fara San Martino [CH] 101 Ca
Fara San Martino–Palombaro,
  Riserva Naturale– 95 CDd
Farascuso [FG] 109 GHd
Fara Vicentino [VI] 25 Bd
Farazzano [FC] 69 Fab
Fardella [PZ] 129 CDd
Farfa [RI] 91 Gc
Farfa, Abbazia di– 91 Gc
Farfa, Fiume– 91 Gc
Farfanaro [PR] 57 DEb
Farfanosa [GE] 57 Cbc
Farfengo [BS] 35 Cc
Farfengo [CR] 47 Fa
Farigliano [CN] 53 Hbc
Farinate [CR] 33 Fc
Faríndola [PE] 93 Gb
Farine, le– [VT] 91 Cb
Farinero Olmo [AT] 45 Bd
Farini [PC] 47 Dd
Faris [UD] 27 EFab
Farla [UD] 27 Dab
Farma, Torrente– 83 Bb
Farnese [VT] 89 Ga
Farnesiana, la– [ROMA] 89 Hc
Farneta [AR] 69 Dd
Farneta [AR] 75 Gd
Farneta [CS] 129 Ed
Farneta [MO] 59 Dc
Farnetella [SI] 75 Fd
Farneto [BO] 59 Ic
Farneto [BO] 61 Ac

Farneto [PG] 77 DEde
Farneto, Monte– 69 Gb
Farnetta [TR] 91 Ea
Farnócchia [LU] 65 Ec
Faro, Capo– 143 Eb
Faro, Lido del– 97 Dc
Faroma, Monte– 17 Fd
Faro Superiore [ME] 141 Db
Farra [BL] 25 Eb
Farra [TV] 25 CDd
Farra d'Alpago [BL] 25 FGb
Farra di Soligo [TV] 25 Ec
Farra d'Isonzo [GO] 27 FGc
Farrò [TV] 25 Ec
Fasana [KR] 133 Fc
Fasana [SA] 127 Bc
Fasana Polésine [RO] 51 Eb
Fasane [TO] 29 Hc
Fasanella, Fiume– 127 Cb
Fasani [CE] 107 Cc
Fasani [VR] 37 Bb
Fasano [BR] 119 Ec
Fasano [BS] 35 Gb
Fasanò [PA] 147 Gd
Fasano, Casino– [BA] 117 Gb
Fasano, Stazione di– 119 Eb
Fasce [CN] 63 EFab
Fáscia [AZ] 57 Bb
Fáscia, Monte– 57 Cbc
Fasciano [AR] 75 Gde
Fassa, Val di– 11 ABc
Fassane, Le– 11 Bd
Fassini, Villa– [PA] 149 Gb
Fassinoro [RI] 93 Bbc
Fastello [VT] 91 Ca
Fastro [RI] 25 Cb
Fate, Caverna delle– 55 Dd
Fate, Lago delle– 19 BCc
Fate, Monte delle– 105 Fb
Fattizze, Masseria– [LE] 123 DEcd
Fattorale, Casa– [VT] 89 FGab
Faudo, Monte– 63 Fc
Faúglia [PI] 73 CDb
Faúglis [UD] 27 Ec
Faugnacco [UD] 27 Db
Faúle [CN] 43 Gcd
Fava, Castello della– 167 Gc
Favalanciata [AP] 87 BCd
Favale [TE] 87 Ed
Favale di Málvaro [GE] 57 Bc
Favaletto, Torrente– 129 Cb
Favali [CS] 135 Ebc
Favalto, Monte– 77 Bc
Favana, Convento della– 123 Ec
Favara [AG] 157 BCc
Favaracchi, Punta– 107 Eb
Favarella [CL] 153 Dc
Favari [TO] 43 Hc
Favaro [BI] 31 BCb
Favarotta, Stazione di– 157 Dc
Fávaro Véneto [VE] 39 Dbc
Favazzina [RC] 141 Eb
Favazzina, Fiumara– 141 Eb
Favella [TO] 43 Fab
Favella, Bivio– 131 Fcd
Favella, Punta– 23 GHd
Favélloni [VV] 139 CDa
Fáver [TN] 23 Ha
Faverga [BL] 25 Fb
Faverzano [BS] 35 Dc
Favete [MC] 79 Cc
Faviano di Sopra [PR] 59 Bb
Faviano di Sotto [PR] 59 Bb
Favignana [TP] 149 BCc
Favignana, Isola– 149 Bc
Favirano [LC] 21 Dd
Favischio [RI] 93 Ca
Favone, Colle– 101 Bb
Favoritieri, Monte– 129 Cd
Fávria [TO] 29 Icd
Fávrio [TN] 23 EFbc
Fazio [TP] 149 Ebc
Fazio, Borgo– [TP] 149 DEc
Fazzano [MS] 65 Da
Fazzon, Malga– 9 Cd
Fé [TN] 23 DEb

Fè [TO] 29 Gcd
Fébbio [RE] 59 Cd
Fécchio [CO] 21 Bd
Fedáia, Lago di– 11 Cc
Fedáia, Passo di– 11 Cc
Fedele, Masseria– [BR] 123 Bb
Fedele, Monte– 109 EFc
Feder [BL] 11 Cc
Federa [TV] 25 Fc
Federia, Torrente– 7 Eb
Federici, Rifugio– 63 Cb
Fedi [PT] 67 Dc
Fédio [CN] 53 Dcd
Fegana, Torrente– 65 Gb
Fegina [SP] 65 Aab
Feglino [SV] 55 CDd
Fegotto, Cozzo– 157 Gbc
Feichten [A] 1 Ea
Feisóglio [CN] 55 Bb
Felascosa, Monte– 115 Bc
Felci, Fossa– 143 Cb
Felcino [PU] 77 Cab
Felcioni [AN] 77 FGc
Feldthurns / Velturno [BZ] 3 Ccd
Felegara [PR] 47 Gd
Felettano [UD] 27 DEb
Felettino [SP] 65 BCb
Felettis [UD] 27 Ec
Feletto [TO] 29 Id
Feletto Umberto [UD] 27 Eb
Feliciana, Masseria– [CB] 101 Fab
Feligara [PV] 47 Bd
Felina [RE] 59 Cc
Felino [PC] 47 Dcd
Felísio [RA] 61 Dc
Felitto [SA] 127 Cb
Felizzano [AL] 45 Dc
Fella, Fiume– 13 FGb
Fellamónica [PA] 149 Gc
Fellegara [RE] 59 DEb
Fellette [VI] 25 Cd
Fellicarolo [MO] 67 Ca
Felline [LE] 125 Dd
Fellino [PC] 47 Dcd
Fellino, Monte– 113 EFab
Felónica [MN] 49 GHbc
Feltre [BL] 25 Db
Feltrino, Torrente– 95 Ec
Feltrone [UD] 13 BCc
Fema, Monte– 85 Gc
Femasino, Monte– 85 Fde
Fematre [MC] 85 Gc
Femminamorta [PT] 67 Cc
Femminamorta, Fosso di– 105 Ca
Fémmina Morta, Monte– 145 Cd
Femminamorta, Monte– 133 CDd
Fémmina Morta, Portella– 145 Cc
Fémmine, Isola delle– 147 Bc
Fémmine, Pizzo delle– 143 ABb
Fenáio, Punta del– 89 Bb
Fenegró [CO] 33 BCa
Fenella, Torrente– 79 Bb
Fener [BL] 25 Dc
Fenestrelle [TO] 43 Db
Fengo [CR] 47 Fa
Fenicia Moncata 155 Eb
Fenigli [PU] 77 Fb
Feníglia, Tómbolo di– 89 Db
Fenile [PU] 71 Fcd
Fenile [SO] 21 Eb
Fenile [TO] 43 Ecd
Fenili Belasi [BS] 35 Dc
Fenille [AO] 29 EFb
Fenilone [CR] 49 Bb
Fenils [TO] 43 Bbc
Fénis [AO] 17 Fd
Fennau, Monte– 171 Fc
Fenogu, Nuraghe– 169 EFc
Fenosu, Stazione di– 165 Ea
Fenugu, Nuraghe– 169 Fbc
Feraxi, Stagno di– 179 Fab
Fércole [GR] 83 Bb
Ferdana [SP] 57 EFd
Ferden [Svizz.] 15 Ab
Ferdinandea [RC] 139 Fbc

Ferentillo [TR] 91 Ga
Ferentino [FR] 99 Dc
Ferentino–Supino, Stazione di– 99
  Dcd
Ferento 91 Cab
Férie [CR] 47 Ea
Feriolo [VB] 19 EFc
Ferla [PA] 149 Gb
Ferla [SR] 159 Eb
Fermano, Fiume– 139 Dc
Fermignano [PU] 71 Dd
Fermo [AP] 87 Eb
Fernazza, Monte– 11 Dc
Fernetti [TS] 41 Hlb
Ferno [VA] 31 Gb
Feroleto, Masseria– [MT] 129 Fbc
Feroleto Antico [CZ] 137 Cb
Feroleto Antico–Pianópoli, Stazione
  di– 137 Cb
Feroleto della Chiesa [RC] 139 Dc
Feronia 167 Gc
Feronzo [LE] 125 Fd
Ferrá, Monte– 139 Ec
Ferracane, Masseria– [PZ] 115 EFc
Ferrada [GE] 57 Bc
Ferramosche [VR] 49 FGa
Ferrandina [MT] 129 Eab
Ferrandina, Stazione di– 129 Ea
Ferránia [SV] 55 Cc
Ferránia, Fermata di– 55 CDc
Ferrante, Monte– 21 Hbc
Ferrantello, Masseria– [CB] 101 Gd
Ferranterusso, Masseria– [LE] 125 Fc
Ferranti, Masseria– [FG] 109 GHc
Ferrara [FE] 51 Bcd
Ferrara [PN] 13 Bd
Ferrara / Schmieden [BZ] 3 GHc
Ferrara / Schmieden [BZ] 3 Fc
Ferrara, Abbazia della– 107 DEb
Ferrara, Colle– 135 DEc
Ferrara, Stabilimento– 117 Fab
Ferrara di Monte Baldo [VR] 37 Bab
Ferrari [AV] 113 Fa
Ferrari [AV] 115 ABb
Ferrari, Buca– 11 Bd
Ferrari, Rifugio– 29 Fc
Ferrari Enzo e Dino, Autodromo
  Internazionale– 61 Cc
Ferraro [EN] 155 CDa
Ferraro [RC] 139 Ecd
Ferrarosso, Masseria– [BR] 123
  CDab
Ferrate [VC] 19 Cc
Ferrato, Capo– 179 Fb
Ferrazza [VI] 37 Db
Ferrazzano [CB] 107 GHa
Ferrera [TO] 43 Dcd
Ferrera [VC] 19 Dc
Ferrera di Varese [VA] 19 Gc
Ferrera Erbognone [PV] 45 Gb
Ferrere [AT] 45 ABc
Ferrere [CN] 53 Bc
Ferrere [SV] 55 Cc
Ferreri, Rifugio– 29 Fc
Ferret, Tête de– 17 Dc
Ferret, Val– 17 CDcd
Ferretti, Masseria– [MT] 121 Cb
Ferretto [PG] 75 Gd
Ferretto, Masseria– [PZ] 115 Gd
Ferri [MN] 35 Hd
Ferri, Fossone dei– 51 Eb
Ferri, Masseria– [BA] 117 Fa
Ferriato, Molino– [TP] 151 Da
Ferriato, Villa– [AG] 153 Dc
Ferricini, Monte– 149 FGc
Ferriera [TO] 43 Fb
Ferriere [GE] 57 Ac
Ferriere [CN] 53 Bc
Ferriere [PC] 57 Db
Ferriere, le– [LT] 105 Ca
Ferro, Canale del– 13 Ec
Ferro, Capo– 161 Fbc
Ferro, Cozzo del– 133 Db
Ferro, Fiume del– 155 Cc

Ferro, Monte– [BL] 11 GHb
Ferro, Monte– [PA] 147 Gc
Ferro, Pizzo del– 7 Bd
Ferro, Porto– 165 ABa
Ferro, Rifugio– 11 GHb
Ferro, Sasso del– 19 Fc
Ferro, Torrente– 131 Gb
Férroli, li– [SS] 161 Cc
Ferrone, il– [FI] 75 Cab
Ferru, Monte– [CA] 179 Fb
Ferru, Monte– [NU] 175 Fb
Ferru, Monte– [OR] 169 Db
Ferrucci [PI] 73 Dab
Ferrúccia [PT] 67 Dc
Ferrúccio, Punta di– 95 Eb
Ferruzzano [RC] 141 Gc
Ferruzzano, Stazione di– 141 Gc
Fersina, Torrente– 23 Hb
Fersinone, Torrente– 85 Bc
Fertília [SS] 165 Bb
Feruci [CS] 135 Db
Ferula, Masseria– [FG] 109 Fab
Ferulárgiu, Punta– 167 Fc
Ferulosu, Monte– 165 DEbc
Fervento [VC] 19 Cc
Festà [MO] 59 Fc
Festiona [CN] 53 DEd
Festi Rasini [BG] 21 Gc
Feto, Capo– 151 Bab
Fetováia [LI] 81 Bd
Fetováia, Punta di– 81 Bd
Feudi, Poggio– 73 Dc
Feudogrande [CT] 145 Gd
Féudo Inferiore, Masseria– [BR]
  123 Cb
Feudo in Tramonti e Colle di Liccio,
  Riserva Naturale– 99 Hc
Féudo San Francesco [BA] 117 Da
Féudo Superiore, Masseria– [BR]
  123 Cb
Feudo Ugni, Riserva Naturale– 95
  Cd
Feuerstein, Östl.– = Montarso (I) 1
  Hb
Feurra, Monte– 173 Ec
Fezzana [FI] 73 Gab
Fezzano [SP] 65 BCb
Fiaiano [NA] 113 Bc
Fiamenga [PG] 85 DEc
Fiamignano [RI] 93 Cc
Fiammoi [BL] 25 Fab
Fianello [RI] 91 Fb
Fiano [FI] 73 Gb
Fiano [LU] 65 Fc
Fiano [TO] 43 FGa
Fiano Romano [ROMA] 91 Fc
Fiara, Monte– 25 Bc
Fiascherino [SP] 65 Cb
Fiaschetti [PN] 25 Gc
Fiascone, Torrente– 83 Cd
Fiascus, is– [CA] 177 Dc
Fiastra [MC] 85 Gb
Fiastra, Abbadia di– 79 Ed
Fiastra, Lago di– 85 GHb
Fiastra, Torrente– 79 Ed
Fiastrella, Torrente– 87 Bb
Fiastrone, Fiume– 85 Hb
Fiattone [LU] 65 Fb
Fiavè [TN] 23 EFbc
Fiavè, Torbiera di– 23 EFbc
Fibbialla [PT] 67 BCc
Fibbiana [FI] 67 Gd
Fibbiano [LU] 65 Fc
Fibion, Monte– 23 Fa
Fibreno, Fiume– 99 Fc
Fibreno, Lago di– 99 FGc
Ficaccia, la– [SS] 161 Db
Ficaia, Serra– 117 DEb
Ficarazze, Rocca– 153 BCbc
Ficarazzi [PA] 147 Cb
Ficarella [TP] 149 Gc
Ficarola, Monte– 127 DEc
Ficarolo [RO] 51 Ac
Ficarolo, Badía– 59 Gb
Ficarra [ME] 145 DEb
Fichera, Torrente– 147 Fc

Fico, Cala– 177 Bbc
Ficogrande [ME] 143 Ga
Ficola, Masseria– [LE] 125 Fbc
Ficoncella, Fonti della– 97 ABa
Ficulle [TR] 83 Gcd
Ficuzza [PA] 147 Cc
Ficuzza, Bosco della– 147 Cc
Ficuzza, Fiume– 159 Cb
Ficuzza, Pizzo– 153 Cab
Ficuzza, Rocca– 151 Eb
Fidenae 97 EFb
Fidenza [PR] 47 Gc
F.I.E. Ciarlo-Bossi, Rifugio– 63 Eab
Fiè allo Sciliar / Völs am Schlern [BZ] 9 GHb
Fiegni, Monte– 85 GHb
Fiélis [UD] 13 CDc
Fielta [TV] 25 CDcd
Fiemme, Val di– 9 Hd
Fienil dei Frati [MN] 49 Gc
Fienili [LT] 105 Fb
Fienili [MN] 49 Fb
Fienili [PC] 47 Fb
Fienili Tarlisse [BL] 11 Fb
Fienilone [FE] 51 Ec
Fier, Pizzo– 7 Eb
Fiera, Monte della– 147 Abc
Fiera di Primiero [TN] 25 CDab
Fiernaz [AO] 17 Gcd
Fierozzo [TN] 23 Hb
Fiéry [AO] 17 Hc
Fiesch [Svizz.] 15 Cb
Fieschi, Basilica dei– 57 BCcd
Fiesco [CR] 33 Gcd
Fiésole [FI] 67 Fd
Fiesse [BS] 35 Ed
Fiesso [BO] 61 Abc
Fiesso [RE] 49 Bd
Fiesso d'Ártico [VE] 39 Cc
Fiesso Umbertiano [RO] 51 Bc
Fietri [SI] 75 DEc
Fígari, Capo– 161 FGcd
Figarola, Monte– 127 Gab
Figarolo, le– [SP] 65 Cb
Figarolo [GE] 57 Bc
Figarolo, Isola di– 161 Fd
Figheri, Casone– [VE] 39 CDcd
Fighille [PG] 77 Bb
Fighine [SI] 83 Fc
Figino [AL] 45 Hd
Figino [MI] 33 Cc
Figino [RI] 93 Ca
Figino Serenza [CO] 33 Ca
Figliano [FI] 67 Gbc
Figliaro [CO] 19 Hd
Figline [PO] 67 Ec
Figline Valdarno [FI] 75 Db
Figline Vegliaturo [CS] 135 DEb
Figlioli [AV] 113 Gc
Figliolo, il– 127 Da
Figne, Monte delle– 55 FGb
Fignola [MO] 59 DEd
Figos, Monte– 167 Db
Figu [OR] 173 EFa
Figu, Conca sa– 173 Cbc
Figu Niedda, Nuraghe– [CA] 179 Fb
Figu Niedda, Nuraghe– [CA] 179 Fb
Figurella, Masseria– [FG] 103 Bd
Figu Ruia, Cantoniera– [SS] 165 Eb
Filacciano [ROMA] 91 Fc
Filadélfia [VV] 137 Bc
Filadonna, Becco di– 23 GHc
Filaga [PA] 153 Aa
Filago [BG] 33 Fb
Filandari [VV] 139 Db
Filare [GR] 81 Gc
Filattiera [MS] 57 Fcd
Filau, Monte– 177 EFd
Fildidonna, Stazione– 155 Dd
Filettino [FR] 99 DEb
Filetto [AN] 79 CDb
Filetto [AQ] 93 EFb
Filetto [CH] 95 Cc
Filetto [MS] 57 Fd
Filetto [RA] 61 Ecd

Filetto, Lago di– 93 Fb
Filéttole [PI] 65 Fd
Filéttole [PO] 67 Ec
Filia [TO] 29 Ic
Filiano [PZ] 115 Gc
Filiano, Stazione di– 115 Gbc
Filicáia [LU] 65 Fb
Filicchie, Oasi di protezione– 123 Dd
Filicudi, Isola– 143 Cb
Filicudi Porto [ME] 143 Cb
Filighe, Nuraghe– 169 Fb
Filighera [PV] 47 Bab
Filignano [IS] 107 Da
Filigosa, Necropoli di– 165 Ed
Filio, Pizzo– 145 BCbc
Filippa [KR] 137 Ea
Filippi [BI] 31 BCb
Filippona [AL] 45 Fc
Filipponi [AN] 79 Gc
Filipponi [PE] 95 Bb
Filippo–Santa Lucia, Stazione di– 145 Ga
Filittella, Masseria– [SA] 127 DEb
Fillar, Gran– 19 Bc
Filmoor Sattel = Cavallino, Forcella del– (I) 3 Icd
Filo [FE] 61 Db
Filogaso [VV] 137 Bc
Filone, Pizzo– 7 EFc
Filorera [SO] 7 Bd
Filórsi [CE] 107 Cc
Filosofo, Oasi del– 113 Gd
Filottrano [AN] 79 Ec
Filuelepere [SS] 167 Eb
Fimon [VI] 37 Efc
Fimon, Lago di– 37 Fc
Finalborgo [SV] 55 CDd
Finale [VI] 37 Fd
Finale, Punta di– 1 EFc
Finale di Rero [FE] 51 Dd
Finale Emilia [MO] 49 Gcd
Finale Ligure [SV] 63 Hlab
Finale Marina [SV] 55 CDd
Finalpia [SV] 55 Dd
Finanza, Torre della– 163 Bbc
Finata, Masseria– [MT] 129 Ec
Fittanze della Sega, Passo– 37 Bab
Findenig Kofel = Lodin, Monte– (I) 13 Db
Fine, Monte la– 61 Ad
Fineil Spitz 1 EFc
Fínero [VB] 19 Fb
Finese, Monte– 129 EFb
Finestra, Colle di– 63 Cb
Finestra, Passo di– 25 Db
Finestra, Varco della– 115 Bc
Finestre, Colle delle– 43 Db
Finestre, Serra delle– 131 Ec
Finestrelle, Monte– 149 Fd
Finetti [VR] 37 CDb
Finiletti [BG] 35 Cc
Finita, Torrente– 135 Da
Fino, Fiume– 95 Cb
Finocchieto [TR] 91 Fb
Finócchio [ROMA] 97 Gdb
Finócchio, Masseria– [FG] 111 Cbc
Finócchio, Monte– 69 Fc
Finócchio, Torrente– 149 FGb
Finocchito [SA] 127 Bc
Finocchito, Masseria del– [FG] 103 Acd
Fino del Monte [BG] 21 Gc
Fino Mornasco [CO] 21 Gd
Finónchio, Monte– 23 Gc
Finsterbach / Fosco, Rio– 3 Fc
Fiobbio [BG] 21 Fc
Fiobbo, Torrente– 87 Ec
Fiocche [SA] 127 ABa
Fioio, Fosso– 99 Db
Fioli [TE] 87 Cde
Fionchi, Monte– 85 Ede
Fiondi [AL] 45 Fbc
Fiónica, Monte– 173 Ec
Fionnay [Svizz.] 17 Eb
Fior, Monte– 25 Bc
Fiora, Fiume– 89 Fb

Fiora, Stazione la– 105 Fbc
Fiorana [TO] 31 Bbc
Fiorana, la– [FE] 61 Db
Fiorano al Sério [BG] 21 FGd
Fiorano Canavese [TO] 31 ABbc
Fiorano Modenese [MO] 59 Db
Fiordimonte [MC] 85 Gb
Fiore [PG] 85 Cd
Fiore, Casa di– [BA] 117 Gc
Fiore, Monte– 93 GHb
Fiorentina [BO] 61 Bb
Fiorentina, Malga– 11 Dc
Fiorentina, Torre– 103 Bd
Fiorentine [SI] 75 Dc
Fiorentini, Casa Forestale– 167 Cc
Fiorentino [RSM] 71 Cc
Fiorenzuola d'Arda [PC] 47 Fc
Fiorenzuola di Focara [PU] 71 Ec
Fiorera, Pizzo– 15 Eb
Fiori [PR] 47 EFd
Fiori, Montagna dei– 87 Dd
Fiori, Torre dei– [PA] 147 Bc
Fiorina, Cime di– 21 Bb
Fiorine [BG] 21 Gc
Fiorino [GE] 55 Fc
Fiorino, Monte– 59 BCc
Fiorito, Monte– 57 Ed
Firenze [FI] 67 Fd
Firenze, Rifugio– / Geisler–Hütte 11 Bb
Firenze Peretola, Aeroporto Internazionale di– 67 EFd
Firenzuola [FI] 67 Gb
Firenzuola [TR] 85 Dd
Firmano [UD] 27 Fb
Firmo [CS] 131 DEc
Fischietto, Monte– 101 Db
Fischleinboden / Campo Fiscalino [BZ] 11 EFab
Fisciano [FI] 67 Fc
Fisciano [SA] 113 Gc
Fisrengo [NO] 31 EFc
Fissero, Canale– 49 Fb
Fisto [TN] 23 Eb
Fítili [VV] 139 Cab
Fittá, la– [VR] 37 Dc
Fittanze della Sega, Passo– 37 Bab
Fiumalbo [MO] 67 Bab
Fiumana [FC] 69 Eb
Fiumane [FC] 69 Db
Fiumara [RC] 141 Eb
Fiumarella [CS] 133 Da
Fiumarella, la– 117 Cc
Fiumarella, Torrente– 117 Bbc
Fiumarello, Fiume– 101 Fd
Fiumaretta [SP] 65 CDb
Fiumata [RI] 93 Cc
Fiumazzo [RA] 61 DEbc
Fiume [MC] 85 FGb
Fiume [PG] 77 Cbc
Fiume [PG] 77 Ec
Fiume, il– [LU] 59 Cd
Fiume, il– [PN] 27 Ac
Fiumedinisi [ME] 141 Cc
Fiumedinisi, Torrente– 141 Cc
Fiumedinisi e Monte Scuderi, Riserva Naturale– 141 Cc
Fiume Fiumefreddo, Riserva Naturale– 145 Gd
Fiume Fiumetto, Parco del– 93 FGa
Fiumefreddo Brúzio [CS] 135 Cb
Fiumefreddo di Sicilia [CT] 145 Gd
Fiume Morello, Masseria– [BR] 119 EFc
Fiumenero [BG] 21 Gb
Fiume Nicà, Punta– 133 Fb
Fiume Sile, Parco Naturale del– 39 CDb
Fiumesino [AN] 79 Eb
Fiumesino [PN] 27 Bc
Fiume Strone, Parco del– 35 Dcd

Fiume Torto, Stazione di– 147 Ec
Fiumetto [LU] 65 DEc
Fiume Véneto [PN] 27 Bc
Fiumicello [FC] 69 Dc
Fiumicello [PD] 39 Bb
Fiumicello [SA] 127 Ec
Fiumicello [UD] 41 Fb
Fiumicello, Torrente– [It.] 121 Cbc
Fiumicello, Torrente– [MC] 79 Dc
Fiumicello–Santa Venere [PZ] 131 ABab
Fiumicino [FC] 71 Dc
Fiumicino [ROMA] 97 Dc
Fiumicino, Torrente– 87 Ed
Fiuminata [MC] 85 Fab
Fiuschi, Masseria– [LE] 123 Dc
Fivizzano [MS] 57 Gd
Fizzonasco [MI] 33 Dc
Flaas / Valas [BZ] 9 Fb
Flacchi [VT] 91 Dc
Flading / Gaude [BZ] 1 Hb
Flagel, Monte– 13 Cd
Flagger–Bach / Vallaga, Rio– 3 Cc
Flagogna [UD] 27 Ca
Flaibano [UD] 27 Cb
Flaine [Fr.] 17 Bbc
Flambro [UD] 27 Dc
Flambruzzo [UD] 27 Dc
Flamignano [TE] 93 Fa
Flaminia, Via– 97 EFab
Fláscio, Fiume– 145 Ec
Flavetto [CS] 135 Db
Flávia, Torre– 97 Ccd
Flávia, Torre– 97 Cb
Flavon [TN] 9 Ed
Fléccia [TO] 43 Ec
Fléres, Val in– / Pflerschtal 1 Hlb
Fleres di Dentro / Innerpflersch [BZ] 1 Hlb
Fleri [CT] 155 Fab
Flero [BS] 35 Ec
Fles, Monte– 23 BCc
Fleuran [AO] 29 Hlab
Fleurs, les– [AO] 29 Fa
Flim, Monte– / Flimberg 9 Cb
Flimberg / Flim, Monte– 9 Cb
Flixi Durci, Monte– 175 Ec
Floralpina 11 Ab
Flóres, Genna– 171 Dc
Floresta [ME] 145 Ebc
Floriano [TE] 87 Ed
Floridia [SR] 159 Fb
Floridia, Casa– [RG] 159 Cc
Florinas [SS] 165 DEab
Floripótena, Torrente– 145 Gb
Floriz, Monte– 13 Cd
Floronzo / Pflaurenz [BZ] 3 Cc
Flumendosa, Fiume– 175 Fd
Flumendosa, Foce del– 179 Fa
Flumendosa, Lago del– 175 Ed
Flumentépido, Rio– 177 Cb
Flúmeri [AV] 109 Dd
Flumignano [UD] 27 Dc
Flumineddu 171 Fb
Flumineddu, Lago del– 175 Eb
Flumineddu, Rio– [CA] 179 Ca
Flumineddu, Rio– [Sard.] 175 Ec
Flúmini [CA] 179 Db
Flúmini, Rio– 169 FGc
Fluminimaggiore [CA] 173 CDc
Fluno [BO] 61 Cc
Flussío [NU] 169 Da
Fluvione, Torrente– 87 Cc
Fobello [VC] 19 CDc
Focá [RC] 139 Cc
Foce [AP] 87 Bc
Foce [PU] 77 Fbc
Foce [TR] 91 Ea
Foce, la– [MS] 65 Db
Foce, la– [SI] 83 Bc
Foce, La– [SP] 65 Bb
Foce a Giovo 65 Gb
Foce del Crati, Riserva Naturale– 131 FGc

Foce del Fiume Belice e dune limitrofe, Riserva Naturale orientata– 151 Db
Foce dell'Isonzo, Riserva Naturale della– 41 Gb
Foce Fiume Reno, Riserva Naturale– 61 Fb
Focene [ROMA] 97 Dbc
Focetto, Monte– 57 Ec
Focette, le– [LU] 65 Ec
Foce Sele–Tanagro, Riserva Naturale– 127 ABa
Foci [IS] 107 Ec
Foci, Monte– 161 Dc
Foci, Torrente– 73 Gc
Foci dello Stella, Riserva Naturale delle– 41 Db
Focobon, Cima del– 11 BCd
Focognano, Stagni di– 67 EFd
Focoláccia, Passo della– 65 Eb
Focomorto [FE] 51 Cd
Fodara Vedla [BZ] 11 Db
Fódico [RE] 49 Cc
Foen [BL] 25 Db
Fogare [MN] 49 Cc
Fogari, Poggio– 81 Hb
Fogarole [PC] 47 Fb
Fogarolo, Monte– 21 Gcd
Foggia [FG] 109 Gb
Foggia, Cima di– 31 Ca
Foggianello [PZ] 115 Fb
Foggiano [PZ] 115 Fb
Foghe, Punta di– 169 Ca
Fóglia, Fiume– 71 Ec
Foglianise [BN] 107 GHcd
Fogliano [GO] 27 FGc
Fogliano [LT] 105 Db
Fogliano [MO] 59 EFbc
Fogliano [PG] 85 Bd
Fogliano [PG] 85 Gd
Fogliano [RE] 59 Dab
Fogliano, Lago di– 105 Db
Fogliano, Monte– 91 Dc
Fogliano Marina [RN] 71 Db
Fogliano Redipuglia [GO] 27 FGc
Foglizzo [TO] 31 ABd
Fognano [FI] 69 BCd
Fognano [PR] 49 Acd
Fognano [PT] 67 Ec
Fognano [RA] 61 Cd
Foi, Monti li– 115 Gd
Foiana / Völlan [BZ] 9 Eb
Foiano della Chiana [AR] 75 Fd
Foiano di Val Fortore [BN] 109 Ga
Foi di Picerno, Monti li– 115 Gd
Foina [BS] 35 Db
Folchi [CN] 53 Fd
Folga, Cima– 25 Ca
Folgaria [TN] 23 GHc
Folgarida [TN] 9 Dd
Folgorito, Monte– 65 Eb
Folignano [AP] 87 Dcd
Folignano [PC] 47 DEc
Foligno [PG] 85 Ec
Follerato, Masseria– [TA] 121 CDb
Follettoso, Monte– 97 Ha
Folli [PC] 57 CDb
Follina [TV] 25 Ec
Follo [BO] 61 Cc
Follo [TV] 25 Ec
Follo Alto [SP] 65 BCab
Follone, Fiume– 131 Ed
Follónica [RG] 159 Cc
Follónica, Golfo di– 81 EFc
Folsogno [VB] 15 Fd
Foltrone, Monte– 87 Dd
Folungo, Passo– 19 Fb
Folzano [BS] 35 Ebc
Fómbio [LO] 47 DEb
Fondacelli [ME] 145 FGbc
Fondacelli–Fantina [ME] 145 FGb
Fondachello [CT] 145 Gd

Fondachello [ME] 145 Eb
Fondachello [ME] 141 BCb
Fóndaco–Margherito [CT] 145 Cd
Fondaconuovo [ME] 141 Cb
Fóndaco Tavolacci [PA] 147 CDc
Fondello, Palude– 39 Dd
Fondi [LT] 105 Gb
Fondi, i– [BG] 23 Bb
Fondi, Lago di– 105 FGbc
Fondi, Lido di– 105 Gc
Fondiano [RE] 59 Db
Fondirò [AG] 157 Dc
Fondi–Sperlonga, Stazione di– 105 Gbc
Fondo [TN] 9 Ec
Fondo, il– [RN] 71 Cb
Fóndola [CE] 107 DEc
Fondo Piccolo 23 GHc
Fondotoce [VB] 19 EFc
Fondo Toce, Riserva Naturale del– 19 EFc
Fondovalle [VB] 15 Eb
Fondra [BG] 21 Fc
Fongara [VI] 37 Da
Fonnésus, is– [CA] 177 Dbc
Fonni [NU] 171 Fb
Fontainemore [AO] 31 Bab
Fontalcinaldo [GR] 81 Gb
Fontana [BL] 11 Hb
Fontana [BO] 59 Hc
Fontana [BS] 35 Eab
Fontana [LO] 33 Fcd
Fontana [PG] 85 Bb
Fontana [RE] 59 Eab
Fontana [TV] 25 Ec
Fontana, Masseria– [LE] 125 Cc
Fontana, Pala– 25 Hb
Fontana Bianca, Lago di– / Weißbrunnsee 9 Cbc
Fontanabona [UD] 27 DEb
Fontana Bona, Albergo– 23 DEab
Fontana d'Éboli [PZ] 127 CDab
Fontana del Prato, Casa– [LT] 99 Bd
Fontana d'Ercole, Colle– 145 Fb
Fontana di Papa [ROMA] 97 Cc
Fontana Fratta [FR] 99 EFc
Fontanafredda [CT] 107 Cc
Fontana Fredda [PC] 47 EFc
Fontanafredda [PD] 37 Fd
Fontanafredda [PN] 25 Hc
Fontana Liri [FR] 99 Fd
Fontana Liri Inferiore [FR] 99 Fd
Fontana Liri Superiore [FR] 99 Fd
Fontanalúccia [MO] 59 CDd
Fontanalunga, Monte– 127 Fb
Fontanamare [CA] 177 Cb
Fontanamela, Fermata di– 175 Ca
Fontanamurata [TA] 123 Ca
Fontana Pradosa [PC] 47 Cb
Fontanaradina [CE] 107 Cc
Fontanarosa [AV] 115 BCa
Fontanarossa [CT] 155 Fc
Fontanarossa [GE] 57 Bc
Fontana Secca, Monte– 25 CDc
Fontana Vecchia [BN] 107 FGc
Fontanavento [PC] 47 Dcd
Fontanazzo [TN] 25 Bb
Fontanazzo [TN] 11 Bc
Fontane [BS] 35 Eb
Fontane [CN] 53 GHd
Fontane [MN] 35 Cc
Fontane [PR] 47 GHcd
Fontane [TO] 43 Dc
Fontane [TV] 39 Da
Fontane Bianche [SR] 159 Gc
Fontanedo [TN] 23 Dc
Fontanefredde / Kaltenbrunn [BZ] 9 Gcd
Fontanegli [GE] 55 Hc
Fontanélice [BO] 61 Bd
Fontanella [BG] 33 Fb
Fontanella [BO] 59 Hc
Fontanella [FI] 73 Fab
Fontanella Graziòli [MN] 49 Aa
Fontanella–Ozino [BI] 31 CDb
Fontanellato [PR] 47 GHc

Fontanelle [AR] 69 Ede
Fontanelle [BR] 123 CDa
Fontanelle [CE] 107 CDc
Fontanelle [CN] 53 Fcd
Fontanelle [LT] 107 Bc
Fontanelle [PE] 95 Db
Fontanelle [PR] 47 Hc
Fontanelle [TE] 95 Ba
Fontanelle [TV] 25 Gcd
Fontanelle [VI] 25 Bd
Fontanelle, Masseria- [PZ] 129 Dc
Fontanese [RE] 49 Ccd
Fontaneto d'Agogna [NO] 31 EFb
Fontantò Po [VC] 45 Ca
Fontaniale [AL] 45 Ed
Fontanile [AT] 45 Ed
Fontanile Brancaleone, Riserva Naturale- 33 FGb
Fontanili di Corte Valle Re, Riserva Naturale- 49 BCd
Fontanino di Cellentino [TN] 9 Bcd
Fontaniva [PD] 37 Gb
Fontanello [RI] 93 Ca
Fontavignone [AQ] 93 EFc
Fontazzi [SI] 75 Cde
Fonte [TV] 25 Ed
Fonte, La- [PI] 73 CDb
Fonte al Cárpine [GR] 83 Bd
Fonte Alto [TV] 25 Dd
Fonte Avellana, Monastero di- 77 Fc
Fonteblanda [GR] 89 CDa
Fonte Bracca 21 Fd
Fontebuona [FI] 67 Fc
Fontecchio [AQ] 93 Fc
Fontécchio, Terme di- 77 Cc
Fontecellese, Monte- 99 Ca
Fonte Cerreto [AQ] 93 Fb
Fontechel [TN] 23 Fd
Fontechiari [FR] 99 FGc
Fonte Colombo, Convento di- 91 GHb
Fontecorniale [PU] 71 Ed
Fonte Cupazzi 109 Cb
Fonte d'Amore [AQ] 99 Ha
Fonte del Campo [RI] 87 Bd
Fonte della Róccia / Trinkstein [BZ] 3 Fa
Fonte di Bréscia [MC] 85 Fab
Fonte di Papa [ROMA] 97 Fa
Fonte d'Ólio [AN] 79 Fb
Fontegreca [CE] 107 DEb
Fonte Irpina [AV] 115 Cb
Fontelacasa, Sella- 101 Eb
Fontelunga [AR] 75 Fd
Fonteno [BG] 21 GHd
Fonte Nuova [ROMA] 97 Fa
Fonte Paciano [PG] 83 Gb
Fonterossi [CH] 101 Ca
Fonterútoli [SI] 75 Cc
Fontesambuco [IS] 101 Dc
Fonte San Moderanno [PR] 57 Fbc
Fontespina [MC] 79 Gcd
Fontevécchia, Stazione- 119 EFc
Fonte Vética, Rifugio- 93 Gb
Fonte Vetriana [SI] 83 EFc
Fontevivo [PR] 47 GHc
Fontevivola [VT] 91 Dc
Fonti [VB] 19 Db
Fonti, Cima- 25 Ad
Fóntia [MS] 65 Db
Fontiano [AR] 75 FGc
Fontignano [PG] 83 GHb
Fontigo [TV] 25 Ec
Fontisterni [FI] 67 Gd
Fonzaso [BL] 25 Cb
Fop, Cima del- 21 Gc
Fópel, Cima del- 7 Fb
Foppa, Passo della- 7 Fd
Foppe, Monte- 21 Cbc
Foppiano [GE] 57 BCb
Foppiano [PR] 57 Dc
Foppiano [VB] 15 Ebc

Fóppolo [BG] 21 Fb
Fora, Sasso di- 7 Ccd
Forada, Forcella- 11 Dc
Foradada, Isola- 165 Ab
Forame [UD] 27 EFa
Forame, Passo- 7 Cd
Forane, Poggio- 89 DEb
Forani [CN] 53 Dcd
Forani, Scogli- 163 DEc
Forano [RI] 91 Fc
Forano, Convento di- 79 Ec
Fórbici, Passo delle- 59 Cd
Forca, Cima- 3 Fab
Forca, Cima- / Gabel-Spitze 3 Fab
Forca, la- [RI] 93 Ba
Forca, la- [RI] 85 Gde
Forca, Monte- / Kleiner Gabler 3 Dc
Forca, Pizzo- 11 BCc
Forca di Valle [TE] 93 Fa
Forca Resuni, Rifugio- 99 Hc
Forcatella, la- [BR] 119 Eb
Forcatura [PG] 85 Fb
Force [AP] 87 Cc
Forcella [AP] 87 Cd
Forcella [FR] 99 Fc
Forcella [MC] 85 Cc
Forcella [RI] 91 FGb
Forcella [TE] 93 Ga
Forcella, La- 57 Bcc
Forcella, Monte- 127 Ec
Forcelle [RI] 93 Da
Forcelli [BO] 59 Hb
Forcello [CR] 47 Gb
Forcello [MO] 49 Ec
Forcellona, Passo- 25 Bc
Forcellone, Monte- 99 Hcd
Forche, Poggio delle- 91 CDcd
Forche Caudine 113 EFa
Forchetta, La- 99 Ebc
Fórchia [BN] 113 Fa
Fórchia [CE] 113 Ea
Forchia, Monte- 13 Bbc
Forcola [SO] 21 EFb
Forcola [SO] 21 FGa
Forcola, Passo della- 5 Fcd
Forcola, Pizzo della- [Eur.] 7 Gb
Forcola, Pizzo della- [Eur.] 5 Fcd
Forcola, Rifugio- / Furkel-Hütte 7 GHb
Forcoletta, Passo della- 15 Ec
Fórcoli [PI] 73 Eb
Forcora, La- [VA] 19 Gb
Forcuso, Monte- 115 Db
Fordongiánus [OR] 169 Ebc
Foredôr, Sella- 13 DEd
Forenza [PZ] 117 ABb
Forenza, Stazione di- 115 Gb
Foresta [IS] 101 Bcd
Foresta [KR] 137 Ea
Foresta / Forst [BZ] 1 Gcd
Foresta, la- [CS] 133 Da
Foresta, Monte la- 115 Bb
Foresta, Timpone della- 131 Fb
Foresta, Val di- / Grünwaldtal 3 Fc
Foresta di Búrgos [SS] 165 Fc
Foresta di Monte Arcosu, Riserva Naturale- 177 Cd
Foreste Casentinesi-Monte Falterona-Campigna, Parco Nazionale delle- 69 Dc
Foresto [BG] 21 Ed
Foresto [CN] 43 Hd
Foresto [MN] 35 Gcd
Foresto [TO] 43 Dab
Foresto [VC] 19 Dd
Foresto [VE] 51 Ea
Foresto Sparso [BG] 35 Ca
Forette [VR] 37 Bcd
Forgária nel Friuli [UD] 13 Cd
Fórgia, Torrente- 149 Eb
Forgiaide, Monte- 109 EFb
Forgiari, Monte- 133 Cb
Forgia Vecchia 143 Ebc

Foria [SA] 127 Cd
Foriana, Masseria- [CL] 153 Ec
Forino [AV] 113 Gb
Forio [NA] 113 ABc
Forlenza, Bagni- 115 Dcd
Forlì [FC] 61 Ed
Forlì, Aeroporto Internazionale- 61 Ed
Forlì, Bocca di- 101 Bc
Forlì del Sánnio [IS] 101 BCc
Forlimpopoli [FC] 69 Fa
Forloso, Monte- 127 Da
Forma, La- [FR] 99 Cbc
Forma di Santa Oliva 107 Ab
Formaggio, Monte- 157 Fc
Forma Quesa, Rio- 107 Ab
Formazza [VB] 15 Eb
Formazza, Val- 15 Eb
Forme [AQ] 99 Ea
Formeaso [UD] 13 CDc
Forme d'Aquino, le- 107 Bb
Formegan [BL] 25 Cb
Formello [ROMA] 97 Ea
Formeniga [TV] 25 Fc
Formentara [MS] 57 Fc
Fórmia [LT] 107 Ac
Formica, Isola- 149 Cbc
Formica, Masseria- [BR] 123 Dab
Formica di Burano, Isola- 89 Db
Formica Grande 89 Ba
Formica Piccola 89 Ba
Formica Terza 89 Ba
Formiche, Castello delle- [TR] 91 Eb
Formiche, le- 105 ins.a
Formiche, Le- 81 ins.a
Formiche, Monte delle- 59 lcd
Formiche, Punta delle- 159 Fde
Formiche della Zanca 81 Bd
Formico, Pizzo- 21 Gc
Formícola [CE] 107 Ec
Formiga, Nuraghe- 175 Cb
Formigara [CR] 47 Ea
Formigine [MO] 59 EFb
Formigliana [VC] 31 Dc
Formignana [FE] 51 Dcd
Formignano [FC] 69 Fb
Formigosa [MN] 49 Eb
Formisia, Monte- 145 DEbc
Fórmole [AR] 75 Hb
Formole, Area Protetta- 75 Hb
Formone, Torrente- 83 Ebc
Forna, le- [LT] 105 ins.a
Fornaca [CN] 43 Gd
Fornaca [CN] 55 Bcd
Fornace [BO] 59 GHc
Fornace [FI] 69 Cc
Fornace [GR] 89 Ea
Fornace [SI] 83 Dab
Fornace [TN] 23 Hb
Fornace, la- [PU] 71 Fde
Fornace, Monte- 23 DEb
Fornace Guerrino [BO] 61 Cc
Fornacelle [PO] 67 DEc
Fornacette [FI] 73 Gb
Fornacette [PG] 77 Ec
Fornacette [PI] 65 Gde
Fornacette, le- [GR] 81 Hcd
Fornaci [BS] 35 DEbc
Fornaci [LO] 47 DEa
Fornaci [LO] 47 CDa
Fornaci [MN] 49 Dc
Fornaci [NO] 31 Fb
Fornaci [NO] 31 EFb
Fornaci [PU] 79 Cc
Fornaci [TV] 39 Eab
Fornaci, le- [PO] 67 Ec
Fornaci, Le- [VB] 19 Eb
Fornaci, Passo delle- 85 Gc
Fornaci di Barga [LU] 65 Fb
Fornaci-Lazzaro [RC] 141 Dd
Fornacino [TO] 43 Hab
Fornase [VE] 39 CDc
Fornazzano [RA] 69 Cab

Fornazzo [CT] 155 Fa
Fornelli [IS] 101 Bd
Fornelli [SA] 127 ABc
Fornelli [SS] 163 Bbc
Fornelli [SV] 55 Ccd
Fornelli [UD] 41 Eab
Fornelli, Rada dei- 163 Bc
Fornello [AR] 69 Cd
Fornello [FI] 67 Gcd
Fornello [FI] 69 BCbc
Fornello [PT] 67 Dd
Forner [TV] 25 Dcd
Fornero [VB] 19 DEc
Fornesighe [BL] 11 Ec
Forni [LI] 81 Fb
Forni [VI] 23 Hlc
Forni, i- [SO] 21 GHb
Forni Avoltri [UD] 13 Bb
Fornico [BS] 35 Gab
Forni di Sopra [UD] 11 Gc
Forni di Sotto [UD] 11 GHc
Fórnio [PR] 47 FGc
Fornisco [TE] 87 CDd
Forno [MS] 65 DEb
Forno [TN] 9 Hc
Forno [TO] 43 Eb
Forno [TO] 29 FGd
Forno [VB] 15 DEc
Forno, Capanna del- 7 Ccd
Forno, Fermata- 117 Cc
Forno, il- [MO] 59 Fab
Forno, Lago del- / Pfurnsee 1 Hb
Forno, Monte- [VB] 15 DEc
Forno, Monte- [VI] 25 ABc
Forno, Monte del- 7 Ccd
Forno, Pizzo del- 15 Ec
Forno, Poggio del- 89 GHc
Forno Allione [BS] 23 Bb
Forno Alpi Graie [TO] 29 Fc
Forno Canavese [TO] 29 Hc
Forno della Gaiana [BO] 61 Bbc
Forno di Val [BL] 11 Cd
Forno di Zoldo [BL] 11 DEc
Forno d'Ono [BS] 23 Cd
Fórnole [TR] 91 Ea
Fórnoli [LU] 65 Gbc
Fórnoli [MS] 57 Fc
Fornolosa [TO] 29 Gc
Fornovo di Taro [PR] 57 Ga
Fornovolasco [LU] 65 Fb
Fornovo San Giovanni [BG] 33 FGbc
Foro, Fiume- 95 Db
Foroni [VR] 37 Fa
Foroni, i- [MN] 35 Hd
Forotondo [AL] 47 Bd
Forquet, Casa- [FG] 103 Db
Forrola 171 Gc
Forru, Porto su- 179 EFc
Forsivo [PG] 85 FGd
Forst / Foresta [BZ] 1 Gcd
Forte [BI] 31 Db
Forte, Monte- [Laz.] 107 ABbc
Forte, Monte- [SS] 165 Ba
Forte Buso, Lago di- 11 Bd
Forte dei Marmi [LU] 65 DEc
Forte di Bibbona [LI] 73 Dd
Forte Village [CA] 177 Fd
Fortezza / Franzenfeste [BZ] 3 Cc
Fortezza, Monte della- 89 ins.a
Fortino [SA] 127 Cd
Fortogna [BL] 11 Ed
Fortore, Fiume- 103 Bc
Fortullino [LI] 73 Cc
Fortuna, Passo della- 99 Bb
Fortunago [PV] 47 ABc
Forza d'Agró [ME] 141 BCd
Forzellina, Cima- 9 Bcd
Forzo [TO] 29 Gb
Forzo, Rifugio di- 29 Gb
Foscagno, Monte- 7 Fb
Foscagno, Passo di- 7 Fbc
Fósci, Torrente- 73 Fc
Fosciándora [LU] 65 Fb
Fosco, Rio- / Finsterbach 3 Fc
Fosdinovo [MS] 65 Db

Fosdondo [RE] 49 Dd
Fósini [SI] 73 Fde
Fósio [PR] 57 FGab
Fósola, Monte- 59 Cc
Fossa [AQ] 93 Ec
Fossa [BS] 35 Fc
Fossa [CS] 133 Da
Fossa [MO] 49 Fc
Fossa [PR] 47 Hbc
Fossa, Cascina la- [ROMA] 97 EFd
Fossa, la- [RE] 59 Cab
Fossa, Torrente la- 167 Ea
Fossabiuba [TV] 25 Hd
Fossa Caprara [CR] 49 Bc
Fossacésia [CH] 95 EFc
Fossacésia Marina [CH] 95 EFc
Fossadálbero [FE] 51 Cc
Fossa dell'Abate [LU] 65 Ec
Fossa della Neve, Monte- 145 Eb
Fossa delle Felci, Monte- 143 DEb
Fossadello [PC] 47 Eb
Fossa di Porto, Valle- 61 Eb
Fossalon di Grado [GO] 41 Fb
Fossalta [FE] 51 Cc
Fossalta [MO] 59 Fb
Fossalta [PD] 39 BCb
Fossalta di Piave [VE] 39 EFab
Fossalta di Portogruaro [VE] 27 Cd
Fossalta Maggiore [TV] 25 Hd
Fossalto [CB] 101 Ecd
Fossalunga [TV] 39 Ca
Fossamana [MN] 49 Da
Fossano [CN] 53 Gb
Fossanova [LT] 105 Fb
Fossanova, Abbazia di- 105 Fb
Fossanova San Marco [FE] 51 Cd
Fossaragna 39 Bd
Fossarmato [PV] 47 Ba
Fossatello [TR] 85 Bd
Fossatéula, Monte sa- 177 Db
Fossato [MN] 49 Ca
Fossato [PO] 67 Eb
Fossato [PU] 77 Fc
Fossato, Colle di- 77 Fd
Fossato di Vico [PG] 77 Fd
Fossato Iónico [RC] 141 Ec
Fossato Serralta [CZ] 137 Dab
Fossaz [AO] 29 EFa
Fossazza [ME] 145 Ga
Fossazza, Monte- 145 Gb
Fosse [VI] 37 Fa
Fosse [VR] 37 Bb
Fosse, Monte le- 153 ABc
Fosse, Val in- / Pfossental 1 Fc
Fosseno [NO] 19 EFcd
Fosseto [AL] 45 Eb
Fossi, Coppo dei- 103 Gb
Fossiata [CS] 133 Cb
Fossignano [LT] 97 EFb
Fossó [VE] 39 Cc
Fosso del Lupo, Passo- 137 Cc
Fosso Ghiaia [RA] 61 Fc
Fossola [MS] 65 Bb
Fossola [SP] 65 Bb
Fóssoli [MO] 49 Ecd
Fossombrone [PU] 71 Ed
Fossona [PD] 37 FGc
Fosstaga [BS] 35 Fb
Fosto [PU] 77 Fb
Fourá, Punta- 29 Fc
Foxi [CA] 179 Db
Foxi, Casa de- [CA] 177 Dd
Foxi, Rio de- 177 Dd
Foxi'e Sali [CA] 177 Fd
Foxi Manna [NU] 175 FGb
Foza [VI] 25 Bc
Frà, Monte- 23 Bc
Frabosa Soprana [CN] 53 Gd
Frabosa Sottana [CN] 53 Gcd
Fraccano [PG] 77 Cbc
Fraccaroli, Rifugio- 37 Ca
Fracce [VA] 19 FGc
Fráccia, Borgo- [PA] 149 Gc
Frachey [AO] 17 Hc
Fraciata, Bec di- 55 Dc
Fracìscio [SO] 5 Gc

Fraconalto [AL] 55 Gb
Fradusta, Cimon di- 25 Db
Fradusto 59 Hd
Fraelacco [UD] 27 Eab
Fraele, Valle di- 7 Fb
Fraforeano [UD] 27 CDcd
Fragagnano [TA] 123 Bc
Fragaiolo [AR] 75 Gab
Fragalà, Convento di- 145 Db
Fraga Morus, Nuraghe- 173 Fb
Fragheto [PU] 69 Fd
Fragneto, Masseria- [TA] 121 Fab
Fragneto l'Abate [BN] 109 Bc
Fragneto Monforte [BN] 109 Bc
Fragno [PR] 57 Gb
Fragsburg, Schloß- / Verruca, Castello- 9 Fc
Fraigada, sa- 165 Fbc
Fraigarda, Nuraghe sa- 179 Eb
Fráigas, Stazione di- 165 Fb
Fraina [SA] 113 Fc
Fraine [BS] 21 Hd
Fraine [CH] 101 Db
Fraine di Sopra [VR] 37 ABab
Fraioli [FR] 99 Fd
Fráire [CN] 53 Ea
Frais [TO] 43 CDb
Fraisse [TO] 43 Cb
Fraita [TO] 43 Ec
Fraitève, Monte- 43 Cbc
Fram, Punta- 151 ins.a
Framura [SP] 57 Dd
Framura, Stazione di- 57 Dd
Franca [PG] 85 EFbc
Franca Messana, Casa la- [PA] 149 Gbc
Franca San Rocco [LO] 47 Eb
Francavilla [AN] 71 Gd
Francavilla al Mare [CH] 95 Db
Francavilla Angitola [VV] 137 Bc
Francavilla Angitola, Stazione di- 137 Bc
Francavilla Bisio [AL] 45 Fd
Francavilla d'Ete [AP] 79 Fd
Francavilla di Sicilia [ME] 145 Fc
Francavilla Fontana [BR] 123 Cb
Francavilla in Sinni [PZ] 129 Dd
Francavilla Maríttima [CS] 131 Fbc
Francenigo [TV] 25 GHc
Francesi, Punta di li- 161 Cc
Franche [NA] 113 EFcd
Franche, Forcella- 11 CDd
Franchella [SV] 55 BCd
Franchetti, Rifugio- 11 Db
Franchetto, Borgo- [CT] 155 Dbc
Franchi [PR] 47 Ed
Franchini [AL] 45 Dc
Francia [TO] 43 Ec
Fráncica [VV] 139 Db
Francocci [PG] 85 Dd
Francofonte [SR] 155 Ed
Francolini [TN] 23 DEc
Francolino [FE] 51 BCc
Francolise [CE] 107 Dc
Franscia [SO] 7 Dd
Franzensfeste / Fortezza [BZ] 3 Cc
Frapiero [PD] 51 DEa
Frara [PR] 49 ABc
Frara, Pizzo di- 141 DEc
Frasassi, Grotte di- 77 Gc
Frasca, Capo della- 173 Ca
Frasca, Case- [CT] 155 BCd
Frasca, Masseria- [BA] 111 DEd
Frasca, Monte- 155 Cc
Frascaro [AL] 45 Ecd
Frascaro [PG] 85 Gd
Frascaro [RE] 59 Cc
Frascarolo [PV] 45 EFb
Frascata [AL] 45 Hcd
Frascata, la- [RA] 61 Db
Frascati [ROMA] 97 FGc
Fraschéia, Monte- 31 Dab
Frascheo [BI] 31 Cb
Fraschette [FR] 99 Cc
Frascineto [CS] 131 Ebc
Fráscola, Monte- 11 Hcd

Frasnedo [SO] 21 DEa
Frassanéit [PN] 13 Bd
Frassené [BL] 25 Cbc
Frassené [BL] 11 Cd
Frassenedo [PD] 39 Bc
Frassenetto [UD] 13 Bb
Frassi [PC] 57 BCb
Frassi, Colle dei– 93 Cb
Frassignoni [PT] 67 Db
Frassilongo [TN] 23 Hb
Frassinara [PR] 49 Bc
Frássine [GR] 81 Fb
Frássine [PD] 37 Ed
Frássine, Fiume– 37 Fd
Frassinédolo [RE] 59 BCc
Frassinelle Polésine [RO] 51 Cbc
Frassinello [GE] 55 Hb
Frassinello Monferrato [AL] 45 Db
Frassinere [TO] 43 Eb
Frassineta [AN] 77 Fc
Frassineta [BO] 59 Hld
Frassineti [MO] 59 Gc
Frassineti [AR] 75 FGc
Frassineto [BO] 61 ABcd
Frassineto [PR] 57 Db
Frassineto / Verschneid [BZ] 9 Cd
Frassineto, Passo di– 69 Fd
Frassineto Po [AL] 45 Eb
Frassinetto [TO] 29 Hc
Frassiney [AO] 29 Eb
Frassini [ME] 145 Fb
Frássini [SI] 73 Gde
Frassini, Masseria– [LE] 125 Fb
Frássino [CN] 53 Db
Frássino [MN] 49 Dab
Frássino [SV] 55 Bd
Frassino, Laghetto del– 35 GHc
Frassinoro [MO] 59 Dd
Frasso, Stazione di– 105 Fb
Frasso–Dugenta, Stazione di– 107 Fd
Frassoneta [SV] 55 Cc
Frasso Sabino [RI] 91 Gc
Frasso Telesino [BN] 107 Gcd
Frate del Méia 19 Bd
Fratelli, Casa– [CA] 173 CDc
Fratelli Bandiera, Monumento– 133 Dc
Fraterna [RO] 51 Gc
Frati, Monte dei– 77 BCab
Fratta [AR] 75 Gd
Fratta [GO] 27 Fc
Fratta [PN] 25 Gc
Fratta [TV] 25 Fc
Fratta [TV] 39 Bb
Fratta [VE] 27 Cd
Fratta, Fiume– 51 Ab
Fratta, la– [SI] 75 Fd
Fratta, Monte– 93 Dc
Fratta, Parco Naturale della– 101 Cd
Fratta, Torrente– 101 Ec
Frattaguida [TR] 83 GHc
Frattamaggiore [NA] 113 Db
Frattaminore [NA] 113 Db
Fratta Polésine [RO] 51 Bb
Fratta Terme [FC] 69 Fb
Fratta Todina [PG] 85 Cc
Fratte [PD] 37 Hb
Fratte [PG] 77 Cde
Fratte, le– [PN] 27 Bc
Fratte, le– [VI] 23 Hc
Fratte, Punta– 137 Gb
Fratte Rosa [PU] 77 Gb
Fratticciola [AR] 75 Gd
Fratticiola Selvática [PG] 77 Ed
Frattina [PN] 27 ABd
Frattina, Fiume di– 147 Bd
Frattina, Ponte– 147 ABcd
Frattócchie [ROMA] 97 Fc
Frattúccia [TR] 91 Ea
Frattura [AQ] 99 Hb
Fraveggio [TN] 23 Fb
Fraviano [TN] 9 BCd
Fravort, Monte– 23 Hlb
Frazzanó [ME] 145 Db

Frea, Serra di– 133 Ec
Frédane, Torrente– 115 Cb
Freddezza [PC] 47 Cd
Freddo, Fiume– 149 Fb
Freddo, Monte– 109 Bb
Fregabolgia, Lago– 21 Gb
Fregasoga, Monte– 23 la
Fregene [ROMA] 97 Db
Fregiolo [FC] 69 Db
Fregnanello [RA] 69 Da
Fregona [BL] 11 Cc
Fregona [TV] 25 FGbc
Freidour, Monte– 43 Ec
Freienfeld / Campo di Trens [BZ] 3 Bb
Fréjus, Col de– 43 ABb
Fréjus, Galleria del– 43 ABb
Fréjus, Traforo del– 43 Bb
Fremamorta, Cima di– 63 Bab
Frena [BZ] 3 Ec
Frena, Monte– 67 Gb
Frentani, Monti dei– 101 DEb
Frere [CN] 53 BCc
Frerola [BG] 21 Fb
Frerone, Monte– 23 Cc
Fresach [A] 13 Ha
Fresagrandinária [CH] 101 EFb
Frescarolo [PR] 47 Gc
Fresciano [AR] 69 Fd
Fresciano [FI] 67 Fb
Frescondino [AL] 45 Ebc
Fresine [BS] 23 Cb
Frésis [UD] 13 Cc
Fresnara [AL] 45 EFd
Frida [SS] 165 Fc
Friddani [EN] 153 Fc
Frido, Torrente– 129 Cd
Frigento [AV] 115 Ca
Frigiano, Isola– 163 Ec
Frigintini [RG] 159 DEc
Frignano [CE] 113 CDab
Frignano [Em.Rom.] 59 DEcd
Frignone, Monte– 59 BCd
Frígole [LE] 123 Gc
Frinco [AT] 45 BCb
Friola [VI] 37 FGab
Frioland, Monte– 43 Cd
Frisa [CH] 95 Ec
Frisan, Torrente– 11 Gb
Frisanchi [TN] 23 Hc
Frisanco [PN] 13 Bd
Frise [CN] 53 Cc
Frise, Rio delle– 53 Dc
Frisoli, Masseria– [FG] 109 FGb
Frisolino [GE] 57 Ccd
Frisoni [VI] 25 BCc
Frisozzo, Monte– 23 Cb
Friuli [PN] 27 CDbc
Frodolfo, Torrente– 7 Gc
Froid, Bric– → Ramière, Punta– 43 Cc
Frola [BG] 21 EFc
Frommer [BZ] 9 Hb
Frondarola [TE] 93 Fa
Front [TO] 29 Hld
Frontale [MC] 79 Cc
Frontale [SO] 7 Gc
Frontano, Monte– 77 Dc
Fronti [CZ] 137 BCab
Frontignano [BS] 35 Dc
Frontignano [PG] 85 Cc
Frontignano [SI] 75 Cd
Frontin [BL] 25 Eb
Frontino [PU] 69 Hd
Frontone [PU] 77 Fb
Frónzola [AR] 69 Dd
Frósini [SI] 73 Gd
Frosinone [FR] 99 Dd
Frosinone, Stazione– 99 DEd
Frosolone [IS] 101 Dd
Frossasco [TO] 43 EFc
Frua, la– [VB] 15 Eb
Frua, Rifugio– 21 FGc
Frugarolo [AL] 45 EFcd
Frugna, Monte– 11 Fd

Frugna, Torrente– 109 Fd
Fruins [PN] 13 Cd
Fruncu Erente 171 Eb
Fruncu Padulas 171 Eb
Frusci [PZ] 115 Gc
Frusciu, Monte– 165 Dbc
Frúscus, Nuraghe– 169 Eb
Fuart, Iöf– 13 FGc
Fubina [TO] 29 Gd
Fubine [AL] 45 Dc
Fucécchio [FI] 67 Cd
Fucécchio, Padule di– 67 Cd
Fuchiade [TN] 11 Bc
Fucignano [TE] 87 Dd
Fucine [TN] 9 Cd
Fucine [TO] 29 Gd
Fucine–Grenni [SV] 55 Cd
Fúcino, Piana del– 99 EFa
Fúcino, Rio– 93 Ea
Fucito [FG] 103 Fb
Fuga, Monte– 107 BCbc
Fugazzolo di Sopra [PR] 57 FGb
Fugazzolo di Sotto [PR] 57 FGb
Fugnano, Botro di– 73 FGc
Fuili, Caletta– 171 Fb
Fuipiano al Brembo [BG] 21 Ec
Fuipiano Valle Imagna [BG] 21 Ec
Fulcheri [CN] 53 Fc
Fulgatore [TP] 149 Ec
Fulgatore, Stazione di– 149 Ec
Fullo, Case– [SR] 159 Fcd
Fully [Svizz.] 17 Db
Fumaiolo, Monte– [FC] 69 Fd
Fumaiolo, Monte– [VT] 89 Fb
Fumane [VR] 37 Bb
Fumeri [GE] 55 Gb
Fumero [SO] 7 Gc
Fumo [PV] 47 Ab
Fumo, Monte– [Eur.] 3 Fa
Fumo, Monte– [It.] 7 CDb
Fumo, Monte– [It.] 23 Db
Fumo, Monte– (I) = Rauchkofel 3 Fa
Fumo, Val di– 23 Db
Fumone [FR] 99 Dc
Funari [CE] 107 Ec
Fundore, Monte– 165 Fa
Fúndres / Pfunders [BZ] 3 Db
Fúndres, Rio– / Pfundererbach 3 Dc
Fúndres, Val di– / Pfunderer Tal 3 Db
Funeclo, Torrente– 7 Gd
Funer [TV] 25 Dc
Funes [BL] 25 Gab
Funes / Villnöss [BZ] 11 Bb
Funes, Val di– / Villnösstal 11 ABb
Funesu, Monte– 173 Dab
Fungaia [SI] 75 Ccd
Fungaia, Monte– 75 Hb
Fungaia, Riserva Naturale– 75 Hb
Funivia Rosetta, Rifugio– 11 BCd
Funo [BO] 59 Hlb
Funtana Bona [NU] 171 Ec
Funtana Coberta 175 DEc
Funtana Congiada, Punta– 171 Dd
Funtana Geridu [SS] 163 Dd
Funtana Niedda, Stazione– 163 Dd
Funtana Raminosa [NU] 175 CDa
Funtanéddas, Monte– 171 Db
Fuori, Monte di– / Außerer Berg 9 Eb
Fuorni [SA] 115 ABd
Furato [MI] 31 Hb
Furau, Bruncu– 171 Dcd
Furbara, Stazione di– 97 BCab
Furci [CH] 101 Ea
Furci, Monte– 145 Cb
Furci Sículo [ME] 141 Cd
Furggen, Stazione del– 17 GHc
Furiano, Torrente il– 145 Cdc
Furkel–Hütte / Forcola, Rifugio– 7 GHb
Furlo [PU] 77 Fb
Furlo, Gola del– 77 Fab
Fúrnari [ME] 145 Db
Furno, Colle– 99 Cc
Fúrnolo [CE] 107 Dc
Furone mannu, Monte– 173 Db
Furore [SA] 113 Fd

Furore, Masseria– [AG] 157 Cc
Furtei [CA] 173 Db
Furteli, Torre di– [AG] 157 CDd
Fusanti, Monte– 107 FGd
Fuscaldo [CS] 135 Ca
Fuscaldo, Monte– 133 Ed
Fuschi [BN] 109 Bbc
Fusco, Masseria– [BN] 107 Gc
Fúscoli [NA] 113 Fc
Fusea [UD] 13 CDc
Fusignano [RA] 61 Dc
Fusina [VE] 39 Dc
Fusine [BL] 11 Dc
Fusine [SO] 21 Fb
Fusine [VI] 23 Hd
Fusine, Laghi di– 13 GHc
Fusine in Valromana [UD] 13 Gbc
Fusine Laghi [UD] 13 GHbc
Fusino [SO] 7 Fcd
Fusio [Svizz.] 5 Bc
Fuso, Monte– [FC] 69 Db
Fuso, Monte– [PR] 59 Bbc
Futa, Passo della– 67 Fb
Futani [SA] 127 Ccd
Futschöl Paß 1 Bb

G

Gabbara, Monte– 153 Dbc
Gabberi, Monte– 65 Ec
Gábbia [VR] 49 Fa
Gabbia, Poggio a– 73 Ed
Gabbiana [MN] 49 Cb
Gabbiana [MS] 57 FGd
Gabbiano [AP] 87 CDab
Gabbiano [BO] 59 Hd
Gabbiano [FI] 67 Fbc
Gabbiano [PC] 47 CCb
Gabbiano Vecchio [AR] 75 Gde
Gabbione [PV] 47 Bc
Gabbione [PV] 47 Bc
Gabbioneta [FE] 51 Bd
Gabbioneta–Binanuova [CR] 47 GHa
Gabbiola [BO] 59 Hc
Gabbro [LI] 73 Cbc
Gabbro, Monte– 73 Gd
Gabbro [RE] 49 BCd
Gabella [AN] 79 Db
Gabella [CZ] 137 Bab
Gabella Grande [KR] 133 Fd
Gabella Nuova [MC] 87 Bb
Gabelletta [TR] 91 Fa
Gabelletta [VT] 89 Gab
Gabelletta, La– [VT] 91 Dc
Gabellina, la– [RE] 59 Bcd
Gabellino [GR] 81 Hb
Gabel–Spitze = Forca, Cima– (I) 3 Fab
Gabetti [CN] 53 Hb
Gabiano [AL] 45 Cab
Gabiano [TE] 87 Dd
Gabicce Mare [PU] 71 Ec
Gabicce Monte [PU] 71 Ec
Gabiet, Lago– 19 Bc
Gabiet, Rifugio del– 19 ABc
Gabii 97 Gb
Gabiolo [TN] 23 Gb
Gábria [GO] 27 Gc
Gabrielassi [CN] 43 Hd
Gabrovizza San Primo [TS] 41 Hb
Gabutti [CN] 55 Bc
Gaby [AO] 31 Ba
Gad [TO] 43 Cb
Gada, Monte– 131 Cb
Gaddau, Cantoniera– [SS] 167 Cab
Gádera, Torrente– / Gaderbach 3 Ec
Gaderbach / Gádera, Torrente– 3 Ec
Gaderbach / San Cassiano, Rio– 11 Cb
Gadertal / Badia, Val– 3 Ecd
Gadesco–Pieve Delmona [CR] 47 Gab
Gadignano [PC] 47 Cc
Gadínica, Pizzo– 153 Bb
Gadoni [NU] 175 Da

Gaeta [LT] 105 Hc
Gaeta, Golfo di– 107 ABcd
Gaffe, Torre di– [AG] 157 CCd
Gaffuro [MN] 49 Cab
Gaggi [ME] 145 Gc
Gaggiano [MI] 33 Cc
Gaggiano, Casa– [FG] 103 Db
Gaggina [AL] 45 Ed
Gaggino [CO] 19 Hcd
Gággio [BO] 61 Bd
Gággio [MO] 59 FGb
Gággio [SO] 21 EFab
Gággio [VE] 39 Db
Gaggiolo [VA] 19 Hcd
Gággio Montano [BO] 59 Fd
Gaglianico [BI] 31 Cb
Gagliano [CZ] 137 Db
Gagliano, Torrente– 155 Ca
Gagliano Aterno [AQ] 93 FGd
Gagliano Castelferrato [EN] 155 Ca
Gagliano del Capo [LE] 125 Fde
Gaglianvécchio [MC] 79 Dd
Gagliardi, Masseria– [LE] 123 Fc
Gagliardone, Rifugio– 53 Cab
Gagliato [CZ] 137 Ccd
Gagliétole [PG] 85 Cc
Gágliole [MC] 79 Cd
Gagnago [NO] 31 Fa
Gagnone [NO] 15 Ed
Gagnone–Orcesco [VB] 15 Ed
Gagnoni, Villa– [SI] 83 Eb
Gaiana [BO] 61 Bc
Gaiana, Torrente– 61 Bc
Gaianello [MO] 59 Ecd
Gaianigo [PD] 37 FGb
Gaiano [PR] 47 GHd
Gaiano [RA] 61 CDc
Gaiano [SA] 115 Ac
Gaiarine [TV] 25 Gc
Gaiato [MO] 59 EFd
Gáiba [RO] 51 Ac
Gaibana [FE] 51 Bd
Gaibanella [FE] 51 Bd
Gaibola [BO] 59 Hc
Gaico [AP] 87 Ccd
Gaida [RE] 49 BCd
Gaido, Monte– 131 Da
Gaifana [PG] 77 Fde
Gaina [BS] 35 Dab
Gainago [PR] 49 Bc
Gaini [AL] 55 Eb
Gainiga [VE] 41 ABb
Gaino [BS] 35 Gab
Gaiola [CN] 53 Ecd
Gaiola, Isola la– 113 CDc
Gaione [PR] 49 Ad
Gáiro [NU] 175 EFa
Gáiro Báia di– 175 FGb
Gáiro Sant'Élena [NU] 175 EFa
Gáiro Taquisara [NU] 175 Ea
Gais / Gáis [BZ] 3 Ebc
Gáis / Gais [BZ] 3 Ebc
Gaisl, Hohe– / Rossa, Croda– 11 Db
Gala, la– [ME] 145 Gb
Galade [AL] 45 Fc
Galania [CN] 43 Hd
Galanta [PZ] 127 Fb
Galamberto, Case– [PZ] 127 FGc
Galante, Masseria– [MT] 129 Db
Galanti [AL] 55 Eb
Galantina [RI] 91 FGc
Galassi, Casa– [FG] 103 Cc
Galassi, Rifugio– 11 Ec
Galati [ME] 141 CDc
Galati [RC] 141 Fd
Galati Mamertino [ME] 145 Db
Galati Marina [ME] 141 CDc
Galatina [LE] 125 Dcb
Galátone [LE] 125 Dbc
Galatrella, Torrente– 131 EFd
Gálatro [RC] 139 Dc
Galatróna [AR] 75 Ec
Galbato [ME] 145 Eab

Galbiate [LC] 21 Dd
Galciana [PO] 67 Ec
Galdina [NO] 31 Fgb
Galdo [SA] 115 Cb
Galdo [SA] 127 Bc
Galdo, Stazione di– 115 Ed
Galeata [FC] 69 Gbc
Galeazza [BO] 49 Gd
Galenne, Monte– 85 EFd
Galeotta, Isola– 149 Bc
Galera [PG] 77 Cd
Galera, Cala– 89 Db
Galera, Capo– 165 Bb
Galera, Isola– 149 Bc
Galera, Punta– 161 Eb
Galera, Puntone– 141 Ec
Galera, Scoglio– 139 Ca
Galera, Serra– 157 FGd
Galéria 97 Da
Galero, Monte– 63 FGab
Galfa, Monte– 145 Gc
Galfione [BI] 31 BCb
Galgagnano [LO] 33 Ec
Gálgata [PG] 77 Ed
Galiello, Monte– 147 Bc
Gáliga [FI] 67 Gc
Galisia, Passo di– 29 Cd
Gallaneto [GE] 55 Gb
Gallano [MC] 85 Gb
Gallano [PG] 85 Eb
Gallarate [VA] 31 Gab
Gallareto Primo [AT] 45 Bb
Gallazzano [MC] 85 Gb
Galleana [PC] 47 DEb
Gallena [SI] 73 Gd
Galleno [BS] 23 Bab
Galleno [FI] 67 Cd
Galleráie [SI] 73 FGd
Galleriano [UD] 27 Dc
Gallese [VT] 91 Eb
Gallese–Vasanello, Stazione– 91 Eb
Galletti [SV] 55 Dc
Galli [CZ] 137 Cb
Galli [UD] 41 DEab
Galli [VC] 45 Ba
Galli, li– 113 Ed
Gállia [PV] 45 FGb
Galliana [FI] 69 Db
Galliano [CO] 21 Bd
Galliano [FI] 67 Fb
Gallianta [VE] 51 Eb
Galliate [NO] 31 Gc
Galliate Lombardo [VA] 19 Gd
Galliávola [PV] 45 Fb
Gallicano [LU] 65 Fb
Gallicano nel Lazio [ROMA] 97 GHb
Gallicchio [PZ] 129 Cc
Gallicianó [RC] 141 Fc
Gállico [RC] 141 DEbc
Gállico Marina [RC] 141 Dbc
Gallidoro, Monte– 157 DEd
Galliera [BO] 49 Hd
Galliera Véneta [PD] 37 Gab
Gallignano [AN] 79 Eb
Gallignano [CR] 35 Bcd
Gallina [RC] 141 DEc
Gallina [SI] 83 DEbc
Gallina, Cima– / Rollspitze 3 BCb
Gallina, Col della– 25 Gb
Gallina, Punta della– 1 Db
Gallina, Punta della– (I) = Hennesiegel–Spitze 1 Db
Gallina, Spiz– 11 EFd
Gallinara, Isola– 63 Hb
Gallinara, Monte– 57 Fb
Gallinaro [FR] 99 Gca
Gallinaro, Bivio– [FR] 99 Gc
Gallinaro, Pizzo di– 151 FGb
Gallinola, la– 107 Fb
Gállio [VI] 25 Bc
Gallinazza [UD] 41 Eb
Gallipoli [LE] 125 CDc
Gallipoli [MT] 129 Ca

Gallipoli Cognato e delle Dolomiti Lucane, Parco Naturale– 129 Cab
Galliporo, Fiumara– 139 FGb
Gallisterna [RA] 61 BCd
Gallitano, Monte– 157 Eb
Gallitello, Stazione di– 149 Fc
Gallivàggio [SO] 5 Gc
Gallizzi [PZ] 131 Dab
Gallo [AQ] 99 Da
Gallo [BO] 61 Bc
Gallo [CE] 107 Cc
Gallo [FE] 51 Bd
Gallo [FC] 69 FGb
Gallo [ME] 145 Eb
Gallo [PU] 71 Ed
Gallo [RE] 49 Bd
Gallo, Acqua del– 7 Fb
Gallo, Capo– 147 Ba
Gallo, Casino– [CS] 131 Ec
Gallo, Fosso del– 95 Ca
Gallo, Lago di– 107 Eb
Gallo, Monte– [BS] 35 Fa
Gallo, Monte– [PA] 147 Ba
Gallo, Monte– [RC] 139 Fc
Gallo, Pizzo del– 149 Eb
Gallo, Ponte del– 7 Fb
Gallo d'Alba [CN] 55 Aab
Gallodoro [ME] 141 Bd
Gallo d'Oro, Fiume– 153 Cc
Gallo Grinzane [CN] 55 ABab
Gallo Matese [CE] 107 Eb
Gallopani, Bosco di– 133 Cb
Galloppá, Serra di– 133 EFd
Galloro, Monte– 85 Fd
Galluccio [CE] 107 Cb
Galluffi [ME] 141 Ccd
Gallura 161 Dc
Galsaun / Colsano [BZ] 9 Db
Galtellì [NU] 171 Fa
Galtür [A] 1 ABb
Galugnano [LE] 125 Eb
Galvagnina [MN] 49 Ec
Galzignano Terme [PD] 37 Gd
Gamagna [RI] 93 Cc
Gamalero [AL] 45 Ecd
Gámbara [BS] 35 Ed
Gambarana [PV] 45 Fb
Gambarare [VE] 39 CDc
Gambàrie [RC] 141 EFbc
Gámbaro [PC] 57 Cb
Gámbaro [RO] 51 Bbc
Gambasca [CN] 53 DEb
Gambassi Terme [FI] 73 Fb
Gambatesa [CB] 109 Cab
Gambellara [RA] 61 Ecd
Gambellara [VI] 37 DEc
Gamberaldi [RA] 69 Cb
Gamberale [CH] 101 Cb
Gambéttola [FC] 69 GHb
Gambina [AL] 55 EFab
Gambolò [PV] 31 Hd
Gambugliano [VI] 37 Eb
Gambulaga [FE] 51 Cd
Gameli, Serra di– 131 Dd
Gamellona [CN] 55 Bc
Gameragna [SV] 55 Ec
Gaminella [AL] 45 Cb
Gammauta, Lago di– 151 FGa
Gamogna, Monte di– 69 Cb
Gampberg / Campo, Monte– 3 BCcd
Gampen Joch / Palade, Passo delle– 9 Eb
Gamser / Camosci, Cima dei– 9 Gb
Gamskar Spitze 3 Ca
Ganaceto [MO] 59 Fa
Ganaghello [PC] 47 Cb
Gancio, Monte [RC] 139 Fc
Gand / Ganda di Martello [BZ] 9 Cab
Ganda di Martello / Gand [BZ] 9 Cab
Gandazzolo [FE] 61 Ba
Gandellino [BG] 21 Gbc
Gandino [BG] 21 Gd

Gandolfi, Case– [BO] 61 Bbc
Gándoli [TA] 121 Fc
Gandosso [BG] 35 Cab
Ganfardine [VR] 37 ABc
Gangaglietti [CN] 43 Hd
Ganghereto 75 Eb
Gangi [PA] 153 Ea
Gangi [PA] 147 Hd
Gangi, Fiume– 153 Fa
Ganna [VA] 19 GHc
Gannano, Bacino di– 129 Ec
Gannano del Monte [MT] 129 Ebc
Ganzanigo [BO] 61 Bbc
Ganzirri [ME] 141 Db
Gaon [VR] 35 Hb
Garabiolo [VA] 19 Gb
Garadassi [AL] 47 Ad
Garagnone, Castello di– 117 Db
Garaguso [MT] 129 Da
Garavagna [CN] 53 Gc
Garavati–Moladi [VV] 139 CDb
Garave, Monte– 47 Bd
Garaventa [GE] 57 ABb
Garavicchio [GR] 89 Eb
Garavóglia [VC] 31 Cd
Garbagna [AL] 45 GHd
Garbagna Novarese [NO] 31 FGc
Garbagnate Milanese [MI] 33 Cb
Garbagnate Monastero [LC] 21 Cd
Garbana [PV] 31 Gd
Garbaoli [AT] 55 Cb
Garbarini [GE] 57 Bc
Garbarino [GE] 57 Bb
Garbatella [ROMA] 97 EFb
Garbátola [MI] 33 BCb
Garbugliaga [SP] 57 Ed
Garda [BS] 23 BCb
Garda [VR] 35 Hb
Garda, Isola di– 35 Gb
Garda, Lago di– (Benaco) 35 Gb
Garda, Monte– 25 DEc
Gardaland 35 Hc
Gardéccia, Rifugio– 11 Ac
Gardena, Passo di– / Grödner Joch 11 Bb
Gardena, Rio– / Grödnerbach 9 Hb
Gardena, Val– / Grödner Tal 11 ABb
Gardenáccia, la– / Gardenatscha-H. 11 BCb
Gardenatscha-H. / Gardenáccia, la– 11 BCb
Gardesana Orientale, Riserva Naturale– 23 EFd
Gardetta, Passo della– 53 BCc
Gardigiano [VE] 39 Db
Gardile, Monte– 145 Gb
Gárdola [BS] 23 Ed
Gárdolo [TN] 23 Gb
Gárdolo di Mezzo [TN] 23 Gb
Gardona, Castello di– 11 Ed
Gardoncino [BS] 35 Gb
Gardone Riviera [BS] 35 Gb
Gardone Val Trómpia [BS] 35 DEa
Gardosu, Rio su– 171 Fa
Gardu, Nuraghe su– 171 Fa
Garedo / Gereuth [BZ] 3 Cc
Garella di Fondo Isola [BI] 31 Db
Garelli, Rifugio– 63 Ea
Gares [BL] 11 Cd
Garéssio [CN] 63 Ga
Garessio 2000 [CN] 53 Hd
Garezzo, Colla– 63 Eb
Garfagnana 65 FGb
Garga, Fiume– 131 Ec
Gargagnago [VR] 37 Bb
Gargallo [MO] 49 Ed
Gargallo [NO] 19 Ed
Gargalupo, Monte– 151 Fb
Gargani [NA] 113 Fb
Gargano, Parco Nazionale del– 103 Fc
Gargano, Promontorio del– 103 FGbc
Gargano, Testa del– 103 Hbc
Gargaruso, Monte– 127 Eb

Gargazon / Gargazzone [BZ] 9 Fb
Gargazzone / Gargazon [BZ] 9 Fb
Gargioli, Cozzo– 153 Aa
Gargnano [BS] 35 GHa
Gargonza [AR] 75 EFcd
Gari, Fiume– 107 BCb
Garibaldi, Monumento a– 141 EFb
Garibaldi, Rifugio– [TE] 93 Fb
Garibaldi, Rifugio– [TN] 23 DEcd
Garibaldi, Tomba di– 161 Eb
Garibaldi Giuseppe, Case di– 161 Eb
Gariffi, Pantano– 159 Ed
Gariga [PC] 47 DEbc
Garigliano, Fiume– 107 Bc
Garigliano, Monte– 133 Cd
Gariglione, Stazione Forestale di– 133 Cd
Garisi [PA] 153 DEb
Garlasco [PV] 45 Ga
Garlate [LC] 21 Dd
Garlate, Lago di– 21 Dd
Garlenda [SV] 63 Gb
Garliano [AR] 69 Dd
Garna [BL] 25 Gb
Garnier [TO] 43 Dbc
Garniga Terme [TN] 23 Gbc
Garófali [CE] 107 CDc
Garófali, Piano– 155 Dd
Garófalo [RO] 51 Cc
Garófano [MO] 59 FGc
Garolda [MN] 49 Eb
Garoppi [AL] 45 Cb
Garramillo, Timpone– 131 Cbc
Garrano [TE] 87 DEd
Garriano [AL] 45 Db
Garroni, i– [AT] 55 Cb
Garrufo [TE] 87 Ed
Garrufo [TE] 87 Dd
Garulla Inferiore [AP] 87 Bbc
Garza, Torrente– 35 Eb
Garzaia di Carisio, Riserva Naturale della– 31 Dc
Garzaia di Villarboit, Riserva Naturale della– 31 DEc
Garzano [CE] 107 Fd
Garzara [RO] 51 Ebc
Garzeno [CO] 21 Cb
Garziere [VI] 37 Ea
Garzigliana [TO] 43 Fc
Garzirola, Monte– 21 Bb
Garzonè, Lago– 23 Eb
Gasoru, Nuraghe– 175 Dbc
Gaspanella [RG] 159 Bc
Gasperina [CZ] 137 CDc
Gasponi [VV] 139 Cab
Gassano [MS] 57 Gd
Gássino Torinese [TO] 43 Hb
Gassl [BZ] 3 Fc
Gastaldi, Rifugio– 29 Ec
Gastea, Monte– 175 Da
Gasteig / Casateia [BZ] 1 Ib
Gastra [AR] 69 Cde
Gastra, Varco di– 69 Cde
Gatta [RE] 59 Cc
Gattáia [FI] 67 Gbc
Gattano, Torrente– 157 Fd
Gattara [PU] 69 FGd
Gattático [RE] 49 Bd
Gatteo [FC] 69 Hb
Gatteo a Mare [FC] 71 Cab
Gáttera, Casa– [PI] 73 EFc
Gatterella, Torre– 103 GHbc
Gatti, Masseria li– [FG] 103 Bcd
Gatti, Serra dei– 109 Eb
Gáttico [NO] 31 EFa
Gattières [Fr.] 63 ABd
Gattina, Monte la– 127 Fc
Gattinara [VC] 31 Eb
Gatto, Osteria del– [PG] 77 Fd
Gatto, Scoglio del– 81 ins.a
Gattolino [FC] 69 Gab
Gattorna [GE] 57 ABc
Gaude / Flading [BZ] 1 Hb
Gaudella, Masseria– [MT] 129 Fb
Gaudella, Masseria– [TA] 121 Db
Gaudello [NA] 113 Eb

Gaudénzio, Masseria– [BA] 119 Bb
Gaudiano [PZ] 111 Bd
Gáudio, Casone del– [SA] 115 Cc
Gáuna [TO] 29 Ic
Gauro [SA] 115 Bc
Gavardo [BS] 35 Fb
Gavarno [BG] 33 Ga
Gavaseto [BO] 61 Aa
Gavassa [RE] 59 DEa
Gavasseto [RE] 59 DEab
Gavaz [BL] 11 Dcd
Gavello [MO] 49 FGc
Gavello [RO] 51 Db
Gavelle [VI] 25 Bc
Gavelli [PG] 85 Fd
Gavello [MO] 49 FGc
Gavello [RO] 51 Db
Gavénola [IM] 63 Fb
Gaver, Malga– 23 Cc
Gaverina Terme [BG] 21 Gd
Gavi [AL] 55 Fb
Gavi, Isola di– 105 ins.a
Gavi, Monte– 47 Cd
Gávia [AL] 45 Gd
Gávia, Passo di– 7 Gcd
Gávia, Rifugio di– 7 GHc
Gávia, Val di– 7 GHc
Gavignano [AR] 75 Ec
Gavignano [RI] 91 Fc
Gavignano [ROMA] 99 Cc
Gavignano [SI] 73 Gc
Gavigno [PO] 67 Gb
Gaville [AN] 77 Fc
Gaville [FI] 75 Db
Gavin, Bec– 29 Hab
Gavinana [PT] 67 Cb
Gavirate [VA] 19 Gcd
Gavitella, Casa– [FG] 109 Hc
Gavói [NU] 175 Dc
Gavonata [AL] 45 Ed
Gavorrano [GR] 81 Gc
Gavorrano, Stazione di– 81 Gc
Gazoldo degli Ippoliti [MN] 49 Ca
Gažon [SLO] 41 Hc
Gazza, Monte– 23 Fb
Gazzada Schianno [VA] 19 GHd
Gazzane [BS] 35 Fab
Gazzane [BS] 35 FGb
Gazzaniga [BG] 21 FGd
Gazzano [RE] 59 CDd
Gazzaro [RE] 49 Bd
Gazzaro, Monte– 67 Fb
Gazzelli [IM] 63 FGc
Gazzena [CT] 155 Fdb
Gazzi [ME] 141 Dbc
Gazzo [GE] 55 EFc
Gazzo [IM] 63 Fb
Gazzo [MN] 49 Bb
Gazzo [MN] 49 Eb
Gazzo [PD] 37 Gb
Gazzo [PR] 57 Eab
Gazzo [SV] 63 Gab
Gazzol [VR] 37 Cc
Gazzola [PC] 47 Dc
Gazzoli [PC] 47 Cc
Gazzoli [VR] 35 Hb
Gazzolo [AL] 45 FGb
Gazzolo [CR] 47 GHb
Gazzolo [GE] 55 Gb
Gazzolo [RE] 59 Bc
Gazzolo [VR] 37 Dc
Gazzo Veronese [VR] 49 Fab
Gazzuoli [MN] 49 Ba
Gazzuolo [MN] 49 Cb
Geat, Rifugio– 43 Eb
Geat Val Gravio, Rifugio– 43 Eb
Gebbia, Valle di– 151 FGb
Gebbo [VB] 15 Dc
Geddai, Rio de– 175 Ea
Gela [CL] 157 Fd
Gela, Fiume– 157 Fd
Gela, Golfo di– 157 EFd
Gela, Piana di– 159 Bbc

Gelagna Alta [MC] 85 Fb
Gelagna Bassa [MC] 85 FGb
Gelas, Cima del– 63 Cb
Gelato, Lago– [TN] 9 Cd
Gelato, Lago– [TO] 29 Gbc
Gelato, Passo– / Eisjöchl 1 FGc
Gelkhamar, Monte– 151 ins.a
Gello [AR] 69 Ed
Gello [AR] 75 Gb
Gello [AR] 75 Gbc
Gello [PI] 65 Fd
Gello [PI] 73 Db
Gello [PI] 73 Gb
Gello [PI] 73 Ecd
Gello [PT] 67 Dc
Gello Biscardo [AR] 75 Fb
Gello Mattaccino [PI] 73 Dbc
Gelo, Serra del– 137 Cc
Gelsari, Bonifica– 155 Fcd
Gelsomini, Costa dei– 141 EFc
Gemella Occidentale, Testa– 3 FGa
Gemella Occidentale, Testa– (I) = Westlicher Zwillingkopf 3 FGa
Gemelli, Laghi– 21 Fbc
Gemelli, Monte– 69 Dc
Gemerello [TO] 43 Fcd
Gémini [LE] 125 DEd
Gemini, Isole– 81 Dd
Gemmabella, Casa– [BA] 119 Cc
Gemmano [RN] 71 Dc
Gemona del Friuli [UD] 13 Dd
Gemonio [VA] 19 FGc
Gena [BL] 25 Ea
Genazzano [ROMA] 99 Bbc
Genepreto [PC] 47 Cc
Generoso, Monte– 21 Bc
Genestrello [PV] 45 Hbc
Genga [AN] 77 Gc
Génis, Monte– 179 Da
Genisi, Stazione– 159 Cc
Genivolta [CR] 35 Ccd
Genna Arredelu 171 CDd
Genna Arrela, Arcu– 175 Fd
Genna Bogai, Arcu– 173 CDc
Genna Corte, Nuraghe– 175 BCa
Genna e Cresia [NU] 175 EFb
Genna Limpia, Monte– 173 Db
Gennamari [CA] 173 CDbc
Genna Maria, Monte– 173 EFb
Genna Maria, Nuraghe– 173 Fb
Gennargentu, Monti del– 171 DEcd
Genn'Argiolas 179 EFa
Gennas, Punta is– 173 Db
Genna Spina 169 Ecd
Genna su Ludu 175 EFb
Genna Tres Montis 175 Dc
Genna Uassa, Cantoniera– [NU] 175 Da
Genn'e Spina, Casa– [CA] 179 Fb
Genniomus [CA] 177 Ec
Genola [CN] 53 FGb
Genola, Stazione di– 53 Gb
Genoni [NU] 175 BCb
Gènova [GE] 55 Gc
Genova, Casa– [CH] 95 Ga
Gènova, Golfo di– 55 Gde
Gènova, Rifugio– 63 BCa
Gènova, Rifugio– / Schlüter–Hütte 11 Bb
Gènova, Val di– 23 DEa
Genovese, Grotta del– 149 Bbc
Genovese, Punta– 149 Bbc
Gentile, Col– 13 Bc
Gentile, Masseria– [BA] 117 Gb
Genuardo, Monte– 151 EFa
Genuri [CA] 173 Fa
Genzana, Monte– 99 Hb
Genzano [AQ] 93 Da
Genzano, Stazione di– 117 Cc
Genzano di Lucánia [PZ] 117 Cb
Genzano di Lucánia, Lago di– 117 Cb
Genzano di Roma [ROMA] 97 FGc
Genziana, Monte– 171 Ec
Genzone [PV] 47 BCab
Geo [GE] 55 Gbc

Geo Chavez, Cippo a– 19 Db
Gepatschhaus [A] 1 Eb
Geppa [PG] 85 EFd
Gera, Torrente– 21 Hc
Gerace [RC] 141 Hb
Gerace, Fiumara– 141 GHb
Gerace, Monte– 153 Fc
Geracello [EN] 153 Fc
Geraci Sículo [PA] 147 Gc
Gera Lário [CO] 21 Dab
Gerano [ROMA] 99 BCb
Gerba [AT] 45 CDc
Gerbi [CN] 53 Fbc
Gérbidi [VC] 31 Cd
Gérbido [PC] 47 Eb
Gérbido di Costagrande [TO] 43 Ec
Gerbini [CT] 155 DEc
Gerbo [CN] 53 FGb
Gérbola [CN] 53 EFb
Gérbola [CN] 53 Fgb
Gérchia [PN] 13 Cd
Geremeás [CA] 179 Eb
Gerenzago [PV] 47 Ca
Gerenzano [VA] 33 BCb
Gereuth / Garedo [BZ] 3 Cc
Gerfalco [GR] 81 Gab
Gergei [NU] 175 Cc
Gericómio [ROMA] 97 GHb
Gerione, Ruderi di– 101 Gc
Gerla, La– / Kraxentrager 3 Cab
Gerli, Rifugio– 7 Gc
Gerlo, Pizzo– 21 Fb
Gerlotto [AL] 45 Ec
Germagnano [TO] 29 Gd
Germagno [VB] 19 Ec
Germanasca, Torrente– 43 Dc
Germanasca, Val– 43 Dc
Germanedo [LC] 21 Dc
Germano [CS] 133 CDbc
Germásino [CO] 21 Cb
Germignaga [VA] 19 Gbc
Gerniero, Monte– 127 Ec
Gerocarne [VV] 139 Eb
Gerola Alta [SO] 21 Eb
Gerolanuova [BS] 35 CDc
Geroli [TN] 23 GHc
Gerosa [BG] 21 Ecd
Gerosa, Lago di– 87 Cc
Gerre de' Caprioli [CR] 47 Gb
Gerrei 175 Ec
Gerrone [LO] 47 Eb
Gésico [CA] 175 Cc
Gésico, Fermata– 175 Cc
Gessaro, Colle– 101 Fc
Gessate [MI] 33 Cb
Gessi [AT] 45 Cb
Gessi, i– [GR] 81 Hb
Gessi Bolognesi e Calanchi dell'Abbadessa, Parco Regionale dei– 61 Ac
Gesso [BO] 59 Hc
Gesso [BO] 61 ABd
Gesso [ME] 141 Cb
Gesso [PU] 71 CDc
Gesso, Torrente– 53 Fc
Gesso Barra, Torrente– 53 Ed
Gesso della Valletta, Torrente– 53 Ed
Gessopalena [CH] 101 Ca
Gésturi [CA] 175 BCb
Gésturi, Giara di– 169 Fd
Gesualdo [AV] 115 Cab
Gesuini, Masseria– [LE] 125 Eb
Gesuiti [CS] 135 Ca
Gets, Les– [Fr.] 17 ABb
Gettina, Bric– 55 Cd
Getzemberg / Monghezzo [BZ] 3 Dc
Gfrill / Caprile [BZ] 9 Fd
Gfrill / Cauría [BZ] 9 Fd
Ghedi [BS] 35 Ec
Ghedina, Rifugio– 23 Cb
Ghemme [NO] 31 Eb
Gherardi [FE] 51 Dcd
Gherba [AT] 45 Ac
Gherghenzano [BO] 59 Ia
Gherra, Monte– 165 Db
Ghetto [MO] 49 EFc

Ghévio [NO] 19 EFd
Ghez, Cima di– 23 Fb
Ghezzano [PI] 65 Fd
Ghezzi [AL] 45 Fc
Ghiacciaio dei Forni, Albergo– 9 Bc
Ghiáia, Fosso– 61 Fc
Ghiáie [PV] 45 Gb
Ghiandone, Torrente– 43 Fd
Ghiare [AT] 45 Dcd
Ghiare [PR] 59 BCa
Ghiare [PR] 57 Fb
Ghiare, le– [PR] 57 Gb
Ghiaroni [BO] 61 Bb
Ghibullo [RA] 61 Ec
Ghietta, Masseria– [LE] 123 Fc
Ghiffa [VB] 19 Fc
Ghiffi, Monte– 57 Cc
Ghigliani [CN] 53 Hbc
Ghigo [CN] 43 Gd
Ghigo [TO] 43 Gc
Ghilarza [OR] 169 EFb
Ghimbegna, Passo– 63 Ec
Ghinghetta, Scoglio la– 177 Cb
Ghinivert, Bric– 43 CDc
Ghirano [PN] 25 Hcd
Ghirlanda [GR] 81 Gb
Ghisalba [BG] 33 Gb
Ghisciera, Puntetta della– 165 Ab
Ghisiolo [MN] 49 Ea
Ghisione [MN] 49 Fb
Ghislarengo [VC] 31 Eb
Ghisola [CN] 53 Da
Ghivizzano [LU] 65 FGb
Ghizzano [PI] 73 Eb
Ghorío [RC] 141 Fc
Giacalone [PA] 147 Bb
Giacciano [RO] 51 Ab
Giacciano con Baruchella [RO] 51 Ab
Giaccone, Casa– [AG] 151 Db
Giaccusa, Casa– [AG] 151 Fc
Giacomo, Colle di– 109 Bab
Giacopiane, Lago di– 57 Cc
Giada, Parco Zoo– 127 Fd
Giaf, Rifugio– 11 FGc
Giafaglione, Monte– 151 Gc
Giafante, Scoglio– 143 Cb
Giaglione [TO] 43 CDab
Giai [VE] 27 BCd
Giai [VE] 27 ABd
Giáia [PA] 147 Gd
Giaiette [GE] 57 Cc
Giáire Sottane [SV] 55 Bd
Giáis [PN] 27 Ab
Giáis, Forcella di– 25 Hb
Gialin, Punta– 29 Gb
Giallonardo [BN] 107 GHc
Giammaria, Monte– 147 Bd
Giammartino [TE] 87 Fd
Giammatura, Monte– 87 Dd
Giammoro [ME] 141 Bb
Giamosa [BL] 25 EFb
Giampilieri Marina [ME] 141 Cc
Giampilieri Superiore [ME] 141 Cc
Giandeto [RE] 59 Dbc
Gianetti, Rifugio– 5 Hd
Gianforma [RG] 159 DEc
Giangianese, Monte– 153 Ca
Giani, Monte– 115 Ec
Giánico [BS] 21 Hlc
Giannavì, Casa– [SR] 159 Eb
Giannella, Tombolo della– 89 CDb
Giannelli, Masseria– [LE] 125 Dcd
Gianni, Casa– [PA] 147 Hc
Giannone [PI] 65 Fd
Giannutri, Isola di– 89 Cc
Giano, Monte– 93 Cb
Giano dell'Úmbria [PG] 85 Dcd
Giánola, Torre– 107 ABc
Giánola e del Monte di Scauri, Parco di– 107 ABc
Gianoli [CN] 45 Ac
Gianotti [TO] 29 Hd
Giano Vetusto [CE] 107 Ec
Gíaon Villanova [BL] 25 Fb
Giara [VR] 37 CDc
Giara, sa– 175 Cb

Giarabassa [PD] 37 Gb
Giardina Gallotti [AG] 157 ABb
Giardinelli, Torre– [RG] 159 Cd
Giardinello [PA] 147 Ccd
Giardinello [PA] 147 Ab
Giardinello, Masseria– [PA] 151 Fa
Giardinetto [FG] 109 Fbc
Giardinetto, il– [AL] 45 Ec
Giardini [SI] 83 Db
Giardini, Casa– [VI] 25 ABc
Giardini, i– [CS] 131 FGb
Giardini–Náxos [ME] 141 Bde
Giardino [BO] 61 Cc
Giardino, Casa del– [LU] 65 Gb
Giardino, il– [GR] 89 DEb
Giardino Buonaccorsi [MC] 79 FGc
Giardo, Cantoniera– [PA] 147 Cd
Giardonda, Monte– 59 Cc
Giardone, Nuraghe– 179 Ec
Giare [VC] 19 Dcd
Giare [VR] 37 Bb
Giare, le– [RO] 51 ABb
Giarella [AL] 45 GHc
Giarette [SI] 51 Gc
Giarnera Grande, Masseria– [FG] 109 FGc
Giarola [PR] 47 GHd
Giarola [RE] 59 Bc
Giarole [AL] 45 Eb
Giarolo [AL] 47 Ad
Giarolo, Monte– 47 Ad
Giaroni [BL] 25 Cc
Giarratana [RG] 159 Db
Giarre [CT] 155 FGa
Gias d'Ischietto [CN] 63 Ca
Giase, Monte– 157 FGc
Giássico [GO] 27 Fc
Gias Vei 53 Dd
Giau, Passo di– 11 Dc
Giave [SS] 165 Ec
Giavenale [VI] 37 Ea
Giaveno [VI] 43 EFb
Giávera del Montello [TV] 25 EFd
Giavino, Monte– 29 Hb
Giavone [VR] 37 DEd
Giavons [UD] 27 CDb
Giazza [VR] 37 Cab
Giazzera [TN] 23 Gc
Giba [CA] 177 Dc
Gibais Ábis 175 EFc
Gibas, Castello– 175 Fd
Gibbesi, Monte– 157 Dc
Gibbesi, Torrente– 157 Dc
Gibbesi Nuovo [AG] 157 Dc
Gibbesi Vecchio [AG] 157 Dc
Gibelè, Monte– 151 ins.a
Gibellina [TP] 149 Fd
Gibellina, Monti di– 149 Ecd
Gibellina, Ruderi di– 149 Fd
Gibil Gabel, Monte– 153 Ec
Gibilmanna, Santuario di– 147 FGbc
Gibilmesi, Monte– 147 Bb
Gibli, Monte– 157 EFc
Gibliscemi, Casa– [CL] 157 Fc
Giblíscemi, Monte– 157 Fc
Gídolo, Rio– 175 Fb
Giezza, Pizzo– 15 Dc
Giffone [RC] 139 DEc
Giffoni Sei Casali [SA] 115 Bc
Giffoni Valle Piana [SA] 115 Bc
Gigante, Dente del– 17 Cc
Gigante, Masseria– [BA] 119 Bb
Giganti, Tomba dei– 171 Ecd
Giganti della Sila Fallistro, Riserva Naturale Biogenetica Guidata– 135 Eb
Gigli, Lido dei– [ROMA] 105 Ba
Gigliana [MS] 57 Fc
Giglio, Borro del– 75 Eb
Gíglio, Isola del– 89 Bb
Giglio, Punta del– 165 Bb
Giglio Campese [GR] 89 Bbc
Giglio Castello [GR] 89 Bb
Gigliola [FE] 51 Fc
Gigliola [FI] 73 Gb

Giglio Porto [GR] 89 Bb
Gignese [VB] 19 EFc
Gignod [AO] 17 Ed
Gilba [CN] 53 Db
Gilba, Torrente– 53 DEb
Gilberti, Rifugio– 13 Fc
Gildone [CB] 109 Ba
Gildone, Monte di– 109 Bab
Gilodi, Rifugio– 19 Dd
Gimello [ME] 141 Cbc
Gimigliano [AP] 87 Dc
Gimigliano [CZ] 137 Db
Gimillian [AO] 29 Fgb
Gimmelli, Masseria– [AV] 113 FGb
Gimont, Monte– 43 Bc
Ginepro, Cala– 167 Gd
Ginèr, Cima– 9 Cc
Ginestra [PZ] 115 Gb
Ginestra [RI] 91 GHc
Ginestra, Portella– 147 Bbc
Ginestra, Torrente– 109 Dc
Ginestra degli Schiavoni [BN] 109 Dc
Ginestra Fiorentina [FI] 67 Ed
Ginestreto [FC] 69 GHc
Ginestreto [PU] 71 Ecd
Ginestreto [SI] 75 Cd
Ginestro [SV] 63 FGb
Ginestro, Passo di– 63 Fb
Ginezzo, Monte– 77 Bd
Ginistrelli, Masseria– [PZ] 111 Ad
Ginnircu, Punta– 171 Gc
Gino, Pizzo di– 21 Bb
Ginosa [TA] 121 Cb
Ginostra [ME] 143 FGa
Giocondo, Castel– [SI] 83 Cb
Giogo, Malga del– 11 ABbc
Giogo, Monte del– 57 Gcd
Giogo Alto / Hochjoch 1 Ec
Giogo Alto / Hohes Joch 1 Cc
Giogo di Mezzo 3 Fc
Giogo di Mezzo (I) = Mitterjöch 3 Fa
Giogoli [FI] 67 EFd
Giogo Lungo, Rifugio– 3 Ga
Gioi [SA] 127 Cc
Gioia, Casino– [BA] 111 DEc
Gióia, Castello di– 107 Fbc
Gioia, Golfo di– 139 Bbc
Gioia, Piana di– 139 Cbc
Gioia dei Marsi [AQ] 99 Gb
Gioia del Colle [BA] 119 Bc
Gióia Sannitica [CE] 107 Ec
Gióia Tauro [RC] 139 Cc
Gioia Vecchio [AQ] 99 Gb
Gioiella [PG] 83 Fd
Gioiello [PU] 77 BCc
Gioiosa Guárdia, Monte– 177 DEb
Gioiosa Iónica [RC] 139 Ecd
Gioiosa Marea [ME] 145 Ea
Gioiosa Vecchia 145 Eab
Gioiotti [PA] 147 Gd
Giómici [PG] 77 Ed
Giona, Torrente– 19 Gb
Gióncoli [SA] 127 Ec
Gionghi [TN] 23 Hc
Gionzana [NO] 31 Fc
Giordano, Capo– → Altano, Capo– 177 Cb
Giordano, Masseria– [BA] 119 Cc
Giordano, Monte– 53 Cc
Giorgia, la– [AQ] 99 Eb
Giorgina, la– [AQ] 99 Da
Giórgino [CA] 179 Cb
Giorgio [BA] 117 Ca
Giorsetti [CN] 53 Dbc
Giorzi Massone, Nuraghe– 165 Db
Giovagallo [MS] 57 Fd
Giovannicchio, Monte– 103 Fbc
Giove [TR] 91 Dab
Giove, Monte– [TE] 93 Ga
Giove, Monte– [VB] 15 Eb
Giove Anxur, Tempio di– 105 Fc
Giovecca [RA] 61 Db
Giovenco, Fiume– 99 Ga

Gioveretto / Zufritt–Spitze 9 Cbc
Gioveretto, Lago di– / Zufrittsee 9 Cbc
Gioveretto, Rifugio– / Zufritt–Hütte 9 Cbc
Giovetti, Colle dei– 55 Bd
Giovi [AR] 75 FGb
Giovi [GE] 55 Gb
Giovi, Monte– 67 Gc
Giovi, Passo dei– 55 Gb
Gioviano [LU] 65 FGbc
Giovinazzo [BA] 111 FGc
Giovo [SV] 55 Dc
Giovo [TN] 23 Gab
Giovo, Colle del– 55 Dc
Giovo, Foce del– 65 Eb
Giovo, Monte– 65 Gb
Gioz [BL] 25 EFab
Giraba [BL] 11 Fb
Giralba, Passo– 13 BCb
Giramondo, Passo– (I) = Giramondo Paß 13 BCb
Giramondo Paß = Giramondo, Passo– (I) 13 BCb
Girard, Punta– 29 EFc
Girardi [ROMA] 97 Fa
Girasole [NU] 171 FGd
Girátola 67 Fbc
Giresi, Monte– 155 Cc
Girgenti [RI] 93 Cc
Girifalco [CZ] 137 Cc
Girifalco [TA] 121 Cc
Girini [SV] 55 CDc
Girlan / Cornaiano [BZ] 9 Fc
Giroconzolàu, Cantoniera– [NU] 175 Da
Girone, Monte– 69 DEb
Girónico [CO] 21 ABd
Girónico al Monte [CO] 21 ABd
Girónico al Piano [CO] 21 ABd
Gisira Grande [SR] 159 Ec
Gisira Pagana [RG] 159 Ec
Gisola [TO] 29 Gd
Gissi [CH] 101 Ea
Gißmann / Madonnina di Renon [BZ] 9 Gb
Gisuole [CN] 55 Bb
Giubiasco [Svizz.] 21 ABab
Giudecca, la– 39 Dc
Giúdica, Cozzo– 153 Dc
Giudicarie, Valli– 23 DEc
Giudice Giorgio [LE] 125 Cb
Giuffrida, Torre– 135 Db
Giuggianello [LE] 125 Fc
Giugliano in Campania [NA] 113 Db
Giugliano–Qualiano, Stazione– 113 Cb
Giúgnola [FI] 61 Ad
Giulfo, Monte– 153 EFb
Giulia, Masseria– [PZ] 115 Gb
Giuliana [PA] 151 Fab
Giulianello [LT] 99 Bc
Giulianello, Lago di– 97 GHc
Giulianello, Masseria– [TA] 121 Gb
Giuliani [AL] 55 Db
Giuliani [NA] 113 EFbc
Giuliano [LE] 125 EFd
Giuliano [PZ] 115 Gc
Giuliano di Roma [FR] 105 Fa
Giuliano Teatino [CH] 95 Dc
Giulianova [TE] 87 Fd
Giulianova Lido [TE] 87 Fd
Giulio, Monte– 99 Hb
Giulio, Ponte– 83 Gd
Giuliópoli [CH] 101 CDb
Giulis, Rio– 23 Dc
Giumarra [CT] 155 Cc
Giumenta, Serra della– 135 Ea
Giumenta, Serra la– 127 Cc
Giummarraro, Ponte– 157 Bc
Giummello, Pizzo– 157 Cbc
Giuncana [SS] 163 Fc
Giuncano Scalo [TR] 85 Dde
Giuncárico [GR] 81 Gc
Giuncárico, Stazione di– 81 GHc
Giuncata, Masseria– [BA] 117 Dab
Giunco, Porto– 179 EFc

Giuncugnano [LU] 59 Bd
Giungano [SA] 127 Bb
Giunturas, Rio– 163 Fd
Giuranna, Masseria– [LE] 125 Dd
Giurdignano [LE] 125 Fc
Giussago [PV] 33 Cd
Giussago [VE] 27 Cd
Giussano [MI] 33 Da
Giussin [TV] 25 Ec
Giustènice [SV] 63 Hab
Giusti, Casa– [PI] 73 Dcd
Giustimana [AP] 87 Cd
Giustiniana, la– [ROMA] 97 Eab
Giustino [TN] 23 Eb
Giustizieri, Cantoniera– [NU] 171 Fc
Giusto, Monte– 105 Fbc
Giusvalla [SV] 55 Dc
Giuvigiana, Monte– 67 Gb
Givigliana [UD] 13 BCb
Givoletto [TO] 43 FGab
Gizio, Fiume– 99 Ha
Gizzeria [CZ] 137 Bab
Gizzeria Lido [CZ] 137 Bb
Gizzi [RI] 93 Ba
Glacier [AO] 17 Ec
Glacier, Monte– 29 Hb
Glaciers, Aiguille des– 17 Bd
Glardino, Masseria– [FG] 109 Gb
Glaunicco [UD] 27 Cc
Gleck / Colecchio 9 Cc
Gleises [TO] 43 FGab
Glen / Gleno [BZ] 9 Fd
Gleno / Glen [BZ] 9 Fd
Gleno, Monte– 21 Hb
Glera [PN] 27 Ab
Gleris [PN] 27 Fc
Gletsch [Svizz.] 15 Ea
Gliáca [ME] 145 DEab
Glinni, Masseria– [PZ] 117 Bc
Glochenkar–Korpf = Vetta d'Italia (I) 3 FGa
Glorenza / Glurns [BZ] 1 Dcd
Glori [IM] 63 EFc
Glória, Abbazia della– 99 Cc
Gloriani [CE] 107 Dc
Glórie [RA] 61 Ec
Glorioso, Casa– [PA] 147 GHd
Glurns / Glorenza [BZ] 1 Dcd
Glüschaint, Piz– 7 CDc
Glüschaint, Punta– 7 CDc
Gnesau [A] 13 la
Gnifetti, Punta– 19 Bc
Gnifetti, Rifugio– 19 Bc
Gnignano [MI] 33 Dcd
Gnignero, Masseria– [TA] 119 Dc
Gniva [UD] 13 Ec
Gnocca [RO] 51 Fgc
Gnocchetta [RO] 51 Gcd
Gnocchetto [AL] 55 EFb
Goau, Nuraghe– 169 Dc
Gobbera [TN] 25 Cb
Gobbera, Passo di– 25 Cab
Gocéano 171 Ca
Gocéano, Catena del– 167 BCd
Gódega di Sant'Urbano [TV] 25 Gc
Godenella [VI] 25 BCc
Godezza [RE] 49 BCc
Godi [PC] 47 Ec
Godi, Monte– 99 Hb
Gódia [UD] 27 Eb
Godiasco [PV] 45 Hc
Godo [RA] 61 Ec
Godrano [PA] 147 Cc
Goduti, Masseria– [FG] 109 Eab
Goffredo, Masseria– [FG] 109 Eb
Göflan / Covelano [BZ] 9 Cb
Göflaner–Hütte / Covelano, Rifugio– 9 Cb
Goga, la– [PG] 77 Cde
Goggianello [BO] 61 Cd
Góglio [VB] 15 Dc
Gogna, Bagni di– [BL] 11 Fb
Gogna, Torrente– 95 Ed
Gognano [RO] 51 BCb
Góido [PV] 45 Fb

Goillet, Lago– 17 GHc
Góito [MN] 35 GHd
Gola / Im Loch [BZ] 9 Hb
Gola, Passo di– 3 Fb
Gola, Passo di– (I) = Klammjoch 3 Fa
Gola della Rossa e di Frasassi, Parco della– 77 Gc
Golasecca [VA] 31 Fa
Golaso [PR] 57 Fa
Goldknopf / Punta d'Oro 11 Ab
Goldrain / Goldrano [BZ] 9 Cb
Gole del Raganello, Riserva Naturale– 131 Eb
Gole del Sagittario, Riserva Naturale– 99 Gb
Gole del Salinello, Riserva Naturale– 87 Dd
Gole di San Venanzo, Riserva Naturale – 93 Gd
Golette Sottana [CN] 53 Dd
Golferenzo [PV] 47 Bc
Golfo Aránci [SS] 161 Fcd
Golfo di Orosei e del Gennargentu, Parco Nazionale del– 171 Ecd
Golia, Timpone– 133 Cb
Golometto [GO] 41 FGb
Gomagoi [BZ] 7 Hb
Gomarolo [VI] 25 Bd
Gómbio [BS] 35 Dab
Gómbio [RE] 59 Cbc
Gombitelli [LU] 65 Fc
Gómbito [CR] 33 Gd
Gombo [PI] 65 Ed
Gomito, Monte– 67 Bb
Gonars [UD] 27 Ec
Gondo [Svizz.] 15 Cc
Gonella [AT] 45 Bc
Gonella, Rifugio– 17 BCcd
Gonengo [AT] 45 Ab
Goni [CA] 175 Dc
Goni, Nuraghe– 175 Dc
Gonnella, Masseria– [BA] 119 Bb
Gonnelli, Masseria– [BA] 119 BCb
Gonnesa [CA] 177 Cb
Gonnesa, Golfo di– 177 Cb
Gonnoscodina [OR] 173 EFa
Gonnosfanádiga [CA] 173 Dc
Gonnosnò [OR] 173 Fa
Gonnostramatza [OR] 173 EFa
Gonte [VB] 19 FGbc
Gonzaga [MN] 49 Dc
Gonzagone [MN] 49 Dbc
Goppenstein [Svizz.] 15 Ab
Goraiolo [PT] 67 Cc
Gorasco [MS] 55 Da
Gordena [AL] 55 Hb
Gordona [SO] 5 Gd
Gordona, Sasso– 21 Ac
Gorfigliano [LU] 65 Eb
Gorga [ROMA] 99 Ccd
Gorga [SA] 127 Cbc
Gorgacce, Monte delle– 77 Cc
Gorghe, le– [AR] 75 EFd
Gorghi Tondi 151 Bb
Górgia Cagna, Cima– 53 Dd
Górgiti [AR] 75 Eb
Gorgo [FE] 51 Bd
Gorgo [LI] 73 Cc
Gorgo [MN] 49 Eb
Gorgo [PD] 39 Bd
Gorgo [UD] 27 CDd
Gorgo [VE] 27 Cd
Gorgo, Laghetto– 151 Fc
Gorgo al Monticano [TV] 25 Hd
Gorgo Cerbara [PU] 77 Eb
Gorgo dei Molini [TV] 25 Hd
Gorgo della Chiesa [TV] 25 Hd
Gorgofreddo [BA] 119 Dc
Gorgoglione [MT] 129 Cb
Gorgoglione, Fiume– 129 Cb
Gorgona, Isola di– 73 ins.a
Gorgona Scalo [LI] 73 ins.a
Gorgonzola [MI] 33 Ga
Gorgo Salato, Punta– 147 ins.a

Gorgo Secco, Monte– 145 Ec
Gorgusello [VR] 37 Bb
Goriano Sícoli [AQ] 99 Ga
Goriano Valli [AQ] 93 FGc
Goricizza [UD] 27 Cc
Gorino Ferrarese [FE] 51 FGcd
Gorino Véneto [RO] 51 FGcd
Gorízia [GO] 27 Gc
Gorizzo [UD] 27 Cc
Gorlago [BG] 35 BCab
Gorla Maggiore [VA] 33 Bab
Gorla Minore [VA] 31 Hb
Gorle [BG] 33 Ga
Gornalunga, Fiume– 155 Ec
Gornalunga, Lago– 155 Fc
Gornate Olona [VA] 19 GHd
Gorno [BG] 21 Fc
Goro [FE] 51 Fc
Goro, Sacca di– 51 Fcd
Gorra [CN] 53 Gb
Gorra [SV] 55 Cd
Gorra [TO] 43 Hc
Gorrè [CN] 53 Ec
Gorrei, Bec dei– 55 Eb
Gorreto [GE] 57 Bb
Gorrino [CN] 55 Cb
Gorro [PR] 57 Fb
Gorropis, Nuraghe– 167 Gc
Gorto, Canale di– 13 BCbc
Gortomedda, Punta– 167 Fc
Gorzano [AT] 45 Bc
Gorzano [MO] 59 Fb
Gorzano [PR] 47 Gcd
Gorzano, Monte– 93 Ea
Gorzegno [CN] 55 Bb
Gorzone [BS] 21 Hlc
Gorzone, Canale– 51 Fb
Gosaldo [BL] 11 Cd
Gosse, Rifugio– 11 GHb
Gossensaß / Colle Isarco [BZ] 3 Bb
Gossolengo [PC] 47 Dbc
Gotra [PR] 57 Ec
Gotra, Torrente– 57 Ec
Gottano [RE] 59 Bc
Gottasecca [CN] 55 BCc
Gottero, Monte– 57 DEc
Gottolengo [BS] 35 Ed
Gottro [CO] 21 BCb
Gouta, Gola di– 63 Dc
Goûter, Dôme du– 17 BCc
Goutier [TO] 43 Bb
Gova [RE] 59 CDcd
Govérnolo [MN] 49 Eb
Góvine [BS] 21 Hd
Govone [CN] 45 Bd
Govoni [CN] 53 Hc
Govossai, Lago– 171 Dc
Gozzano [NO] 19 Ed
Gozzo, Masseria– [SR] 159 Fbc
Gozzolette [BS] 35 Dcd
Gozzolina [MN] 35 Fc
Grabellu, Punta su– 167 Fd
Grabiasca [BG] 21 Gbc
Gracciano [SI] 83 Eb
Gracciano dell'Elsa [SI] 73 Gc
Grächen [Svizz.] 15 ABc
Gradara [PU] 71 Ec
Gradara, Monte– 147 ABb
Gradaro [MN] 49 Eb
Gradella [CR] 33 Fc
Gradelle, Punta– 113 Ecd
Gradesella [SO] 5 Gd
Gradisca [PN] 27 Cb
Gradisca [UD] 27 Cbc
Gradisca, Monte– 19 Gb
Gradisca d'Isonzo [GO] 27 Fc
Gradiscutta [UD] 27 Cc
Gradizza [FE] 51 CDc
Grado [GO] 41 Fbc
Grado, Laguna di– 41 EFb
Grádoli [VT] 83 Ea
Graffer, Rifugio– 9 Dd
Graffignana [LO] 47 Ca
Graffignano [VT] 91 Da
Gráglia [BI] 31 Bb

Gráglia, Santuario di– 31 Bb
Gráglia Piana [VB] 19 Fc
Gráglio [VA] 19 Gb
Gragnana [LU] 65 Ea
Gragnana [MS] 65 Db
Gragnanino [PC] 47 Db
Gragnano [AR] 77 Bb
Gragnano [LU] 67 Bc
Gragnano [NA] 113 EFc
Gragnano, Monte di– 77 Db
Gragnano Trébbiense [PC] 47 Dbc
Gragnola [MS] 65 Da
Grahovo [SLO] 27 Hlab
Grahspitze / Grava, Cima– 3 Cb
Grai, Monte– 63 DEb
Graiana [PR] 57 Gbc
Graines [AO] 17 Hd
Graines, Castello di– 17 Hd
Gramázio, Masseria– [FG] 111 Ba
Gramignana [CR] 33 Gcd
Gramignazzo [PR] 47 Hbc
Gramizza, Torrente– 57 Cb
Gramizzola [PC] 57 BCb
Grammática [PR] 57 Gc
Grammichele [CT] 155 Cd
Grammondo, Monte– 63 CDc
Gramolazzo [LU] 65 Eab
Grampa [VC] 19 Ccd
Gramugnana [PI] 73 Db
Grana [AT] 45 Cbc
Grana, Torrente– [AL] 45 Dc
Grana, Torrente– [CN] 43 Fd
Granaglione [BO] 67 Db
Granaiola [LU] 65 Gb
Granaiolo [FI] 73 Fab
Granaione [GR] 83 Bcd
Granali [MC] 79 Dd
Granare [BO] 61 Bc
Granari, i– [RI] 91 Gc
Granaro, Monte– 101 DEa
Granarola [PU] 71 Ec
Granarolo [RA] 61 Dc
Granarolo dell'Emília [BO] 61 Ab
Granarone [RO] 49 Hb
Granate, Corno delle– 23 Cab
Granatello [TP] 149 CDc
Granato, Pizzo– 57 Dab
Gran Becca, La– → Tsaat á l'etsena 17 Fd
Gran Bosco di Salbertrand, Parco Naturale del– 43 Dc
Gran Brissogne [AO] 17 Fd
Grancare [VI] 37 Fc
Gran Cemetta 17 GHc
Grancetta [AN] 79 Bb
Granci, Case– [EN] 153 Fbc
Gráncia [GR] 83 Ad
Grancia, la– [AQ] 99 Eb
Grancona [VI] 37 Ec
Gran Cratere 143 Ec
Grand Assaly 29 Dab
Grandate [CO] 21 Bd
Grand–Croix [Fr.] 43 Ca
Grande, Bocca– 113 Cd
Grande, Cala– 89 Cb
Grande, Casa– [AG] 151 Dab
Grande, Croda– 11 Cd
Grande, Fiume– 149 Ed
Grande, Fosso– 79 Dd
Grande, Isola– [BL] 125 Cb
Grande, Isola– [TP] 149 Cc
Grande, Lago– [BL] 11 Db
Grande, Lago– [TO] 43 Fb
Grande, Masseria– [LE] 125 Cc
Grande, Masseria– [LE] 125 Dd
Grande, Montagna– [AQ] 99 Gb
Grande, Montagna– [ME] 145 FGc
Grande, Montagna– [TP] 151 ins.a
Grande, Montagna– [TP] 149 Ec
Grande, Monte– [AG] 157 BCc
Grande, Monte– [EN] 157 Bc
Grande, Monte– [EN] 153 Ec
Grande, Monte– [FG] 103 Fb
Grande, Monte– [FR] 99 Fd
Grande, Monte– [LT] 105 GHbc
Grande, Monte– [ROMA] 97 Ba

Grande, Navíglio– 33 Bc
Grande, Pantano– [ME] 141 Db
Grande, Pantano– [SR] 159 Fd
Grande, Piano– 85 Hd
Grande, Ponte– 85 Db
Grande, Punta– 157 Ac
Grande, Rio– 71 Gd
Grande, Rivo– 91 Ea
Grande, Salina– 121 Fc
Grande, Val– [BL] 11 Db
Grande, Val– [BS] 7 Gd
Grande, Val– [TO] 29 FGc
Grande, Val– [UD] 13 Cb
Grande, Valle– 63 CDa
Grande Aiguille Rousse 29 Ec
Grande Aiguillette, La– 53 Ca
Grande Albergo Etna 155 Ea
Grande Haury [AO] 29 Ea
Grande Nomenon 29 Fb
Grande o Imera Settentrionale, Fiume– 147 Fc
Grande Rochère, la– 17 Dcd
Grande Roise 29 Gab
Grande Rousse 29 Eb
Grande Sassière 29 DEbc
Grandes Autannes, les– 17 CDb
Grandes Jorasses 17 Cc
Grande Traversière 29 Eb
Grand Ferret, Col du– 17 Dc
Grand Golliaz 17 Dc
Grándini, Serra delle– 135 Cd
Grándola ed Uniti [CO] 21 Cb
Grand Puy [TO] 43 Cb
Grand Tournalin 17 Hc
Grandubbione [TO] 43 Ebc
Granduca, Tomba del– 83 Fb
Grand Villa [AG] 17 Gd
Granella [VI] 37 Ga
Granero, Monte– 43 Dd
Granero, Rifugio– 43 Dd
Granerolo [VB] 19 Ec
Granezza, Rifugio– 25 ABd
Gran Faetto [TO] 43 Db
Grange [TO] 43 Ga
Grange Buttigliera [TO] 43 Cab
Grange di Brione [TO] 43 FGb
Grange di Nole [TO] 43 Ga
Granges, les– [TO] 43 Bb
Granges la Rho [TO] 43 Bb
Grángia [TO] 43 Fb
Grángia [TO] 43 DEab
Grángia, La– [CN] 53 Fab
Grángia Rocciasone [CN] 53 Cc
Grángie [CN] 53 Bc
Grángie [TO] 43 Cb
Granieri [CT] 159 Cb
Granieri [PA] 153 Ea
Granieri, Masseria– [TA] 123 Dcd
Granieri, Monte– 139 EFc
Granigo [TV] 25 Dc
Granília [CT] 155 Cb
Graniti [ME] 145 Gc
Granítola, Punta– 151 BCb
Granítola Torretta [TP] 151 Bb
Gran Ladro, il– / Hoher Dieb 9 Db
Gran Lago [AO] 17 Gc
Gran Lago [AO] 29 Hab
Gran Monte 13 EFd
Grano Vecchio, Monte– 151 Gc
Granozzo [NO] 31 Fc
Granozzo con Monticello [NO] 31 Fc
Gran Paradis / Gran Paradiso 29 Fb
Gran Paradiso / Gran Paradis 29 Fb
Gran Paradiso, Parco Nazionale del– 29 Fbc
Gran Pilastro / Hochfeiler 3 Db
Gran Praz [AO] 31 Ba
Gran Queyron 43 CDc
Gran San Bernardo, Colle del– 17 DEc

Gran San Bernardo, Traforo del– 17 DEc
Gran San Bernardo, Valle del– 17 Ed
Gran San Pietro 29 Gb
Gran Sasso d'Italia 93 FGb
Gran Sasso d'Italia, Traforo del– 93 Fb
Gran Sasso e Monti della Laga, Parco Nazionale del– 93 EFb
Gran Serra 29 Fb
Granto, Cozzo– 133 Db
Grantola [VA] 19 Gc
Grantortino [PD] 37 FGb
Grantorto [PD] 37 Gb
Gran Truc 43 Dc
Gran Vaudala 29 Ebc
Gran Vernel 11 Bc
Granvilla [BL] 11 GHb
Granza [PA] 147 EFcd
Granze [PD] 51 Ab
Granze [PD] 37 Gd
Granze [PD] 51 Cab
Granze [RO] 51 Cb
Gran Zebrù / Königsspitze 9 Bc
Granze Frassenelle [PD] 37 FGc
Granzetta [PD] 51 Cab
Granzette [RO] 51 Cb
Grappa, Monte– 25 Cc
Grasleiten–Hütte / Bergamo, Rifugio– 9 Hbc
Grassa, Monte della– 145 Acd
Grassabo, Valle– 39 Fb
Grassaga [VE] 41 Abc
Grassano [MT] 117 Dd
Grassano–Garaguso, Stazione di– 117 Dcd
Grassi, Rifugio– 21 DEbc
Grassina [FI] 67 Fd
Grassóbbio [BG] 33 Gab
Grassona [VB] 19 Ed
Grasstein / Le Cave [BZ] 3 BCbc
Gratacásolo [BS] 21 Hcd
Graticiara [VT] 89 Eb
Graticelle [BS] 23 Bd
Gratosóglio [MI] 33 CDc
Grattacoppa [RA] 61 Ebc
Gratteri [PA] 147 Fc
Gratteria [PS] 53 GHc
Graun / Corona [BZ] 9 Fcd
Graun im Vinschgau / Curon Venosta [BZ] 1 Dc
Gráuno [TN] 9 Gb
Grauson, Monte– 29 Gab
Grauzária [UD] 13 DEc
Grauzária, Creta– 13 DEc
Grava [AL] 45 Dc
Grava, Cima– / Grahspitze 3 Cb
Gravagna [MS] 57 Fc
Grave, le– 23 GHb
Gravedona [CO] 21 Cb
Gravéglia [GE] 57 Cc
Gravéglia [SP] 65 Bab
Gravéglia, Torrente– 57 Ccd
Gravellona Lomellina [PV] 31 Gcd
Gravellona Toce [VB] 19 Ec
Gravellona Toce, Rifugio– 19 DEc
Gravellone [PV] 47 Aab
Gravere [TO] 43 Db
Graves [PN] 27 Cab
Gravina [CA] → Fango 103 Dc
Gravina, Villa– [CT] 159 BCa
Gravina di Catania [CT] 155 Fb
Gravina di Laterza, Torrente– 121 Cb
Gravina di Matera, Torrente– 121 Cbc
Gravina di Picciano, Torrente– 117 Fd
Gravina in Púglia [BA] 117 Ebc
Gravine dell'Arco Ionico, Parco Naturale Regionale– 121 Db
Gravinola, Masseria– [TA] 121 Eb
Gravisca 89 Gc
Grazia, la– 159 Db
Grazia, Villa– [RG] 159 Dcd
Graziani [AG] 153 CDc
Graziano, Capo– 143 Cb

Grazie [MN] 49 CDab
Grazie, Lago delle– 79 Dd
Grazie, Le– [AN] 79 EFb
Grazie, le– [BL] 11 CDc
Grazie, le– [MC] 79 Dd
Grazie, le– [NU] 175 Fb
Grazie, Le– [PT] 67 Dbc
Grazie, Le– [SP] 65 BCb
Grazie, le– [SR] 159 Eb
Grazie, Monte le– 89 Hcd
Grazioli Própio [MN] 35 Gd
Grazioso, Poggio– 157 Ec
Grazzanise [CE] 107 Dd
Grazzano Badóglio [AT] 45 Cb
Grazzano Visconti [PC] 47 DEc
Grazzi, i– [MO] 49 Gc
Grea [BL] 11 Fc
Grecale, Capo– 151 ins.b
Grécchia [BO] 67 Da
Grecciano [LI] 73 Cb
Gréccio [RI] 91 Gb
Gréccio, Stazione di– 91 Gb
Greci [AV] 109 DEc
Greci [CS] 135 Cbc
Greco, Borgo– [PA] 147 BCb
Greco, Masseria– [BN] 109 BCb
Greco, Masseria– [CB] 101 Fb
Greco, Monte– 101 ABc
Grecu, Genna– 171 Cc
Gregassi [AL] 47 Ad
Gréggio [VC] 31 Ec
Grego, Rifugio– 13 Fc
Gregoriano, Ponte– 83 EFd
Gregório, Monte– 29 Ib
Greifenburg [A] 13 DEa
Grello [PG] 77 Fd
Gremi, Monte– 139 Ec
Gremiasco [AL] 45 Hd
Greppo, Villa– [SI] 83 CDb
Greppolischieto [PG] 83 Gc
Gresmatten [AO] 19 ABd
Gressa [AR] 69 DEd
Gressan [AO] 29 Fa
Gressoney, Val di– 31 Ba
Gressoney–la–Trinité [AO] 19 Acd
Gressoney–Saint–Jean [AO] 19 ABd
Gresti, Castello di– 155 Bc
Gretano, Torrente– 83 Bb
Grette, le– [AQ] 99 Gb
Greve, Fiume– 75 Cb
Greve in Chianti [FI] 75 Cb
Grevo [BS] 23 Bd
Grezzago [MI] 33 EFb
Grezzana [VR] 37 BCb
Grezzano [FI] 67 Gb
Grezzano [VR] 37 ABcd
Grezzano, Monte– 57 Ec
Grezzo [PR] 57 Eb
Griante [CO] 21 Bbc
Gricciano [FI] 73 FGb
Gricigliana [PO] 67 Ebc
Gricignano [AR] 77 Bb
Gricignano [FI] 67 Gc
Gricignano di Aversa [CE] 113 Db
Gricignano–Teverola, Stazione di– 113 Dab
Gricuzzo, Monte– 157 Fc
Gridone 15 Fd
Gries [TN] 11 Bc
Gries, Lago di– / Grießbachsee 3 Fa
Gries, Passo del– 15 Cc
Gries am Brenner [A] 3 Ba
Grießbachsee / Gries, Lago di– 3 Fa
Griffoglieto [GE] 55 Gb
Grifone, Monte– 147 Cb
Grighini, Monte– 169 Cb
Grigia, Testa– [AO] 19 Acd
Grigna, Buco di– 21 Dc
Grigna, Torrente– 23 Bc
Grigna Meridionale 21 Dc
Grignani [TP] 149 Dcd
Grignano [AV] 109 Dd
Grignano [BG] 33 Fb
Grignano [SI] 75 Cb

Grignano [TS] 41 Hb
Grignano di Polésine [RO] 51 Cb
Grignasco [NO] 31 DEa
Grigna Settentrionale 21 Dc
Grigno [TN] 25 Bb
Grigno, Torrente– 25 Bb
Grillano [AL] 55 Eb
Grillara [RO] 51 Fc
Grillo, Pizzo– 5 Gd
Grillo, Ponte del– 97 Fa
Grillo, Timpa del– 145 Ac
Grimacco [UD] 27 Gab
Grimaldi [CS] 135 Dc
Grimaldi [IM] 63 Dd
Grimaldi, Villa– [RG] 159 DEd
Grimentz [Svizz.] 17 Ga
Grimesì, Torre– [TP] 151 Ca
Grimm Joch / Oclini, Passo di– 9 Gcd
Grinzane Cavour [CN] 55 ABab
Grinzano [CN] 53 Gb
Grione, Monte– 21 Gd
Grions [UD] 27 Cb
Grions [UD] 27 Eb
Grís [UD] 27 Cb
Grisciano [RI] 87 Bd
Grisenche, Val– 29 Eb
Grisi [PA] 149 Gc
Grisignana (I) = Grožnjan [CRO] 41 Hd
Grisignano [FC] 69 Fab
Grisignano di Zocco [VI] 37 Gc
Griso [TP] 149 Gc
Grisoglio [TO] 45 Bb
Grisólia [CS] 131 BCc
Grisólia–Santa Maria, Stazione di– 131 Bcd
Grispa Nuova [FE] 51 Dc
Gristìa, Castello– 151 Fb
Gritta, Colla di– 65 Aab
Grívola, la– 29 Fc
Grizzana Morandi [BO] 59 Gd
Grizzo [PN] 27 ABab
Groane, Parco delle– 33 Cb
Grödnerbach / Gardena, Rio– 9 Hb
Grödner Joch / Gardena, Passo di– 11 Bb
Gröden Tal / Gardena, Val– 11 ABb
Grognardo [AL] 55 DEb
Grole [MN] 35 FGc
Gromignana [LU] 65 Gb
Gromo [BG] 21 Gc
Grómola [SA] 127 Ab
Gromo San Marino [BG] 21 Gbc
Grompa [PD] 51 BCab
Gron [BL] 25 Eb
Grona [CO] 21 Cb
Gronda [MS] 65 Eb
Grondo [VC] 19 CDc
Grondo, Torrente– 131 Ec
Gróndola [MS] 57 Fc
Grondona [AL] 55 Ga
Grondone [PC] 57 Cab
Grone [BG] 35 Ca
Gronlait, Monte– 23 Ib
Grontardo [CR] 47 Ga
Grontorto [CR] 35 Cd
Gropà, Monte– 47 ABd
Grópada [TS] 41 Hlbc
Gropello Cairoli [PV] 45 Gab
Grópina [AR] 75 Eb
Groppa d'Anzi, Monte– 129 Ba
Groppallo [PC] 57 Da
Gropparello [PC] 47 Ecd
Groppello d'Adda [MI] 33 EFb
Groppera, Pizzo– 5 Gc
Groppi, Monte– 57 Dd
Groppizioso [PR] 57 GHbc
Groppo [MS] 57 Fgd
Groppo [MS] 57 Fd
Groppo [PR] 57 DEc
Groppo [PR] 57 DEcd
Groppo, Corona di– 15 Ec
Groppo Albero 57 FGc
Groppodalosio [MS] 57 Fc
Groppoducale [PC] 47 Dd

Groppo Fosco 57 Gc
Gróppoli [MS] 57 Fd
Groppo Rosso, Monte– 57 Cb
Groppovisdomo [PC] 47 DEd
Groscavallo [TO] 29 Fc
Grosina, Val– 7 Fd
Grósio [SO] 7 Fd
Grosotto [SO] 7 Fd
Gros Passet [TO] 43 Dc
Grossa [PD] 37 Gb
Großer Mittager / Catino, Monte– 1 Hc
Großes Moosnock / Palù, Picco– 3 EFb
Grosseto [GR] 81 Hd
Grosseto, Formiche di– 89 Ba
Große Windschar / Vento Grande, Cima del– 3 EFb
Großfadnler / Fadnler Grande, Cima– 3 Eab
Gross Lenkstein = Sasso Lungo di Collalto (I) 3 FGb
Gross Löfler–Spitze / Lovello, Monte– 3 Ea
Grosso [TO] 29 Hd
Grosso, Capo– [ME] 143 Ec
Grosso, Capo– [PA] 147 Db
Grosso, Capo– [SA] 127 CDde
Grosso, Capo– [TP] 149 BCb
Grosso, Monte– [EN] 153 FGa
Grosso, Monte– [FC] 69 Eb
Grosso, Monte– [LI] 81 Dc
Grosso, Monte– [MS] 65 Ca
Grosso, Monte– [MT] 121 Ca
Grosso, Monte– [PZ] 117 Bd
Grosso, Monte– [SR] 159 EFb
Grosso, Monte– → Lestí, Monte– 141 Fc
Grostè, Cima– 23 Fa
Grostè, Rifugio– 9 Dd
Grotta [ME] 141 Db
Grotta [PR] 47 Fd
Grotta, Cozzo della– 147 Db
Grottacalda [EN] 153 Fcc
Grottacalda, Portella– 153 FGc
Grotta Conza, Riserva Naturale– 147 Ba
Grotta del Pianoro [ROMA] 91 Dcd
Grotta di Carburangeli, Riserva Naturale– 149 Gab
Grotta di Entella, Riserva Naturale– 149 Gd
Grotta di Santa Ninfa, Riserva Naturale– 149 Fd
Grottaferrata [ROMA] 97 FGcc
Grotta Giusti [PT] 67 CDc
Grottáglie [TA] 121 Gb
Grottaminarda [AV] 109 Dd
Grottammare [AP] 87 Fbc
Grotta Monello, Riserva Naturarale– 159 Fb
Grotta Palombara, Riserva Naturale– 159 Gb
Grotta Porcina, Necrópoli di– 91 BCc
Grotta Rossa 23 CDc
Grotta Rossa, Monte– 153 Dc
Grottascura, Monte– 153 Gc
Grottazza, Punta– 143 DEb
Grottazze, Cozzo le– 151 Ea
Grottazzolina [AP] 87 Db
Grotte [AG] 153 Cc
Grotte [ME] 141 Cd
Grotte [ME] 145 Fc
Grotte, le– [FG] 103 Dcd
Grotte, Masseria– [TA] 121 Db
Grotte, Mulino delle– [CT] 155 Dd
Grotte di Castro [VT] 83 Ed
Grotte di Pietrasecca, Riserva Naturale delle– 93 Ccd
Grottella, Convento la– 125 Db
Grotteria [RC] 139 Ec
Grotte Santo Stéfano [VT] 91 CDa
Grotti [PG] 85 EFd
Grotti [RI] 93 Bb
Grotti [RI] 93 Dcd

Grotti [SI] 75 Cd
Grotticelle, Monte– 157 Cbc
Grotticelle, Riserva Naturale– 115 Fb
Grottini, I– [ROMA] 97 Ba
Gróttola [CE] 107 Dbc
Gróttole [BN] 107 FGbc
Gróttole [CE] 107 EFd
Gróttole [MT] 117 Ed
Grottolella [AV] 113 Gb
Grottoni, i– 89 Cc
Grovella [VB] 15 Eb
Grovo, Monte– 55 Ga
Grožnjan [CRO] = Grisignana (I) 41 Hd
Grozzana [TS] 41 Ic
Grual, Alpe di– 23 Ea
Gruaro [VE] 27 BCcd
Gruben–K. = Cave, Monte delle– (I) 3 Bb
Grucitta, la– 161 DEc
Grue, Torrente– 45 Gc
Gruf, Monte– 5 GHd
Grugiatti–Sartorelli, Rifugio– 7 Dd
Grugliasco [TO] 43 Gb
Grugno [PR] 47 Hc
Grugua [CA] 173 Cc
Grum, Monte– 53 Dc
Grumale [PG] 77 Cbc
Grumello [BS] 23 Eb
Grumello Cremonese [CR] 47 Fa
Grumello Cremonese ed Uniti [CR] 47 Fa
Grumello del Monte [BG] 35 Cb
Grùmene, Cantoniera su– [NU] 171 Db
Grumento Nova [PZ] 127 Gc
Grumentum 129 Bc
Grùmes [TN] 9 Fd
Grumo [LC] 21 Cc
Grumo Appula [BA] 117 Ga
Grúmolo [VR] 37 Dbc
Grúmolo delle Abbadesse [VI] 37 Fbc
Grúmolo Pedemonte [VI] 37 EFa
Grumo Nevano [NA] 113 Db
Grünsee / Verde, Lago– 9 Cbc
Grünwaldtal / Foresta, Val di– 3 Fc
Grupa [CS] 135 DEb
Grupignano [UD] 27 Fb
Gruppa, Rio– 175 Ec
Gruppo, Monte– / Hohe Grubbach–Spitze 3 Db
Gruppo di Tessa, Parco Naturale– / Texelgruppe, Naturpark– 1 Gc
Grusiner [TO] 29 Fgc
Gruso, Torrente il– 129 Eb
Grúttas, Punta is– 171 EFc
Grutti [PZ] 85 Cc
Grux 'e Marmuri, sa– 179 BCc
Gschnitz [A] 1 Ia
Gschnon / Casignano [BZ] 9 Fd
Gsies / Valle di Casíes [BZ] 3 Gc
Gsieser Tal / Casíes, Valle di– 3 Gc
Guaccero, Casino– [BA] 117 Fa
Guadagnolo [ROMA] 99 Bb
Guadamello [TR] 91 Eb
Guadine [MS] 65 DEb
Guadine–Pradaccio, Riserva Naturale– 57 Gc
Guagnano [LE] 123 Ec
Guaiane, Le– [VE] 39 Fab
Guaidone, Monte– 87 Bd
Guaitarola, Monte– 57 Dd
Gualdo [AR] 69 Cd
Gualdo [FE] 51 Cd
Gualdo [FC] 69 EFb
Gualdo [LU] 65 EFc
Gualdo [MC] 85 GHc
Gualdo [MC] 87 BCb
Gualdo [TR] 91 Eb
Gualdo, Forca di– 85 GHc
Gualdo Cattáneo [PG] 85 Dc
Gualdo Tadino [PG] 77 Fd
Gualtieri [RE] 49 Cc
Gualtieri, Torrente di– 141 Bb

Gualtieri Sicaminò [ME] 141 Bbc
Guamaggiore [CA] 175 Cc
Guamo [LU] 65 FGd
Guana, Torrente– 115 Eb
Guantai [NA] 113 CDb
Guanzate [CO] 21 Bd
Guarazzano [SA] 127 Bc
Guarcino [FR] 99 Dc
Guarda [BO] 59 Hd
Guarda [BO] 61 Bb
Guarda [FE] 51 Cc
Guarda [Svizz.] 7 Ea
Guarda, Monte– 13 Fcd
Guardabosone [VC] 31 Da
Guardamíglio [LO] 47 DEb
Guardapasso [ROMA] 97 Ecd
Guardasone [PR] 59 Cb
Guardavalle [CZ] 139 FGbc
Guardavalle, Stazione di– 139 Gc
Guarda Véneta [RO] 51 Cbc
Guardéa [TR] 91 Da
Guardéa Vecchia 91 Da
Guárdia [CT] 155 Fb
Guárdia [CT] 155 FGab
Guárdia [TN] 23 Eb
Guárdia, Cozzo della– 157 Ebc
Guárdia, la– [AL] 55 Eb
Guárdia, La– [AQ] 99 FGb
Guárdia, la– [MO] 57 Hc
Guárdia, Monte– [LT] 105 ins.a
Guárdia, Monte– [ME] 143 Ec
Guárdia, Monte– [PR] 57 Hc
Guárdia, Monte– [ROMA] 97 GHa
Guárdia, Monte della– 157 Hc
Guárdia, Passo della– 63 Eb
Guárdia, Pizzo della– 147 Ec
Guárdia, Poggio la– 81 Fc
Guárdia, Punta della– 105 ins.a
Guárdia, Punta la– 167 Ga
Guárdia, Serra la– 55 Ea
Guárdia Alta / Hochwart 9 DEb
Guárdia Alta, Monte– / Hochwart–Spitze 3 Db
Guardiabruna [CH] 101 Eb
Guárdia dei Mori 177 Bbc
Guárdia dei Turchi, Monte– 147 ins.a
Guárdia d'Orlando 93 Cd
Guardialfiera [CB] 101 Fc
Guardialfiera, Lago di– 101 Fbc
Guárdia Lombardi [AV] 115 Db
Guardialta / Hohe Warte 1 Hc
Guardiano, Toppa del– 109 BCc
Guárdianu, Monte– 173 Cc
Guárdia Perticara [PZ] 129 Cb
Guárdia Piemontese [CS] 135 BCa
Guardia Piemontese Lido [CS] 135 Ba
Guárdia Preposti 161 DEb
Guardiarégia [CB] 107 Gb
Guardiarégia, Stazione di– 107 Gb
Guárdia Sanframondi [BN] 107 Gc
Guárdia Vecchia [SS] 161 Eb
Guárdia Vomano [TE] 95 Ba
Guardie, Poggio alle– 81 Hb
Guardiola, Borgo– [TP] 151 Cb
Guardiola, Coppa– 103 Fc
Guardiola, Cozzo della– 129 CDc
Guardiola, la– [FG] 109 Ea
Guardiola, la– [PZ] 115 Fd
Guardiola, Monte– 145 Eb
Guardiola, Poggio della– 89 Hc
Guardiola, Serra– 101 Fc
Guardistallo [PI] 73 Dd
Guarene [CN] 45 Bd
Guarenna Nuova [CH] 95 DEd
Guarero, Monte– 171 Cb
Guarisca, Cozzo– 151 Fb
Guarnácchia, Masseria– [BR] 123 DEa
Guarráia [PA] 153 Ea
Guarramone, Masseria– [AV] 115 Eb
Guarrato [TP] 149 Dc
Guasila [CA] 175 Cc
Guastalla [RE] 49 Cc
Guastaméroli [CH] 95 Ec

Guasticce [LI] 73 Cb
Guasto [IS] 101 Cd
Guazzarano, Monte– 155 Db
Guazzino [SI] 75 Fd
Guazzolo [AL] 45 Cb
Guázzora [AL] 45 FGb
Gúbbio [PG] 77 Ecd
Gübelekopf 1 Cab
Guddemi, Vallone di– 147 Ccd
Guddetórgiu, Arcu– 171 Dcd
Gudo Gambaredo [MI] 33 Cc
Gudon / Gufidaun [BZ] 9 Hb
Gudo Visconti [MI] 33 BCc
Guella, Rifugio– 23 DEcd
Guello [CO] 21 Cc
Guerra di Centenaro [PC] 57 Dab
Guerriero, Masseria– [PZ] 129 Dc
Guerro, Torrente– 59 Fc
Gufelreit / Cóvolo, Monte– 3 Bcd
Guffone, Monte– 69 Dc
Gufidaun / Gudon [BZ] 9 Hb
Gugliano [LU] 65 Fc
Guglielmo, Monte– 21 HId
Guglionesi [CB] 101 Gb
Guglionesi Portocannone, Stazione– 101 Gb
Gugnano [LO] 33 DEd
Guida, Casa– [FG] 103 Fc
Guide del Cervino, Rifugio– 17 Hc
Guidizzolo [MN] 35 Gcd
Guidomandri Marina [ME] 141 Cc
Guidomandri Superiore [ME] 141 Cc
Guidonia [ROMA] 97 Gab
Guidonia–Montecelio [ROMA] 97 Gab
Guietta [TV] 25 Ec
Guiglia [MO] 59 Fc
Guilmi [CH] 101 Dab
Guinadi [MS] 57 EFc
Guinza [PU] 77 Cb
Guinzano [PV] 33 CDd
Guìsa Pépoli [BO] 59 GHa
Guisina, Monte– 147 BCc
Guistrigona [SI] 75 Dcd
Guizze [PD] 39 Bb
Gúlana, Punta– 171 Dcc
Gulfa o dei Saraceni, Grotte della– 153 Ca
Gulfi 153 Ec
Gulfi, Santuario di– 159 CDb
Gulino, Monte– 147 Cbc
Gullo [KR] 137 FGa
Gummer / San Valentino in Campo [BZ] 9 Gc
Guncína / Guntschna [BZ] 9 Fbc
Guntschna / Guncína [BZ] 9 Fbc
Gurgulante, Dolmen– 125 Eb
Gurmara, Monte– 127 Fd
Gurnazza, Lago– 155 Fc
Gurra di Mare 151 Db
Gurro [VB] 19 Fb
Gurrone [VB] 19 Fb
Gurtúrgius, Punta– [NU] 167 Cbc
Gurtúrgius, Punta– [NU] 167 Gb
Gurue, Rio 'e– 171 Fc
Gurzone [RO] 51 Bc
Gurzu, Nuraghe– 167 Cd
Gusana, Lago di– 171 Dc
Gusano [PZ] 47 Ecd
Gusciola [MO] 59 Dc
Guselli [PC] 47 DEd
Guslon, Monte– 25 Gb
Gúspini [CA] 173 Db
Gussago [BS] 35 Db
Gussola [CR] 49 ABb
Gusti [CE] 107 Cc
Guttúrgios, Monte– 171 EFb
Gútturu Mannu, Rio– 177 Fbc
Guzzafame [LO] 47 Db
Guzzano [BO] 59 Hc
Guzzano [BO] 67 Eb
Guzzano [TE] 87 EFde
Gúzzini, Monte– 175 CDb
Guzzurra [NU] 167 EFc
Guzzurra, Cantoniera– [NU] 167 Fc

H

Hafling / Avelengo [BZ] 9 Fb
Haidersee / Muta, Lago di– 1 Dc
Halaesa 147 Hbc
Halseck / Colle, Dosso del– 9 Fd
Hanbury, Giardini Botanici– 63 Dd
Hanbury, Villa– 63 Dd
Härtlaner Spitze / Capra, Cima della– 3 Bc
Haselgruber–Hütte / Lago Corvo, Rifugio– 9 Dc
Hasenöhrl / Orecchia di Lepre, l'– 9 Db
Haslach [A] 3 Ib
Haudères, Les– [Svizz.] 17 FGb
Haupenhohe / Lavizza, Monte– 3 Dab
Hauteluce [Fr.] 17 Ad
Havis De Giorgio, Rifugio– 63 Ea
Heiligkreuz / Santa Croce 11 Cb
Helm = Elmo, Monte– (I) 3 Hc
Helsenhorn 15 Cc
Helvia Recina 79 Ecd
Hennesiegel–Spitze = Gallina, Punta della– (I) 1 Db
Hera Argiva, Santuario di– 127 Aab
Heracleum Promontorium 63 Gd
Hera Lacinia, Tempio di– 137 GHa
Herbetet 29 Fb
Herdoniae 109 Gc
Hérens, Dent d'– 17 Gc
Hermagor [A] 13 Fb
Hidalgo, Punta– 81 Fd
Hillenhorn 15 Cc
Hinterbichl [A] 3 GHa
Hinter Eggen–Spitze / Sternai, Cime– 9 Cc
Hintergrat–Hütte / Coston, Rifugio– 9 Bc
Hint Schwärze / Nere, Cime– 1 Fc
Hint Seelenkogl / Anime, Cima delle– 1 Gc
Hipponion 137 Acd
Hirzer Hütte / Punta Cervina, Rifugio– 9 Fb
Hirzer–Spitze / Cervinia, Punta– 1 Hc
Hitterberg / Capanne, Monte delle– 1 Gc
Hochalpljoch = Oregone, Passo dell'– (I) 13 Bb
Hochalt / Alto, Monte– 1 Ec
Hochbrunner Schnein / Popera, Monte– 11 Fb
Hochfeiler / Gran Pilastro 3 Db
Hochfeiler Hütte / Monza, Rifugio– 3 Db
Hochfinstermünz [A] 1 Cb
Hochgall / Collalto 3 Fb
Hochgall–Hütte / Roma, Rifugio– 3 Fb
Hochjoch / Giogo Alto 1 Ec
Hochkreuz–Spitze = Altacroce, Monte– (I) 3 Gb
Hochleiten–Spitze / Alta, Punta– 7 Hb
Hochplatte / Lasta Alta 1 Ic
Hochrast = Pausa Alta (I) 3 GHc
Hochspitz = Vancomune, Monte– (I) 11 GHab
Hochwart / Guárdia Alta 9 DEb
Hochwart / Vedetta Alta 9 DEbc
Hochwart–Spitze / Guardia Alta, Monte– 3 Db
Hofbiehl / Salomp, Monte– 9 EFbc
Hofer Andrea, Cappella– / Hofer Andrea Kapelle 1 Hc
Hofer Andrea Kapelle / Hofer Andrea, Cappella– 1 Hc
Hohe Ferse / Tallone Grande, Monte– 1 Hb
Hohe–Grubbach–Spitze / Gruppo, Monte– 3 Db
Hohe Kreuz Spitze / Altacroce, Monte– 1 Hb

Hoher First = Principe, Monte– (I) 1 Gbc
Hohes Joch / Giogo Alto 1 Ec
Hohe–Wand–Spitze / Alta, Croda– 3 Ca
Hohe Warte / Guardialta 1 Hc
Hohe Warte = Cogliáns, Monte– (I) 13 Cb
Hohe Wilde = Altissima, L'– (I) 1 Gc
Höhlenstein / Landro [BZ] 11 Eb
Hollbrucker Spitze = Mutta, La– (I) 3 Hc
Höllenkragen / Trens, Giogo di– 3 BCb
Hône [AO] 29 Ib
Hotel Franzenshöhe / Albergo di Sotto 7 Gb
Houches, Les– [Fr.] 17 Bc .

I

Iácono, Casa– [RG] 159 Cbc
Iácono, Torrente– 157 Cb
Iacotenente, Monte– 103 Gc
Iacovizzo, Monte– 103 FGb
Iadanza [BN] 109 Bc
Iáinich [UD] 27 Gb
Ialmicco [UD] 27 EFc
Iamanti, Case– [FR] 99 Fc
Iamiano [GO] 41 Gb
Iammeddari, Monte– 165 Fcd
Iana, Nuraghe– 169 Ebc
Ianara, Monte– 157 Cb
Ianna 'e Rughe, Cantoniera– [NU] 167 Fcd
Iánnas, Cantoniera [NU] 171 Eb
Iánnas, Nuraghe– 165 Fb
Iannazzo [PZ] 129 Bd
Iannucci, Masseria– [FG] 103 ABd
Iannuzzo, Scoglio– 159 Ed
Iano [PI] 73 Fb
Iano [PT] 67 Dbc
Iano [RE] 59 Db
Iano, Monte– 97 Gcc
Iáuer, Monte– 27 Fa
Iavello, Fattoria– [PO] 67 Ec
Iavrè [TN] 23 Eb
Iazzi, Cima di– 19 Bbc
Iazzitelli, Cozzo– 129 Fbc
Iazzo del Canónico [SA] 127 CDd
Iazzo Vecchio, Monte– 153 Ac
i Bagni [PZ] 129 Bd
Iba Manna, Nuraghe sa– 175 Fa
Iblei, Monti– 159 Eb
i Bonelli [RO] 51 Gc
i Boschetti [BR] 81 FGb
i Brasi [SV] 55 Cb
i Canali [SO] 21 HIa
Icaro, Rifugio– / Icaro–Hütte 11 Ab
Icaro–Hütte / Icaro, Rifugio– 11 Ab
i Casoni [BO] 61 Bb
i Casoni [CS] 131 FGc
i Casoni [SP] 57 Ed
Icciano [PG] 85 Dd
i Cerri [IS] 101 Cbc
Idda, Monte– [CA] 179 Ea
Idda, Monte– [CA] 179 Fa
Iddiano [MO] 59 Fc
Idice [BO] 61 Ac
Idice, Torrente– 61 Cb
Idolo, Monte– 175 EFa
i Dossi [AL] 45 DEb
i Dossi [BS] 35 Dd
i Dossi [PZ] 47 Eb
i Dossi [VC] 31 Ec
Idro [BS] 23 Cd
Idro, Lago d'– (Eridio) 23 CDd
Idroscalo 33 Dc
Idu, Monte– 177 Ed
Ienca, Monte– 93 Eb
Ienga, Torrente– 109 Ad
Iermanata [RC] 141 FGd
Ierna [PG] 83 Gc

Iesizza [UD] 27 Gb
Iezza, Rifugio– 107 Fb
Ifinger Spitze / Ivigna, Picco d'– 1 Hc
i Fondi [BG] 23 Bb
i Forni [SO] 21 GHb
i Foroni [MN] 35 Hd
i Garroni [AT] 55 Cb
Igea Marina [RN] 71 Cab
i Gessi [GR] 81 Hb
Iggio [PR] 47 Fd
i Giardini [CS] 131 FGb
Igino, Monte– 117 EFd
Iglésias [CA] 177 Dab
Iglesiente 173 DEcd
Igliano [CS] 55 ABc
Ignago [VI] 37 Eb
Igne [BL] 11 Ed
Igno, Monte– 85 Cb
i Granari [RI] 91 Gc
i Grazzi [MO] 49 Gc
i Grottini [ROMA] 97 Ba
Il Baraccone [CS] 129 Ed
Il Belagaio [GR] 83 Bb
Il Biviere di Gela, Zona Umida– 157 FGd
Ilbono [NU] 175 Fa
Il Borgo [FR] 99 Gc
Il Borgo [MO] 49 Ecd
Il Buso [VI] 25 Bc
Il Caldese [PU] 77 Db
Il Cantone [MO] 49 Ed
Il Capannone [MO] 59 Dd
Il Capitolo [BA] 119 Eb
Il Capro / Botzer 1 Hb
Il Casale [BA] 111 Fc
Il Casalone [VT] 91 Bb
Il Casino [BO] 61 Bb
Il Casone [FG] 109 Gd
Il Castagna d'Andrea [FI] 69 CDc
Il Castello [BO] 61 Bcd
Il Castello [FG] 103 Fcd
Il Castellone [LT] 99 Bd
Il Castellúccio [MC] 87 Cb
Il Centro [MT] 129 FGb
Il Centro [ROMA] 97 Eab
Il Cerro [FR] 99 Hd
Ilci [PG] 85 Ccd
Il Colle [AQ] 99 GHa
Il Conte [BS] 59 Hal
Il Cristo [MO] 49 EFd
Il Deserto, Convento– 55 Ec
Il Fabbro [PO] 67 Ec
Il Ferrone [FI] 75 Cab
Il Fondo [RN] 71 Cb
Il Forno [MO] 59 Fab
Il Giardinetto [AL] 45 Ec
Il Giardino [AP] 89 DEb
Iliciazzo 159 Eb
Illasi [VR] 37 CDc
Illasi, Torrente d'– 37 Cc
Illasi, Valle d'– 37 Cb
Illégio [UD] 13 Dc
Illica [PR] 57 Db
Illica [RI] 87 Bd
Illice [AP] 87 Cc
Illirio, Colle– 99 Bc
Illorai [SS] 171 BCa
Il Luogo [GR] 83 BCd
Il Marzolo / Vermoi Spitze 9 Dab
Ilmenspitz / Olmi, Monte degli– 9 Dbc
Il Mirácolo [NU] 167 Ecd
Il Molino [AP] 79 Gd
Il Monte [MO] 59 Dd
Il Monte, Riserva Naturale– 111 Bb
Iloi, Nuraghe– 169 Fab
Ilole, Nuraghe– 171 DEb
Il Palazzo [FI] 69 Cc
Il Palazzo [PZ] 127 Fa
Il Palone [LI] 73 Dd
Il Parchetto [FG] 103 FGb
Il Passo [CO] 21 Dab
Il Pero [FI] 73 FGb
Il Piano [MO] 59 Ed
Il Piano [VT] 91 Eb
Il Pineto, Bosco– 121 Dc

Il Pino [FI] 73 Gb
Il Pino [ROMA] 97 Eab
Il Poggiale [GR] 81 Hd
Il Póggio [FC] 69 CDbc
Il Póggio [GR] 83 Dd
Il Póggio [GR] 81 Fb
Il Poggione [GR] 83 Bc
Il Poggione [GR] 81 Hd
Il Ponte [BO] 61 ABc
Il Pozzillo [BA] 111 Cc
Il Redentore [LT] 107 Ac
Il Signorino [PT] 67 Dbc
Ilteris, Casino– [BA] 111 Fd
Il Testáccio [TR] 91 Fab
Il Torrione [SR] 75 FGde
Il Trívio [AN] 79 BCc
Il Vittoriale 35 Gb
Ima [AV] 113 Fb
Imagna, Torrente– 21 Ed
Imagna, Valle– 21 Ed
I Masi [FR] 105 FGa
Imbersago [LC] 33 Ea
Imbertighe, Nuraghe– 169 Ea
Imbessu, Rio– 169 Fc
Imbrecciata [AN] 79 DEc
Imbriaca [PA] 151 Ga
Imbriaca, Portella– 151 Ga
Imele, Fiume– 99 Ea
Imer [TN] 25 Cab
Imera 147 Ec
Imera, Stazione d'– 153 Eb
Imera Meridionale, Fiume– → Salso, Fiume– 157 Dc
Imera Settentrionale, Fiume– → Grande, Fiume– 147 Cc
i Mistris [PN] 27 Bab
Im Loch / Gola [BZ] 9 Hb
Immacolata, L'– 97 CDa
Imola [BO] 61 Cc
i Motti [VI] 37 DEbc
Impalata [BA] 119 Eb
Impeddau, Monte s'– 177 Dd
Imperatore, Punta– 113 ABc
Imperia [IM] 63 Gc
Império [NO] 31 Fb
Impero, Torrente– 63 Gc
Impiano [AR] 75 Fbc
Impiccia, Masseria– [FG] 109 Eb
Impiombato, Casa– [FG] 103 Fc
Impiso, Colle– 131 DEb
Impiso, Monte dell'– 129 Cab
Impiso, Portella– 147 Ed
Impiso, Torre dell'– [TP] 149 Eb
Imponzo [UD] 13 Dc
Imposte [TE] 87 Dd
Impostino [GR] 89 Da
Impostino [GR] 89 Da
Imposto, I'– [GR] 83 Bbc
Imposto, I'– [SI] 83 Bb
Improsta, Masseria– [SA] 115 Bd
Impruneta [FI] 67 Fd
Inacquata, Masseria– [FG] 111 Bb
Inarzo [VA] 19 Gd
Incaffi [VR] 35 Hb
Incaróio, Canale d'– 13 Dbc
Incatena, Portella– 147 Ed
Incenso [CZ] 137 Cd
Incenso, Punta dell'– 105 ins.a
Incile, Case– [AQ] 99 Eab
Incirano [MI] 33 CDb
Incisa, Passo dell'– 69 Fc
Incisa in Val d'Arno [FI] 75 Dab
Incisa Scapaccino [AT] 45 Dd
Incisioni Rupestri, Parco Nazionale delle– 23 Bg
Incisioni Rupestri, Riserva Naturale– 23 BCb
Incliousa, Lago de l'– 17 EFc
Incontro, Convento dell'– 67 Gd
Incoronata [CH] 95 Gcd
Incoronata [FG] 109 GHb
Incoronata [SR] 107 Fa
Incoronata, I'– [CE] 107 Db
Incoronata, I'– [PZ] 115 Fab
Incoronata, Santuario dell'– 109 Gb
Incoronata, Stazione– 109 Gb

Incrociata [PC] 47 Db
Incudine [BS] 7 Gd
Incugnate [MI] 33 Ebc
Indemini [Svizz.] 19 Gb
Indicatore [AR] 75 Fc
Indiprete [IS] 107 EFa
Indiritto [TO] 43 Eb
Indisi, Monte d'– 151 Ga
Indorata, Masseria– [MT] 129 Eb
Indovero [LC] 21 Db
Induno Olona [VA] 19 GHc
Inesio [LC] 21 CDb
Inferiore, Lago– [AO] 29 Gab
Inferiore, Lago– [MN] 49 Db
Inferno, Lago dell'– 21 Eb
Inferno, Ponte– [SA] 127 DEc
Inferno, Punta d'– 145 Ec
Infreschi, Punta degli– 127 Dde
Infreschi, Serra degli– 127 Dde
Infuocata, Toppa– 109 Bc
Inganno, Torrente– 145 Cc
Ingarano, Passo di– 103 CDb
Inghiaie 23 Hbc
Inglagna [PN] 13 Bd
Ingria [TO] 29 Hc
Ingrosso, Masseria– [LE] 123 Gc
Ingrottato Lavico del Simeto, Riserva Naturale– 155 Da
Ingurtosu [CA] 173 CDb
Inici, Castello– 149 EFbc
Inici, Monte– 149 Fbc
Innerferrera [Svizz.] 5 Gb
Inneppo [UD] 13 Dcd
Innerpflersch / Fleres di Dentro [BZ] 1 Hlb
Inner-Pichl / Colle di Dentro [BZ] 3 Gc
Inner-Villgraten [A] 3 Hc
Innichen / San Candido [BZ] 3 Gc
Inno [FI] 67 Ed
In Som le Crepe, Rifugio– 11 Dc
Intavolata [CS] 135 Ba
Intelvi 21 Bc
Intermesole, Monte d'– 93 EFb
Intermésoli [TE] 93 Fa
Interneppo [UD] 13 Dcd
Intissans [UD] 13 CDc
Intra [TO] 19 Fc
Intragna [VB] 19 Fbc
Intraleo, Grotta di– 155 Ea
Intrilleo, Pizzo d'– 145 CDc
Intróbio [LC] 21 Dc
Introd [AO] 29 Fa
Introdácqua [AQ] 99 Hab
Intronata, Cozzo– 153 Ba
Introzzo [LC] 21 CDb
Inus, Nuraghe de– 173 Ea
Inverigo [CO] 21 Cd
Inverno [PV] 47 Ea
Inverno, Monte– 47 Gd
Inverno e Monteleone [PV] 47 Ca
Inverso [TO] 29 Ib
Inverso Pinasca [TO] 43 Ec
Inverso Porte [TO] 43 Ec
Inveruno [MI] 31 GHb
Invillino [UD] 13 Cc
Inviolata, Cascina della– [ROMA] 97 FGb
Invório [NO] 19 Ed
Invório Inferiore [NO] 19 EFd
Invório Superiore [NO] 19 EFd
Invózio [VC] 19 DEd
Invrea [SV] 55 Ec
Inzago [MI] 33 Eb
Inzino [BS] 35 DEa
Iola [MO] 59 Fd

Iolo-San Pietro [PO] 67 Ec
Iolo-Sant'Andrea [PO] 67 Ec
Ionadi [VV] 139 Db
Ionio, Mar– 121 EFb
Iório, Rifugio di– 99 Gc
Iovine, Masseria– [CB] 101 EFc
i Padri [VI] 23 Id
i Palazzi [RO] 51 Cc
i Pelati [BN] 107 GHb
i Piani [SS] 165 BCab
i Pieracci [PG] 83 Fab
i Ponti [TR] 75 Fc
Ippari, Fiume– 159 Cc
Ipplis [UD] 27 Fb
i Prati [BS] 35 Fc
i Prati [TR] 91 Gab
i quattro Pini [VT] 89 Fb
Iral [BL] 11 Dc
Irghiddo, Nuraghe– 169 Fa
Irgoli [NU] 171 Fa
Iria [ME] 145 Cb
Iriai, Casa– [NU] 171 Fb
Iriai, Casa– [NU] 171 Fb
Irma [BS] 23 Bd
Irmínio, Fiume– 159 Dc
Irola [MS] 57 Fcd
i Ronchi [TV] 25 FGd
Irone, Monte– 23 Eb
Irpinia 115 BCb
Irsi, Monte– 117 Dc
Irsina [MT] 117 Dc
Irsina, Stazione– 117 Dc
Irveri, Monte– 171 Fb
Isabella [TA] 119 Bc
is Aios [CA] 177 Eb
Isalle, Rio– 171 Ea
Isallo [SV] 55 Cd
Isarco, Fiume– / Eisack 9 Gbc
Isarco, Valle– / Eisacktal 3 Cc
Isarno [NO] 31 Fbc
Isasca [CN] 53 Eb
Isca, Fiumara d'– 115 Fc
Isca, Rio– 173 Fa
Isca, Scogli– 135 Cbc
Isca, Tenuta– [SA] 115 Cd
Iscala Mala, Rio– 165 Cb
Isca Marina [CZ] 139 Gb
Ischia [NA] 113 Bc
Ischia [TN] 23 Hb
Ischia, Fosso– 107 Ga
Ischia, Isola d'– 113 ABc
Ischia di Castro [VT] 89 Ga
Ischia Ponte [NA] 113 Bc
Ischia Porto [NA] 113 Bc
Ischiator, Vallone– 53 Cd
Ischitella [FG] 103 Fb
Ischitella, Stazione di– 103 EFb
Ischitella e Carpino, Riserva Naturale– 103 Fb
Ischitella Lido [CE] 113 BCb
i Scit [NO] 31 Fb
Isclero, Fiume– 107 Fd
Iscoba, Monte– 165 Ea
Iscra, Stazione– 171 Cab
Iscudu, Monte d'– 171 Dc
is Dómus [CA] 177 Dc
Iselle [VB] 15 Dc
Iselle, Nuraghe– 167 Gc
Isengo [CR] 35 BCc
Iseo [BS] 35 Dab
Iseo, Lago d'– (Sebino) 21 Hd
Isera [TN] 23 FGc
Isérnia [IS] 101 Cd
is Fiascus [CA] 177 Dc
is Fonnésus [CA] 177 Dbc
Isiata [TA] 41 Ac
Isili [NU] 175 Cb
is Lóccis [CA] 177 CDc
is Loddis [CA] 177 Cc
is Méddas [CA] 177 DEbc
Is Morus [CA] 177 Ed
Isnello [PA] 147 FGc
Isola [BS] 23 Cb

Isola [CN] 53 Gbc
Isola [FC] 69 Ec
Isola [Fr.] 63 Aa
Isola [GE] 57 Bb
Isola [IM] 63 Eb
Isola [MC] 79 Ccd
Isola [PG] 85 Eb
Isola [PI] 65 Ed
Isola [PR] 57 Dbc
Isola [PR] 57 Hb
Isola [PR] 57 GHc
Isola [RA] 61 Cd
Isola [SO] 5 FGc
Isola [SP] 65 Db
Isola [UD] 13 DEd
Isola [VC] 19 CDcd
Isola, L'– 103 Eb
Isola, I'– [MC] 79 EFc
Isola, Monte– 91 BCd
Isola, Tenuta– [CE] 107 DEb
Isola 2000 [Fr.] 63 Ab
Isola Bella [LT] 97 Gd
Isolabella [TO] 45 Ac
Isola Bella, Riserva Naturale, 141 Bd
Isolabona [IM] 63 Dc
Isola Boschina, Riserva Naturale– 49 Fb
Isola Boscone, Riserva Naturale– 49 Gb
Isolabuona [GE] 55 Gb
Isola Capo Rizzuto, Stazione– 137 Ga
Isolaccia [SO] 7 Fc
Isola d'Árbia [SI] 75 Dd
Isola d'Asti [AT] 45 BCcd
Isola degli Olivi, Masseria– [FG] 111 ABab
Isola dei Morti 25 Ecd
Isola del Cantone [GE] 55 Gb
Isola del Gíglio [GR] 89 Bbc
Isola del Gran Sasso d'Italia [TE] 93 FGab
Isola della Donzella 51 Gc
Isola della Scala [VR] 37 BCd
Isola delle Fémmine [PA] 147 Ba
Isola del Liri [FR] 99 Fc
Isola del Piano [PU] 71 Ed
Isola di Capo Passero, Riserva Naturale– 159 Fd
Isola di Capo Rizzuto [KR] 137 Gb
Isola di Caprera, Riserva Naturale– 161 EFb
Isola di Carturo [PD] 37 Gb
Isola di Fano [PU] 77 FGab
Isola di Fondra [BG] 21 Fc
Isola di Lampedusa, Riserva Naturale– 151 ins. b
Isola di Linosa e Lampione, Riserva Naturale– 151 ins. b
Isola di Pantelleria, Riserva Naturale– 151 ins. a
Isola di Polésine 51 Gc
Isola d'Istria (I) = Izola [SLO] 41 GHc
Isola di Strómboli e Strombolicchio, Riserva Naturale– 143 Ga
Isola di Ustica, Riserva Naturale– 147 ins.a
Isola di Ustica, Riserva Naturale Marina– 147 ins.a
Isola di Varano, Riserva Naturale– 103 Eb
Isola Dovarese [CR] 49 Aab
Isola Farnese [ROMA] 97 Ea
Isola Fossara [PG] 77 Fc
Isola Gallinara, Riserva Naturale dell'– 63 Hb
Isolagrande [CN] 63 Ga
Isolagrande [SV] 55 Bd
Isola Lachea e Faraglioni dei Ciclopi, Riserva Naturale– 155 FGb
Isolalta [VR] 37 Bcd
Isola Morosini [GO] 41 Fb
Isola Perosa [CN] 63 Fa
Isola Pescaroli [CR] 47 GHb
Isola Rizza [VR] 37 Dd

Isola Rossa [SS] 163 Fb
Isola San Biagio [AP] 87 Bc
Isolasanta [LU] 65 Eb
Isola Sant'Antonio [AL] 45 FGb
Isola Uccellanea, Riserva Naturale– 35 Ccd
Isola Vicentina [VI] 37 Eb
Isole Ciclopi, Riserva Naturale Marina– 155 Fb
Isole dello Stagnone di Marsala, Riserva Naturale– 149 Cc
Isole Égadi, Riserva Naturale Marina– 149 Bc
Isolella [VC] 19 Dd
Isolello [CR] 47 Hb
Isole Trémiti [FG] 103 CDa
Isole Trémiti, Riserva Naturale Marina– 103 CDa
Isoletta [SV] 55 Bcd
Isolona [GE] 57 Bc
Isolone di Oldenico, Riserva Naturale dell'– 31 Ec
Isolotto, I'– 89 Db
Isonzo (I) = Soča [Eur.] 27 Hb
Isonzo, Fiume– 41 FGb
Isonzo, Foce dell'– 41 Gb
Isorella [BS] 35 Ecd
Isorella, Naviglio– 35 EFc
Isorno, Torrente– 15 Ec
Isoverde [GE] 55 Gb
Ispani [SA] 127 Ed
Is Paras, Nuraghe– 175 Cb
is Paucéris [CA] 177 Fc
Ispica [RG] 159 Ed
is Pillonis [CA] 177 Dbc
is Pillonis [CA] 177 Dcd
Ispinígoli, Grotta d'– 171 Fab
is Pintus [CA] 177 Dc
is Pireddas [CA] 177 DEc
Ispíridu Santu 163 Ed
is Pittaus [CA] 177 Ec
Ispra [VA] 19 Fcd
Ispuligi, Punta– 171 FGc
is Scáttas [CA] 177 Ec
Issengo / Issing [BZ] 3 DEc
Issi [SS] 163 Bc
Issíglio [TO] 29 Ic
Issime [AO] 31 ABa
Issing / Issengo [BZ] 3 DEc
Isso [BG] 33 Gc
Issogne [AO] 29 Hlab
is Solinas [CA] 177 Dc
is Spigas [CA] 177 Ec
Istana, Porto– 167 Fa
Istatu, Punta s'– 165 Ea
Istelai, Nuraghe– 167 Ecd
Istia d'Ombrone [GR] 83 ABd
Istiddi, Bruncu– 171 Ccd
Istiria [CN] 53 Dc
Istrago [PN] 27 Cb
Istrana [TV] 39 Cab
Istrana, Torre sa– 167 Ea
Istria, Nuraghe– 175 Db
Isuledda [SS] 161 Ec
Isuledda, I'– [SS] 161 Db
is Urígus [CA] 177 Cc
Itála [ME] 141 Cc
Italba [FE] 51 Ec
Italico, Tempio– 101 Dc
Itieli [TR] 91 Fb
i Tre Perazzi [FG] 109 Hc
Itri [LT] 105 Hc
Ittia, Punta– 167 Eb
Ittireddu [SS] 165 Fb
Ittiri [SS] 165 Db
Iudeca, Monte– 157 Ec
Iúdica, Casa– [SR] 159 Eb
Iúdica, Fattoria– [SR] 159 Ec
Iúdica, Monte– 155 Cbc
Iúdica, Torre– 159 Eb
Iúdrio, Torrente– 27 Fc
Iugo, Monte– 91 Cab
Iúncolo, Monte– 127 Fc
Iuncu, Cantoniera– [SS] 167 BCa
Iurentino, Monte– 133 Cb
Iutizzo [UD] 27 Cc

Iuvanum 101 Cab
I Vaccari [PC] 47 Ebc
Ivano, Castello d'– 25 Bb
Ivano-Fracena [TN] 25 ABb
Ivica [RO] 51 Gc
Ividori, Monte– 103 Dcd
Ivigna, Picco d'– / Ifinger Spitze 1 Hc
Ivózio [TO] 31 Bb
Ivrea [TO] 31 Bc
Ivrea, Naviglio d'– 31 BCd
Ivrea alla Noaschetta, Bivacco– 29 Fb
Ixi, Monte– 175 Dc
Izano [CR] 33 Gc
Izola [SLO] = Isola d'Istria (I) 41 GHc
Izzalini [PG] 85 Cd
Izzana, Nuraghe– 167 Ca
Izzo, Punta d'– 155 Gd

J

Jacurso [CZ] 137 Cbc
Jafferau, Monte– 43 Bb
Jakobs–Spitze / San Giacomo, Cima– 3 BCc
Jato, Fiume– 147 Bc
Jato, Monte– 147 Bc
Jaufenpaß / Monte Giovo, Passo di– 1 Hbc
Jaufental / Valgiovo 1 Ib
Jausiers [Fr.] 53 Ac
Jelsi [CB] 109 Bab
Jenesien / San Genésio Atesino [BZ] 9 Fb
Jenne [ROMA] 99 CDb
Jerago con Orago [VA] 31 Ga
Jerener [TO] 29 FGc
Jervis, Rifugio– 29 Fc
Jervis W., Rifugio– 43 Dd
Jerzu [NU] 175 Fb
Jesi [AN] 79 Db
Jesi, Torre di– 79 Dc
Jésolo [VE] 39 FGb
Jésolo, Lido di– [VE] 41 Acd
Jévoli [CZ] 137 Cb
Joanne Matta, Nuraghe– 177 Ed
Jochköpfl = Passo, Corno del– (I) 1 Gb
Jocteau 17 EFd
Joderhorn 19 BCbc
Jolanda di Savoia [FE] 51 Dc
Jóppolo [VV] 139 Cb
Jóppolo Giancáxio [AG] 153 Bc
Joussaud [TO] 43 Cbc
Jouvenceaux [TO] 43 BCb
Joux, Colle di– 17 Hd
Jovençan [AO] 29 Fa
Juanne Osile, Punta– 167 CDbc
Juf [Svizz.] 5 Hc
Julia, Rifugio– 13 Fc
Jumeaux, Les– 17 Gc
Junchi [RC] 139 EFc

K

Kaberlaba, Monte– 25 Acd
Kaggio, Masseria– [PA] 147 Bc
Kalch / Calice [BZ] 1 Ib
Kals am Großglockner [A] 3 Iab
Kaltenbrunn / Fontanefredde [BZ] 9 Gcd
Kalterer See / Caldaro, Lago di– 9 Fc
Kaltern an der Weinstrasse / Caldaro sulla Strada del Vino [BZ] 9 Fc
Kalura [PA] 147 Gb
Kamaus [TN] 23 Hb
Kamno [SLO] 13 Gd
Kampele-Spitze / Campo, Cima di– 3 Cbc
Kampidell / Campitello [BZ] 9 Fb
Kanal [SLO] = Canale d'Isonzo (I) 27 Gb

Kandersteg [Svizz.] 15 Aab
Kapaiern / Capáia [BZ] 3 Gc
Kapinberg = Capin di Ponente (I) 13 Gb
Kappl [A] 1 Ca
Kapron / Caprone [BZ] 1 Dbc
Karbachtal / Quáira, Valle di– 3 FGc
Kardaun / Cardano [BZ] 9 Gbc
Karer–Paß / Costalunga, Passo di– 9 Hc
Karersee / Carezza al Lago [BZ] 9 Hc
Karlinbach / Carlino, Rio– 1 Gc
Karneid / Cornedo all'Isarco [BZ] 9 Gbc
Karnspitz / Quáira, Cima di– 1 Ic
Karspitze / Quáira, Picco di– 3 Cc
Karspitze / Quáira, Punta di– 9 CDc
Karthaus / Certosa [BZ] 1 Fc
Karuscia, Punta– 151 ins.a
Kasern / Casere [BZ] 3 Fa
Kassian-Spitze / San Cassiano, Cima– 3 Bc
Kastelbell / Castelbello [BZ] 9 Db
Kastelbell Tschars / Castelbello-Ciárdes [BZ] 9 Db
Kastelruth / Castelrotto [BZ] 9 Hb
Katharinaberg / Santa Caterina [BZ] 1 Fc
Kematen / Caminata [BZ] 3 Cb
Kematen in Taufers / Caminata di Tures [BZ] 3 Eb
Kerlsspitze / Quáira, Pizzo– 3 Gc
Kessel Kogel / Catinaccio d'Antermóia 11 Ac
Khamma [TP] 151 ins.a
Kiens / Chiénes [BZ] 3 DEc
Kinigat, Gr.– = Cavallino, Monte– (I) 3 Icd
Kirchbach [A] 13 Eab
Klammjoch = Gola, Passo di– (I) 3 Fb
Klausen / Chiusa [BZ] 9 Hb
Klausener Hütte / Chiusa, Rifugio– 3 BCc
Kleblach-Lind [A] 13 EFa
Kleiner Gabler / Forca, Monte– 3 Dc
Klobenstein / Collalbo [BZ] 9 Gb
Knutten Alm / Dossi, Malga dei– 3 Fb
Kobarid [SLO] = Caporetto (I) 13 Gd
Kofel-Joch / Éores, Passo di– 11 Bab
Koflraster Seen / Cóvolo, Laghi del– 9 Db
Kolben-Spitze / Clava, la– 1 Gc
Kollfuschg / Colfosco [BZ] 11 BCb
Kollmann / Colma [BZ] 9 GHb
Komen [SLO] = Cómeno (I) 41 Hab
Kompatsch / Compaccio [BZ] 9 Db
Königsanger-Spitze / Pascolo, Monte del– 3 Cc
Königskogl = Re, Monte– (I) 1 Gb
Königsspitze / Gran Zebrù 9 Cb
Koper [SLO] = Capodistria (I) 41 Hc
Köpflplatte / la Lasta 9 Bab
Kortsch / Córzes [BZ] 9 Cb
Kortscher Jöchl / Corzes, Monte di– 9 Cab
Kötschach-Mauthen [A] 13 CDa
Kozina [SLO] 41 Ic
Kranisca Gora [SLO] 13 Hbc
Kratzberger See / San Pancrazio, Lago– 1 Hc
Kraxentrager / Gerla, La– 3 Cab
Kreut / Novale [BZ] 9 Fb
Kreuzbergpaß / Monte Croce di Comélico, Passo– 3 Hd
Kreuzen [A] 13 Gab
Kreuzjoch / Croce, Giogo della– 9 Fab
Kreuzjöch / Croce, Passo della– 1 Hcd
Kreuzjoch / Medálghes, Furcia di– 11 Bb
Kreuzjoch = Montecroce (I) 3 Bab
Kreuzkofeljoch / Poma, Passo– 11 Bb

Kreuzwiesen–Hütte / Prato Croce, Rifugio– 3 Dc
Kronalpe = Corona, Monte– (I) 13 Eb
Kronhofer Törl = Promósio, Passo di– (I) 13 Db
Kronplatz / Corones, Plan de– 3 Ec
Kuens / Caines [BZ] 1 GHc
Kumeta 147 Bc
Kuppelwies / Pracúpola [BZ] 9 Db
Kurtatsch an der Weinstrasse / Cortaccia sulla Strada del Vino [BZ] 9 Fcd
Kurtinig an der Weinstrasse / Cortina sulla Strada del Vino [BZ] 9 Fd
Kurzras, Sporthotel– / Corteraso, Albergo– 1 Ec

L

Laag / Laghetti [BZ] 9 Fd
Laas / Lasa [BZ] 9 Cb
Laatsch / Láudes [BZ] 1 Dc
la Badía [PG] 83 GHb
la Badía [PG] 77 EFc
la Badía [PO] 67 Eb
la Balma [VB] 15 CDc
la Banca [ROMA] 105 Cb
la Bandita [PI] 73 Dd
Labante 59 Gd
la Baracca [AR] 75 GHbc
la Baracca [SP] 57 Dd
la Barácciola [AR] 79 EFb
la Barcáccia [PG] 77 Ed
la Barca del Grazi [GR] 89 Da
la Barriera [AG] 157 Dc
L'Abbandonato [GR] 83 Ccd
Labbro, Monte– 83 CDcd
La Béccia [AR] 69 Ed
la Befa [SI] 83 Cb
la Berzigala [MO] 59 Ec
la Bethaz [AO] 29 Eab
Labiata [SR] 155 Ec
Lábico [ROMA] 99 Bc
la Bollène-Vésubie [Fr.] 63 BCbc
la Bríglia [PO] 67 Ec
La Brigue [Fr.] 63 Db
Labro [RI] 91 Ga
la Buca [BO] 49 Gd
la Buca [SI] 83 Eb
la Buse dei Véris [UD] 27 Eb
Lac, Becca du– 29 DEb
Lac, Cima– 9 Dc
la Caletta [CA] 177 Bc
la Caletta [NU] 167 Bc
la California [LI] 73 Dd
la Calla, Passo– 69 Dc
la Calle [PG] 77 Bc
la Callura [CT] 155 Dc
la Cámera [FG] 103 Cd
la Campana [BO] 61 Ac
la Campigliola [GR] 89 EFa
la Canónica [SI] 75 Ed
la Capelletta [GE] 55 Fbc
La Casáccia [VT] 91 DEb
la Casedda [SS] 167 Ca
la Casella [TR] 85 Bcd
la Casetta [FI] 67 Fb
La Casina [VT] 83 Ed
La Cassa [TO] 43 Ab
la Castellina [SI] 75 Fd
la Catena [AG] 157 Dc
la Cava [PI] 73 Db
Lacchiarella [MI] 33 Ccd
Láccio [GE] 57 Abc
Lacco [ME] 145 DEb
Lacco Ameno [NA] 113 Bc
Laccu Canu, Su– 167 EFb
Laccu sa Vitella, Punta– 169 Ecd
Lacedónia [AV] 115 Ea
Laceduzza, Masseria– [BR] 123 Cb

la Celvia [SS] 161 Fc
Laceno, Lago di– 115 Cbc
la Centrale [TN] 23 Hab
Lacerno, Torrente– 99 Gc
Lacerone, Monte– 91 FGb
la Cérqua [TR] 91 EFa
Lacersa, Casa– [PZ] 129 Dc
la Cetina [SI] 73 GHd
Lachelle [VC] 31 Dd
Lachésos, Monte– 165 EFb
la Chiancata [FG] 109 GHa
la Chiesa [FE] 51 Ad
la Chiostra [PI] 73 EFc
la Chiusa [FI] 67 EFc
la Chiusa [RA] 61 EFc
Lacina, Lago di– 139 Fb
Lacinigo / Latschinig [BZ] 9 Db
La Cinta [NU] 167 FGb
la Città [BO] 59 GHb
la Coetta [VR] 37 Cc
la Comina [PN] 27 Ac
Lacona [LI] 81 Cd
Lacona, Golfo della– 81 Cd
Láconi [NU] 175 Ca
Lacònia [SS] 161 Ec
La Condamine-Chatelard [Fr.] 53 Ac
Lacore, Laghi– 101 ABb
la Corte [MO] 49 Ed
La Corte [SS] 165 Ba
la Costa [AL] 55 Gab
la Costa [PG] 83 EGb
la Costa [PG] 85 Dd
la Costa [PR] 57 Gb
la Costa [PR] 59 Cb
la Costa [VR] 37 Gba
la Cotarda [LT] 105 Eb
l'Acqua [PO] 67 Eb
Lácque, le– [MC] 79 CDd
La Croce [AL] 55 Da
La Croce [AN] 71 Gd
La Croce [AP] 87 Db
La Croce [AR] 75 Fd
La Croce [RG] 159 Cd
la Croce [SI] 75 Dbc
la Croce [TV] 39 Db
la Crocera [CN] 43 Fd
La Crocina [AR] 75 Fb
La Crosara [RO] 51 BCc
La Crosetta [PN] 25 Gb
La Crucca [SS] 163 Cd
Laculo [RI] 93 Cab
Ladas, Nuraghe sas– 163 Fcd
Ladispoli [ROMA] 97 Cb
La Dogana [PG] 77 Cd
la Dogana Rossa [SI] 83 Fb
la Dota [AT] 45 Cd
Laerru [SS] 163 EFcd
la Faraona [RE] 59 Dc
la Farnesiana [ROMA] 89 Hc
la Ficaccia [SS] 161 Db
la Fiorana [FE] 61 Db
la Fittà [VR] 37 Dc
la Foce [SI] 83 Eb
La Foce [SP] 65 Bb
La Fonte [PI] 73 CDb
la Forcatella [BR] 119 Eb
la Forcora [VA] 19 Gb
la Foresta [CS] 133 Da
La Foresta, Convento– 93 Bb
la Forma [FR] 99 Cbc
la Fornace [PU] 71 Fbe
La Fossa [RE] 59 Cab
la Frascata [RA] 61 Db
la Fratta [SI] 75 Fd
la Frua [VB] 15 Eb
Laga, Monti della– 87 Cde
La Gabelletta [VT] 91 Dc
la Gabellina [RE] 59 Bcd
Lagacci [PT] 67 Db
Lagadello [PR] 57 Fab
Lagagnolo [PV] 47 Bc
la Gala [ME] 145 Ga
Laganadi [RC] 141 Ebc

Lagarina, Val– 37 Bab
Lagaro [BO] 59 GHd
Lagastrello, Passo di– 57 Gcd
Lagazuoi 11 Db
Lagdei [PR] 57 FGc
Lággio di Cadore [BL] 11 Fbc
Laghestél di Pine 23 Hb
Laghetti / Laag [BZ] 9 Fd
Laghetti di Marinello, Riserva Naturale– 145 Fb
Laghetto [ROMA] 97 Gb
Laghetto, Malga– 23 Hc
Laghi [VI] 23 Hcd
Laghi [VI] 37 Ga
Laghi, Coston dei– 23 Hc
Laghi, Valle dei– 23 Fbc
Laghi, Via dei– 97 Gc
Laghi di Avigliana, Parco Naturale dei– 43 Fb
Laghi di Conversano, Riserva Naturale Regionale Orientata– 129 Cab
Laghi di Doberdò e Pietrarossa, Riserva Naturale dei– 41 Gb
Laghi Lungo Ripasottile, Riserva Naturale– 91 GHb
Laghi Suviana e Brasimone, Parco Regionale dei– 67 Eb
la Giorgia [AQ] 99 Eb
la Giorgina [AQ] 99 Da
la Giustiniana [ROMA] 97 Eab
Lagna [NO] 19 Ed
Lagnano, Masseria– [FG] 109 Hc
Lagnasco [CN] 53 Fb
Lago [CS] 135 Cbc
Lago [GE] 55 Hc
Lago [PC] 57 Ca
Lago [PR] 57 Gc
l'Ago [SP] 57 DEd
Lago [TN] 9 GHd
Lago [TV] 25 Fbc
Lago [VI] 23 HId
Lago [VI] 37 Fc
Lago, Case del– [RE] 49 Bd
Lago, Croda da– 11 Dbc
Lago, Monte– 21 Eb
Lago, Pizzo di– 5 Gc
Lago, Rio del– 13 Gc
Lago Bianco, Punta– / Weißsee 1 Ebc
Lago Bianco, Rifugio– 53 Dd
Lago Cornino, Riserva Naturale del– 13 Dd
Lago Corvo, Rifugio– / Haslgruber-Hütte 9 Dc
Lago Costa 23 Hb
Lago d'Ampola 23 DEc
Lago dell'Angitola, Oasi del– 137 Bc
Lago di Burano, Riserva Naturale– 89 Eb
Lago di Campotosto, Riserva Naturale– 93 Ea
Lago di Candia, Parco Naturale del– 31 Bc
Lago d'Idro 23 Dd
Lago di Lesina, Riserva Naturale– 103 Eb
Lago di Loppio 23 Fc
Lago di Lozon, Riserva Naturale– 17 Gd
Lago di Montepulciano, Riserva Naturale– 83 Fb
Lago di Penne, Riserva Naturale– 95 Bb
Lago di Pergusa, Riserva Naturale 153 Fb
Lago di Posta Fibreno, Riserva Naturale– 99 Gc
Lago di San Giuliano, Oasi del– 117 EFd
Lago di Sartirana, Riserva Naturale– 33 Ea
Lago di Serranella, Riserva Naturale– 95 Ed
Lago di Toblino 23 Fb

Lago di Vico, Riserva Naturale– 91 CDbc
Lago di Villa, Riserva Naturale– 17 Ia
Lago Erdemolo, Rifugio al– 23 Iab
Lago Falciano, Riserva Naturale del– 107 Ccd
Lagoforano, Bosco di– 131 EFb
la Goga [PG] 77 Cde
Lago Gelato, Pizzo– 15 Ec
Lago Laudemio, Riserva Naturale– 127 CGcd
Lagone, il– 39 CDd
Lagonegro [PZ] 127 Fd
Lagoni [GR] 73 Gde
Lagoni, i– 57 Gc
Lagoni del Sasso [PI] 73 EFde
Lagoni di Mercurago, Parco Naturale dei– 19 Fd
Lagoni Rossi [PI] 81 Fab
Lago Pantaniello, Riserva Naturale– 101 ABc
Lago Pantano di Pignola, Riserva Naturale– 115 Gd
Lago Patría, Marina di– [CE] 113 Cb
Lago Patrono [AL] 55 Hb
Lago Pésole, Alveo del– 115 Gbc
Lago Piccolo di Monticchio, Riserva Naturale– 115 Fb
Lago Preola e Gorghi Tondi, Riserva Naturale– 151 Bb
Lago Pudro 23 Hb
Lágora [BO] 67 EFab
Lagorai, Catena dei– 11 ABd
Lagorai, Cima di– 25 Ba
Lagorai, Lago– 9 GHd
Lagosanto [FE] 51 Ed
Lago Trasimeno, Parco del– 83 Gb
Lago Treárie, Riserva Naturale– 147 FGc
Lago Verde, Rifugio– 43 Dcd
la Grancia [AQ] 99 Eb
La Grángia [CN] 53 Fab
Lagrimone [PR] 59 Bbc
La Guárdia [AQ] 99 FGb
la Guárdia [MO] 59 EFc
la Guárdia, Monte– 153 Ga
La Guárdia, Serra– 157 CDc
Laguna di Orbetello di Ponente, Riserva Naturale– 89 Db
Lagundo / Algund [BZ] 1 Gc
Lagune 59 Fc
l'Aiale [SI] 83 EFc
Laiano [RI] 107 Gd
Laietto [TO] 43 Eb
Laiguéglia [SV] 63 Gbc
Lainate [MI] 33 Cb
Laini, Casa– [VI] 37 Eab
Laino [CO] 21 Bbc
Laino Borgo [CS] 131 Cb
Laino Castello [CS] 131 Cb
Láio, Fosso– 95 Dd
l'Aiola [PI] 73 Dc
Laion / Lajen [BZ] 9 Hb
Laione, Monte– 55 DEb
Laipacco [UD] 27 Eb
Laise [CS] 131 Cd
Laives / Leifers [BZ] 9 FGc
Lajático [PI] 73 Ec
Lajen / Laion [BZ] 9 Hb
la Lama [FC] 69 DEcd
la Lama [TA] 121 Fc
La Landrigga [SS] 165 Ca
la Lasta / Köpflplatte 9 Bab
La Lastra [FI] 67 Fd
Lalatta [PR] 57 Hc
l'Albergo [AR] 75 Fc
La Lechère [AO] 17 Fc
La Lima [PT] 67 Cb
Lállio [BG] 33 Fab
La Lóggia [TO] 43 GHc
Lalumia, Villa– [PA] 147 Fbc
la Luparella [FG] 111 Bb
Lama [AR] 75 Gb
Lama [PG] 77 Cb

Lama [PV] 57 Ba
Lama [SI] 83 Db
Lama [SP] 65 Db
Lama, la- [FC] 69 DEcd
Lama, la- [TA] 121 Fc
Lama, la- [TA] 121 Db
Lama Balice 111 Gd
Lama Balice, Parco Naturale- 111 Gd
Lama Bianca, Riserva Naturale- 95 Cd
Lama Caminata, Masseria- [BA] 111 CDd
Lamaccione, Podere- [GR] 83 BCd
la Maciona [SS] 167 Da
Lamacupa, Monte- 117 Ca
la Maddalena [CA] 179 BCbc
La Maddalena [ROMA] 99 Cb
La Maddalena [SS] 161 Eb
Lama dei Peligni [CH] 101 BCa
Lama del Monte, Masseria- [BA] 117 Eb
Lama di Carro, Masseria- [BA] 111 DEcd
Lama di Castellaneta 121 Db
Lama di Corvo, Masseria- [BA] 111 Ccd
Lama di Lenne 121 DEbc
Lama di Mónchio [MO] 59 DEc
Lama di Reno [BO] 59 Hc
Lama di Rose, Masseria- [TA] 119 Cc
Lama di Setta [BO] 59 Hcd
la Madonnina [RE] 49 Cd
Lamafico, Masseria- [BA] 119 Db
Lamaforca, Masseria- [BR] 123 CDa
La Magdeleine [AO] 17 Gcd
la Máina [UD] 13 Bc
Lamalesa [SI] 83 Bb
Lamalunga [BA] 111 Bd
Lama Mocogno [MO] 59 Ed
La Mandra [FR] 107 Ba
la Mándria [AP] 89 Eb
La Mandria, Parco Regionale- 43 Gab
la Mantovana [VR] 49 GHb
Lamapera, Múrgia di- 117 Db
Lama Polésine [RO] 51 Db
la Marana [FG] 109 Gcd
la Marchesa [FG] 109 Ea
Lamarda, Masseria- [PZ] 117 Cb
La Mármora, Punta- 171 DEcd
Lamarossa, Riserva Naturale- 59 Cd
la Martella [MT] 117 Fcd
la Martina [BO] 59 Id
la Martina [CN] 55 ABb
Lamascésciola, Serra- 117 Ebc
la Masera [BO] 67 Da
la Mastra [PZ] 115 FGbc
l'Amastuola [TA] 121 EFb
Lama Torre, Monte- 117 Db
Lambertenghi, Rifugio- 13 Cb
Lambertúccia [MC] 87 Bb
Lambin, Rio- 23 Fb
Lambrate [MI] 33 Dbc
Lambrinia [PV] 47 Dab
Lambro, Fiume- [Camp.] 127 Cd
Lambro, Fiume- [Lomb.] 33 Dc
l'Ambrogina [GR] 83 Cc
Lambro Meridionale, Fiume- 33 Ed
Lambro Settentrionale, Fiume- 47 Ca
Lambrugo [CO] 21 Cd
Lame [MN] 49 GHc
Lame [TE] 93 Ea
Lame, Masseria le- [LE] 125 Fb
Lame del Sésia, Parco Naturale- 31 Ec
Lamen [BL] 25 Db
Lamézia Terme [CZ] 137 Bb
Lamézia Terme-S. Eufémia, Aeroporto Internazionale- 137 Bb

Lámia, Masseria- [BR] 123 Ec
Lámia, Masseria- [FG] 109 Fc
Lámia La Noce [BA] 117 Fab
Lámia San Doménico [BA] 117 Fa
la Minara, Monte- 57 Fb
Lámmari [LU] 65 Gc
Lámole [FI] 75 CDb
Lámoli [PU] 77 Cb
la Molla [SI] 83 Fc
Lamon [BL] 25 Cb
la Monachina [ROMA] 97 DEb
Lamone, Fiume- 61 Fb
Lamone, Selva del- 89 Ga
la Montanara, Rifugio- 23 Fab
la Montesca [PG] 77 Cc
la Mora [BO] 59 Ha
La Morra [CN] 55 Ab
Lamosano [BL] 25 Gab
la Motta [PR] 47 Gbc
la Motticella [FG] 103 Cd
Lampazzone [VV] 139 Cb
Lampedusa [AG] 151 ins.b
Lampedusa, Isola di- 151 ins.b
Lampedusa, Santuario di- 63 Fc
Lampedusa e Linosa [AG] 151 ins.b
Lampiano [SS] 163 Bd
Lampietro, Masseria- [BN] 109 Db
Lampione, Isola di- 151 ins.b
Lampo, Serra- 129 CDcd
Lampone, Cima- 19 Cc
Lamporecchio [PT] 67 Dcd
Lamporo [VC] 45 Ba
Lampu, Serra su- 171 Cc
La Muda [BL] 11 Dd
la Muddizza [SS] 163 Ec
Lan, Cima di- 25 Cbc
Lana [BZ] 9 Efb
Lana, Col di- 11 Cbc
Lana, Torrente- 77 Cc
Lanari [VI] 21 Dc
Lanaro, Monte- 41 Hb
la Nave [AR] 75 Gcd
Lanca [NO] 31 Fb
Lanca di Gerole, Riserva Naturale- 49 Ab
Lancenigo [TV] 39 Da
Lanche di Azzanello, Riserva Naturale- 35 Cd
Lancia del Muto, Serra- 131 CDd
Lanciáia [PI] 73 Fd
Lanciano [CH] 95 Ec
Lanciano, Passo di- 95 Cc
Lanciatoio [AP] 87 BCc
Lancia Vincenzo, Rifugio- 23 Gcd
Lancieri, Masseria- [PZ] 117 Cc
Láncio, Monte- 67 Cab
Lanciole [PT] 67 Cbc
Lancisa [PT] 67 Cb
Landiona [NO] 31 Ebc
Landiragi 179 Da
Landiri, Bruncu su- 175 Fb
Landò [BS] 23 Bb
Landriana 105 Ba
Landriano [PV] 33 Dd
Landrigga, La- [SS] 165 Ca
Landris [BL] 25 Eb
Landro [ME] 145 Eab
Landro [PA] 153 DEab
Landro / Höhlenstein [BZ] 11 Eb
Landro, Lago di- / Dürrensee 11 Eb
Landro, Val di- / Höhensteintal 3 Gcd
Lanessi, Torrente- 175 Cc
Lanfredi [SV] 63 Gc
Langan, Colla di- 63 Ec
Langasco [GE] 55 Gb
Längenfeld [BZ] 1 Fa
Langenferner Joch / Cevedale, Passo del- 9 Bc
Langhe 55 ABbc
Langhirano [PR] 59 Bb
Langkofel / Sasso Lungo 11 Bb
Langosco [PV] 45 Ea
Langosco, Canale- 31 Gc
Langsee / Lungo, Lago - 1 Gc

Langtauferer Tal / Lunga, Valle- 1 Dbc
L'Anguria [LE] 125 Dcd
l'Annunziata [CA] 179 EFab
l'Annunziata [CE] 107 Fd
l'Annunziata [KR] 137 Gb
l'Annunziata [RG] 159 Dc
l'Annunziatella [ROMA] 97 Fbc
Lano [SI] 73 Gc
la Novella [SI] 83 Ec
Lanslebourg-Mont-Cenis [Fr.] 29 Dd
Lanslevillard [Fr.] 29 Dd
Lantana [BG] 21 Hc
Lantana, Monte- 21 Hc
Lante, Villa- 91 Cb
Lanteri [SR] 159 Eab
Lanterna, Torre della- 55 Gc
Lantosque [Fr.] 63 Bc
Lanusei [NU] 175 Fa
Lanúvio [ROMA] 97 Gcd
Lanvario [BI] 31 Db
Lanza [TN] 9 DEc
Lanzada [SO] 7 Dd
Lanzago [TV] 39 Dab
Lanzano [MI] 33 Ec
Lanzara [SA] 113 FGc
Lanzarite, Serro- 145 Ec
Lanzè [VI] 37 Fgb
Lanzena [RC] 141 Ec
Lanzetta [PD] 37 Fd
Lanzi, Rivo del- 107 Dd
Lanzo d'Intelvi [CO] 21 Bc
Lanzona, Rocca- 57 Ga
Lanzone, Monte- 55 Fb
Lanzone, Pizzo- 153 Ba
Lanzoni [VE] 39 EFbc
Lanzo Torinese [TO] 29 Gd
Lao, Fiume- 131 Cc
Laorca [LC] 21 Dc
la Pace [MC] 79 Ecd
la Pagliara [CE] 107 Dcd
la Palascia [LE] 125 FGc
la Palazza [AR] 77 Bab
la Palazza [BO] 61 BCc
la Palazzina [CE] 107 Fb
la Palazzina [PI] 65 Ed
la Palazzina [SI] 83 Ec
Lapanu, Monte- 177 DEd
la Parrina [GR] 89 Dab
La Paura [LT] 105 EFab
la Pavona [VC] 31 Dbc
la Pavonara [FE] 51 BCc
la Pedaggera [CN] 55 Bc
Lapedona [AP] 87 Eb
la Pedráia [SS] 163 ABd
la Penna [CH] 95 Fc
La Penna, Invaso- 75 Fbc
Lapera, Monte- 177 Ecd
la Pérgola [TP] 149 Dc
la Pesa [VR] 37 Dd
la Pescáia [GR] 81 Hc
la Péscia [FG] 109 Hb
la Pesta [GR] 81 Gbc
La Petrizia [CZ] 137 Eb
l'Ápia [AR] 75 Fb
la Piana [CE] 113 BCa
La Piazza di Sabbione [RE] 59 Eb
la Picciola [SA] 115 Bd
La Pietra [TO] 45 ABab
La Pietra, Riserva Naturale- [AR] 69 Dcd
La Pietra, Riserva Naturale- [GR] 81 Hb
la Pieve [GR] 83 Bde
la Pieve [SI] 83 Cbc
la Pila [FG] 111 Bb
la Pila [LI] 81 Cd
Lápio [AV] 115 Bb
Lápio [VI] 37 Fbc
la Pira, Monte- 167 Da
La Pisana [ROMA] 97 Eab
La Place [AO] 29 Hlab
la Plaggetta [LU] 65 EFcd
la Plose / Plosebühel 3 Dc
la Polverosa [GR] 89 Da

la Posta [FI] 59 Hld
Lappach / Lappago [BZ] 3 Db
Lappago / Lappach [BZ] 3 Db
Lappano [CS] 135 Dab
Lappato [LU] 67 Bc
la Provvidenza [BR] 123 Cb
La Punta, Torre- 127 Bcd
la Pussa [PN] 11 Gc
la Querce [PO] 67 Ec
la Quércia [VT] 91 Cb
la Quiete [MO] 49 Gc
L'Áquila [AQ] 93 Eb
Larai, Cantoniera- [SS] 167 Da
la Rangona [FE] 49 GHc
Laranz / Laranza [BZ] 9 Hb
Laranza / Laranz [BZ] 9 Hb
la Rásega [BS] 23 Cb
l'Aratrice [GR] 83 Bc
Larche [Fr.] 53 ABc
Larche, Col de- 53 Bc
Larciano [FC] 69 Ecd
Larciano [PT] 67 Dcd
Lardara [LO] 47 Eab
Lardaro [TN] 23 DEc
Larderello [PI] 73 Fd
Larderia Inferiore [ME] 141 CDc
Larderia Superiore [ME] 141 CDc
Lardina, Fonte- 87 Bb
Lardine, Cantoniera- [NU] 171 Da
Lardirago [PV] 33 Dd
la Reale [SS] 163 Bb
Larécchio, Lago di- 15 Ec
Larenta, Monte- 165 Dc
Láres, Crozzon di- 23 Dab
Laresèit, Forcella- 11 Gc
Laresi, Doss dei- 9 Gd
Larganza, Torrente- 23 Ib
Larghetto [RI] 91 Gb
Largisi [CE] 107 EFd
Lari [PI] 73 Db
Lariano [ROMA] 97 GHc
Lárici [BZ] 3 Fc
Larici, Cima- 23 Ibc
Lariè, Cima- 15 Dcd
Larino [CB] 101 Gc
Lário → Como, Lago di- 21 Cbc
la Ripa [FI] 73 Gab
la Riposa, Rifugio- 43 Da
la Riva [RE] 59 DEb
la Rocca [GR] 89 Db
la Rocca [PG] 85 Cc
la Rocca [RE] 49 Cd
la Rocchetta [LI] 81 Ec
Larone, Monte- 15 Ec
La Rosa [Svizz.] 7 Ec
La Rotondella [CT] 155 Ebc
la Rotta [FE] 51 Dd
la Rotta [GR] 83 Ede
la Rotta [MN] 35 Hd
la Rotta [PI] 73 DEab
Laroussa, Monte- 53 BCd
la Ruga [LE] 125 Dc
La Rustica [ROMA] 97 Fb
la Ruzza [CE] 113 BCa
Larzána [TN] 23 Eb
Larzonei [BL] 11 Cc
Lasa / Laas [BZ] 9 Cb
Lasa, Punta di- / Orgel-Spitze 9 Cb
la Sabatina [GR] 83 Bd
la Sacca [VB] 19 Fc
la Salle [AO] 17 Dd
la Salute di Livenza [VE] 41 Bbc
Lasanca, Rio- / Lasankenbach 3 Dc
Lasankenbach / Lasanca, Rio- 3 Dc
la Santa [MN] 49 Db
La Santina [PC] 47 Fb
La Santona [MO] 59 DEd
la Saxe [AO] 17 Cd
la Scala [SI] 83 DEbc
la Scalitta [SS] 163 Fbc
Láscari [PA] 147 Fbc
la Scrófola [FG] 109 Hb

la Sdriscia [LI] 81 Ebc
la Selce [ROMA] 97 DEb
La Selva [AR] 75 Ec
la Selva [FR] 99 Hd
la Selva [SI] 73 Gd
Lasen [BL] 25 Db
la Serra [PI] 73 Eb
la Serra [PO] 67 DEd
la Sesta [SI] 83 Cbc
la Sgrilla [GR] 89 Ea
La Siligata [PU] 71 Ec
Lasin, Lago- 29 Gbc
Lásina, Piano- 175 Cc
Lasinetto [TO] 29 GHbc
Lasino [TN] 23 Hb
la Sirena [BO] 59 Gc
la Siribanda [BR] 123 Eb
Lasnigo [CO] 21 Cc
la Spécchia [BR] 123 Db
La Spera [RI] 91 Gab
La Spézia [SP] 65 BCb
La Spézia, Golfo di- 65 BCb
las Plássas [CA] 175 BCb
Lassini, Monte- 153 Fc
Lassolaz [AO] 17 Gd
l'Assunta / Maria Himmelfahrt [BZ] 9 Gb
Lasta, Ponte della- 11 Gb
Lasta Alta / Hochplatte 1 Ic
Lasta di Dentro / Ast [BZ] 3 Dbc
La Stanga [BL] 11 Dd
La Stanga [VI] 37 Fb
Laste [BL] 11 Cb
Laste / Asten [BZ] 3 Bc
Lasté, Baita del- 11 Bc
Laste, Cima- 11 Cc
Laste, Le- / Schaldern [BZ] 3 Db
Laste, Punta delle- / Plattenspitz 1 Hc
Lastebasse [VI] 23 Hc
Lasté delle Sute 25 Ba
la Stella [MO] 59 Ec
la Stella [RE] 59 Ec
la Sterza [PI] 73 Ebc
Lastoni-Selva Pezzi, Riserva Naturale- 23 Fd
la Storaia [PO] 67 EFb
La Storta [ROMA] 97 Eab
Lastra [BL] 25 FGb
Lastra, La- [FI] 67 Fd
Lastra a Signa [FI] 67 Ec
la Strada [PR] 57 GHb
la Strada [RA] 69 Da
Lastreto, Abbadia di- 77 FGb
Lastroni, Monte- 11 Hb
la Svolta [RE] 59 Dbc
Lat, Piz- 1 Cb
Latari, Punta- 167 DEc
la Taverna [LT] 105 GHb
Lateis [UD] 13 Bc
Latemar 9 Hc
Látera [FI] 67 Fc
Látera [VT] 89 GHa
Laterina [AR] 75 Fb
Laterza [TA] 121 Cb
la Testa [BA] 111 Ec
La Thuile [AO] 17 Cd
Latiano [BR] 123 Db
Laticastelli [SI] 75 Ed
Latignano [PI] 73 Db
Latilla, Masseria- [BA] 119 Bb
La Timpa, Riserva Naturale- 155 EFb
Latina [CE] 107 Ec
Latina [LT] 105 Db
Latina, Lido di- 105 Db
Latina, Via- 97 Ec
Latina Scalo [LT] 105 Da
Latisana [UD] 27 Dd
Latisanotta [UD] 27 CDd
Lato, Fiume- 121 Dbc
Lato, Torre del- 121 Dbc
La Tonnara [CA] 177 Cc
la Torráccia [LI] 81 DEb
la Torre [MO] 59 Fc

la Torre [PU] 71 Ed
la Torre [PV] 31 Fcd
La Torre [SR] 159 Ea
La Torre [SR] 159 Ea
la Torre [VE] 41 Cc
la Torretta [CH] 101 Eab
la Torretta [FG] 109 DEa
la Torretta [RO] 49 Gb
la Torricella [PG] 85 Bb
la Tosca [RA] 61 DEb
la Traessa [SS] 161 Cc
la Tráppola [PR] 59 FGcd
la Traversa [NU] 171 EFa
La Trinità [PC] 47 Fd
la Trinité [Fr.] 63 Bd
Latrónico [PZ] 129 Cd
Latsch / Laces [BZ] 9 Db
Latschinig / Lacinigo [BZ] 9 Db
Lattai, Monte- 67 CDb
Lattanzi, Laghi- 99 Dc
Lattari, Monti- 113 EFcd
Lattárico [CS] 135 Ca
Latte di Ventimiglia [IM] 63 Dd
la Tufara [BR] 119 Ec
la Turchia [RA] 61 Db
la Turchia [RN] 71 CDb
Latzfons / Lazfons [BZ] 3 Ccd
Latzones, Nuraghe- 169 Eb
Láuco [UD] 13 Cc
Laudemio, Lago- (Remmo, Lago-) 127 FGd
Láudes / Laatsch [BZ] 1 Dc
Laugenspitze / Luco, Monte- 9 Eb
Laugera, Punta- 19 Cb
Láura [PI] 73 CDb
Laura [SA] 127 Ab
Laura, Villa- [TR] 83 Gd
Laurasca, Cima di- 19 Eb
Laureana Cilento [SA] 127 Bc
Laureana di Borrello [RC] 139 Dc
Lauregno / Laurein [BZ] 9 Ec
Laurein / Lauregno [BZ] 9 Ec
Laurentina, Via- 97 EFc
Laurentum 97 Ec
Laurenzana [PZ] 129 Bb
Laurenzana, Torrente- 133 Db
Laureto [BR] 119 DEc
Lauretta, Casa- [RG] 159 Dc
Lauria [PZ] 127 FGd
Lauria, Masseria- [FG] 103 Bc
Lauriano [TO] 45 ABab
Laurignano [CS] 135 Db
Laurino [SA] 127 CDbc
Laurito [SA] 127 Dcd
Laurito, Masseria- [BR] 123 Cc
Láuro [AV] 113 Fb
Láuro [CE] 107 Cc
Láuro [FG] 103 Db
Lauro [RC] 141 Gab
Lauro [TV] 25 Dd
Lauro, Monte- 159 Db
Lauro, Torre del- [ME] 145 Cb
Laurópoli [CS] 131 EFc
Lausetto [CN] 53 Bbc
Lausetto, Cima del- 53 DEd
Lauson, Colle- 29 Fb
Lauson, Colle del- 43 Cb
Lautoni [CE] 107 Cc
Laux [TO] 43 Db
Lauzacco [UD] 27 Ec
Lauzo, Monte- 105 Cc
Lauzzana [UD] 27 Dab
La Vaccareccia [FR] 99 Gd
Lavachey [AO] 17 Cc
Lavaggio, Cima- 19 CDc
Lavaggiorosso [SP] 57 Dd
Lavagna [GE] 57 BCd
Lavagna [LO] 33 Cc
Lavagna, Torrente- 57 Bc
Lavagnina, Laghi- 55 Fb
Lavagno [VR] 37 Cc
Lavaiana, Torrente- 57 Da
Lavaiano [PI] 73 Db
Laval [TO] 43 Cbc
Lavalla, Monte- 137 Cb

la Valle [PC] 47 Cd
la Valle / Tal [BZ] 9 Cb
La Valle / Wengen [BZ] 11 Cab
la Valle Agordina [BL] 11 Dd
la Valletta [BO] 61 Bb
la Vallona [BO] 61 BCb
Lavane, Monte– 69 Cbc
Lavanech, Monte– 23 Dc
Lavanestra, Torrente– 55 Dd
Lavara, Monte– 13 Ec
Lavarda [VI] 25 Bd
Lavardêt, Casera– [UD] 11 Gbc
Lavardêt, Forcella– 11 Gbc
Lavaredo, Rifugio– 11 EFb
Lavariano [UD] 27 Ec
Lavarone [TN] 23 Hc
Lavazè, Passo di– / Lavazè Joch 9 Gc
Lavazè Joch / Lavazè, Passo di– 9 Gc
la Vecchia [RE] 59 Db
la Vedetta [RE] 59 Db
Lavella, Torrente– 109 Fc
Lavello [PZ] 115 Ga
Lavena Ponte Tresa [VA] 19 Hc
Láveno [BS] 23 Bc
Laveno [VA] 19 Fc
Laveno–Mombello [VA] 19 Fc
Lavenone [BS] 23 Cd
Láverda [VI] 25 Bd
Laverde, Fiumara– 141 Gc
la Vergine [PT] 67 CDc
Laveria [CA] 177 Eb
Laverino [MC] 85 Fb
La Verna 69 Ed
la Verna [MO] 59 Dcd
Lavetto, Monte– 23 Db
la Vettola [PI] 73 CDb
Lavey-les-Bains [Svizz.] 17 Da
Lavezzola [RA] 61 Cb
La Via [BZ] 1 Hb
Laviano [PG] 83 Fb
Laviano [SA] 115 Dc
la Villa [AQ] 93 Gcd
la Villa [AR] 77 BCb
la Villa [BO] 59 GHb
la Villa [GE] 57 Cb
la Villa [MC] 87 Bb
la Villa [PR] 59 Dc
la Villa [RE] 59 DEa
la Villa [SI] 83 Cb
la Villa [SR] 159 Fb
la Villa [VS] 55 Cc
La Villa / Stern [BZ] 11 Cb
Lavina [BL] 25 Gb
Lavina [IM] 63 Fb
Lavini di Marco 23 FGc
Lavinio–Lido di Enea [ROMA] 105 Ba
Lavinium 97 EFcd
Lavino, Torrente– [BO] 59 Hc
Lavino, Torrente– [PE] 95 Cc
Lavino di Mezzo [BO] 59 Hb
Lavino di Sopra [BO] 59 Hbc
Lavino di Sotto [BO] 59 Hb
Lavis [TN] 23 Gb
la Visaille [AO] 17 Cd
la Vittória [SI] 83 Ebc
Lavizza, Monte– / Haupenhöhe 3 Dab
La Volla [FR] 107 Bab
Lavone [BS] 23 Bd
Lavorate [SA] 113 Fc
Lavoria [PI] 73 CDb
Lazfons / Latzfons [BZ] 3 Ccd
Lazise [VR] 35 Hb
Lazzarello, Monte– 47 BCc
Lazzaretti [VI] 25 Bc
Lazzaretto [BO] 59 Hab
Lazzaretto [BS] 35 EFbc
Lazzaretto [SS] 165 Bb
Lazzaretto [TS] 41 Hc
Lazzaretto [VE] 39 Fb
Lazzaro, Monte– 47 Cc
Lazzate [MI] 33 Cab
Lazzeretto [FI] 67 CDd
Leale, Torrente– 13 CDd
Leano, Monte– 105 Fbc

Leano, Poggio– 83 Ec
Leanzi, Masseria– [BR] 123 Fb
Leardo, Monte– 147 BCc
Leari, Nuraghe– 169 Da
le Banditelle [PI] 73 Dc
Le Biot [Fr.] 17 Aa
le Boline [MN] 49 Fbc
le Bolle [FI] 75 Cb
Le Boréon [Fr.] 63 Bb
Lebrino [CT] 155 Fbc
Le Buse, Rifugio– 11 BCc
Leca [SV] 63 GHb
le Cámpore [PC] 47 Cd
le Capannace [AR] 75 Gd
le Capanne [FC] 69 Fd
le Case [RI] 91 Gb
le Caselle [AR] 75 Gd
le Caselle [CS] 131 Fc
Le Caselle [PG] 85 BCd
le Caserine [AQ] 99 Fb
le Casette [AN] 79 BCb
le Casette [AP] 87 Dcd
Le Casette [RI] 91 Gb
le Casette [ROMA] 97 Gab
le Casine [BR] 123 Cb
le Castella [KR] 137 FGb
le Castella [LT] 97 Cd
le Castella, Forte di– 137 FGb
Le Cave / Grasstein [BZ] 3 BCbc
Lecca, Torrente– 57 Db
Lecce [LE] 123 FGc
Lecce, Tavoliere di– 123 Dc
Lecce nei Marsi [AQ] 99 FGb
Lecce nei Marsi [AQ] 99 Gb
Lecceta, Poggio– 73 Cb
Lecceto [SI] 75 Dc
Lecchi [SI] 75 Dc
Lecchi [SI] 73 GHc
Lecchiore [IM] 63 Fc
Lecci [LU] 65 Gd
Lecci, Poggio– 89 Ca
Léccia [PI] 73 EFd
Léccia, Palazzo– [FG] 103 Ec
Léccio [FI] 67 Gd
Léccio [GR] 83 Bb
Léccio [PI] 73 EFb
Léccio, Poggio del– 89 Db
Léccio, Porto– 163 Fb
Léccio, Rio– 67 Bd
Lecco [LC] 21 Cc
Lecco, Lago di– 21 Cc
Le Cento Croci [PU] 71 Gd
le Cese [AQ] 99 Ea
Le Cetine [SI] 73 Gd
L'Échalp [Fr.] 43 CDd
Léchaud, Punta– 17 Bd
Lechère, La– [AO] 17 Fc
le Chiaviche [MN] 49 Cb
Lecínone, Monte– 97 Gab
Leco, Monte– 55 Gb
le Cocche [VR] 35 Hb
le Colombare [MN] 35 Gd
Le Compre [FR] 99 Fc
le Cone [ROMA] 99 Ccd
Le Conie [SI] 83 Ec
le Cóntane [PE] 51 Eb
Lécore [FI] 67 Ed
Le Cornate Fosini, Riserva
  Naturale– 81 Gab
le Corti [FI] 67 Cd
le Coste [MO] 59 Fc
le Croci [FI] 67 Fbc
Ledis, Monte– 13 Dcd
Ledra, Canale– 27 Db
Ledra, Fiume– 27 Da
Ledro, Lago di– 23 Ec
Ledro, Val di– 23 Ec
Ledù, Pizzo– 5 FGd
le Farine [VT] 91 Cb
Le Fayet [Fr.] 17 Ac
le Ferriere [LT] 105 Ca
Leffe [BG] 21 Gd
le Figarole [SP] 65 Cb
le Focette [LU] 65 Gc
le Forna [LT] 105 ins.a
le Fornacette [GR] 81 Hcd

le Fornaci [PO] 67 Ec
Le Fornaci [VB] 19 Eb
le Fratte [PN] 27 Bc
le Fratte [VI] 23 Hc
Lega, Monte– 63 Dc
Leggiadro, Masseria– [PZ] 117 Db
Leggiana [PG] 85 Ebc
Leggio [PC] 47 Dd
Leggiuno [VA] 19 Fc
Leghe [VI] 25 Bd
le Ghiare [PR] 57 Gb
le Giare [RO] 51 ABb
Legnago [VR] 49 Ga
Legnano [MI] 33 Bb
Legnaro [PD] 39 Bcd
Legnaro [SP] 65 Aab
Legnoncino, Monte– 21 Db
Legnone, Monte– [Lomb.] 21 Db
Legnone, Monte– [VA] 19 Gc
Legogne, Monte di– 85 Gd
Légoli [PI] 73 Eb
le Gorghe [AR] 75 EFd
Legos [TN] 23 Ec
Le Grazie [AN] 79 EFb
le Grazie [BL] 11 CDc
le Grazie [MC] 79 Dd
le Grazie [PT] 67 Dbc
le Grette [AQ] 99 Gb
Legri [FI] 67 Fc
le Grotte [FG] 103 Dcd
Leguigno [RE] 59 Cb
Leguzzano [VI] 37 DEab
Lei [NU] 165 Fcd
Lei, Val di– 5 Gc
Leia, Torrente– 91 Bb
Leifers / Laives [BZ] 9 FGc
Leiní [TO] 43 Ha
Léivi [GE] 57 Bc
Le Lácque [MC] 79 CDd
Lella, Casa la– [TA] 123 CDc
Lella, Masseria– [TA] 121 Gb
Lelo, Monte– 133 Eb
Lema, Monte– 19 GHb
le Macinaie [GR] 83 Dc
Le Martinelle [VE] 51 Eb
Leméglio [GE] 57 CDd
Lémene, Fiume– 41 Cb
le Mezzane [FG] 109 Eb
Lémie [TO] 29 Fd
Lemignano [PR] 47 Hd
Lemina, Torrente– 43 Fc
Lemma, Passo di– 21 Fb
Lemme, Torrente– 45 Fd
Lemmi [AL] 45 GHd
Lemna [CO] 21 BCc
Le Moline [PC] 57 Dab
le Moline [PV] 47 Bc
le Monacelle [BA] 117 GHb
le Monachelle [CS] 135 Ea
Le Montagne delle Felci e dei Porri,
  Riserva Naturale– 143 DEb
le Morelle [CE] 113 Ba
le Morge [CH] 95 Fc
le Mose [PC] 47 Gb
le Mosse [VT] 91 BCa
le Motte [CR] 49 Aa
Lemprato [BS] 35 Fa
Lemura [PG] 83 Gb
Lena, Punta– 143 Ga
Lenano [PG] 85 Ecd
Lenardedu, Monte– 171 CDd
Lendeno, Corno– 23 Cb
Lendinara [RO] 51 Bb
Lengmoos / Longomoso [BZ] 9 Gb
Lengstein / Longostagno [BZ] 9 Gb
Leni [ME] 143 Db
Leni, Torrente– 173 Ec
Lenna [BG] 21 EFc
Lenno [CO] 21 Cc
Lenno, Monte di– 21 Bbc
Leno [BS] 35 Ec
Lénola [LT] 105 Gb
Lenta [VC] 31 Eb

Lenta, Torrente della– 107 Gc
Lentate sul Séveso [MI] 33 Ca
Lentate Verbano [VA] 19 Fd
Lente, Fiume– 89 Fa
Lentella [CH] 101 EFab
Lentiai [BL] 25 Eb
Lentigione [RE] 49 Bc
Lentina, Ponte di– 149 DEb
Lentini [SR] 155 FEd
Lentini, Biviere di– 155 Ecd
Lentini, Fiume– 155 Fd
Lentini, Masseria– [TA] 121 Gab
Lentiscosa [SA] 127 Dd
Lenzari [IM] 63 Fc
Lenzi [TN] 23 HIb
Lenzi [TP] 149 Dbc
Lenzima [TN] 23 Ec
Lenzone [UD] 13 Cc
Lenzu, Case– [CA] 173 Dc
Lenzumo [TN] 23 Ec
Leo, Pizzo– 145 Lc
le Ofrange [AR] 75 EFd
Leofara [TE] 87 Dd
Leofreni [RI] 93 Cc
Leognano [TE] 93 FGa
Leonacco [UD] 27 Eb
Leonardo da Vinci, Aeroporto
  Intercontinentale– 97 Dc
Leonburg, Schloß– / Leone,
  Castello– 9 EFb
Leone, Canale– 51 DEc
Leone, Castello– / Leonburg,
  Schloß– 9 EFb
Leone, Colle del– 115 Cc
Leone, Monte– 15 Cc
Leone, Pizzo di– 147 Dbc
Leone, Serra del– 153 ABab
Leonessa [PZ] 109 Gd
Leonessa [RI] 93 Ba
Leonessa, Sella di– 93 BCb
Leonetti, Masseria– [BA] 111 Dcd
Leonforte [EN] 153 Gb
Leoni, Monte– 83 ABc
Leopardi [NA] 113 Ec
Le Pastinelle [FR] 107 Cab
Lepena [SLO] 13 GHcd
le Peschiere [BI] 31 CDb
le Piane [AP] 87 Db
Le Piastre [PT] 67 CDbc
le Piazze [TN] 23 Hab
Lepini, Monti– 99 Cd
le Pitocche [PD] 39 Bb
Leporano [CE] 107 Ecd
Leporano [TA] 121 FGc
Lepore, Fonte– 99 FGc
le Pozze [PT] 67 Dc
le Prata [PG] 85 Fh
Lepre, Colle– 93 Fc
Lepre, Serra della– 131 Cc
le Prese [SO] 7 FGc
Lepri, Cima– 87 Cde
le Pulci [PG] 77 Dde
le Quattro Masserie [FG] 111 Cbc
le Quattro Strade [FI] 75 Cb
le Quattro Strade [GR] 89 Db
Le Querce [LT] 105 Gb
le Querci [PT] 67 Dc
Léquile [LE] 123 Fcd
Léquio Berria [CN] 55 Bb
Léquio Tánaro [CN] 53 Hb
Lera, Monte– [Piem.] 43 Fab
Lera, Monte– 170 29 Ed
Lerca [GE] 55 Ec
Lercara Bassa, Stazione di– 153 Ba
Lercara Friddi [PA] 153 Ba
Lercaro, Ospedale– [AL] 55 EFab
Lerchi [PG] 77 Cc
le Regine [PT] 67 Cb
Leri [VC] 31 Dd
Lérici [SP] 65 Cb
Lerino [VI] 37 Fb
le Ripe [SI] 83 Fc
Lerma [AL] 55 Fb
Lerno, Lago– 167 CDc
Lerno, Monte– 167 CDc

Lernu, Rio su– 167 Fb
Le Rocchette [GR] 81 Fd
le Rote [MC] 85 Fb
le Rotelle [SI] 83 Eab
Lerpa [BL] 11 GHb
Lesa [NO] 19 Fcd
les Arnauds [TO] 43 Bb
L'Escarène [Fr.] 63 BCcd
Les Chapieux [Fr.] 29 Ca
Le Schiette [CL] 157 Ec
les Clotes [TO] 43 Cb
Les Contamines–Montjoie [Fr.] 17 Bd
Lese, Fiume– 133 Dc
le Seghe [TN] 23 Ga
Lesegno [CN] 55 Ac
Lesegno, Stazione di– 55 Ac
les Fleurs [AO] 29 Fa
Les Gets [Fr.] 17 ABb
les Granges [TO] 43 Bb
Les Haudères [Svizz.] 17 FGb
Les Houches [Fr.] 17 Bc
Lesignano de' Bagni [PR] 59 Bb
Lesignano di Pálmia [PR] 57 Gb
Les Iles, Riserva Naturale– 17 Fd
Lesima, Monte– 57 Ba
Lésina [FG] 103 BCb
Lésina, Lago di– 103 Cb
Lésina, Stazione di– 103 Bbc
Lésina, Torrente– 21 Db
Lésina, Val– 21 Db
Lesis [PN] 11 Gd
Lesmo [MI] 33 Db
les Perrères centrale [AO] 17 Gc
Lessi [UD] 13 Dd
Lessini, Monti– 37 Ca
Lessínia, Parco Naturale Regionale
  della– 37 Cab
Lessinia, Parco Naturale Regionale
  della– 37 Db
Léssolo [TO] 31 Abc
Lessona [BI] 31 Db
Lestans [PN] 27 Cab
Le Sterpare [FR] 99 Ed
Lesti o Grosso, Monte– 141 Fc
Lestizza [UD] 27 Dc
Lestra della Coscia, Riserva
  Naturale– 105 Eb
le Strette [AR] 75 GHb
le Tagliate [SV] 55 CDd
le Taverne [FG] 103 Fb
le Tavernole [CE] 107 Db
Lete, Fiume– 107 Eb
Letegge [MC] 85 Gab
Letegge, Monte– 85 Gab
Letimbro, Torrente– 55 Dc
Letino [CE] 107 Eb
Letino, Lago di– 107 Eb
Letizia [CE] 113 BCa
Letojanni [ME] 141 Bd
le Tolfe [SI] 75 CDcd
Le Torri [BA] 117 Fbc
le Torri [FG] 111 Bc
Lettere [NA] 113 Fc
Lettomanoppello [PE] 95 Cc
Lettopalena [CH] 101 Bab
Leucáspide, Masseria– [TA] 121
  EFb
Leucotea, Santuario di– → Pyrgi 97
  Ba
Leuso [SV] 63 Gb
Levà [GE] 55 Hc
Levà [VI] 37 Eb
Levà [VR] 49 Fab
Levada [PD] 39 Cb
Levada [TV] 25 DEcd
Levada [TV] 25 Bd
Levada [UD] 41 Fb
Levada [VE] 27 Bd
Levada [TV] 25 Gcd
Levade [TV] 25 Gcd
Levádio, Torrente– 139 Ec
Levaldigi [CN] 53 Fb
Le Vallere, Area Attrezzata– 43
  GHbc
le Valli [CR] 33 Gcd
le Valli [FI] 67 FGb

Lévane [AR] 75 Ebc
Levanella [AR] 75 Ebc
Levanna Centrale 29 EFb
Levanna Occidentale 29 EFc
Levanna Orientale 29 Fc
Levante, Cima– 23 Gd
Levante, Laguna di– 89 Db
Levante, Porto– 51 Gb
Levante, Riviera di– [Lig.] 57
  CDd
Levante, Riviera di– [ME] 145 Ga
Lévanto [SP] 65 Aab
Lévanzo [TP] 149 BCc
Lévanzo, Isola di– 149 BCbc
Levata [AL] 45 Fc
Levata [CR] 47 Ga
Levata [MN] 49 Db
Levate [BG] 33 Fb
le Vedute [FI] 67 Cd
Lévego [BL] 25 Fb
Levens [Fr.] 63 Bc
Leverano [LE] 123 EFd
Leverogne [AO] 29 EFa
Leverone [IM] 63 FGb
Leverone, Passo del– 7 Dd
Leverone, Pizzo del– 7 Dd
Lévice [CN] 55 BCb
Lévico, Canneto di– 23 Hbc
Lévico, Lago di– 23 Hb
Lévico Terme [TN] 23 Hb
Levigliani [LU] 65 Eb
le Vigne [CS] 131 Cc
le Vigne [GR] 83 CDc
le Vignole [VE] 39 Ec
le Ville [AR] 77 Bbc
le Ville [FC] 69 EFd
le Ville [RE] 59 Eb
Levi–Molinari, Rifugio– 43 Cb
Levizzano [RE] 59 Dc
Levizzano Rangone [MO] 59 Fbc
Levo [VB] 19 EFc
Le Volte [CN] 63 Gab
Levone [TO] 29 Hcd
Levrange [BS] 23 Cd
Lezza [BS] 23 Bb
Lezzaruole [GE] 57 ABc
Lezze [VE] 51 Fb
Lézzeno [CO] 21 Cc
Lézzeno [LC] 21 Cb
Liamau, Lago– 29 Hb
Liano [BO] 61 Bc
Liano [BS] 35 Ga
Liáriis [UD] 13 Cbc
Libano [BL] 25 EFb
Libbiano [PI] 73 Eb
Libbiano [PI] 73 Ed
Libbiano [SI] 73 Fc
Libéccio, Punta– [LI] 81 ins.a
Libéccio, Punta– [TP] 149 Ac
Libera, Cima– 1 GHb
Libera, Cima– (I) = Wilder Freiger 1
  GHb
Líberi [CE] 107 Ec
Libertà, Ponte della– 39 Dc
Libertinia [CT] 155 Cb
Libertinia, Stazione– 155 Cb
Libiano [PU] 69 Gc
Libiola [SI] 73 Cd
Libiola [MN] 49 Fb
Libolla [FE] 51 Dd
Libra, Monte– 155 Cbc
Librari [TA] 123 BCcd
Librari [TA] 123 BCcd
Librizzi [ME] 145 Eb
Libro Aperto 67 Cab
li Cármine [LE] 125 CDc
Licata [AG] 157 Ed
Liccia [PA] 147 Gc
Liccia, Porto– 161 Fc
Licciana Nardi [MS] 57 Gd
Licciardi, Casa– [CT] 159 Cab
Liccio, Casa– [RG] 159 Dd
Licciola, la– [SS] 161 Db
Licciola, Spiaggia la– 161 Db
Licenza [ROMA] 99 Ba
Liceto [AN] 77 Fc

Lichtenberg / Montechiaro [BZ] 9 Bb
Licignano di Napoli [NA] 113 Eb
Licinella–Torre di Paestum [SA] 127 ABb
Licinici, Monti– 115 Bc
Licódia Eubea [CT] 159 Dab
Licola Borgo [NA] 113 Cb
Licola Mare [NA] 113 Cb
Liconi [AO] 17 Dd
Liconi, Lago di– 17 Dd
Licosa, Isola– 127 Ac
Licosa, Monte– 127 Ac
Licosa, Punta– 127 Ac
Li Cossi, Spiaggia– 163 Fb
li Cuncheddi [SS] 167 Fa
Licusati [SA] 127 Dd
Lidarno [PG] 85 Cb
Lido [VE] 39 Ec
Lido, Litorale di– 39 Ec
Lido, Porto di– 39 Ec
Lido Adriano [RA] 61 Fc
Lido Arenella [SR] 159 Gbc
Lido Azzurro [TA] 121 Eb
Lido Bruno [TA] 121 Fc
Lido Campomarino [CB] 101 Hb
Lido degli Estensi [FE] 61 Fab
Lido degli Scacchi [FE] 61 Fa
Lido dei Pini [ROMA] 105 Ba
Lido delle Nazioni [FE] 51 Fab
Lido del Sole [FG] 103 Eb
Lido di Ávola [SR] 159 Fc
Lido di Camaiore [LU] 65 Ec
Lido di Casalbordino [CH] 95 Fc
Lido di Cincinnato [ROMA] 105 Bab
Lido di Classe [RA] 61 FGcd
Lido di Colle Romito [ROMA] 105 Ba
Lido di Dante [RA] 61 Fc
Lido di Fermo [AP] 79 Gd
Lido di Lavinio, Fermata– 105 Bab
Lido di Lonato [BS] 35 FGbc
Lido di Metaponto [MT] 129 GHb
Lido di Monvalle [VA] 19 Fc
Lido di Napoli [NA] 113 Cbc
Lido di Noto [SR] 159 Fc
Lido di Ostia [ROMA] 97 Dc
Lido di Palmi [RC] 139 BCc
Lido di Pláia [CT] 155 Fbc
Lido di Policoro [MT] 129 Gc
Lido di Pomposa [FE] 51 Fd
Lido di Portonuovo [FG] 103 GHb
Lido di Procida [NA] 113 BCc
Lido di Rivoli [FG] 111 Bab
Lido di Sávio [RA] 61 Fgd
Lido di Scanzano [MT] 129 Gc
Lido di Siponto [FG] 103 Fd
Lido di Spina [FE] 61 Fab
Lido di Torre Mileto [FG] 103 Db
Lido di Volano [FE] 51 Fd
Lido Magnavacca, Valle di– 61 EFb
Lido Marchesana [ME] 145 FGab
Lido Orri [NU] 175 FGa
Lido Ponticello [TP] 151 Aa
Lido Rossello [AG] 151 Gd
Lido San Giovanni [LE] 125 CDc
Lido San Giovanni [SS] 165 Bb
Lido Sant'Ángelo [CS] 133 Ca
Lido Signorino [TP] 151 Aa
Lido Silvano [TA] 121 Gcd
Liédolo [TV] 25 Cd
Lieggio, Monte il– 115 Bc
Lierna [AR] 69 Dd
Lierna [LC] 21 Cc
Lieto, Monte– [LU] 65 Ec
Lieto, Monte– [MC] 85 GHcd
Liéttoli [VE] 39 BCacd
Lievoli, Monte– 139 Ec
i Férroli [SS] 161 Cc
Liffel–Spitze / Livolo, Monte– 3 BCc
Ligari [SO] 21 FGa
Lignana [VC] 31 DEd
Lignano, Monte– 75 Gc
Lignano, Porto– 41 DEb

Lignano Pineta [UD] 41 Db
Lignano Riviera [UD] 41 Dbc
Lignano Sabbiadoro [UD] 41 Db
Lignera [CN] 55 BCc
Lignod [AO] 17 Hcd
Ligo [SV] 63 Gb
Ligónchio [RE] 59 BCcd
Ligóncio, Pizzo– 5 Hd
Ligonto, Croda di– 11 Fb
Ligosullo [UD] 13 Db
Ligugnana [PN] 27 Cc
Ligure, Mar– 63 EFd
Ligurno [VA] 19 Gc
Lilibéo, Capo– → Boéo, Capo– 149 Cd
Lilla [TO] 29 Gc
Lillaz [AO] 29 Gb
Lillianes [AO] 31 ABb
Lilliano [SI] 75 Cc
Lima, La– [PT] 67 Cb
Lima, Torrente– 67 Bb
Limana [BL] 25 Eb
Limana, Torrente– 25 Fb
Limano [LU] 67 BCb
Limarsi, Punta– 161 ins.a
Limata [CE] 107 CDd
Limátola [BN] 107 Fd
Limbadi [VV] 139 Gab
Limbara, Monte– 167 CDa
Limbiate [MI] 33 Cb
Lime [CN] 53 Gc
Limena [PD] 37 GHbc
Limentra di Sambuca, Torrente– 67 Db
Limentra Inferiore, Torrente– 67 Eb
Limentrella di Tréppio 67 Eb
Limes [TN] 23 Dc
Limidi [MO] 49 Ed
Limido [PR] 57 GHab
Limido Comasco [CO] 33 Ba
Limigiano [PG] 85 Dc
Limina [ME] 145 Gc
Limina, Monte– 139 Ec
Límina, Piano della– 139 DEc
Limisano [FC] 69 DEb
Límite sull'Arno [FI] 67 Dd
Límiti di Gréccio [RI] 91 Gb
Límito [MI] 33 DEbc
Limo, Passo di– 11 CDb
Limone [BS] 35 Fb
Limone Piemonte [CN] 63 Da
Limone sul Garda [BS] 23 Ecd
Limonetto [CN] 63 Dab
Limonta [LC] 21 Cc
Limosano [AL] 101 Ec
Limpa, Cozzo la– 131 Cd
Limpida, Serra la– 131 BCc
Limpiddu [NU] 167 Gb
Limpidi [VV] 139 Gc
Littighedda [SS] 161 Dbc
Littigheddu [SS] 163 Ec
Littigheddu, Monte– 163 Fc
Litto, Monte– [SO] 5 Gc
Littu Petrosu, Punta– 161 Ed
Litzner–Spitze / Alliz, Punta d'– 1 DEcd
Liuru, Monte– 179 Fab
Liuzzi, Masseria– [PZ] 117 Ca
Liuzzo [ME] 141 Cb
Livagni, Monte– 109 Fc
Livata, Monte– 99 Cd
Livello [RO] 51 Db
Livemmo [BS] 23 BCd
Livenza, Fiume– 41 Bbc
Livera [BI] 31 Cb
Livergnano [BO] 59 Hlcd
Liveri [NA] 113 Fb
Lividónia, Punta– 89 Cb
Liviera [VI] 37 Ea
Livignano [LU] 59 Bd
Livignese, Parco Regionale del– 7 Ebc
Livigno [SO] 7 Eb
Livigno, Forcola di– 7 Ec
Livigno, Lago di– 7 EFb
Livigno, Val di– 7 Ebc

Líoni, lu– [NU] 167 Fb
Lio Piccolo [VE] 39 Ebc
Liotta [TP] 151 Da
Lipari [ME] 143 Ec
Lipari, Isola– 143 Ebc
Lipedriazzi, Cantoniera– [SS] 163 Ccd
Lípica [SLO] 41 Ibc
Lipomo [CO] 21 Bd
Lippiano [PG] 77 Bc
Lipprando, Monte– 55 Hb
Lipuda, Torrente– 133 Fbc
li Punti [SS] 165 CDa
Liri, Fiume– 107 Cc
Lirio [PV] 47 Bbc
Liro, Torrente– [SO] 5 Gc
Liro, Torrente– [SO] 21 Cb
Lis, Colle del– 43 Fa
Lisanza [VA] 19 Fd
Lisca Bianca, Isola– 143 Fb
Liscate [MI] 33 Ec
Lischiazze [UD] 13 Ec
Liscia [CH] 101 Eb
Liscia, Fiume– 161 Dc
Liscia, Lago di– 161 Dcd
Liscia, Ponte– 161 Dbc
Liscia, Porto– 161 Db
Liscia di Vacca [SS] 161 EFbc
Liscia di Vacca [SS] 161 EFc
Lisciano [AP] 87 Dcd
Lisciano [RI] 93 Bb
Lisciano di Colloto [AP] 87 Cd
Lisciano Niccone [PG] 77 Bd
Liscione, Ponte– 101 Gbc
Liscoi, Rio– 171 Cb
Lisiera [VI] 37 Fb
Lisignano [TN] 23 GHab
Lisignano, Castello di– 47 Dc
Lisio [CN] 55 Acd
l'Isola [MC] 79 EFc
l'Isoledda, Spiaggia– 167 Gb
Lison [VE] 27 Bd
Lisone, Monte– 173 Dc
Lisorno [SP] 57 Fcd
Lissago [VA] 19 Gcd
Lissano [BO] 59 Gd
Lissaro [PD] 37 Gc
Lisser, Monte– 25 Bc
Lissone [MI] 33 Db
Listino, Monte– 23 Cc
Listolade [BL] 11 CDd
l'Isuledda [SS] 161 Cb
Lítanum 113 Cb
Líties [TO] 29 Gc
Litorale Romano, Area Protetta del– 97 CDc
Litta, Cascina– [LE] 125 DEc
Litta Parodi [AL] 45 Fc
Livernum 113 Cb
Livello [RO] 51 Db

Livinallongo del Col di Lana [BL] 11 Cc
Livo [CO] 21 Cab
Livo [TN] 9 DEc
Livio, Valle– 21 Ca
Livolo, Monte– / Liffel–Spitze 3 BCc
Livorno [LI] 73 Bb
Livorno Ferráris [VC] 31 Cd
Livraga [LO] 47 Da
Livrasco [CR] 47 Fga
Livrio, Rifugio– / Livrio–Hütte 7 Gb
Livrio, Torrente– 21 Gb
Livrio–Hütte / Livrio, Rifugio– 7 Gb
Lizzana [TN] 23 Gc
Lizzanello [LE] 123 Gd
Lizzano [FC] 69 FGb
Lizzano [PT] 67 Cb
Lizzano [TA] 123 Bc
Lizzano in Belvedere [BO] 67 Dab
Lizzo [BO] 67 DEab
Lizzola [BG] 21 GHc
Loano [SV] 63 Hb
Loazzolo [AT] 55 Cab
Lobbi [AL] 45 Fc
Lóbbia, Cima di– 37 Cab
Lóbbia Alta 23 Da
Lóbbie, Cima delle– 53 Cb
Lóbia [PD] 37 Dc
Lóbia [VR] 37 DEc
Lo Bianco, Masseria– [MT] 129 Ea
l'Oca [RO] 51 Fc
Lócadi [ME] 141 BCcd
Locana [TO] 29 Gc
Locara [VR] 37 DEc
Locarno [Svizz.] 15 Gd
Locarno [VB] 19 Cb
Locasca [VB] 19 Cb
Locate Bergamasco [BG] 33 Fa
Locate di Triulzi [MI] 33 Dc
Locatelli, Rifugio– 11 Eb
Locatello [BG] 21 Eb
Locate Varesino [CO] 33 Ba
Locati [PA] 153 Ea
Locca [TN] 23 Ec
Lóccia di Peve, Monte– 15 Ec
Lóccis, is– [CA] 177 CDc
Loceri [NU] 171 Dc
Lochirio, Nuraghe– 171 Dc
Loco [GE] 57 Bb
Locoe, Rio de– → Cedrino, Fiume– 171 Eb
Locogrande [TP] 149 CDc
Locone, Diga– 111 BCd
Locone, Torrente– 111 Bd
Locónia [BA] 111 Bcd
Locorotondo [BA] 119 Dc
Locri [RC] 139 Ed
Locri Epizefiri [RC] 139 Ed
Lóculi [NU] 171 Fa
Locullo, Fonte di– 105 Ec
Lòdano, Torrente– 81 Fb
Loddis, is– [CA] 177 Cc
Loddune, Nuraghe– 171 Da
Lodè [NU] 167 Fc
Lodesana [PR] 47 Gc
Lodetto [BS] 35 Db
Lodi [LO] 33 EFcd
Lodin, Monte– 13 Db
Lodin, Monte– (I) = Findenig Kofel 13 Db
Lodina, Monte– 11 Fd
Lodine [NU] 171 Dbc
Lodisio [SV] 55 Cbc
Lodi Vecchio [LO] 33 Ed
Lódolo [MN] 35 FGd
Lodonero [RI] 93 Bab
Lodrignano [PR] 59 Bb
Lodrino [BS] 35 Ea
Lodrone [TN] 23 Dcd
Loelle, Nuraghe– 167 DEc
Löffel–Spitze = Cucchiaio, Pizzo– (I) 3 FGa
Lóggia, La– [TO] 43 GHc
Lóggia, Villaggio la– [AG] 157 Cc

Lóggio, Monte– 69 FGd
Logna [PG] 85 FGd
Log Pod Mangartom [SLO] = Bretto (I) 13 Gc
Lograto [BS] 35 Dc
Logudoro 165 DEb
Lógula, Altare de– 171 Cb
Loi, Casa– [CA] 173 Db
Loi, Casa– [CA] 179 Fa
Loiano [BO] 59 Hld
Lóiri [SS] 167 EFa
Lóiri Porto San Páolo [SS] 167 EFa
Lóita [VB] 19 EFc
Lokev [SLO] 41 Ibc
Lokve [SLO] 41 Ibc
Lokve [SLO] = Lóqua (I) 27 Hb
Loláir, Riserva Naturale– 29 Ea
Lólghi, Li– 161 DEc
Lollove [NU] 171 DEa
Lollove, Monte– 171 Da
Lom, Sella di– 13 Fb
Lom, Sella di– (I) = Lomsattel 13 Fb
Lomagna [LC] 33 DEab
Lomaso [TN] 23 Fb
Lomasona 23 EFc
Lomazzo [CO] 33 Ca
Lombai [UD] 27 Gab
Lombarda, Colle della– 63 ABa
Lombardi [PU] 69 Gc
Lombardi [VT] 89 Gc
Lombardi, Casa– [EN] 153 Gb
Lombardore [TO] 29 Id
Lombriasco [TO] 43 Gcd
Lómbrici [LU] 65 Ec
Lombro [BS] 23 Bab
Lomellina 45 Fab
Lomello [PV] 45 Fb
Lomnago [VA] 19 Gd
Lomsattel = Lom, Sella di– (I) 13 Fb
Lon [TN] 23 Fb
Lona [TN] 23 Hab
Lona–Lases [TN] 23 Hb
Lona Lasès, Riserva Speciale– 23 Hb
Lonaro [AQ] 93 CDa
Lonas, Punta– 13 EFb
Lonate Ceppino [VA] 33 Ba
Lonate Pozzolo [VA] 31 Cb
Lonato [BS] 35 Fc
Lonca [UD] 27 Cb
Loncon [VE] 27 Bd
Loncon, Bonifica– 41 Bb
Loncon, Fiume– 41 Bb
Londa [FI] 69 Cc
Londa [VI] 25 DEc
Londo, Malga– [BL] 11 Gb
Londro, Cozzo– 135 Cb
Lone [SA] 113 Fd
Loneriacco [UD] 27 Ea
Longa [VI] 37 Fab
Longa, Montagna– 147 Ab
Longa, Palù– 9 Gd
Longa, Punta– 149 Bc
Longa, Serra– 127 Fbc
Longagne [BI] 31 Cb
Longana [RA] 61 Ec
Longano [BL] 25 Eb
Longano [IS] 107 Ea
Longano, Monte– 107 Fd
Longara [BO] 59 Hb
Lóngara [VI] 37 Fbc
Longardore [CR] 47 Gb
Longare [VI] 37 Fc
Longarini, Pantano– 159 EFd
Longarone [BL] 11 Ed
Longastrino [RA] 61 DEb
Longega / Zwischenwasser [BZ] 3 Gc
Longerin, Crode del– 11 Gb
Longhena [BS] 35 Cd
Longhere [TV] 25 Fbc
Longhi [VI] 23 Hc
Longi [ME] 145 Db
Longiano [FC] 69 Gb

Longiarù / Campill [BZ] 11 BCb
Longiarù, Val di– / Campill Tal 11 Cb
Longo, Rifugio– 21 Gb
Longobardi [CS] 135 Cb
Longobardi [VV] 137 Ac
Longobardi Marina [CS] 135 Cb
Longobucco [CS] 133 Cb
Longomoso / Lengmoos [BZ] 9 Gb
Longone al Segrino [CO] 21 Ccd
Longone Sabino [RI] 93 Bc
Longoni, Rifugio– 7 CDcd
Longosardo, Porto– 161 Db
Longostagno / Lengstein [BZ] 9 Gb
Lónigo [VI] 37 Ec
Lonnano [AR] 69 Dd
Lonza, Monte– 13 Ed
Lonzano [GO] 27 Fbc
l'Opaco [FI] 67 Gc
Lopi [PG] 83 Fb
Loppéglia [LU] 65 Fc
Loppelie, Nuraghe– 171 Fc
Lóppia [LU] 65 Fb
Lóppio [TN] 23 Fc
Lóppio, Alveo del Lago di– 23 Fc
Lo Presti, Casa– [SR] 159 Fd
Lóqua (I) = Lokve [SLO] 27 Hb
Lora [RE] 49 Cd
Lora [VC] 31 CDa
Lora, Passo– 37 Ca
Loranzé [TO] 29 Ic
Loranzè Piano [TO] 29 Ic
Lorchen, Cima– / Lorchen–Spitze 9 Cbc
Lorchen–Spitze / Lorchen, Cima– 9 Cbc
Lorda, Ponte della– 107 DEa
Lorda, Torrente– 107 Ea
Lordichella, Monte– 153 Ab
Loréggia [PD] 39 Bb
Loréggiola [PD] 39 Bb
Loreglia [VB] 19 Ec
Lorengo [BS] 23 Bb
Lorentino [LC] 21 Dd
Lorenzaga [TV] 27 Bd
Lorenzago di Cadore [BL] 11 Fc
Lorenzana [PI] 73 Db
Lorenzático [BO] 59 Hab
Lorenzi, Rifugio– 11 Eb
Lorenzo, Torrente– 109 EFb
Lorenz–Spitze / Traversa, Croda– 1 Hb
Loreo [RO] 51 EFb
Loretello [AN] 77 Gb
Loreto [AN] 79 Fc
Loreto [AT] 45 Cd
Loreto [NO] 31 Fb
Loreto [PG] 85 Ccd
Loreto [PG] 77 DEc
Loreto, Isola– 35 Ga
Loreto Aprutino [PE] 95 Bb
Lori, Monte– 75 EFb
Lória [TV] 37 GHa
Lorica [CS] 135 EFb
Lorie [CN] 53 Hd
Lório, Monte– 169 Ca
Loritto [BS] 23 Bab
Lornano [SI] 75 Cc
Loro [VB] 19 Dbc
Loro Ciuffenna [AR] 75 Eb
Loro Piceno [MC] 79 Ede
Lórsica [GE] 57 Bb
Lo Russo, Masseria– [BA] 117 Ec
Losa, Casera– [UD] 13 Bbc
Losa, Nuraghe– 169 Cd
Losanche [AO] 17 Cc
lo Sbaranzo [CN] 55 Abc
lo Sbarcatello [GR] 89 CDb
Losciale–Garrappa [BA] 119 DEb
Lóscove [AR] 69 Dd
Lose, Cima delle– 53 Bc
Lósego [BL] 25 Fb
Loseto [BA] 117 GHa

lo Sgarrone [BA] 117 Fc
Lósine [BS] 23 Bbc
lo Speco, Convento– 91 Fb
Losso [PC] 57 Bab
Losson della Battaglia [VE] 39 Eb
Lostallo [Svizz.] 5 Fd
l'Osteria [CA] 177 Fc
l'Osteriaccia [TR] 83 Fc
Loto [GE] 57 Cd
Lottano [CN] 53 Dbc
Lóttulo [CN] 53 Dbc
Lotzi, Monte– 169 Fb
Lotzorai [NU] 171 Fd
Lova 39 Ccd
Lovadina [TV] 25 Fd
Lovara [VI] 37 DEb
Lóvari [PD] 37 GHb
Lovaria [UD] 27 Ebc
Lovati [VI] 37 CDab
Lovea [UD] 13 Dc
Lovegno [IM] 63 Fb
Lovello, Monte– / Gross Löffler–
   Spitze 3 Ea
Loveno [BS] 21 GHb
Loveno [CO] 21 Cb
Lover [TN] 9 DEd
Lóvere [BG] 21 Hcd
Lovero [SO] 7 Fd
Lovertino [VI] 37 Fcd
Lovi, Canale dei– 41 Cc
Lovino, Casa– [BA] 111 Ed
Lovoleto [BO] 61 Ab
Lóvolo [VI] 37 Fc
Lovrečica [CRO] = San Lorenzo in
   Daila (I) 41 Gd
Lozen, Rio– 25 Ca
Lozio [BS] 23 Bc
Lozza [VA] 19 GHd
Lozze, Monte– 25 ABbc
Lozzo [VA] 19 Gb
Lozzo Atestino [PD] 37 Fd
Lozzo di Cadore [BL] 11 Fbc
Lozzola [PR] 57 Fb
Lozzolo [VC] 31 DEb
Lu [AL] 45 Dbc
Lúas, Nuraghe– 169 Fc
lu Bagnu [SS] 163 DEc
Lubiara [VI] 37 ABb
Lubriano [VT] 83 Gde
Lubrichi [RC] 141 Fb
Luca, Masseria– [PZ] 129 Cbc
Luca, Monte– 171 Cab
Luca Giovanni, Masseria– [LE] 125
   Ec
Lucagnano [PI] 73 Db
Lucano, Ponte– 97 Gb
Lucardo [FI] 73 Gb
Lucarelli [SI] 75 Cb
Lucarelli, Oasi– 75 Dbc
Lucca [LU] 65 FGcd
Lucca Sícula [AG] 151 Fb
Lucchese, Macchia– 65 Ecd
Lucchi [CN] 53 Bc
Lúcchio [LU] 67 Cb
Lucciana [SI] 73 Gc
Lucciano [MC] 85 Gb
Lucciola Bella, Riserva Naturale–
   83 Eb
Lucédio [VC] 31 Dd
Lucenta, Torrente– 59 Dc
Lucenteforte [IS] 107 Dab
Lucera [FG] 109 EFab
Lucéram [Fr.] 63 Cc
Lucerena [SI] 73 GHcd
Lucerto, Monte– 151 Fab
Lucia, Punta– 145 Ed
Luciana [PI] 73 Cb
Lucífero, Ponte– 109 DEc
Lucigliano [FI] 67 Fbc
Lucignana [LU] 65 Gb
Lucignano [AR] 75 Fd
Lucignano [FI] 73 Gb
Lucignano d'Árbia [SI] 75 Dd
Lucignano d'Asso [SI] 83 Db
Lucinasco [IM] 63 Fbc
Lucínico [GO] 27 Gc

Lucino [CO] 21 Bd
Lucino [MI] 33 Ec
Lucito [CB] 101 EFc
Luco [SI] 73 GHc
Luco, Castello di– 87 Cd
Luco, Monte– 93 Ebc
Luco / Laugenspitze 9 Eb
Luco dei Marsi [AQ] 99 Eb
Luco di Mugello [FI] 67 Gbc
lu Colbu [SS] 161 BCc
Lucolena [FI] 75 Db
Lúcoli [AQ] 93 DEc
Lúcoli Alto [AQ] 93 DEc
Lucrezia [PU] 71 Fd
Lucríno, Lago– 113 Cbc
Lucugnano [LE] 125 Ed
Lucus Feroniae 91 Fd
Luda, Rio su– 175 Eb
Ludária [UD] 13 BCc
Ludriano [BS] 35 Cc
Ludrigno [BG] 21 Gc
Luduríoe, Nuraghe– 171 Cb
Ludurru [SS] 167 Eb
Ludurru, Nuraghe– 167 Dc
Luduríúu, Nuraghe– 171 EFab
Lugagnano [VR] 37 Bc
Lugagnano Val d'Arda [PC] 47 Fd
Lugano [Svizz.] 19 Hbc
Lugano, Lago di– (Ceresio) 21 ABbc
Luggerras, Cúccuru– 175 Fc
Lughérras, Nuraghe– 169 Eb
Lughérres, Monte– 165 Ea
Lughignano [TV] 39 DEb
Lugliano [LU] 65 Gbc
Lugnacco [TO] 29 Ic
Lugnano [PG] 77 BCc
Lugnano [RI] 93 Bb
Lugnano in Teverina [TR] 91 DEa
Lugnola [RI] 91 Fb
Lugo [RA] 61 Dc
Lugo [RE] 59 Dc
Lugo [VE] 39 Cc
Lugo [VR] 37 Bb
Lugo di Vicenza [VI] 25 ABd
Lugugnana [VE] 41 Cb
Luicciana [PO] 67 Eb
Luignano [CR] 47 Fa
Luincis [UD] 13 Cbc
Luino [VA] 19 Gbc
Luint [UD] 13 BCbc
Luisago [CO] 21 Bd
Lula [NU] 167 Fb
lu Líoni [NU] 167 Fb
Lumarzo [GE] 57 Ac
Lumbaldu [SS] 163 Fcd
Lume [RC] 141 Dc
Lumellogno [NO] 31 Fc
Lumezzane [BS] 35 Eab
Lumiago [VR] 37 Bc
Lumiei, Torrente– 13 Bc
Lumiere [LI] 81 Eb
Lumignacco [UD] 27 Ebc
Lumignano [VI] 37 Fc
Luminaria, Pizzo– 145 BCc
Luminario, Cozzo– 147 Gc
Luminásio [BO] 59 Hc
Lumini [VR] 35 Hb
Luna, Alpe della– 77 BCab
Luna, Cala di– 171 Fb
Luna, Cascina– [AL] 45 Fcd
Luna, Col della– 13 Bd
Luna, Cúccuru de– 167 FGbc
Lunamatrona [CA] 173 Fab
Lunano [PU] 71 Cd
Lunata [LU] 65 Gc
Lunavera, Punta 'e sa– 171 Ea
Lundo [TN] 23 Fbc
Lunecco [VB] 19 Fb
Lunella, Punta– 43 Ea
Lunes / Luns [BZ] 3 Ec
Lunga, Cala– 177 Cc
Lunga, la Serra– 151 Ea
Lunga, Punta– 149 Eb
Lunga, Serra– 99 Fb
Lunga, Valle– / Langtauferer Tal 1
   Dbc

Lungafame [AL] 45 EFc
Lungagnana [FI] 73 Gb
Lungavilla [PV] 45 Hb
Lunghezza [ROMA] 97 FGb
Lunghezzano [VR] 37 BCb
Lúngis [UD] 13 BCc
Lungo, Lago– [AO] 29 Gab
Lungo, Lago– [GE] 55 FGb
Lungo, Lago– [LT] 105 Gc
Lungo, Lago– [RI] 91 GHab
Lungo, Lago– [TN] 9 BCc
Lungo, Lago– / Langsee 1 Gc
Lungo, Monte– [CB] 101 Ec
Lungo, Monte– [VI] 37 FGc
Lungo, Sasso– / Langkofel 11 Bb
Lungro [CS] 131 Dc
Luni 65 CDb
Lunigiana 57 Fcd
Luns / Lunes [BZ] 3 Ec
Luogo, il– [GR] 83 BCd
Luogomano [PO] 67 Gbc
Luogosano [AV] 115 Bab
Luogosanto [SS] 161 Dc
Lupara [BO] 61 Bb
Lupara [FG] 111 Bb
Lupara, Ca– [PG] 77 Ec
Lupara, Monte– 107 CDc
Luparella, la– [FG] 111 Bb
Luparo, Monte– 99 Ga
Lupazzano [PR] 59 Bb
Lupazzo [RE] 59 Dc
Lupia [CS] 135 Dc
Lúpia [VI] 37 Fb
Lupináia [LU] 65 Fb
Lupo, Bivio– 147 Cc
Lupo, Monte– 11 Ga
Lupo, Monte del– 151 FGc
Lupo, Pizzo– 153 Bab
Lupo, Portella del– 147 Ed
Lupo, Serra– 155 Cb
Lupocaruso, Masseria– [BR] 123 Db
Lúpoli, Masseria– [TA] 121 Gb
Lupompesi [SI] 75 Dde
Lupone, Monte– [IS] 101 CDc
Lupone, Monte– [Laz.] 99 Bcd
Lupotto, Masseria– [PA] 147 BCc
Luppa, Grotta di– 93 Cd
Luppia, Monte– 35 GHb
Luppino [TP] 149 Eb
Lura [CO] 21 Bc
Lura, Torrente– 33 Ca
Lurago d'Erba [CO] 21 Cd
Lurago Marinone [CO] 33 Ba
Lurano [BG] 33 Fb
Lúras [SS] 167 CDa
Lurate Caccívio [CO] 21 ABd
Luri [OR] 173 Da
Luriano [SI] 81 Hb
Lurisia [CN] 53 Gcd
Lurisia, Torrente– 53 Gd
Lusa, Rifugio– 25 Cb
Lusciano [CE] 113 Db
Luscignano [MS] 57 Gd
Lusei, Monte– 175 DEb
Lüsen / Lusón [BZ] 3 Dc
Lusener Joch / Lusón, Passo di– 3
   DEc
Lüsener Tal / Luson, Val di– 3 Dc
Luseney, Becca de– 17 FGc
Luseney, Lago– 17 FGc
Luserna [TN] 23 Hlc
Luserna [TO] 43 Ecd
Luserna, Torrente– 43 Ed
Luserna San Giovanni [TO] 43 Ecd
Lusernetta [TO] 43 Ecd
Lusévera [UD] 13 Ed
Lúsia [RO] 51 Bb
Lusia, Alpe di– 11 Bc
Lúsia, Passo di– 11 Bcd
Lusiana [VI] 25 Bd
Lusíglié [TO] 29 Icd
Lusignana [MS] 57 Fc
Lusignano [SV] 63 GHb
Lusino, Monte– 59 Db
Lusón / Lüsen [BZ] 3 Dc

Lusón, Passo di– / Lusener Joch 3
   DEc
Luson, Val di– / Lüsener Tal 3 Dc
Lussello [AL] 45 BCb
Lussito [AL] 55 Dab
Lustignano [PI] 73 Ed
Lustra [SA] 127 Bc
Lusuolo [MS] 57 Fd
Lusurasco [PC] 47 Fc
Luta, Monte– [BZ] 3 Fc
Luta, Monte– [CS] 135 Ca
Lutago / Luttach [BZ] 3 Fc
Lutago di sopra [BZ] 3 Eb
Lutago di Sopra / Oberluttach [BZ]
   3 Eb
Lutiano Nuovo [FI] 67 Gc
Lutiano Vecchio [FI] 67 Gc
Lutirano [FI] 69 Db
Lutrano [TV] 25 Ed
Luttach / Lutago [BZ] 3 Fc
Luvigliano [PD] 37 Gcd
Luvinate [VA] 19 Gcd
Luziano, Monte– 149 Ebc
Luzzana [BG] 33 GHc
Luzzani, Nuraghe li– 165 CDa
Luzzano [BN] 107 FGd
Luzzara [RE] 49 CDc
Luzzena [FC] 69 Hb
Luzzi [CS] 135 Da
Luzzogno [VB] 19 DEc
Lys, Colle del– 43 Db
Lys, Ghiacciaio del– 19 ABc
Lys, Torrente– 31 Aa
Lyskamm Occidentale 19 Ac
Lyskamm Orientale 19 Ac

█ **M**

Macaion, Monte– / Gantkofel 9 Fbc
Macallè, Masseria– [FG] 103 Dd
Macalube, Vulcanelli di– 153 Bc
Macalube di Aragona, Riserva
   Naturale– 153 Bc
Macari [TP] 149 Eb
Macário, Masseria– [BA] 117 GHb
Macário, Masseria– [BA] 111 Hd
Maccabei [BN] 109 Bd
Maccácari [VR] 49 Fb
Maccagno [VA] 19 Gb
Maccarese [ROMA] 97 Db
Maccarese, Bonifica di– 97 Dbc
Maccarese, Stazione– 97 Db
Maccarétolo [BO] 61 Aa
Maccarone, Monte– 117 Da
Maccarone, Ponte del– 155 Dab
Maccastorna [LO] 47 EFb
Máccari, Casa– [SR] 159 Fd
Maccarone, Monte– 117 Da
Mácchia [CS] 131 Fde
Mácchia [CT] 155 FGa
Mácchia [RI] 87 Bde
Mácchia [TO] 29 Hcd
Mácchia, Colle della– 101 Dd
Mácchia, Coppa della– 103 Ec
Mácchia, Masseria la– [FG] 111
   Bbc
Mácchia, Monte– 117 Cbc
Mácchia Albanese [CS] 131 Fd
Mácchia al Toro 81 Gb
Mácchia Casella, Poggio– 89 Ea
Mácchia da Sole [TE] 87 Dd
Mácchia di Mezzo 81 Eb
Mácchia di Monte [BA] 119 Db
Mácchia di Rossano, Monte– 117 Bc
Mácchia d'Isérnia [IS] 101 BCd
Macchiagódena [IS] 107 Fa
Macchialunga, Monte– 91 FGb
Macchialupo, Masseria– [AV] 115
   Ea
Macchia Nuova [MT] 129 Gb
Mácchia Piana, Lago– 121 Cbc
Macchiareddu [CA] 179 BCb
Macchiaroli [SA] 127 Eb
Mácchia Rotonda [FG] 109 Hb

Macchiascandona [GR] 81 Gd
Macchiatonda, Riserva Naturale di–
   97 BCab
Macchiatornella [TE] 93 Ea
Mácchia Valfortore [CB] 101 Gd
Mácchie [BA] 111 Gd
Mácchie [MC] 87 Cb
Mácchie [MC] 85 GHc
Mácchie [PG] 83 Gb
Mácchie [TR] 91 Ea
Mácchie, Fosso– 91 Ea
Macchietto [BL] 11 EFc
Macchina–Laganá [RC] 139 CDc
Macciadosa, Nuraghe– 165 Ca
Macciano [PG] 85 Dc
Macciano [SI] 83 Fb
Macconi, i– 157 Ge
Macellara [CS] 131 Dcd
Macello [TO] 43 Fc
Macenano [TR] 85 Ede
Macera della Morte 87 BCd
Macerata [MC] 79 Ed
Macerata Campania [CE] 107 Ed
Macerata Féltria [PU] 71 Cd
Maceratola [PG] 85 DEc
Mácere [ROMA] 97 GHc
Macereto, Santuario di– 85 Gc
Macerino [TR] 85 Dd
Macerone [FC] 69 GHab
Macerone, il– 101 Ccd
Macerone, Masseria– [BA] 111 Cc
Macesina [BS] 35 Fb
Machaby [AO] 29 Ib
Machério [MI] 33 Db
Macia Morta 75 Cc
Maciano [PU] 69 Gcd
Maciacine, la– [SS] 167 Da
Macioni, Monte– 179 Fb
Maciolla [PU] 71 Dd
Macolone, Punta del– 125 DEd
Macomér [NU] 169 Ea
Macôt–la–Plagne [Fr.] 29 BCb
Macra [CN] 53 CDbc
Macugnaga [VB] 19 Bc
Madama [CZ] 137 Bb
Madaro, Monte– 15 Ec
Madau, Nuraghe– 169 Eb
Madau, Rio– 171 Dc
Madau, Tenuta– [SS] 165 EFa
Maddalena [CN] 53 Cc
Maddalena [CN] 53 Cb
Maddalena [SV] 55 DEb
Maddalena [TO] 43 Fc
Maddalena [VA] 31 FGab
Maddalena, Capanna– 13 GHc
Maddalena, Colle della– [Eur.] 53
   Bc
Maddalena, Colle della– [TO] 43
   Hb
Maddalena, Isola– 161 Eb
Maddalena, Isola della– 165 Bb
Maddalena, La– [OR] 169 Dc
Maddalena, la– [AQ] 93 Dd
Maddalena, la– [CA] 179 BCbc
Maddalena, la– [MC] 85 Gc
Maddalena, La– [SR] 159 Gb
Maddalena, La– [SS] 161 Eb
Maddalena, Monte– 35 Eb
Maddalena, Monti della– 127 EFb
Maddalena, Penisola della– 159
   GHb
Maddalena, Ponte della– 37 Fd
Maddalene [CN] 53 Dc
Maddalene [TO] 29 Gd
Maddaloni [CE] 113 Ea
Madésimo [SO] 5 Gc
Madignano [CR] 33 Gc
Madone [BG] 33 Fab

Madonie, Le– 147 FGcd
Madonie, Parco delle– 147 FGc
Madonna [AT] 45 Bbc
Madonna [AT] 45 Dcd
Madonna [PE] 95 CDb
Madonna [PV] 47 Aab
Madonna [SO] 21 Hab
Madonna [UD] 13 Dd
Madonna [VI] 37 DEc
Madonna / Unser Frau in Schnals
   [BZ] 1 Fc
Madonna, Fosso della– 129 Eb
Madonna, la– 83 DEc
Madonna, Punta della– 65 Aa
Madonna Addolorata 95 Ca
Madonna Adonai 155 FGd
Madonna Boschi 61 Eb
Madonna Bruna [AP] 87 Eb
Madonna Bruna [CN] 53 Ecd
Madonna Candelécchia 99 EFb
Madonna Casatarga 105 Hc
Madonna Civita, Santuario– 105
   GHbc
Madonna Consolatrice 139 Cc
Madonna d'Appari, Santuario– 93
   Eb
Madonna d'Avigliano 115 Ccd
Madonna degli Ángeli [CN] 53 Fc
Madonna degli Ángeli [FG] 103 Cc
Madonna degli Ángeli [FR] 99 Fc
Madonna degli Ángeli [LT] 105 Gb
Madonna degli Ángeli [PA] 147 Gcc
Madonna degli Ángeli [PE] 95 Ba
Madonna degli Ángeli [RI] 91 EFb
Madonna degli Ángeli [TO] 43 DEb
Madonna degli Archetti 87 Dab
Madonna degli Ossi 87 Dbc
Madonna dei Balli 123 Fcd
Madonna dei Boschi [BO] 59 Hld
Madonna dei Boschi [CN] 53 Fcd
Madonna dei Boschi [CN] 53 Fcd
Madonna dei Boschi [FE] 51 Acd
Madonna dei Cinque Faggi 77 Dbc
Madonna dei Fanghi 63 Fb
Madonna dei Fiori [CN] 53 GHa
Madonna dei Fornelli [BO] 59 Hd
Madonna dei Fossi 69 Cd
Madonna dei Furi 149 Ga
Madonna dei Laghi 43 Fb
Madonna dei Malati [CT] 155 Fb
Madonna dei Malati [SR] 155 EFcd
Madonna dei Martiri 127 Ecd
Madonna dei Miracoli, Santuario–
   95 Fcd
Madonna dei Monti [LT] 99 Bcd
Madonna dei Monti [PG] 77 Dcd
Madonna dei Pini 91 DEa
Madonna del Balzo, la– 151 Fa
Madonna del Barco 91 Dc
Madonna del Belvedere 77 Cbc
Madonna del Boden 19 Ec
Madonna del Bosco [BA] 117 Cb
Madonna del Bosco [LC] 33 Ca
Madonna del Bricco 53 Eb
Madonna del Buon Cammino 117
   Fbc
Madonna del Buonconsiglio 159
   Bab
Madonna del Buon Consiglio 101
   DEa
Madonna del Burgarito 153 Ea
Madonna del Busso 83 Gb
Madonna del Calcinaio 75 GHd
Madonna del Campo [PV] 31 Gd
Madonna del Cármine [AP] 87 Ebc
Madonna del Cármine [AQ] 99 Hb
Madonna del Cármine [CH] 95 Dbc
Madonna del Cármine [CS] 131
   DEd
Madonna del Cármine [CS] 135 Ca
Madonna del Cármine [FG] 109 Cc
Madonna del Cármine [IM] 63 Ec
Madonna del Cármine [MT] 129
   EFa
Madonna del Cármine [PG] 77 Ec
Madonna del Cármine [SA] 127 Cc

Madonna del Cármine [SV] 55 Dc
Madonna del Cármine [TA] 121 Dab
Madonna del Casale 125 Dd
Madonna del Cerro 89 Gb
Madonna del Colle 105 Gb
Madonna del Colletto 53 Ed
Madonna del Cuore 91 Hb
Madonna del Deserto, Santuario- 55 Ccd
Madonna del Faggio 67 Db
Madonna del Fossatello 85 Bd
Madonna del Frássino 35 GHc
Madonna del Gallo 75 Fd
Madonna del Gazzo 55 FGc
Madonna del Ghisallo 21 Cc
Madonna del Giubino 149 Fc
Madonna della Capanna 105 Gc
Madonna della Catena [CS] 131 Cb
Madonna della Catena [CS] 135 Db
Madonna della Cava [EN] 153 EFc
Madonna della Cava [TP] 149 Dc
Madonna della Ceriola 35 Da
Madonna dell'Acero [BO] 67 Cab
Madonna della Cima 77 Ec
Madonna della Cona [MC] 85 GHc
Madonna della Cona [TE] 87 DEde
Madonna della Consolazione 125 Dc
Madonna dell'Acqua [PI] 65 Fd
Madonna dell'Acquadolce 133 Ec
Madonna della Difesa, Rifugio- 11 Gb
Madonna della Fontana, Santuario della- 31 Da
Madonna della Foresta 117 ABa
Madonna della Gelata 19 Ed
Madonna del Lago 87 Dbc
Madonna del Lago Nero 43 Bc
Madonna della Grazia 121 Cab
Madonna della Grotta 133 Bb
Madonna della Grotta, Masseria- [BR] 123 Cb
Madonna della Guardia [GE] 55 Gbc
Madonna della Guardia [GE] 57 Dd
Madonna della Guardia [IM] 63 EFcd
Madonna della Guardia [SV] 63 Gb
Madonna della Guardia [SV] 55 Cd
Madonna dell'Aiuto 23 Fc
Madonna della Lanna 99 FGbc
Madonna dell'Albero [RA] 61 Fc
Madonna della Libera [BN] 107 FGcd
Madonna della Libera [CE] 107 Fbc
Madonna della Libera [FG] 103 FGcd
Madonna della Libera [IS] 107 Dab
Madonna della Libera [TP] 151 Da
Madonna della Losa 43 Db
Madonna dell'Altare 101 Bb
Madonna dell'Alto [TP] 151 Bab
Madonna dell'Alto [TP] 149 Fc
Madonna dell'Alto Mare 123 Cd
Madonna della Luce 125 Dd
Madonna della Mazza 95 Cc
Madonna dell' Ambro 87 Bc
Madonna della Neve [AV] 109 Cd
Madonna della Neve [AV] 113 Fb
Madonna della Neve [BS] 35 EFa
Madonna della Neve [CN] 53 Hd
Madonna della Neve [CN] 55 Bb
Madonna della Neve [FE] 51 Ad
Madonna della Neve [FR] 99 DEcd
Madonna della Neve [LT] 105 Eab
Madonna della Neve [PG] 85 Gd
Madonna della Neve [SA] 127 Cc
Madonna della Neve [SA] 127 Dc
Madonna della Neve [SS] 171 Cab
Madonna della Neve [SV] 55 Cd
Madonna della Neve, Rifugio- 21 Eb
Madonna della Neve sul Monte Lera, Riserva Naturale- 43 Fa
Madonna dell'Angelo 41 Cc
Madonna dell'Annunziata 119 Bbc
Madonna della Pace [PE] 95 Ca

Madonna della Pace [ROMA] 99 Cb
Madonna della Palomba 117 Fc
Madonna della Pergolana 35 Hb
Madonna della Pietà [LE] 125 Eb
Madonna della Pietà [PA] 147 FGcd
Madonna della Pieve 35 Gc
Madonna della Priera 31 Ec
Madonna della Quércia 93 Bc
Madonna dell'Arco [NA] 113 Eb
Madonna dell'Arco [TA] 119 DEc
Madonna dell'Ardua 53 FGd
Madonna della Rena 117 Fcd
Madonna della Rocca 151 Gb
Madonna della Rocchetta 55 Fb
Madonna della Rovere, Santuario della- 63 Gc
Madonna della Salute [CZ] 139 FGb
Madonna della Salute [VT] 89 GHa
Madonna della Sanità 83 FGc
Madonna della Scala [TO] 43 Hbc
Madonna della Scala [TP] 149 Fb
Madonna della Scala, Santuario della- 121 Eb
Madonna della Scoperta 35 Gc
Madonna della Serra 125 Ec
Madonna della Speranza 105 Fa
Madonna della Spiga 91 Cb
Madonna della Spina 45 Ac
Madonna dell'Assunta 101 Bc
Madonna della Stella [BA] 119 Ca
Madonna della Stella [CE] 107 DEc
Madonna della Stella [FG] 103 Ad
Madonna della Stella [FR] 99 Fc
Madonna della Stella [PG] 85 DEc
Madonna della Stella [PZ] 129 Cbc
Madonna della Stella [TA] 121 Eb
Madonna del Latte 123 Ec
Madonna dell'Auricola 105 Gb
Madonna della Villa 109 CDd
Madonna della Villa [AL] 55 Ea
Madonna della Villa [IM] 63 Ec
Madonna delle Bózzole [PV] 45 Ga
Madonna delle Fonti 117 Ccd
Madonna delle Grazie [AQ] 101 Bc
Madonna delle Grazie [AV] 115 Ba
Madonna delle Grazie [BA] 111 FGd
Madonna delle Grazie [BA] 119 Cbc
Madonna delle Grazie [BA] 111 Ed
Madonna delle Grazie [BN] 107 Fc
Madonna delle Grazie [BR] 123 DEb
Madonna delle Grazie [CL] 153 Cb
Madonna delle Grazie [CN] 45 Ad
Madonna delle Grazie [CN] 53 Eb
Madonna delle Grazie [CS] 133 Ca
Madonna delle Grazie [FR] 99 Cc
Madonna delle Grazie [GE] 57 Bcd
Madonna delle Grazie [LE] 125 Dbc
Madonna delle Grazie [LE] 125 CDc
Madonna delle Grazie [PE] 95 Bc
Madonna delle Grazie [PZ] 117 Cd
Madonna delle Grazie [PZ] 127 Ea
Madonna delle Grazie [ROMA] 91 EFc
Madonna delle Grazie [ROMA] 97 Da
Madonna delle Grazie [SI] 75 Cd
Madonna delle Grazie [SI] 83 Eb
Madonna delle Grazie [TA] 123 Bc
Madonna delle Grazie [TA] 121 Fc
Madonna delle Grazie [TE] 95 BCa
Madonna delle Grazie [TO] 29 Ic
Madonna delle Grazie [TP] 151 ins.a
Madonna delle Grazie [TP] 149 CDd
Madonna delle Grazie, Convento- 151 DEa
Madonna delle Grazie, Santuario della- 63 Ga
Madonna delle Grazie, Villaggio- [TP] 149 Fd
Madonna delle Grotte Vignola 93 Cb

Madonna delle Milizie, Convento- 159 Cd
Madonna delle Mosse 89 Gb
Madonna delle Querce [AR] 75 Fd
Madonna delle Querce [CZ] 135 Dc
Madonna delle Querce [SI] 83 Dc
Madonna delle Querce [SI] 83 Eb
Madonna delle Querci 79 BCb
Madonna delle Rocche 55 Eb
Madonna delle Salette 99 Fc
Madonna dell'Eschio 89 Ga
Madonna delle Vigne 45 Ca
Madonna delle Vigne Piane 99 Fd
Madonna dell'Incoronata 103 Cc
Madonna dell'Oleandro 141 Ec
Madonna dell'Olio [AG] 151 Gb
Madonna dell'Olivo [MT] 117 Cd
Madonna dell'Olivo [VT] 89 Hb
Madonna dell'Olmo [CN] 53 Fc
Madonna dello Spineto 101 Cb
Madonna dello Sterpeto 111 Dc
Madonna del Macchione 117 Bc
Madonna del Merlino 77 Gb
Madonna del Monte [AQ] 99 Eab
Madonna del Monte [FR] 99 CDb
Madonna del Monte [IM] 63 Fb
Madonna del Monte [LI] 81 Bd
Madonna del Monte [MC] 79 Ecd
Madonna del Monte [MI] 47 Cab
Madonna del Monte [MT] 117 Dd
Madonna del Monte [PE] 95 Bc
Madonna del Monte [SA] 127 CDb
Madonna del Monte Vivo 127 Db
Madonna del Pantano 115 Gd
Madonna del Parto [VT] 91 Dc
Madonna del Parto [VT] 91 Db
Madonna del Pasco [CN] 53 Gc
Madonna del Passo [LE] 125 Ed
Madonna del Passo [RI] 93 Bb
Madonna del Pergamo 129 Cc
Madonna del Pettoruto 131 CDcd
Madonna del Piano [AN] 79 Cb
Madonna del Piano [CT] 155 Cd
Madonna del Piano [FR] 99 Dcd
Madonna del Piano [FR] 105 Ga
Madonna del Piano [FR] 105 Gb
Madonna del Piano [FR] 107 Bb
Madonna del Piano [IS] 107 DEa
Madonna del Piano [PG] 85 Cb
Madonna del Piano [PU] 77 Gb
Madonna del Piano [SA] 127 Cb
Madonna del Piano [BR] 123
Madonna del Pianto 79 Fcd
Madonna del Pilone [CN] 43 Hld
Madonna del Pilone [CN] 53 Ga
Madonna del Pino 61 Fd
Madonna del Piratello 61 Bc
Madonna del Poggio [BO] 59 Hb
Madonna del Ponte [LT] 105 Fab
Madonna del Ponte [PU] 71 Gcd
Madonna del Pozzo [AL] 45 Ebc
Madonna del Pozzo [TA] 121 FGab
Madonna del Prato [GE] 57 Cb
Madonna del Prato [TA] 121 Gb
Madonna del Rimédio [NU] 171 FGa
Madonna del Rimédio [OR] 169 Dc
Madonna del Rosario [TP] 151 ins.a
Madonna del Rosario [VB] 15 EFc
Madonna del Roseto 101 Ca
Madonna del Sabato 111 Cd
Madonna del Salto 55 DEc
Madonna del Sasso [FI] 67 Gc
Madonna del Sasso [PZ] 127 Fab
Madonna del Sasso [VB] 19 Ed
Madonna del Sasso [VB] 19 Ed
Madonna del Sirino 127 FGd
Madonna del Soccorso [CS] 135 Db
Madonna del Soccorso [KR] 137 Fa
Madonna del Soccorso [PG] 85 Bb
Madonna del Soccorso [PG] 83 FGb
Madonna del Soccorso [PZ] 131 Bab

Madonna del Soccorso [PZ] 129 Bc
Madonna del Soccorso [SO] 7 EFb
Madonna del Soccorso [VT] 91 DEbc
Madonna del Sole 79 CDb
Madonna del Sorbo 97 Ea
Madonna del Terzito, Santuario- 143 DEb
Madonna del Trezzo 65 Ba
Madonna del Verde 123 Ccd
Madonna del Vetrano 121 Cc
Madonna del Vitellino 83 FGb
Madonna d'Enrouvel 53 Dcd
Madonna di Bagno 85 Cc
Madonna di Baiano [PG] 85 DEd
Madonna di Barcaglione 79 Eb
Madonna di Bosci 147 Bb
Madonna di Bracciano 97 Ea
Madonna di Briano 113 CDa
Madonna di Campiglio [TN] 9 Cd
Madonna di Canneto 101 Ebc
Madonna di Canóscio 77 Cc
Madonna di Caravággio [GE] 57 ABc
Madonna di Caravággio [TV] 25 DEd
Madonna di Castiglione 79 Gde
Madonna di Catalovier 43 Bb
Madonna di Condolio 133 Ed
Madonna di Costantinopoli 127 Cb
Madonna di Crispino 141 Cc
Madonna di Cristo 103 Dcd
Madonna di Fatima 167 Cc
Madonna di Fontigliano 115 Cb
Madonna di Fraele 7 Fb
Madonna di Fucináia 81 Fb
Madonna di Galiano 123 Fbc
Madonna di Gandola 123 CDb
Madonna di Gaspreano 85 Gb
Madonna di Lenne 121 DEb
Madonna di Loreto [BA] 119 Ba
Madonna di Loreto [FG] 103 Bb
Madonna di Loreto [FR] 105 GHab
Madonna di Loreto [PZ] 127 Gc
Madonna di Loreto [SA] 127 Bb
Madonna di Loreto [VC] 19 Dcd
Madonna di Luciago 19 Ec
Madonna di Macera 115 FGa
Madonna di Manipúglia 133 Fb
Madonna di Mare 133 Fb
Madonna di Mellitto 117 Fb
Madonna di Mezzo Agosto 105 Fab
Madonna di Mompilieri 155 EFb
Madonna di Mongiovino, Santuario della- 83 Gb
Madonna di Monserrato [CA] 173 Fb
Madonna di Monserrato [LI] 81 Dd
Madonna di Monte Castello 23 Ed
Madonna di Monteforte 127 Fa
Madonna di Montegridolfo [RN] 71 Ec
Madonna di Monte la Téglia 101 Fb
Madonna di Monte Saraceno 127 FGb
Madonna di Niella 55 Bb
Madonna di Novi Velia 127 Cc
Madonna di Palazzo 109 BCab
Madonna di Pasano 123 BCc
Madonna di Peráries 13 Cc
Madonna di Picciano 117 Ec
Madonna di Pietrabona 95 Cc
Madonna di Pietravolta [MO] 59 Dd
Madonna di Piota 95 Bb
Madonna di Pollino 131 DEb
Madonna di Pompei 129 Dd
Madonna di Porto Salvo 151 ins.b
Madonna di Pradoro 99 BCc
Madonna di Pugliano 69 GHc
Madonna di Ravere 85 Fcd
Madonna di Riguardo 83 Db
Madonna di Ripalta 111 Bcd
Madonna di Rose 111 Fc
Madonna di Roseto 107 Gc

Madonna di San Luca 59 Hc
Madonna di Sito Alto 127 Eb
Madonna di Soviore 65 ABab
Madonna di Stignano 103 Dc
Madonna di Taburno 107 Gd
Madonna di Tirano [SO] 21 Ha
Madonna di Torre 117 GHab
Madonna di Trapani [PA] 149 Gb
Madonna di Trapani [TP] 151 Da
Madonna di Trapani [TP] 151 Cb
Madonna d'Itri 133 Fb
Madonna d'Itria 175 Cc
Madonna di Valverde 171 DEab
Madonna di Viatosto 45 BCc
Madonna di Viggiano 127 FGb
Madonna di Zappino 111 EFc
Madonna d'Óppido, Belvedere- 117 BCc
Madonna Grumentina 129 Bc
Madonna in Cima al Moscardo 13 CDb
Madonna Leco 55 Gb
Madonna Montevetro 107 Ab
Madonna Mora 39 BCc
Madonna Nera, Santuario della- 145 Fab
Madonna Paraggio 115 Bd
Madonna Potentissima 127 FGb
Madonna Pozzo Guacito 119 Ebc
Madonna Roccella 153 Dc
Madonna San Clemente 49 EFd
Madonna Santissima dell'Assunta 87 DEc
Madonna San Zeno [AL] 45 EFc
Madonna Seritella 109 Dab
Madonna Val Radice 99 Fc
Madonnella, la- 89 Dbc
Madonnetta [SS] 161 Eb
Madonnetta [TV] 39 Db
Madonnetta [VI] 37 Eb
Madonnina [AL] 45 Cb
Madonnina, la- [FR] 99 Ec
Madonnina, la- [OR] 169 Dab
Madonnina, la- [RE] 49 Cd
Madonnina, la- [SI] 73 Fc
Madonnina di Renon / Gißmann [BZ] 9 Gb
Madonnino 83 Eab
Madonnino, Bivio del- 83 Aab
Madrano [TN] 23 Hb
Madrasco, Torrente- 21 Fb
Madriccio, Passo- / Madritsch-Joch 9 Bbc
Madrignano [SP] 57 EFd
Madrísio [UD] 27 Cc
Madrísio [UD] 27 Db
Madritsch-Joch / Madriccio, Passo- 9 Bbc
Madruzzo, Castel- 23 Fb
Maè [AO] 17 Hd
Maè, Torrente- 11 Ed
Maeggio [SR] 159 Gb
Maen [AO] 17 Gc
Maenza [LT] 105 Fa
Maerne [VE] 39 Cb
Maestà [AN] 79 Bc
Maestà [MC] 79 Ed
Maestà Bianca, Monte- 59 DEbc
Maestra, Cala- 89 ins.a
Maestra, Fossa- 49 Ga
Maestra Fornelli, Punta- 163 Bbc
Maestrale, Stagno di- 177 Dcd
Maestra Serre, Punta- 163 Bb
Maestrazza [RO] 51 Gbc
Maestrello [PG] 77 Cd
Mafalda [CB] 101 Fb
Maffiotto [TO] 43 Eab
Mafrollo, Casa- [PG] 103 Gb
Maga Circe, Grotta della- 105 Ec
Magaggiaro, Monte- 151 Dab
Maganoce, Monte- 147 Bc
Magara, Timpone della- 131 Dc
Magari, Monte- 155 Ca
Magasa [BS] 23 Dd
Magazzeno [SA] 115 ABd
Magazzinazzo [CL] 153 Ca

Magazzinazzo [EN] 155 BCb
Magazzini-Schiopparello [LI] 81 Dd
Magazzino [MO] 59 Hc
Magazzolo, Fiume- 151 Gc
Magdeleine, La- [AO] 17 Gcd
Magenta [MI] 31 Hc
Maggia [Svizz.] 15 Gc
Maggiana [CO] 21 Cb
Maggiánico [LC] 21 Dcd
Maggiano [FI] 73 Gb
Maggiano [LU] 65 Fc
Maggiano [SI] 73 Gcd
Maggiate Inferiore [NO] 31 EFa
Maggiate Superiore [NO] 19 EFd
Mággio [BO] 61 ABc
Mággio [LC] 21 Dc
Mággio, Colle- 91 EFa
Mággio, Monte- [AN] 77 Fd
Mággio, Monte- [FC] 69 Fb
Mággio, Monte- [It.] 23 Hcd
Mággio, Monte- [PG] 85 Fd
Mággio, Monte- [SI] 75 Cc
Mággio, Rio- 69 Fc
Maggiora [NO] 31 Ea
Maggiorasca, Monte- 57 CDb
Maggiore, Isola- 77 Bd
Maggiore, Lago- (Verbano) 19 FGc
Maggiore, Monte- [AR] 77 BCab
Maggiore, Monte- [CE] 107 Ec
Maggiore, Monte- [CE] 107 Ec
Maggiore, Monte- [FG] 109 Hd
Maggiore, Monte- [FG] 109 Ec
Maggiore, Monte- [GR] 89 Fb
Maggiore, Monte- [MS] 65 Db
Maggiore, Monte- [PG] 85 Fcd
Maggiore, Monte- [Tosc.] 67 EFc
Maggiore, Monte- [VR] 37 ABa
Maggiore, Palude- 39 EFb
Maggiore, Punta- [CA] 177 BCc
Maggiore, Punta- [Sard.] 167 Fb
Maggiore, Rio- 97 Gc
Maggiore, Serra- 129 Ed
Maggiore, Torre- 97 Fc
Magherno [PV] 47 BCa
Magioncalda [AL] 57 ABb
Magione [BO] 61 Bc
Magione [PG] 85 Bb
Magisano [CZ] 137 Da
Magland [Fr.] 17 Ab
Magli [CS] 135 Db
Magli [MC] 87 Ec
Máglia, Fiume- 127 Gc
Magliacane, Case- [CZ] 137 Fb
Magliano Alto [RI] 91 GHb
Maglianello Basso [RI] 91 GHb
Magliano [LE] 123 Fcd
Magliano [LU] 59 Bd
Magliano [MS] 57 Bd
Magliano [PU] 71 Fcd
Magliano [TE] 87 Dd
Magliano, Torre di- 101 Gc
Magliano Alfieri [CN] 45 Bd
Magliano Alpi [CN] 53 Cc
Magliano de' Marsi [AQ] 99 Ea
Magliano di Tenna [AP] 87 Db
Magliano in Toscana [GR] 89 Da
Magliano Nuovo [SA] 127 Cbc
Magliano Romano [ROMA] 91 Ecd
Magliano Romano, Stazione di- 91 Ecd
Magliano Sabina [RI] 91 EFb
Magliano Vétere [SA] 127 Cb
Magliati, Masseria- [TA] 121 CDb
Máglie [LE] 125 Ec
Máglio [BO] 61 Cc
Máglio [MN] 49 Da
Máglio [VI] 37 Fa
Máglio [VI] 37 Dab
Maglióggio [VB] 15 DEc
Máglio [SV] 55 Gb
Maglione [TO] 31 BCc
Maglione-Crosa [BI] 31 CDb
Magna, Villa- 99 Cc
Magnacavallo [MN] 49 FGbc

Magnadorsa [AN] 79 Bb
Magnago [MI] 31 Gb
Magnalardo [RI] 93 Bc
Magnanella Inferiore [TE] 87 Dd
Magnanins [UD] 13 Cb
Magnano [BI] 31 BCc
Magnano [CE] 107 Dc
Magnano [LU] 65 Fab
Magnano [PC] 47 Ecd
Magnano [PZ] 129 Cd
Magnano in Riviera [UD] 13 Ed
Magnasco [GE] 57 Cb
Magnisi, Penisola– 159 Gab
Magno [BS] 35 Ea
Magno, Monte– [BS] 35 Ga
Magno, Monte– [Eur.] 19 Hb
Magnola, Monte della– 93 Ecd
Magnolina [RO] 51 Db
Magnone [SV] 55 Dd
Magnonévolo [BI] 31 Cbc
Mago [TO] 43 Fbc
Mogognino [VB] 19 Fc
Magomádas [NU] 169 CDa
Magonfia [RE] 59 Cc
Magra, Fiume– 65 Cb
Magrano [VR] 37 Cb
Magrás [TN] 9 Dc
Magrè [IT] 137 DEa
Magréglio [CO] 21 Cc
Magrè sulla Strada del Vino / Margreid an der Weinstrasse [BZ] 9 Fd
Magreta [MO] 59 Eb
Magrí [AG] 153 Bb
Magrignana [MO] 59 DEd
Magugnano [VT] 91 CDa
Magugnano–Marniga [VR] 35 Ha
Magusu, Monte– 173 DEc
Mai, Monte– 115 Bc
Maiano [PG] 85 Ed
Maiano [PU] 69 FGc
Maiano, Torrente– 83 Bd
Maiano Monti [RA] 61 Dbc
Maiaso [UD] 13 Cc
Maiático [PR] 57 Ha
Máida [CZ] 137 Cb
Máida, Torrente di– 137 Bb
Máida Marina [CZ] 137 Bb
Maidana, Gruxi de– 179 Da
Máie [CN] 53 Hc
Maiella, Montagna della– 101 Ba
Maiella, Parco Nazionale della– 101 Bab
Maiella Orientale, Riserva Naturale della– 101 BCa
Maielletta, la– 95 Ccd
Maierà [CS] 131 BCc
Maierato [VV] 137 Bc
Maiern / Masseria [BZ] 1 Hb
Maiero [FE] 51 CDd
Maima, Monte– 23 DEc
Maime, Masseria– [BR] 123 Fb
Maimoni, Punta– 169 Cc
Máina, la– [UD] 13 Bc
Mainarde, le– 99 Hd
Máio [NA] 113 Bc
Máio, Monte– [CE] 107 Fb
Máio, Monte– [FR] 107 Bb
Máio, Monte– 23 Hcd
Maiocca [LO] 47 DEab
Maiolati Spontini [AN] 79 Cc
Maioletto, Rocca di– 69 Gc
Maiolo [PC] 47 Gd
Maiolo [PU] 69 Gc
Maione [CS] 135 Dc
Maiorana, Masseria– [BA] 117 Eb
Maiorani [ME] 141 Ce
Maiorano di Monte [CE] 107 Ec
Maiore, Monte– 165 Cb
Maiori [SA] 113 Fcd
Maiori, Monte– 173 Fa
Maiori, Nuraghe– 167 Ca
Maira 21 Da
Maira, Torrente– 43 Gd
Maira, Valle– 53 CDbc
Mairago [LO] 33 Fd

Mairano [BS] 35 Dc
Mairano [MI] 33 Cc
Mairano [MI] 33 Ecd
Mairano [PV] 47 Abc
Máiru, Punta– 173 Dc
Maisano [CO] 21 Cc
Maison [TO] 29 Fc
Maisonasse [AO] 29 Gab
Maissana [SP] 57 Dcd
Maistatt, Bad– / Piandimáia, ex Bagni di– [BZ] 3 Cb
Maiulo, Monte– 107 Ec
Majano [UD] 27 Da
Majori, Monte– 173 Db
Mala [TN] 23 Hb
Malabocca, Masseria– [MT] 129 EFbc
Malacalzetta [CA] 173 Dc
Malacappa [BO] 59 Hb
Malacarne, Cozzo– 151 Ea
Malacosta [MS] 57 FGd
Maladécia, Punta– 53 Cd
Maladromi, Monte– 167 Fa
Maladroscia [CA] 177 Cc
Malafesta [VE] 27 Ccd
Malafrasca [SI] 75 Cc
Malagnino [CR] 47 Gb
Malagrotta [ROMA] 97 DEb
Malaguárdia [SO] 5 Gd
Malaguti, Case– [FE] 49 GHcd
Malaina, Monte– 99 Cd
Malalbergo [BO] 51 Bd
Malamocco [VE] 39 DCc
Malamocco [VE] 41 CDb
Malamocco, Porto di– 39 DEcd
Malanággio [TO] 43 Fc
Malandriano [PR] 49 Bd
Malandroni [AT] 45 Bc
Malanghero [TO] 43 GHa
Malanotte, Monte– 53 Gd
Malapesa [SI] 83 EFbc
Malarizza, Masseria– [TA] 119 Cc
Malaspina, Castello dei– 45 Hc
Malaspina, Monte– 145 Bc
Malaspina–Rovere, Castello– 55 GHab
Malaura, Colle– 43 CDcd
Malavicina [MN] 35 Hd
Malavista, Colle– 137 Ea
Malbe, Monte– 85 Bb
Malborghetto [FE] 51 Cc
Malborghetto [UD] 13 Fbc
Malborghetto, Casa– [ROMA] 97 EFa
Malborghetto, Vallone– 13 Fb
Malborghetto di Boara [FE] 51 Bc
Malborghetto–Valbruna [UD] 13 Fbc
Malcangi [BA] 117 Ea
Malcantone [FE] 49 Hc
Malcantone [MN] 49 Gc
Malcantone [MN] 49 EFc
Malcantone [PR] 47 Gc
Malcantone [RA] 61 Dc
Malcésine [VR] 23 Ed
Málchina [TS] 41 Gb
Malchittu, Tempietto di– 161 Ec
Malciaussià [TO] 43 Da
Malciaussià, Lago di– 43 Da
Malcontenta [VE] 39 Dc
Mal di Ventre, Isola di– 169 Bc
Malé [TN] 9 Dc
Malegno [BS] 23 Bc
Malenco, Val– 7 Cd
Malene [TN] 25 Bb
Maleo [LO] 47 Eab
Malerba, Monte– 129 Ca
Malesco [VB] 15 EFd
Malesina, Torrente– 29 Ic
Maletto [CT] 145 Ecd
Maletto, Monte– 145 Ed
Malfa [ME] 143 DEb
Malfatano, Capo– 177 Ed
Malfatano, Porto di– 177 Ed

Malfidano [CA] 173 Cc
Malga, Val– 23 Cb
Malga Boazzo, Lago di– 23 CDbc
Malga Ciapela [BL] 11 Cc
Malga Fana / Fanealm 3 Cb
Malgasot [BZ] 9 Ebc
Malga Zirago / Zirogalm [BZ] 3 Bb
Malgesso [VA] 19 FGcd
Malghera 7 Cd
Malghette, Lago delle– 9 Cd
Malghette, Rifugio– 9 Cd
Malgina, Torrente– 21 Hb
Málgolo [TN] 9 Ec
Malgrate [LC] 21 Dc
Malgrate [MS] 57 Fd
Malignano [SI] 75 Cd
Malina, Torrente– 27 Fb
Malintrada [TV] 25 Hd
Malisana [UD] 41 Eb
Maliscia [AP] 87 DEbc
Maliseti [PO] 67 Ec
Malito [CS] 135 DEc
Malito, Valle di– 93 Dc
Mállare [SV] 55 Cd
Mállero, Torrente– 7 Dd
Malles Venosta / Mals im Vinschgau [BZ] 1 Dc
Mallevona, Monte– 99 Ea
Malmantile [FI] 67 Ed
Malmare, Monte– 133 Db
Malnago [LC] 21 Dc
Malnate [VA] 19 Hd
Malnìsio [PN] 27 Ab
Maló [ME] 145 Db
Malo [VI] 37 Eab
Malocco Sotto [BS] 35 Fc
Maloja [Svizz.] 7 Cc
Malomo, Monte– 129 Bb
Malone, Torrente– 43 Ha
Malonno [BS] 23 Bb
Malopasseto, Passo– 145 Acd
Malopasso [CT] 155 Fab
Malopirtusillo [CL] 153 CDb
Malosco [TN] 9 Ec
Malpaga [BG] 33 Gb
Malpaga [BS] 35 Ec
Malpasso [SV] 55 Dd
Malpasso, Casa– [GR] 89 Da
Malpasso, Monte– 57 Gc
Malpasso, Osteria– 97 Ec
Malpensa, Aeroporto Intercontinentale della– 31 Gab
Malpertus [TO] 43 Dcd
Malpertuso, Monte– 65 Bab
Mals im Vinschgau / Malles Venosta [BZ] 1 Dc
Maltese, Casa– [RG] 159 Cc
Malti [SS] 161 Cc
Maltignano [AP] 87 DEcd
Maltignano [PG] 85 Gd
Malu, Rio– [CA] 173 Ec
Malu, Rio– [CA] 173 Fc
Malva, Isola della– 125 Cb
Malváglio [MI] 31 Gb
Malvagna [ME] 145 Fc
Malvarano, Colle– 101 Ba
Malvezza [BO] 51 Bb
Malvezzi, Masseria– [MT] 117 Fc
Malviano [AN] 79 Db
Malvicino [AL] 55 Db
Malvino [AL] 45 Gd
Malvito [CS] 131 Dd
Malvizza [AV] 109 Dc
Malvizzo, Monte– 157 Cc
Mama [TN] 37 Ba
Mámago [PC] 47 Db
Mamberti, Rifugio– 21 Gb
Mambrotta [VR] 37 Cc
Mamerto 141 Fb
Mamiano [PR] 59 BCa
Mamma, Case– [ME] 145 Cc
Mammi [AR] 75 Gc
Mammiano [PT] 67 Cb
Mammiano Basso [PT] 67 Cb

Mammicómito, Monte– 139 Fc
Mámmola [RC] 139 Ec
Mamoiada [NU] 171 Db
Mamone [NU] 167 Ec
Mamuntanas, Stazione– 165 Cb
Mamusi [SS] 167 Ec
Manacore [FG] 103 Gb
Manara, Case– [FE] 51 Fd
Manara, Punta– 57 Cd
Manarola [SP] 65 Bb
Manasúddas, Cantoniera– [NU] 171 Eab
Manasúddas, Monte– 171 Eab
Manazzons [PN] 27 Ca
Manca, Serra– 129 Cd
Manca, Serra la– 127 DEb
Manca di Basso [PZ] 129 Cd
Manca di Sopra [PZ] 129 Cd
Mancanello, Coste– 107 Eb
Manciano [AR] 75 Gcd
Manciano [GR] 89 Fa
Mancinello, Monte– 67 Cab
Mancini [CH] 95 Ec
Mancini [PZ] 131 DEa
Mancino, Pizzo– 117 Ec
Manco [CS] 133 Db
Mancuso, Monte– 137 Ba
Mandanici [ME] 141 Bc
Mandarádoni [VV] 139 Ca
Mandaradoni [VV] 139 Cb
Mandarini, Portella di– 147 Gc
Mándas [CA] 175 Cc
Mandatoríccio [CS] 133 DEb
Mandatoríccio–Campana, Stazione di– 133 DEa
Mandela [ROMA] 99 Ba
Mandello del Lário [LC] 21 Cc
Mandello Vitta [NO] 31 Ebc
Manderiolo, Cima– 23 Ic
Mandía [SA] 127 Ccd
Mandoleto [TR] 85 Bd
Mandolossa [BS] 35 Db
Mándorli [FI] 73 FGab
Mandra, La– [FR] 107 Ba
Mandra de Cáia, Punta– 171 Ec
Mandra e sa Giua, Nuraghe di– 165 Da
Mandragiumenta, Masseria– [PA] 147 Fd
Mandras, Stazione– 167 Db
Mandrazzi, Portella– 145 Fbc
Mandre [TV] 25 Fcd
Mándria [PD] 37 GHc
Mándria [TO] 31 Fb
Mándria, la– [GR] 89 Eb
Mándria Luci [CS] 131 Ec
Mandrielle, Malga– 25 Bc
Mandrino [PV] 33 Dd
Mándrio [RE] 49 Dd
Mandriola [PD] 37 GHc
Mandriola [ROMA] 97 EFc
Mandriole [RA] 61 Fb
Mandrioli, Passo dei– 69 Ed
Mandrione, Nuraghe su– 167 Db
Mandrione, Segheria il– [FG] 103 Gb
Mandrogne [AL] 45 Fc
Mandrolisai 171 Cc
Mandrone, Monte del– 107 Ab
Mandrone, Rifugio– 23 Da
Manduria [TA] 123 Cc
Manegra [VB] 19 Fbc
Manerba del Garda [BS] 35 Gb
Manerbio [BS] 35 Dc
Manessena [GE] 55 Gbc
Manfredonia [FG] 103 Fd
Manfredonia, Golfo di– 103 Gd
Manfredonica, Castello– 153 Cb
Mánfria [CL] 157 Ed
Manfriana, Monte– 131 Eb
Manfrino, Castel– 87 Dd
Mangalaviti, Bosco di– 145 DEc
Manganaro, Cozzo di– 157 EFb
Manganello, Monte– 153 Fc

Manganile, Serra– 131 Fb
Mángano [CT] 155 FGa
Mangart, Monte– 13 Gc
Manghen, Passo– 25 Aab
Mangia, Torrente– 57 DEc
Mangiante, Portella– 147 Fd
Mangiatoriello, Pizzo– 147 Cc
Mango [CN] 55 Ba
Mangona [FI] 67 Fb
Mangone [CS] 135 DEb
Mangone, Monte– 157 FGb
Maniace [CT] 145 Dc
Maniace, Castello– (ex Abbazia di Santa Maria di Maniace) 145 Dc
Maniáglia [UD] 13 Dd
Maniago [PN] 27 Bab
Manicalunga, Necrópoli di– 151 Cb
Manichelle, Cozzo– 151 EFb
Manicor [BZ] 9 Fc
Mánie [SV] 55 Bd
Manieri, Masseria– [LE] 125 Db
Maniga [CN] 43 Hd
Maniglia, Monte– 53 Bb
Manimundu, Sedda– 171 Cbc
Manin, Villa– 27 CDc
Maniva, Giogo del– 23 Ccd
Maniva, Monte– 23 Ccd
Manna, Punta– 167 Fc
Manna, Salina– 167 Gc
Manna, Vallone di– 153 Fc
Mannara, Masseria– [TA] 121 Cdb
Mannaulacche, Monte– 171 Ca
Manno [RE] 59 Dc
Mannu, Capo– [OR] 169 Cb
Mannu, Capo– [SS] 163 Ad
Mannu, Fiume– 173 Eb
Mannu, Fruncu– 171 Fb
Mannu, Monte– [CA] 173 Fb
Mannu, Monte– [NU] 165 Cc
Mannu, Nuraghe– [SS] 165 Dc
Mannu, Nuraghe– [SS] 167 Cb
Mannu, Piano– 163 Bb
Mannu, Pizzu– 175 Cc
Mannu, Rio– [CA] 173 Cc
Mannu, Rio– [CA] 173 Fc
Mannu, Rio– [CA] 179 Bab
Mannu, Rio– [CA] 177 Ebc
Mannu, Rio– [NU] 167 Fc
Mannu, Rio– [NU] 165 Db
Mannu, Rio– [NU] 175 Fa
Mannu, Rio– [OR] 169 Fc
Mannu, Rio– [OR] 169 Ca
Mannu, Rio– [Sard.] 173 Fc
Mannu, Fiume– [Sard.] 173 Fc
Mannu, Rio– [SS] 167 Cb
Mannu, Rio– [SS] 167 Dc
Mannu, Rio– [SS] 171 Da
Mannu del Reale, Porto– 163 Bb
Mannu o d'Ozieri, Rio– 165 Fb
Mannu o Isola del Meli, Scóglio– 177 BCb
Manocalzati [AV] 115 ABb
Manolfo, Pizzo– 147 Ba
Manolino, Rifugio– 63 Fa
Manoppello [PE] 95 Cc
Manos, Monte– 35 FGa
Mansuè [TV] 25 Hcd
Manta [CN] 53 Eb
Mante [MT] 129 Ecd
Mantegazza [MI] 33 Bb
Mantello [SO] 21 DEb
Mantello, Bonifica del– 61 DEb
Mantena / Welschmontal [BZ] 3 Ec
Mántie [VC] 31 Fd
Mantignana [PG] 77 Cde
Mantignano [FI] 67 EFd
Mantigno [FI] 69 BCb
Mantineo [VV] 139 Da
Mantova [MN] 49 Db
Mantovana [AL] 45 Ed
Mantovana, la– [VR] 49 GHb
Manune [VR] 37 Bb
Manza, Scóglio della– 81 ins.a
Manzana [TV] 25 Fc

Manzano [AR] 75 Gd
Manzano [PR] 57 Hb
Manzano [UD] 27 Fbc
Manzanu, Monte– 165 Ed
Manzi [AR] 75 GHb
Manzi, Bivacco– 7 BCd
Manziána [ROMA] 91 Cd
Manzinello [UD] 27 EFc
Manzo [PV] 47 Bb
Manzolino [MO] 59 Gb
Manzoni [CN] 55 Ab
Maomor, Monte– 35 Hc
Maona, Grotta– 67 Cc
Maòr, Sass– 11 BCd
Maoro, Bruncu– 171 Fd
Mapello [BG] 33 Fa
Mappa [CL] 153 CDb
Mappano [TO] 43 Hb
Mappetta [VC] 31 Db
Mara [SS] 165 Cc
Mara, Corno– 7 Dd
Maracalagónis [CA] 179 Db
Maraconis, Monte– 175 Ec
Marafò, Cantoniera– [ME] 145 ABbc
Maragani, Casa– [AG] 151 DEb
Maragnole [VI] 37 Fab
Maraia, Forcella– 11 Dc
Marais, Riserva Naturale– 17 Dd
Maraldi [PN] 27 Ba
Maralunga, Punta– 65 Cb
Marana [AQ] 93 Dab
Marana [NU] 161 Fcd
Marana [VI] 37 Db
Marana, Cima di– 37 Dab
Marana, la– [FG] 109 Gcd
Marane [AQ] 99 Ha
Maranello [MO] 59 Fb
Maranfusa, Castello di– 149 Gc
Marangana [NO] 31 EFc
Maranghetto, Ponte– 41 BCbc
Marangone, Torre– 97 Aa
Maranise [CZ] 137 Da
Marano [BO] 61 Eb
Marano [BO] 59 Gd
Marano [PR] 49 Bb
Marano [PR] 49 ABd
Marano [TN] 23 FGc
Marano [VE] 39 Cc
Marano, Laguna di– 41 DEb
Marano, Monte– [BA] 117 Db
Marano, Monte– [LT] 105 Gc
Marano, Poggio– 109 Db
Marano, Rio– / Maraunerbach 9 Eb
Marano, Torrente– 71 Dc
Marano dei Marsi [AQ] 93 Dd
Marano di Nápoli [NA] 113 Db
Marano di Valpolicella [VR] 37 Bb
Marano Equo [ROMA] 99 BCab
Maranola [LT] 107 Ac
Marano Lagunare [UD] 41 Eb
Marano Marchesato [CS] 135 CDab
Marano Principato [CS] 135 CDb
Marano sul Panaro [MO] 59 Fc
Marano Ticino [NO] 31 Fb
Marano Vicentino [VI] 37 Ea
Maranza / Meransen [BZ] 3 Cbc
Maranza, Rifugio– 23 GHb
Maranzana [AT] 45 Dd
Maraone, Isola– 149 Cbc
Marárgiu, Capo– 165 Ccd
Mararosa, Monte– 129 Ec
Maras [BL] 25 Eb
Marasca, Colle– 101 Ec
Marasino [BS] 35 Da
Maratea [PZ] 131 Bab
Maratea, Grotta di– 131 Bb
Maratello [FC] 69 Fab
Maraunerbach / Marano, Rio– 9 Eb
Maràusa [TP] 149 Cc
Maràusa, Lido– [TP] 149 Cc
Maràusa, Stazione– 149 CDc
Marazzino [SS] 161 Db
Marcador [BL] 25 Eb
Marcaglione, Monte– 129 Ebc
Marcallo [MI] 31 Hbc

Marcallo con Casone [MI] 31 Hbc
Marcanzotta, Fiume di– 149 Dc
Marcaria [MN] 49 Cb
Marcarolo, Capanne– [AL] 55 Fb
Marcasita, Monte– 153 EFb
Márcato Bianco [EN] 153 EFc
Márcato Bianco [PA] 153 Ca
Marcato Bianco, Stazione di– 153 Ca
Marcato d'Arrigo [CL] 153 Ec
Marceddi [OR] 173 CDa
Marceddì, Stagno di– 173 CDa
Marcedusa [CZ] 137 EFa
Marcellano [PG] 85 CDc
Marcelli [AN] 79 Fbc
Marcellina [CS] 131 BCc
Marcellina [ROMA] 97 Ga
Marcellinara [CZ] 137 CDb
Marcellina Vecchia 97 Ga
Marcellino, Fiume– 155 Fd
Marcellise [VR] 37 Cc
Marcemigo [VR] 37 Cb
Marcena [AR] 75 FGb
Marcena [TN] 9 Ec
Marcesina, Albergo– 25 Bc
Marcetelli [RI] 93 Cc
Marcheno [BS] 35 Ea
Marchesa, la– [FG] 109 Ea
Marchesa, Masseria la– [FG] 103 ABc
Marchesa, Masseria la– [PZ] 111 ABd
Marchesa, Torre della– 137 Da
Marchesale, Riserva di– 139 Eb
Marchesana Marina [ME] 145 Fb
Marchesato 137 FGa
Marchese, Punta del– 81 ins.b
Marchese, Villa del– [SR] 159 FGbc
Marchesini, Casa– [EN] 155 CDa
Marchesino [VR] 37 Bc
Marchetti, Rifugio– [Em.Rom.] 65 Gb
Marchetti, Rifugio– [TN] 23 Fc
Marchiana, Colle di– 53 Dd
Marchiazza, Torrente– 31 Ec
Marchio, Masseria– [BA] 117 CDa
Marchioni, Masseria– [LE] 123 Ecd
Marchirolo [VA] 19 GHc
Marchisones, Cantoniera– [SS] 165 Cbc
Marcia, Corna– 21 Ed
Marciaga [VR] 35 Hb
Marcialla [FI] 73 Gb
Marciana [LI] 81 BCd
Marciana [PI] 65 FGde
Marciana Marina [LI] 81 Cd
Marcianise [CE] 113 Da
Marciano [AR] 69 DEd
Marciano [NA] 113 Dd
Marciano [SI] 75 Ccd
Marciano della Chiana [AR] 75 Fd
Marciano Freddo [CE] 107 EFc
Marciaso [MS] 65 Db
Marcignago [PV] 33 Cd
Marcignana [FI] 67 Dd
Marcio, Lago– 21 Fbc
Marciola [FI] 67 Ed
Marco [TN] 23 FGcd
Marcoiano [FI] 67 Fb
Marcolano, Monte– 99 Gb
Marcon [VE] 39 Db
Marconi, Mausoleo di– 59 Hc
Marcónia [MT] 129 FGb
Marcónia, Stazione di– 129 Gc
Marco Polo, Aeroporto Internazionale– 39 Dbc
Marcorengo [TO] 45 Bab
Marcottini [GO] 27 Gc
Marcova, Torrente– 45 Da
Marcusa, Punta– 171 Dcd
Mardimago [RO] 51 CDb
Mare [VI] 25 Bd
Mare, Casino– [LE] 125 Eb
Mare, Malga– 9 BCc
Mare, Monte– 101 ABcd

Mare, Portella di– 147 Fc
Mare, Val de la– 9 BCc
Mare, Via del– 97 DEc
Marebbe / Enneberg [BZ] 3 Ec
Marebello [RN] 71 Db
Marécchia, Fiume– 71 Db
Marechiaro [NA] 113 Dc
Mare Foghe, Rio de– 169 CDbc
Marega [VR] 49 Ha
Maregge [VR] 37 Cab
Mare Grande 121 Fc
Mareit / Mareta [BZ] 1 Hlb
Maremma 89 EFab
Maremma, Parco Naturale della– 89 Ca
Marena [PR] 57 Fab
Maréndole [PD] 51 Ca
Marene [CN] 53 Gab
Marengo [CN] 55 ABab
Marengo [MN] 35 Hd
Marengo, Villa– 45 EFc
Mareno di Piave [TV] 25 FGcd
Marentino [TO] 43 Ib
Mare Piccolo 121 Fbc
Marepotamo, Fiume– 139 Db
Maresca [PT] 67 CDb
Marescotto, Castello di– 145 Cc
Mareson [BL] 11 Dc
Maresse, Cima– 23 Dc
Maresso [LC] 33 DEa
Mareta / Mareit [BZ] 1 Hlb
Mareto [PC] 57 CDa
Maréttimo [TP] 149 Ac
Maréttimo, Isola– 149 Ac
Maretto [AT] 45 Bc
Marga / Margen [BZ] 3 Dbc
Márgana, Valle della– 147 Dd
Margarita [CN] 53 FGc
Margen / Marga [BZ] 3 Dbc
Marghella, Pantano– 159 Fd
Marghera [VE] 39 Dc
Margherita [PC] 47 CDd
Margherita, Col– 11 Dc
Margherita, Colle– 53 Dd
Margherita, Rifugio– 53 Gd
Margherita, Villa– [LI] 81 Eab
Margherita di Savóia [FG] 111 CDb
Margherita di Savóia–Ofantino, Stazione di– 111 CDb
Margherito Soprano [CT] 155 Cc
Margherito Sottano [CT] 155 Cc
Márghine 169 Fa
Márghine, Catena del– 165 EFcd
Márghine, Rocca sa– 163 DEd
Margi, Fiume dei– → Caltagirone, Fiume– 155 Cd
Margi, Masseria– [CT] 155 CDcd
Margi, Torrente– 155 Ed
Margiani, Monte– 173 Ec
Margiani Pobusa, Punta– 175 Ea
Margiasiddo, Masseria– [MT] 117 Dc
Margine di Momigno [PT] 67 Cbc
Marginetto, Punta– 161 Eb
Marginone [LU] 67 BCcd
Margione [RG] 159 Ec
Margiotto, Masseria– [MT] 129 Ec
Margno [LC] 21 Db
Margno, Cimone di– 21 Db
Margone [TO] 43 DEa
Margone, Nuraghe– 163 Bcd
Margreid an der Weinstrasse / Magrè sulla Strada del Vino [BZ] 9 Fd
Marguaréis, Punta– 63 DEab
Maria, Monte– [CA] 177 Ed
Maria, Monte– [CA] 179 Eec
Maria Addolorata 139 CDc
Maria Himmelfahrt / l'Assunta [BZ] 9 Gb
Maria Incantata, Nuraghe– 171 Cd
Maria Luggau [A] 13 Ba
Maria Luisa, Rifugio– 15 Eb
Mariana Mantovana [MN] 49 Ba
Marianella [NA] 113 Db
Mariani, Casa– [SS] 165 Fc

Marianis, Casa– [UD] 41 Db
Marianitto [RI] 93 CDa
Mariannáccia, Casa– [GR] 89 DEa
Mariano [PR] 57 EFb
Mariano al Brembo [BG] 33 Fb
Mariano Comense [CO] 33 Da
Mariano del Friuli [GO] 27 Fc
Marianópoli [CL] 153 Db
Marianópoli, Galleria di– 153 Db
Marianópoli, Stazione di– 153 Db
Maria Santissima, Santuario di– 145 Dab
Maria Santissima del Pozzo 119 Ba
Mariconda, Masseria– [AV] 115 Dab
Mariedda, Torre– 137 Ha
Marienberg, Kloster– / Monte Maria, Abbazia di– 1 Cbc
Mari Ermi [OR] 169 Cbc
Mariglianella [NA] 113 Eb
Marigliano [NA] 113 Eb
Marignana [PN] 27 Bc
Marigosa, Casa– [CA] 173 Dbc
Marigosa, sa– [OR] 169 Cb
Marilleva [TN] 9 Cd
Marina [PZ] 131 Bb
Marina [SA] 113 Gcd
Marina [VE] 41 Cb
Marina, Casa di– [CA] 179 Fb
Marina, Masseria della– [TA] 123 CDcd
Marina, Monte della– 123 Dcd
Marina d'Andrano [LE] 125 Fd
Marina dei Ronchi [MS] 65 Dbc
Marina del Cantone [NA] 113 DEd
Marina di Acquappesa [CS] 135 Ba
Marina di Alberese [GR] 81 Hde
Marina di Amendolara [CS] 131 Gb
Marina di Andora [SV] 63 Gc
Marina di Aquiléia [UD] 41 EFb
Marina di Árbus [CA] 173 Cb
Marina di Ardea [ROMA] 105 Ba
Marina di Ascéa [SA] 127 BCd
Marina di Ávola [SR] 159 Fc
Marina di Belmonte [CS] 135 Cbc
Marina di Belvedere [CS] 131 Cd
Marina di Bibbona [LI] 73 CDd
Marina di Camerota [SA] 127 Dde
Marina di Campo [LI] 81 Cd
Marina di Cáorle [VE] 41 Cc
Marina di Caronía [ME] 145 Bb
Marina di Carrara [MS] 65 Db
Marina di Casal Velino [SA] 127 Bc
Marina di Castagneto Carducci [LI] 73 Dde
Marina di Cécina [LI] 73 Cd
Marina di Chiaiolella [NA] 113 BCc
Marina di Chiéuti [FG] 103 ABb
Marina di Cottone [CT] 145 Cd
Marina di Dávoli [CZ] 137 Dcd
Marina di Equa [NA] 113 Ecd
Marina di Fuscaldo [CS] 135 BCa
Marina di Gáiro [NU] 175 FGb
Marina di Ginosa [TA] 121 Dc
Marina di Gioia Tauro [RC] 139 Cc
Marina di Gioiosa Iónica [RC] 139 EFd
Marina di Grosseto [GR] 81 Gd
Marina di Guardavalle [CZ] 139 Gbc
Marina di Jóppolo [VV] 139 Cb
Marina di Leporano [TA] 121 FGc
Marina di Léuca [LE] 125 EFe
Marina di lu Impostu [NU] 167 FGab
Marina di Mancaversa [LE] 125 CDd
Marina di Massa [MS] 65 Db
Marina di Massignano [AP] 87 Fb
Marina di Melilli [SR] 159 Gb
Marina di Minturno [LT] 107 Bc
Marina di Módica [RG] 159 Dd
Marina di Montemarciano [AN] 79 DEab
Marina di Montenero [CB] 101 Fa

Marina di Montignoso → Cinquale [MS] 65 Dc
Marina di Nocera Tirinese [CZ] 137 Aab
Marina di Nováglie [LE] 125 Fd
Marina di Orosei [NU] 171 Ga
Marina di Ostuni 123 Ca
Marina di Palma [AG] 157 Ccd
Marina di Palmi [RC] 139 BCc
Marina di Páola [CS] 135 Ca
Marina di Patti [ME] 145 Eab
Marina di Péscia Romana [VT] 89 Eb
Marina di Pietrasanta [LU] 65 Ec
Marina di Pisa [PI] 65 Ede
Marina di Pisticci [PZ] 129 Gc
Marina di Pulsano [TA] 121 Gc
Marina di Puolo [NA] 113 DEd
Marina di Ragusa [RG] 159 Cd
Marina di Ravenna [RA] 61 Fbc
Marina di Salívoli [LI] 81 DEc
Marina di San Lorenzo [RC] 141 EFd
Marina di Sant'Antonio [CZ] 139 Gb
Marina di Sant'Ilario dello Ionio [RC] 139 Ed
Marina di San Vito [CH] 95 Ec
Marina di Schiavonea [CS] 131 Gd
Marina di Sorso [SS] 163 Dcd
Marina di Stróngoli [KR] 133 Fc
Marina d'Itála [ME] 141 Cc
Marina di Vasto [CH] 101 Fa
Marina di Zambrone [VV] 139 Ca
Marina Faleriense [AP] 79 Gd
Marina Grande [NA] 113 Dd
Marina Iulia [GO] 41 Gb
Marina Laghi di Sibari [CS] 131 Gc
Marina Lido [SA] 127 Cd
Marina Palmense [AP] 87 Eab
Marina Piccola [NA] 113 Dd
Marina Piccola [TA] 121 Gcd
Marina Porto [LE] 125 Fd
Marina Romea [RA] 61 Fb
Marina San Gemiliano [NU] 175 FGa
Marinasco [SP] 65 Bb
Marina Serra [LE] 125 Fd
Marina Velca [VT] 89 Gc
Marine [AO] 31 Ab
Marinella [TP] 151 CDb
Marinella [VE] 41 Db
Marinella, Fermata– 161 Fcd
Marinella, Golfo di– 161 Fc
Marinella, Masseria– [BA] 117 Fc
Marinella, Masseria– [TA] 129 GHb
Marinella di Sarzana [SP] 65 CDb
Marinelli, Rifugio– [SO] 7 Dcd
Marinelli, Rifugio– [UD] 13 Cb
Marinelli, Rifugio– [VB] 19 Ec
Marinello [BR] 119 Ec
Marineo [PA] 147 Cc
Marineo, Casa– [CT] 159 CDa
Marini [VI] 25 Cd
Marini, Rifugio– 147 Gc
Marino [ROMA] 97 Eb
Marino, Monte– [AL] 55 DEab
Marino, Monte– [FC] 69 Ec
Marino, Monte– [PR] 57 Fb
Marino del Tronto [AP] 87 Dc
Marinoni [BG] 21 Gc
Marins [PN] 13 Cd
Mario, Monte– 97 Eb
Mariolu, Cala– 171 FGbc
Mariotto [BA] 117 Fa
Marischio [AN] 77 Gcd
Maristella [SS] 165 Bb
Maritani [SV] 55 Bd
Maríttima [LE] 125 Fcd
Maríttima, Stazione– 163 Dc
Marlengo / Marling [BZ] 9 Eb
Mária [LU] 65 Gc
Marliana [PT] 67 Cc
Marliano [FI] 67 Ed
Marling / Marlengo [BZ] 9 Eb

Marmagna, Monte– 57 Fc
Marmarole, Gruppo delle– 11 EFbc
Marmentino [BS] 23 Bd
Marmi, Grotta dei– 103 Hc
Marmigliaio [LI] 73 Cbc
Marmilla 173 EFa
Marmilla, Castello di– 173 Fa
Marmirolo [MN] 49 Da
Marmirolo [RE] 59 Eab
Marmolada 11 BCc
Marmontana, Monte– 21 BCab
Mármora [CN] 53 Cc
Mármora, Vallone di– 53 Cc
Marmoráia [SI] 73 GHcd
Marmorata, Isole– 161 Db
Mármore [TR] 91 Ga
Mármore, Cascata delle– 91 Ga
Marmore, Torrente– 17 Gc
Marmóreo [SV] 63 Gb
Marmoreto [RE] 59 BCc
Marmorito [AT] 45 Bb
Marmorta [BO] 61 Cb
Mármuri, Grotta su– 175 EFab
Marnate [VA] 33 Bb
Marniga [VR] 35 Ha
Maro [RE] 59 Cc
Maro, Passo del– 63 Fc
Marocche di Dro 23 Fbc
Marocchi [TO] 43 Hc
Marocco [TV] 39 Db
Marocco, Podere– [SI] 75 Ecd
Marogna, Ponte della– 11 Eb
Marola [RE] 59 Cc
Marola [SP] 65 Bb
Marola [VI] 37 Bb
Maron [PN] 25 Hc
Marona, Pizzo– 19 Fb
Maróne [BS] 21 Hd
Maróne [VB] 19 Ed
Maronti, Lido dei– 113 Bc
Marópati [RC] 139 Dc
Marore [PR] 49 ABd
Maróstica [VI] 25 Cd
Marotta [PU] 71 Gd
Marotta, Masseria– [PZ] 115 Fb
Marozza, Grotta– 97 Fa
Marozzo [FE] 51 Ed
Marrada, Rio– 175 Dd
Marradi [FI] 69 Cb
Marrara [FE] 51 BCd
Marreri, Ponte– 171 Ea
Marri [CS] 135 Ca
Marro, Torrente– 139 Cc
Marrone, Monte– 101 ABcd
Marroneto [GR] 83 Dcd
Marrúbiu [OR] 173 Da
Marruca, Poggio– 83 Bcd
Marrucheto [GR] 83 Dd
Marruchetone [GR] 89 Eab
Mars, Monte– 31 Bb
Marságlia [CN] 55 Ac
Marságlia [PC] 47 Cc
Marságlia [TO] 43 Ga
Marsaglia [TO] 29 Gc
Marsala [TP] 149 Cd
Marsala, Fiumara di– 149 Cd
Marsala, Punta– 149 Cc
Marsan [VI] 25 BCd
Marsango [PD] 37 GHb
Marsciano [PG] 85 Cc
Marser, Monte– 23 Cb
Marsia [AP] 87 Cc
Marsiai [BL] 25 DEb
Marsica 99 Fb
Marsicano, Monte– 99 GHc
Marsico Nuovo [PZ] 127 Fb
Marsico Nuovo, Lago di– 127 Fb
Marsicovétere [PZ] 127 FGb
Marsiglia [GE] 55 Hc
Marsignano [FC] 69 Gb
Marsiletti [MN] 35 Hd
Marsiliana [GR] 89 DEa
Marsiliana, Castello della– [GR] 81 Fb
Marsiliana, Fattoria– [GR] 81 Fb

Marsiliana, Riserva Naturale– 81 Fbc
Marsullo, Masseria– [BN] 109 CDb
Marsure [PN] 27 Ab
Marsure di Sopra [UD] 27 Eb
Marsure di Sotto [UD] 27 Eb
Marta [SV] 63 Gb
Marta [VT] 91 Ba
Marta, Cantoniera– [NU] 171 Cab
Marta, Fiume– 91 Bb
Marta, Monte di– 91 Ba
Marta, Monte la– 127 Dab
Martana, Isola– 91 Ba
Martano [LE] 125 Eb
Martano, Monte– 85 Dd
Martassina [TO] 29 Fcd
Martell / Martello [BZ] 9 Cb
Martella, la– [MT] 117 Fcd
Martellago [VE] 39 Cb
Martellese, il– 101 Ba
Martelli [FR] 99 Dc
Martelli, Casa– [FG] 109 EFb
Martello / Martell [BZ] 9 Cb
Martello, Fiume del– 145 Dc
Martello, Pizzo– 5 Fd
Martello, Val di– / Martelltal 9 Cb
Martellotta, Masseria– [TA] 121 Db
Martelltal / Martello, Val di– 9 Cb
Marter [TN] 23 Ib
Marti [PI] 73 Cb
Mártica, Monte– 19 Gc
Martignacco [UD] 27 Db
Martignana di Po [CR] 49 Bb
Martignano [FI] 67 Dd
Martignano [LE] 125 Eb
Martignano [TN] 23 Gb
Martignone, Lago di– 91 Bd
Martignone [BO] 59 Gb
Martigny [Svizz.] 17 Db
Martin, Punta– 55 Fbc
Martina [Svizz.] 1 CDb
Martina, la– [BO] 59 Id
Martina, la– [CN] 55 ABb
Martina, Punta– 81 Fc
Martina Franca [TA] 119 Cc
Martinazzo [UD] 27 DEab
Martincelli [TN] 25 BCc
Mártine, Nuraghe– 165 Ea
Martinella, Dosso della– 23 Hc
Martinella, Monte– 135 Cb
Martinelle, le– [VE] 51 Eb
Martinengo [BG] 33 Gb
Martinetto [SV] 63 Gb
Martinez [CL] 153 Ec
Martini [ME] 145 DEb
Martini [TO] 43 Fc
Martiniana Po [CN] 53 Eb
Martino, Poggio– 89 Gb
Martino, Punta– [SS] 161 Ec
Martino, Punta– [TP] 149 Ac
Martinsicuro [TE] 87 Fc
Martirano [CZ] 135 Dc
Martirano Lombardo [CZ] 135 Dc
Mártis [SS] 163 Cb
Mártone [RC] 139 Ec
Martorano [FC] 69 Gb
Martorano [PR] 49 Bd
Martorano, Masseria– [MT] 117 Cd
Martucci, Masseria– [BR] 123 Cab
Martucci, Masseria– [BR] 123 Dc
Marturanum, Parco– 91 Cc
Marucolo, Colma di– 23 Bd
Marudo [LO] 33 Ed
Marúglio [TA] 123 Ccd
Marúggio, Monte– 127 Fb
Marza [PV] 45 Fa
Marza [RG] 159 Ed
Marzabotto [BO] 59 Hcd
Marzaglia [MO] 59 Eab
Marzalengo [CR] 47 FGa
Marzalesco [NO] 31 Eab
Marzamemi [SR] 159 Fd
Marzana [ME] 145 Eb
Marzana [VR] 37 BCbc
Marzanata [RO] 49 Hb
Marzanello [CE] 107 Dbc

Marzano [AV] 113 Gb
Marzano [GE] 57 Ab
Marzano [LO] 33 Ec
Marzano [PV] 33 Dd
Marzano, Monte– 115 Dc
Marzano Appio [CE] 107 Dbc
Marzano di Nola [AV] 113 Fb
Marzénego, Rio– 39 Cb
Marzeno [RA] 61 Dd
Marzeno, Torrente– 61 CDd
Marzette [MN] 49 Ec
Marzettelle [MN] 49 Ec
Marzi [CS] 135 Dbc
Marziai [BL] 25 Dc
Marziano [BA] 111 CDd
Marzinis [PN] 27 Bc
Marzio [VA] 19 Hc
Marzo, Col di– 77 DEd
Marzo, Montagna di– 153 Fc
Marzo, Monte– 29 Hb
Marzocca [AN] 71 Hde
Marzocco, Torre del– 73 Bb
Marzola, la– 23 GHb
Marzolana, Monte– 83 GHb
Marzolara [PR] 57 GHb
Marzon, Valle– 11 EFb
Marzotto [VE] 41 Cb
Mas [BL] 11 Cc
Mas [BL] 25 Eab
Masaìnas [CA] 177 Dc
Masaìnas, Cantoniera– [CA] 173 EFc
Masana, Monte– 129 Bb
Masaniello, Villaggio– [CL] 153 Cc
Masano [BG] 33 FGb
Masanti [PR] 57 GHb
Masarè [BL] 11 CDc
Masareddu, Cozzo– 153 DEb
Masarié [BL] 11 Ec
Masaròlis [UD] 27 Fab
Masate [MI] 33 Eb
Máscali [CT] 155 Ga
Mascalucia [CT] 155 Fb
Maschio delle Faete 97 Gc
Maschio di Lariano 97 Gc
Maschito [PZ] 115 GHb
Masci, Casa– [FG] 103 Ac
Mascia, Casa– [FG] 103 Ccd
Masciaga [BS] 35 Fb
Masciago Primo [VA] 19 Gc
Mascione [CB] 107 Ha
Mascioni, Monte– 93 DEa
Masella [IS] 101 BCd
Masella [IM] 141 Ed
Masenzias, Punta– 179 Ea
Maser [TV] 25 Dd
Masera [VB] 15 DEd
Masera, la– [BO] 67 Da
Maserada sul Piave [TV] 25 Fd
Maserà di Pádova [PD] 37 GHcd
Maseralino [PD] 37 GHd
Masereto [PR] 57 Fb
Maséris [UD] 27 Cb
Maserno [MO] 59 Fd
Masi [PD] 51 Ab
Masi [PZ] 115 Gc
Masi, I– [FR] 105 FGa
Masi Carretta 25 Bb
Masi d'Ávio [TN] 37 Ba
Masi di Cavalese [TN] 9 Gd
Masiénnera, Punta– 167 Cd
Masiera [RA] 61 Dc
Másino [SO] 21 Eab
Masino [TO] 31 Bc
Másino, Torrente– 21 Ea
Másino, Val– 21 Ea
Másio [AL] 45 Dc
Másio [TO] 43 Hlc
Masi San Giacomo [FE] 51 Cd
Masi Torello [FE] 51 Cd
Maslíanico [CO] 21 Bc
Masnago [VA] 19 Gcd
Maso [VE] 39 Cc
Maso, Rio– 25 Ab
Masogelato / Eishof [BZ] 1 Fc

Masone [GE] 55 Fb
Masone [RE] 59 Eab
Masone, Ponte– 129 EFc
Masone, Ponte del– 19 Db
Masonedili, Cantoniera– [NU] 175 Fc
Masone Pardu [CA] 179 EFb
Masoni, Monte– 21 FGb
Mason Vicentino [VI] 37 Fa
Massa [BN] 107 FGc
Massa [FI] 75 Db
Massa [FC] 69 Eab
Massa [FC] 69 FGb
Massa [FC] 69 Fc
Massa [FC] 69 GHb
Massa [LU] 65 Fab
Massa [MC] 77 Gd
Massa [MS] 65 Db
Massa [PU] 77 Eb
Massa [PT] 67 Cc
Massa [PZ] 131 Bab
Massa [RA] 61 Ed
Massa [RE] 59 Dc
Massa [SA] 127 Cc
Massa, Ponte– 81 Hd
Massa Annunziata [CT] 155 Fb
Massaciúccoli [LU] 65 Fcd
Massaciúccoli, Lago di– 65 EFcd
Massa d'Albe [AQ] 99 Ea
Massa di Somma [NA] 113 Eb
Massa e Cozzile [PT] 67 Cc
Massa Fermana [AP] 87 Cb
Massa Finalese [MO] 49 Gc
Massa Fiscáglia [FE] 51 DEd
Massafra [TA] 121 Eb
Massalengo [LO] 33 EFd
Massa Lombarda [RA] 61 Cc
Massa Lubrense [NA] 113 DEd
Mássama [OR] 169 Dc
Massa Macinaia [LU] 65 Gd
Massa Maríttima [GR] 81 Gb
Massa Martana [PG] 85 Db
Massa Martana, Stazione di– 85 Dd
Massanova, Masseria– [PZ] 129 Dd
Massanzago [PD] 39 Bb
Massaprofóglio [MC] 85 FGb
Massaquano [NA] 113 Ecd
Massarella [FI] 67 Cd
Massari [BN] 107 Fc
Massari [CB] 107 Fab
Massaro, Punta di– / Moarer-Spitze 1 Hb
Massarosa [LU] 65 EFc
Massarotto, Casa– [FG] 103 EFc
Massa San Giorgio [ME] 141 Db
Massa San Giovanni [ME] 141 Db
Massa San Nicola [ME] 141 Db
Massa Santa Lucia [ME] 141 Db
Massasco [GE] 57 Cc
Massascusa [SA] 127 Cc
Massazza [BI] 31 CDbc
Masselli [VR] 37 Cab
Masselli [VR] 37 BCb
Massello [TO] 43 Dc
Massenzática [FE] 51 EFc
Massenzatico [RE] 49 CDd
Massera, Torrente– 81 Fb
Masseranga [BI] 31 CDa
Masserano [BI] 31 Db
Masserano, Stazione di– 31 Db
Masserecci, Poggio– 75 EFb
Masseria [BI] 31 Cc
Masseria / Maiern [BZ] 1 Hb
Masseria, Passo– [RC] 141 Fd
Masseria Combattenti, Riserva Naturale– 111 Bb
Masseto [FI] 69 BCd
Massi, Poggio ai– 73 Gd
Massicaia, Monte– 69 Cc
Massicelle [SA] 127 CDd
Mássico, Monte– 107 Ccd
Massignani [AN] 79 Fb
Massignano [AP] 87 Eb
Massimbona [MN] 35 Hd
Massimeno [TN] 23 Eb
Massimino [SV] 55 Bd

Massimo, Porto– 161 Eb
Massimo Visconti [NO] 19 Fcd
Massiola [VB] 19 DEc
Massoncello, Monte– 81 DEc
Massone [TN] 23 Fc
Massone, Monte– 19 DEc
Massumático [BO] 49 Hd
Mastallone, Torrente– 19 Cc
Mastánico [BS] 35 Fab
Mastari 95 Bab
Mastáun 1 Ecd
Mastellari, Casoni– [BL] 25 Gb
Mástixi, Punta su– 175 FGa
Mastra, la– [PZ] 115 FGbc
Mastrangelo, Monte– 145 Eb
Mastrati [CE] 107 Db
Mastri [TO] 29 Id
Mastroamici, Masseria– [BN] 107 Gbc
Mastromarco [PT] 67 Dd
Masua [CA] 173 Ccd
Masua, Forte– [VR] 37 Bb
Masuccio, Monte– 7 EFd
Masueria [CN] 53 Db
Masul, Rio– / Masul-Bach 1 Hc
Masul-Bach / Masul, Rio– 1 Hc
Masúllas [OR] 173 Ea
Matajúr, Monte– 27 Ga
Matalla, Monte– 57 GHc
Matanna, Monte– 65 EFc
Matarazzo, Monte– 153 Eb
Matarocco [TP] 149 Dd
Matassaro Renna, Monte– 147 Bb
Matassone [TN] 23 Gd
Matélica [MC] 79 BCd
Matélica, Masseria– [LE] 125 DEb
Matellica [RA] 61 Fd
Mater, Monte– 5 Gc
Matera [MT] 117 Fcd
Mater Domini 111 Gd
Materdómini 115 Dbc
Materdómini [LE] 123 Fc
Materdómini [SA] 113 FGc
Maternigo [VR] 37 Cbc
Matese, Lago del– 107 Fb
Matese, Monti del– 107 Fb
Matese, Parco del– 107 Fb
Matese, Punta– 147 Ba
Mathi [TO] 29 Hd
Matigge [PG] 85 Ec
Matina Soprana, Masseria– [MT] 117 Ecd
Matine di latta, Masseria le– [BA] 117 Eab
Matinella [SA] 127 Bab
Matini [ME] 145 DEb
Matino [LE] 125 Dc
Matonti [SA] 127 Bc
Matoschi [PC] 47 Ccd
Matraia [LU] 65 Gc
Matrei in Osttirol [A] 3 Iab
Matrice [CB] 101 Fd
Matrona, Casa– [AG] 157 Cb
Matsch / Mázia [BZ] 1 Dc
Matscher Winkel Kogel / Cantone, Monte– 1 Db
Matsch Tall / Mázia, Val di– 1 DEc
Mattaciul, Cima– 7 Gd
Mattaleto [PR] 59 Bb
Mattarana [SP] 57 Dd
Mattarello [TN] 23 Gbc
Matte, Case– [RO] 51 DEb
Matt'e Abramu, sa– 175 Ed
Mattei, Casa– [ROMA] 97 Ebc
Matterello, Cozzo– 153 Db
Matterhorn = Cervino, Monte– (I) 17 Gc
Máttie [TO] 43 Db
Mattina, Monte– 115 Eb
Mattinata [FG] 103 Gc
Mattinatella, Masseria– [FG] 103 Gc
Mattine, Monte– 115 DEb
Mattinella [AV] 115 Db
Matto, Monte– [BS] 23 Cc
Matto, Monte– [CN] 63 Ba

Mattone, Monte– [AQ] 99 Hc
Mattone, Monte– [AQ] 99 Hb
Mattone, Rio su– 165 Cab
Mattoni, Casa– [FR] 99 Ed
Mattoni, Monte– 23 Cc
Matzaccara [CA] 177 Cc
Maucini [SR] 159 Fd
Maugeri [CT] 155 Fb
Mauletta [NO] 31 Eb
Mauls / Mùles [BZ] 3 Cb
Maurerberg / Muro, Monte– 3 Dc
Maurer Kopf / Muro, Monte– 3 Fc
Máuria, Passo della– 11 FGc
Maurin [Fr.] 53 ABb
Maurin, Valle del– 53 Bb
Mauthen, Kötschach– [A] 13 CDab
Mautino, Rifugio– 43 Bc
Mauvoisin [Svizz.] 17 EFbc
Mavellia, Masseria– [FG] 111 Bb
Mavone, Fiume– 93 Ga
Maxia, Casa– [CA] 173 Fc
Maxia, Punta– 177 EFc
Mayt, Col de la– 43 Cc
Mazara, Val di– 147 Bc
Mazara del Vallo [TP] 151 Bb
Mázaro, Fiumara– 151 Ba
Mazzabue [PR] 49 Bc
Mazzáglia [CT] 155 Eb
Mazzagullo, Monte– 133 Eb
Mazzangrugno [AN] 79 Db
Mazzano [BS] 35 EFb
Mazzano Romano [ROMA] 91 Cc
Mazzantica [VR] 37 Cd
Mazzarelli [AL] 55 Fb
Mazzarino [CL] 157 Fc
Mazzarino, Monte– 159 Eab
Mazzaró [ME] 141 Bd
Mazzarone, Monte– 19 Ec
Mazzarrà, Torrente– 145 Fb
Mazzarrà Sant'Andrea [ME] 145 Fb
Mazzarrone [CT] 159 Cb
Mazzarrone, Poggio– 159 Cb
Mazzè [TO] 31 Bd
Mazze, Monte– 25 ABd
Mazzeni, Bivacco– 13 Fc
Mazzeo [ME] 141 Bd
Mazzetta, Masseria– [LE] 123 DEc
Mazzi [FC] 69 Fc
Mazzi [VR] 35 Hcd
Mazzin [TN] 11 Bc
Mazzocchio [LT] 105 Eb
Mazzocco, Torrente– 71 Cc
Mazzocone, Monte– 19 Ec
Mazzo di Valtellina [SO] 7 Fd
Mazzolada [VE] 27 Bd
Mazzolano [RA] 61 Cd
Mazzolla [PI] 73 Fc
Mazzolu, Monte– 161 DEc
Mazzorno [RO] 51 Eb
Mazzorno Sinistro [RO] 51 Eb
Mazzucco, Oratorio– 51 FGb
Mazzucolo, Monte– 139 Eb
Mazzurega [VR] 37 Bb
Mea [RO] 51 Fb
Meana di Susa [TO] 43 Db
Meana Sardo [NU] 171 Cd
Meana Sardo, Stazione di– 171 Cd
Meano [BL] 25 Eb
Meano [BS] 35 CDc
Meano [TN] 23 Gb
Meano [TO] 43 DEbc
Meati [LU] 65 Fcd
Meatta, Monte– 25 Ac
Mecca [TO] 29 Gcd
Méchel [TN] 9 DEc

Meda [MI] 33 CDab
Meda [VI] 23 Id
Meda, Forca della– 11 Hd
Medádghes, Furcia di– / Kreuzjoch 11 Bb
Medáris, Punta– 167 Dcd
Medassino [PV] 45 Gbc
Medau, Genna 'e– 175 DEa
Medau Lirimilis, Lago di– 177 Eb
Méddas, is– [CA] 177 DEbc
Mede [PV] 45 Fb
Mede, Piz di– 13 Cb
Medea [GO] 27 Fc
Medea, Monte di– 27 Fc
Medeazza [TS] 41 Gb
Medelana [BO] 59 GHc
Medelana [FE] 51 Dd
Méden, Passo del– 7 Ed
Medesano [PR] 47 Gd
Medeuzza [UD] 27 Fc
Mediana, Strada– 105 Eb
Mediano [PR] 59 Bb
Mediatore, Monte– 115 DEc
Medichetta [PZ] 127 Fd
Medicina [BO] 61 Bc
Mediglia [MI] 33 DEc
Medìis [UD] 13 BCc
Medil [TN] 11 Ac
Mediterraneo, Mar– 157 CDd
Medolago [BG] 33 EFab
Médole [MN] 35 FGcd
Medolla [MO] 49 Fc
Meduna, Fiume– 25 Hc
Meduna, Torrente– 13 Bd
Meduna di Livenza [TV] 27 Ad
Meduno [PN] 13 Bd
Medusa, Castello– 169 Fc
Megara-Giannalena, Stazione di– 159 FGa
Megara Hyblaea 159 FGa
Megarese, Porto– 155 Gd
Megève [Fr.] 17 Ac
Meggiano [PG] 85 Fd
Meggiano [VR] 37 Dc
Meghe, Cima– 23 Cd
Megli [GE] 57 Ac
Megliadino San Fidénzio [PD] 51 Aa
Megliadino San Vitale [PD] 51 ABa
Megna, Monte– 57 Db
Megno [BS] 23 Bab
Mégolo [VB] 19 Dbc
Mégolo di Cima [VB] 19 Dbc
Mégolo di Fondo [VB] 19 Dbc
Méia, Rocca la– 53 Cc
Meianiga [PD] 37 Hc
Méida [TN] 11 ABc
Meilogu 165 Eb
Méina [NO] 19 Fd
Mel [BL] 25 Eb
Mela, Monte– 175 Eab
Mela, Monte di– 153 Ac
Mela, Poggio della– 73 DEc
Mela, sa– [SS] 163 Fd
Mela, Torrente– 141 Bc
Melacce, Torrente– 83 Cc
Melag / Melago [BZ] 1 Dbc
Melago / Melag [BZ] 1 Dbc
Melago, Passo di– 1 DEb
Melago, Passo di– (I) = Weißseejoch 1 DEb
Melandro [FG] 109 Ea
Melano [AN] 77 FGcd
Melano, Rifugio– 43 Ec
Melara [RO] 49 Gb
Melarolo [UD] 27 Ec
Melas, Nuraghe– 173 Db
Mélas, Rio– 165 Dbc
Melazza, Punta della– 99 Bc
Melazzo [AL] 55 Dab
Méldola [FC] 69 Fb
Mele [GE] 55 Fc
Mele, Capo– 63 GHc
Mele, Monte– 151 Gcd

Mele, Serra di– 117 EFc
Mele, Stazione di– 55 Fc
Meledo [VI] 37 Ec
Melédrio, Val– 9 Dd
Melegnanello [LO] 33 Fd
Melegnano [MI] 33 Dc
Melello [AR] 77 Bb
Melendugno [LE] 125 EFb
Meleta [GR] 81 Hb
Meleti [LO] 47 EFb
Meleto [AR] 75 Db
Meleto [RN] 71 DEc
Meleto [SI] 75 Dc
Melétole [RE] 49 Cc
Meletta di Gállio, Monte– 25 Db
Mélezet [TO] 43 ABb
Melezzo, Torrente– 15 Gc
Melézzole [TR] 85 BCde
Melfa [FR] 107 Aa
Melfa, Fiume– 105 Ha
Melfi [PZ] 115 Fb
Meli, Isola del– → Mannu, Scoglio– 177 BCb
Melía [ME] 141 Bd
Melía [RC] 141 Eb
Meliciano [AR] 75 Fb
Melicuccà [RC] 141 Fb
Melicuccà [VV] 139 Db
Melicucco [RC] 139 Dc
Melignon [AO] 29 Eb
Melilli [SR] 159 Fa
Melilli, Casa– [SR] 159 Fb
Melillo, Monte– [BA] 111 Bd
Melillo, Monte– [CS] 135 Eb
Melio [AV] 115 Gc
Melíscio, Villa– [CS] 131 CDb
Melisenda [NU] 175 FGbc
Melissa [KR] 133 EFc
Melissano [LE] 125 Dd
Melitello [CZ] 137 Db
Melito, Fiumara di– 141 Ed
Mèlito, Fiume– 137 Da
Melito di Nápoli [NA] 113 Db
Mélito di Porto Salvo [RC] 141 Ed
Melito Irpino [AV] 109 CDd
Melito Irpino, Rovine di– 109 Dd
Melizzano [BN] 107 FGcd
Mella, Fiume– 35 Gd
Mellame [BL] 25 Cbc
Mellana [CN] 53 Fc
Mellaredo [VE] 39 BCc
Mellaro, Torre– 135 Eb
Mellarolo [SO] 21 Eb
Mellasc, Pizzo– 21 DEb
Melle [CN] 53 Db
Mellea [CN] 53 Fb
Mellea, Torrente– 53 Fb
Melli, Case– [RE] 49 Cd
Mellicciano [FI] 73 Fb
Mellier [AO] 29 Hb
Mellitto, Stazione– 117 EFb
Mello [SO] 21 Eab
Mello, Valle di– 7 Bd
Melo [PT] 67 Cb
Melognara, Timpa– 133 Eb
Melogno [SV] 55 Cd
Melogno, Colle di– 55 Cd
Meloni, Casa– [NU] 175 Fb
Melonta, Monte di– 83 Gcd
Meloria, Torre della– 73 Bb
Melosa, Colla– 63 Ebc
Melotta [CR] 33 Gc
Melpignano [LE] 125 Ebc
Mels [UD] 27 Dab
Méltina / Mölten [BZ] 9 Fb
Méltina, Monte di– / Möltner Joch 9 Fb
Meluzzo, Lago di– 11 FGc
Melzo [MI] 33 Ebc
Memmenano [AR] 69 Dd
Memmo [BS] 23 Bd
Memola, Masseria– [BA] 117 GHb
Mena [UD] 13 Dc
Menà [VR] 51 Ab
Menabò [AT] 45 Ac

Menabue, Cascine– [CR] 47 GHa
Menàggio [CO] 21 Cb
Menàggio, Rifugio– 21 Cb
Menago 37 Cd
Menai [CN] 53 Gb
Menarola [SO] 5 FGd
Menas [TN] 9 Ccd
Menate [FE] 61 DEb
Mencónico [PV] 47 Bd
Mendática [IM] 63 Eb
Mendelpaß / Mendola, Passo della– 9 Fc
Mendicino [CS] 135 CDb
Mendola [TP] 149 DEc
Mendola, Fiume della– 147 CDd
Mendola, Passo della– / Mendelpaß 9 Fc
Mendola, Torrente– 157 Dc
Mendrisio [Svizz.] 21 Ac
Menegosa, Monte– 47 Dd
Menezzo [SV] 63 Gb
Menfi [AG] 151 Db
Menga, Punta– 177 Dd
Mengaccini [AR] 77 Bd
Mengara [PG] 77 Ed
Menin [BL] 25 Db
Menna, Cima di– 21 Fc
Menna, Masseria– [CH] 101 Ea
Mennella [IS] 101 Bd
Menniti [CZ] 137 Bc
Mennola, Monte– 133 EFb
Menóchia, Torrente– 87 Eb
Menogno [VB] 15 DEcd
Menolecchia, Masseria– [PZ] 115 Ga
Menólzio [TO] 43 Db
Menosio [SV] 63 Gb
Menotre, Fiume– 85 Fc
Menotto, Pale di– 11 Eb
Menouve, Col de– 17 Fc
Mensanello [SI] 73 Gc
Mensano [SI] 73 Gd
Menta [PR] 57 CDc
Menta, Pizzo della– 145 BCc
Menta, Punta la– 163 Ec
Mentana [ROMA] 97 Fa
Menton [Fr.] = Mentone (I) 63 CDd
Mentone (I) = Menton [Fr.] 63 CDd
Mentorella, Santuario– 99 Bb
Mentoulles [TO] 43 Db
Menzago [VA] 19 Gd
Menzano [AQ] 93 Db
Menzano [AR] 75 Eab
Menzino [BS] 35 Da
Méolo [VE] 39 Eb
Mera, Fiume– 5 Gd
Mera, Monte– 63 Ec
Meran / Merano [BZ] 1 GHcd
Merana [AL] 55 Cb
Meransen / Maranza [BZ] 3 Cbc
Merate [LC] 33 Ea
Meraviglia, Monte– 85 FGd
Meraviglie, Grotta delle– 21 Ed
Mercadante [BA] 117 Gb
Mercaldo Nuovo, Masseria– [FG] 103 Dd
Mercallo [VA] 19 FGd
Mercante, Passo del– 141 Gb
Mercantelli, Pizzo– 7 BCd
Mercanti, Timpa dei– 129 Dd
Mercantour, Cima di– 63 Bab
Mercatale [AR] 77 Bd
Mercatale [BO] 61 Ac
Mercatale [FI] 75 Cb
Mercatale [FI] 69 Ebc
Mercatale [PO] 67 Eb
Mercatale [PU] 71 Cd
Mercatale [RA] 69 Cab
Mercatale, Lago di– 71 Cd
Mercatale Valdarno [AR] 75 Ec
Mercatello [PG] 85 Bc
Mercatello [PG] 85 DEcd
Mercatello [SA] 113 Gcd
Mercatello, Passo del– 57 Cab

Mercatello sul Metáuro [PU] 77 CDab
Mercatino Conca [PU] 71 Cc
Mercato [PR] 59 Bbc
Mercato [PU] 71 Ec
Mercato [RI] 93 Cc
Mercato [SA] 115 Bc
Mercato, Ponte– 91 Gcd
Mercato Cilento [SA] 127 BCc
Mercato San Severino [SA] 113 Gc
Mercato Saraceno [FC] 69 Cdd
Mercato Vecchio [PU] 69 Hd
Mercato Vecchio [TV] 25 Ed
Mercenasco [TO] 31 Bc
Mérchis, Rio– 169 Ea
Mercogliano [AV] 113 Gb
Mércore [PC] 47 Fc
Mercurago [NO] 19 Fd
Mercurio, Monte– 69 Fc
Merella [AL] 45 FGd
Mereta [GE] 55 Gab
Mereta [SV] 63 Ga
Mereto di Capitolo [UD] 27 Ec
Mereto di Tomba [UD] 27 Db
Meretto [PO] 67 Ec
Mereu, Nuraghe– 179 BCc
Mergnano San Pietro [MC] 79 Cde
Mergnano San Savino [MC] 85 Gab
Mergo [AN] 79 Cc
Mergozzo [VB] 19 Ec
Mergozzo, Lago di– 19 Ec
Meri [ME] 145 Gab
Meri, Rio– 55 Eb
Meria, Monte– 99 Fb
Meriano, Bric– 55 Bd
Meridiana [AT] 45 Bc
Merine [LE] 123 Gcd
Merinum 103 Gb
Merízzo [MS] 57 Fd
Merlana [UD] 27 Ec
Merlano [BO] 59 Gc
Merlara [PD] 51 Aab
Merlazza [AT] 45 Bc
Merlengo [TV] 39 Da
Merli [VR] 37 Cab
Merlini [AT] 55 Ca
Merlino [LO] 33 Ec
Merlo [CN] 53 Gc
Merlo [VI] 25 BCcd
Merlo, Becca del– 29 Cc
Merna (I) = Miren [SLO] 27 Gc
Merone [CO] 21 Cd
Merqua, Monte– 53 Dd
Merse, Fiume– 83 Bbb
Mersino [UD] 27 Fa
Merso di Sopra [UD] 27 Gb
Meruzzano [CN] 55 Ba
Mesa [LT] 105 Eb
Mesa, Punta sa– 167 Dbc
Mesagne [BR] 123 DEb
Mesau, Cantoniera– [CA] 177 Fd
Mesca, Ponte– 135 Da
Mesco, Punta– 65 Ab
Mescolino [TV] 25 FGc
Mescolino, Monte– 69 EFc
Mese [SO] 5 Gd
Mesenzana [VA] 19 Gc
Mésero [MI] 31 GHbc
Mesiano [VV] 139 CDb
Mesima, Fiume– 139 Cbc
Mesocco [Svizz.] 5 Fc
Mésola [FE] 51 Fc
Mésola, Gran Bosco della– 51 Fc
Mesola, La– 11 Cc
Mesole, Masseria– [TA] 121 Fb
Mesoraca [KR] 137 Ea
Messer, Monte– 25 Gab
Messercola [CE] 113 Ea
Messignadi [RC] 141 FGb
Messina [ME] 141 Db
Messina, Monte– 131 Ba
Messina, Stretto di– 141 Db
Messinese, Punta– 145 Ga
Messori, Casa– [BA] 111 Ecd
Mestre [VE] 39 Dbc

Mestriago [TN] 9 CDcd
Mestrino [PD] 37 Gc
Mesu 'e Róccas, Monte– 169 Db
Mesule / Gr. Möseler 3 Dab
Mesu Mundu 165 Eb
Meta [AQ] 99 Eb
Meta [NA] 113 Ed
Meta, la– 99 Hc
Meta, Monti della– 99 Hc
Meta, Pizzo di– 87 Bb
Meta, Serra– 159 Cc
Meta, Torrente– 77 Cb
Metallifere, Colline– 73 Fde
Metanopoli [MI] 33 Dc
Metaponto [MT] 129 Gb
Metaponto, Piana di– 121 CDc
Metaponto–Marinella, Riserva Naturale di– 129 Hb
Metapontum 129 GHb
Metato [PI] 65 Fd
Metato, Poggio– 73 Fcd
Metaurília [PU] 71 Gcd
Metáuro, Fiume– 71 FGc
Metilde, Casa– [FG] 103 Db
Metra [LU] 57 Hd
Métramo, Fiume– 139 Dc
Metrano [NA] 113 DEd
Mettéglia [PC] 57 Ca
Metti [PR] 57 Ea
Mettien [AO] 19 ABd
Mettolo, Rifugio– 53 Gd
Meuccio [TO] 29 Ibc
Meula [VC] 19 CDc
Meureddu, Bruncu– 179 Eab
Mevale [MC] 85 Fc
Mezzadri [PR] 47 FGd
Mezzago [MI] 33 Eb
Mezzalama, Rifugio– 17 Hc
Mezzalora, Casa– [ME] 145 Cc
Mezzaluna, Cala– 177 BCc
Mezzaluna, Pizzo– 147 Ccd
Mezzana [MS] 65 DEab
Mezzana [PI] 65 Fd
Mezzana [PO] 67 Ec
Mezzana [RO] 51 Db
Mezzana [TN] 9 Cd
Mezzana [TO] 45 ABab
Mezzana, Cima– [TN] 9 Cc
Mezzana, Cima– [TN] 23 Gd
Mezzana, Monte– 99 Gab
Mezzana, Ponte di– 47 Ab
Mezzana, Serra– 115 GHc
Mezzana Bigli [PV] 45 FGb
Mezzana Casati [LO] 47 Eb
Mezzana della Quércia, Masseria– [FG] 103 Cc
Mezzana Frido [PZ] 131 DEb
Mezzanagrande, Masseria– [FG] 103 Dcd
Mezzana Grande, Masseria– [FG] 109 Eb
Mezzana Loria [MN] 49 BCb
Mezzana Mortigliengo [BI] 31 Db
Mezzana Rabattone [PV] 45 Hb
Mezzana Salice [PZ] 131 DEab
Mezzana Torre [PZ] 131 DEb
Mezzane [BS] 35 Fcd
Mezzane, le– [FG] 109 Eb
Mezzane di Sopra [VR] 37 Cbc
Mezzane di Sotto [VR] 37 Cc
Mezzánego [GE] 57 Cc
Mezzanelle, Masseria– [FG] 109 EFab
Mezzani [PR] 49 Bc
Mezzanino [AL] 45 Fbc
Mezzanino [LO] 47 Bb
Mezzanino [PV] 47 Bb
Mezzano [AL] 45 Ec
Mezzano [PV] 47 ABab
Mezzano [RA] 61 Ec
Mezzano [TN] 25 Cab
Mezzano [VT] 89 Ga
Mezzano, Lago di– 89 Ga
Mezzano, Monte– [PR] 47 EFd
Mezzano, Monte– [VA] 19 Gc

Mezzano Inferiore [PR] 49 Bc
Mezzano Passone di Sopra [LO] 47 Eb
Mezzano Passone di Sotto [LO] 47 Eb
Mezzano Rondani [PR] 49 Bc
Mezzano Scotti [PC] 47 Cd
Mezzano Superiore [PR] 49 Bc
Mezzanotte [PU] 77 Gb
Mezzano Vigoleno [PC] 47 Db
Mezzara, Poggio– 67 EFb
Mezzaroma [VT] 91 Dc
Mezzaselva [VI] 25 Bc
Mezzaselva / Mittewald [BZ] 3 Cc
Mezzate [MI] 33 Dc
Mezzavalle [GE] 57 BCc
Mezzavalle [TN] 9 Hcd
Mezzavia [AR] 75 Gd
Mezzavilla, Rifugio– 9 Fc
Mezzavilla [TO] 29 Hc
Mezzavilla [TV] 25 FGbc
Mezzavilla [VR] 37 Cc
Mezzégra [CO] 21 Cbc
Mézzema [SP] 57 Dd
Mezzenile [TO] 29 Gd
Mezzeno [RA] 61 Dcd
Mezzo, Colle di– 107 EFa
Mezzo, Coppa di– 103 Ec
Mezzo, Lago di– 49 Dab
Mezzo, Montagna di– 153 Fab
Mezzo, Monte di– [FG] 103 Fbc
Mezzo, Punta di– / Mittereck 1 Cc
Mezzocampo [KR] 133 Db
Mezzocanale [BL] 11 Ed
Mezzo Canale, Ponte– 25 GHa
Mezzocolle, Parrocchia di– 61 Bcd
Mezzocorona [TN] 9 Ed
Mezzodì, Beccas del– 53 Dc
Mezzodì, Gúglia del– 43 Bb
Mezzodì, Picco del– 13 Fc
Mezzodì, Picco di– [UD] 11 Gc
Mezzodì, Picco di– [UD] 13 Gc
Mezzodì, Piz di– 11 Dd
Mezzodì, Punta del– 11 GHc
Mezzo Franco, Punta di– 89 ABb
Mezzogiorno, Faraglioni di– 105 ins.a
Mezzogiorno, Pizzo– 145 Dd
Mezzogoro [FE] 51 Ec
Mezzo Gregório 159 Ec
Mezzojuso [PA] 147 Cc
Mezzolago [TN] 23 Cc
Mezzolara [BO] 61 Bb
Mezzoldo [BG] 21 EFb
Mezzolombardo [TN] 9 Ed
Mezzomerico [NO] 31 Fb
Mezzomonreale [PA] 147 Bb
Mezzomonte [LT] 105 Ec
Mezzomonte [PN] 25 GHb
Mezzovico [Svizz.] 19 Hb
Mezzullo, Monte– 23 Cc
Mia, Monte– 13 Fd
Miage, Chalet del– 17 Cc
Miage, Ghiacciaio del– 17 BCcd
Miage, Lago del– 17 Cc
Miagliano [BI] 31 Cb
Miale Ispina, Monte– 165 Cb
Miane [TV] 25 Ec
Miano [FC] 69 Dab
Miano [NA] 113 Db
Miano [PR] 47 Gd
Miano [PR] 57 Gbc
Miano [TE] 93 Ga
Miano, Monte– 101 GHd
Miaron, Monte– 11 FGc
Miasino [NO] 19 Ed
Miazzina [VB] 19 Fbc
Micciano [AR] 75 Hb
Micciano [PI] 73 Ed
Miccichè, Casa– [AG] 157 Bc
Miccio, Monte– 147 Gc
Micheletta, Monte– 141 Ec
Michellórie [VR] 37 Dd
Micigliano [RI] 93 Cb

Micóttis [UD] 13 Ed
Middonna, Masseria– [CE] 107 Ecd
Midia, Monte– 99 CDa
Midi o Muret, Punta– 43 Dc
Miega [VR] 37 Dd
Mieli [UD] 13 Cb
Miemo [PI] 73 DEc
Miezegnot, löf de– 13 Fc
Miggiano [LE] 125 Ed
Miggiano, Torre di– 125 Fc
Migiana [PG] 85 Bab
Migiana di Monte Tézio [PG] 77 Dd
Migiandone [VB] 19 Ec
Migianella, Monte– 77 Cd
Migianella dei Marchesi [PG] 77 Cd
Migiondo [SO] 7 Gd
Migliana [PO] 67 Ebc
Migliano [AV] 113 Fb
Migliano [PG] 85 Bc
Migliara [RE] 59 Cc
Migliardo [ME] 145 Gb
Migliarina [AR] 75 Ebc
Migliarina [GE] 55 Gb
Migliarina [MO] 49 DEd
Migliarino [FE] 51 Dd
Migliarino [PI] 65 Ed
Migliarino, Mácchia di– 65 Ed
Migliarino–San Rossore– Massacciuccoli, Parco Naturale– 65 Cd
Migliaro [CR] 47 Gab
Migliaro [FE] 51 Dd
Migliere [TO] 29 Fc
Miglierina [CZ] 137 Cb
Miglio, Monte– [AQ] 99 Gb
Miglio, Monte– [IS] 101 Cc
Miglio Federici, Masseria– [MT] 129 Fc
Miglio Izzo, Masseria– [MT] 129 Fc
Migliónico [MT] 117 EFd
Migliorero, Rifugio– 53 Cd
Migliorini [PT] 67 Cb
Migliuso [CZ] 137 Cb
Mignágola [TV] 39 DEa
Mignanego [GE] 55 Gb
Mignano [AR] 69 EFd
Mignano, Lago di– 47 Ed
Mignano, Monte– 57 Bc
Mignano Monte Lungo [CE] 107 CDb
Mignegno [MS] 57 Fc
Mignete [LO] 33 Eb
Mignone [BS] 35 Ga
Mignone [VT] 89 Gc
Mignone, Colle di– 23 Bc
Mignone, Fiume– 89 Hc
Mignone, Il– 23 Bc
Milanere [TO] 43 Fb
Milanesi [RC] 141 Eb
Milano [MI] 33 Dc
Milano–Cremona, Canale navigabile– 47 Ea
Milano Maríttima [RA] 61 FGd
Milano San Felice [MI] 33 Dc
Milazzese, Punta– 143 Fb
Milazzo [ME] 145 Ga
Milazzo, Capo di– 145 Ga
Milazzo, Golfo di– 141 BCb
Milena [CL] 153 Cc
Mileo [PZ] 129 BCd
Mileto [VV] 139 Db
Miletto, Monte– 107 Fb
Milia, Casa– [CT] 155 Ea
Milía, Torrente– 81 Fb
Milianni [ME] 147 Hb
Milici [ME] 145 FGb
Milicia, Fiume– 147 Db
Milies [TV] 25 Dc
Mili Marina [ME] 141 CDb
Milingiana, Montagna– 157 Ec
Milione, Cozzo– 157 Ab
Milis [OR] 169 Db
Mili San Marco [ME] 141 CDc
Mili San Pietro [ME] 141 Cc

Miliscola, Spiaggia di– 113 Cc
Militello in Val di Catania [CT] 155 Dd
Militello Rosmarino [ME] 145 CDb
Militino, Serra– 133 Ec
Millan / Milland [BZ] 3 Cc
Milland / Millan [BZ] 3 Cc
Miller, Corno– 23 Cb
Millésimo [SV] 55 Cc
Millicucco [CT] 145 Fcd
Milo [CT] 155 Fa
Milo [TP] 149 Db
Milo, Stazione di– 149 Dbc
Milocca, Torre di– 159 Gb
Milocco, Monte– 147 Gc
Milzanello [BS] 35 DEcd
Milzano [BS] 35 Ec
Mimiami–San Cataldo, Stazione di– 153 Db
Mimiani, Monte– 153 Db
Mimoias, Casera– [UD] 11 Gb
Mincengo [AL] 45 Cab
Minciaredda, Nuraghe– 163 BCc
Mincio, Fiume– 49 DEb
Mincio, Parco Regionale del– 49 Eb
Mindino [CN] 55 Ad
Mindino, Bric– 55 Ad
Mine, Monte delle– 7 Ebc
Mineo [CT] 155 Dd
Mineo, Stazione di– 155 Dd
Minerbe [VR] 37 Dd
Minérbio [BO] 61 Ab
Minerva, Monte– 165 Dc
Minerva, Palazzo– [SS] 165 Dc
Minervini 111 Cd
Minervini, le Murge di– 111 Cd
Minervino di Lecce [LE] 125 Fc
Minervino Murge [BA] 111 Cd
Minestrone, Torrente– 83 Ec
Mingardo, Fiume– 127 Dd
Minnimìnni, Monte– 179 EFb
Minniti [EN] 153 Ec
Minore, Isola– 77 Bd
Minore, Rio– [NU] 167 Fc
Minore, Rio– [Sard.] 167 Dd
Minore, Rio– [SS] 165 Db
Minori [SA] 113 Fcd
Minozzo [RE] 59 Cc
Minschuns, Piz– 7 Gb
Minturnae 107 Bc
Minturno [LT] 107 Bc
Minucciano [LU] 65 Eab
Mioglia [SV] 55 Dbc
Miogliola [AL] 55 Db
Miola [TN] 23 Hb
Mione [TN] 9 DEc
Mione [UD] 13 BCbc
Miosa [TO] 43 Fb
Mira [VE] 39 Cc
Mirabella [VI] 37 Fa
Mirabella, Passo di– [AV] 115 BCa
Mirabella, Pizzo– 147 Bbc
Mirabella Eclano [AV] 115 Ba
Mirabella Imbáccari [CT] 155 Bcd
Mirabello [FE] 51 Acd
Mirabello [LO] 47 Dab
Mirabello [PV] 47 ABa
Mirabello, Monte– 37 Dbc
Mirabello Ciria [CR] 35 Cd
Mirabello Monferrato [AL] 45 Eb
Mirabello Sannitico [CB] 107 GHa
Miracoli [CH] 95 Fcd
Mirácolo, il– [NU] 167 Ecd
Miradolo [TO] 43 Ec
Miradolo Terme [PV] 47 Cab
Miralago, Passo di– 107 Fb
Miraldella [AR] 69 Cd
Miralduolo [PG] 85 Cb
Miramare [RN] 71 Db
Miramare, Castello di– 41 Hb
Miramare, Riserva Naturale Marina di– 41 Hb
Miranda [IS] 101 Cd
Miranda [TR] 91 FGa
Mirándola [BS] 35 Cb

Miràndola [MO] 49 Fc
Mirano [VE] 39 Cbc
Mirante, Masseria– [TA] 123 Cd
Mirasole [MN] 49 Eb
Mirasole, Cascina– [NO] 31 Fb
Miratoio [PU] 69 Gd
Mirauda, Punta– 53 Fd
Miravalle [BO] 61 Bb
Miravalle [TN] 23 FGd
Miravidi, Mont– 29 CDa
Miren [SLO] = Merna (I) 27 Gc
Mirenu, Rio– 171 Fd
Mirió, Cozzo– 153 Fb
Mirio, Cugno– 159 Fb
Miróglio [CN] 53 Gd
Mirra, Monte sa– 177 Ec
Mirrino, Poggio– 155 Dc
Mirteto [MS] 65 Db
Mirto [CS] 133 Da
Mirto [ME] 145 Db
Mirto, Monte– 147 ABb
Mirto di Siderno [RC] 139 Ed
Mis [BL] 25 Eab
Mis [TN] 25 Da
Mis, Lago del– 25 Eb
Mis, Torrente– 25 DEa
Misa, Fiume– 71 Hd
Misa, Monte– 23 Cc
Misano Adriático [RN] 71 Ebc
Misano di Gera d'Adda [BG] 33 Fc
Misano Monte [RN] 71 Dc
Miscano, Fiume– 109 Cc
Misciano [AR] 75 Gbc
Misciano [AR] 77 Bb
Misciano [AV] 113 Gbc
Miscilli, Masseria– [FG] 103 Ecd
Misciotto, Monte– 147 Dc
Miscoso [RE] 57 GHc
Miseno [NA] 113 Cc
Miseno, Capo– 113 Cc
Miseno, Lago– 113 Cc
Miseregne [AO] 29 GHa
Miséria, Masseria– [TA] 121 Ca
Miserin, Lago– 29 GHb
Misilbesi, Portella– 151 DEab
Misilifurme, Piana Grande di– 151 Eb
Misilifurme, Piana Piccola di– 151 Eb
Misilmeri [PA] 147 Cb
Misinto [MI] 33 Cab
Misma, Monte– 21 Fd
Misone, Monte– 23 EFc
Misságlia [LC] 33 DEa
Missanello [PZ] 129 CDc
Missano [GE] 57 Dd
Missano [MO] 59 Fc
Missano [PC] 47 Dd
Missério [ME] 141 Bcd
Missian / Missiano [BZ] 9 Fbc
Missiano [PG] 83 Gbc
Missiano / Missian [BZ] 9 Fbc
Missione, Cappella della– 43 Fd
Misterbianco [CT] 155 Eb
Mistongo, Guado– 109 BCb
Místras, Stagno di– 169 Cc
Mistretta [ME] 145 Bc
Mistretta, Bosco di– 145 Bc
Mistris, i– [PN] 27 Bab
Misurina [RI] 11 Eb
Misurina, Lago di– 11 Eb
Mita [PG] 77 Cd
Mita, Masseria– [TA] 121 FGb
Mitta [ME] 145 Gc
Mittelberg [A] 1 Fb
Mitterbad / Bagni di Mezzo [BZ] 9 Eb
Mitterjöch = Giogo di Mezzo (I) 3 Fa
Mitterolang / Valdáora di Mezzo [BZ] 3 Fc
Mitterthal / Val di Mezzo [BZ] 1 Ib
Mittewald / Mezzaselva [BZ] 3 Cc
Mizofato, Torrente– 131 Fd
Mizzana [FE] 51 Bc
Mizzole [VR] 37 Cc

Moano [IM] 63 Fb
Moarda, Punta della– 147 Bb
Moarer-Spitze / Massaro, Punta di– 1 Hb
Moasca [AT] 45 Cd
Mocáio, Fattoria– [PI] 73 DEc
Mocasina [BS] 35 Fb
Moccaro, Fermata– 115 Gc
Mócchie [TO] 43 Eab
Moccone [CS] 135 Eab
Mocenigo [TN] 9 DEc
Mocheni, Val dei– 23 Hb
Mocogno [MO] 59 Ed
Mocogno, Monte– 59 DEcd
Moccónesi [GE] 57 Bc
Mocónesi Alto [GE] 57 Bc
Mocrone [MS] 57 Fcd
Moda, Pizzo della– 141 Cc
Modane [Fr.] 43 ABa
Modanella [SI] 75 EFd
Moddémesi, Monte– 157 Ecd
Modditonalza [SS] 163 Fcd
Modditzi, Punta sa– 175 Fcd
Modeano [UD] 27 CDcd
Modena [MO] 59 Fb
Modesti, Masseria– [BA] 117 Eab
Módica [RG] 159 Dc
Módica, Balata di– [RG] 159 Dc
Módica, Casa– [SR] 159 Fd
Módica, Casale– [SR] 159 Ed
Módica, Fiumara di– 159 Dcd
Módica, Villa– [RG] 159 Ed
Modicacchio, Masseria– [MT] 129 Db
Modighina, Punta– 169 Fc
Modigliana [FC] 69 Dab
Modignano [LO] 33 Ecd
Módine [AR] 75 Eb
Modino, Monte– 59 Dcd
Modione, Fiume– 151 Da
Módolo [NU] 169 CDa
Modugno [BA] 111 Gd
Moè [BL] 11 Cc
Moena [TN] 11 Ac
Moerna [BS] 23 Dd
Mogessa di Lá [UD] 13 Dc
Mogessa di Qua [UD] 13 Dc
Mogginano [AR] 69 Fd
Móggio [LC] 21 Dc
Móggio, Torrente– 25 Ab
Móggio di Sopra [UD] 13 DEc
Móggio di Sotto [UD] 13 DEc
Moggiona [AR] 69 Dd
Móggio Udinese [UD] 13 Ec
Móglia [SS] 35 Fab
Móglia [GE] 57 Bb
Móglia [MN] 49 Gb
Móglia [MN] 49 Ga
Mogliano [MC] 79 Ed
Mogliano Véneto [TV] 39 Db
Móglie [PV] 47 Ac
Móglia [SV] 63 GHb
Mognata [VB] 15 Dc
Mogne [BO] 67 Eab
Mogorella [OR] 169 EFc
Mógoro [OR] 173 Ea
Mógoro, Rio– 173 Da
Moi, Col de– 25 Ebc
Moia [SO] 21 Gab
Moia [UD] 13 Cc
Moiano [BN] 107 Gd
Moiano [NA] 113 Ed
Moiano [PG] 83 FGb
Moiazza, Monte– 11 Dcd
Móie [AN] 79 Cbc
Móie [BL] 11 Fb
Moietto [TN] 23 Gc
Moimacco [UD] 27 EFb
Móio, Monte– 115 Ec
Móio, Stazione– 145 Fc
Móio de' Calvi [BG] 21 Fc
Móio della Civitella [SA] 127 Cc
Moiola [CN] 53 Ecd
Moirano [AL] 45 Dd
Moïse, Tête de– 53 Bc

Mokarta, Castello di– 149 Ed
Mola [BG] 21 Gb
Mola, Portella– 153 Aa
Mola di Bari [BA] 119 Ca
Mola di Geracello, Cozzo– 153 Fc
Molafà, Stazione– 165 CDa
Molara [PA] 147 Bb
Molara, Isola– 167 Gab
Molara, Monte– 109 Ed
Molare [AL] 55 Eb
Molaretto [TO] 43 CDab
Molaro [RC] 141 Ed
Molarotto, Isola– 167 Ga
Molassa [PN] 11 Gd
Molassana [GE] 55 Gc
Molazzana [LU] 65 Fb
Molella [LT] 105 Ec
Molentargius, Stagno di– 179 Cb
Molentina, Rio– 171 Fc
Moléntis, Punta– 179 Fc
Mole Perito, Masseria– [LT] 105 Gbc
Moleti [ME] 141 CDc
Moleto [AL] 45 Db
Moletta, Fosso della– 97 Fd
Molette [TO] 29 Fcd
Molevana [PN] 27 Ca
Molezzano [FI] 67 Gc
Molfetta [BA] 111 Fc
Molgora, Parco– 33 Eb
Molicciara [SP] 65 CDb
Molillo, Masseria– [BR] 119 Fc
Molina [CO] 21 Bc
Molina [SA] 113 Gc
Molina [TN] 9 Gd
Molina [VI] 37 Eab
Molina [VR] 37 Bb
Molina Aterno [AQ] 93 Gd
Molinaccio [RA] 61 EFc
Molináccio Umbro [PG] 77 Gd
Molina di Ledro [TN] 23 Ec
Molina di Quosa [PI] 65 Fd
Molinara [BN] 109 Cc
Molinát [PN] 27 Bb
Molinático, Monte– 57 Fc
Molinazzo, Torre– [PA] 149 Gab
Molinazzo di Sotto [PC] 47 Dc
Moline [BL] 25 Cb
Moline [CN] 53 Hc
Moline, Le– [PC] 57 Dab
Moline, le– [PV] 47 Bc
Molinella [BO] 61 BCb
Molinella [RO] 51 Bb
Molinelli [AR] 75 Gc
Molinello, Ponte– [CT] 145 Dcd
Molinello, Ponte– [SA] 115 Bc
Molinello Piani [RA] 61 CDc
Molines-en-Queyras [Fr.] 43 BCd
Molinetto [AP] 87 Eb
Molinetto [BS] 35 EFb
Molinetto [BS] 35 Fbc
Molini [AL] 55 Gb
Molini [IM] 63 Fc
Molini [PG] 85 Fc
Molini [PV] 33 Bd
Molini [VI] 23 Hcd
Molini, Valle dei– / Mühlwalder Tal 3 DEb
Molini, Case– [CT] 159 Cb
Molini d'Isola [AT] 45 BCcd
Molini di Triora [IM] 63 Ec
Molini di Túres / Mühlen [BZ] 3 Eb
Molinis [UD] 27 Ea
Molino [TO] 43 Fb
Molino [UD] 13 Dd
Molino, il– [AP] 79 Gd
Molino, Rifugio del– 99 Gc
Molino Caporilli [FR] 99 Ec
Molino Cassano [PV] 47 Bc
Molino dei Torti [AL] 45 Gb
Molino del Conte [PV] 31 Gc
Molino del Conte [PV] 45 Hcd
Molino del Pallone [BO] 67 Db
Molino del Piano [FI] 67 Gcd
Molino di Rizzolo [SR] 159 Ea

Molino Nuovo [GE] 57 ABc
Molino Nuovo [PT] 67 Cc
Molino Paderi [CA] 173 Fab
Molino Savio [CA] 173 Db
Molino Vecchio [GE] 55 Hb
Molino Vecchio [NA] 113 Eb
Molin Rotto [VE] 39 CDc
Molise [CB] 101 Dd
Molise [Mol.] 101 DEc
Moliterno [PZ] 127 Cc
Molla, Capo– 163 Bb
Molla, la– [SI] 83 Fc
Mollare [TO] 43 CDb
Mollaro [TN] 9 Ed
Mollasco, Rio– 53 Bb
Molleone [PU] 77 Fb
Mollette [TO] 43 Eab
Mollette [VI] 37 Ea
Móllia [VC] 19 Ccd
Móllie [VC] 19 Dd
Mollières [TO] 43 Bc
Mollo, Rio– 99 Gcd
Molóchio [RC] 141 Gb
Molo di Borbera [AL] 45 GHd
Molopasso, Punta– 143 Bb
Molpa, Castello di– 127 Cd
Moltedo [IM] 63 Fc
Moltedo [IM] 63 Gc
Molteni–Valsecchi, Bivacco– 5 Hd
Molteno [LC] 21 Cd
Möltner Joch / Méltina, Monte di– 9 Fb
Moltone, Monte– 117 BCc
Moltrásio [CO] 21 Bc
Molvena [VI] 25 Bd
Molveno [TN] 23 Fab
Molveno, Lago di– 23 Fb
Molviano [TE] 87 Ed
Molzano [CO] 21 Bb
Mombaldone [AT] 55 CDb
Mombarcaro [CN] 55 Bc
Mombaróccio [PU] 71 EFd
Mombarone [AT] 45 Bbc
Mombarone, Colma di– 31 Bb
Mombaruzzo [AT] 45 Dd
Mombasíglio [CN] 55 Ac
Mombelli [PV] 47 Bc
Mombello [BI] 31 Db
Mombello [MI] 33 Cb
Mombello [VA] 19 Fc
Mombello di Torino [TO] 45 Ab
Mombello Monferrato [AL] 45 Cb
Mombercelli [AT] 45 Ccd
Mombianco [TO] 29 Hbc
Mombisággio–Torre Calderai [AL] 45 Gc
Momeliano Borgo [PC] 47 Dc
Momigno [PT] 67 Cc
Mómmio [MS] 57 Hd
Mómmio–Castello [LU] 65 Ec
Mómmio–Piano [LU] 65 Ec
Momo [NO] 31 Fb
Mompantero [TO] 43 Db
Mompellato [TO] 43 Fa
Mompeo [RI] 91 Gc
Momperone [AL] 45 Hc
Mompiano [BS] 35 Eb
Mompiano [CN] 55 Bab
Monaca, Timpone della– 133 Cc
Monacelle, le– [BA] 117 GHb
Monacelli, Masseria– [LE] 123 Fc
Monáche, le– 105 Fc
Monáche, Masseria– [BR] 123 Fb
Monáche, Masseria– [TA] 123 BCc
Mónache, Masseria delle– [BA] 119 Bb
Monáche, Serra delle– 129 Cc
Monachelle, le– [CS] 135 Ea
Monachína, la– [ROMA] 97 DEb
Monachino [PT] 67 Eb
Mónaci, Casa– [RC] 139 Dc
Mónaci, Cozzo dei– 151 Ga
Mónaci, Fiume– 155 Dc
Mónaci, Isole– 161 EFb

Mónaci, Masseria– [LE] 125 Fd
Mónaci, Masseria– [LE] 123 Fc
Mónaci, Masseria dei– [TA] 123 Cc
Mónaci, Masseria i– [TA] 119 Cc
Mónaci, Masseria li– [LE] 125 Db
Mónaci, Passo dei– 99 Fc
Mónaci, Ponte dei– 155 Dc
Mónaci, Pozzi dei– 103 Cc
Mónaci, Serra dei– 131 Cd
Monaciano [SI] 75 CDc
Monacilioni [CB] 101 Fd
Monacizzo [TA] 123 BCcd
Monaco [PMC] 63 Cd
Mónaco, Colle del– 139 Eb
Mónaco, Masseria– [FG] 109 Ea
Mónaco, Monte– [CE] 107 Ebc
Mónaco, Monte– [SA] 127 CDc
Mónaco, Monte– [TP] 149 Eab
Mónaco, Pizzo– 147 Dc
Mónaco, Pizzo del– 149 Bbc
Mónaco, Portella del– 145 Cd
Mónaco, Serra del– [Bas.] 127 Fb
Mónaco, Serra del– [MT] 117 Cc
Mónaco Cappelli, Masseria– [FG] 103 Dd
Mónaco di Gióia, Monte– 107 Fc
Mónaco di Modugno 111 Gd
Monaldi, Rocca– [PG] 85 Bab
Monale [AT] 45 Bc
Monasterace [RC] 139 Gc
Monasterace Marina [RC] 139 Gc
Monasteri di Sopra [SR] 159 Fb
Monasteri di Sotto [SR] 159 Fb
Monastero [AR] 75 Db
Monastero [CN] 53 Ebc
Monastero [MC] 87 Bb
Monastero [PU] 71 Cd
Monastero [SO] 5 Gd
Monastero [SO] 21 Fa
Monastero [UD] 41 Fb
Monastero, Abbadia– 75 Ec
Monastero Bórmida [AT] 55 CDab
Monastero di Lanzo [TO] 29 Gd
Monastero di Vasco [CN] 53 GHc
Monastero d'Ombrone 75 Ec
Monasterolo [AT] 45 Dd
Monasterolo [TO] 29 GHd
Monasterolo Casotto [CN] 55 Acd
Monasterolo del Castello [BG] 21 Gd
Monasterolo di Savigliano [CN] 53 Fa
Monastier di Treviso [TV] 39 Eab
Monastiero [PD] 37 GHb
Monastir [CA] 179 Ca
Monate, Lago di– 19 FGd
Moncader, Monte– 25 Cc
Moncalieri [TO] 43 GHbc
Moncalvo [AT] 45 Cb
Moncenisio [TO] 43 CDa
Moncerrato [MO] 59 Ec
Moncestino [AL] 45 BCab
Monchiero [CN] 55 Ab
Mónchio [MO] 59 Dc
Mónchio delle Corti [PR] 57 Gc
Mónchio delle Olle e Trinità [RE] 59 Cb
Monchio di Villaberza [RE] 59 Cc
Moncígoli [MS] 57 Gc
Moncimour 29 Gc
Moncioni [AR] 75 DEbc
Monclassico [TN] 9 Dcd
Moncolombone [TO] 29 Gd
Moncrivello [VC] 31 BCcd
Moncucco [MI] 33 Cd
Moncucco [VB] 19 Db
Moncucco Torinese [AT] 45 Ab
Mondadizza [SO] 7 FGcd
Mondagnola [CN] 53 Gd
Mondaino [RN] 71 Dc
Mondaniga [RA] 61 Dc
Mondarello [CN] 43 Ed
Mondávio [PU] 71 Fd
Mondelli [NO] 19 Cbc
Mondello, Masseria– [PA] 149 Gc

Mondello, Pizzo– 151 Gb
Mondini [CN] 53 Gab
Mondolé, Monte– 53 Gd
Mondolfo [PU] 71 Gd
Mondondone [PV] 45 Hc
Mondoni [CN] 55 Bc
Mondónico [PV] 47 Cb
Mondónico [VA] 19 Gc
Mondonio San Domenico Savio [AT] 45 ABb
Mondonuovo [BO] 61 Bab
Mondovì [CN] 53 GHc
Mondovì Breo [CN] 53 Gc
Mondovì Carassone [CN] 53 GHc
Mond'Ovile 55 Fb
Mondovì Piazza [CN] 53 GHc
Mondragone [CE] 107 Cc
Mondrone [TO] 29 Fcd
Mondrone, Úia di– 29 Fcd
Mónega, Monte– 63 Eb
Monéglia [GE] 57 CDd
Monesi [IM] 63 Eb
Monesiglio [CN] 55 Bc
Monestirolo [FE] 51 BCd
Moneta [SS] 161 Eb
Moneta, Monte– 105 Gc
Moneta, Passo della– 161 Eb
Moneta, Serra della– 153 ABb
Money, Bivacco– 29 Fb
Money, Punta– 29 Fb
Monfalcon di Montanáia, Cima– 1 FGc
Monfalcone [GO] 41 Gb
Monfallito [AT] 45 CDc
Monfandi 29 Hb
Monferrato 45 BDc
Monfestino [MO] 59 EFc
Monfol [TO] 43 Cb
Monforte d'Alba [CN] 55 Ab
Monforte Marina [ME] 141 BCb
Monforte San Giorgio [ME] 141 Cbc
Monfret, Cima– 29 EFc
Monfumo [TV] 25 Dcd
Mongardino [AT] 45 Cc
Mongardino [BO] 59 Hc
Mongelli, Masseria– [TA] 119 Cc
Mongerbino, Capo– 147 CDb
Mongerbino, Torre– [PA] 147 CDb
Monghezzo / Getzemberg [BZ] 3 Cd
Monghidoro [BO] 59 Hd
Móngia, Torrente– 55 Acd
Mongia, Valle– 55 Ad
Mongiana [VV] 139 Eb
Mongiardino [AL] 55 EFb
Mongiardino Ligure [AL] 55 Hb
Mongiòia o Rubren, Bric de– 53 Bc
Mongiòie, Monte– 63 Eab
Mongióie, Rifugio– 63 Eb
Mongiove [ME] 145 EFab
Mongiuffi [ME] 141 Bd
Mongiuffi Melia [ME] 141 Gc
Mongivacche, Monte– 145 Gc
Mongivetto 31 Cc
Mongnod [AO] 17 Gd
Mongrando [BI] 31 BCb
Mongrassano [CS] 131 Dd
Mongrassano–Cervicati, Stazione di– 131 Gd
Mongreno [TO] 43 Hb
Monguelfo / Welsberg [BZ] 3 Fc
Monguzzo [CO] 21 Cd
Moni, Casa– [RG] 159 Ed
Mónica, Isola– 161 CDb
Moniego [VE] 39 Cb
Monistero [AR] 75 Gc
Monleale [AL] 45 Gc
Monleone [GE] 57 Bc
Monna, la– 99 Gd
Monna, Monte– 115 ABc
Monna Casale, Monte– 99 Hd
Monna Rapanella 99 Fb
Monna Rosa 99 Db
Monno [BS] 23 BCa

Monnola, Torrente- 101 Eb
Monocchia, Torrente- 79 Ec
Monópoli [BA] 119 Db
Monreale [PA] 147 Bb
Monreale, Castello di- [CA] 173 Eb
Monreale, Castello di- [TN] 23 Ga
Monrupino [TS] 41 Hb
Monsampietro [AP] 87 CDc
Monsampietro Mórico [AP] 87 Db
Monsampolo del Tronto [AP] 87 Ec
Monsano [AN] 79 Db
Monsanto [FI] 73 GHbc
Monsélice [PD] 37 Gd
Monserrato [CA] 179 Cb
Monsigliolo [AR] 75 Gd
Monsignore, Casino di- [BA] 111 Ec
Monsola [CN] 53 Fb
Monsole [VE] 51 Ea
Monsoreto [VV] 139 Db
Monsummano Terme [PT] 67 Cc
Mont, Col du- 29 Db
Montà [CN] 45 Acd
Montà [PD] 37 GHc
Montabone [AT] 55 Da
Montacchita [PI] 73 DEb
Montaccio di Pénnes / Tatsch Spitz 3 Bc
Montacuto [AL] 45 Hd
Montacuto [AN] 79 Fb
Montacuto [PG] 77 Cd
Montacuto [SI] 75 Dd
Montacuto [SS] 167 Cc
Montafia [AT] 45 Bbc
Montágano [CB] 101 EFd
Montagna [AR] 77 BCb
Montagna [CS] 131 Cb
Montagna [EN] 155 Bc
Montagna [SV] 55 Bd
Montagna [TP] 151 Ca
Montagna / Montan [BZ] 9 Fcd
Montagna, la- [CL] 157 DEbc
Montagna, la- [CT] 155 CDc
Montagna, la- [It.] 109 Ec
Montagna, la- [PA] 147 Dcd
Montagna, la- [PA] 147 Ed
Montagna, la- [VT] 89 GHa
Montagna, Poggio- 155 BCd
Montagna, Punta- 145 Ac
Montagna di Basso [PZ] 131 CDb
Montagnaga [TN] 23 Hb
Montagna Grande [PA] 147 Cb
Montagna in Valtellina [SO] 21 Ga
Montagnana [FI] 67 Ede
Montagnana [MO] 59 Ec
Montagnana [PD] 37 Ed
Montagnana [PT] 67 Cc
Montagnana, Monte- 57 Gb
Montagnano [AR] 75 Fc
Montagnareale [ME] 145 Eb
Montagna Spaccata, Lago- 101 ABc
Montagne [TN] 23 Eb
Montagne della Duchessa, Riserva Naturale delle- 93 CDcd
Montagnola [AG] 153 Cab
Montagnola [AG] 153 Cb
Montagnola [AQ] 101 ABc
Montagnola [AQ] 99 Hbc
Montagnola [CL] 153 CDb
Montagnola [PZ] 129 Bd
Montagnola [RA] 61 Ec
Montagnola [SI] 73 Gd
Montagnola [TN] 23 Fd
Montagnola, la- [AQ] 99 Hc
Montagnola, la- [CH] 101 Da
Montagnola, la- [CT] 155 EFa
Montagnola, la- [IS] 101 Bc
Montagnola, la- [IS] 101 Dd
Montagnola, la- [It.] 91 Gab
Montagnola, la- [PA] 149 Gc
Montagnola, la- [PA] 147 Bc
Montagnola, la- [PA] 147 Dd
Montagnola, la- [PG] 93 BCa
Montagnola, la- [PU] 77 Gb
Montagnola, Villa- [PG] 85 Cb

Montagnone, il- 115 Cbc
Montagnone-Sonico [BS] 35 Eb
Montaguto [AV] 109 Ec
Montaguto, Stazione di- 109 Ec
Montaiate [PU] 77 Fb
Montáio [AR] 75 Db
Montaio, Poggio- 83 ABc
Montáione [FI] 73 Fb
Montalbano [BR] 119 Ec
Montalbano [FE] 51 Bd
Montalbano [MO] 59 Fc
Montalbano [RN] 69 Hb
Montalbano [RN] 71 DEc
Montalbano, Casa- [PA] 149 Gc
Montalbano, Masseria- [BR] 119 EFc
Montalbano Elicona [ME] 145 EFb
Montalbano Jónico [MT] 129 Fc
Montalbano Jonico, Stazione di- 129 Gc
Montalbo [PC] 47 Cc
Montalceto, Villa- [SI] 75 Ed
Montalcinello [SI] 73 Gd
Montalcino [SI] 83 Cb
Montaldeo [AL] 55 Fab
Montaldo [AL] 45 Cb
Montaldo [AL] 55 CDb
Montaldo [BI] 31 DCab
Montaldo [GE] 57 ABbc
Montaldo Bórmida [AL] 55 Ea
Montaldo di Cósola [AL] 57 ABab
Montaldo di Mondovì [CN] 53 Hcd
Montaldo Roero [CN] 45 Ad
Montaldo Scarampi [AT] 45 Ccd
Montaldo Torinese [TO] 43 Ib
Montale [AN] 79 Bb
Montale [MO] 59 Fb
Montale [MS] 57 Gd
Montale [MS] 57 Hd
Montale [PC] 47 Eb
Montale [PT] 67 Ec
Montale [RE] 59 Cb
Montale [SP] 55 Aa
Montale [SP] 57 Dd
Montale Celli [AL] 45 Gcd
Montalenghe [TO] 31 ABc
Montalero [AL] 45 Cb
Montaletto [FC] 69 Ha
Montalfina [TR] 83 Fd
Montalfóglio [PU] 77 Gb
Montalfoni [AR] 75 Fc
Montali [PG] 83 GHb
Montalla [AR] 75 GHd
Montallegro [AG] 151 FGc
Montallese [SI] 83 Fb
Montalone [AR] 69 Ed
Montaltino [BA] 111 Dc
Montaltino [FG] 111 Bb
Montalto [CS] 131 Cc
Montalto [MC] 85 Hb
Montalto [PG] 77 Gcd
Montalto [RE] 59 Db
Montalto (Cocuzza, Monte-) 141 Fbc
Montalto, Borgo- [TP] 149 Dd
Montalto, Castello di- 75 Ec
Montalto, Chiesa di- [CT] 155 Eab
Montalto, Pizzo- 19 Cb
Montalto delle Marche [AP] 87 Dc
Montalto di Castro [VT] 89 Fb
Montalto di Nova / Taltbühel 9 GHc
Montalto Dora [TO] 31 Bbc
Montalto Ligure [IM] 63 EFc
Montalto Marina [VT] 89 Fbc
Montalto Pavese [PV] 47 Bc
Montalto-Rose, Stazione di- 135 Da
Montalto Tarugo [PU] 77 Fb
Montalto Uffugo [CS] 135 CDa
Montan / Montagna [BZ] 9 Fcd
Montana / Monthal [BZ] 3 DEc
Montanara [CR] 47 Gab
Montanara [MN] 49 CDb
Montanare [AR] 75 Hd
Montanari [RA] 61 Ecd
Montanari, Masseria- [FG] 103 EFb

Montanari, Masseria- [TA] 121 Eab
Montanaro [CE] 107 Dc
Montanaro [PC] 47 Dc
Montanaro [TO] 31 ABd
Montanaro, Monumento al- 127 FGcd
Montanaso Lombardo [LO] 33 Ecd
Montanello [MC] 79 Ecd
Montanello, Pizzo- 147 Ab
Montaner [TV] 25 Gbc
Montanera [CN] 53 FGc
Montanina 75 FGb
Montanino [FI] 67 Gde
Montano Antília [SA] 127 Dcd
Montano Lucino [CO] 21 ABd
Montaperti [FI] 73 EFc
Montaperti [SI] 75 Dcd
Montaperto [AG] 157 Bbc
Montaperto [AV] 115 Bab
Montappone [AP] 87 Cb
Montáquila [IS] 101 Bd
Montarale 83 Gc
Montaratro, Masseria- [FG] 109 Eb
Mont Arbu, Bruncu- 179 Gc
Montardone [MO] 59 Ec
Montaretto [SP] 65 Aa
Montarice [MC] 79 Fc
Montariolo [AL] 45 Fbc
Montariolo [PV] 45 EFb
Montarlone, Monte- 57 BCb
Montarolo [VC] 45 Ca
Montarossa [CN] 53 Gb
Montarsiccio [PR] 57 Db
Montarso 1 Hb
Montarso (I) = Feuerstein, Östl.- 1 Hb
Montásico [BO] 59 Gcd
Montasio, Iôf di- 13 Fc
Montásola [RI] 91 FGb
Montaspro, Torre- [PA] 147 Fc
Montata [RE] 59 Cb
Montáttico [FR] 99 Cd
Montáuro [CZ] 137 CDc
Montáuro [FG] 109 Db
Montáuro, Stazione di- 137 Dc
Montaúto [SI] 73 Gd
Montaúto [SI] 73 GHc
Montaúto, Castello di- 75 Gb
Montauto, Riserva Naturale- 89 Fb
Montavuto, Serra- 117 Dc
Montázzoli [CH] 101 Db
Monte [AL] 45 Eb
Monte [BS] 23 BCb
Monte [PU] 71 Dd
Monte [TN] 9 Ed
Monte [VC] 45 Ba
Monte [VR] 37 ABb
Monte / Berg [BZ] 9 Fc
Monte, Castel del- 111 Dd
Monte, il- [CH] 101 DEc
Monte, il- [CH] 101 Eb
Monte, il- [IS] 101 Dc
Monte, il- [MO] 59 Dd
Monte, Masseria del- [MT] 129 DEb
Monte, Masseria del- [MT] 117 EFc
Monte, Monastero del- 115 BCbc
Monte, Nuraghe su- 165 Ec
Monte, Pizzu 'e- 175 Fb
Monte, Valle del- 9 Ec
Montea 131 Ccd
Monte Acuto, Castello di- 167 Cb
Montecuto, Fosso di- 105 Fa
Monteacuto delle Alpi [BO] 67 Db
Monteacuto Ragazza [BO] 59 Gd
Monteacuto Vallese [BO] 59 Hd
Monte Adone, Galleria di- 59 Hc
Monteaguzzo [FC] 69 Gb
Monte Alpe, Riserva Naturale- 47 Bcd
Monte Altavéllio [PU] 71 CDc
Montealtino, Masseria di- [FG] 103 Ebc
Monte Amiata [SI] 83 Dc
Monte Amiata, Oasi- 83 Dc

Monte Amiata, Parco Faunístico del- 83 CDcd
Monte Antico [GR] 83 Cbc
Monte Antico, Stazione di- 83 Cc
Monteaperta [UD] 13 Ed
Monte Argentário [GR] 89 Cb
Monte Armato [BO] 61 Ac
Monte Avic, Parco Naturale del- 29 Hab
Montebámboli [GR] 81 Fb
Montebaranzone [MO] 59 Ec
Monte Barco 23 GHb
Monte Barone, Riserva Naturale- 103 Ec
Monte Barro, Parco del- 21 Dcd
Montebello [AL] 45 Gcd
Montebello [FI] 73 FGb
Montebello [PG] 85 Cb
Montebello [PU] 71 Fd
Montebello [RN] 69 GHc
Montebello [SP] 57 Fd
Montebello [VT] 89 Gbc
Montebello della Battaglia [PV] 45 Hbc
Montebello di Bertona [PE] 95 Bb
Montebello Iónico [RC] 141 Ecd
Montebello sul Sangro [CH] 101 CDab
Montebello Vicentino [VI] 37 Ec
Montebelluna [TV] 25 Ed
Monte Benedetto [PU] 69 Gc
Montebenichi [AR] 75 Ec
Monte Bérico, Basilica di- 37 Fb
Monte Bianco, Traforo del- 17 Ccd
Montebíbico [PG] 85 Ede
Montebíbbio [PG] 77 Fc
Montebonello [MO] 59 Ec
Montebonello [AR] 69 FGd
Montebradoni [PI] 73 EFc
Monte Brione 23 EFc
Montebruno [GE] 57 Bb
Montebudello [BO] 59 Gbc
Montebufo [PG] 85 Gcd
Montebuglio [VB] 19 Ec
Montebuoni [FI] 67 Fd
Montebuono [GR] 83 Dd
Monte Buono [PG] 85 Bb
Montebuono [RI] 91 Fb
Montecagnano [SI] 75 Ccd
Montecagno [RE] 59 Ccd
Monte Calderaro [BO] 61 Ac
Montecalende [PU] 71 Dd
Montecalvello [VT] 91 Da
Montecalvo [BA] 119 Cc
Montecalvo [IM] 63 Fb
Monte Calvo [BO] 59 Ic
Montecalvo [SG] 55 Eb
Monte Calvo, Rifugio- 7 Gd
Montecalvo in Fóglia [PU] 71 Dcd
Montecalvo Irpino [AV] 109 Dc
Montecálvoli [PI] 67 Bd
Montecalvo Versíggia [PV] 47 Bc
Monte Cammarata, Riserva Naturale- 153 Bb
Montecampano [TR] 91 Ea
Montecampione [BS] 21 Hlcd
Montecanepino [MC] 79 Ec
Montecani [CA] 173 Cc
Montecanino [PC] 47 Cc
Montecanne [GE] 55 GHab
Monte Capra, Costa- 47 Cd
Montecapraro [AL] 47 ABd
Monte Carafa, Masseria- [BA] 111 Ccd
Monte Carcaci, Riserva Naturale Orientata di- 153 ABa
Montecarelli [FI] 67 Fb
Montecarlo [LU] 67 BCc
Monte-Carlo [PMC] 63 Cd
Montecarlo, Convento di- 75 DEb
Monte Carmelo, Convento di- 63 Hb
Montecarotto [AN] 79 Cb
Montecarulli [SI] 73 Fb

Monte Caruso e Monte Gallo, Bosco- 107 Dab
Monte Casale, Convento di- 77 BCb
Monte Casoli di Bomarzo, Riserva Naturale- 91 Db
Montecassiano [MC] 79 Ec
Montecassino, Abbazia di- 107 Bab
Montecastelli [PG] 77 Cc
Montecastelli Pisano [PI] 73 Fd
Montecastello [AL] 45 Fc
Montecastello [FC] 69 FGc
Montecastello [PI] 73 DEb
Monte Castello di Vibio [PG] 85 BCcd
Montecastrilli [TR] 85 Ce
Montecastrilli, Stazione di- 85 Dde
Montecatini Alto [PT] 67 Cc
Montecatini Terme [PT] 67 Cc
Montecatini Val di Cécina [PI] 73 Ec
Monte Catone [BO] 61 Bc
Monte Cavallo [MC] 85 Fbc
Montecávolo [RE] 59 Db
Montécchia di Crosara [VR] 37 Dbc
Montécchio [AP] 87 CDbc
Montécchio [AR] 75 Gcd
Montécchio [AR] 75 Gd
Montécchio [BS] 21 Hlc
Montécchio [FC] 69 Gbc
Montécchio [NO] 31 Fab
Montécchio [PG] 85 Dc
Montécchio [PG] 85 Eab
Montécchio [PU] 73 Eb
Montécchio [PU] 71 Fd
Montécchio [RA] 61 Cd
Montécchio [SI] 75 Cd
Montécchio [TR] 85 Bde
Montécchio [VR] 37 Bb
Montécchio, Poggio- 89 Ea
Montécchio Emilia [RE] 59 Ca
Montécchio Maggiore [VI] 37 Ebc
Montécchio Precalcino [VI] 37 Fab
Montecelio [ROMA] 97 Ga
Montecenere [MO] 59 Ec
Montecérboli [PI] 73 Fd
Monte Cerignone [PU] 71 Ccd
Montechiana [VR] 37 Cb
Montechiaro [SI] 75 Dd
Montechiaro / Lichtenberg [BZ] 9 Bb
Montechiaro, Castello di- 157 Cd
Montechiaro Alto [AL] 55 Db
Montechiaro d'Acqui [AL] 55 Db
Montechiaro d'Asti [AT] 45 Bb
Montechiaro Piana [AL] 55 Db
Montechiarúgolo [PR] 59 Ca
Montechino [PC] 47 DEd
Monteciccardo [PU] 71 Ecd
Monte Cicerale [SA] 127 Bbc
Monte Cidró [CA] 173 Cc
Montecilfone [CB] 101 FGb
Monteclana [BS] 35 Eb
Montecóccioli 99 Ec
Montecódes, Nuraghe- 165 DEd
Monte Codi, Cantoniera- [NU] 175 EFb
Montecodruzzo [FC] 69 Gb
Montecológnola [PG] 83 GHab
Monte Colombo [RN] 71 Dc
Montecompatri [ROMA] 97 Gbc
Monte Conca, Riserva Naturale- 153 Cc
Montecopiolo [PU] 69 Hcd
Montecórice [SA] 127 Ac
Monte Corno, Parco Naturale- / Trudner Horn, Naturpark- 9 Fd
Monte Corona, Eremo di- 77 CCd
Montecoronaro [FC] 69 Fcd
Montecoronaro, Valico di- 69 Fd
Montecorone [MO] 59 Fc
Montecorvino, Torre di- 109 Da
Montecorvino Pugliano [SA] 115 Bcd
Montecorvino Rovella [SA] 115 BCc
Montecorvo, Masseria- [FG] 109 Gc

Montecósaro [MC] 79 Fcd
Montecósaro Borgo, Stazione di- [MC] 79 Fd
Monte Cotugno, Lago di- 129 Ecd
Monte Cremasco [CR] 33 Fc
Montecrestese [VB] 15 DEcd
Montecreto [MO] 59 Dd
Montecristo, Isola di- 89 ins.a
Monte Croccia, Riserva Antropologica- 129 Ca
Montecroce 3 Bab
Monte Croce [TN] 25 Cb
Montecroce (I) = Kreuzjoch 3 Bab
Monte Croce, Passo di- 27 Ea
Monte Croce Cárnico, Passo di- / Plockenpaß 13 Cb
Monte Croce di Comélico, Passo- / Kreuzbergpaß 3 Hd
Monte Crocione, Rifugio- 21 Bc
Monte Cucco [GR] 83 Bc
Monte Cucco, Grotta di- 77 Fc
Monte Cucco, Parco del- 77 Fc
Montecúccoli [FI] 67 EFbc
Montecúccolo [MO] 59 Ecd
Montecurto [MS] 57 Cd
Monte d'Accoddi 163 Cd
Montedale [PU] 77 Cb
Monte de' Bianchi [MS] 65 Da
Montedecoro [CE] 113 Ea
Monte del Lago [PG] 83 GHab
Monte delle Forche, Passo- 69 Eb
Monte di Capodistria (I) = Šmarje [SLO] 41 Hcd
Monte di Leva [ROMA] 97 Ec
Monte di Malo [VI] 37 DEab
Montedimezzo, Riserva Naturale di- 101 Cc
Monte di Nese [BG] 21 Fd
Montedinove [AP] 87 Dc
Monte di Prócida [NA] 113 Cc
Monte di Terlago [TN] 23 Gb
Montedivalli [MS] 57 Fd
Montedóglio, Lago di- 77 Bb
Monte Domenico [GE] 57 Ccd
Monte Donato [BO] 59 Hlc
Montedoro [CL] 153 Cc
Montedoro [FG] 103 Bd
Monteduro [RE] 59 Cc
Monte Faito, Villaggio- [NA] 113 Ecd
Montefalcione [AV] 115 Bb
Montefalcione, Stazione di- 115 Bb
Montefalco [PG] 85 Dc
Montefalcone [AP] 87 Cbc
Montefalcone Appennino [AP] 87 Cbc
Montefalcone di Val Fortore [BN] 109 CDbc
Montefalcone nel Sánnio [CB] 101 Eb
Montefalcone-Poggio Adorno, Riserva Naturale di- 67 Cd
Montefallónio [CN] 53 Fcd
Montefano [MC] 79 Ec
Montefano Vecchio [MC] 79 Ec
Montefatúcchio [AR] 69 Ed
Montefegatesi [LU] 65 Gb
Montefelcino [PU] 71 EFd
Montefeltro 69 Gc
Monte Fenera, Parco Naturale del- 31 DEa
Monte Fenugu, Nuraghe de- 179 Ebc
Monteferrante [CH] 101 Db
Monte Ferru, Castello di- (Etzu) 169 Ca
Montefiascone [VT] 91 Ca
Montefiesole [FI] 67 Gd
Monte Figu [CA] 177 Db
Monte Figu, Nuraghe- 169 Fd
Monte Filippo, Forte- 89 Db
Montefino [TE] 95 Ba
Montefioralle [FI] 75 Cb
Montefiore [MC] 79 Ec
Montefiore [MS] 57 Hd
Montefiore Conca [RN] 71 Dc

Montefiore dell'Aso [AP] 87 Eb
Montefiorentino, Convento di– 69 GHd
Montefiorino [MO] 59 Dc
Montefiridolfi [FI] 75 Cb
Monteflávio [ROMA] 91 GHd
Montefollónico [SI] 83 Eb
Monteforte [PZ] 127 Fa
Monteforte [SS] 165 Ba
Monteforte Cilento [SA] 127 BCb
Monteforte d'Alpone [VR] 37 Dc
Monteforte Irpino [AV] 113 Gb
Montefortino [AV] 77 Cc
Montefortino [AP] 87 BCc
Montefosca [UD] 27 Fa
Montefoscoli [PI] 73 Eb
Montefotogno [PU] 69 GHc
Montefranco [TR] 91 Ga
Montefrédane [AV] 115 Ab
Montefreddo [SV] 55 Ccd
Montefreddo, Villa– [PZ] 85 Bb
Monte Fredente [BO] 67 Fa
Montefresco [SI] 75 Ed
Monte Fulcadu, Cantoniera– [SS] 165 Ccd
Monte Fungale, Masseria– [BA] 117 FGc
Montefusco [AV] 115 ABa
Montegabbione [TR] 83 Gc
Montegalda [VI] 37 FGc
Montegaldella [VI] 37 FGc
Montegaldo [PZ] 131 Ca
Montegallo [AN] 79 Eb
Montegallo [AP] 87 BCc
Montegelli [FC] 69 Gbc
Montegémoli [PI] 73 Ecd
Monte Genzana Alto Gízio, Riserva Naturale– 99 Hb
Montéggiori [LU] 65 Ec
Monte Gherardo [PU] 77 Fb
Monte Giardino [RSM] 71 Cc
Montegibbio [MO] 59 Eb
Monte Giberto [AP] 87 Db
Montegióco [AL] 45 Gc
Montegiordano [CS] 129 Fd
Montegiordano Marina [CS] 129 Fd
Montegiórgio [AP] 87 Db
Montegiove [TR] 83 Gc
Monte Giove, Éremo di– 71 Fcd
Montegiovi [AR] 75 Gb
Montegiovi [GR] 83 CDc
Monte Giovo, Passo di– / Jaufenpass 1 Hbc
Montegne Seu [TO] 43 Cb
Montegonzi [AR] 75 DEbc
Montegranaro [AP] 79 Fd
Montegranelli [FC] 69 Ec
Montegrazie [IM] 63 FGc
Montegridolfo [RN] 71 DEc
Montegrimano [PU] 71 Cc
Montegrino Valtravaglia [VA] 19 Gc
Montegroppo [PR] 57 DEc
Montegrosso [AT] 45 Bc
Montegrosso [BA] 111 Ccd
Montegrosso [GE] 57 Cb
Montegrosso [TO] 43 Fbc
Montegrosso d'Asti [AT] 45 Ccd
Montegrosso Pian Latte [IM] 63 EFb
Montegrotto Terme [PD] 37 Gcd
Montegualtieri [TE] 93 Ga
Monteguidi [FC] 69 Ec
Monteguidi [SI] 73 FGd
Monteguidúccio [PU] 71 Ed
Monteiasi [TA] 121 Gbc
Monte Iottone [FC] 69 Fbc
Monte Isola [BS] 35 Ea
Montelabate [PG] 77 Dd
Montelabbate [PU] 71 Ec
Montelabreve [AR] 69 Gd
Montelago [AN] 77 Fc
Montelago [RE] 59 Dc
Montelaguárdia [CT] 145 EFc
Monte la Morte, Masseria– [BR] 119 Fc

Monte Lanaro, Riserva Naturale del– 41 Hb
Montelánico [ROMA] 99 Ccd
Montelapiano [CH] 101 CDb
Monte la Pieve [BO] 61 Bd
Monte la Spina, Riserva Naturale di– 129 Bd
Montelaterone [GR] 83 CDc
Monte Lattaia [GR] 81 Hc
Monteleone [FC] 69 Gb
Monteleone [PV] 47 Ca
Monteleone, Castello di– 113 Cb
Monteleone di Fermo [AP] 87 Db
Monteleone di Púglia [FG] 109 Ecd
Monteleone di Spoleto [PG] 85 Fde
Monteleone d'Orvieto [TR] 83 Gc
Monteleone Rocca Dória [SS] 165 Dbc
Monteleone Sabino [RI] 91 Hc
Montelepre [PA] 147 ABb
Montelera [TO] 43 Fab
Monteleto [PG] 77 DEc
Montelibretti [ROMA] 91 Gcd
Montelicciano [PU] 71 Cc
Montelifrè [SI] 75 EFde
Montella [AV] 115 BCb
Montelli, Masseria– [BA] 119 BCb
Montello [BG] 33 Gab
Montello, il– 25 Ecd
Montelongo [CB] 101 Gc
Montelongo, Pizzo– 149 FGc
Montelópio [PI] 73 Ebc
Montelovesco [PG] 77 Dd
Monteluco [PG] 85 Ed
Montelungo, Mura di– 99 Ccd
Monte Lungo, Sacrario Militare– 107 Cb
Montelungo Inferiore [MS] 57 Fc
Montelungo Superiore [MS] 57 Fc
Montelupo Albese [CN] 55 Bb
Montelupo Fiorentino [FI] 67 DEd
Montelupone [MC] 79 Fc
Monteluscio [MS] 57 Fc
Monte Madre, Masseria– [BR] 123 Db
Montemággio [GE] 55 GHb
Montemággio [PU] 71 Cc
Montemaggiore [BO] 59 Gc
Montemaggiore [FC] 69 Eb
Montemaggiore [ROMA] 91 FGcd
Montemaggiore [UD] 13 Fd
Montemaggiore [UD] 27 Ga
Montemaggiore, Abbazia di– 77 Dbc
Montemaggiore, Punta di– 13 Fd
Montemaggiore, Stazione di– 147 Ec
Montemaggiore al Metáuro [PU] 71 Fd
Montemaggiore Belsito [PA] 147 Ec
Montemagno [AT] 45 CDbc
Montemagno [PI] 65 Gd
Monte Magrè [VI] 37 DEab
Montemale di Cuneo [CN] 53 Ec
Montemanno [AL] 55 Hab
Montemarano [AV] 115 BCb
Montemarano, Stazione di– 115 Cb
Monte Marcello [SP] 65 Cb
Monte Marcello–Magra, Parco Naturale– 65 Cb
Montemarciano [AN] 79 Db
Montemarciano [AR] 75 Eb
Montemarcone Alto [PZ] 115 Gbc
Montemarcone Basso [PZ] 115 Gbc
Monte Marenzo [LC] 21 Dd
Monte Maria, Abbazia di– / Marienberg, Kloster– 1 Dc
Monte Marino [AP] 79 Gd
Monte Marmo, la Rotonda di– 115 Fd
Montemartano [PG] 85 Dd
Monte Martello [PU] 77 Fb
Montemartino [PC] 47 BCc
Montemartino [PV] 47 Bd
Montemarzino [AL] 45 GHc
Montemarzo [AT] 45 Cc

Montemassi [GR] 81 Hc
Monte Melino [PG] 85 Bb
Montemerano [GR] 89 Ea
Montemerlo [PD] 37 Gc
Monte Mesma, Riserva Naturale del– 19 EFd
Montemésola [TA] 121 FGb
Monte Mezza [TN] 25 Bb
Montemezzo [CO] 21 Da
Montemiccioli, Torre di– 73 Fc
Monte Migliore, Cascina di– [ROMA] 97 EFc
Montemignaio [AR] 69 Cd
Montemiletto [AV] 115 Ba
Montemiletto, Stazione di– 115 Bab
Montemilone [PZ] 117 Ba
Montemiscoso [RE] 59 Bc
Montemitro [CB] 101 Eb
Montemoggio [GE] 57 Cc
Montemolino [MO] 59 DEcd
Montemólino [PG] 85 Ccd
Montemónaco [AP] 87 Bc
Montemontanaro [PU] 71 Ed
Montemoro [SV] 55 Dcd
Monte Moro, Passo di– 19 Bbc
Monte Mottác, Riserva Naturale Orientata– 19 Eb
Monte Muradu, Nuraghe– 165 Ed
Montemurlo [GR] 81 GHb
Montemurro [PO] 67 Ec
Montemurro [PZ] 129 Bc
Montemurro, Serra di– 129 Bb
Monte Musi, Cime del– 13 Ecd
Montenars [UD] 13 DEd
Monte Navegna–Monte Cervia, Riserva Naturale– 93 Cc
Montenero [CS] 133 Cc
Montenero [FG] 103 DEc
Montenero [GR] 83 Cc
Montenero [LI] 73 BCbc
Montenero [PG] 85 Cd
Montenero [SA] 115 CDc
Montenero, Grotta di– 103 DEc
Montenero, Portella di– 147 Gc
Monte Nero, Rifugio– 43 Cc
Montenero di Bisáccia [CB] 101 Fb
Montenerodomo [CH] 101 Cb
Montenero Sabino [RI] 91 Gc
Montenero Val Cocchiara [IS] 101 Bc
Montenotte Inferiore [SV] 55 Dc
Montenotte Superiore [SV] 55 Dc
Montenovo [FC] 69 Gb
Monte Nuovo [MC] 79 Fcd
Monteodoríisio [CH] 101 Ea
Monte Oliveto Maggiore, Abbazia di– [SI] 75 Ede
Monte Olivo 71 Dd
Montombraro [MO] 59 FGc
Monte Orlando, Parco– 105 Hc
Monte Orsario, Riserva Naturale del– 41 Hb
Monte Orsaro [RE] 59 Cd
Monteorsello [MO] 59 Fc
Monteortone [PD] 37 Gc
Montepagano [TE] 87 FGd
Monte Pagartúccio [PU] 77 Fb
Monte Pana [BZ] 11 Bb
Montepaone [CZ] 137 CDc
Montepaone Lido [CZ] 137 Dc
Monteparano [TA] 121 Gc
Montepastore [BO] 59 Gc
Monte Pavione, Riserva Naturale– 25 CDb
Monte Paza, Isola– 169 Fb
Monte Pellegrino, Riserva Naturale– 147 Ca
Monte Pelmo–Mondeval–Passo Giau, Riserva Naturale– 11 Dc
Monte Penna, Riserva Naturale– 83 DEd
Montepennino [PG] 85 Dc
Montepertuso [SA] 113 Ed

Montepescali [GR] 81 Hc
Montepescali, Stazione di– 81 Hc
Montepescini [SI] 83 BCb
Monte Petriolo [PG] 85 Bb
Monte Petrosu [NU] 167 FGa
Monte Petrosu, Cima di– 167 FGa
Montepiano [PO] 67 EFb
Montepiatto [CO] 21 Bc
Monteplair / Dörfl [BZ] 1 Dc
Montepolesco [AN] 79 Ec
Monte Polo [PU] 71 DEde
Monteponi [CA] 177 Db
Monteponi, Lago– 173 CDcd
Monte Pórzio [PU] 71 Gd
Monte Porzio Catone [ROMA] 97 Gbc
Monte Poto, Masseria– [PZ] 117 CDb
Monteprandone [AP] 87 EFc
Monte Pranu, Lago di– 177 Dc
Monte Prinzera, Riserva Naturale di– 57 Gb
Monte Pulchiana di Aggius 161 Ccd
Montepulciano [SI] 83 Eb
Montepulciano, Lago di– 83 Fb
Montepulciano Stazione [SI] 83 EFb
Monterado [AN] 71 Gd
Monterado [VT] 91 Ca
Monterano 91 Cd
Monterano, Poggio– 69 Gd
Monterano, Riserva Naturale– 91 Ccd
Monteráppoli [FI] 67 Dde
Monte Ráschio [PC] 47 Dc
Monterchi [AR] 77 Bbc
Montereale [AQ] 93 Da
Montereale [FC] 69 Gb
Monte Reale, Masseria– [BR] 119 Ec
Montereale Valcellina [PN] 27 Ab
Montereggi [FI] 67 FGc
Monteréggio [MS] 57 EFd
Monteréggio [PC] 57 Dab
Monterénzio [BO] 61 Ad
Monterénzio [BO] 59 Id
Monte Rest, Forcella di– 13 Bc
Monterícco [RE] 59 Db
Monteriggioni [SI] 75 Cc
Monte Rinaldi [SI] 75 Cb
Monte Rinaldo [AP] 87 Db
Monterivoso [TR] 91 Ga
Monte Roberto [AN] 79 Ec
Monterocchetta [BN] 115 Aa
Monteroduni [IS] 107 DEa
Monterolo [PU] 77 FGb
Monte Romano [VT] 91 Bc
Monterone [AR] 69 GHd
Monterone [BN] 109 BCd
Monterone [NA] 113 Bc
Monterongríffoli [SI] 83 Dab
Monteroni d'Árbia [SI] 75 Dd
Monteroni di Lecce [LE] 123 Fcd
Monterosi [VT] 91 Bc
Monterosi, Lago– 91 Dc
Monterosso [AL] 45 Gd
Monterosso [AN] 77 FGc
Monterosso [BZ] 1 Fc
Monterosso, Casa– [SR] 159 FGb
Monterosso, Stazione di– 77 Fc
Monterosso al Mare [SP] 65 Aab
Monterosso Almo [RG] 159 Db
Monterosso Cálabro [VV] 137 Bc
Monterosso Grana [CN] 53 DEc
Monterota / Randsberg [BZ] 3 Gc
Monterotondo [AL] 45 FGd
Monterotondo [BS] 35 Db
Monterotondo [ROMA] 97 Fa
Monterotondo, Monte di– 69 FGd
Monterotondo, Riserva Naturale– 95 Bc
Monterotondo, Stazione– 97 Fa

Monterotondo Maríttimo [GR] 81 FGab
Monterotto [PU] 69 Hcd
Monte Rovere [TN] 23 Hc
Monterovero 101 Gd
Monterozzi, Case– [VT] 89 FGb
Monterrone, Masseria– [BA] 119 Cab
Monterubbiano [AP] 87 Eb
Monte Rubiáglio [TR] 83 FGd
Monte Rufeno, Riserva Naturale– 83 Fd
Monteruga, Masseria– [LE] 123 DEc
Monterumici 59 Hcd
Montes [SS] 165 DEa
Montes [TN] 9 Dcd
Monte Sacro [ROMA] 97 Fb
Montesalaiole, Casa– [PZ] 77 DEd
Montesalso [PR] 47 Fd
Monte Salviano, Riserva Naturale– 99 Fa
Monte San Bartolo, Parco– 71 Fc
Monte San Biágio [LT] 105 FGb
Monte San Biagio, Stazione di– 105 FGb
Monte San Giacomo [SA] 127 Ebc
Monte San Giovanni [BO] 59 GHc
Monte San Giovanni Campano [FR] 99 EFd
Monte San Giovanni in Sabina [RI] 91 Gbc
Monte San Giusto [MC] 79 Fd
Monte San Lorenzo [VI] 37 Eb
Monte San Martino [MC] 87 Cb
Montesano [PV] 47 Ba
Montesano, Casa– [RG] 159 Ebc
Montesano Salentino [LE] 125 EFd
Montesano Scalo 127 Ec
Montesano sulla Marcellana [SA] 127 Fc
Monte San Pietrangeli [AP] 79 Fd
Monte San Pietro [BO] 59 GHc
Monte San Pietro / Petersberg [BZ] 9 Cc
Monte San Savino [AR] 75 Fcd
Monte Santa Maria [PU] 71 Fd
Monte Santa Maria in Sabina [RI] 91 Gc
Monte Santa Maria Tiberina [PG] 77 BCc
Monte Sant'Ángelo [FG] 103 Fc
Monte Sant'Ángelo, Marina di– [FG] 103 Fd
Monte Sante Marie [SI] 75 Ed
Montesanto [FE] 51 Cd
Montesanto [PG] 85 Fc
Monte Santo di Lussari 13 Gc
Monte Santu, Capo di– 171 Gc
Monte San Vito [AN] 79 Db
Monte San Vito [PG] 85 EFde
Montesárchio [BN] 107 Gd
Montesano [LE] 125 EFd
Monte Sasso [FC] 69 FGc
Montesca, la– [PG] 77 Cc
Montescaglioso [MT] 121 BCb
Montescaglioso, Stazione di– 121 BCb
Montescano [PV] 47 Bb
Montescheno [VB] 19 Db
Monte Scorra [CA] 177 Cb
Montescudáio [PI] 73 Dcd
Montescudo [RN] 71 CDc
Montese [MO] 59 Fd
Monte Secchieta, Rifugio di– 69 Cd
Montesecco [PU] 77 Gb
Monteségale [PV] 47 Ac
Monte Senário, Convento– 67 FGc
Montesicuro [AN] 79 Eb
Montesiera, Rifugio– 11 Hb
Montesilvano [PE] 95 CDa
Montesilvano Colle [PE] 95 Cab
Montesilvano Marina [PE] 95 CDa
Montesinaro [BI] 31 Ba

Monte Sirente, Catena del– 93 Fc
Montesiro [MI] 33 Da
Montesoffio [PU] 71 Dd
Montesolaro [CO] 21 Bd
Monte Sole, Parco Storico di– 59 Hcd
Monte sopra Rondine [AR] 75 Fbc
Montesoro [VV] 137 Bbc
Montesover [TN] 23 Hla
Monte Spaccato [ROMA] 97 Eb
Montespécchio [MO] 59 Fd
Monte Sperello [PG] 85 Bb
Montespertoli [FI] 73 Gb
Montespino (I) = Dornberk [SLO] 27 Hc
Montespluga [SO] 5 Gc
Montespluga, Lago di– 5 FGc
Montessoro [GE] 55 GHab
Montessu, Necrópoli del– 177 DEbc
Montestigliano, Fattoria– [SI] 75 Cd
Montestrutto [TO] 31 ABb
Monte Subásio, Parco del– 85 EEb
Monte Suello, Ossario di– 23 CDd
Monte Tauro [RN] 71 Dc
Monte Tauro, Castello– 71 Dc
Monteti 89 Eb
Montetiffi [FC] 69 Gc
Montetórtore [MO] 59 Gcd
Monte Tranquillo, Santuario di– 99 Gc
Monteu da Po [TO] 45 Bab
Monte Urano [AP] 79 FGd
Monteu Roero [CN] 45 Ad
Montevaca, Passo di– 57 Ba
Montevago [AG] 151 Da
Montevarchi [AR] 75 Eb
Montevecchia [LC] 33 Ea
Montevécchio [CA] 173 Db
Montevécchio [CB] 107 Cab
Montevécchio [PU] 77 Gb
Montevécchio [PU] 77 Fb
Montevecchio, Pizzo– 19 BCc
Montevecchio, Rio– 173 Db
Montevecchia e della Valle del Curone, Parco di– 33 Ea
Montevecchio Marina [CA] 173 Cb
Montevéglio [BO] 59 Gc
Monte Velino, Riserva Naturale– 93 Ed
Monteveneroso [PV] 47 Cc
Monteventano [PC] 47 Cc
Monteverde [AP] 87 CDb
Monteverde [AV] 115 Fab
Monteverde [CB] 107 Fab
Monteverde [PG] 77 Ede
Monteverde, Stazione di– 115 Fb
Monteverdi Maríttimo [PI] 73 Gab
Montevergine [NA] 113 Bc
Monte Vérgine, Santuario di– [AV] 113 Gb
Monte Vérgine, Santuario di– [LE] 125 Fc
Montevescovo [FC] 69 Fb
Montevettolini [PT] 67 CDa
Monteviale [VI] 37 Eb
Monteviasco [VA] 19 GHb
Monte Vibiano Nuovo [PG] 85 Bc
Monte Vibiano Vecchio [PG] 85 Bc
Monte Vidon Combatte [AP] 87 Db
Monte Vidon Corrado [AP] 87 Cb
Montevila / Wielenberg [BZ] 3 Ec
Montevirginio [ROMA] 91 Ccd
Montevitozzo [GR] 83 Ed
Montezémolo [CN] 55 Bc
Montgenèvre [Fr.] 43 Bc
Montgirod [Fr.] 29 Bb
Monthal / Montana [BZ] 3 DEc
Monthey [Svizz.] 17 Ca
Monti [AN] 57 FGd
Monti [MS] 57 FGd
Monti [MS] 57 EFc
Monti [SI] 73 Gc
Monti [SS] 167 Db
Monti [SV] 55 Cc

Monti [TO] 29 Gd
Monti, i– 83 ABb
Montialvu, Punta– 167 Cab
Montiano [FC] 69 Gb
Montiano [GR] 83 Bde
Monticano, Fiume– 25 Gc
Monte Casoli di Bomarzo, Riserva Naturale– 91 Db
Monticchie, Riserva Naturale– 47 Db
Monticchiello [SI] 83 Eb
Monticchio 129 DEc
Montícchio [AQ] 93 Ebc
Monticchio, Laghi di– 115 Fb
Monticchio Bagni [PZ] 115 Fb
Monticelle [BS] 35 Cbc
Monticelli [AL] 45 Hc
Monticelli [BR] 119 Cc
Monticelli [FE] 51 EFc
Monticelli [FR] 107 Ab
Monticelli [LO] 33 Fd
Monticelli [PG] 85 Cb
Monticelli [PG] 85 Bb
Monticelli [PG] 85 Bb
Monticelli [SA] 115 BCcd
Monticelli Brusati [BS] 35 Db
Monticelli d'Óglio [BS] 35 Dd
Monticelli d'Ongina [PC] 47 Fb
Monticelli Pavese [PV] 47 CDb
Monticelli Ripa d'Óglio [CR] 49 Aa
Monticelli Sillaro [LO] 33 Ed
Monticelli Terme [PR] 49 Bd
Monticello [AR] 75 Eb
Monticello [BI] 31 BCb
Monticello [NO] 31 Fc
Monticello [PC] 47 CDc
Monticello [PZ] 127 Fbc
Monticello [TN] 9 Gd
Monticello [UD] 13 DEc
Monticello [VI] 37 Ec
Monticello [VI] 37 Ec
Monticello, Masseria– [BR] 123 Cc
Monticello, Masseria– [LE] 123 Cc
Monticello Amiata [GR] 83 Cc
Monticello Brianza [LC] 33 Da
Monticello Conte Otto [VI] 37 Fb
Monticello d'Alba [CN] 45 Ad
Monticello di Fara [VI] 37 Ec
Montichiari [BS] 35 Fc
Monticiano [SI] 83 ABb
Monticino, il– 69 Fd
Montícolo / Montiggl [BZ] 9 Fc
Montícolo, Laghi di– / Montiggler See 9 Fc
Monti d'Arena [TA] 121 Gc
Monti del Sole, Riserva Naturale– 25 Ea
Monti di Cadiróggio [RE] 59 Eb
Monti di Villa [LU] 65 Gb
Montiego, Monte di– 77 DEb
Monti Eremita-Marzano, Riserva Naturale dei– 115 DEc
Montieri [GR] 81 GHb
Montieri, Poggio di– 81 GHb
Montiggl / Monticolo [BZ] 9 Fc
Montiggler See / Monticolo, Laghi di– 9 Fc
Montiglio Monferrato [AT] 45 Bb
Montignano [AN] 71 Hde
Montignano [PG] 85 CDd
Montignoso [FI] 73 Fbc
Montignoso [MS] 65 DEb
Monti Grossi, Rifugio– 67 CDb
Montilgallo [FC] 69 GHb
Montilongu, Punta di– 161 Ec
Monti Lucrétili, Parco Naturale dei– 97 GHa
Montimannu, Lago di– 173 Ec
Montinelle [BS] 35 Gb
Montingégnoli [SI] 73 Gd
Montione, Poggio– 89 Ga
Montioni [LI] 81 Fb
Monti Pallidi, Rifugio– 11 Bbc
Monti Pelati e Torre Cives, Riserva Naturale dei– 29 Ic

Monti Picentini, Parco Regionale dei– 115 BCc
Montirone [BS] 35 Ec
Montisi [SI] 83 Dab
Monti Sibillini, Parco Nazionale dei– 87 BCd
Monti-Telti, Stazione di– 167 Dab
Monti Uri, Cantoniera– [SS] 167 Cb
Montjovet [AO] 29 HIa
Mont Mars, Riserva Naturale– 31 Bab
Montocchio [PZ] 115 Gcd
Montódine [CR] 33 Gd
Montóggio [GE] 55 GHbc
Montona (I) = Motovun [CRO] 41 HIde
Montonate [VA] 19 Gd
Montone [PG] 77 Cc
Montone [TE] 87 Fd
Montone / Rammelstein 3 Fbc
Montone, Fiume– 61 Dc
Montone, Poggio al– 81 Gb
Montonero [VC] 31 DEcd
Montópoli di Sabina [RI] 91 Gc
Montópoli in Val d'Arno [PI] 67 Cde
Montorfano [CO] 21 Bd
Montorfano, Lago di– 21 Bd
Montorgiali [GR] 83 Bd
Montório [BO] 59 Hd
Montório [GR] 83 Ed
Montório [VR] 37 Cc
Montório al Vomano [TE] 93 Fa
Montório in Valle [RI] 93 Bcd
Montório nei Frentani [CB] 101 Gc
Montório Romano [ROMA] 91 Gd
Montoro [AN] 79 Ec
Montoro [TR] 91 Eab
Montoro Inferiore [AV] 113 Gbc
Montoro Superiore [AV] 113 Gbc
Montorsáio [GR] 83 Bc
Montorsi, Fermata– 109 Bd
Montorso [MO] 59 EFd
Mont'Orso, Galleria di– 105 Fb
Montórsoli [FI] 67 Fcd
Montorso Vicentino [VI] 37 DEbc
Montorto [AP] 87 Eb
Montoso [CN] 43 Gd
Montosoli [SI] 83 Cb
Montotto [AP] 87 DEab
Montotto [AP] 87 Bb
Montottone [AP] 87 Db
Montozzi [AR] 75 Ec
Montresta [NU] 165 CDc
Montrigone [VC] 31 Da
Montù Beccaria [PV] 47 Bb
Montúccio 109 Ed
Monumento di Fuori 107 Db
Monvalle [VA] 19 Fc
Monveso di Forzo 29 Gb
Monviso 53 Ca
Monza [MI] 33 Db
Monza, Autódromo di– 33 Db
Monza, Rifugio– / Hochfeiler Hütte 3 Db
Monzambano [MN] 35 GHc
Monzanaro, Masseria– [EN] 153 EFab
Monzesi, Rifugio– 21 Dc
Monzino, Rifugio– 17 Cd
Monzon [TN] 11 ABc
Monzone [CS] 131 DEb
Monzone [MO] 65 Dab
Monzone [MS] 65 Dab
Monzoro [MI] 33 Cc
Monzuno [BO] 59 Hd
Moos / Palu [BZ] 3 Ec
Moos / San Giuseppe [BZ] 3 Hc
Moos in Passeier / Moso in Passiria [BZ] 1 GHbc
Mopolino [AQ] 93 Da
Mora [PG] 85 Db
Mora, la– [BO] 59 Ha
Morachi [CS] 135 Gd
Moradúccio [BO] 67 Gab
Moranda [TO] 43 Fb

Moranda [VR] 37 Ed
Moranego [GE] 55 Hbc
Morano, Osteria di– [PG] 77 Fd
Morano, Torrente– 139 Eb
Morano Cálabro [CS] 131 Dbc
Morano sul Po [AL] 45 Dab
Moransengo [AT] 45 Bb
Morano, Valle del– 51 Fbc
Moranzani [VE] 39 Dc
Moraro [GO] 27 FGc
Morasco, Lago di– 15 Eb
Morazzone [VA] 19 GHd
Morbegno [SO] 21 Eb
Morbello [AL] 55 DEb
Morca [VC] 19 Dcd
Morcella [PG] 85 Bc
Morciano di Léuca [LE] 125 Ed
Morciano di Romagna [RN] 71 DEc
Morcicchia [PG] 85 Dcd
Morcone [BN] 107 GHbc
Mordano [BO] 61 Cc
Morea, La– 11 Bcd
Morea, Masseria– [BA] 119 Cc
Moregallo, Monte– 21 CDc
Moregnano [AP] 87 Db
Morella, Casa– [PG] 77 Ed
Morelle [GR] 89 Da
Morelle, le– [CE] 113 Ba
Morelli [FI] 67 Cd
Morelli [MC] 87 Bb
Morelli, Casa– [CS] 135 Ea
Morello [AN] 77 Fbc
Morello [FI] 67 Fc
Morello, Casa– [LE] 123 Gc
Morello, Fiume– 153 Fb
Morello, Monte– 67 Fc
Morena [CN] 53 Da
Morena [ROMA] 97 Fbc
Morena, Parrocchia di– 77 DEbc
Morengo [BG] 33 Gb
Moreri [MC] 145 EFb
Móres [SS] 165 EFb
Mores, Rifugio– 15 Eb
Moresco [AP] 87 Eb
Móres–Ittireddu, Stazione– 165 Fb
Moretta [AN] 43 Gd
Moretta [PC] 47 Cb
Moretta, Monte– 175 Dc
Moretti [AL] 55 Eb
Morfasso [PC] 47 Ed
Morfreid, Monte– 53 Cb
Morgano [TV] 39 Da
Morgantina 155 Bc
Morgantini, Capanna– 63 Da
Morge [AO] 17 Dd
Morge, le– [CH] 95 Fc
Morgex [AO] 17 Dd
Morghengo [NO] 31 Fb
Mórgia, la– 101 Ca
Mórgia Schiavone, Ponte– 101 Fc
Morgicchio [BR] 123 Da
Morgins [Svizz.] 17 BCa
Morgins, Pas de– 17 BCa
Morgnano, Castello di– [PG] 85 DEd
Morgo, Isola– 41 Eb
Morgonaz [AO] 17 Fd
Morgongióri [OR] 173 Ea
Mori [AR] 69 Ccd
Mori [TN] 23 Fc
Mória [PU] 77 Ebc
Moriago della Battáglia [TV] 25 Ec
Morialdo [AT] 45 ABb
Moriano [FI] 67 Gd
Moriano [PG] 85 Dcd
Moriccia [AR] 69 Ccd
Morichella [MC] 87 Bb
Morico [MC] 87 Bb
Moricone [ROMA] 91 Gd
Moricone, Monte– 85 Gc
Moricone, Osteria– 91 FGd
Morigerati [SA] 127 Ed
Morigino [LE] 125 Ebc
Moriglione [CN] 53 Hb

Morignano [AP] 87 CDc
Morignone [SO] 7 FGc
Morimondo [MI] 33 Bc
Morini [MN] 35 Fd
Morino [AQ] 99 Eb
Morino Vecchio [MN] 99 Eb
Morion, Monte– [AO] 17 Fc
Morion, Monte– [AO] 17 FGcd
Moriondo [TO] 45 Aab
Moriondo Torinese [TO] 45 Ab
Mori Vecchio [TN] 23 Fc
Morléschio [PG] 77 Dd
Morliere [TO] 43 Cb
Morlupo [ROMA] 91 EFcd
Morlupo-Capena, Stazione– 91 Ed
Mormanno [CS] 131 CDb
Mormorola [PR] 57 Fb
Mornago [VA] 19 Gd
Mornese [AL] 55 Fb
Mornico [PV] 47 Bbc
Mornico al Sério [BG] 33 Gb
Mornico Losana [PV] 47 Bbc
Moro, Capo di– 99 Fa
Moro, Lago– [BG] 21 Fb
Moro, Lago– [BS] 21 Hc
Moro, Monte– [CH] 101 Eb
Moro, Monte– [CN] 53 Gd
Moro, Monte– [RI] 93 Gbc
Moro, Monte– [SS] 161 EFc
Moro, Monte– [TR] 91 Ga
Moro, Monte del– 145 DEc
Moro, Pizzo– 15 Eb
Moro, Pizzo del– 19 Cc
Moro, Sasso– 7 Dd
Moro, Torrente– 95 Ec
Morolo [FR] 99 Ecd
Morolo, Fermata di– 91 Ecd
Morolo Stazione 99 Dcd
Moron [AQ] 17 Hb
Moroni, Ponte– 167 Ea
Morónico [RA] 61 Dd
Morósolo [VA] 19 Gcd
Morozzo [CN] 53 Gc
Morpurgo, Villa– 27 EFbc
Morra [PG] 77 Bc
Morra [RE] 59 Dc
Morra, La– [CN] 55 Ab
Morra, Monte– 97 GHa
Morra, Monte la– 87 Cd
Morra del Villar [CN] 53 Ebc
Morra De Sanctis [AV] 115 Db
Morrano [TR] 83 Gd
Morrano Vecchio [TR] 83 Gd
Morra San Bernardo [CN] 53 Ebc
Morra San Giovanni [CN] 53 Eb
Morra-Teora, Stazione– 115 Db
Morre [TR] 85 BCd
Morrea [AQ] 99 EFb
Morrice [TE] 87 Cd
Morro [MC] 85 FGb
Morrocco [FI] 75 Cb
Morro d'Alba [AN] 79 Db
Morro d'Oro [TE] 87 Fde
Morrona [PI] 73 Db
Morrone, Colle– 139 Eb
Morrone, il– 93 DEc
Morrone, Montagne del– 95 Bcd
Morrone, Monte– [Abr.] 95 Bd
Morrone, Monte– [FR] 99 Gd
Morrone, Monte– [MT] 129 Eb
Morrone, Monte– [PE] 93 GHb
Morrone del Sánnio [CB] 101 Fc
Morroni, Monte– 99 EFc
Morro Reatino [RI] 91 GHa
Morrovalle [MC] 79 Fcd
Morrovalle, Stazione– 79 Fd
Morruzze [TR] 85 BCd
Morsano al Tagliamento [PN] 27 Cc
Morsano di Strada [UD] 27 CDc
Morsara, Serra– 117 Gc
Morsasco [AL] 55 Eab
Morsella [PV] 31 Gd
Morsiano [RE] 59 CDd
Morsone [BS] 35 Fb
Mort, Lago– 17 Fc
Mortaiolo [LI] 73 Cb

Mortale [FR] 99 Gd
Mortano [FC] 69 Gc
Mortara [PV] 31 Gd
Mortaso [TN] 23 Eb
Mortegliano [UD] 27 DEc
Mortelle [ME] 141 Db
Morter [BZ] 9 Cb
Morterone [LC] 21 Dc
Morti, Colle dei– 53 Cc
Morti, Dosso dei– 23 Dc
Morti, Serra dei– 153 Cc
Mortigliano [LI] 81 Bd
Mortillaro [PA] 147 Bab
Mortisa [VI] 25 Bd
Mortizza [PC] 47 Eb
Mortizzuolo [MO] 49 Fc
Morto, Lago– 25 Fb
Morto, Portella del– 153 DEab
Mórtola Inferiore [IM] 63 Dd
Mórtola Superiore [IM] 63 Dd
Mortore, Casa– [FG] 103 Ccd
Mortório, Isola– 161 Fc
Mortório, Torre– 179 Db
Moru, Nuraghe– 175 FGa
Moruri [VR] 37 Cb
Morus, Is– [CA] 177 EAc
Moruzzo [UD] 27 Db
Morzano [BI] 31 Gd
Morzine [Fr.] 17 Ba
Mórzola [PR] 49 Bd
Morzone, Monte– 107 EFb
Morzulli [ME] 145 Gc
Mosca [VI] 23 Icd
Mosca [VI] 25 Bcd
Mosca, Cala– 179 Dc
Mosca, Masseria– [LE] 125 Dc
Mosca, Monte– 67 Bb
Moscano [AN] 77 Gc
Moscardo [UD] 13 CDb
Moscarello, Canale di– 105 Cb
Moscatella, Casal– [BA] 117 EFb
Moscazzano [CR] 33 FGd
Mosce di Bramante, Masseria le– [FG] 103 Ccd
Moschereto, Monte– 131 Eb
Moscheri [TN] 23 Gc
Moschesin, Forcella– 11 Db
Moscheta, Badía di– 67 Gb
Moschetta [RC] 141 Hb
Moschiano [AV] 113 Fb
Moschiaturo, Monte– 107 Gb
Moschin, Col– 25 BCc
Moschini [AL] 45 Fc
Moschitta, Monte– 155 Bd
Móscia, Torrente– 69 Cc
Mosciano [FI] 67 Ed
Mosciano Sant'Ángelo [TE] 87 Fd
Moscio, Rio– 91 Gd
Moscona [CR] 35 BCcd
Moscona, Poggio di– 83 Acd
Moscosi [MC] 79 Cc
Moscufo [PE] 95 Ab
Mose, le– [PC] 47 Eb
Mosè, Villaggio– [AG] 157 Bc
Möseler, Gr.– / Mesule 3 Dab
Moser [BZ] 3 Ff
Mosezzo [NO] 31 Fc
Mósio [MN] 49 Bab
Mosnigo [TV] 25 Ec
Moso in Passiria / Moos in Passeier [BZ] 1 GHbc
Mosórrofa [RC] 141 Ec
Mossa [GO] 27 Gc
Mossale [PR] 57 Gc
Mossano [VI] 37 Fc
Mosse, le– [VT] 91 BCa
Mosso, Monte– 47 Ccd
Mosson [VI] 23 Id
Mosso Santa Maria [BI] 31 Cab
Mostarico, Monte– 131 FGb
Mostegu, Fontana– 175 BCbc
Motella [BS] 35 CDc
Mótola, Monte– [AQ] 93 Gc
Mótola, Monte– [PG] 93 Ba
Mótola, Monte– [SA] 127 Db
Motolano [AR] 69 Gd

Motovun [CRO] = Montona (I) 41 HIde
Motrone [LU] 65 Fbc
Motrone di Versilia [LU] 65 Ec
Motta [AT] 45 Bcd
Motta [CN] 43 Hd
Motta [CS] 135 Db
Motta [MN] 49 Ca
Motta [MO] 49 Ecd
Motta [PD] 51 BCa
Motta [SO] 5 Gc
Motta [SO] 21 Hab
Motta [TO] 43 GHcd
Motta [VI] 37 Gb
Motta, Casa la– [EN] 153 Ga
Motta, Fattoria della– [RG] 159 Cb
Motta, La– [PR] 47 Gbc
Motta, Monte– 7 Cd
Motta, Monte la– 139 DEab
Motta, Pizzo– 5 Eb
Motta, Punta di– 29 Gbc
Motta Baluffi [CR] 49 Ab
Mottác, Pizzo– 19 Eb
Motta Caggiano, Colle– 101 Eab
Motta Camastra [ME] 145 FGc
Motta d'Affermo [ME] 145 Gc
Motta de' Conti [VC] 45 DEa
Motta del Corno 39 Dcd
Motta di Livenza [TV] 25 Hd
Motta Filicastro [VV] 139 Cb
Mottafollone [CS] 131 Dcd
Motta Gastaldi [CN] 43 GHd
Mottaiola [CR] 47 Hb
Mottalciata [BI] 31 Dbc
Motta Masonis 175 Dd
Motta Montecorvino [FG] 109 Dab
Motta Montecorvino, Fiumara di– 109 DEa
Mottarelle [PD] 51 BCa
Mottarone [VB] 19 Ec
Mottarone [VB] 19 Ec
Motta San Damiano [PV] 47 Bab
Motta San Fermo [CR] 49 Bbc
Motta San Giovanni [RC] 141 Ec
Motta Santa Lucia [CZ] 135 Dc
Motta Sant'Anastásia [CT] 155 Eb
Motta Sant'Anastásia, Stazione di– 155 Ec
Motta Vigana [LO] 33 EFd
Motta Visconti [MI] 33 Bd
Mottaziana [PC] 47 CDb
Motte, le– [CR] 49 Aa
Motteggiana [MN] 49 Db
Mottella [MN] 49 DEab
Motti, i– [VI] 37 DEbc
Motticella [RC] 141 Gc
Motticella, la– [FG] 103 Cd
Mottinello [PD] 37 Ga
Mottinello Nuovo [PD] 37 GHa
Mottinello Vecchio [PD] 37 GHab
Móttola [TA] 121 Gbc
Mottolone, Monte– 37 EFc
Mottone, il– 5 Fd
Mottura [TO] 43 Gd
Motunato, Castello di– 123 Dc
Moulin [AO] 17 Gc
Moulinet [Fr.] 63 Cc
Moûtiers [Fr.] 29 Bc
Mozia 149 Ac
Mozza [RI] 93 Cb
Mozza, Torre– 103 Bb
Mozzacatena [MC] 79 CDd
Mozzagrogna [CH] 95 Ec
Mozzánica [BG] 33 Gc
Mozzano [AP] 87 CDcd
Mozzano, Monte– 93 Dab
Mozzate [CO] 33 Bab
Mozzecane [VR] 35 Hd
Mozzillo, Sciale– [FG] 111 Ba
Mózzio [VB] 15 Cb
Mozzo [BG] 33 Fa
Mozzola, Torrente– 57 Fb
Mu [BS] 23 BCa
Múcchia [AR] 75 Gd

Múccia [MC] 85 Gb
Mucciafora [PG] 85 Fd
Mucciano [FI] 67 Gbc
Mucciatella [RE] 59 Db
Muceno [VA] 19 Gc
Mucigliani [SI] 75 Dd
Mucinasso [PC] 47 Eb
Mucone, Fiume- 135 Da
Mucone, Lago- → Cecita, Lago di- 133 Cb
Mucrone, Monte- 31 Bb
Muculúfa, la- 157 DEc
Muda, La- [BL] 11 Dd
Muda, Ponte della- 11 Dd
Muddetru, Monte- 167 Da
Muddizza, la- [SS] 163 Ec
Mudégiu, Cantoniera- [SS] 165 Dc
Mudregu- 169 Fab
Múfara, Monte- 147 FGc
Muffa [BO] 59 Gbc
Muffetto, Monte- 23 Bcd
Mufloni, Cúccuru 'e- 175 Ea
Mugarone [AL] 45 Fb
Mugello 67 Gc
Mugello, Autodromo del- 67 Gbc
Múggia [TS] 41 Hc
Múggia, Báia di- 41 Hc
Muggiano [SP] 65 Cb
Muggió [MI] 33 Db
Mughera, Cima di- 23 DEd
Múglia [EN] 155 Db
Muglia, Stazione di- 155 Db
Mugliano [AR] 75 Gc
Mugnai [BL] 25 Dbc
Mugnanesi [PG] 83 Fb
Mugnano [PG] 85 Bb
Mugnano [SI] 75 Cd
Mugnano [VT] 91 Dab
Mugnano del Cardinale [AV] 113 Fb
Mugnano di Napoli [NA] 113 Db
Mugnone, Punta- 149 Abc
Mugnone, Torrente- 67 Fcd
Mugoni [SS] 165 Bb
Mühlbach / Rio di Pusteria [BZ] 3 CDc
Mühlbach / Riomolino [BZ] 1 Gc
Mühlbach / Riomolino [BZ] 3 Eb
Mühlbach Bad / Riomolino, Bagni- 3 EFb
Mühleck / Costa Molini [BZ] 3 Eab
Mühlen / Molini di Túres [BZ] 3 Eb
Mühlwald / Selva dei Molini [BZ] 3 DEb
Mühlwalder Tal / Molini, Valle dei- 3 DEb
Muina [UD] 13 Cc
Mula, la- 131 Cc
Mulara, Serra- 133 Fc
Mulárgia [NU] 165 Ed
Mulárgia, Lago- 175 Dc
Mulárgia, Rio- 175 Dbc
Mulaz, Rifugio- 11 BCd
Mulazzana [LO] 47 Ea
Mulazzano [LO] 33 Ec
Mulazzano [PR] 59 Bb
Mulazzano [RN] 71 Dc
Mulazzo [MS] 57 Fcd
Mulegns [Svizz.] 5 Hb
Mùles / Mauls [BZ] 3 Cb
Mulinet, Roc du- 29 EFc
Mulini [CE] 113 Ea
Mulino di Arzachena [SS] 161 Ec
Mulinu, Rio- 165 Dc
Muliparte [TV] 25 Dd
Mulo, Colle del- 53 Cc
Mulo, Timpa del- 129 Ebc
Mummuiola [MC] 79 Dc
Mummuzzola, Nuraghe- 169 Fd
Mumullónis, Punta- 173 Cc
Munciarrati, Casa- [PA] 147 Fc
Muncinale, Bruncu- 171 Dc
Mundúgia, Monte- 171 Fc
Muné, Pian- 53 Db
Mungianeddu, Punta- 171 Dc
Mungivacca, Stazione- 111 Hd

Münster [Svizz.] 15 Dab
Muntiggioni [SS] 163 Fc
Mura [BS] 35 EFa
Mura [BS] 35 FGb
Mura [FI] 73 Fb
Mura [TV] 25 EFc
Mura, Sass de- 25 Db
Muradello [PC] 47 Eb
Muradolo [PC] 47 EFb
Muraglia [PU] 71 Fc
Muráglia [SV] 55 Bd
Muraglione, Passo del- 69 Cc
Muraguada, Nuraghe- 169 Eb
Murana, Lago di- 151 Bb
Murano [VE] 39 DEc
Murasse [TO] 29 Gd
Murata [FR] 99 Fd
Murata, Mandra- 93 Gcd
Muratella [BG] 33 Gb
Muratello [BS] 35 Eb
Muratone, Passo- 63 Dc
Muravera [CA] 179 Fa
Murazzano [AN] 77 Gc
Murazzano [CN] 55 ABc
Murazzo [CN] 53 FGbc
Murazzo Rotto [CT] 145 Ec
Murci [GR] 83 Cd
Mure [PN] 27 Bcd
Mure [TV] 27 Ad
Murelle [PD] 39 BCc
Murello [CN] 43 Gd
Murenz [CN] 53 BCc
Muret, Punta- → Midi, Punta- 43 Dc
Muretto, Pizzo- 7 Cc
Murge 129 Ca
Murge, le- 117 DEab
Murge, Le- 117 FGbc
Murge Orientali, Riserva Naturale delle- 121 Fa
Murge Tarantine 123 BCc
Murgetta, Masseria- [BA] 111 DEd
Múrgia, Casa- [CA] 173 Cc
Múrgia, Casa- [OR] 173 Dab
Múrgia Albanese, Masseria- [BA] 119 Cc
Múrgie, le- 133 EFc
Murgo, Monte- 155 EFd
Muriáglio [TO] 29 Ic
Murialdo [SV] 55 BCcd
Muriè, Nuraghe- 171 Ga
Múris [UD] 27 Ca
Murisasco [PV] 45 Hc
Murisenghi [TO] 43 Fc
Murisengo [AL] 45 Bb
Muristene, Nuraghe- 171 Fab
Murittu, Punta- 171 Ea
Murle [BL] 25 Db
Murlis [PN] 27 Bbc
Murlo [SI] 83 Cab
Murlo, Miniera di- [SI] 83 Cb
Murlo, Monte- [GR] 81 GHbc
Murlo, Monte- [PG] 77 Cb
Murlo Pizzo 93 Bc
Muros [SS] 165 Da
Muros, Monte- 167 Cab
Mürren [Svizz.] 15 Ba
Murri, Masseria- [BR] 123 Dbc
Murro di Porco, Capo- 159 GHbc
Mursecco-Careffi [CN] 55 Bd
Mursia 151 ins.a
Murta [GE] 55 Gc
Múrtas, Cala di- → Acqua durci, Cala de s'- 175 Fcd
Múrtas, Scoglio di- → Quirra, Isola di- 175 Fc

Múrtas, Torre di- 175 FGc
Murtazzolu, Rio- 169 Fa
Muru Traessu [SS] 163 Fd
Musadino [VA] 19 Gc
Musano [TV] 39 Ca
Muscarà, Casa- [EN] 155 Cc
Múscas, Casa- [OR] 169 Db
Muschiada, Cima di- 21 Dc
Muschiaturo [FG] 103 Eb
Muschieto [SV] 63 Ga
Muscillo, Monte- 117 Cb
Musciu, Nuraghe- 175 Fb
Muscletto [UD] 27 CDc
Múscoli [UD] 41 EFab
Muscoline [BS] 35 Fb
Muse [UD] 13 CDb
Museddu [NU] 175 FGb
Musei [CA] 177 CDb
Musella [FC] 69 Fc
Musellaro [PE] 95 Bc
Muserale [PG] 83 Gb
Musestre [TV] 39 Eb
Musi [UD] 13 Ed
Musi, Forcella- 13 Ecd
Musiara Inferiore [PR] 57 GHbc
Musiara Superiore [PR] 57 GHbc
Musigliano [AL] 45 Hd
Musigliano [PI] 65 Fc
Musignano [VA] 19 Gb
Musignano [VT] 89 Gb
Musile di Piave [VE] 39 Fb
Musinè, Monte- 43 Fb
Musiti, Cozzo- 151 Fb
Muslone [BS] 35 GHa
Muso di Porco 149 Gb
Musone [AN] 79 Ec
Musone, Fiume- 79 Ec
Musone, Masseria- [BR] 123 Cab
Musone, Torrente- 25 Dd
Mussático [PR] 59 Bb
Mussi [CN] 53 Gc
Mussingiua [NU] 171 Cb
Mussini [SO] 21 Ga
Musso [CO] 21 Cb
Musso, Fattoria- [RG] 159 DEbc
Mussolente [VI] 25 Cd
Mussomeli [CL] 153 Cb
Mussons [PN] 27 Ccd
Mussotto [CN] 45 ABd
Müstair [Svizz.] 7 Gb
Mustazzori, Nuraghe- 173 Ea
Mustille, Casa- [RG] 159 Bc
Musupuniti [RC] 141 Ecd
Muta, Lago di- / Haidersee 1 Dc
Mutata, Masseria- [TA] 121 Gb
Mutenock / Mutta, Monte- 3 Db
Mutigliano [LU] 65 Fc
Mutignano [TE] 95 Ca
Mútria, Monte- 107 FGb
Mutrucone, Cantoniera- [NU] 171 Ga
Mutta, La- 3 Hc
Mutta, La- (I) = Hollbrucker Spitze 3 Hc
Mutta, Monte- / Mutenock 3 Db
Mutti, Poggio- 81 Gab
Mutucrone, Punta su- 167 Fc
Muxarello, Masseria- [AG] 153 Ec
Muzio [IM] 63 Fb
Muzza, Canale- 33 Fd
Muzza, Masseria- [LE] 125 Fbc
Muzzana del Turgnano [UD] 41 Db
Muzzano [BI] 31 BCb
Muzzano [LO] 33 Ec
Muzza Sant'Angelo [LO] 33 Ed
Muzzetta, Sorgenti della- 33 DEc
Muzzolon 37 DEb

N

Nacciarello [SI] 83 Cb
Nadore, Rocca- 151 Eb
Nadro [BS] 23 BCbc
Nagler-Sp., Gr.- / Chiodo, Punta del- 7 Gbc

Nago [TN] 23 Fc
Nago, Monte Altissimo di- 23 Fcd
Nago-Tórbole [TN] 23 Fc
Nai, Monte- 179 Fb
Naiarda, Monte- 11 Hcd
Nalles / Nals [BZ] 9 Fb
Na-Logu [SLO] 13 Hc
Nals / Nalles [BZ] 9 Fb
Nambino, Monte- 9 Cd
Nani [AL] 45 Dc
Nanno [TN] 9 Ecd
Nansignano [BN] 107 Gd
Nanto [VI] 37 Fc
Nao [VV] 139 Db
Náole, Punta di- 35 Hab
Napfspitz = Cadini, Cima- (I) 3 Fa
Napi, Monte- 139 Fc
Nápola [TP] 149 Dbc
Napoleone, Fonte- 81 BCd
Napoleone, Poggio- 75 Dd
Napoleonica, Villa- 81 Cd
Napoli [NA] 113 Dbc
Napoli, Golfo di- 113 CDc
Naracáuli [CA] 173 CDb
Narano / Naraun [BZ] 37 CDb
Naraun / Narano [BZ] 37 CDb
Narba, Monte- 179 EFa
Narbia [OR] 169 Db
Narbona [CN] 53 Dc
Narbone, Fattoria- [AG] 157 Cc
Narcao [CA] 177 CDbc
Narcao, Monte- 177 Dc
Nardi [PI] 67 BCd
Nardis, Cascata di- 23 Eab
Nardò [LE] 125 Db
Nardò Centrale, Stazione di- 125 Dbc
Nardodipace [VV] 139 EFc
Nardodipace Vecchio [VV] 139 EFc
Nardozza, Masseria- [PZ] 117 Bbc
Nardulli, Casotto- [BA] 119 Bc
Narni [TR] 91 EFa
Narni Scalo [TR] 91 EFa
Naro [AG] 157 Cc
Naro, Abbazia di- 77 Eb
Naro, Fiume- 157 Cc
Naro, Portella di- 157 Dc
Narro [LC] 21 Db
Narzole [CN] 53 Hb
Nasagò-Isola Lunga [CN] 63 Fab
Nasari [CN] 53 Ec
Nasca [VA] 19 FGc
Nascio [GE] 57 Cc
Nasco, Timpone- 149 Dd
Nasidi [ME] 145 Eb
Nasino [SV] 63 Gb
Nasisi, Fermata- 123 Cb
Naso [ME] 145 Db
Naso, Fiumara di- 145 Db
Nasolino [BG] 21 Gc
Naßfeldhütte 13 Eb
Naßfeld Paß = Pramollo, Passo di- (I) 13 Eb
Nasuti [CH] 95 Ec
Natile Nuovo [RC] 141 Gb
Natile Vecchio [RC] 141 Gb
Natisone, Fiume- 27 Fc
Natissa, Fiume- 41 Fb
Naturno / Naturns [BZ] 9 Eb
Naturno, Bosco di- / Naturnser Wald 9 Eb
Naturns / Naturno [BZ] 9 Eb
Naturnser Wald / Naturno, Bosco di- 9 Eb
Natz / Naz [BZ] 3 CDc
Natz-Schabs / Naz-Sciaves [BZ] 3 CDc
Nauders [A] 1 CDb
Nauders / San Benedetto [BZ] 3 CDc
Naunina [UD] 13 CDb
Nava [IM] 63 Fb
Nava [LC] 21 Dd

Nava, Colle di- 63 Fb
Navácchio [PI] 65 FGd
Navarons [PN] 13 Bd
Navate [BS] 35 Dbc
Nave [BL] 25 Eb
Nave [BS] 35 Eb
Nave [LU] 65 Fc
Nave, la- [AR] 75 Gcd
Nave, Monte la- 145 Ecd
Navedano [CO] 21 Bd
Navegna, Monte- 93 BCc
Navelli [AQ] 93 Gc
Navene [VR] 23 EFd
Navene, Bocca di- 23 Fd
Navert, Monte- 57 Gc
Nave San Felice [TN] 23 Gab
Nave San Rocco [TN] 23 Gab
Navetta [TO] 29 Hc
Navezze [BS] 35 Db
Naviante [SS] 53 Hbc
Navicelli, Canale di- 73 Bb
Navicello [MO] 59 FGab
Naviglio, Canale- 61 Ec
Naviglio di Melotta, Riserva Naturale- 33 Gc
Navilotto, Il- 31 Cc
Navolè [TV] 25 Hd
Navone, Monte- 157 Fc
Navono [BS] 23 BCd
Navrino, Monte- 165 CDc
Náxos 145 Ecd
Naz / Natz [BZ] 3 CDc
Naz-Sciaves / Natz-Schabs [BZ] 3 CDc
Nazzano [MS] 65 Db
Nazzano [PV] 45 Hc
Nazzano [ROMA] 91 Fc
Nazzano-Tevere-Farfa, Riserva Naturale di- 91 Fc
Ne [GE] 57 Cc
Nebbia, Monte della- 93 Dcd
Nebbiano [AN] 77 Gc
Nebbiano [FI] 73 FGb
Nebbiano [FI] 73 Gb
Nebbione [VC] 31 Dc
Nebbiù [BL] 11 Fc
Nebbiuno [NO] 19 Fcd
Nébida [CA] 173 Ccd
Nebin, Monte- 53 Cb
Nebius, Monte- 53 Cc
Nebla, Fiume- 139 Ec
Nébrodi, Monti- o Caronie 145 Cc
Nebrodi, Parco dei- 145 CDc
Negarine [VR] 37 Bbc
Negi [IM] 63 Ec
Negra, Punta- [SS] 165 Bb
Negra, Punta- [SS] 163 Bc
Negra, Torre- [SS] 165 Ba
Negrar [VR] 37 Bb
Negri [IM] 63 Eb
Negrisia [TV] 25 Gd
Negrisiola [TV] 25 Fb
Negri Siro, Bosco- 45 Ha
Negritella 23 DEcd
Negro, Col- 11 Fc
Negro, Lago- [BS] 7 Gcd
Negro, Lago- [CH] 101 Db
Negro, Lago- [SO] 7 EFc
Negrone, Torrente- 63 Eb
Negruzzo [PV] 47 Bd
Neirassa [CN] 53 Ccd
Neirone [GE] 57 Bc
Néive [CN] 45 Bd
Nelo, Nuraghe su- 167 Cc
Nembia [TN] 23 Fb
Nembro [BG] 21 Fd
Neméggio [BL] 25 Db
Nemi [MC] 85 Gb
Nemi [ROMA] 97 Gc
Nemi, Lago di- 97 Gc
Némoli [PZ] 127 Cc
Nenno [GE] 55 Hb
Nepezzano [TE] 87 Ed
Nepi [VT] 91 DEc
Nera, Cima- / Schwarzkopf 1 Gc

Nera, Croda- / Schwarze Wand 3 Fb
Nera, Croda- / Schwarzwand-Spitz 1 GHb
Nera, Fiume- 91 Fa
Nera, Parco Fluviale del- 91 Ga
Nera, Punta- [It.] 29 Gb
Nera, Punta- [LI] 81 Bd
Nera, Punta- [NU] 171 Ga
Nera, Punta- / Schwarzerspitz 3 Fab
Neraissa Inferiore [CN] 53 CDcd
Neraissa Superiore [CN] 53 Ccd
Nera Montoro [TR] 91 Eab
Nerano [NA] 113 DEd
Nérbisci [PG] 77 Dc
Nercone, Monte su- 171 EFbc
Nere, Cime- / Hint Schwärze 1 Fc
Nereto [TE] 87 Ecd
Nerito [TE] 93 Ea
Nero, Capo- 63 Ed
Nero, Colle- 99 GHc
Nero, Corno- / Schwarzhorn 9 Gcd
Nero, Lago- [BG] 21 Gbc
Nero, Lago- [SO] 5 Gc
Nero, Lago- [TN] 23 Cc
Nero, Lago- [TO] 43 Da
Nero, Lago- [VC] 19 Bcd
Nero, Monte- [GR] 89 Fa
Nero, Monte- [It.] 57 Cbc
Nero, Monte- [LI] 73 Cbc
Nero, Monte- [VT] 105 Ea
Nero, Sasso- 7 Gc
Nérola [ROMA] 91 Gcd
Nerone, Monte- 77 DEb
Nervesa della Battáglia [TV] 25 Cd
Nervi [GE] 55 Hc
Nérvia, Torrente- 63 Dc
Nerviano [MI] 33 Bb
Nery, Monte- 31 ABa
Nesce [RI] 93 CDc
Nese [BG] 21 Fd
Nésima [CT] 155 Fbc
Nespoledo [UD] 27 Dc
Néspoli [FC] 69 Eb
Néspolo [PT] 67 Dc
Néspolo [RI] 93 Cd
Nesso [CO] 21 BCc
Nestore [PG] 77 Cc
Nestore, Fiume- 83 Gc
Nestore, Torrente- 77 Bc
Neto, Fiume- 133 Fc
Netro [BI] 31 Bb
Netti, Masseria- [BA] 117 Gbc
Netto, Monte- 35 Dc
Nettuense, Via- 97 Fd
Nettuno [ROMA] 105 BCb
Nettuno, Grotta di- 165 Ab
Nettuno, Tempio di- 127 ABb
Neuhaus / Canova [BZ] 3 Fa
Neula, Monte della- 167 Da
Neumarkt / Egna [BZ] 9 Fd
Neusach [A] 13 Ea
Neustift / Novacella [BZ] 3 Cc
Neu Toblach / Dobbiaco Nuovo [BZ] 3 Gc
Neva, Torrente- 63 Gb
Nevea, Sella- 13 Fc
Nevegál 25 Fb
Nevegál, Rifugio- 25 Fb
Neveia, Monte- 63 Ec
Néves, Lago di- / Nevesstausee 3 Db
Néves, Torrente- / Nevesbach 3 DEb
Nevesbach / Néves, Torrente- 3 DEb
Neveser Joch-Hütte / Porro, Rifugio- 3 Db
Nevesstausee / Néves, Lago di- 3 Db
Neviano [LE] 125 Dc
Neviano degli Arduini [PR] 59 BCb
Neviano de' Rossi [PR] 57 Gab
Neviera, Pizzo- 147 Cb
Neviera, Serra la- 117 Bd

Neviera, Timpone della– 131 EFb
Neviglie [CN] 55 Ba
Nevola, Fiume– 79 Cb
Nevoso, Monte– / Ruthner Horn 3 Fb
Niada, Bruncu– 175 Eb
Niana [AO] 31 Bab
Niardo [BS] 23 BCc
Nibbia [NO] 31 Fbc
Nibbiáia [LI] 73 Cc
Nibbiano [PC] 47 Bc
Nibbio [VB] 19 Ebc
Nibbio, Cima del– 105 Gb
Nibbio, Poggio– 91 CDb
Nibbiola [NO] 31 FGc
Nibionno [LC] 21 Cd
Niblè, Monte– 43 Cab
Nicá, Fiume– 133 EFb
Nicastrello [VV] 137 Bc
Nicastro [CZ] 137 Bab
Nicchiara [CT] 155 Dd
Nicciano [LU] 65 Ea
Niccioleta [GR] 81 Gb
Niccone [PG] 77 Ccd
Niccone, Torrente– 77 BCd
Nice [Fr.] = Nizza (I) 63 Bd
Niceto, Fiumara di– 141 BCbc
Nicetta [ME] 145 Cb
Nichelino [TO] 43 Gb
Nichesola [VR] 49 Hab
Nicola [SP] 65 Db
Nicola, Monte– 103 Gb
Nicola, Serra– 127 Db
Nicola Bove, Monte– 179 Eb
Nicoletti, Lago– 153 FGb
Nicoletto, Masseria– [BR] 123 Eb
Nicolia, Masseria– [TA] 121 Eab
Nicolino, Serra– 135 Ca
Nicolosi [CT] 155 EFb
Nicolosi, Pizzo– 147 BCc
Nicorvo [PV] 31 FGd
Nicosia [EN] 153 Ga
Nicosia, Portella di– 145 Cd
Nicótera [VV] 139 Cb
Nicótera Marina [VV] 139 Cb
Nidastore [AN] 77 Gb
Nido, Pizzo– 145 Cc
Nido di Corvo, Pizzo– 103 Ebc
Nídos, Punta sos– 171 Eb
Nieddio, Nuraghe– 171 CDc
Nieddu, Monte– [CA] 179 Eb
Nieddu, Monte– [NU] 175 Db
Nieddu, Monte– [Sard.] 167 Fb
Nieddu, Nuraghe– 165 DEa
Nieddu, Rio de Monte– 177 Fc
Nieddu di Ottana, Monte– 171 Cb
Nieddu Mannu, Monte– 179 Fa
Niederdorf / Villabassa [BZ] 3 FGc
Niederolang / Valdáora di Sotto [BZ] 3 EFc
Niederrasen / Rasun di Sotto [BZ] 3 Fc
Niedervintl / Vandóies di Sotto [BZ] 3 Dc
Niel [AO] 19 Bd
Niella Belbo [CN] 55 Bb
Niella Tánaro [CN] 55 Ac
Niera, Rocca della– (I) = Toillies, Tête des– 53 Ba
Niévole, Torrente– 67 Cc
Niger–Paß / Nigra, Passo– 9 Hc
Nigolaeddu [SS] 163 Fbc
Nigoline Bonomelli [BS] 35 Cb
Nigri, Masseria– [TA] 119 Dc
Nikolsdorf [A] 13 Ca
Nimis [UD] 27 Ea
Ninfa 99 Bd
Ninfa, Lago della– 59 Ed
Ninfa, Oasi di– 99 Bd
Ninfeo, Masseria– [LE] 125 Dd
Niosa [SV] 55 Cbc
Niquidetto [TO] 43 Fa
Nirone [PR] 57 Hc
Nisca, Monte– 13 EFcd
Niscima, Masseria– [CT] 155 Cd

Nisi, Masseria– [BR] 123 Bab
Nisi, Masseria– [FG] 103 Cb
Nisida, Isola di– 113 Cc
Nismozza [RE] 59 Bc
Nissoria [EN] 155 Bab
Niviano [MO] 59 Fcd
Niviano [PC] 47 Dc
Niviere, Pizzo delle– 149 EFbc
Nivione [PV] 47 ABcd
Nivolet, Colle del– 29 Ec
Nizza (I) = Nice [Fr.] 63 Bd
Nizza, Torrente– 45 Cd
Nizza di Sicilia [ME] 141 Ccd
Nizza Monferrato [AT] 45 Dd
Nizza Superiore [PV] 47 Ac
Nizzolina [VA] 33 Bb
Noale [VE] 39 Cb
Noasca [TO] 29 Fc
Nobiallo [CO] 21 Cb
Nobile [CO] 21 Cd
Nóbile, Casa– [RG] 159 Ec
Nóboli [BS] 35 DEab
Nocara [CS] 129 Ed
Nocchi [LU] 65 EFc
Nocciano [PE] 95 Bbc
Nocciola [AT] 45 Bbc
Nocco, Castel di– [PI] 65 Gd
Noce [FI] 73 Gb
Noce [MS] 57 Ec
Noce, Monte della– 135 DEa
Noce, Torrente– 9 Ed
Nocegrossa [MN] 49 Cb
Nocella [TE] 87 DEd
Nocella, Fonte– 117 Cb
Nocelle, Case– [CZ] 137 Cb
Nocelleto [CE] 107 CDcd
Noce o Castrocucco, Fiume– 131 Bb
Nocera Inferiore [SA] 113 FGb
Nocera Scalo [PG] 85 Eb
Nocera Superiore [SA] 113 FGc
Nocera Tirinese [CZ] 137 ABa
Nocera Tirinese, Stazione di– 137 Aa
Nocera Umbra [PG] 85 Eb
Noce Secca, Cantoniera– [NU] 171 Fb
Noceto [GE] 55 Hb
Noceto [PR] 47 GHd
Nocétolo [RE] 49 BCd
Noche [AT] 45 Cd
Noci [BA] 119 Cc
Noci [GE] 55 Hbc
Nociazzi [PA] 147 Gd
Nociforo [CT] 159 Da
Noci Garioni [CR] 47 Ga
Nociglia [LE] 125 EFc
Nocilla, Ponte– 147 Gc
Nocivéglia [PR] 57 Db
Nock, Monte– 9 Fc
Nocolino [PI] 73 Dc
Nócria [MC] 85 Gc
Nodica [PI] 65 Fd
Nodiggheddu [SS] 163 Bc
Noduladu, su– [SS] 167 CDb
Noépoli [PZ] 129 DEd
Nogara [VR] 49 Fa
Nogarè [TN] 23 Hb
Nogarè [TV] 25 DEcd
Nogaredo [TN] 23 FGc
Nogaredo al Torre [UD] 27 Fc
Nogaredo di Corno [UD] 27 CDb
Nogaredo di Prato [UD] 27 Db
Nogarole Rocca [VR] 37 Bd
Nogarole Vicentino [VI] 37 Fc
Nogarolo [TV] 25 Fc
Nogheredo [PN] 27 ABb
Noha [LE] 125 DEbc
Noiáris [UD] 13 Cbc
Noicáttaro [BA] 119 Ba
Noire de Peuterey, Aiguille– 17 Cd
Nola [NA] 113 FGb
Nole [TO] 29 Hd
Noli [SV] 55 Dd
Noli, Capo di– 55 Dd

Nolza, Nuraghe– 175 Ca
Nomáglio [TO] 31 Bb
Nomentana, Via– 97 EFb
Nomi [TN] 23 Gc
Nommisci [RI] 93 Da
Non, Val di– 9 Ed
Nona [BG] 21 Hbc
Nonántola [MO] 59 Ga
None [TO] 43 Gc
Nongruella [UD] 13 EFd
Nónio [VB] 19 Ec
Nonno, Timpone del– 149 Fc
Nora 179 Cd
Nora, Fiume– 95 Cb
Noragúgume [NU] 169 Fa
Norastra [CN] 53 Db
Norba 99 Bd
Norbello [OR] 169 EFb
Norcen [BL] 25 Db
Nórchia, Necrópoli di– 91 Bb
Nórcia [PG] 85 Gd
Nordheim / Villa [BZ] 9 FGab
Nordio, Rifugio– 13 Fc
Nórea [CN] 53 Gd
Norge Polesine, Villaggio– [RO] 51 Fb
Norma [LT] 99 Bd
Noroni, Monte– 37 Bb
Nortiddi [NU] 167 Ec
Nortosce [PG] 85 Fd
Nosadello [CR] 33 Fc
Nosate [MI] 31 Gb
Nosédole [MN] 49 Eb
Nosellari [TN] 23 Hc
Nostra Signora Bonária 175 Ec
Nostra Signora de Cabu Ábbas 165 Ebc
Nostra Signora de Córos 165 Db
Nostra Signora degli Ángeli 171 Fb
Nostra Signora de is Grazias 177 Dc
Nostra Signora del Buoncammino [NU] 171 Fb
Nostra Signora del Buoncammino [NU] 175 FGb
Nostra Signora della Solitudine 171 Eab
Nostra Signora del Sepolcro 63 Fb
Nostra Signora de Montenero 171 Eab
Nostra Signora de su Monte [NU] 171 Dc
Nostra Signora de su Monte [SS] 161 Fcd
Nostra Signora de Tergu 163 Ec
Nostra Signora di Bonária 165 DEa
Nostra Signora di Castro 167 Cb
Nostra Signora di Coros 167 BCb
Nostra Signora di Gonari 171 Db
Nostra Signora di Loreto 171 Db
Nostra Signora di Monserrato 171 Eb
Nostra Signora di Montallegro 57 Bc
Nostra Signora d'Interríos 165 Cbc
Nostra Signora di Otti 167 Cb
Nostra Signora d'Itria 171 Dbc
Nostra Signora d'Ittiri 169 Fd
Nostra Signora Liscoi 171 Cb
Nostra Signora Sinni 171 Cb
Nota, Monte– 23 Ecd
Nota, Passo di– 23 Ecd
Notara [CT] 145 FGd
Notaresco [TE] 87 Fde
Notaresco, Stazione di– 87 Fd
Notargiacomo [MT] 117 Dbc
Noto [SR] 159 Fc
Noto, Golfo di– 159 FGcd
Noto, Val di– 159 Bbc
Noto Antica 159 EFc
Notre Dame de la Guerison 17 Ccd
Nötsch im Gailtal [A] 13 Gb
Notteri, Stagno– 179 EFc
Nóttola [SI] 83 EFb

Nova, Fonte– 101 Ca
Nova, Fosso La– 89 Ga
Novacella / Neustift [BZ] 3 Cc
Novaféltria [PU] 69 Gc
Nováglie [VR] 37 Cc
Novagli Mattina [BS] 35 Fc
Novaglio [VB] 19 Fbc
Novagli Sera [BS] 35 Fc
Nova Gorica [SLO] 27 Gc
Novalba di Cardinale [CZ] 139 Fb
Novale [VI] 37 Dab
Novale / Kreut [BZ] 9 Fb
Novale / Rauth [BZ] 9 Gc
Novale / Ried [BZ] 3 Bb
Novale / Ried [BZ] 3 Fc
Novale, Lago di– / Ried Stausee 3 BCb
Novale di Fuori, Monte– / Eisatz 3 FGc
Novaledo [TN] 23 Hlb
Novalesa [BS] 43 CDa
Novalesa, Abbazia di– 43 CDa
Nova Levante / Welschnofen [BZ] 9 Hc
Nova Milanese [MI] 33 Db
Nova Ponente / Deutschnofen [BZ] 9 Gc
Novara [NO] 31 Gc
Novara, Rocca– 145 Fbc
Novara di Sicilia [ME] 145 Fb
Novaretto [TO] 43 Fb
Nova Siri [MT] 129 Fcd
Nova Siri Scalo 129 Fd
Novate Mezzola [SO] 5 Gd
Novate Milanese [MI] 33 Cb
Novate Roglieri [PC] 47 Eb
Novazza [BG] 21 Gc
Nove [TV] 25 Fb
Nove, Cima– 3 Gc
Novedrate [CO] 33 Ca
Novegigola [MS] 57 Fd
Novegina [SP] 57 EFd
Novéglia [PG] 85 Fd
Novéglia, Torrente– 57 Eb
Novegno, Monte– 23 Hd
Novéis, Alpe di– 31 CDa
Novella, Ia– [SI] 83 Ec
Novella, Rio– 9 Ec
Novellano [RE] 59 Cd
Novellara [RE] 49 Dc
Novelle [BS] 23 BCb
Novello [CN] 55 Ab
Noventa di Piave [VE] 39 Fb
Noventa Padovana [PD] 39 Bc
Noventa Vicentina [VI] 37 Fd
Novezzina, Rifugio– 37 ABa
Novi di Modena [MO] 49 Ec
Novíglio [MI] 33 Cc
Novigrad [CRO] = Cittanova d'Istria (I) 41 Ge
Novilara [PU] 71 Fc
Novi Ligure [AL] 45 Fd
Novito, Fiumara– 139 Ed
Novi Vèlia [SA] 127 Cc
Novoledo [VI] 37 EFb
Nóvoli [FI] 67 Fc
Nóvoli [LE] 123 Fc
Novo San Giovanni, Monte– 171 Ec
Nozarego [GE] 57 Bcd
Nozza [BS] 35 Fa
Nozza, Torrente– 35 Fa
Nozzano [LU] 65 Fcd
Núbia [TP] 149 CDc
Núbia, Torre– [TP] 149 CDbc
Nuccio [TP] 149 CDbc
Nuccio, Casa– [PU] 69 Gde
Nucetto [CN] 55 Bcd
Nuche, Monte sa– 167 Gd
Núchis [SS] 167 Ca
Núchis, Stazione di– 167 CDa
Nuda, Monte– 65 Gab
Nuda, Monte della– 127 Ca
Nuda, Monte Ia– 57 Hd

Nuda, Serra– 127 Db
Nudo, Col– 11 Fd
Nudo, Crep– 25 Ga
Nudo, Monte– 19 Gc
Nughedu San Nicolò [SS] 167 BCc
Nughedu Santa Vittória [OR] 169 Fb
Núgola [LI] 73 Cb
Nule [SS] 167 CDd
Nulvi [SS] 163 Ed
Numana [AN] 79 Fb
Nunnale, Nuraghe– 171 Ea
Nunzi, Masseria– [BN] 109 Cb
Nunziata [CT] 155 FGa
Nunziatella [GR] 89 DEb
Nuoro [NU] 171 DEab
Nuova, Casa– [PU] 77 Db
Nuova, Casa– [TR] 83 Fd
Nuova, Chiesa– [LT] 105 Ea
Nuova, Chiesa– [RI] 91 GHb
Nuova, Masseria– [BA] 117 Fb
Nuova, Masseria– [BA] 117 BCa
Nuova, Masseria– [FG] 109 GHb
Nuova, Masseria– [LE] 125 Ec
Nuova, Masseria– [LE] 125 Ec
Nuova, Masseria– [LE] 123 Gc
Nuova, Montagna– 25 Bcd
Nuova, Scala– [CL] 153 Db
Nuova, Valle– 41 Cc
Nuova Clitérnia, Fermata– 101 Hb
Nuova Conza della Campania [AV] 115 DEb
Nuova del Duca, Masseria– [BA] 117 Ea
Nuova Giuliat [BL] 25 Cc
Nuova Olónio [SO] 21 Dab
Nuove, Cascine– [PI] 65 EFcd
Nuove, Case– [FI] 73 Gb
Nuove, Case– [RI] 91 FGc
Nuove Cimaduomo, Masserie– [BA] 117 Ea
Nuovo, Cascinale– [ROMA] 91 FGd
Nuovo, Monte– 127 Ec
Nuovo, Ponte– [FG] 109 Gc
Nuovo, Ponte– [IS] 101 Bd
Nuracale, Nuraghe– 169 Da
Nuracciolu, Punta– 173 CDb
Nurachi [OR] 169 Dc
Nuraciana, Nuraghe– 169 Dc
Nuradeo, Nuraghe– 165 Dcd
Nuragheddu [NU] 167 Fb
Nuraghe, Lago di– 101 Gd
Nuraghi, Valle dei– 165 Ec
Nurágica, Fortezza– 173 Db
Nurágus [NU] 175 Cb
Nurallao [NU] 175 Cb
Nuràminis [CA] 179 BCa
Nuraxi, Nuraghe su– 173 Fa
Nuraxi de Mesu, Cantoniera– [CA] 177 Cd
Nuraxi Figus [CA] 177 Cb
Nuraxinieddu [OR] 169 Dc
Nurchidda, Nuraghe– 167 Cd
Nure, Torrente– 47 Ec
Nurecci, Monte– 173 Dab
Nureci [OR] 169 Fd
Núria, Monte– 93 Cb
Nurietta, Monte– 93 Cb
Nuritzi, Monte– 175 Cc
Nurra 165 Ba
Nurra, Monte– 165 BCa
Nurres, Monte– 167 FGc
Nurri [NU] 175 Db
Nurri, Cantoniera di– [NU] 175 Db
Nurta, Nuraghe– 175 Fa
Nus [AO] 17 Fd
Núschele, Monte– 171 CDa
Nusco [AV] 115 Cb
Nusco, Stazione di– 115 Cb
Nusenna [SI] 75 Ec
Nuvolato [MN] 49 EFb
Nuvolau 11 Dc
Nuvolento [BS] 35 Fb
Nuvolera [BS] 35 Fb
Nuxi, Monte– 175 Dc
Núxis [CA] 177 Ebc

O

Oasi del Simeto, Riserva Naturale– 155 Fc
Oasi di Crava-Morozzo, Riserva Naturale dell'– 53 Gc
Obachelle, Monte– 99 Gd
Ober Alach / Alago di Sopra [BZ] 9 Eb
Oberau / Prà di Sopra [BZ] 3 Cc
Oberbozen / Soprabolzano [BZ] 9 Gb
Oberdrauburg [A] 13 Ca
Obereggen / San Floriano [BZ] 9 GHc
Obergurgl [A] 1 FGb
Oberinn / Auna di Sopra [BZ] 9 Gb
Oberluttach / Lutago di Sopra [BZ] 3 Eb
Obernberg am Brenner [A] 3 Bab
Oberlang / Valdáora di Sopra [BZ] 3 Fc
Ober–Planitzing / Pianizza di Sopra [BZ] 9 Fc
Oberplanken / Planca di Sopra [BZ] 3 Gc
Oberrasen / Rasun di Sopra [BZ] 3 Fc
Obertall / Talle di Sopra [BZ] 1 Hc
Ober Taser / Tasa di Sopra 1 Hc
Oberthal / Valle di sopra [BZ] 1 Hlbc
Obertilliach [A] 3 Ic
Ober Vierschach / Versciaco di Sopra [BZ] 3 GHc
Obervintl / Vandóies di Sopra [BZ] 3 Dc
Oberwielenbach / Vila di Sopra [BZ] 3 EFc
Obolo [PC] 47 DEd
Óbolo, Monte– 47 DEd
Oca [VR] 37 Ed
Oca, Bec dell'– 55 Ebc
Oca, I'– [RO] 51 Fc
Occagno [CO] 21 Bc
Occhieppo Inferiore [BI] 31 BCb
Occhieppo Superiore [BI] 31 BCb
Occhio [RC] 141 Dc
Occhio, Monte– 99 Gd
Occhiobello [RO] 51 Bc
Occhione, Punta– 161 Ec
Occhito, Lago di– 101 Gd
Occiano [SA] 115 Bc
Óccido, Fiume– 131 Dd
Occimiano [AL] 45 DEb
Oche, Punta delle– 177 Bb
Oche, Rio de sa– 171 Eb
Ochsenfelder Alpe / Campobove, Malga– 3 FGbc
Oclini, Passo di– / Grimm Joch 9 Gcd
Ocosce [PG] 85 Fd
Ocre [AQ] 93 Ec
Ocre [RI] 93 Ba
Ocre, Monte– 93 Ec
Ocriculum 91 Eb
Odalengo Grande [AL] 45 BCb
Odalengo Piccolo [AL] 45 Cb
Oddastru, Rio– 161 Dc
Oddastru, Stazione– 161 Dc
Oddeu, Monte– 171 EFb
Oddie, Monte– 171 FGa
Ode, Monte– 91 Gc
Odeda [BS] 23 Bb
Odeno [BS] 23 BCd
Oderzo [TV] 25 GHd
Odescalchi, Castello– 97 Cb
Odissea 2000, Parco d'acqua– 133 Da
Odle, Le– / Geisler-Spitze 11 Bb
Ódolo [BS] 35 Fb
Oes, Nuraghe– 165 Ec
Ófanto, Fiume– 111 Cc
Ófanto, Foce dell'– 111 Db
Ofena [AQ] 93 Gbc
Offagna [AN] 79 Eb

Offanengo [CR] **33** Gc
Offerno, Monte– **93** FGc
Offida [AP] **87** DEc
Offlaga [BS] **35** Gc
Oga [SO] **7** FGc
Oggébbio [VB] **19** Fbc
Oggia, Colla d'– **63** Fbc
Oggiogno [VB] **19** FGb
Oggioli, Monte– **67** FGab
Oggiona con Santo Stéfano [VA] **31** Ga
Oggiono [LC] **21** CDd
Ogliánico [TO] **29** Ic
Ogliara [SA] **113** Gc
Ogliara, Castello di– **115** Bc
Ogliastra **175** Fa
Ogliastra, Isola dell'– **171** Gd
Ogliastri, Cocuzzo– **159** Fa
Ogliastro [CT] **155** Ccd
Ogliastro [PZ] **131** ABab
Ogliastro, Lago di– **155** Cc
Ogliastro, Punta dell'– **127** Ac
Ogliastro, Villa– [CT] **155** Ed
Ogliastro Cilento [SA] **127** Bb
Ogliastro Cilento, Stazione di– **127** ABb
Ogliastro Marina [SA] **127** Ac
Ogliera, Scoglio– **81** Bd
Óglio, Fiume– **47** Ha
Ogliolo, Torrente– **23** Bab
Óglio Nord, Parco dell'– **35** Cc
Oglio Sud, Parco dell'– **49** Cb
Ogna, Fontana d'– **117** Db
Ogna, Monte– **115** Dc
Ogna, Torrente– **21** GHc
Ognato [BS] **35** Dc
Ógnina [BS] **155** Fb
Ógnina [SR] **159** Gc
Ógnina, Capo– **159** Gc
Ognio [GE] **57** ABc
Ognissanti [BA] **119** Ba
Ognissanti [CR] **47** Hb
Oia [CN] **43** Hcd
Óira [VB] **15** DEc
Oitana [TO] **43** Gc
Ola, Nuraghe– **171** CDb
Olaca [MT] **129** Ec
Oladri, Monte– **179** Ca
Olai, Rio– **171** DEc
Olang / Valdáora [BZ] **3** Fc
Olano [SV] **55** Ccd
Olántreghe [BL] **11** Ed
Ólbia [SS] **167** EFa
Ólbia, Golfo di– **167** FGa
Olbicella [AL] **55** Eb
Olcella [MI] **31** GHb
Olcenengo [VC] **31** Fb
Ólcio [LC] **21** Cc
Olda [BG] **21** Ec
Oldenico [VC] **31** Ec
Oldésio [BS] **35** Ha
Oleggio [NO] **31** Fb
Oleggio Castello [NO] **19** Fd
Óleis [UD] **27** Fb
Olen, Colle d'– **19** Bc
Olena [FI] **75** Cb
Olengo [NO] **31** FGc
Olera [BG] **21** Fd
Olesa, Punta– **167** Cc
Olesi [PV] **47** Ac
Oletto, Rio– **167** Cc
Olévano di Lomellina [PV] **45** Fa
Olévano Romano [ROMA] **99** Cb
Olévano sul Tusciano [SA] **115** BCcd
Olévole [VB] **15** Fcd
Olfino [MN] **35** GHc
Ólgia [VB] **15** Fcd
Olgiasca [LC] **21** Cb
Olgiata [ROMA] **97** DEa
Olgiate Comasco [CO] **19** Hd
Olgiate Molgora [LC] **33** Ea
Olgiate Olona [VA] **31** Hb
Olginasio [VR] **19** FGc
Olginate [LC] **21** Dd
Olginate, Lago di– **21** Dd
Olgisio, Rocca d'– **47** Cc

Ólia, Monte– **167** DEb
Olia Speciosa [CA] **179** Fb
Olíena [NU] **171** Eb
Olíena, Rio d'– **171** Eb
Oliero [VI] **25** BCcd
Olina [MO] **59** Ed
Olinie, Monte– **171** Ecd
Oliosi [VR] **35** Hc
Oliva [AL] **45** GHd
Oliva, Masseria l'– [FG] **111** Cc
Oliva, Villa– [SR] **159** Ec
Olivadi [CZ] **137** Cc
Oliva Gessi [PV] **47** ABbc
Olivara [MO] **59** Fc
Olivarella-Corriolo [ME] **145** Ga
Olivastri di Santa Maria Navarrese **171** Gcd
Olivè [VR] **37** Cc
Olivella [FR] **107** BCa
Olivella, Monte– **127** EFd
Oliveri [ME] **145** Fb
Oliveto [AR] **75** Fc
Oliveto [BO] **59** Gc
Oliveto [RC] **141** Ec
Oliveto [RI] **93** Bc
Oliveto, Fattoria– [FI] **73** FGb
Oliveto, Torrente– **141** DEcd
Oliveto Citra [SA] **115** Dc
Oliveto Lário [LC] **21** Cc
Oliveto Lucano [MT] **129** CDa
Olivetta [IM] **63** CDc
Olivetta San Michele [IM] **63** Dc
Olivo, Isola dell'– **23** Ed
Olivo, Ponte– **157** Fd
Olivola [AL] **45** Db
Olivola [MS] **57** Gd
Olivola, Masseria– [BN] **109** Bc
Olivone [Svizz.] **5** Db
Ollastra [OR] **169** Ec
Olle [TN] **25** Ab
Ollolai [NU] **171** CDb
Ollomont [AO] **17** Ec
Olme [TV] **39** Db
Olmeda [VA] **19** FGbd
Olmeneta [CR] **35** Da
Olmeto [PG] **85** Bbc
Olmi [CH] **101** Db
Olmi [PT] **67** Dc
Olmi [TV] **39** DEab
Olmi, Monte degli– / Ilmenspitz **9** Dbc
Olmo [AR] **75** FGc
Olmo [FI] **67** FGc
Olmo [GE] **55** Gc
Olmo [LO] **33** Fd
Olmo [PC] **47** Dc
Olmo [PD] **39** Bc
Olmo [PD] **51** CDa
Olmo [RE] **49** Bcd
Olmo [SO] **5** FGcd
Olmo [VI] **37** Eb
Olmo, l'– [NA] **113** BCc
Olmo, l'– [PG] **77** BCcd
Olmo, Masseria– [CT] **155** Dc
Olmo, Monte dell'– **91** Dcd
Olmo, Poggio all'– **75** Ec
Olmo, Serra dell'– **121** Gab
Olmo al Brembo [BG] **21** EFc
Olmo Gentile [AT] **55** Cb
Olocchia, Torrente– **19** Cc
Olólvica, Punta– **167** CDb
Olona, Fiume– **33** Dd
Olpeta, Fosso– **89** Ga
Oltre il Colle [BG] **21** Fc
Oltrefiume [VB] **19** EFc
Oltrepò Pavese **47** ABbc
Oltressenda Alta [BG] **21** Gc
Oltris [UD] **13** Bc
Oltro, Cima d'– **11** Cd
Oltrona di San Mamette [CO] **19** Hd
Olza [PC] **47** Fb
Olzai [NU] **171** Cb
Olzai, Rio d'– **171** Cbc
Olzano [CR] **33** Gd
Omate [MI] **33** Eb
Ombladet, Cima– **13** Bb

Ombriano [BS] **23** Bd
Ombriano [CR] **33** Fc
Ombrone, Fiume– **81** Hd
Ombrone, Torrente– **67** Gd
Ome [BS] **35** Db
Omegna [VB] **19** Ec
Ómero [IS] **101** Bcd
Ómero, Rio dell'– **101** Bcd
Omignano [SA] **127** Bc
Omignano Scalo [SA] **127** Bc
Ómio, Rifugio– **5** Hd
Omo, Cima dell'– **65** Gb
Omo, Monte– **53** Cc
Omodeo, Lago– **169** Fb
Onach / Onies [BZ] **3** Ec
Onamarra, Punta– **171** Fb
Onanì [NU] **167** Ecd
Onano [VT] **83** Ed
Onara [PD] **37** GHb
Oncédis [UD] **13** Dd
Oncino [CN] **53** CDa
Onda Blu, Acquapark– **87** Fd
Ondazzurra, Parco– **95** CDa
Ondini, Gli– [BI] **31** BCa
Onè [TV] **25** Dd
Oneda [VA] **19** FGd
Oneglia [IM] **63** Gc
Onelli [PG] **85** Gd
Oneta [BG] **21** FGc
Oneto [PG] **85** Bc
Onferno [RN] **71** Dc
Onferno, Riserva Naturale di– **71** Dc
Onfiano [RE] **59** Dbc
Ongarie [TV] **39** Cb
Ongaro Inferiore, Bonifica– **41** Bc
Ongina [PC] **47** Gc
Ongina, Torrente– **47** Gc
Oni [VR] **49** Ha
Onifai [NU] **171** Fa
Oníferi [NU] **171** CDb
Oníferi, Stazione d'– **171** CDab
Onigo di Piave [TV] **25** Dc
Onna [AQ] **93** Ebc
Onno [LC] **21** Cc
Ono Degno [BS] **23** Cd
Onoranza [FG] **109** Hab
Onórcolos, sos– [SS] **167** Ec
Onore [BG] **21** GHc
Ono San Pietro [BS] **23** Bb
Ontagnano [UD] **27** Gc
Ontaneta [FC] **69** Dbc
Ontani, Piano degli– [PT] **67** Cb
Ontignano [FI] **67** FGd
Onzato [BS] **35** DEc
Onzo [SV] **63** Gb
Opaco, l'– [FI] **67** Gc
Ópera [MI] **33** Dc
Opi [AQ] **99** GHc
Opi [AQ] **93** Ec
Oppeano [VR] **37** CDd
Oppi [VR] **37** Dcd
Oppi [VR] **49** Gab
Oppiano [PR] **47** GHd
Óppia Nuova [SS] **165** Fb
Óppido [BN] **115** CDbc
Óppido Lucano [PZ] **117** BCc
Óppido Lucano, Fermata– **117** Bc
Óppido Mamertina [RC] **141** Fb
Oppio, Masseria– [FG] **109** Bc
Oppioli [VR] **49** Gab
Ora / Auer [BZ] **9** Fcd
Oramala [PV] **47** Bc
Oramara, Monte– **57** Cb
Orani [NU] **171** CDb
Orasso [NO] **19** Fb
Orata, Torrente– **115** Eb
Oratidido, Nuraghe– **169** Cb
Oratino [CB] **101** Ed
Orazio, Villa d'– **99** Ba
Orba, Torrente– **45** Ec
Orbai [CA] **177** Bc
Orbassano [TO] **43** Gb
Orbetello [GR] **89** Db
Orbetello, Laguna di– **89** Db

Orbetello, Oasi di Protezione di– **89** Db
Orbetello Scalo **89** Db
Orbicciano [LU] **65** Fc
Orcenico Inferiore [PN] **27** Bc
Orcenico Superiore [PN] **27** Bc
Orceto [PI] **73** Db
Orchi [CE] **107** CDbc
Orcia, Fiume– **83** Cc
Orciano, Stazione di– **73** Cbc
Orciano di Pésaro [PU] **71** Fd
Orciano Pisano [PI] **73** CDbc
Orciático [PI] **73** Ec
Orco [SV] **55** CDd
Orco di Locana, Valle dell'– **29** Gc
Orco, Toppa dell'– **127** Cd
Orco, Torrente– **29** Id
Orco Feglino [SV] **55** CDd
Ordignai, Nuraghe d'– **171** FGa
Ordini, Monte– **175** Fcd
Orditano, Monte– **55** Fb
Ordona [FG] **109** Gbc
Orecchia di Lepre, l'– / Hasenöhrl **9** Db
Orecchiella, Riserva Naturale– **59** Cd
Oregne [BL] **25** Db
Oregone, Passo dell'– **13** Bb
Oregone, Passo dell'– (I) = Hochalpljoch **13** Bb
Orello, Monte– **81** Cd
Oreno [MI] **33** DEb
Orentano [PI] **67** BCd
Orero [GE] **57** Bc
Orero [GE] **55** Gb
Orestano, Rifugio– **147** Fc
Oreto, Fiume– **147** Bb
Orezzo [PG] **85** Gd
Orezzoli [PC] **57** Cb
Orfano, Mont'– **19** Ec
Orfano, Monte– **35** Cb
Orfengo [NO] **31** EFc
Orfento, Fiume– **95** Ccd
Orgel–Spitze / Lasa, Punta di– **9** Cb
Orgia [SI] **75** Cd
Orgials, Vallone d'– **53** Cd
Orgiano [VI] **37** Ec
Orgiere [TO] **43** Dc
Orgnano [UD] **27** Dbc
Orgnano [VR] **37** Dc
Orgnese [PN] **27** Bab
Orgorui, Nuraghe– **171** Db
Orgosa di Púglia [FG] **109** Ec
Orgósolo [NU] **171** Eb
Orguoda, Monte– **171** EFcd
Ori, Monte– **9** Ec
Ori, Monte– / Sam **9** Ebc
Ória [BR] **123** Cbc
Oria [CO] **21** Bb
Oriago [VE] **39** Cc
Oriani, Case– [BS] **35** EFc
Oriano [PR] **57** Gb
Oriano Ticino [VA] **19** Fd
Oricola [AQ] **99** Ca
Oricola–Pereto, Stazione di– **99** Ca
Origgio [VA] **33** BCb
Origlio, Monte– **115** Ea
Orimini, Masseria– [TA] **119** Dc
Orimini, Masseria– [TA] **121** Dc
Orino [VA] **19** Gc
Ório al Sério [BG] **33** Ga
Ório al Sério, Aeroporto Internazionale di– **33** Gab
Ório Canavese [TO] **31** Bcd
Ório Litta [LO] **47** Dab
Oriolo [BS] **35** EFb
Oriolo [CS] **129** Ed
Oriolo [PV] **45** GHb
Oriolo Romano [VT] **91** Ccd
Oristano [OR] **169** Dc
Oristano, Golfo di– **169** CDcd
Oritti, Nuraghe– **171** BCbc
Orizanna, Nuraghe– **171** Da
Orlando, Capo d'– **145** Dab
Orme, Monte– **55** Dc

Orme, Torrente– **67** Dd
Orméa [CN] **63** Fab
Ormea, Pizzo d'– **63** EFa
Ormelle [TV] **25** Gd
Ormelune, Monte– **29** Db
Ormeto, Fosso– **97** Fa
Ornago [MI] **33** Eb
Ornano Grande [TE] **93** Fa
Ornaro [RI] **91** GHc
Ornella [BL] **11** Cbc
Orneta [AV] **109** Cc
Ornetto [SP] **57** Ec
Órnica [BG] **21** Ebc
Ornina [AR] **75** Fb
Ornischeck = Arnese, Monte– (I) **3** Hc
Ornito [SA] **115** Bc
Oro [PG] **83** Gbc
Oro, Cima d'– **23** Ec
Oro, Monte d'– [FR] **107** ABb
Oro, Monte d'– [PA] **147** Fc
Oro, Monte d'– [PU] **71** Dd
Oro, Monte d'– [RC] **141** Ec
Oro, Monte– [SR] **159** Fcc
Oro, Monte– [VT] **91** BCa
Oro, Serra d'– **129** Dc
Orocco, Monte– **57** Dc
Orolo, Nuraghe– **165** Ed
Oropa [BI] **31** Bb
Orosei [NU] **171** Ga
Orosei, Golfo di– **171** Gb
Orosei, Monte– **171** Fc
Orotelli [NU] **171** Cb
Orotelli, Serra d'– **171** Ca
Orri, Monte– **177** Eb
Órria [SA] **127** BCc
Órria, Nuraghe– **163** Ed
Orrido di Botri, Riserva Naturale– **67** Bb
Orriola, Monte– **167** Db
Órrios, Serra– **171** Fab
Orrisezzo, Monte– **169** Fb
Orroli [NU] **175** Dd
Orroli, Serra– **175** Ea
Orru, Cúccuru– **175** Dd
Orrú, Monte– **175** Da
Orrubiu, Monte– **171** Dd
Orsago [TV] **25** Gc
Orsano [NA] **113** Fc
Orsano [PG] **85** EFc
Orsara [BO] **61** Bd
Orsara Bórmida [AL] **55** Ea
Orsara di Púglia [FG] **109** Ec
Orsária [UD] **27** Fb
Orsaro, Monte– [AL] **55** Dbc
Orsaro, Monte– [It.] **57** FGc
Orsello, Monte– **93** Ec
Orsenigo [CO] **21** BCd
Orsetti, Monte– **121** Eab
Orsi [CZ] **137** BCa
Orsiera, Monte– **43** Db
Orsiera–Rocciavrè, Parco Naturale– **43** DEb
Orsières [Svizz.] **17** Db
Orsigliadi [VV] **139** BCb
Orsigna [PT] **67** Db
Orsigna, Monte– **67** Db
Orsin [AO] **19** ABc
Orsino, Monte– **149** Fcd
Orso, Capo d'– [SA] **113** Gd
Orso, Capo d'– [SS] **161** Eb
Orso, Col dell'– **25** CDc
Orso, Colle dell'– **93** Ecd
Orsogna [CH] **95** Dc
Orsoleto [RN] **71** CDb
Orsolina, Casa– [BL] **11** Eb
Orsolina, Case– [BL] **11** Fb
Orsomarso [CS] **131** Cc
Orsone, Monte– **91** Ca
Orta, Lago d'– (Cusio) **19** Ecd
Ortacesus [CA] **175** Dd
Orta di Atella [CE] **113** Db
Ortanella [LC] **21** CDbc
Ortano, Isolotto d'– **81** Dd
Orta Nova [FG] **109** Hbc
Orta Nova, Stazione di– **109** Hb
Orta San Giulio [NO] **19** Ed

Orte [VT] **91** Eb
Orte, Fiume– **95** Cd
Ortelle [FR] **99** Dd
Ortelle [LE] **125** Fc
Orte Scalo **91** Eb
Ortezzano [AP] **87** Db
Orti [AL] **45** Ec
Orti [RC] **141** Ec
Orti [VR] **49** Ga
Orti, Casa l'– [GR] **83** Bd
Ortiano, Torrente– **133** Db
Orticelli [RO] **51** Eb
Ortigara, Monte– **25** ABbc
Ortiglieto, Lago di– **55** Eb
Ortignano [AR] **69** De
Ortignano Raggiolo [AR] **69** Dd
Ortimino [FI] **73** Gb
Ortisei / Sankt Ulrich in Gröden [BZ] **11** ABb
Orti su Loi [CA] **179** BCc
Ortler / Órtles **7** Hbc
Ortlergruppe / Órtles **9** BCc
Órtles / Ortler **7** Hbc
Órtles / Ortlergruppe **9** BCc
Orto [ME] **141** Cb
Orto, Rio su– **171** Cb
Ortobene, Monte– **171** Eab
Ortodónico [SA] **127** ABc
Ortolano [AQ] **93** Ea
Ortolu, Nuraghe– **165** Eb
Orton [PN] **13** Dc
Ortona [CH] **95** Eb
Ortona dei Marsi [AQ] **99** Gab
Ortonovo [SP] **65** Db
Ortovero [SV] **63** Gb
Ortu [CA] **173** Db
Ortuábis, Cantoniera– [NU] **175** CDc
Ortuábis, Stazione d'– **175** Ca
Ortúcchio [AQ] **99** Fb
Ortueri [NU] **169** Fb
Ortueri, Rio d'– **171** BCc
Orturano [MS] **57** Fcd
Orune [NU] **171** Ea
Orvieto [TR] **83** Gd
Orvieto Scalo [TR] **83** Gd
Orvìnio [RI] **93** Bd
Orzaglia [LU] **65** Ea
Orzale [AR] **75** Gcd
Orzano [UD] **27** EFb
Orzes [BL] **25** Db
Orzili, Monte– **175** Fa
Orzinuovi [BS] **35** Cc
Orzivecchi [BS] **35** Cc
Osa [TR] **85** Bd
Osa, Fosso dell'– **97** Gb
Osa, Osteria dell'– **97** Gb
Osa, Terme dell'– **89** CDa
Osa, Torrente– **89** Da
Osacca [PR] **57** Eb
Osáis [UD] **13** Bb
Osalla, Cala di– **171** FGab
Osarella [TR] **83** GHd
Osásio [TO] **43** Gc
Oscano [PG] **85** BCab
Oscasale [CR] **33** Gd
Oscata [AV] **115** Ga
Oscata Inferiore [AV] **115** DEa
Oschiena [VC] **31** Dd
Óschina, Nuraghe– **169** Eb
Óschiri [SS] **167** Cb
Óschiri, Monte– **163** DEc
Óschiri, Rio di– **167** Cb
Ose, Torrente– **85** Db
Oseacco [UD] **13** Bb
Oseli, Monte– **171** Fc
Oselin, Canale dell'– **39** Cc
Oselle [TO] **43** Hcd
Osellin [RO] **51** Fb
Osento, Fiume– **95** Fcd
Osento, Torrente– **115** Fb
Osero, Monte– **47** Dc
Oserot, Monte– **53** BCc
Osesa, Monte– **55** Ha
Osidda [NU] **167** Dc
Osiglia [SV] **55** Cd

Osiglia, Lago di– 55 Cd
Osigo [CO] 21 Cc
Osigo [TV] 25 FGbc
Ósilo [SS] 165 DEa
Ósimo [AN] 79 Ec
Ósimo Stazione [AN] 79 Fbc
Ósini [NU] 175 Eab
Ósio Sopra [BG] 33 Fb
Ósio Sotto [BG] 33 Fb
Oslávia [GO] 27 Gc
Osmate [VA] 19 FGd
Osnago [LC] 33 Eab
Osogna [Svizz.] 5 Dcd
Ósoli [AP] 87 Cc
Osoppo [UD] 13 Dd
Ospedale, Masseria– [LE] 123 FGc
Ospedaletti [IM] 63 Ed
Ospedaletto [FC] 61 Ed
Ospedaletto [FC] 69 Ec
Ospedaletto [LT] 99 Bd
Ospedaletto [PI] 65 Fd
Ospedaletto [RE] 59 Eab
Ospedaletto [RN] 71 Dbc
Ospedaletto [TN] 25 Bb
Ospedaletto [TR] 85 Bcd
Ospedaletto [TV] 39 Cab
Ospedaletto [UD] 13 Dd
Ospedaletto [VI] 37 Fb
Ospedaletto d'Alpinolo [AV] 113 Gb
Ospedaletto Eugáneo [PD] 51 Ba
Ospedaletto Lodigiano [LO] 47 Dab
Ospedalicchio [PG] 85 CDb
Ospiate [MI] 33 Cb
Ospitale [FE] 51 Ac
Ospitale [MO] 67 Cab
Ospitale di Brenta [PD] 37 Gb
Ospitale di Cadore [BL] 11 Ecd
Ospitale di Zoldo [BL] 11 Ed
Ospitaletto [BS] 35 Db
Ospitaletto [MN] 49 Cb
Ospitaletto [MO] 59 Fc
Ospitaletto [RE] 59 Bd
Ospitaletto [RO] 51 Bc
Ospital Monacale [FE] 61 Cab
Ossa, Grotta delle– 127 Cd
Ossago Lodigiano [LO] 33 Fd
Ossáia [AR] 75 GHd
Ossalengo [CR] 47 FGa
Ossana [TN] 9 Cd
Ossanesga [BG] 33 Fa
Ossano [RA] 61 Cd
Ossano, Masseria– [LE] 125 Eb
Ossegna [SP] 57 Dc
Ossena, Torrente– 155 DEd
Ossenigo [VR] 37 Bab
Ossi [SS] 165 Dab
Óssimo [BS] 23 Bc
Óssimo Inferiore [BS] 23 Bc
Óssimo Superiore [BS] 23 Bc
Osso [VB] 15 Dc
Ossola 15 DEcd
Ossola, Val d'– 19 Db
Ossolaro [CR] 47 Fa
Ossona [MI] 31 Hbc
Ossoni, Monte– 163 Ec
Ossuccio [CO] 21 BCc
Osta [AL] 45 Cab
Ostana [CN] 53 Da
Ostanetta, Punta d'– 43 Ed
Ostano, Monte– 19 Dc
Ostellato [FE] 51 Dd
Ósteno [CO] 21 Bbc
Osteria [CN] 55 Bb
Osteria [CN] 45 Bd
Osteria, l'– [CA] 177 Ebc
Osteriaccia, l'– [TR] 83 Fc
Osteria della Fontana 99 Cc
Osteria di Piavola [FC] 69 Fb
Osteria Grande [BO] 61 ABc
Osterianova [MC] 79 Ec
Osteria Nuova [FI] 67 FGd
Osteria Nuova [PU] 71 Ec
Osteria Nuova [PU] 77 Db
Osteria Nuova [ROMA] 97 Da
Osternig, Monte– 13 FGb
Óstia 97 Dc

Óstia Antica [ROMA] 97 Dc
Ostiano [CR] 47 Ha
Ostia Parmense [PR] 57 EFb
Ostiglia [MN] 49 Fb
Ostigliano [SA] 127 Bbc
Óstina [FI] 75 DEab
Ostra [AN] 79 Cb
Ostra Antica 79 Cb
Ostra Vétere [AN] 79 Cb
Ostuni [BR] 119 Fc
Óten, Monte d'– 11 Ebc
Óten, Valle d'– 11 EFc
Otra [VB] 19 Dc
Otra [VC] 19 Ccd
Otranto [LE] 125 FGc
Otranto, Canale d'– 125 Gbc
Otranto, Capo d'– 125 FGc
Otranto, Terra d'– 123 EGcd
Otrícoli [TR] 91 Eb
Otro, Val d'– 19 Ec
Ottaggi [PG] 85 Fc
Ottana [NU] 171 Cbc
Ottano [IM] 63 Fb
Ottati [SA] 127 Cb
Ottava [SS] 163 Cd
Ottava Presa [VE] 41 BCc
Ottavello [PC] 47 Dc
Ottávia [ROMA] 97 Eb
Ottaviano [NA] 113 Eb
Ottaviano, Villa– [RG] 159 Cc
Ottavio, Monte– 153 CDc
Óttavo [FI] 75 Db
Ottíglio [AL] 45 CDb
Ottignana [FC] 69 Db
Ottiolu [NU] 167 Gb
Ottiolu, Punta d'– 167 Gb
Ottobiano [PV] 45 FGab
Ottone [PC] 57 BCb
Ouille, Monte– 29 Da
Oulme [TO] 43 Cb
Oulx [TO] 43 Bb
Ova [AL] 45 FGc
Ovada [AL] 55 Eb
Ovanengo [BS] 35 Cc
Ovara, Serra– 171 CDc
Ovarda, Torre d'– 29 Fd
Ovaro [UD] 13 Cbc
Ovasta [UD] 13 BCbc
Ovedasso [UD] 13 Db
Ovesca, Torrente– 19 Db
Ovette Malu 171 Ec
Ovidio, Villa d'– 99 Ha
Ovíglia [TO] 45 Abc
Oviglio [AL] 45 Dc
Ovile Nazionale [FG] 109 FGb
Ovindoli [AQ] 93 EFd
Ovo, Capo dell'– 123 BCd
Ovodda [NU] 171 Cc
Ovoledo [PN] 27 Bc
Ovrano [AL] 55 Dab
Oxentina, Torrente– 63 Ec
Oyace [AO] 17 Fc
Ozegna [TO] 29 Ic
Ozein [AO] 29 Fab
Ozieri [SS] 167 BCc
Ozieri, Rio d'– → Mannu, Rio– 165
    Fb
Ozol, Monte– 9 Ec
Ozzano dell'Emilia [BO] 61 Ac
Ozzano Monferrato [AL] 45 Db
Ozzano Taro [PR] 57 Ga
Ozzastru, Nuraghe– 165 Eb
Ózzero [MI] 33 Bc
Ozzola [PC] 57 Ca

P

Pabillónis [CA] 173 Eb
Pabillónis, Stazione di– 173 Eb
Pacciano, Torre di– [BA] 111 Ec
Pace [ME] 141 Dbc
Pace [RI] 93 Cc
Pace, la– [AR] 75 Fd
Pace, la– [FG] 103 Fcd

Pace, la– [MC] 79 Ecd
Pace, Monte– 141 CDb
Pace, Santuario della– 55 DEc
Paceco [TP] 149 Dc
Pace del Mela [ME] 141 Bb
Pacengo [VR] 35 Hc
Pacentro [AQ] 99 Ha
Pachino [SR] 159 Fd
Paci, Rifugio– 87 Dd
Paciano [PG] 83 Gb
Pácina [SI] 75 Dcd
Pacini, Rifugio– 67 Eb
Padano Polesano, Collettore– 51 Fb
Pade, Punta sa– 167 Dd
Padedda, Punta– 163 ABd
Padenghe sul Garda [BS] 35 FGbc
Paderna [AL] 45 Gcd
Paderna [PC] 47 Ec
Paderna [RE] 59 CDb
Paderna [RE] 59 Db
Padernello [MC] 77 Gd
Padernello [TV] 39 Cab
Paderno [BG] 33 Ga
Paderno [BL] 25 Eb
Paderno [BO] 59 Hc
Paderno [FC] 69 FGb
Paderno [FC] 69 Gc
Paderno [TV] 39 Da
Paderno [UD] 27 Fb
Paderno d'Adda [LC] 33 Ea
Paderno del Grappa [TV] 25 Dcd
Paderno Dugnano [MI] 33 CDb
Paderno Franciacorta [BS] 35 Db
Paderno Ponchielli [CR] 35 Cd
Padiglione [AN] 79 Ec
Padiglione, Bosco di– 105 BCa
Padiglione, Monte– 99 Da
Padiglione, Stazione– 105 Ba
Padivarma [SP] 57 Ed
Pado [ME] 145 Dbc
Pádola [BL] 11 Fb
Padola, Valle– 11 FGb
Padon, Monte– 11 Cc
Padonchia [AR] 77 Bc
Padova [PD] 39 Bc
Padova, Rifugio– 11 Fc
Padre Eterno 111 Fcd
Padre Eterno [CH] 95 Fcd
Padri [PC] 47 DEcd
Padri, i– [VI] 23 Id
Pádria [SS] 165 Dc
Padriciano [TS] 41 Hlc
Padri Passionisti, Convento dei– 89
    CDb
Padrogiano [SS] 167 Fa
Padrogiano, Fiume– 167 EFa
Padru [SS] 167 EFb
Padru, Monte– 161 Dc
Padru Maggiore, Nuraghe– 169 Da
Padru Mannu [NU] 165 Ec
Padula [SA] 127 Cbc
Padula [TE] 93 Ea
Padule [FI] 67 Gc
Padule [PG] 77 Ecd
Paduledda [SS] 163 Fbc
Paduli [BN] 109 Ccd
Paduli, Lago– 57 Gcd
Paduli, Stazione di– 109 BCcd
Padulle [BO] 59 Hb
Padulo, Cantoniera– [SS] 167 Ca
Paesana [CN] 53 Da
Paese [TV] 39 CDab
Paestum [SA] 127 ABb
Paestum (Tempio di Cerere–Tempio
    di Nettuno) 127 ABb
Pagana, Poggio della– 89 Bb
Paganella 23 Gb
Paganella, Monte– 135 Eb
Pagani [SA] 113 Fc
Pagani, Masseria– [LE] 125 CDbc
Paganía Vallonecupo [CS] 131 Fd
Pagánica [AQ] 93 Eb
Pagánica, Stazione di– 93 Ebc
Pagánico [FC] 69 Ec
Pagánico [GR] 83 Bc
Pagánico [PU] 71 Cd

Pagánico [RI] 93 BCc
Paganina [PI] 73 Fd
Pagano, Dosso– 23 Gc
Pagano, Monte– [BS] 7 FGd
Pagano, Monte– [It.] 101 BCc
Pagano, Monte– [ME] 145 Bbc
Pagano, Serra– 131 BCcd
Paganúccio, Monte– 77 Fb
Pagazzano [BG] 33 FGb
Pagazzano [PR] 57 Fb
Paggese [AP] 87 Cd
Paggi [GE] 57 Cc
Paghera [BS] 23 Cc
Pagino [PU] 71 Ede
Páglia, Fiume– 83 Gd
Paglia, Portella della– 147 Bb
Páglia, Porto– 177 Cb
Paglia, Torrente– 83 Ed
Pagliana [FI] 67 FGb
Paglian Casale [ROMA] 97 Fc
Pagliano [MC] 77 Gd
Pagliara [AQ] 99 Da
Pagliara [ME] 141 Ccd
Pagliara, la– [CE] 107 Dcd
Pagliare [AP] 87 Ec
Pagliare [AQ] 93 Db
Pagliare [AQ] 93 Gc
Pagliarella, Trivio– [KR] 133 Fc
Pagliarelle [KR] 133 Dd
Pagliarelle, Monte– 107 Gbc
Pagliarelli [CH] 95 FGcd
Pagliaro, Monte– [GE] 57 Bbc
Pagliaro, Monte– [ROMA] 99 Bb
Pagliaroli [TE] 93 Fa
Pagliarolo, Punta– 127 Abc
Pagliarone [IS] 101 Cc
Pagliarone, Masseria– [FG] 109 GHc
Pagliarone, Monte– 109 Db
Pagliaro Superiore [AL] 55 Ha
Pagliate [AN] 145 Dbc
Paglicci, Grotta– 103 Dcd
Pagliéres [CN] 53 Dc
Pagliericcio [AR] 69 CDd
Pagliete, Bonifica delle– 97 Db
Paglino [VB] 15 CDc
Paglione, Monte– 19 Gb
Pagliosa, Isola– 165 Cc
Pagnacco [UD] 27 DEb
Pagnána [FI] 67 Dd
Pagnano [TV] 25 Dd
Pagno [CN] 53 Eb
Pagno [FC] 69 Fc
Pagnona [LC] 21 Db
Pago, il– 93 DEb
Pago, Monte lo– 93 Ed
Pago del Vallo di Lauro [AV] 113
    Fb
Pago Veiano [BN] 109 Cc
Pai [VR] 35 Hab
Paiano, Monte– 145 Gc
Paidorzu, Monte– 167 Cc
Paiere [TO] 43 Fb
Paiesco [VB] 15 Ed
Páina [MI] 33 Dab
Painale, Pizzo– 7 Dd
Paion, Rifugio– 9 GHd
Pairana [PV] 33 Dcd
Pairola [IM] 63 Dc
Paisco [BS] 23 Bb
Paisco, Val– 23 Bb
Paisco Loveno [BS] 23 Bb
Paitone [BS] 35 Fb
Pala [VB] 19 Fbc
Pala, Cimon della– 11 BCd
Pala, Monte– 25 Ccd
Pala Alta 25 Ea
Pala Barzana, Forcella di– 27 ABa
Palabione, Monte– 21 Hlb
Palacéris, Casa– [CA] 177 Fcd
Palade, Passo delle– / Gampen
    Joch 9 Eb
Paladina [BG] 21 Ed
Paladíni, Masseria– [LE] 123 Gc

Paladino, Monte– 137 Cc
Pala 'e Rúghes, Nuraghe– 171 BCa
Palafavera, Casera– [BL] 11 Dc
Palágano [MO] 59 Dcd
Palagianello [TA] 121 Db
Palagiano [TA] 121 Eb
Palagiano–Móttola, Stazione– 121
    Eb
Palágio [FI] 73 Fbc
Palagogna, Masseria– [BR] 123
    Cab
Palagonía [CT] 155 Dcd
Palagonía, Stazione di– 155 Ecd
Palai, Punta– 165 Fcd
Paláia [PI] 73 Eb
Palamara, Timpone– 131 Gab
Palancane, Masseria– [FG] 103
    Dcd
Palanfrè [CN] 63 CDa
Palanfrè, Bosco e Laghi di– 63 Cab
Palanuda, Monte– 131 CDbc
Palanzano [PR] 57 Hc
Palanzone, Monte– 21 Cc
Palar, Torrente– 13 Dd
Palascia, la– [LE] 125 FGc
Palata [BO] 49 Gd
Palata [CB] 101 Fb
Palata, Masseria– [FG] 109 Hab
Palatimone, Monte– 149 Eb
Palau [SS] 161 Eb
Palazza [SA] 127 BCc
Palazza, la– [AR] 77 Bab
Palazza, la– [BO] 61 BCc
Palazzago [BG] 21 Ed
Palazzata [MC] 79 CDd
Palazzelli [SR] 155 Ec
Palazzello [CS] 135 Ca
Palazzetta [SI] 75 Dd
Palazzetto [SI] 81 Hb
Palazzetto [VE] 41 Ac
Palazzi [AR] 69 Gd
Palazzi [PI] 73 Eb
Palazzi [PU] 77 Dab
Palazzi, i– [RO] 51 Cc
Palazzi di Diamantina [FE] 51 ABc
Palazzina [SI] 75 CDd
Palazzina [VR] 37 BCc
Palazzina, la– [CE] 107 Fb
Palazzina, la– [PI] 65 Ed
Palazzina, la– [SI] 83 Ec
Palazzina d'Ete [AP] 87 Eb
Palazzina di Caccia di Stupinigi–
    43 Gbc
Palazzo [AL] 45 Gcd
Palazzo [AN] 77 Gb
Palazzo [LI] 81 Dd
Palazzo [MC] 77 Gd
Palazzo [MC] 79 Cc
Palazzo [PG] 85 Db
Palazzo, il– [FI] 69 Cc
Palazzo, il– [PZ] 127 Fa
Palazzo, Punta– 147 Bc
Palazzo, Riserva Naturale– 73 Gd
Palazzo Adriano [PA] 151 Ga
Palazzo al Piano [SI] 73 Gd
Palazzo Bovarino [TR] 85 Bcd
Palazzo Canavese [TO] 31 Bc
Palazzo d'Ascoli [FG] 109 FGc
Palazzo della Piana 131 Fbc
Palazzo del Pero [AR] 75 Gc
Palazzo del Piano [PU] 71 Ed
Palazzo Lanzi [LI] 81 Dd
Palazzolo [FI] 67 Gd
Palazzolo [MI] 33 CDb
Palazzolo [PG] 77 Fd
Palazzolo [VR] 35 Hc
Palazzolo Acréide [SR] 159 Eb
Palazzolo dello Stella [UD] 27 Dd
Palazzolo sull'Óglio [BS] 35 Cb
Palazzolo Vercellese [VC] 45 Ca
Palazzo Magrano [PG] 77 Ed
Palazzo Mancinelli [PG] 77 Fd
Palazzo Moneta [VR] 37 Dc
Palazzo Mucci [PU] 77 Cab
Palazzone [PG] 77 BCc
Palazzone [SI] 83 Db

Palazzone [SI] 83 Fc
Palazzo Pignano [CR] 33 Fc
Palazzo Rossi [BO] 59 Hc
Palazzo San Gervásio [PZ] 117 Bb
Palazzo Tamba [RA] 61 Db
Palazzuolo [AR] 75 Ec
Palazzuolo Alto [AR] 75 Ec
Palazzuolo sul Sénio [FI] 69 Cb
Palcano [PU] 77 Ebc
Palchisce [GO] 27 Gc
Palco, Monte– 153 Dc
Pale [PG] 85 Ebc
Pale, Grotta di– 85 Ebc
Pale dei Balconi 11 Cd
Palena [CH] 101 Bab
Palena, Stazione di– 101 Bb
Palentúccio [MC] 85 FGb
Pal'e Nuraghi 175 Dab
Paléparto, Monte– 133 Cb
Palera [TO] 43 Hbc
Palermiti [CZ] 137 Cc
Palermo [PA] 147 Cb
Palermo [TP] 151 Ba
Palermo, Golfo di– 147 Cab
Palermo–Boccadifalco, Aeroporto–
    147 Bb
Palermo–Punta Raisi, Aeroporto
    Internazionale di– 149 Ga
Palese, Serra– 117 Ec
Palesella [VR] 49 Fb
Palese–Mácchie [BA] 111 Gcd
Palestrina [ROMA] 99 Bbc
Palestrina, Stazione di– 97 GHbc
Palestro [PV] 31 Fa
Palestron [BZ] 11 Cab
Palevierte, Monte– 13 Dc
Pali, Masseria i– [LE] 125 Ed
Paliano [FR] 99 Cc
Palidano [MN] 49 Dc
Palidoro [ROMA] 97 CDb
Palidoro, Marina di– [ROMA] 97 Cb
Palino, Monte– 7 Dd
Palino, Serra– 109 Fcd
Palinudo [CS] 135 Ec
Palinuro [SA] 127 Cd
Palinuro, Capo– 127 Cd
Palistro, Fiume– 127 Cc
Palizzi [RC] 141 Fd
Palizzi, Torrente– 141 Fd
Palizzi Marina [RC] 141 Fd
Palla Bianca / Weißkugel 1 Ec
Pallagorio [KR] 133 Ec
Pallano, Monte– 101 Da
Pallanza [VB] 19 Fc
Pallanzeno [VB] 19 Db
Pállare [SV] 55 Ccd
Pallareta, Monte– 129 Cd
Pallavicino [AL] 45 Hd
Pallavicino [PA] 147 BCab
Pallerone [MS] 57 FGd
Palleroso [LU] 65 Fb
Palline [BS] 21 Hc
Pallon, Monte– 25 Dc
Pallosu, Cala su– 169 Cb
Pallosu, su– [OR] 169 Cb
Pallusieux [AO] 17 CDd
Palma [TP] 149 CDc
Palma, Castello di– 157 Ccd
Palma, Fiume– 157 Ccc
Palma, Monte– 173 Cc
Palma Campania [NA] 113 Fb
Palma di Montechiaro [AG] 157 Cc
Palmadula [SS] 165 ABa
Palmaiola, Isola– 81 Cb
Palmano, Masseria– [RG] 159 Dc
Palmanova [UD] 27 Ec
Palmaria, Isola– 65 BCb
Palmariggi [LE] 125 Fc
Palmarini [BR] 123 Eb
Palmaro [GE] 55 Fc
Palmarola, Isola– 105 ins.a
Pálmas, Golfo di– 177 CDcd
Pálmas, Porto– 165 Aa
Pálmas, Rio– 177 Dcc
Pálmas Arboréa [OR] 169 Dc
Palmático [CZ] 137 BCab

Palmavera, Nuraghe– 165 Bb
Palmeto, Monte– 149 Gb
Palmi [RC] 139 BCc
Palmiano [AP] 87 Cc
Palmieri, Rifugio– 11 Dc
Palmina, Monte– 11 Ccd
Palmirano [FE] 51 Cd
Pálmoli [CH] 101 Eb
Palmori [FG] 109 Fa
Palmschoß / Pláncios 3 Dc
Palo [ROMA] 97 Cb
Palo [SV] 55 Ebc
Palò [TN] 23 Ec
Palo, Monte– 35 Ea
Palóbbia, Torrente– 23 Cc
Palo del Colle [BA] 117 Ga
Palodina, Monte– 65 Fb
Palomba, Fosso– 99 Cc
Palombaio [BA] 111 Fd
Palombara [TE] 93 Gb
Palombara [TR] 83 FGcd
Palombara [TR] 91 Fa
Palombara, Masseria– [BR] 123 Dbc
Palombara, Masseria la– [BR] 123 Cc
Palombara, Osteria– 99 Dd
Palombara–Marcellina, Stazione di– 97 Gab
Palombara Sabina [ROMA] 97 Ga
Palombare [TR] 91 Ga
Palombarese, Via– 97 Fb
Palombaro [CH] 95 Dd
Palombaro, Torre del– 137 Dc
Palombe, Grotta delle– 145 Fcd
Palombi [MC] 87 Cb
Palombina Nuova [AN] 79 Eb
Palombina Vecchia [AN] 79 Eb
Palombino, Cima– 11 Gab
Palombino, Cima– (I) = Porze 11 Gab
Palombino, Passo– 11 Gb
Palombo, Monte– 99 Gb
Palomonte [SA] 115 Dd
Palomonte, Bivio– 115 Dd
Palon 23 Ec
Palon, Cima– 23 GHd
Palon, Monte– 43 Da
Palone, Cima del– 21 Dc
Palone, il– [LI] 73 Dd
Palone, il– [TN] 23 Gb
Paloni, Cima– 37 Ba
Palosco [BS] 35 BCb
Palot, Casa– [BS] 21 Hld
Palse [PN] 27 Ac
Paltrático [LI] 73 Cc
Palú [PD] 51 Ca
Palú [TN] 23 Gab
Palú [VR] 37 Ccd
Palu / Moos [BZ] 3 Ec
Palù, Cima– 9 Cd
Palù, Lago– 7 Dd
Palù, Picco– / Großes Moosnock 3 EFb
Palù, Pizzo– 7 Dc
Paluaccio di Oga, Riserva Naturale– 7 FGc
Paluda 41 Ac
Palude [BS] 35 FGb
Paludea [PN] 27 Ca
Palude degli Orti–Bottagone, Oasi della– 81 Ec
Palude di Casalbeltrame, Riserva Naturale della– 31 EFc
Palude di Frattarolo, Riserva Naturale– 103 EFd
Palude di Ostíglia, Riserva Naturale– 49 Fb
Palú del Férsina [TN] 23 Hlb
Paludi [CS] 133 CDa
Paludi, Cantoniera– [NU] 171 Fa
Paludo di Latisana [UD] 27 Dd
Palue [BL] 11 Dc
Paluello [VE] 39 Cc
Palugana [PD] 51 Ba
Palù Longia, Riserva Naturale– 9 Ec

Palumbo [FR] 107 BCb
Palumbo [TA] 121 Fc
Palumbo, Masseria– [BN] 109 Cc
Palumbo, Masseria– [CB] 101 Fa
Palumbo, Villaggio– [KR] 133 CDc
Paluri, Serra– 133 Dc
Palus San Marco [BL] 11 Eb
Paluzza [UD] 13 Db
Pampaluna [UD] 41 DEab
Pamparato [CN] 53 Hd
Pampeago [TN] 9 Hcd
Pampeago, Passo di– 9 Hc
Pampuro [VR] 49 EFab
Panaccioni [FR] 107 Bb
Panaia [VV] 139 Cb
Panarea [ME] 143 Fb
Panarea, Isola– 143 Fb
Panarella [RO] 51 Ebc
Panareo, Masseria– [LE] 123 Fc
Panaro, Fiume– 49 Hc
Panaro, Monte– 83 FGde
Panarotta, Rifugio– 23 Hb
Panarotti [TR] 37 Db
Páncali, Monte– 155 EFd
Pancalieri [TO] 43 Gcd
Pancallo [EN] 145 Bd
Pancarana [PV] 45 Hb
Páncaro, Casa– [CS] 131 Dcd
Panchià [TN] 9 Hd
Panco, Cima– 85 Dd
Páncole [GR] 83 Bd
Páncole [SI] 73 FGbc
Pancugol, Rifugio– 9 Cd
Pandelice [RE] 49 Dc
Pandi, Masseria– [BR] 123 EFb
Pandino [CR] 33 Fc
Pan di Zucchero 1 Gb
Pan di Zucchero (I) = Zuckerhütl 1 Gb
Pan di Zucchero, Scoglio– 173 Ccd
Pan di Zucchero e Faraglioni di Masua 173 Ccd
Pándola [SA] 113 Gc
Pandolina [SI] 75 FGd
Pandora, Masseria– [TA] 119 Cc
Pane e Vino, Fosso– 105 Ca
Panella, Masseria– [CE] 107 EFb
Panemolle, Masseria– [BR] 123 Cbc
Panesi [GE] 57 Cc
Panetteria, Masseria– [PZ] 117 Cb
Panetti [CZ] 137 Ba
Panettieri [CS] 135 Ec
Panevéggio [TN] 11 Bd
Panevéggio–Pale di San Martino, Parco Naturale– 11 Bd
Panevivo, Masseria– [MT] 129 Fc
Panicaglia [FI] 67 Gbc
Panicale [PG] 77 Cb
Panicale [PG] 83 Gb
Panicale, Stazione di– 83 Gb
Panicarola [PG] 83 Gb
Panico [BO] 59 Hc
Panigada [LO] 47 CDa
Panigai [PN] 27 ABcd
Panigheto, Monte– 69 Dab
Panna [FI] 67 Fb
Pannáconi [VV] 139 Da
Pannarano [BN] 113 Gab
Pannello, Monte– 127 Ecd
Pannesi [GE] 55 Hc
Panni [FG] 109 Ec
Panni [PZ] 117 Bbc
Pannocchia [PR] 59 Ba
Pannone [TN] 23 Fc
Pano, Monte– 115 Gd
Pantana [RI] 93 Bc
Pantanella di Polino [BA] 117 DEb

Pantanelle, Passo delle– 157 Gd
Pantanelli [CS] 131 Cc
Pantaniello [IS] 101 Cd
Pantano [CE] 107 Ec
Pantano [FR] 99 Db
Pantano [IS] 101 Bd
Pantano [PG] 77 Cd
Pantano [RE] 59 CDbc
Pantano, Bosco del– 129 Fcd
Pantano, Casa– [VT] 89 Gcd
Pantano, Lago del– 115 Gd
Pantano, Masseria– [TA] 121 Cab
Pantano, Monte– 101 Bd
Pantano Borghese [ROMA] 97 Gb
Pantano di Lentini, Bonifiche del– 155 Fc
Pantano Grande [SA] 127 Eb
Pantanolata, Serra– 135 Ca
Pantanolungo [CS] 135 CDb
Pantanoscuro, Casa– [ME] 145 Bbc
Pantasina 63 Fc
Pantelleria [TP] 151 ins.a
Pantelleria, Aeroporto Nazionale di– 151 ins.a
Pantelleria, Isola di– 151 ins.a
Pantianicco [UD] 27 CDb
Pantiara [LO] 47 Cd
Pantiere [AN] 79 CDbc
Pantigliate [MI] 33 DEc
Pantigliate [MI] 47 Dab
Pantogia [SS] 161 Fc
Panza [NA] 113 Bc
Panzano [GO] 41 Gb
Panzano [MO] 49 DEd
Panzano [MO] 59 Gb
Panzano, Golfo di– 41 Gb
Panzano Bagni [GO] 41 Gb
Panzano in Chianti [FI] 75 Cb
Páola [CS] 135 Ca
Páola, Cóppola di– 131 Db
Paolantonio [TE] 87 Ed
Paolécchio [FE] 51 Ac
Paolelli [VT] 91 Ec
Paolini [TP] 149 Gd
Paolino, Masseria– [FG] 103 Fc
Paolino, Monte– 107 Bb
Paolisi [BN] 113 Fa
Paolório [CN] 43 Hd
Papa, Casa– [RG] 159 Dc
Papa, Masseria– [CE] 107 Cd
Papa, Monte del– 127 FGcd
Papa, Rifugio– 23 GHd
Papa, Rocca di– 147 CDb
Papà, Serro– 141 Gbc
Papagliónti [VV] 139 CDb
Papalai, Punta– 171 Cb
Papallo, Monte– 139 Ec
Papanice [KR] 137 Ga
Paparano, Monte– 97 Ca
Papariano [UD] 41 Fb
Paparotti [UD] 27 Eb
Papasídero [CS] 131 Cb
Pape, Cima di– 11 Ccd
Paperi, Colle dei– 107 Gd
Paperino [PO] 67 Gd
Papiano [AR] 69 Dcd
Papiano [PG] 85 BCc
Papiano–Castello delle Forme, Stazione di– 85 Cc
Papigno [TR] 91 Ga
Papozze [RO] 51 Ebc
Papquier [AO] 17 Gc
Para [FC] 69 Fb
Para, Torrente– 69 Fc
Parabiago [MI] 33 Bb
Parábita [LE] 125 Db
Paradigna [PR] 49 ABc
Paradisia, Giardino Alpino– 29 FGb
Paradiso [ME] 145 Ga
Paradiso [MI] 141 Bb
Paradiso [RC] 139 Ec
Paradiso [UD] 27 Dc
Paradiso [VI] 37 EFd

Paradiso, Albergo– 9 BCbc
Paradiso, Cima– 7 Fb
Paradiso, Costa– 163 Fb
Paradiso, Golfo– 55 Hc
Paradiso, Masseria– [BR] 123 Db
Paradiso, Masseria– [FG] 103 Bb
Paradiso, Monte– [ROMA] 97 ABa
Paradiso, Monte– [TN] 23 GHc
Paradiso, Oasi– 57 Cc
Paradiso, Passo– 9 Bd
Paradiso degli Aranci [CT] 155 Fc
Paradisioni [VV] 139 Da
Paraggi [GE] 57 Bcd
Paramont, Monte– 29 Eab
Parana [MS] 57 Fd
Paranesi [TE] 87 CDd
Parantoro [CS] 135 Ca
Paranzello, Punta– 151 ins.b
Parasacco [CS] 151 Dd
Parasacco [PV] 45 Ga
Parasacco, Masseria– [PZ] 109 Hd
Parasano, Monte– 99 Gab
Parático [BS] 35 Cab
Paratiello, Monte– 115 Ec
Paratore, Ponte– 147 Gc
Paratore, Torrente– 145 Fb
Paravati [VV] 139 CDb
Paravento [PU] 77 EFbc
Parazzuolo [GE] 57 BCbc
Parchetto, il– [FG] 103 FGb
Parchiule [PU] 77 Cab
Parcines / Partschins [BZ] 1 Gc
Parco Burcina–Felice Piacenza, Riserva Naturale– 31 BCb
Parco dei Mónaci [MT] 121 BCb
Parco di Racconigi, Bosco– 43 GHd
Pardella [BO] 59 Id
Pardesca [RC] 141 Gc
Pardis, Monte– 175 Dc
Pardu, Monte– 175 Ecd
Pardu, Rio– 175 Fb
Pardu Atzei [CA] 173 Db
Paré [CO] 21 ABd
Parè [LC] 21 Dc
Parè [TV] 25 Fc
Paré, Monte– 21 Gc
Paredano, Masseria– [BA] 117 Cb
Parella [TO] 29 Ic
Parenti [CS] 135 Ebc
Parenti, Masseria– [CB] 107 Gb
Parenti, Stazione di– 135 DEbc
Páres, Monte– / Páres–Berg 11 Cab
Páres–Berg / Páres, Monte– 11 Cab
Parete [CE] 113 CDb
Parete Bianca / Weisswand–Spitze 1 Hab
Pareto [AL] 55 Cb
Pareto [GE] 55 Hb
Paretone, Masseria– [TA] 121 Ga
Paretone, Monte– 121 Ga
Parghelìa [VV] 139 Ca
Pari [GR] 83 Bc
Pari, Cima– 23 Ec
Pariana [LU] 67 Bc
Parina, Torrente– 21 Fc
Paringianu [CA] 177 Cb
Paris, Monte sos– 163 Ed
Parisa, Masseria– [FG] 109 Ea
Parisata [PD] 51 Aab
Parisi, Case– [EN] 155 Bc
Pariti, Masseria– [FG] 103 EFd
Parlántì, Grotta– 67 Cc
Parlapiano, Masseria– [TA] 121 Cb
Parláscio [PI] 73 Db
Parlasco [LC] 21 CDb
Parlati [VI] 37 CDa
Parlesca [PG] 77 Dd
Parma [PR] 49 ABd
Parma, Torrente– 59 Ba
Parma Morta, Riserva Naturale– 49 Bc
Parmetta [PR] 49 Bc

Parnacciano [PG] 77 Cb
Parodi Lígure [AL] 55 Fab
Parola [PR] 47 Gc
Parola, Torrente– 47 Gd
Paroldo [CN] 55 Bc
Paroletta [PR] 47 Gc
Parolise [AV] 115 Bb
Parolito [MC] 79 Dd
Parona [PV] 31 Gd
Parona di Valpolicella [VR] 37 Bc
Parone [VC] 31 Ba
Parpanese [PV] 47 Cb
Parpari, Conca dei– 37 Cab
Parrana San Giusto [LI] 73 Cb
Parrana San Martino [LI] 73 Cb
Parrano [PG] 85 Ec
Parrano [TR] 83 Gc
Parrina, la– [GR] 89 Dab
Parrinello [PA] 149 Dc
Parrini [PA] 149 Gb
Parrini [TP] 151 Aa
Parrino, Pizzo– 147 Cc
Parrino, Punta– 151 Aa
Parrino, Serre del– 149 Gc
Parrocchia [TN] 23 Gd
Parrozzo, Ponte– 109 Gc
Parruta [PZ] 131 Bbc
Partanna [TP] 151 Da
Partanna–Mondello [PA] 147 Ba
Partémio, Masseria– [BR] 123 Db
Partenio, Parco Regionale del– 113 Fab
Partidór [PN] 27 Bb
Partigliano [LU] 65 Fc
Pártina [AR] 69 Dd
Partinico [PA] 149 Gb
Partino [PT] 73 Eb
Partite, Valli le– 49 Gc
Partitore [RE] 49 Bd
Partschins / Parcines [BZ] 1 Gc
Paruzzaro [NO] 19 Fd
Parzánica [BG] 21 Hd
Parzano [CO] 21 BCd
Parzano [PV] 45 Fb
Pasa [BL] 25 Eb
Pascalicchio, Case– [PZ] 129 Bd
Pascaretto [TO] 43 Fc
Pascarola [NA] 113 Dab
Pascellata [TE] 87 CDd
Pascelupo [PG] 77 Fc
Paschera San Carlo [CN] 53 Ec
Paschera San Defendente [CN] 53 Ec
Paschero [CN] 53 Cb
Paschero [TO] 43 Fbc
Páscoli [BL] 25 EFab
Páscoli, i– 49 Fc
Pascolo, Monte del– / Königsanger–Spitze 3 Cc
Pascomonti [CN] 53 Hc
Pascoso [LU] 65 Fbc
Pasian di Prato [UD] 27 DEb
Pasiano di Pordenone [PN] 27 Ac
Paspardo [BS] 23 Cb
Pasquale [SV] 55 Bd
Pasquale, Casa– [KR] 133 Dc
Pasquariello [BN] 113 Ga
Pasquaro [TO] 29 Icd
Pasquasia, Monte– 153 EFb
Pasquero [CN] 53 Gc
Pasquilio, Rifugio Albergo– 65 Eb
Passaggio [PG] 85 CDb
Passaggio, Punta del– 147 Ba
Passággio d'Assisi [PG] 85 Db
Passalacqua [AL] 45 FGc
Passanetello, Torrente– 155 Dd
Passano [RN] 71 Dc
Passante, Serbatoio del– 135 EFc
Passanti [NA] 113 EFc
Passarella [VE] 41 Ac
Passarella di Sotto [VE] 41 Ac

Passarello [AG] 157 Dc
Passarera [CR] 33 Fcd
Passariano [UD] 27 Cc
Passatempo [AN] 79 Ec
Passatore [CN] 53 EFc
Passavanti, Casa– [VV] 139 CDb
Passeggio, Monte del– 99 Ebc
Passeiertal / Passiria, Val– 1 Hc
Passer / Passírio, Fiume– 1 Hc
Passerano [AT] 45 Bb
Passerano [ROMA] 97 Gcb
Passerano Marmorito [AT] 45 Bb
Passerelli, Masseria– [BN] 109 BCb
Pássero, Capo– 159 Fd
Passetto [RO] 51 Dc
Passetto [RO] 51 Eb
Passiano [SA] 113 FGc
Passignano, Monte– 105 Gb
Passignano sul Trasimeno [PG] 77 Bd
Passionata [GE] 55 Fbc
Passionisti 79 Fd
Passirana [MI] 33 Cb
Passirano [BS] 35 Db
Passíria, Val– / Passeiertal 1 Hc
Passírio, Fiume– / Passer 1 GHc
Passo [PU] 71 EFd
Passo [VB] 15 Ebc
Passo, Corno del– 1 Gb
Passo, Corno del– (I) = Jochköpfl 1 Gb
Passo, il– [CO] 21 Dab
Passobreve [BI] 31 Cb
Passo Brizio, Rifugio– 23 CDab
Passo Corese [RI] 91 Fcd
Passo dei Cavalli 101 Bc
Passo dei Giovi [GE] 55 Gb
Passo dei Pecorari [FI] 75 Cb
Passo del Ladro, Cugno– 159 EFb
Passo della Fogolana [PD] 39 Cd
Passo della Morte, Galleria del– 11 Hc
Passo del Lupo, Monte– 149 Eb
Passo di Corvo, Parco Archeologico di– 109 Ga
Passo di Rigano [PA] 147 Bb
Passo di Ripe [AN] 79 Cab
Passo di Riva [VI] 37 Fb
Passo di Tréja [MC] 79 DEd
Passo d'Orta [FG] 109 Hbc
Passogatto [RA] 61 Db
Passo Martino, Stazione di– 155 EFc
Passone, il– 59 Cd
Passons [UD] 27 DEb
Passo Oscuro [ROMA] 97 CDb
Passopisciaro [CT] 145 Fc
Passo Sant'Ángelo [MC] 87 Cb
Passo Segni [BO] 61 Ba
Passovecchio, Bivio– 137 Ga
Passo Zíngaro [CT] 155 DEa
Passy [Fr.] 17 ABc
Pastegate, Monte– 11 FGca
Pastelletto, Monte– 37 Bb
Pastello, Monte– 37 Bb
Pástena [FR] 105 GHb
Pástena [IS] 107 EFa
Pástena [SA] 113 Gcd
Pástena, Grotte di– 105 GHab
Pástene [BN] 109 Bd
Pastéria Lapide [CT] 145 Gd
Pástina [PG] 77 Fd
Pástina [PI] 73 Dc
Pástine [PI] 73 Gb
Pastinelle, Le– [FR] 107 Cab
Pastonico, Monte– 107 Fb
Pastorano [BN] 107 Gd
Pastorano [CE] 107 DEc
Pastore, Baita del– 7 GHc
Pastore, Masseria– [PZ] 117 Cc
Pastorello [PR] 57 Hb
Pastrengo [VR] 35 Hc
Pasturana [AL] 45 Fd
Pasturo [LC] 21 Dc

asubio 23 GHd
asubio, Ossario del– 23 Hd
atalécchia, Monte– 107 Ea
aternale, Fosso della– 89 FGa
aternion [A] 13 Ga
aterno [AN] 77 Gd
aterno [AN] 79 Eb
aterno [AQ] 99 Ea
aternó [CT] 155 Eb
aterno [FI] 67 Fc
aterno [FI] 73 Fab
aterno [FI] 69 BCd
aterno [MC] 79 CDd
aterno [MC] 79 Dd
aterno [PZ] 127 Fb
aterno [RI] 93 BCb
aterno [RI] 93 BCb
aterno [TE] 87 Ed
aterno, Monte– 93 Bb
aterno Cálabro [CS] 135 Db
aternópoli [AV] 115 Cb
aternopoli, Stazione di– 115 BCb
aterno Sant'Arcangelo [SA] 113 Fc
aticchi, Masseria– [BR] 123 Eb
atigno [MS] 57 Ec
atino, Monte– 85 Gcd
atqueso [VB] 19 Eb
atri, Torrente– 145 FGb
atria, Lago di– 113 Cb
atria, Quadrivio di– 113 Cb
átrica [FR] 99 Bd
átrico, Monte di– 85 Ed
atrignolo [MC] 79 Cd
atrignone [AP] 87 Dc
atrignone [AR] 75 FGbc
atro [AT] 45 Cb
attada [SS] 167 Ecc
attada, Nuraghe– 165 Fd
attada, Nuraghe sa– 167 CDd
attano [SA] 127 Cc
atti [ME] 145 Eb
atti [PA] 147 Bab
atti, Golfo di– 145 Fab
atù [LE] 125 EFde
au [OR] 169 Ed
au, Nuraghe– 175 BCc
au, Rio– 173 Ec
aucéris, is– [CA] 177 Fc
auceris Mannu, Monte is– 177 Fc
aularo [UD] 13 Db
aularo, Monte– 13 Db
aúle, Monte– 167 CDc
aulera, Monte– 145 Fbc
aúli Arbarei [CA] 173 Fab
aúli Crechi 169 Cb
aulilátino [OR] 169 Eb
aulilátino, Cantoniera di– [OR]
  169 Eb
aúli Maiori [NU] 169 Fd
aúli Maiori [OR] 169 Dc
aúli Múrtas 169 Cbc
aulinu, Punta– 171 Dcd
aúlis, Monte– 175 Fab
aulli [PR] 49 Bcd
aullo [MI] 33 Ec
aullo [RE] 59 CDb
auloni, Monte– 161 Dbc
aupisi [BN] 107 GHc
aur, Rocca la– 53 Dd
aura, Corno della– 23 Fd
aura, La– [LT] 105 EFab
aurano [SI] 73 Gc
ausa Alta 3 GHc
ausa Alta (I) = Hochrast 3 GHc
ausabella, Monte– / Schönrast 9
  Gc
autasso [TO] 43 Gc
avaglione [TO] 43 Eab
avaglione, Monte– 55 EFb
avana [PT] 67 Gb
avarano [VI] 37 Fd
avareto [SP] 57 Dd
avarolo 43 Hb
avia [PV] 47 ABa
avia, Naviglio di– 47 Aa
avia di Údine [UD] 27 Ebc
avicolo / Pawigl [BZ] 9 Eb

Pavignane [MO] 49 FGc
Pavignano [BI] 31 Cb
Paviole [RO] 51 Bc
Pavione, Monte– 25 Cb
Pavona [ROMA] 97 Fc
Pavona, La– [VC] 31 DEb
Pavonara, La– [FE] 51 BCc
Pavone [BS] 35 Fab
Pavone, Bivio del– 91 Ecd
Pavone, Cozzo il– 151 EFb
Pavone, Serra– 117 Db
Pavone, Torrente– 73 Fd
Pavone Canavese [TO] 31 ABc
Pavone d'Alessandria [AL] 45 EFc
Pavone del Mella [BS] 35 Ed
Pavoni, Masseria i– [FG] 111 ABc
Pavullo nel Frignano [MO] 59 EFcd
Pawigl / Pavicolo [BZ] 9 Eb
Payer, Rifugio– / Payer–Hütte 7 Hb
Payer–Hütte / Payer, Rifugio– 7 Hb
Paza, Cúccuru 'e– 171 Ebc
Pazienza, Masseria– [FG] 103 Bd
Pazzano [RC] 139 Fc
Pazzano di Sopra [MO] 59 Ec
Pazzi, Isola– 125 Dd
Pazzon [VR] 37 ABb
Peagna [SV] 63 Hb
Peáio [BL] 11 Ec
Pecchione [RE] 59 Eb
Péccia, Fiume– 107 Cb
Péccioli [PI] 73 Ec
Peccioni, Poggio dei– 73 Ed
Pecco [TO] 29 Ic
Pecetto [VB] 19 Bc
Pecetto di Valenza [AL] 45 EFbc
Pecetto Torinese [TO] 43 Hb
Peci [GO] 27 Gc
Peci, Monte– 57 Hd
Pecol 11 Bc
Pécol [BL] 11 Dc
Pecol, Casa– [PN] 13 Cd
Pécora, Capo– 173 Cc
Pécora, Fiume– 81 Fc
Pécora, Isola– 161 Eb
Pecorara [PC] 47 Cc
Pecorara, Masseria– [LE] 125 Ec
Pecorari [SA] 113 Fc
Pecorari, Colle dei– 139 Fb
Pecoraro, Cantoniera del– [Cal.]
  139 EFb
Pecoraro, Monte– [Cal.] 139 Fb
Pecoraro, Monte– [CE] 107 Cc
Pecoraro, Monte– [PA] 149 Gb
Pecorella, Monte– 153 Gb
Pecorelli, Casa– [MT] 129 Fbc
Pecorile [RE] 59 CDb
Pecorini a Mare [ME] 143 Cb
Pecorone [PZ] 127 FGd
Pecorone [TR] 83 Fd
Pedace [CS] 135 DEb
Pedagaggi [SR] 159 Ea
Pedaggera [CN] 55 Bbc
Pedaggera, la– [CN] 55 Bc
Pedagne, Isole– 123 EFab
Pedale, la Ráia del– 127 Dc
Pedalino [RG] 159 Cb
Pedalta, Dosso– 21 Hd
Pedana [AP] 87 Cd
Pedara [AP] 87 Cc
Pedara [CT] 155 Fb
Pedaso [AP] 87 EFb
Pedavena [BL] 25 Db
Peddi de Cani, Fontana– 175 Ebc
Pedeguarda [TV] 25 Db
Pedemonte [GE] 55 Gbc
Pedemonte [PN] 25 Hb
Pedemonte [SO] 21 Fab
Pedemonte [VB] 19 Ec
Pedemonte [VC] 19 Bc
Pedemonte [VI] 23 Hc
Pedemonte [VT] 37 Bbc
Péden [BL] 11 CDd
Pedenosso [SO] 7 Fbc
Pedergnaga–Orlano [BS] 35 CDc
Pedergnano [BS] 35 CDb

Pederiva [VI] 37 Ec
Pederiva di Biádene [TV] 25 Ed
Pederoa [BZ] 11 Cab
Pederobba [TV] 25 Dc
Pederu, Rifugio– 11 Db
Pederzano [TN] 23 FGc
Pedescala [VI] 23 Icd
Pediano [BO] 61 Cd
Pediciciano [AQ] 93 Fc
Pedicino, Monte– 99 EFc
Pédina [PC] 47 Ed
Pedivigliano [CS] 135 Dc
Pedocchio [VI] 37 Ec
Pedogna [LU] 65 Fc
Pedogna, Torrente– 65 Fc
Pedona [LU] 65 Ec
Pedone, Masseria– [FG] 109 Hab
Pedone, Masseria– [FG] 109 Ga
Pedone, Monte– 65 EFc
Pedrabianca [SS] 167 EFbc
Pedráces / Pedratsches [BZ] 11 Cb
Pedra Ettóri 165 Cc
Pedráia, la– [SS] 163 ABd
Pedra Lada, Monte– 165 Ec
Pedralonga, Monte– 167 Cc
Pedra Longa, Punta– 171 Gc
Pedralonga, Punta sa– 167 Eb
Pedra Longa di Baunei 171 Gc
Pedrami, Isola de– 167 Gb
Pedra Sciolta [SS] 163 Ecc
Pedras de Fogu, Cantoniera– [SS]
  163 Dc
Pédras Nieddas, Cúccuru sas– 167
  Fc
Pedratsches / Pedráces [BZ] 11 Cb
Pedredu, Cantoniera– [SS] 167 Cb
Pedrengo [BG] 33 Ga
Pedreso, Castello– 167 EFa
Pedrignano [PR] 49 Bcd
Pedrocca [BS] 35 Db
Pedrolara [RN] 71 Dbc
Pedros [BZ] 1 Dc
Pedrosa, Punta– 167 Cbc
Pedrósola [RA] 69 CDb
Pedrosu, Monte– 165 DEa
Pedrotti, Rifugio– 11 BCd
Pedrotti e Tosa, Rifugi– 23 Fab
Pedru Ghisu, Punta– 163 Bd
Pedrumalu [SS] 163 EFc
Pedruna, Passo di– 7 Ed
Pedum, Riserva Naturale Integrata
  del– 19 Eb
Pedun, Cima– 19 Eb
Peghera [BG] 21 Ec
Pegherolo, Monte– 21 Fb
Pegli [GE] 55 Fc
Péglia, Monte– 85 Bcd
Péglio [CO] 21 Cab
Péglio [FI] 67 Gab
Péglio [PU] 71 Cc
Péglio, Torrente– 127 Ec
Pegognaga [MN] 49 DEbc
Pégola [BO] 61 ABa
Pegolotte [VE] 51 Ea
Péidru, Nuraghe– 165 DEc
Peilstein / Sasso, il– 9 Db
Péio [TN] 9 BCc
Péio, Antica Fonte di– 9 BCc
Péio, Valle di– 9 Ccd
Peïra–Cava [Fr.] 63 Cc
Peisey–Nancroix [Fr.] 29 Cb
Peitler Kofel / Pútia, Sass de– 3 Dcd
Pej [PC] 57 Ba
Pelagia, Cima– 21 CDc
Pelágie, Isole– 151 ins.b
Pélago [FI] 69 BCd
Pelao, Monte– 165 Eb
Pelati, i– [BN] 107 GHb
Pelato, Colle– 93 Fa
Pelato, Monte– [PZ] 129 BCd
Pelato, Monte– [TR] 91 Ea
Pelato, Poggio– 91 Eb
Pelau, Fiume– 175 Fb

Peledo [CO] 21 Da
Pelf, Monte– 11 Ed
Pelingo [PU] 77 EFb
Pelizzare [RO] 51 Bbc
Pelizzone, Passo di– 57 Ea
Pella [NO] 19 Ecd
Péllare [SA] 127 Cc
Pellarini, Rifugio– 13 FGc
Péllaro [RC] 141 Dc
Péllaro, Punta di– 141 Dc
Pellecchia, Monte– 97 Ha
Pellegai [BL] 25 Db
Pellegra [CR] 33 Gd
Pellegrina [RC] 141 Eb
Pellegrina [VR] 37 Cd
Pellegrina, Punta– 165 Fc
Pellegrini [CS] 131 Ec
Pellegrino [ME] 145 Eb
Pellegrino, Cozzo del– 131 CDc
Pellegrino, Masseria– [BR] 123 Dc
Pellegrino, Monte– [CS] 135 Cc
Pellegrino, Monte– [LT] 105 ins.a
Pellegrino, Monte– [PA] 147 BCab
Pellegrino Parmense [PR] 47 Cc
Pellenchi [TO] 43 DEc
Péller, Monte– 23 Fa
Péller, Rifugio– 9 Dcd
Pellescritta [AQ] 93 Da
Pellestrina [VE] 39 Dd
Pellestrina, Litorale di– 39 Dd
Pellezzano [SA] 113 Gc
Pellicciari, Fermata– 117 Dc
Pellicciari, Masseria– [BA] 117 Eb
Pellicciari, Múrgia– 117 Eb
Péllice, Torrente– 43 FGd
Péllio Intelvi [CO] 21 Bc
Pellizzano [TN] 9 Cd
Pellizzari [AL] 45 EFbc
Pellizzari [VI] 25 BCcd
Pellizzaro [ME] 145 Fb
Pelmo, Monte– 11 Dc
Pelone, Monte– 87 Cde
Peloritani, Monti– 141 BCc
Peloro, Capo– o Faro, Punta del–
  141 Db
Pelosa [PR] 57 Dc
Pelosa, Monte la– 93 Ba
Pelosa, Spiaggia della– 163 Bc
Pelosa, Torre– 163 Bc
Pélos di Cadore [BL] 11 Fc
Peloso, Monte– 101 FGc
Peloso, Monte– 101 FGc
Pelpi, Monte– 57 Db
Peltuinum 93 Fc
Pelugo [TN] 23 Eb
Pelvo d'Elva 53 Cb
Penango [AT] 45 Cb
Penaudbach / Pinalto, Rio di– 1 Fc
Penavara [FE] 51 Bd
Pendenza [RI] 93 BCb
Pendinello, Masseria– [LE] 125 Cb
Pendola, Monte– 21 GHd
Penegal 93 Fc
Peneto [AR] 75 Gc
Penia [TN] 11 Bc
Pénice, Monte– 47 Bd
Pénice, Passo del– 47 Bd
Penna [AR] 75 Eb
Penna [AR] 75 Fbc
Penna, la– [IS] 101 Cc
Penna, la– [CH] 95 Fc
Penna, Monte– [AR] 69 Ed
Penna, Monte– [BL] 11 DEc
Penna, Monte– [It.] 57 CDbc
Penna, Monte– [PG] 77 Fd
Penna, Monte– [PG] 77 Fd
Penna, Monte– [RE] 59 Cd
Penna, Monte della– 59 Ed
Penna, Punta della– [CH] 95 Gcd
Penna, Punta della– [TA] 121 Fbc
Penna, Serra la– 131 Cd
Penna, Torrente– 57 Ec
Pennabilli [PU] 69 Gd
Pennacchiera [FE] 51 Dc
Penna di Lúcchio 67 Cb
Pennadomo [CH] 101 Cab

Penna in Teverina [TR] 91 DEab
Pennapiedimonte [CH] 95 CDcd
Pennapizzuto, Colle– 101 Cb
Pénnar [CT] 155 Fb
Pennarrone, Monte– 127 Fc
Penna San Giovanni [MC] 87 Cb
Penna Sant'Andrea [TE] 93 Ga
Pennati, Pizzo– 145 Gb
Pennaváira, Rio– 63 Gb
Penne [PE] 95 Bb
Penne, Forca di– 93 GHc
Penne, Lago di– 95 Bb
Penne, Pizzo di– 63 Gab
Penne, Punta– 123 Ea
Penne Blanche 29 Gb
Pennella, Masseria– [LE] 125 Dbc
Pénnes / Pens [BZ] 3 Bc
Pénnes, Passo di– / Penser Joch 3
  Bbc
Pénnes, Val di– / Penser Tal 1 Ic
Pennino, Monte– 85 Fb
Pennisi [CT] 155 Fab
Pennone, Monte– 115 DEc
Penon / Penone [BZ] 9 Fd
Penone / Penon [BZ] 9 Fd
Pens / Pénnes [BZ] 3 Bc
Penser Joch / Pénnes, Passo di– 3
  Bbc
Penser Tal / Pénnes, Val di– 1 Ic
Penta [SA] 113 Gc
Pentecchia, Torrente– 117 Ec
Péntema [GE] 57 Ab
Pentidáttilo [RC] 141 Ed
Péntime, Monte– 107 Gc
Pentolina [SI] 73 Hd
Pentone [CZ] 137 Dab
Péonis [UD] 13 Dd
Pepe, Casa– [FG] 109 Gbc
Pepe, Masseria– [BA] 119 Ca
Peppolella [TA] 117 Gc
Pequerel [TO] 43 Db
Pera [AP] 87 Cc
Pera [BO] 61 Cc
Pera [TN] 11 ABc
Pera, Monte– 11 Fc
Perabruna [CN] 63 Fa
Peraga [PD] 39 Bc
Peraiola, La– 81 ins.a
Peralba, Monte– 11 Hb
Perano [CH] 101 Cc
Perarolo [PD] 39 Bc
Perarolo [VI] 37 EFbc
Perarolo di Cadore [BL] 11 EFd
Perazza, Case– [TR] 83 FGd
Perazzete, Poggio le– 83 Dcd
Perca / Percha [BZ] 3 Ec
Percha / Perca [BZ] 3 Ec
Perciata, Case– [AG] 153 Ca
Perciato [ME] 143 ABb
Perciato, Punta– 143 Cb
Percile [ROMA] 99 Ba
Percoto [UD] 27 EFc
Percozzone [PU] 77 FGb
Perda, Punta sa– 177 Fc
Perdaddossu, Nuraghe– 169 Fc
Perdáxius [CA] 177 Dbc
Perda Ziara, Bruncu– 171 BCd
Perdedu, Monte– 175 Da
Perdifumo [SA] 127 ABc
Perdioni [CN] 53 Dd
Perdonig / Predonico [BZ] 9 Fbc
Perdosu, Monte– 173 CDb
Perdosu, Nuraghe– 177 Ec

Perdosu, Rio de su– 179 Eb
Perdu Cannas, Monte– 175 Ec
Perdu Carta [CA] 173 Dc
Perdu Loci, Rio– 177 Ea
Perdu Loi, Nuraghe– 175 Fc
Pere, Colle di– 79 BCd
Peregallo [MI] 33 Db
Perego [LC] 21 CDd
Père Laurent, Monte– 29 Ga
Perentile, Monte– 99 Cd
Perer [BL] 25 Cbc
Perer [TV] 25 Dc
Péres, Piz da– 3 Ec
Peressine [PN] 27 Ac
Pereta [GR] 83 Bde
Pereto [AQ] 99 Ca
Pereto [PU] 69 Gcd
Peretola [FI] 67 EFd
Peretti [TO] 43 Gc
Perfetti, Casa– [BA] 111 Dd
Pérfugas [SS] 163 Fcd
Pergatti [AT] 45 Dc
Pérgine Valdarno [AR] 75 EFc
Pérgine Valsugana [TN] 23 Hb
Pergo [AR] 75 GHd
Pérgola [PU] 77 Gb
Pérgola [PZ] 127 EFb
Pérgola [RA] 61 Cd
Pérgola, la– [TP] 149 Dc
Pergola, Montagna– 151 Da
Pergola, Torrente– 127 EFb
Pergola Bella [PG] 85 Bb
Pergolacce, Casa– [GR] 89 Fa
Pergusa [EN] 153 Fb
Pergusa, Lago di– 153 Fb
Peri [VR] 37 Bab
Periasc [AO] 17 Hcd
Perignano [PI] 73 Db
Perilli, i Colli– 133 Cc
Perinaldo [IM] 63 DEc
Perinera [TO] 29 Fd
Perino [PC] 47 DCcd
Perino [TP] 149 Dcd
Perito [SA] 127 Bc
Perlà [TO] 43 Dcd
Perla, Colle della– 63 Dab
Perla Marina [CA] 177 Fd
Perledo [LC] 21 Cb
Perletta [CN] 55 Bcd
Perletto [CN] 55 Cb
Perletto, Ponte di– [CN] 55 Cb
Perlo [CN] 55 Bcd
Perlo, Torrente– 21 Cc
Perloz [AO] 31 Ab
Perna, Cascina di– [ROMA] 97 Ec
Pernasca [NO] 31 EFcd
Pernate [NO] 31 FGc
Perni, Monte– 157 Ec
Pernice, Masseria– [PA] 147 Ac
Pernice, Monte– [AG] 153 Cc
Pernice, Monte– [AG] 157 Cbc
Pernici, Rifugio– 23 Ec
Perno [CN] 55 Ab
Pernocari [VV] 139 CDb
Perno Inferiore [AL] 45 Cb
Pernosano [AV] 113 Fb
Pernúmia [PD] 37 Gd
Pero [MI] 33 Cb
Pero [MN] 49 Da
Pero [SV] 55 Ec
Pero [TV] 39 DEa
Pero, Golfo– 161 Fc
Pero, il– [FI] 73 FGb
Pero dei Santi [AQ] 99 Eb
Perolla [GR] 81 Gb
Peron [BL] 25 Eab
Peron [BL] 11 Fc
Peroni, Poggio– 81 Fd
Perosa Argentina [TO] 43 DEc
Perosa Canavese [TO] 31 ABc
Perosso [MN] 35 Fcd
Perotta [PG] 85 Cb
Perotti [PC] 57 Dab
Peroulaz [AO] 29 Fa
Perral [AO] 17 GHd
Perrères centrale, les– [AO] 17 Gc

Perrero [TO] 29 Hd
Perrero [TO] 43 Dc
Perrillo [BN] 109 Bd
Perrone, Case– [TA] 121 Dbc
Perrone, Monte– 115 Fa
Perrone, Sella di– 107 FGb
Perrotta, Monte– 137 Gab
Pers [UD] 27 Dab
Persano [SA] 127 Ba
Persano, Oasi di– 115 Cd
Persereano [UD] 27 Ec
Persi [AL] 45 Gd
Persichello [CR] 47 Gab
Pèrsico [CR] 47 Ga
Pèrsico Dósimo [CR] 47 Gab
Persignano [AR] 75 Eb
Persone [BS] 23 Dd
Pert [PN] 13 Cd
Pertegada [UD] 41 Db
Pertengo [VC] 31 Ed
Pertéole [UD] 27 Fc
Perti [SV] 55 CDd
Pértica, Monte– 25 Cc
Pertica Alta [BS] 23 Cd
Pertica Bassa [BS] 23 BCd
Perticano [AN] 77 Fc
Perticara [PU] 69 Gc
Perticara, Monte della– 69 Gc
Pertosa [SA] 127 Da
Pertosa, Grotta di– 127 Da
Pertusa, Portella– 145 Fbc
Pertusato, Capo– 161 CDa
Pertusella [VA] 33 Cb
Pertusio [TO] 29 Hc
Pertuso [AL] 45 Hd
Pertuso [PC] 57 CDb
Perucca [CN] 53 Gbc
Perugia [PG] 85 Cb
Perugia–Sant'Egidio, Aeroporto
   Nazionale di– 85 Db
Perugini, Bivacco– 11 Fc
Peruledda [SS] 163 Dc
Peruzzo, Casa– [GR] 81 Hbc
Peruzzo, Villaggio– [AG] 157 Bc
Perzacco [VR] 37 Dc
Pesa, Fiume– 75 Cb
Pesa, la– [VR] 37 Dd
Pesa, Torrente– 67 Ed
Pesáriis [UD] 13 Bb
Pesarina, Torrente– 13 Bb
Pesarina, Val– 13 Bbc
Pesaro [PU] 71 Fc
Pesatero, Monte– 93 Gbc
Pescaglia [LU] 65 Fc
Pescália, la– [GR] 81 Hc
Pescallo [CO] 21 Cbc
Pescantina [VR] 37 ABbc
Pescara [AP] 87 Bd
Pescara [FR] 99 DEd
Pescara [PE] 95 Db
Pescara, Aeroporto Internazionale
   di– 95 CDb
Pescara, Fiume– 95 Cc
Pescarella, Masseria– [BA] 117 Dc
Pescariello, Masseria– [BA] 117
   Fb
Pescarola [MO] 59 Ec
Pescarola [UD] 41 Db
Pescarolo [CR] 47 GHa
Pescarolo ed Uniti [CR] 47 GHa
Pescasséroli [AQ] 99 Ed
Pescate [LC] 21 Dcd
Pescatori, Casotto dei– [GR] 81
   GHd
Pescatori, Rifugio dei– [FG] 103
   ins.a
Pescaú [CO] 21 BCc
Pesce, Torre del– 105 Fbc
Pescegallo [SO] 21 Eb
Pescegallo, Lago di– 21 Eb
Pesche [IS] 101 Cd
Pesche, Riserva Naturale di– 101
   Cd
Péschici [FG] 103 FGb
Péschici, Stazione di– 103 Fb
Peschiena, Monte– 69 Cc

Peschiera [MT] 129 EFb
Peschiera, Torrente– 131 Da
Peschiera Borromeo [MI] 33 DEc
Peschiera del Garda [VR] 35 Hc
Peschiera di Corru s'Ittiri-Stagno di
   San Giovanni e Merceddi, Zona
   Umida– 173 CDa
Peschiera Maraglio [BS] 35 Da
Peschiera Póntis [OR] 169 CDc
Peschiere, le– [BI] 31 CDb
Péschio, Monte– [LT] 105 Fb
Péschio, Monte– [ROMA] 97 Gc
Peschiola [CH] 101 Ea
Peschiolo [AQ] 93 DEc
Péscia [PG] 85 Gd
Péscia [PT] 67 BCc
Péscia, la– [FG] 109 Hb
Péscia, Torrente– 67 Bc
Péscia Fiorentina [GR] 89 Eb
Péscia Romana [VT] 89 Eb
Pescina [AQ] 99 Fa
Pescina [FI] 67 Fc
Pescina [FI] 75 Db
Pescina [GR] 83 Dc
Pescina [PC] 47 Cd
Pescincanna [PN] 27 Bc
Pescine, Poggio delle– 75 Cd
Pescione, Toppo– 115 Fb
Pesco [CS] 135 BCa
Pesco, Cozzo del– 133 Ca
Pescocanale [AQ] 99 Eb
Pescocostanzo [AQ] 101 Bb
Pescocupo [IS] 101 Cd
Pesco della Carta 109 BCb
Pesco del Tesoro 109 Cab
Pescograsso, Masseria– [LE] 125
   Ec
Pesco la Messa, Monte– 101 Dd
Pescolanciano [IS] 101 CDc
Pescomaggiore [AQ] 93 EFb
Pescone [VB] 19 Ec
Pescopagano [PZ] 115 Ebc
Pescopagano, Torre di– 107 Cd
Pescopennataro [IS] 101 Cb
Pescorocchiano [RI] 93 Cc
Pesco Sannita [BN] 109 Bc
Pesco Sannita, Stazione di– 109 Bc
Pescosansonesco [PE] 95 Bc
Pescosolido [FR] 99 FGc
Pescul [BL] 11 Dc
Peséggia [VE] 39 CDb
Pesek di Grozzana [TS] 41 Ic
Pésina [VR] 35 Hb
Pésio, Certosa di– 53 Fd
Pésio, Torrente– 53 Fd
Pésio, Valle– 53 FGcd
Pésipe, Torrente– 137 Cb
Pessano [MI] 33 Eb
Pessano con Bornago [MI] 33 Eb
Pessina Cremonese [CR] 47 Ha
Pessinea [TO] 29 FGd
Pessinetto [TO] 29 Gd
Pessione [TO] 43 Hlc
Péssola [PR] 57 Fb
Péssola, Torrente– 57 Fb
Pesta, la– [GR] 81 Gbc
Pestarena [VB] 19 BCc
Pestrino [PU] 77 Eab
Pésus [CA] 177 Dbc
Petacciato [CB] 101 FGa
Petacciato Marina [CB] 101 FGa
Petano, Monte– 91 GHa
Petelia 133 Fc
Petersberg / Monte San Pietro [BZ]
   9 Gc
Petília Policastro [KR] 137 Ea
Petina [SA] 127 Da
Petina, Monte– 139 Gc
Petracca, Case– [SR] 159 Fbc
Petrace, Fiume– 139 Cc
Petraiolo, Masseria– [FG] 109 Ea
Petralia Soprana [PA] 147 Gd
Petralia Sottana [PA] 147 Gd
Petralonga, Pizzo– 157 Dc
Petra Maina, Serra di– 167 Ca

Petrana [RI] 87 Be
Petrano, Monte– 77 Eb
Petrara [IS] 101 Bcd
Petrara [PU] 77 Fbc
Petrara, Cozzo– 131 Bb
Petrarca, Rifugio– 1 Gc
Petra Ruja, Cala– 161 Fc
Petrarvella, Monte– 83 Gb
Petrazzi [FI] 73 FGb
Petreddu, Monte– 167 Da
Petrella, Monte– [It.] 115 DEbc
Petrella, Monte– [LT] 107 ABc
Petrella Guidi [PU] 69 Gcd
Petrella Liri [AQ] 99 Da
Petrella Massana [AR] 69 Gd
Petrella Salto [RI] 93 Cc
Petrella Tifernina [CB] 101 Fc
Petrelle [PG] 77 Bc
Petriano [PU] 71 Ed
Petriano, Torrente– 139 DEb
Petricci [GR] 83 Dd
Petriccio, Poggio– 81 Gd
Petrignácola [PR] 57 Gbc
Petrignano [PG] 85 Db
Petrignano [PG] 83 Fab
Petrino, Monte– 107 Cd
Petriolo [FI] 67 Gd
Petriolo [MC] 79 Ed
Petriolo, Fattoria– [SI] 75 Fde
Petrisi, Pizzo– 145 Ec
Petrítoli [AP] 87 Db
Petrizia, la– [CZ] 137 Eb
Petrizza, Masseria la– [BA] 119 Bb
Petrizza, Serra– 129 Dbc
Petrizzi [CZ] 137 Cc
Petrofiani, Masseria– [FG] 103 Bcd
Petrognano [FI] 69 Gc
Petrognano [FI] 73 Gb
Petrognano [LU] 67 Bc
Petróia [PG] 77 Ed
Petróia [PG] 77 Fd
Petróio [SI] 75 Cc
Petróio [SI] 83 DEb
Petronà [CZ] 137 Ea
Petrona [FI] 67 FGc
Petrone [BA] 111 Dc
Petrónico, Torrente– 93 Ha
Petronio, Torrente– 57 Dd
Petroro [PG] 85 Ccd
Petrosa [SA] 127 Cc
Petrose, Masseria le– [TA] 123 Cc
Petrosino [CT] 145 Dc
Petrosino [TP] 151 ABa
Petrosino, Masseria– [BA] 119 Bb
Petrosino, Ponte– 103 Dd
Petrosino, Stazione– 151 ABa
Petroso, Monte– 99 Hc
Petroso, Torrente– 107 Fa
Petrotondo, Monte– 141 Gb
Petrucci [PT] 67 Cc
Petrulla, Monte– 157 Dcd
Petrulli, Masseria– [FG] 103 Bd
Petrulli, Passo di– 141 Ebc
Petrulo [CE] 107 Dc
Petruro [AV] 113 Gb
Petruro Irpino [AV] 113 Ga
Petruscio, Villaggio ipogeo di– 121
   Eb
Pettenadu, Monte– 165 Cb
Pettenasco [NO] 19 Ecd
Pettinascura, Monte– 133 Cb
Pettinengo [BI] 31 Cb
Pettineo [ME] 145 Ac
Pettino [PG] 85 Gc
Petto di Mandra 133 Dd
Pettogallico [RC] 141 DEb
Pettoranello del Molise [IS] 101 Cd
Pettorano sul Gizio [AQ] 99 Hd
Pettorazza Grimani [RO] 51 Db
Pettorazza Papafava [RO] 51 Db
Pevaragno [CN] 53 Fcd
Peveranza [VA] 31 GHa
Pevero [SS] 161 Fc
Peyronel, Giardino Botanico– 43
   Dd
Pez [BL] 25 Db

Pezza, Masseria– [CE] 107 Dc
Pezza, Monte– 11 Cc
Pezza, Piana di– 93 Ec
Pezza, Vado di– 93 Ec
Pezzalunga, Balza di– 147 Hd
Pezzan [TV] 39 Da
Pezzan [TV] 39 Ca
Pezzana [VC] 31 Ed
Pezzano [SA] 115 Bc
Pezzano-Filetta [SA] 115 Bc
Pezzatti [TN] 23 Gd
Pezzaze [BS] 23 Bd
Pezzea [CN] 55 Bb
Pezzeda [BS] 23 BCd
Pezze di Greco [BR] 119 Ec
Pezzeit [UD] 13 EFc
Pezzo [BS] 7 GHd
Pezzo, Pizzo del– 145 Dc
Pezzo la Corte [PZ] 131 Dab
Pezzoli [RO] 51 Db
Pézzolo [ME] 141 Cc
Pezzolo [RA] 61 Ec
Pezzolo Valle Uzzone [CN] 55 Cb
Pezzoro [BS] 23 Bd
Pfalzen / Fálzes [BZ] 3 Ec
Pfann-Horn = Fana, Corno– (I) 3 Gc
Pfann-Horn = Fana, Corno– (I) 3 Gc
Pfanntörl = Fana, Bocchetta di– (I)
   3 Gc
Pfarre Enneberg / Pieve di Marebbe
   [BZ] 3 Ec
Pfatten / Vadena [BZ] 9 Fc
Pfelderer Tal / Plan, Val di– 1 Gc
Pfelders / Plan [BZ] 1 Gc
Pfitsch / Val di Vizze [BZ] 3 BCb
Pfitscher Joch / Vizze, Passo di– 3
   Cab
Pfitscher Tal / Vizze, Val di– 3 Cb
Pflaurenz / Floronzo [BZ] 3 Ec
Pflersch / Fléres, Val di– 1 Hlb
Pflung / Vallone [BZ] 3 Fc
Pfossental / Fosse, Val di– 1 Fc
Pfundererbach / Fúndres, Rio– 3
   Dc
Pfunderer Tal / Fúndres, Val di– 3 Db
Pfunders / Fúndres [BZ] 3 Db
Pfunds [BZ] 1 Db
Pfurnsee / Forno, Lago del– 1 Hb
Piacentina [RO] 51 Bc
Piacenza [PC] 47 DEb
Piacenza d'Adige [PD] 51 Bb
Piada, Punta della– 21 Gb
Piádena [CR] 49 Bb
Piagge [AN] 79 Cbc
Piagge [AP] 87 Dcd
Piagge [PG] 77 Fd
Piagge [PU] 71 Fd
Piaggia [AQ] 93 DEbc
Piággia [CN] 63 Eb
Piággia [PG] 85 Fc
Piággia [VB] 19 Fb
Piaggine [SA] 127 Db
Piággio di Valmara [VB] 19 Gb
Piaggione [LU] 65 FGc
Piággori [LU] 65 Gc
Piagheedo [CO] 21 Cab
Piagna [MS] 57 Ecd
Piagnolo [RE] 59 BCb
Piai [TO] 45 Bb
Piai [TV] 25 FGbc
Piáia [BL] 11 Cc
Piaie Longhe-Millifred 25 Gb
Piallassa della Baiona 61 Fbc
Pialpetta [TO] 29 Fc
Piamággio [BO] 59 Hd
Piamborno [BS] 23 Bc
Piammartino [MC] 79 Dc
Piampaludo [SV] 55 Ebc
Piamprato [TO] 29 Hb
Pian [BL] 11 CDc
Piana [CB] 101 DEd
Piana [PG] 83 FGb
Piana [PV] 45 Hc
Piana [VC] 19 Cc
Piana [VI] 37 Db

Piana, Cima– 29 Hab
Piana, Isola– [CA] 177 Bb
Piana, Isola– [SS] 163 Bb
Piana, Isola– [SS] 161 Eb
Piana, Isola– [SS] 167 Fa
Piana, Isola– [SS] 165 Ab
Piana, la– [CE] 113 BCa
Piana, Pieve di– 83 Cab
Piana, Podere– [PG] 85 Cb
Piana Battolla [SP] 57 EFd
Pianaccio [BO] 67 CDb
Piana Comune, Masseria– [EN] 153
   Gb
Piana Crixia [SV] 55 Cbc
Piana Crixia, Parco Naturale di– 55
   Cbc
Piana degli Albanesi [PA] 147 Bbc
Piana degli Albanesi, Lago di– 147
   Bc
Piana dei Mónaci, Casa– [SR] 155
   Ed
Pianadetto [PR] 57 Gc
Piana di Forno [VB] 19 Dc
Piana di Monte Verna [CE] 107
   EFcd
Piana di Vigezzo 15 Ecd
Pianagrande della Maielletta,
   Riserva Naturale– 95 Ccd
Piana La Fara [CH] 95 Ed
Pianali, Podere– [LI] 81 Eb
Pianaronda [VC] 19 Dc
Piana San Raffaele [TO] 43 Hlab
Pianavia [IM] 63 Fb
Pianaz [BL] 11 Dc
Pianazze, Passo delle– 57 Db
Pianazzo [PR] 57 Cc
Pianazzo [SO] 5 FGc
Pianazzo, Monte– 47 Fd
Pian Bausano [TO] 29 Gd
Pianbello, Monte– 19 GHc
Pian Bernardo [CN] 63 Fa
Piancada [UD] 41 Db
Piancalcaio, Casa– [GR] 89 Ea
Piancáldoli [FI] 61 Ad
Pian Camuno [BS] 23 Hc
Piancarani [TE] 87 Ed
Pian Castagna [AL] 55 Eb
Piancastagnáio [SI] 83 Ec
Piancavallo 25 Hb
Pian Cavallo [VB] 19 Fb
Pian Cavallo, Cima– 63 Eb
Pian Cavallone 19 Fb
Pian Cavallone, Rifugio– 19 Fb
Pianceri Alto [BI] 31 Da
Piancerreto [AL] 45 Cb
Pianche [CN] 53 Cd
Pianchiosso [CN] 55 Bd
Pianciano, Monte– 85 EFd
Piancogno [BS] 23 Bc
Piancone [BI] 31 Ca
Pian d'Alma [GR] 81 Fc
Pian d'Assino [PG] 77 Dd
Pian d'Audi [TO] 29 GHc
Pian dei Bighi [GR] 81 Hc
Pian dei Cavalli [SO] 7 Ed
Pian dei Fiacconi, Rifugio– 11 BCc
Pian dei Manzi [GE] 57 Bc
Piandeipreti [GE] 57 ABc
Pian dei Ratti [GE] 57 Bc
Pian dei Sette, Poggio– 83 Gc
Piandelagotti [MO] 59 CDd
Pian del Colle [TO] 43 ABb
Pian della Chiesa [GE] 57 Bbc
Pian della Mussa [TO] 29 EFd
Pian della Regina 23 Cb
Pian della Serra [PG] 77 Db
Pian delle Fugazze, Passo– 23 GHd
Pian delle Mérie [PN] 11 Hd
Pian del Leone, Lago– 153 Aab
Pian delle Vigne-Camigliano,
   Stazione– 83 Cb
Piandellosro [AP] 87 Ccd
Pian dell'Osteria [BL] 25 Gb
Pian del Moro [IM] 63 Ec
Pian de Lóbbia 11 Cc

Pian del Poggio [PV] 57 Ba
Pian del Re [CN] 53 Ca
Pian de' Valli [RI] 93 Bb
Pian di Barca [SP] 65 Bab
Pian di Casale [BO] 67 DEa
Piandicastello [PU] 71 Dc
Pian di Cerreto [LU] 65 Fb
Pian di Landro–Baldassarre 25 Gb
Pian di Láris [UD] 13 Db
Pian di Lúcchio [PU] 77 EFc
Pian di Mácina [BO] 59 Hlc
Pian di Mággio, Monte– 75 Gbc
Piandimáina, ex Bagni di– / Maistatt
   Bad– [BZ] 3 Gc
Piandimeleto [PU] 71 Dc
Pian di Marte [PG] 77 Cd
Pian di Molino [PU] 77 Db
Pian di Morrano [GR] 89 Fa
Pian di Nappa, Monte– 91 DEa
Pian di Novello [PT] 67 CDa
Pian di Palma, Necrópoli di– 83 CDcd
Pian di Ponte [AR] 69 DEd
Pian di Rocca [GR] 81 Fcd
Pian di Rosce [RI] 93 Bb
Pian di San Martino [PG] 85 Cd
Pian di Scò [AR] 75 Eb
Piandisetta [BO] 59 GHd
Pian di Vedóia [BL] 25 Fa
Pian di Vénola [BO] 59 GHcd
Pian di Ventena [RN] 71 DEc
Pian di Vico, Fosso– 89 Gb
Piandoli [PG] 85 Fd
Piane [AP] 87 Cb
Piane [MC] 79 BCd
Piane [PV] 47 BCb
Piane [TO] 31 BCc
Piane, le– [AP] 87 Db
Piane Crati [CS] 135 Db
Pianedda, Monte sa– 167 Eb
Piane di Falerone [AP] 87 Cb
Piane di Mocogno [MO] 59 DEd
Pianella [PE] 95 Db
Pianella [SI] 75 Dc
Pianelle, Bosco delle– 121 EFab
Pianelleto [PR] 57 Eb
Pianello [AN] 79 Cb
Pianello [AN] 79 Cbc
Pianello [PA] 147 Gd
Pianello [PG] 85 Db
Pianello [PU] 77 Eb
Pianello del Lario [CO] 21 Cb
Pianello Val Tidone [PC] 47 Cc
Pianengo [CR] 33 Gc
Piane Sésia [VC] 31 Dab
Pianetti [AT] 45 Bc
Pianetti [AR] 83 Bcd
Pianetto [CN] 53 Ecd
Pianetto [FC] 69 Ebc
Pianetto [TO] 29 Hb
Pianetto [TO] 29 Fd
Pianetto, Portella del– [PA] 147 Cb
Pianetto, Portella del– [Sic.] 151 Ea
Pianettole [AR] 75 Hb
Pianezza [GE] 57 Bc
Pianezza [RI] 93 Ca
Pianezza [TO] 43 Gb
Pianezze [TV] 25 Ec
Pianezze [VI] 25 Bd
Pianezzo [MO] 59 Dcd
Pianézzoli [FI] 67 Dd
Pianfei [CN] 53 Fcd
Pianfei, Stazione– 53 Gc
Pian Gelassa [TO] 43 Db
Pian Gembro, Riserva Naturale– 21
   Hlab
Pian Gimont, Rifugio– 43 Bc
Piangipane [RA] 61 Ec
Piani [AL] 55 CDb
Piani [CN] 55 Ac
Piani [IM] 63 Fc
Piani [TO] 29 Hc
Piani [UD] 13 Dc
Piani, i– [PN] 13 BCd
Piani, i– [SS] 165 BCab
Pianiano [VT] 89 Gab
Piánico [BG] 21 Hd

Piani dell'Avaro [BG] 21 Eb
Piani d'Erna [CO] 21 Dc
Piani di Bobbio [LC] 21 Dc
Piani di Là [UD] 13 Fc
Piani di Luzza [UD] 13 Bb
Piani di Póggio Fidoni [RI] 91 Gb
Piani di Praglia [GE] 55 Fb
Piani Eterni–Errera–Val Falcina, Riserva Naturale– 25 DEab
Pianiga [VE] 39 Cc
Pianillo [NA] 113 Fd
Piani Loriga, Fortezza di– 177 DEc
Pianissolo [SV] 55 BCc
Pianizza di Sopra / Ober-Planitzing [BZ] 9 Fc
Pianizza di Sotto / Unter-Planitzing [BZ] 9 Fc
Pianlargo / Breitenau [BZ] 1 Hbc
Pian Múcini, Podere– [GR] 81 Gb
Pianneireto 43 Eb
Piano [AN] 77 FGc
Piano [AP] 87 BCc
Piano [AT] 45 BCcd
Piano [BG] 21 Gd
Piano [CN] 53 Hc
Piano [CN] 55 Bcd
Piano [CT] 155 Fb
Piano [PU] 77 Db
Piano [RO] 51 Fc
Piano [SA] 127 Cc
Piano [SI] 75 Fde
Piano [SV] 55 BCcd
Piano [TO] 43 Ec
Piano, Casa del– [GR] 89 Da
Piano, il– [AQ] 93 Gc
Piano, il– [MO] 59 Ed
Piano, il– [VT] 91 Eb
Piano, Lago di– 21 BCb
Piano, Masseria il– [BA] 117 DEab
Piano, Monte– [CB] 101 DEc
Piano, Monte– [FC] 69 Ec
Piano, Monte– [ME] 145 Bc
Piano, Monte– [MT] 129 Ea
Piano, Monte– [TE] 93 Ea
Piano, Pizzo del– 107 Gcd
Piano Alastre [TP] 149 Eb
Piano Caruso [CS] 133 Ca
Pianoconte 143 Ec
Piano d'Api [CT] 155 Fb
Piano d'Arta [UD] 13 CDbc
Piano degli Ontani, Riserva Naturale– 67 Cb
Piano dei Peri [PZ] 131 Bab
Piano del Cansiglio [BL] 25 Gb
Piano del Carro, Masseria– [MT] 117 CDc
Piano del Conte [PZ] 115 Gbc
Piano della Pieve [PG] 85 DEb
Piano della Regina [CN] 53 Ca
Piano della Rocca [LU] 65 Gbc
Piano delle Noci [CO] 21 Bc
Piano dell'Ospedale [CH] 101 Ea
Piano del Mónaco, Masseria– [BA] 117 Da
Piano del Tivano [CO] 21 Cc
Piano del Vóglio [BO] 67 Fab
Piano di Coréglia [LU] 65 FGb
Piano di Fieravécchia 153 Ba
Piano di Follo [SP] 65 Cab
Piano di Nese [PG] 77 Cd
Piano di Pratorsi [PT] 67 CDb
Piano di Sorrento [NA] 113 Ed
Piano Grande [TE] 87 Dde
Piánola [AQ] 93 Ebc
Piano Maggiore [TE] 87 Dd
Piano Mezzapelle [TP] 151 Ba
Pianone 21 Gcd
Pianopantano [AV] 115 Ba
Piano–Parrelle [AV] 113 Gbc
Pianópoli [CZ] 137 Cb
Pianora [AR] 75 Gab
Pianore [PI] 67 BCd
Piano Regio, Masseria di– [PZ] 115 Gab
Pianoro Vecchio [BO] 59 Hlc

Pianoro Vecchio [BO] 59 Hlc
Pianorso [MO] 59 Ec
Pianosa [LI] 81 ins.b
Pianosa, Isola– [FG] 103 ins.a
Pianosa, Isola– [LI] 81 ins.b
Piano San Nicola, Galleria di– 115 GHc
Piano San Pietro [TE] 87 Dd
Pianosinático [PT] 67 Cb
Piano Soprano [SV] 55 Cd
Piano Sottano [SV] 55 Cd
Piano Tavola [CT] 155 Eb
Pian Palù, Lago di– 9 Bcd
Pian Paradiso, Stazione– 91 Ec
Pianrocchetta [SV] 55 Cc
Piansano [VT] 89 GHa
Pianta [BO] 59 Bc
Piante [PN] 25 Hb
Piantedo [SO] 21 Db
Piantivello [AT] 55 Cb
Piántoli [CE] 107 BBcc
Piantoni [VE] 39 Cc
Piantorre [CN] 55 Ac
Pian Trevisan [TN] 11 BCc
Pianu, Cantoniera– [SS] 165 Db
Pianu Ladu, Cantoniera– [SS] 165 Fa
Pianura [NA] 113 CDb
Pian Zaeta, Monte– 87 Bd
Pianzano [RE] 59 Dc
Pianzano [TV] 25 Gc
Piario [BG] 21 Gc
Piasco [CN] 53 Eb
Piastra, Lago della– 53 Ed
Piastra, Lago della– 53 Ed
Piastre, le– [PT] 67 CDbc
Piateda [SO] 21 Gab
Piateda Alta [SO] 21 Gb
Piatta [CN] 53 DEc
Piatta [SO] 21 FGab
Piatta [SO] 7 Gc
Piatta, Cima– / Plattspitz 3 Cb
Piatto [BI] 31 Cb
Piatto, Lago– 67 Bb
Piatto, Monte– 85 Bd
Piattoni–Villa Sant'Antonio [AP] 87 DEc
Piave, Fiume– 41 Bc
Piave di Visdende, Fiume– 11 GHb
Piavenna / Plawenn [BZ] 1 Dc
Piave Nuovo [VE] 41 Ac
Piave Vécchia [VE] 41 Ac
Piave Vecchia, Case– [VE] 39 Fb
Piave Vécchia, Porto di– 41 Ad
Piavon [TV] 25 Hd
Piaz, Rifugio dal– 25 Cb
Piazza [AL] 55 DEb
Piazza [BG] 21 GHcd
Piazza [BS] 35 Db
Piazza [BS] 35 Bc
Piazza [CE] 107 EFc
Piazza [NA] 113 Fb
Piazza [PI] 73 Db
Piazza [PR] 59 Ca
Piazza [PT] 67 CDc
Piazza [SI] 75 Cb
Piazza [SO] 7 Gc
Piazza [SP] 57 Dd
Piazza [SP] 57 Ed
Piazza [TN] 23 Gc
Piazza [TO] 43 Ebc
Piazza [VI] 25 Bd
Piazza al Sérchio [LU] 65 Ea
Piazza Armerina [EN] 153 Gc
Piazza Brembana [BG] 21 EFc
Piazza Caduti [BG] 33 EFa
Piazza dei Tori, Poggio– 89 Fa
Piazza del Diavolo, Riserva Naturale– 25 Db
Piazza del Gobo [BL] 11 Fb
Piazza di Bráncoli [LU] 65 Gc
Piazza di Pandola [AV] 113 Gc
Piazza di Sabbione, La– [RE] 59 Eb

Piazza di Siena 75 EFde
Piazzanello [LU] 65 Fc
Piazzano [AL] 55 Cab
Piazzano [CH] 95 Ed
Piazzano [FI] 67 Gc
Piazzano [LU] 65 Fc
Piazzanuova [RE] 49 Cc
Piazza Roma [NA] 113 Fc
Piazzatorre [BG] 21 EFbc
Piazza–Tralia [NA] 113 EFcd
Piazza Vécchia [VE] 39 Cc
Piazze [SI] 83 Fc
Piazze, Lago delle– 23 Hab
Piazze, le– [TN] 23 Hab
Piazzette [TO] 29 Fd
Piazzi, Cima de'– 7 Fc
Piazzo [GE] 55 GHab
Piazzo [TN] 23 Hab
Piazzo [TO] 45 ABab
Piazzola sul Brenta [PD] 37 Gb
Piazzolla [NA] 113 EFb
Piazzolo [PZ] 127 Fb
Piazzolo [BG] 21 EFc
Pibiri, Casa– [NU] 175 Ec
Picca, Monte– 93 GHc
Piccalinna [CA] 173 Db
Piccardi, Masseria– [FG] 111 Ba
Piccarello [GE] 55 Gbc
Piccarolu, Rio– 165 Dc
Picchetta [NO] 31 Gb
Picchiara, Monte– 57 Ecd
Picci, Casa– [CA] 179 Fa
Piccia, Nuraghe– 179 Ebc
Piccianello [PE] 95 BCab
Picciano [PE] 95 Bb
Picciche [PG] 85 Ec
Piccilli [CE] 107 DDbc
Picciola, la– [SA] 115 Bd
Piccione [PG] 77 DEd
Piccirella, Masseria– [FG] 103 DEcd
Picco, Forcella del– 3 Ga
Picco, Forcella del– (I) = Birnlücke 3 Ga
Piccolein / Piccolino [BZ] 3 Ec
Piccoli [PC] 47 CDd
Piccoli, Masseria– [TA] 121 EFa
Piccolini [PV] 31 GHcd
Piccolino / Piccolein [BZ] 3 Ec
Piccolo, Lago– 43 Fb
Piccolo, Lago di– 23 Bb
Piccolo, Pantano– 141 Db
Piccolo Paradiso 29 Fb
Piccolo Pevero [SS] 161 Fc
Piccolo Romazzino [SS] 161 Fc
Piccolo San Bernardo, Colle del– 29 Dab
Picedo [BS] 35 FGb
Picentini, Monti– 115 CDc
Picentino, Fiume– 115 Bb
Picenze [AQ] 93 Fbc
Picerno [PZ] 115 Fd
Piciât, Monte– 13 Dcd
Picinisco [FR] 99 Hcd
Pico [FR] 105 Hb
Picocca, Masseria– [FG] 111 BCbc
Picocca, Torrente sa– 179 Fa
Picógnola, Casa– [PG] 77 Ec
Picógnola, Monte– 77 Ec
Picone, Masseria– [PZ] 129 Cc
Pidéura [RA] 61 Cd
Pidigalm / Pudio, Malga– 3 Gb
Piecorto [SI] 73 GHb
Piè del Colle [MC] 85 GHb
Pié del Colle [PG] 85 Gc
Piedelpóggio [RI] 93 BCa
Pièdelsasso [MC] 85 FGbc
Piedepiccolo, Masseria– [BA] 117 Da
Piedicavallo [BI] 31 Ba
Piedicolle [PG] 85 Cc
Piedicolle [RI] 91 Hab

Piedigrotta, Chiesa di– 137 ABc
Piedigrotta, Santuario di– 153 Ba
Piedilago [VB] 15 DEc
Piedilama [AP] 87 Bd
Piediluco [TR] 91 Ga
Piediluco, Lago di– 91 Ga
Piedim [UD] 13 Dc
Piedimeggiana [VC] 19 Cd
Pié di Móggio [RI] 91 Gab
Piedimonte [FI] 69 BCb
Piedimonte [NA] 113 Bc
Piedimonte [SA] 113 Fc
Piedimonte Alta [FR] 107 Ba
Piedimonte Etnéo [CT] 145 FGd
Piedimonte Massicano [CE] 107 Ccc
Piedimonte Matese [CE] 107 Fb
Piedimonte San Germano [FR] 107 Bab
Piedimulera [VB] 19 Db
Piedipaterno [PG] 85 Fd
Piediripa [MC] 79 Ed
Piediripa [PG] 85 Gd
Piedivalle [PG] 85 Gc
Piedo, Monte– 11 FGb
Piega [PG] 69 Fc
Piegáio [AR] 77 Bcd
Piegáio [LU] 65 Fc
Piegaro [PG] 83 Gc
Pieggio [VB] 19 Fbc
Piegolelle [SA] 115 Ac
Pié la Costa [AQ] 93 Dbc
Pié la Terra [CS] 135 Db
Pié la Villa [AQ] 93 Dc
Pieltinis, Monte– 11 Hbc
Pielungo [PN] 13 Cd
Pienza [SI] 83 DEb
Piepasso [AL] 45 Dc
Pierabec [UD] 13 Bb
Pieracci, i– [PG] 83 Fab
Pieránica [CR] 33 Fc
Pierantonio [PG] 77 Dd
Piercy, Villa– [NU] 165 Fc
Piéria [UD] 13 Bb
Piéris [GO] 13 Eb
Pierle [AR] 77 Bd
Pierno [PZ] 115 Fc
Pierno, Monte– 115 Fc
Pierosà [BL] 11 Fc
Pierosara [AN] 79 Bc
Pierre, Punta de la– 29 Fab
Piesco, Punta– 127 Gb
Pietá [SA] 127 Ac
Pietà, la– [FG] 103 GHb
Pietà, la– [ME] 145 ABbc
Piétole [MN] 49 Db
Pietra [PD] 51 Dab
Pietra [RC] 139 Fc
Pietra, Castel– 23 Gc
Pietra, Castello della– 55 GHb
Pietra, Castello di– 81 Gc
Pietra, la– [TO] 45 ABab
Pietra, Monte– 69 Fc
Pietra Appesa 103 Gc
Pietra Aspra, Monte– 93 Gb
Pietrabbondante [IS] 101 Dc
Pietrabissara [GE] 55 Gab
Pietrabona, Cala di– 89 Bbc
Pietrabruna [IM] 63 Fc
Pietrabuona [PT] 67 BCc
Pietracamela [TE] 93 Fa
Pietracatella [CB] 101 Gd
Pietra Cavallara, Serra– 133 Da
Pietra Cavallera, Monte– 139 Fb
Pietra Cipolle, Masseria– [FG] 103 Bc
Pietracolora [BO] 59 Fd
Pietracupa [CB] 101 DEc
Pietra Cupa, Monte– 127 BCbc
Pietracuta [PU] 69 Hc
Pietradefusi [AV] 115 Ba
Pietra de' Giorgi [PV] 47 Bb
Pietra dell'Uso [FC] 69 Gc
Pietra del Pertusillo, Lago– 129 Cc
Pietra di Corvo 47 Ccd
Pietra di Febo, Monte– 141 Gbc
Pietraferrazzana [CH] 101 Db

Pietraferruggia 135 Cb
Pietrafiore, Monte– 149 Ec
Pietrafitta [CS] 135 Cb
Pietrafitta [FR] 99 Gcd
Pietrafitta [PG] 85 Bbc
Pietrafitta [SI] 75 Cbc
Pietrafitta, Masseria– [FG] 109 Fb
Pietraforte [RI] 93 BCcd
Pietrafráccia [GE] 55 Gb
Pietragalla [PZ] 117 Bc
Pietragalla, Stazione di– 117 Bc
Pietragavina [PV] 47 Bcd
Pietra Gentile, Monte– 99 Gb
Pietra Grande 9 Dd
Pietragrossa, Monte– 93 Fc
Pietraguisa [MO] 59 Dd
Pietráia [AR] 75 Gd
Pietráia [PG] 85 Bb
Pietralacroce [AN] 79 Fb
Pietralata, Monte– 77 Fb
Pietralavezzara [GE] 55 Gb
Pietralba / Weißenstein [BZ] 9 Gc
Pietraliscia, Serra– 155 Ccd
Pietralonga 135 Cb
Pietralta [TE] 87 Cd
Pietralunga [CT] 155 DEb
Pietralunga [PG] 77 Dc
Pietralunga, Ponte di– [CT] 155 Eb
Pietralunga, Ponte di– [KR] 133 Ec
Pietralunga, Villa– [EN] 155 Ba
Pietramaggiore, Cresta di– 101 Bb
Pietramala [FI] 67 FGab
Pietra Marazzi [AL] 45 EFc
Pietramarina [CT] 145 Fc
Pietramáura [PU] 69 Hc
Pietramelara [CE] 107 DEc
Pietramelina [PG] 77 Dd
Pietramogolana [PR] 57 Fb
Pietramonte [BN] 109 Cb
Pietramontecorvino [FG] 109 Da
Pietramora [RA] 69 Ea
Pietramurata [TN] 23 Fb
Pietranera [GE] 55 Gb
Pietranico [PE] 95 Bc
Pietransieri [AQ] 101 Bb
Pietra Palomba, Monte– 115 Eb
Pietrapáola [CS] 133 Dab
Pietrapáola, Stazione di– 133 DEa
Pietra Parcellara 47 Ccd
Pietra Patella, Scogli di– 157 Bc
Pietrapazza [FC] 69 Ecd
Pietrapennata [RC] 141 FGd
Pietrapertosa [PZ] 129 Ca
Pietra Pertusa, Monte– 65 Gc
Pietraperzia [EN] 153 Cc
Pietrapesce, Masseria– [EN] 155 BCbc
Pietrapiana [FI] 69 Cd
Pietra Pizzuta 155 Cb
Pietra Porci [LT] 105 Fb
Pietraporciana, Poggio– 83 Eb
Pietraporciana, Riserva Naturale– 83 Eb
Pietraporzio [CN] 53 Ccd
Pietra Posta, Monte– 135 EFc
Pietrarada [PR] 57 Eb
Pietrarója [BN] 107 Gb
Pietrarossa, Fiume– 155 Cc
Pietra Rossa, Lago di– 29 DEa
Pietra Rossa, Punta di– 7 Gcd
Pietrarubbia [PU] 69 Hd
Pietrarva, Colle– 135 EFbc
Pietrasanta [LU] 65 Fc
Pietrasanta, Masseria– [BR] 123 Da
Pietrascritta, Monte– 99 Fb
Pietrasecca [AQ] 93 Ccd
Pietra Spada, Passo di– 139 EFbc
Pietrastornina [AV] 113 Gab
Pietra Stretta 87 Dd
Pietratagliata [UD] 13 Ec
Pietrauta [PG] 85 Dc
Pietravairano [CE] 107 DEbc
Pietravecchia, Monte– 63 DEbc
Pietraviva [AR] 75 Ec
Pietre [SA] 113 Fc

Pietrebianche [CZ] 137 Ba
Pietre Bianche, Pizzo– 141 Cc
Pietre Cadute 153 BCa
Pietrelcina [BN] 109 Cc
Pietrelcina, Stazione di– 109 Cc
Pietrenere [RC] 139 Cc
Pietre Nere, Punta– 103 BCbc
Pietreréie, Colle– 101 Ccd
Pietretagliate [TP] 149 Dc
Pietri [AV] 115 Db
Pietroso, Monte– [AN] 79 BCc
Pietroso, Monte– [PA] 149 Gc
Pievasciata [SI] 75 Dc
Pieve [AL] 55 EFab
Pieve [BL] 11 Ec
Pieve [BL] 11 DEb
Pieve [BS] 35 Fc
Pieve [BS] 35 EFab
Pieve [BS] 35 Eab
Pieve [BS] 35 CDbc
Pieve [FI] 67 Fc
Pieve [GE] 55 Gb
Pieve [LU] 65 EFc
Pieve [MC] 85 Gc
Pieve [MC] 79 Ed
Pieve [MS] 57 FGd
Pieve [PC] 57 BCa
Pieve [PD] 37 Gb
Pieve [PN] 25 Hc
Pieve [PR] 57 Eb
Pieve [PV] 45 Fab
Pieve [RE] 49 CDc
Pieve [SI] 75 Fd
Pieve [TV] 25 Dc
Pieve [VR] 37 Cc
Pieve, La– 13 CDc
Pieve, la– [GR] 83 Bde
Pieve, la– [SI] 83 Cbc
Pieve, Monte della– 89 Hab
Pieve a Chianni 73 Fb
Pieve a Élici [LU] 65 EFc
Pieve Albignola [PV] 45 Gb
Pieve Alta [GE] 55 Hc
Pieve al Toppo [AR] 75 Fc
Pieve a Maiano [AR] 75 Fbc
Pieve a Niévole [PT] 67 Cc
Pieve a Pitiana [FI] 69 BCd
Pieve a Pitti, Villa– [PI] 73 Ebc
Pieve a Presciano [AR] 75 EFc
Pieve a Salti [SI] 83 Db
Pievebelvicino [VI] 37 Da
Pievebovigliana [MC] 85 Gb
Pieve Caina [PG] 85 Bbc
Pievécchia [FI] 67 Gd
Pieve d'Alpago [BL] 25 FGab
Pieve delle Rose 77 Cb
Pieve Delmona [CR] 47 Gab
Pieve del Pino 59 Hc
Pieve del Tho [RA] 61 Cd
Pieve del Véscovo [PG] 85 Bb
Pieve di Bono [TN] 23 Dc
Pieve di Bráncoli [LU] 65 FGb
Pieve di Búdrio [BO] 61 ABb
Pieve di Cadore [BL] 11 Fc
Pieve di Cadore, Lago di– 11 Fc
Pieve di Cagna [PU] 71 Dd
Pieve di Campi [PR] 57 DEc
Pieve di Carpegna [PU] 69 GHd
Pieve di Cásio [BO] 67 Eab
Pieve di Castévoli [MS] 57 Fd
Pieve di Cento [BO] 59 Ha
Pieve di Cesato [RA] 61 Dcd
Pieve di Chio [AR] 75 Gc
Pieve di Cómpito [LU] 65 Gd
Pieve di Compresseto [PG] 77 EFd
Pieve di Concésio [BS] 35 Eb
Pieve di Controne [LU] 67 Bb
Pieve di Coriano [MN] 49 Fb
Pieve di Cusignano [PR] 57 Eb
Pieve di Gusaliggio [PR] 57 Fb
Pieve di Ledro [TN] 23 Ec
Pieve di Livinallongo [BL] 11 Cc
Pieve di Marebbe / Pfarre Enneberg [BZ] 3 Ec

Pieve di Panzano [FI] **75** Cb
Pieve di Rigutino [AR] **75** Gc
Pieve di Rivóschio [FC] **69** Fbc
Pieve di Romena [AR] **69** Dd
Pieve di Saddi **77** Dc
Pieve di Sant'Andrea [BO] **61** Bcd
Pieve di Scalenghe [TO] **43** FGc
Pieve di Soligo [TV] **25** EFc
Pieve di Stadera [PC] **47** Bc
Pieve di Teco [IM] **63** Fb
Pieve di Zignago [SP] **57** Ed
Pievedizio [BS] **35** Dc
Pieve d'Olmi [CR] **47** Gb
Pieve Dugliara [PC] **47** Dc
Pieve Emanuele [MI] **33** Dc
Pievefávera [MC] **85** GHb
Pievefávera, Lago di– **85** GHb
Pieve Fissiraga [LO] **33** Ed
Pieve Fosciana [LU] **65** Fb
Pieve Grumone [CR] **35** Dd
Pieve Lígure [GE] **55** Hc
Pievelunga [TR] **83** Gc
Pieve Modolena [RE] **49** Cd
Pieve Ottoville [PR] **47** Gb
Pieve Pagliaccia [PG] **85** Cab
Pievepélago [MO] **59** Dd
Pieve Petróia [PG] **77** CDd
Pieve Porto Morone [PV] **47** Cb
Pievequinta [FC] **61** Ed
Pieve Rossa [RE] **49** CDd
Pieve Saliceto [RE] **49** Cc
Pieve Salutare [FC] **69** Eab
Pieve San Giacomo [CR] **47** GHb
Pieve San Giovanni [AR] **75** Fb
Pieve San Lorenzo [LU] **65** Ea
Pieve San Nicoló [RE] **85** Db
Pieve San Páolo [LU] **65** Gcd
Pieve Santa Luce [PI] **73** Dc
Pieve Santo Stéfano [AR] **69** Fde
Pieve San Vincenzo [RE] **57** Hc
Pievescola [SI] **73** Gd
Pieve Socana [AR] **75** Fab
Pieve Terzangi [CR] **47** Ha
Pieve Tesino [TN] **25** Bb
Pieve Torina [MC] **85** Gb
Pieve Trébbio [MO] **59** Fc
Pievetta [CN] **55** Bd
Pievetta [GE] **57** Cb
Pievetta–Dogana Po [PC] **47** Cb
Pieve Vecchia [AR] **75** Fd
Pieve Vecchia [BS] **35** Gb
Pieve Vecchia [GR] **83** Bc
Pieve Vecchia [PI] **73** Cbc
Pieve Vergente [VB] **19** Dc
Pievina [SI] **75** DEd
Pigazzano [PC] **47** Dc
Pigelleto, Riserva Naturale– **83** Dd
Pigge [PG] **85** Ec
Piglimó, Corno– **19** Bc
Piglio [FR] **99** Cbc
Píglio, Monte– **91** Ea
Piglione, Monte– **65** Fc
Pigna [IM] **63** Fc
Pigna [SV] **63** Gc
Pigna, Cima della– **53** FGd
Pigna Flóres, Masseria– [BR] **123** Eb
Pignan [PD] **39** Cb
Pignano [AN] **77** Gc
Pignano [AV] **113** Fb
Pignano [FR] **99** Ec
Pignano [PI] **73** Fc
Pignano [UD] **27** Cab
Pignatariello **137** Dbc
Pignataro Interamna [FR] **107** Bb
Pignataro Maggiore [CE] **107** DEc
Pignataro Maggiore, Stazione di–
 107 DEcd
Pignatella, Masseria– [FG] **111** Bb
Pignatelli, Casa– [TP] **151** Db
Pignatelli, Cozzo– **147** Bc
Pigno [CT] **155** Fc
Pigno [PU] **77** EFb
Pigno, Cozzo– **149** FGc
Pignola [PZ] **115** Gd
Pignona [SP] **5**□**⌐d**
Pignone [SP] **65** Ba

Pigozzo [VR] **37** Cbc
Pigra [CO] **21** Bc
Pila [AO] **29** Fa
Pila [PG] **85** BCb
Pila [RO] **51** Gc
Pila [VC] **19** Cd
Pila, la– [FG] **111** Bb
Pila, La– [LI] **81** Cd
Pila, Monte della– **115** EFa
Pilano, Masseria– [TA] **121** Fb
Pilarciano [FI] **67** Gc
Pila Rocca, Monte– **99** CDbc
Pilastrello [FE] **49** Gc
Pilastrello [PD] **51** BCa
Pilastri [FE] **49** Gc
Pilastrino [BO] **59** Gc
Pilastro [MN] **49** Cb
Pilastro [PR] **59** Ba
Pilastro [RA] **61** Ecd
Pilastro [RO] **51** Fb
Pilastro [VT] **37** EFcd
Pilastro [VR] **37** Gab
Pilati [RC] **141** Ed
Pilato, Grotte di– **105** ins.a
Pilato, Lago di– **87** Bcd
Pilato, Pizzo– **145** Cc
Pilcante [TN] **23** Fd
Piletta [BI] **31** BCbc
Pili [CH] **95** EFd
Pilla, Masseria la– [PZ] **115** Fd
Pilla, Torrente– **131** Fb
Pillaz [AO] **31** Bab
Pille [MN] **35** GHc
Pilli, Fattoria– [OR] **169** Db
Pillo [FI] **73** Fb
Pillonis, is– [CA] **177** Dcd
Pillonis, is– [CA] **177** Dbc
Pilo, Stagno di– **163** Bc
Pilone [BR] **119** Fc
Pilone [Eur.] **1** Fc
Pilone [PU] **71** Fd
Pilone di Piovale [CN] **43** Ed
Piloni [GR] **83** Ab
Piloni [TR] **91** Fb
Pilónico Materno [PG] **85** Bb
Pilónico Paterno [PG] **85** CDab
Pilota [RE] **49** BCcd
Pilotti [MC] **87** Cc
Piludu, Rio– **165** Ed
Pilzone [BS] **35** Dab
Pimentel [CA] **175** Ccd
Piminoro [RC] **141** FGb
Pimonte [NA] **113** EFcd
Pimpisu [CA] **173** EFc
Pin, Monte– **167** Ea
Pinalto, Rio di– / Penaudbach **1** Fc
Pinarella [RA] **61** Gd
Pinarolo Po [PV] **47** ABb
Pinasca [TO] **43** Fc
Pincaldo, Monte– **23** Ha
Pincara [RO] **51** Bbc
Pineda [UD] **41** Db
Pinedo [PN] **11** Fd
Pinei [BL] **11** Dd
Pinerolo [TO] **43** EFc
Pinet [CN] **53** Dd
Pineta [PE] **95** Db
Pineta di Appiano Gentile e Tradate,
 Parco Regionale della– **33** Ba
Pineta di Castel Fusano, Parco– **97**
 DEc
Pineta di Santa Filomena, Riserva
 Naturale– **95** CDab
Pineta Grande [CE] **113** Bab
Pinete [FI] **67** Cd
Pineto [TE] **95** Ca
Pineto, Parco– **97** Eb
Pini, Monte dei– **41** Hlbc
Pinidello [TV] **25** Gc
Piniè [BL] **11** Fbc
Pinna, Masseria– [MT] **117** Bd
Pinnoni, Punta su– **173** Cbc
Pino [SI] **75** Fd
Pino, il– [FI] **73** Gb
Pino, Il– [ROMA] **97** Eab
Pino, Monte– **167** Ea

Pino, Porto– **177** Dd
Pinocchio [AN] **79** EFb
Pino Collito [CS] **135** EFb
Pino d'Aleppo, Riserva Naturale–
 159 Cc
Pino d'Asti [AT] **45** ABb
Pino Grande, Villaggio– [KR] **133**
 Dbc
Pino Solitario, il– **121** EFbc
Pino Soprano [GE] **55** Gc
Pino sulla Sponda del Lago
 Maggiore [VA] **19** Gb
Pino Torinese [TO] **43** Hb
Pinta, Timpa la– **129** Bd
Pinto [MC] **79** Ed
Pinto, Fiume– **87** Bd
Pinto, Masseria– [BR] **123** Ca
Pintura di Bolognola [MC] **87** Bbc
Pintus, is– [CA] **177** DEc
Pinus Village [CA] **177** Fd
Pinzano / Pinzagen [BZ] **3** Cc
Pinzago / Pinzagen [BZ] **3** Cc
Pinzano [MI] **33** Cb
Pinzano al Tagliamento [PN] **27** Ca
Pinzat, Monte– **11** Gd
Pinzolo [TN] **23** Eab
Pio [RO] **49** GHb
Pióbbico [MC] **87** Bbc
Pióbesi d'Alba [CN] **45** Ad
Pióbesi Torinese [TO] **43** Gc
Pioda [VB] **15** DEc
Piode [VC] **19** Cd
Piogera, Monte– **19** DEcd
Piolánas [CA] **177** Db
Piolo [FE] **59** Fc
Pioltello [MI] **33** DEbc
Pioltone, Pizzo– **15** CDc
Piomba, Fiume– **95** Ca
Piombada, Monte– **13** Ccd
Piombino [LI] **81** Ec
Piombino, Canale di– **81** DEc
Piombino, Monte– **147** Fd
Piombino Dese [PD] **39** BCb
Piombo, Cala– **177** Dcd
Piombo, Torre di– [RG] **159** BCc
Piona, Abbazia di– **21** Cb
Pionca [PD] **39** Bc
Pione [PR] **57** Db
Pioppa [MO] **49** Ec
Pioppi [SA] **127** Bc
Pioppino [MN] **49** BCab
Pioppo [PA] **147** Bb
Pióraco [MC] **79** Bd
Piósina [PG] **77** Dd
Piossasco [TO] **43** Fbc
Piota, La– **19** Fb
Piota, Torrente– **55** Fb
Piotta, Svizz.] **5** BCb
Piova, Torrente– **11** Gc
Piovácqua, Masseria– [TA] **121** Fb
Piovà Massáia [AT] **45** Bb
Piovani [CN] **53** Fb
Piove di Sacco [PD] **39** Cd
Pióvega [PD] **39** BCcd
Piovene Rocchette [VI] **23** Id
Pióvera [AL] **45** Fc
Pióvere [BS] **35** Ha
Pioverna, Torrente– **21** Dc
Pioverno [UD] **13** Dcd
Piovezzano [VR] **35** Hbc
Pio XI, Rifugio– / Weißkugel–Hütte
 1 DEbc
Piozzano [PC] **47** CDc
Piozze [VR] **35** Hb
Piozzo [CN] **53** Hb
Pipinari, Monte– **171** Ec
Pipitone, Pizzo– [AG] **147** Cd
Pippiete [AP] **87** Cc
Pira, Cala– **179** Fbc
Pira, Nuraghe– **167** Cc
Pira 'e Onni, Cantoniera– [NU] **171**
 Ec
Piràino [ME] **145** Eab
Piramidi di Postalesio, Riserva
 Naturale– **21** Fa

Piramidi di Zone, Riserva Naturale–
 21 Hd
Piran [SLO] = Pirano (I) **41** Gc
Pirano (I) = Piran [SLO] **41** Gc
Pirarba, Nuraghe– **169** Fc
Pirari, Case– [NU] **171** Db
Piras [SS] **167** Ecc
Piras, Cantoniera sa– [SS] **167**
 BCc
Pirastru, Cúccuru su– **171** DEa
Pirastru, su– [SS] **165** Ba
Pirastru, Porto– **179** Fb
Pirastu, Punta– **177** Ed
Pirastu Trottu, s'Arcu 'e su– **175** Ea
Piratello [BO] **61** BCc
Pirato, Stazione di– **153** Gb
Pirazzolu [SS] **161** DEc
Pircazzi, Cocuzzo– **159** Fd
Pireddas, is– [CA] **177** DEc
Pires, Rio– **173** Dc
Piretto [CS] **135** Ca
Pirifería, Nuraghe– **169** Eb
Pirillo [CZ] **135** Ec
Pirívoglia [CZ] **137** Cc
Pirocco [PV] **47** Bb
Piroi, Monte su– **175** Ecd
Pirola, Lago– **7** Cd
Pirri [CA] **179** Cb
Pirro, Lagone– [BA] **119** Bab
Pirtusiddu, Cozzo– **153** CDab
Pisa [PI] **65** Fd
Pisa, Certosa di– **65** Gd
Pisa, Rifugio– **65** DEb
Pisana [PD] **51** Cab
Pisana, Cala– **151** ins.b
Pisana, Casa– [NU] **175** Fa
Pisana, La– [ROMA] **97** Eb
Pisaneddu, Monte– **171** Ec
Pisani, Abbazia– **37** GHb
Pisanino, Monte– **65** Eb
Pisano [CT] **155** Fab
Pisano [NO] **19** EFd
Pisano, Monte– **65** Gd
Pisanu, Punta de su– **163** ABd
Pisanu Mele, Monte– **171** Db
Pisari, Masseria– [LE] **125** DEcd
Pisa–San Giusto, Aeroporto
 Internazionale– **65** Fd
Pisavini [CH] **95** Dcd
Piscerbu, Bruncu 'e– **171** Ec
Pischiello [PG] **77** Bd
Pischinaccia [SS] **167** Ca
Pischina Tereme, Case– [SS] **165**
 Eb
Pisciacane, Monte– **153** DEc
Pisciadú, Rifugio– / Pisciadu–Hütte
 11 Bb
Pisciadu–Hütte / Pisciadú, Rifugio–
 11 Bb
Pisciarelli [ROMA] **91** Cd
Pisciarello [VT] **91** Da
Pisciatello, Torrente– **71** Ca
Piscicelli, Masseria– [FG] **103** Ac
Piscina [TO] **43** Fc
Piscina della Gattuccia, Riserva
 Naturale– **105** Ebc
Piscina delle Bagnature, Riserva
 Naturale– **105** Ebc
Piscina Rei **179** Fb
Piscina Rúbia, Nuraghe– **169** Cc
Piscinas **177** Cc
Piscínas [CA] **177** DEc
Piscínas, Rio– **173** CDb
Piscinni, Porto di– **177** Ed
Piscino, Monte– **21** Eb
Pisciolo, Fermata di– **115** Fa
Pisciotta [SA] **127** Cd
Pisciotta–Palinuro, Stazione– **127**
 Cd
Piscità [ME] **143** Ga
Piscitello, Masseria– [FG] **109** Hcd
Pisconti, Nuraghe– **175** BCb
Piscopío [VV] **139** Dab
Piscopio, Masseria– [LE] **125** Ec
Piseddu, Rio– **179** Fb
Pisenti [PG] **85** Ebc

Pisignano [FI] **67** Ed
Pisignano [LE] **123** Gd
Pisignano [RA] **61** Fd
Pisimoni, Monte– **13** Ec
Pisnengo [NO] **31** EFc
Pisogne [BS] **21** Hd
Pisogneto [BS] **23** Bab
Pisogno [NO] **19** Ecd
Pisone, Cozzo– **129** Ec
Pisonet, Monte– **17** Fd
Pisoniano [ROMA] **99** Bb
Pispisa, Rio de sa– **179** Db
Pissacqua, Monte– **57** BCc
Pissátola [RO] **51** Ab
Pisse, Bocchetta delle– **19** Bc
Pissignano [PG] **85** Ecd
Pisterzo [LT] **105** Fab
Pisticci [MT] **129** Fb
Pisticci, Stazione di– **129** Fb
Pistillo, Timpa– **127** Dd
Pistoia [PT] **67** Dc
Pistolesa [BI] **31** Cab
Pistone, Monte– **57** Dd
Pistrino [PG] **77** Bb
Pistunina [ME] **141** DEc
Pistuolo, Monte– **131** CDd
Pisu, Bruncu 'e– **171** FGc
Pitéccio [PT] **67** Dbc
Pitigliano [GR] **89** FGa
Pitigliano [PG] **77** Cb
Pitino [MC] **79** Dd
Pito [AP] **87** Cd
Pito, Monte– **145** Ec
Pitocche, le– [PD] **39** Bb
Pitrebianche [RE] **59** Cc
Pitrighinosu, Monte– **161** BCc
Pitrizza [SS] **161** EFc
Pittada, Monte– **165** Cc
Pittaus, is– [CA] **177** Ec
Pitte, Col delle– **11** FGd
Pittinuri, Torre– **169** Cb
Pittòlo [PC] **47** Db
Pittu, Monte– **165** EFab
Pittuini [LE] **125** Cb
Pittulongu [SS] **161** Fa
Pitzach / Pizzago [BZ] **11** ABb
Pitziu, Rio– **169** Eb
Piuma [GO] **27** Gc
Piumazzo [MO] **59** Gb
Piumesana [PV] **45** Hc
Piuro [SO] **5** Gcd
Piuzzo [AL] **57** Aa
Piverone [TO] **31** BCc
Piz, Cimon del– **25** Dab
Piz, Vallone del– **53** BCcd
Pizi, Monti– **101** Cc
Pizza [LU] **65** FGb
Pizza, la– **65** Db
Pizzago / Pitzach [BZ] **11** ABb
Pizzale [PV] **45** Hb
Pizzalto, Monte– **101** Bb
Pizzanca **9** Hd
Pizzano [BO] **61** Ac
Pizzano [TN] **9** BCd
Pizzarosto [PV] **31** Fd
Pizzautolo, Punta di– **115** Cc
Pizzetto **19** Cc
Pizzi, i– **93** Db
Pizzi, Monte– **101** Cc
Pizzica, Masseria la– [TA] **121** EFb
Pizziferro, Masseria– [TA] **121** Eb
Pizzighettone [CR] **47** Ea
Pizzillo, Monte– **145** EFd
Pizzini, Rifugio– **9** Bc
Pizzinnu, Monte– **165** Dbc
Pizzinnu, Rio– **165** EFb
Pizzino [BG] **21** Cc
Pizziogu, Monte– **175** Db
Pizzo [VV] **137** ABc
Pizzo, il– **147** Dc
Pizzo, Monte– [CS] **131** Dd

Pizzo, Monte– [PG] **85** FGde
Pizzo, Punta del– **125** CDcd
Pizzo, Stazione di– **137** Ac
Pizzo Bello, Monte– **7** Cd
Pizzo Billi [PG] **77** Fcd
Pizzoc, Monte– **25** Gb
Pizzocalvo [BO] **61** Ac
Pizzo Cane, Pizzo Trigna e Grotta
 Mazzamuto, Riserva Naturale–
 147 Dc
Pizzocco, Monte– **25** Eb
Pizzócolo, Monte– **35** Gab
Pizzocorno [PV] **47** Ac
Pizzoferrato [CH] **101** Cc
Pizzofreddo [PR] **57** Fb
Pizzofreddo [PV] **47** BCc
Pizzo Guglielmi [PG] **77** Dd
Pizzolato [TP] **151** Aa
Pizzoletta [VR] **37** ABcd
Pizzoli [AQ] **93** Db
Pizzolungo [TP] **149** EFb
Pizzone [IS] **101** Bcd
Pizzone [VV] **35** Hb
Pizzone, Monte– **113** Gb
Pizzoni [PD] **51** CDb
Pizzoni [VV] **139** Eb
Pizzorne, Le– **65** Gc
Pizzulli, Masseria– [TA] **121** Cb
Pizzuri, Monte– **171** Cc
Pizzuta, la– **147** Bbc
Pizzuta, Serra– **117** Fd
Pizzuta, Toppa– **117** Bd
Pizzuto, Colle– **93** Ea
Pizzuto, Masseria– [EN] **153** Fb
Pizzuto, Monte– [CH] **101** Dbc
Pizzuto, Monte– [CS] **135** Eb
Pizzuto, Monte– [EN] **153** EFc
Pizzuto, Monte– [FR] **105** Gb
Pizzuto, Monte– [MC] **85** Fc
Pizzuto, Monte– [Pugl.] **123** Bb
Pizzuto, Monte– [RI] **91** Gbc
Pizzuto, Monte– [SA] **127** Ca
Placa, Dolmen– **125** Eb
Placánica [RC] **139** Fc
Place, La– [AO] **29** Hlab
Place Moulin, Lago di– **17** FGc
Plaesano [RC] **139** Dbc
Plaggetta, la– [LU] **65** EFcd
Plaghera Alta **7** Gc
Plagna **13** Fb
Plagna (I) = Planja **13** Fb
Plaia, Capo– **147** Dc
Plaino [UD] **27** DEb
Plampincieux [AO] **17** Ccd
Plan [BZ] **11** Bb
Plan [TO] **43** Cbc
Plan / Pfelders [BZ] **1** Gc
Plan, Rifugio di– / Planferner Hütte
 1 Gc
Plan, Val di– / Pfelderer Tal **1** Gc
Planárgia **165** Dd
Planárgia, Nuraghe– **171** FGc
Planaval [AO] **29** Eab
Planaz [AO] **31** Bab
Planca di Sopra / Oberplanken [BZ]
 3 Gc
Planca di Sotto / Unterplanken [BZ]
 3 Gc
Pláncios / Palmschoß **3** Dc
Plan de Gralba [BZ] **11** Bb
Plan di Montecampione [BS] **23**
 Bcd
Plan d'Introd [AO] **29** EFa
Planedda, Punta– **177** Ed
Planeil / Planol [BZ] **1** Dc
Planeilscharte / Planol, Passo di– **1**
 DEc
Planeiltal / Planol, Val di– **1** Dc
Planferner Hütte / Plan, Rifugio di–
 1 Gc
Planja = Plagna (I) **13** Fb
Plan Maison **17** GHc
Planol / Planeil [BZ] **1** Dc

Planol, Passo di– / Planeilscharte 1 DEc
Planol, Val di– / Planeiltal 1 Dc
Plan Pessey [AO] 29 Fb
Plantè [AO] 29 Eb
Planu Ollisa, Nuraghe– 169 Fc
Planu Sartu [CA] 173 Cc
Planu Senis, Cantoniera– [CA] 175 Cc
Plaséncis [UD] 27 Db
Plássas, las– [CA] 175 BCb
Plat, Monte– / Auf der Platten 3 Ebc
Plata / Platt [BZ] 1 GHbc
Plátaci [CS] 131 Fb
Platamona [SS] 163 Ccd
Plátani, Fiume– 151 Gc
Platania [CZ] 137 Bab
Platania, Villino– [CT] 155 Ea
Plátani o Fanaco, Lago del– 153 Bab
Plátani, Torrente– 115 Fc
Platí [RC] 141 Gb
Platí, Fiumara di– 141 Gb
Platischis [UD] 13 Fd
Plator, Cime di– 7 Fb
Platt / Plata [BZ] 1 GHbc
Plattenspitz / Laste, Punta delle– 1 Hc
Plattkofel–Hütte / Sasso Piatto, Rifugio– 11 ABbc
Plattspitz / Piatta, Cima– 3 Cb
Platzers / Plazzoles [BZ] 9 Eb
Plätzwiesen / Prato Piazza [BZ] 11 Eb
Plau'e Sartu, Monte– 175 Dc
Pláuris, Monte– 13 Dc
Pláus / Plaus [BZ] 9 Eab
Plaus / Pláus [BZ] 9 Eab
Plava (I) = Plave [SLO] 27 Gb
Plave [SLO] = Plava (I) 27 Gb
Plawenn / Piavenna [BZ] 1 Dc
Plazzoles / Platzers [BZ] 9 Eb
Plebi, Monti– 161 Ecd
Plello [VC] 19 Dd
Plemo [BS] 23 Bc
Pléros, Monte– 13 Bb
Plésio [CO] 21 Cb
Plessiva [GO] 27 FGc
Pleyné [CN] 53 BCb
Plezzo (I) = Bovec [SLO] 13 Gcd
Plezzut [UD] 13 Gbc
Plima, Rio– / Plimabach 9 Gcd
Plimabach / Plíma, Rio– 9 Gcd
Plinio, Villa di– 97 DEc
Ploaghe [SS] 165 Eab
Plockenpaß / Monte Croce Cárnico, Passo di– 13 Cb
Plodio [SV] 55 Cc
Ploneta, Monte– 69 Db
Plose [BZ] 3 Dc
Plosebühel / la Plose 3 Dc
Plout [AO] 29 Ga
Plout [AO] 29 Hla
Pluda [BS] 35 Ec
Plugna [UD] 13 Cc
Po, Delta del– 51 Gc
Po, Fascia Fluviale del– 45 BCab
Po, Fiume– 49 FGb
Po, Foci del– 51 GHc
Po, Parco Naturale del– 43 GHc
Po, Sorgente del– 53 Ca
Po, Valle del– 53 DEab
Po Bandino [PG] 83 Fbc
Pobbia [MI] 33 Bc
Pobbia [TO] 31 Bc
Póbbio [AL] 57 Aa
Pocáia [AR] 77 Bbc
Pocapáglia [CN] 43 ld
Pocchiano, Monte– 129 Ea
Pocenia [UD] 41 Dab
Pochettino [TO] 43 Hc
Pochi / Bucholz [BZ] 9 Fd
Pocol [BL] 11 Db
Po Croda 11 Fc

Podalla [MC] 85 GHb
Podárgoni [RC] 141 Ebc
Poddighe, Nuraghe– 165 Fbc
Po della Donzella o di Gnocca 51 Gcd
Po della Pila 51 Gc
Po della Pila, Bocche del– 51 Hc
Po delle Tolle 51 Gc
Po delle Tolle, Bocca del– 51 Gcd
Podenzana [MS] 57 Fd
Podenzano [PC] 47 Ec
Podenzoi [BL] 11 Ed
Podere [PU] 77 Fb
Podere Nuovo [GR] 83 Cc
Poderia [SA] 127 Dd
Podestería, Rifugio– 37 Ca
Podigliano [AL] 45 Gd
Po di Gnocca → Po della Donzella 51 Gcd
Po di Gnocca, Bocche del– 51 Gd
Po di Goro 51 Fc
Po di Goro, Bocca del– 51 Gd
Po di Levante 51 Fb
Po di Levante, Foce del– 51 Gb
Po di Maistra 51 Gb
Po di Maistra, Foce del– 51 Gb
Podio [CN] 53 GHb
Po di Venézia 51 Gc
Po di Volano 51 Fd
Podona, Monte– 21 Fd
Podresca [UD] 27 Gb
Poetto [CA] 179 CDb
Poffabro [PN] 11 Hd
Pofi [FR] 99 Ed
Pogallo, Rio– 19 Eb
Pogerola [SA] 113 Fd
Poggetello [AQ] 99 Da
Poggeto [MC] 79 Ccd
Poggetti, Casa– [GR] 81 Gb
Poggetto [BO] 49 GHd
Poggetto [PO] 67 Ecd
Poggetto [PU] 77 Fbc
Poggetto [VT] 91 Ca
Poggi [CN] 55 Bc
Poggi [IM] 63 Fc
Poggi, Cima– 83 Bde
Póggia, Monte la– 73 Cb
Poggiale [RA] 61 Cd
Poggiale, il– [GR] 81 Hd
Poggialti 89 Eab
Poggiana [TV] 37 Ha
Poggiardo [LE] 125 Fc
Poggiarello 83 Dbc
Poggibano [GR] 81 Gbc
Poggibonsi [SI] 73 Gc
Poggi del Sasso [GR] 83 Bc
Póggio [AL] 55 Db
Póggio [AN] 79 Fb
Póggio [AP] 87 Cc
Póggio [AP] 87 Cd
Póggio [BO] 61 Bc
Póggio [BO] 67 Db
Póggio [CN] 63 Fb
Póggio [FC] 61 Ed
Póggio [IM] 63 Ecd
Póggio [LI] 81 BCd
Póggio [MC] 85 EFb
Póggio [PI] 67 CDd
Póggio [PR] 57 Hab
Póggio [PI] 91 Fb
Póggio, il– [FC] 69 CDbc
Póggio, il– [GR] 83 Dd
Póggio, il– [GR] 81 Fb
Póggio a Caiano [PO] 67 Ecd
Póggio alla Croce [FI] 75 Dab
Póggio all'Agnello [LI] 81 Ebc
Póggio alla Lastra [FC] 69 Ec
Póggio alla Malva [PO] 67 Ed
Póggio alle Mura [SI] 83 Cbc
Poggioalto [IM] 63 Fbc
Póggio Aquilone [TR] 85 Bc
Póggio Bandinelli, Casa– [SI] 83 Ec
Póggio Berni [RN] 71 Cb
Póggio Bianco [CT] 155 DEb

Póggio Brucoli [SI] 83 Bab
Poggio Buco, Necrópoli di– 89 Fa
Póggio Bustone [RI] 93 Ba
Póggio Cancelli [AQ] 93 Da
Póggio Canoso [AP] 87 Dc
Póggio Catino [RI] 91 Gc
Póggio Cavallo [GR] 83 ABd
Póggio Cinolfo [AQ] 93 Cd
Póggio Cono [TE] 87 Ede
Póggio Cupro [AN] 79 Cc
Póggio d'Acona [AR] 75 Gb
Póggio dei Pini [CA] 179 BCbc
Póggio delle Corti [PG] 85 Bb
Póggio delle Rose [TE] 93 Ga
Póggio di Bretta [AP] 87 Dc
Póggio di Chiesanuova [RSM] 85 FGcd
Póggio di Croce [PG] 85 FGcd
Póggio di Loro [AR] 75 Eb
Póggio di Róio [AQ] 93 Ebc
Poggiodomo [PG] 85 Fd
Póggio Ferrato [PV] 47 ABc
Poggioferro [GR] 83 Cd
Póggio Fidoni [RI] 91 Gb
Póggio Filippo [AQ] 99 Da
Poggiofiorito [CH] 95 Dc
Poggiofranco, Masseria– [BA] 111 Cc
Póggio Imperiale [FG] 103 Cc
Póggio Imperiale, Stazione di– 103 BCc
Póggiola [AR] 75 Fc
Poggiolforato [BO] 67 CDab
Poggiolii [PC] 47 Dd
Poggiolino [FI] 67 Fb
Poggiolo [AR] 75 DEc
Poggiolo [BO] 59 Hld
Poggiolo [CN] 55 Cbc
Poggiolo [FI] 67 Gc
Poggiolo [PV] 47 Bbc
Poggiolo [SI] 75 Cc
Poggiolo [SI] 75 Fd
Poggiolo [TR] 91 Fb
Poggiolungo [GR] 83 Dc
Poggiomarino [NA] 113 Fc
Póggio Mirteto [RI] 91 FGc
Póggio Mirteto, Stazione di– 91 Fc
Póggio Moiano [RI] 91 Gc
Póggio Montone [TR] 83 Gd
Póggio Morello [TE] 87 Fd
Póggio Morico [PG] 77 Ede
Póggio Murella [GR] 83 Dde
Póggio Nativo [RI] 91 Gc
Poggione, il– [GR] 81 Fc
Poggione, il– [GR] 83 Bc
Poggione, il– [GR] 81 Hd
Poggioni [AR] 77 Bc
Póggio Nuovo [TR] 91 Da
Póggio Parrano [PG] 85 Eb
Póggio Pertuso [GR] 89 Db
Póggio Perugino [RI] 91 Gb
Póggio Piccolo [BO] 61 Bc
Póggio Picenze [AQ] 93 Fbc
Póggio Pinci [SI] 75 Ed
Póggio Primocaso [PG] 85 Fd
Póggio Rattieri [TE] 87 Dde
Poggioreale [NA] 113 Db
Poggioreale [TP] 151 Ea
Poggioreale, Masseria– [BR] 123 Da
Poggioreale, Ruderi di– 149 Gd
Póggio Renatico [FE] 51 Ad
Póggio Rondino [PC] 57 BCa
Poggio Rosso, Riserva Naturale– 75 Hb
Poggiorsini [BA] 117 Db
Poggiorsini–Gravina, Stazione– 117 Db
Póggio Rusco [MN] 49 Fc
Póggio Salvi [SI] 83 Cb
Póggio San Lorenzo [RI] 91 GHc
Póggio San Marcello [AN] 79 Cb
Póggio San Romualdo [AN] 79 Cc
Póggio Santa Maria [AQ] 93 Dbc
Póggio Sant'Ercolano [PG] 77 Fd

Póggio San Vicino [MC] 79 Cc
Póggio Sommavilla [RI] 91 Fc
Poggio Spedaletto, Riserva Biogenetica di– 81 Dc
Póggio Terzarmata [GO] 27 FGc
Póggio Tre Cancelli, Riserva Naturale– 81 Dc
Póggio Valle [PG] 83 Fc
Póggio Vittiano [RI] 93 Cc
Poggiridenti [SO] 21 Ga
Poggi San Siro [CN] 55 ABc
Poggi Santo Spirito [CN] 55 Bc
Poggitazzi [AR] 75 Eb
Pogi [AR] 75 Ec
Pogli [SV] 63 Gb
Pogliana [VA] 19 Hc
Pogliano Milanese [MI] 33 BCb
Pogliasca [SP] 57 DEd
Póglina, Torre– 165 BCbc
Pogliola [CN] 53 Gc
Pognana [MS] 57 Gd
Pognana Lário [CO] 21 Bc
Pognano [BG] 33 Fb
Pogno [NO] 19 Ed
Poia [TN] 23 Fb
Póia, Cresta di– 3 Eb
Póia, Torrente– 23 Cb
Poiana di Granfion [VI] 37 Gbc
Poiana Maggiore [VI] 37 EFd
Poiane [BS] 35 Ec
Poianella [VI] 37 Fb
Poiano [MN] 35 Fd
Poiano [VR] 37 BCc
Poincicco [PN] 27 Bc
Poira [SO] 21 Eab
Poira, Portella di– 147 Bc
Poirino [TO] 43 Hld
Poitu Codinu, Necrópoli di– 165 Dc
Pola, Monte– 105 Hb
Polággia [SO] 21 Fab
Polanesi [GE] 57 Ac
Polava [UD] 27 Gab
Poláveno [BS] 35 Dab
Polazzo [GO] 27 Fc
Polcanto [FI] 67 FGc
Polcenigo [PN] 25 Gb
Polegge [VI] 37 Fb
Polenaco [TR] 85 Dde
Polengo [CR] 35 Cd
Polenta [FC] 69 Fb
Polentes [BL] 25 Fb
Poleo [VI] 37 DEa
Polesella [RO] 51 Cc
Polésine [It.] 51 Cbc
Polésine [MN] 49 Dbc
Polésine Camerini [RO] 51 Gc
Polesinello [RO] 51 Fc
Polésine Parmense [PR] 47 Gb
Polésio [AP] 87 Dc
Poletto [MN] 49 Fb
Polgéto [PG] 77 Cd
Poli [ROMA] 99 Bb
Polia [VV] 137 Bc
Policaretto, Serra di– 135 Ea
Policastrello [CS] 131 Dc
Policastro, Golfo di– 131 Aab
Policastro Bussentino [SA] 127 DEd
Policoro [MT] 129 FGc
Policoro–Tursi, Stazione di– 129 FGc
Policorvo [CH] 101 Da
Polignano [PC] 47 Gcc
Polignano [PC] 47 Fb
Polignano a Mare [BA] 119 Dab
Polinago [MO] 59 Ecd
Polino [TR] 91 GHa
Polino, Monte– [EN] 153 Fc
Polístena [RC] 139 Dc
Polita [PR] 57 Gc
Polito, Masseria– [BR] 123 Ebc
Polizzello [CL] 153 CDb
Polizzi Generosa [PA] 147 FGd
Polizzo, Monte– 149 Ec
Polla [SA] 127 Da

Polla, Grotta di– 127 Dab
Pollano, Monte– 57 Cc
Pollara [ME] 143 Db
Pollaro, Monte– 115 CDc
Pollastra [AL] 45 Fc
Pólleca, Rio– 107 Ab
Pollein [AO] 17 EFd
Pollella [CS] 135 Cab
Póllena Trócchia [NA] 113 Eb
Pollenza [MC] 79 DEd
Pollenza, Stazione di– 79 Ed
Pollenzo [CN] 53 Ha
Póllica [SA] 127 Bc
Pollice, Masseria– [BA] 119 Bab
Polligrone, Serra– 133 Ec
Póllina [PA] 147 Gbc
Póllina, Fiume– 147 Gc
Póllina, Stazione di– 147 GHb
Pollinara [CS] 131 Fc
Pollino [PZ] 131 DEb
Pollino [VB] 19 Fc
Pollino, Monte– 131 DEb
Pollino, Parco Nazionale del– 131 DEab
Polluce, Masseria– [FG] 103 Dd
Polluce, Punta– 19 Ac
Pollutri [CH] 95 Fd
Polo, Monte– [PR] 57 FGbc
Polonghera [CN] 43 Gd
Polosa [PZ] 117 Bc
Polpenazze del Garda [BS] 35 FGb
Polpet [BL] 25 Fa
Polpresa [TO] 29 Gd
Polsa [TN] 23 Fb
Polsi, Santuario di– 141 Fbc
Póltolu, Nuraghe– 165 Ec
Poltu Quatu [SS] 161 EFc
Polvano [AR] 75 GHc
Polverácchio, Masseria– [FG] 103 Ecd
Polverácchio, Monte– 115 Cc
Polveráia [GR] 83 Bd
Polveráia, Punta– 81 Bd
Polverara [PD] 39 Bd
Polverara [SP] 65 Bab
Polverello [ME] 145 Gbc
Polverigi [AN] 79 Eb
Polverina [AP] 87 Cc
Polverina [MC] 85 Gb
Polverina, Lago di– 85 Gb
Polverina, Oasi di– 85 Gb
Polverini [CZ] 137 Cb
Polverosa, la– [GR] 89 Da
Polvese, Isola– 83 Gb
Pólvica [CE] 113 Eab
Pólvica [SA] 113 Fc
Poma, Lago– 149 GGc
Poma, Passo– / Kreuzkofeljoch 11 Bb
Pomagagnon 11 Db
Pomáia [PI] 73 Dc
Pomara [MN] 49 Cb
Pomarance [PI] 73 Fd
Pomaretto [TO] 45 Bab
Pomaretto [TO] 43 Fc
Pomárico [MT] 129 Fa
Pomárico Vecchio (Castrocicurio) 129 Fb
Pomaro [AP] 87 Cd
Pomaro, Monte– [ME] 145 FGc
Pomaro, Monte– [ME] 145 FGb
Pomarolo [TN] 23 Gc
Pomaro Monferrato [AL] 45 Eb
Pombi, Pizzo– 5 Fc
Pómbia [NO] 31 Fab
Pomerolo [CN] 53 Cc
Pometo [PV] 47 Bc
Pomézia [ROMA] 97 EFcd
Pomézia, Stazione di– 97 Fc
Pomezzana [LU] 65 Gbc
Pomieri, Serra– 133 CDb
Pomigliano d'Arco [NA] 113 Eb
Pomino [FI] 69 Ccd
Pomonte [LI] 81 Bd

Pomonte [PG] 85 CDc
Pomonte, Fattoria– [GR] 89 Ea
Po Morto di Primaro 51 BCd
Pompagnano [PG] 85 Ed
Pompeano [MO] 59 Ec
Pompei [NA] 113 EFc
Pompei [NA] 113 EFc
Pompeiana [IM] 63 Fc
Pompeo, Terme– 99 Dc
Pompiano [BS] 35 CDc
Pomponesco [MN] 49 Cbc
Pompóngias [OR] 173 Da
Pomposa [FE] 51 EFcd
Pompu [OR] 173 Ea
Poncarale [BS] 35 DEc
Ponchiera [SO] 21 Ga
Ponciach [TN] 23 Ha
Pondel [AO] 29 Fab
Ponderano [BI] 31 Cb
Ponente, Capo– 151 ins.b
Ponente, Laguna di– 89 Db
Ponente, Porto di– 143 Ec
Ponente, Riviera di– [Lig.] 63 Hlab
Ponente, Riviera di– [ME] 145 Ga
Pongelli [AN] 79 Cb
Pongennaro [PR] 47 Gc
Ponina [AR] 75 FGb
Ponna [CO] 21 Bbc
Ponsacco [PI] 73 Db
Ponsano [PI] 73 Fc
Ponso [PD] 51 Ba
Pont [AO] 29 Fb
Pont [BL] 25 Db
Pontarso [TN] 25 Ab
Pontásio [BS] 21 Hd
Pontasserchio [PI] 65 Fd
Pontassieve [FI] 67 Gd
Pontássio [PT] 67 Dc
Pontboset [AO] 29 Hlb
Pont–Canavese [TO] 29 Hc
Ponte [BN] 107 GHc
Ponte [BS] 23 Cb
Ponte [CE] 107 Cc
Ponte [PG] 85 Fc
Ponte [SV] 55 BCcd
Ponte [TP] 149 Cd
Ponte [VB] 15 Eb
Ponte [VI] 25 Bd
Ponte, Il– [BO] 61 ABc
Ponte, Masseria– [BN] 109 Bc
Ponte, Nuraghe– 169 Fa
Ponte, Torre del– 103 CDd
Ponte Abbadesse [FC] 69 Gb
Ponte a Buriano [AR] 75 Fbc
Ponte a Cappiano [FI] 67 Cd
Ponteacco [UD] 27 FGb
Ponte a Égola [PI] 67 Cd
Ponte a Elsa [PI] 67 Dd
Ponte agli Stolli [FI] 75 Db
Ponte a Greve [FI] 67 Fd
Ponte Albanito, Masseria– [FG] 109 FGb
Ponte alla Chiassa [AR] 75 Gb
Ponte alla Piera [AR] 75 GHb
Ponte alla Venturina [PT] 67 DEb
Ponte Alto [BL] 11 Dd
Ponte Alto [MO] 59 Fab
Ponte a Moriano [LU] 65 Gc
Ponte Arche [TN] 23 Fb
Ponte a Rigo [SI] 83 Ed
Ponte a Signa [FI] 67 Ed
Ponte a Tressa [SI] 75 Dd
Ponte Azzana [FE] 51 CDd
Pontebari [PG] 85 Ed
Pontebba [UD] 13 Ebc
Pontebbana, Torrente– 13 Eb
Pontebernardo [CN] 53 Cc
Ponte Binuara [TP] 149 Cc
Ponte Buggianese [PT] 67 Ccd
Ponte Cáffaro [BS] 23 Dcd
Pontecagnano [SA] 115 Bcd
Pontecagnano Faiano [SA] 115 Bcd
Ponte Calcara [PG] 77 EFc
Ponte Caliano [AR] 75 Gb
Ponte Camastra [PZ] 129 Bab

Pontecasale [PD] 51 Da
Pontecasali [VE] 27 BCd
Pontécchio [BO] 59 Hc
Pontécchio Polésine [RO] 51 Cb
Pontecchio [LU] 59 Bd
Ponteceno [PR] 57 Db
Ponteceno di Sopra [PR] 57 Db
Ponteceno di Sotto [PR] 57 Db
Ponte Centésimo [PG] 85 Eb
Pontechianale [CN] 53 Cb
Pontechiusita [MC] 85 Fc
Pontecorvo [FR] 107 ABb
Ponte Crenna [PV] 47 ABcd
Ponte Crepaldo [VE] 41 Bc
Pontecurone [AL] 45 Gc
Pontecuti [PG] 85 Cd
Ponte d'Árbia [SI] 75 Dd
Ponte d'Assi [PG] 77 Ed
Pontedassio [IM] 63 FGc
Pontedazzo [PU] 77 Ebc
Pontedecimo [GE] 55 Gbc
Pontedera [PI] 73 Dab
Ponte del Diavolo, Area Attrezzata del– 29 Gd
Ponte della Forca [RE] 49 Ccd
Ponte della Pietra [FC] 69 Gb
Ponte della Rovina 53 Ed
Ponte della Valle [FI] 69 CDb
Ponte dell'Olio [PC] 47 Dc
Ponte di Barbarano [VI] 37 Fc
Ponte di Brenta [PD] 39 Bc
Ponte di Castegnero [VI] 37 Fc
Ponte di Ferro [PG] 85 Dc
Ponte di Ghiaccio, Lago– / Eisbrugg See 3 Db
Ponte di Gómbola [MO] 59 Ec
Ponte di Legno [BS] 7 GHd
Ponte di Liso [BA] 111 CDc
Ponte di Masino [FI] 67 CDd
Ponte di Mossano [VI] 37 Fc
Ponte di Nanto [VI] 37 Fc
Ponte di Nava [CN] 63 Fb
Ponte di Piave [TV] 39 Ea
Ponte di Verzuno [BO] 59 Gd
Ponte Dolo [RE] 59 Dc
Ponte Ete [AP] 87 Eb
Ponte Felcino [PG] 85 Cb
Ponte Fontanelle, Lago di– 129 Ca
Ponte Galéria [ROMA] 97 DEbc
Ponte Gardena / Waidbruck [BZ] 9 Hb
Pontegatello [BS] 35 Dc
Ponte Ghiereto [FI] 67 Fbc
Pontegínori [PI] 73 Ecd
Ponte Gradella [FE] 51 Bcd
Pontegrande [CZ] 137 Db
Pontegrande [VB] 19 Cbc
Pontegrosso [PR] 47 Fd
Ponte Incoronata [FG] 109 Gb
Ponte in Valtellina [SO] 21 Gab
Pontelagoscuro [FE] 51 Bc
Ponte Lambro [CO] 21 Ccd
Pontelandolfo [BN] 107 GHc
Pontelandolfo, Stazione di– 109 Bc
Pontelangorino [FE] 51 Ec
Pontelatone [CE] 107 Ec
Pontelatrave [MC] 85 Gb
Ponte Locatello [BO] 59 GHd
Pontelongo [PD] 39 Cd
Ponte Losco [MO] 59 Gab
Pontelungo [PT] 67 Dc
Pontelungo [PV] 33 Dd
Ponte Lungo [SO] 7 Ebc
Ponte Máglio [AP] 87 CDbc
Pontemáglio [VB] 15 DEc
Ponte Máira [CN] 53 Bbc
Pontemanco [PD] 37 GHd
Pontemaodino [FE] 51 Ecd
Ponte Mármora [CN] 53 Cbc
Pontemazzori [LU] 65 Ec
Ponte Menóchia [AP] 87 EFb
Ponte Merlano [MN] 49 Eb
Ponte Messa [PU] 69 Gcd
Ponte Minchione, Casale– [VT] 91 DEc
Ponte Murello [PU] 71 Fd

Ponte Náia, Stazione di– 85 Cd
Pontenano [AR] 75 Fb
Ponte nelle Alpi [BL] 25 Fab
Ponte Nizza [PV] 45 Hc
Ponte Nossa [BG] 21 Gc
Ponte Nova / Birchabruck [BZ] 9 Gc
Pontenovo [IS] 101 CDd
Pontenuovo [CO] 21 Cd
Ponte Nuovo [MC] 85 Gc
Ponte Nuovo [MI] 31 Gbc
Ponte Nuovo [MO] 59 Eb
Ponte Nuovo [PG] 85 Gbc
Pontenuovo [PT] 67 Dc
Ponte Nuovo [RA] 61 Fc
Pontenure [PC] 47 Ebc
Ponte Organasco [PC] 57 Ba
Ponte Parrano [PG] 85 Eb
Ponte Páttoli [PG] 77 CDb
Pontepetri [PT] 67 Db
Ponte Pia, Lago– 23 EFb
Ponte Pietra [TO] 43 EFb
Pontepóssero [VR] 37 Bd
Ponteprimario [SA] 113 Fcd
Ponte Priula 25 Fd
Ponte Punzetti [FE] 51 DEc
Pontelanica [BG] 21 EFd
Ponte Ribellasca [NO] 15 Fcd
Pontericcioli [PU] 77 Ec
Ponte Rodoni [FE] 51 Ac
Ponte Ronca [BO] 59 GHbc
Ponterotto [PD] 37 GHc
Ponterotto [VT] 91 Dc
Ponte Saetta [VE] 41 Cc
Ponte Samóggia [BO] 59 Gb
Ponte San Giovanni [PG] 85 Cb
Ponte San Lorenzo [VI] 25 Cc
Ponte San Ludovico [IM] 63 Dd
Ponte San Marco [BS] 35 Fc
Ponte San Nicolò [PD] 39 Bc
Pontesano, Canale– 103 BCd
Ponte San Pellegrino [MO] 49 Fc
Ponte San Pietro [BG] 33 Fa
Ponte San Pietro [FE] 51 CDc
Ponte San Quirino [UD] 27 Fb
Ponte Santa Margherita [SP] 57 Dd
Ponte Sant'Antonio [CE] 113 Da
Ponte Santo [BO] 61 Cc
Ponte Santo Stéfano [ME] 141 CDc
Pontesei, Lago di– 11 Ecd
Ponte Sestaione [PT] 67 Cb
Pontestazzemese [LU] 65 Ebc
Ponte Stoppino [BO] 61 Cb
Pontestura [AL] 45 CDb
Ponte Taro [PR] 47 Hcd
Pontetetto [LU] 65 Fcd
Ponte Tidone [PC] 47 CDb
Ponte Travagli [FE] 51 BCc
Ponte Tre Denari [ROMA] 97 CDb
Ponte Tresa [VA] 19 GHc
Pontetto Roldo [VB] 15 DEcd
Ponte Ulica [ROMA] 97 Gcd
Ponte Vecchio [MI] 31 Hc
Ponte Vecchio [SV] 55 Cbc
Pontevico [BS] 35 Dd
Pontey [AO] 17 Gd
Ponte Zanano [BS] 35 DEab
Ponti [AL] 55 Db
Ponti [CA] 177 Cc
Ponti [IM] 63 Fb
Ponti, i– [AR] 75 Fc
Ponti, Rifugio– 7 Cd
Ponticelli [BO] 61 Aa
Ponticelli [BO] 61 Bcd
Ponticelli [NA] 113 Db
Ponticelli [RI] 91 Gc
Ponticello, Albergo– / Brückele 3 FGc
Ponticino [AR] 75 Fbc
Ponticino / Bundschen [BZ] 9 FGb
Pontida [BG] 21 DEd
Pontificio, Palazzo– 97 FGc
Pontignano 75 Dc
Pontile [MC] 77 Gd

Pontinia [LT] 105 Eb
Pontinvrea [SV] 55 Dc
Pontirolo [CO] 49 ABb
Pontirolo Nuovo [BG] 33 Fb
Ponti Spagna [FE] 49 Hc
Ponti sul Mincio [MN] 35 GHc
Pontito [PT] 67 Cbc
Pontóglio [BS] 35 BCb
Pontolo [PR] 57 Ebc
Ponton [VR] 35 Hb
Pontone [RE] 59 Cc
Pontorme [FI] 67 Dd
Pontoro [LU] 67 Bc
Pontrémoli [MS] 57 Fc
Pont-Saint-Martin [AO] 29 Ib
Pont Trenta [AO] 19 Bd
Ponza [LT] 105 ins.a
Ponza Grande 13 Hc
Ponza Grande (I) = Visoka Ponca 13 Hc
Ponzalla [FI] 67 FGb
Ponzana [NO] 31 Fc
Ponzanello [MS] 65 CDab
Ponzano [BO] 59 Gc
Ponzano [PO] 67 Ec
Ponzano [PT] 67 Dc
Ponzano [TE] 87 Ed
Ponzano [VT] 91 Ca
Ponzano, Stazione di– 91 Ec
Ponzano di Fermo [AP] 87 Db
Ponzano Magra [SP] 65 Cb
Ponzano Monferrato [AL] 45 Cb
Ponzano Romano [ROMA] 91 Fc
Ponzano Superiore [SP] 65 Cab
Ponzano Véneto [TV] 39 Da
Ponzate [CO] 21 Bd
Ponze [PG] 85 Ec
Ponzema, Torrente– 55 Fb
Ponziane, Isole– 105 ins.a
Ponzolotti [TN] 23 Gd
Ponzone [AL] 55 Db
Ponzone [BI] 31 Dab
Popelli [RC] 139 Ec
Popena, Piz– 11 Eb
Popera, Monte– / Hochbrunner Schnein 11 Fb
Popera di Valgrande, Monte– 11 Gbc
Popíglio [PT] 67 Cb
Popini, Monte– 135 EFab
Pópola [PG] 85 Fbc
Popolano [FI] 69 Cb
Pópoli [PE] 93 GHcd
Pópoli [PG] 85 Gd
Popolo [AL] 45 Dab
Poponi, Monte– 93 Cab
Poppe, Monte– 81 Cd
Poppi [AR] 69 Bd
Poppiano [FI] 73 Gab
Poppino [VA] 19 Gb
Populónia [LI] 81 Dbc
Populónia, Stazione– 81 Ebc
Por [TN] 23 Dc
Pora, Monte– 21 Hc
Pora, Torrente– 55 Cd
Pora Alta, Malga di– 21 Hc
Pora Bassa, Malga di– 21 Hc
Porana [PV] 45 Hb
Porano [TR] 83 Gd
Porassey [AO] 29 Da
Porcara [MN] 49 Gc
Porcara [VR] 37 Cb
Porcara, Monte– 147 Ca
Porcari [LU] 67 Bc
Porcari, Serra– 159 Fc
Porcaria, Serro– 145 CDcd
Porcellengo [TV] 39 Ca
Porcellino [FI] 75 DEb
Porcen [BL] 25 Dbc
Porcentico [FC] 69 Eb
Porcetti [VR] 37 Ecd
Porche, Monte– 87 Bc
Porcheria, Fattoria la– [PA] 153 Ca
Porcheria, Ponte– 157 Fc
Porchétte, Foce di– 65 EFbc

Pórchia [AP] 87 Dbc
Porchiano [AP] 87 Dc
Porchiano [PG] 85 Cc
Porchiano del Monte [TR] 91 DEa
Porchiles, Nuraghe– 171 Cb
Pórcia [PN] 27 Ac
Porciano [FR] 99 Dc
Porciano [PT] 67 Dcd
Porcigatone [PR] 57 Eb
Porcile, Monte– 57 CDc
Porcina, Casa– [CA] 177 Dc
Porcino [VR] 37 ABb
Porco, Isola– 161 Ebc
Porco, Monte– 107 Fb
Porco Morto, Monte– 91 Gb
Pórcos, Nuraghe– 169 Da
Porcospino, Monte– 145 FGb
Pordenone [PN] 27 ABc
Pordenone, Rifugio– 11 Fc
Pordoi, Passo– / Pordoijoch 11 Bbc
Pordoijoch / Pordoi, Passo– 11 Bbc
Poreta [PG] 85 Ed
Porettina [SO] 5 Gd
Porle [BS] 35 Fb
Porlezza [CO] 21 Bb
Pornassino [CN] 63 Eb
Pornássio [IM] 63 Fb
Pornello [TR] 83 GHc
Poro, Capo di– 81 Cd
Poro, Monte– [TR] 91 Ga
Poro, Monte– [VV] 139 Cb
Porossan [AO] 17 EFd
Porotto [FE] 51 Bc
Porpetto [UD] 27 Ec
Porponi [FI] 67 Dd
Porporana [FE] 51 Ac
Porporano [PR] 49 ABd
Porrara, Monte– [Abr.] 101 Bb
Porrara, Monte– [AV] 115 Cb
Porazzito [SR] 155 Fd
Porrello, Casa– [RG] 159 Ed
Porrena [AR] 69 Dd
Porreta [LU] 65 EFb
Porretta Terme [BO] 67 Dab
Porri [SV] 55 Dc
Porri, Isola dei– [RG] 159 Ed
Porri, Isola dei– [SS] 163 Bc
Porri, Monte dei– 143 Ec
Porrino [FR] 99 EFcd
Porro, Rifugio– / Neveser Joch– Hütte 3 Db
Porrona [GR] 83 Cc
Porta [BG] 21 Fb
Porta [LU] 65 DEbc
Porta, La– 9 Hd
Porta, Masseria la– [FG] 103 Bbc
Porta Chiossa, Garzaia– 33 Dd
Portacomaro [AT] 45 Cc
Portacomaro Stazione 45 Cc
Portálbera [PV] 47 Bb
Porta Materna, Passo– 83 Gb
Portanuova [AL] 45 Ecd
Portapane, Monte– 117 Ec
Portaria [TR] 85 Dde
Portatore, Fiume– 105 Fc
Porte [TO] 43 Dc
Portedde, sa– [CA] 177 Ecd
Porte del Cavallino [VE] 39 Fbc
Portegrandi [VE] 39 Eb
Portella [AT] 107 Ca
Portella, Monte– [Abr.] 93 Fb
Portella, Monte– [CZ] 137 Cab
Portella Bianca, Casa– [CL] 157 Gc
Portella di Mare [PA] 147 Cb
Portelle 145 Bd
Portese [BS] 35 Gb
Portese, Cala– 161 Fb
Portesine [RO] 51 Fb
Porticato, Monte– 149 Ecd
Porticciolo, Torre del– [SS] 165 Bb
Porticelle Soprana [CT] 145 DEc
Porticelle Sottana [CT] 145 Dc
Porticello [ME] 143 Eb
Porticello [PA] 147 Db

Porticello [RC] 141 DEb
Porticello, Torre di– 103 Gb
Pórtici [BG] 35 Cc
Pórtici [NA] 113 DEbc
Pórtico [CR] 33 Gc
Portico di Caserta [CE] 113 Da
Pórtico di Romagna [FC] 69 Db
Pórtico e San Benedetto [FC] 69 Dbc
Portiere, Capo– 105 Db
Portigliola [RC] 141 Hb
Portigliola, Fiumara– 141 Hb
Portiglione [GR] 81 Fc
Portile [MO] 59 Eb
Pórtio [SV] 55 Dd
Portiolo [MN] 49 Eb
Portirone [BG] 21 Hd
Pórtis [UD] 13 Dc
Portisco [SS] 161 EFc
Portis Vecchio [UD] 13 Dc
Portixeddu [CA] 173 Cc
Portjoch = Porto, Forcella di– (I) 1 Ib
Porto [GE] 57 Bb
Porto [PD] 37 Gd
Porto [PG] 83 Fb
Porto [PZ] 131 Bab
Porto [SA] 127 Cd
Porto [SI] 75 FGde
Porto, Bonifica di– 97 Dbc
Porto, Forcella di– 1 Ic
Porto, Forcella di– (I) = Portjoch 1 Ib
Porto, Masseria del– [TA] 117 GHc
Porto Alabé [OR] 169 Ca
Porto Azzurro [LI] 81 Dd
Porto Badino [LT] 105 Fc
Porto Badisco [LE] 125 Fc
Portobello [SS] 161 Cc
Porto Botte [CA] 177 Dc
Porto Botte, Stagno di– 177 Dc
Portobuffolé [TV] 25 Hc
Porto Caleri, Giardino Botanico Litoraneo di– 51 EFbc
Portocannone [CB] 101 GHb
Porto Cerésio [VA] 19 Hc
Porto Cervo [SS] 161 Fc
Porto Cesareo [LE] 125 Cb
Porto Columbu–Perd'è Sali [CA] 179 BCc
Porto Corsini [RA] 61 Fbc
Porto d'Adda [MI] 33 Eab
Porto d'Áscoli [AP] 87 Fc
Porto di Brenzone [VR] 35 Ha
Porto di Levante [ME] 143 Ec
Porto di Mattinata 103 Gc
Porto Empédocle [AG] 157 Bc
Porto Ercole [GR] 89 Db
Portoferraio [LI] 81 CDd
Portofino [GE] 57 Bd
Portofino, Monte di– 57 ABcd
Portofino, Parco Naturale di– 57 ABcd
Portofino, Punta di– → Capo, Punta del– 57 Bd
Portofino Vetta [GE] 57 ABcd
Porto Foxi [CA] 179 Cc
Porto Fuori [RA] 61 Fc
Porto Garibaldi [FE] 61 Fa
Portogreco 103 Hc
Portogruaro [VE] 27 BCd
Portolano, Masseria– [LE] 125 Dc
Pórtole [AR] 75 Hd
Portolo [TN] 9 Ed
Portolongone, Fortezza di– 81 Dd
Portomaggiore [FE] 61 Ca
Porto Mandriola [OR] 169 Cb
Porto Mantovano [MN] 49 Da
Porto Marghera [VE] 39 Dc
Porto Maurizio [IM] 63 FGc
Porto Nogaro [UD] 41 Eb
Portonovo [AN] 79 Fc
Portonovo [BO] 61 Cb
Portopaleddu [CA] 177 Cb
Porto Palma [CA] 173 Cab

Porto Palo [AG] 151 Db
Portopalo, Rada di– 159 Fde
Portopalo di Capo Pássero [SR] 159 Fd
Porto Pino [CA] 177 Dd
Porto Portese [BS] 35 Gb
Porto Potenza Picena [MC] 79 Gc
Porto Pozzo [SS] 161 Fb
Porto Recanati [MC] 79 Gc
Portorose (I) = Portorož [SLO] 41 Gcd
Porto Rotondo [SS] 161 Fc
Portorotta [FE] 61 Ca
Portorož [SLO] = Portorose (I) 41 Gcd
Porto Salvo [LT] 105 Hc
Portosalvo [ME] 145 Gb
Porto Salvo [VV] 137 Ac
Porto San Giorgio [AP] 79 Gd
Porto San Páolo [SS] 167 Fa
Porto Santa Margherita [VE] 41 Cc
Porto Sant'Elpídio [AP] 79 Gd
Porto Santo Stéfano [GR] 89 Cb
Portoscuso [CA] 177 Cb
Porto Selvaggio–Torre Uluzzo, Parco Naturale– 125 Cbc
Porto Tolle [RO] 51 Gc
Porto Tórres [SS] 163 Ccd
Porto Valtraváglia [VA] 19 FGc
Portovécchio [MO] 49 Gc
Portovécchio [VE] 27 BCd
Portovénere [SP] 65 BCb
Porto Verde [RN] 71 Ec
Portoverrara [FE] 61 CDa
Portovesme [CA] 177 Cb
Porto Viro [RO] 51 Fb
Pórtula [BI] 31 CDa
Pórtula, La– 21 Fb
Portule, Cima– 25 Ac
Porzano [BS] 35 DEc
Porze = Palombino, Cima– (I) 11 Gab
Porziano [PG] 85 DEab
Posa [TV] 25 Dcd
Posada [NU] 167 Gc
Posada, Fiume di– 167 FGc
Posada, Lago di– 167 Fbc
Posasso, Monte– 57 Bbc
Posatora [AN] 79 Eb
Poscante [BG] 21 EFd
Poschiavo [Svizz.] 7 Ecd
Pósico [BS] 35 Ea
Posillesi [TP] 149 Ecd
Posíllipo [NA] 113 Dbc
Posíllipo, Capo di– 113 Dc
Pósina [VI] 23 Hd
Pòsina, Torrente– 23 Hd
Positano [SA] 113 Ed
Pòsola [PT] 67 Db
Possagno [TV] 25 Dc
Possál [UD] 13 Bb
Possatella, Masseria– [CE] 107 Dd
Posta [RI] 93 Ca
Posta [VI] 23 Hc
Posta, la– [FI] 59 HId
Posta Berardi [FG] 111 Bab
Posta dei Preti, Masseria– [FG] 111 Bb
Posta del Bosco Spirito [BA] 111 Dd
Posta del Greco [FG] 109 GHa
Posta della Via [FG] 109 Ha
Posta delle Camerelle [FG] 109 GHd
Posta di Gaudiano [PZ] 111 Bd
Posta Fibreno [FR] 99 Gc
Posta Fissa [FG] 109 Gd
Posta Incorvera [FG] 111 ABc
Postal / Burgstall [BZ] 9 Fb
Postalésio [SO] 21 Fab
Posta Locone [BA] 111 BCcd
Posta Monte Granata [FG] 103 Da
Posta Nova [FG] 103 Cc
Posta Nuova [FG] 109 Fb
Posta Nuova, Masseria– [FG] 111 ABb

Posta Nuova delle Pécore [MT] **129** FGc
Posta Padovano [FG] **103** Ec
Posta Palomba [BA] **111** Cc
Posta Piana [BA] **111** Bd
Posta Piana [FG] **109** Ha
Posta Rosa [FG] **103** Ed
Posta Santa Cecilia [FG] **109** Fb
Posta Santa Lucia [FG] **109** Fb
Posta Uccello [FG] **111** Bb
Poste, Poggio alle– **81** Fab
Posterle [CN] **53** Cb
Posticciola [RI] **93** Bc
Posticciola, Masseria– [FG] **109** Gc
Posticeddu [BR] **123** DEa
Postiglione [SA] **115** Dd
Postignano [PG] **85** Fc
Postino [CR] **33** Fc
Postioma [TV] **39** Ca
Postoncicco [PN] **27** Cb
Postoncicco, Monte– **13** Ed
Posto Rácale [LE] **125** CDd
Postua [VC] **31** Ea
Postumia, Via– [MN] **35** Gd
Postumia, Via– [Ven.] **39** Ca
Potame [CS] **135** Db
Potenza [PZ] **115** Gd
Potenza, Fiume– **79** Fc
Potenza Picena [MC] **79** Fc
Poténzoni [VV] **139** CDa
Poti, Alpe di– **75** Gc
Pourachet [TO] **43** Bb
Pouriac, Col de– **53** Bc
Pourrières [TO] **43** CDb
Pove del Grappa [VI] **25** Cd
Povéglia **39** DEc
Povegliano [TV] **25** Fd
Povegliano Veronese [VR] **37** Bcd
Poverella [CS] **135** Ebc
Poverello, Monte– **141** Cc
Povici [UD] **13** Ec
Povíglio [RE] **49** Cc
Povo [TN] **23** GHb
Povolaro [VI] **37** Fb
Povoletto [UD] **27** Eb
Poza [CE] **107** Cc
Pozza [AP] **87** Cd
Pozza [AQ] **93** Db
Pozza [VR] **23** Fd
Pozzácchera, Monte– **73** Dd
Pozzacchio [TN] **23** Gcd
Pozza di Fassa [TN] **11** Bc
Pozzáglia Sabina [RI] **93** Bcd
Pozzáglio [CR] **47** Ga
Pozzáglio ed Uniti [CR] **47** Ga
Pozzale [BL] **11** Fc
Pozzale [FI] **67** Dd
Pozzális [UD] **27** Db
Pozzallo [RG] **159** Ed
Pozzarolo [SA] **115** Bc
Pozzatina, Dolina– **103** Dc
Pozze [PD] **39** BCc
Pozze, le– [PT] **67** Dc
Pozzecco [UD] **27** Dc
Pozzelle, Serra delle– **107** Eb
Pozzello, Colle– **93** Fb
Pozzello, Masseria– [LE] **125** Fdb
Pozzengo [AL] **45** Cb
Pozzetta, Torre– **123** CDa
Pozzette, Cima delle– **23** EFd
Pozzetto [PD] **51** Ca
Pozzetto, Monte– **157** FGbc
Pozzi [LU] **65** Ec
Pozzi [VE] **27** Cd
Pozzi, Villa– [RG] **159** CDc
Pozzilli [IS] **107** Da
Pozzillo [CE] **107** Ec
Pozzillo [CT] **155** Gab
Pozzillo [TP] **149** Dc
Pozzillo, il– [BA] **111** Cc
Pozzillo, Lago di– **155** Cab
Pozzillo, Monte– **157** Cc
Pozzi Mónaci, Masseria [SA] **127** Ec
Pózzis [UD] **13** Ccd
Pozzo [MC] **79** Dc
Pozzo [MS] **57** Fcd

Pozzo [PG] **85** CDc
Pozzo [PN] **27** Cb
Pozzo [PN] **27** Acd
Pozzo [RC] **141** GHbc
Pozzo [UD] **27** Cbc
Pozzo [VR] **37** Dd
Pozzo, Monte– **63** Dc
Pozzo, Piano del– **159** DEab
Pozzo, Pizzo del– **155** Cc
Pozzo, Porto– **161** Db
Pozzo Alto [PU] **71** Ec
Pozzo Bangiuludo [CA] **173** EFc
Pozzobon [TV] **39** Ca
Pozzo Catena [MN] **35** Gc
Pozzo Colmo, Masseria– [FG] **111** Cbc
Pozzo d'Adda [MI] **33** EFb
Pozzo del Bagno, Monte– **67** DEbc
Pozzo della Chiana [AR] **75** Fd
Pozzolengo [BS] **35** Gc
Pozzoleone [VI] **37** FGab
Pozzol Groppo [AL] **45** Hc
Pozzolo [MN] **35** Hd
Pózzolo [PC] **47** Ed
Pozzolo [PV] **47** Bb
Pozzolo [VI] **37** EFc
Pozzolo, Punta– **19** Eb
Pozzolo Formigaro [AL] **45** Fd
Pozzomaggiore [SS] **165** DEc
Pozzo Maiore, Nuraghe– **169** Ea
Pozzo Monachiello, Masseria di– [FG] **111** ABcd
Pozzo Mónaco, Masseria di– [FG] **111** ABc
Pozzoni, Monte– **85** GHde
Pozzonovo [PD] **51** Ca
Pozzo Nuovo [AR] **75** Gcd
Pozzo Sacro di Santa Anastasia **173** Eb
Pozzo Sacro di sa Testa **167** Fa
Pozzo Salerno [TA] **121** Gab
Pozzo San Nicola (Casteddu) [SS] **163** Bcd
Pozzotello, Monte– **99** Ebc
Pozzo Terraneo [FG] **109** Hc
Pozzo Venturi [SI] **75** Ed
Pozzovétere [CE] **107** Fd
Pozzo Zingaro, Masseria– [FG] **109** Gc
Pozzuoli [NA] **113** Cbc
Pozzuoli, Golfo di– **113** Cc
Pozzuolo [LU] **65** Fcd
Pozzuolo [MC] **85** Gab
Pozzuolo [PG] **83** Fb
Pozzuolo [PU] **71** EFd
Pozzuolo [SI] **75** Ed
Pozzuolo del Friuli [UD] **27** DEc
Pozzuolo Martesana [MI] **33** Eb
Pra [CN] **53** Hd
Praz [GE] **55** Fc
Pra [PD] **51** Ba
Pra [VI] **23** Hd
Prabello, Monte– **25** DEab
Prabernardo [VB] **19** Cb
Prabione [BS] **23** Ed
Praboccone, Croce– **53** Dc
Pracaban, Monte– **55** Fb
Prà Campo [SO] **7** EFd
Práchia [PT] **67** Db
Prácchia [TR] **85** Dde
Prácchiola [MS] **57** Fc
Praciadelan [BL] **11** EFc
Pracúpola / Kuppelwies [BZ] **9** Db
Prada [LO] **33** Fcd
Prada [PR] **59** Bb
Prada [RA] **61** DEc
Prada [TN] **23** Fd
Prada [VR] **35** Hab
Pradalago, Rifugio– **35** Hd
Pradalunga [BG] **21** Fd
Pradamano [UD] **27** Eb
Prad am Stilfserjoch / Prato allo Stélvio [BZ] **9** Bb
Pradarena, Passo di– **59** Bd

Prà da Stua, Lago– **23** Fd
Pradazzo [CR] **33** Gd
Pradazzo, Monte– **11** Bc
Pradazzo, Rifugio– **11** Bc
Prade [TN] **25** Cab
Pradel [23** Fab
Pradel, Rifugio– **23** Fb
Prá del Fratta, Malga– **11** Gb
Pradella [BG] **21** Hbc
Pradella, Monte– **21** Gbc
Prá dell'Albi-Cei **23** Gc
Pradellano [TN] **25** Bb
Pradelle [VR] **37** Bd
Pradelle [VR] **49** Fb
Prá delle Nasse **11** Bd
Pradello [MN] **49** Eb
Pradello [PC] **47** Dd
Pradeltorno [TO] **43** DEc
Praderádego, Osteria– **25** Ebc
Pradónego [VR] **35** Hab
Pradone [MO] **59** Ec
Pradovera [PC] **47** CDd
Pradumblí [UD] **13** Bb
Pragate [PV] **45** Hc
Pragatto [BO] **59** Gbc
Pragelato [TO] **43** Cb
Praglia, Monastero di– **37** Gc
Prägraten [A] **3** Ha
Prags / Bráies [BZ] **3** Fc
Pragser Wildsee / Bráies, Lago di– **3** Fc
Práia a Mare [CS] **131** Bb
Práia a Mare [TA] **121** Fc
Praiano [SA] **113** Fd
Práie [TO] **29** GHc
Prailles [AO] **17** Ecd
Prainito, Cava del– **159** Ec
Prainito, il– **159** Ed
Pralboino [BS] **35** Fd
Prale [CN] **63** Fb
Prale, Passo di– **63** Fb
Pralí [TO] **43** Dc
Pralognan [Fr.] **29** Cc
Pralongià **11** Cb
Pralongo [BL] **11** DEcd
Pralongo [TV] **39** Eb
Pralormo [TO] **45** Ac
Pralungo [BI] **31** Cb
Pramadiccio, Passo di– **9** GHd
Pramaera, Rio– **171** Fcd
Pramaggiore [VE] **27** Bd
Pramaggiore, Monte– **11** Gc
Pramaggiore, Stazione di– **27** Bd
Pramalè [CN] **53** Ec
Prà Martino, Colle– **43** Ec
Prammas, Punta– **167** Ebc
Pramollo [TO] **43** Ec
Pramollo, Passo di– **13** Eb
Pramollo, Passo di– (I) = Naßfeld Paß **13** Eb
Prampa, Monte– **59** Ccd
Pramper, Cima di– **11** DEd
Pranárgia, Monte sa– **175** Eb
Prandáglio [BS] **35** Fb
Prandoni, Fattoria– [BS] **35** Ec
Pranello [PR] **57** GHb
Prano, Monte– **65** EFc
Pranolz [BL] **11** Ec
Prantalladas, Nuraghe– **171** BCb
Pranu Mutteddu **175** Dc
Pranu Sánguni, Cantoniera– [CA] **175** Dcd
Pranzalito [TO] **31** Ac
Pranzaturo, Monte– **107** EFb

Pranzo [TN] **23** Ec
Práole [VR] **37** BCb
Pra Piano [TO] **43** CDab
Prapotnizza [UD] **27** Gab
Prarayer [AO] **17** Gc
Prà Riondo, Rifugio– **55** Ec
Pra Rodont [23** Eab
Prarola, Torre di– **63** FGc
Prarolo [GE] **55** Gab
Prarolo [VC] **31** Ed
Prarostino [TO] **43** Ec
Prasco [AL] **55** Eb
Prascondú, Santuario di– **29** GHc
Prascorsano [TO] **29** Hc
Prasco Stazione **55** Eb
Prà Sec [AO] **17** CDcd
Praso [TN] **23** Dc
Prasomaso [SO] **21** Gab
Prasottano [SV] **55** CDc
Prassolan, Monte– **25** Cc
Prastio [PZ] **131** Db
Prastmann / Pratomagno [BZ] **3** Fa
Prata [AQ] **93** DEc
Prata [CN] **55** Ac
Prata [GR] **81** Gb
Prata [LI] **57** Ec
Prata [VB] **19** Db
Prata, le– [PG] **85** Eb
Prata, Pizzo di– **5** Gc
Prata Camportáccio [SO] **5** Gd
Pratáccio [PT] **67** Cbc
Prata d'Ansidónia [AQ] **93** Fc
Prata di Pordenone [PN] **27** Ac
Prata di Principato Ultra [AV] **115** ABab
Prata di Sopra [PN] **27** Ac
Prata di Sotto [PN] **27** Ac
Pratalborato [AL] **45** Fd
Pratale [AR] **69** Dd
Pratalútoli [AR] **69** Cd
Pratantico [AR] **75** Fc
Prata Sannita [CE] **107** Eb
Prata Sannita Inferiore [CE] **107** Eb
Prata Sannita Superiore [CE] **107** Eb
Pratavecchia [CN] **53** Ec
Pratella [CE] **107** DEb
Pratello [BS] **35** Fb
Pratello, Monte– [AQ] **101** ABbc
Pratello, Monte– [FC] **69** DDb
Prateria [RC] **139** Ebc
Prateria / Preindl [BZ] **3** Gc
Prati [RA] **61** DEc
Prati [VR] **37** Cb
Prati / Wiesen [BZ] **3** Bb
Prati, i– [BS] **35** Fc
Prati, i– [TR] **91** Gab
Prati Alti, Monte– **77** Bb
Prática di Mare [ROMA] **97** Ecd
Praticello [RE] **49** Bd
Prati di Monti Lagabrun **23** Ha
Prati di Tesido [BZ] **3** Fc
Prati di Tivo [TE] **93** Fab
Pratieghi [AR] **69** Fd
Pratiglio, Monte– **99** CDb
Pratiglione [TO] **29** Hc
Prati Nuovi [VE] **41** Cbc
Pratíssolo [RE] **59** DEb
Prativero Ponzone [BI] **31** CDab
Prato [GE] **55** Hc
Prato [GE] **57** Cc
Prato [GE] **57** Cc
Prato [PG] **77** Bc
Prato [PO] **67** Ec
Prato [PR] **57** Db
Prato [PR] **57** Gc
Prato [RE] **59** Ea
Prato [Svizz.] **5** Cc
Prato [TN] **85** Bd
Prato [VB] **19** CDb
Prato, Casa– [EN] **155** Bbc
Prato, il– **131** Gb
Prato, Monte– [FR] **99** Ebc
Prato, Monte– [It.] **59** Cd
Prato, Monte– [RI] **93** CDa
Prato, Ponte– **101** Fd

Prato, Tempa del– **127** Cab
Prato alla Drava / Winnebach [BZ] **3** GHc
Prato all'Isarco / Blumau [BZ] **9** Gbc
Prato allo Stélvio / Prad am Stilfserjoch [BZ] **9** Bb
Prato Barbieri [PC] **47** DEd
Pratobello [NU] **171** Dbc
Prato Cárnico [UD] **13** Bb
Prato Caselle, Pizzo del– **99** Gd
Prato Ciorliera [CN] **53** BCc
Prato Croce, Rifugio– / Kreuzwiesen-Hütte **3** Dc
Prato delle Femmine [PR] **57** Eb
Prato di Résia [UD] **13** Ec
Prato di Strada [AR] **69** CDd
Pratoferro [TO] **31** Bc
Pratofontana [RE] **49** Cd
Pratogiardino [PC] **57** Dab
Pratoianni [RI] **93** BCc
Prátola Peligna [AQ] **99** Ha
Pratola Serra [AV] **115** ABab
Pratolino [FI] **67** Fc
Pratolungo [AL] **55** Ga
Pratolungo [CN] **53** CDd
Pratolungo [GR] **83** Ed
Pratolungo [NO] **19** Ecd
Pratolungo [PR] **57** Hc
Pratolungo [PV] **57** Ba
Pratolungo, Forcella– **107** Ca
Pratomagno **69** CDde
Pratomagno / Prastmann [BZ] **3** Fa
Pratomedici [MS] **57** Gd
Pratomorone [AT] **45** Bc
Pratone, Il– **67** FGcd
Pratone, Monte– **67** Gb
Prato Nevoso [CN] **53** Gd
Prato Perillo [SA] **127** DEb
Pratopiano [PR] **57** Hc
Prato Piazza / Plätzwiesen [BZ] **11** Eb
Pratora [CZ] **137** Db
Prato Ranieri [GR] **81** Gc
Prato Rosso, Rifugio– **99** GHb
Pratorotondo [CN] **53** BCc
Prato San Pietro [LC] **21** Dbc
Prato Sardo, Stazione di– **171** Dab
Prato Sésia [NO] **31** Eab
Prato Spillo [PR] **57** Gcd
Pratotondo, Monte– **23** Bc
Prato Valentino [SO] **21** Ha
Pratovalle [AR] **75** Fb
Pratovécchio [AR] **69** Dd
Praturlone [PN] **27** Bc
Pravisdómini [PN] **27** Bd
Pray [BI] **31** Da
Pray Basso [BI] **31** Da
Praz [AO] **17** Gcd
Praz [AO] **31** Ba
Praz de Fort [Svizz.] **17** Dc
Prazzo [CN] **53** Cbc
Prazzo Inferiore [CN] **53** Cbc
Prazzo Superiore [CN] **53** Cbc
Pre [TN] **23** Ec
Prea [CE] **107** Ec
Prea [CN] **53** Gd
Prealpi Giulie, Parco Naturale Regionale delle– **13** Ecd
Preaola, Monte– **21** Cc
Preara [VI] **37** Fab
Prearba, Monte– **63** EFb
Preare [PD] **37** Gd
Preazzano [NA] **113** Ed
Precariti, Fiumara– **139** Fc
Precaságlio [BS] **7** GHd
Precenicco [UD] **41** Db
Precenico [TS] **41** GHb
Preci [PG] **85** Gc
Precicchie [AN] **79** Cc
Precona [RO] **51** Bbc
Pred, Nuraghe de su– **175** Fbc
Predáia [TN] **9** Gd
Predaia, Altopiano della– **9** EFcd
Predálbora [PC] **47** Dd
Predáppio [FC] **69** Eb

Predáppio Alta [FC] **69** Eb
Predazzo [TN] **9** Hcd
Pré de Bar [AO] **17** Dc
Predel = Predil (I) **13** Gc
Predella [PR] **47** Fcd
Predella-Ferma [RE] **59** BCc
Prediera [RE] **59** Dd
Predil (I) = Predel **13** Gc
Predil, Lago del– **13** Gc
Predil, Passo del– **13** Gc
Predmeja [SLO] **27** Ic
Predoi / Prettau [BZ] **3** Fa
Predonico / Perdonig [BZ] **9** Fbc
Predore [BG] **35** Da
Predosa [AL] **45** Fd
Predosu, Nuraghe– **171** CDb
Prefetti, Fosso dei– **97** Gd
Preganti, Nuraghe– **175** Cb
Preganziol [TV] **39** Eb
Pregasina [TN] **23** Ecd
Pregásio [BS] **23** Ed
Préggio [PG] **77** Cd
Preghena [TN] **9** DEc
Préglia [VB] **15** Dcd
Pregnana Milanese [MI] **33** BCb
Pregno [BS] **35** Eb
Pregola [PV] **47** Bc
Préia [VB] **19** Dc
Preindl / Prateria [BZ] **3** Gc
Preisi, Monte– **109** Ec
Preit [CN] **53** Cc
Preit, Vallone del– **53** Cc
Preitoni [VV] **139** Cb
Prel, Colla del– **53** Gd
Prelà [IM] **63** Fc
Prélaz [AO] **17** Fd
Prélaz [AO] **17** Gd
Prelerna [PR] **57** Fb
Prelle [BI] **31** Cc
Prelo [SV] **55** Dd
Premadio [SO] **7** Gc
Premana [LC] **21** Db
Premaor [TV] **25** Ec
Premaore [VE] **39** Cc
Premariacco [UD] **27** Fb
Premeno [VB] **19** Fc
Premenugo [MI] **33** Ec
Prémia [VB] **15** DEc
Premiano [BS] **35** Eab
Premilcuore [FC] **69** Dc
Prémolo [BG] **21** Gc
Premosello-Chiovenda [VB] **19** DEbc
Pren [BL] **25** Db
Prena, Monte– **93** FGb
Prendomino [PV] **47** Ac
Prene / Prenn [BZ] **1** Hc
Prenestina, Via– **97** Gb
Prenestini, Monti– **99** Bb
Prenn / Prene [BZ] **1** Hc
Preone [UD] **13** Cc
Preore [TN] **23** Eb
Prepezzano [SA] **115** Bc
Prepo [PG] **85** Cb
Prepotto [UD] **27** Fb
Presa [CT] **145** Fd
Presa, Isola la– **161** Eab
Pré–Saint-Didier [AO] **17** Cd
Presanella, Cima– **9** BCd
Presanella, La– **9** Bd
Presciano [SI] **75** Dd
Prescianello, Casale Nuovo di– [ROMA] **97** Gd
Prese, le– [SO] **7** FGc
Preséglie [BS] **35** Fab
Presegno [BS] **23** Cd
Preselle [GR] **83** Bd
Prese-Montone [TO] **29** Fc
Presena **9** Bd
Presena, Alveo del– **9** Bd
Presena, Cima– **9** Bd
Presenàio [BL] **11** Gb
Presenzano [CE] **107** Db
Presezzo [BG] **33** Fa
Presicce [LE] **125** Ed
Présina [PD] **37** Gb

Présina [VR] 37 Dd
Presinaci [VV] 139 CDb
Presinsainu [SS] 167 Eb
Presolana, Passo della– 21 Hc
Presolana, Pizzo della– 21 Hc
Pressana [VR] 37 Ed
Pressano [TN] 23 Gab
Pressocito [RC] 141 Gd
Presson [TN] 9 Dcd
Presta, Forca di– 87 Bd
Prestento [UD] 27 Fb
Prestianni [CL] 153 DEc
Prestieri [PZ] 131 Ca
Prestinari [MN] 35 Hd
Prestine [BS] 23 Bc
Prestone [SO] 5 Gc
Preta [CE] 107 CDc
Preta [RI] 93 DEa
Pretara [TE] 93 Fab
Pretare [AP] 87 Bd
Pretaro [CH] 95 Db
Prete, Casa– [CT] 159 Bab
Prete, Serra del– 131 Db
Preti [PZ] 129 Cd
Preti, Cima dei– 11 Fcd
Preti, Colle dei– 135 Eb
Pretoro [CH] 95 Cc
Prettau / Predoi [BZ] 3 Fa
Preturo [AQ] 93 Db
Preturo [AV] 113 Gbc
Prevala, Sella– 13 Fc
Prevalle [BS] 35 Fb
Prezza [AQ] 99 Ga
Prezza, Monte– 99 Ga
Prezzo [TN] 23 Dc
Priabona [VR] 37 Eb
Príacco [TO] 29 Hlc
Priaforà, Monte– 23 Hd
Priato, Monte– 129 DEb
Priátu [SS] 167 DEa
Príccio, Cozzo– 159 Db
Priero [CN] 55 Bc
Prignano Cilento [SA] 127 Bbc
Prignano sulla Sècchia [MO] 59 Ec
Primaluna [LC] 21 Dbc
Primavalle [ROMA] 97 Eb
Primaz [AO] 29 Ga
Priméglio [AT] 45 ABb
Primero, Bocca di– 41 Fb
Primicello [FE] 51 Cc
Primicério, Masseria– [BA] 119 Db
Primicério, Masseria– [TA] 121 Ga
Primolano [VI] 25 Dc
Prímolo [SO] 7 CDd
Primosole [CT] 155 Fc
Primosole 1° [CT] 155 Fc
Primosole 2° [CT] 155 Fc
Prinardo [CN] 53 BCc
Principe, Cozzo del– 133 Cb
Principe, Monte– 1 Gbc
Principe, Monte– (I) = Hoher First
    1 Gbc
Principina a Mare [GR] 81 GHd
Prine [PG] 77 Bc
Prinzera, Monte– 57 Gb
Priò [TN] 9 Ed
Priocca [CN] 45 Bd
Priola [CN] 55 Bd
Priola [UD] 13 Cbc
Priola, Lago della– 151 Bb
Priola, Punta di– 147 Ca
Priolo [CL] 157 Gd
Príolo Gargallo [SR] 159 FGab
Príolo–Melilli, Stazione di– 159
    Gab
Priora [NA] 113 DEd
Priora, Monte– 87 Bc
Priorato [PR] 47 GHc
Priorato, Monte– 157 Ec
Priore, Masseria– [BA] 117 Fb
Priosa [GE] 57 Bbc
Prisdarello [RC] 139 EFc
Prisnig, Monte– 13 Gc
Prissian / Prissiano [BZ] 9 EFb
Prissianerbach / Prissiano, Rio– 9
    Fb

Prissianer Hochwald / Prissiano,
    Selva di– 9 EFb
Prissiano / Prissian [BZ] 9 EFb
Prissiano, Rio– / Prissianerbach 9
    Fb
Prissiano, Selva di– / Prissianer
    Hochwald 9 EFb
Priuso [UD] 13 Bc
Priuso, Forcella di– 13 Bc
Privano [UD] 27 Ec
Priverno [LT] 105 EFb
Priverno–Fossanova, Stazione di–
    105 Fb
Privernum 105 EFab
Prizzi [PA] 151 Ga
Prizzi, Lago di– 151 Ga
Procária [TO] 29 Gcd
Procarzos, Nuraghe– 169 Eab
Prócchio [LI] 81 Cd
Prócchio, Golfo di– 81 Cd
Proceno [VT] 83 EFd
Prócida [NA] 113 Cc
Prócida, Canale di– 113 Cc
Prócida, Isola di– 113 BCc
Procoio [PZ] 129 BCd
Prodo [TR] 85 Bd
Prodolone [PN] 27 BCc
Profeti [CE] 107 Ec
Prófluo, Canale– 99 Hc
Profóglio, Monte– 85 Fb
Progno, il– 37 Bb
Progresso [BO] 59 Ib
Proh [NO] 31 EFb
Proman, Pizzo– 19 Eb
Promano [PG] 77 Cc
Promiod [AO] 17 Gd
Promo [BS] 35 Fa
Promontori e delle Isole di Levante,
    Parco Naturale dei– 65 Bb
Promontorio [BS] 35 Gb
Promósio, Passo di– 13 Db
Promósio, Passo di– (I) =
    Kronhofer Törl 13 Db
Propata [GE] 57 ABb
Proratado, Monte– 55 FGbc
Prosciutto, Punta– 123 Dd
Prosecco [TS] 41 Hb
Prosérpio [CO] 21 Ccd
Prossedi [LT] 105 Fa
Prossenicco [UD] 13 Fd
Prosto [SO] 5 Gcd
Protonotaro [ME] 145 Gb
Protte [PG] 85 Ed
Prova [MN] 49 GHc
Prova [VR] 37 Dc
Prováglio d'Iseo [BS] 35 Db
Prováglio Val Sábbia [BS] 35 Fa
Provagna [BL] 11 EFd
Provazzano [PR] 59 BCb
Proveis / Proves [BZ] 9 Ec
Proves / Proveis [BZ] 9 Ec
Provesano [PN] 27 Cb
Provezza [PC] 69 FGa
Provonda [TO] 43 EFb
Provvidenti [CB] 101 Fc
Provvidenza, la– [BR] 123 Cb
Provvidenza, Lago di– 93 Eab
Prózzolo [VE] 39 Cc
Prugnano [PI] 73 EFcd
Prugno [RA] 61 Bd
Prun [VR] 37 Bb
Pruna, Punta sa– 171 Ebc
Pruna, Rio sa– 171 Db
Prunaro [BO] 61 ABbc
Prunarolo [BO] 59 Gcd
Prunella Superiore [RC] 141 Ed
Prunetta [PT] 67 Cb
Prunetto [CN] 55 Bbc
Prunicce, Monte– 73 Dc
Pruno [LU] 65 Ebc
Pruno / Elzenbaum [BZ] 3 Bb
Pruno, Fosso di– 127 Cc
Pruno, Monte– 127 Db
Pruno, Poggio al– 73 DEd
Publino, Lago– 21 FGb
Pubulena, Monte– 165 Eb

Pucci, Villa– [PG] 85 Cb
Puccia, Serra di– 153 Da
Pucciarelli [PG] 83 Gb
Puddu, Porto– 161 DEb
Pudiano [BS] 35 CDc
Pudio, Malga– / Pidig 3 Gb
Puechem [TN] 23 Gc
Puegnago sul Garda [BS] 35 FGb
Puèz, Punte del– / Puez–Spitzen 11
    Bb
Puéz, Rifugio del– / Puezhütte 11
    Bb
Puez–Geisler, Naturpark– / Puez–
    Odle, Parco Naturale– 11 Bb
Puezhütte / Puéz, Rifugio del– 11
    Bb
Puez–Odle, Parco Naturale– /
    Puez–Geisler, Naturpark– 11 Bb
Puez–Spitzen / Puèz, Punte del– 11
    Bb
Pufels / Bulla [BZ] 11 Ab
Puflatsch / Bulláccia, Monte– 9
    Hb
Puginate [CO] 21 Bd
Puglia [AR] 75 Gbc
Puglia [PC] 47 Db
Puglia, Torrente– 85 Dc
Puglianella [LU] 65 Eb
Puglianello [BN] 107 Fc
Pugliano [CE] 107 Dc
Pugliano [PU] 69 Hc
Pugliano [SA] 115 Bc
Puglietta [SA] 115 Ccd
Pugnello [VI] 37 Db
Pugnenta, Becca– 29 DEa
Pugnochiuso [FG] 103 Hc
Pugnolo [CR] 47 Hb
Púia [PN] 25 Hc
Puianello [MO] 59 Fc
Puianello [RE] 59 Db
Pula [CA] 179 BCc
Pula, Capo di– 179 BCcd
Pula, Rio– 179 BCc
Pulcherini [LT] 107 Bc
Pulchiana, Monte– 161 Cd
Pulci, le– [PG] 77 Dde
Púlfero [UD] 27 Fa
Púlica [MS] 65 Dab
Pulicara, Monte– 155 Db
Puliciciano [AR] 75 Eb
Pulicciano [FI] 67 Gbc
Puliciano [AR] 75 FGc
Púliga, Nuraghe sa– 175 Fab
Pulignano [FI] 67 DEd
Pulledrari [PT] 67 CDb
Pullir [BL] 25 Db
Pullo [ME] 145 Db
Pulo, il– [BA] 111 Fc
Pulo, il– [BA] 117 Fb
Pulpazos, Casa– [SS] 165 Cb
Pulpiano [RE] 59 Dbc
Pulsano [TA] 121 FGc
Pumenengo [BG] 35 Cc
Puncichitti [CH] 95 Ec
Puni, Rio– / Punibach 1 Dc
Punibach / Puni, Rio– 1 Dc
Punta, la– 177 Bb
Punta, Monte– 11 DEc
Punta Aderci, Riserva Naturale di–
    95 Cc
Punta Ala [GR] 81 Fd
Puntáccia, Monte– 161 Cc
Punta Cervina, Rifugio– / Hirzer
    Hütte 1 Hc
Punta Ces, Rifugio– 11 Bd
Punta d'Oro / Goldknopf 11 Ab
Puntadura [CS] 133 CDb
Punta Gennarta, Lago– 173 Dcd
Punta Goloritaé di Baunei 171 Gc
Puntalazzo [CT] 155 Fa
Punta Marina [RA] 61 Fc
Punta Penna Grossa [BR] 123 Da
Punta Secca [RG] 159 BCd
Puntazza, Capo– 149 EFb

Punte Alberete, Oasi di Protezione
    di– 61 Fb
Punti, li– [SS] 165 CDa
Puntígia, Rio sa– 165 Dc
Puntoni [PT] 67 CDd
Puos d'Alpago [BL] 25 Gb
Pupaggi [PG] 85 Fc
Pupelle, Masseria le– [LE] 123 FGc
Pura, Passo di– 13 Bc
Puranno, Monte– 85 Ec
Purano [VR] 37 Bb
Purello [PG] 77 Fcd
Purga, Monte– 37 Cb
Purgatório [FR] 99 Gcd
Purgatorio [TP] 149 Eb
Purgatório, il– 83 Fd
Purgatório, Masseria– [BA] 119
    BCb
Purgéssimo [UD] 27 Fb
Puria [CO] 21 Bb
Púria, Monte– 23 DEd
Puro, Monte– [PG] 85 Fc
Puro, Monte– [PG] 85 Gc
Purtud [AO] 17 Cd
Pusiano [CO] 21 Ccd
Pusiano, Lago di– 21 Cd
Pussa, la– [PN] 11 Gc
Pusterno [BL] 25 Cc
Pustertal / Pusteria, Val– 3 GHc
Pútia, Sass de– / Peitler Kofel 3
    Dcd
Putifígari [SS] 165 CDa
Putignano [BA] 119 Cb
Putignano [PI] 65 Fd
Putignano [TE] 87 DEd
Putignano, Grotta di– 119 Cb
Putsu, Nuraghe su– 175 Cb
Puttu, Torre su– 169 Cb
Putzu Idu [OR] 169 Cb
Puxeddu, Casa– [OR] 173 Ca
Puys [TO] 43 Bb
Puzzillo, Monte– 93 Cc
Puzzittu, Nuraghe– 171 EFa
Puzzu, Casa– [CA] 173 Eb
Puzzu, Monte– 167 DEa
Pyrgi (Santuario di Leucotea) 97 Ba

Q

Quaderna [BO] 61 ABc
Quaderna, Torrente– 61 Bc
Quaderni [VR] 35 Hcd
Quadra, Monte– 3 FGc
Quadreggiana [MC] 77 Gd
Quadrelle [AV] 113 Fb
Quadrelli [PC] 47 Dcd
Quadrelli [TR] 85 Dde
Quadri [CH] 101 Cb
Quadro, Monte– 57 Gc
Quadro, Pizzo– 5 Fc
Quadroni [ROMA] 91 Cd
Quadrozzi, Casa– [FR] 99 Ecd
Quaglieri [FR] 99 Fc
Quaglietta [AV] 115 Dc
Quaglio [RG] 159 Fc
Quagliuzzo [TO] 29 Ic
Quáira, Lago di– / Arzkersee 9 Db
Quáira, Picco di– / Karspitze 3 Gc
Quáira, Pizzo– / Kerlsspitze 3 Gc
Quáira, Punta di– / Karspitze 9 CDc
Quáira, Valle di– / Karbachtal 3 FGc
Quáire, Cima di– / Karnspitz 1 Ic
Querce d'Orlando [VT] 91 Cc
Quercegrossa [SI] 75 Cc
Querceta [LU] 65 Ebc
Quércia, Valle di– / Karbachtal 3 FGc
Qualiano [NA] 113 Cc
Qualso [UD] 27 Eab
Quantin [BL] 25 Db
Quara [RE] 59 CDc
Quaranta [FI] 67 EFc
Quaranta [SI] 83 Dc
Quaranti [AT] 45 Dd
Quarántoli [MO] 49 Fc
Quarata [AR] 75 Fbc
Quarazzana [MS] 57 Gd
Quare [VC] 19 Cd

Quaregna [BI] 31 CDb
Quarena [BS] 35 Fb
Quargnenta [VI] 37 DEb
Quargnento [AL] 45 Dc
Quarna Sopra [VB] 19 Ec
Quarna Sotto [VB] 19 Ec
Quarona [VC] 19 Dd
Quarrata [PT] 67 Dc
Quarta Sopra [VB] 19 Ec
Quart [AO] 17 Fd
Quart, Castello di– 17 Fd
Quartáccio [VT] 91 Ec
Quartáccio, Monte– 97 Ba
Quartáia [SI] 73 Gc
Quartarella, Cozzo– 159 Dd
Quartesana [FE] 51 Cd
Quarti [AL] 45 Db
Quarti [RO] 51 Cc
Quartiano [LO] 33 Cc
Quarticciolo, Monte– 89 Hd
Quartiere [FE] 51 Cd
Quartiere Zingone [MI] 33 Cc
Quartino [AT] 45 Cc
Quartirolo [MO] 49 Ed
Quarto [AT] 45 Cc
Quarto [FC] 69 Fc
Quarto [NA] 113 Cb
Quarto [PC] 47 DEbc
Quarto, Canale di– 113 Cb
Quarto, Lago– di– 69 Fc
Quarto, Tenuta il– [FG] 111 Bc
Quarto d'Altino [VE] 39 DEb
Quarto dei Mille [GE] 55 GHc
Quartodipalo, Masseria– [BA] 117
    Fa
Quarto di Santa Chiara, Riserva
    Naturale– 101 Bb
Quarto Inferiore [BO] 61 Ab
Quártora, le– 93 Ec
Quartu, Golfo di– 179 Db
Quartu, Stagno di– 179 CDb
Quartúcciu [CA] 179 CDb
Quartu Sant'Élena [CA] 179 CDb
Quarzano [CO] 21 BCc
Quarzina [CN] 63 Fb
Quasani [BA] 117 Fb
Quasanna, Torrente– 149 Dc
Quassa [VA] 19 Fd
Quassolo [TO] 31 ABbc
Quattórdio [AL] 45 Dc
Quattro Cascine [AL] 45 Fc
Quattro Cascine [PC] 47 Ec
Quattrocase [CR] 49 Bc
Quattrocase [MN] 49 Bbc
Quattro Castella [RE] 59 Cb
Quattrocchio [PC] 47 CDd
Quattro Finaite [SS] 153 CDb
Quattrofináite, Monte– 145 Fb
Quattro Finàite, Monte– 153 Fa
Quattro Masserie, le– [FG] 111 Cbc
Quattromiglia [CS] 135 Da
Quattropani [ME] 143 Ebc
Quattro Strade [AG] 157 Bb
Quattro Strade [FR] 99 Dd
Quattro Strade [MN] 49 Ba
Quattro Strade [PI] 67 Bd
Quattro Strade, le– [FI] 75 Cb
Quattro Strade, le– [GR] 89 Db
Quattro Torri, Castello delle– 75
    Dcd
Querce 67 Cd
Querce, la– [PO] 67 Ec
Querce, Le– [LT] 105 Gb
Quercegrossa [SI] 75 Cc
Querceta [LU] 65 Ebc
Querceto [AR] 69 DEd
Querceto [PI] 73 Ed
Querceto [SI] 73 Gcd
Querci, le– [PT] 67 Dc
Quércia [MS] 57 FGd
Quércia, la– [VT] 91 Cb
Quércia, Masseria la– [FG] 109 Gb
Quercia, Monte– 111 Bd
Quercia del Monaco, Passo della–
    105 Gb

Quercianella [LI] 73 Cc
Querciola [BO] 59 Fd
Querciola [PT] 67 Fc
Querciola, Monte– 83 ABde
Querciolano 69 Db
Quercioli [RE] 49 BCd
Quercione, Poggio del– 81 Gc
Quero [BL] 25 Dc
Questa, Rifugio– 63 Ba
Quezzi [GE] 55 Gc
Quiesa [LU] 65 EFc
Quiete, la– [MO] 49 Gc
Quiliano [SV] 55 Dd
Quinciano [SI] 75 Dd
Quincinetto [TO] 31 Ab
Quinçod [AO] 29 Ia
Quindici [AV] 113 Fb
Quingéntole [MN] 49 Fb
Quínis [UD] 13 Cc
Quinseina, Punta di– 29 Hc
Quintano [BG] 35 Cb
Quintano [CR] 33 Fc
Quintílio Varo, Villa– 97 Ba
Quintino Sella e Tuckett, Rifugio–
    23 Fa
Quinto [FI] 67 Fcd
Quinto, Masseria– [BA] 111 Ed
Quinto al Mare [GE] 55 GHc
Quintodécimo [AP] 87 Cd
Quinto de' Stampi [MI] 33 Dc
Quinto di Treviso [TV] 39 Cb
Quinto di Valpantena [VR] 37 BCbc
Quinto Romano [MI] 33 Cc
Quinto Vercellese [VC] 31 Ec
Quinto Vicentino [VI] 37 Fb
Quinzanello [BS] 35 Dc
Quinzano [AT] 47 Gc
Quinzano [BO] 59 Id
Quinzano [PR] 57 Hb
Quinzano d'Óglio [BS] 35 CDd
Quinzano San Pietro [VA] 19 Gd
Quinzano Veronese [VR] 37 Bc
Quinzia Reatina → Salaria, Via– 97
    EFab
Quirino, Torrente– 107 Gb
Quirra [CA] 175 Fc
Quirra, Castello di– 175 Fc
Quirra, Isola di– o Múrtas, Scoglio
    di– 175 Fc
Quirra, Rio di– 175 Fc
Quirra, Salto di– 175 Fc
Quisísana, Villa– [AG] 151 Ebc
Quistello [MN] 49 Fb
Quistro [CR] 47 Ga
Quittengo [BI] 31 BCab
Quoio, Monte– 83 ABb
Quorle [AR] 69 Dd
Quota [AR] 69 Dd

R

Rabatana [MT] 129 Ec
Rabatta [FI] 67 Gc
Rabbi [TN] 9 CDc
Rabbi, Fiume– 69 Dbc
Rabbi, Val di– 9 Dc
Rabbiés, Torrente– 9 Dc
Rabbiosi [PR] 47 FGd
Rabbito, Casa– [RG] 159 BCc
Raben Kogel / Corvi, Cima dei– 1
    DEc
Rabenstein / Corvara [BZ] 1 Hlc
Rabenstein / Corvara in Passiria
    [BZ] 1 Gb
Rabioux [CN] 53 Cb
Rablà / Rabland [BZ] 1 Gcd
Rabland / Rablá [BZ] 1 Gcd
Rabuiese [TS] 41 Hc
Rácale [LE] 125 Dd
Racalmuto [AG] 153 Cc
Racanello, Torrente– 129 Cc
Raccano [RO] 51 Cc
Racchio, Grotta– 149 Eab
Racchiuso [UD] 27 Eab

Racciano [SI] 73 FGc
Raccolana [UD] 13 Ec
Raccolana, Torrente– 13 Fc
Racconigi [CN] 43 GHd
Raccuja [ME] 145 Eb
Raci, Monte– 159 CDc
Racínes / Ratschings [BZ] 1 Hlb
Racínes, Val di– / Ratschingstal 1 Hb
Radda in Chianti [SI] 75 Dbc
Raddusa [CT] 155 Cc
Raddusa-Agir, Stazione di– 155 BCb
Radein / Redagno [BZ] 9 Gcd
Radel Spitze / Rodella, Cima– 1 lc
Radi [SI] 75 Dd
Radici, Foce delle– 59 Cd
Radicino, Monte– 99 Dc
Radicófani [SI] 83 Ec
Radicóndoli [SI] 73 Gd
Radicosa [AN] 77 FGbc
Radicosa [FR] 107 Cab
Radicosa, Torrente– 103 Cc
Rado, Santuario di– 31 Eb
Radogna [FG] 109 Fc
Rafael, Porto– 161 Eb
Rafenstein / Sarentino, Castel– 9 Gb
Raffa [BS] 35 FGb
Raffadali [AG] 153 Bc
Raffi [PC] 57 Db
Raffi, Masseria– [PZ] 117 Bb
Raffo [PA] 147 Gd
Raga, Monte– 137 Eb
Ragada [TN] 23 Dab
Ragalna [CT] 155 Eb
Raganello, Torrente– 131 Fc
Ragattisi, Stazione di– 149 CDc
Ragazzola [PR] 47 GHbc
Raggiano [MC] 85 FGb
Rággio [FC] 69 Ec
Rággio [PG] 77 DEc
Rággio [PG] 85 CDd
Raggiolo [AR] 69 Cde
Ragione [AL] 55 Hab
Ragiura, Monte– 147 Ed
Ragnáie [SI] 83 Cb
Ragno, Pizzo– 19 Eb
Ragnola [AP] 87 Fc
Ragnola, Torrente– 87 Fc
Ragogna [UD] 27 Cab
Ragogna, Monte di– 27 CDa
Rágola, Monte– 57 Db
Rágoli [TN] 23 Eb
Ragoná [VV] 139 EFc
Ragone, Canale– 129 Ecd
Ragusa [RG] 159 Dc
Ragusa Ibla 159 Dc
Rai [TV] 25 Gd
Rai, su– [CA] 177 DEc
Ráia, Costa di– 149 FGd
Ráia dei Carboni [PZ] 127 Fb
Raia della Licina, Monte– 115 Cc
Ráia della Pétina 127 Dbc
Raiale, Torrente– 93 Eb
Raialunga, Monte– 127 Dc
Raiamagra, Monte– 115 Cc
Raiano [AQ] 99 Ga
Raiano Superiore, Fermata di– 99 Ga
Raignina, Nuraghe sa– 167 Dc
Raina, Roggia– 45 Ea
Raineri [AL] 55 Fab
Rain in Taufers / Riva di Túres [BZ] 3 Fb
Rainò, Torrente– 147 Hcd
Raintal / Riva, Val di– 3 Fb
Rainuzzi [RE] 49 Bd
Ráio, Torrente– 93 Ec
Ráisi, Punta– 149 Ga
Raisigerbi, Capo– 147 Gb
Raitano, Monte– 147 ABc
Raiù [ME] 145 Eb
Raldon [VR] 37 Cc
Rállio [PC] 47 Dc
Rallo [TN] 9 Ecd

Ram, Rio– / Rambach 1 Dcd
Rama, Bec della– 55 Dbc
Rama, Capo– 149 Gb
Rama, Monte– 55 Ec
Ramacca [CT] 155 Dc
Ramaceto, Monte– 57 Bc
Ramat [TO]– 43 Cb
Ramata, Bivio– 153 Fbc
Ramate [VB] 19 Ec
Ramaticó, Monte– 115 Cb
Ramaz, Casera– [UD] 13 Db
Ramazzano [PG] 77 Dd
Ramazzana, Monte– 25 Db
Ramezzana [VC] 45 Ca
Rami [MO] 49 Fd
Ramiano [PR] 57 GHb
Ramiceto, Monte– 57 Hc
Ramière o Bric Froid, Punta– 43 Cc
Ramilia, Case– [CL] 153 Dc
Ramini [PT] 67 Dc
Ramiola [PR] 57 Ga
Ramione, Molino– [CT] 159 Cab
Ramiseto [RE] 59 Bc
Rammelstein / Montone 3 Fbc
Ramodipalo [RO] 51 Bb
Ramon [TV] 37 Ha
Ramonda, Colletto– 53 Fd
Ramoscello [PR] 49 Bcd
Ramosch [Svizz.] 1 Cb
Rampazzo [VI] 37 Gb
Rampazzo, Cozzo– 153 Eab
Rampingalotto [TP] 149 Ed
Rampinzeri [TP] 149 Fd
Ramponio [CO] 21 Bbc
Ramponio Verna [CO] 21 Bbc
Ramundo, Casa– [CS] 133 Cc
Ramuscello [PN] 27 Cc
Ramuscello Vecchio [PN] 27 Cc
Ranalt [A] 1 Ha
Ránas, Nuraghe– 165 EFbc
Rancale [PG] 77 Dd
Ranchi [PG] 77 Dc
Ránchio [FC] 69 Fc
Rancia, Castello della– 79 DEd
Rancio Valcúvia [VA] 19 Gc
Rancitella [PU] 71 Dd
Ranco [AR] 69 FGd
Ranco [AR] 75 Hc
Ranco [CH] 95 Ecd
Ranco [VA] 19 Fd
Rancolfo [PG] 77 Dd
Rancolin, Monte– 11 Gc
Ranco Spinoso, Parco di– 69 Gd
Randazzo [CT] 145 Ec
Randeci, Saia– 159 Fcd
Randelino, Monte– 11 Gd
Randsberg / Monterota [BZ] 3 Gc
Ranè [TV] 25 Fg
Rango [TN] 23 Eb
Rangona, la– [FE] 49 GHc
Ránica [BG] 21 Fd
Ranno [CT] 155 Eab
Ranuzzi, Villa– [BO] 67 Fab
Ranzánico [BG] 21 Gd
Ranzano [PN] 25 Hc
Ranzano [PR] 59 Bc
Ranzi [SV] 63 Hab
Ranzo [IM] 63 FGb
Ranzo [TN] 23 Fb
Ranzola, Colle della– 19 Ad
Rao, Rocche di– 147 Bc
Raossi [TN] 23 Gd
Rapagnano [AP] 87 Dab
Rápale [AR] 75 Ec
Rapallo [GE] 57 Bc
Raparello, Monte– 129 BCc
Raparo, Monte– 129 Cb
Rapattoni [PE] 95 Cb
Rapegna [MC] 85 Gc
Rápido, Fiume– 99 Hd

Rapino [CH] 95 CDc
Rapino [TE] 93 Ga
Rapiti, Rocca– 145 Dc
Rapolano Terme [SI] 75 Ed
Rapolla [PZ] 115 FGb
Rapolla, Fermata di– 115 Fab
Rapolla–Lavello, Stazione di– 115 Gab
Rapone [PZ] 115 EFb
Rapone-Ruvo-San Fele, Stazione– 115 Eb
Rappareddi [TP] 151 ABa
Rappenscharte / Ramudla, Forcella– 1 Ec
Rarete, la– 127 Fc
Rasa [RO] 51 Bb
Rasa [VA] 19 Gc
Rasai [BL] 25 Dbc
Rasalgone, Monte– 155 Bcd
Rasass, Passo di– / Rasaßer Scharte 1 Cc
Rasaßer Scharte / Rasass, Passo di– 1 Cc
Raschera, Rio– 53 Gd
Raschiacco [UD] 27 Fb
Raschione, Canale– 125 Dbc
Raschötz / Rasciesa 11 Ab
Raschötz–Hütte / Rasciesa, Rifugio– 11 Ab
Rasciatano, Masseria– [BA] 111 CDc
Rasciesa / Raschötz 11 Ab
Rasciesa, Rifugio– / Raschötz–Hütte 11 Ab
Rascino, Lago– 93 Cb
Rascino, Piano di– 93 Cbc
Rásega, su– [BS] 23 Cb
Rasen Antholz / Rasun Anterselva [BZ] 3 Fc
Rasenna [MC] 85 Fc
Rasíglia [PG] 85 Fc
Rasíglio [BO] 59 GHc
Rasignano [CE] 107 EFc
Rasina, Torrente– 77 Fd
Raso, Poggio– 89 Ca
Rasocollo, Cozzo– 147 EFc
Rasocolmo, Capo– 141 CDb
Rasora [BO] 67 Eb
Raspano [UD] 27 Da
Raspollino, Padule di– 81 GHcd
Rassa [VC] 19 BCd
Rássina [AR] 75 FGab
Rassu, Monte– 169 Db
Rastcias, Monte– 53 Db
Rastellino [MO] 59 Gb
Rastello [CN] 53 Gd
Rastía [MC] 79 Cd
Rastignano [BO] 59 Hlc
Ra Stua, Malga– [BL] 11 Db
Rasu, Monte– [NU] 175 EFbc
Rasu, Monte– [SS] 171 BCa
Rasun Anterselva / Rasen Antholz [BZ] 3 Fc
Rasun di Sopra / Oberrasen [BZ] 3 Fc
Rasun di Sotto / Niederrasen [BZ] 3 Fc
Rasura [SO] 21 Eb
Rata [FI] 69 Cc
Rateis / Rattísio [BZ] 1 Fc
Raticosa, Passo della– 67 FGab
Ratino, Masseria– [FG] 103 Cd
Ratschings / Racínes [BZ] 1 Hlb
Ratschingstal / Racínes, Val di– 1 Hb
Rattendorfer Sattel = Val Dolce, Sella di– (I) 13 DEb
Ratti, Isola dei– 177 Bb
Ratti, Val dei– 21 DEa
Ratti A., Bivacco– 17 Gc
Rattísio / Rateis [BZ] 1 Fc
Ratto, Monte del– 55 Eb
Rauchkofel = Fumo, Monte– (I) 3 Fa
Rauhe Bühel / Scabro, Colle– 9 Eb
Rauscedo [PN] 27 BCb

Raut, Monte– 11 Gd
Rauth / Novale [BZ] 9 Gc
Rautkofel / Rudo, Monti– 11 Eb
Rava [BG] 21 Ebc
Rava, Cimon– 25 Bb
Rava, la– 107 Da
Rava, Torrente– 107 Da
Ravadese [PR] 49 Bc
Ravagnese [RC] 141 Dc
Ravaldino in Monte [FC] 69 Fb
Ravalle [FE] 51 ABc
Ravanusa [AG] 157 Dc
Ravanusa, Masseria– [PA] 149 Gcd
Ravarano [PR] 57 Gb
Ravari, Bocca dei– 59 FGd
Ravaríno [MO] 49 Fd
Ravascletto [UD] 13 Cb
Ravellino [LC] 21 Dd
Ravello [MI] 33 Bb
Ravello [SA] 113 Fcd
Ravenna [RA] 61 Fc
Ravenna, Masseria– [LE] 125 CDc
Ravenna, Montagna di– 177 Bbc
Ravenole, Masseria– 1 Bcd
Raveo [UD] 13 Cc
Ravera [TO] 43 EFbc
Ravezza [PR] 57 Dc
Ravi [GR] 81 Gc
Ravina [TN] 23 Gb
Ravinet, Monte– 63 Hab
Ravinis [UD] 13 Db
Ravino, Monte– 59 Cd
Raviscanina [CE] 107 Eb
Ravoledo [SO] 7 Fd
Ravosa-Magrédis [UD] 27 Eb
Raymond [TO] 43 Dd
Razzá [RC] 141 Dc
Razza, Torrente– 139 Dc
Razzano, Monte– 91 Ed
Razzo, Casera– 11 Cc
Rázzoli, Isola– 161 DEb
Razzuolo [FI] 67 Gb
Re [VB] 15 Fd
Re, Colle del– 145 Cc
Re, Cozzo– 147 FGd
Re, Monte– 1 Gb
Re, Monte– (I) = Königskogl 1 Gb
Re, Serra di– 145 Dc
Rea [PV] 47 Ab
Reáglie [TO] 43 Hb
Reala [CN] 45 Ad
Realdo [IM] 63 Eb
Reale [MN] 35 GHcd
Reale, Canale– 121 Cb
Reale, Castello– 43 Gb
Reale, Fosso– 73 BCb
Reale, la– [SS] 163 Bb
Reale, Rada della– 163 Bab
Realizio [TO] 31 Bc
Realmesi, Casa– [EN] 153 Fb
Realmonte [AG] 157 Ac
Reana del Roiale [UD] 27 Eb
Reane [BL] 11 Fb
Reano [TO] 43 Fb
Reatini, Monti– 93 Bab
Rebecco [MN] 35 Gd
Rebeccu [SS] 165 Ec
Rebuttone, Montagna di– 147 BCb
Recale [CE] 113 Ca
Recanati [MC] 79 Fc
Recastello, Pizzo– 21 Hb
Recattivo [PA] 153 DEb
Recattivo, Portella di– 153 DEb
Recchio, Torrente– 47 Gd
Recco [GE] 57 Ac
Recenza [SI] 75 Cde
Recésio [PC] 47 Dd
Recetto [NO] 31 Ec
Recino, Casa– [FR] 99 Ed
Recoaro Terme [VI] 37 Da
Recoleta [MT] 129 Fc
Recórfano [CR] 49 ABb
Recovato [MO] 59 Gb
Recuorvo, Cima– 113 Fab
Reda [RA] 61 Dd

Redabue, Castello di– 45 Dc
Redagno / Radein [BZ] 9 Gcd
Redasco, Cime– 7 Fc
Redavalle [PV] 47 Bb
Redebus, Passo del– 23 Hb
Redena [FE] 49 Gc
Redentore, il– 63 Eb
Redentore, il– [LT] 107 Ac
Redentore, Statua del– 171 Eab
Redenzicco [UD] 27 Cb
Re di Castello, Monte– 23 Cb
Redicesi [MS] 65 Eb
Redipiano [CS] 135 Cbc
Redipuglia [GO] 41 Fab
Redona [PN] 13 Bd
Redondesco [CR] 47 Hb
Redondesco [MN] 49 BCab
Redondo, Monte– 21 Gc
Redónis [PN] 13 Cd
Redorta, Pizzo di– 21 Gb
Redù [MO] 59 Gab
Refavaie, Rifugio– 9 Hd
Reforzate [PU] 71 Fde
Refrancore [AT] 45 CDc
Refrigerio, Masseria– [BR] 123 Ca
Refróntolo [TV] 25 Fc
Regalbuto [EN] 155 Cab
Regaleali, Masseria– [PA] 153 CDa
Regaleali Nuova [PA] 153 CDa
Regalgioffoli [PA] 147 Dcd
Reggente [FG] 109 FGb
Reggio di Calabria [RC] 141 Dc
Reggio di Calabria, Aeroporto Internazionale– 141 Dc
Reggiolo [RE] 49 Dc
Reggio nell'Emilia [RE] 59 DEa
Reghinera [LO] 47 Eab
Regia Mandria [TO] 43 Gab
Regi Lagni 113 Ca
Regina [CS] 135 CDa
Regina, Masseria– [PZ] 117 BCb
Regina Elena, Canale– 31 FGb
Regina Margherita, Rifugio– 19 Bc
Regine, le– [PT] 67 Cc
Regnana [TN] 23 Hab
Regnano [MC] 79 Dde
Regnano [MS] 57 Hd
Regnano [RE] 59 Db
Regola Brusada / Brunstriedel 3 Fc
Regoledo [LC] 21 Cb
Regoledo [SO] 21 Eb
Regoledo [SO] 21 Fab
Régona [BS] 35 Ed
Régona [CR] 47 Ea
Rei, Costa– 179 Fb
Reina, Cozzo– 153 Cb
Reinello, Torrente– 109 Bc
Reinero [CN] 53 Cc
Reino [BN] 109 Bc
Reinswald / San Martino [BZ] 1 lc
Réisa, Monte– 55 EFc
Reischach / Riscone [BZ] 3 Ec
Reisoni [GE] 57 Bb
Réit, Cresta di– 7 Gbc
Reitana [CT] 155 Fb
Reitano [ME] 145 ABc
Reiterkarlspitz = Cécido, Monte– (I) 3 lcd
Religione, Punta– 159 Dd
Remacinelli, Colle– 95 Cc
Remanzacco [UD] 27 Eb
Remedello [BS] 35 Fd
Remedello Sopra [BS] 35 Fd
Remedello Sotto [BS] 35 Fd
Remelli [VR] 35 Hcd
Remit, Dos– 23 Fcd
Remmo, Lago– → Laudemio, Lago– 127 Cbc
Remondato [TO] 29 Hd
Remondino, Rifugio– 63 Bab
Remondò [PV] 31 Gd

Remule, Monti– 167 FGcd
Remulo, Torrente– 23 Cb
Ren [BL] 25 Da
Renacci [AR] 75 DEb
Renaio [LU] 65 Gb
Rena Maiore, Spiaggia di– 161 Cbc
Rena Majore [SS] 161 Dc
Renata, Rifugio– 31 Bab
Renate [MI] 21 Cd
Renazzo [FE] 49 Gd
Réncine [SI] 75 Cc
Réncio [VB] 15 DEc
Renda, Villa– [PA] 147 Bb
Rende [CS] 135 CDab
Rendena, Valle– 23 Eb
Rendesi, Canale– 129 Fd
Rèndina, Lago del–(Abate Alonia, Lago di–) 115 Ga
Rendina, Masseria– [PZ] 117 Bb
Rendinara [AQ] 99 Ebc
Réndola [AR] 75 Ebc
Rendole [VI] 25 Bc
Renelli, Cozzo di– 149 Gcd
Renga, Catena del– 99 Db
Renna, Monte– [RG] 159 CDc
Renna, Monte– [SR] 159 Ec
Renno [MO] 59 Ed
Reno [PR] 57 GHb
Reno [VA] 19 Fc
Reno, Fiume– 61 Db
Reno, Foce del– 61 Fb
Reno Centese [FE] 49 Gcd
Reno Finalese [MO] 49 GHcd
Renon / Ritten [BZ] 9 Gb
Renon, Corno di– / Rittner Horn 9 Gb
Renzana [SS] 35 EFb
Renzetti [PG] 77 Cb
Renzi, Casa– [MC] 79 Fd
Reoso [PD] 37 GHd
Repasto [RI] 91 Gab
Repergo [AT] 45 Ccd
Réppia [GE] 57 Cc
Rero [FE] 51 Dd
Resana [TV] 39 Bb
Rescalda [MI] 33 Bb
Rescaldina [MI] 33 Bb
Resceto [MS] 65 Eb
Reschen / Résia [BZ] 1 CDbc
Reschenpaß / Résia, Passo di– 1 CDbc
Reschensee / Résia, Lago di– 1 CDc
Reschia, Fiumara– 137 Bc
Reschigliano [PD] 39 Bc
Réschio [PG] 77 BCd
Réscia, Forca di– 93 BCa
Réscia, Grotte di– 21 Bbc
Réscio, Masseria– [TA] 123 Dcd
Resecata, Masseria– [FG] 103 Ed
Resegone 21 Dc
Resenzuola, Sorgente– 25 BCbc
Resera [TV] 25 Fc
Resettúm, Monte– 11 Gd
Résia [UD] 13 Ec
Résia / Reschen [BZ] 1 CDbc
Résia, Lago di– / Reschensee 1 CDc
Résia, Passo di– / Reschenpaß 1 CDbc
Résia, Torrente– 13 Ec
Résia, Valle di– 13 EFc
Resicata, Masseria– [FG] 103 Bc
Resinego [BL] 11 Ec
Resinelli, Piani– 21 Dc
Resiutta [UD] 13 DEc
Respiccio [PR] 57 Gab
Rest, Monte– 13 Bc
Resta, Fattoria– [SI] 83 CDb
Restegassi [AL] 45 Hd
Restinco, Masseria– [BR] 123 Eb
Restone [FI] 75 DEb
Resuttana [PA] 147 BCab
Resuttano [CL] 153 Ea
Retafani, Monte– 99 Dbc
Retegno [LO] 47 DEab
Retignano [LU] 65 Ebc
Retinella [RO] 51 EFb
Retórbido [PV] 45 Hc

Retorto [PC] 57 Cb
Retrosi [RI] 93 Da
Réusa [MS] 57 GHd
Revecena, Monte– 93 Fd
Revédoli [VE] 41 Bc
Revello [CN] 53 Eab
Reventino, Monte– 137 Ba
Révere [MN] 49 Fb
Revigliasco [TO] 43 Hb
Revigliasco d'Asti [AT] 45 BCc
Revine Lago [TV] 25 Fbc
Revislate [NO] 31 Fa
Revò [TN] 9 Ec
Révole, Monte– 105 Hbc
Rey, Rifugio– 43 Bb
Rezzago [CO] 21 Cc
Rezzalasco, Torrente– 7 Gc
Rezzalo, Valle di– 7 Gcd
Rezzanello [PC] 47 CDc
Rezzano [PC] 47 Ec
Rezzato [BS] 35 Eb
Rezzo [IM] 63 Fb
Rezzo [RO] 51 Bc
Rezzoáglio [GE] 57 Cb
Rezzónico [CO] 21 Cb
Rhêmes, Val di– 29 Eb
Rhêmes-Golette, Col di– 29 Ec
Rhêmes-Notre-Dame [AO] 29 Eb
Rhêmes-Saint-Georges [AO] 29 EFb
Rho [MI] 33 Cb
Rhuilles [TO] 43 BCc
Riabella [BI] 31 Cab
Riace [RC] 139 Fc
Riace, Torre di– 139 Gc
Riace Marina [RC] 139 Gc
Riale [VB] 15 Eb
Rialmosso [BI] 31 Cab
Rialto [PD] 51 BCb
Rialto [SV] 55 Cd
Rialto [VE] 39 CDb
Rialto, Torrente– 115 Bd
Riana [LU] 65 Fb
Riana [PR] 57 Gc
Riano [PR] 57 Hb
Riano [ROMA] 97 Fa
Riano, Stazione di– 97 EFa
Riardo [CE] 107 Dc
Riardo-Pietramelara, Stazione di–
107 Dc
Riassolo, Rio– 43 Ibc
Riazzolo [MI] 33 Bc
Ribba [TO] 43 Dc
Ribera [AG] 151 Fbc
Ribolla [BI] 81 Hc
Ribor, Torrente– 23 Dc
Ribordone [TO] 29 GHc
Ribotti, Serra– 115 Gb
Ribottoli [AV] 115 Bbc
Ribusieri, Torrente– 83 Cc
Ricadi [VV] 139 Cb
Ricadi, Stazione di– 139 BCb
Ricaldone [AL] 45 Dd
Ricami, Grotta dei– 165 ABb
Ricásoli [AR] 75 Eb
Ricavo [SI] 75 Cbc
Ricavo, Oasi– 75 Cbc
Ricca [CN] 55 Bab
Riccardi, Torre– 65 Ed
Riccardina [BO] 61 ABb
Riccardo, Masseria– [TA] 119 Bc
Ricchiardi [TO] 29 Fc
Ricchiaro [CN] 43 Hd
Ricci, Masseria– [FG] 101 Hc
Riccia [CB] 109 BCab
Riccia, Cascina la– [ROMA] 97 Da
Ricciardi, Masseria– [FG] 109 Gb
Riccia Vecchia [CE] 113 Ca
Riccio [AR] 75 GHd
Riccione [RN] 71 DEbc
Riccò [MS] 57 Fd
Riccò [PR] 57 Ga
Ricco, Monte– [FR] 99 FGd
Ricco, Monte– [PD] 37 Gd
Ricco, Monte– [PD] 37 Gd
Riccò del Golfo di Spézia [SP] 65 Bb

Riccovolto [MO] 59 Dd
Riceci [PU] 71 Ed
Ricengo [CR] 33 Gc
Riceno [VB] 15 Dc
Richiáglio [TO] 43 Fa
Riciano 75 Cc
Ricigliano [SA] 115 Ecd
Riclaretto [TO] 43 Dc
Ricò [FC] 69 Fb
Rid, Monte di– / Ridberg 3 Ecd
Ridanna / Ridnaun [BZ] 1 Hb
Ridanna, Val– / Ridnauntal 1 Hb
Ridberg / Rid, Monte di– 3 Ecd
Riddes [Svizz.] 17 Eab
Ridello di Sotto [MN] 35 Gc
Ridnaun / Ridanna [BZ] 1 Hb
Ridnauntal / Ridanna, Val– 1 Hb
Ridrácoli [FC] 69 DEc
Ridrácoli, Lago di– 69 DEc
Ried / Novale [BZ] 3 Bb
Ried / Novale [BZ] 3 BCb
Ried / Novale [BZ] 3 Fb
Ried Stausee / Novale, Lago di– 3 BCb
Riello [VI] 37 Fb
Riena, Casa– [PA] 153 Ba
Riena, Vallone– 153 Ba
Rienz / Rienza, Fiume– 3 Dc
Rienza, Fiume– / Rienz 3 Dc
Riepenspitze = Ripa, Monte– (I) 3 Gb
Ríes, Vedrette di– 3 Fb
Ríes, Vedrette di– (I) =
Rieserfernergruppe 3 Fb
Riesci [FG] 123 Fc
Riese Pio X [TV] 25 Dd
Rieserfernergruppe = Ríes, Vedrette di– (I) 3 Fb
Rieserfernergruppe, Naturpark– /
Vedrette di Ries-Aurina, Parco
Naturale– 3 Fb
Riesi [CL] 157 Ec
Rieti [RI] 91 Hb
Riétine [SI] 75 Dc
Rifembergo (I) = Branik [SLO] 27 Hc
Rifesi, Santuario di– 151 FGb
Riffian / Rifiano [BZ] 1 GHc
Rifiano / Riffian [BZ] 1 GHc
Rifiglio [AR] 69 CDd
Rifiglio, Torrente– 69 CDd
Riforano [CN] 53 Fcc
Riforno [CN] 55 BCa
Rifreddo [SO] 53 DEab
Rifredo [FI] 67 Gb
Rigáini [IS] 101 CDc
Rigali [PG] 77 Fd
Righedo, Passo del– 57 Fc
Righi [VI] 37 Dab
Righi, Villaggio– [CA] 173 Db
Righio, Fermata– 135 EFab
Rigiurfo Grande, Case– [CL] 157 Fc
Riglio [PC] 47 Ec
Ríglio, Torrente– 47 Ec
Riglione Oratoio [PI] 65 Fd
Rignana [FI] 75 Cb
Rignanese, Casa– [FG] 103 Ec
Rignano [RA] 69 Ea
Rignano-Faléria, Stazione– 91 Ec
Rignano Flaminio [ROMA] 91 EFc
Rignano Gargánico [FG] 103 Dcd
Rignano Gargánico, Stazione di– 103 Ed
Rignano sull'Arno [FI] 67 Gd
Rigo [AP] 87 BCcd
Rigo, Torrente– [GR] 81 Gc
Rigo, Torrente– [SI] 83 Eb
Rigo, Torrente– [SI] 83 Ec
Rigolato [UD] 13 BCb
Rigole [TV] 25 Hcd
Rigoli [PI] 65 Fd
Rigolizia [SR] 159 Ebc
Rigolo [PC] 47 Dd
Rigomagno [SI] 75 Fd
Rigoroso [AL] 55 Ga

Rigosa [BG] 21 Fd
Rigosa [BO] 59 Hbc
Rigosa [PR] 47 Hbc
Rigoso [PR] 57 Gc
Rigrasso [CN] 53 Fab
Rigutino [AR] 75 Gc
Rilevo [SR] 159 Fa
Rilievo [TP] 149 Dc
Rima [VC] 19 BCc
Rimaggio [FI] 69 Ccd
Rimagna [PR] 57 Gc
Rimal, Ponte– 23 Cc
Rimale [PR] 47 FGc
Rima San Giuseppe [VC] 19 Cc
Rimasco [VC] 19 Cc
Rimbocchi [AR] 69 Ed
Rimella [VC] 19 CDc
Rimigliano [LI] 81 Eb
Rimini [RN] 71 Db
Rimini-Miramare, Aeroporto
Internazionale– 71 Db
Rimíníno [VT] 89 FGb
Rimonta, Torrente– 25 Ec
Rin, Val da– 11 Fb
Rina / Welschellen [BZ] 3 Ec
Rinalda, Garzaia della– 45 Eab
Rinaldi [AT] 45 Cd
Rinaldi, Masseria– [BA] 117 Ca
Rinaldi Massimo, Rifugio– 93 Bb
Rinaldo, Monte– 11 GHb
Rina-San Francesco di Paola [ME] 141 BCd
Rinazzo [CT] 155 Fa
Rincine [FI] 69 Cc
Rinco [AT] 45 Bb
Ringel-Stein / Sasso Tondo 3 Db
Rinna, Monte– / Rinnerspitze 1 Hb
Rinnerspitze / Rinna, Monte– 1 Hb
Rino [BS] 23 BCab
Rio [PD] 37 Hc
Rio [PG] 85 Eb
Rio [SP] 57 DEd
Rio, Fiume il– 107 Fa
Rio, Fosso– 85 Cd
Rio, il– [AP] 87 Db
Rio, il– [Laz.] 99 Cd
Rio, Ponte– [PG] 85 Cd
Rio, Ponte del– [PU] 71 Gd
Rio, Torrente– 101 Ec
Riobianco / Weißenbach [BZ] 1 Ic
Riobianco / Weissenbach [BZ] 3 Eb
Riobono, Torrente– 77 Gc
Rioda, Forcella– 11 Gbc
Rio dei Campi [FC] 69 Dbc
Rio del Lago, Val– 13 FGc
Rio di Pusteria / Mühlbach [BZ] 3 CDc
Rio Fanale, Punta– 81 Dc
Rio Fiume, Fosso– 97 Ba
Riofreddo [RE] 59 Cd
Rio Freddo [GE] 57 Cb
Riofreddo [ROMA] 99 BCa
Riofreddo [SV] 55 Bd
Riofreddo [UD] 13 Gc
Riofreddo, Val di– 13 Gc
Rio Freddo, Vallone di– 53 CDd
Riola [BO] 59 Gd
Riola di Vergato [BO] 59 Gd
Riola Sardo [OR] 169 Dbc
Riolo [BO] 59 HIc
Riolo [LO] 33 EFcd
Riolo [MO] 59 Gb
Riolo Terme [RA] 61 Cd
Riolunato [MO] 59 Dd
Riomaggiore [SP] 65 Bb
Riomáio, Torrente– 101 Fc
Rio Marina [LI] 81 Dcd
Riomolino / Mühlbach [BZ] 3 Eb
Riomolino / Mühlbach [BZ] 3 Eb
Riomolino, Bagni– / Mühlbach Bad 3 EFb
Riomurtas [CA] 177 Eb
Rio nell'Elba [LI] 81 Dcd
Rionero / Schwarzenbach [BZ] 9 Gc

Rionero-Atella-Ripacandida,
Stazione di– 115 FGb
Rionero in Vúlture [PZ] 115 FGb
Rionero Sannitico [IS] 101 Bc
Rios, sos– [NU] 167 Fb
Rio Saliceto [RE] 49 Dcd
Rio San Martino [VE] 39 Cb
Rio Secco [FC] 69 CDbc
Riosecco [PG] 77 Cc
Riosecco, Torrente– 43 Fd
Riosto [BO] 59 Ic
Rio Torsero, Riserva Naturale di– 63 Hb
Riotorto [LI] 81 EFbc
Rio Torto, Spiaggia di– [ROMA] 97 Ed
Riovéggio [BO] 59 Hd
Rioverde, Torrente– 43 Ic
Riozzo [MI] 33 DEcd
Ripa [AQ] 93 Fc
Ripa [LU] 65 Ebc
Ripa [PG] 85 CDb
Ripa, la– [FI] 73 Gab
Ripa, Monte– 3 Gb
Ripa, Monte– (I) = Riepenspitze 3 Gb
Ripa, Torrente– 43 Cc
Ripaberarda [AP] 87 Cc
Ripabianca [PG] 85 Cc
Ripa Bianca, Oasi– 79 Db
Ripabottoni [CB] 101 Fc
Ripabottoni-Sant'Elia, Stazione di– 101 FGcd
Ripacándida [PZ] 115 Gb
Ripacorbária [PE] 95 Cc
Ripa d'Api, Fermata– 117 Cc
Ripa dell'Alto 77 CDb
Ripa d'Órcia [SI] 83 Db
Ripa d'Orcia, Oasi– 83 Db
Ripafratta [PI] 65 Fd
Ripaióli [PG] 85 Cc
Ripaldina [PV] 47 Cb
Ripalimosani [CB] 101 EFd
Ripalimosani, Stazione di– 101 EFd
Ripalta [AN] 77 Gb
Ripalta [BA] 111 Fc
Ripalta [FG] 103 Bb
Ripalta [PU] 71 Fd
Ripalta, Monte– 115 Ccd
Ripalta, Stazione di– 103 Bb
Ripalta Arpina [CR] 33 Gd
Ripalta Cremasca [CR] 33 FGcd
Ripalta Guerina [CR] 33 Gd
Ripalta Nuova [CR] 33 Gcd
Ripalta Vecchia [CR] 33 Gcd
Ripalti, Punta dei– 81 Dd
Ripalvella [TR] 85 Bc
Ripamassana [PU] 71 Dc
Ripanno, Monte– 111 Ed
Ripapérsico [FE] 61 Ca
Riparbella [PI] 73 Dc
Riparotonda [RE] 59 Cd
Ripa Sottile, Lago di– 91 Gab
Ripa Teatina [CH] 95 Db
Ripatransone [AP] 87 Ebc
Ripe [AN] 71 Gde
Ripe [PU] 71 Ecd
Ripe [TE] 87 Dd
Ripe, le– [SI] 83 Fc
Ripe, Varco della– 115 Fd
Ripe San Ginésio [MC] 87 Cab
Ripettoni [TE] 87 EFd
Ripi [FR] 99 Ed
Ripiani [FR] 99 EFcd
Ripiti, Torrente– 127 Cb
Ripizzata, Masseria– [TA] 123 CDc
Ripoira [CN] 43 Gd
Ripoli [AR] 77 Bc
Ripoli [BO] 59 Hd
Ripoli [FI] 67 Cd
Ripoli [PI] 65 Fd
Ripoli [PI] 73 Db
Ripollata, Serra– 133 Cb
Riposo, Masseria del– [FG] 109 Gcd
Riposto [CT] 155 Ga
Risáia, Masseria la– [FG] 111 Bb

Risana, Masseria– [TA] 119 Dc
Risano [UD] 27 Ec
Riscone / Reischach [BZ] 3 Ec
Risicone, Torrente– 155 Ed
Risigliano [NA] 113 Fb
Riso [BG] 21 FGc
Rissordo [CN] 53 Hbc
Ristola, Punta– 125 EFe
Ristonchi [AR] 69 CDd
Ristónchia [AR] 75 Gcd
Rita, Casone– [TA] 121 Cbc
Rite, Monte– 11 Ec
Ritóio, Monte– 69 Dc
Ritornato [TO] 29 GHc
Ritorto, Fosso– 81 Fb
Ritorto, Lago– 9 Cd
Ritorto, Monte– 9 Cd
Ritorto, Ponte– 81 Gb
Ritorto, Torrente– 83 Fc
Ritórtolo [RA] 61 Cd
Ritrovoli, Poggio– 73 Fd
Rittana [CN] 53 Ec
Ritten / Renon [BZ] 9 Gb
Rittner Horn / Renon, Corno di– 9 Gb
Riu Gironi, Cantoniera– [CA] 175 Fd
Riu Murtas, Nuraghe– 175 Cc
Riu Piatu, Stazione– 161 Dcd
Riva [CN] 53 Ga
Riva [MN] 49 Dbc
Riva [PC] 47 Dc
Rivà [RO] 51 Fc
Riva [SO] 5 Gd
Riva [TN] 23 Gd
Riva [TO] 43 Ib
Riva, la– [RE] 59 DEb
Riva, Rifugio– 21 Dc
Riva, Val di– / Raintal 3 Fb
Riva d'Orcia, Oasi– 83 Db
Rivabella [BO] 61 ABab
Rivabella [BO] 59 Hc
Rivabella [RN] 71 Db
Riva dei Pini [CA] 177 Fd
Riva dei Téssali [TA] 121 Dc
Riva del Garda [TN] 23 Fc
Riva del Sole [GR] 81 FGd
Riva di Faggeto [CO] 21 Bc
Riva di Solto [BG] 21 Hd
Riva di Sotto / Unterrain [BZ] 9 Fbc
Riva di Túres / Rain in Taufers [BZ] 3 Fb
Riva Faraldi [IM] 63 Gc
Rivago [VE] 27 Cd
Rivalazzo [PR] 47 Gcd
Rivalba [AL] 45 Eb
Rivalba [TO] 43 Ib
Rivale [VE] 39 BCc
Rivalgo [BL] 11 EFc
Riva Ligure [IM] 63 Fcd
Rivalpo [UD] 13 Dbc
Rivalta [BI] 31 Cbc
Rivalta [CN] 55 Aab
Rivalta [PC] 47 Dc
Rivalta [PR] 59 BCb
Rivalta [RA] 61 Dd
Rivalta [RE] 59 Dab
Rivalta [VI] 25 BCc
Rivalta [VR] 37 Bab
Rivalta Bórmida [AL] 45 Ed
Rivalta di Torino [TO] 43 FGb
Rivalta Scrívia [AL] 45 FGc
Rivalta sul Mincio [MN] 49 CDa
Rivalto [PI] 73 Dbc
Rivalunga [VR] 37 Cc
Riva Lunga, Casa– [GO] 41 FGb
Rivamonte Agordino [BL] 11 Dd
Rivanazzano [PV] 45 GHc
Riva presso Chieri [TO] 43 Ibc
Rivara [MO] 49 FGcd
Rivara [TO] 29 Hcd
Rivarolo [PR] 49 Ac
Rivarolo Canavese [TO] 29 Icd
Rivarolo del Re [CR] 49 Bb
Rivarolo del Re ed Uniti [CR] 49 Bb
Rivarolo Ligure [GE] 55 Gc
Rivarolo Mantovano [MN] 49 Bb

Rivarone [AL] 45 Fbc
Rivarossa [TO] 29 Id
Rivarotta [PN] 25 Hcd
Rivarotta [UD] 41 Db
Rivarotta [VI] 25 BCd
Riva San Vitale [Svizz.] 19 Hc
Rivasco [VB] 15 Ebc
Rivasecca [TO] 43 Fc
Rivasso [PC] 47 CDc
Riva Trigoso [GE] 57 Cd
Riva Valdobbia [VC] 19 Bcd
Rivaverde [RA] 61 Fc
Rivazzurra [RN] 71 Db
Rive [VC] 45 Da
Rive [VI] 37 Ga
Rive, Canale di– 45 Ca
Rive d'Arcano [UD] 27 Cb
Rivella [PD] 37 Gd
Rivello [PZ] 127 Fd
Rivera [TO] 43 Fb
Rivera [TO] 45 Aa
Rivera [VB] 19 CDb
Rivera [AL] 55 Db
Rivergaro [PC] 47 Dc
Rivetti, Rifugio– 31 Ba
Rivetti Carla, Capanna– 19 ABc
Riviera [BI] 31 BCbc
Riviera [BO] 61 Bd
Rivignano [UD] 27 Cbc
Rivioni [BG] 21 Fbc
Rivis [UD] 27 Cbc
Rivisóndoli [AQ] 101 Bb
Rivisóndoli-Pescocostanzo,
Stazione di– 101 Bb
Rivò [BI] 31 CDa
Rivo [TR] 91 Fa
Rivo [UD] 13 CDb
Rivo, Torrente– 101 Ec
Rivodora [TO] 43 Hb
Rivodutri [RI] 91 Ha
Rivoglia, Pizzo– 145 DEd
Rivóira [CN] 53 Fcd
Rivóira [TO] 29 Hbc
Rivola, Valle di– 39 Dcd
Rivoli [TO] 43 FGb
Rívoli [UD] 13 Dd
Rívoli Veronese [VR] 35 Hd
Rivolta d'Adda [CR] 33 EFc
Rivoltella [BS] 35 Gc
Rivoltella [PV] 31 Fd
Rivolto [UD] 27 CDc
Rivotorto [PG] 85 Dc
Rivotta [UD] 27 Db
Riziò [BL] 11 Fb
Rizza, Case– [RG] 159 Cb
Rizzacorno [CH] 95 Ecd
Rizzardina 39 Cab
Rizzi [UD] 27 Eb
Rizzíconi [RC] 139 Cc
Rizzios [BL] 11 Fc
Rizzolaga [TN] 23 Hb
Rizzolo [PC] 47 Ec
Rizzolo [UD] 27 Eb
Rizzolo / Ritzeil [BZ] 3 Cb
Rizzolu, Rio– 167 CDb
Rizzolu de sa Costa, Rio– 165 Fa
Rizzuti [CS] 135 Ec
Rizzuto [CS] 135 CDb
Rizzuto, Capo– 137 Gb
Ro [FE] 51 Cc
Roa [TN] 25 BCb
Roà Marenca [CN] 53 Hcd
Roana [VI] 25 Ac
Roapiana [CN] 53 GHc
Roaro [PD] 37 Gc
Roaschia [CN] 53 Ed
Roascio [CN] 55 Bc
Roasco, Torrente– 7 Fd
Roásio [VC] 31 Db
Roata Chiusani [CN] 53 Fc
Roata Rossi [CN] 53 Fc
Roatta [CN] 53 Hc
Roatto [AT] 45 Bc
Robarello [VC] 31 Dc
Robassomero [TO] 43 Gab
Robbiate [LC] 33 Ea

Róbbio [PV] 31 Fd
Robecchetto con Induno [MI] 31 Gb
Robecco [LO] 33 Fd
Robecco d'Óglio [CR] 35 Dd
Robecco Pavese [PV] 47 ABb
Robecco sul Naviglio [MI] 31 Hc
Robegano [VE] 39 Cb
Robella [AT] 45 Bb
Robella [CN] 53 Dab
Robella [VC] 45 CDa
Roberso [TO] 43 Dc
Robert, Cima- 53 Hd
Roberti, Masseria- [BA] 119 Ca
Robilante [CN] 53 EFd
Robini [CN] 45 Cd
Roboaro [AL] 55 Db
Roburent [CN] 53 Hd
Roca Nuova [LE] 125 Fb
Roca Vécchia [LE] 123 Hd
Rocca [AL] 45 Ec
Rocca [AT] 45 Bb
Rocca [BL] 25 Cc
Rocca [CT] 155 Eb
Rocca [IM] 63 Gc
Rocca [PC] 57 Dab
Rocca [PR] 47 Hd
Rocca [PR] 57 EFb
Rocca [TO] 43 Eab
Rocca, La- [SO] 7 Gc
Rocca, la- [VT] 91 Bb
Rocca, La- [BO] 59 Hc
Rocca, la- [CB] 107 Gab
Rocca, la- [CB] 101 Ed
Rocca, la- [GR] 89 Db
Rocca, la- [PG] 85 Cc
Rocca, la- [RE] 49 Cd
Rocca, La- [TN] 23 Gab
Rocca, Monte- 139 Gbc
Rocca, Monte della- 69 GHd
Rocca, Monte la- [CH] 101 Db
Rocca, Monte la- [It.] 99 Gc
Rocca, Villa la- [RG] 159 CDc
Roccabascerana [AV] 113 Ga
Roccabernarda [KR] 133 Ed
Rocca Bernarda [UD] 27 Fb
Roccabernarda, Stazione di- 137
Fb
Rocca Bianca 43 Dc
Roccabianca [PR] 47 Hbc
Roccabruna [CN] 53 Dbc
Rocca Canavese 129 Hcd
Rocca Canterano [ROMA] 99 Cb
Roccacaramánico [PE] 101 ABa
Roccacasale [AQ] 95 Bd
Rocca Cerbaia [PO] 67 Ebc
Roccacerro [AQ] 99 Da
Rocca Cigliè [CN] 55 Ac
Rocca Cilento [SA] 127 Bc
Roccacinquemiglia [AQ] 101 Bbc
Rocca Corneta [BO] 59 Fd
Rocca Corvo, Portella di- 157 Cc
Rocca d'Arazzo [AT] 45 Cc
Rocca d'Arce [FR] 99 Fd
Roccadáspide [SA] 127 BCb
Rocca de' Baldi [CN] 53 Gc
Rocca de' Giorgi [PV] 47 Bc
Rocca delle Caminate [FC] 69 EFb
Rocca d'Evandro [CE] 107 Cb
Rocca d'Evandro, Stazione di- 107
Cb
Rocca di Botte [AQ] 99 Ca
Rocca di Cámbio [AQ] 93 Ec
Rocca di Capri Leone [ME] 145 Db
Rocca di Cave [ROMA] 99 Bb
Rocca di Cavour, Parco Naturale
della- 43 Fd
Rocca di Corno [RI] 93 CDb
Rocca di Fondi, Stazione di- 93 Cb
Rocca di Mezzo [AQ] 93 EFc
Rocca di Monte Vármine [AP] 87
Db
Rocca di Neto [KR] 133 EFc
Rocca di Papa [ROMA] 97 Gc
Rocca di Roffeno [BO] 59 Gd
Rocca d'Órcia [SI] 83 Dd
Roccaferrara [PR] 57 Gc

Roccafinadamo [PE] 93 Gb
Roccafiorita [ME] 145 Gc
Roccafluvione [AP] 87 Cc
Roccaforte, Planu- 165 Ec
Roccaforte del Greco [RC] 141 Fc
Roccaforte Ligure [AL] 55 Ha
Roccaforte Mondovi [CN] 53 Gcd
Roccaforzata [TA] 121 Gc
Roccafranca [BS] 35 Cc
Roccagióvine [ROMA] 99 Ba
Roccagloriosa [SA] 127 Dd
Roccagnano [PG] 77 Bc
Roccagorga [LT] 105 Ea
Roccagrande, Monte- 57 Ccd
Rocca Grimalda [AL] 55 Eab
Rocca Imperiale [CS] 129 Fd
Rocca Imperiale Marina [CS] 129
Fd
Roccalanzona [PR] 47 Gd
Roccalbegna [GR] 83 CDd
Roccalberti [LU] 65 EFb
Rocca Leonella [PU] 77 Eb
Roccalumera [ME] 141 Cd
Roccalvecce [VT] 91 Ca
Rocca Malatina [MO] 59 Fc
Roccamandolfi [IS] 107 EFab
Roccamare [GR] 81 Fd
Rocca Massima [LT] 99 Bc
Roccamena [PA] 147 Acd
Roccamonfina [CE] 107 Cc
Roccamonfina-Foce del Garigliano,
Parco del- 107 Cc
Roccamontepiano [CH] 95 Cc
Roccamorice [PE] 95 BCc
Roccamurata [PR] 57 Fb
Roccanolfi [PG] 85 FGc
Roccanova [PZ] 129 Dc
Roccantica [RI] 91 Gbc
Roccapalumba [PA] 147 Dd
Roccapalumba-Ália, Stazione di-
147 DEd
Roccapélago [MO] 59 Dd
Rocca Pia [AQ] 99 Hb
Roccapiatta [TO] 43 Ec
Rocca Piétore [BL] 11 Cc
Roccapietra [VC] 19 Dd
Roccapipirozzi Alta [IS] 107 Db
Roccapipirozzi Bassa [IS] 107 Db
Rocca Pitigliana [BO] 59 FGd
Roccaporena [PG] 85 Fd
Rocca Pratiffi [PU] 69 Gcd
Roccaprebalza [PR] 57 Fb
Roccapreturo [AQ] 93 Gc
Rocca Priora [AN] 79 Eb
Rocca Priora [ROMA] 97 Gc
Rocca Pulzana [PC] 47 Cc
Roccarainola [NA] 113 Fb
Roccaranieri [RI] 93 Bbc
Roccaraso [AQ] 101 Bb
Roccaravindola Alta [IS] 107 Da
Roccareonile [AP] 87 Ccd
Rocca Ricciarda [AR] 75 Eb
Rocca Ripesena [TR] 83 Gd
Roccaromana [CE] 107 Ec
Rocca Romana, Monte- 91 Dc
Roccarossa, Tempa di- 127 FGcd
Roccasalli [RI] 85 Hde
Rocca San Casciano [FC] 69 DEb
Rocca San Felice [AV] 115 Cb
Rocca San Giovanni [CH] 95 Ec
Rocca San Giovanni-Saben,
Riserva Naturale di- 53 Ed
Rocca Santa Maria [MO] 59 Ebc
Rocca Santa Maria [TE] 87 CDde
Rocca Sant'Ángelo [PG] 85 Db
Rocca Santo Stefano [ROMA] 99
Cb
Rocca San Zenone [TR] 91 FGa
Rocca sa Pattada 169 Dab
Roccascalegna [CH] 101 Ca
Roccasecca [FR] 107 ABa
Roccasecca dei Volsci [LT] 105 Fab
Roccasicura [IS] 101 Cc
Rocca Sigillina [MS] 57 Fc
Rocca Sinibalda [RI] 93 Bc

Roccasparvera [CN] 53 Ec
Roccaspinalveti [CH] 101 Db
Roccaspromonte [CB] 101 Ed
Rocca Steria, Punta- 177 Ebc
Roccastrada [GR] 83 ABb
Roccastrada, Stazione di- 83 ABc
Rocca Susella [PV] 45 Hc
Roccatagliata [GE] 57 Bbc
Roccatagliata, Monte- 95 Bc
Roccatamburo [PG] 85 Fd
Roccatederighi [GR] 81 Hb
Roccati [TO] 43 Ib
Rocca Tunda, Sa- [OR] 169 CDa
Roccavaldina [ME] 141 Cb
Roccaverano [AT] 55 Cb
Roccavignale [SV] 55 BCc
Roccavione [CN] 53 Ecd
Roccavivara [CB] 101 Ebc
Roccavivi [AQ] 99 Fbc
Roccelito, Monte- 147 Ecd
Roccella, Castello di- 147 Fbc
Roccella Iónica [RC] 139 Fd
Roccella Valdémone [ME] 145 EFc
Roccelletta [CZ] 137 Dc
Roccelletta del Vescovo di Squillace
137 Dc
Rocche, Cozzi delle- 157 Fbc
Rocche, Monte delle- 153 DEb
Rocche, Poggio delle- 75 Fb
Rocche, Serra delle- 149 Dc
Rocche dei Cástani 155 Bbc
Rocche di Civitella [TE] 87 DEd
Rocchenere [ME] 141 Cd
Rocchetta [AL] 45 Cab
Rocchetta [AN] 79 Bc
Rocchetta [AP] 87 Ec
Rocchetta [CE] 107 Dc
Rocchetta [CN] 53 Dab
Rocchetta [FC] 69 Fc
Rocchetta [MO] 59 Fc
Rocchetta [PC] 47 DEd
Rocchetta [PG] 85 Fd
Rocchetta [PR] 49 ABd
Rocchetta [TN] 9 Ed
Rocchetta [TP] 151 CDab
Rocchetta, La- 9 Ed
Rocchetta, la- [LI] 81 Ec
Rocchetta, Monte- [BN] 109 Cd
Rocchetta, Monte- [PC] 47 CDd
Rocchetta, Monte la- 101 EFb
Rocchetta a Volturno [IS] 101 Bd
Rocchetta Belbo [CN] 55 BCb
Rocchetta Cairo [SV] 55 Cc
Rocchetta di Prendera, la- 11 Dc
Rocchetta di Vara [SP] 57 Ed
Rocchetta e Croce [CE] 107 Dc
Rocchetta Ligure [AL] 55 Ha
Rocchetta Mattei [BO] 59 Gd
Rocchetta Nervina [IM] 63 Dc
Rocchetta Nuova [IS] 101 Bd
Rocchetta Palafea [AT] 45 CDd
Rocchetta Sandri [MO] 59 EFd
Rocchetta Sant'Antonio [FG] 109 Fd
Rocchetta Sant'Antonio-Lacedonia,
Stazione di- 109 Gd
Rocchetta Tánaro [AT] 45 CDc
Rocchetta Tánaro, Parco Naturale
di- 45 Cc
Rocchette [GR] 83 CDd
Rocchette [RI] 91 Fb
Rocchette [TR] 91 Eb
Rocchette, Le- [GR] 81 Fd
Rocchicciola [MO] 59 Dd
Rocchino, Poggio- 81 Fb
Rocchione, Masseria- [FG] 103 ABc
Rocciamelone 43 Da
Rocciano [TE] 93 FGa
Roccia Viva 29 Fc
Rocciavrè, Monte- 43 Db
Roccile, Monte- 101 EFb
Róccoli, Rifugio- 21 Db
Róccolo Cattango [VI] 25 Bbc
Roccone, Poggio- 83 DEd
Roces, Bec de- 11 Cc
Rochemolles [TO] 43 Bb
Rochemolles, Lago di- 43 Bb

Rocino, Masseria- [PZ] 129 Dc
Roco di Sotto [FI] 61 Ad
Roda [TN] 9 Hd
Roda, Picco di- 11 Fc
Roda di Vael / Rotwand 9 Hc
Rodallo [TO] 31 Bd
Rodano [MI] 33 Ec
Rodda Quadda, Stazione- 165 Da
Roddi [CN] 55 Aa
Roddino [CN] 55 Bb
Roddi al Monte [SA] 115 Cb
Rodeano [UD] 27 Cb
Rodella, Cima- / Radel Spitze 1 Ic
Rodella, Col- 11 Bbc
Rodello [CN] 55 Bb
Rodeneck / Rodengo [BZ] 3 CDc
Rodengo / Rodeneck [BZ] 3 CDc
Rodengo-Saiano [BS] 35 Db
Rodero [CO] 19 Hcd
Rodes, Pizzo di- 21 Gb
Rodì [ME] 145 FGb
Rodiano [BO] 59 Gd
Rodiano [MO] 59 Fc
Rodi-Fiesso [Svizz.] 5 Cbc
Rodi Gargánico [FG] 103 Fb
Rodighieri [VI] 25 ABc
Ródigo [MN] 49 Ca
Rodi Milici [ME] 145 FGb
Ródio [SA] 127 Cd
Ro di sopra [BS] 35 Fc
Ro di sotto [BS] 35 Fc
Rodondone, Monte- 35 Da
Rodoretto [TO] 43 Dc
Roé [BS] 35 Fb
Roe Alte [BL] 25 Eb
Roen, Monte- 9 EFc
Roero, Castel- 45 Ad
Roé Volciano [BS] 35 FGb
Rófeno, Abbazia a- 75 DEd
Róffia [PI] 67 CDd
Rofrano [SA] 127 Dc
Rogadeo, Villa- [BA] 117 Fab
Rógeno [LC] 21 Cd
Roggera, Cascina- [TO] 43 Fcd
Róggia [BL] 11 Eb
Róggia [TO] 29 Id
Roggiano Gravina [CS] 131 DEd
Roggiano Valtravaglia [VA] 19 Gc
Róggio [LU] 65 Eb
Roggione [CR] 47 Ea
Roggione, Pizzo- 5 Fd
Roghudi [RC] 141 Ed
Roghudi [RC] 141 Ed
Rógio, Canale- 67 Bd
Rogliano [CS] 135 DEb
Róglio, Torrente- 73 Eb
Rognano [PV] 33 Cd
Rogno [BG] 21 Hc
Rognosa di Sestriere, Punta- 43 Cc
Rógolo [SO] 21 DEb
Rogorbello [SO] 7 Fd
Rogoredo [LC] 33 Ga
Roi, Sass di- 11 Cc
Roia / Rojen [BZ] 1 Cc
Roia, Fiume- 63 Dc
Roiano [TE] 87 Dd
Roiate [ROMA] 99 Cb
Róio del Sangro [CH] 101 Db
Róio Piano [AQ] 93 DEbc
Roisan [AO] 17 Ed
Roite 23 GHd
Roiuzza, la- 27 Bb
Rojen / Roia [BZ] 1 Cc
Rola [MO] 59 Fb
Rolandi [CN] 45 Acd
Rolasco [AL] 45 Db
Rolate [VC] 19 Dd
Roletto [TO] 43 EFc
Roletto [VB] 19 Cbc
Rolle [TV] 25 EFc
Rolle, Passo di- 11 Bd
Rollieres [TO] 43 BCc
Rollin, Gobba di- 17 Hc
Rollini [AL] 45 Db
Rolo [RE] 49 Ec

Roma [MO] 49 DEd
Roma [PR] 47 Hd
Roma [ROMA] 97 Eb
Roma, Rifugio- / Hochgall-Hütte 3
Fb
Romagna, Casoni di- [BO] 61 Ad
Romagnano [TN] 23 Gb
Romagnano [VR] 37 Cb
Romagnano, Stazione di- 115 Ed
Romagnano al Monte [SA] 115 Cb
Romagnano Sésia [NO] 31 Eb
Romagnese [PV] 47 BCcd
Romagnolo [PA] 147 Cb
Romallo [TN] 9 Ec
Romana [SS] 165 Dbc
Romana, la- 101 Cd
Romanella, Monte- 99 Eb
Romanelli, Grotta- 125 Fc
Romanengo [CR] 33 Gc
Romani [MC] 87 Bb
Romani [NA] 113 Eb
Romanina [BI] 31 Cb
Romano, Casa- [FG] 101 Hd
Romano, Monte- 105 Fb
Romano Banco [MI] 33 Cc
Romano Brianza [CO] 21 Cd
Romano Canavese [TO] 31 Bc
Romano d'Ezzelino [VI] 25 Cd
Romano di Lombardia [BG] 33 Gb
Romanore [MN] 49 Db
Romanoro [MO] 59 Dd
Romans [UD] 27 CDc
Románs d'Isonzo [GO] 27 Fc
Romanziol [VE] 39 EFab
Roma-Urbe, Aeroporto Nazionale
di- 97 EFb
Romazzano [PG] 85 Cd
Rombiolo [VV] 139 CDb
Rombo, Passo del- 1 Gb
Rombo, Passo del- (I) =
Timmelsjoch 1 Gb
Romea, Strada- 51 Fb
Romécchio, Passo di- 59 Cd
Romena, Castello di- 69 Dd
Romeno [TN] 9 Ec
Romeno, Malga- 9 Fc
Romentino [NO] 31 Gc
Rometta [ME] 141 Cbc
Rometta [MS] 57 Gd
Rometta Marea [ME] 141 Cb
Romezzano [PR] 57 Db
Romita [FI] 73 GHb
Romitello, Santuario del- 147 ABb
Romito, Grotta del- 131 Cc
Romito, Passo del- 57 GHd
Romito, Ponte del- 75 EFbc
Romito, Toppa- 115 Cd
Romito Magra [SP] 65 Cb
Romitório [LU] 65 Gc
Romitório [ROMA] 97 Fa
Romitório [SI] 83 Db
Rómola [FI] 67 EFd
Rompeggio [PC] 57 Cb
Romprezzagno [CR] 49 Bb
Ron, Vetta di- 7 Dd
Ronaco, Ponte- 107 Cc
Ronago [CO] 19 Hcd
Roncà [VR] 37 Gc
Roncáccio, Poggio- 67 Gb
Roncade [TV] 39 Eb
Roncadella [RE] 59 Eab
Roncadelle [BS] 35 Db
Roncadelle [TV] 25 Gd
Roncadello [CR] 33 Fc
Roncadello [CR] 49 Bc
Roncadello [FC] 61 Ed
Roncagli [IM] 63 Gc
Roncáglia [AL] 45 Db
Roncaglia [AT] 45 Dc
Roncaglia [CN] 53 Hb
Roncaglia [CN] 45 Gd
Roncaglia [PC] 47 Eb
Roncaglia [PD] 37 Hc
Roncaglia [PU] 71 EFc
Roncaglia [SO] 21 Eab

Roncaglia [TO] 43 FGb
Roncaglio [RE] 59 Cb
Roncaiette [PD] 39 Bcd
Roncaiolo [PC] 47 Cd
Roncalceci [RA] 61 Ec
Roncan [BL] 25 Fb
Roncanova [VR] 49 Fb
Roncaro [PV] 33 Dd
Roncarolo [PC] 47 EFb
Roncastaldo [BO] 59 Hd
Roncegno [TN] 23 Ib
Roncegno, Palude di- 23 Ib
Roncello [MI] 33 Eb
Ronche [PN] 25 GHc
Ronche [PN] 27 Ac
Ronche [VE] 39 EFab
Ronchelli [MN] 49 Cab
Rónchena [BL] 25 DEb
Ronchi [AT] 45 CDc
Ronchi [BO] 49 Fd
Ronchi [CN] 53 Fc
Ronchi [CS] 135 Ec
Ronchi [MN] 49 CDb
Ronchi [MN] 49 Bb
Ronchi [PD] 39 BCb
Ronchi [PD] 37 Hd
Ronchi [PG] 77 CDc
Ronchi [SV] 55 Ccd
Ronchi [TN] 23 Gd
Ronchi [TN] 11 Bc
Ronchi [UD] 27 Ec
Ronchi [VC] 31 BCd
Ronchi [VC] 19 Cc
Ronchi [VI] 37 Da
Ronchi [VI] 25 Bc
Ronchi [VR] 35 Hc
Ronchi / Rungg [BZ] 9 Fcd
Ronchi, i- [TV] 25 FGd
Ronchi, Val- 23 Gd
Ronchi dei Legionari [GO] 41
FGab
Ronchi di Campanile [PD] 37 Gc
Ronchidós, Cappella di- 59 Fd
Ronchi Inferiore [TO] 29 Hc
Rónchis [UD] 27 CDd
Rónchis [UD] 27 EFb
Ronchi Valsugana [TN] 23 Ib
Ronciglione [VT] 91 Cc
Roncino, Monte- 77 Dc
Roncitelli [AN] 71 Gd
Ronco [AL] 45 Hd
Ronco [BG] 21 Hb
Ronco [BI] 31 Db
Ronco [BO] 61 Bd
Ronco [BS] 23 Bab
Ronco [BS] 35 EFb
Ronco [BS] 35 Db
Ronco [FC] 61 Ed
Ronco [NO] 19 Ecd
Ronco [PC] 47 Ec
Ronco [RA] 61 Dd
Ronco [TN] 25 Cb
Ronco [VB] 19 Fc
Ronco, Fiume- 61 Ed
Ronco all'Ádige [VR] 37 Dcd
Roncobello [BG] 21 Fc
Ronco Biellese [BI] 31 Cb
Roncobilaccio [BO] 67 Fb
Ronco Briantino [MI] 33 Eab
Ronco Campo Canneto [PR] 47 Hc
Ronco Canavese [TO] 29 Hbc
Roncocesi [RE] 49 Cd
Roncodigà [BO] 61 Bd
Ronco di Maglio 55 Cd
Roncoferraro [MN] 49 Eb
Roncofreddo [FC] 69 Gb
Roncogennaro [AL] 55 Da
Roncoi [BL] 25 Eb
Roncola [BG] 21 Ed
Róncole [VC] 19 Dd
Roncolevá [VR] 37 Bd
Róncole Verdi [PR] 47 Gc
Roncolla [PI] 73 Fc
Róncolo [RE] 59 CDb
Roncolongo [PR] 57 Gab
Roncone [TN] 23 DEbc

Roncone, Monte– 25 Cc
Ronconi [VR] 37 Bb
Roncopáscolo [PR] 49 Acd
Roncoscáglia [MO] 59 Ed
Ronco Scrívia [GE] 55 Gb
Roncotasco [PR] 57 EFb
Roncrio [BO] 59 Hlc
Rondanina [GE] 57 Bb
Rondelli [GR] 81 Fc
Rondello [PU] 71 Fc
Rondinaia [FC] 69 Ec
Rondinaio, Monte– 65 Gb
Rondinara [RE] 59 DEb
Róndine [AR] 75 Fbc
Rondine, Pizzo della– 153 Bb
Rondinella, Punta– 121 EFbc
Rondinelle [MT] 117 Fc
Rondinelle, Masseria– [BA] 119 Cb
Rondissone [TO] 31 Bd
Rondo [VC] 19 Dcd
Róndole [VI] 37 Ec
Rongolise [CE] 107 Cc
Ronsecco [VC] 31 Dd
Ronta [FI] 67 Gbc
Rontagnano [FC] 69 Gc
Rontana, Monte di– 61 Cd
Rontano [LU] 65 Fb
Ronti [PG] 77 BCc
Ronzano [AR] 75 Gd
Ronzano [PR] 57 Gb
Ronzano [TE] 93 Ga
Ronzo [TN] 23 Fc
Ronzo-Chienis [TN] 23 Fc
Ronzone [TN] 9 Ec
Ropezzano [CO] 21 Cb
Ropolà, Passo di– 141 GHb
Roppa [UD] 11 Gc
Ròppolo [BI] 31 Cc
Roquebillière [Fr.] 63 Bb
Roquebrune–Cap–Martin [Fr.] 63 Cd
Rorà [TO] 43 Ed
Rorai Piccolo [PN] 27 Ac
Rore [CN] 53 Db
Roreto [CN] 53 GHab
Rosa [PN] 27 Cc
Rosa [TO] 43 Eb
Rosà [VI] 37 Ga
Rosà, Col– 11 Db
Rosa, Fiume– 131 Dd
Rosa, La– [Svizz.] 7 Ec
Rosa, Monte– [Eur.] 19 Bc
Rosa, Monte– [ME] 143 Ec
Rosa, Monte– [RI] 93 Dcd
Rosa, Monte la– 137 Cc
Rosa, Plateau– 17 Hc
Rosa, Punta– / Rötel–Spitze 1 Gc
Rosa dei Banchi 29 Hb
Rosaine [SA] 127 Ac
Rosalba, Rifugio– 21 Dc
Rosali [RC] 141 DEb
Rosalia, Case– [RG] 159 DEd
Rosa Marina [BR] 119 Fc
Rosamarina, Monte– 147 Dc
Rosanisco [FR] 99 Gcd
Rosano [AL] 45 Gc
Rosano [AL] 55 Hab
Rosano [FI] 67 Gd
Rosano [RE] 59 Cc
Rosapineta [RO] 51 FGab
Rosara [AP] 87 Dcd
Rosara [PD] 39 Cd
Rosariello, Borgo– [TP] 149 Dbc
Rosario, Santuario del– 147 Bc
Rosarno [RC] 139 CCc
Rosarno, Bosco di– 139 Cc
Rosaro [TR] 85 Cd
Rosarolo [VI] 19 Dc
Rosas, Monte– 177 Eb
Rosasco [PV] 31 Fd
Rosate [MI] 33 BCc
Rosazza [BI] 31 Bab
Rosazzo [UD] 27 Fbc
Rosceto [PG] 85 Cd

Roscetti, Fattoria dei– [PG] 77 Cc
Rosciano [PE] 95 Cbc
Rosciano [PU] 71 Fcd
Roscigno [SA] 127 CDb
Roscigno Nuovo [SA] 127 CDb
Roscigno Vecchio [SA] 127 CDb
Rosciolo dei Marsi [AQ] 93 DEd
Rose [CS] 135 Da
Rose, Bivio– 135 Da
Rose, Colle delle– 133 Eb
Rose, Monte– 151 Gab
Roseal 11 Bc
Roseg, Pizzo– 7 Dc
Rosegaferro [VR] 35 Hc
Roselle, Rovine di– 83 Bd
Roselle Módica [RG] 159 Ed
Roselli [FR] 99 Gcd
Roselli [PG] 85 Dd
Rosello [CH] 101 Db
Rosengarten / Catinaccio 9 Hc
Rosennano [SI] 75 DEc
Roseto, Castello di– 131 Gab
Roseto Capo Spúlico [CS] 131 Gab
Roseto degli Abruzzi [TE] 87 FGd
Roseto Valfortore [FG] 109 Db
Rosetta, Cima della– 11 Bd
Rosetta, Monte– 21 DEb
Rosia [SI] 75 Cd
Rosignano Maríttimo [LI] 73 Cc
Rosignano Monferrato [AL] 45 Db
Rosignano Solvay [LI] 73 Cc
Rosingo [AL] 45 Cb
Rósio [MI] 33 Bc
Rosito [KR] 137 Gb
Rosmarino, Fiume– 145 Db
Rósola [MO] 59 Fcd
Rósola, Rio– 59 Fd
Rosolina [RO] 51 Fb
Rosolina Mare [RO] 51 Fb
Rosolini [SR] 159 Ed
Rosone [TO] 29 Gc
Rosora [AN] 79 Cbc
Rossa [BS] 35 Cc
Rossa [Svizz.] 5 Ec
Rossa [VC] 19 Ccd
Rossa, Cala– 111 Ec
Rossa, Casa– [LI] 81 Eb
Rossa, Colla– 63 Eb
Rossa, Cresta– 19 Bd
Rossa, Croda– / Gaisl, Hohe– 11 Db
Rossa, Croda– / Rote Wand 3 Gb
Rossa, Gola della– 79 BCc
Rossa, Isola– [CA] 177 Ed
Rossa, Isola– [GR] 89 Cb
Rossa, Isola– [NU] 165 Cd
Rossa, Isola– [SS] 163 Fb
Rossa, Lago della– 29 Ed
Rossa, Masseria la– [PZ] 115 Fcd
Rossa, Punta– [LI] 89 ins.a
Rossa, Punta– [SS] 161 Eb
Rossa, Punta– [SS] 161 Ebc
Rossa, Punta– / Rotes Beil 3 Cb
Rossa, Rocca– 127 Fc
Rossa, Valle– 21 Gd
Rossana [CN] 53 Eb
Rossani, Casa– [BA] 117 Gb
Rossano [CS] 133 Ca
Rossano [MS] 57 Ecd
Rossano Stazione 133 Ca
Rossano Véneto [VI] 37 Ga
Rosse, Cúddie– 151 ins.a
Rosse, Rocche– 143 Eb
Rossella, Masseria– [PA] 147 BCc
Rossena [RE] 59 Cb
Rossett, Lago– 29 Ebc
Rossetta [RA] 61 DEbc
Rossetti [BI] 31 Cb
Rossi [SV] 55 Cd
Rossi [SV] 63 Gbc
Rossi, Col dei– 11 Bc
Rossi, Villa– [CA] 179 Ca
Rossi Enrico, Rifugio– 65 EFb
Rossiglione [GE] 55 Eb

Rossignago [VE] 39 Cbc
Rossignoli [TO] 43 Ga
Rossignolo [PD] 37 Gb
Rossimanno, Monte– 141 BCc
Rossino, Monte– 131 Cab
Rossi Nuovi, Cima dei– 5 Gc
Roßkofl / Campo Cavallo 3 Fc
Roßkogel / Cavallo, Monte– 3 Gc
Roß–Kogl / Cavallo, Monte– 1 Bc
Rosso, Bric– 43 Dbc
Rosso, Cima di– 7 Cd
Rosso, Corno– [It.] 19 Bd
Rosso, Corno– [NO] 19 Bb
Rosso, Masseria– [FG] 101 GHd
Rosso, Monte– [AG] 157 Dc
Rosso, Monte– [AO] 17 Dd
Rosso, Monte– [BI] 31 Ba
Rosso, Monte– [CT] 155 Ea
Rosso, Monte– [ME] 145 EFbc
Rosso, Monte– [PG] 77 Dbc
Rosso, Monte– [ROMA] 97 Ba
Rosso, Monte– [SO] 7 Cd
Rosso, Monte– [SS] 165 Cab
Rosso, Sasso– 9 Cd
Rosso, Scoglio– 105 ins.a
Rosso, Timpone– 137 Ga
Rosso, Torrente– 117 Bc
Rosso di Predoi, Pizzo– 3 Ga
Rosso di Predoi, Pizzo– (I) = Rötspitze 3 Ga
Rossola, Punta della– 19 Eb
Rossomanno, Monte– 153 Gc
Rossomanno – Grottascura – Bellia, Riserva Naturale– 153 Gc
Rosson, Col– 11 FGb
Rossone [PV] 47 Bc
Rosta [TO] 43 Fb
Rosta [VR] 49 Gb
Rosta, la– 23 FGb
Rostolena [FI] 69 BCc
Rota [FI] 67 Gd
Rota [ROMA] 91 BCcd
Rota Dentro [BG] 21 DEcd
Rota d'Imagna [BG] 21 DEcd
Rotafuori [BG] 21 DEcd
Rota Greca [CS] 135 Ca
Rotaldo, Torrente– 45 Eb
Rotale [PZ] 127 Fd
Rotari [MO] 67 Bab
Rotaro, Monte– 101 Hd
Rote, le– [MC] 85 Fb
Rotecastello [TR] 85 Bc
Rotéglia [RE] 59 DEbc
Rotella [AP] 87 Dc
Rotella, Monte– 101 ABb
Rotelle, le– [SI] 83 Eab
Rotello [CB] 101 GHc
Rötel–Spitze / Rosa, Punta– 1 Gc
Roterd–Spitze / Terrarossa, Cima di– 9 Hc
Rote Riffl / Scoglio Rosso 3 Db
Rote Wand / Rossa, Croda– 3 Gb
Roti [MC] 85 Gb
Rotonda [PZ] 131 Db
Rotonda, Lago della– 127 Gd
Rotonda, Monte– 131 Bab
Rotonda, Serra– 127 Gd
Rotondella [MT] 129 EFcd
Rotondella [PZ] 127 EFd
Rotondella, la– [BG] 21 Bb
Rotondella, la– [CT] 155 Ebc
Rotondella, la– [PZ] 131 Fa
Rotondella, Monte– 129 Fd
Rotondi [AV] 113 Fa
Rotondo [AN] 77 FGbc
Rotondo, Lago– [BG] 21 Gb
Rotondo, Lago– [TN] 9 Cc
Rotondo, Monte– [Abr.] 95 Bcd
Rotondo, Monte– [AQ] 93 Ec
Rotondo, Monte– [BA] 119 Bbc
Rotondo, Monte– [FR] 99 Ebc
Rotondo, Monte– [FR] 105 Gab
Rotondo, Monte– [FR] 105 Fb
Rotondo, Monte– [GR] 83 ABb

Rotondo, Monte– [MC] 85 Hc
Rotondo, Monte– [PZ] 127 Fd
Rotondo, Monte– [SA] 127 Ec
Rotondo, Monte– [TR] 91 FGab
Rotondo, Pizzo– 21 DEb
Rotondo di Sanza, Monte– 127 Ec
Rötspitze = Rosso di Predoi, Pizzo– (I) 3 Ga
Rotta [FC] 61 Ed
Rotta [VE] 41 Bbc
Rotta, la– [FE] 51 Dd
Rotta, la– [GR] 83 Ede
Rotta, la– [MN] 35 Hd
Rotta, la– [PI] 73 DEab
Rotta dei Cavalli, Passo– 69 Ed
Rottanova [VE] 51 DEab
Rottofreno [PC] 47 Db
Rotundella, Grotta– 125 Fcd
Rotwand / Roda di Vael 9 Hc
Rotzo [VI] 23 Ic
Roure [TO] 43 Dbc
Rouss, Monte del– 53 BCcd
Roussa, Colle la– 43 DEb
Rovale [CS] 133 Cc
Rovarè [TV] 39 Eab
Rovasenda [VC] 31 Db
Rovasenda, Torrente– 31 Dbc
Rovate [VA] 31 GHa
Rovato [BS] 35 CDb
Roveda [TN] 23 Hb
Rovedaro [LO] 47 Ea
Rovegliana [VI] 37 Da
Rovegno [GE] 57 Bb
Rovegro [VB] 19 EFc
Roveleto [PC] 47 EFc
Roveleto Landi [PC] 47 Dc
Rovella [CS] 135 Db
Rovellasca [CO] 33 Cab
Rovello, Torrente– 103 Bc
Rovello Porro [CO] 33 Cb
Rovenaud [AO] 29 Fb
Rovenna [CO] 21 Bc
Rover [TV] 25 Dcd
Roverazza [GE] 55 Fc
Roverbasso [TV] 25 Gc
Roverbella [MN] 35 Hd
Roverchiara [VR] 37 Dd
Roverchiaretta [VR] 37 Dd
Roverdicrè [RO] 51 Cb
Róvere [AQ] 93 EFcd
Róvere [FC] 69 Ea
Róvere, Monte di– 99 GHb
Roverè della Luna [TN] 9 EFd
Roveredo [Svizz.] 5 Ed
Roveredo [UD] 27 CDc
Roveredo [UD] 27 Dc
Roveredo di Guà [VR] 37 Ed
Roveredo in Piano [PN] 27 Abc
Rovereto [CR] 33 FGd
Rovereto [FE] 51 Dd
Rovereto [PC] 57 Cb
Rovereto [TN] 23 Gc
Rovereto sulla Secchia [MO] 49 Ecd
Roveré Veronese [VR] 37 Cb
Roverino [IM] 63 Cd
Roversano [FC] 69 Gb
Roversella [MN] 49 Gc
Rovesca [VB] 19 Cb
Rovescala [PV] 47 BCbc
Roveta [FI] 67 Ed
Rovetino [AP] 87 Dc
Roveto [SR] 159 Fd
Roveto, Pantano– 159 Fd
Roveto, Val– 99 EFb
Rovetta [BG] 21 GHc
Rovezzano [FI] 67 Fd
Roviano [ROMA] 99 BCa
Roviasca [SV] 55 Dd
Rovigliano, Scoglio– 113 Ec
Rovigo [RO] 51 Db
Rovigo [PG] 77 Bc
Rovina [PR] 57 Ea
Rovina, Lago della– 63 BCa

Rotondo, Monte– [MC] 85 Hc
Rovina, Vallone della– 63 Ca
Rovinaglia [PR] 57 Ec
Rovine di Circe, Riserva Naturale– 105 Ec
Rovitello, Monte– 109 DEc
Rovito [CS] 135 Db
Rovittello [CT] 145 Fc
Rovizza [VR] 35 Gc
Róvolo [MO] 59 CDd
Rovolon [PD] 37 FGc
Roy [VC] 19 CDc
Roya = Roia (I) 63 Dc
Royères [TO] 43 Bb
Rozzámpia [VI] 37 Fab
Rozzano [MI] 33 Cc
Ru [TO] 29 Gc
Ruà [TO] 43 Cb
Rua [TV] 25 Fc
Ruà, Éremo di– 37 Gd
Rua, Monte– 93 Db
Ruà del Prato [CN] 53 Dc
Rua la Cama, Forca– 85 Fd
Ruan, Grand Mount– 17 Cb
Ruata [TO] 43 Cb
Ruata Eandi [CN] 53 Fab
Ruazzo, Monte– 105 Hc
Rubano [PD] 37 Gc
Rubbianello [AP] 87 Eb
Rubbianetta [TO] 43 Gab
Rubbiano [CR] 33 Fd
Rubbiano [PR] 57 Ga
Rubbiara [MO] 59 Eab
Rubbio [VI] 25 Bd
Rubbio, Riserva Naturale– 131 Eab
Rúbbio, Torrente– 129 Dd
Rubiana [TO] 43 Fb
Rubicone, Fiume– 69 Gb
Rubiera [RE] 59 Eab
Rubina, Masseria– [PA] 147 Bcd
Rubini, Casa– [BR] 123 Eb
Rubino, Casa– [FG] 103 Bcd
Rubino, Diga del– 149 Ec
Rubino, Lago– 149 Ec
Rubino, Val– 145 Bc
Rubizzano [BO] 61 Aab
Rubren, Bric de– → Mongióia 53 Bb
Rucas [CN] 43 Ed
Rucce [AN] 77 Fc
Rúccolo, Cerro del– 101 Gc
Rucconi [CH] 95 Ed
Rucorvo [BL] 11 EFc
Ruda [UD] 41 Fab
Rudalza, Stazione– 161 Fcd
Rudas, Cantoniera– [SS] 165 Cb
Rudatòs [BL] 11 Dc
Rudedu, Monte– 165 Bb
Rudiae 123 Fcd
Rudiano [BS] 35 Cbc
Rudo, Monti– / Rautkofel 11 Eb
Rue [TO] 43 Cc
Rueddos, sos– [SS] 167 Eb
Ruéglio [TO] 29 Ic
Ruera [CN] 53 Da
Rufeno, Monte– 83 Fd
Ruffano [LE] 125 Ecd
Ruffi, Monti– 99 Bab
Ruffia [CN] 53 Fa
Ruffignano [AR] 77 Bcd
Ruffrè [TN] 9 EFc
Rúfina [FI] 69 BCcd
Rufione, Molino di– [PI] 73 Ecd
Rufreddo [BL] 11 Db
Ruga, la– [LE] 125 Dc
Rugarlo [PR] 57 Eab
Ruggero, Colle– 101 Hc
Ruggiano [FG] 103 Fc
Ruggiano [LE] 125 Ed
Ruggiero, Monte– 133 Cb
Rughe, Monte– 165 Dcd
Rúgolo [TV] 25 Gc
Rúia, Isola– 167 Gc
Ruina [FE] 51 Cc
Ruínas [OR] 169 Fc
Ruinas [TO] 43 Cb

Ruineri, Nuraghe– 175 Cb
Ruino [PV] 47 Bc
Ruioch, Monte– 23 Iab
Rúiu, Casa– [SS] 165 Fa
Rúiu, Monte– [SS] 163 Fc
Rúiu, Monte– [SS] 161 DEc
Rúiu, Monte– [SS] 165 Cc
Rúiu, Monte– [SS] 165 Eb
Rúiu, Monte– [SS] 167 Fa
Rúiu, Nuraghe– [NU] 169 Fa
Rúiu, Nuraghe– [NU] 171 Db
Rúiu, Nuraghe– [OR] 171 BCb
Rúiu, Nuraghe– [SS] 167 Dc
Rúiu, Nuraghe– [SS] 163 EFd
Ruja, Punta– 167 Fa
Rullato [FC] 69 Fc
Rumasinu, Punta– 163 Bc
Rumianca [VB] 19 Dbc
Rumiod [AO] 29 EFa
Rumo [TN] 9 DEc
Runara, Nuraghe– 165 Db
Runaz [AO] 29 Ea
Rúnchia [UD] 13 Cb
Runci [RC] 141 Eb
Runco [FE] 51 Cd
Rungg / Ronchi [BZ] 9 Fcd
Runo [VA] 19 Gb
Runzi [RO] 51 ABbc
Ruora [CN] 63 Fb
Ruósina [LU] 65 Ebc
Ruota [LU] 65 Gd
Ruoti [PZ] 115 FGc
Rupa [GO] 27 Gc
Rupe, La– 23 Ga
Rupecanina [FI] 67 Gc
Rupingrande [TS] 41 Hb
Rupinpiccolo [TS] 41 Hb
Rupo [TE] 87 DEd
Rupoli [PU] 71 Fd
Ruscada, Pizzo di– 15 Fcd
Ruscello [AR] 75 Fc
Ruscello [FC] 69 Fc
Ruscello, Monte– 113 Cb
Rúscio [PG] 93 Ba
Ruscletto [UD] 27 Db
Rusino [PR] 59 Bbc
Russa, Monte la– 101 Cbc
Russa, Pizzo– 145 FGb
Russenna, Piz– 1 Cbc
Russi [RA] 61 Cc
Russi, Masseria– [CH] 95 Fd
Russo [Svizz.] 15 Fc
Russo, Casa– [CL] 157 FGd
Russo, Masseria– [FG] 103 Bc
Russo, Masseria– [FG] 103 Ed
Russu, Monte– 161 Cbc
Rust, Monte– 23 Hc
Rustano [MC] 79 Cd
Rustega [PD] 39 Bb
Rusteghini [PC] 57 Ea
Rústica, La– [ROMA] 97 Ca
Rustica, Poggio della– 83 Bd
Rústici [AP] 87 BCbc
Rústico [AN] 79 Ecd
Rustigazzo [PC] 47 Ed
Rustigne [TV] 25 Gd
Ruta [BI] 31 Bb
Ruta [GE] 57 ABc
Ruthner Horn / Nevoso, Monte– 3 Fb
Rutigliano [BA] 119 BCa
Rutino [SA] 127 Bc
Rutino, Stazione di– 127 Bc
Rutor, Cascate del– 29 Da
Rutor, Lago del– 29 Dab
Rutor, Testa del– 29 DEb
Rutte [CN] 55 Bb
Ruviano [CE] 107 Fc
Ruvo del Monte [PZ] 115 Fb
Ruvo di Puglia [BA] 111 EFd
Rúvolo, Monte– 155 Ea
Ruzza, la– [FI] 67 Fb
Ruzza, Monte– 93 Fb
Ruzzano [PR] 59 Bbc
Ruzzolino [ME] 145 FGb
Ruzzolino, Torrente– 145 Gb

S

Saalen / Sáres [BZ] 3 Ec
Saas, Punta di– 19 Cb
Saas–Almagell [Svizz.] 19 Bb
Saas–Balen [Svizz.] 15 Bd
Saas Fee [Svizz.] 19 Bb
Saas–Grund [Svizz.] 19 Bb
Sabadi [CA] 179 EFb
Sabatina, la– [GR] 83 Bd
Sabatini, Monti– 91 Dcd
Sabatino → Bracciano, Lago di– 91 Dd
Sabato, Fiume– 109 Bd
Sabáudia [LT] 105 Ec
Sabáudia, Lago di– 105 Ec
Sabáudia, Lido di– 105 DEc
Sabbatino, Punta– 167 FGab
Sabbia [VC] 19 Dc
Sabbia, Val– 35 Fab
Sabbieta [MC] 79 Cde
Sábbio Chiese [BS] 35 Fab
Sabbion [VR] 37 Ed
Sabbionara [TN] 23 Fd
Sabbioncello San Pietro [FE] 51 Ccd
Sabbioncello San Vittore [FE] 51 CDcd
Sabbione [PV] 45 Hab
Sabbione [RE] 59 Eb
Sabbione, Lago del– 15 DEb
Sabbione, Punta del– 15 Db
Sabbioneta [MN] 49 Bbc
Sabbioni [BO] 59 Hd
Sabbioni [FE] 51 Cc
Sabbioni [MN] 49 Cb
Sabbioni [RO] 51 Ebc
Sabbioni [VI] 37 Ecd
Sabbioni [VR] 49 Ea
Sabbioni, Punta– 39 Ec
Sábbio Sopra [BS] 35 Fab
Sabbiuno [BO] 61 Ab
Sabbiuno di Montagna [BO] 59 Hc
Sabbucina, Zona Archeologica di– 153 Ebc
Sabetta, Lago– 127 Ec
Sabina 91 Gbc
Sabina, Cala– 161 Fc
Sabina, Punta– 163 BCb
Sabina, Via– 93 Cb
Sabine, Villa le – [LI] 73 Dd
Sabini, Monti– 91 GHc
Sabion, Doss del– 23 Eab
Sabiona, Monastero di– 9 Hb
Saboni, Cala de– 177 Cc
Sabotino, Monte– 27 Gbc
Sa Castanza [SS] 167 Eb
Sacca [BS] 23 Bc
Sacca [MN] 35 GHd
Sacca [MN] 49 DEb
Sacca [PR] 49 Bc
Sacca, la– [VB] 19 Fc
Sacca di Bellocchio II, Riserva Naturale– 61 Fb
Sacca di Bellocchio III, Riserva Naturale– 61 Fb
Saccarello, Monte– 63 Eb
Sacca Séssola 39 Fc
Saccheddu, Case– [SS] 165 Ca
Saccheddu, Monte– 161 Dc
Sacchello [PC] 47 CDb
Saccione [AR] 75 Gc
Saccione, Torrente– 101 Hc
Sacco [BL] 11 Fc
Sacco [SA] 127 Db
Sacco [SO] 11 Fb
Sacco / Sack [BZ] 3 Cc
Sacco, Fiume– 105 Ha
Sacco, Monte– 69 Db
Saccol [TV] 25 DEc
Saccolongo [PD] 37 Gc
Saccona [TO] 29 Gcd
Sacconago [VA] 31 GHb
Saccone [TN] 23 Fd
Saccovéscio [PG] 85 Gc

Saccuti [RC] 141 Gc
Sacerno [BO] 59 Hb
Sachet [BL] 11 Cc
Sacile [PN] 25 GHc
Saciletto [UD] 41 Fab
Sack / Sacco [BZ] 3 Cc
Sacra, Isola– 97 Cc
Sacra, Valle– 29 Hlc
Sacra di San Michele 43 EFb
Sacri Cuori 87 Eb
Sacro, Monte– [FG] 103 Gc
Sacro, Monte– [SA] 127 CDc
Sacrofano [ROMA] 91 Ed
Sacrofano, Stazione di– 97 EFa
Sacro Monte 19 Dcd
Sacro Monte Calvario di Domodossola, Riserva Naturale del– 19 Db
Sacro Monte della Santissima Trinità di Ghiffa, Riserva Naturale del– 19 Fc
Sacro Monte di Belmonte, Riserva Naturale del– 29 Hc
Sacro Monte di Crea 45 Cb
Sacro Monte di Varallo, Riserva Naturale del– 19 Dcd
Sacro Monte d'Orta, Riserva Naturale– 19 Ed
Sacudello [PN] 27 Cc
Sádali [NU] 175 Dab
Sádali, Rio de– 175 Db
Sadole, Malga– 9 Hd
sa Domu de su Para [CA] 177 Cb
sa Duchessa [CA] 173 Dc
Sadurano [FC] 69 Eab
Saepinum 107 Gb
Saetta, Colle– 137 DEa
Saetta, Lago di– 115 Ebc
Safforze [BL] 25 Fab
Safó, Punta di– 139 Da
Saga (I) = Žaga [SLO] 13 Fd
Ságama [NU] 169 Da
Ságana [PA] 147 Bb
Sagana, Ponte di– 147 Bb
Saggese, Casa– [FG] 103 Db
Sagginale [FI] 67 Gc
Saginara 115 Dd
Sagittário, Fiume– 99 Gb
Sagliano [PV] 47 ABcd
Sagliano Micca [BI] 31 Cb
Sagrado [GO] 27 Fc
Sagran, Monte– 13 Fb
Sagran, Monte– (I) = Sagranberg 13 Fb
Sagranberg = Sagran, Monte– (I) 13 Fb
Sagrata 77 Eb
Sagro, Monte– 65 Eb
Sagron [TN] 25 Da
Sagron, Piz di– 25 Dab
Sagron Mis [TN] 25 Da
Saguedo [RO] 51 Bb
Sáia, Monte– 57 Aab
Saiáccio [FC] 69 Fc
Saiano [BS] 35 Db
Saiano [FC] 69 Gb
Saiano, Monte– 105 Eb
Sailetto [MN] 49 Db
Saillon [Svizz.] 17 DEab
Saint–Barthélemy [AO] 17 Fd
Saint–Barthélemy, Torrente– 17 Gd
Saint–Christophe [AO] 17 Fd
Saint Dalmas [Fr.] 63 Bb
Saint Dalmas–le–Selvage [Fr.] 53 Bd
Saint–Denis [AO] 17 Gd
Sainte–Agnès [Fr.] 63 Cd
Sainte–Foy–Tarentaise [Fr.] 29 Db
Saint–Étienne–de–Tinée [Fr.] 53 Bd
Saint–Gervais–les–Bains [Fr.] 17 Bc
Saint–Grée [CN] 55 Ad
Saint–Jacques [AO] 17 Hc
Saint Jean–Cap–Ferrat [Fr.] 63 Cde
Saint–Laurent–du–Var [Fr.] 63 ABde

Saint–Léonard [AO] 17 DEcd
Saint–Marcel [AO] 17 Fd
Saint Martin, Col– 43 CDcd
Saint Martin–d'Entraunes [Fr.] 53 ABe
Saint Martin–du–Var [Fr.] 63 Bd
Saint–Martin–Vésubie [Fr.] 63 Bb
Saint–Maurice [AO] 29 Fa
Saint–Maurice [Svizz.] 17 Ca
Saint–Nicolas [AO] 29 EFa
Saint–Oyen [AO] 17 Ecd
Saint Paul [Fr.] 53 Ab
Saint–Pierre [AO] 29 Fa
Saint–Rhémy [AO] 17 DEcd
Saint–Rhémy–en–Bosses [AO] 17 DEcd
Saint–Sauveur–sur–Tinée [Fr.] 63 Ab
Saint–Véran [Fr.] 53 Ba
Saint–Veran, Col de– 53 Ba
Saint–Vincent [AO] 17 Gd
Saipins 107 Gb
Sairano [PV] 45 Hb
Saisera, Malga– 13 Fc
Sajonchè, Cima– 19 Cc
Sala [AR] 69 Dd
Sala [AV] 115 Bb
Sala [BS] 35 Fab
Sala [FI] 73 Fb
Sala [FI] 75 CDb
Sala [FC] 71 Cab
Sala [PV] 49 Hd
Sala [PV] 45 Hc
Sala [PV] 47 Bd
Sala [RI] 93 Ca
Sala [RI] 93 Bb
Sala [TR] 83 Gd
Sala [TV] 39 Ca
Sala al Barro [LC] 21 Dcd
Sala Baganza [PR] 57 Ha
Sala Biellese [BI] 31 Bb
Sala Bolognese [BO] 59 Hb
Salabue [AL] 45 Cb
Sálacio, Masseria– [AG] 153 ABc
Sala Comacina [CO] 21 BCc
Sala Consilina [SA] 127 Eb
Salaiola [GR] 83 CDc
Salaiolo [GR] 83 BCde
Sala Mandelli [PC] 47 Cc
Salamina [BR] 119 Ec
Salamone, Masseria– [EN] 145 Bd
Sala Monferrato [AL] 45 Cb
Sálamu, Bruncu– 179 Da
Saláncia, Monte– 43 Eb
Salandra [MT] 129 Da
Salandra–Gróttole, Stazione di– 117 DEd
Salandrella, Torrente– 129 Eb
Sala Olivo al Popera, Rifugio– 11 Fb
Salaparuta [TP] 151 DEa
Salaparuta, Ruderi di– 149 Fd
Salapia 111 BCb
Salara [AP] 87 Dc
Salara [RO] 49 Hbc
Salaria, Via– (Quinzia Reatina) 97 EFab
Salarno, Lago di– 23 Cb
Salasco [VC] 31 Dcd
Salassa [TO] 29 Hlc
Salattu, Monte– 165 Fab
Salbertand [TO] 43 Cb
Salbertrand, Rifugio– 43 BCb
Sálboro [PD] 37 Gc
Salcano (I) = Solkan [SLO] 27 Hc
Salce [BL] 25 EFb
Salce, Castello di– 91 BCb
Salce, Monte– 77 Ed
Salcedo [VI] 25 Bd
Salceta, Stazione di– 83 CDd
Salcheto [SI] 83 Fb
Salci [PG] 83 Fc
Salcito [CB] 101 DEc
Salcra [NU] 167 Ec
Saldano, Monte– 157 Gb
Saldoni, Masseria– [FG] 103 Dd

Saldur / Saldura, Rio– 1 Ec
Saldura, Punta– / Salurn–Spitze 1 Ec
Saldura, Rio– / Saldur 1 Ec
Sale [AL] 45 Fbc
Sale [BS] 35 Db
Sale, Torre del– 81 Ec
Sálea [SV] 63 GHb
Salécchia, Monte– 109 Fc
Salécchio [FI] 69 Cb
Sale delle Langhe [CN] 55 Bc
Sale Marasino [BS] 35 Da
Salemi [TP] 149 Fcd
Salemi, Stazione di– 149 Fcd
Salentina, Penisola– 123 EFcd
Salentine, Murge– 125 Ec
Salentino, Masseria– [BA] 117 Gb
Salento [SA] 127 BCc
Sale Pórcus, Stagno– 169 Cb
Salera [LU] 59 Cd
Salerano Canavese [TO] 31 ABc
Salerano sul Lambro [LO] 33 Ed
Salerio, Monte– 99 CDd
Salerno [SA] 113 Gcd
Salerno, Golfo di– 113 FGde
Sáles [TS] 41 Hb
Sale San Giovanni [CN] 55 Bc
Salesiani, Masseria dei– [TA] 121 Db
Saletta [FE] 51 Cc
Saletta [RI] 87 Bde
Saletta [TO] 29 Fd
Saletta [VC] 31 Ed
Salette [AP] 79 Gde
Saletto [BZ] 3 BCb
Saletto [PD] 37 GHc
Saletto [PD] 51 Ba
Saletto [PN] 27 Cc
Saletto [UD] 13 Ec
Saletto [UD] 13 Fc
Saletto / Wieden [BZ] 3 BCb
Saletto di Piave [TV] 25 Gd
Salettuol [TV] 25 FGd
Salgareda [TV] 39 Ea
Saliano [CS] 135 Eb
Sálica [KR] 137 Ga
Salice [CS] 135 Cbc
Salice [FG] 111 ABbc
Sálice, Fonte Minerale di– 23 BCc
Sálice, Monte– 115 Gb
Sálice [ME] 141 CDb
Sálice Cálabro [RC] 141 Db
Sálice Salentino [LE] 123 Ec
Saliceta, Bosco della– 49 Hd
Sálice Terme [PV] 45 GHa
Saliceto [CN] 55 BCc
Saliceto [ME] 145 Eab
Saliceto [PC] 47 Fc
Saliceto Buzzalino [MO] 59 Fa
Saliceto Panaro [MO] 59 Fb
Salicetti [SI] 131 Fc
Sálici, Monte– 155 Ca
Sálici, Pizzo– 141 BCc
Sálici, Punta– 163 Fc
Salignano [LE] 125 Fde
Salimbeni, Villa– [SI] 83 Eab
Salina [CS] 131 Dc
Salinà [ME] 145 Ec
Salina [MN] 49 Cc
Salina, Canale della– 143 Ebc
Salina, Isola– 143 Db
Salina di Cervia, Riserva Naturale– 61 FGd
Salina di Margherita di Savoia, Riserva Naturale– 111 Cb
Salina di Tarquinia, Riserva Naturale– 37 Fd
Salina Grande [TP] 149 CDc
Salinari, Masseria– [MT] 129 Fab
Salinchiet, Monte– 13 DEb
Saline [MC] 87 Cb
Saline [RO] 51 Db
Saline [SO] 5 Gd
Saline [VI] 37 Fd
Saline [VT] 89 Gc

Saline, Cala– 169 Cb
Saline, Fiume– 95 Ca
Saline, Golfo delle– 161 Ebc
Saline, Passo delle– 63 Ea
Saline, Punta– 161 Ebc
Saline, Spiaggia delle– 163 Bc
Saline, Stagno delle– [CA] 179 Fa
Saline, Stagno delle– [SS] 163 Bc
Saline, Torre delle– 179 Fa
Saline di Tarquinia, Riserva Naturale– 89 Gc
Saline di Trapani e Paceco, Riserva Naturale– 149 Gc
Saline di Volterra [PI] 73 Ec
Saline Ióniche [RC] 141 Ed
Saline–Ióniche, Stazione di– 141 Ed
Salinella, Lago– 129 Hb
Salinello, Fiume– 87 Fd
Salino [SP] 57 Dcd
Salino [UD] 13 Dbc
Salino, Torrente– 87 Cb
Salioni, Cozzo– 155 Bc
Salirod [AO] 17 GHd
Salisano [RI] 91 Gc
Salito, Fiume– 153 Cb
Salito, Vallone– 155 BCb
Salitto [SA] 115 BCc
Sali Vercellese [VC] 31 DEcd
Salívoli [LI] 81 DEc
Salizzole [VR] 37 Cb
Sallanches [Fr.] 17 Ac
Salle [PE] 95 Bcd
Salle, La– [AO] 17 Dd
Salleret [AO] 29 Hlb
Salle Vecchia [PE] 95 Bcd
Salli, Torre– 139 Cb
Salmaregia [PG] 77 Gd
Salménega [BL] 25 Eb
Salmenta, Masseria– [LE] 125 Cb
Salmour [CN] 53 Gb
Salo [BS] 35 FGb
Salogni [AL] 47 ABd
Salomino [VC] 31 Cc
Salomp, Monte– / Hofbiehl 9 EFbc
Salonetto / Schlaneid [BZ] 9 Fb
Salorno / Salurn [BZ] 9 Fd
Salsa, Torre– 151 FGcd
Salsásio [TO] 43 Hc
Salse [IM] 63 Eb
Salse di Nirano [MO] 59 Eb
Salse di Nirano, Riserva delle– 59 EFb
Salso [PR] 47 Gc
Salso, Fiume– 155 CDa
Salso, Monte– 47 Fd
Sálsola, Torrente– 103 Db
Salsomaggiore Terme [PR] 47 Fd
Salsominore [PC] 57 Cab
Salso o Imera Meridionale, Fiume– 157 Cc
Salt [UD] 27 Eb
Saltalfabbro [SI] 75 Ed
Saltara [PU] 71 Fd
Saltaus / Saltusio [BZ] 1 Hc
Sálter [TN] 9 Ec
Salterana [SP] 57 Dcd
Salterana [VC] 19 Cd
Saltino [FI] 69 Cd
Saltino [MO] 59 Dc
Salto [GE] 57 ABc
Salto [MO] 59 Fd
Salto [TO] 29 Hc
Salto, Fiume– 93 Bb
Salto, Giogo del– / Tschaufernock 9 Fb
Salto, Lago del– 93 Cc
Salto, Masseria il– [CT] 155 Cd
Saltore [TV] 25 Fd
Sáltrio [VA] 19 Hc
Saltúsio / Saltaus [BZ] 1 Hc
Salúbio, Monte– 25 Ab
Saluci [CT] 155 Eb
Saludécio [RN] 71 DEc
Salúggia [VC] 31 Cd

Salurn / Salorno [BZ] 9 Fd
Salurn–Spitze / Saldura, Punta– 1 Ec
Salussola [BI] 31 Cc
Salute di Livenza, la– [VE] 41 Bbc
Salutio [AR] 75 Fb
Salutio [AR] 75 Gab
Salutio, Torrente– 75 Fb
Saluzzo [CN] 53 EFb
Salvarano [RE] 59 CDb
Salvaro, Monte– 59 GHd
Salvarola, Terme di– 59 Eb
Salvarola [VE] 27 Bcd
Salvarosa [TV] 39 Bab
Salvaterra [RE] 59 Eb
Salvaterra [RO] 51 Bb
Salvatico [PC] 47 Fc
Salvatónica [PO] 51 Ac
Salvatore, Santuario del– 115 Cbc
Salvatore dei Greci [ME] 141 Db
Salvatronda [TV] 39 Bab
Salve [LE] 125 Ed
Salve Regina 111 Bc
Salvéria, Monte– 157 Fc
Salvi [AP] 87 Cc
Salvi [RC] 139 Ed
Salviano [LI] 73 BCb
Salvirola [CR] 33 Gc
Salvitelle [SA] 115 Ed
Salza di Pinerolo [TO] 43 Dc
Salza Irpina [AV] 115 Bb
Salzano [VE] 39 Cb
Salzano [VR] 37 ABb
Sálzen [BL] 25 Cb
Salzetto [TO] 29 Hb
Sam / Ori, Monte– 9 Ebc
Samali, Masseria– [LE] 125 Cb
Samarate [VA] 31 Gb
sa Marigosa [OR] 169 Cb
Samassi [CA] 173 Fc
Samatzai [CA] 175 Ccd
Sambatello [RC] 141 DEb
Sambiase [CZ] 137 Bb
Sambo [UD] 13 Ed
Sambock / Sommo, Monte– 3 Ec
Samboseto [PR] 47 Gc
Sambro, Torrente– 59 Hd
Sambruson [VE] 39 Cc
Sambuca [FI] 75 Cb
Sambuca, Passo– 67 Gb
Sambuca di Sicilia [AG] 151 Eab
Sambuca Pistoiese [PT] 67 Db
Sambucaro, Monte– 107 Cc
Sambuceto [CH] 95 CDb
Sambuceto [PR] 57 DEb
Sambucétole [TR] 91 Ea
Sambucheto [MC] 79 Ec
Sambucheto [TR] 85 Ede
Sambuchi [PA] 147 Dc
Sambuci [ROMA] 99 Bab
Sambucina, Abbazia della– 135 Da
Sambuco [CN] 53 Ccd
Sambuco, Baia del– 127 Ab
Sambuco, Monte– [EN] 153 Gc
Sambuco, Monte– [FG] 109 Da
Sambuco, Osteria– 93 Dab
Sambughè [TV] 39 Db
Sambughetti, Monte– 145 Bcd
Sambughetti – Campanito, Riserva Naturale– 145 Bcd
Sambughetto [VB] 19 Dc
Sambuy [TO] 43 Hb
Samedan [Svizz.] 7 Db
Sa Mela [SS] 163 Fd
Samele [BA] 111 BCd
Sammardénchia [UD] 13 Ed
Sammardénchia [UD] 27 Ec
Sammartini [BO] 49 FGd
Sammichele di Bari [BA] 119 Bb
Samminiatello [FI] 67 DEd
Sammommè [PT] 67 Db
Samnaun [Svizz.] 1 BCb
Samo [RC] 141 Gc
Samoclevo [TN] 9 Dc
Samoëns [Fr.] 17 Bb
Samóggia [BO] 59 Gc
Samóggia, Torrente– 59 Ha

Samólaco [SO] 5 Gd
Samone [MO] 59 Fc
Samone [TN] 25 ABb
Samone [TO] 31 ABc
Samperone [PV] 33 Cd
Sampéyre [CN] 53 Db
Sampéyre, Colle di– 53 Cb
Sampierdarena [GE] 55 Gc
Sampieri [RG] 159 Dd
Sampieri, Casa– [PD] 39 Ccd
Sampieri, Pizzo– 153 CDa
Sampieri, Stazione di– 159 Dd
Samprogno [BL] 25 Eb
Samugheo [OR] 169 Fc
Sanárica [LE] 125 EFc
San Bacchísio 167 Ec
San Bachísio 167 Ca
San Bachísio 165 Fcd
San Bainzu (San Gavino) 169 EFa
San Bainzu, Colle– 165 Eb
San Bárnaba [AP] 87 DEc
San Bárnaba [CN] 53 EFbc
San Baronto [PT] 67 Dcd
San Bártolo [FE] 51 Cd
San Bártolo [PU] 71 Fd
San Bártolo, Casa– [AG] 151 Eb
San Bartolomeo [AT] 45 Abc
San Bartolomeo [AT] 45 BCd
San Bartolomeo [BG] 21 Fc
San Bartolomeo [CN] 53 FGd
San Bartolomeo [CN] 53 Hb
San Bartolomeo [CO] 19 Hd
San Bartolomeo [GE] 55 Gb
San Bartolomeo [RA] 61 EFc
San Bartolomeo [RE] 59 Dab
San Bartolomeo [SI] 83 Eb
San Bartolomeo [SV] 63 Gbc
San Bartolomeo [TO] 43 Ec
San Bartolomeo [TV] 39 Ea
San Bartolomeo [VB] 19 FGb
San Bartolomeo, Colle– 63 Fb
San Bartolomeo, Monte– 99 Cab
San Bartolomeo al Mare [IM] 63 Gc
San Bartolomeo de' Fossi 77 Cd
San Bartolomeo in Bosco [FE] 51 Bd
San Bartolomeo in Galdo [BN] 109 CDb
San Bartolomeo Val Cavargna [CO] 21 Bb
San Basile [CS] 131 DEc
San Basile [MT] 129 Fcd
San Basile, Casa– [RG] 159 Ed
San Basílio [CA] 179 DEb
San Basílio [CA] 175 Dc
San Basílio [ME] 145 Fbc
San Basílio [MT] 129 Gbc
San Basílio [NU] 171 CDbc
San Basílio [RO] 51 Eb
San Basílio [ROMA] 97 Fb
San Basílio [TA] 121 Da
San Basílio, Serra– 133 Fc
San Bassano [CR] 33 Gd
San Bavello [FI] 69 Cc
San Bellino [RO] 51 Bb
San Benedetto [AQ] 93 Ec
San Benedetto [BO] 59 Gab
San Benedetto [BO] 59 Ia
San Benedetto [CA] 173 Dc
San Benedetto [PG] 77 Dcd
San Benedetto [PG] 77 Dc
San Benedetto [RI] 91 Gc
San Benedetto [ROMA] 99 Cb
San Benedetto [SP] 65 Bb
San Benedetto [VR] 35 GHc
San Benedetto / Nauders [BZ] 3 CDc
San Benedetto, Alpe di– 69 CDc
San Benedetto, Grotta di– 93 Ed
San Benedetto, Masseria– [AG] 157 Bbc
San Benedetto, Masseria– [MT] 129 Eb
San Benedetto Belbo [CN] 55 Bbc
San Benedetto dei Marsi [AQ] 99 Fab
San Benedetto del Tronto [AP] 87 Fc

San Benedetto in Alpe [FC] 69 CDc
San Benedetto in Guarano [CS] 135 Dab
San Benedetto in Períllis [AQ] 93 Gc
San Benedetto Po [MN] 49 Eb
San Benedetto Querceto [BO] 59 Id
San Benedetto Ullano [CS] 135 Ca
San Benedetto Val di Sambro [BO] 59 Hd
San Benedetto Val di Sambro– Castiglione dei Pépoli, Stazione– 59 GHd
San Benigno [CN] 53 Fc
San Benigno, Stazione– 53 Fc
San Benigno Canavese [TO] 43 Ha
San Bernardino [AN] 79 Eb
San Bernardino [CR] 33 Gc
San Bernardino [NO] 31 Fb
San Bernardino [PC] 47 Dd
San Bernardino [RA] 61 Eb
San Bernardino [RE] 49 CDc
San Bernardino [Svizz.] 5 EFc
San Bernardino [TO] 43 Hb
San Bernardino [VR] 37 Bd
San Bernardino, Chiesa di– 131 DEbc
San Bernardino, Stazione di– 49 CDc
San Bernardino, Torrente– 19 EFbc
San Bernardino Verbano [VB] 19 EFc
San Bernardo [CN] 53 Gab
San Bernardo [CN] 53 EFc
San Bernardo [CN] 53 Gbb
San Bernardo [CZ] 135 DEc
San Bernardo [GE] 55 Gbc
San Bernardo [GE] 57 Cd
San Bernardo [LO] 33 EFd
San Bernardo [SO] 21 Fb
San Bernardo [SV] 55 Dc
San Bernardo [TN] 9 CDc
San Bernardo [TO] 31 Bc
San Bernardo [TO] 43 Hc
San Bernardo [TO] 45 Bab
San Bernardo [UD] 27 Eb
San Bernardo [VB] 15 Dcd
San Bernardo, Casa– [CZ] 133 Cc
San Bernardo, Colla– 63 Eb
San Bernardo, Colle– 63 Ga
San Bernardo, Monte– 53 Eb
San Bernardo, Timpone– 133 Cc
San Bernardo di Conio [IM] 63 Fbc
San Berniero 127 Aa
San Bernolfo [CN] 53 Cd
San Biágio [AG] 157 Bc
San Biágio [AN] 79 EFb
San Biágio [AN] 79 Ec
San Biágio [AV] 115 Bb
San Biágio [BL] 11 Db
San Biágio [CN] 53 Fbc
San Biágio [CN] 53 Gc
San Biágio [FE] 51 Ac
San Biágio [FE] 61 Db
San Biágio [MN] 145 Fb
San Biágio [MN] 49 DEb
San Biágio [MO] 49 Fc
San Biágio [PA] 151 EFb
San Biágio [PG] 37 Gc
San Biágio [PV] 45 Ga
San Biágio [PV] 47 Abc
San Biágio [PZ] 131 Bab
San Biágio [RA] 61 Bd
San Biágio [RE] 49 Dd
San Biágio [SI] 83 Eb
San Biágio [VE] 27 Bd
San Biágio, Casa– [MT] 129 Gb
San Biágio, Casa– [RG] 159 CDcd
San Biágio, Casa– [SR] 155 Dd
San Biágio, Casa– [VT] 83 Fde
San Biágio, Cozzo– 151 Eb
San Biágio, Grotta di– 123 Dab
San Biágio, Isola– 35 Gb
San Biágio, Ponte– 83 Fd
San Biágio, Serre– 153 Bb
San Biágio della Cima [IM] 63 Dcd

San Biágio della Valle [PG] 85 Bb
San Biágio di Callalta [TV] 39 Ea
San Biágio Plátani [AG] 153 Bb
San Biágio Saracinisco [FR] 99 Hd
San Biágiu [SS] 161 Cc
San Biase [CB] 101 Ec
San Biase [CS] 135 Cb
San Biase [SA] 127 Cc
San Boldo, Passo da– 25 EFbc
San Bonfiglio 79 Dc
San Bonico [PC] 47 DEb
San Bonifácio [VR] 37 Dc
San Bononio [BI] 31 Dab
San Bórtolo [PD] 51 Ca
San Bórtolo delle Montagne [VR] 37 CDb
San Bovio [MI] 33 Dc
San Brancato [PZ] 129 Dc
San Bríccio [VR] 37 Cc
San Brízio [MN] 35 Hd
San Brízio [PG] 85 Ed
San Bruno 141 Ec
San Bruzio 89 Da
San Buono [CH] 101 Eab
San Calogero [AG] 151 Eb
San Calogero [PA] 151 Gab
San Calogero [VV] 139 CDb
San Calogero, Monte– 147 Ec
San Calogero, Terme di– 143 Ec
San Candido / Innichen [BZ] 3 Gc
San Canzian d'Isonzo [GO] 41 Fb
San Carlo [AL] 45 Gc
San Carlo [AT] 45 Dc
San Carlo [AT] 45 Cd
San Carlo [CE] 107 Cc
San Carlo [FE] 49 Hd
San Carlo [FC] 69 FGb
San Carlo [GE] 55 FGc
San Carlo [LI] 81 Ec
San Carlo [PA] 151 Fb
San Carlo [RC] 141 Fd
San Carlo [SO] 21 Eb
San Carlo [SO] 7 Fbc
San Carlo [VB] 19 Cbc
San Carlo, Colle– 17 CDd
San Carlo Canavese [TO] 29 Hd
San Carlo d'Áscoli [FG] 109 Hd
San Carlone 19 Fd
San Carlo Terme [MS] 65 DEb
San Casciano [MC] 87 Bb
San Casciano, Lago di– 83 EFcd
San Casciano dei Bagni [SI] 83 Fc
San Casciano in Val di Pesa [FI] 73 GHab
San Cassiano [AN] 77 Fcd
San Cassiano [AR] 75 GHab
San Cassiano [AR] 75 Gc
San Cassiano [LE] 125 EFc
San Cassiano [LU] 67 Gb
San Cassiano [MC] 77 Gde
San Cassiano [MN] 35 Gc
San Cassiano [MN] 49 Ca
San Cassiano [RA] 69 Db
San Cassiano [RO] 51 Db
San Cassiano / Sankt Kassian [BZ] 11 Cb
San Cassiano, Cima– / Kassian– Spitze 3 Bc
San Cassiano, Rio– / Gaderbach 11 Cb
San Cassiano di Livenza [PN] 25 Hc
San Cassiano Valchiavenna [SO] 5 Gd
San Castrese [CE] 107 Cc
San Cataldo [CE] 107 Cc
San Cataldo [CL] 153 DEbc
San Cataldo [FR] 105 Ha
San Cataldo [LE] 123 Gc
San Cataldo [MN] 49 Db
San Cataldo [PA] 149 Gb
San Cataldo, Faro di– 111 GHd
San Cataldo, Riserva Naturale Biogenetica– 123 Gc
San Cataldo, Stazione di– 153 DEc
San Centignano 91 Db

San Cesáreo [ROMA] 97 Gbc
San Cesario di Lecce [LE] 123 FGd
San Cesario sul Panaro [MO] 59 Gb
San Chiáffredo [CN] 53 EFbc
San Chiáffredo, Santuario di– 43 DEd
San Chierlo [BO] 59 Gc
San Chirico, Masseria– [FG] 103 Ed
San Chírico Nuovo [PZ] 117 Cc
San Chírico Ráparo [PZ] 129 Cc
San Cipirello [PA] 147 ABc
San Cipriano [BL] 11 Dd
San Cipriano [GE] 55 Gbc
San Cipriano [PI] 73 EFc
San Cipriano [PU] 71 Dd
San Cipriano [TV] 39 Eb
San Cipriano d'Aversa [CE] 113 Cab
San Cipriano Picentino [SA] 115 Bc
San Cipriano Po [PV] 47 Bb
San Ciro–Ulmi–Filci [TP] 149 Ecd
San Cláudio al Chienti 79 EFd
San Clemente [BO] 61 Acd
San Clemente [CE] 107 Cbc
San Clemente [CE] 107 Fd
San Clemente [FI] 67 Gd
San Clemente [RI] 93 BCa
San Clemente [RN] 71 Dc
San Clemente [VE] 39 Dbc
San Clemente a Casáuria 95 Bc
San Clemente al Vomano 95 Ba
San Clemente in Valle [AR] 75 Eb
San Colombano [BS] 23 Cd
San Colombano [FI] 67 Gd
San Colombano [FC] 69 Fb
San Colombano [GE] 57 BCc
San Colombano [LU] 65 Gc
San Colombano [TO] 43 Cb
San Colombano, Colle di– 47 Cab
San Colombano, Corno di– 7 Fc
San Colombano al Lambro [MI] 47 Ca
San Colombano Belmonte [TO] 29 Hc
San Colombano Certénoli [GE] 57 BCc
San Colombo 93 Fbc
San Cono [CT] 157 Gc
San Cono [ME] 141 Cbc
San Cono [VV] 139 CDa
San Corrado di Fuori [SR] 159 Fc
San Cósimo 171 Db
San Cósimo, Monte– 99 Ha
San Cósimo della Mácchia 123 CDc
San Cosma [PD] 51 Ca
San Cosmo [CT] 155 FGb
San Cosmo Albanese [CS] 131 Fd
San Costantino [ME] 145 Eb
San Costantino [PZ] 127 EFd
San Costantino [VV] 139 CDa
San Costantino / Sankt Kostantin [BZ] 9 GHb
San Costantino Albanese [PZ] 129 Dd
San Costantino Cálabro [VV] 139 Db
San Costanzo [PU] 71 Gd
San Costanzo, Monte– 113 DEd
San Crescentino 77 Ebc
San Cresci [FI] 67 Gc
San Cresci [FI] 75 Cb
San Crispieri [TA] 121 Gc
San Cristóforo [AL] 55 Fa
San Cristóforo [AR] 75 GHb
San Cristóforo [CH] 101 DEb
San Cristóforo [FC] 69 Eab
San Cristóforo [NU] 175 DEa
San Cristóforo [NU] 171 Dc
San Cristóforo [SA] 127 Ed
San Cristóforo [TR] 83 Gc
San Cristóforo al Lago [TN] 23 Hb
San Cristóforo de' Valli [PU] 71 Ed

San Cristóforo di Carda 77 Db
San Cristolu 175 Ecd
San Cusumano [SR] 159 FGa
San Cusumano, Tonnara– [TP] 149 Db
Sanda [SV] 55 Ec
San Dalmazio [MO] 59 EFc
San Dalmazio [PI] 73 Fd
San Dalmazio [SI] 75 Cc
Sándalo, Capo– 177 Bbc
San Dámaso [MO] 59 Fb
San Damiano [FC] 69 FGc
San Damiano [PC] 47 Ec
San Damiano [PG] 85 Db
San Damiano [PG] 85 Cd
San Damiano [SV] 63 Gb
San Damiano al Colle [PV] 47 BCb
San Damiano d'Asti [AT] 45 Bc
San Damiano Macra [CN] 53 Dbc
San Dana [LE] 125 Fd
San Daniele 175 BCa
San Daniele del Carso (I) = Štanjel [SLO] 41 Hc
San Daniele del Friuli [UD] 27 CDab
San Daniele Po [CR] 47 GHb
San Defendente [CN] 53 Ec
San Demétrio, Monte– 141 Ec
San Demétrio Corone [CS] 131 Fd
San Demétrio ne' Vestíni [AQ] 93 Fc
San Desiderio [AT] 45 Cbc
San Desiderio [GE] 55 GHc
San Desiderio [PV] 45 Hc
Sandétole [FI] 69 Cc
San Didero [TO] 43 Eb
Sandigliano [BI] 31 Cb
Sand in Taufers / Campo Túres [BZ] 3 Eb
Sandjöchl = Santicolo, Passo del– (I) 3 Bb
Sándolo [FE] 51 Cd
San Domenico [AN] 79 Ec
San Doménico [AQ] 99 GHb
San Doménico [BA] 111 Cc
San Doménico [CE] 107 Fc
San Doménico [CH] 95 Dc
San Doménico [VB] 15 CDc
San Doménico, Colle– 135 Ec
San Doménico, Masseria– [BA] 117 Ec
San Doménico, Masseria– [BA] 117 Gb
San Doménico, Masseria– [BA] 117 Ec
San Doménico, Masseria– [BR] 123 Db
San Doménico, Masseria– [TA] 121 Db
San Doménico, Monte– 109 CDcd
San Dómino, Isola– 103 CDa
San Dómino, Villaggio [FG]– 103 Ca
Sandon [VE] 39 Cc
San Dónaci [BR] 123 Ec
San Donà di Piave [VE] 39 Fb
San Donato [AN] 77 FGc
San Donato [AQ] 99 Da
San Donato [AR] 69 Dd
San Donato [AR] 69 Gd
San Donato [BL] 25 Cb
San Donato [BN] 109 Cd
San Donato [CE] 107 Cc
San Donato [CN] 55 BCab
San Donato [FI] 73 Gb
San Donato [FI] 67 EFc
San Donato [FI] 69 BCd
San Donato [FI] 75 Cb
San Donato [IM] 63 Cc
San Donato [PD] 37 Gb
San Donato [PU] 69 FGc
San Donato [PU] 71 Dd
San Donato [PZ] 127 Fb
San Donato [SA] 127 Ec
San Donato [SI] 73 FGc

San Donato [TA] 121 Fc
San Donato, Casa– [SI] 73 FGcd
San Donato a Livizzano [FI] 67 Ed
San Donato Centro [GR] 89 Da
San Donato di Lecce [LE] 125 DEb
San Donato di Ninea [CS] 131 Dc
San Donato in Ávane [FI] 75 Db
San Donato in Collina [FI] 67 Gd
San Donato in Taviglione [PU] 71 Dd
San Donato Milanese [MI] 33 Dc
San Donato Val di Comino [FR] 99 Gc
San Donato Vecchio [GR] 89 Da
San Donino [BO] 59 Hab
San Donino [BO] 59 Ib
San Donnino [AN] 77 Gc
San Donnino [FI] 73 Gb
San Donnino [FI] 67 Ed
San Donnino [LU] 65 EFa
San Donnino [MO] 59 Fb
San Donnino [PI] 73 Ec
San Donnino a Maiano 75 Gc
San Donnino di Líguria [RE] 59 Eb
San Dono [PD] 39 Cb
San Dorligo della Valle [TS] 41 HIc
Sandrà [VR] 35 Hc
Sandrigo [VI] 37 Fab
San Fabiano [AR] 75 Gc
San Fabrizio, Monte– 99 Ca
San Fantino [KR] 137 Gb
Sanfatucchio [PG] 83 Gb
San Faustino [BS] 35 EFab
San Faustino [RE] 59 Eab
San Faustino [TR] 83 GHd
San Faustino [TR] 91 Fa
San Faustino, Monte– 77 Dc
San Faustino, Stabilimento– 85 CDd
San Fede 45 Bab
San Fedele [SI] 75 CDc
San Fedele [SO] 21 Da
San Fedele [SV] 63 Hb
San Fedele Intelvi [CO] 21 Bc
San Fedelino 5 Gd
San Fele [PZ] 115 Fbc
San Felice [AN] 77 Fc
San Felice [AV] 113 Gb
San Felice [CR] 47 Gab
San Felice [PG] 83 Gb
San Felice [PG] 85 Dcd
San Felice [PT] 67 Dc
San Felice [SI] 75 Dc
San Felice [TA] 121 Db
San Felice [TO] 43 Hb
San Felice / Sankt Felix [BZ] 9 Ebc
San Felice, Taverna– 107 Db
San Felice a Cancello [CE] 113 Ea
San Felice al Lago [BG] 21 Ea
San Felice Circeo [LT] 105 Ec
San Felice del Benaco [BS] 35 Gb
San Felice del Molise [CB] 101 Fb
San Felice d'Ocre [AQ] 93 Ec
San Felice in Balsignano 111 Gd
San Felice sul Panaro [MO] 49 Gcd
San Feliciano [PG] 83 GHb
San Ferdinando [CE] 107 EFc
San Ferdinando [RC] 139 Cc
San Ferdinando di Púglia [FG] 111 Cc
San Fermo [AL] 55 Hb
San Fermo [BG] 35 Ca
San Fermo [BI] 31 BCb
San Fermo [BL] 25 Eb
San Fermo [BS] 35 Gb
San Fermo [MN] 49 Ca
San Fermo [VA] 19 GHcd
San Fermo, Corna di– 21 HIc
San Fermo della Battáglia [CO] 21 Bd
San Fidenzio, Abbazia– 85 CDd
San Filastro [BG] 35 Cab
San Fili [CS] 135 Cab
San Filippo [FI] 73 GHb
San Filippo [LU] 65 FGcd
San Filippo [PU] 71 FGde

an Filippo [RC] 141 DEc
an Filippo [RI] 91 Gb
an Filippo [SS] 167 Ca
an Filippo [SV] 55 CDd
an Filippo [VE] 27 CDd
an Filippo, Calvario– [RG] 159 DEd
an Filippo, Cozzo– [PA] 147 Dd
an Filippo, Cozzo– [PA] 147 Bcd
an Filippo Battendieri [CS] 131 Cde
an Filippo del Mela [ME] 141 Bbc
an Filippo Inferiore [ME] 141 CDbc
an Filippo Superiore [ME] 141 CDbc
an Fiór [TV] 25 Gc
an Fiorano [LO] 47 Eb
an Fiorano [PU] 77 Eb
an Fiór di Sopra [TV] 25 FGc
an Fiór di Sotto [TV] 25 Gc
an Firenze [AR] 75 Gc
an Firmano [MC] 79 Fc
an Firmino [CN] 53 Ea
an Floreano [UD] 27 Da
an Floriano [PN] 27 BCc
an Floriano [TV] 39 Ba
an Floriano [TV] 39 DEab
an Floriano [TV] 25 Fb
an Floriano [VR] 37 Bb
an Floriano / Obereggen [BZ] 9 GHc
an Floriano / Sankt Florian [BZ] 9 Fd
an Floriano, Lago– 89 DEb
an Floriano del Cóllio [GO] 27 Gc
an Floro [CZ] 137 CDbc
an Foca [LE] 123 Hd
an Foca [PN] 27 Bb
an Fortunato [AN] 77 Gc
an Fortunato [PG] 85 Cb
an Fortunato [PG] 85 Dc
an Fortunato [PG] 85 Bc
an Fortunato [RN] 71 Db
an Fortunato [VI] 37 Fa
an Forzório [CA] 179 Db
an Francesco [AV] 109 Dd
an Francesco [BI] 31 Cb
an Francesco [FI] 67 Fd
an Francesco [FI] 67 Gd
an Francesco [NU] 171 CDb
an Francesco [NU] 167 Ed
an Francesco [PN] 13 Cd
an Francesco [RI] 91 Gb
an Francesco [ROMA] 99 BCb
an Francesco [SI] 83 Eb
an Francesco [SS] 165 Da
an Francesco [TA] 121 DEab
an Francesco [TA] 121 Db
an Francesco [TN] 23 Hb
an Francesco [TP] 151 ins.a
an Francesco [VR] 37 Cb
an Francesco, Convento di– [ROMA] 97 Ga
an Francesco, Convento di– [SA] 127 Abc
an Francesco, Masseria– [BA] 111 Dc
an Francesco, Santuario di– 135 Ca
an Francesco a Folloni 115 Cb
an Francesco al Campo [TO] 29 Hd
an Francesco del Deserto 39 Ec
an Franco, Acqua di– 93 Eb
an Franco, Monte– 93 Eb
an Fratello [ME] 145 Cb
an Fratello, Monte– 145 Cb
an Fratello, Torrente– 145 Cbc
anfrè [CN] 43 Hd
an Frediano [PI] 73 Db
anfront [CN] 53 Dab
an Fruttuoso [GE] 57 ABcd
an Fruttuoso [MI] 33 Db
an Gabriele [BO] 61 Bab
an Gabriele [PC] 47 Cc

San Gabriele [TR] 83 Gc
San Gabriele [VR] 37 Cd
San Gabriele, Santuario– 93 Fa
San Gaetano [CA] 179 Db
San Gaetano [TV] 25 Ed
San Gaetano [VE] 41 Cc
San Gaetano [VI] 25 BCc
San Gaetano [VT] 91 BCb
San Galgano 83 Aab
San Gallo [BG] 21 EFc
San Gallo [BS] 35 Eb
San Gallo, Monte– 23 Cc
Sangano [TO] 43 Fb
San Gaudénzio [PV] 45 GHb
San Gaudénzio [VI] 37 Ec
San Gaudénzio a Cámpoli [FI] 75 Cb
San Gaudénzio a Ruballa 73 Gb
San Gavino [FI] 67 Fb
San Gavino [SS] 163 Fc
San Gavino [SS] 165 Ca
San Gavino → San Bainzu 169 EFa
San Gavino a Mare 163 Cc
San Gavino Monreale [CA] 173 Eb
San Gemignano [LU] 67 Bb
San Gémini [TR] 91 Fa
San Gémini, Stazione di– 91 Fa
San Gémini Fonte [TR] 91 Fa
San Genésio [LC] 21 Dd
San Genésio [PV] 33 CDd
San Genésio [TO] 45 Aa
San Genésio Atesino / Jenesien [BZ] 9 Fb
San Genésio ed Uniti [PV] 33 CDd
San Gennaro [BN] 109 Cc
San Gennaro [FR] 99 Hd
San Gennaro [LU] 67 Bc
San Gennaro Vesuviano [NA] 113 Fb
San Genuário [VC] 45 Ba
San Germano [AL] 45 Db
San Germano [AQ] 101 Ba
San Germano Chisone [TO] 43 Ec
San Germano dei Bérici [VI] 37 Fc
San Germano Vercellese [VC] 31 Dc
San Gerólamo [AT] 55 Cb
San Gerólamo [PG] 77 Ec
San Gerólamo, Rio– 177 Fcc
San Gersolè [FI] 67 Fd
San Gervásio [PI] 73 Eb
San Gervásio [PU] 91 Fab
San Gervásio [UD] 41 DEb
San Gervásio Bresciano [BS] 35 Dd
San Giacomo [AL] 45 EFd
San Giacomo [BI] 31 Cb
San Giacomo [CH] 101 Ea
San Giacomo [CN] 53 FGab
San Giacomo [CN] 53 Fd
San Giacomo [CN] 53 Hd
San Giacomo [CN] 63 Cab
San Giacomo [CN] 53 Dc
San Giacomo [CS] 131 Dde
San Giacomo [FI] 67 Fb
San Giacomo [FC] 69 Ec
San Giacomo [MI] 33 Cc
San Giacomo [MN] 35 Gcd
San Giacomo [PE] 95 BCd
San Giacomo [PG] 85 Ed
San Giacomo [PV] 47 Bb
San Giacomo [SO] 21 Hab
San Giacomo [SS] 163 Ec
San Giacomo [SS] 165 Fb
San Giacomo [SS] 161 Ecd
San Giacomo [TE] 95 Ba
San Giacomo [TN] 9 Dc
San Giacomo [TN] 23 Fd
San Giacomo [TO] 29 Gc
San Giacomo [TV] 39 Eb
San Giacomo [UD] 27 Cab
San Giacomo [VC] 31 Cd
San Giacomo [VI] 25 Cd
San Giacomo / Sankt Jakob [BZ] 3 Cb
San Giacomo / Sankt Jakob [BZ] 9 FGc

San Giacomo / Sankt Jakob [BZ] 3 EFa
San Giacomo, Cima– / Jakobs-Spitze 3 BCc
San Giacomo, Convento– 93 Bab
San Giacomo, Lago di– 7 Fb
San Giacomo, Masseria– [BA] 117 Ebc
San Giacomo, Masseria– [BR] 123 Cb
San Giacomo, Monte– 99 Ec
San Giacomo, Passo di– 15 Eb
San Giacomo, Stazione di– 103 Eb
San Giacomo, Valle– 5 FGc
San Giacomo d'Acri [CS] 131 Fd
San Giacomo degli Schiavoni [CB] 101 Gb
San Giacomo delle Segnate [MN] 49 Fc
San Giacomo del Martignone [BO] 59 Hb
San Giacomo di Musestrelle [TV] 39 DEa
San Giacomo di Véglia [TV] 25 Fc
San Giacomo Filippo [SO] 5 Gcd
San Giacomo Lovara [CR] 47 Gb
San Giacomo Maggiore [MO] 59 Fd
San Giacomo Maggiore [RE] 49 Cc
San Giacomo Marinella [CS] 133 Da
San Giacomo Minore [RE] 49 Cc
San Giacomo Po [MN] 49 Eb
San Giacomo Róncole [MO] 49 Fc
San Giacomo Vercellese [VC] 31 DEbc
Sangiaimo, Casa– [EN] 153 Ga
San Gianni [AR] 69 Gd
Sangiano [VA] 19 Fc
Sangiatto, Monte del– 15 Dbc
San Gilio, Parco Archeologico di– 117 Cc
San Gillio [TO] 43 Gab
San Gimignanello [SI] 75 Ed
San Gimignano [SI] 73 Gc
San Ginese [LU] 65 Gd
San Ginésio [MC] 87 Bb
Sangineto [CS] 131 Cd
Sangineto Lido [CS] 131 BCd
San Giobbe [BO] 59 Ib
San Giorgio [AL] 45 Hcd
San Giorgio [AT] 45 Bb
San Giorgio [BA] 111 Hd
San Giorgio [BA] 111 Fd
San Giorgio [BS] 35 Fc
San Giorgio [CA] 179 BCc
San Giorgio [CE] 107 Ec
San Giorgio [CN] 53 Ec
San Giorgio [CS] 135 Ca
San Giorgio [CT] 155 Fbc
San Giorgio [EN] 155 Bb
San Giorgio [FE] 61 Cb
San Giorgio [FC] 61 Ed
San Giorgio [FC] 61 Fd
San Giorgio [LC] 21 Cc
San Giorgio [ME] 145 Ea
San Giorgio [PG] 85 FGd
San Giorgio [PU] 71 DEcd
San Giorgio [PT] 67 Dc
San Giorgio [PZ] 115 Gc
San Giorgio [RA] 61 Dd
San Giorgio [RE] 49 CDc
San Giorgio [RI] 93 Da
San Giorgio [SV] 55 CDd
San Giorgio [TE] 93 Fa
San Giorgio [TE] 95 Ba
San Giorgio [TP] 151 BCa
San Giorgio [TR] 83 Gd
San Giorgio [UD] 13 Ec
San Giorgio [UD] 13 DEd
San Giorgio [VC] 31 Db
San Giorgio [VI] 23 Ed
San Giorgio [VI] 37 Fa
San Giorgio [VI] 25 Cd
San Giorgio [VR] 37 ABb
San Giorgio / Sankt Georgen [BZ] 3 Ebc

San Giorgio, Bruncu– 171 Cc
San Giorgio, Cantoniera– [CA] 175 Fc
San Giorgio, Case– [SS] 163 Bd
San Giorgio, Castello– 81 ins.a
San Giorgio, Cozzo– 159 Fa
San Giorgio, Fermata– 165 Ca
San Giorgio, Montagna di– 109 Cc
San Giorgio, Monte– [AG] 151 Gc
San Giorgio, Monte– [EN] 155 CDb
San Giorgio, Monte– [PA] 153 DEa
San Giorgio, Monte– [SV] 55 Dc
San Giorgio, Monte– [TO] 43 Fbc
San Giorgio, Rifugio– 37 Ca
San Giorgio, Rio– 175 Fc
San Giorgio a Colónica [PO] 67 Ecd
San Giorgio a Cremano [NA] 113 DEbc
San Giorgio Albanese [CS] 131 Fd
San Giorgio a Liri [FR] 107 Bb
San Giorgio all'Isola [AP] 87 Cc
San Giorgio al Tagliamento [VE] 27 Cd
San Giorgio Canavese [TO] 29 Icd
San Giorgio della Richinvelda [PN] 27 Cb
San Giorgio delle Pertiche [PD] 37 Hb
San Giorgio del Sánnio [BN] 109 BCd
San Giorgio di Livenza [VE] 41 Bc
San Giorgio di Lomellina [PV] 45 Fab
San Giorgio di Mantova [MN] 49 DEa
San Giorgio di Nogaro [UD] 41 Eab
San Giorgio di Pésaro [PU] 71 Fd
San Giorgio di Piano [BO] 59 Ib
San Giorgio in Bosco [PD] 37 Gb
San Giorgio in Brenta [PD] 37 Gb
San Giorgio in Salici [VR] 35 Hc
San Giórgio Iónico [TA] 121 CCc
San Giorgio la Molara [BN] 109 Cc
San Giorgio Lucano [MT] 129 Ed
San Giorgio Monferrato [AL] 45 Db
San Giorgio Morgeto [RC] 139 Dc
San Giorgio Piacentino [PC] 47 Ec
San Giorgio Scarampi [AT] 55 Cb
San Giorgio su Legnano [MI] 33 Bb
San Giorio di Susa [TO] 43 DEb
San Giovannello [CB] 101 EFd
San Giovannello [EN] 153 Fb
San Giovanni [AL] 45 Db
San Giovanni [AN] 79 Cc
San Giovanni [AN] 77 Gc
San Giovanni [AP] 87 Dc
San Giovanni [AP] 87 Cd
San Giovanni [AQ] 93 Db
San Giovanni [AQ] 93 Fc
San Giovanni [AR] 75 Fcd
San Giovanni [BA] 117 Eb
San Giovanni [BG] 21 EFbc
San Giovanni [BN] 109 Cc
San Giovanni [BN] 107 Hd
San Giovanni [BS] 35 Dab
San Giovanni [CA] 179 Fa
San Giovanni [CA] 177 EFb
San Giovanni [CA] 177 Eb
San Giovanni [CB] 101 EFc
San Giovanni [CH] 101 Dab
San Giovanni [CN] 53 GHb
San Giovanni [CN] 53 Gbc
San Giovanni [CN] 53 GHbc
San Giovanni [CN] 63 Da
San Giovanni [CZ] 137 Da
San Giovanni [FE] 51 Ed
San Giovanni [FR] 99 Dc
San Giovanni [FR] 99 Ed
San Giovanni [IS] 101 Bcd
San Giovanni [LI] 81 Cd
San Giovanni [ME] 145 Ga
San Giovanni [MN] 49 Eb
San Giovanni [NO] 31 FGb
San Giovanni [NU] 167 DEcd

San Giovanni [NU] 167 Gc
San Giovanni [NU] 175 DEc
San Giovanni [NU] 171 EFb
San Giovanni [OR] 169 Ec
San Giovanni [OR] 169 EFb
San Giovanni [PA] 147 Ec
San Giovanni [PC] 47 Dd
San Giovanni [PE] 95 CDab
San Giovanni [PG] 85 Dbc
San Giovanni [PG] 85 Eb
San Giovanni [PN] 27 Bb
San Giovanni [PN] 25 GHb
San Giovanni [PN] 27 BCc
San Giovanni [PU] 71 Dcd
San Giovanni [PV] 45 Hc
San Giovanni [RC] 141 DEbc
San Giovanni [RE] 59 Cbc
San Giovanni [RI] 85 Hd
San Giovanni [ROMA] 99 Cb
San Giovanni [SA] 115 Bc
San Giovanni [SA] 127 Bc
San Giovanni [SI] 75 Dc
San Giovanni [SR] 159 Fc
San Giovanni [SS] 163 Ec
San Giovanni [SS] 161 CDc
San Giovanni [SS] 165 Eb
San Giovanni [SS] 163 CDd
San Giovanni [SS] 163 Ec
San Giovanni [SS] 161 Ec
San Giovanni [TA] 119 Dc
San Giovanni [TN] 11 Bc
San Giovanni [TN] 23 Eb
San Giovanni [TO] 29 Ic
San Giovanni [TO] 43 Fb
San Giovanni [TO] 43 Ecd
San Giovanni [TO] 43 Fd
San Giovanni [TO] 45 Ab
San Giovanni [TO] 43 Hcd
San Giovanni [TV] 25 Ec
San Giovanni [TV] 27 Ad
San Giovanni [VR] 37 Bb
San Giovanni [VV] 139 Cab
San Giovanni [VV] 139 Db
San Giovanni / Sankt Johann [BZ] 3 Eb
San Giovanni / Sankt Johann [BZ] 9 Gb
San Giovanni, Borgo– [ME] 145 Fc
San Giovanni, Colle– [CH] 101 Ea
San Giovanni, Colle– [CH] 101 Eb
San Giovanni, Convento– 107 GHa
San Giovanni, Convento di– 93 Gc
San Giovanni, Fiumara di– 141 DEc
San Giovanni, Grotta– [BR] 123 CDb
San Giovanni, Grotta– [PE] 95 Ccd
San Giovanni, Grotta di– 173 Dc
San Giovanni, Lago– 157 Cbc
San Giovanni, Monte– [CA] 177 CDb
San Giovanni, Monte– [CA] 177 Dc
San Giovanni, Monte– [FG] 101 Gd
San Giovanni, Ospízio– 31 BCab
San Giovanni, Ponte– 155 Ed
San Giovanni, Rio– 161 Ec
San Giovanni, Stagno di– 173 Da
San Giovanni, Torrente– 19 Fc
San Giovanni a Corazzano [PI] 73 EFb
San Giovanni alla Vena [PI] 65 Gd
San Giovanni al Mavone 93 FGa
San Giovanni al Natisone [UD] 27 Fc
San Giovanni al Timavo [TS] 41 Gb
San Giovanni a Piro [SA] 127 Dd
San Giovanni Battista [MO] 59 Fc
San Giovanni Battista [MO] 49 Ec
San Giovanni Battista, Terme– 75 Ed
San Giovanni Bianco [BG] 21 EFc
San Giovanni Bosco [CT] 155 FGab
San Giovanni dei Prati 63 Ec
San Giovanni del Dosso [MN] 49 Fc
San Giovanni della Fossa [RE] 49 Dd

San Giovanni delle Contee [GR] 83 Ed
San Giovanni del Témpio [PN] 25 Hc
San Giovanni di Baiano [PG] 85 DEd
San Giovanni di Galermo [CT] 155 Fb
San Giovanni di Gerace [RC] 139 Ec
San Giovanni di Livenza [PN] 25 GHc
San Giovanni di Sarrale [NU] 175 FGbc
San Giovanni di Sínis [OR] 169 Cc
San Giovanni e Paolo [CE] 107 Fc
San Giovanni Gémini [AG] 153 Bb
San Giovanni Govoni [CN] 53 GHc
San Giovanni Ilarione [VR] 37 Db
San Giovanni in Argentella 97 Ga
San Giovanni Incárico [FR] 105 Ha
San Giovanni Incárico, Lago di– 105 Ha
San Giovanni in Croce [CR] 49 Bb
San Giovanni in Fiore [CS] 133 Dc
San Giovanni in Fonte [FG] 109 Hc
San Giovanni in Fonte [SA] 127 Eb
San Giovanni in Galdo [CB] 101 Fd
San Giovanni in Galilea [FC] 69 Hbc
San Giovanni in Ghiaiolo 71 Dde
San Giovanni in Marignano [RN] 71 Ec
San Giovanni in Monte 37 EFc
San Giovanni in Offaga 77 EFb
San Giovanni in Persiceto [BO] 59 GHb
San Giovanni in Petra 71 Cde
San Giovanni in Pozzuolo [PU] 71 Dd
San Giovanni in Strada 87 Ec
San Giovanni in Triario [BO] 61 ABb
San Giovanni in Vénere 95 EFc
San Giovanni la Punta [CT] 155 Fb
San Giovanni Lipioni [CH] 101 Eb
San Giovanni Lupatoto [VR] 37 Cc
San Giovanni Maggiore [FI] 67 Gc
San Giovanni Montebello [CT] 155 FGa
San Giovanni Pagánica [AQ] 93 Dab
San Giovanni Paliatico [CS] 133 Cb
San Giovanni Profiamma 85 Ebc
San Giovanni Querciola [RE] 59 Db
San Giovanni Reatino [RI] 91 Hb
San Giovanni Rotondo [FG] 103 Ec
San Giovanni Suérgiu [CA] 177 CDc
San Giovanni Teatino [CH] 95 CDb
San Giovanni Valdarno [AR] 75 Eb
San Giovanni Valle Roveto Inferiore [AQ] 99 Fbc
San Giovenale [CN] 53 Fcd
San Giovenale [PG] 85 Eb
San Giovenale [RI] 93 Ca
San Giovenale, Zona Archeologica di– 91 BCc
San Girio [MC] 79 Fc
San Girólamo 87 Db
San Girólamo, Rio– 175 Eb
San Giuliano [GO] 41 Eb
San Giuliano [PC] 47 FGb
San Giuliano [SA] 127 Bbc
San Giuliano [SR] 155 Fd
San Giuliano [TP] 149 Db
San Giuliano [VE] 39 Dc
San Giuliano [VT] 89 Gb
San Giuliano, Convento di– 93 Eb
San Giuliano, Lago di– 117 EFd
San Giuliano, Zona Archeologica di– 91 Cc
San Giuliano a Mare [RN] 71 Db
San Giuliano del Sánnio [CB] 107 Gb
San Giuliano di Púglia [CB] 101 Gc

San Giuliano Milanese [MI] **33** Dc
San Giuliano Nuovo [AL] **45** Fc
San Giuliano Terme [PI] **65** Fd
San Giuliano Vecchio [AL] **45** Fc
San Giúlio [AT] **45** Bc
San Giulio, Isola– **19** Ed
San Giuseppe [AG] **153** Dc
San Giuseppe [AP] **87** EFbc
San Giuseppe [AP] **87** Eb
San Giuseppe [BS] **35** Cb
San Giuseppe [CN] **53** Ebc
San Giuseppe [CN] **53** Gc
San Giuseppe [FE] **51** Fd
San Giuseppe [FR] **99** Ec
San Giuseppe [FR] **99** Hd
San Giuseppe [LI] **73** CDc
San Giuseppe [MC] **79** Dd
San Giuseppe [NU] **167** FGc
San Giuseppe [PA] **147** Gc
San Giuseppe [PI] **73** Ed
San Giuseppe [RI] **93** Ba
San Giuseppe [SA] **127** Bb
San Giuseppe [SI] **83** Fb
San Giuseppe [SO] **7** CDd
San Giuseppe [SS] **163** Fd
San Giuseppe [SV] **55** Cc
San Giuseppe [TO] **43** CDab
San Giuseppe [TP] **149** Eab
San Giuseppe [TV] **39** Dab
San Giuseppe [VC] **19** Cc
San Giuseppe / Moos [BZ] **3** Hc
San Giuseppe, Masseria– [BR] **123** Da
San Giuseppe, Masseria– [LE] **125** DEb
San Giuseppe, Pizzo– **157** Eb
San Giuseppe, Ponte di– **147** Dcd
San Giuseppe al Lago / Sankt Josef am See [BZ] **9** Ic
San Giuseppe della Chiusa [TS] **41** Ic
San Giuseppe Jato [PA] **147** ABc
San Giuseppe Vesuviano [NA] **113** EFbc
San Giustino [PG] **77** BCb
San Giustino Valdarno [AR] **75** Fb
San Giusto [MC] **85** Gb
San Giusto [PI] **65** Fd
San Giusto [PO] **67** Ec
San Giusto [RO] **51** Fb
San Giusto [VE] **27** Bd
San Giusto [VT] **83** EFd
San Giusto, Abbazia di– **89** Hb
San Giusto alle Monache [SI] **75** Dc
San Giusto a Montalbino **73** Gb
San Giusto Canavese [TO] **31** Acd
San Giusto in Sálcio **75** Dc
San Glisente **23** Bc
San Godenzo [FI] **69** Cc
San Godenzo, Fosso– **69** Cc
Sangone, Torrente– **43** Efb
Sangone, Val– **43** EFb
San Gottardo [GE] **55** Gc
San Gottardo [SO] **7** Gc
San Gottardo [UD] **27** Eb
San Gottardo [VC] **19** Dc
San Gottardo [VI] **37** EFc
San Gratignano [PG] **77** CDd
San Grato [AO] **31** ABa
San Grato [LO] **33** Ecd
San Grato [TO] **29** Ic
San Grato, Lago di– **29** DEb
San Grato dei Garelli [CN] **53** Gc
San Gregório [AQ] **93** EFbc
San Gregório [CA] **179** Eb
San Gregório [ME] **145** Dab
San Gregório [PC] **57** Db
San Gregório [PG] **85** Db
San Gregório [RC] **141** Dc
San Gregório [TA] **123** Cc
San Gregório [VR] **37** Dcd
San Gregório da Sássola [ROMA] **99** Bb
San Gregório di Catania [CT] **155** Fb

San Gregório d'Ippona [VV] **139** Db
San Gregório Magno [SA] **115** Ecd
San Gregório Matese [CE] **107** Fb
San Gregório nelle Alpi [BL] **25** Eb
San Grisante [VC] **45** Ba
San Grisógono **79** EFd
Sangro, Fiume– **101** Da
Sangro, Sorgente del– **99** Gb
Sanguarzo [UD] **27** Fb
San Guglielmo [PA] **147** Gc
San Guglielmo al Goleto, Abbazia– **115** Cb
San Guido **73** Dd
Sanguigna [PR] **49** Bc
Sanguignano [PV] **47** Ac
Sanguinaro [PR] **47** Gcd
Sanguinaro, Ponte– **91** EFb
Sanguineto [GE] **57** Bcd
Sanguineto [PG] **77** Bd
Sanguinetto [VR] **49** Fa
San Gusmé [SI] **75** DEc
San Iacopo [PI] **65** Gd
San Iacopo [PI] **65** Fd
San Ianni [CB] **101** Dd
Sanico [AL] **45** Cb
Sánilo, Nuraghe– **169** EFa
San Iorio, Massería– [CS] **131** Eb
San Iorio, Passo di– **21** Bab
San Iorio, Valle– **21** Cab
San Isidoro [LE] **125** Cb
San Iunio, Monte– **141** Hb
Sankt Andrà / Sant'Andrea in Monte [BZ] **3** CDc
Sankt Anton / Sant'Antonio [BZ] **9** Fc
Sankt Christina in Gröden / Santa Cristina Valgardena [BZ] **11** Bb
Sankt Felix / San Felice [BZ] **9** Ebc
Sankt Florian / San Floriano [BZ] **9** Fd
Sankt Georgen / San Giorgio [BZ] **3** Ebc
Sankt Gertraud / Santa Geltrude [BZ] **9** Bb
Sankt Gertraud / Santa Gertrude [BZ] **9** Dbc
Sankt Jakob / San Giacomo [BZ] **3** Cb
Sankt Jakob / San Giacomo [BZ] **9** FGc
Sankt Jakob / San Giacomo [BZ] **3** EFa
Sankt Jakob in Defereggen [A] **3** GHb
Sankt Johann / San Giovanni [BZ] **3** Eb
Sankt Johann / San Giovanni [BZ] **9** Gb
Sankt Johann im Walde [A] **3** Ib
Sankt Josef am See / San Giuseppe al Lago [BZ] **9** Fc
Sankt Kassian / San Cassiano [BZ] **11** Cb
Sankt Kathrein / Santa Caterina [BZ] **9** Fb
Sankt Konstantin / San Costantino [BZ] **9** GHb
Sankt Leonhard / San Leonardo [BZ] **3** CDc
Sankt Leonhard / San Leonardo [BZ] **11** Cb
Sankt Leonhard im Pitztal [A] **1** EFa
Sankt Leonhard in Passeier / San Leonardo in Passiria [BZ] **1** Hbc
Sankt Lorenzen / San Lorenzo di Sebato [BZ] **3** Ec
Sankt Lugan / San Lugano [BZ] **9** Gd
Sankt Magdalena / Santa Maddalena [BZ] **11** Bb
Sankt Magdalena / Santa Maddalena Vallalta [BZ] **3** Gbc
Sankt Maria in der Schmelz / Santa Maria alla Fonderia [BZ] **9** Cb
Sankt Martin / San Martino [BZ] **3** Gc

Sankt Martin / San Martino [BZ] **3** Eb
Sankt Martin am Schneeberg / San Martino Monteneve [BZ] **1** GHb
Sankt Martin am Vorberg / San Martino al Monte [BZ] **9** CDb
Sankt Martin in Passeier / San Martino in Passiria [BZ] **1** Hc
Sankt Martin in Thurn / San Martino in Badia [BZ] **3** Ec
Sankt Martius / San Marzio [BZ] **9** Eab
Sankt Michael / San Michele [BZ] **9** Fc
Sankt Moritz [Svizz.] **7** Dbc
Sankt Moritz Bad [Svizz.] **7** Cbc
Sankt-Niklaus [Svizz.] **15** Acd
Sankt Nikolaus / San Nicola [BZ] **3** Dc
Sankt Nikolaus / San Nicolò [BZ] **9** Fc
Sankt Nikolaus / San Nicolò [BZ] **9** Db
Sankt Nikolaus Eggen / San Nicolò d'Ega [BZ] **9** GHc
Sankt Oswald / Sant'Osvaldo **9** GHb
Sankt Pankraz in Ulten / San Pancrázio [BZ] **9** Eb
Sankt Pauls / San Páolo [BZ] **9** Fc
Sankt Peter / San Pietro [BZ] **11** ABb
Sankt Peter / San Pietro [BZ] **3** Fa
Sankt Peter / San Pietro [BZ] **9** Hb
Sankt Sigmund / San Sigismondo [BZ] **3** Dc
Sankt Silvester / San Silvestro **3** Gc
Sankt Sisinius / San Sisínio **9** Cb
Sankt Stefan an der Gail [A] **13** FGb
Sankt Ulrich in Gröden / Ortisei [BZ] **11** ABb
Sankt Valentin / San Valentino **9** Hb
Sankt Valentin auf der Haide / San Valentino alla Muta [BZ] **1** Dc
Sankt Veit / San Vito [BZ] **3** Fc
Sankt Veit in Defereggen [A] **3** Hb
Sankt Vigil / San Vigílio [BZ] **3** Ec
Sankt Walburga / Santa Valburga [BZ] **9** DEb
San Latino [CR] **33** Gd
San Lauro [CS] **131** Dd
San Lázzaro [AP] **87** Ec
San Lázzaro [CN] **53** Eab
San Lázzaro [FI] **73** Gb
San Lázzaro [IS] **101** Cd
San Lázzaro [MC] **79** Dd
San Lázzaro [MN] **35** Gd
San Lázzaro [NA] **113** Fd
San Lázzaro [PG] **85** Fc
San Lázzaro [PR] **49** Bd
San Lázzaro [PU] **71** Ed
San Lazzaro [TN] **23** Gb
San Lázzaro [VI] **37** EFb
San Lázzaro, Casa– [VT] **89** Ha
San Lázzaro Alberoni [PC] **47** Eb
San Lázzaro Reale [IM] **63** Fbc
San Leo [AR] **77** Bb
San Leo [PU] **69** GHc
San Leo [RC] **141** Dc
San Leo [VV] **139** CDa
San Leo, Case– [SR] **155** DEd
San Leo, Monte– [PU] **71** Cd
San Leo, Monte– [SA] **127** Bb
San Leo Bastia [PG] **77** Bcd
San Leolino [AR] **75** Ec
San Leonardello [CT] **155** FGa
San Leonardo [CS] **131** Dc
San Leonardo [FG] **109** Hd
San Leonardo [FG] **103** Ed
San Leonardo [GR] **83** Ed
San Leonardo [KR] **137** Ga
San Leonardo [LU] **65** Gd
San Leonardo [ME] **145** Eab
San Leonardo [MT] **129** Fb
San Leonardo [OR] **169** DEa
San Leonardo [PN] **27** ABb

San Leonardo [PV] **47** Bab
San Leonardo [RC] **141** Ed
San Leonardo [SA] **115** ABd
San Leonardo [SS] **167** Cb
San Leonardo [TN] **37** Ba
San Leonardo [TP] **149** CDc
San Leonardo [UD] **27** Gb
San Leonardo / Sankt Leonhard [BZ] **3** CDc
San Leonardo / Sankt Leonhard [BZ] **11** Cb
San Leonardo, Cozzo– **153** DEbc
San Leonardo, Fiume– **147** Dc
San Leonardo, Forchetta– **93** FGc
San Leonardo, Monte– [CE] **107** Db
San Leonardo, Monte– [SS] **161** Dc
San Leonardo, Monte– [TS] **41** Hb
San Leonardo, Passo– **101** Ba
San Leonardo, Stazione– **167** Da
San Leonardo di Cutro [KR] **137** Fb
San Leonardo in Passiria / Sankt Leonhard in Passeier [BZ] **1** Hbc
San Leonardo in Schiova [FC] **61** Ed
San Leone [AG] **157** Bc
San Leonino [SI] **75** Cc
San Leopardo [MC] **79** EFc
San Leopoldo La Glésie [UD] **13** EFb
San Léucio [CB] **101** Fb
San Léucio [CE] **107** Ed
San Léucio del Sánnio [BN] **109** Bd
San Liberale [VE] **39** DEb
San Liberato [MC] **87** Bb
San Liberato [RI] **93** Bb
San Liberato [ROMA] **91** CDd
San Liberato [TR] **91** Eab
San Liberato, Lago di– **91** Eb
San Liberatore **93** Dc
San Libório [AQ] **99** Hb
San Ligório [LE] **123** Gc
San Limato, Torre– **107** BCcd
San Litardo **83** Fc
San Lorenzello [BN] **107** Gc
San Lorenzo [AL] **45** Hc
San Lorenzo [AL] **55** Eab
San Lorenzo [AL] **29** Gc
San Lorenzo [AN] **79** Fb
San Lorenzo [AQ] **93** DEb
San Lorenzo [AR] **77** Bb
San Lorenzo [AR] **75** Gc
San Lorenzo [BG] **21** Gc
San Lorenzo [BO] **59** Hc
San Lorenzo [BO] **61** Bc
San Lorenzo [CH] **95** FGd
San Lorenzo [CN] **45** Acd
San Lorenzo [CN] **53** Dab
San Lorenzo [CN] **53** Ec
San Lorenzo [CN] **53** Fc
San Lorenzo [CN] **53** Ecd
San Lorenzo [CN] **53** Gb
San Lorenzo [FG] **103** GHb
San Lorenzo [FI] **73** Gb
San Lorenzo [GR] **83** Ec
San Lorenzo [IM] **63** Dd
San Lorenzo [LI] **81** Fb
San Lorenzo [LT] **107** Bc
San Lorenzo [MC] **87** Cb
San Lorenzo [MC] **79** Dc
San Lorenzo [MI] **33** Bb
San Lorenzo [MN] **49** Db
San Lorenzo [MO] **59** Fb
San Lorenzo [PC] **47** Fc
San Lorenzo [PG] **85** Db
San Lorenzo [PG] **85** Ec
San Lorenzo [PN] **27** BCc
San Lorenzo [PN] **27** Ba
San Lorenzo [RA] **61** Dc
San Lorenzo [RC] **141** EFc
San Lorenzo [RI] **93** Ccd
San Lorenzo [SO] **21** Ha
San Lorenzo [SS] **163** DEd

San Lorenzo [SV] **55** CDcd
San Lorenzo [SV] **55** Cd
San Lorenzo [TR] **83** Gc
San Lorenzo [TR] **91** Fb
San Lorenzo [TV] **25** Fc
San Lorenzo [UD] **11** GHc
San Lorenzo [UD] **27** CDbc
San Lorenzo [UD] **27** EFc
San Lorenzo [UD] **41** Fb
San Lorenzo [VB] **15** Dd
San Lorenzo [VI] **25** Bc
San Lorenzo, Capo– **175** Fcd
San Lorenzo, Casa– [CA] **179** Ca
San Lorenzo, Casa– [PI] **73** EFc
San Lorenzo, Case– [FG] **109** EFc
San Lorenzo, Certosa di– **127** Ebc
San Lorenzo, Convento– **99** Cb
San Lorenzo, Convento di– **115** Eb
San Lorenzo, Monte– **163** Ed
San Lorenzo, Timpa di– **131** Eb
San Lorenzo, Torre– **97** Fd
San Lorenzo al Lago [MC] **85** GHb
San Lorenzo al Lanzo, Abbazia– **83** Bbc
San Lorenzo alle Corti [PI] **65** Fd
San Lorenzo al Mare [IM] **63** Fc
San Lorenzo a Merse [SI] **83** Bab
San Lorenzo a Montalbano **73** Fd
San Lorenzo a Pagnático [PI] **65** Fde
San Lorenzo Aroldo [CR] **49** ABb
San Lorenzo a Váccoli [LU] **65** Fd
San Lorenzo Bellízzi [CS] **131** EFb
San Lorenzo Bossaneto [SV] **63** Gb
San Lorenzo della Costa [GE] **57** ABc
San Lorenzo della Pioppa [MO] **49** EFd
San Lorenzo del Vallo [CS] **131** Ecd
San Lorenzo de' Picenardi [CR] **49** Ab
San Lorenzo di Rabatta [PG] **77** Dde
San Lorenzo di Sebato / Sankt Lorenzen [BZ] **3** Ec
San Lorenzo Guazzone [CR] **49** Bb
San Lorenzo in Banale [TN] **23** Fb
San Lorenzo in Campo [PU] **77** Gb
San Lorenzo in Collina [BO] **59** GHc
San Lorenzo in Colpolina [MC] **85** Gb
San Lorenzo in Correggiano [RN] **71** Dbc
San Lorenzo in Daila (I) = Lovrečica [CRO] **41** Gd
San Lorenzo Isontino [GO] **27** FGc
San Lorenzo Maggiore [BN] **107** Gc
San Lorenzo Maggiore, Stazione di– **107** Gc
San Lorenzo Nuovo [CS] **131** Eb
San Lorenzo Nuovo [VT] **83** Fd
San Lorenzo Vecchio [PG] **85** Ebc
San Luca [AL] **55** Eb
San Luca [CH] **101** Da
San Luca [MC] **85** Gb
San Luca [MS] **65** Db
San Luca [PD] **51** CDab
San Luca [PG] **85** DEc
San Luca [RC] **141** Gbc
San Luca [TO] **43** Fd
San Luca [TV] **39** Ca
San Luca [VI] **25** Bd
San Luca, Rio di– **85** Gb
San Luca, Serra– **129** Cc
San Lucano, Monte– **11** Cd
San Lucano, Valle di– **11** Cd
San Lucchese [SI] **73** Gc
San Luciano [AR] **75** Fc
San Lúcido [CS] **135** Cb
San Lucio **21** Gc
San Lugano / Sankt Lugan [BZ] **9** Gd
San Luigi [IM] **63** Fb

San Luigi [RI] **91** FGc
San Lupo [BN] **107** Gc
Sanluri [CA] **173** Fb
Sanluri, Azienda Agraria di– (Bonífica O.N.C.) [CA] **173** EFb
Sanluri, Stazione di– **173** Fb
San Lussório [CA] **173** Fc
San Lussório [NU] **171** Cd
San Lussório [NU] **169** Ea
San Lussurgiu **169** Ebc
San Macario [VA] **31** Gb
San Macario, Isola– **179** Ccd
San Macario in Monte [LU] **65** Fc
San Macario in Piano [LU] **65** Fc
San Maderno **119** Ca
San Magno [BA] **117** DEa
San Magno [CN] **53** Fc
San Magno, Abbazia di– **105** Gb
San Magno, Monte– **105** Gc
San Magno, Santuario di– **53** CDc
San Mamante [RA] **61** Dd
San Mamete [CO] **21** Bb
San Mango [SA] **127** Bc
San Mango d'Aquino [CZ] **135** CDc
San Mango Piemonte [SA] **115** ABc
San Mango sul Calore [AV] **115** Bbc
San Marcellino [CE] **113** CDab
San Marcello [AN] **79** Bc
San Marcello [MC] **85** Gb
San Marcello Pistoiese [PT] **67** Cb
San Marco [AP] **79** Gd
San Marco [AQ] **93** Db
San Marco [BA] **119** Dc
San Marco [BG] **21** Fd
San Marco [BO] **59** Ib
San Marco [CA] **177** CDab
San Marco [CE] **107** Ec
San Marco [CE] **113** Ea
San Marco [CE] **107** Dc
San Marco [CH] **101** Da
San Marco [CT] **145** Gd
San Marco [MC] **85** Gb
San Marco [ME] **145** Fb
San Marco [OR] **169** Ca
San Marco [PD] **37** Gc
San Marco [PG] **85** Cb
San Marco [PG] **77** Ecd
San Marco [RA] **61** Ec
San Marco [SA] **127** Ac
San Marco [SA] **127** DEb
San Marco [SS] **165** Bab
San Marco [TV] **39** BCab
San Marco [UD] **27** Db
San Marco [VB] **15** Dd
San Marco [VC] **31** DEc
San Marco [VI] **37** Eb
San Marco [VV] **139** CDab
San Marco, Ca'– [BG] **21** Eb
San Marco, Capo– [AG] **151** DEbc
San Marco, Capo– [OR] **169** Cc
San Marco, Casa– [BL] **11** Eb
San Marco, Case– [AG] **151** Bbc
San Marco, Masseria– [FG] **109** Gca
San Marco, Monte– [AG] **153** Bc
San Marco, Monte– [BN] **109** Cb
San Marco, Monte– [MT] **117** Cc
San Marco, Passo di– **21** Cb
San Marco, Rifugio– **11** Ec
San Marco Argentano [CS] **131** Dd
San Marco d'Alúnzio [ME] **145** EFb
San Marco dei Cavoti [BN] **109** Cc
San Marco Evangelista [CE] **113** DEa
San Marco in Lámis [FG] **103** Dc
San Marco in Lámis, Stazione di– **103** CDc
San Marco la Cátola [FG] **109** CDa
San Marco Roggiano, Stazione di– **131** Ed
San Mariano [PG] **85** Bb
San Mariano [BO] **61** Ab
San Marino [MO] **49** Ed
San Marino [PU] **71** DEd
San Marino [RSM] **71** Cc
San Marino [RSM] **71** Cc
San Marino [TR] **83** GHcd

San Marino [VI] 25 Cc
San Marino, Monte– 99 Cd
San Marino d'Urbino [PU] 71 DEd
San Martino [AL] 45 Db
San Martino [AL] 45 Gd
San Martino [AN] 79 Cbc
San Martino [AP] 87 BCc
San Martino [AP] 87 Dc
San Martino [AP] 87 Cd
San Martino [AQ] 93 Fbc
San Martino [AR] 75 Db
San Martino [AR] 75 Ec
San Martino [BI] 31 Db
San Martino [BO] 61 BCc
San Martino [BS] 35 FGa
San Martino [CE] 107 Cc
San Martino [CN] 45 Cd
San Martino [CN] 43 EFd
San Martino [CO] 33 Bab
San Martino [FE] 51 Bd
San Martino [FG] 109 Hc
San Martino [FC] 69 Fc
San Martino [GE] 55 Hc
San Martino [LI] 81 Cd
San Martino [LT] 105 Fc
San Martino [LT] 105 Gb
San Martino [MC] 85 Fc
San Martino [MC] 87 Cb
San Martino [ME] 141 Cb
San Martino [MO] 59 Ec
San Martino [MO] 49 EFd
San Martino [MO] 59 Fd
San Martino [NO] 31 Gc
San Martino [PG] 85 Ec
San Martino [PG] 83 Gbc
San Martino [PI] 73 Dcd
San Martino [PN] 11 Fd
San Martino [PN] 11 Fd
San Martino [PR] 57 Fb
San Martino [PU] 71 Dd
San Martino [PV] 45 Fb
San Martino [PV] 47 Bd
San Martino [RC] 139 Cc
San Martino [RE] 49 CDc
San Martino [RE] 49 Dd
San Martino [RI] 93 BDbc
San Martino [SA] 115 Bc
San Martino [SO] 7 Bd
San Martino [SV] 55 DEc
San Martino [TN] 23 Cc
San Martino [TO] 43 Dc
San Martino [TO] 43 Fc
San Martino [TO] 43 Hb
San Martino [TR] 91 Ea
San Martino [UD] 27 CDc
San Martino [VA] 19 Gc
San Martino / Reinswald [BZ] 1 Ic
San Martino / Sankt Martin [BZ] 3
  Eb
San Martino / Sankt Martin [BZ] 3
  Gc
San Martino, Abbazia di– 91 Cb
San Martino, Bagni di– [SS] 165 Ca
San Martino, Capo– 55 EFc
San Martino, Casa– [FG] 111 Bc
San Martino, Casino– [BA] 111 Fd
San Martino, Castello– 105 Fb
San Martino, Colle– [BN] 109 Bb
San Martino, Colle– [CB] 101 EFc
San Martino, Fosso di– 91 Fc
San Martino, Monte– [FR] 107 Ab
San Martino, Monte– [MO] 59 Ec
San Martino, Monte– [MT] 129 Ec
San Martino, Pala di– 11 BCd
San Martino, Pale di– 11 Cd
San Martino, Pizzo– 19 Cb
San Martino, Portella– 145 Bcd
San Martino, Stazione di– 101 Gb
San Martino al Cimino [VT] 91 Cb
San Martino al Cimino, Stazione
  di– 91 Cb
San Martino al Fággio [AP] 87 Cbc
San Martino Alfieri [AT] 45 Bcd
San Martino alla Palma [FI] 67 Ed
San Martino al Monte / Sankt
  Martin am Vorberg [BZ] 9 CDb

San Martino al Tagliamento [PN] 27
  Cb
San Martino al Vento [SI] 75 Dc
San Martino a Maiano [FI] 73 Gb
San Martino a Scopeto 67 Gc
San Martino a Toreggi 75 Db
San Martino a Ulmiano [PI] 65 Fd
San Martino Buon Albergo [VR] 37
  Cc
San Martino Canavese [TO] 31 ABc
San Martino Carano [MO] 49 EFc
San Martino d'Agri [PZ] 129 Cc
San Martino dall'Argine [MN] 49
  BCb
San Martino d'Alpago [BL] 25 Gab
San Martino dei Colli [PG] 85 Bb
San Martino dei Mulini [RN] 71
  Cb
San Martino dei Muri 77 Fb
San Martino del Carso [GO] 27 Gc
San Martino Délfico [PG] 85 Cb
San Martino della Battaglia [BS] 35
  Gc
San Martino del Lago [CR] 49 Ab
San Martino delle Scale [PA] 147
  Bb
San Martino del Piano [PU] 77 Db
San Martino del Piano [PU] 71 Ed
San Martino di Campagna [PN] 27
  ABb
San Martino di Castrozza [TN] 11
  Bd
San Martino di Finita [CS] 135 Ca
San Martino di Lúpari [PD] 37
  GHab
San Martino di Mugnano [MO] 59
  Fb
San Martino di Terzo [UD] 41 Eb
San Martino di Venezze [RO] 51 Bb
San Martino d'Ocre [AQ] 93 Ec
San Martino Gusnago [MN] 35 Gd
San Martino in Árgine [BO] 61 Bb
San Martino in Badía / Sankt
  Martin in Thurn [BZ] 3 Ec
San Martino in Beliseto [CR] 47 Fa
San Martino in Campo [PG] 85 Cb
San Martino in Campo [PO] 67
  DEd
San Martino in Casola [BO] 59 Gbc
San Martino in Colle [LU] 67 Bc
San Martino in Colle [PG] 85 Cb
San Martino in Colle [PG] 77 DEc
San Martino in Converseto [FC] 69
  GHb
San Martino in Fiume [FC] 61 Fd
San Martino in Freddana [LU] 65
  Fc
San Martino in Gattara [RA] 69 Cb
San Martino in Gránia 75 Dd
San Martino in Olza [PC] 47 Fbc
San Martino in Passiria / Sankt
  Martin in Passeier [BZ] 1 Hc
San Martino in Pedríolo [BO] 61 Bc
San Martino in Pénsilis [CB] 101
  GHb
San Martino in Poggio 75 Fc
San Martino in Rio [RE] 49 Dd
San Martino in Selvanera [PU] 71
  EFc
San Martino in Soverzano [BO] 61
  ABb
San Martino in Strada [FC] 69 Fa
San Martino in Strada [LO] 33 Fd
San Martino in Tremoleto [AR] 69
  Dd
San Martino in Trignano [PG] 85
  DEd
San Martino Monte l'Abate [RN] 71
  Db
San Martino Montenéve / Sankt
  Martin am Schneeberg [BZ] 1
  GHb
San Martino Oleáro [MI] 33 DEc
San Martino Piana, Stazione– 155
  EFc
San Martino Pizzolano [LO] 47 Dab

San Martino Sannita [BN] 109 BCd
San Martino Siccomário [PV] 47
  Aab
San Martino Sopr'Arno [AR] 75
  FGb
San Martino Spino [MO] 49 Gc
San Martino sul Fiora [GR] 83 Dde
San Martino sulla Marrucína [CH]
  95 Dc
San Martino Superiore [CN] 53 Cbc
San Martino Valle Caudina [AV]
  113 Fa
San Martino Valle Caudina,
  Stazione di– 113 Fa
San Marzano [PC] 47 Cb
San Marzano, Monte– 111 Dd
San Marzano di San Giuseppe [TA]
  123 BCc
San Marzano Oliveto [AT] 45 Cd
San Marzano sul Sarno [SA] 113
  Fc
San Marzanotto [AT] 45 Cc
San Marzio / Sankt Martius [BZ] 9
  Eab
San Mássimo [CB] 107 Fab
San Mássimo [GE] 57 Bc
San Mássimo [SV] 55 Cb
San Mássimo [TE] 93 Gab
San Mássimo, Stazione– 107 Fa
San Mássimo all'Adige [VR] 37 Bc
San Matteo [CN] 53 Ec
San Matteo [CN] 43 HId
San Matteo [FG] 103 Cc
San Matteo [FC] 69 Fb
San Matteo, Casa– [FG] 103 Bb
San Matteo, Convento– 103 DEc
San Matteo, Punta– 9 Bc
San Matteo della Décima [BO] 59
  Ha
San Matteo delle Chiáviche [MN]
  49 Cb
San Mattia [SA] 115 Bd
San Maurizio [AL] 45 Db
San Maurizio [CN] 53 Dcd
San Maurizio [CN] 53 Db
San Maurizio [CO] 21 Bcd
San Maurizio [GE] 57 Bc
San Maurizio [RE] 59 Da
San Maurizio [VB] 19 Fc
San Maurizio [VC] 31 Db
San Maurizio / Sauders [BZ] 9 GHb
San Maurizio Canavese [TO] 43 Ga
San Maurízio d'Opaglio [NO] 19 Ed
San Mauro [CE] 107 Ec
San Mauro [CN] 53 Fc
San Mauro [CN] 53 Ec
San Mauro [LE] 125 CDc
San Mauro [NU] 171 Ccd
San Mauro [SA] 113 Fc
San Mauro [TE] 87 EFd
San Mauro [TN] 23 Hb
San Mauro [VE] 27 Cd
San Mauro, Monte– [AV] 109 Fd
San Máuro, Monte– 175 Cc
San Mauro, Monte– [BL] 25 Db
San Mauro, Torrente– 131 FGcd
San Mauro, Varco– 135 Ea
San Mauro a Mare [FC] 71 Cab
San Mauro a Signa [FI] 67 Ed
San Mauro Castelverde [PA] 147
  Hc
San Mauro Cilento [SA] 127 Bc
San Mauro di Saline [VR] 37 Cb
San Máuro Forte [MT] 129 Dab
San Máuro la Bruca [SA] 127 Cd
San Mauro la Bruca, Stazione– 127
  Cd
San Mauro Marchesato [KR] 137 Fà
San Mauro Páscoli [FC] 71 Cb
San Mauro Torinese [TO] 43 Hb
San Menáio [FG] 103 Fb
San Menale [SA] 127 Dc
Sanmezzano [FI] 67 Gd
San Miai, Monte– 177 Db
San Miali, Punta di– 173 DEc
San Miceli [CS] 135 Ca

San Michele [AL] 45 Ec
San Michele [AN] 77 Gd
San Michele [AQ] 101 Bb
San Michele [AT] 45 Ac
San Michele [BA] 119 Cbc
San Michele [BL] 25 Cc
San Michele [BR] 123 Cc
San Michele [BS] 23 DEd
San Michele [CA] 173 EFbc
San Michele [CA] 175 Fc
San Michele [CB] 101 Fc
San Michele [CE] 107 Eb
San Michele [CH] 101 Eb
San Michele [CL] 153 DEc
San Michele [CN] 53 Ec
San Michele [CN] 55 BCc
San Michele [CZ] 137 Cb
San Michele [FG] 103 Fb
San Michele [FG] 111 Cbc
San Michele [IM] 63 Dc
San Michele [LT] 107 Ac
San Michele [NA] 113 Ecd
San Michele [OR] 169 Fc
San Michele [PC] 47 Ed
San Michele [PU] 79 Bab
San Michele [RA] 61 Ec
San Michele [RE] 49 Dd
San Michele [RI] 91 Fc
San Michele [ROMA] 97 Ga
San Michele [SA] 127 Eb
San Michele [SR] 159 Gbc
San Michele [SS] 161 Ec
San Michele [SS] 161 Dbc
San Michele [SV] 63 Hab
San Michele [TO] 43 Ecd
San Michele [TP] 151 ins.a
San Michele [TS] 41 Hc
San Michele [VA] 19 Gc
San Michele [VB] 15 Eb
San Michele [VE] 39 Ec
San Michele / Sankt Michael [BZ] 9
  Fc
San Michele, Abbazia– 115 Fb
San Michele, Grotta di– [BA] 111
  Cd
San Michele, Grotta di– [SS] 167
  BCc
San Michele, Monte– [BA] 119 Ca
San Michele, Monte– [FI] 75 Db
San Michele, Monte– [GO] 27 Gc
San Michele, Monte– [PA] 147 Dbc
San Michele, Monte– [SA] 127 Ecd
San Michele, Pizzo– 115 ABc
San Michele, Podere– [BA] 117 Fb
San Michele, Punta– 173 Dc
San Michele, Serra– 99 Db
San Michele, Terme di– 73 Fd
San Michele all'Ádige [TN] 23 Ga
San Michele al Tagliamento [VE] 27
  CDd
San Michele a Polvereto 73 Gb
San Michele Arenas, Monte– 177
  Dbc
San Michele a Torri [FI] 67 Ed
San Michele Cavana [PR] 59 Bb
San Michele de' Gatti [PR] 57 Ha
San Michele dei Mucchietti [MO]
  59 Ebc
San Michele delle Badesse [PD] 39
  Bb
San Michele delle Vigne [FG] 111
  ABbc
San Michele di Basso 113 Gc
San Michele di Ganzaria [CT] 155
  Bd
San Michele di Moriano [LU] 65
  FGc
San Michele di Pagana [GE] 57 Bc
San Michele di Piave [TV] 25 FGd
San Michele di Plaiano 163 CDd
San Michele di Salvenero 165 Eab
San Michele di Serino [AV] 115
  ABb
San Michele di Tiorre [PR] 59 Ba
San Michele e Grato [TO] 43 Hc
San Michele Extra [VR] 37 Cc

San Michele in Bosco [MN] 49 Cb
San Michele in Quarneto [RA] 61
  Cd
San Michele in Teverina [VT] 91
  CDa
San Michele Mondovì [CN] 53 Hc
San Michele Prazzo [CN] 53 Cbc
San Michele Salentino [BR] 123 Cb
San Milano, Rio– 177 Dc
San Milanu, Nuraghe– 175 Cb
San Miniato [PI] 67 CDd
San Miniato Basso [PI] 67 CDd
San Miniato in Alpe [FI] 69 Cd
San Miro al Monte 21 Cc
San Mommé [PT] 67 Db
San More, Monte– 59 HIc
San Morello [CS] 133 Eab
Sannace, Monte– 119 Bbc
Sannace [MS] 57 FGd
San Nazário [CN] 53 Hb
San Nazário [SA] 127 Cd
San Nazário [SA] 113 Gc
San Nazário [VI] 25 BCcd
San Nazário [VI] 25 BCcd
San Nazario, Lago– 107 Ea
San Nazzário 75 DEde
San Nazzaro [AL] 45 Hd
San Nazzaro [BN] 115 ABa
San Nazzaro [PC] 47 Cc
San Nazzaro [PC] 47 Fb
San Nazzaro [PR] 49 Ad
Sannazzaro de' Burgondi [PV] 45
  Gb
San Nazzaro Sésia [NO] 31 Ec
San Nazzaro Val Cavargna [CO] 21
  Bb
Sannelli, Masseria– [TA] 121 Dc
San Nicandro [AQ] 93 Fc
San Nicandro [IS] 107 Dab
Sannicandro di Bari [BA] 117 Gab
Sannicandro di Bari, Stazione– 117
  Gb
San Nicandro Gargánico [FG] 103
  Dbc
San Niccoló [AN] 77 Fc
San Niccoló [BO] 59 Hd
San Niccoló di Celle [PG] 85 Cb
San Nicola [AG] 157 Dc
San Nicola [AQ] 93 Db
San Nicola [AQ] 93 Dc
San Nicola [CA] 175 Fc
San Nicola [CB] 107 Gb
San Nicola [CL] 153 Eb
San Nicola [CS] 135 Ca
San Nicola [CT] 145 DEd
San Nicola [LT] 105 GHb
San Nicola [PZ] 115 Gc
San Nicola [RC] 141 DEb
San Nicola [RC] 141 Gb
San Nicola [RC] 139 Fc
San Nicola [RE] 59 Eab
San Nicola [RI] 91 GHb
San Nicola [ROMA] 97 DEab
San Nicola [SA] 127 Cd
San Nicola [SS] 167 BCc
San Nicola [TP] 151 BCb
San Nicola / Sankt Nikolaus [BZ] 3
  Dc
San Nicola, Casa– [PA] 147 FGc
San Nicola, Case– [TP] 149 DEcd
San Nicola, Grotta– 103 Gb
San Nicola, Isola– 103 CDa
San Nicola, Masseria– [BA] 117
  DEb
San Nicola, Masseria– [FG] 109
  FGa
San Nicola, Masseria– [FG] 109
  Fbc
San Nicola, Masseria– [TA] 121
  FGb
San Nicola, Monte– [AQ] 93 Fd
San Nicola, Monte– [BA] 119 Db
San Nicola, Monte– [Cal.] 139 Fb
San Nicola, Monte– [CE] 107 DEb
San Nicola, Monte– [CL] 157 Fd

San Nicola, Monte– [CT] 155 Dc
San Nicola, Monte– [EN] 155 Bc
San Nicola, Monte– [It.] 99 Hc
San Nicola, Monte– [PA] 151 Gb
San Nicola, Monte– [PZ] 127 Fb
San Nicola, Podere– [FG] 103 Bb
San Nicola, Punta– 125 FGbc
San Nicola, Rocca– 157 Dd
San Nicola, Ruderi di– 97 Cb
San Nicola, Tempa– 129 Dd
San Nicola, Torre– 157 Dd
San Nicola, Torrente– 129 Fd
San Nicola, Valle di– 147 Fcd
San Nicola Arcella [CS] 131 Bb
San Nicola Atore, Casa– [EN] 155
  Da
San Nicola Baronia [AV] 115 Da
San Nicola da Crissa [VV] 137 Bcd
San Nicola d'Arpi, Masseria– [FG]
  109 Ga
San Nicola Delegistis [VV] 139 Cb
San Nicola dell'Alto [KR] 133 Ec
San Nicola di Casole 125 FGc
San Nicola di Mazara, Stazione di–
  151 BCb
San Nicola di Melfi, Stazione di–
  109 GHd
San Nicola di Silánis 163 EFcd
San Nicola di Tremiti [FG] 103 Da
San Nicola l'Arena [PA] 147 Db
San Nicola la Strada [CE] 113 DEa
San Nicola Manfredi [BN] 109 Bd
San Nicolao [CA] 173 Cc
San Nicolao [TO] 43 FGcd
San Nicola–Silvana Mánsio,
  Stazione– 133 Cc
San Nicola Varano [FG] 103 DEb
San Nicola Varco di Éboli,
  Stazione– 115 Bd
San Nicoló [BO] 61 Bc
San Nicoló [ME] 145 Eb
San Nicoló [ME] 141 Gb
San Nicoló [OR] 169 Fb
San Nicoló [SO] 7 Gc
San Nicoló [TV] 39 EFa
San Nicoló [UD] 41 Fb
San Nicoló [VV] 139 BCb
San Nicoló / Sankt Nikolaus [BZ] 9
  Db
San Nicoló / Sankt Nikolaus [BZ] 9
  Fc
San Nicoló, Valle di– 11 Bc
San Nicoló a Tordino [TE] 87 Ed
San Nicoló a Trebbia [PC] 47 Db
San Nicoló d'Arcidano [OR] 173 Da
San Nicoló d'Ega / Sankt Nikolaus
  Eggen [BZ] 9 GHc
San Nicoló di Comélico [BL] 11
  Gb
San Nicoló di Trúllas 165 Ec
San Nicoló Ferrarese [FE] 61 Ca
San Nicoló Gerrei [CA] 175 Dcd
San Nicoló Po [MN] 49 DEb
San Nilo, Abbazia di– 97 FGc
San Nilo, Grotta di– 131 EFd
Sánnio 107 Gb
Sánnio, Monti del– 109 Bb
Sannoro, Torrente– 109 EFc
San Novo [MI] 33 Cc
San Pacífico 79 CDd
San Pancrázio [AR] 75 Ec
San Pancrázio [BS] 35 Cb
San Pancrázio [FI] 73 Gb
San Pancrázio [FR] 99 FGc
San Pancrázio [IM] 63 Dcd
San Pancrázio [PR] 49 Ad
San Pancrázio [RA] 61 Cc
San Pancrázio [SS] 163 Ecd
San Pancrázio [TO] 43 Gb
San Pancrázio [VA] 19 Gc
San Pancrázio / Sankt Pankraz in
  Ulten [BZ] 9 Eb
San Pancrázio, Lago– / Kratzberger
  See 1 Hc
San Pancrázio, Monte– 91 Fb
San Pancrázio, Punta– 113 Bc

San Pancrázio Salentíno [BR] 123 DEc
San Pánfilo d'Ocre [AQ] 93 Ec
San Pantaleo [CA] 179 CDa
San Pantaleo [FI] 67 Dd
San Pantaleo [SS] 161 Ec
San Pantaleo, Isola– 149 Cc
San Pantaleone [RC] 141 EFcd
San Paolino, Monte– 153 Cb
San Páolo [AP] 87 Cd
San Páolo [AT] 45 Ac
San Páolo [BA] 111 Gd
San Páolo [BS] 35 Dc
San Páolo [CN] 55 Ac
San Páolo [ME] 145 Gb
San Páolo [NU] 171 CDb
San Páolo [PG] 77 Cd
San Páolo [PI] 73 Dc
San Páolo [PN] 27 Cc
San Páolo [PV] 45 Ea
San Páolo [RI] 93 Ca
San Páolo [RN] 71 Cbc
San Páolo [SR] 159 Fcd
San Páolo [SS] 167 Eb
San Páolo [TA] 121 Fb
San Páolo / Sankt Pauls [BZ] 9 Fc
San Páolo, Capo– 147 ins.a
San Páolo, Casa– [BA] 117 Eb
San Páolo, Fosso di– 89 Ga
San Páolo, Isola– 121 EFc
San Páolo, Masseria– [TA] 121 FGc
San Páolo, Monte– [CZ] 139 Gbc
San Páolo, Monte– [It.] 71 Cc
San Páolo, Ponte– 145 Fc
San Páolo, Torre– 69 Fb
San Páolo Albanese [PZ] 129 DEd
San Páolo a Mosciano 67 EFd
San Páolo Bel Sito [NA] 113 Fb
San Páolo Cervo [BI] 31 BCab
San Páolo d'Argon [BG] 33 Ga
San Páolo di Civitate [FG] 103 Bc
San Páolo di Jesi [AN] 79 CDc
San Páolo di Peltuino 93 Fc
San Páolo in Alpe 69 Dc
San Páolo Solbrito [AT] 45 Ac
San Pasquale [FR] 107 BCab
San Pasquale [PZ] 131 Db
San Pasquale [RC] 141 Fd
San Pasquale [SS] 161 Dbc
San Pasquale [SS] 163 Dd
San Pasquale, Masseria– [BA] 119 Cb
San Pasquale Vallaspra 101 Da
San Paterniano [AN] 79 Ebc
San Patrízio [RA] 61 CDbc
San Pedrino [MI] 33 Ebc
San Pelágio [PD] 37 Gd
San Pelágio [TS] 41 GHb
San Pelágio [TV] 39 Da
San Pelino [AQ] 99 Ea
San Pelino [AQ] 93 GHd
San Pelino [AQ] 93 lab
San Pellegrinetto [LU] 65 Fb
San Pellegrinetto [MO] 59 Ec
San Pellegrino [FI] 67 Gb
San Pellegrino [MO] 59 FGb
San Pellegrino [PG] 85 Gd
San Pellegrino [PG] 77 Fd
San Pellegrino [PT] 67 Db
San Pellegrino [RE] 59 Dab
San Pellegrino, Alpe– 59 Cd
San Pellegrino, Passo di– 11 Bc
San Pellegrino, Valle di– 11 Bc
San Pellegrino in Alpe [LU] 65 Fa
San Pellegrino Terme [BG] 21 EFcd
San Peretto [VR] 37 Bb
San Peri [RC] 141 Eb
San Pier d'Isonzo [GO] 41 Fab
San Pierfedele [RC] 139 Db
San Pierino [FI] 67 Cd
San Pier Niceto [ME] 141 BCbc
San Piero a Ema [FI] 67 Fd
San Piero a Grado [PI] 65 EFd
San Piero a Ponti [FI] 67 Ecd
San Piero a Sieve [FI] 67 FGc
San Piero in Bagno [FC] 69 Ec

San Piero in Campo [LI] 81 Cd
San Piero in Campo [SI] 83 Ec
San Piero in Frassino [AR] 69 Dd
San Piero Patti [ME] 145 Eb
San Pietro [AN] 77 Gb
San Pietro [AN] 79 DEc
San Pietro [AQ] 99 DEa
San Pietro [AQ] 93 Eb
San Pietro [AT] 45 Bc
San Pietro [AV] 113 Gbc
San Pietro [BN] 107 Gc
San Pietro [BN] 107 FGd
San Pietro [BO] 61 Ac
San Pietro [CA] 173 Ec
San Pietro [CA] 175 Ec
San Pietro [CB] 101 FGcd
San Pietro [CH] 95 Dc
San Pietro [CN] 45 Bd
San Pietro [CO] 21 Bb
San Pietro [CR] 47 Gab
San Pietro [CS] 131 Ebc
San Pietro [CS] 135 Ca
San Pietro [CZ] 137 Da
San Pietro [FR] 99 GHd
San Pietro [FR] 107 ABb
San Pietro [FR] 99 FGcd
San Pietro [IM] 63 Ecd
San Pietro [KR] 137 Gb
San Pietro [LC] 21 Cc
San Pietro [LC] 21 Ccd
San Pietro [ME] 141 Cb
San Pietro [ME] 145 Ga
San Pietro [ME] 143 Fb
San Pietro [MN] 35 Fd
San Pietro [MO] 49 Fd
San Pietro [MT] 129 Fb
San Pietro [MT] 129 Fcd
San Pietro [NA] 113 Ed
San Pietro [NU] 167 FGb
San Pietro [NU] 169 Fa
San Pietro [NU] 171 CDbc
San Pietro [NU] 171 FGc
San Pietro [NU] 171 CDc
San Pietro [PA] 147 Cb
San Pietro [PR] 57 Eb
San Pietro [PV] 47 ABa
San Pietro [RI] 93 Ca
San Pietro [ROMA] 99 BCc
San Pietro [SA] 113 Fc
San Pietro [SCV] 97 Eb
San Pietro [SO] 5 Gd
San Pietro [SS] 165 DEc
San Pietro [SS] 167 BCb
San Pietro [SV] 63 Gbc
San Pietro [TA] 123 CDd
San Pietro [TE] 93 FGab
San Pietro [TN] 23 FGd
San Pietro [TO] 29 Gcd
San Pietro [TO] 43 Hb
San Pietro [TV] 25 Ec
San Pietro [UD] 27 Ca
San Pietro [UD] 27 Cc
San Pietro [VB] 19 CDb
San Pietro [VE] 39 BCc
San Pietro [VE] 51 Fb
San Pietro [VR] 37 Cc
San Pietro [VR] 37 Cd
San Pietro [VR] 49 Ga
San Pietro / Sankt Peter [BZ] 11 ABb
San Pietro / Sankt Peter [BZ] 3 Fa
San Pietro / Sankt Peter [BZ] 9 Hb
San Pietro, Badía di– 79 Fb
San Pietro, Bosco di– 159 BCb
San Pietro, Canale– 13 CDbc
San Pietro, Cappella– 21 BCcd
San Pietro, Casa– [CL] 157 Ecd
San Pietro, Casino– [BA] 117 GHc
San Pietro, Cima– 129 Cb
San Pietro, Colle– 93 Ga
San Pietro, Coppa– 109 Dab
San Pietro, Cozzo di– 147 Hd
San Pietro, Crode– 11 Ec
San Pietro, Culmine– 21 Dc
San Pietro, Isola– 121 Ec
San Pietro, Isola di– 177 Bc

San Pietro, Lago di– 115 EFa
San Pietro, Masseria– [BA] 119 Cb
San Pietro, Masseria– [FG] 109 CDa
San Pietro, Masseria– [TA] 121 Fbc
San Pietro, Monte– [AN] 79 Ebc
San Pietro, Monte– [CA] 173 Ccd
San Pietro, Monte– [EN] 155 Ca
San Pietro, Monte– [ME] 145 Eb
San Pietro, Monte– [SS] 161 CDcd
San Pietro, Ponte– 101 Bd
San Pietro, Tempa– 129 Cc
San Pietro Acquaeortus [TR] 83 Fcd
San Pietro a Dame 77 Bc
San Pietro ad Lacum [TE] 87 Ed
San Pietro ad Oratorium 93 Gc
San Pietro all'Olmo [MI] 33 BCbc
San Pietro al Natisone [UD] 27 Fb
San Pietro al Tánagro [SA] 127 Db
San Pietro a Máida [CZ] 137 BCbc
San Pietro a Máida Scalo [CZ] 137 Bb
San Pietro a Mare 163 Ec
San Pietro a Monte [PG] 77 BCcd
San Pietro a Paterna 75 Dd
San Pietro a Piano [PI] 73 Db
San Pietro Apostolo [CZ] 137 Ca
San Pietro Aprica [SO] 21 Hab
San Pietro a Strada [FI] 67 Gcd
San Pietro Avellana [IS] 101 BCc
San Pietro Avellana, Stazione di– 101 Cc
San Pietro a Vico [LU] 65 Gc
San Pietro Belvedere [PI] 73 DEb
San Pietro Capofiume [BO] 61 Bb
San Pietro Casasco [PV] 47 Bcd
San Pietro Chiazzacco [UD] 27 FGb
San Pietro Clarenza [CT] 155 EFb
San Pietro Cúsico [MI] 33 Cc
San Pietro d'Assarti [CN] 43 EFd
San Pietro del Gallo [CN] 53 EFc
San Pietro di Caridá [RC] 139 Db
San Pietro di Cadore [BL] 11 Gb
San Pietro di Feletto [TV] 25 Cc
San Pietro di Morúbio [VR] 37 Dd
San Pietro di Novella [GE] 57 Bc
San Pietro di Ruda 167 Ca
San Pietro di Samaria 125 Dc
San Pietro di Simbrános 163 Fcd
San Pietro di Sórres 165 Eb
San Pietro d'Olba [SV] 55 Ebc
San Pietro d'Orzio [BG] 21 EFc
San Pietro e dei Cappuccini, Convento di– 99 Ebc
San Pietro Extramúros 165 Dd
San Pietro Frascati [GE] 57 CDd
San Pietro in Amantea [CS] 135 Cc
San Pietro in Campiano [RA] 61 EFd
San Pietro in Cariano [VR] 37 Bb
San Pietro in Caságlia [FI] 67 EFc
San Pietro in Casale [BO] 59 Ia
San Pietro in Cerro [PC] 47 Fb
San Pietro in Corte [PC] 47 Fb
San Pietro Infine [CE] 107 Cb
San Pietro in Gu [PD] 37 FGb
San Pietro in Guarano [CS] 135 Dab
San Pietro in Guardiano [FC] 61 Fd
San Pietro in Laguna [RA] 61 Dcd
San Pietro in Lama [LE] 123 Fd
San Pietro in Mavino [BS] 35 Gbc
San Pietro in Mercato [FI] 73 Gb
San Pietro in Palazzi [LI] 73 CDcd
San Pietro in Sylvis 61 Dc
San Pietro in Trento [RA] 61 Ed
San Pietro Intrigogna [VI] 37 Fbc
San Pietro in Valle [IS] 101 Dd
San Pietro in Valle [TR] 85 Gde
San Pietro in Valle [VR] 49 Fb
San Pietro in Villa [AR] 77 Bb
San Pietro in Vincoli [RA] 61 Ed
San Pietro in Volta [VE] 39 Dcd
San Pietro Irpino [AV] 109 Bd
San Pietro Marcigliano [LU] 65 Gc

San Pietro Martire 163 Fbc
San Pietro Mosezzo [NO] 31 Fc
San Pietro Mussolino [VI] 37 Db
San Pietro Novello [TV] 39 Eab
San Pietro Polésine [RO] 49 GHb
San Pietro Poligosu 163 Fd
San Pietro Valdástico [VI] 23 HIc
San Pietro Vara [SP] 57 Dcd
San Pietro Vecchio [VI] 37 Db
San Pietro Vernótico [BR] 123 EFbc
San Pietro Viminário [PD] 37 Gd
San Pio [AQ] 93 Fc
San Pio [ROMA] 99 Bb
San Pio delle Cámere [AQ] 93 Fc
San Placido 85 Gc
San Polo [AR] 75 Gbc
San Polo [BS] 35 Ebc
San Polo [PC] 47 Ec
San Polo [PR] 49 ABc
San Polo [RI] 91 Fbc
San Polo [SI] 83 Fb
San Polo, Fermata– 97 GHab
San Polo, Poggio– [SI] 75 Dc
San Polo Matese [CB] 107 FGb
San Polo dei Cavalieri [ROMA] 97 GHa
San Polo d'Enza [RE] 59 Cb
San Polo di Piave [TV] 25 Gd
San Polo in Chianti [FI] 67 FGde
San Ponso [TO] 29 HIc
San Ponzo Semola [PV] 45 Hcd
San Pórtolu 165 Fc
San Possidónio [MO] 49 Ec
San Potito [AQ] 93 EFd
San Potito [SA] 113 FGc
San Potito Sannítico [CE] 107 Fbc
San Potito Ultra [AV] 115 Bb
San Presto [PG] 85 DEb
San Príamo [CA] 179 Fa
San Primo [CO] 21 Cc
San Primo, Monte– 21 Cc
San Prisco [CE] 107 Cd
San Procolo [AP] 87 Db
San Procopio [PZ] 117 Bb
San Procópio [RC] 141 Fbc
San Próspero [BO] 51 Ad
San Próspero [BO] 59 Gc
San Próspero [BO] 61 Cc
San Próspero [MN] 49 Fb
San Próspero [MO] 49 Fd
San Próspero [PR] 49 Bd
San Próspero [PR] 49 Ad
San Próspero [RE] 49 Dd
San Protaso [PC] 47 EFc
San Puoto, Lago– 105 Gc
San Quintino [CN] 53 Hc
San Quintino [PI] 73 Fab
San Quírico [AL] 55 Ea
San Quírico [AL] 45 Fcd
San Quírico [CN] 53 FBc
San Quírico [GR] 83 Ede
San Quírico [LU] 65 FGd
San Quírico [PO] 67 Fb
San Quírico [PR] 57 DEc
San Quírico [PT] 67 BCc
San Quírico [RI] 93 Cb
San Quírico [TR] 83 Gd
San Quírico [VI] 37 Dab
San Quírico, Pieve– 77 Dd
San Quírico di Moriano [LU] 65 FGc
San Quírico d'Orcia [SI] 83 Db
San Quírico in Collina [FI] 73 Gab
San Quírico in Val Polcévera [GE] 55 Gbc
San Quirino [PN] 27 ABb
San Rabano, Abbazia di– 89 Ca
San Raffaele [TO] 43 Iab
San Raffaele Cimena [TO] 43 Iab
San Ranía [KR] 133 Dc
San Régolo [PI] 73 Cb
San Régolo [SI] 75 Dc
San Régolo [SI] 83 Eb
San Remo [IM] 63 Ed

San Remo, Rifúgio– 63 Eb
San Roberto [RC] 141 Eb
San Rocchetto [AN] 79 Fbc
San Rocchino [PC] 47 Fc
San Rocco [AL] 45 DEd
San Rocco [AT] 45 Cd
San Rocco [AT] 45 CDd
San Rocco [BS] 35 Fc
San Rocco [CH] 95 Dbc
San Rocco [CH] 95 Cc
San Rocco [CN] 55 Bab
San Rocco [CN] 45 Ac
San Rocco [CN] 53 Ecb
San Rocco [CN] 55 Bb
San Rocco [CN] 53 Ec
San Rocco [GE] 57 Acd
San Rocco [LE] 125 EFc
San Rocco [LU] 65 Fc
San Rocco [MN] 49 EFbc
San Rocco [PR] 47 FGc
San Rocco [PT] 67 Dcd
San Rocco [PV] 47 ABb
San Rocco [RA] 61 Dd
San Rocco [RE] 49 Cc
San Rocco [RE] 49 Cc
San Rocco [SO] 7 Eb
San Rocco [SO] 21 Hla
San Rocco [SO] 7 Fsc
San Rocco [TS] 41 Hc
San Rocco [UD] 13 CDd
San Rocco [VB] 15 Ebc
San Rocco [VI] 23 Id
San Rocco [VR] 37 Bb
San Rocco [VR] 35 Hc
San Rocco [VR] 37 Cb
San Rocco, Monte– 93 Dc
San Rocco al Porto [LO] 47 Eb
San Rocco a Pilli [SI] 75 Cd
San Rocco Castagnaretta [CN] 53 Fc
San Romano [FC] 69 Fbc
San Romano [LU] 65 FGb
San Romano [PI] 67 Cd
San Romano [RE] 59 Db
San Romano in Garfagnana [LU] 65 Fab
San Remédio 9 Ec
San Romolo [IM] 63 Ec
San Rossore, Tenuta di– 65 Ed
San Ruba 139 Dab
San Ruffillo [BO] 59 HIc
San Ruffillo [FC] 69 Eb
San Ruffillo [RA] 61 Cd
San Ruffillo [RA] 61 Bd
San Ruffino [AL] 45 Gc
San Ruffino [PI] 73 Db
San Ruffino [PR] 49 Ad
San Ruffino [RE] 59 Eb
San Rufino di Léivi [GE] 57 Bc
San Rufo [SA] 127 Db
San Rústico [AP] 79 Fd
San Saba [ME] 141 CDb
San Sabino 79 EFc
San Sabino, Masseria– [FG] 103 Cbc
San Sabino Basanello [AQ] 93 Db
San Salvaro [PD] 49 Ha
San Salvatore [AV] 115 Bbc
San Salvatore [CN] 53 Fb
San Salvatore [CR] 47 GHb
San Salvatore [CS] 131 Ecd
San Salvatore [FG] 103 Gc
San Salvatore [FG] 103 EFcd
San Salvatore [GE] 57 Ccd
San Salvatore [LU] 67 BCc
San Salvatore [MT] 117 Ecd
San Salvatore [NO] 19 Fd
San Salvatore [NU] 175 Cc
San Salvatore [NU] 175 Eb
San Salvatore [OR] 169 Cc
San Salvatore [PC] 47 Cd
San Salvatore → Clitunno, Tempio del– 85 Ecd
San Salvatore, Masseria– [MT] 121 Cc
San Salvatore, Monte– 147 Gcd

San Salvatore, Sorgente– 173 Cc
San Salvatore a Pilli [SI] 75 Cd
San Salvatore di Fitália [ME] 145 Db
San Salvatore di Monte Corona 77 CDd
San Salvatore di Nulvara [SS] 167 Da
San Salvatore–Macchia della Giumenta, Riserva Naturale Biogenetica di– 133 Db
San Salvatore Monferrato [AL] 45 Ebc
San Salvatore Telesino [BN] 107 FGc
San Salvo [CH] 101 Fa
San Salvo Marina [CH] 101 Fa
San Samuele di Cafiero [FG] 111 Cc
San Sano [SI] 75 Dc
San Saturnino [GE] 57 CDd
San Saturnino, Terme– 171 Ca
San Savino [CR] 47 Gb
San Savino [FC] 69 DEab
San Savino [FC] 69 Eb
San Savino [PC] 47 Dd
San Savino [PG] 85 Dc
San Savino [PG] 83 GHb
San Savino [PU] 77 Fb
San Savino [RA] 61 Dbc
San Savino [RE] 49 Cd
San Savino [RN] 71 Dc
San Savino [SI] 83 Fb
San Sebastiano [AQ] 99 Gb
San Sebastiano [BS] 35 Eab
San Sebastiano [CN] 53 Gb
San Sebastiano [CN] 55 Bbc
San Sebastiano [NU] 171 Cc
San Sebastiano [NU] 175 Da
San Sebastiano [PV] 71 Gd
San Sebastiano [RI] 91 Gbc
San Sebastiano [TN] 23 Hc
San Sebastiano, Cime– 11 Dd
San Sebastiano, Monte– 171 CDb
San Sebastiano al Vesúvio [NA] 113 Eb
San Sebastiano Curone [AL] 45 Hd
San Sebastiano da Po [TO] 45 Aab
San Secondo [BI] 31 Cc
San Secondo [PG] 77 Cc
San Secondo di Pinerolo [TO] 43 Ec
San Secondo Parmense [PR] 47 Hc
Sansepolcro [AR] 77 Bb
San Serafino [OR] 169 Fb
San Sérgio, Masseria– [TA] 121 Ga
San Sérvolo 39 Ec
San Severino [SA] 127 CDd
San Severino Lucano [PZ] 131 Ca
San Severino Marche [MC] 79 CDd
San Severo [AR] 75 Gc
San Severo [FG] 103 Cc
San Severo [RA] 61 Dc
San Sicário [TO] 43 Bc
San Sigismondo / Sankt Sigmund [BZ] 3 Dc
San Silério 105 ins.a
San Silvestro [AN] 79 Dab
San Silvestro [BI] 31 Dbc
San Silvestro [BO] 59 Hc
San Silvestro [FC] 69 Eb
San Silvestro [ME] 145 Eb
San Silvestro [MN] 49 Db
San Silvestro [PE] 95 Db
San Silvestro [PG] 85 DEd
San Silvestro [PU] 77 Fb
San Silvestro [RI] 93 Bbc
San Silvestro [TE] 95 Ca
San Silvestro [VC] 45 Ba
San Silvestro / Sankt Silvester 3 Gc
San Silvestro, Colle– 101 DEb
San Silvestro, Masseria– [EN] 153 Fa
San Silvestro, Rocca di– 81 Gb
San Silvestro, Val– / Silvertal 3 Gc

San Silviano [LT] 105 Fbc
San Simeone, Monte– 13 Dcd
San Simeone [BG] 21 Fb
San Simone [CA] 179 Cb
San Simone [LE] 125 Dc
San Simone [NU] 175 Cbc
San Simone [TA] 121 Fb
San Siro [GE] 55 GHc
San Siro [MI] 33 Cc
San Siro [MN] 49 Eb
San Siro [PD] 51 Da
San Siro [PR] 57 Fb
San Siro Foce [GE] 57 Cc
San Sisinio / Sankt Sisinius 9 Cb
San Sisto [PG] 85 BCb
San Sisto [IS] 107 Fa
San Sisto [PG] 85 Cd
San Sisto [PU] 69 GHd
San Sisto [RE] 49 BCc
San Sisto dei Valdesi [CS] 135 Ca
Sansóbbia, Torrente– 55 DEc
Sanson, Colla di– 63 DEb
Sansone, Masseria– [BR] 119 Fc
Sansonetti, Casino– [TA] 121 Eab
San Sósio [FR] 105 Ga
San Sósio [FR] 105 Ha
San Sóssio [AV] 115 Bb
San Sossio [CE] 113 Cab
San Sóssio Baronia [AV] 109 DEd
San Sóstene [CZ] 139 Fb
San Sóstene, Stazione di– 139 Gab
San Sosti [CS] 131 Dcd
San Sperate [CA] 179 BCa
Santa, la– [MN] 49 Db
Santa, Pala di– 9 GHcd
Santa, Serra– 77 Fd
Santa Andria Priu, Grotta di– 165 Fc
Santa Anna 23 Hb
Santa Bárbara [AR] 75 Db
Santa Bárbara [CS] 135 Cbc
Santa Bárbara [LE] 125 Db
Santa Bárbara [ME] 145 Fb
Santa Bárbara [NU] 171 EFd
Santa Bárbara [NU] 175 Eb
Santa Bárbara [OR] 169 Fab
Santa Bárbara [PA] 147 Cc
Santa Bárbara [RC] 139 Ec
Santa Bárbara [SA] 127 Cc
Santa Bárbara [TS] 41 Hc
Santa Bárbara, Cantoniera– [CA] 175 Fc
Santa Bárbara, Casa– [ME] 145 Dcd
Santa Bárbara, Colle– 85 Gb
Santa Bárbara, Monte– 177 Fc
Santa Bárbara, Nuraghe– [NU] 165 Ed
Santa Bárbara, Nuraghe– [NU] 169 DEa
Santa Bárbara, Toppo– 109 Cc
Santa Bárbara in Campitelli [PU] 71 Dd
Sant'Abbondio [CO] 21 Cb
Santa Bianca [FE] 49 Hc
Santa Brígida [AG] 21 Ec
Santa Brígida [BO] 61 Ab
Santa Brígida [FI] 67 Gc
Santa Brígida [TV] 39 BCb
Santa Brígida, Colle– 43 EFc
Santa Candida [BA] 119 Bc
Santa Cándida, Masseria– [MT] 117 Fc
Santa Catarinella, Pizzo– 145 ABc
Santa Caterina [AR] 75 Gd
Santa Caterina [AT] 45 Cc
Santa Caterina [BL] 11 Fb
Santa Caterina [GR] 83 Cd
Santa Caterina [LE] 125 Cc
Santa Caterina [LI] 81 Dcd
Santa Caterina [MO] 49 Ec
Santa Caterina [PR] 47 Gc
Santa Caterina [RC] 141 Dc
Santa Caterina [UD] 13 Fbc
Santa Caterina [VI] 23 Hd
Santa Caterina [VT] 91 Cb

Santa Caterina [VT] 91 Ca
Santa Caterina / Katharinaberg [BZ] 1 Fc
Santa Caterina / Sankt Kathrein [BZ] 9 Fb
Santa Caterina, Lago di– 11 Fc
Santa Caterina, Monte– 149 Bc
Santa Caterina, Múrgie di– 129 Fd
Santa Caterina, Passo– 37 Db
Santa Caterina, Punta– 179 EFc
Santa Caterina, Stagno di– 177 CDc
Santa Caterina Albanese [CS] 131 Dd
Santa Caterina dello Iónio [CZ] 139 FGb
Santa Caterina dello Iónio Marina [CZ] 139 Gb
Santa Caterina del Sasso 19 Fc
Santa Caterina di Pittinuri [OR] 169 CDb
Santa Caterina Valfurva [SO] 7 Hc
Santa Caterina Villarmosa [CL] 153 Eb
Santa Cecilia, Bivio– 127 Aab
Santa Cecilia, Poggio– [SI] 75 Ed
Santa Cesárea Terme [LE] 125 Fc
Santa Chiara [LE] 123 Ed
Santa Chiara [TP] 151 ins.a
Santa Chiara, Cozzo– 155 Cb
Santa Chiara, Masseria– [BA] 117 Eb
Santa Chiara, Masseria– [BA] 117 Ec
Santa Chiara del Tirso [OR] 169 Fb
Santa Colomba [SI] 75 Ccd
Santa Corona, Villaggio– [SV] 63 Hab
Santa Crescénzia 149 Eab
Santa Cristina [AR] 75 Gc
Santa Cristina [NO] 31 EFa
Santa Cristina [OR] 169 DEb
Santa Cristina [OR] 169 Eb
Santa Cristina [PG] 77 Ed
Santa Cristina [PV] 47 Cab
Santa Cristina [PV] 47 Bcd
Santa Cristina [SO] 21 Hab
Santa Cristina [TV] 39 Cb
Santa Cristina, Monte– [CL] 153 Eb
Santa Cristina, Monte– [PR] 47 Fd
Santa Cristina, Nuraghe– 169 Eb
Santa Cristina a Mezzana [PO] 67 DEd
Santa Cristina d'Aspromonte [RC] 141 Fb
Santa Cristina e Bissone [PV] 47 Cab
Santa Cristina Gela [PA] 147 BCbc
Santa Cristina Valgardena / Sankt Christina in Gröden [BZ] 11 Bb
Santa Croce [AG] 153 Bb
Santa Croce [AL] 45 EFcd
Santa Croce [AN] 77 Gc
Santa Croce [AP] 79 EFde
Santa Croce [AQ] 93 DEc
Santa Croce [AR] 77 Bb
Santa Croce [BG] 21 Fcd
Santa Croce [BL] 25 Fb
Santa Croce [BN] 113 Ga
Santa Croce [CE] 107 Ec
Santa Croce [CE] 107 CDc
Santa Croce [CN] 53 EFc
Santa Croce [CN] 53 Hb
Santa Croce [MC] 79 Ec
Santa Croce [ME] 145 Db
Santa Croce [MN] 49 Gbc
Santa Croce [MO] 49 Eb
Santa Croce [NO] 31 Ea
Santa Croce [PA] 147 Db
Santa Croce [PD] 37 Fd
Santa Croce [PE] 95 BCcd
Santa Croce [PG] 85 DEd
Santa Croce [RE] 49 Cc
Santa Croce [RI] 93 Ca
Santa Croce [SO] 5 Gcd
Santa Croce [SV] 63 GHb

Santa Croce [TN] 23 EFb
Santa Croce [TS] 41 GHb
Santa Croce [TV] 25 EFcd
Santa Croce / Heiligkreuz 11 Cb
Santa Croce, Capo– 155 Gd
Santa Croce, Forca di– 85 Gd
Santa Croce, Lago di– 25 FGb
Santa Croce, Masseria– [BA] 111 Ec
Santa Croce, Masseria– [FG] 109 Gcd
Santa Croce, Monte– [CE] 107 Cc
Santa Croce, Monte– [EN] 155 Bcd
Santa Croce, Monte– [GR] 81 Gb
Santa Croce, Monte– [PZ] 115 Fc
Santa Croce, Monte– [SP] 65 Bb
Santa Croce, Monte– [TR] 91 EFab
Santa Croce, Serra– [FG] 109 Eb
Santa Croce, Serra– [MT] 129 Fa
Santa Croce, Stazione– 107 Hb
Santa Croce Bigolina [PD] 37 Gab
Santa Croce Camerina [RG] 159 BCcd
Santa Croce del Sánnio [BN] 109 Bb
Santa Croce di Magliano [CB] 101 GHc
Santa Croce di Marmorta [BO] 61 Cb
Santa Croce di Mistretta 145 ABc
Santa Croce di Santo Stéfano 145 Bc
Santa Crocella, Passo– 107 Gb
Santa Croce sull'Arno [PI] 67 Cd
Sant'Adele [SI] 83 Fb
Santadi [CA] 177 Ec
Santadi, Piano– 173 Ca
Santadi, Rio di– 177 DEc
Santa Doménica [CZ] 139 Gb
Santa Doménica [RC] 139 Fc
Santa Doménica [VV] 139 Cab
Santa Domenica, Abbazia di– 135 Cb
Santa Doménica, Casa– [CT] 159 Da
Santa Doménica Talao [CS] 131 BCbc
Santa Doménica Vittória [ME] 145 Ec
Santa Donna, Monte– 57 Eb
Sant'Adriano [FI] 69 CDb
Sant'Adriano, Chiesa di– 131 Fd
Santa Elena [PG] 85 Bc
Santa Elisabetta [AG] 153 Bc
Santa Elisabetta [SO] 7 Dd
Santa Eufémia 137 Bb
Santa Febbrónia 155 Dcd
Santa Filomena [PE] 95 CDab
Santa Filomena [TE] 87 Fd
Santa Fiora [AR] 75 Gc
Santa Fiora [AR] 77 Bb
Santa Fiora [GR] 83 Dd
Santa Firmina [AR] 75 Gc
Santa Fista [PG] 77 Bb
Santa Flávia [PA] 147 Db
Santa Fosca [BL] 11 Dc
Santa Fosca [TV] 39 Eb
Santa Franca, Monte– 47 Dd
Santa Francesca [PN] 99 Ec
Sant'Agápito [IS] 107 Ea
Sant'Agápito [ROMA] 97 Hbc
Sant'Agápito–Longano, Stazione– 101 Cd
Sant'Ágata [AR] 75 Gd
Sant'Ágata [CH] 101 BCa
Sant'Ágata [CS] 131 Fd
Sant'Ágata [FG] 103 Bb
Sant'Ágata [FI] 69 BCd
Sant'Ágata [FI] 67 FGb
Sant'Ágata [ME] 141 Db
Sant'Ágata [PA] 147 Fc
Sant'Ágata [PC] 47 Ec
Sant'Ágata [RE] 59 Ea
Sant'Ágata [VB] 19 Gb
Sant'Ágata [VR] 49 EFa
Sant'Ágata, Campi di– 141 Ec

Sant'Ágata, Fiumara– 141 Ec
Sant'Ágata, Masseria– [PA] 147 BCc
Sant'Ágata, Monte– 155 BCb
Sant'Ágata Bolognese [BO] 59 Gab
Sant'Ágata de' Goti [BN] 107 FGd
Sant'Ágata del Bianco [RC] 141 Gc
Sant'Ágata delle Terrine [AR] 75 GHc
Sant'Ágata di Èsaro [CS] 131 Cd
Sant'Ágata di Militello [ME] 145 Cb
Sant'Agata di Púglia [FG] 109 Fd
Sant'Ágata Féltria [PU] 69 Gc
Sant'Ágata Fossili [AL] 45 Gd
Sant'Ágata in Montalto [FC] 69 Dc
Sant'Ágata Irpina [AV] 113 Gc
Sant'Ágata li Battiati [CT] 155 Fb
Sant'Ágata sui due Golfi [NA] 113 Ed
Sant'Ágata sul Santerno [RA] 61 Dc
Santa Geltrude / Sankt Gertraud [BZ] 9 Bb
Santa Gertrude / Sankt Gertrud [BZ] 9 Dbc
Santa Gilla, Saline di– 179 BCb
Santa Giorgia [RC] 141 Fb
Santa Giuletta [PV] 47 Bb
Santa Giúlia [RO] 51 Gcd
Santa Giúlia [SV] 55 Cbc
Santa Giúlia, Monte– [MO] 59 Dc
Santa Giúlia, Monte– [SS] 165 Ea
Santa Giúlia di Centáura 57 Ccd
Santa Giuliana 77 CDd
Santa Giuliana, Cantoniera– [CA] 179 Cc
Santa Giusta [CB] 101 Fb
Santa Giusta [NU] 171 Dc
Santa Giusta [OR] 169 Dc
Santa Giusta [RI] 87 Bde
Santa Giusta [RI] 93 Ca
Santa Giusta [SS] 167 Fab
Santa Giusta, Masseria– [FG] 103 Ccd
Santa Giusta, Monte– 163 Bcd
Santa Giusta, Ponte– 103 Ccd
Santa Giusta, Punta di– 179 Fb
Santa Giusta, Stagno di– 169 Dc
Santa Giustina [BL] 25 Eb
Santa Giustina [BS] 35 Cc
Santa Giustina [PC] 47 Cc
Santa Giustina [PR] 57 Db
Santa Giustina [RN] 71 Cb
Santa Giustina [SV] 55 DEc
Santa Giustina [VI] 37 Ec
Santa Giustina, Abbazia di– 45 Ed
Santa Giustina, Lago di– 9 Ec
Santa Giustina in Colle [PD] 39 Bb
Santa Giustina Vigona [MO] 49 Fc
Sant'Agnello [NA] 113 Ed
Sant'Agnese [SI] 75 Cbc
Sant'Agnese [TN] 23 GHb
Sant'Agostino [CS] 135 Dab
Sant'Agostino [FE] 49 Hd
Sant'Agostino [OR] 169 Eb
Sant'Agostino [PC] 47 Cd
Sant'Agostino [TE] 93 Ga
Sant'Agostino [VT] 89 Gcd
Sant'Agostino, Masseria– [BA] 111 Dc
Sant'Agostino, Masseria– [MT] 117 FGc
Sant'Agostino Vecchio [SS] 165 Bb
Santa Greca 169 Fab
Sant'Albano [PV] 47 Bc
Sant'Albano Stura [CN] 53 Gbc
Sant'Alberto [BO] 49 Hd
Sant'Alberto [RA] 61 Eb
Sant'Alberto [TV] 39 Cb
Sant'Alberto di Bútrio, Abbazia– 47 ABc
Sant'Albino 83 Eb
Sant'Albino, Casoni– [PV] 31 Gd
Santalena, Cozzo– 153 Db
Sant'Alessandro [BG] 35 Cab
Sant'Alessandro [PV] 45 EFab

Sant'Alessandro, Catacombe– 97 Fb
Sant'Alessandro, Garzaia di– 45 EFab
Sant'Aléssio [PV] 47 Ba
Sant'Aléssio, Capo– 141 BCd
Sant'Alessio, Oasi di– 47 Ba
Sant'Alèssio con Vialone [PV] 47 Ba
Sant'Aléssio in Aspromonte [RC] 141 Eb
Sant'Aléssio Sículo [ME] 141 BCd
Sant'Alfano, Casa– [SR] 159 Fc
Sant'Álfio [CT] 155 Fa
Sant'Álfio e Cirino 155 Fab
Santa Liberata [GR] 89 Cb
Santa Liberata [RI] 93 Dc
Santa Liberata, Torre di– 89 Cb
Sant'Alò [VE] 41 Bbc
Santa Loppina, Casa– [SR] 159 Fc
Sant'Alósio [AL] 45 Gd
Santa Luce [AR] 75 Fd
Santa Luce [PI] 73 Dc
Santa Luce, Lago di– 73 CDc
Santa Luce, Stazione– 73 Cc
Santa Lucerna, Monte– 135 Dbc
Santa Lucia [AN] 79 Db
Santa Lucia [AN] 79 Db
Santa Lucia [AQ] 93 Da
Santa Lucia [AV] 115 Db
Santa Lucia [BA] 119 Db
Santa Lucia [BN] 107 Gb
Santa Lucia [CA] 173 Cc
Santa Lucia [CA] 175 Cc
Santa Lucia [CA] 177 Eb
Santa Lucia [CA] 175 Dcd
Santa Lucia [CE] 107 Dc
Santa Lucia [CH] 101 Eb
Santa Lucia [CN] 53 Dc
Santa Lucia [CN] 53 Ed
Santa Lucia [CN] 53 Gcd
Santa Lucia [CS] 131 Cb
Santa Lucia [FI] 67 Fb
Santa Lucia [FC] 69 Eb
Santa Lucia [FC] 69 Gb
Santa Lucia [MC] 79 Fd
Santa Lucia [MC] 79 Ed
Santa Lucia [ME] 145 Ac
Santa Lucia [ME] 141 CDbc
Santa Lucia [MN] 55 Hb
Santa Lucia [MN] 49 EFb
Santa Lucia [MT] 117 Fd
Santa Lucia [MT] 121 BCb
Santa Lucia [NA] 113 Ddc
Santa Lucia [NU] 167 Gc
Santa Lucia [OR] 169 Fcd
Santa Lucia [PA] 147 Gd
Santa Lucia [PE] 95 Cb
Santa Lucia [PG] 77 Cc
Santa Lucia [PI] 73 Db
Santa Lucia [PO] 67 Ec
Santa Lucia [PU] 69 Hc
Santa Lucia [RI] 93 Cc
Santa Lucia [RI] 93 CDc
Santa Lucia [SA] 115 Bd
Santa Lucia [SA] 113 Gc
Santa Lucia [SA] 127 Bc
Santa Lucia [SI] 73 Gc
Santa Lucia [SI] 73 GHc
Santa Lucia [SI] 75 Ed
Santa Lucia [SO] 7 FGc
Santa Lucia [SR] 159 Gb
Santa Lucia [SS] 165 EFc
Santa Lucia [TE] 87 EFde
Santa Lucia [VR] 37 Dd
Santa Lucia, Cantoniera– [NU] 175 CDb
Santa Lucia, Case– [ROMA] 89 Gd
Santa Lucia, Masseria– [BR] 123 Eb
Santa Lucia, Monte– [AP] 87 Dbc
Santa Lucia, Monte– [Tosc.] 73 Fd
Santa Lucia, Rio– 179 BCbc
Santa Lucia, Stabilimento Termale– 165 Fc
Santa Lucia, Terme di– 59 BCc
Santa Lucia, Torre– 147 FGb

Santa Lucia, Ville– [PG] 77 FGd
Santa Lucia delle Spianate [RA] 61 Dd
Santa Lucia del Mela [ME] 141 Bc
Santa Lucia di Budóia [PN] 25 GHb
Santa Lucia di Piave [TV] 25 Fc
Santa Lucia di Serino [AV] 115 Bb
Santa Maddalena / Sankt Magdalena [BZ] 11 Bb
Santa Maddalena Vallalta / Sankt Magdalena [BZ] 3 Gbc
Santa Mama 75 FGb
Santa Margherita [AT] 45 BCd
Santa Margherita [BO] 61 Bd
Santa Margherita [CA] 177 Fd
Santa Margherita [CN] 53 Fc
Santa Margherita [CO] 21 Bbc
Santa Margherita [FE] 51 Dd
Santa Margherita [FI] 67 EFb
Santa Margherita [ME] 141 CDc
Santa Margherita [PD] 39 Cd
Santa Margherita [PR] 47 Gcd
Santa Margherita [PV] 47 Bd
Santa Margherita [TE] 95 Ba
Santa Margherita [TN] 23 FGd
Santa Margherita [TO] 43 Hb
Santa Margherita [VE] 27 Cc
Santa Margherita, Fermata– 137 Ca
Santa Margherita, Villaggio– [EN] 155 Ca
Santa Margherita d'Ádige [PD] 51 Ba
Santa Margherita di Bélice [AG] 151 DEa
Santa Margherita di Stáffora [PV] 47 Bd
Santa Margherita Lígure [GE] 57 Bcd
Santa Maria [AN] 77 Gc
Santa Maria [AN] 79 Db
Santa Maria [AP] 87 Dbc
Santa Maria [AP] 87 Cd
Santa Maria [AT] 45 Cb
Santa Maria [BI] 31 Dab
Santa Maria [CA] 173 Ec
Santa Maria [CA] 177 Dc
Santa Maria [CN] 55 Aab
Santa Maria [CO] 21 Cb
Santa Maria [CS] 131 Cd
Santa Maria [CZ] 137 Db
Santa Maria [FG] 109 DEc
Santa Maria [LT] 105 ins.a
Santa Maria [ME] 145 EFb
Santa Maria [MT] 129 Db
Santa Maria [PC] 47 BCd
Santa Maria [PD] 37 Gb
Santa Maria [PU] 69 Hc
Santa Maria [PZ] 129 Cd
Santa Maria [RI] 91 FGb
Santa Maria [SA] 127 Ac
Santa Maria [SO] 7 Eb
Santa Maria [SP] 57 Dc
Santa Maria [SP] 57 Ed
Santa Maria [SP] 57 EFd
Santa Maria [SS] 163 Bbc
Santa Maria [SS] 161 Cc
Santa Maria [SS] 165 Eb
Santa Maria [TE] 93 Ga
Santa Maria [TO] 29 Ic
Santa Maria [TO] 43 Hc
Santa Maria [TR] 83 Gc
Santa Maria [TR] 91 Fb
Santa Maria [TV] 25 Ca
Santa Maria [TV] 25 Fc
Santa Maria [UD] 27 DEc
Santa Maria [VC] 45 BCa
Santa Maria [VC] 19 Cc
Santa Maria [VC] 31 Db
Santa Maria [VI] 37 Ea
Santa Maria [VI] 37 Gb
Santa Maria [VR] 37 Cc
Santa Maria [VT] 91 Ca
Santa Maria, Abbazia– 43 Fd
Santa Maria, Bosco– 139 Eb
Santa Maria, Canale– 103 Bd

Santa Maria, Cantoniera– [NU] 175 Db
Santa Maria, Cappella– Rifugio– 43 Da
Santa Maria, Casa– [NU] 165 Cc
Santa Maria, Cascina– [VT] 89 Hc
Santa Maria, Colle– [CZ] 135 DEc
Santa Maria, Convento di– 75 Dbc
Santa Maria, Giogo di– 7 Gb
Santa Maria, Isola– [SS] 161 Eb
Santa Maria, Isola– [TP] 149 Cc
Santa Maria, Lago di– 67 Eab
Santa Maria, Masseria– [PZ] 117 Bab
Santa Maria, Monte– 81 DEc
Santa Maria, Nuraghe– 169 EFc
Santa Maria, Ponte– 103 Cd
Santa Maria, Rio– 167 Gd
Santa Maria a Bagnano [FI] 73 Gb
Santa Maria a Carbonara 115 Bc
Santa Maria a Dófana [SI] 75 Dd
Santa Maria al Bagno [LE] 125 Cc
Santa Maria alla Fonderia / Sankt Maria in der Schmelz [BZ] 9 Cb
Santa Maria alla Rassinata [AR] 77 Bc
Santa Maria alle Corti 77 Bd
Santa Maria a Mare [AP] 87 Eab
Santa Maria Amaseno 99 Ec
Santa Maria Ammalati [CT] 155 FGab
Santa Maria a Monte [CB] 109 Bb
Santa Maria a Monte [PI] 67 Cd
Santa Maria a Pantano 113 Cb
Santa Maria a Pié di Chienti 79 Fd
Santa Maria Apparente [MC] 79 FGd
Santa Maria Arabona 95 Cc
Santa Maria a Valogno [CE] 107 Cc
Santa Maria a Vezzano [FI] 67 Gbc
Santa Maria a Vico [CE] 113 Ea
Santa Maria Calvera [MT] 129 Db
Santa Maria Candelora 79 Cc
Santa Maria Capua Vetere [CE] 107 Ed
Santa Maria Codifiume [FE] 61 Bab
Santa Maria Coghínas [SS] 163 Fc
Santa Maria d'Ádige [PD] 51 Cb
Santa Maria d'Alto Cielo [MC] 87 Db
Santa Maria d'Anglona 129 Fc
Santa Maria d'Arzilla [PU] 71 Fcd
Santa Maria d'Áttoli 121 Cb
Santa Maria de Civita 107 Bbc
Santa Maria de Flumentépido 177 Cb
Santa Maria de Fora 101 Ed
Santa Maria degli Ángeli [BA] 117 Gb
Santa Maria degli Ángeli [BS] 35 Ed
Santa Maria degli Ángeli [PG] 85 Db
Santa Maria degli Ángeli [PZ] 127 Fd
Santa Maria degli Angeli, Monastero di– 115 Fb
Santa Maria dei Bisognosi 99 Ca
Santa Maria dei Cintorelli 93 FGc
Santa Maria dei Córdici 127 Ed
Santa Maria dei Lattani, Santuario– 107 Cc
Santa Maria dei Manzi [FG] 111 Bbc
Santa Maria dei Miracoli 111 Dc
Santa Maria dei Sabbioni [CR] 35 BCd
Santa Maria de is Ácquas [CA] 173 Eb
Santa Maria del Bosco 151 Fa
Santa Maria del Campo [CR] 47 Gb
Santa Maria del Campo [GE] 57 ABc
Santa Maria del Casale [BR] 123 Eab
Santa Maria del Casale [MT] 129 Fb

Santa Maria del Castello [NA] 113 Ed
Santa Maria del Cedro [CS] 131 BCc
Santa Maria del Colle [AN] 79 Dc
Santa Maria del Fiume [ME] 145 Eab
Santa Maria del Giudice [LU] 65 Fd
Santa Maria della Croce [CR] 33 Gc
Santa Maria della Fede 87 Eb
Santa Maria della Foce 113 Fbc
Santa Maria della Fossa [RE] 49 Dd
Santa Maria del Lago 95 Cb
Santa Maria della Grotta 125 Ed
Santa Maria della Libera 109 Bb
Santa Maria dell'Alto, Monte– 157 EFc
Santa Maria della Matina 131 Dd
Santa Maria della Mole [ROMA] 97 Fc
Santa Maria della Neve 161 CDc
Santa Maria della Penna 95 Gcd
Santa Maria della Petrella 87 Ebc
Santa Maria della Piana 107 Cc
Santa Maria della Portella 101 Bb
Santa Maria della Quércia 91 Ed
Santa Maria dell'Armi 131 Fb
Santa Maria della Scala [BA] 119 Cc
Santa Maria della Scala [KR] 133 Ec
Santa Maria della Stella [CT] 155 Fb
Santa Maria della Stella [RC] 139 Fc
Santa Maria della Strada 101 Fd
Santa Maria della Valle 71 EFde
Santa Maria della Versa [PV] 47 Bbc
Santa Maria della Vittoria [AQ] 99 Ea
Santa Maria della Vittoria [CB] 109 Ca
Santa Maria delle Grazie [AR] 75 Gc
Santa Maria delle Grazie [AR] 69 CDd
Santa Maria delle Grazie [CS] 129 Fd
Santa Maria delle Grazie [ME] 145 Ga
Santa Maria delle Grazie [RI] 91 Gcd
Santa Maria delle Grazie, Convento– 109 Ba
Santa Maria delle Grotte 111 Gd
Santa Maria delle Vergini 79 Ed
Santa Maria delle Vertighe 75 Fcd
Santa Maria dell'Idria 159 Cb
Santa Maria dell'Isola [BA] 119 Cb
Santa Maria dell'Isola [It.] 139 Ca
Santa Maria dell'Udienza 133 EFc
Santa Maria del Mare 169 Ca
Santa Maria del Molise [IS] 107 Fa
Santa Maria del Molise, Stazione– 107 Fa
Santa Maria del Monte [CS] 131 Dc
Santa Maria del Monte [PC] 47 BCc
Santa Maria del Monte [RN] 71 DEc
Santa Maria del Monte [VA] 19 Gc
Santa Maria del Pátire 133 Ca
Santa Maria del Piano [BA] 117 Ga
Santa Maria del Piano [PR] 59 Bab
Santa Maria del Piano [RN] 71 Dc
Santa Maria del Ponte [AQ] 93 Fc
Santa Maria del Rivo 47 DEc
Santa Maria del Rosario 149 Cc
Santa Maria del Soccorso [ROMA] 97 Fb
Santa Maria del Taro [PR] 57 CDc
Santa Maria del Tempio [AL] 45 DEb
Santa Maria de Óssolo 169 Fb
Santa Maria de Sauccu [NU] 165 Fc

Santa Maria de Sea 165 DEb
Santa Maria de Torana 169 Fb
Santa Maria di Barbana 41 Fb
Santa Maria di Bressanoro 33 Gd
Santa Maria di Campagna [TV] 41 Ab
Santa Maria di Casalpiano 101 Fc
Santa Maria di Casole 125 Db
Santa Maria di Cavamonte [ROMA] 97 Gb
Santa Maria di Cerrate 123 Fc
Santa Maria di Colonna, Abbazia di– 111 Ec
Santa Maria di Colonnata 77 Ed
Santa Maria di Corte, Abbazia di– 165 Ed
Santa Maria di Cotrino, Convento– 123 Db
Santa Maria di Faifoli 101 Fd
Santa Maria di Fogliano [CN] 55 Ca
Santa Maria di Galeria [ROMA] 97 DEa
Santa Maria di Gesù 155 BCd
Santa Maria di Giano 111 Bb
Santa Maria di Léuca, Capo– 125 Fe
Santa Maria di Léuca, Santuario– 125 Fe
Santa Maria di Levola 71 Dc
Santa Maria di Licodia [CT] 155 Eb
Santa Maria di Loreto 109 Ccd
Santa Maria di Lugana 35 Gc
Santa Maria di lu Macchietu 161 Dc
Santa Maria di Maniace, Abbazia– → Maniace, Castello– 145 Dc
Santa Maria di Mare 171 Ga
Santa Maria di Merino 103 Gb
Santa Maria di Monte Léucio, Santuario di– 105 Hb
Santa Maria di Mórtola [CE] 107 Cb
Santa Maria di Mugnano 59 Fb
Santa Maria di Neápoli 173 Da
Santa Maria di Non [PD] 37 GHbc
Santa Maria di Orsoleo 129 Dc
Santa Maria di Palati 145 Abc
Santa Maria di Paterno [MC] 79 Dcd
Santa Maria di Piave [TV] 25 Fd
Santa Maria di Pieca 87 Bb
Santa Maria di Pierno, Santuario– 115 Fc
Santa Maria di Piternis 107 Cab
Santa Maria di Portonovo 79 Fb
Santa Maria di Propezzano 87 Fde
Santa Maria di Pugliano 99 Cc
Santa Maria di Pulsano 103 Fcd
Santa Maria di Rambona 79 Dd
Santa Maria di Ricadi [VV] 139 Cb
Santa Maria di Rispéscia [GR] 83 Ad
Santa Maria di Ronzano 93 Ga
Santa Maria d'Irsi [MT] 117 Ec
Santa Maria d'Irsi 117 Dc
Santa Maria di Sala [VE] 39 Cbc
Santa Maria di Sala [VT] 89 Ga
Santa Maria di Scórpano [CS] 131 Cb
Santa Maria di Sette [PG] 77 Ccd
Santa Maria di Siponto 103 Fd
Santa Maria di Sturla [GE] 57 Cc
Santa Maria di Tridetti 141 Gcd
Santa Maria di Veggiano [PD] 37 FGc
Santa Maria di Zena 59 Icd
Santa Maria d'Oriente 99 Da
Santa Maria 'e Giosso 171 Ccd
Santa Maria 'e Susu 171 Ccd
Santa Maria Fabbrecce [PU] 71 Fc
Santa Maria Hoè [LC] 21 Dd
Santa Maria Imbaro [CH] 95 Ec
Santa Maria im Münstertal [Svizz.] 7 Gb
Santa Maria in Acone 67 Gc

Santa Maria in Caláfria 71 Ed
Santa Maria in Castello 69 Db
Santa Maria in Costa 77 Gbc
Santa Maria in Duno [BO] 59 Ib
Santa Maria in Fabriago [RA] 61 Dbc
Santa Maria Infante [LT] 107 Bc
Santa Maria in Neve [TR] 91 Fb
Santa Maria in Pantano 85 Dd
Santa Maria in Piana 79 Dd
Santa Maria in Potenza [MC] 79 FGc
Santa Maria in Punta [RO] 51 Ec
Santa Maria in Selva, Abbazia– 79 Ecd
Santa Maria in Stelle [VR] 37 Cbc
Santa Maria in Strada 59 Gb
Santa Maria in Valle [AR] 75 EFbc
Santa Maria in Valle [PG] 85 Ec
Santa Maria in Valle Porclaneta 93 DEd
Santa Maria in Vulgano, Masseria– [FG] 109 Eb
Santa Maria Iscálas 165 DEc
Santa Maria la Bruna [NA] 113 Ec
Santa Maria la Carità [NA] 113 EFc
Santa Maria la Castagna [CS] 135 Ca
Santa Maria la Fossa [CE] 107 Dd
Santa Maria la Longa [UD] 27 Ec
Santa Maria la Palma [SS] 165 Bab
Santa Maria la Scala [CT] 155 FGb
Santa Maria la Scala [NA] 113 Ebc
Santa Maria le Grotte [CS] 135 Ca
Santa Maria Lignano 85 Eb
Santa Maria Macerata [FI] 75 Cb
Santa Maria Maddalena [PG] 85 Db
Santa Maria Maddalena [RO] 51 Bc
Santa Maria Maddalena [SO] 7 Fd
Santa Maria Maddalena [SO] 7 FGc
Santa Maria Maddalena [SS] 163
Santa Maria Maddalena [SS] 165 Ea
Santa Maria Maddalena [TR] 91 Fb
Santa Maria Maggiore [VB] 15 Ed
Santa Maria Materdomini 115 Dbc
Santa Maria Navarrese [NU] 171 Gcd
Santa Maria Nuova [AN] 79 Dbc
Santa Maria Nuova [FC] 61 EFd
Santa Maria Oliveto [IS] 107 Da
Santa Maria Pietrafitta [RN] 71 Ec
Santa Maria Rezzónico [CO] 21 Cb
Santa Maria Riopetra [FC] 69 Gbc
Santa Maria Val di Loto [PU] 71 Cd
Santa Maria Villiana [BO] 59 FGd
Santa Marina [FC] 69 Eb
Santa Marina [ME] 145 Ga
Santa Marina [PU] 71 Fc
Santa Marina [SA] 127 Ed
Santa Marina Salina [ME] 143 Eb
Santa Marinella [ROMA] 97 ABa
Santa Marizza [UD] 27 Cc
Santa Marta [GE] 55 Gbc
Santa Massenza [TN] 23 Fb
Santa Massenza, Lago di– 23 Fb
Sant'Amato [CH] 95 Ec
Sant'Ambrógio [MO] 59 FGb
Sant'Ambrógio [PA] 147 Gb
Sant'Ambrógio [PD] 39 Cb
Sant'Ambrógio [SI] 83 DEb
Sant'Ambrógio [VA] 19 Gc
Sant'Ambrógio di Torino [TO] 43 Fb
Sant'Ambrógio di Valpolicella [VR] 37 ABb
Sant'Ambrógio sul Garigliano [FR] 107 Cb
Sant'Amico [AN] 79 Db
San Támmaro [CE] 107 Ed
Santa Monica [RN] 71 DEc
Santa Monica, Autodromo– 71 DEc
Sant'Ampélio, Capo– 63 DEd
Sant'Anania 171 DEb
Sant'Anastásia [KR] 133 Fbc

Sant'Anastásia [LE] 125 Dc
Sant'Anastásia [NA] 113 Eb
Sant'Anastásia, Torre– 105 FGc
Sant'Anastásia [LU] 59 Bd
Sant'Anastásio [MC] 79 Dc
Sant'Anastásio [PI] 73 Fc
Sant'Anastásio [TV] 41 ABb
Sant'Anatólia [PG] 85 FGd
Sant'Anatólia [RI] 93 Dcd
Sant'Anatólia di Narco [PG] 85 EFd
Santandrà [TV] 25 Fd
Sant'Andrat [UD] 27 Dc
Sant'Andrat [UD] 27 Fbc
Sant'Andrea [AL] 45 DEd
Sant'Andrea [AQ] 93 Dbc
Sant'Andrea [AR] 69 Gd
Sant'Andrea [BA] 111 Ec
Sant'Andrea [BG] 21 Hbc
Sant'Andrea [BL] 25 Fa
Sant'Andrea [BO] 61 Ac
Sant'Andrea [BS] 35 EFab
Sant'Andrea [BS] 35 Cb
Sant'Andrea [CA] 179 Db
Sant'Andrea [FI] 73 Fab
Sant'Andrea [FC] 61 Ed
Sant'Andrea [FR] 99 Gd
Sant'Andrea [GO] 27 Gc
Sant'Andrea [LE] 125 Fb
Sant'Andrea [MC] 87 Bab
Sant'Andrea [ME] 141 Cb
Sant'Andrea [MT] 129 EFc
Sant'Andrea [PD] 39 Bbc
Sant'Andrea [PN] 27 Ac
Sant'Andrea [PR] 47 FGc
Sant'Andrea [PR] 49 Ac
Sant'Andrea [PU] 71 Fc
Sant'Andrea [PZ] 115 Fb
Sant'Andrea [RA] 61 Dcd
Sant'Andrea [RI] 91 Fb
Sant'Andrea [SI] 73 Gbc
Sant'Andrea [SI] 73 Gc
Sant'Andrea [SO] 5 Gd
Sant'Andrea [SS] 167 Db
Sant'Andrea [TV] 37 Hb
Sant'Andrea [VE] 39 Ec
Sant'Andrea [VR] 37 Ed
Sant'Andrea [VR] 37 Ed
Sant'Andrea, Capo– [ME] 141 Bd
Sant'Andrea, Capo– [LI] 81 Bd
Sant'Andrea, Faro– 125 Cc
Sant'Andrea, Isola– [BR] 123 Eab
Sant'Andrea, Isola– [LE] 125 Cc
Sant'Andrea, Isola di– 41 Eb
Sant'Andrea, Masseria– [FG] 111 Bc
Sant'Andrea, Monte– [FG] 109 Fb
Sant'Andrea, Monte– [MO] 59 Ec
Sant'Andrea, Monte– [RC] 139 Fc
Sant'Andrea, Monte– [SA] 127 Bb
Sant'Andrea, Porto di– 41 Eb
Sant'Andrea, Sella– 101 Dc
Sant'Andrea a Gavignalla [FI] 73 Fb
Sant'Andrea a Morgiano [FI] 67 FGd
Sant'Andrea Apostolo [AV] 115 ABb
Sant'Andrea Apostolo dello Iónio [CZ] 139 Gb
Sant'Andrea Bagni [PR] 47 Gd
Sant'Andrea Bonagía [TP] 149 Fb
Sant'Andrea d'Agliano [PG] 85 Cb
Sant'Andrea de' Lagni [CE] 107 Ed
Sant'Andrea del Garigliano [FR] 107 BCb
Sant'Andrea del Pizzone [CE] 107 Dd
Sant'Andrea di Barbarana [TV] 39 Ea
Sant'Andrea di Cómpito [LU] 65 Gd
Sant'Andrea di Conza [AV] 115 Eb
Sant'Andrea di Foggia [GE] 57 Bc
Sant'Andrea di Sorbello [AR] 77 Cd
Sant'Andrea di Suasa [PU] 77 Gb
Sant'Andrea Fríus [CA] 175 CDcd

Sant'Andrea in Bagnolo [FC] 61 Fd
Sant'Andrea in Monte / Sankt Andrä [BZ] 3 CDc
Sant'Andrea in Percussina [FI] 67 EFde
Sant'Andrea in Pescaiola [PI] 65 Fd
Sant'Andrea in Proverso 77 Dab
Sant'Andrea Iónio Marina [CZ] 139 Gb
Sant'Andrea Pélago [MO] 59 Dd
Sant'Andrea Priu, Necropoli– 165 Fc
Sant'Ángelo [AN] 71 Hde
Sant'Ángelo [CA] 173 CDc
Sant'Ángelo [CH] 95 DEd
Sant'Ángelo [CS] 131 Cd
Sant'Ángelo [FI] 73 GHb
Sant'Ángelo [FC] 71 Cb
Sant'Ángelo [GR] 83 Ed
Sant'Ángelo [MC] 77 Gd
Sant'Ángelo [MC] 79 Bd
Sant'Ángelo [MC] 79 DEd
Sant'Ángelo [NA] 113 Bc
Sant'Ángelo [PG] 85 Gcd
Sant'Ángelo [PU] 71 FGd
Sant'Ángelo [PZ] 115 Gc
Sant'Ángelo [RI] 93 Ca
Sant'Ángelo [RI] 87 Bde
Sant'Ángelo [SA] 113 Gc
Sant'Ángelo [VE] 39 BCb
Sant'Ángelo [VT] 91 CDa
Sant'Ángelo [VV] 139 DEb
Sant'Ángelo, Abbazia di– 129 Cc
Sant'Angelo, Castello– 157 Dd
Sant'Ángelo, Col– 11 Eb
Sant'Ángelo, Convento– 91 Cbc
Sant'Ángelo, Cozzo– 131 EFd
Sant'Ángelo, Grotta– 87 Dd
Sant'Ángelo, Lago di– 101 Ca
Sant'Ángelo, Masseria– [PZ] 115 GHb
Sant'Ángelo, Monte– [CE] 107 Ec
Sant'Ángelo, Monte– [CS] 135 CDc
Sant'Ángelo, Monte– [LT] 105 Bab
Sant'Ángelo, Monte– [LT] 107 Abc
Sant'Ángelo, Monte– [ME] 143 Ebc
Sant'Ángelo, Monte– [MT] 117 Dc
Sant'Ángelo, Monte– [PA] 147 Dcd
Sant'Ángelo, Monte– [RI] 93 BCc
Sant'Ángelo, Monte– [ROMA] 91 DEd
Sant'Ángelo, Pizzo– [PA] 147 FGbc
Sant'Ángelo, Pizzo– [PA] 147 Fc
Sant'Ángelo, Punta– 113 Bc
Sant'Ángelo, Taverna– 127 Bb
Sant'Ángelo a Cancelli [AV] 115 Ba
Sant'Ángelo a Cúpolo [BN] 109 Bd
Sant'Ángelo a Fasanella [SA] 127 CDb
Sant'Ángelo all'Esca [AV] 115 Bab
Sant'Ángelo a Palombara 113 Eab
Sant'Ángelo a Scala [AV] 113 Gb
Sant'Ángelo a tre Pizzi, Monte– 113 EFcd
Sant'Ángelo–Cinigiano, Stazione– 83 Cc
Sant'Ángelo d'Alife [CE] 107 Eb
Sant'Ángelo dei Lombardi [AV] 115 Db
Sant'Ángelo dei Lombardi, Stazione– 115 CDb
Sant'Ángelo del Pesco [IS] 101 Cd
Sant'Ángelo di Brolo [ME] 145 Eb
Sant'Ángelo di Celle [PG] 85 Cbc
Sant'Ángelo di Chieti [PG] 77 Dd
Sant'Ángelo di Piove di Sacco [PD] 39 BCc
Sant'Ángelo in Colle [SI] 83 Cbc
Sant'Ángelo in Formis [CE] 107 Dd
Sant'Ángelo in Grotte [IS] 101 Dd
Sant'Ángelo in Lizzola [PU] 71 Ecd
Sant'Ángelo in Maiano 77 EFb
Sant'Ángelo in Mercole [PG] 85 DEd
Sant'Ángelo in Pontano [MC] 87 Cb

Sant'Ángelo in Theodice [FR] 107 BCb
Sant'Ángelo in Villa [FR] 99 Ecd
Sant'Ángelo le Fratte [PZ] 127 Ea
Sant'Ángelo Limosano [CB] 101 Ec
Sant'Ángelo Lodígiano [LO] 33 Ed
Sant'Ángelo Lomellina [PV] 31 Fd
Sant'Ángelo Muxaro [AG] 153 Bbc
Sant'Ángelo Romano [ROMA] 97 Ga
Sant'Ángelo Vecchio 107 Eb
Sant'Angiolo, Masseria- [PZ] 129 Cc
Santa Nicolella [ME] 145 Eb
Santa Ninfa [TP] 149 Fd
Sant'Anna [AG] 151 Fb
Sant'Anna [AG] 153 Cc
Sant'Anna [AT] 45 BCd
Sant'Anna [BL] 11 Fb
Sant'Anna [BN] 107 Gc
Sant'Anna [BO] 61 Bab
Sant'Anna [BS] 35 CDb
Sant'Anna [BZ] 3 Gb
Sant'Anna [CB] 101 Fc
Sant'Anna [CN] 53 Ec
Sant'Anna [CN] 53 Hcd
Sant'Anna [CN] 53 Dd
Sant'Anna [CN] 53 Ec
Sant'Anna [CN] 53 CDb
Sant'Anna [CN] 53 Fc
Sant'Anna [CN] 63 Da
Sant'Anna [CN] 53 Gd
Sant'Anna [CN] 53 Bb
Sant'Anna [EN] 153 Fb
Sant'Anna [FG] 103 EFbc
Sant'Anna [FR] 105 FGab
Sant'Anna [KR] 137 Ga
Sant'Anna [ME] 145 Cb
Sant'Anna [MN] 35 FGd
Sant'Anna [OR] 169 DEcd
Sant'Anna [RC] 141 Gc
Sant'Anna [RC] 139 Ccd
Sant'Anna [RE] 49 Cc
Sant'Anna [ROMA] 99 Bc
Sant'Anna [SP] 65 Bb
Sant'Anna [SS] 165 BCb
Sant'Anna [TO] 29 Icd
Sant'Anna [TO] 29 Hd
Sant'Anna [VA] 19 Fd
Sant'Anna [VE] 51 Fb
Sant'Anna [VI] 37 Ga
Sant'Anna, Aeroporto Nazionale di- 137 Gb
Sant'Anna, Cantoniera- [NU] 167 Fc
Sant'Anna, Cantoniera- [OR] 169 Dcd
Sant'Anna, Colle- 95 Bab
Sant'Anna, Santuario di- 53 Cd
Sant'Anna, Vallone di- 53 CDd
Sant'Anna Arresi [CA] 177 Dcd
Sant'Anna d'Alfaedo [VR] 37 Bb
Sant'Anna di Boccafossa [VE] 41 Bbc
Sant'Anna di Piossasco [CN] 53 Dc
Sant'Anna in Camprena 83 Db
Sant'Anna Morosina [PD] 37 GHb
Sant'Anna Pélago [MO] 65 Ga
Santanni [TO] 43 Ha
Sant'Ansano [FI] 67 Gc
Sant'Ansano [FI] 67 Dd
Sant'Ansovino [RN] 71 Dc
Sant'Ántimo [NA] 113 Db
Sant'Ántimo, Abbazia di- 83 CDbc
Sant'Antíne [OR] 169 Fab
Sant'Antíne, Monte- 169 Fd
Sant'Antíne, Nuraghe- 165 Ebc
Sant'Antíoco [CA] 177 Cc
Sant'Antíoco [OR] 169 Da
Sant'Antíoco, Isola di- 177 Cc
Sant'Antíoco di Bisárcio 165 Fb
Sant'Antonino [CN] 53 GHb
Sant'Antonino [PV] 45 Hc
Sant'Antonino [RE] 59 Eb
Sant'Antonino [TV] 39 Db
Sant'Antonino [VC] 31 Cd
Sant'Antonino, Cala di- 145 Ga

Sant'Antonino di Susa [TO] 43 Eb
Sant'Antonino Ticino [VA] 31 Gb
Sant'Antonio [AN] 79 Cb
Sant'Antonio [AQ] 99 Fb
Sant'Antonio [AQ] 99 Fb
Sant'Antonio [AQ] 101 BCb
Sant'Antonio [AT] 45 Bd
Sant'Antonio [AT] 45 Cd
Sant'Antonio [BG] 21 Ed
Sant'Antonio [BG] 21 Gd
Sant'Antonio [BL] 25 EFb
Sant'Antonio [BO] 61 Cb
Sant'Antonio [BS] 23 Cd
Sant'Antonio [CE] 113 CDa
Sant'Antonio [CH] 101 CDa
Sant'Antonio [CH] 101 Bab
Sant'Antonio [CH] 101 EFa
Sant'Antonio [CN] 43 FGd
Sant'Antonio [CN] 45 Ad
Sant'Antonio [CN] 53 Ecd
Sant'Antonio [FC] 69 Eab
Sant'Antonio [FR] 99 Dc
Sant'Antonio [FR] 99 Ed
Sant'Antonio [FR] 107 Bb
Sant'Antonio [GR] 83 Bcd
Sant'Antonio [IM] 63 Dcd
Sant'Antonio [IS] 101 Bc
Sant'Antonio [KR] 133 Cc
Sant'Antonio [LE] 125 Ede
Sant'Antonio [MC] 79 Ec
Sant'Antonio [ME] 145 Db
Sant'Antonio [MN] 49 Da
Sant'Antonio [MO] 59 Fc
Sant'Antonio [MT] 129 Ebc
Sant'Antonio [NO] 31 Eb
Sant'Antonio [NU] 171 Fc
Sant'Antonio [NU] 175 Db
Sant'Antonio [NU] 175 EFb
Sant'Antonio [PA] 149 FGbc
Sant'Antonio [PN] 13 Ccd
Sant'Antonio [PR] 47 Fd
Sant'Antonio [SA] 127 Abc
Sant'Antonio [SO] 7 Gc
Sant'Antonio [SO] 7 Eb
Sant'Antonio [SS] 161 CDc
Sant'Antonio [SS] 165 Eab
Sant'Antonio [SS] 165 Db
Sant'Antonio [TO] 43 Fd
Sant'Antonio [UD] 41 Fb
Sant'Antonio [VA] 19 FGc
Sant'Antonio [VC] 19 Bcd
Sant'Antonio [VE] 39 Dd
Sant'Antonio [VI] 37 Ec
Sant'Antonio [VI] 25 ABc
Sant'Antonio [VI] 23 Hd
Sant'Antonio [VR] 37 Ed
Sant'Antonio [VR] 49 Gab
Sant'Antonio [VI] 91 BCa
Sant'Antonio / Sankt Anton [BZ] 9 Fc
Sant'Antonio, Alpe- 65 Fb
Sant'Antonio, Baite- [SO] 7 DEd
Sant'Antonio, Bocchetta di- 15 Fcd
Sant'Antonio, Case- [RC] 141 Ec
Sant'Antonio, Convento di- 101 Eb
Sant'Antonio, Éremo di- 101 Bb
Sant'Antonio, Fiume- 137 Fa
Sant'Antonio, Lago di- 105 Cb
Sant'Antonio, Monte- [NU] 169 DEa
Sant'Antonio, Monte- [PR] 57 FGb
Sant'Antonio, Monte- [SA] 127 CDd
Sant'Antonio, Passo- / Fanesjoch 11 CDb
Sant'Antonio, Pizzo- 151 Fc
Sant'Antonio, Serra- 99 Eb
Sant'Antonio Abate [NA] 113 Fc
Sant'Antonio al Bosco [SI] 73 GHc
Sant'Antonio a Picenzia [SA] 115 Bd
Sant'Antonio a Trebbia [PC] 47 DEb
Sant'Antonio Baligio [CN] 53 FGb
Sant'Antonio d'Adda [BG] 21 Dd
Sant'Antonio d'Anniata [CR] 47 Hab

Sant'Antonio da Padova 145 Ga
Sant'Antonio dei Casalini [PZ] 115 Fc
Sant'Antonio de li Colti 163 Fbc
Sant'Antonio di Gallura [SS] 161 Dcd
Sant'Antonio di Mavignola [TN] 23 Ea
Sant'Antonio di Mura 165 Ebc
Sant'Antonio di Ranverso 43 Fb
Sant'António di Santadí [CA] 173 Ca
Sant'Antonio in Bosco [TS] 41 Ic
Sant'Antonio in Gualdo 69 Eab
Sant'Antonio in Mercadello [MO] 49 Ec
Sant'Antonio Morignone [SO] 7 FGc
Sant'Antonio Tortal [BL] 11 Fb
Sant'Antuono [NA] 113 Bc
Sant'Antuono, Case- [MT] 129 Ec
Santa Oliva [FR] 107 Ab
Santa Palomba [ROMA] 97 Fc
Santa Panagía [SR] 159 Gb
Santa Panagía, Capo- 159 Gb
Santa Paola [FC] 69 Gb
Santa Paolina [AN] 79 Ec
Santa Paolina [AV] 115 ABa
Sant'Apollinare [BO] 61 ABd
Sant'Apollinare [BO] 59 Gc
Sant'Apollinare [CH] 95 Ec
Sant'Apollinare [FR] 107 BCb
Sant'Apollinare [TV] 25 Dd
Sant'Apollinare in Classe 61 Fc
Sant'Apollinare in Girfalco [PU] 71 Dd
Sant'Apollonia [BS] 7 GHd
Sant'Appiano [FI] 73 Gb
Santa Prócula Maggiore [ROMA] 97 Fcd
Sant'Arcángelo [PG] 83 Gb
Sant'Arcángelo [PZ] 129 Dc
Sant'Arcángelo [SA] 113 FGc
Sant'Arcángelo, Monte- 129 Ec
Santarcángelo di Romagna [RN] 71 Cb
Sant'Arcángelo Trimonte [BN] 109 Ccd
Santarello, Case- [GR] 83 Dd
Santa Reparata [FC] 69 Db
Santa Reparata [SS] 167 Dc
Santa Reparata [SS] 161 CDb
Santa Reparata, Báia di- 161 Cb
Santa Restituta [SS] 171 Ca
Santa Restituta [TR] 85 BCde
Santa Rita [CL] 153 DEc
Santa Rita [MT] 129 Eab
Santa Rita, Rifugio- 21 Db
Santa Rosa [TV] 25 Fc
Santa Rosalia [AG] 151 Eab
Santa Rosalia [RG] 159 Dc
Santa Rosalia, Lago- 159 Dc
Santa Rosalia, Monte- 145 Eb
Santa Rosalía, Santuario di- 147 Cab
Santa Rosalia alla Quisquina 153 Bb
Sant'Arpino [CE] 113 Db
Sant'Arsénio [SA] 127 Db
Santa Rufina [RI] 93 Bb
Santa Rufina [RI] 93 Ca
Sant'Árvara 171 CDa
Santa Sabina, Nuraghe- 169 Fa
Santa Scolastica [PG] 85 Gd
Santa Scolastica [ROMA] 99 Cb
Santa Severa [ROMA] 97 Ba
Santa Severina [KR] 133 Ecd
Santa Sofía [CA] 175 Cc
Santa Sofía [FC] 69 Ec
Santa Sofía d'Epiro [CS] 131 EFd
Santa Spina, Convento- 137 Ea
Santa Susanna 169 Fbc
Santa Tecchia, Masseria- [FG] 109 Ha
Santa Tecla [CT] 155 FGb
Santa Tecla [SA] 115 Bc

Santa Teresa, Masseria- [BR] 123 Eb
Santa Teresa, Masseria- [TA] 121 Fb
Santa Teresa di Gravina, Stazione- 117 DEc
Santa Teresa di Longarini, Stazione- 159 Gbc
Santa Teresa di Riva [ME] 141 Cd
Santa Teresa Gallura [SS] 161 Db
Sant'Atto [TE] 87 Ed
Santa Valburga / Sankt Walburg [BZ] 9 DEb
Sant'Avendrace [CA] 179 Cb
Santa Vénera [CT] 145 FGd
Santa Vénera [TP] 145 Cd
Santa Vénera, Fiumara di- 145 Gb
Santa Veneranda [PU] 71 Fc
Santa Vénere, Masseria- [PA] 151 Fa
Santa Vénere, Monte- 159 Eab
Santa Venerina [CT] 155 Fa
Santa Vénia, Masseria- [LE] 123 Ec
Santa Vittória 91 Hc
Santa Vittória [AQ] 93 Da
Santa Vittória [NU] 175 Cb
Santa Vittória [OR] 169 CDa
Santa Vittória [PC] 47 Db
Santa Vittória [RE] 49 Cc
Santa Vittória [SS] 163 DEd
Santa Vittória, Monte- [NU] 175 Db
Santa Vittória, Monte- [OR] 171 BCc
Santa Vittória d'Alba [CN] 55 Aa
Santa Vittória di Líbiola [GE] 57 Cd
Santa Vittória in Matenano [AP] 87 Cb
Sant'Efísio [CA] 179 BCcd
Sant'Efísio [NU] 171 Da
Sant'Efísio, Cantoniera- [NU] 171 Da
Sant'Egidio [FE] 51 Bd
Sant'Egidio [MC] 79 Ec
Sant'Egidio [PG] 83 Gbc
Sant'Egidio [PG] 85 Cb
Sant'Egidio [TR] 85 Bde
Sant'Egidio [VT] 91 Dc
Sant'Egidio, Alveo del Lago- 103 Ec
Sant'Egidio, Torrente- 87 Eb
Sant'Egidio alla Vibrata [TE] 87 Ecd
Sant'Egidio del Monte Albino [SA] 113 Fc
Sant'Egidio-Villa Chíaviche [FC] 69 Gab
Santel [TN] 23 Gab
Sant'Élena [AQ] 101 Cb
Sant'Élena [MC] 79 Cd
Sant'Élena [PD] 51 Ca
Sant'Élena [TV] 39 DEb
Sant'Élena [VE] 41 Bbc
Sant'Élena, Casa- [BA] 111 Ec
Sant'Élena, Monte- 171 Fb
Sant'Élena, Punta- 179 Eb
Sant'Élena Sannita [IS] 101 Dd
Sant'Eleutério, Serra- 125 Dc
Sant'Elia [AN] 79 Cc
Sant'Elia [AQ] 93 Ebc
Sant'Elia [BR] 123 Eb
Sant'Elia [CL] 153 DEc
Sant'Elia [CZ] 137 Db
Sant'Elia [NU] 175 Cb
Sant'Elia [OR] 169 Dc
Sant'Elia [PA] 147 Db
Sant'Elia [RC] 141 Ed
Sant'Elia, Basílica di- 91 Ec
Sant'Elia, Borgata- [MT] 129 Ea
Sant'Elia, Capo- 179 Cb
Sant'Elia, Casa- [TP] 151 Bab
Sant'Elia, Case- [PZ] 127 Fb
Sant'Elia, Casotti- [CT] 145 Ec
Sant'Elia, Colle- 133 Da
Sant'Elia, Grotta di- 127 Ca
Sant'Elia, Monte- [CA] 179 CDb
Sant'Elia, Monte- [ME] 141 Bab
Sant'Elia, Monte- [RC] 139 DEc
Sant'Elia, Monte- [RC] 139 Bc

Sant'Elia, Monte- [ROMA] 99 BCa
Sant'Elia, Monte- [TA] 121 Eab
Sant'Elia a Pianisi [CB] 101 Gd
Sant'Elia Fiumerápido [FR] 107 Ca
Sant'Eliano [SA] 127 Ec
Sant'Elías, Bruncu- 171 Cd
Sant'Elisabetta [LE] 123 Fc
Sant'Elisabetta [TO] 29 Hlc
Sant'Eliseo [UD] 27 Dab
Sant'Ellero [FI] 67 Gd
Sant'Ellero [FC] 69 Ebc
Sant'Elpídio [RI] 93 Cc
Sant'Elpídio a Mare [AP] 79 Gd
Sant'Elpídio Mórico [AP] 87 Db
Sante Marie [AQ] 99 Da
Sant'Emiliano, Torre- 125 FGc
Sántena [TO] 43 Hc
Sántena, Parco Castello di- 43 Hc
Sant'Enea [PG] 85 BCb
Sant'Ènoc, Monte- 129 Bb
San Teodoro [CT] 145 EFc
San Teodoro [ME] 145 Dc
San Teodoro [NU] 167 Gb
San Teodoro, Grotta di- 145 Cb
San Teodoro, Stagno di- 167 FGb
San Teodoro, Terme di- 115 Cb
San Teodoro, Torre- [TP] 149 Cc
San Teodoro Nuovo [MT] 129 Gb
San Teodoro Vecchio [MT] 129 Gb
Sant'Eráclio [PG] 85 Ec
Santéramo in Colle [BA] 117 Gc
Sant'Erasmo [MC] 85 FGb
Sant'Erasmo [PA] 147 Cb
Sant'Erasmo [SA] 113 Fcd
Sant'Erasmo [TR] 91 Fa
Sant'Erasmo [VE] 39 Ec
Sant'Erasmo, Litorale- 39 Ec
San Terenziano [PG] 85 Cc
San Terenzo [MS] 65 Dab
San Terenzo [SP] 65 Cb
Sant'Ermete [FR] 107 Bb
Sant'Ermete [RN] 71 Cb
Sant'Ermete [SV] 55 Dd
Sant'Ermo [PI] 73 Db
Santerno [RA] 61 Ec
Santerno, Fiume- 61 Db
Sant'Eufémia [FC] 69 DEbc
Sant'Eufémia [LE] 125 EFd
Sant'Eufémia [PD] 39 BCb
Sant'Eufémia [RA] 69 CDab
Sant'Eufémia, Faro di- 103 GHb
Sant'Eufémia, Golfo di- 137 Abc
Sant'Eufémia, Piana di- 137 Bb
Sant'Eufémia a Maiella [PE] 95 Cd
Sant'Eufémia d'Aspromonte [RC] 141 Fb
Sant'Eufémia della Fonte [BS] 35 Eb
Sant'Eufémia Lamézia [CZ] 137 Bb
Sant'Eufémia Vétere [CZ] 137 Bb
Sant'Eugenio, Masseria- [BA] 117 EFa
Sant'Eulalia [TV] 25 Cd
Sant'Eurosia [BI] 31 Cb
Sant'Eusanio [IS] 107 Da
Sant'Eusánio del Sangro [CH] 95 Dcd
Sant'Eusánio Forconese [AQ] 93 Fc
Sant'Eusébio [BS] 35 Fb
Sant'Eusebio [GE] 55 GHc
Sant'Eusebio [MO] 59 Fb
Sant'Eusebio [PU] 71 Cde
Sant'Eusebio [PV] 47 ABc
Sant'Eustáchio, Grotta di- 79 Cd
Sant'Eutízio [VT] 91 Db
Sant'Eutízio, Abbazia di- 85 Gc
Santhià [VC] 31 CDc
Santi [AQ] 93 Db
Santi, Romitorio dei- 85 FGb
Sant'Ianni, Fermata- 135 DEa
Santicolo [BS] 23 Bab
Santicolo, Passo del- 3 Bb
Santicolo, Passo del- (I) = Sandjöchl 3 Bb
Santi Cosma e Damiano [LT] 107 Bc

Santi Cosma e Damiano [RC] 139 Fc
Santi Filippo e Giacomo [TP] 149 CDc
Sant'Ignázio [AN] 79 Dc
Sant'Ignázio [MC] 79 Fcd
Sant'Ignázio [OR] 169 Ea
Sant'Igne 69 GHc
Sant'Ilario [FI] 69 Cb
Sant'Ilario [FI] 67 Ed
Sant'Ilario [LI] 81 Cd
Sant'Ilario [MC] 85 Gb
Sant'Ilario [MI] 33 Bb
Sant'Ilario [PZ] 115 FGc
Sant'Ilario [TN] 23 Gc
Sant'Ilario, Stazione- 101 Bc
Sant'Ilario dello Iónio [RC] 141 Hb
Sant'Ilario d'Enza [RE] 49 Bd
Sant'Ilario di Baganza [PR] 57 Hab
Sant'Ilario Lígure [GE] 55 Hc
Santilí, Colle- 101 Ea
Santi Lorenzo e Flaviano [RI] 87 Bde
Sant'Imento [PC] 47 Db
Santina, La- [PC] 47 Fb
Santino [VB] 19 EFc
Santins, Zuc di- 13 BCd
Sant'Iorio [CE] 107 Ed
Sant'Ippólito [CS] 135 Db
Sant'Ippólito [FI] 67 Ed
Sant'Ippólito [PI] 73 EFd
Sant'Ippólito [PU] 71 Fd
Sant'Ippólito [RI] 93 Cc
Sant'Irene [CS] 133 Ca
Sant'Isidoro [CA] 177 Ed
Sant'Isidoro [CA] 179 Db
Sant'Isidoro [LE] 125 Cb
Sant'Isidoro [PA] 147 Dc
Santíssima Annunziata [LU] 65 Gc
Santíssima Annunziata [ME] 141 Db
Santíssima Annunziata [NU] 167 EFc
Santíssima Trinità, Monte- 121 Db
Santíssima Trinità, Santuario della- 99 Db
Santíssima Trinità di Délia 151 Ca
Santíssima Trinità di Saccárgia 165 Eab
Santíssimi Angeli 25 Ecd
Santo [ME] 141 Dbc
Santo, Coàl- 35 Ha
Santo, Col- 23 Gcd
Santo, Fiume- 163 Bd
Santo, Forcella del- / Bildstöckljoch 1 Ec
Santo, Fossa del- 105 Gb
Santo, il- 75 EFde
Santo, Lago- [It.] 65 Gb
Santo, Lago- [PR] 57 FGc
Santo, Lago- [TN] 23 Gb
Santo, Lago- [TN] 23 Ha
Santo, Monte- [PC] 47 Dcd
Santo, Monte- [PG] 85 EFcd
Santo, Monte- [ROMA] 97 Ca
Santo, Monte- [SS] 165 Eb
Santo, Monte- [VV] 137 Bc
Sant'Odorico [UD] 27 Cb
Santo Ianni [PZ] 131 Bb
Santo Ianni, Isola- 131 Bb
Santo Iona [AQ] 99 EFa
Sant'Olcese [GE] 55 Gc
Sant'Oliva, Stazione- 157 Dcd
San Tomà [VI] 37 Ec
San Tomaso [BS] 35 Fbc
San Tomaso [LO] 33 EFd
San Tomaso [UD] 27 Dab
San Tomaso Agordino [BL] 11 Cc
Santomato [PT] 67 Dc
San Tomè 25 GHb
Santomenna [SA] 115 Dc
Sant'Omero [TE] 87 Ed
San Tómio [VI] 37 Eb
San Tómio [VR] 37 Dd
San Tommaso [PE] 95 Bc

San Tommaso [RE] 49 CDd
San Tommé [AR] 75 Ebc
Sant'Omobono Imagna [BG] 21 Ed
Santo Monte 151 Cb
Santomoro [PT] 67 Dc
Santona, La– [MO] 59 DEd
Sant'Onófrio [CH] 95 Ecd
Sant'Onófrio [CS] 131 CDb
Sant'Onófrio [FR] 99 Gc
Sant'Onófrio [IS] 101 CDd
Sant'Onófrio [LT] 105 Hb
Sant'Onófrio [PA] 147 Dbc
Sant'Onófrio [ROMA] 97 Eb
Sant'Onófrio [TE] 87 Ed
Sant'Onófrio [VV] 137 Ac
Sant'Onófrio, Convento di– 101 FGc
Sant'Onófrio, Monte– [IS] 101 Db
Sant'Onófrio, Monte– [PA] 147 Dc
Santopadre [FR] 99 Fd
Santo Padre, Monte– 165 EFd
Santo Padre delle Perriere [TP] 151 ABa
Santo Pietro [CT] 159 BCb
Sant'Oreste [ROMA] 91 Fc
Sant'Oreste, Stazione– 91 Ec
Santoro, Masseria– [BR] 123 CDbc
Santoro, Masseria– [TA] 121 Ga
Sant'Oronzo 119 Fc
Sant'Oronzo, Monte– 129 Ecd
Sant'Oronzo, Monti di– 119 Db
Santorso [VI] 23 Id
Sant'Órsola Terme [TN] 23 Hb
Santoru, Porto– 175 FGc
Santo Scalone, Masseria– [BR] 123 Ca
Santo Simone, Rio– 167 Ea
Santo Spirito [BA] 111 Gcd
Santo Spirito [CL] 153 DEc
Santo Spirito, Masseria– [FG] 103 Cbc
Santo Spirito, Masseria– [FG] 103 Fd
Santo Stéfano [AN] 77 Gbc
Santo Stéfano [AN] 79 Eb
Santo Stéfano [AP] 87 CDc
Santo Stéfano [AQ] 93 Dd
Santo Stéfano [AR] 77 Bb
Santo Stéfano [AT] 45 CDc
Santo Stéfano [BA] 119 DEb
Santo Stéfano [BG] 35 BCab
Santo Stéfano [BN] 107 Gc
Santo Stéfano [BS] 35 Cab
Santo Stéfano [CB] 101 Ed
Santo Stéfano [CN] 53 GHb
Santo Stéfano [CN] 53 Ec
Santo Stéfano [FG] 111 Bc
Santo Stéfano [FI] 73 Fb
Santo Stéfano [LE] 125 Fc
Santo Stéfano [LI] 81 ins.a
Santo Stéfano [LU] 65 Fc
Santo Stéfano [MC] 79 CDcd
Santo Stéfano [PU] 71 Ec
Santo Stéfano [RA] 61 EFcd
Santo Stéfano [RO] 49 FGb
Santo Stéfano [SI] 83 Fc
Santo Stéfano [SO] 21 Gb
Santo Stéfano [TE] 87 Dde
Santo Stéfano [TN] 23 Eab
Santo Stéfano [TV] 25 Ec
Santo Stéfano [UD] 27 Da
Santo Stéfano [VR] 37 Dd
Santo Stéfano [VR] 37 DEc
Santo Stéfano / Stefandorf [BZ] 3 Ec
Santo Stéfano, Arcu– 175 Dc
Santo Stéfano, Fiume di– 145 Bc
Santo Stéfano, Isola– [LT] 105 ins.a
Santo Stéfano, Isola– [SS] 161 Eb
Santo Stéfano, Monte– 105 Dbc
Santo Stéfano, Palazzo– 129 Ed
Santo Stéfano, Punta– [CA] 179 EFc
Santo Stéfano, Punta– [SO] 21 Gb
Santo Stéfano, Torre– 125 Fb
Santo Stéfano a Cornétole 67 Fc

Santo Stéfano al Mare [IM] 63 Fcd
Santo Stéfano a Tizzano [FI] 67 FGd
Santo Stéfano Belbo [CN] 45 Cd
Santo Stéfano d'Aveto [GE] 57 Cb
Santo Stéfano del Sole [AV] 115 Bb
Santo Stéfano di Briga [ME] 141 Cc
Santo Stéfano di Cadore [BL] 11 Gb
Santo Stéfano di Camastra [ME] 145 ABb
Santo Stéfano di Magra [SP] 65 Cab
Santo Stéfano di Rogliano [CS] 135 Db
Santo Stéfano di Sessanio [AQ] 93 Fb
Santo Stéfano in Aspromonte [RC] 141 Ebc
Santo Stéfano in Bosco 69 DEb
Santo Stéfano Lodigiano [LO] 47 Eb
Santo Stefano–Medio [ME] 141 Cc
Santo Stefano Quisquina [AG] 153 Ab
Santo Stéfano Roéro [CN] 45 Ad
Santo Stéfano Ticino [MI] 33 Bbc
Santo Stéfano Udinese [UD] 27 Ec
Santo Stino di Livenza [VE] 27 ABd
Sant'Osvaldo [UD] 27 Eb
Sant'Osvaldo / Sankt Oswald 9 GHb
Sant'Osvaldo, Passo di– 11 Fd
Santo Tódaro [VV] 139 Fc
Sant'Ottaviano 73 Fc
San Trovaso [TV] 39 Db
Santuario [SV] 55 Dc
Santuario Italico 101 Dc
Sant'Ubaldo [AN] 79 Db
Sant'Ubaldo [PG] 77 Ec
Sant'Uberto, Castello– 11 Db
Santuedi, Monte– 173 Ea
Sant'Ulderico [VI] 23 Hld
Santu Lussurgeddu 169 Db
Santu Lussúrgiu [OR] 169 Db
Santu Lussúrgiu [SS] 165 Dbc
Santu Miali, Cantoniera– [SS] 165 Cc
Santu Pedru, Necrópoli di– 165 Cb
Santu Perdu, Casa– [CA] 179 Fb
Santurario Ronchi [CN] 53 GHbc
Sant'Urbano [MC] 79 Cc
Sant'Urbano [PD] 51 Bb
Sant'Urbano [TR] 91 Fb
Sant'Urbano [VI] 37 Eb
Santuzza [AG] 157 Db
San Valentino [FC] 69 Db
San Valentino [FR] 99 Dc
San Valentino [GR] 83 Ed
San Valentino [PG] 85 BCc
San Valentino [RE] 59 Eb
San Valentino [RI] 91 Gc
San Valentino [SI] 83 Eb
San Valentino [TN] 23 Fd
San Valentino [TN] 23 Gd
San Valentino / Sankt Valentin 9 Hb
San Valentino, Valle di– 23 DEb
San Valentino alla Muta / Sankt Valentin auf der Haide [BZ] 1 Dc
San Valentino di Fiumicello [UD] 41 Fb
San Valentino in Abruzzo Citeriore [PE] 95 Bc
San Valentino in Campo / Gummer [BZ] 9 Gc
San Valentino Tório [SA] 113 Fc
San Valeriano [TO] 43 Eb
San Varese [FC] 61 DEd
San Varese [PV] 33 Cd
Sanvarezzo [SV] 55 Cbc
San Venanzio [BO] 51 Ad
San Venanzio [FE] 51 Cc
San Venanzio [MO] 59 EFbc
San Venanzo [AP] 87 Dc
San Venanzo [MC] 79 Bd
San Venanzo [TR] 85 Bc
San Vendemiano [TV] 25 FGc

San Vero Congius [OR] 169 Ec
San Vérolo [VR] 35 Hb
San Vero Mílis [OR] 169 Db
San Vettore [VI] 37 Ec
San Vicino, Monte– 79 Ccd
San Vidotto [UD] 27 Cc
San Vigílio [BS] 35 DEb
San Vigílio [BZ] 9 Eb
San Vigílio [BZ] 9 Hb
San Vigílio [MN] 35 FGc
San Vigílio [TN] 23 Eab
San Vigílio [TN] 23 Eb
San Vigílio [VR] 35 GHb
San Vigílio / Sankt Vigil [BZ] 3 Ec
San Vigílio, Abbazia di– 35 Gc
San Vigílio, Monte– / Vigiljoch 9 Eb
San Vigílio, Rio– / Vigilbach 11 Db
San Vigílio, Valle di– 3 Ecd
San Vincenti [SI] 75 Ec
San Vincenzo [AN] 79 BCb
San Vincenzo [AQ] 93 Eb
San Vincenzo [BO] 51 Ad
San Vincenzo [CH] 95 Dc
San Vincenzo [LI] 81 Eb
San Vincenzo [ME] 143 Ga
San Vincenzo [PE] 95 Bb
San Vincenzo [PG] 77 Ccd
San Vincenzo [PN] 13 Cd
San Vincenzo [PR] 57 Ec
San Vincenzo, Abbazia– 101 Bcd
San Vincenzo, Casa– [BA] 119 CDc
San Vincenzo, Masseria– [BA] 111 CDc
San Vincenzo, Monte– 109 Fb
San Vincenzo a Torri [FI] 67 Ed
San Vincenzo la Costa [CS] 135 Ca
San Vincenzo Nuovo [AQ] 99 EFbc
San Vincenzo Valle Roveto [AQ] 99 EFbc
San Vincenzo Valle Roveto Superiore [AQ] 99 Fb
San Vitale [CN] 53 Fb
San Vitale [CR] 33 Gd
San Vitale [PG] 85 Db
San Vitale [VR] 37 Cb
San Vitale, Monte– 59 Dc
San Vitale, Pineta– [RA] 61 Fbc
San Vitale, Pineta– [RA] 61 Fbc
San Vitale di Baganza [PR] 57 GHab
San Vitale Grande [BO] 59 Hb
San Vitaliano [NA] 113 Eb
San Vito [AV] 109 Dc
San Vito [BA] 119 Da
San Vito [BN] 109 Cd
San Vito [BN] 109 Bd
San Vito [BS] 35 Fbc
San Vito [CE] 107 BCc
San Vito [CN] 45 Acd
San Vito [CO] 21 Cb
San Vito [CT] 145 Ec
San Vito [FE] 51 Cd
San Vito [FG] 103 ABb
San Vito [FI] 67 Ed
San Vito [FI] 73 Gb
San Vito [LT] 105 FGb
San Vito [LT] 105 Ec
San Vito [MI] 33 BCc
San Vito [MN] 35 Fd
San Vito [MO] 59 Fb
San Vito [MS] 65 DEb
San Vito [NP] 121 BCbc
San Vito [PG] 77 BCd
San Vito [PZ] 115 Fb
San Vito [RI] 93 Ca
San Vito [SA] 115 Bcd
San Vito [SA] 127 Aa
San Vito [SI] 75 DEc
San Vito [SI] 75 Ed
San Vito [TE] 87 Dd
San Vito [TN] 23 Hb
San Vito [TP] 151 ins.a
San Vito [TV] 25 Dd
San Vito [TV] 25 Dc

San Vito [VR] 49 Ga
San Vito [VR] 49 Ga
San Vito [VR] 37 Bb
San Vito [VT] 91 Dbc
San Vito / Sankt Veit [BZ] 3 Fc
San Vito, Abbazia di– 115 Eab
San Vito, Bivio– 127 Cb
San Vito, Capo– [TA] 121 Fc
San Vito, Capo– [TP] 149 Ea
San Vito, Lago di– 11 Ec
San Vito, Masseria– [BA] 119 Bb
San Vito, Masseria– [FG] 111 Bb
San Vito, Masseria– [MT] 129 Db
San Vito, Masseria– [PZ] 129 Dc
San Vito, Monte– [Abr.] 93 Gb
San Vito, Monte– [CL] 153 Cb
San Vito, Monte– [MT] 117 Ed
San Vito, Monte– [ROMA] 97 Ca
San Vito, Ponte– 147 Cc
San Vito, Serralta– 137 Cc
San Vito, Valle di– 11 Ebc
San Vito al Tagliamento [PN] 27 Cc
San Vito al Torre [UD] 27 Fc
San Vito Arcofiato, Oasi di– 85 Gb
San Vito Chietino [CH] 95 Ec
San Vito dei Normanni [BR] 123 Dab
San Vito dei Normanni, Stazione– 123 DEab
San Vito di Cadore [BL] 11 Ec
San Vito di Fagagna [UD] 27 Db
San Vito di Leguzzano [VI] 37 Eab
San Vito di Rimini [RN] 71 Cb
San Vito e Modesto [CR] 35 Cd
San Vito in Monte [TR] 85 Bc
San Vito lo Capo [TP] 149 Gab
San Vito Romano [ROMA] 99 Bb
San Vito sul Cesano [PU] 77 Gb
San Vito sullo Iónio [CZ] 137 Cc
San Vittore [AN] 79 Bc
San Vittore [CN] 53 Fb
San Vittore [CN] 45 Bd
San Vittore [FC] 69 Gb
San Vittore [MC] 79 Dc
San Vittore [PR] 47 Fd
San Vittore [PV] 33 Bd
San Vittore [SO] 5 Gd
San Vittore [VR] 37 Dc
San Vittore, Masseria– [BA] 111 Dd
San Vittore del Lázio [FR] 107 CDa
San Vittore Olona [MI] 33 Bb
San Vittorino [AQ] 93 Db
San Vittorino [IS] 101 Bcd
San Vittorino [PE] 95 BCcd
San Vittorino [PG] 77 Ed
San Vittorino [ROMA] 97 Gb
San Vittorio, Torre– [CA] 177 Bc
San Vivaldo [FI] 73 Fb
Sanza [SA] 127 Ec
San Zaccaria [PZ] 117 Bbc
San Zaccaria [RA] 61 Fd
Sanzan [BZ] 25 Dc
Sanzanelli, Masseria– [BA] 111 DEd
Sanzanello [PZ] 115 Gab
San Zeno [BS] 35 Gc
San Zeno [FC] 69 Eb
Sanzeno [TN] 9 Ec
San Zeno [VI] 25 Cd
San Zeno [VR] 37 CDc
San Zeno [VR] 37 Dc
San Zeno [VR] 37 ABcd
San Zeno [VR] 49 Ga
San Zeno di Montagna [VR] 35 Hb
San Zeno in Volpinara 69 Eb
San Zenon [BL] 25 Eb
San Zeno Naviglio [BS] 35 Ebc
San Zenone [BS] 35 Db
San Zenone [VR] 37 Ed
San Zenone al Lambro [MI] 33 DEcd
San Zenone al Po [PV] 47 Cb
San Zenone degli Ezzelini [TV] 25 CDd
Saonara [PD] 39 Bc
Saonda, Torrente– 77 Ed

Saone [TN] 23 Eb
Saoseo, Cima– 7 Ec
Sa Patada, Nuraghe de– 163 Dd
Sapè [CN] 53 Ecd
Sapé, Monte– 53 EFd
sa Perda Pera [NU] 175 FGb
Sapestra, Torrente– 101 Hc
Sapienza, Rifugio– 155 EFa
Sapigno [PU] 69 FGc
Saponara [ME] 141 Cb
Saporito, Masseria– [TP] 151 BCb
Sappada [BL] 11 GHb
Sappade [BL] 11 Cc
Sappanico [AN] 79 Eb
Sapri [SA] 127 Ed
Sapri, Golfo di– 127 Ed
Sa Pruna, Nuraghe– 169 Eb
Saps [UD] 13 Ebc
Saputelli [TE] 93 Ga
Saquana [AL] 55 Db
Sara, Monte– 151 FGc
Saracchi [AT] 45 Bcd
Saracco–Volante, Rifugio– 63 Eab
Saracena [CS] 131 Dcc
Saracena, Torrente della– 145 DEc
Saraceni, Grotte dei– → Gulfa, Grotte della– 153 Ca
Saraceni, Monte dei– 145 Eb
Saraceno, Fiume– 131 Fb
Saraceno, Monte– [AG] 157 Dc
Saraceno, Monte– [CB] 109 Bb
Saraceno, Monte– [FG] 103 Gc
Saraceno, Monte– [PA] 147 Bb
Saraceno, Ponte– 147 Dc
Saraceno, Punta del– 149 DEb
Saraceno, Torre– 131 FGb
Saracinesco [ROMA] 99 Ba
Saragano [PG] 85 Cc
Saraghinu, Cantoniera– [SS] 161 Ec
Saragiolo [SI] 83 Dcd
Saraloi, Monte– 167 Ed
Sarano [TV] 25 Fc
Sarbene, Genna– 171 Cc
Sárbia [SP] 65 BCb
Sarca, Fiume– 23 Fc
Sarca di Campiglio, Torrente– 23 Eab
Sarca di Val di Genova, Fiume– 23 Eab
Sarcedo [VI] 37 EFa
Sarcerei, Cantoniera– [NU] 175 EFa
Sarche [TN] 23 Fb
s'Archittu [OR] 169 CDb
Sarcidano 175 CDab
Sarcidano, Stazione di– 175 Cb
Sarconi [PZ] 127 Gc
s'Arcu de Generuxi 177 Fd
Sardagna [TN] 23 Gb
Sárdara [CA] 173 Efb
Sárdara, Cantoniera di– [CA] 173 EFb
Sárdara, Terme di– 173 Eb
Sardegna, Mar di– 169 Bb
Sardegna, Punta– 161 Eb
Sardegna, Lago di– 21 Fb
Sardigliano [AL] 45 Gc
Sarea [TO] 43 Ec
Sareggio, Pizzo– 7 Ed
Sarego [VI] 37 Ec
Sarentina, Val– / Sarntal 9 FGb
Sarentino / Sarnthein [BZ] 9 FGb
Sarentino, Castel– / Rafenstein 9 Gb
Sáres / Saalen [BZ] 3 Ec
Saretto [CN] 53 Bbc
Saretto [CN] 53 Dc
Sarezzano [AL] 45 Gc
Sarezzo [BS] 35 Eb
Sarginesco [MN] 49 Cab
Sariano [PC] 47 Ec
Sariano [RO] 49 Hbc
Sarignana [PR] 59 Bbc
Sarissola [GE] 55 Gb
Sarizzola [AL] 45 Gcd
Sarmara, Monte– 155 Bb
Sármata [PC] 47 DEcd

Sármato [PC] 47 CDb
Sarmazza [VR] 37 Gc
Sármede [TV] 25 Gc
Sarmego [VI] 37 FGbc
Sarmento, Fiume– 129 Ed
Sarméola [PD] 37 Gc
Sarmo, Monte– 153 DEb
Sarna [AR] 69 Ed
Sarna [RA] 61 CDd
Sarnano [MC] 87 Bb
Sarnelli [PZ] 115 Gbc
Sárnico [BG] 35 Cab
Sarno [SA] 113 Fbc
Sarno, Fiume– 113 Fc
Sarnónico [TN] 9 Ec
Sarns / Sarnes [BZ] 3 Cc
Sarntal, Sarentina, Val– 9 FGb
Sarntaler Weißhorn / Bianco, Corno– 1 Ic
Sarola [IM] 63 FGc
Sarone [PN] 25 Gbc
Saronno [VA] 33 Bb
Sárrabus 179 DEa
Sarra Tamburu 161 BCc
Sarre [AO] 29 Fa
Sarresso, Monte– 119 CDc
Sarriod de la Tour 29 Fa
Sarripoli [PT] 67 CDc
Sarro [CT] 155 Fa
Sárroch [CA] 179 Cc
Sarrottino [CZ] 137 Db
Sársina [FC] 69 Fc
Sart, Monte– 13 Fc
Sartágine, Coppa– 103 Gb
Sartágine, Monte– 117 Fb
Sartano [CS] 131 DEde
Sarteano [SI] 83 Fbc
Sartiano [PU] 69 Gc
Sartirana Lomellina [PV] 45 Eb
Sarúle [NU] 171 Cb
Sarzana [SP] 65 Cb
Sarzano [RO] 51 Cb
Sas Linnas Siccas [NU] 171 Ga
Sassa [AQ] 93 Db
Sassa [PI] 73 DEd
Sassai, Castello– 175 DEc
Sassalbo [MS] 57 Hd
Sassalbo, Pizzo– 7 Ecd
Sassano [SA] 127 Ebc
Sassa Putzu 175 Db
Sassara, Cima– 9 Dd
Sássari [SS] 165 Da
Sássari, Cala– 161 Fcd
Sassatella [MO] 59 Dd
Sassatelli [BO] 61 Cc
Sassatello, Tombe– 61 Ad
Sass de Putia, Rifugio– / Würzjochhaus 3 Dcd
Sassello [SV] 55 Dc
Sasseta [PO] 67 Fc
Sasseta [SP] 57 Ed
Sassetta [LI] 81 Eb
Sassi [LU] 65 Fc
Sassicari, Monte– 91 Bc
Sassi di Rocca Malatina, Parco Regionale dei– 59 Fc
Sassinoro [BN] 107 GHb
Sassinoro, Torrente– 107 Gb
Sasso [AN] 79 Cc
Sasso [BS] 35 Ga
Sasso [CE] 107 Ec
Sasso [FC] 69 Dc
Sasso [MC] 85 Gc
Sasso [NA] 113 Fb
Sasso [PG] 85 Eb
Sasso [PR] 59 Bb
Sasso [ROMA] 97 Ca
Sasso [VB] 19 Db
Sasso [VI] 25 Bc
Sasso / Stein [BZ] 3 Cab
Sasso, il– / Peilstein 9 Db
Sasso Bianco 11 Cc
Sasso Canale, Pizzo– 5 Gd

Sassocorvaro [PU] 71 CDd
Sasso delle Dódici 11 ABc
Sasso di Bordighera [IM] 63 DEd
Sasso di Bosconero 11 Ecd
Sasso di Castalda [PZ] 127 EFab
Sasso di Mezzodì 11 Fcd
Sasso di San Zanobi [FI] 59 Id
Sasso d'Italia [MC] 79 Ed
Sasso d'Ombrone [GR] 83 Bc
Sassoféltrio [PU] 71 CDc
Sassoferrato [AN] 77 FGc
Sassoforte 81 Hb
Sassofortino [GR] 81 Hb
Sasso Fratino, Riserva Naturale
   Integrale di– 69 Dc
Sassoguidano, Riserva Naturale di–
   59 Fcd
Sassoleone [BO] 61 Ad
Sassolungo di Cibiana, Monte– 11
   Ec
Sasso Lungo di Collalto 3 FGb
Sasso Lungo di Collalto (I) = Gross
   Lenkstein 3 FGb
Sasso Malascarpa, Riserva
   Naturale– 21 Cc
Sasso Marconi [BO] 59 Hc
Sasso Menicante 91 Db
Sassomolare [BO] 59 Fd
Sasso Morelli [BO] 61 Cc
Sassone, Cima del– 15 Fc
Sassonero [BO] 61 Ad
Sasso Nero / Schwarzenstein =
   Sasso Nero (I) 3 Ea
Sasso Nero (I) = Sasso Nero /
   Schwarzenstein 3 Ea
Sassóngher 11 Cb
Sasso Piatto, Rifugio– / Plattkofel-
   Hütte 11 ABbc
Sasso Pisano [PI] 73 Fde
Sassorosso [LU] 65 Fa
Sasso Simone e Simoncello, Parco
   Regionale del– 69 Gd
Sasso Stéfani [VI] 25 BCc
Sassostorno [MO] 59 Ed
Sasso Tetto, Monte– 85 Hbc
Sasso Tondo / Ringel-Stein 3 Db
Sassovivo, Abbazia di– 85 Ec
Sassovivo, Fontanelle di– 85 Ec
Sassu [OR] 169 Dd
Sassu, Bonifica di– 169 Dd
Sassu, Monte– 165 Fa
Sassuolo [MO] 59 EFb
Satanasso, Torrente– 131 Fb
Satriano [CZ] 137 Ccd
Satriano [PZ] 115 Fd
Satriano di Lucánia [PZ] 127 Ea
Sattoa, Casa– [SS] 165 Fb
Satúrnia [GR] 83 CDde
Satúrnia, Terme di– 83 CDde
Sáturo [TA] 121 Fc
Sauc, Casera– [PN] 25 Hb
Sáucolo, Monte– 113 EFa
Sauders / San Maurizio [BZ] 9 GHb
Sáuli, Masseria– [LE] 125 Dc
Saurecci, Monte– 173 Db
Saurel, Col– 43 Bc
Sáuris [UD] 11 Hc
Sáuris, Lago di– 11 Hc
Sáuris di sopra [UD] 11 GHc
Sáuris di sotto [UD] 11 Hc
Sáuris Field [UD] 11 Hc
Sáuro [ME] 145 DEb
Sáuro, Torrente– 129 CDe
Saurru, Monte– 167 Da
Sautron, Col de– 53 Bc
Sautron, Monte– 53 Bbc
Sauze di Cesana [TO] 43 Cc
Sauze d'Oulx [TO] 43 Cb
Sava [TA] 123 Cc
Sava, Fiume– 107 Cca
Sava, Masseria– [BA] 117 Gc
Sava, Stazione di– 123 Cc
Savagnasco [BI] 31 Cb
Savalóns [UD] 27 Db
Savara, Torrente– 29 Fb
Savarenche, Val– 29 Fb

Savarna [RA] 61 Eb
Savassa [TV] 25 Fbc
Savazza [BO] 59 Id
Savelletri [BR] 119 Eb
Savelli [KR] 133 Dbc
Savelli [PG] 85 Gd
Savellon [PD] 51 Cab
Sávena, Torrente– 59 Ic
Savenca, Torrente– 29 HIc
Savi [AT] 45 Abc
Saviano [NA] 113 EFb
Savigliano [CN] 53 Fb
Savigliano, Rifugio– 53 BCb
Savignano [PU] 71 Cc
Savignano [TN] 23 Gc
Savignano, Masseria– [BA] 117
   Da
Savignano di Rigo [FC] 69 Gc
Savignano Irpino [AV] 109 DEc
Savignano sul Panaro [MO] 59 Gc
Savignano sul Rubicone [FC] 71
   Cb
Savigno [BO] 59 Gc
Savignone [GE] 55 Gb
Savinaro [VR] 49 GHa
Saviner [BL] 11 CDc
Savini [CH] 95 DEb
Savino, Colle– 101 Hb
Sávio [RA] 61 Fd
Sávio, Fiume– 61 Fd
Saviore, Val di– 23 Cb
Saviore dell'Adamello [BS] 23 Cb
Sávoca [ME] 141 BCd
Sávoca, Torrente– 141 Bd
Savogna [UD] 27 Gab
Savogna d'Isonzo [GO] 27 Gc
Savognática [RE] 59 Dc
Savóia, Castello– 19 ABd
Savóia, Rifugio– 31 Bb
Savóia di Lucánia [PZ] 115 Fd
Savona [SV] 55 DEd
Savona, Rifugio– 63 Fa
Savonarolo [RO] 51 Bc
Savone, Fiume– 107 Dcd
Savonera [TO] 43 Gb
Savoniero [MO] 59 DEc
Savorgnano [PN] 27 BCc
Savorgnano del Torre [UD] 27 Eab
Savoulx [TO] 43 Bb
Savuci [CZ] 137 Dab
Savuco, Casa– [BA] 117 Cb
Savuto [CS] 135 CDc
Savuto, Fiume– 135 CDc
Savuto, Lago del– 135 Eb
Savuto, Sorgente del– 133 Cc
Saxe, La– [AO] 17 Cd
sa Zéppara [CA] 173 Db
Sazzo [SO] 21 Gab
Sbanduto, Cozzo dello– 147 BCbc
Sbaranzo, lo– [CN] 55 Abc
Sbarcatello, lo– [GR] 89 CDb
Sbarra, Rio– 53 Gd
Sbornina, Rio– 53 Gd
Sbabbiabella [GE] 55 Hb
Scabro, Colle– / Rauhe Bühel 9 Eb
Scacciano [RN] 71 Dc
Scafa [PE] 95 Bc
Scafali [PG] 85 DEc
Scafati [SA] 113 EFc
Scaffaiolo, Lago– 67 Cb
Scafi, Monte– 141 Fc
Scáglia [ROMA] 89 Gd
Scagnello [CN] 55 Acd
Scagno, Masseria– [TA] 121 Gb
Scai [RI] 93 Da
Scais, Case di– [SO] 21 Gb
Scais, Pizzo di– 21 Gb
Scala [ME] 145 Fb
Scala [ME] 141 BCb
Scala [PI] 67 CDd
Scala [SA] 113 Fcd
Scala, Convento della– 159 Fc
Scala, la– [SI] 83 DEbc
Scala, Monte della– 155 Bd
Scala, Nuraghe– 169 Db
Scala, Ospizio– 169 Db

Scala Cavalli, Cantoniera– [SS] 165
   Cb
Scala Coeli [CS] 133 Eb
Scala di Giocca, Stazione di– 165
   Da
Scala di San Giorgio di Osini 175
   Eab
Scala Erre [SS] 163 Bcd
Scala 'e Sale, Torre– 169 Cb
Scala Greca [SR] 159 Gb
Scala Manna, Punta– 171 Fb
Scalambra, Monte– 99 Cb
Scala Piccada, Cantoniera– [SS]
   165 Cb
Scala Rúia, Fermata– 163 Fc
Scálas, Genna– 171 Fc
Scala s'Ebba 169 Fc
Scaldasole [PV] 45 Gb
Scaldasole, Boschetto di– 45 Gb
Scalea [CS] 131 Bbc
Scalea, Capo– 131 Bbc
Scalella, Masseria– [BA] 117 Eb
Scalella, Masseria la– [TA] 123
   CDcd
Scalelle [AP] 87 Ccd
Scalenghe [TO] 43 FGc
Scalera [PZ] 115 Gb
Scaléres / Schalders [BZ] 3 Cc
Scaletta, la– 57 Cc
Scaletta Marina [ME] 141 Cb
Scaletta Superiore [ME] 141 Cb
Scaletta Uzzone [CN] 55 Cbc
Scaletta Zanclea [ME] 141 Cc
Scalette, Cima delle– 47 BCd
Scali, Poggio– 69 Dcd
Scalilli, Fermata– 155 Eb
Scalino, Pizzo– 7 Dd
Scaliti [VV] 139 Db
Scalitta, la– [SS] 163 Fbc
Scalon [BL] 25 Dc
Scalone, Passo dello– 131 Cd
Scalorbi, Rifugio– 37 Ca
Scalo Teverina 101 Ha
Scalpello, Monte– 155 Cb
Scaltenigo [VE] 39 Cc
Scalvaia [SI] 83 Ab
Scálzeri [VI] 23 Hc
Scampitella [AV] 109 Ed
Scanaiòl, Cima– 25 Ca
Scanarello [RO] 51 Gb
Scancio-Saletto [TN] 23 Ha
Scandale [KR] 137 Fa
Scandarella, Lago di– 93 Da
Scandeluzza [AT] 45 Bb
Scandiano [RE] 59 Eb
Scandicci [FI] 67 EFd
Scandola, Roda di– 3 Fc
Scandolara [TV] 39 Cb
Scandolara Ravara [CR] 49 Ab
Scandolara Ripa d'Óglio [CR] 47
   Ga
Scandolaro [PG] 85 Ec
Scandole [VR] 37 BCab
Scandósio [TO] 29 Hb
Scandríglia [RI] 91 GHcd
Scanello [BO] 59 HId
Scannabue [CR] 33 Fc
Scannata, Portella– 153 Ba
Scanno [AQ] 99 Hb
Scanno [SA] 127 Ba
Scanno, Lago di– 99 Hb
Scanno, lo– 121 EFc
Scanno del Tesoro, Monte– 127
   CDc
Scannuppia, Riserva della– 23 GHc
Scano al Brembo [BG] 33 Fa
Scano di Montiferro [OR] 169 Da
Scansano [GR] 83 Cd
Scanzano [AQ] 99 Da
Scanzano [PG] 85 Ebc
Scanzano, Lago dello– 147 Cc
Scanzano Jónico [MT] 129 Gc
Scanzoroskiate [BG] 33 Ga
Scaparone [CN] 45 ABd
Scapati, Masseria– [TA] 121 Db
Scapezzano [AN] 71 Gd

Scapparone, Monte– 141 FGc
Schiavoi [PN] 25 GHc
Scarabello, Monte– 57 Gb
Scarace, Timpa– 129 Eb
Scarámia, Capo– 159 BCd
Scarampi [PR] 47 Fc
Scarborato, Monte– 133 CDab
Scarcelli [CS] 135 BCa
Scardevara [RO] 51 Gc
Scardilla, Monte– 147 Ec
Scardilli, Masseria– [EN] 155 Cb
Scardina, Monte– 149 Eb
Scardino, Casa– [PA] 149 Gc
Scardovari [RO] 51 Gc
Scardovari, Sacca degli– 51 Gc
Scareno [VB] 19 Fb
Scarfiotti, Rifugio– 43 Bb
Scaria [CO] 21 Bbc
Scário [SA] 127 DEd
Scario di Malfa 143 DEd
Scarlino [GR] 81 FGc
Scarlino, Riserva Biogenetica di–
   81 Fc
Scarlino, Stazione di– 81 FGc
Scarmagno [TO] 31 ABc
Scarna [SI] 73 Gc
Scarnafigi [CN] 53 Fa
Scarpa, La– 81 ins.b
Scarpaleggia [PZ] 131 Dab
Scarpelli, Masseria– [FG] 103 Cbc
Scarpello [LU] 65 Gb
Scarperia [FI] 67 FGbc
Scarperia, Giogo di– 67 Gb
Scarpignano, Corno di– 19 Dbc
Scarpizzolo [BS] 35 Dc
Scárria, Monte– 57 Eb
Scarrone, Monte– 141 Ecd
Scarzana [FC] 69 Db
Scarzara [PR] 49 Ad
Scassella, Monte– 57 Dc
Scatozza [CE] 113 Ba
Scáttas, is– [CA] 177 Ec
Scáuri [LT] 107 Bc
Scáuri [TP] 151 ins.a
Scavarda, Rifugio– 29 Eb
Scavignano [RA] 61 CDd
Scavioli, Torrente– 145 Dc
Scavo, Portella dello– 153 Ca
Scavolino [PU] 69 Gcd
Scazzolino [PU] 47 BCbc
Scena / Schenna [BZ] 1 GHc
Scerne [TE] 95 Ca
Scerni [CH] 95 Fd
Scezze / Tschötsch [BZ] 3 Cc
Schabs / Sciaves [BZ] 3 Cc
Schaldern / Le Laste [BZ] 3 Db
Schalders / Scaléres [BZ] 3 Cc
S–charljöch / Crocetta, Passo
   della– 1 Cc
Schaubach-Hütte / Città di Milano,
   Rifugio– 9 Bbc
Schéggia [PG] 77 EFc
Schéggia, Pizzo la– 15 Ec
Schéggia e Pascelupo [PG] 77 EFc
Scheggiánico [FI] 67 Gb
Scheggino [PG] 85 EFd
Schegli [SV] 55 Dbc
Schémbari, Casa– [RG] 159 CDc
Schener, Castel– 25 Cb
Schenna / Scena [BZ] 1 GHc
Schettino, Stazione di– 155 Eb
Schia, Rifugio– 57 GHc
Schiagni [PG] 85 Eb
Schianno [VA] 19 GHd
Schiápparo, Foce– 103 CDb
Schiara [SP] 65 Bb
Schiara, Monte– 11 DEd
Schiara Occidentale, Riserva
   Naturale– 11 Dd
Schiava [NA] 113 Fb
Schiavi [VI] 37 Eb
Schiavi di Abruzzo [CH] 101 Dbc
Schiavo [RC] 141 GHb

Schiavo, Ponte– [ME] 141 CDc
Schiavoi [PN] 25 GHc
Schiavon [VI] 37 Fa
Schiavone, Masseria– [FG] 103
   BCd
Schiavoni, Masseria– [TA] 123 Cc
Schiazza, Canale della– 105 Eb
Schiazzano [FG] 69 Fc
Schiena Cavallo 99 Gbc
Schieranco [VB] 19 Cb
Schierano [AT] 45 ABb
Schierano, Monte– 105 Gb
Schieti [PU] 71 Dd
Schiette, le– [CL] 157 Ec
Schievenin [BL] 25 Dc
Schifanóia [PG] 77 EFd
Schifanóia [TR] 91 EFb
Schignano [CO] 21 Bc
Schignano [PU] 67 Cc
Schigno [PU] 69 Fd
Schilla, Scolo– 51 Ea
Schilpário [BG] 21 HIbc
Schino della Croce 155 Ba
Schinosa, Masseria– [BA] 111 Ec
Schinoso, Monte– 157 Fbc
Schio [VI] 37 DEa
Schisò, Capo– 141 Bde
Schisorgiu, Arcu su– 177 EFc
Schivenóglia [MN] 49 Fbc
Schlanders / Silandro [BZ] 9 Cb
Schlandrauner Tal / Silandro, Val
   di– 1 Ecd
Schlaneid / Salonetto [BZ] 9 Fb
Schleis / Clúsio [BZ] 1 Dc
Schlern / Sciliar 9 Hc
Schlern / Sciliar, Monte– 9 Hbc
Schlern, Naturpark– / Sciliar, Parco
   Naturale dello– 9 Hc
Schlernhäuser / Bolzano, Rifugio–
   9 Hbc
Schlinger Tal / Slingia, Val– 1 Cc
Schlinig / Slingia [BZ] 1 Cc
Schluderbach / Carbonin [BZ] 11
   Eb
Schluderns / Sluderno [BZ] 1 Dcd
Schluder-Spitze / Sluder, Punta– 9
   BCb
Schlüter-Hütte / Gènova, Rifugio–
   11 Bb
Schmieden / Ferrara [BZ] 3 GHc
Schmieden / Ferrara [BZ] 3 Fc
Schnals / Senáles [BZ] 1 Fc
Schnalstal / Senáles, Val di– 1 Fc
Schneespitzhütte / Cremona,
   Rifugio– 1 Hb
Schönau / Belprato [BZ] 1 Gb
Schönbichl / Bel Colle 3 Fb
Schönblick / Bellavista, Rifugio– 9
   Hb
Schöneben / Belpiano [BZ] 1 Cc
Schönrast / Pausabella, Monte– 9
   Gc
Schörgau, Bad– / Serga, Bagni– 9
   FGb
Schreckbichl / Colterenzio [BZ] 9
   Fc
Schröfwand / Crodarotta 1 Fc
Schuls / Scuoi [Svizz.] 1 Bc
Schwarzenbach / Rionero [BZ] 9 Gc
Schwarzenstein / Sasso Nero 3 Ea
Schwarzerspitz / Nera, Punta– 3
   Fab
Schwarze Wand / Nera, Croda– 3
   Fb
Schwarzhorn / Nero, Corno– 9 Gcd
Schwarzkopf / Nera, Cima– 1 Gc
Schwarzwand-Spitz / Nera, Croda–
   1 GHb
Sciabani [AG] 157 Dc
Sciacca [AG] 151 Ebc
Sciacca [TP] 149 Dd
Sciaguana, Vallone– 155 Cb
Scialacche, Ponte– 149 Dc
Scialandro, Scoglio– 149 DEb
Sciale Bórgia [FG] 111 Ba

Sciale Frattarolo [FG] 103 Fd
Scianchetta, Masseria– [PZ] 129 Bd
Scianica [BS] 23 BCb
Scianna, Monte– 123 Bbc
Sciano [FI] 73 Gb
Sciara [PA] 147 Fc
Sciara, Rocca di– 147 Fcd
Sciara–Aliminusa, Stazione di– 147
   Ec
Sciara del Fuoco 143 Ga
Sciarborasca [GE] 55 Ec
Scíconi [VV] 139 CDa
Scicli [RG] 159 Gd
Scido [RC] 141 Fb
Sciedi [PG] 85 Gd
Sciesa, Monte– 21 Ea
Scifa, Monte– 139 Ecd
Scifelli [FR] 99 Ec
Scifi [ME] 141 Bd
Scifo [KR] 137 GHa
Scigliano [CS] 135 Dc
Sciliar / Schlern 9 Hc
Sciliar / Schlern, Monte– 9 Hbc
Sciliar, Parco Naturale dello– /
   Schlern, Naturpark– 9 Hc
Scilla [RC] 141 Eb
Scillato [PA] 147 Fc
Scille [AR] 75 Gb
Scillichenti [CT] 155 FGab
Scimmia, Tomba della– 83 Fb
Scimone, Pizzo– 145 BCc
Scindarella, Monte della– 93 Fb
Scintilia [AG] 157 BCb
Scióllas, Bruncu– 175 Fd
Sciolze [TO] 43 Ib
Sciorino, Monte– 157 EFbc
Scipione [PR] 47 Fcd
Scirca [PG] 77 Fc
Scisciano [AN] 79 Cc
Scisciano [NA] 113 Eb
Scit, i– [NO] 31 Fb
Sciudri, Monte– 85 Fd
Sclafani Bagni [PA] 147 EFcd
Sclamoris, Cantoniera– [NU] 175
   Ebc
Sclaunicco [UD] 27 Dc
Sclavons [PN] 27 Bc
Scodella, Poggio– 81 Fc
Scoffera [GE] 55 Hbc
Scoffera, Passo della– 55 Hbc
Scogli di Ápani 123 Da
Scoglietti, Punta– 163 ABc
Scoglietto 81 Ccd
Scogli Isca, Oasi blu degli– 135
   Cbc
Scoglione, Lo– 81 ins.a
Scoglio Rosso / Rote Riffl 3 Db
Scoglitti [RG] 159 Bc
Scóiano [AR] 75 Hbc
Scoíne, Monte– 171 FGcd
Scola, La– 81 ins.b
Scolaticci [ME] 143 Ec
Scolca, Nuraghe– 165 Ec
Scole, le– 89 Bd
Scolette, Aiguille de– 43 Bab
Scoltenna, Torrente– 59 Ed
Scombro di dentro, Cala– 163 Bb
Scombro di fuori, Cala– 163 Bb
Scomigo [TV] 25 Fc
Scomúnica, Punta della– 163 Bb
Scontrone [AQ] 101 Bc
Scopa [VC] 19 Cd
Scopa, Monte– 119 Db
Scopaggiu [SS] 163 Fc
Scopelle [VC] 19 Dcd
Scopello [TP] 149 Eb
Scopello [VC] 19 Cd
Scopeti [FI] 69 BCc
Scopetone, Foce e– 75 Gc
Scopetta [VC] 19 Ccd
Scópoli [PG] 85 Ec
Scópolo [PR] 57 Db
Scoppieto [TR] 85 Bd
Scóppio [TR] 85 Dd
Scoppito [AQ] 93 Db

Scorace, Monte– 149 Ebc
Scorano [ROMA] 91 Fd
Scorcétoli [MS] 57 Fc
Scorciabove, Masseria– [FG] 109 Fa
Scorciabuoi, Masseria– [MT] 129 Db
Scorciavacche, Portella– 147 Bd
Scorciavuoi, Monte– 133 Ccd
Scorciosa [CH] 95 Ec
Scorda, Monte– 141 Fb
Scordia [CT] 155 DEd
Scorgiano [SI] 73 Gc
Scorgnano [VR] 37 Cb
Scornari, Fiume– 139 Eb
Scorno, Punta dello– → Caprara, Punta– 163 Bd
Scorra, Monte– 177 DEb
Scorrano [LE] 125 Ec
Scorrano [TE] 93 Ga
Scorsonara [BR] 123 Eb
Scortichino [FE] 49 Gc
Scorzarolo [MN] 49 CDb
Scorzati [VI] 23 Hd
Scorzè [VE] 39 Cb
Scorzo [SA] 115 Dd
Scorzone, Monte– 117 Ca
Scosito, Fiume– 85 Fb
Scossicci [MC] 79 Fc
Scotano, Monte– 123 Bb
Scoto, Masseria– [LE] 123 Gc
Scottini [TN] 23 Gc
Scotto, Casa– [SS] 165 Fbc
Scova, Monte sa– 175 CDa
Scovetta [RO] 51 FGc
Scovola [BS] 35 Ec
Scravaion, Colle– 63 Gab
Scrisá [RC] 141 Gc
Scrisi, Monte– 141 Eb
Scritto [PG] 77 Ed
Scrívia, Torrente– 45 Gc
Scrocca, Monte– 173 Cc
Scrocca Manna, sa– 177 Cc
Scrofário [RC] 139 Dcd
Scrofiano [SI] 75 Fd
Scrófola, la– [FG] 109 Hb
Scuderi, Monte– 141 Cc
Scudiero, Monte– 135 Dbc
Scudo, Porto– 177 DEd
Scuol / Schuls [Svizz.] 1 Bc
Scuola Agraria Gigante [BA] 119 Dc
Scuola Campanaro [BN] 109 Cb
Scupetu, Cantoniera– [SS] 161 Ccd
Scura, Monte della– 69 Gd
Scurano [PR] 59 Bc
Scurati [TP] 149 DEb
Scurcola Marsicana [AQ] 99 DEa
Scurelle [TN] 25 Ab
Scurigogu, Cantoniera– [SS] 165 Fc
Scuro, Lago– 57 Gc
Scuro, Monte– [CS] 135 Ea
Scuro, Monte– [SA] 127 Dc
Scurtabò [SP] 57 Dc
Scurzolengo [AT] 45 Cbc
Scusi, Dolmen di– 125 Fc
Sdobba, Punta– 41 Gb
Sdriscia, la– [LI] 81 Ebc
Sealza [IM] 63 Dcd
Seano [PO] 67 DEcd
Sebastiani, Rifugio– 93 Ec
Sébera, Punta– 177 EFc
Sebino → Iseo, Lago d'– 21 Hd
Seborga [IM] 63 Ed
Secca, Punta– [AG] 151 Gcd
Secca, Punta– [GR] 89 Cc
Secca, Punta– [LI] 81 ins.b
Secca Grande [AG] 151 Fc
Seccante, Poggio– 89 Ga
Seccata [CN] 53 GHd
Sécchia [RE] 59 Eb
Sécchia, Fiume– 49 Ec
Secchiano [PU] 77 Eb
Secchiano [PU] 69 Gc
Secchio [RE] 59 Ccd
Secciano [FI] 67 EFc

Secco, Capo– 143 Ec
Secco, Monte– 21 Gc
Secco, Rio– 101 Ca
Secinaro [AQ] 93 FGcd
Sécine, Monte– 101 Bb
Seclì [LE] 125 Dc
Secli–Neviano–Aradeo, Stazione di– 125 Dc
Secondigliano [NA] 113 Db
Secugnago [LO] 47 Da
Sécula [VI] 37 Fbc
Seddanus, Torrente– 173 Ec
Sedda sa Férula 171 Da
Séddas Moddízzis [CA] 177 CDb
Seddusai, Monte– 171 Dc
Sedegliano [UD] 27 Cb
Sedena [BS] 35 Fbc
Sedia di Napoleone 81 Bd
Sédico [BL] 25 Eb
Sedílis [UD] 13 Ed
Sédilo [OR] 169 Fab
Sédime [TO] 29 Hd
Sédini [SS] 163 Ec
Sedita, Monte– 151 Gc
Sedone [PV] 45 GHa
Sedrano [PN] 27 Ab
Sedrano [MI] 33 Bbc
Sedrina [BG] 21 Ed
Sédrio [RE] 59 Db
Seduto, Monte– 139 Ec
Seekofel / Croda del Becco 3 Fcd
Séeze [Fr.] 29 Cb
Sefiár Spitze / Tavolino, Monte– 1 Gc
Sefro [MC] 85 Fb
Sega [VE] 27 Bd
Sega [VR] 35 Hb
Segà, Valle– 51 Fb
Segabiello [BS] 35 Db
Sega Digon [BL] 11 FGb
Segagliate [AL] 45 Gc
Segalare [FE] 51 Fc
Segalari, Torre– [LI] 73 Dde
Segantini, Baita– 11 Bd
Segantini, Rifugio– 23 Ea
Segariu [CA] 173 Fb
Sega Vecchia, Rifugio– 67 CDb
Segesta 149 EFc
Segesta, Fermata di– 149 EFc
Seggiano [GR] 83 Dc
Seggiano [PG] 85 Dcd
Seggio 151 CDab
Seggio, Toppo– 109 DEb
Seghe [VI] 23 Id
Seghe, le– [TN] 23 Ga
Séglia [IM] 63 Dcd
Segnacco [UD] 27 Ea
Segnale, Torre del– 103 Gc
Segni [ROMA] 99 BCc
Segno [SV] 55 Ed
Segno [TN] 9 Ed
Segonda [MN] 49 Fc
Segonzano [TN] 23 Ha
Segonzano, Piramidi di– 23 Ha
Segrate [MI] 33 Dbc
Segrino, Lago di– 21 Ccd
Segromigno in Monte [LU] 65 Gc
Séguret, Monte– 43 BCb
Seguro [MI] 33 Cc
Segusino [TV] 25 Dc
Seiano [NA] 113 Ecd
Seigne, Col de la– 17 Bd
Seilita, Cozzo– 147 Fbc
Seio [TN] 9 Ec
Seirasso, Cima– 63 Ea
Seis / Siusi [BZ] 9 Hb
Seiser Alm / Alpe di Siusi 11 ABb
Seiser Alm–Hütte / Alpe di Siusi, Rifugio– 11 Abc
Seissogne [AO] 29 Ga
Selape, Cima del– 23 Ecd
Sélargius [CA] 179 CDc
Selasca [VB] 19 Fc
Selbagnone [FC] 69 Fab
Selce, la– [ROMA] 97 DEb
Selcella, Canale del– 105 Eb

Selci [PG] 77 BCb
Selci [RI] 91 Fbc
Sele, Fiume– 127 Ba
Sele, Foce del– 127 Aab
Sele, Piana del– 115 Bd
Sélegas [CA] 175 Cc
s'Elema, Riu de– 167 Db
Selinunte 151 Cb
Selinuntine, Terme– 151 Ebc
Sella / Söll [BZ] 9 Fc
Sella [TN] 23 Ibc
Sella [UD] 27 CDc
Sella / Söll [BZ] 9 Fc
Sella, Cima– 11 Fc
Sella, Gruppo di– / Sellagruppe 11 Bbc
Sella, Laghi della– 53 Dd
Sella, Monte– 59 Cb
Sella, Passo di– / Sellajoch 11 Bbc
Sella, Pizzo di– 149 Eab
Sella, Rifugio– [AO] 19 Ac
Sella, Rifugio– [AO] 17 BCcd
Sella Boera, Punta di– 19 CDd
Sella di Corno [AQ] 93 CDb
Sella di Sénnes, Monte– 3 Fcd
Sella Eugenio, Rifugio– 19 Bbc
Sellagruppe / Sella, Gruppo di– 11 Bbc
Sellajoch / Sella, Passo di– 11 Bbc
Sellano [PG] 85 Fc
Sella Quintino, Canale– 31 Gc
Sella Quintino, Rifugio– 53 Cab
Sella Quintino–Subdiramatore Destro, Canale– 31 Gd
Sella Quintino–Subdiramatore Sinistro, Canale– 31 Gd
Sellaro, Monte– 131 EFb
Sellata, la– 127 Fa
Sellata, Rifugio la– 127 Fa
Sellate, Torrente– 73 Fd
Sella Vittorio, Rifugio– 29 Fb
Sellécchia [RI] 91 Gb
Selle di Carnino, Rifugio– 63 Eab
Sellere [BG] 21 Hcd
Sellero [BS] 23 BCb
Séllero, Monte– 21 HIb
Selle Vecchie, Colle– 63 DEb
Sellía [CZ] 137 Dab
Sellía Marina [CZ] 137 Eb
Sellía Marina, Stazione di– 137 Eb
Sellustra, Torrente– 61 Bd
Selva [BG] 35 Ca
Selva [BO] 61 Bb
Selva [BR] 119 Dbc
Selva [CH] 95 DEd
Selva [FI] 67 Fb
Selva [GR] 83 Dd
Selva [MO] 59 Ec
Selva [PC] 57 Cb
Selva [PC] 57 Da
Selva [PC] 57 Cb
Selva [PN] 27 Ab
Selva [VI] 37 Ec
Selva / Walder [BZ] 3 CDc
Selva, Bocca della– 107 FGb
Selva, la– [AR] 75 Cc
Selva, La– [FR] 99 Hd
Selva, la– [SI] 73 Gd
Selva, Lago della– / Waldner See 3 Fa
Selva, Masseria la– [BR] 123 Bc
Selva, Monte della– [AQ] 93 Fb
Selva, Monte della– [AQ] 99 Ga
Selva, Poggio– 91 Ca
Selva a Mare, Pizzo– 147 Dbc
Selvacava [FR] 107 Bb
Selva dei Molini / Mühlwald [BZ] 3 DEb
Selva dei Muli [FR] 99 Dd
Selva del Montello [TV] 25 Ed
Selva di Cadore [BL] 11 Dc
Selva di Progno [VR] 37 Gb
Selva di Tríssino [VI] 37 Db
Selva di Val Gardena / Wolkenstein in Gröden [BZ] 11 Bb
Selvaggi, Masseria– [TA] 121 Fab

Selvaggio [TO] 43 EFb
Selvaggio, Bosco– 139 CDc
Selvaggio, Lago– / Wilder See 3 Cb
Selva Grossa [PR] 57 FGb
Selva Maggiore [FR] 99 EFd
Selvanizza [PR] 57 Hc
Selvapiana [AL] 47 ABd
Selvapiana [FC] 69 Fc
Selvapiana [RE] 59 Cb
Selvarizzo [MN] 35 Gd
Selvatelle [PI] 73 DEb
Selvatorta [AN] 79 Db
Selvavécchia [VR] 37 Bab
Selvazzano [MC] 85 FGb
Selvazzano Dentro [PD] 37 Gc
Selve [VC] 31 Dcd
Selve Marcone [BI] 31 Cb
Selvena [BS] 83 Dd
Selvetta [SO] 21 EFab
Selvino [BG] 21 Fd
Selvole [TN] 23 Ibc
Selvole [SI] 75 Dbc
Selvone [IS] 101 Bd
Selvotta [CE] 107 Cb
S.E.M., Rifugio– 21 Dc
Sembrancher [Svizz.] 17 Db
Seméstene [SS] 165 Ec
Semiana [PV] 45 Fb
Seminara [RC] 139 Ccd
Seminenga [AL] 45 Bab
Seminíato, Canale– 51 Ec
Semino [GE] 55 GHb
Seminò [PC] 47 Cbc
Semivicoli [CH] 95 Dc
Semogo [SO] 7 Fbc
Semonte [PG] 77 Ec
Semonte [VT] 89 Ga
Semonzetto [TV] 25 Cd
Semonzo [TV] 25 Cd
Semorile [GE] 57 Bc
Sémpio, Monte– 167 Fb
Sempione, Galleria del– 15 Cc
Semprevisa, Monte– 99 Cd
Semproniáno [GR] 83 Dd
Semproniáno, Poggio di– 83 Dd
Semurano [CO] 21 Cb
s'Ena Arrubia, Zona Umida– 169 Dcd
s'Ena 'e Thòmes, Nuraghe– 171 Fa
Senaglio, Colle– 101 Ec
Senago [MI] 33 Cb
Senáiga, Lago del– 25 Cb
Senáiga, Torrente– 25 Cb
Senale / Unsere Liebe Frau im Walde [BZ] 9 Ebc
Senáles / Schnals [BZ] 1 Fc
Senáles, Val di– / Schnalstal 1 Fc
Senale–San Felice / Unsere Liebe Frau im Walde–Sankt Felix [BZ] 9 Eb
Senalonga, Punta di– 167 Db
Senárega [GE] 55 Hb
Senarica [TE] 93 EFa
Senatello [PU] 69 Fd
Séneghe [OR] 169 Db
Séneghe, Nuraghe– 165 Dd
Senérchia [AV] 115 Dc
Senes, Monte– 167 FGcd
Séngie, Punta– 29 Gb
Seniga [MS] 35 DEd
Senigállia [AN] 71 Hd
Senio, Torrente– 61 Eb
Sénis [OR] 169 Fcd
Senise [PZ] 129 Dcd
Senna, Torrente– 83 Ed
Senna Comasco [CO] 21 Bd
Senna Lodigiana [LO] 47 Dab
Sennaríolo [OR] 169 Da
Sennes, Rifugio– / Sennes Hütte 11 Db
Sennes Hütte / Sennes, Rifugio– 11 Db

Senni [FI] 67 FGc
Sénnori [SS] 163 Dd
Senorbì [CA] 175 Cc
Sénore, Torrente– 151 DEa
Sensano 73 Fc
Sente, Torrente– [FG] 101 Hd
Sente, Torrente– [It.] 101 Hd
Sentella, Masseria la– [BA] 117 Gb
Senter [TN] 23 Gc
Sentinella [CS] 129 Fd
Sentinella, Monte– 99 CDd
Sentinella, Passo della– 127 Db
Sentino [MC] 85 Gb
Sentino, Torrente– 77 Gc
Sentinum 77 FGc
Séo [TN] 23 Fb
Separone, Masseria– [FG] 109 Gb
Sepino [CB] 107 Gb
Sepino, Parco Archeologico di– 107 Gb
Seppado [GE] 57 Bb
Seppiana [VB] 19 Db
Séppio [MC] 79 BCde
Septumian [AO] 17 Gd
Sequals [PN] 27 CAb
Sera, Cima– 23 Eb
Serafini [TN] 25 BCbc
Serano, Monte– 85 Cc
Seráuta, Pizzo– 11 Cc
Seravezza [LU] 65 Ebc
Serbariu [CA] 177 Dbc
Sérchio, Fiume– 65 Gc
Sérchio sa– 175 Db
Sércia, Valle– 147 CDc
Sercone, Su– 171 Eb
Serdes [BL] 11 DEc
Serdiana [CA] 179 Ca
Serdiana, Stagno di– 179 Ca
Seré, Bec del– 55 CDc
Seregnano [TN] 23 GHb
Seregno [MI] 33 Dab
Seréna, Testa di– 17 Dd
Seren del Grappa [BL] 25 CDbc
Serga, Bagni– / Schörgau, Bad– 9 FGb
Sergnano [CR] 33 Gc
Seriana, Val– 21 Gcd
Seriate [BG] 33 Ga
Sérico, Monte– 117 Cb
Serignana [FI] 69 CDc
Serina [BG] 21 Fc
Serini, Masseria– [BA] 117 GHb
Serino [AV] 115 Bb
Serino, Masseria– [BA] 119 BCc
Serino, Monte– 133 Db
Serio, Cascate del– 21 Hb
Sério, Fiume– 33 Gd
Sério, Monte– 119 Cc
Serio, Parco del– 33 Gbc
Seriola [BS] 35 EFd
Sério Morto 33 Gd
Serlate, Torrente– 83 Db
Serle [BS] 35 EFb
Sermenza, Torrente– 19 Cc
Sermério [BS] 23 Ed
Sermezzana [LU] 57 Hd
Sérmide [MN] 49 Gbc
Sermoneta [LT] 105 Da
Sermória [AL] 55 Fgab
Sermugnano [VT] 83 GHde
Sernáglia della Battáglia [TV] 25 Ec
Sérnio [SO] 7 Fd
Sérnio, Monte– 13 Dc
Serò [SP] 57 Ed
Serodine 9 Bd
Serole [AT] 55 Cb
Serone [SO] 21 Eab
Serottini, Monte– 7 FGd
Serpe, Torre del– 125 FGc
Serpeddi, Punta– 179 Da
Serpentara, Isola– 179 Ec
Serpiano [MO] 59 Dd
Serra [AL] 45 Cb
Serra [AL] 55 Fab
Serra [AR] 69 Ed

Serra [AT] 45 Ab
Serra [AT] 45 Dc
Serra [CN] 53 Hd
Serra [FC] 69 Gc
Serra [GE] 57 Bb
Serra [GE] 55 Bc
Serra [GE] 57 Bc
Serra [GE] 55 Gb
Serra [PI] 73 Ecd
Serra [SA] 127 BCb
Serra [SP] 65 Cb
Serra, Alpe di– 69 Ed
Serra, La– 31 Bbc
Serra, la– [AQ] 99 Fa
Serra, la– [CS] 131 Db
Serra, la– [MT] 129 Db
Serra, la– [PI] 73 Ec
Serra, la– [PO] 67 DEd
Serra, la– [PZ] 127 Fd
Serra, la– [PZ] 129 Bc
Serra, Monte– [Eur.] 7 Eb
Serra, Monte– [LI] 81 Dcd
Serra, Monte– [PG] 77 Ed
Serra, Monte– [PG] 85 GHd
Serra, Monte– [PZ] 131 Dab
Serra, Monte– [Tosc.] 65 Gd
Serra, Monte della– 69 Db
Serra, Monte la– [AQ] 93 Gbc
Serra, Monte la– [AV] 115 Db
Serra, Monte la– [FG] 109 Ec
Serra, Monte la– [FG] 103 Dc
Serra, Nuraghe sa– 175 Db
Serra, Passo della– 115 Ba
Serra, Passo di– 69 Ed
Serra, Pian della– 77 Ec
Serra, Rio– 165 Cb
Serra, sa– 167 Dc
Serra, Torrente– 85 De
Serrabassa [PT] 67 BCab
Serra Brunamonti [PG] 77 Ed
Serracapriola [FG] 103 ABc
Serra Cavallo, Cozzo– 129 Fb
Serrada [TN] 23 Gc
Serra d'Aiello [CS] 135 Cc
Serra d'Ángeli, Masseria– [LE] 123 Dd
Serra D'Annunzio [AV] 115 Da
Serradarce [SA] 115 CDd
Serra de' Conti [AN] 79 Cb
Serra del Corvo, Lago– 117 Db
Serra della Guardia, Riserva Naturale Biogenetica Iona– 135 Ea
Serra della Stella [BA] 117 Ec
Serra dell'Edera [SA] 127 EFcd
Serra del Monte [PV] 45 Hcd
Serra di Bisi, Masseria– [FG] 109 Ebc
Serrádica [AN] 77 FGd
Serra di Croce [MT] 129 DEbc
Serradifalco [CL] 153 Dc
Serra di Falco, Casa– [EN] 145 Bd
Serradifalco, Stazione di– 153 Dc
Serra di Genga [PU] 71 Ed
Serra di Maiolo [PU] 69 Gc
Serradimigni [MO] 59 Dd
Serra di Piastra [PU] 71 Cd
Serradipiro [CS] 135 Ec
Serra di Sopra [RN] 71 Dc
Serra di Sotto [RN] 71 Dc
Serra di Spezia, Monte– 155 Db
Serrafiori, Casa– [RG] 159 DEd
Serráglio [BO] 67 Fb
Serráglio [MN] 49 Db
Serraia [TN] 23 Hb
Serraia, Lago di– 23 Hb
Serralonga [TP] 151 Db
Serralta [MC] 79 CDd
Serralta, Cozzo– 135 Cb
Serralunga 127 Fd
Serralunga, Monte– [AG] 151 Fc
Serralunga, Monte– [CA] 177 Db
Serralunga, Monte– [CL] 157 Ec
Serralunga d'Alba [CN] 55 ABb
Serralunga di Crea [AL] 45 Cb

Serramale, Monte– 131 BCab
Serramanna [CA] 173 Fc
Serramanno, Masseria– [CB] 101 Gb
Serra Marina, Masseria– [MT] 121 Cc
Serramazzoni [MO] 59 Ec
Serramezzana [SA] 127 Bc
Serramonacesca [PE] 95 Cc
Serranetta 115 Gd
Serra Nicolino, Riserva Naturale Biogenetica di– 131 Dde
Serrano [LE] 125 EFb
Serranova, Castello di– 123 Da
Serra Pedace [CS] 135 DEb
Serrapetrona [MC] 79 CDd
Serra Pistoiese [PT] 67 Cc
Serrapòtamo, Torrente– 129 Dd
Serrapullo, Monte– 115 BCb
Serrara Fontana [NA] 113 Bc
Serra Riccò [GE] 55 Gb
Serra San Bruno [VV] 139 EFb
Serra San Marcello [AN] 79 Db
Serra San Quírico [AN] 79 BCc
Serra Sant'Abbondio [PU] 77 Fbc
Serraspinosa [PU] 77 Fb
Serrastretta [CZ] 137 Ca
Serrastretta–Carlópoli, Stazione– 137 Ca
Serrata [RC] 139 Db
Serra Taurella, Monte– 109 Ccd
Serratore, Monte– 135 Db
Serra Traversa, Masseria– [FG] 109 Eb
Serrau, Monte– 173 Dc
Serravalle [AT] 69 DEd
Serravalle [AT] 45 Bc
Serravalle [FE] 51 Ec
Serravalle [PG] 85 Gd
Serravalle [PR] 57 Fa
Serravalle [RSM] 71 Cc
Serravalle [SI] 83 Cab
Serravalle [SS] 35 DEc
Serravalle, Case– [CT] 145 Dd
Serravalle, Castello di– 85 Fb
Serravalle, Monte– 155 DEcd
Serravalle, Ponte di– 67 Cc
Serravalle, Rocca di– 7 Gc
Serravalle all'Ádige [TN] 23 Gd
Serravalle a Po [MN] 49 Fb
Serravalle di Carda [PU] 77 Db
Serravalle di Chienti [MC] 85 Fb
Serravalle Langhe [CN] 55 Bb
Serravalle Pistoiese [PT] 67 Cc
Serravalle Scrívia [AL] 45 Gd
Serravalle Sésia [VC] 31 DEa
Serrazasilla, Monte– 101 FGd
Serrazzano [PI] 73 Ed
Serre [CH] 101 Db
Serre [CN] 53 Da
Serre [CN] 53 Cb
Serre [CN] 53 Ec
Serre [FR] 99 Hd
Serre [PA] 147 Dc
Serre [SA] 115 CDd
Serre [LT] 105 Fb
Serre, Cimata delle– 99 Ba
Serre, Le– 139 EFb
Serre, le– [Bas.] 129 CDbc
Serre, le– [LT] 105 Fb
Serre, Madonna– 73 Eb
Serre, Monte tra le– 93 CDbc
Serre di Ciminna, Riserva Naturale– 147 Dc
Serre di Rapolano [SI] 75 Ed
Serrenti [CA] 173 Fbc
Serrenti, Cantoniera di– [CA] 173 Fb
Sérres / Zerzer–B. 1 CDc
Serrese, Nuraghe– 169 Da
Serreta [IM] 63 Gc
Serri [NU] 175 Cb
Serriola, Bocca– 77 CDb
Serrípola [MC] 79 Cd
Serristori, Rifugio– / Zaytal–Hütte 9 Bb

Serro [CN] 53 Gd
Serro [CN] 53 DEab
Serro [ME] 141 Cb
Serro, lo– 145 Bd
Serro, Monte– 149 Dbc
Serro Lo Greco, Masseria– [TA] 121 Cb
Serrónchia [MC] 79 Cc
Serrone [CS] 135 Cb
Serrone [FR] 99 Cb
Serrone [MC] 79 Cd
Serrone [MC] 87 Bb
Serrone, il– 153 Cc
Serrone, Monte– 115 Db
Serrù, Lago– 29 Ec
Seruci [CA] 177 Cb
Seruci, Nuraghe– 177 Cb
Serva, Monte– 11 Gd
Servedio, Masseria– [BA] 117 Gb
Servigliano [AP] 87 CDb
Servillo [TE] 93 Fa
Servino [CN] 53 Cc
Servo [BL] 25 Cb
Sesana (I) = Sežana [SLO] 41 Ib
Sesi 151 ins.a
Sésia, Fiume– 45 Ea
Seslfis, Monte– 13 Bc
Sesona [VA] 31 FGa
Sessa, Pineta di– 107 Bc
Sessa Aurunca [CE] 107 Cc
Sessa Aurunca–Roccamonfina, Stazione di– 107 Cc
Sessa Cilento [SA] 127 Bc
Sessame [AT] 55 CDab
Sessana [AL] 45 Cab
Sessano del Molise [IS] 101 CDd
Sessant [AT] 45 BCc
Sessarego [GE] 55 Hc
Sesso [RE] 49 Cd
Sesta [SP] 57 DEd
Sesta, la– [SI] 83 Cbc
Sesta Godano [SP] 57 DEd
Sesta Inferiore [PR] 57 Gc
Sestaione, Fiume– 67 Cb
Sestano [SI] 75 DEcd
Sestantarile, Punta– 167 Ec
Sestino [AR] 69 Gd
Sesto [LO] 33 Fd
Sesto / Sexten [BZ] 3 Hc
Sesto, Val di– / Sextental 3 GHc
Sesto al Réghena [PN] 27 Bc
Sesto Calende [VA] 19 Fd
Sesto Campano [IS] 107 Db
Sesto Cremonese [CR] 47 Fab
Sesto ed Uniti [CR] 47 Fa
Sesto Fiorentino [FI] 67 Fd
Sesto Imolese [BO] 61 Cc
Séstola [MO] 59 Ed
Sesto San Giovanni [MI] 33 Db
Sesto Ulteriano [MI] 33 Dc
Sestriere [TO] 43 Gc
Sestri Levante [GE] 57 Cd
Sestri Ponente [GE] 55 FGc
Sestu [CA] 179 Cb
Sestu, Cantoniera di– [CA] 179 Cb
Sesvenna, Piz– 1 Cc
Seta [RE] 49 Cd
Setta [SP] 57 Dd
Setta, Torrente– 59 Hc
Settala [MI] 33 Ec
Sette Bagni [ROMA] 97 EFab
Settecamini [ROMA] 97 Fb
Sette Casoni [VE] 41 Bc
Sette Comuni, Altopiano dei– 25 ABc
Sette Fèudi [CT] 155 Ccd
Sette Fontane [TN] 23 Ha
Sette Fontane, Malga– 11 Gcd
Settefonti [BO] 61 Ac
Settefrati [FR] 99 Hc
Sette Fratelli, Monte– 179 Eb

Sette Galli [FC] 69 Ec
Sette Morti, Valle dei– 39 Dd
Settepani, Monte– 55 Cd
Settepolesini [FE] 51 Ac
Setteporte [KR] 133 Ecd
Sette Poste [FG] 111 Bb
Settequerce / Siebeneich [BZ] 9 Fbc
Sette Selle, Cima di– 23 Ib
Sette Soldi, Monte– 149 EFc
Sette Sorelle, Bonifica delle– 41 Bb
Sette Torri [BA] 111 Fd
Sette Vene [VT] 91 DEcd
Setti, Rio– 173 Eb
Settignano [FI] 67 Fd
Settignano [FR] 99 Gd
Settimana, Torrente– 11 Gd
Settimana, Val– 11 Gcd
Séttime [AT] 45 Bc
Settimello [FI] 67 EFc
Séttimo [PV] 33 Dd
Séttimo [TV] 39 Cb
Séttimo [VE] 27 Bcd
Séttimo [VI] 37 Bc
Séttimo Alpini, Rifugio– 11 Ed
Séttimo di Gallese [VR] 37 Bcd
Séttimo Milanese [MI] 33 Cbc
Séttimo Persiana [VE] 27 Bcd
Séttimo Rottaro [TO] 31 BCc
Séttimo San Pietro [CA] 179 CDb
Séttimo Torinese [TO] 43 Hab
Séttimo Vittone [TO] 31 ABb
Settingiano [CZ] 137 CDb
Settsass 11 Cb
Setzu [CA] 173 Fa
Seu, Oasi di– 169 Cc
Seúlo [NU] 175 Da
Seui [NU] 175 Dab
Seuni [CA] 175 Cc
Sevegliano [UD] 27 Ec
Severiana, Via– 97 Ec
Severino, Poggio– 155 Cd
Séveso [MI] 33 Ca
Séveso, Torrente– 21 Bd
Sévice, Monte di– 93 Ecd
Sevignano [TN] 23 Hab
Sevina, Torrente– 141 Fb
Sevizzano [PC] 47 Cc
Sevo, Pizzo di– 87 BCde
Sexten / Sesto [BZ] 3 Hc
Sextental / Sesto, Val di– 3 GHc
Sežana [SLO] = Sesana (I) 41 Ib
Sezza [UD] 13 CDc
Sezzádio [AL] 45 Ed
Sezze [LT] 105 Eab
Sezze Scalo 105 Eab
Sfercia [MC] 85 Gb
Sferracavallo [PA] 147 Ba
Sferracavallo, Capo– 175 Gb
Sferro [CT] 155 Dbc
Sfilzi, Riserva Naturale– 103 Gb
Sfinale, Torre di– 103 Gb
Sfondo, Lago– 93 Gb
Sfornioi, Monte– 11 Ec
Sforzacosta [MC] 79 Ed
Sforzatica [BG] 33 Fab
Sforzesca [GR] 83 Ed
Sforzesca [PV] 31 Hd
Sfrizzo, Monte lo– 103 Db
Sfruz [TN] 9 Ecd
Sgarbina [PV] 47 Abc
Sgarrone, lo– [BA] 117 Fc
Sgólgore, Múrgia– 117 FGb
Sgónico [TS] 41 Hb
Sgoreà, Rio– 63 Dc
Sgrilla, la– [GR] 89 Ea
Sgrillozzo [GR] 89 Ea
Sgúrgola [FR] 99 Cc
Sgúrgola, Stazione di– 99 Cc
Shöne Aussicht / Bellavista, Rifugio– 1 Ec
Siacco [UD] 27 Eb
Siamaggiore [OR] 169 Dc

Siamanna [OR] 169 Ec
Siano [CZ] 137 Db
Siano [SA] 113 FGc
Siapiccia [OR] 169 Ec
Sibano [BO] 59 GHcd
Sibari [CS] 131 Fc
Sibari, Fiume– → Coscile, Fiume– 131 Fc
Sibari, Piana di– 131 Fc
Siberia [PI] 73 Db
Sibilla, Monte– 87 Bc
Sibilla, Ruderi di– 105 Fb
Sibillini, Monti– 87 Bc
Sibolla, Lago– 67 Ccd
Sicaminò [ME] 141 BCc
Sicani, Monti– 151 FGb
Sicária, Masseria– [FG] 103 CDd
Sicci San Biágio [CA] 179 CDa
Siccomario 47 ABb
Sicele [FI] 75 Cb
Sicelle [SI] 83 Eab
Sicina [TN] 9 FGd
Siciliana [AG] 151 Gc
Siciliana Marina [AG] 151 Gcd
Sicili [SA] 127 Ed
Sicília [PZ] 115 Gcd
Sicille [SI] 83 Eab
Sicina [TN] 9 FGd
Siciliana [AG] 151 Gc
Siciliana Marina [AG] 151 Gcd
Siciliano [TO] 43 Bb
Sicignano degli Alburni [SA] 115 Dd
Sicignano degli Alburni, Stazione– 115 Dd
Sicili [SA] 127 Ed
Sicília [PZ] 115 Gcd
Sicille [SI] 83 Eab
Sicina [TN] 9 FGd
Sidderò, Canale il– 123 Fb
Siddi [CA] 173 Fab
Siddu, Monte– 175 Fbc
Siderno [RC] 139 Ed
Siderno Marina [RC] 139 Ed
Siderno Superiore [RC] 139 Ed
Sídolo [PR] 57 Eb
Siebeneich / Settequerce [BZ] 9 Fbc
Sieci [FI] 67 Gd
Siedi, Canale il– 123 Fb
Siele, Torrente– 83 Ed
Siena [SI] 75 CDcd
Siena–Ampugnano, Aeroporto Nazionale– 75 Cd
Siena Vécchia, Poggio– 75 Cd
Siera, Passo di– 11 GHb
Sierodistinci, Masseria– [TA] 121 Cb
Sierre [BR] 123 Ba
Sieti [SA] 115 Bc
Sieve, Fiume– 67 Gc
Siggiare, Monte– 149 Dc
Sighignola 21 ABc
Sigilletto [UD] 13 Bb
Sigillo [BZ] 3 Hc
Sigillo [RI] 93 Cab
Sigliano [AR] 75 Hb
Siglioli [IM] 63 Fb
Signa [FI] 67 Fd
Signático [PR] 57 Gb
Signayes [AO] 17 Ed
Signols [TO] 43 Bb
Signora, Monte– 147 ABb
Signora, Monte della– 53 Bc
Signora de Paulis, Nuraghe– 165 Db
Signora Pulita, Monte– 119 Ec
Signoressa [TV] 25 Ed
Signori, Colle dei– 63 DEab
Signorino, il– [PT] 67 Dbc
Sigona Grande [SR] 155 Ec
Sila, la– 133 CDc
Sila Grande 135 EFab
Sila Greca 131 Da
Sila Piccola 137 Da
Silbanis, Nuraghe– 169 Db
Sile, Fiume– [It.] 27 Bc
Sile, Fiume– [Ven.] 39 Eb
Silea [TV] 39 Dab
Sili [OR] 169 Dc
Siligata, La– [PU] 71 Ec

Síligo [SS] 165 Eb
Siliqua [CA] 177 Eb
Silis, Fiume– 163 Ed
Silisia, Torrente– 13 Bd
Silius [CA] 175 Dc
Silla [BO] 67 Da
Silla [SA] 127 Eb
Silla, Torrente– 67 Da
Sillano [LU] 59 Bd
Sillano, Monte– 59 BCd
Sillano, Rocca di– 73 Fd
Sillara, Monte– 57 Gc
Sillaro, Torrente– 61 Cb
Sillavengo [NO] 31 Eb
Sillian [A] 3 Hc
Sillicagnana [LU] 65 Fab
Sillicano [LU] 65 Fb
Síllico, Torrente– 65 Fab
Sillitti, Casa– [AG] 157 CDcd
S'Illixi, Portu de– 179 Fb
Silva [TO] 29 Ic
Silvana Mánsio [CS] 135 EFb
Silvano d'Orba [AL] 55 EFa
Silvano Pietra [PV] 45 Gb
Silvaplana [Svizz.] 7 Cc
Silvella [TV] 25 Cc
Silvella [UD] 27 Db
Silvella, Casera di– [BL] 3 Hld
Silvelle [PD] 39 Cc
Silvertal / San Silvestro, Val– 3 Gc
Silvi [TE] 95 Ca
Silviane [BS] 35 DEb
Silvignano [PG] 85 Ecd
Silvi Marina [TE] 95 Ca
Silvi Paese [TE] 95 Ca
Silvo Piano, Monte– 99 Ec
Símala [OR] 173 EFa
Simáxis [OR] 169 DEc
Simbário [VV] 139 EFb
Simbirizzi, Stagno– 179 Db
Simbruini, Monti– 99 Db
Simeone, Casa– [BA] 111 Dbc
Simeone, Masseria– [FG] 103 Bcd
Simeone, Masseria– [TA] 121 Cb
Símeri [CZ] 137 DEb
Símeri, Fiume– 137 DEb
Símeri Crichi [CZ] 137 Db
Símeri–Crichi, Stazione– 137 Eb
Simeto, Fiume– 155 Ec
Simeto, Foce di– 155 Fc
Simeto, Stazione di– 155 Ec
Simignano [SI] 73 GHd
Similáun 1 Fc
Similáun, Rifugio del– / Similaunhütte 1 EFc
Similaunhütte / Similáun, Rifugio del– 1 EFc
Símius, Spiaggia del– 179 Fc
Simoncello 69 Gd
Simonelli [LT] 107 Bc
Simoni, Masseria– [BR] 123 Db
Simplon [Svizz.] 15 Cc
Sinablana / Tanna [BZ] 9 Ec
Sinagra [ME] 145 Eb
Sinalunga [SI] 75 Fd
Sinarca, Torrente– 101 Gb
Sinasi, Cantoniera– [NU] 171 Cc
Sinauz, Monte– 13 Fb
Sindacale [VE] 41 Cb
Síndaro Marina [ME] 141 Cb
Sindía [NU] 165 Dd
Sinello, Fiume– 101 Ea
Sinfarosa, Masseria– [TA] 123 Dc
Singa, Monte– 139 Fc
Singerna, Torrente– 75 Hb
Sini [OR] 173 Fa
Sinich / Sinigo [BZ] 9 EFb
Sinigo / Sinich [BZ] 9 EFb
Sinigo, Rio– / Sinichbach 9 Fb
Sinio [CN] 55 Bb
Sinis 169 Cc
Siniscóla [NU] 167 Gc
Siniscóla, Rio di– 167 FGa
Sinnai [CA] 179 Db
Sinne [BZ] 3 FGc

Sinni, Fiume– 129 Fc
Sinópoli [RC] 141 Fb
Sinópoli Vecchio [RC] 141 Fb
Sintigliano [AR] 69 Fd
Sintria, Torrente– 61 Cd
Sinuessa 107 BCcd
Sínzias, Cala di– 179 Fb
Sion / Sitten [Svizz.] 17 EFa
Sipari, Masseria– [FG] 109 FGb
Sipari, Masseria– [FG] 111 Bb
Sipicciano [CE] 107 Cbc
Sipicciano [VT] 91 Da
Sipiu [CA] 179 Cc
Siponto 103 Fd
Siracusa [SR] 159 Gb
Sirai [CA] 177 CDb
Sirena, la– [BO] 59 Gc
Sirente, Monte– 93 Fcd
Sirente–Velino, Parco Naturale– 93 EFcd
Sirgole [LE] 125 DEc
Siribanda, la– [BR] 123 Eb
Siriculi, Nuraghe– 171 Fa
Siriddi, Rio– 177 Ec
Sirignano [AV] 113 Fb
Sirignano [PA] 149 Fc
Sirignano, Fiume– 149 Fc
Sirilo, Nuraghe– 171 Ebc
Sirino, Lago– 127 FGd
Sirino, Monte– 127 FGd
Síris [OR] 173 Ea
Sirmione [BS] 35 Gbc
Sirmione, Punta di– 35 Gbc
Sirolo [AN] 79 Fb
Sirone [LC] 21 CDd
Siror [TN] 25 CDa
Sirri [CA] 177 Db
Sirta [SO] 21 EFab
Sirtori [LC] 21 CDd
Siserno, Monte– 105 Fa
Sises, Monte– 43 Cc
Sísine, Cala– 171 Fbc
Sísini [CA] 175 CDc
Sismano [TR] 85 Cd
Siso [PR] 57 Gab
Sisola [AL] 55 Ha
Sissa [PR] 49 Ac
Sissone, Monte– 7 Cd
Sista [VE] 51 Ea
Sistiana [TS] 41 Gb
Sisto, Casa– [RG] 159 DEc
Sisto, Fiume– 105 Ec
Sisto, Masseria– [EN] 155 Dab
Sitizano [RC] 141 Fb
Sitran [BL] 25 FGb
Sitten / Sion [Svizz.] 17 EFa
Sitzerri, Fiume– 173 Dab
Sitziddiri, Nuraghe– 175 Cc
Siúrgus Donigala [CA] 175 CDc
Siusi / Seis [BZ] 9 Hb
Siusi, Alpe di– / Seiser Alm 11 ABb
Siviano [BS] 35 Da
Sivigliano [UD] 27 Dc
Sivignano [AQ] 93 Da
Sivizzano [PR] 57 Gb
Sivizzo [PR] 57 Gc
Sixt–Fer–à–Cheval [Fr.] 17 Bb
Siziano [PV] 33 Dcd
Sizzano [NO] 31 Eb
Škofije [SLO] 41 Hc
Slingia / Schlinig [BZ] 1 Cc
Slingia, Val– / Schlinger Tal 1 Cc
Slivia [TS] 41 GHb
Sluder, Punta– / Schluder–Spitze 9 BCb
Sluderno / Schluderns [BZ] 1 Dcd
Smarano [TN] 9 Ecd
Šmarje [SLO] = Monte di Capodistria (I) 41 Hcd
Smarlacca [RA] 61 Fd
Šmartno [SLO] 27 Gb
Sméglio [VB] 15 Dc
Smeralda, Costa– 161 Fc
Smeralda, Grotta– 103 Gc
Smeraldo, Grotta di– 113 Fd

Smergoncino [RO] 51 Eb
Smerillo [AP] 87 Cbc
Smile Park 125 Fbc
Smirra [PU] 77 EFb
Soana, Torrente– 29 Hc
Soana, Valle– 29 Hc
Soanne [PU] 69 Gc
Soara, Torrente– 77 Cc
Soarza [PC] 47 FGb
Soave [MN] 49 Da
Soave [VR] 37 Dc
Soazza [Svizz.] 5 Fc
Sobretta, Monte– 7 Gc
Soča [Eur.] = Isonzo (I) 27 Hb
Soča [SLO] = Sonzia (I) 13 Gcd
Soccavo [NA] 113 Eb
Soccher [BL] 25 Fa
Socchieve [UD] 13 BCc
Socco Madernassa [CN] 45 ABd
Soccorso [ME] 141 Bbc
Soccorso, Convento del– 155 Bd
Soci [AR] 69 Dd
Socol [BL] 11 Dbc
Socràggio [VB] 19 Fb
Sodano, Monte– 129 Ed
Soddì [OR] 169 Fb
Sodo [AR] 75 Gd
Sodolungo, Monte– 77 CDc
Soffi, Isola– 161 Fc
Soffiano [FI] 67 Fd
Soffranco [BL] 11 Ed
Soffratta [TV] 25 Gcd
Sogáies, Bruncu– 169 EFc
Sogliano al Rubicone [FC] 69 Gbc
Sogliano Cavour [LE] 125 Ebc
Soglio [AT] 45 Bbc
Soglio [CN] 53 Dbc
Soglio [Svizz.] 5 Hcd
Soglio, Monte– [CE] 107 EFb
Soglio, Monte– [TO] 29 Hc
Sogno [LC] 21 Dd
Sogno, Isola– 23 Ed
Soi, Passo di– / Soy Scharte 9 Cb
Soiana [PI] 73 Db
Soianella [PI] 73 Db
Soiano del Lago [BS] 35 FGb
Sóis [BL] 25 EFb
Sola [BG] 33 Gbc
Solacciano [LT] 107 Bc
Solagna [VI] 25 Ccd
Soláia [SI] 83 Bb
Soláio [SI] 73 Fd
Solánas [CA] 179 Ec
Solánas [OR] 169 Dc
Solánas, Rio di– 179 Ebc
Solano Inferiore [RC] 141 Eb
Solano Superiore [RC] 141 Eb
Sólanto [PA] 147 Db
Sólanto, Punta di– 149 Ea
Solara [MO] 49 Fd
Solara, Torrente– 69 Dd
Solare, Monte– 83 Gb
Solarino [SR] 159 Fb
Solaro [BS] 35 Ecd
Solaro [GE] 57 Bc
Solaro [MI] 33 Cb
Solaro [PC] 57 Cab
Solaro, Monte– 113 Dd
Solarolo [BS] 35 Gb
Solarolo [MN] 35 Gd
Solarolo [NO] 31 Fb
Solarolo [RA] 61 CDc
Solarolo, Monte– 25 CDc
Solarolo Monasterolo [CR] 47 Hb
Solarolo Rainério [CR] 49 Bb
Solàrs [UD] 13 Cb
Solarussa [OR] 169 DEc
Sólata [AR] 75 Ec
Solato [BS] 21 Hcd
Solbiate [CO] 19 Hd
Solbiate Arno [VA] 31 Ga
Solbiate Olona [VA] 31 Hab
Solbrito [AT] 45 Ac
Solchiaro, Punta– 113 BCc
Solcio [NO] 19 Fcd
Solda / Sulden [BZ] 9 Bb

Solda, Rio– 9 Bb
Solda, Val di– / Suldental 9 Bb
Solda di Fuori / Außersulden [BZ] 9 Bb
Soldano [IM] 63 DEcd
Sölden [A] 1 FGb
Sole [RE] 59 BCc
Sole, Lido del– [SS] 167 Fa
Sole, Masseria del– [BA] 117 Fab
Sole, Monte– [AG] 157 Dd
Sole, Monte– [BO] 59 Hcd
Sole, Monte– [RI] 93 Bc
Sole, Monte– [TN] 9 Cc
Sole, Val di– 9 Ccd
Soléminis [CA] 179 CDa
Sóleo, Fiume– [KR] 137 EFa
Solere [CN] 53 Fb
Solero [AL] 45 DEc
Solesino [PD] 51 Ca
Soleto [LE] 125 Eb
Solfagnano [PG] 77 Dd
Solfatara 113 Cbc
Solferino [MN] 35 Gc
Solferino [VE] 51 Eab
Sólgia [VB] 19 Fb
Soli [SI] 75 Ede
Soli, Bruncu de su– 179 Eb
Soliano, su– 169 Eb
Solicchiata [CT] 145 Fc
Soliera [MO] 49 Ed
Soliera [MS] 57 Gd
Soliera, Stazione di– 49 Ed
Solighetto [TV] 25 EFc
Solignano [PR] 57 Fb
Solignano Nuovo [MO] 59 Fb
Soligo [TV] 25 EFc
Soligo, Fiume– 25 Fc
Solimbergo [PN] 27 BCab
Solina, Casa– [TP] 149 Dc
Solinas, is– [CA] 177 Dc
Solità [NU] 167 FGb
Solitta, Punta– 171 Eb
Soliva [VC] 19 Ed
Soliva, Cima– 21 Gb
Solivo, al– [BS] 7 FGd
Solivo, Monte– 31 Dab
Solkan [SLO] = Salcano (I) 27 Hc
Söll / Sella [BZ] 9 Fc
Sollazzetto [VE] 27 CDd
Soller [TV] 25 Fc
Sollima, Casa– [EN] 145 Cd
Soloai, Nuraghe– 171 CDb
Solofra [AV] 115 ABbc
Solofrone, Fiume– 127 Bb
Sologno [NO] 31 Fb
Sologno [RE] 59 Cc
Sólogo, Torrente– 171 Fa
Solomeo [PG] 85 Bb
Solomiac [TO] 43 Bbc
Solonghello [AL] 45 Cb
Solopaca [BN] 107 Gc
Solopaca, Stazione di– 107 Gc
Soltárico [LO] 33 Fd
Solto Collina [BG] 21 Hd
Solunto 147 Db
Solva [SV] 63 GHb
Solza [BG] 33 EFab
Somadida, Riserva Naturale– 11 Eb
Somadino [LC] 21 Db
Somággia [SO] 5 Gd
Somáglia [LO] 47 Db
Somana [LC] 21 CDc
Somano [CN] 55 ABb
Sombreno [BG] 21 Ed
Someda [TN] 11 ABc
Someo [Svizz.] 15 FGc
Someraro [VB] 19 EFc
Somma, Monte– 113 Ebc
Somma, Valico della– 85 Ede
Sommacampagna [VR] 37 ABc
Somma Lombardo [VA] 31 Ga
Somma Lombardo, Rifugio– 15 Eb
Sommana [CE] 107 Fd
Sommaprada [BS] 23 Bbc
Sommarese [AO] 17 Hd

Sommariva [BL] 11 Ec
Sommariva del Bosco [CN] 43 Hd
Sommariva Perno [CN] 45 Ad
Sommati [RI] 93 Da
Sommatino [CL] 157 Dbc
Somma Vesuviana [NA] 113 Eb
Sommeiller, Punta– 43 BCb
Sommo [PV] 45 Hb
Sommo, Monte– / Sambock 3 Ec
Sommo, Passo del– 23 Hc
Sommocolónia [LU] 65 FGb
Sommo con Porto [CR] 47 GHb
Sompdogna, Sella di– 13 Cc
Sompiano [PU] 77 Cb
Somplago [UD] 13 Dcd
Somprade [BL] 11 EFb
Sompunt [BZ] 11 Cb
Somrabbi [TN] 9 Cc
Somtiolo [SO] 7 Fd
S'Omu, Nuraghe– 175 Fb
Sona [VR] 37 ABc
Soncino [CR] 35 Cc
Soncino [PV] 33 Cd
Soncluvo, Corno di– 35 Ea
Sóndalo [SO] 7 Gd
Sondrio [SO] 21 Gab
Sónego [TV] 25 FGb
Songavazzo [BG] 21 Gc
Sónico [BS] 23 BCab
Sonnino [LT] 105 Fb
Sonnino, Rifugio– 11 Dc
Sonnino, Stazione di– 105 Fb
Sonogno [Svizz.] 15 Gb
Sonvigo / Aberstückl [BZ] 1 Hlc
Sonzia (I) = Soča [SLO] 13 Gcd
Sopra, Casoni di– [MO] 49 FGd
Soprabolzano / Oberbozen [BZ] 9 Gb
Sopracastello [TV] 25 CDd
Sopra Conella 23 Ib
Sopramonte [NU] 171 Eb
Sopramonte [TN] 23 Gb
Soprana [BI] 31 Bb
Soprana [CN] 55 Cbc
Sopranes, Rio– / Spronser-Bach 1 Gc
Sopranico [BS] 35 Fb
Soprano, Monte– [CS] 129 Fd
Soprano, Monte– [MT] 129 Fbc
Soprano, Monte– [SA] 127 Bb
Soprapiana [TV] 25 Ec
Sopraponte [BS] 35 Fb
Sopra Tierra, Monte– 11 Dc
Sopravia [AV] 113 Fb
Sora [FR] 99 Fc
Soraga [TN] 11 ABc
Soragna [PR] 47 Gc
Sorana [PT] 67 Cc
Sorano [CN] 55 ABb
Sorano [GR] 83 Ed
Soranzen [BL] 25 Db
Sorapiss, Punta– 11 Ebc
Soras [BL] 25 Cbc
Soratte, Monte– 91 EFc
Sorba, Torrente– 19 Cc
Sorbano [FC] 69 Fc
Sorbara [MN] 49 Ba
Sorbara [MO] 49 EFd
Sorbello [CE] 107 Cc
Sorbello, Castello– 77 Cd
Sorbello, Monte– 135 Eb
Sorbétolo [PU] 71 Cd
Sorbo [AQ] 99 Da
Sorbo [AV] 115 BCbc
Sorbo [MC] 85 Gc
Sorbo [PU] 73 Cbb
Sorbo [ROMA] 97 Ea
Sorbo, Monte– 101 DEab
Sórbolo [PR] 49 Bc
Sórbolo [SP] 65 BCab
Sorbolongo [PU] 71 Fde
Sorbo San Basile [CZ] 137 Da
Sorbo Serpico [AV] 115 Bb
Sorci, Punta dei– 149 Bb

Sorcio, Monte– 151 Gc
Sordanu, Punta– 165 Fbc
Sordevolo [BI] 31 Bb
Sordíglio [RE] 59 Cb
Sordillo, Monte– 133 Cb
Sottoselva [UD] 27 Ec
Sordina [SA] 115 ABc
Sórdio [LO] 33 Ecd
Sordo, Fiume– 85 Gd
Sorella, Rocca– 99 Fc
Soresina [CR] 35 BCd
Sorgà [VR] 49 Ea
Sorgente [FI] 67 Ed
Sorgenti del Belbo, Riserva Naturale delle– 55 Bc
Sorgenti del Fiume Vera, Parco– 93 Eb
Sorgenti del Pescara, Riserva Naturale– 93 Gcd
Sorgenti Sulfuree sul Fiume Lavino, Parco delle– 95 Cc
Sorgnano [MS] 65 Db
Sórgono [NU] 171 Cc
Sori [GE] 55 Hc
Sorianello [VV] 139 Eb
Soriano [MI] 33 Bc
Soriano Calabro [VV] 139 Eb
Soriano nel Cimino [VT] 91 Db
Soriasca [PV] 47 Bc
Sórico [CO] 21 Dab
Sorifa [MC] 85 EFb
Sorifa [PG] 85 Eb
Sorio [VI] 37 DEc
Soriso [NO] 19 Ed
Sorísole [BG] 21 EFd
Sormano [CO] 21 Cc
Sormazzana [CO] 21 BCc
Sorna, Torrente– 23 Fd
Sornadello, Monte– 21 Ec
Soro, Monte– 145 Dc
Sorra, Torrente– 75 Dd
Sorradile [OR] 169 Fb
Sorreley [AO] 17 Fd
Sorrentina, Penisola– 113 Ed
Sorrentini [ME] 145 Eb
Sorrento [NA] 113 Ed
Sorrezzana [PI] 73 Eab
Sorrícchio [PE] 95 BCa
Sorriva [BL] 25 Cb
Sorrivi [GE] 55 GHb
Sorrívoli [FC] 69 Gb
Sorso [SS] 163 Dd
Sorti [MC] 85 Gbc
Sorti [MC] 85 Fb
Sortino [SR] 159 Fab
Sorzento [UD] 27 FGb
Sósio, Fiume– 151 Fb
sos Onórcolos [SS] 167 Gcc
Sospel [Fr.] = Sospello (I) 63 Cc
Sospello (I) = Sospel [Fr.] 63 Cc
Sospiro [CR] 47 Gb
Sospirolo [BL] 25 Db
sos Rios [NU] 167 Fb
sos Rueddos [SS] 167 Eb
Sossai [BL] 25 Fb
Sossano [VI] 37 EFc
Sossasso [AP] 87 Bc
Sossio, Fiumara– → Marsala, Fiumara– 149 Cd
Sostasio [UD] 13 BCb
Sostegno [BI] 31 Dab
Sostegno [PV] 47 BCb
Sostino [PG] 85 Ebc
Sotta, Monte– 55 Bd
Sottano [CN] 55 BCbc
Sottano, Monte– 127 Bb
Sottile, Capo– 113 EFd
Sottile, Punta– [AG] 151 ins.a
Sottile, Punta– [TP] 149 Bc
Sottile, Punta– [TS] 41 Hc
Sottili [PI] 67 BCd
Sotto, Casoni di– [MO] 49 FGd
Sottocastello [BL] 11 Fc
Sotto Castello [BS] 35 Fab
Sottochiesa [BG] 21 Ec
Sotto di Troina, Fiume di– 155 Da
Sottoguda [BL] 11 Cc

Sotto il Monte Giovanni XXIII [BG] 33 EFa
Sottomarina [VE] 51 Fa
Sottomonte [PN] 27 Ba
Sottrù [BZ] 11 Cb
Souchères Basses [TO] 43 Cb
Souchères Hautes [TO] 43 Cb
Sovana [GR] 83 Dde
Sovara [AR] 75 Hb
Sovara, Torrente– 77 Bb
Sovata, Torrente– 81 Hc
Sovazza [NO] 19 Ecd
Sover [TN] 9 Fd
Soverato [CZ] 137 Dc
Soverato Marina [CZ] 137 Dc
Soverato Superiore [CZ] 137 Dc
Sóvere [BG] 21 GHcd
Sovere [BA] 111 Fd
Soverito, Casa– [KR] 137 Gb
Sovernigo [TV] 39 CDa
Sovérzene [BL] 11 Ed
Sovicille [SI] 75 Cd
Sovico [MI] 33 Db
Sovilla [TV] 25 Fd
Sovizzo [VI] 37 Eb
Sovramonte [BL] 25 Cb
Sovvieco [SA] 115 Bc
Soy Scharte / Soi, Passo di– 9 Cb
Sozza [SS] 167 EFb
Sozza, Monte– 167 Ca
Sozzago [NO] 31 Gc
Sozzigalli [MO] 49 Ed
Spaccabellezze, Monte– 89 Cb
Spaccarelli [CH] 95 DEc
Spaccata, Montagna– 113 Cb
Spaccato, Colle– 95 CDc
Spaccato, Poggio– 85 Bc
Spacco della Regina e Tagliata Etrusca 89 Db
Spada [PG] 77 Ed
Spada, Masseria– [PZ] 117 Cb
Spada, Masseria lo– [BR] 123 Eb
Spada, Monte– 171 Dc
Spada, Poggio– 81 Gc
Spadacenta [VE] 27 ABd
Spadafora [ME] 141 Cb
Spadarolo [RN] 71 CDb
Spadillo, Punta– 151 ins.a
Spádola [VV] 139 EFb
Spádola, Masseria– [PZ] 115 FGc
Spagna, Piano di– 21 Dab
Spagnoletti, Masseria– [BA] 111 Bcd
Spagnolo, Masseria– [BA] 117 Gb
Spagnolo, Timpone– 63 Cc
Spagnuola, Stazione di– 149 Ccd
Spalavera, Monte– 19 Fb
Spalla, Forcella della– 11 Fcd
Spalmatore, Cala– 149 Ac
Spalmatore, Cala dello– 177 Bc
Spalmatore, Punta dello– 147 ins.a
Spalmatore di Fuori, Punta– 177 Bc
Spanna, Rifugio– 19 Dd
Spanò [TP] 151 ABa
Spanò, Castello di– 155 Da
Spante [TR] 83 DEd
Sparáca, Casa– [AG] 153 Cb
Sparácia, Casa– [PA] 147 ABc
Sparácia, Ponte– 147 ABc
Sparacollo 155 CDa
Spáragio, Monte– 149 Eb
Sparago, Monte– 105 Fb
Sparanise [CE] 107 Cc
Sparavieri, Monte– 37 Ca
Spargì, Isola– 161 Eb
Spargiotto, Isola– 161 Db
Sparone [TO] 29 Hc
Spartà [ME] 141 Db
Spartimento [NA] 113 Eb
Spartivento, Capo– [CA] 177 Fd
Spartivento, Capo– [RC] 141 Gd
Sparvera, Serra– 99 Hb
Sparviere, Monte– 131 EFb

Sparviero, Scoglio dello– 81 Fd
Sparvo [BO] 67 EFa
Spaventa, Masseria– [CH] 95 Ecd
Spaviento, Masseria– [BA] 119 Cb
Spazzate [BO] 61 Cb
Spazzavento [PT] 67 CDc
Spazzona [AL] 45 DEd
Spéccheri, Lago di– 23 Gd
Specchi, Monte li– 125 Dd
Spécchia [BR] 119 Cc
Spécchia [LE] 125 Ed
Spécchia, la– [BR] 123 Db
Specchia, Masseria– [BA] 123 Dab
Spécchia, Masseria– [TA] 121 Db
Spécchia dell'Alto [LE] 123 Gc
Specchiagallone [LE] 125 Fc
Specchiarica [TA] 123 Dd
Spécchio [PR] 57 Fab
Specchiolla [BR] 123 Da
Specchiulla, Masseria– [LE] 125 Fb
Spedaletto [PI] 73 Ec
Spedaletto [PT] 67 Db
Spedino [RI] 93 Dc
Speikboden / Spico, Monte– 3 DEb
Spello [PG] 85 DEbc
Spelonga [AP] 87 Bd
Spera [TN] 25 ABb
Spera, La– [RI] 91 Gab
Speranza [RE] 59 Db
Speranza, Cappella la– 165 Cb
Speranza, Nuraghe– 163 Cd
Spercenigo [TV] 39 Eab
Sperella, Vetta– 7 Ec
Spergoláia [GR] 81 Hd
Sperlinga [EN] 145 ABd
Sperlinga, Bosco di– 153 Fa
Sperlonga [LT] 105 Gc
Sperone [AQ] 99 Gb
Sperone [AV] 113 Fb
Sperone [TP] 149 Eb
Sperone, Capo– 177 Cd
Speróngia [PC] 47 Ed
Spert [BL] 25 Db
Spervara [MO] 59 Dd
Spéscia [FC] 69 DEc
Spessa [PD] 37 FGb
Spessa [PV] 47 BCb
Spessa [UD] 27 Fb
Spessa [VR] 37 Ecd
Spessa, Cima– 23 Dd
Spessa, Forcella– 13 Bd
Spessa, Val di– / Wengental 11 Cb
Spettoleria [BO] 61 Ab
Spézia, La– [SP] 65 BCb
Speziale [BR] 119 Cc
Speziale, Monte– 149 Eb
Spezzano [MO] 59 EFb
Spezzano Albanese [CS] 131 Ecd
Spezzano Albanese Terme [CS] 131 Ec
Spezzano Albanese–Terme, Stazione di– 131 Ec
Spezzano della Sila [CS] 135 DEb
Spezzano Piccolo [CS] 135 DEb
Spezzapignate, Monte– 149 Gc
Spiaggi, Monte– 57 Ec
Spianate [LU] 67 Cd
Spiano [SA] 113 Gc
Spiano [TE] 93 FGa
Spiazzi [BG] 21 Gc
Spiazzi [VR] 37 ABb
Spiazzo [TN] 23 Eb
Spicchiaiola [PI] 73 Fc
Spícchio [PT] 67 Dcd
Spícchio, Monte– 77 Cb
Spícchio–Sovigliana [FI] 67 Dd
Spicciano [CE] 107 Cc
Spicciano [FI] 73 GHb
Spicciano [MS] 57 Gd
Spicciano [VT] 91 Da
Spico, Monte– / Speikboden 3 DEb
Spigarolo [PR] 47 Gc
Spigas, is– [CA] 177 Dcd
Spignana [PT] 67 Cb
Spigno, Monte– 103 Fc
Spigno Monferrato [AL] 55 Db

Spignon [UD] 27 Fb
Spigno Saturnia [LT] 107 Bbc
Spigno Saturnia-Inferiore [LT] 107 Bc
Spigno Saturnia-Superiore [LT] 107 Bbc
Spigno Stazione 55 CDb
Spigolizzi, Masseria– [LE] 125 Ed
Spigolo, Punta– 41 Gb
Spigone [RE] 59 Cc
Spilamberto [MO] 59 Gb
Spilimbergo [PN] 27 Cb
Spilinga [VV] 139 Cb
Spillo, Poggio allo– 69 DEcd
Spina [BS] 35 Cb
Spina [PG] 85 Bbc
Spina, Bruncu– 171 Dc
Spina, Lago di– 45 Ac
Spina, Monte– [BL] 11 FGb
Spina, Monte– [CA] 177 Db
Spina, Monte– [CS] 133 Cb
Spina, Monte– [PZ] 127 EFd
Spina, Monte la– 129 Bd
Spina, Necrópoli di– 51 Ed
Spina, Torrente– 85 Ed
Spinacceto [RI] 91 Gb
Spina dell'Ausino, Monte– 127 Db
Spinadesco [CR] 47 Fb
Spináia, Poggio– 83 Bde
Spinale, Monte– 9 CDd
Spina Nuova [PG] 85 EFc
Spinarda, Monte– 55 Bd
Spina Santa 99 Bb
Spina Santa, Monte– 131 Ccd
Spina Vecchia [PG] 85 EFc
Spinazza, Masseria– [RG] 159 Cd
Spinazzino [FE] 61 Ba
Spinazzo [SA] 127 ABb
Spinazzola [BA] 117 Cb
Spíndoli [MC] 77 Gd
Spinea [VE] 39 CDbc
Spinea-Orgnano [VE] 39 Cbc
Spineda [CR] 49 BCb
Spineda [TV] 25 Dd
Spinella, Masseria– [BR] 123 Dbc
Spinelli [BG] 21 Gc
Spinelli [CT] 155 Eb
Spinelli [PI] 73 Db
Spinello [FC] 69 Ec
Spinello [KR] 133 Ec
Spineta [SI] 83 EFc
Spineta Nuova [SA] 115 Bd
Spinete [CB] 107 Fa
Spineto [TO] 29 Ic
Spineto, Torre dello– 133 Ccd
Spinétoli [AP] 87 Ec
Spineto Scrivia [AL] 45 Gc
Spinetta [CN] 53 Fc
Spinetta Marengo [AL] 45 EFc
Spinga / Spinges [BZ] 3 Cc
Spinges / Spinga [BZ] 3 Cc
Spinimbecco [VR] 49 Hab
Spino [MO] 59 Fc
Spino, Monte– 35 Ga
Spino, Valico dello– 69 Ed
Spino d'Adda [CR] 33 EFc
Spínola, Castello– [AL] 55 Gb
Spínola, Castello– [GE] 55 Fb
Spínola, Fattoria– [PG] 85 Db
Spinone al Lago [BG] 21 Gd
Spinosa, Punta– [CA] 177 Fcd
Spinosa, Punta– [SA] 127 Dd
Spino Santo, Masseria– [FG] 109 Fa
Spinoso [PZ] 129 Bc
Spinti, Torrente– 55 Gab
Spirago [PV] 33 Dd
Spirano [BG] 33 FGb
Spírito Santo 171 Fab
Spiritu Santu, Cappella– 177 Fd
Spitalieri, Castello– [CT] 155 Eab
Spitz, Monte– [VI] 37 Da
Spitz, Monte– [VI] 25 BCc
Spíz di Mezzodì 11 Ed
Spizom, Monte– 23 Gc
Spluga, Monte– 5 Hd

Spluga, Passo dello– 5 FGbc
Splügen [Svizz.] 5 Fb
Spóccia [VB] 19 Fb
Spoleto [PG] 85 Ed
Spoltore [PE] 95 Cb
Spolverino, Rifugio– 9 CDd
Spongano [LE] 125 Fc
Spora [PR] 57 Dbc
Spormaggiore [TN] 9 Ed
Sporminore [TN] 9 Ed
Sporno, Masseria– 57 GHb
Sportelle, Forcella delle– 93 Ba
Sportinia [TO] 43 Cbc
Spota, Masseria– [BA] 117 Db
Spoto, Masseria– [AG] 153 Abc
Spotorno [SV] 55 Dd
Sprè [TN] 23 Gb
Sprea [VR] 37 CDb
Spresiano [TV] 25 Fd
Spriana [SO] 7 Dd
Sprina [CN] 53 Ga
Spronser-Bach / Sopranes, Rio– 1 3 Gb
Sprópolo [RC] 141 Gd
Sprópolo, Punta di– 141 Gd
Sprugnano [AR] 69 Dd
Spugna, Passo della– 69 Gd
Spúlico, Capo– 131 Gb
Spúlico, Torre– 131 Gb
Squadretto [BS] 35 Ecd
Squadro, Costa– 115 Fc
Squaneto [AL] 55 Dbc
Squaranto, Valle di– 37 Cb
Squarcí [PR] 57 DEc
Squarciarelli, Ponte– 97 FGc
Squarzanella [MN] 49 Cb
Squillace [CZ] 137 Dc
Squillace, Golfo di– 137 Ec
Squillace, Stazione di– 137 Dc
Squillace Lido [CZ] 137 Dc
Squillani [AV] 113 Ga
Squille [CE] 107 Fcd
Squinzano [LE] 123 Fc
Sruer, Lago– 15 Eb
Stabbia [FI] 67 Cd
Stabet 13 Fb
Stabia, Osteria di– 91 EFc
Stabiata, Monte– 93 Eb
Stabiazoni [PT] 67 Db
Stábie [BL] 25 DEbc
Stábie [BL] 11 Gc
Stábile [TA] 119 Dc
Stabina, Torrente– 21 Ec
Stabiuzzo [TV] 25 Gd
Stabiziane [BL] 11 Eb
Staccata, Cocuzzo– 117 ABc
Stacciola [PU] 71 Gd
Stadera [PC] 47 Bc
Stadirano [PR] 59 Bb
Stadolina [BS] 7 Gd
Staffa [VB] 19 Bc
Staffarda [CN] 43 Fd
Staffarda, Abbazia di– 43 Fd
Stáffola [RE] 49 Dc
Stáffoli [PI] 67 Cd
Stáffoli [RI] 93 Cc
Stáffolo [AN] 79 CDb
Stáffolo [CR] 49 Bc
Stáffolo [VE] 41 Bbc
Staffora, Torrente– 45 Hc
Stágggia [MO] 49 Fd
Stágggia [SI] 73 GHc
Stágggia, Fiume– 69 Dd
Staggiano [AR] 75 Gc
Staghiglione [PV] 47 ABc
Staglieno [GE] 55 Gc
Stáglio, Chiesa dello– 151 CDa
Stagliozzo [PZ] 115 Gc
Stagnali [SS] 161 Eb
Stagnataro, Cozzo– 153 ABab
Stagnedo [SP] 57 Ed
Stagnetto [CA] 173 Fbc
Stagno [PI] 73 BCb

Stagno [PR] 47 Hb
Stagno di Cabras, Zona Umida– 169 Cc
Stagno di Holay, Riserva Naturale– 33 Bb
Stagno di Mistras, Zona Umida– 169 Cc
Stagno di Molentargius, Zona Umida– 179 Cb
Stagno di Pauli Maiori, Zona Umida– 169 Cc
Stagno di Páuli Majori, Zona Umida– 169 Fd
Stagno di Sale e' Porcus, Zona Umida– 169 Cbc
Stagno di Santa Gilla, Zona Umida– 179 Cb
Stagno Lombardo [CR] 47 Gb
Stagnone, Isole dello– 149 Cc
Stagnone, Punta dello– 149 Cc
Stagno Urbani, Oasi– 71 Gcd
Staina, Torrente– 103 Bc
Staìti [RC] 141 Gcd
Stalden [Svizz.] 15 Bc
Staletti [CZ] 137 Dc
Staletti, Punta di– 137 Dc
Stális [UD] 13 Cb
Stallaini, Masseria– [SR] 159 Fbc
Stallavena [VR] 37 BCb
Stalle, Passo di– 3 Gb
Stalle, Passo di– (I) = Staller Sattel 3 Gb
Staller Sattel = Stalle, Passo di– (I) 3 Gb
Stallone, Masseria– [CB] 101 Hc
Stallone, Masseria– [PA] 147 Cc
Stampare, Torre– 159 Fcd
Stanco, Monte– 59 Gd
Stanga [PD] 39 Bc
Stanga, Colle della– 23 Ibc
Stanga, La– [BL] 11 Dd
Stanga, la– [VI] 37 Fb
Stanga, Monte– 9 Dc
Stange / Stanghe [BZ] 1 Ib
Stanghe / Stange [BZ] 1 Ib
Stanghella [PD] 51 Cb
Stangone, Monte– 115 Gb
Štanjel [SLO] = San Daniele del Carso (I) 41 Hc
Stara Fužína [SLO] 13 Id
Staranzano [GO] 41 FGb
Starda [SI] 75 DEc
Starléggia [SO] 5 FGc
Starlex, Piz– 1 Ccd
Staro [VI] 37 Da
Staro Selo [SLO] 13 FGd
Statale [GE] 57 Cc
Statigliano [CE] 107 Ec
Statte [MC] 85 Gb
Statte [TA] 121 Fb
Statto [PC] 47 Dc
Statua [ROMA] 97 Cb
Staulanza, Forcella– 11 Dc
Stava [TN] 9 GHcd
Stava / Staben [BZ] 9 Dab
Stavèl [TN] 9 Bd
Stávoli Gnivizza [UD] 13 EFcd
Stazzano [AL] 45 Gd
Stazzano [ROMA] 97 Ga
Stazzema [LU] 65 Ec
Stazzo [CT] 155 Gab
Stazzona [CO] 21 Cb
Stazzona [SO] 21 Ha
Steccato [KR] 137 Fb
Stechelberg [Svizz.] 15 Ba
Stecorì, Nuraghe– 171 Cc
Steddu, Cantoniera su– [OR] 171 BCc
Stedro-Sabion [TN] 23 Ha
Stefanáconi [VV] 137 Ac
Stefandorf / Santo Stéfano [BZ] 3 Ec
Stein / Sasso [BZ] 3 Cab
Steinegg / Collepietra [BZ] 9 Gbc
Steinhaus / Cadipietra [BZ] 3 Eab
Steliere, Monte le– 53 Cd
Stella [AP] 87 Ec

Stella [SV] 55 DEc
Stella [TO] 43 Fc
Stella [UD] 13 Ed
Stella, Capo della– 81 Cd
Stella, Fiume– 41 Db
Stella, Golfo– 81 CDd
Stella, la– [MO] 59 Ec
Stella, la– [RE] 59 Cb
Stella, Masseria– [FG] 109 Fa
Stella, Monte– [EN] 153 Gb
Stella, Monte– [SA] 113 Gc
Stella, Monte della– 127 Bc
Stella, Pizzo– 5 Gc
Stella, Serra– 135 Eb
Stella, Torrente– 67 Dc
Stella Alpina, Rifugio– 23 Da
Stella Cilento [SA] 127 Bc
Stella d'Italia, Rifugio– 23 GHc
Stellanello [SV] 63 Gbc
Stellata [FE] 49 Hc
Stelle, Baita di– 53 Gd
Stelletanone [RC] 139 Dbc
Stellina [BO] 61 Abc
Stellina di Novalese, Rifugio 43 Da
Stellone, Rio– 43 Hc
Stellune, Lago delle– 25 Aa
Stélvio / Stilfs [BZ] 9 Bb
Stélvio, Parco Nazionale dello– / Stilfserjoch Nationalpark 9 BCbc
Stélvio, Passo dello– / Stilfser Joch 7 Gb
Stenico [TN] 23 Fb
Stentino, Monte– 161 EFc
Stern / La Villa [BZ] 11 Cb
Sternai, Cime– / Hinter Eggen- Spitze 9 Cc
Sternatia [LE] 125 Eb
Sternigo, Paludi di– 23 Hb
Sterpaia [PI] 65 EFd
Sterpara Soprana, Masseria– [PZ] 117 Bab
Sterpara Sottana, Masseria– [PZ] 117 Bab
Sterpare, Le– [FR] 99 Ed
Sterpeti [VT] 91 Ca
Sterpeto [PG] 85 Db
Sterpeto [PG] 85 Dde
Sterpeto, Podere– [GR] 83 Ad
Sterpito di Sopra [PZ] 115 FGc
Sterpito di Sotto [PZ] 115 FGc
Sterpo [UD] 27 Dc
Sterro, su– 65 ABbc
Sterro di Baunei, su– 171 FGc
Sterza, La– [PI] 73 Ebc
Sterza, Torrente– [PI] 73 Ec
Sterza, Torrente– [Tosc.] 73 Ed
Sterzing / Vipiteno [BZ] 3 Bb
Stevani [AL] 45 Db
Stevenà [PN] 25 Gc
Stezzano [BG] 33 FGb
Stia [AR] 69 Dd
Stia, Cimon della– 11 Ccd
Stia, Masseria– [PZ] 115 Fbc
Stiago [VE] 27 Cd
Stiappa [PT] 67 Cbc
Stiatico [BO] 59 Ib
Stiava [LU] 65 Ec
Stibbio [PI] 67 Cde
Sticciano [GR] 83 Ac
Sticciano Scalo 81 Hc
Sticozze, Masseria– [CB] 109 Cb
Stien, Torrente– 25 Db
Stienta [RO] 51 Bc
Stiffe [AQ] 93 Fc
Stiffe, Grotta di– 93 Fc
Stifone [TR] 91 EFab
Stigliano [MC] 79 Cd
Stigliano [MT] 129 Db
Stigliano [SI] 75 Cd
Stigliano [VE] 39 Gc
Stignano [RC] 139 Fc
Stígolo, Monte– 23 Dc
Stilaro, Torrente– 139 Fbc
Stilfes / Stilves [BZ] 3 Bb
Stilfs / Stélvio [BZ] 9 Bb

Stilfser Joch / Stélvio, Passo dello– 7 Gb
Stilfserjoch Nationalpark / Stélvio, Parco Nazionale dello– 9 BCbc
Stilla, Masseria– [FG] 103 Bd
Stillo, Monte– [FG] 109 Ga
Stillo, Monte– [FG] 109 Db
Stilo [RC] 139 Fbc
Stilo, Bosco di– 139 Fb
Stilo, Monte di– 139 Ga
Stilo, Punta– 139 Gc
Stilo de' Mariani [CR] 47 Hab
Stilves / Stilfes [BZ] 3 Bb
Stilves, Cima di– / Zinseler 3 Bbc
Stimigliano [RI] 91 Fbc
Stimpagnato, Punta– 143 Cb
Stimpato, Masseria– [CT] 155 Dc
Stinco [MC] 87 Bb
Stingeto, Masseria– [TA] 121 Db
Stino, Monte– 23 Dd
Stintino [SS] 163 Bc
Stio [SA] 127 Cbc
Stiolo [BO] 59 Hd
Stiolo [RE] 49 Dd
Stipes [RI] 93 Bc
Stirone, Parco Fluviale dello– 47 Fc
Stirone, Torrente– 47 Gc
Stivo, Monte– 23 Fc
Stizzon, Torrente– 25 Cc
Stjak [SLO] 41 Ib
Stoccareddo [VI] 25 Bc
Stockenboi [A] 13 Ga
Stolvizza [UD] 13 EFc
Stóner [VI] 25 BCc
Stoppiaro [MN] 49 FGc
Stóraco [AN] 79 Dc
Storaia, la– [PO] 67 EFb
Storile, Monte– 7 Fcd
Stornade, Cima dello– 11 Dd
Stornara [FG] 109 Hc
Stornara, Riserva Naturale Biogenetica– 121 Dbc
Stornarella [FG] 109 Hc
Stornello, Monte– 157 Ec
Storo [TN] 23 Dc
Storta, La– [ROMA] 97 Eab
Storti [VI] 37 Da
Stra [PC] 47 Cc
Stra [VE] 39 BCc
Strabatenza [FC] 69 Ec
Straboria [TP] 149 Cc
Stráccis [UD] 27 Cc
Straciugo, Pizzo– 15 Cd
Stracóncolo [CR] 47 Gb
Strada [AR] 69 Dd
Strada [MC] 85 Gb
Strada [MC] 79 Dc
Strada [PI] 73 DEb
Strada [SI] 73 FGc
Strada [SV] 55 BCc
Strada [SV] 55 Bd
Strada [TN] 23 Dc
Strada, la– [PR] 57 GHb
Strada, la– [RA] 69 Da
Strada, Podere– [FI] 73 EFb
Strada-Fabbrica [RE] 59 Db
Strada in Chianti [FI] 75 Cab
Strada San Zeno [FC] 69 Eb
Strada Vecchia, Masseria– [CB] 107 Fa
Stradella [MN] 49 Eab
Stradella [PR] 47 Hd
Stradella [PV] 31 Hd
Stradella [PV] 47 Bb
Stradelle [PD] 39 Bbc
Strádola [AV] 109 Dcd
Stradone [VR] 49 Ha
Stráling, Punta– 19 Bc
Stramare [TN] 25 Dc
Strambinello [TO] 29 Ic
Strambino [TO] 31 Bc
Stramentizzo [TN] 9 Gd
Stramentizzo, Lago di– 9 Gd
Strangolagalli [CE] 107 Cc
Strangolagalli [FR] 99 EFd

Straniger / Cordin, Monte– 13 Db
Strano [RC] 139 Fc
Straorini [RC] 141 Ec
Straorino [RC] 141 Ec
Strasatti [TP] 151 ABa
Strassera [GE] 55 Hb
Strassoldo [UD] 27 Ec
Stravignino [BS] 23 Bd
Stravino [TN] 23 Fbc
Strazzavertole, Monte– 153 Fb
Stregna [UD] 27 Gb
Strela [PR] 57 DEb
Strella [VC] 31 Dc
Strembo [TN] 23 Eb
Strémiz [UD] 27 Fab
Strepeto [PR] 57 Dc
Streppenosa, Cozzo– 159 Dc
Stresa [VB] 19 Ec
Stretta, Pizzo La– 7 Ec
Stretta, Valle– 93 CDc
Strette, le– [AR] 75 GHb
Stretti [UD] 13 Fc
Stretti [VE] 41 Bc
Stretto, Monte– 153 Eb
Stréttoia [LU] 65 Ebc
Strettura [PG] 91 Ga
Strevi [AL] 55 DEa
Stría, Sasso di– 11 Cb
Striano [FI] 67 Gbc
Striano [NA] 113 Fcc
Stribugliano [GR] 83 Cc
Strícchio, Masseria– [BA] 111 CDd
Stridone, Torrente– 83 Ed
Strigara [FC] 69 Gbc
Strigno [TN] 25 ABb
Strognano [PR] 57 Hb
Strómboli [ME] 143 Ga
Strómboli, Isola– 143 Ga
Strombolícchio, Isola– 143 Ga
Strona [BI] 31 CDb
Strona [VB] 19 DEc
Strona, Fiume– 19 Ec
Strona, Torrente– [Piem.] 19 Dc
Strona, Torrente– [Piem.] 19 Dd
Stroncone [TR] 91 FGab
Stroncone, Stazione di– 91 Fa
Stróngoli [KR] 133 Fc
Stróngoli, Stazione di– 133 Fc
Stroppare [PD] 51 Cb
Stroppari [VI] 37 Ga
Stroppiana [VC] 45 Da
Stroppo [CN] 53 Cc
Stróve [SI] 73 GHc
Strovina [CA] 173 EFb
Strozza [BG] 21 Ed
Strozzavolpe, Castello– 73 GHc
Strozzavolpe, Fosso– 89 Ga
Strudá [LE] 123 Gcd
Strugas [NU] 167 Fb
Struppa [GE] 55 Hc
Stua, Lago della– 25 Db
Stuèble 9 Da
Stúdena Alta [UD] 13 Ebc
Stúdena Bassa [UD] 13 Eb
Stue Alte, Malga– 25 Aa
Stuerda [TO] 43 Hlc
Stuffione [MO] 49 Fd
Stúlles / Stuls [BZ] 1 Hbc
Stuls / Stúlles [BZ] 1 Hbc
Stumiaga [TN] 23 EFbc
Stumio [KR] 137 Cb
Stupari, Monte– 155 Cb
Stuparich, Bivacco– 13 Fc
Stupinigi [TO] 43 DEc
Stupinigi, Parco Naturale di– 43 Gbc
Stupizza [UD] 27 Fa
Stura, Torrente– [FI] 67 Fb
Stura, Torrente– [It.] 55 Fb
Stura, Torrente– [Piem.] 45 Bb
Stura di Ala, Fiume– 29 Fd
Stura di Demonte, Fiume– 53 Gb
Stura di Lanzo, Fiume– 43 Gab

Stura di Lanzo, Zona di Salvaguardia della– 29 GHd
Stura di Vallegrande, Fiume– 29 FGc
Stura di Viù, Fiume– 29 FGd
Sturággia, Capo sa– 169 Cbc
Sturla [GE] 55 Gc
Sturla, Torrente– 57 Cc
Sturno [AV] 115 Ca
Suagna, Múrgia– 117 FGb
Sualdin [PN] 13 Cd
Suardi [PV] 45 Fb
Suaredda–Traversa [NU] 167 FGb
Subásio, Monte– 85 DEb
Subbiano [AR] 75 Gb
su Benatzu [CA] 177 Ec
Subiaco [ROMA] 99 Cb
Subît [UD] 27 EFa
Succhi [CN] 53 Gc
Succiano [AQ] 93 FGc
Succinto [TO] 29 Ib
Succisa [MS] 57 Fc
Succiso [RE] 57 Hc
Succiso, Alpe di– 57 GHcd
Succivo [CE] 113 Db
Suchello, Monte– 21 Fcd
Sucinva [BS] 23 Bc
su Cirifoddi [CA] 177 Fb
su Cologone, Sorgente di– 171 Eb
su Cossu [NU] 167 Fbc
Sud, Costa del– 177 Ed
Sud Milano, Parco Agrícolo– 33 BCc
Suéglio [LC] 21 CDb
Suelli [CA] 175 Cc
Suello [LC] 21 Ccd
Suergiu Mannu, Rio– 179 Eb
Suessa, Becca di– 29 Db
Súgame, Passo del– 75 Db
Sugana, Val– 25 Bb
Sugano [TR] 83 Gd
Sugello, Poggio– 83 Bc
Súghera [FI] 73 EFb
Súghero, Pizzo di– 145 Gb
Sugherotorto [RG] 159 Bc
Súio [LT] 107 BCc
Suísio [BG] 33 EFab
Sulau [NU] 175 Cab
Sulbiate [MI] 33 Eb
Sulbiate Inferiore [MI] 33 Eb
Sulbiate Superiore [MI] 33 Eb
Súlcis 177 DEc
Sulden / Solda [BZ] 9 Bb
Suldental / Solda, Val di– 9 Bb
Sulianu, Monte Iu– 161 Dbc
Sulla, Cappella della– 129 Fcd
Sulmona [AQ] 99 Ha
Sulpiano [TO] 45 Bab
Sulzano [BS] 35 Da
Sumbra, Monte– 65 Eb
Sumbráida, Monte– 7 FGb
Sumirago [VA] 19 Gd
Summaga [VE] 27 Bd
Summano, Monte– 23 Id
Summonte [AV] 113 Gb
Suna [VB] 19 Fc
s'Ungroni [OR] 169 Dd
Suni [NU] 165 Dd
Suníglia [CN] 53 Fb
Suno [NO] 31 Fb
Su Noduladu [SS] 167 CDb
Suola, Val di– 11 Gc
Suozzi [AV] 115 Aa
su Pallosu [OR] 169 Cb
Superduseddu, Nuraghe– 175 Eb
Superga [TO] 43 Hb
Superiore, Lago– [AO] 29 Gab
Superiore, Lago– [MN] 49 Dab
Supersano [LE] 125 Ec
Supino [FR] 99 Dd
su Pirastru [SS] 165 Ba
su Rai [CA] 177 DEc
Surano [LE] 125 EFc
Surbo [LE] 125 EFc
Surdo, Casa– [FG] 103 Dc
Surier [AO] 29 Eb

Surigheddu [SS] 165 Cb
Suringar, Bivacco– 13 Fc
Surrau, Rio– 161 Ec
Surrau, Stazione– 161 Ec
Susa [TN] 23 Hb
Susa [TO] 43 Db
Susa, Valle di– 43 DEab
Susano [BO] 59 Gd
Susano [MN] 49 Ea
Susano [MO] 59 DEc
Susans [UD] 27 Da
Susch [Svizz.] 7 Ea
Susegana [TV] 25 Fc
Susella [PV] 45 Hc
Suseneo [IM] 63 DEc
Susin [BL] 25 Eb
Susinelli, Monte– 69 CDbc
Susinna [PA] 147 Bab
Susino [CO] 21 Cbc
Suso [LT] 105 Ea
Sussisa [GE] 57 Ac
Sustinente [MN] 49 EFb
Sustinenza [VR] 49 FGab
Susugias, Nuraghe– 165 Ecd
Sutera [CL] 153 Cb
Sutera, Stazione di– 153 Cb
Sutri [VT] 91 Dc
Sútrio [UD] 13 Cbc
Súvaro, Monte– 133 Ebc
Suvereto [LI] 81 EFb
Suvergiu, Monte su– 171 CDb
Súvero [SP] 57 Ed
Súvero, Capo– 137 Ab
Suviana [BO] 67 Eb
Suviana, Lago di– 67 Eb
Suvignano [SI] 75 Dd
Suzza, Monte– 157 ABb
Suzzano [PC] 47 Dc
Suzzara [MN] 49 Dbc
Suzzi [PC] 57 Bb
Suzzolins [PN] 27 Ccd
Svarchi [AN] 79 Fbc
Sveti Anton [SLO] 41 Hc
Svolta, la– [RE] 59 Cbc
Sybaris–Copia 131 Fc
Symaethus 155 Fc

T

Tabaccaro [TP] 149 CDcd
Tabanaro, Masseria– [FG] 103 Bd
Tabano [AN] 79 Db
Tabbiano [PR] 57 Hb
Tabellano [MN] 49 Db
Tabernacolo, Colle– 95 Bb
Tabiano [PR] 47 Gd
Tabiano Bagni [PR] 47 FGd
Tablà / Tabland [BZ] 9 Db
Tabland / Tablà [BZ] 9 Db
Tabor, Monte– 21 BCb
Taborba, Torrente– 55 Cb
Taburno, Monte– 107 Gd
Taburno–Camposauro, Parco del– 107 Gd
Tacca Rossa [CA] 177 Bb
Tacco, Monte– 55 Fb
Taccone [MT] 117 Dc
Taccone, Stazione– 117 CDc
Taccu, Nuraghe– 169 Fc
Taceno [LC] 21 Cbc
Tàche [AO] 29 EFab
Tácina, Fiume– 137 Fa
Tacquara, Nuraghe– 175 CDb
Tadasuni [OR] 169 Fb
Tádega, Passo– / Tadega–Joch 11 CDb
Tadega–Joch / Tádega, Passo– 11 CDb
Taena [AR] 75 Gab
Taf, Monte– 19 ABd
Tafele, Casa– [TP] 149 Ec
Taffuri, Monte– 145 Eb
Tafuri, Masseria– [TA] 121 Da

Tagewaldhorn / Tramin, Corno di– 3 Bc
Tàggia [IM] 63 EFc
Taggi di Sopra [PD] 37 Gc
Taggi di Sotto [PD] 37 Gc
Tagli [RC] 141 Eb
Tagliacozzo [AQ] 99 Da
Tagliaferro [FI] 67 Fc
Tagliaferro, Monte– 19 Bc
Tagliamento, Fiume– 41 Db
Tagliamento, Foce del– 41 Dc
Taglianaso, Monte– 109 Db
Tagliarécchio, Toppo– 109 Eb
Tagliaretto [TO] 43 Ec
Tagliata [CN] 43 Hd
Tagliata [CN] 53 Gb
Tagliata [MO] 59 Fc
Tagliata [RE] 49 CDc
Tagliata, Monte la– 57 Eb
Tagliate, le– [SV] 55 CDd
Tagliente, Cascina– [ROMA] 97 GHc
Taglieto [SP] 57 Dc
Táglio [PD] 51 Dab
Taglio, Fiume– 27 Dc
Táglio Corelli [RA] 61 DEb
Táglio della Falce [FE] 51 Fcd
Táglio di Po [RO] 51 Fbc
Tagliole [MO] 65 Eab
Tagliole, le– [MO] 65 Gab
Tagliolo Monferrato [AL] 55 EFb
Tagliuno [BG] 35 Cb
Táibo [FC] 69 FGbc
Taibon Agordino [BL] 11 CDd
Tai di Cadore [BL] 11 Fc
Taiedo [PN] 27 Bc
Taièt, Monte– 13 Cd
Tainate [MI] 33 Cc
Taino [VA] 19 Fd
Táio [TN] 9 Ecd
Taio di Nomi 23 Gc
Taioli [VR] 37 Cb
Taion [RO] 51 Db
Taipana [UD] 13 EFd
Tairano, Monte– 113 Fa
Tairano di qua [VC] 19 Dd
Taisten / Tesido [BZ] 3 Fc
Taizzano [TR] 91 EFab
Tal / la Valle [BZ] 9 Cb
Talácchio [PU] 71 Ecd
Talamello [PU] 69 Gc
Talamini G., Rifugio– 11 Ec
Talamona [SO] 21 Eb
Talamone [GR] 89 Ca
Talamone, Golfo di– 89 Ca
Talamone, Stazione– 89 Ca
Talána [NU] 171 EFc
Talasai, Nuraghe– 169 Fab
Talavà [NU] 167 Fb
Talavorno [MS] 57 Fd
Talbignano [MO] 59 Ec
Talciona [SI] 73 GHc
Talèfre, Aiguille de– 17 CDc
Taleggio [BG] 21 Ec
Taleggio, Val– 21 Ec
Talente [FI] 67 Ede
Talere, Rio di– 165 Fb
Talla [AR] 75 Fb
Tallacano [AP] 87 Cd
Talle di Sopra / Obertall [BZ] 1 Hc
Tallone Grande, Monte– / Hohe Ferse 1 Hb
Tallorno [TO] 29 Hb
Talmassons [UD] 27 Dc
Talocci [RI] 91 Gc
Talonno [NO] 19 EFd
Taloro, Fiume– 171 Cc
Talósio [TO] 29 Gc
Talponada [TV] 39 EFa
Talponedo [PN] 25 Hc
Talsano [TA] 121 Fc
Taltbühel / Montalto di Nova 9 GHc
Talucco [TO] 43 Ec

Talvacchia [AP] 87 CDd
Talvena, Monte– 11 Dd
Talvera, Torrente– / Talfer 1 Ic
Tamai [PN] 25 Hc
Támara [FE] 51 Cc
Tamaricciola, Masseria– [FG] 109 Hb
Tamarispa [NU] 167 FGb
Tamaroz [UD] 13 Fc
Tambò, Pizzo– 5 Fbc
Tambone, Monte– 81 Cd
Tambre [BL] 25 Gb
Tambruz [BL] 25 Gb
Tambulano, Pizzo– 145 CDbc
Tambura, Monte– 65 Eb
Tamburino [FI] 67 Gc
Tamburo, Monte– [VT] 83 Fd
Tamburoni, Masseria– [BR] 123 Ca
Tamer, Monte– 11 Dcd
Tamers / Tamóres [BZ] 11 CDb
Tammaréchia, Torrente– 109 Bc
Támmaro, Fiume– 109 Cc
Tamóres / Tamers [BZ] 11 CDb
Tampone, Masseria– [MT] 129 Cb
Tana [AT] 45 Ccd
Tanabuto, Portella– 153 Bb
Tanagro, Fiume– 115 Dd
Tanai / Thanai [BZ] 1 DEc
Tanamea, Passo di– 13 EFd
Tanarello, Passo di– 63 Eb
Tanarello, Torrente– 63 Eb
Tánaro, Fiume– 45 Cc
Tanaro, Fosso– 81 Gd
Tánaro, Valle– 55 Bd
Tanas / Tannas [BZ] 9 BCb
Tanca Marchese [OR] 173 Da
Tanca Noa, Nuraghe– 171 BCa
Tanca Régia [OR] 169 Eab
Tancau sul Mare [NU] 171 Gd
Táncia, Monte– 91 Gbc
Tane, Monte delle– 57 Cab
Taneto [RE] 49 Bd
Tanga, Masseria– [AV] 115 Da
Tangarelli, Masseria– [BA] 119 Cab
Tángia, Monte– 129 Bb
Taninges [Fr.] 17 Ab
Tanna / Sinablana [BZ] 9 Ec
Tannaghe, Rio– 169 Fb
Tannara, Nuraghe– 175 CDb
Tannas / Tanas [BZ] 9 BCb
Tannoia [FG] 111 Bc
Tannure, Punta– 149 Eab
Tantanè, Monte– 17 Gcd
Tanzbach / Danza, Rio– 9 Gb
Tanze–Vallone [TO] 43 Db
Tanzonia, Punta di– 15 DEb
Taormina [ME] 141 Bd
Taormina, Capo– 141 Bde
Tapigliano [VC] 19 Eab
Tapogliano [UD] 27 Fc
Taponecco [MS] 57 Gd
Tappino, Torrente– 109 Ca
Tappi Rosa [BI] 31 Cb
Tar [CRO] = Torre (I) 41 Ge
Taramelli, Rifugio– 11 Bc
Tarano [RI] 91 Fb
Taranta Peligna [CH] 101 BCa
Tarantasca [CN] 53 Fbc
Tarantina, Via– 117 Fc
Tarantini, Masseria– [TA] 123 Cc
Táranto [TA] 121 Fc
Taranto, Castello– / Tarantsberg, Schloß– 3 DEb
Taranto, Golfo di– 121 Ec
Taranto, Golfo di– 121 Ec
Táranto Galese, Stazione– 121 Fbc
Tarantsberg, Schloß– / Taranto, Castello– 3 DEb
Tarcento [UD] 13 Ed
Tárces / Tartsch [BZ] 1 Dc
Tarcetta [UD] 27 Fab
Tardara, Monte– 144 Hbc
Tardaria [CT] 155 Fab
Tarè, Monte– 175 Fa

Targia, Casa– [SR] 159 Gb
Tarifi Croce [CS] 135 Cb
Tarignano [AQ] 93 Db
Tarino, Monte– 99 Db
Tarlapini [CN] 43 Hd
Tarmassia [VR] 37 Cd
Taro [MC] 85 Gb
Taro, Fiume– 47 Gb
Taro, Parco Fluviale del– 47 Hd
Taroni, Cantoniera– [SS] 167 Da
Taroni, Rio– 167 Da
Tarquínia [VT] 89 Gc
Tarquínia [VT] 89 Gc
Tarquínia, Stazione di– 89 Gc
Tarquínia Lido [VT] 89 Gc
Tárres / Tarsch [BZ] 9 Db
Tárres, Passo di– / Tarscher–Paß 9 Db
Tarricone, Casino– [BA] 111 CDc
Tarsch / Tárres [BZ] 9 Db
Tarscher–Paß / Tárres, Passo di– 9 Db
Társia [CS] 131 Ed
Társia, Masseria– [BA] 119 Cab
Tarsia, Riserva Naturale– 131 Ed
Társia, Stazione di– 131 Ecd
Tarsogno [PR] 57 Dc
Tarsiano [AR] 75 Hc
Tartago [PC] 57 Bab
Tártano [SO] 21 Fb
Tártaro, Fiume– 49 Ga
Tartaro, Scolo– 51 Db
Tartavalle, Terme di– [LC] 21 CDb
Tartíglia [AR] 69 CDd
Tartogni [GE] 57 Bb
Tartsch / Tárces [BZ] 1 Dc
Tarugo [PU] 77 Fb
Tarvisio [UD] 13 Gbc
Tarvisio, Foresta di– 13 FGbc
Tarzo [TV] 25 Fc
Tasa di Sopra / Ober Taser 1 Hc
Tasca, Giogo– / Tascheljöchl 1 Ec
Täsch [Svizz.] 17 Fb
Tascheljöchl / Tasca, Giogo– 1 Ec
Tascione, Timpone di– 129 Ed
Tásola [PR] 57 Db
Tassani [GE] 57 Cd
Tassara [PC] 47 BCc
Tassarolo [AL] 45 Fd
Tassè [TN] 9 CDc
Tassei [BL] 25 Fb
Tassi di sos Niberos 171 BCa
Tassone [AR] 75 Eb
Tasso [GE] 57 Ac
Tasso, Fiume– 99 Hb
Tasso, Riserva Naturale Biogenetica di– 135 Eb
Tassu, Serra di Iu– 161 Cc
Tassullo [TN] 9 Ecd
Tasua, Monte– 177 Db
Tataresu, Ponte– 165 Cb
Tateo, Masseria– [BA] 119 Cb
Tatinnu, Rio di– 177 Cc
Tatsch Spitz / Montaccio di Pénnes 3 Bc
Tatti [GR] 81 Hb
Tatti, Dispensa di– [PI] 73 Fc
Tauferer Tal / Túres, Val di– 3 Eb
Taufers / Túres [BZ] 3 Eb
Taufers im Münstertal / Tubre [BZ] 7 Gab
Taugine, Monte– 21 Hc
Taurano [AV] 113 Fb
Taurasi [AV] 115 Bab
Taurasi, Stazione di– 115 Bab
Taureana [RC] 139 Cc
Tauriano [PN] 27 Cb
Taurianova [RC] 139 CDc
Taurine, Terme– 89 GHd
Taurisano [LE] 125 Ed
Táuro, Monte– [PZ] 115 GHbc
Táuro, Monte– [SR] 155 Gd
Táusia [UD] 13 Db
Tavagnacco [UD] 27 Eb

Tavagnasco [TO] 31 ABb
Tavaiano, Torrente– 67 Fb
Tavarnelle Val di Pesa [FI] 73 GHb
Tavarnuzze [FI] 67 Fd
Tavarone [SP] 57 Dcd
Tavazzano [LO] 33 Ecd
Tavazzano con Villavesco [LO] 33 Ecd
Tavenna [CB] 101 Fb
Taverna [BN] 107 Fcd
Taverna [CZ] 137 Da
Taverna [FR] 107 Cd
Taverna [IS] 101 Cd
Taverna [IS] 107 Fa
Taverna [RN] 71 Dc
Taverna [SR] 159 Fb
Taverna, la– [LT] 105 GHb
Taverna, Pizzo– 147 Hc
Taverna, Porto della– 167 Fa
Taverna della Valle 101 BCc
Taverna di Mezzo [AP] 87 CDcd
Taverna Foi [PZ] 115 Gc
Tavernago [PC] 47 CDbc
Taverna Magnano [PZ] 129 Cd
Tavernanova [NA] 113 DEb
Taverna Nuova, Masseria– [CE] 107 Dc
Taverna Piccinini [AP] 87 CDcd
Taverna Ravíndola [IS] 107 Da
Tavernazza [FG] 109 Fb
Taverne [AT] 45 Bc
Taverne [AV] 115 Ba
Taverne [MC] 85 Fb
Taverne [PC] 47 Ec
Taverne, le– [FG] 103 EFb
Taverne, Masseria– [BR] 119 Fc
Taverne d'Árbia [SI] 75 Dd
Tavernelle [AN] 79 EFb
Tavernelle [AR] 75 GHb
Tavernelle [MO] 59 Fc
Tavernelle [MS] 57 Gd
Tavernelle [PG] 83 Gbc
Tavernelle [PU] 71 Fd
Tavernelle [SI] 83 Cb
Tavernelle [VI] 37 Ebc
Tavernelle d'Emilia [BO] 59 Hb
Tavernerio [CO] 21 Bd
Tavernette [TO] 43 Fc
Tavérnola [LO] 21 Bcd
Tavérnola [FR] 99 Cd
Tavérnola Bergamasca [BG] 35 Ca
Tavérnole [AV] 115 Bb
Tavérnole [VT] 83 Ec
Tavernole, le– [CE] 107 Db
Tavérnole sul Mella [BS] 23 Bd
Tavernuzze [FI] 67 FGd
Taverone, Torrente– 57 Gd
Taviano [LE] 125 Dcd
Taviano [PT] 67 DEb
Tavigliano [BI] 31 Cb
Tavignano [AN] 79 Dc
Tavo [PD] 37 GHbc
Tavo, Fiume– 95 Cb
Tavodo [TN] 23 Fb
Távola [PO] 67 Ecd
Távola, Cima la– 93 Ba
Távola, Colle– 91 Gab
Tavoláia [PI] 67 BCd
Tavolara, Isola– 167 FGa
Távola Rotonda 101 Ba
Tavole [IM] 63 Fc
Tavole, Ponte– 157 Gc
Tavole dei Paladini 119 EFc
Tavole Palatine 121 Cc
Tavoleto [PU] 71 Dcd
Tavoletta–Pavoncelli, Masseria– [FG] 111 Bc
Tavolicci [FC] 69 Fcd
Tavoliere 103 Cd
Tavolino, Monte– / Sefiár Spitze 1 Gc
Tavon [TN] 9 Ec
Tavu de Mari, Grotta– 165 Cc
Tavúllia [PU] 71 Ec
Tazzetti, Rifugio– 43 Da

Teala, Bau sa– 171 Fd
Teana [PZ] 129 Cd
Teano [CE] 107 Dc
Teano, Stazione di– 107 Dc
Tebaldi [VR] 37 Cb
Tebano [RA] 61 Cd
Tecchia Rossa [MS] 57 Ec
Tecchiena, Convento di– 99 DEc
Tecchio, Torrente– 101 Fb
Techendorf [A] 13 Ea
Tedeschi, Rifugio– 21 Dc
Tedesco, Masseria– [TA] 121 Fb
Tega, Cantoniera– [OR] 169 Dab
Teggiate [SA] 127 Eb
Teggiate, Cantoniera di– [SO] 5 FGc
Tegli [AL] 55 Gb
Téglia [AP] 87 Cc
Téglia [MS] 57 Fcd
Téglia, Monte– 87 Cd
Téglia, Passo di– 63 EFbc
Teglia, Punta della– 81 ins.a
Téglie [BS] 35 Fab
Téglio [SO] 21 Hab
Téglio Véneto [VE] 27 Ccd
Tegna, Torrente– 11 Cd
Tegnas, Torrente– 11 Cd
Tegóia [SI] 75 Cd
Tegoleto [AR] 75 Fc
Tegorzo, Torrente– 25 Dc
Tei, Becca di– 29 Eb
Teialone, Monte– 161 Eb
Teiolo, Bec di– 55 Gc
Téiro, Torrente– 55 Ec
Teis / Tiso [BZ] 9 Hab
Tel / Tölf [BZ] 1 Gcd
Tela Niedda, Casa– [NU] 175 DEc
Teleccio, Lago di– 29 Gbc
Telegrafo, Colle del– 137 Da
Telegrafo, il– 89 CDb
Telegrafo, Monte– 115 Bc
Telegrafo, Monte– / Telegraph 3 Dc
Telegrafo, Pizzo– 151 EFb
Telegrafo, Rifugio– 37 ABa
Telegrafo, Torre del– 127 BCd
Telegraph / Telegrafo, Monte– 3 Dc
Telenek, Monte– 21 Hlb
Telese, Lago di– 107 Gc
Telese Terme [BN] 107 Gc
Telesia 107 FGc
Telfer Weißen / Bianche di Telves, Cime– 1 Hlb
Telfes / Télves [BZ] 1 lb
Telgate [BG] 35 Cb
Teliseri [NU] 171 CDc
Tella, Arcu sa– 173 Db
Tella, Rivo– 107 Fc
Tellaro [SP] 65 Cb
Tellaro, Fiume– 159 Fc
Tellenæ 97 Fc
Telles, Rio di– / Zielbach 1 Gc
Tellesimo, Torrente– 159 Ec
Telti [SS] 167 DEa
Telti, Monte– 167 Ea
Telugno [FR] 99 Gc
Telve [TN] 25 Ab
Telve di sopra [TN] 25 Ab
Télves / Telfes [BZ] 1 lb
Temete, Fiume– 115 Dc
Temi [NU] 167 Ec
Temo, Fiume– 165 Cd
Temo, Lago del– 165 Dbc
Temo, Rio– 165 Dc
Temossi [GE] 57 Cc
Tempa Aquara 127 Cb
Tempa di Cristo 129 Db
Tempera [AQ] 93 Eb
Tempiesu, su– 171 Ea
Témpio [TV] 25 Gd
Témpio, Fosso del– 155 Bd
Témpio Italico 101 Dc
Témpio Pausánia [SS] 167 Ca
Tempone 127 Ed
Temù [BS] 7 Gd
Tenáglie [TR] 85 Bde
Tenarda, Lago di– 63 Ebc

Tencarola [PD] 37 Gc
Tenchia, Monte– 13 Cb
Tencione, Bric– 63 Ga
Tenda (I) = Tende [Fr.] 63 Db
Tenda, Colle– 93 Eab
Tenda, Colle di– 63 Dab
Tende [Fr.] = Tenda (I) 63 Db
Tenerano [MS] 65 Dab
Tenese, Timpone– 137 Fb
Ténibre, Mont– 53 BCd
Tenna [TN] 23 Hb
Tenna, Fiume– 79 Gd
Tenna, Punta– 157 Cd
Tennácola, Fiume– 87 Cb
Tenneverge, Pic de– 17 Cb
Tenno [TN] 23 EFc
Tenno, Lago di– 23 Ec
Tenute Franzona [VE] 41 BCb
Tenutella, Masseria– [CT] 155 Fcd
Teodone / Dietenheim [BZ] 3 Ec
Teodorano [FC] 69 Fb
Teódulo, Colle del– 17 Hc
Teódulo, Corno del– 17 Hc
Teolo [PD] 37 Gc
Teonghio [VI] 37 Ecd
Teor [UD] 27 Dc
Téora [AQ] 93 Db
Teora [AV] 115 Db
Tepilora, Punta– 167 EFc
Téppia, Fosso– 99 Bd
Tera di Casso [CR] 33 Gd
Teramo [TE] 87 Ed
Tercesi [GE] 57 Ac
Terdobbiate [NO] 31 Gc
Terdóppio, Torrente– 45 Gb
Teréglio [LU] 65 Gb
Terelle [FR] 99 Gd
Terelle, Colle– 99 Gc
Terentana [MS] 57 Gd
Terenten / Terento [BZ] 3 Dbc
Terento / Terenten [BZ] 3 Dbc
Terenza [PC] 47 EFd
Terenzano [MS] 57 Gd
Terenzo [PR] 57 Gb
Terenzone, Torrente– 57 Bb
Teresa, Case– [MT] 121 Cc
Tergu [SS] 163 Ec
Teria, Nuraghe de Sa– 175 Fb
Teriasca [GE] 55 Hc
Terlago [TN] 23 Gb
Terlago, Lago di– 23 Gb
Terlan / Terlano [BZ] 9 Fb
Terlano / Terlan [BZ] 9 Fb
Terlizzi [BA] 111 Fd
Terme dei Gracchi [VT] 91 DEc
Terme di Brénnero / Brennerbad 3 BCab
Terme di Cotilia 93 BCb
Terme di Firenze [FI] 67 Fd
Terme di Lurisia 63 Gd
Terme di Miradolo 47 Ca
Terme di Panighina [FC] 69 FGab
Terme di Súio 107 Cc
Terme di Valdieri 63 Ba
Terme Luigiane 135 BCa
Termenago [TN] 9 Ccd
Terme Neroniane 37 Gcd
Termeno sulla Strada del Vino / Tramin an der Weinstrasse [BZ] 9 Fcd
Terme Santa Lucia [MC] 79 Dd
Terme Segestane 149 Fc
Terme Vigliatore [ME] 145 FGb
Termignon [Fr.] 29 Cd
Términe [AQ] 93 Db
Términe [SP] 57 Dd
Términe [VE] 41 Bc
Términe, Chiesa di– 137 Db
Términe, Colle del– 55 CDd
Términe, Osteria del– 23 lc
Términe, Passo del– 85 EFab
Términe Grosso [KR] 137 Fa
Termineto, Masseria– [BA] 119 Db
Termini [NA] 113 DEd
Términi, Colla dei– 63 Fa
Términi Imerese [PA] 147 Ebc
Términi Imerese, Golfo di– 147 Ebc

Terminillo [RI] 93 Bb
Terminillo, Monte– 93 Bb
Terminio, Monte– 115 Bbc
Termo [SP] 65 Cb
Térmoli [CB] 101 GHab
Termon [TN] 9 Ed
Ternate [VA] 19 Gd
Ternavasso [TO] 43 lc
Ternavasso, Lago di– 43 Hlcd
Ternengo [BI] 31 Cb
Terni [TR] 91 Fa
Terno d'Isola [BG] 33 Fa
Ternova Piccola [TS] 41 Hb
Teróntola [AR] 75 Hd
Terra [RI] 93 Ca
Terra, Fiumara la– 129 Bb
Terracina [LT] 105 Fc
Terracina, Golfo di– 105 Fc
Terracino [RI] 87 Bde
Terracorpo [CE] 107 Dbc
Terra del Sole [FC] 69 Ea
Terra di Lavoro 107 Dc
Terradura [PD] 37 Gcd
Terradura [SA] 127 Ccd
Terragnolo [TN] 23 Gc
Terráia [PG] 85 Ed
Terralba [GE] 55 EFc
Terralba [OR] 173 Da
Terralba, Monte– 171 DEd
Terralva, Cantoniera sa– [SS] 165 DEbc
Terra Mala [CA] 179 DEb
Terramala, Canale– 167 Db
Terrana, Poggio– 159 Bb
Terranegra [VR] 49 Ga
Terranera [AQ] 93 Fc
Terranova [AL] 45 Eab
Terranova [BN] 113 Ga
Terranova [CH] 95 Cc
Terranova [LE] 125 Dc
Terranova [PD] 39 Cd
Terranova [SA] 115 Dd
Terranova da Sibari [CS] 131 EFcd
Terranova dei Passerini [LO] 47 Da
Terranova di Pollino [PZ] 131 Eb
Terranova Sappo Minúlio [RC] 141 FGab
Terranuova Bracciolini [AR] 75 Eb
Terrapadedda [NU] 167 Fb
Terrarossa [GE] 57 Cc
Terrarossa [GR] 89 Db
Terrarossa [MS] 57 Fd
Terrarossa, Cima di– / Roterd-Spitze 9 Hbc
Terrarossa, Foce di– 59 Cd
Terrasa [PV] 45 Ea
Terraseo [CA] 177 Db
Terrasini [PA] 149 Gab
Terrassa Padovana [PD] 37 Hd
Terrati [CS] 135 Cc
Terratta, Serra di– 99 GHb
Terravécchia [CS] 133 Eb
Terravécchia [NA] 113 Bc
Terraverde [LO] 33 Fcd
Terrazze [AT] 45 Abc
Terrazzo [VR] 49 Hab
Terre Dónniche [CS] 135 Cb
Terremorte, Stazione di– 145 FGcd
Terrenove [TP] 151 ABa
Terrenove, Stazione– 151 Aa
Térres [TN] 9 DEd
Terresoli [CA] 177 Ec
Terreti [RC] 141 Ec
Térria [RI] 91 Gb
Térria [TR] 85 EFde
Terríccio [PI] 73 Dc
Terricciola [PI] 73 Eb
Terrícoli [MC] 79 Bd
Terrile [GE] 57 Ac
Terrinca [LU] 65 Eb
Terro [MC] 87 Bb
Terrossa [VR] 37 Dc
Terróssola [AR] 69 Dde
Terrúbia [CA] 177 Eb
Terrúggia [AL] 45 Db
Tersádia, Monte– 13 Db

Tersiva, Punta– 29 Gb
Tertenía [NU] 175 Fb
Tertílo, Nuraghe– 171 Db
Terza grande, Monte– 11 Gb
Terzano [FI] 67 Gd
Terza piccola, Monte– 11 Gb
Terzigno [NA] 113 Ec
Terzo [AL] 55 Dab
Terzo [GR] 83 ABbc
Terzo [PZ] 129 Dcd
Terzo [UD] 13 CDc
Terzo [VE] 39 DEb
Terzo Cavone, Masseria– [MT] 129 Gc
Terzo d'Aquileia [UD] 41 EFb
Terzo di luso, Masseria– [PA] 147 DEd
Terzo la Pieve [PG] 85 Dd
Terzolás [TN] 9 Dc
Terzone San Pietro [RI] 93 Ca
Terzório [IM] 63 Fc
Terzo San Severo [PG] 85 Dd
Tesa, Monte– 59 Cb
Tescino, Torrente– 91 Ga
Téscio, Fiume– 85 Eb
Tese [TO] 29 Gb
Tesero [TN] 9 GHd
Tesido / Taisten [BZ] 3 Fc
Tesina, Fiume– 37 Fb
Tesino, Fiume– 87 Cb
Tesis [PN] 27 Bb
Tesoro, Bec del– 55 Dc
Tesoro, Poggio– 69 Cd
Tesoru, Nuraghe su– 163 Ec
Tessa, Giogáia di– / Texelgruppe 1 Gc
Tessano [CS] 135 Db
Tessello [FC] 69 Fb
Tessennano [VT] 89 Gab
Tessera [VE] 39 DEc
Testa [RE] 49 Dc
Testa, Capo– 161 Ca
Testa, la– [BA] 111 Ec
Testa, Serra della– 145 Bc
Testáccio [NA] 113 Bc
Testáccio, il– [TR] 91 Fab
Testa del Ban 43 Bb
Testa dell'Acqua [SR] 159 Ec
Testa Grigia [AO] 17 Hc
Testa Grossa 143 Ec
Téstico [SV] 63 Gbc
Testo, Monte– 23 Gd
Teti [NU] 171 Cc
Tetti [CN] 53 Hbc
Tetti [CN] 55 Bc
Tetti [CN] 53 Bcd
Tetti [TO] 29 Hc
Tetti [VC] 19 Cd
Tetti Cavalloni [TO] 43 Gc
Tetti Falchi [CN] 53 Fb
Tetti Giro [TO] 43 Hc
Tetti Grella [TO] 43 Gc
Téttile [SS] 163 Fd
Tetti Maigre [CN] 53 Ecd
Tetti Mauriti [TO] 43 Hc
Tetti Merlet [CN] 53 Fd
Tetti Milanesi [CN] 43 Hd
Tetti Neirotti [TO] 43 Gb
Tetti Pésio [CN] 53 Fc
Tetti Rolle [TO] 43 Gbc
Tetti Sapini [TO] 43 Hc
Tetto Chiappello [CN] 53 EFd
Tetto Chiotti [CN] 53 Ed
Tetto Grosso [CN] 53 Fd
Tetto Piano [CN] 53 Fd
Tettorosso [CN] 53 DEbc
Tetto San Bernardo [CN] 53 Ed
Teulada [CA] 177 Ed
Teulada, Capo– 177 Dd
Teulada, Golfo di– 177 Ed
Teulada, Porto di– 177 Ed
Teveno [BG] 21 Hbc
Tevere, Fiume– 97 Ec

Tevere, le Vene del– 69 Fd
Tevere, Parco Fluviale del– 85 Bde
Teverina [AR] 77 Bcd
Teverola [CE] 113 Dab
Teverone, Fiume– 85 Ec
Texelgruppe / Tessa, Giogáia di– 1 Gc
Texelgruppe, Naturpark– / Gruppo di Tessa, Parco Naturale– 1 Gc
Texili 171 CDd
Texili di Aritzo 171 CDd
Tézio, Monte– 77 CDd
Tezze [BS] 35 Fbc
Tezze [BS] 35 Fc
Tezze [MN] 35 Gd
Tezze [TN] 25 Bbc
Tezze [TV] 25 FGd
Tezze [VE] 41 Bb
Tezze [VI] 37 Eb
Tezze sul Brenta [VI] 37 Ga
Tezzo [FC] 69 Fc
Tezzoli [MN] 35 Hd
Tezzon [VE] 41 Bc
Thanai / Tanai [BZ] 1 DEc
Thápsos 159 Gab
Thárros 169 Cc
Thiene [VI] 37 Ea
Thiesi [SS] 165 Eb
Thoules di Sopra [AO] 17 EFcd
Thovex [AO] 29 Da
Thuile, La– [AO] 17 Cd
Thuins / Túnes [BZ] 1 lb
Thun, Castello– 9 Ed
Thuras [TO] 43 BCc
Thuras, Torrente– 43 Cc
Thures [TO] 43 Bc
Thurio [CS] 131 Fc
Tiago [BL] 25 Eb
Tiana [NU] 171 Cc
Tiarfin, Monte– 11 Gc
Tiarno di Sopra [TN] 23 DEc
Tiarno di Sotto [TN] 23 DEc
Tiberina, Val– 77 BCbc
Tiberina, Via– 97 EFab
Tiberio, Grotta di– 105 Gc
Tibério, Masseria– [BR] 123 Cb
Tibert, Monte– 53 CDc
Tiburtína, Via– 97 Fb
Tiburtini, Monti– 99 ABb
Ticchiano, Passo di– 57 Gc
Ticciano [NA] 113 Ed
Ticengo [CR] 35 BCc
Ticino, Fiume– 31 Gc
Tídolo [CR] 47 GHb
Tidoncello, Torrente– 47 Cc
Tidone, Torrente– 47 BCc
Tiédoli [PR] 57 Eb
Tieni [FE] 51 Ecd
Tiepido, Torrente– 59 Fc
Tiera, Fermata– 115 Gc
Tierno [TN] 23 Fcd
Tierra, Monte sopra– 11 DEc
Tiers / Tíres [BZ] 9 GHc
Tierser Tal / Tíres, Val di– 9 GHc
Tiezzo [PN] 27 ABc
Tifata, Monte– 107 Ed
Tiggiano [LE] 125 Fd
Tighet, Torre di– 29 Ea
Tigliano [FI] 67 Dd
Tigliano [FI] 67 Gcd
Tiglio [LU] 65 FGb
Tiglio [PR] 57 Db
Tiglio [UD] 27 FGab
Tiglio, Ponte del– 67 Bd
Tiglíole [AT] 45 Bc
Tigliolo [GE] 57 BCc
Tiglione [AT] 45 Ccd
Tiglione, Torrente– 45 Dd
Tignaga, Pizzo– 19 Cc
Tignai [TO] 43 Db
Tignale [BS] 23 Ed
Tignamica [PO] 67 Ec
Tignano [BO] 59 Hc

Tignano [FI] 73 GHb
Tignes [BL] 25 FGab
Tignes [Fr.] 29 Dc
Tignes les Boisses [Fr.] 29 Dc
Tignet [AO] 29 Fb
Tignino, Serra– 153 Ca
Tignolino, Pizzo– 19 Eb
Tignoso, Monte– 87 Dd
Tignoso, Sasso– 59 Dd
Tigullio, Golfo del– 57 Bcd
Tilia, Monte– 93 Ba
Tilípera, Cantoniera– [SS] 165 Ec
Timau [UD] 13 CDb
Timavo, Fiume– 41 Gb
Timeto, Torrente– 145 Eb
Timidone, Monte– 165 ABb
Timmelsjoch = Rombo, Passo del– (I) 1 Gb
Timogno, Cima di– 21 GHc
Timoline [BS] 35 CDb
Timóne, Fosso– 89 Gb
Timone, Punta– 167 Gcc
Timparossa, Casa– [SR] 159 Fb
Timpone [SA] 127 Ed
Timpone [TP] 149 Eab
Timun, Pizzo– 5 Gc
Tina [TO] 31 Bc
Tinchi [MT] 129 Fb
Tindari 145 Fc
Tindari, Capo– 145 Fab
Tinella, Torrente– 45 Cd
Tinetto, Isola del– 65 BCb
Tinisa, Monte– 13 Cb
Tinna, Torrente– / Tinnebach 9 Gb
Tínnari, Monte– 163 Fb
Tinnebach / Tinna, Torrente– 9 Gb
Tinniri, Cantoniera– [NU] 165 CDcd
Tinnura [NU] 169 Da
Tino [RI] 87 Bd
Tino, Isola del– 65 BCb
Tino, Torrente– 171 Cc
Tinterosse, Monte– 99 Dab
Tinti dei Mori [FI] 73 Fb
Tintillónis, Punta– 173 Db
Tintioni, Rio su– 177 Fc
Tintoría [BO] 61 ABb
Tiola [BO] 59 Gc
Tiolo [SO] 7 Fd
Tione, Fiume– 49 Fb
Tione degli Abruzzi [AQ] 93 Fc
Tione di Trento [TN] 23 Eb
Tiorre [PR] 59 Bab
Tirano [SO] 7 Fd
Tíres / Tiers [BZ] 9 GHc
Tíres, Val di– / Tierser Tal 9 GHc
Tiría [OR] 169 Cc
Tíria, Monte– 171 Da
Tiriccu, Monte– 177 Ec
Tirino, Fiume– 93 Gc
Tiriolo [CZ] 137 CDb
Tirivolo [CZ] 137 Da
Tirli [FI] 67 Gab
Tirli [GR] 81 Gc
Tiro, Torrente– 131 DEc
Tirol / Tirolo [BZ] 1 Gc
Tirolle, Rio– 83 Fd
Tirolo [MN] 35 Gd
Tirolo / Tirol [BZ] 1 Gc
Tirone–Alto Vesuvio, Riserva Naturale– 113 Cc
Tirrénia [PI] 73 Bb
Tirreno, Mar– 97 BCc
Tirso, Cantoniera del– [SS] 171 Cab
Tirso, Fiume– 169 Dc
Tirso, Foce del– 169 Dc
Tirso, Sorgenti del– 167 Ec
Tirso, Stazione del– 171 BCab
Tisana / Tisens [BZ] 9 Hb
Tiscali, Monte– 171 EFb
Tisdel, Punta– 21 Hd
Tisens / Tésimo [BZ] 9 EFb
Tisens / Tisana [BZ] 9 Hb
Tiser [BL] 11 CDd
Tiso / Teis [BZ] 9 Hab

Tisoi [BL] 25 EFab
Tissano [UD] 27 Ec
Tissi [SS] 165 Da
Tissi, Rifugio– 11 Dc
Tissino, Fosso– 85 Fd
Titano, Monte– 71 Cc
Titele [BL] 25 DEa
Titerno, Torrente– 107 Fc
Titi [RC] 139 Fc
Titiano [UD] 27 Dd
Titignano [TR] 85 Bd
Tito [PZ] 115 FGd
Tito, Fiumara di– 115 Fd
Tito, Monte– 85 Fc
Tito, Stazione di– 115 Gd
Titolo, Cantoniera del– [PZ] 129 Cc
Tivegna [SP] 65 BCa
Tivo [FC] 69 Fc
Tívoli [BO] 59 Gb
Tívoli [ROMA] 97 Gb
Tiziano, Bivacco– 11 Eb
Tizzana [PT] 67 DEcd
Tizzano [AR] 75 Hb
Tizzano, Éremo di– 59 Hc
Tizzano Val Parma [PR] 57 Hb
Toano [RE] 59 Dc
Toara [VI] 37 EFc
Tobbiana [PO] 67 Ec
Tobbiana [PT] 67 Ec
Tóbbio, Monte– 55 Fb
Tobia [VT] 91 Gc
Toblach / Dobbiaco [BZ] 3 Gc
Toblacher See / Dobbiaco, Lago di– 3 Gc
Toblin, Forcella di– 11 Eb
Toblino, Lago di– 23 Fb
Toc, Monte– 11 EFd
Toccalmatto [PR] 47 Gc
Tocchi [SI] 83 Bb
Tocchi, Castello di– [SI] 83 Bb
Tocchi, Riserva Naturale– 83 Bb
Tocco [AT] 45 Ccd
Tocco, Monte– 101 Bb
Tocco Cáudio [BN] 107 Gd
Tocco da Casáuria [PE] 95 Bc
Tóccol [BL] 11 Dd
Toce, Cascata del– 15 Eb
Toce, Fiume– 19 DEc
Toceno [VB] 15 Ed
Todaro, Serra– 135 Ea
Todi [PG] 85 Cd
Todiano [PG] 85 Gcd
Todocco [CN] 55 Cb
Toesca, Rifugio– 43 DEb
Tofana di Mezzo 11 Db
Tofana di Rozes 11 Db
Tofane, Le– 11 Db
Tofe [AP] 87 Bc
Toff, Monte– 23 Eb
Tóffia [RI] 91 Gc
Toffol [BL] 11 Dc
Toffol [BL] 11 Cc
Toffoz [AO] 29 Ia
Tofino 23 Ec
Tógano, Monte– 19 Eb
Toggia, Lago del– 15 Eb
Togliano [UD] 27 Fb
Tóglie [TO] 43 Fa
Tognana [PD] 39 Cd
Tognola 11 Bd
Tognola, Alpe– 11 Bd
Tognola, Cima– 11 Bd
Tognola, Malga– 11 Bd
Tognoni [PR] 57 EFab
Toiano [FI] 67 Dd
Toiano [PI] 73 Eb
Toiano [SI] 75 Cd
Toillies, Tête des– = Niera, Rocca della– (I) 53 Ba
Toirano [SV] 63 Hb
Toirano, Giogo di– 63 GHab
Toirano, Grotte di– 63 Hb
Tolagna, Monte– 85 Fbc
Tolcinasco [MI] 33 Cc
Tolè [BO] 59 Ed
Tole [MO] 59 Ed

Tolentino [MC] 79 Dd
Tolentino, Colle– 79 DEd
Tolentino, Monte– 93 BCa
Toleto [AL] 55 DEb
Tölf / Tel [BZ] 1 Gcd
Tolfa [ROMA] 91 Bcd
Tolfa, Monti della– 91 Bd
Tolfaccia, Monte– 91 Bd
Tolfe, le– [SI] 75 CDcd
Toline [BS] 21 Hd
Tollara [PC] 47 Ec
Tolle [RO] 51 Gc
Tollegno [BI] 31 Cb
Tolli, Villa a– [SI] 83 CDb
Tollo [CH] 95 Db
Tollo–Canosa Sannita, Stazione di– 95 Db
Tolmezzo [UD] 13 Dc
Tolmin [SLO] = Tolmino (I) 27 Ha
Tolmino (I) = Tolmin [SLO] 27 Ha
Tolosano [CN] 53 Cc
Toltu, Rio– 163 Ec
Tolu, Rio– 175 Ec
Tolva, Monte– 25 Bb
Tolve [PZ] 117 BCc
Tolve, Masseria– [MT] 117 Cd
Tomacella [FR] 99 Dd
Tomaini [CZ] 135 Dc
Tomaiolo [FG] 103 Fc
Tomarchio, Case– [CT] 155 Fa
Tomarlo, Monte– 57 CDb
Tomassucci [MC] 87 BCb
Tomatico, Monte– 25 Dc
Tomba [UD] 13 Dd
Tomba [UD] 27 Db
Tomba, Monte– 25 Dc
Tombáccia [RN] 71 DEc
Tomba della Regina, Necrópoli– 89 Hb
Tomba di Giganti di Lassia 169 Ea
Tomba di Nerone 97 Eb
Tomba di Sotto [VR] 37 Dd
Tombazosana [VR] 37 Dd
Tombe [BO] 61 BCc
Tombe di Giganti di Madau 171 DEc
Tombelle [VE] 39 Bc
Tómboli di Follónica, Riserva Biogenetica– 81 Fc
Tombolino [VE] 41 Ac
Tómbolo [PD] 37 GHb
Tómbolo, Pineta del– 81 Gd
Tómbolo, Stazione di– 73 BCb
Tómbolo, Tenuta di– 73 Bd
Tómbolo di Cécina, Riserva Naturale– 73 Cd
Tommaselle [RO] 51 ABc
Tommaso Natale [PA] 147 Ba
Tomo [BL] 25 Dbc
Ton [TN] 9 Ed
Ton, Pizzo de– 19 Cb
Tona, Torrente– 101 Hc
Tonadico [TN] 25 CDab
Tonale, Cima– 21 Fb
Tonale, Monte– 9 Bd
Tonale, Passo del– 9 Bd
Tonara [NU] 171 CDc
Toncina, Torrente– 57 Eb
Tonco [AT] 45 Cb
Tonda [FI] 73 EFb
Tondi, Rifugio– 11 DEb
Tondo, Monte– [LU] 59 Bd
Tondo, Monte– [VR] 37 Bb
Tondo, Poggio– 75 Db
Tonengo [AT] 45 ABb
Tonengo [TO] 31 Bd
Toneri [NU] 171 CDc
Tónfano [LU] 65 Ec
Toni, Croda dei– / Zwölferkofel 11 EFb
Tonini [BL] 25 Cc
Tonini [VI] 37 Db
Tonini, Rifugio– 23 Iab
Tonnara, La– [CA] 177 Cc
Tonnara del Secco [TP] 149 Eab

Tonnara di Bonagía [TP] 149 Db
Tonnara Saline [SS] 163 Bc
Tonnarella [ME] 145 Fb
Tonnarella dell'Uzzo [TP] 149 Eb
Tónneri, Monte– 175 Ea
Tonni [SI] 73 GHd
Tonnicelli, Masseria– [MT] 129 Fc
Tonnicoda [RI] 93 Cc
Tonno [GE] 55 Hb
Tono [ME] 145 Ga
Tono, Punta del– 145 Ga
Tonolini, Rifugio– 23 Cab
Tóntola [FC] 69 Eb
Topi, Isola dei– 81 Dc
Topino, Fiume– 85 Dc
Toppa, la– 115 Dab
Toppale, Serra– 133 Db
Toppo [PN] 27 BCa
Tóppole [AR] 75 GHbc
Topporusso, Masseria– [FG] 109 Hd
Tora [CE] 107 CDbc
Tora, Fermata– 115 Gd
Tora e Piccilli [CE] 107 Db
Toraggio, Monte– 63 DEd
Toranello [RA] 61 BCd
Torano [CE] 107 Db
Torano [MS] 65 Db
Torano [RI] 93 Dcd
Torano Castello [CS] 131 De
Torano–Lattárico, Stazione di– 135 CDa
Torano Nuovo [TE] 87 Ecd
Tora–Presenzano, Stazione di– 107 Db
Toraro, Monte– 23 Hc
Torassi [TO] 45 Aa
Torbiato [BS] 35 Cb
Tórbido, Fiume– 139 Ecd
Torbido, Rio– 91 Ca
Torbiera [FE] 51 Ec
Torbiere del Sebino, Riserva Naturale– 35 Db
Torbiere di Marcaria, Riserva Naturale– 49 BCb
Torbo, Lago– / Trüber See 1 Hb
Tórbole [BS] 35 Dbc
Tórbole [TN] 23 Fc
Tórbole Caságlia [BS] 35 Dbc
Torca [NA] 113 Ed
Tor Caldara, Riserva Naturale– 39 Fc
Torcegno [TN] 25 Ab
Torcello [VE] 39 Ebc
Torch [BL] 25 FGb
Torchiágina [PG] 85 Db
Torchiara [SA] 127 Bbc
Torchiara, Stazione di– 127 Bbc
Torchiara [AP] 87 DEb
Torchiarolo [BR] 123 Fc
Torchiati [AV] 113 Gbc
Torchiera [BS] 35 Dd
Torchio [TN] 23 Hb
Torchio–Sagliasco [NO] 31 Ea
Torcigliano [LU] 65 EFc
Torcigliano [LU] 65 Fc
Torcino [CE] 107 Db
Tor d'Andrea [PG] 85 Db
Tordenaso [PR] 57 Hb
Tordibetto [PG] 85 Db
Tordimonte [TR] 83 GHd
Tordinia [TE] 93 FGa
Tordino, Fiume– 87 Fd
Tor di Valle, Ippódromo– 97 Ebc
Torella dei Lombardi [AV] 115 Cd
Torella del Sánnio [CB] 101 DEd
Torelle, Masseria– [CE] 107 Cc
Torelli [CN] 55 Bc
Torello [SA] 115 Bc
Torello [SA] 113 FGc
Torena, Monte– 21 Hb
Torgiano [PG] 85 Cb
Torgnon [AO] 17 Gd
Torino [TO] 43 GHd
Torino, Rifugio– 17 Ccd

Torino–Caselle, Aeroporto Internazionale di– 43 GHa
Torino di Sangro [CH] 95 Fc
Torino di Sangro Marina [CH] 95 Fc
Toritto [BA] 117 FGab
Torlano [UD] 13 Ed
Torlano di Sopra [UD] 13 Ed
Torlino Vimercati [CR] 33 Fc
Tórmeno [VI] 37 Fbc
Tórmeno, Monte– 23 Hc
Tórmine [VR] 35 Hd
Tórnaco [NO] 31 Gc
Tornalla 17 Fc
Tornamillo, Cozzo– 149 Gc
Tornaréccio [CH] 101 Da
Tornata [CR] 49 Bb
Tornavento [VA] 31 Gb
Tornazzano [AN] 79 Ec
Tornazzo [AN] 79 Ec
Tornello [PV] 47 Bb
Tornello, Pizzo– 21 Hb
Tornetti [TO] 29 FGd
Tórnia [AR] 75 GHd
Torniella [GR] 83 Ab
Tornimparte [AQ] 93 Dc
Tornitore, Poggio– 145 Cc
Torno [CO] 21 Bc
Torno [PZ] 131 Dab
Torno, Fiumara– 141 Ec
Torno, Pizzo– 145 Gb
Tórnolo [PR] 57 Dc
Tornova [RO] 51 Fb
Toro [CB] 101 Fd
Toro, Isola il– 177 Cd
Toro, Masseria il– [FG] 111 ABc
Torone [AV] 115 Ca
Torone [CE] 107 Fc
Tor Paterno [ROMA] 97 Ec
Torpè [NU] 167 FGc
Torraca [SA] 127 Ed
Torráccia, la– [LI] 81 DEb
Torraccia, Monte della– 59 Fd
Torralba [SS] 165 Eb
Torralba, Stazione di– 165 Ebc
Torrani, Rifugio– 11 Dc
Torrano [MS] 57 EFc
Torrata, Masseria– [TA] 121 Db
Torrate [PN] 27 Bc
Torrazza [CN] 53 EFa
Torrazza [PV] 33 Bd
Torrazza Clavi [IM] 63 Fc
Torrazza Coste [PV] 45 Hc
Torrazza Piemonte [TO] 45 Aa
Torrazzo [AT] 45 Bcd
Torrazzo [BI] 31 Bbc
Torrazzo [TP] 149 Ea
Torre [AN] 77 Gb
Torre [AQ] 93 Db
Torre [AR] 75 Ec
Torre [BG] 21 GHb
Torre [FI] 67 Cd
Torre [GE] 55 Hb
Torre [LU] 65 Fc
Torre [MC] 79 Dc
Torre [MN] 35 GHd
Torre [PD] 51 Ba
Torre [PR] 59 BCb
Torre (I) = Tar [CRO] 41 Ge
Torre, Casa la– [FG] 103 DEcd
Torre, Cima la– 105 Fa
Torre, la– [MO] 59 Fc
Torre, la– [PU] 71 Ed
Torre, la– [PV] 31 Fcd
Torre, La– [SA] 113 Ea
Torre, la– [SR] 159 Ec
Torre, La– [VE] 41 Cc
Torre, Masseria– [TA] 123 Cc
Torre, Masseria la– [BA] 119 Bc
Torre, Masseria la– [BN] 109 Bc
Torre, Monte– 153 Fc
Torre, Podere– [PG] 85 Cc
Torre, Rio– 69 Fc
Torre, Torrente– 27 Fb
Torre, Villa– [SI] 83 Cb
Torre a Castello [SI] 75 DEd
Torre Accéglio Sottano [CN] 53 Fc
Torre Accio [MT] 129 Fb

Torre a Cona [FI] 67 Gd
Torre Alfina [VT] 83 Fd
Torre a Mare [BA] 111 Hld
Torre Annunziata [NA] 113 Ec
Torreano [UD] 27 Db
Torreano [UD] 27 Fb
Torre Antonaccia [FG] 103 Eb
Torre Autrara [FG] 103 Gc
Torre Balfredo [TO] 31 Bc
Torre Beccati Questo [PG] 83 Fb
Torrebelvicino [VI] 37 Da
Torre Beretti [PV] 45 EFb
Torre Beretti e Castellaro [PV] 45 EFb
Torre Bianca, Masseria– [TA] 123 Cc
Torre Bisaccia, Masseria– [FG] 111 Cc
Torre Boldone [BG] 33 Ga
Torre Boraco [TA] 123 Cd
Torre Bormida [CN] 55 BCb
Torrebruna [CH] 101 Eb
Torre Cajetani [FR] 99 Dc
Torre Calzolari [PG] 77 EFd
Torre Canavese [TO] 29 Ic
Torrecandele [ME] 145 Cb
Torrecane, Monte– 93 Cb
Torre Cannai [CA] 177 Cd
Torre Canne [BR] 119 Ebc
Torre Castellúccia [TA] 121 Gc
Torre Cavallo [BR] 123 Fb
Torre Cavallo, Capo di– 123 EFb
Torre Cervara [ROMA] 97 Fb
Torre Cervia, Faro di– 105 Ec
Torrechiara [PR] 59 Bab
Torre Ciana, Punta di– 89 Cb
Torre Colimena [TA] 123 Dd
Torre Corsi [BA] 111 Cd
Torrecuso [BN] 107 GHc
Torre d'Aiala [TA] 121 FGbc
Torre d'Andrano [LE] 125 Fd
Torredaniele [TO] 31 ABb
Torre d'Arese [PV] 33 Dd
Torre de' Busi [LC] 21 Dd
Torre degli Alberi [PV] 47 Bc
Torre dei Frati [CN] 53 Fc
Torre dei Gesuiti [TP] 151 Bb
Torre dei Giunchi, Masseria– [FG] 103 Cc
Torre dei Nolfi [AQ] 99 Ha
Torre del Colle [PG] 85 Dc
Torre del Diavolo [CA] 179 Cc
Torre del Greco [NA] 113 Ec
Torre della Chiesa [CS] 131 EFc
Torre della Fossa [FE] 51 Bd
Torre del Lago, Marina di– [LU] 65 Ed
Torre del Lago Puccini [LU] 65 Ecd
Torre delle Stelle [CA] 179 Ebc
Torre dell'Inserraglio [LE] 125 Cb
Torre dell'Orsa [PA] 149 Ga
Torre dell'Orso [LE] 123 Hd
Torre dell'Ovo [TA] 123 BCd
Torre del Mangano [PV] 33 Cd
Torre del Mónaco [CE] 113 Ca
Torre del Monte [BA] 111 Ed
Torre del Moro [FC] 69 Gb
Torre del Padiglione [LT] 105 Ca
Torre del Pizzo [LE] 125 CDcd
Torre del Rótolo [PA] 147 Ca
Torre de' Negri [PV] 47 BCab
Torre de' Passèri [PE] 95 Bc
Torre de' Picenardi [CR] 49 Aab
Torre de' Róveri [BG] 33 Ga
Torre di Bari [NU] 175 FGab
Torre di Bocca, Masseria– [BA] 111 CDc
Torre di Fine [VE] 41 Bc
Torre di Flumentórgiu [CA] 173 Ca
Torre di Fogliano [LT] 105 Db
Torre di Lama, Azienda– [FG] 109 Ga
Torre di Masino [VR] 49 Ea
Torre di Mezzo [TP] 149 Cc
Torre di Monte Pucci [FG] 103 FGb
Torre di Mosto [VE] 41 Bb
Torre di Néglia [BA] 117 Da
Torre di Palme [AP] 87 Eb

Torre di Pettiné [BA] 111 Fc
Torre di Pisa, Rifugio– 9 Hc
Torre di Ramitelli [CB] 101 Hld
Torre di Ruggiero [CZ] 139 Fab
Torre di Sagro [FG] 103 Gc
Torre di Santa María [SO] 7 CDdd
Torre d'Isola [PV] 45 Ha
Torre Disperata [BA] 117 Dab
Torre di Táglio [RI] 93 Dc
Torre d'Ófanto [BA] 111 Dbc
Torre Egnázia [BR] 119 Eb
Torre Faro [ME] 141 Db
Torre Fortore [FG] 103 Bb
Torre Frasca [BA] 117 Fab
Torre Gáia [ROMA] 97 Fb
Torre Garga, Stazione di– 133 Cc
Torre Garofoli [AL] 45 Fc
Torregáveta [NA] 113 Cbc
Torre Gentile [PG] 85 Cd
Torre Giúlia [FG] 111 ABc
Torréglia [PD] 37 Gcd
Torre Grande [OR] 169 CDc
Torregrotta [ME] 141 BCb
Torre Guaceto [BR] 123 Da
Torre Guaceto, Riserva Naturale Marina– 123 Da
Torre Guevara [FG] 109 EFbc
Torrei, Rio– 171 Cc
Torre Iano [BO] 59 Hc
Torre Incine [BA] 119 Db
Torre Lapillo [LE] 123 Ed
Torre Lazzarelli [BA] 111 Dc
Torre le Nocelle [AV] 115 Ba
Torre Licosa [SA] 127 Ac
Torre Lupara [CE] 107 Dcd
Torre Lupara [ROMA] 97 Fab
Torre Maccarese [ROMA] 97 Fa
Torremaggiore [FG] 103 Bc
Torre Maggiore, Monte– 91 Fa
Torre Máina [MO] 59 Fbc
Torre Mancina [ROMA] 97 Fa
Torre Mandelli [NO] 31 Gc
Torre Mattarelle [BR] 123 Fb
Torre Melissa [KR] 133 Fc
Torremenapace [PV] 45 GHb
Torremezzo di Falconara [CS] 135 Cb
Torremezzo di Falconara, Stazione di– 135 Cb
Torre Migáino [ME] 145 Ac
Torre Mondovì [CN] 53 Hc
Torremontanara [CH] 95 Db
Torre Mozza [LE] 125 DEd
Torre Mozza [LI] 81 Fc
Torremuzza [ME] 145 Ac
Torre Muzza [PA] 147 ABa
Torrenieri [SI] 83 Db
Torre Nócciola 57 Gd
Torrenova [ME] 145 CDb
Torrenova [ROMA] 97 Fb
Torrent [AO] 17 Cd
Torrente Farma, Riserva Naturale– 83 Bb
Torrente Orba, Riserva Naturale del– 45 Fd
Torrente Sangone, Area Attrezzata– 43 FGb
Torrenuova [AG] 151 Db
Torre Nuova [CA] 173 Ca
Torrenuova [CL] 157 FGd
Torrenuova [KR] 133 Fb
Torre Nuova [LI] 73 ins.a
Torre Nuova [SS] 165 Bb
Torre Olévola [LT] 105 Ec
Torreone [AR] 75 GHd
Torre Orsáia [SA] 127 Dd
Torre Orsáia, Stazione di– 127 Dd
Torreorsina [TR] 91 Ga
Torrepaduli [LE] 125 Ecd
Torre Perrò [FG] 103 Ca
Torre Pali [LE] 125 Ede
Torre Pallavicina [BG] 35 Cc
Torre Pandolfina [AG] 151 Ea
Torre Páola 105 Ec
Torre Papone [IM] 63 Fc
Torre Pedrera [RN] 71 CDb

Torre Péllice [TO] 43 Ecd
Torre Pietra [FG] 111 Cb
Torrepozzella [BR] 123 CDa
Torre Ratti [AL] 45 Gd
Torre Rinalda [LE] 123 Fc
Torre Ripagnola [BA] 119 CDa
Torre Ritani [KR] 137 Gb
Torrerossa [GE] 55 EFc
Tórres [BL] 25 Gab
Torre San Gennaro [BR] 123 Fb
Torre San Giorgio [CN] 43 Gd
Torre San Giovanni [LE] 125 Dd
Torre San Gregório [LE] 125 Ee
Torre San Leonardo [BR] 119 Fc
Torre San Marco [PU] 77 Gb
Torre San Patrizio [AP] 79 Fde
Torre San Severo [TR] 83 Gde
Torre Santa Lucia [AP] 87 Cd
Torre Santa Sabina [BR] 123 Da
Torre Santa Susanna [BR] 123 Dc
Torre Scampamorte [FG] 103 Cb
Torresella [VE] 27 Cd
Torreselle [PD] 39 BCb
Torreselle [VI] 37 Eb
Torresena, Fattoria di– [SR] 159 Ec
Torresina [CN] 55 Bc
Torre Spaccata [BR] 119 Ebc
Torre Spada [FE] 49 Gd
Torre Spagnola, Masseria– [MT] 121 BCa
Torre Specchia Ruggeri [LE] 123 Hcd
Torre Suda [LE] 125 Dd
Torre Tertiveri [FG] 109 Eb
Torre Testa [BR] 123 Ea
Torretta [CT] 159 Db
Torretta [KR] 133 Fb
Torretta [LI] 73 Cd
Torretta [LO] 33 Ecd
Torretta [PA] 147 Bb
Torretta [SA] 127 Ac
Torretta, Casa la– [BN] 109 Cb
Torretta, la– [CH] 101 Eab
Torretta, la– [FG] 109 DEa
Torretta, la– [RO] 49 Gb
Torretta, Masseria– [BA] 117 Gc
Torretta, Masseria– [FG] 109 Hb
Torretta, Masseria– [FG] 109 Hcd
Torretta, Monte– 115 Gc
Torretta, Pizzo– 147 Gc
Torretta, Poggio la– 83 Bab
Torretta, Portella– 147 Bb
Torrette [AN] 79 Eb
Torrette [CN] 53 Cb
Torrette di Fano [PU] 71 Gd
Torrettina [GR] 89 Dab
Torre Vado [LE] 125 Ede
Torre Valgorrera [TO] 45 Ac
Torre Varcaro, Masseria– [FG] 103 Fcd
Torrevécchia [CS] 131 Cd
Torrevécchia [OR] 173 Da
Torrevécchia [ROMA] 97 Eb
Torrevécchia Pia [PV] 33 Dd
Torrevécchia Teatina [CH] 95 Db
Torre Vittória [LT] 105 Ec
Torre Vosa, Fermata– 117 BCc
Torre Zavorra [CA] 179 Cc
Torri [IM] 63 Dcd
Torri [PG] 85 CDc
Torri [PT] 65 Bc
Torri [RA] 61 Ebc
Torri [SI] 75 Cd
Torri [VI] 37 Fbc
Torri, Le– [BA] 117 Fbc
Torri, Le– [FG] 111 Bc
Torria [IM] 63 Fbc
Torriana [ME] 49 Fb
Torriana [RN] 71 Cbc
Torriano [PV] 33 Cd
Torrícchio [CH] 101 Da
Torrícchio, Riserva Naturale di– 85 FGc
Torricciola, Masseria– [BA] 111 Dc
Tórrice [FR] 99 Ed
Torricella [BN] 107 FGd

Torricella [CS] 131 FGcd
Torricella [ME] 143 Eb
Torricella [MN] 49 Db
Torricella [PG] 77 BCde
Torricella [PN] 27 Cc
Torricella [PR] 49 Abc
Torricella [PU] 69 Gc
Torricella [PU] 77 Fb
Torricella [PU] 77 Fb
Torricella [RO] 49 Gb
Torricella [SI] 83 Ed
Torricella [TA] 123 BCc
Torricella, la– [PG] 85 Bb
Torricella, Monte– 91 Fa
Torricella, Punta– 89 Bbc
Torricella del Pizzo [CR] 49 Ab
Torricella in Sabina [RI] 91 Hc
Torricella Peligna [CH] 101 Ca
Torricella Sicura [TE] 87 Dde
Torricella Verzate [PV] 47 ABb
Torricelli, Masseria– [FG] 111 ABc
Torricello [PC] 47 Cc
Torri del Benaco [VR] 35 GHb
Torri di Confine [VI] 37 DEc
Torri di Quartesolo [VI] 37 Fb
Torriggia [CO] 21 Bc
Torriggia, Monte– 19 Fb
Torriglia [GE] 57 ABb
Torri in Sabina [RI] 91 Fb
Torrile [PR] 49 Ac
Torrimpietra [ROMA] 97 Db
Torrinara, Monte– 91 GHa
Torrini, Monte dei– 77 DEb
Torrino [PV] 33 Cd
Torriola [PU] 69 GHd
Torrione [FG] 103 Bc
Torrione [NO] 31 Fcd
Torrione [VC] 45 Da
Torrione, il– [SI] 75 FGde
Torrione, Monte– 19 EFb
Torrioni [AV] 113 Ga
Torrion Quartara [NO] 31 Fc
Torrita [RI] 93 Da
Torrita di Siena [SI] 75 Fbe
Torrita Tiberina [ROMA] 91 Fc
Torrite [LU] 65 Fb
Torrone [MC] 85 Gab
Torrone, Monte– 87 Bc
Torrone, Poggio del– 83 Fde
Torsa [UD] 27 Dc
Torsana [MS] 57 GHd
Tor San Lorenzo [ROMA] 105 Ba
Tor Sapienza [ROMA] 97 Fb
Torsolazzo, Palone del– 23 Bb
Torsoleto, Monte– 23 Bb
Tórsoli [FI] 75 Db
Torta, Dosso della– 23 Ec
Tortiano [PR] 59 Ca
Tortigliano [AR] 75 Hbc
Tórtima [VI] 25 Bd
Torto, Fiume– 147 Ec
Torto, Rio– [FR] 107 Ab
Torto, Rio– [ROMA] 97 Fd
Torto, Rio– [TO] 43 FGc
Tortolì [NU] 175 FGa
Tortolì, Aeroporto Nazionale di– 175 FGa
Tortolì, Stagno di– 171 FGd
Tortona [AL] 45 Gc
Tórtora [CS] 131 Bb
Tórtora, Lido di– [CS] 131 Bb
Tortorella [SA] 127 Ed
Tortorella, Fermata di– 109 GHab
Tortorelle [TP] 151 ABa
Tortoresi, Fattoria– [PA] 153 BCa
Tortoreto [TE] 87 Fd
Tortoreto Lido [TE] 87 Fd
Tortorici [ME] 145 DEb
Tortorici [PA] 151 Fa
Tortoriso, Monte– 177 Bbc
Tortorolo [PV] 45 Fb
Tor Tre Ponti [LT] 105 Da
Tortu, Monte– 175 Fb
Torvaianica [ROMA] 97 Ecd
Torviscosa [UD] 41 Eab
Torza [SP] 57 Dd

Tos, Becca di– 29 Eb
Tosa, Cima– 23 Fab
Tosca [PR] 57 Eb
Tosca, la– [RA] 61 DEb
Toscanella [BO] 61 Bc
Toscano [SI] 83 Db
Toscano, Arcipelago– 81 BCd
Toscano, Masseria– [EN] 155 Cc
Toschian [BL] 25 Db
Toscolano, Valle– 35 Ga
Toscolano–Maderno [BS] 35 Gb
Toselli, Masseria– [FG] 103 Dd
Tosens [A] 1 Da
Tosi [FI] 69 Cd
Toss di Ton [TN] 9 Ed
Tosse [SV] 55 Dd
Tossícia [TE] 93 Fa
Tossignano [BO] 61 Bd
Tossino [FC] 69 Da
Tótila, Monte– 101 Ccd
Tottéa [TE] 93 Ea
Tottubella [SS] 165 Ca
Tour, Aiguille du– 17 CDbc
Tour, Mont– 29 Ed
Tour d'Héréraz [AO] 31 ABb
Tourette–Levens [Fr.] 63 Bd
Tout Blanc, Mont– 29 Eb
Tovale, Croda del– 1 Fc
Tovazza [PV] 47 Bc
Tóvel, Lago di– 9 Dd
Tovena [TV] 25 EFc
Tovio [BL] 25 Cbc
Tovo, Monte– [BI] 19 Dd
Tovo, Monte– [TO] 31 Bab
Tovo di Sant'Agata [SO] 7 Fd
Tovo Faraldi [IM] 63 Gc
Tovo San Giacomo [SV] 63 Hab
Tozzo, Colle del– 135 DEbc
Trabacche, Grotta delle– 159 Cc
Trabacche, Costa dei– 95 FGcd
Trabária, Bocca– 77 Cb
Trabia [PA] 147 Dbc
Trabia Miniere [CL] 157 Ec
Trabona, Monte– 153 Db
Trabuccato [SS] 163 Bb
Trabuccato, Punta– 163 BCb
Trabucco, Monte– 23 Cc
Trabuchello [BG] 21 Fc
Tracasci [LE] 123 FGc
Tracciora di Cervatto, Pizzo di– 19 Cc
Trácino [TP] 151 ins.a
Trácino, Punta– 151 ins.a
Tracòccia [ME] 141 Eb
Tradate [VA] 33 Ba
Tradori, Nuraghe– 169 Db
Traessa, la– [SS] 161 Cc
Traessu, Monte– 165 DEc
Traetta, Masseria– [BR] 119 Fc
Trafficanti [BG] 21 Fcd
Traffiume [VB] 19 Gb
Trafoi [BZ] 7 GHb
Trafoi, Cima di– / Trafoier Eiswand 7 Hbc
Trafoi, Val di– / Trafoiertal 7 Hb
Trafoier Eiswand / Trafoi, Cima di– 7 Hbc
Trafoiertal / Trafoi, Val di– 7 Hb
Traghetto [FE] 61 BCb
Tragliata [ROMA] 97 Db
Tragliatella [ROMA] 97 Da
Tragónia, Casera– [UD] 11 Gc
Trai [PR] 49 Bc
Traiana [AR] 75 EFb
Traiano, Casal– [LT] 105 DEb
Traiano, Lago– 97 Dc
Trainito, Cozzo– 157 CDc
Traino, Torrente– 59 Fc
Trainu Moltu [SS] 167 Eb
Tralia [NA] 113 EFcd
Tramacere, Masseria– [LE] 125 Db
Tramariglio [SS] 165 ABb
Tramatza [OR] 169 Dbc
Tramatzu, Porto– 169 Ec
Tramazzo, Torrente– 69 Db
Trambacche [PD] 37 Gc
Trambesère [AO] 29 Hlb

Trambileno [TN] 23 Gcd
Tramezzo, Masseria– [FG] 111 Ab
Tramin, Corno di– / Tagewaldhorn 3 Bc
Tramin an der Weinstrasse / Termeno sulla Strada del Vino [BZ] 9 Fcd
Tramontana [AL] 55 Fab
Tramontana, Cozzo– 157 Ccd
Tramontana, Punta– [LT] 105 ins.a
Tramontana, Punta– [SS] 163 Dc
Tramontana, Punta di– 149 Cc
Tramonte [PD] 37 Gc
Tramonti [SA] 113 Fc
Tramonti, Lago dei– 13 Bd
Tramonti di Mezzo [PN] 13 Bd
Tramonti di Sopra [PN] 13 Bcd
Tramonti di Sotto [PN] 13 Bd
Tramúschio [MO] 49 Fc
Tramutola [PZ] 127 Fc
Trana [TO] 43 Fb
Tranego, Monte– 11 EFc
Trani [BA] 111 Ec
Tranquillo, Monte– 99 Gc
Transácqua [TN] 25 CDab
Transácqua / Ennewasser [BZ] 9 Cb
Tranzi [CE] 107 Dc
Traona [SO] 21 Eb
Traora, Rocca– 145 Db
Trapani [TP] 149 CDb
Trapani–Birgi, Aeroporto Internazionale di– 149 Cc
Trappa [ROMA] 91 FGa
Trappeto [CT] 155 Fb
Trappeto [PA] 149 Gb
Trappeto Bambino [RC] 139 Dc
Trappeto del Principe [BA] 111 Gd
Tráppola [AR] 75 Eb
Tráppola, Casa– [GR] 81 Hd
Tráppola, la– [PR] 59 FGcd
Tráppola, Palude della– 81 GHde
Trárego Viggiona [VB] 19 FGb
Trarivi [RN] 71 Dc
Trasacco [AQ] 99 Fb
Trasághis [UD] 13 Dd
Trasanni [PU] 71 Dd
Trasasso [BO] 59 Hd
Tráschio [PC] 57 BCab
Trasimeno, Lago– 77 Bde
Traso [GE] 55 Hc
Trasquera [VB] 15 Dc
Trasserra [BO] 67 Eab
Trassílico [LU] 65 Fb
Trastulli [CH] 95 DEc
Trasúbbie, Torrente– 83 Bd
Tratalias [CA] 177 Dc
Trattasu, Monte– 171 Gc
Tratzalis 179 Da
Trausella [TO] 29 Ibc
Trauzzolo, Poggio– 83 Dc
Trava [UD] 13 Cc
Trava, Case– [FE] 61 Dab
Travacò Siccomário [PV] 47 ABab
Travagliato [BS] 35 Db
Travale [GR] 73 FGde
Travalle [FI] 67 Ec
Travazzano [PC] 47 Ec
Trave, Scoglio del– 79 Fb
Travedona Monate [VA] 19 FGd
Travenánzes, Rio– 11 Db
Travenánzes, Val– 11 Db
Traverde [MS] 57 Fc
Traversa [FI] 67 Fb
Traversa, Croda– / Lorenz-Spitze 1 Hb
Traversa, la– [NU] 171 EFa
Traversara [RA] 61 Ec
Traversella [TO] 29 Ibc
Traverses [TO] 43 Cbc
Traversétolo [PR] 59 Cb
Traversette, Col de la– 43 Dd
Traversole, Monte– 23 Ecd
Tráves [TO] 29 Gd
Travésio [PN] 27 Ca
Travetto, Serra– 145 Cc
Travettore [VI] 37 Ga

Travignolo, Torrente– 11 Bd
Travignolo, Valle– 11 ABd
Travo [PC] 47 Dc
Trazzonara, Monte– 121 Gb
Tre, Passo dei– 145 Cbc
Tre Abati, Monte– 47 Cd
Tre Archi [AP] 79 Gd
Treárie [CS] 135 Ec
Treárie [CT] 145 DEc
Treárie, Monte di– 145 DEc
Trebaséleghe [PD] 39 Cb
Trebbia, Fiume– 47 Db
Trebbiantico [PU] 71 Fc
Trébbio [AR] 77 Bb
Trébbio [BS] 35 Fa
Trébbio [FI] 67 Fc
Trébbio [FC] 69 DEb
Trébbio [MC] 79 Ed
Trébbio [MC] 85 Gb
Trébbio [PV] 45 Hc
Trébbio, Foce del– 67 Bc
Trebbo [BO] 59 Hb
Trebecco [PC] 47 Bc
Trebecco, Lago di– 47 Bc
Trebiano [SP] 65 Cb
Trebiciano [TS] 41 Hlbc
Trébina Longa, Punta– 169 Ed
Trebisacce [CS] 131 Gb
Trebucchi, Piano di– 113 Fc
Tre Cancelli [ROMA] 105 Cab
Trecarri, Masseria– [BA] 119 Bb
Trecasali [PR] 49 Ac
Trecase [NA] 113 Ec
Tre Case [SI] 83 Dcd
Trecastagni [CT] 155 Fb
Trecate [NO] 31 Gc
Trécchina [PZ] 127 Fd
Treccione [CO] 21 Cb
Trecella [MI] 33 Eb
Trecenta [RO] 51 Ab
Tre Cerri [GR] 89 Da
Tre Cime del Monte Bondone, Riserva Naturale– 23 Gbc
Tre Cime di Lavaredo / Drei Zinnen 11 Bb
Trecine 77 Cd
Tre Colli [PI] 65 FGd
Tre Confini 99 Fbc
Tre Confini, Foce dei– 57 DEc
Tre Confini, Monte– [FR] 99 Ec
Tre Confini, Monte– [It.] 107 Gb
Tre Confini sottani, Masseria– [MT] 129 Fa
Tre Croci [BO] 67 Db
Tre Croci [VT] 91 Cbc
Tre Croci [VV] 137 Bc
Tre Croci, Cappella– 57 Bb
Tre Croci, Monte– 149 Fc
Tre Croci, Monte delle– 87 Dd
Tre Croci, Passo– 11 Bb
Tre Denti – Freidour, Parco Montano dei– 43 Ec
Trédenus, Torrente– 23 Bb
Tredici Archi, Ponte– 109 Ca
Tredici Laghi [TO]– 43 Dc
Tredózio [FC] 69 Db
Treffen [A] 13 la
Trefinaidi, Monte– 145 Bc
Trefiumi [PR] 57 Gc
Trefontane [GE] 55 Hbc
Tre Fontane [TP] 151 Cb
Tre Fontane, Case– [EN] 155 Bab
Tre Fontane, Masseria– [AV] 109 Dc
Tre Fontane, Pizzo– 153 Cb
Tregasio [MI] 33 Dab
Treggiaia [PI] 73 DEb
Tregiovo [TN] 9 Ec
Treglia [CE] 107 Ec
Tréglio [CH] 95 Ec
Tregnago [VR] 37 CDb
Trégole [SI] 75 Eb
Tregozzano [AR] 75 Gb
Tréia, Torrente– 91 Ec
Tréia [MC] 79 Dcd

Tré–la Tête 17 Bd
Trelli [UD] 13 Dbc
Tre Luci, Ponte a– 137 Fa
Tremalzo, Monte– 23 Ecd
Tremalzo, Passo di– 23 DEcd
Trematerra, Monte– 139 Fb
Tremea [BL] 25 Eb
Tremeacque, Ponti di– 25 Hcd
Tremenesca, Cima– 9 Cc
Tremenico [LC] 21 CDb
Tremensuoli [LT] 107 ABc
Tremestieri [ME] 141 Dc
Tremestieri Etnéo [CT] 155 Fb
Tremezzo [CO] 21 Cc
Tremezzo, Monte di– 21 BCbc
Tremignon [PD] 37 Gb
Trémiti, Isole– 103 CDa
Tremoggia, Pizzo– 7 Cc
Tremole, Palù– 9 Ec
Trémoli [CS] 131 Cbc
Tre Mónaci, Cozzo– 153 Bb
Tremonti [AQ] 99 Da
Tremósine [BS] 23 Ed
Trempu, Punta– 175 Cb
Trenno [MI] 33 Cbc
Trens [BZ] 3 Bb
Trens, Giogo di– / Höllenkragen 3 BCb
Trenta [CS] 135 Db
Trenta, Cima– 9 Dc
Trentacoste, Riserva Naturale Biogenetica– 135 EFa
Trenta Miglia [VT] 91 Dc
Trentángeli, Masseria– [PZ] 115 GHab
Trentapassi, Corna– 21 Hd
Trentinara [SA] 127 Bb
Trento [RO] 51 Ac
Trento [TN] 23 Gb
Tréntola [BO] 61 BCc
Tréntola–Ducenta [CE] 113 CDab
Trenzanésio [MI] 33 DEbc
Trenzano [BS] 35 CDbc
Trepalade [VE] 39 Eb
Trepalle [SO] 7 EFb
Trepéllice [TO] 43 FGcd
Tre Perazzi, i– [FG] 109 Hc
Trepidó Soprano [KR] 133 CDc
Trepidó Sottano [KR] 133 Cd
Tre Piere [TV] 25 Gd
Tre Pietre, Monte– 25 Db
Tre Pietre, Punta– 151 ins.a
Tre Pigni, Masseria i– [LE] 125 DEbc
Tre Pizzi 77 Gd
Tre Ponti [PD] 51 Cab
Treponti [PD] 37 Gc
Treponti [PD] 51 Ea
Tre Ponti [RO] 51 Bb
Tre Ponti, Masseria– [CE] 107 BCcd
Tre Ponti Inferiore 99 Gc
Tre Ponti Superiore 99 Gc
Treporte, Grotta– 125 Ee
Tre Portelle 155 Cc
Treporti [VE] 39 Ec
Tre Potenze, Alpe– 67 Bb
Tréppio [PT] 67 Eb
Treppo Cárnico [UD] 13 Db
Treppo Grande [UD] 27 Da
Trepunti [CT] 155 FGa
Trepuzzi [LE] 123 Fc
Trequanda [SI] 75 EFd
Tre Re, Valle dei– 55 BCcd
Tre Re–Mezzana Corti [PV] 47 Ab
Tre Rii [PR] 57 GHb
Trerio [RA] 69 Ca
Tres [TN] 9 Ecd
Tres, Corno di– 9 EFd
Tresa, Fiume– 19 Gc
Tresa, Torrente– [PG] 83 Gb
Tresa, Torrente– [SI] 83 Eb
Tresana [MS] 57 Fd
Tresanti [FI] 73 Gb
Tresanti [SA] 127 Dc
Tresauro [RG] 159 Cc

Tresca, La– **9** Hcd
Tresca, Monte– **67** Db
Tre Scarperi, Cima– /
   Dreischusterspitze **3** Gcd
Treschè Conca [VI] **23** lcd
Treschietto [MS] **57** FGcd
Trescine [AV] **113** Fa
Trescore Balneario [BG] **35** BCa
Trescore Cremasco [CR] **33** Fc
Tresenda [SO] **21** Hab
Tresenda [SO] **7** Ebc
Tresenda, Torrente– **7** Ec
Tresenta, la– **29** Fb
Tresigallo [FE] **51** Dcd
Tre Signori, Corno dei– **7** GHc
Tre Signori, Picco dei– **3** Ga
Tre Signori, Picco dei– (I) =
   Dreiherrn-Spitze **3** Ga
Tre Signori, Pizzo dei– **21** Eb
Tresilico [RC] **141** Fb
Tresinaro, Torrente– **59** Dc
Tresino, Monte– **127** Abc
Tresino, Punta– **127** Abc
Tresívio [SO] **21** Gab
Tres Nuraghes **165** Fb
Tres Nuraghes **165** Fc
Tresnuràghes [OR] **169** CDa
Trespiano [FI] **67** Fcd
Tressano [RE] **59** Eb
Tressanti [FG] **111** Bb
Tressi [TO] **29** GHb
Tressi, Punta– **29** GHb
Treste, Fiume– **101** Ea
Tréstina [PG] **77** Cc
Tresto [PD] **51** Ba
Tret [TN] **9** Ec
Tre Termini, Passo– **35** Dab
Tre Titoli, Masseria– [FG] **109** Hc
Tre Titoli, Monte– **109** Hc
Trettu, Punta– **177** Cc
Trévane [AR] **75** Eb
Trevenzuolo [VR] **37** Bd
Tre Vescovi, Pizzo– **85** Hc
Tre Vescovi, Poggio– **69** Fd
Tre Véscovi, Poggio dei– **69** Fd
Tre Vescovi, Punta– **19** Bd
Trevi [PG] **85** Ec
Trevi [TR] **91** FGa
Trevi, Monte– **105** Eab
Tre Vie [BZ] **9** Gb
Treváglio [BG] **33** Fb
Trevignano [PR] **57** GHc
Trevignano [TV] **25** Ed
Trevignano [TV] **25** Ed
Trevignano Romano [ROMA] **91** Dcd
Treville [AL] **45** Db
Treville [TV] **39** Bb
Trevinano [VT] **83** Fcd
Trevine [PG] **77** BCc
Trevi nel Lazio [FR] **99** Db
Treviolo [BG] **33** Fab
Treviso [TV] **39** Dab
Treviso, Rifugio– **11** Cd
Treviso Bresciano [BS] **35** Fa
Treviso-Sant'Angelo, Aeroporto
   Internazionale di– **39** Db
Trevozzo [PC] **47** Cc
Trexenta **175** Cc
Trezzano Rosa [MI] **33** Eb
Trezzano sul Naviglio [MI] **33** Cc
Trezzolano [VR] **37** Cbc
Trezzone [CO] **21** CDab
Trezzo sull'Adda [MI] **33** EFb
Trezzo Tinella [CN] **55** Ba
Tri, Piz– **23** Bb
Triana [GR] **83** Dd
Triangia [SO] **21** FGab
Triangolo, Corno– **23** CDb
Triangolo di Riva **3** Fb
Triangolo di Riva (I) = Dreieck-
   Spitze **3** Fb
Triatel [AO] **17** Gcd
Tribano [PD] **51** CDa
Tríbbio [AN] **77** Cc
Tribiano [MI] **33** Ec

Tríbil Inferiore [UD] **27** Gb
Tríbil Superiore [UD] **27** Gb
Tribogna [GE] **57** Bc
Tribola [FC] **69** Hb
Tribolina [BG] **33** Ga
Tribuláun **1** Hlab
Tribuna, Monte la– **103** Fa
Tribussa Inferiore (I) = Donja
   Trebuša [SLO] **27** Hlb
Tricárico [MT] **117** Cd
Tricase [LE] **125** Fd
Tricase Porto [LE] **125** Fd
Tricella, Monte– **99** Gab
Tricerro [VC] **31** DEd
Tricésimo [UD] **27** Eab
Triches [BL] **25** EFb
Trichiana [BL] **25** Eb
Tricoli, Punta– **175** EFa
Triei [NU] **171** Fc
Trient [Svizz.] **17** Cb
Trieste [TS] **41** Hbc
Trieste, Golfo di– **41** FGbc
Trieste, Rione– [NA] **113** Eb
Trieste-Ronchi dei Legionari,
   Aeroporto Internazionale di– **41**
   Fab
Triflisco [CE] **107** Ed
Trifoglio, Masseria– [MT] **129** Eb *
Trifoglione, Masseria– [MT] **129** Db
Trigella, Torrente– **129** Cc
Trigento, Torrente– **115** Cc
Triggianello [BA] **119** CDb
Triggiano [BA] **111** Hd
Triginto [MI] **33** Dc
Triglia, Scoglio della– **81** Cd
Triglio [SA] **127** Dc
Trigna, Pizzo della– **147** Dc
Trignano [MO] **59** EFd
Trignano [TE] **93** FGa
Trignete [IS] **107** Ea
Trigno, Fiume– **101** Fab
Trígolo [CR] **33** Gcd
Trigona, Fiume– **155** Ed
Trigona, Torre– **159** DEc
Trigória Alta [ROMA] **97** Ec
Trígus, Serra– **173** Cc
Trimelone, Isola– **35** Ha
Trimezzo [RI] **93** Ca
Trincello, Monte– **131** Cc
Trinità [BO] **59** Gc
Trinità [CN] **53** Dc
Trinità [CN] **53** Ed
Trinità [CN] **53** Gbc
Trinità [RE] **59** Cb
Trinità [SA] **127** Eb
Trinità, Abbazia della– **113** FGc
Trinità, Báia– **163** Fb
Trinità, Convento della– **83** Gd
Trinità, La– [PC] **47** Fd
Trinità, Lago della– **151** Ca
Trinità, Monte– **109** Ec
Trinità d'Agúltu e Vignola [SS] **163**
   Fbc
Trinitápoli [FG] **111** Cb
Trinité, la– [Fr.] **63** Bd
Trinkstein / Fonte della Róccia [BZ]
   3 Fa
Trino [VC] **45** Ca
Triolet, Aiguille de– **17** Dc
Triolo, Torrente– **103** Cd
Triona, Monte– **151** Fa
Trionfo, Masseria– [FG] **111** Bb
Trionfo, Masseria il– [FG] **109** Hb
Trionto, Capo– **133** Da
Trionto, Fiume– **133** Da
Triora [IM] **63** Ebc
Tripalle [PI] **73** Db
Triparni [VV] **137** Ac
Tripi [ME] **145** Fa
Tripoda, Timpa della– **133** Ec
Triponzo [PG] **85** Ca
Trippaturi, Monte– **145** Bc
Trischiamps [UD] **13** Cc
Trisóbbio [AL] **55** Eab
Trisolla, Torrente– **83** Cc
Tríssino [VI] **37** Eb

Trisulti, Abbazia di– **99** Ec
Trisungo [AP] **87** Bd
Tritanti [RC] **139** Dc
Triúggio [MI] **33** Dab
Triulza [LO] **47** DEab
Triulzo [MI] **33** Dc
Trivella, Forcella– **99** Fb
Trivellano [MN] **49** Ebc
Trivena, Rifugio– **23** Db
Trivento [CB] **101** Eb
Trivero [BI] **31** CDab
Trivero [BI] **31** Cb
Triversa, Torrente– **45** Bc
Trivigliano [FR] **99** Dc
Trivignano [VE] **39** Db
Trivignano Udinese [UD] **27** EFc
Trivigno [PZ] **117** Bd
Trivigno [SO] **21** Hla
Trívio [LT] **107** Ac
Trívio [ME] **141** Db
Trívio [PG] **85** Fde
Trívio, il– [AN] **79** BCc
Trívio di Cancello [CE] **107** CDd
Trivolischi [CE] **107** Ec
Trivólzio [PV] **33** Cd
Trizzino [RC] **141** Ec
Trnovo [SLO] = Tarnova (I) **27** Hc
Trobaso [VB] **19** Fc
Trócchia [NA] **113** Eb
Tródena / Truden [BZ] **9** FGcd
Tródica [MC] **79** Fd
Trofarello [TO] **43** Hbc
Troghi [FI] **67** Gd
Trognano [PG] **93** Ca
Trognano [PV] **33** Dd
Tróia [FG] **109** Eb
Tróia, Punta– **149** Abc
Troianelli [BA] **111** Dcd
Troiano [TE] **93** Ga
Tróili [MT] **129** Fc
Troina [EN] **145** Cd
Troína, Fiume di– **145** Cc
Tromello [PV] **45** Ga
Trompia, Val– **35** Eab
Trona, Bocchetta di– **21** Eb
Trona, Lago di– **21** Eb
Trona di Sopra [RO] **51** Db
Trona di Sotto [RO] **51** Da
Tronco [PG] **103** ABc
Troncone, Torrente– **19** Cb
Trontano [VB] **19** DEb
Tronto, Fiume– **87** Ec
Tronu, Monte– **179** Da
Tronzano Lago Maggiore [VA] **19**
   Gb
Tronzano Vercellese [VC] **31** CDcd
Tropea [VV] **139** Ca
Tröpolach [A] **13** Eb
Troppola [PG] **77** Ec
Troscia [PG] **85** Cbc
Trossa, Torrente– **73** Fd
Trossieri [TO] **43** Dc
Trovasta [IM] **63** Fb
Troviggiano [MC] **79** Dc
Trovo [PV] **33** Cd
Trüber See / Torbo, Lago– **1** Hb
Trubinasca, Passo– **5** Hd
Truccazzano [MI] **33** Ec
Trucchi [CN] **53** Fc
Trucco [IM] **63** Dc
Trucco [TO] **29** Gc
Truc di Miola [TO] **43** FGa
Trudda [SS] **167** Fab
Truden / Tródena [BZ] **9** FGcd
Trudner Horn / Corno, Monte– **9**
   FGd
Trudner Horn, Naturpark– / Monte
   Corno, Parco Naturale– **9** Fd
Trulli di sotto [BA] **117** Db
Trullo, Masseria– [BR] **123** Eb
Trullo di Mezzo [BA] **117** Db
Trullo di sopra [BA] **117** Db
Trullo Magliana [ROMA] **97** Ebc
Trúmes, Punta di– / Trumser-Spitze
   1 Fcd

Trumser-Spitze / Trúmes, Punta di–
   1 Fcd
Truncu Reale [SS] **163** Cd
Trupejevo poldne **13** lb
Trutturis, Nuraghe– **175** Eb
Truzzo, Lago di– **5** Fc
Tsaat á l'etsena (La Gran Becca) **17**
   Fd
Tschars / Ciárdes [BZ] **9** Db
Tschaufennock / Salto, Giogo del– **9**
   Fb
Tschengls / Cengles [BZ] **9** Bb
Tschenglser Hochwand / Cengles,
   Croda di– **9** Bb
Tscherms / Cérmes [BZ] **9** Eb
Tschierv [Svizz.] **7** FGb
Tschirland / Cirlano [BZ] **9** Db
Tschneiner-Hütte / Duca di Pistoia,
   Rifugio– **9** Fc
Tschöfs / Céves [BZ] **3** Bb
Tschötsch / Scezze [BZ] **3** Cc
Tuális [UD] **13** Cb
Tuaredda, Isola– **177** Ed
Tubre / Taufers im Münstertal [BZ]
   7 Gab
Tucci [PT] **67** Dc
Tucconi, Cantoniera– [SS] **167** Db
Tudaio di Razzo, Monte– **11** Gc
Túdderi, Monte– **163** DEc
Túdia [PA] **153** Da
Tudurighe, Monte– **165** Da
Tuenno [TN] **9** DEcd
Tuenno, Palù di– **9** Ecd
Tufano [FR] **99** Dc
Tufara [AV] **113** Ga
Tufara [CB] **109** Cab
Tufara, la– [BR] **119** Ec
Tufarelli, Masseria– [PZ] **129** Dcd
Tufaro, Monte– **109** Dbc
Tufaroli, Masseria– [PZ] **117** Bb
Tufello [ROMA] **97** Fb
Tuffo [AT] **45** Bb
Tufillo [CH] **101** Eb
Tufino [NA] **113** Fb
Tufo [AP] **87** Bd
Tufo [AV] **115** Aa
Tufo [LT] **107** Bc
Tufo, Masseria– [LE] **125** Dd
Tufo Alto [AQ] **93** Ccd
Tufo Basso [AQ] **93** Ccd
Tufone, Monte– **69** Dcd
Túglia, Casera– [UD] **13** Bb
Túglie [LE] **125** Dc
Tuili [CA] **173** Fa
Tula [SS] **165** Fa
Tulinu, Nuraghe– **169** EFa
Tullen / Tullo, Monte– **11** Bab
Tulliano [AR] **75** Fc
Tullo, Monte– / Tullen **11** Bab
Tului, Monte– **171** Fb
Tumarrano, Valle– **153** Cb
Tumbarino, Punta– **163** Bb
Tumbarino, Punta– **163** Bb
Tumboi, Rio– **169** Cc
Tummino, Casa– [RG] **159** Cc
Tuna [PC] **47** Dbc
Tundu, Monte– **167** Fc
Túnes / Thuins [BZ] **1** lb
Tungoni [SS] **163** Fc
Tuoma, Torrente– **83** Db
Tuómez [UD] **27** FGab
Tuono, Serra– **127** Fd
Tuóri [AR] **75** Fc
Tuori, Masseria– [FG] **103** Ed
Tuorlo [SI] **75** Dcd
Tuoro [AV] **113** Ga
Tuoro [CE] **107** CDbc
Tuoro [CE] **107** Dc
Tuoro [CE] **107** Fd
Tuoro [CE] **107** Cc
Tuoro di Massella, Masseria– [FG]
   109 FGcd
Tuorofunaro [CE] **107** Dc
Tuoro sul Trasímeno [PG] **77** Bd
Tupei, Rio– **177** Cc

Turánia [RI] **93** BCcd
Turano [BS] **23** Dd
Turano [MS] **65** Db
Turano [VR] **37** Cc
Turano, Lago del– **93** Bc
Turano, Torrente– **93** Bc
Turano Lodigiano [LO] **33** Fd
Turate [CO] **33** BCab
Turbigo [MI] **31** Gb
Turbigo, Ponte di– **31** Gb
Turbolo, Torrente– **131** DEd
Turbone [FI] **67** DEd
Turchetto [LU] **67** Bcd
Turchi, Casino dei– [LE] **125** Fb
Turchia, la– [RA] **61** Db
Turchia, La– [RN] **71** CDb
Turchina, Casa della– [VT] **89** GHc
Turchino, Passo del– **55** Fbc
Túrcio, Monte– [AQ] **99** Gb
Túrchio, Monte– [Sic.] **155** Ea
Túrcio [VI] **25** Bc
Turco, Monte– **89** Hcd
Túres / Taufers [BZ] **3** Eb
Túres, Val di– / Tauferer Tal **3** Eb
Turi [BA] **119** BCb
Turiggia, Punta– **19** Cb
Turlo, Massa del– **19** Dc
Turlon, Monte– **11** FGcd
Turnerkamp = Campo, Cima di– (I)
   3 Dab
Turpino [AL] **55** Db
Turrali, Rio– **167** Gd
Turri [CA] **173** Fa
Turri [PD] **37** Gd
Turri, Cúccuru– **175** Dc
Turri, Monte– **175** Dc
Turriaco [GO] **41** Fb
Turrida [UD] **27** Cb
Turrina, Cantoniera– [SS] **167** Cc
Turrina, Torrente– **137** Bb
Turripiano [SO] **7** FGbc
Turrita [PG] **85** Dc
Turritano **165** Da
Turrite Cava, Torrente– **65** Fb
Túrrite di Garfagnana, Torrente– **65**
   Fb
Túrrite Secca, Torrente– **65** Fb
Turritta, Monte sa– **171** Ca
Turritta, Punta sa– **167** Fa
Turrivalignani [PE] **95** Cc
Turro [PC] **47** Ec
Tursi [MT] **129** Ec
Turuddò, Monte– **167** Fd
Turusele **171** Fbc
Turvoli, Fiume– **153** Bb
Tusa [ME] **147** Hbc
Tusa, Torrente di– **145** Ac
Tuscánia [VT] **89** Hb
Tusciano, Fiume– **115** Cc
Tusculum **97** Gc
Tussillo [AQ] **93** EFc
Tússio [AQ] **93** Fc
Tussui [BL] **25** Db
Tutino [LE] **125** EFd
Tuttavista, Monte– **171** Fa
Tuttobene, Masseria– [EN] **155** Bb
Tutto il Mondo, Poggio– **89** Ea
Tuttusoni, Nuraghe– **161** Cc
Tuturano [BR] **123** Eb
Tuturano, Stazione di– **123** Eb
Tutusino, Cozzo– **153** DEab
Tuvonari, Monte– **169** Db
Tuvu de Giorzi, Ponte– **165** Cb
Tuzzi di Monte Piano **127** CDc
Tzatelet, Riserva Naturale– **17** EFd

U

Uana, Nuraghe– **169** Fa
Uatzu, Rio– **171** Cd
Ubaga [IM] **63** FGb
Ubaghetta [IM] **63** FGb
Ubiale [BG] **21** Ed

Ubiale Clanezzo [BG] **21** Ed
Uboldo [VA] **33** BCb
Ubriacone, Timpa– **129** Ccd
Uccea [UD] **13** Fd
Uccea, Rio– (I) = Učeja **13** Fd
Uccellastra, Coppa l'– **103** Fc
Uccelliera, l'– **65** FGb
Uccellina, Monti dell'– **89** Ca
Uccellina, Torre dell'– **89** Ca
Uccello, Pizzo d'– **65** DEb
Učeja = Uccea, Rio– (I) **13** Fd
Ucerano [AR] **75** DEc
Úcia, Monte– **35** EFb
Úcina, Pizzo di– **145** Db
Ucria [ME] **145** Eb
Uda, Monte– **175** Ccd
Uddè, Monte– **171** Cd
Udine [UD] **27** Eb
Uditore [PA] **147** Bb
Udulia, Cantoniera– [SS] **165** Fa
Uffente, Fiume– **105** Eb
Uffogliano [PU] **69** GHc
Úfita, Fiume– **109** Ccd
Ugento [LE] **125** DEd
Ugento-Taurisano, Stazione di–
   125 DEd
Uggiano, Castello di– **129** Eab
Uggiano la Chiesa [LE] **125** Fc
Uggiano Montefusco [TA] **123** Eb
Uggiate-Trévano [CO] **19** Hcd
Úggio, Masseria– [BR] **123** Eb
Ugliano [MC] **79** Cd
Ugnano [FI] **67** Cd
Ugovizza [UD] **13** Fbc
Ugovizza, Valle di– **13** Fb
Ugozzolo [PR] **49** ABcd
Ugrigno [PU] **69** Gc
Ulássai [NU] **175** EFab
Ulássai, Rio di– **175** Eb
Ulà Tirso [OR] **169** Fb
Úlfas / Ulfaß [BZ] **1** GHc
Ulfaß / Úlfas [BZ] **1** GHc
Ulia, Monte– **167** Cb
Ulia, Nuraghe s'– **165** Dc
Ulignano [PI] **73** Fc
Ulignano [SI] **73** Gbc
Uliveto Terme [PI] **65** FGd
Ulmeta, Cantoniera dell'– [PZ] **117**
   Cab
Ultana, Monte– **163** EFcd
Ultana, Monti– **167** Da
Ulten / Ultimo [BZ] **9** Db
Ultental / Ultimo, Val d'– **9** Db
Ultia, Punta– **167** FGb
Ultimo / Ulten [BZ] **9** Db
Ultimo, Val d'– / Ultental **9** Db
Ultrino, Monte– **109** Fcd
Umag [CRO] = Umago (I) **41** FGd
Umago (I) = Umag [CRO] **41** FGd
Umana, Casa– [CT] **159** Ca
Umbértide [PG] **77** CDd
Umberto Primo, Masseria– [TA]
   121 FGd
Umbra, Foresta– **103** FGbc
Umbriana, Monte– **65** Gb
Umbriático [KR] **133** Eb
Umes / Ums [BZ] **9** GHbc
Umin [BL] **25** Db
Umito [AP] **87** Cd
Ummari [TP] **149** Cc
Ums / Umes [BZ] **9** GHbc
Únchio [VB] **19** Fc
Uncinano [PG] **85** DEd
Undici, Cima– / Elferkofel **11** Fc
Undici, Cima– / Elfer-Spitze **1**
   Cc
Unerzio, Vallone– **53** BCc
Unghiasse, Monte– **29** Fc
Ungiasca [VB] **19** EFc
Ungroni, s'– [OR] **169** Dd
Uniti, Fiumi– **61** Fc
Unnichedda, Punta– **167** Gc
Únnoro, Monte– **171** Ec
Unsere Liebe Frau im Walde /
   Senale [BZ] **9** Ebc

Unsere Liebe Frau im Walde–Sankt Felix / Senale–San Felice [BZ] 9 Eb
Unser Frau in Schnals / Madonna [BZ] 1 Fc
Unterbäch [Svizz.] 15 Ac
Unterinn / Auna di Sotto [BZ] 9 Gbc
Untermoi / Antermóia [BZ] 3 DEc
Unter–Planitzing / Pianizza di Sotto [BZ] 9 Fc
Unterplanken / Planca di Sotto [BZ] 3 Gc
Unterrain / Riva di Sotto [BZ] 9 Fbc
Unter Vierschach / Versciaco di Sotto [BZ] 3 Gc
Unter Wielenbach / Villa di Sotto [BZ] 3 EFc
Untruxu, Monte– 179 DEb
Untulzu, Punta de s'– 167 Db
Uomo 11 Bc
Uomo, Capo d'– 89 Cb
Uomo, Cima– 9 Dd
Uomo di Sasso, Poggio– 69 Cd
Uópini [SI] 75 Cc
Upachi [AR] 75 Gbc
Upega [CN] 63 Eb
Uppiano [PG] 77 Cc
Urachi, Nuraghe s'– 169 Db
Urago [BS] 35 Eb
Urago d'Óglio [BS] 35 Cb
Urano, Monte– 99 Ga
Uras [OR] 173 Ea
Uras, Casa– [CA] 173 Eb
Uras, Nuraghe– 169 Fab
Urbana [PD] 51 Aa
Urbani [VI] 37 Db
Urbánia [PU] 71 CDde
Urbe [SV] 55 Ebc
Urbiano [RA] 69 Ea
Urbignacco [UD] 13 Dd
Urbino [PU] 71 Dd
Urbino, Monte– 77 DEd
Urbiságlia [MC] 79 Ed
Urbiságlia, Stazione di– 79 Ed
Urbs Salvia 79 Ed
Urda, Monte– 141 EFcd
Urgnano [BG] 33 Gb
Uri [SS] 165 Cb
Uri, Flúmini– 175 EFd
Úria [CZ] 137 Eb
Uriezzo, Orridi di– 15 DEc
Urígus, is– [CA] 177 Cc
Urio Quattrocchi, Lago– 145 Bc
Ursini [RC] 139 Fc
Ursinis [UD] 27 Da
Ursitto, Monte– 157 Gc
Urso, Casa– [AG] 157 Dcd
Urtigu, Monte– 169 Db
Ururi [CB] 101 GHbc
Urvinum Hortense 85 CDbc
Urzano [PR] 59 Bb
Urzulei [NU] 171 EFc
Usago [PN] 27 Ca
Usánis, Nuraghe– 167 Dc
Uscerno [AP] 87 Cc
Uscio [GE] 57 ABc
Usciolo, Punta dell'– 19 Dc
Usella [PO] 67 Ebc
Uselle [PG] 77 Ec
Uséllus [OR] 169 EFd
Userna [PZ] 77 Cbc
Usi [GR] 83 Cd
Usigliano [PI] 73 Db
Usigliano [PI] 73 Eb
Usigni [PG] 85 Fd
Usini [SS] 165 Dab
Usito, Fiume– 137 Db
Usmate [MI] 33 Eab
Usmate Velate [MI] 33 Eb
Uso, Fiume– 71 Cb
Uso, Ponte dell'– 69 Gc
Ussana 179 Ca
Ussaramanna [CA] 173 Fa
Ussássai [NU] 175 Eb
Ussássai, Stazione di– 175 Eab
Usseaux [TO] 43 Db

Usséglio [TO] 29 Fd
Ussel, Castello d'– 17 Gd
Ussin [AO] 17 Gc
Ussita [MC] 85 Gc
Ussolo [CN] 53 Cbc
Ústica [PA] 147 ins.a
Ústica, Isola di– 147 ins.a
Usurana [SP] 57 EFd
Uta [CA] 177 Fb
Uta, Fermata di– 177 Fb
Utelle [Fr.] 63 Bc
Útero, Monte– 85 GHd
Uttenheim / Villa Ottone [BZ] 3 Ec
Uzzano [FI] 75 Cb
Uzzano [PT] 67 Cc

V

Vacale, Torrente– 139 Dc
Vacalizza, Monte– 11 Fd
Vacca, Isola la– 177 Cd
Vacca, Lago della– 23 Cc
Vaccaggi [SS] 163 Fb
Vaccara [PZ] 117 Fd
Vaccareccia [MS] 57 FGd
Vaccareccia [RI] 93 Bc
Vaccareccia, La– [FR] 99 Gd
Vaccaregio, Monte– 21 Fc
Vaccarezza [PC] 47 Cd
Vaccari, I– [PC] 47 Ebc
Vaccari della Contessa [BA] 119 CDc
Vaccarile [AN] 79 Cb
Vaccarino [PD] 37 GHbc
Vaccarizza [PV] 47 Bab
Vaccarizzo [CS] 135 Ca
Vaccarizzo [CT] 155 Fc
Vaccarizzo Albanese [CS] 131 Fd
Vaccaro, Timpone del– 131 Dbc
Vaccarolo [BS] 35 Gc
Vaccarone, Rifugio– 43 Cab
Vaccarra, Monte– 145 ABd
Vaccera, Rifugio– 43 Ec
Vacchelli, Canale– 35 BCcd
Vaccherecce, Poggio– 83 Bc
Vaccheria [CE] 107 Ed
Vacchetta, Casa– [VI] 37 Eab
Vacci [TO] 43 Fd
Váccia, Monte– 53 Ccd
Vacciago [NO] 19 Ed
Vaccileddi [SS] 167 Fa
Vaccolino [FE] 51 EFd
Váccos, Cantoniera sos– [SS] 167 DEc
Vaccuta, la– 127 Dd
Vacheres [AO] 29 Iab
Vacidduzzo, Masseria– [BA] 119 Bb
Vacíglio [MO] 59 Fb
Vacil [TV] 39 Da
Vacile [PN] 27 Cb
Vacone [RI] 91 Fb
Vacri [CH] 91 Hc
Vada [LI] 73 Cc
Vadá, Monte– 19 Cd
Vada, Secche di– 73 Cd
Vadarengo [AL] 45 BCb
Vaddelonna, Serra– 131 Ca
Vaddi del Fico, Pizzo– 147 Bb
Vadena / Pfatten [BZ] 9 Fc
Vadiglione, Monte– 69 Cc
Vado [AN] 79 Bbc
Vado [BO] 59 Hd
Vado [LU] 65 Ec
Vado [VE] 27 Cd
Vado, Capo di– 55 Dd
Vado Lígure [SV] 55 Dd
Vado Lúcoli [AQ] 93 DEc
Vadopiano, Casa– [GR] 83 Ab
Vadossi [SI] 83 Cb
Vaestano [PR] 57 Hc
Vagabunden Hütte / Berg, Rifugio– 11 Bc
Vagandizza, Abbazia di– 51 Ab
Vaggimal [VR] 37 Bb

Vággio [FI] 75 DEb
Vagli [TR] 85 Cd
Vagli, Lago di– 65 Eb
Váglia [PR] 67 Fc
Váglia, Monte– 105 Hb
Vagliagli [SI] 75 CDc
Vagliagli, Oasi– 75 Dc
Vagliano [FI] 67 Gbc
Váglie [AR] 77 Bcd
Váglie [CE] 107 Cb
Váglie [RE] 59 Bcd
Vaglierano [AT] 45 Bc
Váglio [MO] 59 Ed
Váglio Basilicata [PZ] 117 Bcd
Váglio Basilicata, Stazione di– 117 Bcd
Váglio Serra [AT] 45 CDd
Vagli Sopra [LU] 65 Eb
Vagli Sotto [LU] 65 Eb
Vagliumina [BI] 31 Bb
Vagna [VB] 19 Db
Vago [VR] 37 Cc
Vago, Monte– 7 Ac
Vahrn / Varna [BZ] 3 Cc
Vaia, Torrente– 23 Cc
Vaiale [BS] 23 Cd
Vaiana, Monte– 127 Fc
Vaiano [LO] 33 Ec
Vaiano [PG] 83 Fb
Vaiano [PO] 67 Ec
Vaiano [VT] 91 CDa
Vaiano Cremasco [CR] 33 Fc
Váie [TO] 43 Eb
Vailate [CR] 33 Fc
Vaiolet, Rifugio– 11 Ac
Vaiont, Lago del– 11 Fd
Vairano [PV] 33 Dd
Vairano, Lago del– 107 Db
Vairano, Monte– 107 Ga
Vairano Patenora [CE] 107 Db
Vairano Scalo [CE] 107 Dbc
Váiro [PR] 57 Hc
Vajont [PN] 27 Bb
Valagnesi [AR] 69 Dd
Valaisan, Monte– 29 Dab
Valanidi, Fiumara di– 141 Ec
Valas / Flaas [BZ] 9 Fb
Valazzo [FG] 103 Fcd
Valbella, Cima– / Valvel–Spitze 1 DEc
Valbella Inferiore [VC] 19 Dc
Val Benair, Punta di– / Falbanairspitze 1 Dc
Valbiano [PV] 33 Fc
Valbione [BS] 7 GHd
Valbiore [SO] 21 EFa
Valbona [PD] 37 Fd
Valbona [PR] 57 Fbc
Valbona [SO] 21 Gab
Valbona [TN] 11 ABc
Valbona, Cima di– 23 Db
Valbona, Passo– 11 Fd
Valbondione [BG] 21 GHb
Valbrembo [BG] 33 Fa
Valbrevenna [GE] 55 Hb
Valbrona [CO] 21 Cc
Valbruna [UD] 13 FGc
Valbruna [UD] 13 Fbc
Valbrutta [SO] 7 Dd
Valbuóna [PU] 77 Cb
Valcadara [MC] 85 Fb
Valcaira, Rifugio– 63 EFab
Valcalda, Bric– 55 Fb
Valcalda, Monte– 13 Ccd
Valcalda, Sella– 13 Cb
Valcaldara [PG] 85 Gd
Valcanale [BG] 21 Gc
Valcarecce [MC] 79 CDc
Valcasotto [CN] 53 Hd
Valcava [LC] 21 DEd
Valcava [TN] 23 Ha
Valcavera, Colle– 53 Cc
Valcérere [VE] 51 Fb
Valceresio 19 Hc

Valcesura [FE] 51 Dd
Valchiusella [TO] 29 Ib
Valchiusella [TO] 29 Ib
Valcieca [PR] 57 GHc
Valcigolera, Malga– 11 Bd
Valcimarra [MC] 85 GHb
Valconasso [PC] 47 Ec
Valcorrente, Stazione– 155 Eb
Valda [TN] 23 Ha
Valdagno [VI] 37 Dab
Valdaier, Castello di– 13 Db
Valdamonte [PV] 47 Bbc
Valdáora / Olang [BZ] 3 Fc
Valdáora di Mezzo / Mitterolang [BZ] 3 Fc
Valdáora di Sopra / Oberolang [BZ] 3 Fc
Valdáora di Sotto / Niederolang [BZ] 3 EFc
Valdarena [PG] 85 Ede
Valdarmella [CN] 63 Fab
Val d'Asso [SI] 75 Ed
Valdástico [VI] 23 Ic
Valdeblore [Fr.] 63 Bb
Val dei Frati, Lago– 21 FGb
Val della Meda [FI] 69 Cb
Val della Torre [TO] 43 Fab
Valdena [PR] 57 Ec
Valdengo [BI] 31 Cb
Valdenogher [BL] 25 Gb
Valdérice [TP] 149 Db
Valdeserta, Cima di– 15 Cb
Valdibrana [PT] 67 Dc
Valdicastello Carducci [LU] 65 Ec
Valdichiesa [AT] 45 Ac
Valdichiesa [ME] 143 DEb
Val di Chiesa [ME] 143 Cb
Valdidentro [SO] 7 Ec
Valdiea [MC] 85 Gbc
Valdieri [CN] 53 Ed
Val di Fibbia, Monte– 85 Gbc
Val di Fumo, Rifugio– 23 Db
Val di Lei, Lago di– 5 Gc
Val di Mela [SS] 161 Db
Val di Mezzo / Mitterthal [BZ] 1 Ib
Val di Mezzo, Monte– / Fallmetzer 3 CDb
Valdimolino [VI] 37 Eb
Valdimonte [PG] 77 Cb
Valdina [ME] 141 Cb
Valdinferno [CN] 63 Fa
Valdinferno [CN] 63 Fa
Val di Nizza [PV] 47 ABc
Valdinoce [FC] 69 Fb
Valdiperga [PI] 73 CDc
Valdipino [SP] 65 Bab
Valdiporro [VR] 37 Cb
Val di Rosa [PG] 77 BCd
Val di Rua [VR] 49 Gab
Val d'Isère [Fr.] 29 Dc
Val di Sogno 23 Ed
Valdisotto [SO] 7 FGb
Valditacca [PR] 57 Gc
Val di Villa [CN] 45 Cd
Val di Vizze / Pfitsch [BZ] 3 BCb
Valdo [VB] 15 Eb
Valdóbbia [AO] 19 ABd
Valdóbbio, Colle– 19 Bd
Valdobbiádene [TV] 25 DEc
Val Dolce, Sella di– 13 DEb
Val Dolce, Sella di– (I) = Rattendorfer Sattel 13 DEb
Valdolmo [AN] 77 Fc
Valdomino [VA] 19 Gbc
Valdórbia [PG] 77 Fc
Valdottavo [LU] 65 Fc
Valdragone [RSM] 71 Cc
Valdritta, Cima– 37 ABa
Valduga [TN] 23 Gc
Valdúggia [VC] 19 DEd
Valdurna / Durnholz [BZ] 3 Bc
Valdurna, Lago– / Durnholzer See 3 Bc
Valéggio [PV] 45 Gab
Valéggio sul Mincio [VR] 35 Hc
Valentano [VT] 89 Ga

Valente [BA] 111 Fd
Valente, Casa– [FG] 103 EFb
Valente, Masseria– [FG] 103 Fcd
Valentina, Casa– [GR] 89 Ca
Valentina, Masseria– [FG] 109 Gb
Valentino [TO] 45 Bab
Valenza [AL] 45 Eb
Valenzani [AT] 45 Cc
Valenzano [AR] 75 Gb
Valenzano [AR] 69 Gd
Valenzano [BA] 119 Ba
Valera [MI] 33 Cb
Valera Fratta [LO] 33 DEd
Valeria, Via– 99 Ca
Valeriano [PN] 27 Cab
Valeriano [SP] 65 BCb
Valestra [RE] 59 Cc
Valfábbrica [PG] 77 Ede
Valfenera [AT] 45 Ac
Valfloriana [TN] 9 FGd
Valfredda, Punta– 43 Bab
Valfredda, Sasso di– 11 BCc
Valfurva [SO] 7 Gc
Valfurva [SO] 7 Gc
Val Gallina, Lago di– 25 FGa
Valganna [VA] 19 GHc
Valganna [VA] 19 Gc
Valgardabach / Valgarola, Rio– 7 Gb
Valgarola, Rio– / Valgardabach 7 Gb
Valgiano [LU] 65 Gc
Valgióie [TO] 43 EFb
Valgiovo / Jaufental 1 Ib
Valgóglio [BG] 21 Gc
Valgrana [CN] 53 Ec
Valgrande 19 Cd
Valgrande, Bagni di– [BL] 11 Fb
Val Grande, Parco Nazionale della– 19 Eb
Valgrande, Punta– 15 Cc
Valgrande, Rio di– 19 Eb
Valgreghentino [LC] 21 Dd
Valgreit [BZ] 11 Cb
Valgrisenche [AO] 29 Eb
Valguarnera [PA] 149 Gb
Valguarnera Caropepe [EN] 153 Gbc
Valiano [SI] 83 Fab
Val in Pozzo, Casone– [VE] 39 Dd
Vallà [TV] 39 Ba
Valla, Bric– 55 CDb
Valla, Torrente– 55 Dc
Vallácccia 11 Bc
Vallaccia, Rifugio– 11 Bc
Vallada Agordina [BL] 11 Cc
Vallaga, Rio– / Flagger–Bach 3 Cc
Vall'Alta [BG] 21 FGd
Vallalta [BL] 11 Cc
Vallalta [MO] 49 EFc
Vall'Alta, Cala– 161 Cbc
Vallancon [PD] 51 Ba
Vallandro, Picco di– / Dürrenstein 3 FGcd
Vallanzengo [BI] 31 CDb
Vallare [AL] 45 DEb
Vallarga / Weitental [BZ] 3 Db
Vallarsa [TN] 23 Gd
Vallascia [SO] 7 Dd
Vallassina 21 Cc
Vallata [AV] 115 Da
Vallata [MC] 87 Bb
Vallata, Masseria– [BA] 117 Gc
Vallato [MC] 87 Bb
Vallatrone, Monte– 113 Gb
Vallazza [MC] 85 Gc
Vallazza, Monte– 25 Cb
Valle [AV] 113 Fa
Valle [AV] 113 Gb
Valle [BL] 11 Gb
Valle [BO] 59 Hd
Valle [BS] 35 Db
Valle [BS] 23 Cb
Valle [CN] 55 Ab
Valle [CN] 55 Cb
Valle [CN] 55 Cc

Valle [FI] 67 Gcd
Valle [FI] 67 Dd
Valle [IS] 107 Da
Valle [LU] 65 FGd
Valle [MS] 57 EFc
Valle [MS] 57 FGc
Valle [PC] 47 Ecd
Valle [PN] 27 Ac
Valle [PV] 45 Gc
Valle [SA] 127 Bc
Valle [SA] 115 BCcd
Valle [SO] 21 Fab
Valle [SO] 21 EFb
Valle [SO] 21 Eb
Valle [SV] 55 Bcd
Valle [TN] 9 FGd
Valle [UD] 27 Eab
Valle [UD] 27 Fab
Valle [UD] 13 Dc
Valle [VI] 23 Hc
Valle [VI] 37 Ec
Valle, Badía della– 69 CDb
Valle, Bocca di– 81 Eb
Valle, Fosso di– 99 BCbc
Valle, Fosso la– 81 Gd
Valle, la– [PC] 47 Cd
Valle, la– / Tal [BZ] 9 Cb
Valle, La– / Wengen [BZ] 11 Cab
Valle, Ponti della– 113 Ea
Valle, Punta di– / Wollbach–Spitz 3 Ea
Valle, Torrente della– 69 Db
Valle Agordina, la– [BL] 11 Dd
Valle Agrícola [CE] 107 Eb
Valleandona [AT] 45 Bc
Valleandona e Val Botto, Riserva Naturale della– 45 Bc
Valle Aurina / Ahrntal [BZ] 3 Eab
Valle Avellana [PU] 71 CDcd
Valle Averto, Oasi– 39 Cc
Valle Baroni [PE] 95 Bc
Valle Benedetta [LI] 73 Cb
Vallebona [IM] 63 DEcd
Vallebona [VT] 91 Da
Vallebuono [RI] 93 Bd
Vallecalda [AR] 75 Hb
Valle Canal Novo, Riserva Naturale della– 71 Gd
Valle Canzano [TE] 87 Ede
Valle Castellana [TE] 87 Cd
Valle Castellone [VT] 91 Cb
Valle Cavanata, Riserva Naturale della– 41 Fb
Vallécchia [LU] 65 Ebc
Vallécchio [FI] 73 FGb
Vallécchio [PG] 77 Dc
Vallécchio [RN] 71 CDc
Valleceppi, Ponte– [PG] 85 Cb
Valle Cerrina [AL] 45 Cb
Vallecetta, Monte– 7 Gc
Valle Cornuta di Mezzo [PZ] 117 Ba
Vallecorsa [FR] 105 Gb
Vallecrósia [IM] 63 Dd
Vallecrósia Alta [IM] 63 DEd
Vallecupa [AQ] 93 Fc
Vallecupa [CH] 101 CDa
Vallecupa [IS] 107 CDb
Vallecupola [RI] 93 BCc
Valle Dame [AR] 77 Bcd
Valle dei Ronchi [VI] 25 Bc
Valle dei Templi 157 Bc
Valle del Fiume Argentino, Riserva Naturale– 131 Cc
Valle del Fiume Lao, Riserva Naturale Orientata– 131 Cb
Valle del Foro, Riserva Naturale– 95 Cc
Valle del Freddo, Riserva Naturale– 21 Hd
Valle del Lambro, Parco Naturale della– 33 Dab
Valle dell'Ánapo, Area di Interesse Naturalistico– 159 Fb
Valle dell'Ángelo [SA] 127 Dc
Valle dell'Erica [SS] 161 Db

Valle dell'Orfento, Riserva Naturale– 95 Ccd
Valle dell'Orso 113 Ec
Valle dell'Orte, Riserva Naturale della– 95 Bc
Valle del Mezzano, Bonifica– 61 DEa
Valle del Ticino, Parco Naturale della– 45 GHa
Valle del Treja, Parco– 91 Ec
Valle di Bondo, Riserva Naturale– 23 Ed
Valle di Cadore [BL] 11 EFc
Valle di Cadore, Lago di– 11 Ec
Valle di Casíes / Gsíes [BZ] 3 Gc
Valle di Maddaloni [CE] 107 Fd
Valle di Millecampi 39 CDd
Valle di Nizza [AT] 45 Cd
Valle di Sopra [CN] 53 Ga
Valle di sopra / Oberthal [BZ] 1 Hlbc
Valle di Teva [PU] 71 CDcd
Valle di Vícari, Cantoniera– [PA] 147 Cd
Valle d'Ocre [AQ] 93 Ec
Valledolmo [PA] 153 CDa
Valledolmo, Stazione di– 153 Ca
Valledória [SS] 163 EFc
Valle Dorizzo [BS] 23 Cc
Valle e Castello [MC] 85 Gb
Valle Fame, Casa– [SR] 159 Eb
Vallefiorita [CZ] 137 Cc
Vallefondi, Cozzo– 147 Ed
Vallefredda [FR] 99 Fcd
Valle Gallare, Bonifica– 51 Ed
Valléggia [SV] 55 Dd
Vallegioliti [AL] 45 Bab
Vallegrande [FR] 99 GHd
Valle Imperina, Riserva Naturale– 11 Dd
Valle Isola, Bonifica– 51 EFd
Valle la Spina, Punta– 143 Db
Valle Lomellina [PV] 45 EFab
Vallelonga [VV] 139 Eb
Valleluce [FR] 99 Hd
Vallelunga [CE] 107 DEab
Vallelunga, Autódromo di– 91 Ecd
Vallelunga, Cima– 87 Bc
Vallelunga Pratameno [CL] 153 CDa
Valle Maggiore [GR] 83 Ad
Vallemáio [FR] 107 Bb
Vallemara [GE] 55 Hb
Vallemare [PE] 95 Cb
Vallemare [RI] 93 Cab
Vallemontagna [AN] 77 Gc
Vallemontana [UD] 13 Ed
Vallemora [AQ] 99 FGb
Vallene [VR] 37 Bab
Vallenoncello [PN] 27 Ac
Vallenza, Masseria– [TA] 121 EFb
Vallenzona [GE] 55 Hb
Valle Orsara [AP] 87 Bcd
Vallepiccola, Casa– [CS] 133 Cc
Vallepietra [ROMA] 99 Db
Vallera [PC] 47 Db
Vallerana [PD] 51 ABab
Valleranello [ROMA] 97 Ec
Vallerano [PR] 57 GHb
Vallerano [SI] 83 Bb
Vallerano [VT] 91 Db
Valleremita [AN] 77 Gd
Vallerenzo [PC] 47 Cc
Vallermosa [CA] 173 Ec
Vallerona [GR] 83 Cd
Vallerotonda [FR] 99 Hd
Válles / Vals [BZ] 3 Cbc
Valles, Passo di– 11 Bcd
Válles, Val di– / Valser Tal 3 Cbc
Vallesaccarda [AV] 109 Ed
Valle Salimbene [PV] 47 Bab
Vallesana [VR] 35 Hbc
Valle San Bartolomeo [AL] 45 Ec
Valle San Felice [TN] 23 Fc
Valle San Floriano [VI] 25 BCd

Valle San Giorgio [PD] 37 FGd
Valle San Giovanni [AT] 45 CDd
Valle San Giovanni [TE] 93 Fa
Valle San Martino [MC] 85 FGab
Valle San Martino [MN] 49 Ec
Valle San Martino [PG] 91 Ga
Valle San Nicolao [BI] 31 Cb
Valle San Silvestro / Wahlen [BZ] 3 Gc
Vallesanta, Rifugio Faunístico di– 61 Db
Valle Sáuglio [TO] 43 Hbc
Valle Scodella, Masseria– [FG] 109 Gc
Vallescura [GE] 57 Bb
Valle Scura, Cima di– 47 Bd
Valle Scura, Riserva Naturale– 25 DEb
Valle Scuropasso [PV] 47 Bb
Vallese [VR] 37 Ccd
Vallesella [BL] 11 Ec
Vallesella [BL] 11 Fb
Valle Senzana [AP] 87 Dc
Vallesina [BL] 11 Eb
Vallesinella, Rifugio– 9 CDd
Vallestretta [MC] 85 Gc
Vallestura [AL] 45 BCb
Valle Trebbia, Bonifica– 51 Ed
Valletta, la– [BO] 61 Bb
Valletta, Punta– 29 Fb
Valletta, Punta della– 29 FGab
Valletta, Vallone della– 53 Dd
Valletti [SP] 57 Dc
Valleve [BG] 21 Fb
Valle Vegenana [MC] 79 Cde
Valleversa [AT] 45 Cbc
Valle Volta, Bonifica– 51 Ecd
Vallevona, Masseria– [FG] 101 Hcd
Valli [AP] 87 Dcd
Valli [MN] 49 Bab
Valli [SI] 75 Dd
Vallì, le– [CR] 33 Gcd
Vallì, le– [FI] 67 FGb
Vallíbbia [MC] 77 Gd
Vallícchio [MC] 85 Gb
Vallicciola [SS] 167 Ca
Vallicella [RO] 51 Ac
Valli Comuni, le– 49 FGc
Vallico Sopra [LU] 65 Fb
Vallico Sotto [LU] 65 Fbc
Valli del Mincio, Riserva Naturale– 49 CDa
Valli del Pasúbio [VI] 23 Hd
Valli di Sant'Antonio, Riserva Naturale– 23 Bb
Valliera [RO] 51 Eb
Valliera [RO] 51 EFb
Valli Grandi Veronesi 49 Gab
Valli Mócenighe [PD] 51 Bab
Vallina [AN] 77 Fcd
Vallina [FI] 67 Gd
Vallinfante [MC] 85 GHc
Vallinfreda [ROMA] 99 BCa
Vallingegno, Abbazia di– 77 Ed
Vallinotto, Santuario di– 43 Gc
Valperga [TO] 29 Hlc
Valperosa [AT] 45 Dc
Vállio [TV] 39 Eb
Vállio Terme [BS] 35 Fb
Vallisnera [RE] 59 Bc
Vallming / Valmigna [BZ] 1 lb
Vallo [TO] 31 Bd
Vallo–Castelnuovo, Stazione di– 127 BCc
Vallócchia [PG] 85 Ed
Vallocci, Cima– 21 Fb
Vallo della Lucánia [SA] 127 Cc
Vallo di Nera [PG] 85 Fd
Vallombrosa [FI] 69 Cd
Vallombrosa, Riserva Naturale– 69 Cd
Vallon, Cima di– 23 EFb
Vallona, la– [BO] 61 BCb
Vallona, la– [FE] 51 CDc
Vallona, la– [RO] 51 Gb
Vallonara [VI] 25 Bd

Vallone [AN] 71 GHd
Vallone [CN] 53 Cbc
Vallone / Pflung [BZ] 3 Fc
Vallone, Torrente il– 129 CCd
Vallonetto, Cima– 43 BCb
Vallonga [PD] 39 Cd
Vallonga [TN] 11 Ac
Vallongo [TO] 43 Hc
Valloni [CB] 101 Dcd
Valloni [IS] 101 Bd
Vallonina, Bosco– 93 Ba
Vallonto [TV] 25 Gcd
Vallorch [TV] 25 Gb
Vallorcine [Fr.] 17 Cb
Valloria [RI] 93 Fc
Valloria [LO] 47 Db
Valloriate [CN] 53 Ecd
Vallosio [AL] 55 Eb
Vallo Torinese [TO] 29 GHd
Vallúcciole [AR] 69 Ccd
Vallugana [VI] 37 Eb
Vallumida [AT] 45 Ccd
Vallurbana [PG] 77 Cb
Valmacca [AL] 45 Eb
Valmadonna [AL] 45 Ec
Valmadrera [LC] 21 Dc
Valmaggia [VC] 19 Dcd
Valmaggiore [BG] 21 Gd
Valmairone [AT] 45 BCc
Valmala [CN] 53 DEb
Valmala, Cima– / Würmaulspitze 3 Cb
Valmala, Colle della– 53 DEb
Valmala, Santuario di– 53 DEb
Valmarana [VE] 39 Cc
Valmarana [VI] 37 Ebc
Valmareno [TV] 25 Ecd
Valmerónte, Monte– 77 Cb
Valmesta [TN] 11 Bd
Valmiana [AO] 29 Fb
Valmiana, Punta di– 29 FGb
Valmigna / Vallming [BZ] 1 lb
Val Moena, Cimon di– 9 Gd
Valmontone [ROMA] 99 Bc
Valmorbia [TN] 23 Gd
Valmorea [CO] 19 Hcd
Valmorel [BL] 25 Fb
Valmoresca [BG] 21 Ebc
Valmózzola [PR] 57 EFb
Valmózzola Stazione 57 Fb
Valnegra [BG] 21 Fb
Val Nera, Monte– 7 Ec
Val Noana, Lago di– 25 CDb
Val Noci, Lago di– 55 Hbc
Valnogaredo [PD] 37 Fd
Valnontey [AO] 29 Fbc
Valnuvola [BL] 25 BCb
Valogno [CE] 107 Cc
Valparola, Malghe di– 11 Cb
Valparola, Passo di– 11 CDb
Valpegara [VI] 23 Hlc
Valpelina [VE] 41 Dc
Valpelline [AO] 17 FGcd
Valpelline [AO] 17 EFcd
Valperga [TO] 29 Hlc
Valperosa [AT] 45 Dc
Valpiana [BG] 21 Fc
Valpiana [GR] 81 FGbc
Valpiana [VC] 19 DEd
Val Piana, Monte– 25 Aab
Valpicetto [UD] 13 Cb
Valpolicella 37 Bb
Valprato Soana [TO] 29 Hb
Valpredina, Riserva Naturale– 33 Ga
Valpromaro [LU] 65 Fc
Val Rezzo [CO] 21 Bb
Val Rosandra, Riserva Naturale della– 41 lc
Valrovina [VI] 25 Cd
Vals / Válles [BZ] 3 Cbc
Valsalva [BO] 69 BCa
Valsanzíbio [PD] 37 Gd
Val Sarmassa, Riserva Naturale della– 45 CDd
Valsássina 21 Dc

Valsavarenche [AO] 29 Fb
Valsavignone [AR] 69 EFd
Valsavoia, Stazione di– 155 EFcd
Valschauerbach / Valsura 9 Eb
Val Scura, Cima di– 9 Dd
Valscura, Lago di– 63 Ba
Valsecca [BG] 21 DEcd
Valsénio [RA] 61 Bd
Valseresino [CR] 33 Gd
Valser Tal / Válles, Val di– 3 Cbc
Valsésia 19 Dd
Valsésia, Rifugio– 19 Bc
Valsigiara [PC] 57 Bab
Valsinni [MT] 129 Ecd
Valsoera, Lago di– 29 Gbc
Valsolda [CO] 21 Bb
Valsorda [TN] 23 Gbc
Valsorda, Cima di– 9 Hc
Valsorda, Forcella di– 25 ABa
Valsorda, Rifugio– 77 Fd
Valsorda, Rio– 11 Bd
Valstagna [VI] 25 Bc
Valstrona [VB] 19 DEc
Valstrona [VB] 19 Dc
Valsura / Valschauerbach 9 Eb
Valtellina 21 DHa
Váltero, Monte– 21 Hc
Valtiéri, Casa– [VT] 83 EFd
Valtina / Walten [BZ] 1 Hbc
Valtopina [PG] 85 Eb
Valtorta [BG] 21 Ec
Valtorta [BG] 21 Ec
Valtournenche [AO] 17 Gc
Valtournenche [AO] 17 Gd
Val Tovanella, Riserva Naturale– 11 Ed
Valtravaglia Montegrino [VA] 19 Gc
Valtreara [AN] 79 Bc
Val Trela, Passo di– 7 Fb
Valtriano [PI] 73 CDb
Val Troncea, Parco Naturale della– 43 Cc
Valva [SA] 115 Dc
Valvasone [PN] 27 Cbc
Valvel–Spitze / Valbella, Cima– 1 DEc
Valverde [CT] 155 Fb
Valverde [FC] 71 Ca
Valverde [PV] 47 Bc
Valverde, Santuario di– 165 Cb
Valvestino [BS] 23 Dd
Valvestino, Lago di– 35 Ga
Val Viola, Case– [SO] 7 EFc
Val Viola, Lago di– 7 EFc
Val Viola, Passo di– 7 Hd
Valvisciolo, Abbadia di– 99 Bd
Válvori [FR] 99 Hd
Valzanca, Rio di– 11 Bd
Valzangona [PU] 71 Ed
Valzemola [SV] 55 Cc
Valzúrio [BG] 21 Gc
Vancimúglio [VI] 37 Fbc
Vancomune, Monte– 11 GHab
Vancomune, Monte– (l) = Hochspitz 11 GHab
Vancori, I– 143 Ga
Vandelli, Rifugio– 11 Eb
Vandóies / Vintl [BZ] 3 Dbc
Vandóies di Sopra / Obervintl [BZ] 3 Dc
Vandóies di Sotto / Niedervintl [BZ] 3 Dc
Vandra [IS] 101 Ccd
Vandra, Ponte della– 101 Ccd
Vandra, Torrente– 101 Cd
Vanelle, Grotte delle– 145 Ed
Vanette, Grotta delle– 145 Ed
Vaneze [TN] 23 Gb
Vanga / Wangen [BZ] 9 Gb
Vangadizza [VR] 49 Gab
Vaninetti, Bivacco– 5 Hd
Vannino, Lago– 15 Eb
Vanoi, Torrente– 25 Cb
Vanoi, Val del– 25 BCab
Vanoni [VR] 35 Hcd

Vantaggiani, Masseria– [LE] 123 Ecd
Vantaggio [TR] 83 Gd
Vanza [TN] 23 Gc
Vanzaghello [MI] 31 Gb
Vanzago [MI] 33 BCb
Vanzago, Bosco di– 33 Bb
Vanze [LE] 123 Gcd
Vanzo [PD] 37 Gd
Vanzone [VB] 19 Cbc
Vanzone [VC] 19 Dd
Vanzone con San Carlo [VB] 19 Cbc
Vaprio d'Adda [MI] 33 Fb
Vaprio d'Agogna [NO] 31 Fb
Vara, Fiume– 57 Dc
Varadega, Passo di– 7 Fd
Varago [TV] 25 Fd
Varallo [CN] 53 Db
Varaita, Torrente– 53 Fa
Varáita, Valle– 53 CDb
Varallo [VC] 19 Dd
Varallo Pómbia [NO] 31 Fab
Varano [AN] 77 FGcd
Varano [AN] 79 Fb
Varano [MS] 57 Gd
Varano [TE] 87 Ed
Varano [TN] 23 Fc
Varano, Foce di– 103 Eb
Varano, Lago di– 103 Eb
Varano, Rocca di– 85 Gb
Varano Borghi [VA] 19 Gd
Varano de'Marchesi [PR] 47 Gd
Varano de' Melegari [PR] 57 FGa
Varapódio [RC] 141 Fb
Vararo [VA] 19 FGc
Vara Superiore [SV] 55 Ebc
Varavo Superiore [SV] 63 Gb
Varazze [SV] 55 Ec
Varco [MC] 79 Ed
Varco [PZ] 131 Db
Varco di Castelfranco, Poggio– 69 Cde
Varco Sabino [RI] 93 Cc
Varda [BL] 11 Cbc
Varda [BZ] 11 Cb
Varda [PN] 25 Hc
Varda, Col de– 11 Eb
Vardella, Punta– 105 ins.a
Varedo [MI] 33 CDb
Varella, la– 11 Cb
Varella, Rifugio la– 11 CDb
Varena [TN] 9 Gd
Varengo [AL] 45 Cb
Varenna [LC] 21 Cb
Varese [VA] 19 Hd
Varese, Lago di– 19 Gcd
Varese Lígure [SP] 57 Dc
Vargo [AL] 45 Gd
Vari [MC] 85 Gbc
Variala [AT] 45 Cc
Variana [AL] 55 Ga
Variano [AL] 45 Gd
Variano [UD] 27 Db
Variante, la– 167 Ca
Variglie [AT] 45 BCc
Varignana [BO] 61 ABc
Varignano [TN] 23 EFc
Varignara, Stazione di– 61 ABc
Varigotti [SV] 55 Dd
Varinella [AL] 55 Ga
Variney [AO] 17 Ed
Varise, Monte la– 17 Dd
Varisella [TO] 43 FGa
Varivértola [SA] 127 Ec
Varliano [LU] 59 Bd
Varmo [UD] 27 Cc
Varmost, Monte– 11 Gc
Varna [FI] 73 Fb
Varna / Vahrn [BZ] 3 Cc
Varni [GE] 57 Bb
Varone [TN] 23 EFc
Varoni [BN] 107 Gd
Varoni [RI] 93 Da
Varri, Val di– 93 CDcd

Varrone [TA] 121 Gb
Varrone, Serra– 131 CDde
Varrone, Torrente– 21 Db
Varrone, Val– 21 Dd
Vars [Fr.] 53 Ab
Varsi [PR] 57 EFab
Varzi [PV] 47 BCd
Varzo [VB] 15 Dc
Vas [BL] 25 Dc
Vas, Monte– 13 Cc
Vasanello [VT] 91 DEb
Vasari [AN] 79 Dab
Vascagliana [AT] 45 Bc
Vascello, Poggio– 159 Db
Vasche [RI] 93 Cb
Vasciano [PG] 85 Cd
Vasciano [TR] 91 Fb
Vasco [CN] 53 GHc
Vascon [TV] 39 Da
Vasconi [MC] 79 Bd
Vaso, Monte– 73 Dc
Vásquez, Casa– [SR] 159 Fc
Vassallo, Casa– [CT] 159 Cb
Vassena [LC] 21 Cc
Vassi [SA] 115 Bc
Vaste [LE] 125 Fc
Vasto [CH] 95 Gd
Vasto [MN] 35 Gd
Vasto, Golfo di– 95 Gd
Vastogirardi [IS] 101 Cc
Vastogirardi, Stazione di– 101 Cc
Vaticano, Capo– 139 BCb
Vátles, Monte– / Watles 1 Cc
Vatolla [SA] 127 ABc
Váttaro [TN] 23 Hbc
Vaud [AO] 17 Ec
Vauda, Riserva Naturale della– 29 Hd
Váuda Canavese [TO] 29 Hd
Váuda Canavese Inferiore [TO] 29 Hd
Váuda Canavese Superiore [TO] 29 Hd
Vaudet, Col di– 29 DEb
Váuro, Santuario di– 31 Db
Vázia [RI] 93 Bb
Vazzano [VV] 139 Eb
Vazzola [TV] 25 Gcd
Vazzoler, Rifugio– 11 Dc
Vè, Monte– 65 Aab
Veano [GE] 47 Dc
Vecchi, Masseria– [LE] 123 Ec
Vecchia, Colle della– 31 Ba
Vecchia, Foresta– 145 Dc
Vecchia, la– [RE] 59 Db
Vecchia, Montagna– 147 Dc
Vecchia, Rifugio della– 31 Ba
Vecchia, Taverna– [BN] 107 Hb
Vecchiano [PI] 65 Fd
Vecchiarelli [AN] 79 Dc
Vecchiarello, Case– [CS] 133 DEa
Vecchie, Case– [CL] 153 Db
Vecchietto [MS] 65 Ca
Vecchio, Monte– [CH] 101 CDb
Vecchio, Monte– [lt.] 59 Cd
Vecchio, Porto– 81 Ec
Vecchio, Timpone– 137 DEa
Vecchiuzzo, Grotta del– 147 Gd
Vecciano [RN] 71 Dc
Vecciática [PR] 57 GHc
Vecciola [MC] 87 Bb
Vecersio [SV] 63 Gb
Vedana, Certosa di– 25 Eab
Vedano al Lambro [MI] 33 Db
Vedano Olona [VA] 19 Hd
Veddasca [VA] 19 Gb
Vedegheto [BO] 59 Gcd
Vedelago [TV] 39 BCa
Vedeseta [BG] 21 Ec
Vedetta, la– [RE] 59 Db
Vedetta Alta / Hochwart 9 DEbc
Védole [PR] 49 ABc
Vedrana [BO] 61 Bb
Vedretta, Lago– 9 Cd
Vedretta, Punta della– 1 Ec

edretta, Punta della– (I) = Am hintern Eis 1 Ec
edrette di Ries–Aurina, Parco Naturale– / Rieserfernerppe, Naturpark– 3 Fb
edriano [BO] 61 ABc
edriano [MS] 57 GHd
edriano [RE] 59 Cbc
edronza [UD] 13 Ed
edùggio con Colzano [MI] 21 Cd
eduro [BO] 61 Ab
edute, le– [FI] 67 Cd
egaia, Cima– 9 Cc
èggia [RE] 59 Eb
eggiano [PD] 37 Gc
eggio [BO] 59 GHd
eggiola [PC] 47 Ec
egli [UD] 13 Dd
égli [CN] 53 Ga
egliasco [SV] 63 GHb
èglio [LE] 123 Ecd
églio [BI] 31 Cab
églio [CO] 21 Bc
egni [AL] 57 Ab
egno [LC] 21 Db
egno [VB] 15 CDc
egri [RO] 51 Ac
egri [VI] 37 Dab
eio 97 Ea
eirera [SV] 55 Ec
ejano [VT] 91 Cc
élan, Monte– 17 Ec
elate [VA] 19 Gc
élatro, Monte– 131 Cb
eleso [CO] 21 BCc
elez, Villa– [PA] 149 FGb
elezzo Lomellina [PV] 45 Fab
élia 127 Bcd
elino, Fiume– 91 Gb
elino, Monte– 93 Ed
ella, Fiume– 99 Ha
ella, Torrente– 129 Eb
ellai [BL] 25 Db
ellano [PT] 67 Cc
ellau / Velloi [BZ] 1 Gc
ellego [SV] 63 Gb
elleia 47 Ed
elletri [ROMA] 97 Gc
ellezzo Bellini [PV] 33 Cd
ello [BS] 21 Hd
elloi / Vellau [BZ] 1 Gc
ellora, Torrente– 83 DEc
elmaio [VA] 19 Hcd
elo d'Ástico [VI] 23 Hld
elosa 127 Cc
elo Veronese [VR] 37 Cb
elturno / Feldthurns [BZ] 3 Ccd
elucciana [RE] 59 CDc
elva [GE] 57 Dd
elva, Colle di– 57 Dd
ena [CT] 145 Fd
ena [TO] 29 Hc
ena, Canale di– 113 Cb
ena, Passo della– 23 Hc
ena, Rio– / Winnebach 3 Db
ena di Màida [CZ] 137 Cb
enafro [IS] 107 Dab
enagrande [AP] 87 Dc
ena Inferiore [VV] 137 Acd
enale, Monte– 25 Ga
ena Media [VV] 137 Acd
enanzi, Podere– [AR] 75 FGd
enaria, Castello– 151 Da
enaria Reale [TO] 43 Gb
enarotta [AP] 87 Cc
enasca [CN] 53 Eb
enas di Cadore [BL] 11 Ec
ena Superiore [VV] 137 Acd
enatura [AN] 77 Fc
enáus [TO] 43 CDab
ence [Fr.] 63 Ad
encò [GO] 27 Fbc
enda, Monte– 37 FGd
endaso [MS] 57 GHd
endaso, Giogo di– 57 Hd
endersi [AL] 45 Hd

Vendícari, Isola– 159 Fd
Vendícari, Torre– [SR] 159 Fd
Vendicio [LT] 105 Hc
Venditti, Masseria– [FG] 103 Ad
Vendóglio [UD] 27 Dab
Vendone [SV] 63 Gb
Vendri [VR] 37 Cbc
Vendrogno [LC] 21 CDb
Vene [SV] 55 Cd
Venegazzù [TV] 25 Ed
Venegiotta, Malga– 11 Bd
Venegono Inferiore [VA] 19 Hd
Venegono Superiore [VA] 19 Hd
Venenta [BO] 59 Hb
Vénere, Monte– [BO] 59 Hd
Vénere, Monte– [VT] 91 CDb
Veneretta, Monte– 145 Gc
Veneria [VC] 31 Dd
Venerócolo, Lago del– 23 Cab
Venerócolo, Monte– 21 Hlb
Venerócolo, Punta del– 23 CDa
Véneta, Laguna– 39 DEc
Venético [ME] 141 Cb
Venético Marina [ME] 141 BCb
Véneto, Scolo– 51 Eb
Venezia [VE] 39 DEc
Venezia, Cima– / Venezia–Spitze 9 BCc
Venezia, Golfo di– 41 CDde
Venezia, Masseria– [MT] 121 Cb
Venezia, Rifugio– 11 DEc
Venezia–Spitze / Venezia, Cima– 9 BCc
Venezzano [BO] 59 Hla
Vengore [AT] 55 Cb
Veniano [CO] 33 Ba
Venina, Lago di– 21 Gb
Venina, Passo– 21 Gb
Venina, Torrente– 21 Gb
Veninata, Casa– [RG] 159 Cc
Venini, Rifugio– 21 BCbc
Venna, Torrente– 95 Dbc
Vennari, Casino– [LE] 125 Dd
Venosa [PZ] 115 Gb
Venosa, Fiumara di– 115 Ga
Venosa, Parco Archeologico di– 115 GHb
Venosa–Maschito, Stazione di– 117 ABab
Venosta, Val– / Vinschgau 9 CDb
Vens [AO] 17 Dd
Vent [A] 1 Fb
Ventarola [GE] 57 Bc
Ventarola, la– 57 Cc
Ventaroli [CE] 107 Cc
Ventasso, Monte– 59 Bc
Ventena [AR] 75 DEbc
Venti, Poggio dei– 89 Db
Venticano [AV] 115 Bc
Venticinque archi, Ponte a– 107 Da
Ventimíglia [IM] 63 Dd
Ventimíglia di Sicilia [PA] 147 Dc
Vento, Casa– [AG] 151 Eb
Vento, Casa– [AG] 151 Eb
Vento, Grotta del– 65 Fb
Vento, Portella del– 153 Eb
Vento, Serra dal– 147 Hc
Vento, Serra del– 159 EFc
Vento Grande, Cima del– / Große Windschar 3 EFb
Ventolone, Monte– 37 Gd
Ventosa [LT] 107 Bc
Ventoso [RE] 59 DEb
Ventósola, Monte– 85 GHd
Ventotène [LT] 105 ins.a
Ventotène, Isola di– 105 ins.a
Ventrella, Casa di– [FG] 103 Fb
Ventrino, Monte– 99 Gc
Venturi, Casa– [SS] 165 Ca
Venturina [LI] 81 Eb
Venturosa, Monte– 21 Ec
Venúsio [MT] 117 Fc
Venúsio, Stazione di– 117 Fc
Veny, Val– 17 Cd
Venzi, Case– [FC] 69 Fb

Venzonassa, Torrente– 13 Ed
Venzone [UD] 13 Dcd
Veppo [SP] 57 Ed
Verampio [VB] 15 DEc
Veran [BL] 11 Dd
Verano [PC] 47 DEc
Verano / Vöran [BZ] 9 Fb
Verano, Monte di– / Vöraner Joch 9 Fb
Verano Brianza [MI] 33 Da
Veratica [RO] 51 Abc
Veratto [PC] 47 CDb
Veravo [SV] 63 Gb
Verazzano [AR] 75 GHbc
Verbánia [VB] 19 Fc
Verbano → Maggiore, Lago– 19 FGc
Verbicaro [CS] 131 Cc
Verbier [Svizz.] 17 Eb
Verbumcaudo, Vallone– 153 Da
Vercana [CO] 21 CDab
Vercéia [SO] 21 Da
Vercelli [VC] 31 Ed
Verchiano [PG] 85 Fc
Verciano [LU] 65 FGcd
Vercoche, Lago– 29 Hb
Vercorin [Svizz.] 17 Ga
Vercurago [LC] 21 Dd
Verde, Grotta– [NA] 113 Dd
Verde, Grotta– [SS] 165 ABb
Verde, Lago– 57 Gc
Verde, Lago– / Grünsee 9 Cbc
Verdeggia [IM] 63 Eb
Verdellino [BG] 33 Fb
Verdello [BG] 33 Fb
Verde o Punta d'Arma, Capo– 63 EFcd
Verderio Inferiore [LC] 33 Eab
Verderio Superiore [LC] 33 Eab
Verdesina [TN] 23 Eb
Verdeto [PC] 47 Cc
Verdi Giuseppe, Aeroporto Nazionale– 49 Acd
Verdignana, Cima– 9 Cc
Verdignes / Verdings [BZ] 9 Hab
Verdings / Verdignes [BZ] 9 Hab
Verdins [BZ] 1 Hc
Verdonda [MN] 49 Fc
Verdone, Monte– 109 BCa
Verduno [CN] 53 Ha
Verdura, Fiume– 151 Eb
Verdura, Torre– [AG] 151 EFc
Verécchie [AQ] 99 Da
Verena, Monte– 23 Ic
Verezzi [SV] 63 Hab
Verezzo [IM] 63 Ec
Vergagni [AL] 55 Hab
Vergano Novarese [NO] 31 Ea
Vergante 19 EFd
Vergatello, Torrente– 59 Gd
Vergato [BO] 59 Gd
Vergelle [SI] 83 Db
Vergémoli [LU] 65 Fb
Verghera [VA] 31 Gb
Verghereto [FC] 69 EFd
Verghereto [PO] 67 DEd
Vergia, Punta– 43 Dc
Vergiano [RN] 71 CDb
Vergiate [VA] 31 Ga
Vergine, la– [PT] 67 CDc
Vergine, Monte– 113 Gb
Vergine Maria [PA] 147 Cab
Vergineto [PU] 71 Fd
Vergnacco [UD] 27 Eab
Vergnasco [BI] 31 Cbc
Vergne [CN] 55 Ab
Veri, Monte– 57 Cb
Verica [MO] 59 Fcd
Verigo [VB] 15 Ed
Verla [TN] 23 Gab
Verlucca [TO] 29 GHc
Vermagna, Torrente– 53 Fd
Vermenagna, Valle– 53 Fd
Vermenone, Monte– 85 Fb

Vermezzo [MI] 33 Bc
Vérmica [KR] 137 Gab
Vermiglio [TN] 9 BCd
Vermiglio, Val– 9 BCd
Vermi Spitze / il Marzolo 9 Dab
Vermongoi [TN] 23 Dc
Verna [CO] 21 Bbc
Verna [TO] 43 EFbc
Verna [TO] 43 Fab
Verna [TN] 9 Ed
Verna, la– [MO] 59 Dcd
Vernà, Pizzo di– 145 Gb
Vernacchi, Casa– [GR] 83 Bde
Vernagi [CN] 53 GHd
Vernago / Vernagt [BZ] 1 EFc
Vernago, Lago di– / Vernagt Stausee 1 EFc
Vernagt / Vernago [BZ] 1 EFc
Vernagt Stausee / Vernago, Lago di– 1 EFc
Vernante [CN] 53 Fd
Vernasca [PC] 47 EFd
Vernasso [UD] 27 Fb
Vernate [MI] 33 Cd
Vernayaz [Svizz.] 17 Db
Vernazza [SP] 65 ABb
Vernazzano [PG] 77 Bd
Vernetti [CN] 53 Cc
Vernetto [CN] 43 Gd
Verney, Lago– 29 Da
Verni [LU] 65 Fb
Verniana [AR] 75 EFc
Vernine [SI] 83 Db
Vérnio [PO] 67 Eb
Vernita, Monte– 131 CDb
Vérnole [LE] 123 Dd
Vernone [TO] 43 Ib
Vernone, Monte– 103 Fbc
Vernuga [SO] 9 Fd
Verola, Monte– 59 Bb
Verolanuova [BS] 35 Dcd
Verolavécchia [BS] 35 Dcd
Verolengo [TO] 45 Aa
Véroli [FR] 99 Ec
Verona [VR] 37 BCc
Verona, Pizzo– 7 DEc
Verona–Villafranca, Aeroporto Internazionale– 37 Bc
Veronella [VR] 37 Dcd
Verosso, Cima– 15 CDcd
Verra, Rocca di– 17 Hc
Verrand [AO] 17 Cc
Verratti [CH] 95 DEcd
Verrayes [AO] 17 Gd
Verrès [AO] 29 Iab
Verretto [PV] 45 Hb
Vérrico [AQ] 93 Da
Verrino, Torrente– 101 Dc
Verrone [BI] 31 Cbc
Verroni [BN] 107 FGd
Verrua Po [PV] 47 ABb
Verrua Savóia [TO] 45 Bab
Verruca, Castello– / Fragsburg, Schloß– 9 Fb
Verrucchiella, Monte– 65 Fab
Verrucola [MS] 57 Gd
Verrucolette [LU] 65 Eab
Verrútoli, Monte– 117 Dc
Versa [GO] 27 Fc
Versa, Rio– 27 Cc
Versa, Torrente– [AT] 45 Cb
Versa, Torrente– [Eur.] 27 Gc
Versano [TO] 43 Fd
Verschneid / Frassineto [BZ] 9 Fb
Versciaco di Sopra / Ober Vierschach [BZ] 3 GHc
Versciaco di Sotto / Unter Vierschach [BZ] 3 Gc
Versilia 65 Ec
Versino–Fucine [TO] 29 Gd
Versola [MS] 57 Fc
Versutta [PN] 27 Cc
Vertainspitze / Vertana, Cima– 9 Bb
Vertana, Cima– / Vertainspitze 9 Bb
Vertéglia, Piano di– 115 Bbc

Vertemate con Minóprio [CO] 21 Bd
Verteneglio (I) = Brtonigla [CRO] 41 Gd
Vertine [SI] 75 Dc
Vertosan, Comba di– 17 Dd
Vertova [BG] 21 Gd
Verúcchio [RN] 71 Cc
Veruno [NO] 31 Fa
Vérvio [SO] 7 Fd
Vervò [TN] 9 Ed
Verza [PC] 47 DEb
Verzáglia [FC] 71 Cb
Verzago [CO] 21 BCd
Verzale, Monte– 109 Dd
Verzedo [SO] 7 FGd
Verzégnis [UD] 13 Cc
Verzégnis, Lago di– 13 Cc
Verzégnis, Monte– 13 Cc
Verzel, Punta– 29 Hc
Verzi [GE] 57 Bc
Verzi [SV] 55 Dd
Verzi [SV] 63 Hab
Verzi, Monte– 135 Cbc
Verziano [BS] 35 DEbc
Verzino [KR] 133 DEbc
Verzuno [BO] 59 Gd
Verzuolo [CN] 53 Eb
Vesale [MO] 59 Ed
Vesallo [RE] 59 Dc
Vesallo [SV] 63 Gb
Véscia [PG] 85 Ebc
Vescigli, Serra– 109 Cc
Vescona [SI] 75 DEd
Vescovado [PR] 49 Ac
Vescovado [SI] 75 Dde
Vescovana [PD] 51 Cb
Vescovato [CR] 47 GHa
Vescovo, Laghi del– 105 Eb
Vescovo, Masseria del– [CE] 113 Ea
Vesetto [CO] 21 Bb
Vesignano [TO] 29 Ic
Vésima [GE] 55 Fc
Vésime [AT] 55 Cb
Vesina, Alpe– 21 Db
Vesio [BS] 23 Ed
Vésole, Monte– 127 BCb
Vespolate [NO] 31 FGc
Vespolo, Monte– 21 Fb
Vessa [FC] 69 EFc
Vessálico [IM] 63 Fb
Vesta [BS] 23 CDd
Vestea [PE] 95 Bb
Vestenanova [VR] 37 Db
Vestenavécchia [VR] 37 Db
Vestignano [MC] 85 Hb
Vestignè [TO] 31 Bc
Véstola [PR] 57 Gb
Vestone [BS] 35 Fa
Vestreno [LC] 21 Cb
Vesuvio 113 Ebc
Vesuvio, Parco Nazionale del– 113 Ebc
Vetan [AO] 17 Ed
Vétere, Fontana– 117 Db
Veternigo [VE] 39 Cbc
Vetrale [SA] 127 Cc
Vetralla [VT] 91 Cbc
Vetralla, Rocca– 93 Ba
Vetralla, Stazione di– 91 Cc
Vetrana, Serra– 159 Eb
Vetrego [VE] 39 Cc
Vétria [SV] 55 Bd
Vetrici, Timpone– 131 FGb
Vetríolo [VT] 91 Ca
Vetriolo Terme [TN] 23 Hb
Vetta [PD] 51 Ca
Vetta d'Italia 3 FGa
Vetta d'Italia (I) = Glochkenkar–Korpf 3 FGa
Vette, Le– 25 CDb
Vette Feltrine, Riserva Naturale– 25 Db
Véttica [SA] 113 Fd
Véttica Maggiore [SA] 113 EFd

Vettignè [VC] 31 Dc
Vetto [RE] 59 BCbc
Vetto [SO] 7 Ec
Véttola, la– [PI] 65 EFd
Vettore, Monte– 87 Bcd
Vetulónia [GR] 81 Gc
Vetzan / Vezzano [BZ] 9 Cb
Véveri [NO] 31 Fc
Vex [Svizz.] 17 Fa
Veysonnaz [Svizz.] 17 EFa
Vézimo [PC] 57 Bab
Vezza [AR] 75 Fb
Vezza, Col di– 11 EFb
Vezza, Torrente– 91 Eb
Vezza d'Alba [CN] 45 ABd
Vezza d'Óglio [BS] 7 Gd
Vezzanello [MS] 65 Dab
Vezzano [AP] 87 Bd
Vezzano [BL] 25 Eb
Vezzano [PR] 59 Bb
Vezzano [RI] 93 Ca
Vezzano [TN] 23 FGb
Vezzano / Vetzan [BZ] 9 Cb
Vezzano Lígure [SP] 65 Cb
Vezzano sul Crostolo [RE] 59 Db
Vezzara [CE] 107 Cbc
Vézzena, Cima di– 23 Hlc
Vézzena, Passo di– 23 Hlc
Vezzi Pórtio [SV] 55 Dd
Vezzo [VB] 19 Fc
Vezzolacca [PC] 47 Ed
Vezzolano, Abbazia di– 45 Ab
Vho [AL] 45 Gc
Vho [CR] 49 Bb
Via, La– [BZ] 1 Hb
Via, Masseria– [PZ] 115 Ebc
Via Bassa, Case– [RO] 51 Bc
Viacce [AN] 77 Fc
Viadágola [BO] 61 Ab
Viadana [MN] 49 BCc
Viadana Bresciana [BS] 35 EFc
Viadánica [BG] 35 Ca
Via dei Romani [CN] 53 Ea
Viagrande [CT] 155 Fb
Viaiano [CN] 53 Hb
Viáio [AR] 75 Hb
Vialarda [AL] 45 Dab
Via Larga [MO] 59 Gab
Viale [AT] 45 Bbc
Vialfrè [TO] 31 ABc
Vialone [PV] 33 Dd
Viamággio [AR] 69 Fd
Viamággio, Passo di– 69 Fd
Viancino [VC] 31 Dcd
Vianino [PR] 57 Fa
Viano [CH] 95 Dc
Viano [RE] 59 Db
Vianoce [AT] 45 Cd
Vianova [LU] 65 Eb
Via Piana [PU] 71 Ed
Viarago [TN] 23 Hb
Viareggio [LU] 65 Ec
Viarelle, Masseria– [FG] 103 ABb
Viarigi [AT] 45 Dbc
Viarolo [PR] 47 Hc
Viaróvere [MO] 49 Gc
Viaso [UD] 13 BCc
Via Tagliata [RA] 61 Cd
Viate, Rifugio– 23 Gb
Via Vecchia [TO] 43 Gc
Viazza [FE] 51 Cc
Viazzano [PR] 57 Ga
Vibo Marina [VV] 137 Ac
Vibonati [SA] 127 Ed
Vibonati, Stazione di– 127 Ed
Vibo Valéntia [VV] 137 Acd
Vibrata, Torrente– 87 Fd
Vicalvi [FR] 99 Ec
Vicanino [PC] 47 Ec
Vicano, Rio– 91 Ec
Vicano, Torrente– 69 Cd
Vicarello [LI] 73 Cb
Vicarello [PI] 65 EFc
Vicarello [ROMA] 91 Dcd
Vícari [PA] 147 Dcd

Vícchio [FI] 67 Gc
Vicenna [CB] 101 Ecd
Viceno [NO] 15 Dc
Viceno [TR] 83 FGd
Vicenza [VI] 37 Fb
Vicenza, Rifugio– 11 Bb
Vicenza, Tempa– 129 Db
Vich [BL] 25 FGb
Vicino, Monte– 77 Db
Viciomággio [FI] 75 Fc
Vico [BS] 35 Fa
Vico [BS] 23 Dd
Vico [CS] 135 Db
Vico [PT] 67 Cc
Vico [RE] 59 Cb
Vico [UD] 11 GHc
Vico [UD] 11 Gc
Vico [VC] 19 Dd
Vico, Lago di– (Cimino) 91 CDbc
Vicobarone [PC] 47 Cbc
Vicobellignano [CR] 49 Bbc
Vicoboneghísio [CR] 49 Bb
Vico Canavese [TO] 29 Ibc
Vico d'Árbia [SI] 75 Dcd
Vico del Gargano [FG] 103 Fb
Vico d'Elsa [FI] 73 Gb
Vico Equense [NA] 113 Ecd
Vicoferaldi [FI] 67 Gc
Vicofértile [PR] 49 Ad
Vicoforte [CN] 53 Hc
Vicoforte, Santuario di– 53 Hc
Vícoli [PE] 95 Bbc
Vícoli, Parco di– 95 Bb
Vicolungo [NO] 31 Ebc
Vicomarino [PC] 47 Cbc
Vico-Matrino, Stazione di– 91 Cc
Vicomero [PR] 49 Ac
Vicomoscano [CR] 49 Bc
Vicomune [PV] 47 Bb
Viconago [VA] 19 GHc
Vico nel Lazio [FR] 99 DEc
Viconovo [FE] 51 Ccd
Vico Pancellorum [LU] 67 Cb
Vicopisano [PI] 65 Gd
Vicosoprano [GE] 57 Cb
Vicosoprano [Svizz.] 5 Hc
Vicovaro [ROMA] 99 Ba
Vidal, Col– 11 Fb
Vidalengo [BG] 33 Fb
Vidalenzo [PR] 47 Gbc
Vidali [UD] 13 Ec
Vidardo [LO] 33 Ed
Viddalba [SS] 163 Fc
Vidiana [PC] 59 Bb
Vidiano [PC] 47 Cc
Viticeto [CR] 47 Hb
Vidiciático [BO] 67 Dab
Vidigulfo [PV] 33 Dd
Vidiuno [BO] 61 Cc
Vidolasco [CR] 33 Gc
Vidoni [AP] 87 Bbc
Vidòr [TV] 25 Ec
Vidracco [TO] 29 Ic
Vidulis [UD] 27 Cb
Viè [BS] 23 CDd
Viepri [PG] 85 CDcd
Viering [AO] 29 Hia
Vierle [FI] 69 Ccd
Viesci [RI] 93 Ca
Vieste [FG] 103 GHb
Vietri di Potenza [PZ] 115 EFd
Vietri sul Mare [SA] 113 Gcd
Vietti [TO] 29 Gcd
Vieux [AO] 29 EFb
Vieyes [AO] 29 Fab
Viézzena 11 ABcd
Vigalfo [PV] 47 Ba
Vigalzano [TN] 23 Hb
Viganego [GE] 55 Hc
Viganella [VB] 19 Db
Viganó [LC] 21 CDd
Vigano [MI] 33 Cc
Vigano San Martino [BG] 21 Gd
Vigarano Mainarda [FE] 51 Ac
Vigarano Pieve [FE] 51 ABc

Vigarolo [LO] 47 Ca
Vigásio [VR] 37 Bcd
Vigatto [PR] 49 ABd
Vigéllio [BI] 31 Cc
Vigese, Monte– 59 Gd
Vigevano [PV] 31 GHcd
Vigezzo, Val– 15 EFd
Viggianello [PZ] 131 Db
Viggiani, Masseria– [PZ] 111 ABd
Viggiano [PZ] 129 Bbc
Viggiú [VA] 19 Hc
Vighignolo [MI] 33 Cbc
Vighizzolo [BS] 35 EFc
Vighizzolo [CO] 21 Bd
Vighizzolo [CR] 47 Hb
Vighizzolo d'Este [PD] 51 Bab
Vigilbach / San Vigilio, Rio– 11 Bb
Vigiljoch / San Vigilio, Monte– 9 Eb
Vigliano [AQ] 93 Db
Vigliano Biellese [BI] 31 Cb
Vigliano d'Asti [AT] 45 Cc
Vigliatore [ME] 145 Fb
Viglio, Colle– 99 Db
Viglio, Monte– 99 Eb
Viglione, Masseria– [BA] 117 Gc
Vigna [CN] 53 FGd
Vigna, Nuraghe– 165 Dc
Vigna Bálsamo [FG] 111 Ba
Vignacastrisi [LE] 125 Fc
Vignaccia, Poggio– 89 Fa
Vigna d'Ascari, Cozzo– 157 Eb
Vigna di Valle [ROMA] 97 Da
Vignaglia [PG] 85 Bb
Vignago [IM] 63 Eb
Vigna Grande [ROMA] 91 CDd
Vignai [IM] 63 Ec
Vignale [LI] 81 EFc
Vignale [NO] 31 Fbc
Vignale [PR] 59 Cb
Vignale [SA] 115 Bc
Vignale [TP] 151 BCab
Vignale Monferrato [AL] 45 Dbc
Vignale-Riotorto, Stazione– 81 Ec
Vignale-Santa Margherita [PZ] 127 Fd
Vignana [SP] 65 Aa
Vignanello [VT] 91 Db
Vignano [SI] 75 Dcd
Vigna Nocelli [FG] 109 Fab
Vignarca, Casa– [LI] 81 Ec
Vignarello [NO] 31 Sc
Vigna Soliva, Monte– 21 GHbc
Vignate [MI] 33 Ebc
Vigne [AN] 79 Cc
Vigne [CT] 145 Dc
Vigne [IS] 101 BCc
Vigne [KR] 133 DEc
Vigne [SS] 167 Cc
Vigne [TN] 23 EFc
Vigne [TR] 91 EFb
Vigne, le– [CS] 131 Ec
Vigne, le– [GR] 83 CDc
Vigneta [MS] 57 GHd
Vigne Vanasco, Bivio– 157 Fc
Vignola [MO] 59 FGbc
Vígnola [MS] 57 EFc
Vignola [PC] 47 Fc
Vignola [TN] 23 Hb
Vignola, Monte– [BO] 59 Gc
Vignola, Monte– [RE] 59 Cc
Vignola, Monte– [TN] 23 Fd
Vignola, Porto di– 161 Cc
Vignola, Rio– 161 Cc
Vignola, Torre– [SS] 161 Cc
Vignola-Falesina [TN] 23 Hb
Vignola Mare [SS] 161 Cc
Vignole [BL] 25 Eb
Vignole [PT] 67 Dc
Vignole [TN] 23 Fc
Vignole, le– [VE] 39 Ec
Vignole Borbera [AL] 55 Ga
Vignoli, Monte– 163 EFc
Vignolo [CN] 53 Ec
Vignolo [SV] 63 Gb
Vignone [VB] 19 Fc

Vignui [BL] 25 Db
Vigo [BO] 59 Gd
Vigo [TN] 23 Fc
Vigo [VR] 49 Gab
Vigo [VR] 37 Bb
Vigo, Monte– 9 Cd
Vigo Anáunia [TN] 9 Ed
Vigodárzere [PD] 37 Hc
Vigo di Cadore [BL] 11 Fbc
Vigo di Fassa [TN] 11 ABc
Vigogna [GE] 55 Hb
Vigolante [PR] 49 Ad
Vigoleno [PC] 47 Fd
Vigolo [BG] 35 Da
Vigolo [PC] 47 Dd
Vigolo Baselga [TN] 23 Gb
Vigolo Marchese [PC] 47 EFc
Vigo Lomaso [TN] 23 Fb
Vigolone [PR] 57 Gb
Vigolo Vattaro [TN] 23 GHbc
Vigolzone [PC] 47 DEc
Vigo Meano [TN] 23 Gb
Vigonovo [PN] 25 Hbc
Vigonovo [VE] 39 BCc
Vigonza [PD] 39 Bc
Vigonzone [PV] 33 Dd
Vigoponzo [AL] 45 Hd
Vigo Rendena [TN] 23 Eb
Vigoreto [MN] 49 Bbc
Vigorovea [PD] 39 BCcd
Vigorso [BO] 61 ABb
Vigostano [PC] 47 EFc
Viguzzolo [AL] 45 Gc
Vila di Sopra / Oberwielenbach [BZ] 3 EFc
Vill / Villa [BZ] 3 CDc
Vill / Villa [BZ] 9 Fcd
Villa [AN] 79 Ebc
Villa [AR] 69 Cd
Villa [BL] 11 Dc
Villa [BL] 25 Eb
Villa [BS] 35 Db
Villa [BS] 35 DEb
Villa [BS] 35 EFb
Villa [BS] 35 FGb
Villa [BS] 35 Gab
Villa [BS] 35 Eb
Villa [BS] 23 Bbc
Villa [BS] 35 Ea
Villa [CE] 107 Ec
Villa [CN] 53 Ca
Villa [CN] 45 Ad
Villa [CN] 45 Ad
Villa [CN] 43 DEd
Villa [CN] 55 Bc
Villa [CN] 55 ABc
Villa [LC] 21 Dd
Villa [LU] 59 BCd
Villa [MN] 35 Fd
Villa [PC] 47 Ed
Villa [PD] 37 FGc
Villa [PG] 85 BCb
Villa [PG] 85 Bb
Villa [PG] 83 Gb
Villa [SA] 113 Gc
Villa [SI] 75 Dbc
Villa [SV] 55 Cbc
Villa [TN] 25 ABb
Villa [TO] 29 Fd
Villa [TO] 43 Fb
Villa [TO] 29 Gd
Villa [TO] 45 Ccd
Villa [TO] 29 Gd
Villa [TO] 43 Dc
Villa [UD] 13 Cc
Villa [VC] 19 Cd
Villa [VE] 37 Bd
Villa [VE] 41 Cb
Villa [VI] 25 Ccd
Villa [VR] 37 CDc
Villa / Dörfer [BZ] 9 GHc
Villa / Dörfl [BZ] 3 Gbc

Villa / Nordheim [BZ] 9 FGab
Villa / Vill [BZ] 9 Fcd
Villa / Vill [BZ] 3 CDc
Villa, Cascinotti di– [AL] 45 Fd
Villa, la– [AQ] 93 Gcd
Villa, la– [AR] 77 BCb
Villa, la– [BO] 59 GHb
Villa, la– [GE] 57 Cb
Villa, la– [MC] 87 Bb
Villa, la– [PN] 59 Cb
Villa, la– [RE] 59 DEa
Villa, la– [ROMA] 97 Ea
Villa, la– [SI] 83 Cb
Villa, la– [SR] 159 Fb
Villa, la– [SV] 55 Cc
Villa, La– / Stern [BZ] 11 Cb
Villa Agnedo [TN] 25 ABb
Villa Andreoli [CH] 95 Ec
Villa Antonelli [BA] 119 Db
Villa a Sesta [SI] 75 Dc
Villa Aspreta [TR] 91 Ea
Villa Azzone [BA] 119 Bb
Villa Badessa [PE] 95 Cb
Villa Baldassarri [LE] 123 Ec
Villabalzana [VI] 37 Fc
Villa Banale [TN] 23 Fb
Villa Barone [PO] 67 Ec
Villa Bartolomea [VR] 49 GHab
Villa Basilica [LU] 67 Cb
Villabassa / Niederdorf [BZ] 3 FGc
Villabate [PA] 147 Cb
Villabella [AL] 45 Eb
Villabella [VR] 37 Dc
Villa Belvedere [TP] 149 Dbc
Villa Bentivóglio [MC] 87 Bbc
Villa Berarde [AP] 87 Cab
Villa Bibone [MO] 59 Fc
Villa Biscossi [PV] 45 Fb
Villa Biscossi, Garzaia di– 45 Fb
Villabona [MN] 35 Hd
Villa–Borgo [CN] 55 Aa
Villa Bótteri [AL] 55 Eab
Villa Bozza [TE] 95 Ba
Villabruna [BL] 25 Db
Villa Bruna [UD] 41 Eb
Villabuona [BS] 35 Cc
Villabuona [LU] 65 Fc
Villacáccia [UD] 27 Dc
Villa Caldari [CH] 95 Ec
Villacampagna [CR] 35 BCc
Villa Canale [IS] 101 Dc
Villa Cappella [MN] 35 Gd
Villa Caraccio [TA] 123 Cc
Villa Carcina [BS] 35 Eb
Villa Carlótta [NU] 175 Cb
Villa Caruso [CT] 155 Fb
Villa Castelli [BR] 123 Bb
Villa Castelli, Stazione di– 123 Bb
Villa Cavallerizza [BA] 117 Ec
Villa Celiera [PE] 93 GHb
Villach [A] = Villaco (I) 13 Hlb
Villachiara [BS] 35 Cc
Villa Chiarelli [PA] 149 Fb
Villa Chiarini [AP] 87 Bc
Villa Chimienti [LE] 123 EFc
Villa Ciàccia [FG] 103 Bc
Villacidro [CA] 173 Ec
Villaco (I) = Villach [A] 13 Hlb
Villa Col de' Canali [PG] 77 Fc
Villa Collemandina [LU] 65 Fab
Villa Conforti [SA] 115 BCd
Villa Convento [LE] 123 Fc
Villa Cordopatri [RC] 139 Cc
Villa Cortese [MI] 31 Hb
Villacríccola [PN] 27 ABcd
Villa Curta [RE] 59 DEa
Villa d'Adda [BG] 33 Ea
Villa d'Adige [RO] 51 Ab
Villa d'Agri [PZ] 127 FGb
Villa d'Aiano [BO] 59 Fd
Villa d'Allegro [BS] 7 Gd
Villa d'Almè [BG] 21 Ed
Villa d'Arceno [SI] 75 DEc
Villadarco [PN] 27 Abc
Villadeati [AL] 45 BCb

Villa Decani (I) = Dekani [SLO] 41 Hc
Villa De Crescenzio [BA] 111 Fd
Villa dei Boschi [SI] 75 Ed
Villa dei Cavalieri [PV] 47 Bc
Villa del Bosco [BI] 31 Db
Villa del Bosco [PD] 51 Ea
Villa del Conte [PD] 37 Hb
Villa del Ferro [VI] 37 Ec
Villa del Foro [AL] 45 Ec
Villa delle Fontane [VT] 89 GHa
Villa del Monte [PU] 71 Fd
Villa del Monte [SI] 83 Gb
Villa del Romito [LI] 73 BCc
Villa del Seminario [AR] 75 GHd
Villa di Bággio [PT] 67 Dbc
Villa di Briano [CE] 113 CDab
Villa di Chiavenna [SO] 5 Gcd
Villa di Piazzano [PG] 75 Hd
Villa di Postignano [PG] 85 Eb
Villa di Sério [BG] 33 Ga
Villa di Sotto / Unter Wielenbach [BZ] 3 EFc
Villa di Su [RE] 49 Dc
Villa di Tirano [SO] 7 Ed
Villa di Villa [TV] 25 Gc
Villa d'Ogna [BG] 21 Gc
Villadolt [PN] 25 Hc
Villadoro [EN] 153 Cc
Villa d'Orri [CA] 179 BCc
Villadose [RO] 51 Db
Villadósia [VA] 19 Gd
Villadossola [VB] 19 Db
Villa Elce [CH] 95 Ec
Villa Estense [PD] 51 BCab
Villa Eucheria [FR] 107 Ba
Villafalletto [CN] 53 Fb
Villafalletto, Stazione di– 53 Fb
Villa Faraldi [IM] 63 Gbc
Villa Fastiggi [PU] 71 Fc
Villa Felice [FR] 107 Aa
Villa Fenícia [BA] 111 Ed
Villa Ferrano [SI] 83 Dab
Villa Fontana [BO] 61 Bbc
Villafontana [VR] 37 Cd
Villafora [RO] 51 Bb
Villa Fornace [PV] 47 Bc
Villa Fornaci [MI] 33 Eb
Villafranca [MO] 49 Fcd
Villafranca [SV] 63 Gb
Villafranca d'Asti [AT] 45 ABc
Villafranca di Forli [FC] 61 Ed
Villafranca di Verona [VR] 37 ABc
Villafranca in Lunigiana [MS] 57 Fd
Villafranca Padovana [PD] 37 GBc
Villafranca Piemonte [TO] 43 Gd
Villafranca Sícula [AG] 151 Fb
Villafranca Tirrena [ME] 141 Cb
Villatrati [PA] 147 Cc
Villaga [VI] 37 Fc
Villa Gabrieli [BA] 119 Cc
Villa Galeasi [TA] 123 Bbc
Villagana [BS] 35 Ccd
Villaganzerla [VI] 37 Fc
Villa Garibaldi [MN] 49 Eb
Villa Gatti [AL] 55 Db
Villaggio Améndola [FG] 109 GHa
Villaggio Aniene [LI] 73 Cc
Villaggio Belvedere [BS] 35 Ec
Villaggio Boncore [LE] 123 DEd
Villaggio Busonera [VE] 51 Eab
Villaggio Capparini [PA] 149 Gcd
Villaggio Coppola [CE] 113 Bb
Villaggio Frasso [CS] 131 Fd
Villaggio Gaudiano [PZ] 111 Bd
Villaggio Mancuso [CZ] 137 Da
Villaggio Mare Pineta [RA] 61 Fb
Villaggio Moschella [FG] 111 ABd
Villaggio Pálmas [CA] 177 Dc
Villaggio Piras [SS] 161 Eb
Villaggio Racise [CZ] 137 Da
Villaggio Resta [LE] 125 Cb
Villaggio Roma [UD] 41 Eab
Villaggio Saraceno [NU] 175 Ga
Villaggio SAT [TN] 25 Bb
Villaggio Sisma [VB] 19 Db

Villaggio Snia [MI] 33 Cb
Villaggio Timmari [MT] 117 Ecd
Villa Giovannina [BO] 49 Gd
Villa Giuliani [BA] 119 CDb
Villa Grande [AQ] 93 GGc
Villagrande [AQ] 93 Gc
Villagrande [BL] 11 Dd
Villa Grande [CH] 95 Ebc
Villagrande [PU] 69 GHcd
Villagrande [PU] 71 Fd
Villagrande, Stazione di– 175 Ea
Villagrande Strisáili [NU] 171 EFd
Villagrappa [FC] 61 Dd
Villagrazia [PA] 147 BCb
Villa Grazia di Carini [PA] 147 ABab
Villagreca [CA] 175 BCd
Villa Grimalda [AL] 45 Cd
Villagrossa [MN] 49 Eab
Villagrossa [SP] 57 EFd
Villa Guardia [CO] 21 Bd
Villa Inferiore [MN] 49 Dc
Villair [AO] 17 Dd
Villa Jovis 113 Cd
Villa Lagarina [TN] 23 Gc
Villalago [AQ] 99 GHb
Villa Latina [FR] 99 GHd
Villalba [AR] 77 Bb
Villalba [CL] 153 CDab
Villalba [ROMA] 97 Gb
Villalba, Casa– [RG] 159 Cc
Villalba, Stazione di– 153 Dab
Vill'Albese [CO] 21 Cd
Villa Lempa [TE] 87 Dd
Villa le Torri [BA] 119 CDb
Villalfonsina [CH] 95 Fcd
Villa Literno [CE] 113 Ca
Villa Littório [SA] 127 CDb
Villa Longo [MT] 117 Fc
Villalta [FC] 69 Hab
Villalta [PD] 37 FGb
Villalta [PN] 27 Bcd
Villalta [UD] 27 Bcd
Villalunga [PV] 47 Aa
Villalunga [SV] 63 Gb
Villalvernia [AL] 45 Gcd
Villa Maggiore [TE] 93 FGa
Villamágina [PG] 85 Fc
Villamagna [CH] 95 Dbc
Villamagna [FI] 67 Gd
Villamagna [PG] 77 Ec
Villamagna [PI] 73 Fc
Villamáina [AV] 115 Cb
Villa Malvezzi [MC] 87 Bbc
Villa Manzari [FG] 109 Hc
Villamar [CA] 173 Fb
Villa Marescalchi [BO] 59 Hc
Villa Mariani [VT] 91 DEb
Villa Mariannina [PZ] 115 Ga
Villamarina [FC] 71 Ca
Villa Martelli [CH] 95 Ec
Villamarzana [RO] 51 Cb
Villamassárgia [CA] 177 Db
Villa Mesa [RC] 141 Eb
Villamezzo [UD] 13 Db
Villa Minozzo [RE] 59 Cc
Villamiróglio [AL] 45 BCb
Villammare [SA] 127 Ed
Villa Molvena [VI] 37 Fa
Villa Montagna [TN] 23 GHb
Villa Montaltuzzo [AR] 75 Ec
Villa–Nabian [AO] 29 Ia
Villa Napolitano [FG] 109 Fab
Villanderberg 9 Gab
Villanders / Villandro [BZ] 9 Hb
Villandro / Villanders [BZ] 9 Hb
Villandro, Monte– / Villanderberg 9 Gab
Villaneto [PZ] 129 CDd
Villani, Masseria– [FG] 109 Fa
Villa Ninci [AR] 75 Fc
Villa Nitti [BA] 117 Fa
Villanoce [GE] 57 Cb
Villanova [BL] 11 Ec
Villanova [BO] 61 Abc

Villanova [BR] 119 Fc
Villanova [CR] 49 Bb
Villanova [FE] 51 Ccd
Villanova [FI] 67 Dd
Villanova [MC] 79 Ccd
Villanova [MI] 33 Eb
Villanova [MO] 59 Fa
Villanova [PC] 47 CDd
Villanova [PE] 95 Cb
Villanova [PG] 85 Bbc
Villanova [PN] 27 ABc
Villanova [PN] 27 Bc
Villanova [PN] 25 Hc
Villanova [PU] 71 Fd
Villanova [PU] 69 Hc
Villanova [PV] 31 Gc
Villanova [RA] 61 Ec
Villanova [RA] 61 Ec
Villanova [RE] 49 Ec
Villanova [RI] 87 Bd
Villanova [ROMA] 97 Gb
Villanova [TO] 43 Dd
Villanova [TV] 25 DEc
Villanova [TV] 25 Ec
Villanova [TV] 39 Cab
Villanova [TV] 27 Ad
Villanova [UD] 27 Cb
Villanova [UD] 13 Ec
Villanova [UD] 13 Ed
Villanova [UD] 41 Eab
Villanova [VE] 27 Cd
Villanova [VE] 27 Ccd
Villanova [VR] 35 Hab
Villanova, Masseria– [BR] 123 EFb
Villanova Biellese [BI] 31 Dbc
Villanova Canavese [TO] 29 Hd
Villanova d'Albenga [SV] 63 Gb
Villanova d'Ardenghi [PV] 45 Hab
Villanova d'Asti [AT] 45 Ac
Villanova de Bellis [MN] 49 Eb
Villanova del Battista [AV] 109 Dd
Villanova del Ghebbo [RO] 51 Bb
Villanova dello Iúdrio [UD] 27 Fc
Villanova del Síllaro [LO] 47 Ca
Villanova di Camposampiero [PD] 39 Bbc
Villanovaforru [CA] 173 Fb
Villanovafranca [CA] 175 BCbc
Villanova Maiardina [MN] 49 DEa
Villanova Marchesana [RO] 51 Dbc
Villanova Mondovì [CN] 53 Gc
Villanova Monferrato [AL] 45 Da
Villanova Monteleone [SS] 165 Cbc
Villanova Solaro [CN] 43 Gd
Villanova Strisáili [NU] 171 Ed
Villanova sull'Arda [PC] 47 FGb
Villanova Truschedu [OR] 169 Ebc
Villanova Tulo [NU] 175 Db
Villanova Tulo, Stazione di– 175 Db
Villanovetta [CN] 53 Eb
Villantério [PV] 47 Ca
Villanuova [BG] 35 Cc
Villanuova [BS] 35 Cc
Villanuova [BS] 35 Dd
Villanuova [TO] 29 Hbc
Villanuova, Masseria– [AG] 153 Cc
Villanuova sul Clisi [BS] 35 Fb
Villa Oliveti [PE] 95 Cb
Villaorba [UD] 27 Ebc
Villa Ortensia, Stazione– 107 EFc
Villa Ottone / Uttenheim [BZ] 3 Ec
Villapaiera [BL] 25 Db
Villa Pasquali [MN] 49 BCbc
Villa Passo [TE] 87 Dd
Villa Pellegrini [CS] 131 CDd
Villa Penna [TE] 87 Ed
Villa Pépoli [MC] 87 Bbc
Villaperuccio [CA] 177 DEc
Villa Pesce [BA] 111 Cc
Villapetrosa [TP] 149 CDd
Villa Petto [TE] 93 Ga
Villapia [MI] 33 Bb
Villapiana [BL] 25 Eb
Villapiana [CS] 131 Fb
Villapiana Lido [CS] 131 FGbc

Villapiana Scalo 131 Fc
Villapiccola [CN] 11 Fb
Villa Pieri [VT] 89 Hb
Villapinta [SO] 21 EFab
Villa Pitignano [PG] 85 Cab
Villa Pizzorusso [BR] 123 Db
Villa Poma [MN] 49 Fbc
Villa Pompeiana [LO] 33 Ec
Villa Pópolo [TE] 87 Dde
Villa Potenza [MC] 79 Ecd
Villaprara [RE] 59 CDc
Villa Prima [BL] 25 EFb
Villapriolo [EN] 153 Fb
Villa Pulcini [RI] 93 Ba
Villaputzu [CA] 175 Fd
Villar [CN] 53 Cb
Villar [TO] 29 Fd
Villa Rangoni [FE] 49 GHc
Villarasca [PV] 33 Cd
Villaraspa [VI] 37 Fa
Villa Raverio [MI] 33 Da
Villarazzo [TV] 39 Bab
Villarbasse [TO] 43 Fb
Villarboit [VC] 31 DEc
Villarchiosso [CN] 63 Fab
Villar Dora [TO] 43 Fb
Villareale [PV] 31 GHc
Villareggia [TO] 31 Bd
Villaréggio [PV] 33 CDd
Villarégia [RO] 51 Fc
Villareia [PE] 95 Cb
Villarelli [SV] 63 Gbc
Villa Rendena [TN] 23 Eb
Villaret [AO] 17 Dd
Villaretto [CN] 43 Ed
Villaretto [TO] 53 Cb
Villaretto [TO] 29 Fd
Villaretto [TO] 43 Db
Villaretto [TO] 43 GHb
Villaretto [TO] 43 CDab
Villaretto Superiore [TO] 43 Db
Villar Focchiardo [TO] 43 Eb
Villaricca [NA] 113 CDb
Villaríos [CA] 177 Dc
Villaríos Vecchio [CA] 177 Dc
Villa Ripa [TE] 93 Fa
Villaro [CN] 55 ABc
Villaro [CN] 43 Ed
Villarocca [CR] 49 Aa
Villa Rogatti [CH] 95 Ec
Villaromagnano [AL] 45 Gc
Villa Romagnoli [CH] 95 Ec
Villa Romana [AQ] 99 Ca
Villa Romana del Tellaro 159 Fcd
Villarosa [EN] 153 EFb
Villa Rosa [TE] 87 Fc
Villarosa, Lago– 153 Fb
Villa Rossi [TE] 93 Gab
Villarotta [RE] 49 Dc
Villar Péllice [TO] 43 Dd
Villar Perosa [TO] 43 Ec
Villar San Costanzo [CN] 53 Ebc
Villars-sur-Var [Fr.] 63 Ac
Villa Saletta [PI] 73 Eb
Villasalto [CA] 175 Ecd
Villa San Faustino [PG] 85 Dd
Villa San Filippo [MC] 79 Fd
Villa San Giorgio in Vezzano [RA] 61 Cd
Villa San Giovanni [CH] 95 Dc
Villa San Giovanni [PE] 95 BCb
Villa San Giovanni [RC] 141 Db
Villa San Giovanni in Tuscia [VT] 91 Cc
Villa San Leonardo [CH] 95 Ebc
Villa San Martino [RA] 61 Dc
Villa San Nicola [CH] 95 Eb
Villa San Pietro [CA] 179 BCc
Villa San Pietro [CN] 53 Dc
Villa San Romualdo [TE] 95 Ba
Villa San Sebastiano [AQ] 99 Da
Villa San Sebastiano, Stazione di– 99 Da
Villa San Secondo [AT] 45 Bb
Villasanta [CA] 173 Fb
Villasanta [MI] 33 Db

Villa Santa Caterina / Aufhofen [BZ] 3 Ebc
Villa Santa Croce [CE] 107 Ec
Villa Santa Lucia [FR] 107 Ba
Villa Santa Lucia degli Abruzzi [AQ] 93 Gbc
Villa Santa Maria [AQ] 99 Gab
Villa Santa Maria [CH] 101 CDb
Villa Santa Maria [PE] 95 Cb
Villa Sant'Andrea [BL] 11 Cd
Villa Sant'Ángelo [AQ] 93 Fc
Villa Sant'Antonio [OR] 169 Fc
Villa Sant'Apollinare [PG] 77 DEcd
Villa Sant'Elia [LE] 123 Fc
Villa Santi [AP] 87 Eb
Villa Santina [UD] 13 Cc
Villa San Tommaso [CH] 95 Eb
Villa Santo Stéfano [FR] 105 Fa
Villa Saviola [MN] 49 Db
Villa Scapoli [TE] 87 Fde
Villasco [CR] 47 Ga
Villa Scontrone [AQ] 101 Bc
Villa Scozia [BA] 119 Cc
Villa Serraglio [RA] 61 Cbc
Villaseta [AG] 157 Bc
Villasimíus [CA] 179 EFc
Villasmundo [SR] 155 Fd
Villa Soche, Rifugio– 53 FGd
Villasor [CA] 173 Fc
Villa Spada [MC] 79 DEd
Villaspeciosa [CA] 177 Fab
Villassio [BG] 21 FGc
Villa Stanazzo [CH] 95 Ec
Villastanza [MI] 33 Bb
Villastellone [TO] 43 Hc
Villastrada [MN] 49 Cc
Villastrada [PG] 83 FGb
Villa Superiore [MN] 49 Dbc
Villata [AT] 45 Ac
Villata [CN] 53 EFc
Villata [VC] 31 Ec
Villatalla [IM] 63 Fc
Villate [TO] 31 ABc
Villatella [IM] 63 CDcd
Villatico [LC] 21 Db
Villatora [PD] 39 Bc
Villa Torre [CH] 95 Dc
Villa Tucci [CH] 95 Dc
Villaurbana [OR] 169 Ec
Villáurea [PA] 147 EFc
Villavallelonga [AQ] 99 Fb
Villa Vallucci [TE] 93 Fa
Villa Vecchia [MS] 57 Fc
Villa Verde [OR] 169 EFd
Villa Verdi [PC] 47 Gbc
Villaverla [VI] 37 EFab
Villa Verúcchio [RN] 71 Cbc
Villavesco [LO] 33 Ecd
Villa Viani [IM] 63 FGc
Villa Vicentina [UD] 41 Fab
Villaviera [VE] 41 Cb
Villa Vomano [TE] 93 Ga
Villa Zaccheo [TE] 87 EFd
Villazzano [TN] 23 Gb
Ville [AL] 45 Gc
Ville [BS] 23 Bd
Ville [SV] 55 Cc
Ville [TN] 23 Gab
Ville, le– [AR] 77 Bbc
Ville, le– [FC] 69 EFd
Ville, le– [RE] 59 Eb
Villécchia [MS] 57 Fd
Ville del Monte [TN] 23 Ec
Ville di Corsano [SI] 75 CDd
Ville di Fano [AQ] 93 Dc
Ville di Roti [AR] 69 Fd
Ville di Sasso [AN] 79 Cc
Villefranche [AO] 17 Fd
Villefranche [Fr.] 63 Bd
Villeneuve [AO] 29 Fa
Villeneuve-Loubet [Fr.] 63 Ade
Villerose [RI] 93 Bc
Ville San Pietro [IM] 63 Fbc
Ville San Sebastiano [IM] 63 Fbc
Villes Dessous [AO] 29 EFa
Villesse [GO] 27 Fc

Ville-sur-Sarre [AO] 17 Ed
Villetta [CN] 53 Ccd
Villetta / Dörf [BZ] 3 Dc
Villetta Barrea [AQ] 99 Hc
Villette [VB] 15 Fd
Víllico, Monte– 161 EFc
Villimpenta [MN] 49 Fb
Villnöss / Funes [BZ] 11 Bb
Villnösstal / Funes, Val di– 11 ABb
Villò [PC] 47 Dc
Villongo [BG] 35 Cab
Villorba [TV] 25 Fd
Villore [FI] 69 Cc
Villoresi, Canale– 33 EFb
Villotta [PN] 25 Hb
Villotta [PN] 27 Ac
Villotta [PN] 27 Bc
Villula [PR] 57 Gc
Villutta [PN] 27 Bc
Villuzza [UD] 27 Cab
Vilmaggiore [BG] 21 Hbc
Vilminore di Scalve [BG] 21 Hbc
Vilmezzano [VR] 35 Hb
Vilpian / Vilpiano [BZ] 9 Fb
Vilpiano / Vilpian [BZ] 9 Fb
Vimercate [MI] 33 Eb
Vimodrone [MI] 33 Db
Vimogno [LC] 21 Dbc
Vinacciano [PT] 67 Dc
Vinádio [CN] 53 CDd
Vinago [VA] 19 Gd
Vinaio [UD] 13 Cc
Vinca [MS] 65 DEb
Vincent, Piramide– 19 Bc
Vinchiana [LU] 65 Gc
Vinchiaturo [CB] 107 Gab
Vinchiaturo, Sella di– 107 Gb
Vinchio [AT] 45 Cd
Vinci [FI] 67 Dc
Víncio, Torrente– 67 CDc
Vinco [RC] 141 Ec
Vincolise [CZ] 137 Da
Vindola [AP] 87 Cc
Víndoli [RI] 93 Ca
Vinigo [BL] 11 Ec
Vinovo [TO] 43 Gc
Vinschgau / Venosta, Val– 9 CDb
Vintebbio [VC] 31 DEab
Vintl / Vandóies [BZ] 3 Dbc
Vinzáglio [NO] 31 EFcd
Vio [PG] 85 Fc
Viola [CN] 55 Ad
Viola, Cima– 7 Fc
Viola, Costa– 141 Eb
Viola, Masseria– [PZ] 129 Cb
Viola, Torre– 105 Hc
Viola, Val– 7 Fc
Violette [CN] 55 BCb
Violla [FI] 67 Gb
Viona, Torrente– 31 Bb
Vione [BS] 7 Gd
Vione [SO] 7 Fd
Viosa, Val– 25 BCab
Viotto [TO] 43 Fc
Viou, Becca di– 17 EFd
Vioz, Monte– 9 Bc
Vioz, Rifugio– 9 Bc
Viozene [CN] 63 Eb
Vipacco, Fiume– (I) = Vipava 27 Hc
Vipava = Vipacco, Fiume– (I) 27 Hc
Viperella, Monte– 99 DEb
Vipiteno / Sterzing [BZ] 3 Bb
Virago [TV] 25 Dc
Virani [CN] 45 Acd
Virano [FC] 69 Eab
Virco [UD] 27 Dc
Virgen [A] 3 Hab
Virgiliana [MN] 49 DEb
Virgilíana, Stele– 149 Db
Virgílio [AG] 157 Dc
Virgílio [MN] 49 Db
Virgini, Torrente– 73 Gb
Virgl / Virgolo [BZ] 9 FGc
Virgolo / Virgl [BZ] 9 FGc
Viribianc, Colle– 53 CDc

Viridio, Monte– 53 Cc
Viridio, Rifugio– 53 CDc
Virle [BS] 35 EFb
Virle Piemonte [TO] 43 Gc
Virle–Treponti [BS] 35 EFb
Virti [TN] 23 Hc
Visaille, la– [AO] 17 Cd
Visano [BS] 35 Fcd
Viscarda [AL] 45 FGc
Vische [TO] 31 Bcd
Visciano [NA] 113 Fb
Visciano [TR] 91 EFb
Visciano–Zuni, Canale– 107 Dc
Viscigli, Masseria– [BR] 123 Db
Visciglie, Masseria– [BR] 123 Cc
Visciglieto, Colle– 137 Fab
Visciglieto, Masseria– [FG] 103 BCd
Visco [UD] 27 EFc
Viscone [UD] 27 Fc
Visdende, Valle– 11 Gb
Viserano, Monte– 47 Dcd
Viserba [RN] 71 Db
Viserbella [RN] 71 Db
Visgnola [CO] 21 Cc
Visiano [PR] 47 FGd
Visicari [TP] 149 Eb
Visignano [PI] 65 Fd
Visignano d'Istria (I) = Višnjan [CRO] 41 He
Visinale [PN] 27 Ac
Visinale [UD] 27 Fc
Visinale di Sopra [PN] 27 Ac
Visino [CO] 21 Cc
Visintini [GO] 27 Gc
Visitazione, Santuario della– 63 DEc
Visnà [TV] 25 Gcd
Visnadello [TV] 25 Fd
Višnjan [CRO] = Visignano d'Istria (I) 41 He
Visome [BL] 25 Fb
Visone [AL] 55 DEab
Visp [Svizz.] 15 Bc
Vissandone [UD] 27 Db
Vissani [MC] 79 Fb
Vissignano [PN] 27 BCc
Visso [MC] 85 Gc
Vissoie [Svizz.] 17 Ga
Vistarino [PV] 47 Ba
Vistorta [PN] 25 Gc
Vistrório [TO] 29 Ic
Vit [UD] 13 CDc
Vita [TP] 149 Ec
Vita, Capo della– 81 Dc
Vitalba, Podere– [PI] 73 Dc
Vitalba, Poggio– 73 Dc
Vitale, Villino– [CT] 155 Dab
Vitamore, Masseria– [AV] 115 Eb
Vitarolo [VI] 25 Bd
Vite, Bric della– 55 Db
Vitelli, Masseria– [MT] 129 EFb
Vitello, Corno– 17 Hd
Vitello, Monte– 57 Gb
Viterbo [VT] 91 Cb
Viterbo, Bagni di– [VT] 91 Cb
Vitereta [AR] 75 EFb
Vitiano [AR] 75 Gc
Vitiano Vecchio [AR] 75 Gc
Viticcio [LI] 81 Ccd
Vitigliano [FI] 75 Cb
Vitigliano [LE] 125 Fc
Vitigliano, Alpe di– 69 BCbc
Vitignano [FC] 69 EFb
Vitinia [ROMA] 97 Ec
Vito [RC] 141 Ec
Vito d'Ásio [PN] 13 Cd
Vitolini [FI] 67 Dd
Vito o di Caginia, Serra di– 145 Dd
Vitorchiano [VT] 91 CDab

Vitravo, Fiumara– 133 Fc
Vitriola [MO] 59 Dc
Vittadone [LO] 47 Da
Vittore, Canton– [BI] 31 CDb
Vittória [GE] 55 Gb
Vittória [RG] 159 Cc
Vittoria, Bonifica della– 41 Fb
Vittoria, Faro della– [TO] 43 Hb
Vittoria, Faro della– [TS] 41 Hbc
Vittória, la– [SI] 83 Ecc
Vittoria, Rifugio– 21 CDb
Vittória Apuana [LU] 65 DEc
Vittoriale, il– 35 Gb
Vittório, Masseria– [LE] 125 Db
Vittorio Emanuele II, Rifugio– 29 Fb
Vittório Véneto [TV] 25 Fbc
Vittorito [AQ] 93 Gd
Vittuone [MI] 33 Bbc
Vitulano [BN] 107 Gcd
Vitulano–Foglianise, Stazione di– 109 Dd
Vitulazio [CE] 107 Ecd
Vituro, Cozzo– 147 Fc
Viù [TO] 29 Gd
Viù, Val di– 29 Fd
Vivagna, Stagno di– 177 Bc
Vivaio, Fiume– 89 Ea
Vivara, Isola– 113 BCc
Vivário, Case– [TO] 29 Ic
Vivaro [BI] 31 Dab
Vivaro [PN] 27 Bb
Vívaro [VI] 37 Fb
Vivaro Romano [ROMA] 99 BCa
Vivente [PV] 47 Ba
Viverone [BI] 31 Cc
Viverone, Lago di– 31 Cc
Viviere [CN] 53 Bc
Vivione, Passo del– 23 Bb
Vivo, Lago– 99 Hc
Vivo, Torrente– 83 Dc
Vivo d'Órcia [SI] 83 Dc
Vizzaneta [PT] 67 Cb
Vizzano [BO] 59 Fc
Vizze, Passo di– / Pfitscher Joch 3 Cab
Vizze, Val di– / Pfitscher Tal 3 Cb
Vizzini [CT] 159 Dab
Vizzini–Licódia, Stazione– 159 Da
Vizzo, Masseria– [BR] 123 Cb
Vizzola Ticino [VA] 31 Gb
Vizzolo Predabissi [MI] 33 DEc
Vlou, Becca di– 29 Ia
Vó [PD] 37 Fcd
Vo [VI] 37 Ec
Vo [VR] 37 Bd
Vo, Punta del– 35 Gbc
Vobarno [BS] 35 FGab
Vóbbia [GE] 55 Hb
Vóbbia, Torrente– 55 Hb
Vobbietta [GE] 55 GHb
Vocca [VC] 19 Dcd
Vocémola [AL] 55 Ga
Vocino, Casa– [FG] 103 Db
Vocogno [VB] 15 EFcd
Vodo, Lago di– 11 Ec
Vodo Cadore [BL] 11 Ec
Voghenza [FE] 51 Cd
Voghera [PV] 45 GHbc
Voghiera [FE] 51 Cd
Vóglia, Villa– [MC] 79 Dd
Vogna, Torrente– 19 Bd
Vogna, Val– 19 Bcd
Vogno [RE] 59 CDc
Vogogna [VB] 19 Db
Vogognano [AR] 75 Gb
Vogorno [Svizz.] 15 Hc
Vogu, Monte– 27 Fa
Volacra, Monte– 57 Ec
Volánia [FE] 51 Ed
Volano [FE] 51 Fd
Volano [TN] 23 Gc
Volano, Lago di– 51 Fd
Volargne [VR] 35 Hb
Volastra [SP] 65 Bb
Volče [SLO] = Volzana (I) 27 Ha

Volciano [BS] 35 FGb
Volegno [LU] 65 Ebc
Volla [NA] 113 DEb
Volla, La– [FR] 107 Bab
Völlan / Foiana [BZ] 9 Eb
Vollon [AO] 17 Hd
Volmiano [FI] 67 Fc
Volognano [FI] 67 Gd
Volongo di Sotto [RE] 59 Cc
Volon [VR] 37 Ccd
Volongo [CR] 49 Aa
Volongo [MN] 35 Fd
Volpago del Montello [TV] 25 Ed
Volpaia [SI] 75 Db
Volpara [AL] 47 Ad
Volpara [PV] 47 Bc
Volparo [PD] 39 Bcd
Volparo [SA] 127 Bb
Volpe, Cala– 161 Fc
Volpe, Case– [MO] 59 Dc
Volpe, Punta della– 161 Fc
Volpedo [AL] 45 Gc
Volpeglino [AL] 45 Gc
Volperino [PG] 85 Fbc
Volpiano [TO] 43 Ha
Volpino [VR] 37 DEc
Volpintesta, Monte– 133 Cbc
Volpreto [AL] 55 Fab
Völs am Schlern / Fiè allo Sciliar [BZ] 9 GHb
Volsci, Monte– 65 EFb
Volsini, Monti– 83 Fe
Volta [BS] 35 Eb
Volta, Rifugio– 5 Hd
Volta Barozzo [PD] 37 Hc
Volta Brusegana [PD] 37 GHc
Voltaggio [AL] 55 FGb
Volta Agordino [BL] 11 Dd
Volta Mantovana [MN] 35 Gcd
Voltana [RA] 61 Dc
Volte, le– [CN] 63 Gab
Volterra [PI] 73 EFc
Volterraio 81 Dd
Volterrano [PG] 77 Bc
Voltido [CR] 49 ABb
Voltigiano [FI] 73 FGb
Voltigno e della Valle d'Angri, Riserva Naturale del– 93 Gbc
Voltino [BS] 23 Ed
Volto [RO] 51 Fb
Voltóis [UD] 13 Bc
Vóltole [PG] 77 Fd
Voltráio, Monte– 73 Fc
Voltre [FC] 69 Fb
Voltre, Badía di– 69 Fb
Voltre, Torrente– 69 Fb
Voltri [GE] 55 Fc
Volturara Áppula [FG] 109 Dab
Volturara Irpina [AV] 115 Bb
Volturino [FG] 109 Db
Volturino, Monte– [CZ] 137 Db
Volturino, Monte– [PZ] 127 Fb
Volturno, Bonifica del– 113 BCab
Volturno, Fiume– 107 DEd
Volturno, Foce del– 113 Ba
Volumni, Ipogeo dei– 85 Cb
Volvera [TO] 43 FGc
Volzana (I) = Volče [SLO] 27 Ha
Vomano, Fiume– 87 FGe
Vomero [NA] 113 DEb
Voragno [TO] 29 Gcd
Vöran / Verano [BZ] 9 Fb
Vöraner Joch / Verano, Monte di– 9 Fb
Vorderkaser / Casera di Fuori [BZ] 1 Fc
Vórno [LU] 65 FGd
Voscari [PZ] 131 Dab
Vò Sinistro [TN] 23 Fd
Vottero [CN] 43 Ed
Vottignasco [CN] 53 Fb
Votturino, Lago– 133 Cc
Voturo, Pizzo– 147 Hc
Vò Vecchio [PD] 37 Fcd
Voze [SV] 55 Dd
Vrù [TO] 29 Gc

Vuillermoz–Perucca, Rifugio– 17 Gc
Vulcanello, Monte– 143 Ec
Vulcano, Bocche di– 143 Ec
Vulcano, Isola– 143 EFc
Vulcano, Monte– 151 ins.b
Vulci 89 Fb
Vulga, Serra la– 135 Ea
Vulgano, Masseria– [FG] 109 Fa
Vulgano, Torrente– 109 Fb
Vulsino → Bolsena, Lago di– 91 Ba
Vulture, Monte– 115 Fb
Vurránia, Cozzo– 147 Fd

W

Wahlen / Valle San Silvestro [BZ] 3 Gc
Waidbruck / Ponte Gardena [BZ] 9 Hb
Walder / Selva [BZ] 3 CDc
Waldner See / Selva, Lago della– 3 Fa
Walten / Valtina [BZ] 1 Hbc
Wangen / Vanga [BZ] 9 Gb
Wasserfalle / Cascate [BZ] 3 Eb
Wasserfall–Spitze / Cascata, Punta della– 9 Bb
Wasserkopf Spitz / Acqua, Cima dell'– 3 Fb
Water Splash 125 CDc
Watles / Vátles, Monte– 1 Cc
Weißbriach [A] 13 Ea
Weißbrunnsee / Fontana Bianca, Lago di– 9 Cbc
Weiße, Hohe– / Grande Bianca, Cima– 1 Gc
Weißenbach / Riobianco [BZ] 1 Ic
Weissenbach / Riobianco [BZ] 3 Eb
Weißenstein [A] 13 Ha
Weißenstein / Pietralba [BZ] 9 Gc
Weißhorn / Bianco, Corno– 9 Gc
Weißkugel / Palla Bianca 1 Ec
Weißkugel–Hütte / Pio XI, Rifugio– 1 DEbc
Weißlahnbad / Bagni di Lavinia Bianca [BZ] 9 Hbc
Weißseejoch = Melago, Passo di– (I) 1 Eb
Weißsee–Spitze / Lago Bianco, Punta– 1 Ebc
Weisswand–Spitze / Parete Bianca 1 Hab
Weitental / Vallarga [BZ] 3 Db
Welsberg / Monguelfo [BZ] 3 Fc
Welschellen / Rina [BZ] 3 Ec
Welschmontal / Mantena [BZ] 3 Ec
Welschnofen / Nova Levante [BZ] 9 Hc
Wengen / La Valle [BZ] 11 Cab
Wengental / Spessa, Val di– 11 Cb
Westlicher Zwillingkopf = Gemella Occidentale, Testa– (I) 3 FGa
Wieden / Saletto [BZ] 3 Bb
Wielenberg / Montevila [BZ] 3 Ec
Wiesen / Prati [BZ] 3 Bb
Wilde Kreuzspitze / Croce, Picco della– 3 Cb
Wilder Freiger = Libera, Cima– (I) 1 GHb
Wilder See / Selvaggio, Lago– 3 Cb
Winnebach / Prato alla Drava [BZ] 3 GHc
Winnebach / Vena, Rio– 3 Db
Wolfseruben / Costalovara [BZ] 9 Gb
Wolkenstein in Gröden / Selva di Val Gardena [BZ] 11 Bb
Wollbach–Spitz / Valle, Punta di– 3 Ea
Würmaulspitze / Valmala, Cima– 3 Cb
Wurzenpaß 13 Hb
Würzjochhaus / Sass de Putia, Rifugio– 3 Dcd

X

Xifónio, Porto– 155 Gd
Xirbi [CL] 153 Eb
Xireni, Masseria– [PA] 153 Da
Xitta [TP] 149 Dbc
Xomo, Passo di– 23 Hd
Xon, Passo– 37 Da

Z

Zabaino, Monte– 155 Bd
Zábus, Monte– 13 Fc
Zaccagnino, Masseria– [FG] 103 CDb
Zaccana, Monte– 129 Bd
Zaccanesca [BO] 59 Hd
Zaccanópoli [VV] 139 Cab
Zaccaria [NA] 113 Cb
Zaccaria [SI] 83 DEc
Zadina [RA] 61 Gd
Zafaglione, Punta di– 159 Bc
Zaffaraneddu, Porto– 177 Dd
Zafferana Etnéa [CT] 155 Fa
Zafferano, Capo– 147 Db
Zafferano, Porto– 177 DEd
Zafferia [ME] 141 CDbc
Zaffignano [PC] 47 DEc
Žaga [SLO] = Saga (I) 13 Fd
Zagaci, Masseria– [EN] 155 BCb
Zagarella, Masseria di– [MT] 117 Fd
Zagarise [CZ] 137 Dab
Zagarolo [ROMA] 97 GHbc
Zagarolo, Stazione di– 97 GHbc
Zagonara [RA] 61 Dc
Zaiama [UD] 13 Ed
Zaiaur, Monte– 13 EFcd
Zambana [TN] 23 Gab
Zambana Vecchia [TN] 23 Gab
Zamberlini [VT] 37 Cab
Zambla [BG] 21 Fc
Zambla, Colle di– 21 Fc
Zambone [MN] 49 Ec
Zamboni, Rifugio– 59 Cd
Zamboni–Zappa, Rifugio– 19 Bc
Zambrone [VV] 139 Ca
Zambrone, Punta di– 139 Ca
Zammarò [VV] 139 Dab
Zampine [RO] 51 Bc
Zampis [UD] 27 Eb
Zanano [BS] 35 Eab
Zanca [LI] 81 Bd
Zancan [PN] 27 Ca
Zanco [AL] 45 Hb
Zancona [GR] 83 CDc
Zandóbbio [BG] 35 Ca
Zanè [VI] 25 Ad
Zanengo [CR] 47 EFa
Zanetta [MN] 49 Db
Zanga, Cascinali– [BI] 31 Cbc
Zangarona [CZ] 137 Cb
Zanghi, Colle dei– 25 Cc
Zánica [BG] 33 Gb
Zannes, Rifugio– / Zanser Alm–Hütte 11 Bb
Zannotti, Masseria– [FG] 103 Cd
Zanone, Isola– 105 ins.a
Zanon [TN] 9 Hd
Zanon [VR] 37 Cd
Zanotti [VI] 37 Eb
Zanotti Ervedo, Rifugio– 53 BCd
Zanser Alm–Hütte / Zannes, Rifugio– 11 Bb
Zapalli [SS] 167 Eab
Zappardino [ME] 145 Eab
Zapparola [PC] 47 Fc
Zapparottu, Monte– 177 Fa
Zappello [CR] 33 FGcd
Zappi, Monte– 97 Ga
Zappino, Casa– [FG] 103 Cb
Zappolino [BO] 59 Gc
Zapponeta [FG] 111 Bb

Zapponi, Casa– [CB] 101 Gc
Zappulla, Case– [RG] 159 Dd
Zappulla, Fiume di– 145 Db
Zappulla, Stazione di– 145 Db
Zappullo, Masseria– [TA] 119 CDc
Zarapotamo, Fiumara– 139 Ecd
Zatta, Monte– 57 Cc
Zattáglia [RA] 61 Cd
Zavattarello [PV] 47 Bc
Zavianni, Torrente– 145 Fc
Zaytal–Hütte / Serristori, Rifugio– 9 Bb
Zebedassi [AL] 45 Hd
Zebedo [PV] 47 ABc
Zébio, Monte– 25 ABc
Zebrù, Baite del– [SO] 7 Gbc
Zebrù, Valle dello– 7 Gc
Zecchini [MN] 35 Fd
Zeccone [PV] 33 Dd
Zeda, Monte– 19 Fb
Zeddiani [OR] 169 Dbc
Zeglianutto [UD] 27 DEa
Zegna, Oasi– 31 BCa
Zehner–Spitze / Dieci, Cima– 11 Cb
Zelant, Osteria di– 25 Eb
Zelarino [VE] 39 Dbc
Zelata [PV] 33 BCd
Zelbio [CO] 21 BCc
Zellina [UD] 41 DEab
Zellina, Fiume– 41 Eb
Zello [BO] 61 Cc
Zello [MN] 49 Fb
Zelo [RO] 49 Hb
Zelo Buon Pérsico [LO] 33 Ec
Zelo Surrigone [MI] 33 Bc
Zeme [PV] 45 EFa
Zeminiana [PD] 39 Cb
Zena [BO] 59 Ic
Zena, Torrente– 61 Ac
Zendri [TN] 23 GHd
Zenerigolo [BO] 59 Hb
Zenevredo [PV] 47 BCb
Zenevreto [AL] 45 Cb
Zenich [BL] 11 Dd
Zeno, Corna– 23 Cd
Zenóbito, Punta dello– 81 ins.a
Zenódis [UD] 13 Db
Zenone, Monte– [BS] 23 Ed
Zenone, Monte– [Lig.] 57 CDcd
Zenson di Piave [TV] 39 EFab
Zenzalino [FE] 51 Db
Zeppa [RA] 61 CDbc
Zeppa Nuova [RA] 61 CDc
Zéppara [OR] 169 EFd
Zéppara, sa– [CA] 173 Db
Zéppara Manna 169 Fd
Zepparedda, Monte– 173 Fa
Zepponami [VT] 91 Ca
Zerba [PC] 57 Bab
Zerbé [AL] 45 FGd
Zerbinate [FE] 49 Hc
Zérbio [PC] 47 Fb
Zerbion, Monte– 17 GHd
Zerbo [PV] 47 Cb
Zerbolò [PV] 45 GHa
Zerfaliu [OR] 169 Cd
Zeri [MS] 57 Ec
Zerli [GE] 57 Ccd
Zerman [TV] 39 Db
Zermago [VI] 37 Ec
Zermatt [Svizz.] 17 Hb
Zermeghedo [VI] 37 Ec
Zermen [BL] 25 Db
Zerminger Spitz / Cermigna, Monte– 1 Ecd
Zernez [Svizz.] 7 Ea
Zero, Fiume– 39 Db
Zero Branco [TV] 39 CDb
Zervò, Piani di– 141 Fb
Zerzer–B. / Sérres 1 CDc
Zévio [VR] 37 Cc
Zévola, Monte– 37 Ca

Zianigo [VE] 39 Cbc
Ziano di Fiemme [TN] 9 Hd
Ziano Piacentino [PC] 47 Cbc
Zibana [PR] 57 GHc
Zibello [PR] 47 Gb
Zíbido al Lambro [PV] 33 Dd
Zíbido San Giacomo [MI] 33 Cc
Zielbach / Telles, Rio di– 1 Gc
Zieltach / Telles, Rio di– 1 Gc
Zighinu, Monte– 167 Ca
Zignago [SP] 57 Ed
Zignago, Valle– 41 Cb
Ziia [RC] 139 Fc
Zillertaler Alpen = Alpi Aurine (I) 3 Eab
Zimardo Inferiore [RG] 159 DEd
Zimardo Superiore [RG] 159 DEd
Zimbalío, Monte– 155 Bb
Zimella [VR] 37 Ecd
Zimmara, Monte– 153 Fa
Zimone [BI] 31 Cc
Zinal [Svizz.] 17 Gb
Zinasco [PV] 45 Hb
Zinasco Nuovo [PV] 45 Hb
Zinasco Vecchio [PV] 45 Hb
Zinga [KR] 133 Ec
Zingara, Masseria della– [BA] 119 CDb
Zingarella, Casera– [VI] 25 ABc
Zingarini [ROMA] 97 Cc
Zingaro, Riserva Naturale dello– 149 Eb
Zinghera [GR] 81 Gc
Zingla, Monte– 35 Ga
Zingomarro, Monte– 133 CDb
Zingonia [BG] 33 Fb
Zinnigas [CA] 177 Eb
Zinola [SV] 55 Dd
Zinseler / Stilves, Cima di– 3 Bbc
Zinzulusa, Grotta– 125 Fcd
Ziolera, Monte– 25 Aab
Ziona [SP] 57 Dd
Zippariello [PZ] 115 Fc
Ziracco [UD] 27 EFb
Zirogalm / Malga Zirago [BZ] 3 Bb
Zirra, Monte– 165 Bab
Zititto, Masseria– [FG] 109 Gc
Zittola, Ponte– 101 Bc
Ziu Gárolu, Punta– 167 Dc
Zívido [MI] 33 Dc
Zoagli [GE] 57 Bcd
Zoanno [BS] 7 GHd
Zocca [FE] 51 Cc
Zocca [MN] 49 Ec
Zocca [MO] 59 Fc
Zoccalia [CS] 131 DEc
Zocchetta [MO] 59 Fc
Zocco [BS] 35 Cb
Zocco [PG] 83 GHb
Zoccolanti 77 Cc
Zoccolaro, Monte– 155 Fa
Zoccolino, Poggio– 83 DEc
Zóccolo, Cima– 9 Dc
Zóccolo, Lago dello– / Zoggler Stausee 9 Db
Zoccorino [MI] 33 Da
Zogno [BG] 21 EFd
Zoia, Rifugio– 7 Dd
Zola Predosa [BO] 59 Hbc
Zoldo, Val di– 11 DEcd
Zoldo Alto [BL] 11 Dc
Zolfata [TS] 41 Hb
Zollino [LE] 125 Dbc
Zólfata [ROMA] 97 Fc
Zolla [TS] 41 Hb
Zollino [LE] 125 Dbc
Zólfata [ROMA] 97 Fc
Zómaro, Villaggio– [RC] 141 Gab
Zomeais [UD] 13 Ed
Zompícchia [UD] 27 CDc
Zompitta [UD] 27 Eab
Zompo Lo Schioppo, Riserva Naturale– 99 Eb
Zoncolan, Monte– 13 Dc
Zone [BS] 21 Hd
Zone [LU] 65 Gc
Zonzo, Monte– 115 Dd
Zoo La Rupe 95 Bb

Zoosafari e Fantasylandia 119 DEb
Zoppé [TV] 25 Gc
Zoppé di Cadore [BL] 11 DEc
Zoppi [SA] 127 ABc
Zoppo, Portella dello– 145 Gc
Zóppola [PN] 27 Bc
Zoppu, Monte– 161 Fc
Zorba [AG] 153 Bc
Zóreri [TN] 23 GHc
Zorlesco [LO] 47 Da
Zornasco [VB] 15 EFb
Zortea [TN] 25 Db
Zorzoi [BL] 25 Cb
Zottier [BL] 25 Eb
Zotto, Masseria– [CT] 155 Cc
Zouf Plan 13 Cb
Zovello [UD] 13 Cb
Zovencedo [VI] 37 EFc
Zovo [MN] 49 Ebc
Zovo [VI] 37 Da
Zovo [VR] 37 Db
Zovo, Forcella– 11 Gb
Zovo, Monte– 11 Gb
Zovo, Passo del– 11 Fb
Zovon [PD] 37 Fcd
Zuane [VR] 35 Hb
Zuanes [PN] 13 Cd
Zubiena [BI] 31 BCbc
Zucca, Monte della– 69 Fd
Zuccaia, Riserva Naturale– 75 Cd
Zuccarello [SV] 63 Gb
Zuccaro, Monte– [It.] 55 Gab
Zuccaro, Monte– [VB] 19 Fb
Zuccarone, Cozzo– 147 BCcd
Zucchea [TO] 43 Fcd
Zucco [PA] 149 Gb
Zucco, Monte– 21 Ed
Zucco–Montelepre, Stazione di– 149 Gb
Zuccone, Corno– 21 Ec
Zuccone, Monte– 57 Dc
Zuccone Campelli 21 Ec
Zuchello, Monte– 57 Bb
Zúchero, Monte– 19 Ec
Zuckerhütl = Pan di Zucchero (I) 1 Gb
Zuclo [TN] 23 Eb
Zuddas Pirosu, is– 177 Ec
Zuel [BL] 11 Db
Zufall–Hütte / Corsi, Rifugio– 9 BCbc
Zufallspitze / Cevedale, Monte– 9 Bc
Zufritt–Hütte / Gioveretto, Rifugio– 9 Cbc
Zufrittsee / Gioveretto, Lago di– 9 Cbc
Zufritt–Spitze / Gioveretto 9 Cbc
Zugliano [VI] 25 Bd
Zugliano–Terenzano [UD] 27 Ebc
Zúglio [UD] 13 Dc
Zugna, Monte– 23 Gd
Zugna Torta 23 Gcd
Zuighe, Cantoniera– [SS] 167 Eb
Zuighe, Monte– 165 Fb
Zuino [BS] 35 Gab
Zula [BO] 59 Hlc
Zumaglia [BI] 31 Cb
Zumelle, Castello di– 25 Eb
Zumié [BS] 23 Dd
Zumpano [CS] 135 Db
Zum Zeri [MS] 57 Ec
Zunchinu, Ponte– 165 Ca
Zúngoli [AV] 109 Ed
Zungri [VV] 139 Cab
Zupò, Pizzo– 7 Dc
Zuppino [SA] 115 Cd
Zurco [RE] 49 Cd
Zuri [OR] 169 Fb
Zurru, Monte su– 179 Ca
Zwischenwasser / Longega [BZ] 3 Ec
Zwölferkofel / Toni, Croda dei– 11 EFb